KB072870

대한크리스도인회보

1899. 1. 4.
1900. 8. 29.

2

한국학자료원

해 제

서양을 가져온 죠션크리스도인회보

《죠션크리스도인회보》는 1897년 2월 2일자로 창간된 우리나라 최초의 주간 기독교잡지로서, 그해 12월 8일 제44호를 발행한 후 《대한크리스도인회보》로 개제 속간했다. 발행인 아펜셀라(H.G. Appe[illegible])는 당시 감리교 목사이며 배재(培材)학당 설립자로서 학당장이었다. 발행[illegible]부이다.

창간호는 '제1권 제1호'로 표시했다. [illegible] 배판) 4면, 전면 4호활자로 2단 세로짜기했으며, 1면에는 시사성이 있는 [illegible]), 2면과 3면은 《성경》 주석과 교리 문답, 4면에는 교회소식 및 잡보([illegible] 실렸다. 문장은 전문 한글로 썼다.

최준(崔埈) 저 《한국신문사(韓[illegible]조각, 1960)와 이해창(李海暢) 저 《한국신문사연구(韓國新聞史研[illegible] 1971)에는 한가지로 '주간신문' 항에서 설명하고 있으나, 그 저서[illegible]시의 시각은 어땠는지는 몰라도 오늘의 감각에 맡기면 내용·체재 어[illegible]지로 보는 것이 옳겠다. 또 '제1권 제1호'는 신문의 '호수 매김'이 아니고 잡지의 호수 매김이다.

창간호에는 목차를 적거나 간기(刊記)를 밝히지는 않았지만, 끝머리에 있는 〈고imagefont〉에 보면 "······ 죠션 교우나 셔국 교imagefont나 만일 보고져 imagefont거든 졍동 아편셜라 교imagefont 집에 긔별imagefont여 갓다 보시오 우리가 이 회보imagefont imagefontimagefont 동안은 갑슬 밧지 안코 줄 터이오 imagefontimagefont 후에imagefont 갑슬 밧으되 imagefont쟝에imagefont 엽젼 너푼이오 imagefontimagefont 갑슬 미리 내면 엽젼 imagefont돈 오푼식이오 imagefont 싀골사imagefont의게 우체로 보내imagefont 갑슨 imagefont루 잇소"라고 했다. 그러니 '아펜셀라 교사집'이 판매소이며, 아펜셀라가 발행인임을 짐작하게 한다. 이때의 아펜셀라는 '아편설라(阿片雪羅)'라 썼고 후에는 '아편설라(亞扁薛羅)'로 썼다.

서양을 가져온 죠션크리스도인회보 - (한국잡지백년1, 2004. 5. 15., 최덕교)

데삼권

대한회보

데오십삼호

(하일빅일) 광무삼년 인 일월 수 요

넷히를보내고새히를맛남

우리가 지금은 양력으로 녯히를 보내고 새히를 당ᄒᆞᆫ지라 교즁 형뎨와 ᄌᆞ민들이 하ᄂᆞ님의 은혜를 츰 감샤ᄒᆞᆯ거시 지나간 십년 동안에 우리가 셩신의 도아주심을 닙어 남녀 교우 즁에 여러 빅사ᄅᆞᆷ이 늘엇시며 학습인도 만치 엇어시니 구셰쥬의 교회ᄒᆞᆫ 점점 흥왕ᄒᆞᆷ으로 영화를 찬숑ᄒᆞᆯ거시요 ᄯᅩ 지나간 히에 죽은 사ᄅᆞᆷ과 환란을 맛ᄂᆞᆫ 형뎨가 아조 업ᄂᆞᆫ거슨 아니로ᄃᆡ 동히 계교ᄒᆞ여 보건ᄃᆡ 아모 일도 업시 태평 안락ᄒᆞᆫ 사ᄅᆞᆷ이 ᄃᆡ 만ᄒᆞᆫ즉 하ᄂᆞ님의 보호ᄒᆞ심을 감복ᄒᆞᆯ 일이로다 우리 구쥬 예수를 밋ᄂᆞᆫ 무리들은 교회를 밧지 아닌 사ᄅᆞᆷ과 특별히 다른거시 교외 사ᄅᆞᆷ들은 다만 세월이 여류ᄒᆞ야 늙어감을 탄ᄒᆞ며 새히를 마질ᄯᅢ에 다만 원ᄒᆞ기를 새히에ᄂᆞᆫ 부모가 안강ᄒᆞ며 ᄌᆞ손이 츙실ᄒᆞ고 집안이 태평ᄒᆞ며 벼슬ᄒᆞ기와 부ᄌᆞ되기를 츅원ᄒᆞᆯ거니와 우리의 원ᄒᆞᄂᆞᆫ거슨 그것ᄲᅮᆫ 아니라 하ᄂᆞ님의 츰리치를 공부ᄒᆞ며 구셰쥬의 큰 은혜를 ᄉᆡᆼ각ᄒᆞᆷ이니 작년 십이삭 동안에 ᄌᆞ긔의 힝ᄒᆞᆫ바 일을 ᄉᆡᆼ각ᄒᆞ여 어나ᄯᅢ에 무ᄉᆞᆷ일을 잘못ᄒᆞ엿던지 뉘웃쳐 곳치고 다시ᄂᆞᆫ 그른일을 힝치 말기로 심잉ᄒᆞ며 하ᄂᆞ님ᄭᅴ셔 샤죄ᄒᆞ시기를 긔도ᄒᆞ고 셩신의 인도ᄒᆞ심으로 유혹에 ᄲᅡ짐을 면ᄒᆞ며 녯적 허물은 녯히와 ᄀᆞᆺ치 보내고 새히에ᄂᆞᆫ ᄆᆞᄋᆞᆷ을 새롭게ᄒᆞ며 ᄯᅳᆺ슬 새롭게ᄒᆞ며 힘을 새로 엇어 육신의 졍욕은 구셰쥬와 ᄀᆞᆺ치 십ᄌᆞ가에 못질ᄒᆞ여 죽이고 령혼의 슌젼ᄒᆞᆫ 셩픔은 하ᄂᆞ님의 리치로 다시난 사ᄅᆞᆷ이 되야 새히에ᄂᆞᆫ 죄를 짓지말며 새로 널히 ᄇᆡ린양을 만히 구원ᄒᆞ여 교회가 날노 새롭게ᄒᆞ며 금년에ᄂᆞᆫ 셩경 공부를 엇더케ᄒᆞ며 젼도ᄒᆞ기를 엇더케 ᄒᆞ리라ᄒᆞ여 사ᄅᆞᆷ마다 각각 ᄌᆞ긔의 힘위를 ᄆᆞᄋᆞᆷ속에 작뎡ᄒᆞ고 예산ᄒᆞ여 미ᄉᆞ를 흥샹 됴심ᄒᆞ며 긔도ᄒᆞ기를 흥샹 게을니말고 부쟈되고 귀ᄒᆞᆷ과 간란ᄒᆞ고 쳔ᄒᆞᆷ과 ᄉᆞᄉᆡᆼ과 고락을 도모지 하ᄂᆞ님ᄭᅴ 부치여 명령을 슌슈ᄒᆞ며 교회 률법을 직히여 간샤ᄒᆞᆫ ᄆᆞᄋᆞᆷ과 음란ᄒᆞᆫ 힝실과 ᄉᆞᄉᆞ욕심의 악ᄒᆞᆫ일은 일졀히 ᄇᆞ리고 흥상 인익ᄒᆞ고 화평ᄒᆞᆫ ᄆᆞᄋᆞᆷ으로 형뎨를 ᄉᆞ랑ᄒᆞ고 환란과 비방을 맛ᄂᆞᆫᄯᅢ에 구셰쥬의 고난 밧으심을 긔렴ᄒᆞ여 우리의 힝실을 련달ᄒᆞ며 쟝리에 무궁ᄒᆞᆫ 복밧기를 ᄉᆡᆼ각ᄒᆞ여 깃분 ᄆᆞᄋᆞᆷ으로 우리 쥬 오시기를 ᄇᆞ라고 기다릴지니라

대한크리스도인 회보

THE KOREAN
CHRISTIAN ADVOCATE.
Rev. H. G. Appenzeller, Editor
36 cents per annum
in advance. Postage extra.

Wednesday, JAN. 4th, 1899.

서울 정동셔 일쥬일에 ᄒᆞᆫ번식 발간ᄒᆞᄂᆞᆫᄃᆡ 아펜셜라 목ᄉᆞ가 회보 샤쟝이 되엿더라

일년 갑슬 미리내면 삼십 륙젼이오 우표갑슨 ᄯᅡ로 잇ᄂᆞ니라

인천답동리교회 셩탄일경츅

셩탄일에 인쳔 답동리 교회에서 남녀 교우들이 열심으로 연보ᄒᆞᆫ 돈이 ᄉᆞ원 오십젼인ᄃᆡ 처음으로 십ᄌᆞ긔를 세우되 등 삼십륙기를 십ᄌᆞ로 ᄃᆞᆯ고 회당문샹에 태극긔를 세웟시며 남녀교우 합 오십ᄉᆞ인이 모혓ᄂᆞᆫᄃᆡ 젼도ᄃᆞᆺ던 사ᄅᆞᆷ은 이ᄇᆡᆨ 여명에 오쇽쟝 리근방씨가 긔도ᄒᆞ고 권ᄉᆞ 복졍치씨가 몬ᄉᆞ 됴원시씨를 ᄃᆡ신ᄒᆞ여 누가복음 이쟝 일졀노 이십졀ᄭᆞ지 닑고 의찬을 셰우며 하ᄂᆞ님 셩ᄌᆞᄭᅴ셔 이셰샹에 오신 ᄯᅳᆺ을 연셜ᄒᆞ엿ᄂᆞᆫᄃᆡ 남녀 교우와 구경ᄒᆞᄂᆞᆫ 사ᄅᆞᆷ들이 ᄌᆞ미잇게 듯고 하ᄂᆞ님ᄭᅴ 영광을 돌니더라

강화교항동교회 셩탄일경츅

셩탄일 경츅에 형뎨가 삼십오인이오 ᄌᆞ미가 삼십칠인인ᄃᆡ 본토 젼도션ᄉᆡᆼ 김샹림씨가 마태복음 이쟝 일졀노 십이졀ᄭᆞ지 보니 의찬례를 베플며 셔녁 례비에 태극등 삼십칠기를 ᄃᆞᆯ고 형뎨 ᄌᆞ미와 외인ᄭᆞ지 륙칠십명이 깃븐 ᄆᆞᄋᆞᆷ으로 하ᄂᆞ님의 영광을 찬숑ᄒᆞ엿더라

부평굴직회당에셔 셩탄일경츅

구쥬님 탄일에 등불 이ᄇᆡᆨ 오십개를 젼후 좌우에 달고 십ᄌᆞ긔와 태극긔를 셰우고 쳥숑 홍예문을 셰우고 방포 삼셩후에 좌우에셔 지포를 일시에 노코 셩긔젼을 올니며 교인 남녀 오십 이명이 모히매 ᄉᆞ간 회당에 ᄭᅪᆨ차고 팔십구 찬미를 노래ᄒᆞ고 회쟝속쟝 리영슌씨가 누가복음 일쟝 이십륙졀브터 삼십팔졀ᄭᆞ지 론셜ᄒᆞ고 모든 교우들이 깃븐 ᄆᆞᄋᆞᆷ으로 쳔부젼에 긔도ᄒᆞ옵고 영광을 하ᄂᆞ님ᄭᅴ로 돌녀 보내며 셩신을 밧은 ᄆᆞᄋᆞᆷ으로 간즁ᄒᆞ며 깃븐 ᄆᆞᄋᆞᆷ으로 찬미ᄒᆞᆯ시 근쳐 여러 동니 사ᄅᆞᆷ들이 남녀 로쇼업시 구경ᄒᆞ여 회당문이 다 샹ᄒᆞ도록 ᄯᅳ러오며 ᄒᆞᄂᆞᆫ말이 우리도 도라오ᄂᆞᆫ 쥬일브터 다 예수를 밋겟다 ᄒᆞ고 우리가 녜젼에ᄂᆞᆫ 구셰교회가 이러케 올흔줄을 몰낫더니 이제본즉 됴흔 날이로다 ᄒᆞ고 모든 교우들이 일심으로 하ᄂᆞ님ᄭᅴ로 영화를 돌니더라

례ᄇᆡ일공과 열ᄇᆡᆨ일 일월 십오일

야곱이 그부친을속힌일

창세긔 이십칠장 일졀노 이십구졀ᄭᆞ지

一 이삭이 늙으매 눈이 어두어 보지 못ᄒᆞᄂᆞᆫ지라 그 맛아ᄃᆞᆯ 에서를 불너 ᄀᆞᆯᄋᆞᄃᆡ 내 아ᄃᆞᆯ아 ᄒᆞ니 ᄃᆡ답ᄒᆞᄃᆡ 내가 여긔 잇ᄂᆞ니다 二 ᄀᆞᆯᄋᆞᄃᆡ 내가 늙은지라 죽을날을 아지 못ᄒᆞ니 三 쳥컨ᄃᆡ 네가 긔계들 가지고 활과 살을 가지고 밧헤 나가셔 나를위ᄒᆞ여 즘ᄉᆡᆼ을 잡아 四 나 즐기ᄂᆞᆫ 음식을 ᄒᆞ여 가져와 나를 먹이라 나 죽기젼에 너를 위ᄒᆞ여 복을 빌니라 五 이삭이 에서ᄃᆞ려 ᄒᆞᄂᆞᆫ 말을 리베가가 드럿ᄂᆞᆫ지라 에서가 산양ᄒᆞ러 밧흐로 갓더니 ○ 六 리베가가 야곱ᄃᆞ려 닐ᄋᆞᄃᆡ 내가 드르니 너의 아바지가 너의 형ᄃᆞ려 닐ᄋᆞᄃᆡ 七 산양ᄒᆞᆫ 고기로 됴흔 음식을 ᄒᆞ여 나를 먹이라 내가 죽기젼에 야화화ᄯᅢ 네복을 빌이라 ᄒᆞ엿ᄉᆞ니 八 이제 내 아ᄃᆞᆯ아 내말ᄃᆡ로 ᄒᆞ여 九 즘ᄉᆡᆼ울이에 가셔 살진 염쇼 두마리를 잡아오라 내가 너의 아바지 질기ᄂᆞᆫᄃᆡ로 음식을 ᄆᆞᆫᄃᆞ러 주리라 十 네가 너의 아바지ᄭᅴ 나아가 먹게 ᄒᆞ면 너의 아바지가 너를 위ᄒᆞ여 복을 빌니라 ᄒᆞ니 十一 야곱이 그 어마니 리베가ᄃᆞ려 닐ᄋᆞᄃᆡ 우리 형 에셔ᄂᆞᆫ 털잇ᄂᆞᆫ 사ᄅᆞᆷ이오 나ᄂᆞᆫ 번번ᄒᆞ고 ᄭᆡᆨᄭᅳᆺᄒᆞ니 十二 아바지ᄭᅴ셔 혹 나를 만져 내가 속인줄노 알으시면 내가 복을 밧지도 못ᄒᆞ고 오히려 져쥬를 밧겟ᄂᆞ니다 ᄒᆞᆫᄃᆡ 十三 그 어마니가 ᄀᆞᆯᄋᆞᄃᆡ 네가 져쥬를 밧을터이면 내가 당ᄒᆞᆯ터이니 오직 내말을 좃차 염쇼를 잡아오라 ᄒᆞᆫᄃᆡ 十四 야곱이 드ᄃᆡ여 가셔 잡아오니 그 어마니가 이삭의 질겨ᄒᆞᄂᆞᆫᄃᆡ로 음식을 만ᄃᆞᆯ고 十五 맛아ᄃᆞᆯ 에서의 닙ᄂᆞᆫ 귀ᄒᆞᆫ옷시 ᄌᆞ긔 쳐쇼에 잇ᄂᆞᆫ지라 가져다 그 적은 아ᄃᆞᆯ 야곱을 닙히고 十六 ᄯᅩ 염쇼의 가죽으로 손과 목에 씨워 그 번번ᄒᆞ고 ᄭᆡᆨᄭᅳᆺᄒᆞᆫ거술 가리우고 十七 ᄆᆞᆫᄃᆞᆫ 됴흔 음식을 야곱의게 주어 ○ 十八 아바지ᄭᅴ 나아가 ᄀᆞᆯᄋᆞᄃᆡ 아바지여 이삭이 ᄀᆞᆯᄋᆞᄃᆡ 내가 여긔 잇ᄂᆞ니 너ᄂᆞᆫ 네아ᄃᆞᆯ 누구냐 十九 야곱이 ᄀᆞᆯᄋᆞᄃᆡ 나ᄂᆞᆫ 맛아ᄃᆞᆯ 에서ㅣ니다 말ᄉᆞᆷᄃᆡ로 ᄒᆞ엿ᄉᆞ니 쳥컨ᄃᆡ 니러나셔 들즘ᄉᆡᆼ고기를 잡수시고 내게 복을비러 주쇼셔 二十 이삭이 제 아ᄃᆞᆯᄃᆞ려 닐ᄋᆞᄃᆡ 네가 엇어 오기를 엇지 쉽게 ᄒᆞ엿ᄂᆞ냐 야곱이 ᄀᆞᆯᄋᆞᄃᆡ 아바지의 하ᄂᆞ님ᄭᅴ셔 나를 주셧ᄂᆞ이다 二十一 이삭이 ᄀᆞᆯᄋᆞᄃᆡ 내아ᄃᆞᆯ아 압흐로 갓가히 오라 내가 너를 ᄆᆞᆫ지려 ᄒᆞ노니 네가 참 내아ᄃᆞᆯ 에서냐 아니냐 二十二 야곱이 압흐로 갓가히 가매 이삭이 어루만져 ᄀᆞᆯᄋᆞᄃᆡ 소ᄅᆡᄂᆞᆫ 야곱이요 손은 에서로다 二十三 손에 털이잇셔 그형과 ᄀᆞᆺ흠으로 그 진위를 분별치 못ᄒᆞ고 이에 복을비러 二十四 ᄀᆞᆯᄋᆞᄃᆡ 너ᄂᆞᆫ 참 내 아ᄃᆞᆯ 에서냐 ᄃᆡ답ᄒᆞ되 그러ᄒᆞᆫ니이다 二十五 이삭이 ᄀᆞᆯᄋᆞᄃᆡ 네가 엇은거술 압헤 버려셔 나로 먹게ᄒᆞ여라 너를 위ᄒᆞ여 복을 빌이라 이에 압헤 나아가 먹

이고 술을 마시게 ᄒᆞ니 二十六 이삭이 ᄀᆞᆯᄋᆞ되 내 아ᄃᆞᆯ아 갓가히 와셔 내게 입마초라 ᄒᆞᆫᄃᆡ 二十七 이에 아비의게 입마초니 아비가 그옷시 향긔ᄅᆞᆯ 듯고 빌어 ᄀᆞᆯᄋᆞ되 야화화ᄭᅴ셔 복을 밧혜주샤 ᄒᆞ여곰 향긔롭게 ᄒᆞ시니 내 아ᄃᆞᆯ의 향긔가 ᄯᅩᄒᆞᆫ 이것도 다 二十八 그럼으로 하ᄂᆞ님ᄭᅴ셔 하ᄂᆞᆯ노 이슬을 ᄂᆞ리샤 ᄯᅡ이 기름지게 ᄒᆞ여 너로 ᄒᆞ여곰 곡식과 술이 풍비ᄒᆞ게 ᄒᆞᆯ거시오 二十九 만민이 너를 셤기고 모든 나라히 네게 굴복ᄒᆞᆯ거시오 형뎨들이 너로 쥬ᄅᆞᆯ삼고 동복 동ᄉᆡᆼ들이 네게 굴복ᄒᆞ게 ᄒᆞᆯ거시오 너ᄅᆞᆯ 저쥬ᄒᆞᄂᆞᆫ 사ᄅᆞᆷ을 하ᄂᆞ님ᄭᅴ셔 저쥬ᄒᆞᆯ거시오 너ᄅᆞᆯ 위ᄒᆞ여 비ᄂᆞᆫ 사ᄅᆞᆷ을 하ᄂᆞ님ᄭᅴ셔 주시리라

주셕

이일을 힝ᄒᆞᆯᄯᅢ에 이삭의 나은 일ᄇᆡᆨ 삼십 칠세오 야곱의 나은 칠십 칠세이라 에셔ᄂᆞᆫ 맛아ᄃᆞᆯ이로ᄃᆡ 이방의 녀인들ᄅᆞᆯ 취ᄒᆞ여 안히를 삼은고로 그부모의 근심이 만히 되엿ᄂᆞ니라 이삭이 하ᄂᆞ님의 허락ᄒᆞ신 분부를 이진고로 맛아ᄃᆞᆯ 에셔를 ᄉᆞ랑ᄒᆞᆷ이오 ᄯᅩᄒᆞᆫ 어ᄂᆞᄯᅢ에 죽을넌지 알지 못ᄒᆞᄂᆞᆫ고로 에셔ᄃᆞ려 듬짐ᄉᆡᆼ을 잡아다가 조긔를 먹이면 하ᄂᆞ님ᄭᅴ 복을비러 주리라 ᄒᆞ엿시나 이거슨 하ᄂᆞ님의 명령을 아조 바림이오 이ᄇᆡᆨ가ᄂᆞᆫ 허락ᄒᆞ신 분부를 밋ᄂᆞᆫ고로 야곱을 식혀 그 부친을 속임으로 복을 엇으라 ᄒᆞ엿시니 이ᄇᆡᆨ가 ᄒᆞ라ᄂᆞᆫ 실이 올키ᄂᆞᆫ 올거니와 속임은 놀치 아닌지라 야곱이 그모친의 말을 잘듯고 일을 힝ᄒᆞ기를 두려워 아니ᄒᆞ나 오직 속이다가 도로혀 저쥬ᄅᆞᆯ 맛날ᄭᆞ 의심ᄒᆞ니 그모친이 ᄃᆡ답ᄒᆞ되 만일 저쥬ᄒᆞᆷ이 잇시면 내가 담당ᄒᆞ리라 ᄒᆞᆫ고로 야곱이 그부친압헤 나아가 겁업시 거즛말을 잘ᄒᆞᆫ지라 이삭이 좀 외심 ᄒᆞ엿시나 복을빌어 주엇시니 이세사ᄅᆞᆷ이 다 잘못ᄒᆞᆫ일이 잇도다 첫지ᄂᆞᆫ 이삭이 하ᄂᆞ님의 허락ᄒᆞ신 말ᄉᆞᆷ을 ᄉᆡᆼ각ᄒᆞᆯ지 아님이오 둘지ᄂᆞᆫ 이ᄇᆡᆨ가가 하ᄂᆞ님의 허락ᄒᆞ신 분부를 악ᄒᆞᆫ일노 써 일우고저 ᄒᆞᆷ이오 세지ᄂᆞᆫ 야곱이 악ᄒᆞᆫ 욕심이 나셔 부친ᄭᅴ 속이ᄂᆞᆫ일노 써 복을 엇엇ᄂᆞ니라

묻ᄂᆞᆫ말

一 오ᄂᆞᆯ 공부의 쥬장ᄯᅳᆺ시 무어시뇨
二 이삭이 에셔ᄃᆞ려 무어슬 ᄒᆞ라 ᄒᆞ엿ᄂᆞ뇨
三 이삭이 에셔의게 무ᄉᆞᆷ샹을 허락 ᄒᆞ엿ᄂᆞ뇨
四 이삭이 말ᄒᆞᆫ것을 에셔외에 드른이가잇ᄂᆞ뇨
五 리베기가 야곱의게 무어슬 말ᄒᆞ엿ᄂᆞ뇨
六 야곱이 그부친을 속이랴고 ᄒᆞ엿ᄂᆞ뇨
七 누가 속이기를 ᄭᅬ ᄒᆞ엿ᄂᆞ뇨
八 그ᄭᅬ가 무어시더뇨
九 이삭이 속이ᄂᆞᆫᄃᆡ 무ᄉᆞᆷ 슈샹ᄒᆞᆫ일이 잇섯ᄂᆞ뇨
十 그가 네가 내아ᄃᆞᆯ 에셔냐고 몃번이나 무럿ᄂᆞ뇨
十一 이삭이 웨 야곱을 만져 보고져 ᄒᆞ엿ᄂᆞ뇨
十二 이삭이 음식을 먹은후에 이삭이 무ᄉᆞᆷ 말을 ᄒᆞ엿ᄂᆞ뇨

졔셩권면위쟈문이라

우리 대한 크리스도인 회보 보시ᄂᆞᆫ 형뎨들은 이 회보를 두희를 보왓시니 참 이 회보ᄂᆞᆫ 우리 ᄉᆞ이에 통신국이 되여 소문을 잘 젼ᄒᆞ엿시니 우리 교회즁에 막힌거시 업시 다 통ᄒᆞ엿ᄂᆞᆫ지라 그러나 이거슨 다 눈으로 보ᄂᆞᆫ 교회들 말ᄒᆞᆷ이니 눈으로 보ᄂᆞᆫ 교회라 ᄒᆞᆷ은 이편복ᄉᆞ 쥬리 ᄒᆞ시ᄂᆞᆫ 비지학당과 리온승씨의 맛ᄒᆞ신 달셩회당과 부인들이 주리 ᄒᆞ시ᄂᆞᆫ 리화학당과 동대문안 학당과 조복ᄉᆞ 쥬리 ᄒᆞ시ᄂᆞᆫ 졔물포 회당과 강화의 김샹림씨 쥬리 ᄒᆞ시ᄂᆞᆫ 교항동 회당과 박농일씨 쥬리 ᄒᆞ시ᄂᆞᆫ 홍의 회당과 리명슉씨 쥬리 ᄒᆞ시ᄂᆞᆫ 연안 교회와 김긔범씨 쥬리ᄒᆞ시ᄂᆞᆫ 원산 회당과 로불복ᄉᆞ 쥬리 ᄒᆞ시ᄂᆞᆫ 평양 회당과 이 모든 교회ᄂᆞᆫ 눈으로 보ᄂᆞᆫ 회요 우리가 보지 못ᄒᆞᄂᆞᆫ 회가 ᄒᆞ나 잇ᄉᆞ니 이ᄂᆞᆫ 셩부 셩ᄌᆞ 셩신 삼위일톄 되시ᄂᆞᆫ 하ᄂᆞ님이 쥬라 ᄒᆞ시ᄂᆞᆫ 교회라 누구던지 이 교회에 드러오신 형뎨ᄂᆞᆫ 참 복잇ᄂᆞᆫ쟈로다 원컨ᄃᆡ 모든 형뎨 ᄌᆞ미들이 이 셩신교회에 드러 오기를 위ᄒᆞ여 쓰노니 문제ᄂᆞᆫ 마태복음 십이쟝 삼십팔졀노 말졀ᄭᆞ지 가지고 삼판에 논앗ᄉᆞ니 뎨일판은 졔셩ᄒᆞᄂᆞᆫ 목뎍이니 삼십팔졀노 ᄉᆞ십이졀 ᄭᆞ지요 뎨이판은 권면 ᄒᆞᄂᆞᆫ 목뎍이니 ᄉᆞ십삼졀노 륙졀 ᄭᆞ지요 뎨삼판은 위자ᄒᆞᄂᆞᆫ 목뎍이니 ᄉᆞ십칠졀노 말졀ᄭᆞ지리 ○ 뎨일판으로 말ᄒᆞ면 젼도 듯ᄂᆞᆫ 사ᄅᆞᆷ은 만ᄒᆞ도 듯ᄂᆞᆫ대로 쟈미 엇은이ᄂᆞᆫ 적은고로 그들을 위ᄒᆞ야 말ᄒᆞ노니 몃날 몃례비일 몃날 ᄃᆞ니며 젼도 ᄒᆞᄂᆞᆫ 말을 듯고도 밋지 안ᄂᆞᆫ쟈 심히 강퍅ᄒᆞᆫ지라 녯적에 유대국 ᄉᆞᄌᆞ 법리새 사ᄅᆞᆷ이 예수ᄭᅴ 나아와 말ᄒᆞ되 이적을 보와야 밋겟다 ᄒᆞᆷ은 마셔ᄯᅢ 곳처 압헤 구름 기동을 세우거나 번개를 내거나 마나를 나리거나 이런 이적만 구ᄒᆞ니 심히 강퍅ᄒᆞᆫ지라 예수ᄭᅴ셔 모든병을 곳치시며 귀신을 ᄶᅩᆺ치시며 죽은쟈를 살니셧시니 무ᄉᆞᆷ 더큰 이적을 ᄎᆞ즈리오 그런고로 쥬ᄭᅴ셔 칙망 ᄒᆞ샤ᄃᆡ 군악ᄒᆞᆫ 셰ᄃᆡ라 ᄒᆞ시고 그 밋지 안음을 붉혓시니 이적이 부족 ᄒᆞᆷ이 아니오 뎌들이 스ᄉᆞ로 바림이라 그런고로 또 쥬 닐ᄋᆞ샤ᄃᆡ 심판일을 당ᄒᆞ면 니니미 사ᄅᆞᆷ과 남방녀왕이 모든 강퍅ᄒᆞᆫ쟈를 판죄 ᄒᆞ겟다 ᄒᆞ심은 그들이 요나와 소라문에 젼도를 듯고도 깃부게 밧아 밋엇거든 ᄒᆞ믈며 이제 하ᄂᆞ님의 아ᄃᆞᆯ을 보고 늣고도 아니 밋으면 그 죄를 엇지 도망ᄒᆞ랴 ᄒᆞ심이니 지금도 그들과 ᄀᆞᆺ흔이가 만히잇서 말ᄒᆞ되 쥬일마다 례비당에 가되 무ᄉᆞᆷ쟈미 잇더라고 ᄂᆞᆯ 드려야 권션증악 ᄒᆞᄂᆞᆫ말ᄲᅮᆫ 예수 밋으란 말이지 별쟈미가 업다 ᄒᆞ니 심히 한심ᄒᆞᆫ지라 그런거시간이라 비유컨ᄃᆡ 대한 사ᄅᆞᆷ이 처음으로 셔양 음식을 맛보고 말ᄒᆞ되 그것먹고 살수업다 ᄒᆞ며 대한 조밥과 된장만 못ᄒᆞ다ᄒᆞ나 ᄒᆞᆫ두번 쟈미를 드려먹으면 참 됴은 음식이라 ᄒᆞᄂᆞ니 (미완)

닉보

근일에는 만민들이 다시 뫼히자 아니 ᄒᆞ엿는ᄃᆡ 일젼에 졍부에 엇더ᄒᆞᆫ 대신 ᄒᆞᆫ분이 엇던 외국공관에 가셔 민회에 모모지인 몃분을 쳥ᄒᆞ여 화호ᄒᆞ기를 간쳥 ᄒᆞ엿다는ᄃᆡ 화호가 잘된지 아니된지 진뎍ᄒᆞᆫ ᄉᆞ실은 알수 업시되 사ᄅᆞᆷ들이 말 ᄒᆞ기를 화호란 말이 당쵸 아니ᄒᆞᆫ거시 ᄉᆞ험으로 시비ᄒᆞ다가 화호를 ᄒᆞᆫ다던지 파면을 ᄒᆞᆫ다던지 ᄒᆞ는거슨 가커니와 나라일에는 그런쳐 아니ᄒᆞ나 암만 구슈간이라도 공평 졍직ᄒᆞ게 일만 잘ᄒᆞᆯ것 ᄀᆞᆺᄒᆞ면 ᄆᆡ우 ᄉᆞ랑ᄒᆞ는 ᄆᆞᄋᆞᆷ으로 친밀이 지닐거시오 친형뎨 간이라도 언힙이 간휼ᄒᆞ여 나라일을 잘못ᄒᆞᆯ 디경이면 츙의의 도덕을 가진사ᄅᆞᆷ은 그러ᄒᆞᆫ 쇼인을 구슈ᄀᆞᆺ치 녁일거시여늘 화호 ᄒᆞ쟈는거시 대단이 우습다고들 ᄒᆞ더라

○ 즁츄원 의관들이 회의ᄒᆞ는 ᄌᆞ리에 가용지인을 졍부에 쳔거ᄒᆞᆫ이가 합 십일인인ᄃᆡ 박영효와 셔지필 량씨도 ᄯᅩᄒᆞᆫ 그투표ᄒᆞᆫ 즁에 든지라 졍부에셔 말ᄒᆞ되 박영효는 역명을 벗지 못ᄒᆞ고 ᄐᆞ국에 망명ᄒᆞᆫ쟈여늘 그런 역류를 쳔거 ᄒᆞ는거시 곳 역당이라 ᄒᆞ고 그ᄯᅢ에 동의ᄒᆞᆫ 의관 최졍덕씨와 의쟝뎌관으로 잇던 의관 윤시병씨는 곳 면관ᄒᆞ고 기외 의관들은 가부취결 ᄒᆞᆯᄯᅢ에 가라ᄒᆞ고 부라ᄒᆞᆫ거슬 다짐을 밧는ᄃᆡ 의관들이 ᄉᆞ진ᄒᆞ지 안ᄂᆞᆫ이가 만히 잇셔셔 즁츄원 일이 말이 못된다ᄒᆞ더라

본회 고ᄇᆡᆨ

본회에셔 이 회보를 젼년과 ᄀᆞᆺ치 일쥬일에 ᄒᆞᆫ번식 발간 ᄒᆞ는ᄃᆡ 새로 륙폭으로 작뎡ᄒᆞ고 ᄒᆞᆫ쟝 갑슨 엽젼 오푼이오 ᄒᆞᆫ돌갑슨 미리내면 젼과 ᄀᆞᆺ치 엽젼 ᄒᆞᆫ돈 오푼이라 본국 교우나 셔국 목ᄉᆞ나 교외 친구나 만일 사셔 보고져 ᄒᆞ거든 졍동 아펜셜라 목ᄉᆞ 집이나 죵로 대동셔시에 가셔 사시ᄋᆞᆸ

죵로대동셔시광고

우리 셔샤에셔 셩경 신구약과 찬미척과 교회에 유익ᄒᆞᆫ 여러가지 셔칙과 시무에 긴요ᄒᆞᆫ 칙들을 팔되 갑시 샹당 ᄒᆞ오니 학문상과 시무번에 ᄯᅳᆺ이 잇는 군ᄌᆞ들은 만히 사셔 보시ᄋᆞᆸ

대영국 셩셔 공회 광고

새로 간츌 ᄒᆞᆫ거슨 로마 가라태 골노시 야고보 베드로 젼후셔 티모데 젼후셔니 사셔 보실이는 회샤 쥬인 견묘 션ᄉᆡᆼ씨로 오시ᄋᆞᆸ

뎨삼권

대한그리스도인회보

뎨이호

광무삼년 (합일ᄇᆡᆨ이) 일월십일일

새희에 ᄒᆞᆫ쥬일을 긔도ᄒᆞᆷ

만국 교인들이 ᄆᆡ년 정월 첫쥬일브터 ᄒᆞᆫ 쥬일 동안을 공동ᄒᆞ여 긔도ᄒᆞᄂᆞᆫ 례식이 잇ᄂᆞᆫ고로 우리 대한 교우들도 일심으로 ᄒᆞᆫ곳에 모히여 긔드ᄒᆞ엿ᄂᆞᆫᄃᆡ 정동 미이미 교회와 쟝로 교회가 새문안 회당에 합ᄒᆞ여 엿새동안에 례비ᄒᆞᆫ 절ᄎᆞ를 좌에 대강 긔저ᄒᆞ노라

월요일에 긔도ᄒᆞᆫ 목적은 죄를 고ᄇᆡᆨᄒᆞ고 은혜를 감사ᄒᆞᄂᆞᆫ 뜻인ᄃᆡ 쟝로 교회즁 형뎨 ᄒᆞᆫ사ᄅᆞᆷ이 쥬쟝ᄒᆞ여 인도ᄒᆞ엿고

화요일에 긔도ᄒᆞᆫ 목적은 셩령의 감화ᄒᆞᆷ으로 힘써 나아가게ᄒᆞ고 각 교회가 속속히 ᄒᆞᄂᆞ되기를 군구ᄒᆞᆷ이니 미이미 교회즁 ᄒᆞᆫ 사ᄅᆞᆷ이 쥬쟝ᄒᆞ여 인도ᄒᆞ엿고

슈요일 목적은 각 나라의 권세 잇ᄂᆞᆫ이가 나라ᄒᆞᆯ 다ᄉᆞ릴때에 하ᄂᆞ님 압희서 다ᄉᆞ리게 ᄒᆞ시고 각 나라히 형뎨ᄀᆞᆺ치 지내게 ᄒᆞ시기를 군구ᄒᆞᄂᆞᆫ 뜻이니 쟝로 교즁에서 인도ᄒᆞ엿고

목요일 목적은 교우들이 각각 집안에서 ᄌᆞ손이 긔도ᄒᆞ여 화목케 ᄒᆞ시며 각 학교에서 교휵ᄒᆞ기를 셩경의 뜻과 합당케 ᄒᆞ기를 군구 ᄒᆞᆷ이니 미이미 교즁에서 인도ᄒᆞ엿고

금요일 목적은 그리스도를 아지 못ᄒᆞᄂᆞᆫ 나라에 젼도ᄒᆞᆷ을 감샤ᄒᆞ고 목ᄉᆞ와 의원을 더욱 만히 보내여 아지 못ᄒᆞᄂᆞᆫ 빅셩 즁에서 밋ᄂᆞᆫ 교회가 만히 니러나게 ᄒᆞᆷ과 로마 교우즁에 잘못ᄒᆞᆫ 거ᄉᆞᆯ ᄭᆡ다라 참 리치대로 밋게 ᄒᆞ시고 헛된것과 헛신 위ᄒᆞᄂᆞᆫ거ᄉᆞᆯ 업게 ᄒᆞᆷ이니 쟝로 교즁에서 인도ᄒᆞ엿고

토요일 목적은 그리스도 교를 아ᄂᆞᆫ 나라에 젼도ᄒᆞᆷ과 유대국 사ᄅᆞᆷ의게 젼도ᄒᆞᆷ과 하ᄂᆞ님ᄭᅴ서 ᄐᆡᆨᄒᆞ신 ᄇᆡᆨ셩들이 교회에 드러 오게 ᄒᆞ기를 간구 ᄒᆞᆷ이니 미이미 교회즁에서 인도ᄒᆞ엿더라

삼ᄇᆡᆨ십칠

대한크리스도인 회보

THE KOREAN CHRISTIAN ADVOCATE.
Rev. H. G. Appenzeller, Editor
36 cents per annum
in advance. Postage extra.
Wednesday, JAN. 11th, 1899.

서울 졍동셔 일쥬일에 ᄒᆞᆫ번식 발간 ᄒᆞᄂᆞᆫ듸 아편셜라 목ᄉᆞ가 회보 샤쟝이 되엿더라 일년 갑슬 미리 내면 삼십 륙젼이오 우표갑슨 ᄯᅡ로 잇ᄂᆞ니라

즁파셔로문답ᄒᆞᆫ일

내가 남쪽으로 슈원 쥭산과 안셩 등디로 젼도 갓다가 도라오ᄂᆞᆫ 길에 파쳔 읍니에셔 쉬ᄂᆞᆫ듸 ᄒᆞᆫ즁이 문밧게 와셔 목탁을 두ᄃᆞ리고 렴불ᄒᆞ며 동량을 달나 ᄒᆞ거ᄂᆞᆯ 내가 맛참 그소리를 듯고 그즁을 쳥ᄒᆞ여 서로 좌졍ᄒᆞᆫ후에 내가 즁ᄃᆞ려 뭇기를 지금 외우던 념불은 무어세 유익ᄒᆞ뇨 그즁이 ᄃᆡ답ᄒᆞ되 집에잇ᄂᆞᆫ 집귀가 다 물니가고 지슈가 만타 ᄒᆞ거ᄂᆞᆯ 내가 ᄯᅩ 뭇기를 사ᄅᆞᆷ이 죄를 지어셔 령혼이 디옥에 ᄲᅢ저 죽을거슬 면ᄒᆞ고 살수 잇ᄂᆞ뇨 즁이 ᄃᆡ답ᄒᆞ되 사ᄅᆞᆷ의 죄ᄂᆞᆫ 면ᄒᆞᄂᆞᆫ지 못ᄒᆞᄂᆞᆫ지 알수업시되 불경칙에 긔록ᄒᆞ기를 아미 라불을 부르면 디옥 죽기를 면ᄒᆞᆫ단 말은잇고 디장 보살을 외오면 디장 보살이 디옥 갈쟈를 련화대로 인도 ᄒᆞᄂᆞ이다 ᄯᅩ 뭇기를 아모 사ᄅᆞᆷ이ᄂᆞ 죄를 짓더리도 이 념불을 외오기만 ᄒᆞ면 련화대로 가며 ᄯᅩ 사ᄅᆞᆷ이 죄짓고 죽은 후에라도 이 념불만 외우면 령혼이 디옥에셔 죽을거슬 면ᄒᆞ고 구원ᄒᆞᆷ을 엇어 련화대로 가겟시며 ᄯᅩ부쳐의게 불공ᄒᆞ고 져ᄒᆞᆷ으로 죽을 령혼이 살수 잇겟ᄂᆞ뇨 즁이 ᄃᆡ답ᄒᆞ되 그거슨 ᄌᆞ세히 알수 업시되 불경칙에ᄂᆞᆫ 구원ᄒᆞᆷ을 엇ᄂᆞ다 ᄒᆞ엿ᄂᆞ이다 내가 말ᄒᆞ기를 아모사ᄅᆞᆷ 일지라도 이러케 쉽게 구원ᄒᆞᆷ을 엇을것 ᄀᆞᆺᄒᆞ면 모든 사ᄅᆞᆷ이 다 ᄌᆞ힝ᄌᆞ지 ᄒᆞ여 모든 악독ᄒᆞᆫ일과 모든 흉ᄒᆞᆫ일을 ᄒᆞ고 나즁에 불공 ᄒᆞᆫ번만 ᄒᆞ엿시면 구원ᄒᆞᆷ을 엇음더이뇨 그 즁이 ᄃᆡ답을 못ᄒᆞ고 잇거ᄂᆞᆯ 내가 여러 가지로 즁의게 말ᄒᆞ여 놉흔 도ᄂᆞᆫ 하ᄂᆞ님 도라 이르고 그 다음에 이 셰상을 창조 ᄒᆞ신것과 독싱ᄌᆞ를 이셰상에 보ᄂᆡ샤 창싱을 구속ᄒᆞ심을 말ᄒᆞ며 죽ᄂᆞᆫ리치와 다시사ᄂᆞᆫ 리치와 잘되고 망 ᄒᆞᄂᆞᆫ것과 영싱ᄒᆞᄂᆞᆫ 리치를 다말ᄒᆞ여 이른즉 즁이 이야기를 듯고 깃버ᄒᆞ여 말ᄒᆞ되 나ᄂᆞᆫ 동슈문밧 약ᄉᆞ졀의 잇ᄉᆞ오며 셩명은 경원이라고 ᄒᆞ며 니르되 내가 처음에 길을 잘못 드러셔 이러케 되엿ᄂᆞ이다 지금은 한량업시 놉고 영싱ᄒᆞᄂᆞᆫ 도라 내가 불도를 ᄇᆞ리고 하ᄂᆞ님 도를 뫼시겟다고 말ᄒᆞ며 도학놉흔 션싱을 ᄒᆞᆫ번 차자가 뵈옵고 공부를 ᄒᆞ여 하ᄂᆞ님을 공경 ᄒᆞ겟다 ᄒᆞ기에 반가온 ᄆᆞ음으로 두어ᄌᆞ 적어 우리 교즁 형뎨 ᄌᆞᄆᆡ의게 아시게 ᄒᆞᄂᆞ이다 문경호

례비일공과 일빅이 일월 이십애열

에셔의통곡ᄒᆞᆫ일

창셰긔 이십칠장 삼십절노 ᄉᆞ십륙절ᄭᆞ지

三十 이삭이 야곱을 위ᄒᆞ여 복빌기를 ᄆᆞᆺ치매 야곱
이 드디여 나가니 ᄆᆞᆺ춤 에셔가 산양ᄒᆞ고 도라오
ᄂᆞᆫ지라 三十一 에셔가 ᄯᅩᄒᆞᆫ 됴흔 음식을 ᄆᆞᆫ드러 아
바지의게 가져와 ᄀᆞᆯᄋᆞᄃᆡ 아바지ᄭᅴ셔 니러나 내
가 엇어온 들즘ᄉᆡᆼ 고기를 잡수시고 내게 복을
비러 주쇼셔 三十二 이삭이 ᄀᆞᆯᄋᆞᄃᆡ 네가 누구뇨 에
셔가 ᄀᆞᆯᄋᆞᄃᆡ 아바님 맛아ᄃᆞᆯ 에셔니다 ᄒᆞ니 三十三
이삭이 크게 두려워ᄒᆞ여 심히 ᄯᅥᆯ며 ᄀᆞᆯᄋᆞᄃᆡ 너 오
기젼에 산양ᄒᆞᆫ 음식을 가져와 먹게 ᄒᆞᆫ이가 누구
나 그가 반ᄃᆞ시 복을 밧겟도다 ᄒᆞᆫᄃᆡ 三十四 에셔가
이말을 듯고 크게 울며 ᄀᆞᆯᄋᆞᄃᆡ 아바지 나를 위
ᄒᆞ여 ᄯᅩᄒᆞᆫ 복을 비러 주쇼셔 三十五 이삭이 ᄀᆞᆯᄋᆞᄃᆡ
네 아우가 간샤ᄒᆞᆫ 계교로 와셔 네복을 ᄲᅢ셧도다
三十六 에셔가 ᄀᆞᆯᄋᆞᄃᆡ 야곱이라고 일홈을 ᄒᆞᆷ이 맛
당ᄒᆞ도다 나를 두번을 속여셔 내 맛아ᄃᆞᆯ 업을 ᄲᅢᆺ
고 이제ᄂᆞᆫ 내복을 ᄲᅢ셧도다 ᄯᅩ ᄀᆞᆯᄋᆞᄃᆡ 나를 위
ᄒᆞ여 다시 복을 빌지 못ᄒᆞ겟ᄂᆞᆫ잇가 三十七 이삭이
에셔의게 ᄃᆡ답ᄒᆞ되 내가 야곱으로 ᄒᆞ여곰 너의
쥬인이 되여 모든 형뎨가 그의죵이 되게ᄒᆞ고 곡
식과 술노 써 주엇ᄉᆞ니 이제 무어ᄉᆞ로 너를 주
리오 三十八 에셔가 제 아바지ᄃᆞ려 ᄀᆞᆯᄋᆞᄃᆡ 내 아바
지여 복빌미 엇지 ᄒᆞᆫ번ᄲᅮᆫ 이리오 다시 나를 위
ᄒᆞ여 비러 주쇼셔 ᄒᆞ고 이에 소리질너 우니 三十九
에셔 아바지 이삭이 ᄀᆞᆯᄋᆞᄃᆡ 너의 거ᄒᆞᆫ곳이 옥토와
하ᄂᆞᆯ노 이슬이 ᄂᆞ려 오ᄂᆞᆫᄃᆡ에셔 먼곳이 될거시니
四十 네가 네칼을 가지고 ᄉᆡᆼ이ᄒᆞ여 네 아우를 셤길
거시오 네가 만일 외방에셔 살면 네억기에 멍에를
버시리라 ○ 四十一 에셔가 그 아바지가 야곱을 위
ᄒᆞ여 복 빌므로 야곱을 뮈워ᄒᆞ여 속으로 ᄀᆞᆯᄋᆞᄃᆡ
아바지 죽으실 날이 갓가오니 내 반ᄃᆞ시 아우를
죽이리니 四十二 리베가가 에셔의 이말을 듯고 야곱
을 불너 ᄀᆞᆯᄋᆞᄃᆡ 네형이 너를 죽이여 분ᄒᆞᆷ 풀
고져 ᄒᆞ니 四十三 이제 네가 내말을 좃차 하란으로
ᄃᆞ라나 외삼촌 라반을 보고 四十四 ᄒᆞᆷᄭᅴ 수일을 머
믈너 네형의 노여ᄒᆞᆷ이 풀니기를 기ᄃᆞ리라 四十五 그
노홈이 풀녀 네가 ᄒᆞᆫ거ᄉᆞᆯ 니져 ᄇᆞ리거든 내가 사
ᄅᆞᆷ을 보내여 너를 ᄇᆞᄅᆞ리니 내가 엇지 ᄒᆞᆫ날에 두
아ᄃᆞᆯ을 일흐리오 四十六 리베가가 이삭ᄃᆞ려 닐ᄋᆞᄃᆡ
내가 헷ᄯᅡ 계집으로 평ᄉᆡᆼ에 근심이 되고 만일
야곱이 ᄯᅩᄒᆞᆫ 이와ᄀᆞᆺ치 헷ᄯᅡ 계집의게 쟝가들면
내가 엇지 살니오

주석

이 공부에 쳣재논 나히만흔 이삭이 속은것을 슬퍼흔 것이라 야곱이 즈긔 아바지를 속이고 복을 밧앗시며 에셔논 산양흐다 도라와 복을 엇으랴고 됴흔 음식을 문드러 즈긔 아바지때 드리때 이삭이 심히 낙심흐며 엇지흘줄 몰라 두려워 흔것은 즈긔 죄파를 세닷고 하느님을 슌죵치 아니흠을 알앗시나 즈긔 흔것은 밧굴수 업서 복은 야곱의게로 간것이오 둘재논 에셔의 의통흔 것이라 에셔가 통곡흔것은 즈긔의 복을 일허브린 연피라 즈긔가 쟝즈의 업을 소홀이 녀여 팟죽 흔그릇서 즈긔업을 야곱의게 풀고 또 복을 야곱의게 쌔앗기고 즈긔죄를 위흐여눈 슬퍼흐지 아니흐고 즈긔 산업만 일허 브린거슬 슬퍼 흐얏시매 그사룸의 뉘웃친거시 참되지 아니흔고로 소원을 일우지 못흐얏논니라 (후에 복을 빌고쟈 흐다가 도로혀 브림을 보앗시니 즈식이 비록 효음흐여 구흐나 아비가 인흐여 그뜻을 돌니지 아니흠을 너희 아논 바ㅣ라 (히빅리 십이쟝 십칠졀) 셋재논 리베가의 슬퍼흠이라 야곱이 즈긔 아바니 속인죄를 리베가가 계 흐엿스매 에셔가 야곱을 죽이랴고 작뎡흠을 인흐여 리베가가 형벌 밧은것은 야곱이 형을떠나 집을 브리고 도망흐매 그어머니가 다시 보지 못흐엿시며 넷재논 야곱이 그때로 셩젼고초와 실망과 정투와 근심으로 지내여 이젼에 즈긔형과 아바지의게 얼마나 죄을진것 쌔다랏느니라

죄는 흉샹 악흔 것이오 죄는 흉샹 벌 밧는 것이라

뭇는말

一 이삭이 복을 빈후에 또 누가 음식을 가져왓느뇨

二 에셔가 그 부친의게 무어슬 구흐엿느뇨

三 이삭이 그 말을 듯고 무어시라 디답 흐엿느뇨

四 에셔가 무슴일노 통곡 흐엿느뇨

五 이삭이 또 무슴말을 흐엿느뇨

六 아곱이란 일홈이 엇지 합당흐뇨

七 야곱이 엇더케 쟝즈의업을 쎄셧더뇨

八 엇지 다시 복빌수 업다 흐엿느뇨

九 에셔를 위흐여 복을 엇더케 비럿느뇨

十 에셔가 야곱을 엇더케 해코져 흐엿느뇨

十一 리베가가 적은 아들의게 무슴 말을 흐엿느뇨

十二 라벤은 엇더흔 사룸이뇨

十三 리베가가 평성에 근심 되는일이 무어시뇨

十四 그때에 이삭의 나히 젊머더뇨

졔셩권면위쟈문이라 속젼호

이와ᄀᆞᆺ치 춤밋어 셩신의 쟈미를 엇으면 그의셔 더ᄒᆞᆫ 쟈미ᄂᆞᆫ 업다 ᄒᆞ리라 쟈미 두 글ᄌᆞᄂᆞᆫ (복를 쟈ᄌᆞ)(맛미ᄌᆞ이니) 예수 말ᄉᆞᆷᄒᆞ샤ᄃᆡ 겨ᄌᆞ씨 만치 밋으면 산을 바다에 옴기ᄂᆞᆫ 밋음이 난다 ᄒᆞ셧시니 그외셔 더 붓ᄂᆞᆫ거시 어ᄃᆡ 잇시리오 가령 영영ᄒᆞᆫ 고싱 밧을거슬 면ᄒᆞ고 영영ᄒᆞᆫ 복락을 밧겟다 ᄒᆞ여도 쟈미가 업다ᄒᆞ면 필경의 디옥에 가ᄂᆞᆫ 쟈미밧긔 다른 쟈미ᄂᆞᆫ 모를지라.

○ 메이팬으로 달ᄒᆞ면 갑오년 이후로 각쳐 교우와 회당이 만히 흥왕 ᄒᆞ엿시나 더욱 진보 ᄒᆞ지 못ᄒᆞ고 반도이 폐ᄒᆞ면 심히 위티ᄒᆞᆯ지라 그런고로 예수ㅣ 비유를 배퍼 ᄀᆞᆯᄋᆞ샤ᄃᆡ 샤귀가 사ᄅᆞᆷ의게 ᄯᅥ낫다가 후에 ᄀᆞᆯᄋᆞᄃᆡ 내가 쟝ᄎᆞ 나온 집으로 도라 가겟다 ᄒᆞ고 곳 가셔 그집이 고요ᄒᆞ며 잘 ᄊᆞ러스며 잘 수식ᄒᆞᆫ거슬 보고 곳 가셔 ᄌᆞ긔보다 더 악ᄒᆞᆫ귀신 닐곱을 다리고 와셔 거ᄒᆞ니 그 사ᄅᆞᆷ의 후환이 젼보다 더 크리라 ᄒᆞ엿시니 이ᄂᆞᆫ 유태 사ᄅᆞᆷ을 ᄀᆞ르친 말ᄉᆞᆷ이라 녯적에 하ᄂᆞ님ᄭᅴ셔 이급에셔 구완ᄒᆞ시고 ᄯᅩ 파비륜의게 구완ᄒᆞ셧시되 그들이 우샹 셤기ᄂᆞᆫ 죄를 아조 바리고 하ᄂᆞ님ᄭᅴ로 도라 오지안코 ᄯᅩ 예수ᄯᅢ에도 그들 ᄆᆞᄋᆞᆷ이 더욱 완경ᄒᆞ여 비록 비 우샹은 아니ᄒᆞ나 ᄆᆞᄋᆞᆷ에 흉포ᄒᆞ여 외문만 슝샹ᄒᆞ니 악ᄒᆞᆫ 귀신 닐곱이 거ᄒᆞᆷ이라 ᄯᅩ 후환이 더 크다ᄒᆞᆷ은 ᄉᆞ십년후에 다마 군병이 예루살넴 셩을 불노으며 그빅셩을 잡아 가ᄂᆞᆫ날에ᄂᆞᆫ 이급에셔 고싱 ᄒᆞ던것과 파비륜의게 잡혀 가던거손 오히려 평안ᄒᆞᆯ지라 그런즉 후환이 젼보다 더ᄒᆞᆫ지라 지금 사ᄅᆞᆷ도 처음에ᄂᆞᆫ 셩신의 감동ᄒᆞᆷ으로 잠간 회ᄀᆡ ᄌᆞ신ᄒᆞ며 츌샤 승진ᄒᆞ며 거악힝션 ᄒᆞ다가 후에 반도이 ᄑᆡᄒᆞ교 즁심의 힝ᄒᆞᆯ바ᄅᆞᆯ 아지 못ᄒᆞ고 뒤ᄒᆞ로 옴츠러지면 그ᄯᅢᄂᆞᆫ 샤귀가 도로 드러와 거ᄒᆞ여 그사ᄅᆞᆷ의 후환이 젼보다 심ᄒᆞᆫ지라 무릇 회당을 세웟다 ᄒᆞ고 모히ᄂᆞᆫ 사ᄅᆞᆷ이 몃십명이 되다가 후에 스ᄉᆞ로 폐ᄒᆞ면 그곳은 다시 회를 니리키기가 어려울 거시니 어ᄃᆡ던지 회당을 세운다 ᄒᆞ면 처음에 ᄆᆡ우 조심 ᄒᆞᆯ거시오 ᄯᅩ 누구던지 도를 밋다가 후에 도도 셰쇽을 ᄶᅩᆺᄂᆞᆫ쟈ᄂᆞᆫ 후에 다시 회ᄀᆡ ᄒᆞ기 어려울줄 아노라 그런즉 반도이 폐ᄒᆞᄂᆞᆫ 위험을 막고져 ᄒᆞ면 혼갓 허물을 곳쳐고 쥬ᄭᅴ 도라와 슌복만 ᄒᆞ여ᄯᅩ 무익 ᄒᆞᄂᆞ니 다만 죄를 버리고도 하ᄂᆞ님ᄭᅴ 은혜를 밧지 못ᄒᆞ면 ᄯᅩᄒᆞᆫ 쓸ᄃᆡ 업ᄂᆞ니라 이러므로 우리 무리가 오직 귀신섬기ᄂᆞᆫ 거시나 버리고 례비당에나 ᄃᆞᆫ이고 신약이나 좀 안다고 자랑ᄒᆞᆯ거시 아니라 우리가 도를 듯던날 브터 죽ᄂᆞᆫ날 ᄭᆞ지 더욱 맛당히 긔도ᄒᆞ여 셩령이 우리 ᄆᆞᄋᆞᆷ엣 늘 거ᄒᆞ게 ᄒᆞ고 즁도이 폐ᄒᆞ지 안키를 ᄇᆞ라노라 (미완)

닉보

즁츄원 의관이 젼후에 면관된이가 최졍덕씨와 윤시병씨와 신히영씨와 어용션씨와 니승만씨와 홍재긔씨와 변하진씨 합 닐곱 사ᄅᆞᆷ인딕 그후에 새로 의관ᄒᆞᆫ이가 몃사ᄅᆞᆷ이 잇시며 일젼에 즁츄원에셔 졍부 지휘를 밧어 다른마을 관인과 ᄀᆞᆺ치 날마다 ᄉᆞ진ᄒᆞ야 졍부에셔 뭇ᄂᆞᆫ 의안이 잇시면 회의ᄒᆞ여 결뎡도 ᄒᆞ며 ᄉᆞ진ᄒᆞᄂᆞᆫ 시간은 ᄆᆡ일 오젼 십일시로 의례히 작뎡ᄒᆞ여 만일 늣게 ᄉᆞ진ᄒᆞᄂᆞᆫ 의관은 ᄒᆞᆫ시에 벌금 십젼식 밧고 ᄒᆞ로를 무고히 ᄉᆞ진을 아니ᄒᆞ면 벌금 륙십젼식 밧고 ᄆᆡ일 오후 ᄉᆞ시에 퇴ᄉᆞ ᄒᆞ기로 작뎡 ᄒᆞ엿다더라

○휘덕군슈 됴쳘하씨ᄂᆞᆫ 갑오이후로 경장ᄒᆞᆫ 쟝뎡을 알지 못ᄒᆞᄂᆞᆫ지 간휼ᄒᆞᆫ 아젼의 말을듯고 ᄇᆡᆨ셩의 폐막을 도라보지 아니ᄒᆞ며 쟝시에 쳔히 ᄃᆞᆫ니며 ᄒᆞᄂᆞᆫ말이 이고을은 아젼은 양슈ᄒᆞ고 ᄇᆡᆨ셩은 흉포 ᄒᆞ다ᄒᆞ며 아젼을 지휘ᄒᆞ여 민간에 직세치탁 칭탁ᄒᆞ고 공납 미결에 렬젼 여돏돈식 밧으며 기외 잡세가 무수ᄒᆞᆫ때 ᄇᆡᆨ셩이 견딜수 업셔 민심이 흉흉ᄒᆞ다 ᄒᆞ니 너부에셔ᄂᆞᆫ 이런 소문을 듯지 못 ᄒᆞᄂᆞᆫ지

○인쳔항 교우 양근셕은 본시 빈한ᄒᆞ여 뎔로 모군으로 ᄌᆞᄉᆡᆼᄒᆞ더니 미ᄉᆞ에 근간ᄒᆞ고 신실ᄒᆞᆷ으로 십쟝이 되엿ᄂᆞᆫ딕 ᄌᆞ긔의 월급을 타가지고 병든 모군의게 약을먹여 쳐료 ᄒᆞ기와 의복 업ᄂᆞᆫ 모군이면 의복지여 닙히기와 쥬리ᄂᆞᆫ 사ᄅᆞᆷ이 잇스면 음식갑을 주어먹이고 곤고ᄒᆞᆫ 형뎨 잇스면 긍휼ᄒᆞᆫ ᄆᆞᄋᆞᆷ으로 연조 ᄒᆞ오니 참 이런 사ᄅᆞᆷ은 본밧을만 ᄒᆞ다고 셔츄원과 김죵호와 김셕쥰씨가 항구 대로 번에 광고를 붓쳣다더라

본회 고ᄇᆡᆨ

본회에셔 이 회보를 젼년과 ᄀᆞᆺ치 일쥬일에 ᄒᆞᆫ번식 발간 ᄒᆞᄂᆞᆫ딕 새로 륙폭으로 작뎡ᄒᆞ고 ᄒᆞᆫ쟝 갑슨 엽젼 오푼이오 ᄒᆞᆫᄃᆞᆯ갑슬 미리내면 젼과 ᄀᆞᆺ치 엽젼 ᄒᆞᆫ돈 오푼이라 본국 교우나 셔국 목ᄉᆞ나 교외 친구나 만일 사셔 보고져 ᄒᆞ거든 졍동 아편셜라 목ᄉᆞ 집이나 죵로 대동셔시에 가셔 사시옵

죵로대동셔시광고

우리 셔샤에셔 셩경 신구약과 찬미칙과 교회에 유익ᄒᆞᆫ 여러가지 셔칙과 시무에 긴요ᄒᆞᆫ 칙들을 팔되 갑시 샹당 ᄒᆞ오니 학문샹과 시무번에 뜻이 잇ᄂᆞᆫ 군ᄌᆞ들은 만히 사셔 보시옵

대영국 셩셔 공회 광고

새로 간츌 ᄒᆞᆫ거슨 로마 가라태 골노시 야고보 베드로 젼후셔 듸모데 젼후셔니 사셔 보실이ᄂᆞᆫ 회샤 쥬인 견묘 션ᄉᆡᆼ떼로 오시옵

뎨삼권

대한크리스도인회보

뎨삼호

광무삼년 (삼뢰일합) 일월십팔일

셩경공부ᄒᆞ는티요

긴훈법

구셰쥬를 밋는 형뎨와 ᄌᆞ미들은 불가불 셩경을 공부 ᄒᆞᆯ거신ᄃᆡ 셩경의 오묘ᄒᆞᆫ 뜻시 셰샹 사ᄅᆞᆷ의 져술ᄒᆞᆫ 칙과 대단이 다르고 구셰쥬의 권능이 또ᄒᆞᆫ 셰샹의 셩인과 ᄀᆞᆺ지 아니ᄒᆞᆫ지라 구셰쥬의 지혜ᄂᆞᆫ 하ᄂᆞ님과 ᄀᆞᆺᄒᆞ신 신이시요 뎨ᄂᆞᆫ 사ᄅᆞᆷ과 ᄀᆞᆺᄒᆞ시니 셩경을 공부 ᄒᆞᄂᆞᆫ쟈ㅣ ᄆᆞᄋᆞᆷ에 ᄒᆞᆼ샹 이 두가지 뜻슬 궁구 ᄒᆞᆯ지니라

○셩경에 ᄀᆞᆯᄋᆞ샤ᄃᆡ 예수ᄭᅴ셔 곤ᄒᆞ실ᄯᅢ에 문도로 더브러 비에셔 즘으셧시니 어거슨 사ᄅᆞᆷ의 셩픔이요 ᄌᆞᆷ을 ᄭᆡ샤 바람과 물결을 ᄭᅮ지ᄉᆡ시ᄆᆡ 바다가 즉시 고요 ᄒᆞ엿시니 엇지 하ᄂᆞ님의 권능이 아니시며 예수ᄭᅴ셔 나살노 무덤 압헤 가셔 룽곡 ᄒᆞ셧시니 이거슨 사ᄅᆞᆷ의 샹졍이요 그후에 나살노를 불으샤 다시 살게 ᄒᆞ셧시니 어거슨 셩신의 권능이라 이 몃가지 일을 보건ᄃᆡ 예수ᄭᅴ셔 신이시요 사ᄅᆞᆷ 이신줄을 가히 증거 ᄒᆞᆯ거시니 공부ᄒᆞᆯ 뎨목을 좌에 긔지 ᄒᆞ노라

○첫지ᄂᆞᆫ 예수ᄭᅴ셔 신이심을 의론ᄒᆞ니 (마태복음 일장 이십 이삼절과 요한복음 일장 일절과 이십장 삼십일절과 뎨마려 젼셔 삼장 십륙절과 희빅리 일장 팔절이요) 둘지ᄂᆞᆫ 예수ᄭᅴ셔 하ᄂᆞ님의 아ᄃᆞᆯ이심을 의론 ᄒᆞᆷ이니 (마가복음 일장 일절과 구장 칠절과 요한복음 오장 이십이삼절과 가랍태인셔 ᄉᆞ장 ᄉᆞ절과 희빅리인셔 일장 이절과 요한일셔 ᄉᆞ장 십ᄉᆞ절과 오장 오절이요) 셋지ᄂᆞᆫ 예수ᄭᅴ셔 하ᄂᆞ님과 ᄒᆞᆷᄭᅴ 영화로 오심을 의론 ᄒᆞᆷ이니 (요한복음 일장 이졀과 오장 이십삼절과 이십륙절과 십장 삼십절과 비립비 이장 륙절과 가라셔 일장 십ᄉᆞ 오절과 십구절과 이장 구절이요 넷지ᄂᆞᆫ 예수ᄭᅴ셔 신의 권능이 하ᄂᆞ님과 ᄀᆞᆺᄒᆞ심을 의론 ᄒᆞᆷ이니 (요한복음 일장 삼절과 가라셔 일장 십륙절과 에십칠절이요) 다ᄉᆞᆺ지ᄂᆞᆫ 예수ᄭᅴ셔 샤죄ᄒᆞᄂᆞᆫ 권능이 잇심을 의론 ᄒᆞᆷ이니 (마가복음 이장 오졀노 십절 ᄭᆞ지와 누가복음 칠장 ᄉᆞ십 칠팔구절과 피득젼셔 이장 이십삼절과 희빅리인셔 칠장 이십칠팔절과 마태복음 이십팔장 십팔절과 가라셔 이장 십절이니라

대한크리스도인 회보

대한크리스도인회보

THE KOREAN
CHRISTIAN ADVOCATE.
Rev. H. G. Appenzeller, Editor
36 cents per annum
in advance. Postage extra.
Wednesday, JAN. 1[illegible]th, 1899.

서울 정동셔 일쥬일에 ᄒᆞᆫ번식
발간 ᄒᆞᄂᆞᆫ디 아편셜러 목ᄉᆞ
회보 샤쟝이 되엿더라
일년 갑슬 미리ᄂᆡ면 삼
십 륙젼이오 우표갑슨
ᄯᅩ로 잇ᄂᆞ니라

혁신론

청국교우 산한거ᄉᆞ라 ᄒᆞᄂᆞᆫ 사ᄅᆞᆷ이 글을 지엿기로 그 대강뜻만 긔지ᄒᆞ야 형뎨들노 보시게 ᄒᆞ노라

현금 북경 정부가 정신을 가다듬고 다ᄉᆞ리기를 구ᄒᆞ며 옛거슬 곳치고 새거슬 도모 ᄒᆞᆫ다 ᄒᆞ나 능히 효박ᄒᆞᆫ 풍속을 변ᄒᆞ지 못ᄒᆞ고 젹루ᄒᆞᆫ 구습을 곳치지 못ᄒᆞᆷ은 근본의 큰거슨 좃지안코 말기의 젹은것만 변ᄒᆞᆷ이라 ᄆᆞᄋᆞᆷ을 발니ᄒᆞ고 힝실을 진실케 ᄒᆞᆷ은 구미 각국 도학의 근본이요 큰거시며 병함을 제조ᄒᆞ고 텰로를 슈츅ᄒᆞᆷ은 각국 졍치의 말개요 젹은거시라 근본은 숭상치 아니ᄒᆞ고 다만 긔계의 편리ᄒᆞᆷ만 취ᄒᆞ니 이거슨 요슌의 님군으로 우회 계시고 이눈 쥬공의 신하로 아래 잇서며 풍ᄌᆞ 밍ᄌᆞ로 ᄉᆞ승을 삼으며 손빈 오긔로 장슈를 삼을지라도 나라의 다ᄉᆞ림을 엇을수 업는지라 가식 나무에 가지를 버히고 실과 나무의 가지를 련ᄒᆞ여 두게되면 파연 됴흔 실과를 밋질수 잇ᄂᆞᆫ뇨 반다시 가식 나무의 ᄲᅮ리를 캐여 ᄇᆡ리고 됴흔 실과를 심은후에 비양을 잘ᄒᆞᆯ진ᄃᆡ 됴흔 실과를 먹을날이 잇실지라 지극히 인이ᄒᆞ시고 공평ᄒᆞ신 하ᄂᆞ님ᄭᅴ셔 엇지 태셔 졔국만 도아주시고 우리 청국은 독히 권고치 아니시리오 졔ᄉᆞ를 졍셩으로 드리지 안코 긔도를 간절케 아닌거시 아니라 쓸ᄃᆡ업ᄂᆞᆫ 산쳔과 우샹의게 졔ᄉᆞ ᄒᆞ야 졍셩이 젼일처 못ᄒᆞᆷ이라 비록 총명ᄒᆞ고 지혜잇ᄂᆞᆫ 션비라도 말ᄒᆞ기를 창창ᄒᆞᆫ 하ᄂᆞᆯ 리치를 뉘가 측량ᄒᆞ리오 ᄒᆞ야 구세쥬의 거룩ᄒᆞᆫ 도학은 이단이라 지목ᄒᆞ며 순순히 ᄀᆞᄅᆞ치ᄂᆞᆫ 젼도의 말ᄉᆞᆷ은 귀를 가리워 듯지 아니ᄒᆞ고 절절히 감복ᄒᆞᆯ 셩경의 글은 눈을 감어 보지 아니ᄒᆞ며 혹은 말ᄒᆞ되 예수의 도가 셔국은 다ᄉᆞ릴 지언뎡 즁화에ᄂᆞᆫ 쓸ᄃᆡ업다 ᄒᆞᄂᆞ니 진실노 귀막고 눈업ᄂᆞᆫ 사ᄅᆞᆷ이로다 슬프다 나라의 병듬이여 오괴ᄒᆞ고 허탄ᄒᆞᆫ 거스로 바르다 ᄒᆞ며 간샤ᄒᆞ고 거즛홈으로 지능이라 ᄒᆞ야 곳곳마다 우샹이 잇시며 아편연의 폐단이 젼국에 통힝ᄒᆞ며 덤치ᄂᆞᆫ 풍속과 ᄐᆡ일ᄒᆞᄂᆞᆫ 습업과 풍슈의 산디 봄과 ᄉᆞ쥬쟝의 화복을 ᄒᆞᆷ과 녯젹 비괴를 밋어 당집을 설립ᄒᆞ며 츅복ᄒᆞᄂᆞᆫ 허비가 일년에 쳔만원식 업서지니 나라이 ᄎᆞᄎᆞ 빈궁ᄒᆞ며 ᄇᆡᆨ셩이 점점 어두온지라 졍부에셔 이 거슬 일졀히 금단ᄒᆞ고 그 허비ᄒᆞᄂᆞᆫ 지물노 학교를 셜립ᄒᆞ고 인민을 교휵케 ᄒᆞ엿시면 병함을 제조ᄒᆞᆷ과 병뎡을 면히 기르ᄂᆞᆫ것 보담 나흘 거시오 신구약의 리치로 젼국 ᄇᆡᆨ셩을 ᄀᆞᄅᆞ칠진ᄃᆡ 사ᄅᆞᆷ의 ᄆᆞᄋᆞᆷ을 감화ᄒᆞ야 나라의 풍속이 크게 변화ᄒᆞ리라 ᄒᆞ엿더라

삼빅이십ᄉᆞ

레비일공과 일빅삼 일월 이십구일

야곱이 베델에 잇슴

창셰긔 이십팔장 십절노 이십이절ᄭᆞ지

ᄒ야곱이 벱시파를 ᄯᅥ나셔 하란을 향ᄒᆞ여 가다가 十一 ᄒᆞᆫ곳에 니르니 히가 졈은지라 밤을 지낼새 돌을 가지고 벼개를 ᄒᆞ여 베고 그곳에 누어자더니 十二 ᄭᅮᆷ에 ᄒᆞᆫ 샤닥이 ᄯᅡ에 닐어셔 ᄭᅳᆺ치 하ᄂᆞᆯ에 다앗시매 하ᄂᆞ님의 텬ᄉᆞ들이 우헤셔 오르락 ᄂᆞ리락 ᄒᆞ고 十三 야화화ᄭᅴ셔 그 ᄉᆞ닥이에 계셔 ᄀᆞᆯᄋᆞ샤ᄃᆡ 나ᄂᆞᆫ 너의 조샹 아브라함과 이삭의 하ᄂᆞ님 야화화니 너 누은 ᄯᅡ으로 써 너를 주어 ᄌᆞ손ᄭᆞ지 밋처계 ᄒᆞᆯ거시오 十四 ᄯᅩᄒᆞᆫ 네 ᄌᆞ손으로 ᄒᆞ여곰 ᄯᅡ의 몬지ᄀᆞᆺ치 만하 동셔 남북에 퍼지고 만민이 네 ᄌᆞ손을 인ᄒᆞ여 복을 밧을거시오 十五 내가 너를 도아 너 가ᄂᆞᆫ곳 마다 보호ᄒᆞ고 다시 이ᄯᅡ으로 도라오게 ᄒᆞ여 너를 ᄇᆞ리지 아니ᄒᆞ고 내가 네게 허락ᄒᆞᆫ거ᄉᆞᆯ 일위게 ᄒᆞ리라 ○ 十六 야곱이 ᄌᆞᆷ을ᄭᆡ여 ᄀᆞᆯᄋᆞᄃᆡ 야화화ᄭᅴ셔 과연 여긔 계시되 내가 아지 못ᄒᆞ엿도다 十七 이에 두려워 ᄒᆞ여 ᄀᆞᆯᄋᆞᄃᆡ 이곳이 참 하ᄂᆞ님의 집이오 ᄯᅩᄒᆞᆫ 하ᄂᆞᆯ 문이니 엇지 두려워 ᄒᆞ고 공경 ᄒᆞᆯ곳이 아니리오 ᄒᆞ여 十八 드ᄃᆡ여 아참에 니러나셔 벼개 ᄒᆞ엿든 돌을 가지고 기동을 ᄆᆞᆫ드러 세우고 그우헤 기름을 브르고 十九 이왕에 그 고을 일홈이 루스러니 곳쳐 ᄀᆞᆯᄋᆞᄃᆡ 베델이라 ᄒᆞ고 二十 야곱이 드ᄃᆡ여 ᄆᆡᆼ셰ᄒᆞ야 ᄀᆞᆯᄋᆞᄃᆡ 만일 하ᄂᆞ님ᄭᅴ셔 나와 ᄒᆞᆷᄭᅴ ᄒᆞ며 나를 도아 나 가ᄂᆞᆫ곳 마다 보호 ᄒᆞ고 먹을 음식과 입ᄂᆞᆫ 옷ᄉᆞᆯ 주샤 二十一 나로 ᄒᆞ여곰 편안이 내 아바지 집에 도라가게 ᄒᆞ시면 야화화ᄭᅴ셔 반ᄃᆞ시 내의 하ᄂᆞ님이 될거시오 二十二 ᄯᅩᄒᆞᆫ 내가 이돌노 써 세운 기동이 하ᄂᆞ님의 셩뎐이 될거시오 하ᄂᆞ님ᄭᅴ셔 주신 모든 물건에셔 열의 ᄒᆞ나식을 드리겟ᄂᆞ이다

주셕

이 공부에 세가지 됴목이 잇ᄉᆞ니

一 첫ᄌᆡᄂᆞᆫ 묵시 ᄒᆞ신 거시요

二 둘ᄌᆡᄂᆞᆫ 소ᄅᆡ요

三 셋ᄌᆡᄂᆞᆫ ᄆᆡᆼ셰 ᄒᆞᆫ거시라

一 야곱이 잘못ᄒᆞᆫ 일노 제아바지 집을 ᄯᅥ나 벱시파에셔 하란이 샹거가 거의 일쳔 이빅리 되ᄂᆞ니 ᄒᆞᆫ곳에 니르러 사ᄅᆞᆷ 잇ᄂᆞᆫᄃᆡ 가기를 두려워 ᄒᆞ여 들에셔 돌노 벼개ᄒᆞ고 자ᄂᆞᆫᄃᆡ ᄭᅮᆷ을 엇으니 샤닥 다리가 ᄯᅡ에셔 브터 하ᄂᆞᆯ에 다앗고

그 우호로 텬ᄉᆞ가 오리락 나리락 ᄒᆞ고 텬ᄉᆞ가 ᄯᅡ우헤 잇셔 사ᄅᆞᆷ을 시종 ᄒᆞ더라 (히브리인셔 일쟝 십ᄉᆞ졀)

二 하ᄂᆞ님ᄭᅴ셔 이 젹젹ᄒᆞᆫ 곳에 오샤 야곱을 보시고 그와 ᄒᆞᆷᄭᅴ 말ᄉᆞᆷ ᄒᆞ실ᄉᆡ 하ᄂᆞ님이 샤닥다리 ᄭᅩᆨ닥이에 계시고 텬ᄉᆞ가 그우헤 잇시며 피곤ᄒᆞᆫ 나그내ᄂᆞᆫ 그밋헤 잇ᄂᆞᆫ듸 하ᄂᆞ님ᄭᅴ셔 ᄌᆞ긔의 허락 ᄒᆞ심을 새롭게 ᄒᆞ시며 야곱ᄃᆞ려 ᄒᆞ되 갓다가 이ᄯᅡ으로 다시 다려 오겟다 ᄒᆞ시더니 이 허락이 ᄉᆞ십년 후에 응ᄒᆞ엿더라

三 야곱이 그곳에 하ᄂᆞ님이 계신줄 ᄭᆡ닷고 두려워 ᄒᆞ여 공경 ᄒᆞ거ᄂᆞᆯ 하ᄂᆞ님ᄭᅴ셔 그위에 말ᄉᆞᆷ ᄒᆞ시매 야곱이 이에 돌을 세우고 그 우희 기름을 붓고 하ᄂᆞ님ᄭᅴ 십분지 일을 밧치기로 ᄆᆡᆼ셰ᄒᆞ더라 ᄇᆡ들ᄂᆞᆫ 하ᄂᆞ님의 집 ᄯᅳᆺ시라

뭇ᄂᆞᆫ말

一 야곱이 아바지 집에서 웨 ᄯᅥ나 갓ᄂᆞ뇨

二 야곱이 어ᄃᆡ로 가셧ᄂᆞ뇨

三 밤에 자고 ᄇᆞᆯ셔 집에서 얼마나 ᄯᅥ낫더뇨

답 거의 일ᄇᆡᆨ 삼십리오

四 야곱이 그날밤에 무어ᄉᆞᆯ 보앗더뇨

五 야곱은 ᄯᅩ 무ᄉᆞᆷ말을 드럿ᄂᆞ뇨

六 ᄌᆞᆷ을ᄭᆡ셔 무ᄉᆞᆷ ᄉᆡᆼ각이 낫ᄂᆞ뇨

七 야곱이 무어ᄉᆞᆯ ᄒᆞ엿ᄂᆞ뇨

八 그후ᄂᆞᆫ ᄆᆡᆼ셰를 지히엿ᄂᆞ뇨

九 그젼에도 십일됴 드리ᄂᆞᆫ 사ᄅᆞᆷ이 잇셧ᄂᆞ뇨

十 그ᄯᅡ 일홈을 무어시라 곳쳣ᄂᆞ뇨

十一 예셔ᄂᆞᆫ 그ᄯᅢ에 무ᄉᆞᆷ일을 ᄒᆞ엿ᄂᆞ뇨

十二 오ᄂᆞᆯ 공부에 본밧을 일이 무어시ᄂᆞ뇨

졔셩권면위쟈문이라

속젼호

○삼관으로 말ᄒᆞ면 츰으로 쥬를 밋고 좃ᄂᆞᆫ쟈ᄂᆞᆫ 쥬께셔 가쟝 ᄉᆞ랑 ᄒᆞᄂᆞᆫ지라 그들을 위ᄒᆞ여 위로ᄒᆞ노니 일작이 쥬께셔 말ᄉᆞᆷ ᄒᆞ시되 내 아바지에 뜻을 좃ᄂᆞᆫ쟈ᄂᆞᆫ 나의 형뎨요 ᄌᆞ미요 어마니라 ᄒᆞ심은 예수가 일작이 그 부모와 동싱을 ᄒᆞᆼ샹 ᄉᆞ랑ᄒᆞ심은 사ᄅᆞᆷ마다 아ᄂᆞᆫ바 엿만은 밋고 좃ᄂᆞᆫ쟈를 그ᄀᆞᆺ치 ᄉᆞ랑ᄒᆞ시ᄂᆞᆫ 줄은 사ᄅᆞᆷ이 아지 못ᄒᆞᆯ때 그 어마니와 형뎨 ᄌᆞ미로 더브러 일톄로 ᄉᆞ랑ᄒᆞ시고 일톄로 도라 보시고 ᄌᆞ긔 묘륙ᄀᆞᆺ치 녀입을 설명ᄒᆞ신지라 그런즉 누구던지 쥬의 뎨ᄌᆞ를 핍박ᄒᆞᄂᆞᆫ쟈ᄂᆞᆫ 츰 미련ᄒᆞᆫ 쟈ㅣ라 가령 판쟝과 판쟝의 식구를 핍박 ᄒᆞ여도 죄라 ᄒᆞ거든 ᄒᆞ믈며 만왕의 왕에 집 식구를 엇지 핍박 ᄒᆞ겟ᄂᆞ냐 무릇 쥬를 위ᄒᆞ여 핍박을 밧ᄂᆞᆫ이ᄂᆞᆫ 가히 안심ᄒᆞᆯ지라 사ᄅᆞᆷ의 힘은 약ᄒᆞ고 쥬의 권능은 큰지라 하ᄂᆞ님의 뜻을 좃ᄂᆞᆫ쟈ᄂᆞᆫ 현우 빈쳔 무론ᄒᆞ고 쥬와 ᄉᆞ랑ᄒᆞᄂᆞᆫ 형뎨 ᄌᆞ미 되ᄂᆞ니라 이상 삼판에 말ᄉᆞᆷ이 다 보ᄂᆞᆫ 교회로 보지 못ᄒᆞᄂᆞᆫ 교회에 드러 오기를 위ᄒᆞ여 ᄒᆞ노라

쥬압헤 지극히 적은 김챵식 근지

훈밍학당론

대뎌 하ᄂᆞᆯ이 사ᄅᆞᆷ을 내시매 사ᄅᆞᆷ마다 다ᄀᆞᆺ지 아니ᄒᆞ며 ᄯᅩ 여러가지 병신이 잇ᄉᆞ니 압을 보지 못ᄒᆞᄂᆞᆫ이와 듯지 못 ᄒᆞᄂᆞᆫ이와 말못 ᄒᆞᄂᆞᆫ이와 안잔방이와 져ᄂᆞᆫ이며 그 외에도 여러가지 병신이 잇ᄂᆞᆫ지라 태셔 문명ᄒᆞᆫ 나라에셔 들은 이런 병신이라도 다 학교에 너허 여러가지 공부도 식이며 물건 제조 ᄒᆞᄂᆞᆫ법과 뎌희들이 능히 ᄒᆞᆯ만ᄒᆞᆫ ᄉᆞ업을 ᄀᆞᄅᆞ쳐 병신이라도 다 각각 제직업이 잇게 ᄒᆞᄂᆞᆫ지라 득별히 눈먼이들 위ᄒᆞ야 일쥬간에 ᄒᆞᆫ번식 츌판ᄒᆞᄂᆞᆫ 신문과 월보가 만흐니 이신문과 월보ᄂᆞᆫ 젼수히 밍인을 교육ᄒᆞᄂᆞᆫ 일을 엇더케 ᄒᆞ여야 흥왕ᄒᆞᆯ것과 각쳐에 잇ᄂᆞᆫ 밍인을 ᄀᆞᄅᆞ치ᄂᆞᆫ 학교에 보ᄅᆞ만 긔지ᄒᆞ고 큰 읍니에ᄂᆞᆫ 학교와 제조소가 잇스되 우리 나라에ᄂᆞᆫ 이런 학교가 도모지 업더니 영국 션비와 부인이 졍동에 훈밍학당(訓盲學堂)을 설시ᄒᆞ니 이런 학당은 우리 나라에 처음으로 설시되ᄂᆞᆫ 학당이요 ᄉᆞ쳔년릐에 업던일이라 혹왈 훈밍학당은 잇셔 무엇 ᄒᆞ리오 ᄒᆞ나 그러나 이학당을 셜시 ᄒᆞᄂᆞᆫ거시 세가지 다힝ᄒᆞ고 유익ᄒᆞᆫ 일이 잇ᄂᆞᆫ지라 첫시ᄂᆞᆫ 눈먼이나 안먼이나 다ᄀᆞᆺᄒᆞᆫ 사ᄅᆞᆷ이라 사ᄅᆞᆷ이 만일 ᄂᆞᆰ고 쓸줄을 모론즉 금수보담 나흘거시 업ᄂᆞ니 눈이 업ᄂᆞᆫ이ᄂᆞᆫ 우리들과 ᄀᆞᆺ치 ᄂᆞᆰ고 쓸수ᄂᆞᆫ 업시나 손으로 만져 아ᄂᆞᆫ것과 졍신이 눈 잇ᄂᆞᆫ이 보다 더 온젼ᄒᆞ야 무어시던지 잘 외오ᄂᆞᆫ지라 여러가지 칙을 이샹ᄒᆞ게 ᄆᆞᆫ드러 손으로 만져 ᄂᆞᆰ게ᄒᆞ고 법국사ᄅᆞᆷ ᄲᅢ레일의 발명ᄒᆞ여 내 쓰ᄂᆞᆫ 긔계로 쓰게ᄒᆞ야 눈먼이라도 ᄀᆞᄅᆞ쳐 ᄂᆞᆰ고 쓸줄을 알게ᄒᆞ야 버리ᄂᆞᆫ 사ᄅᆞᆷ이 되게 아니ᄒᆞ고 인류에 버셔 나ᄂᆞᆫ이가 되지 안케ᄒᆞ니 미완

닉보

중츄원 의관 니승만씨가 일젼에 별순검의게 잡히엿는뒤 죄명도 알지 못ᄒᆞ고 경무텽에 갓치엿다가 경무스가 초심ᄒᆞᄂᆞᆫ 마당에 엇더ᄒᆞᆫ 사ᄅᆞᆷ ᄒᆞ나를 뎌졀 식히ᄂᆞᆫ뒤 당초에 피ᄎᆞ간 싱면 부지라 아모리 힐문 ᄒᆞ여도 죄목이 나타나지 아니ᄒᆞ매 경무스의 말이 니의관은 파연 무죄ᄒᆞᆫ 줄을 알겟도다 그러나 칙령으로 잡엇신즉 내 임의로 ᄒᆞᆯ수업고 불가불 셩상폐하께 품달ᄒᆞᆫ 연후에 방송 ᄒᆞ겟노라 ᄒᆞ고 곳 고등직판소로 넘기매 고등에셔 직판도 아니ᄒᆞ고 곳 감옥셔로 ᄂᆞ려 가두어 여러날이 지내되 방면치 못ᄒᆞᆫ지라 사ᄅᆞᆷ들이 말 ᄒᆞ기를 니승만씨 곳ᄒᆞᆫ이ᄂᆞᆫ 츙의의 목뎍으로 나라를 위 ᄒᆞ다가 무죄히 옥즁에셔 고난을 밧으니 참 원억ᄒᆞ고 익셕ᄒᆞᆫ일이라 ᄒᆞ더라

○ 근일에 드른즉 시ᄉᆞ총보라 ᄒᆞᄂᆞᆫ 신문이 새로 난다 ᄒᆞ니 사ᄅᆞᆷ이 귀명 되기ᄂᆞᆫ 각항 신문에 잇ᄂᆞᆫ지라 우리 나라도 신문샤가 졈졈 늘어 가ᄂᆞᆫ거슬 보매 빅셩이 얼마큼 열닌듯 ᄒᆞ더라

○ 젼일 만민 공동회에 탄힉을 만낫던 사ᄅᆞᆷ들이 ᄎᆞᄎᆞ 셔용이 되야 혹 면증계 ᄒᆞᆫ이도 잇고 혹 복직 ᄒᆞ여도 잇다더라

○ 황쥬군에 란류들이 민회라 칭ᄒᆞ고 작폐가 무수 ᄒᆞ다고 히부 관찰ᄉᆞ의 보고가 닉부에 왓다더라

본회 고빅

본회에셔 이 회보를 젼년과 ᄀᆞᆺ치 일쥬일에 ᄒᆞᆫ번식 발간 ᄒᆞᄂᆞᆫ뒤 새로 륙폭으로 작뎡ᄒᆞ고 ᄒᆞᆫ장 갑슨 엽젼 오푼이오 ᄒᆞᆫ돌갑슬 미리내면 젼과 ᄀᆞᆺ치 엽젼 ᄒᆞᆫ돈 오푼이다 본국 교우나 셔국 목ᄉᆞ나 교외 친구나 만일 사셔 보고져 ᄒᆞ거든 졍동 아편셜라 목ᄉᆞ 집이나 죵로 대동셔시에 가셔 사시옵

죵로대동셔시 광고

우리 셔샤에셔 셩경 신구약과 찬미칙과 교회에 유익ᄒᆞᆫ 여러가지 셔칙과 시무에 긴요ᄒᆞᆫ 칙들을 팔되 갑시 샹당 ᄒᆞ오니 학문샹과 시무번에 ᄯᅳᆺ이 잇ᄂᆞᆫ 군ᄌᆞ들은 만히 사셔 보시옵

대영국 셩셔 공회 광고

새로 간출 ᄒᆞᆫ거ᄉᆞᆫ 로마 가라태 골노시 야고보 베드로 젼후셔 티모데 젼후셔니 사셔 보실이ᄂᆞᆫ 회샤 쥬인 견묘 션싱씌로 오시옵

대한 크리스도인 회보

뎨삼권 · 뎨ᄉᆞ호

광무삼년 (ᄉᆞᄇᆡᆨ알합) 일월 이십오일

대한예수교회ᄃᆞᆯ력

우리 대한 셩교 셔회에셔 금년 ᄃᆞᆯ력을 일본 활판소에 보내여 만장을 간츌ᄒᆞ야 왓ᄂᆞᆫᄃᆡ 샹면에ᄂᆞᆫ **대한예수교회년 월력쥬일단**이라 븕은글ᄌᆞ로 크게 박히고 그 우헤ᄂᆞᆫ 태극 국긔를 쌍으로 달엇시며 그 아래ᄂᆞᆫ 예수ᄭᅴ셔 탄싱ᄒᆞ실 ᄯᅢ에 쳔ᄉᆞ가 목쟈의게 나타낸 그림을 분명이 박엿시며 량엽헤ᄂᆞᆫ 하ᄂᆞ님ᄭᅴ셔 창조만물ᄒᆞᆫ신 텬력과 안식일 ᄯᅳᆺ을 ᄌᆞ셰히 긔록ᄒᆞ엿고 그밋헤ᄂᆞᆫ 양력과 음력 엽쪽를 보기쉽게 ᄡᅥᆺ시며 그 좌우에ᄂᆞᆫ 례비쳐소와 양국병원 잇ᄂᆞᆫ 곳을 ᄌᆞ샹히 알게ᄒᆞ고 민 밋헤쥭 구쥬 강싱ᄒᆞ심을 쪽쪽이 긔지ᄒᆞ엿시며 량가ᄋᆞ토ᄂᆞᆫ 태극 십여게를 ᄃᆞ문ᄃᆞ문 박혓ᄂᆞᆫᄃᆡ 븕은줄과 검은획이 황홀ᄒᆞ여 ᄒᆞᆫ번보매 무한ᄒᆞᆫ ᄌᆞ미를 가히 측량치 못ᄒᆞᆯ지라 ᄒᆞᆫ장 갑슬 동젼 ᄒᆞᆫ푼으로 작뎡ᄒᆞ여 몃날 동안에 만장을 다 풀엇ᄂᆞᆫᄃᆡ 사가ᄂᆞᆫ 사ᄅᆞᆷ들이 말ᄒᆞ기를 문둔 츙력을 싱각ᄒᆞᆫ건ᄃᆡ ᄒᆞᆫ장에 동젼 ᄒᆞᆫ푼을 밧으면 크게 밋쳣시리라 ᄒᆞ되 우리가 파연 멋지 저 안ᄂᆞᆫ 거슨 아니나 다만 젼도ᄒᆞ기를 힘쓰ᄂᆞᆫ 거시오 지정의 리해ᄂᆞᆫ 교계치 아니ᄒᆞᆫ노라

교우김창식씨의편지

삼화읍너 교우들은 예수 탄일을 처음 아ᄂᆞᆫ고로 경츅이 무엇인지 아지 못ᄒᆞ나 예수ᄉᆞ랑 ᄒᆞᄂᆞᆫ ᄆᆞᄋᆞᆷ이 가득ᄒᆞ여 각각 외조금을 이샹당식 내여 ᄋᆞᄒᆡ들을 위ᄒᆞ여 실과와 엿과 샤탕도 예비ᄒᆞ며 학교에 ᄃᆞᆫ이ᄂᆞᆫ 학동을 위ᄒᆞ여 필묵도 예비ᄒᆞ며 면촌에셔 오실 교우를 위ᄒᆞ여 음식도 략간 예비ᄒᆞ고 ᄯᅩ 화초 그림그린 양지에 누가복음 이쟝 십ᄉᆞ절에 말ᄉᆞᆷ을 ᄡᅥ 외오게ᄒᆞ고 찬미 뎨십오십륙으로 보고 찬미ᄒᆞ고 누가복음 이쟝과 ᄉᆞ도ᄒᆡᆼ젼 칠쟝을 보고 예수 나시던일과 하ᄂᆞ님이 아ᄇᆡ람한 ᄌᆞ손 이식덜 ᄇᆡᆨ셩으로 유태 나라를 세워 세상 나라에 션셩되게 ᄒᆞᆫ일을 대강 셜명ᄒᆞᆫ후 각 사ᄅᆞᆷ의게 례물을 분급ᄒᆞ니 그날에 남녀 교우와 방텽인이 합 일ᄇᆡᆨ 삼십 여명숀에 남녀 교우ᄉᆞ십입온 ᄎᆞᆷ 깃분 ᄆᆞᄋᆞᆷ으로 이날을 경츅ᄒᆞ엿더라

○삼화군에ᄂᆞᆫ 우리 교회가 일쥭이 들어가지 아니ᄒᆞ얏ᄃᆞᆫ더 하ᄂᆞ님의 은혜로 김형뎨 창식씨가 힘써 젼도ᄒᆞ여 새로 엇은 교우가 ᄉᆞ십명에 니르럿시니 ᄎᆞᆷ 감사ᄒᆞᆫ 깃분 일이로다 우리가 ᄒᆞᆼ샹 긔도ᄒᆞ기를 대한 십삼도에 고을마다 우리 교회가 흥왕ᄒᆞ기를 군졀이 구ᄒᆞ거니와 지금은 특별히 삼화 교회를 위ᄒᆞ여 쳣재ᄂᆞᆫ 하ᄂᆞ님의 영광을 찬송ᄒᆞ고 둘재ᄂᆞᆫ 김형뎨의 셩덕을 치하ᄒᆞ노라

대한크리스도인 회보

THE KOREAN CHRISTIAN ADVOCATE.
Rev. H. G. Appenzeller, Editor
36 cents per annum
in advance. Postage extra.
Wednesday, JAN. 25th, 1899.

셔울 졍동셔 일쥬일에 ᄒᆞᆫ번식 발간 ᄒᆞᄂᆞᆫᄃᆡ 아편셜라 목ᄉᆞ가 회보 샤쟝이 되엿더라 일년 갑슬 미리ᄂᆡ면 삼십 륙젼이오 우표갑슨 ᄯᅡ로 잇ᄂᆞ니라

디리셜

디리셜이라 ᄒᆞᆷ은 디구가 엇더케 된 리치를 궁구ᄒᆞ고 발명 ᄒᆞᆷ이라 디구의 쥬회가 팔만여리 가량인대 ᄒᆞᄂᆞ님ᄭᅦ셔 작뎡 ᄒᆞ신 디경도 잇고 사ᄅᆞᆷ이 작뎡ᄒᆞᆫ 조계도 잇ᄂᆞ니 ᄒᆞᄂᆞ님ᄭᅦ셔 뎡계라 ᄒᆞᆷ은 오대쥬의 디경이 텬작으로 됨이오 사ᄅᆞᆷ이 뎡계라 ᄒᆞᆷ은 각각 나라마다 ᄌᆞ긔 디방을 ᄎᆞ지ᄒᆞ여 다ᄉᆞ림이라 ᄯᅡ의 형상은 둥글며 외면에ᄂᆞᆫ 바다물이 만코 속에ᄂᆞᆫ ᄭᅥ지지 안ᄂᆞᆫ 불이 잇시며 남북극에ᄂᆞᆫ 빙양이 잇ᄂᆞᆫ지라 셔양 졔국의 디리학파 동양 졔국에 디리셜이 셔로 ᄀᆞᆺ지 아니ᄒᆞ여 셔양 사ᄅᆞᆷ의 학문을 보건대 디구가 ᄉᆞ시 쥬야를 잠시도 쉬지안코 ᄒᆞᆼ샹 도라 간다ᄒᆞ며 어나 바다의 크고 젹은것과 어나 산의 놉고 나진것과 어나 곳에ᄂᆞᆫ 모리밧시 만코 어나곳에는 큰 하슈가 잇시며 어나곳에ᄂᆞᆫ 토옥ᄒᆞ고 어나곳에ᄂᆞᆫ 토박ᄒᆞᆫ 거슬 의론ᄒᆞ여 인민을 교육ᄒᆞ며 ᄯᅩᄒᆞᆫ 디질 학ᄉᆞ가 잇셔 디리를 공부ᄒᆞ되 토품이 엇던곳에ᄂᆞᆫ 금은동 쳘이 반ᄃᆞ시 잇고 엇던곳에는 셕탄과 셕유가 난다 ᄒᆞ여 토품이 엇던곳에는 무ᄉᆞᆫ 곡식이 잘되리라 ᄒᆞ여 이왕에 경험 ᄒᆞᆫ거스로 셔칙을 져술ᄒᆞ여 ᄇᆡᆨ셩을 ᄀᆞᄅᆞ치며 사ᄅᆞᆷ의게 유익ᄒᆞᆫ일만 공부ᄒᆞ거놀 동양의 디리셔라 ᄒᆞᄂᆞᆫ거ᄉᆞᆫ ᄊᆞᆯ데업ᄂᆞᆫ 풍슈의말노 산천 리룡을 의론ᄒᆞ며 ᄌᆞ손의 화복을 말ᄉᆞᆷᄒᆞ여 조샹의 ᄇᆡᆨ골을 명당에 못으면 그 ᄌᆞ손이 산소의 음덕을 밧아 부귀 영화를 누리고 악ᄒᆞᆫ ᄯᅡ에 못으면 ᄌᆞ손이 빈한ᄒᆞ고 요ᄉᆞ도 ᄒᆞ며 집안이 패망ᄒᆞᆫ다 ᄒᆞᄂᆞ니 어리셕은 ᄇᆡᆨ셩들이 디관의 말에 묘혹ᄒᆞ여 부모 ᄇᆡᆨ골을 공연히 면례 ᄒᆞ여 ᄯᅡ속에 잇ᄂᆞᆫ슈화의 긔운으로 무덤속에 징조가 뵈이ᄀᆞ놀 그거슬 화패라 ᄒᆞ며 류황 긔운으로 광즁에 이슬이 미치거놀 그거슬 샹셔라 ᄒᆞ니 엇지 한심ᄒᆞᆫ일이 아니리오 사ᄅᆞᆷ이 사라셔도 ᄌᆞ긔 ᄌᆞ손을 임의ᄃᆡ로 도아주어 부귀 영화를 엇을수 업거놀 우황 죽은 사ᄅᆞᆷ의 ᄒᆡ골이 ᄯᅡ속에 잇셔 엇지 그 ᄌᆞ손의게 음덕을 주며 디관은 엇지ᄒᆞ여 놈의게만 됴흔ᄯᅡ을 지시ᄒᆞ고 ᄌᆞ긔ᄂᆞᆫ 조샹의 뫼를 명당에 쓰지 못ᄒᆞ눈지 디관즁에ᄂᆞᆫ 부귀 겸전ᄒᆞᆫ이가 적으니 실노 이샹 ᄒᆞ도다 동양 세계에도 요슌이 하로 한나라ᄯᅢ ᄭᅡ지 풍슈의 말이 업더니 당나라 일대힝ᄉᆞ라 ᄒᆞᄂᆞᆫ자ㅣ 비로소 디리셜을 문ᄃᆞ라 후세 ᄇᆡᆨ셩으로 ᄒᆞ여곰 페단이 되게 ᄒᆞ엿시니 실노 만고의 죄인이로다 우리 교즁 형뎨들은 풍슈의 말에 유혹되지 말기를 ᄇᆞ라오

뎨ᄇᆡᆨ열공과 일ᄇᆡᆨᄉᆞ 이월 오일

야곱이 하란에 잇슴

창셰긔 이십구쟝 일졀노 이십졀ᄭᆞ지

一 야곱이 ᄒᆡᆼᄒᆞ야 동방 사ᄅᆞᆷ 사는 곳으로 가셔 二 눈을 드러 보니 밧헤 ᄒᆞᆫ 우물이 잇고 큰 돌이 덥혓는ᄃᆡ 양 세 떼가 우물 겻헤 누엇ᄉᆞ니 대개 목인이 그 우물에서 양을 먹임일너라 三 양 떼가 다 모히매 돌을 치우고 물을 기러 양을 먹인후에 돌노 다시 덥ᄂᆞ니 四 야곱이 그 사ᄅᆞᆷ들ᄃᆞ려 ᄀᆞᆯᄋᆞ되 형뎨들아 어ᄃᆡ셔 왓ᄂᆞ뇨 ᄃᆡ답ᄒᆞ되 우리는 하란에서 왓노라 五 야곱이 다시 ᄀᆞᆯᄋᆞ되 너희가 나호아의 손ᄌᆞ 라반을 아느냐 ᄀᆞᆯᄋᆞ되 우리가 아노라 六 야곱이 ᄀᆞᆯᄋᆞ되 그가 평안ᄒᆞ냐 ᄀᆞᆯᄋᆞ되 그가 평안ᄒᆞ고 ᄯᅩᄒᆞᆫ 그의 ᄯᆞᆯ 라겔이가 양을 다리고 곳처 왓ᄂᆞ니라 七 야곱이 ᄀᆞᆯᄋᆞ되 아직 ᄒᆡ가 잇ᄉᆞ니 즘승 모힐ᄯᅢ가 못되얏ᄂᆞᆫ지라 너희가 양을 물먹이고 ᄯᅩ 가셔 풀 먹일지어다 八 그 사ᄅᆞᆷ들이 ᄀᆞᆯᄋᆞ되 그러치 못ᄒᆞᆯᄯᅡ 반ᄃᆞ시 즘승 떼가 다 모히기를 기ᄃᆞ려 우물에 돌을 옮긴후에 양을 물 먹이겟노라 ○ 九 말ᄒᆞᆯ 즈음에 라겔이가 그 아바니에 양을 다리고 오니 대개 그의 양을 침일너라 十 야곱이 그 외삼촌의 ᄯᆞᆯ 라겔과 그 양을 보고 갓가히 가셔 우물에 돌을 치우고 외삼촌 라반의 양을 물먹이고 十一 라겔노 더브러 입을 맛초고 소리를 크게ᄒᆞ여 울며 十二 야곱이가 라겔의게 닐ᄋᆞ되 내가 너의 아바지 누의 리베가의 아ᄃᆞᆯ이로다 ᄒᆞᆫ니 라겔이 급히 가셔 저의 아바지ᄃᆞ려 고ᄒᆞ니 十三 라반이가 그 생질 야곱이 옴을 듯고 급히 가셔 마저안고 입마초고 집으로 다리고 오니 야곱이 당ᄒᆞᆫ 모든 일노 라반의게 고ᄒᆞᆫᄃᆡ 十四 라반이 ᄀᆞᆯᄋᆞᄃᆡ 과연 네가 내의 골육의 친쇽이로다 야곱이 드ᄃᆡ여 ᄒᆞᆫ ᄃᆞᆯ을 ᄒᆞᆷᄭᅴ 머므더라 ○ 十五 라반이가 야곱ᄃᆞ려 닐ᄋᆞᄃᆡ 네가 비록 내의 생질이나 엇지 ᄒᆞᆫ갓 수고만 ᄒᆞ리오 네삭을 내게 말ᄒᆞ여라 十六 라반이 두 ᄯᆞᆯ이 잇ᄉᆞ니 첫재의 일홈은 레아요 둘재의 일홈은 라겔이니 十七 레아ᄂᆞᆫ 눈이 흐리고 라겔은 얼골이 고흔지라 十八 야곱이 라겔을 ᄉᆞ랑ᄒᆞ여 ᄀᆞᆯᄋᆞ되 내가 너의 둘재 ᄯᆞᆯ 라겔을 위ᄒᆞ여 닐곱ᄒᆡ 동 역ᄉᆞᄒᆞ여 너를 셤기리다 十九 라반이 ᄀᆞᆯᄋᆞ되 이 ᄯᆞᆯ노 다른 사ᄅᆞᆷ 주는것보담 너 주는거시 나호니 나와 ᄒᆞᆷᄭᅴ 거ᄒᆞᆯ지어다 二十 야곱이 라겔을 위ᄒᆞ여 닐곱ᄒᆡ를 역ᄉᆞᄒᆞ니 심히 ᄉᆞ랑ᄒᆞᄂᆞᆫ고로 닐곱ᄒᆡ를 수일노 넉이더라

주셕

야곱이 이제 우물에 이람은 이젼에 아브라함의 종이 우물에 이람과 ᄀᆞᆺᄒᆞ나 그때 종은 례물을 만히 가지고 와서 주어시되 이제 야곱은 물을 마시고 그 물도 갑ᄒᆞᆯ수 업ᄉᆞᆫ 심히 간난ᄒᆞ고 의지 업ᄉᆞ매 다만 ᄌᆞ긔 손과 하ᄂᆞ님이 도아 주심만 밋ᄂᆞᆫ고로 그 일가의게 몸소 일을 ᄒᆞ엿ᄂᆞᆫ지라 리ᄇᆡᆨ가와 라겔이 부요ᄒᆞᆫ 사ᄅᆞᆷ의 ᄯᆞᆯ로셔 물도 길고

양도 쳐ᄂᆞᆫ거슨 그나라 풍쇽이 되엿ᄂᆞᆫ지라 야곱의 외삼촌 라반이 야곱의 몸을 심히 반갑ᄒᆞ고 다힘이 넉여 ᄌᆞ긔 집에 두고 보매 야곱의 ᄒᆞᄂᆞᆫ 일이 더욱 아람답고 잘 ᄒᆞ거ᄂᆞᆯ 라반이 야곱을 손처럼 머물게 ᄒᆞ지안코 아조 잇기를 원ᄒᆞᆫ즉 둘이서로 약됴를 뎡ᄒᆞ고 야곱이 라반의 품군이 되엿ᄂᆞᆫ지라 이 약됴 ᄒᆞᆫ거슨 돈도 밧을것 아니오 물건도 아니오 품삭을 오직 그 젹은ᄯᆞᆯ노 ᄌᆞ긔안해삼기를 작뎡ᄒᆞ이니 혼인ᄒᆞᄂᆞᆫ데 그나라 풍쇽대로 말ᄒᆞ면 신랑이 신부집에 례물을 만이 주ᄂᆞᆫ일이 잇ᄉᆞ나 야곱은 ᄌᆞ긔집이 빈복ᄒᆞ고 물론ᄒᆞ고 도망ᄒᆞᆫ 사ᄅᆞᆷ으로 다만 뷘 손ᄲᅮᆫ이매 엇지 ᄒᆞᆯ길업셔ᄯᆡ가 몸 수고로 대신ᄒᆞᆷ이니 닐곱ᄒᆡ를 다른 삭은 업고 ᄃᆡ개셔 갑ᄂᆞᆫ 모양이라 야곱이 ᄌᆞ긔 아바지와 부요ᄒᆞᆫ 산업과 하ᄂᆞ님의 허락ᄒᆞ심을넘어 지내면 두어서 복죡ᄒᆞ리오 마ᄂᆞᆫ 이ᄂᆞᆫ 다담 아니라 ᄌᆞ긔 어마니와 ᄃᆡ죄로 이ᄀᆞᆺ치 형벌을밧음이오 이러케 형벌을 밧음은 하ᄂᆞ님ᄭᅴ셔더를 뮈워ᄒᆞ샤 ᄇᆞ리심이 아니라 오직 죄와 ᄉᆞ랑ᄒᆞ심으로 ᄡᅥ 형벌을 밧드리도 허락ᄒᆞ신거슬 밧을만 ᄒᆞᆫ자로 엳우게 ᄒᆞ심이라

뭇ᄂᆞᆫ말

一 야곱이 웨 동방으로 갓ᄂᆞ뇨

二 밧해 우물은 근본 누가 팟ᄂᆞ뇨

三 우물 덥흔돌이 얼마나 ᄒᆞ뇨

四 우물 겻헤 누은 양들은 어ᄂᆡ 사ᄅᆞᆷ의 물건이뇨

五 야곱이 웨 그 사ᄅᆞᆷ의게 말ᄒᆞ되 나호아의 손ᄌᆞ를 아ᄂᆞ냐 ᄒᆞ엿ᄂᆞ뇨

六 야곱이가 전에도 라헬을 맛나 보앗더뇨

七 라헬을 보고 웨 우럿ᄂᆞ뇨

八 라반이가 야곱 왓단말을 듯고 엇더케 ᄒᆞ엿ᄂᆞ뇨

九 라반이가 야곱의 수고ᄒᆞᆫ 갑슬 주엇ᄂᆞ뇨

十 라반의 ᄯᆞᆯ이 몃치뇨

十一 그 ᄯᆞᆯ들이 다 용모가 단정ᄒᆞ뇨

十二 야곱이 누구를 ᄉᆞ랑ᄒᆞ엿ᄂᆞ뇨

十三 라반의 집에셔 얼마나 잇셧ᄂᆞ뇨

十四 거긔 잇기를 괴롭게 녁엿ᄂᆞ뇨

훈밍학당론

숑젼호

다힝ᄒᆞᆫ 일이오 둘지ᄂᆞᆫ 눈먼이라도 제조소에 잇셔 무ᄉᆞᆷ 일이던지 ᄒᆞ여 직업 잇ᄂᆞᆫ 사ᄅᆞᆷ이 되고 우리 나라에 눈먼이와 ᄀᆞᆺ치 점이나 쳐셔 어리셕은 이들를 ᄉᆞᆨ이고 유혹ᄒᆞ게 ᄒᆞᄂᆞᆫ일이 업시니 다힝ᄒᆞᆫ 일이오 셋지ᄂᆞᆫ 국즁에 ᄒᆞᆫ 사ᄅᆞᆷ도 ᄇᆡᄀᆞᆫ 사ᄅᆞᆷ이 업고 놀고 먹ᄂᆞᆫ이가 업시며 다 넉고 ᄡᅳᆯ줄을 알면 일노좃차 나라가 ᄌᆞ연이 문명ᄒᆞ고 부강ᄒᆞᆯ 나라히 될것이니 다힝ᄒᆞᆫ 일이라 이세가지를 볼진ᄃᆡ 나라가 문명ᄒᆞ고 부강ᄒᆞᆫ 나라히 되랴면 불가불 학교와 제조소를 셜시ᄒᆞ여 여러가지 병신이라도 다 ᄀᆞᄅᆞ칠것이라 우리 나라가 이러케 빈약ᄒᆞ고 외국에 수치를 밧ᄂᆞᆫ거슨 셩ᄒᆞᆫ 사ᄅᆞᆷ이라도 다 놀고 먹기를 됴화ᄒᆞ고 무식ᄒᆞ여 서로 ᄉᆞᆨ이기를 위ᄒᆞᆷ이라 그런즉 우ᄂᆞᆫ 동포들은 다 학교에 드러가 공ᄇᆡ도 ᄒᆞ고 돈 잇ᄂᆞᆫ이들은 제조소도 셜시ᄒᆞ여 다른 동포로 ᄒᆞ여곰 제조소에 드러가 일을 ᄒᆞ게ᄒᆞ야 다 직업 잇ᄂᆞᆫ 사ᄅᆞᆷ들이 되시오 일노좃차 보드리도 훈밍학당을 셜시 ᄒᆞᄂᆞᆫ것시 대단이 유익ᄒᆞᆫ 일이라 이훈밍학당은 곳 영국션비 안포영씨 집이니 졍동 미이미 교회 회당 셔편에 잇ᄂᆞᆫᄃᆡ 여긔셔 쟝ᄎᆞᆺ 우리 나라 팔셰이샹 십팔셰 이하된 눈먼 ᄋᆞᄒᆡ와 계집 ᄋᆞᄒᆡ들을 모집ᄒᆞ여 의식을 주며 ᄯᅩ 여러가지 공부를 식일터이며 ᄎᆞᄎᆞ 물건 제조 ᄒᆞᄂᆞᆫ법도 ᄀᆞᄅᆞ친다 ᄒᆞ니 모든 눈먼 ᄋᆞᄒᆡ들과 계집 ᄋᆞ히들은 이런 됴흔 긔회를 일치말고 어서 이런 학당에 드러가 ᄉᆞ업을 공부ᄒᆞ여 이후에 우리 나라에 잇ᄂᆞᆫ 다른 눈먼이 ᄀᆞᄅᆞ칠 교ᄉᆞ들이 되게 ᄒᆞ기를 바라노라

ᄂᆡ보

청국공ᄉᆞ 셔수붕씨가 금명간 인쳔항에 도박ᄒᆞᆫ다 ᄒᆞ니 셔씨가 만일 입셩ᄒᆞ면 대한과 청국 ᄉᆞ이에 약됴ᄒᆞᆯ 일이 미우 호번ᄒᆞᆯ듯 ᄒᆞ다더라

○경무텽에셔 슌검 이십명을 ᄲᅩᆸ아 동대문 밧긔셔 홍능ᄭᆞ지 가ᄂᆞᆫ 뎐긔션줄을 직히게 ᄒᆞᆫ다더라

○평안남도 관찰ᄉᆞ 됴민희씨가 갈녀 올나 오기를 ᄃᆡᆼᄒᆞᆯ매 그도ᄂᆡ ᄇᆡᆨ셩들이 ᄂᆡ부에 쳥원 ᄒᆞ기를 본도 관찰ᄉᆞᄂᆞᆫ ᄇᆡᆨ셩 ᄉᆞ랑 ᄒᆞ기를 ᄌᆞ식ᄀᆞᆺ치 ᄒᆞ여 민폐 되ᄂᆞᆫ거슬 낫낫치 업시 ᄒᆞ녓시나 이러ᄒᆞᆫ 관찰ᄉᆞ가 만약 갈녀가면 여러 ᄇᆡᆨ셩의게ᄂᆞᆫ 어린 ᄋᆞᄒᆡ가 어멈을 닐흔것 ᄀᆞᆺ고 병든쟈가 의원을 닐흔 모양이니 우리 대황뎨 폐하ᄭᅴ 쥬달ᄒᆞ여 인임케 ᄒᆞ여 달나고 ᄒᆞ녓다더라

○이ᄃᆞᆯ 이십일에 즁츄원에셔 외부로 조회 ᄒᆞ기를 동등 되ᄂᆞᆫ 나라 ᄉᆞ이에ᄂᆞᆫ 뎨왕ᄒᆞᄂᆞᆫ 국셔가 원본과 부본 두도식 이여ᄂᆞᆯ 이번에 새로 나아온 아라ᄉᆞ 공ᄉᆞ가 부본 업ᄂᆞᆫ 국셔를 가지고 왓다니 과연 그러ᄒᆞᆫ지 심히 아혹ᄒᆞ오니 그 ᄉᆞ건을 ᄌᆞ세히 탐지ᄒᆞ여 회답 ᄒᆞ라고 ᄒᆞ엿다더라

○경무ᄉᆞ 니건용씨가 각셔에 션칙ᄒᆞ되 토굴을

ᄒᆞ젼보다 더지어 주어 극ᄒᆞᆫ 처위에 걸어ᄂᆞ어 열
어 죽기를 면케ᄒᆞ라 ᄒᆞ엿다ᄂᆡ 그젼 경무ᄉᆞᄂᆞᆫ 어
림말 ᄒᆞ어도 엽셧시되 토굴만 지어주면 먹을거
시 엽셔도 얼어 죽지 아니 ᄒᆞᆯ런지 걸인들을 영
영 구제ᄒᆞᆯ 방칙을 엇지 셩각지 아니 ᄒᆞᄂᆞᆫ지

○ 엄젼에 찬양회에셔 여러 부인이 긔회 ᄒᆞ고
토론 ᄒᆞ다가 모졍당과 슌졍당 두부인이 동의ᄒᆞᆯ
기를 만민 공동회가 본이 독립협회로 인ᄒᆞ여 된
거시라 지금 민회ᄂᆞᆫ 엽셔졋시나 그젼에 쓴 부비
가 만ᄒᆞ셔 회원들이 욕볼 디경에 니르럿다 ᄒᆞ니
우리들도 그밥을 먹고 그돈을 쓴 사ᄅᆞᆷ인즉 다소
간 보조ᄒᆞ여 동포의 욕을 면ᄒᆞᆫ자ᄒᆞᆫ즉 독립회원
으로 외관ᄒᆞᆫ 됴한우가 불가ᄒᆞᆫ 줄노 반ᄃᆡ ᄒᆞ거ᄂᆞᆯ
모졍당이 대칙ᄒᆞ여 골ᄋᆞᄃᆡ 됴한우ᄊᆡ도 갓첫던 십
칠인중에 ᄒᆞᆫ 사ᄅᆞᆷ이라 십칠인으로 민회가 되고
민회가 되넛기 됴한우ᄊᆡ가 외관 ᄭᆞ지 ᄒᆞ녓ᄂᆞᆫᄃᆡ
이러틋 무의 무신ᄒᆞᆫ 말노 남의 정의를 막고져 ᄒᆞ
ᄂᆞ냐 이것ᄒᆞᆫ 사ᄅᆞᆷ은 회에 츅출 ᄒᆞᄂᆞᆫ거시 가ᄒᆞ다
ᄒᆞᆫ매 됴한우ᄊᆡ가 말을 못ᄒᆞ고 나아갓다 ᄒᆞ니 듯
ᄂᆞᆫ 사ᄅᆞᆷ들이 말ᄒᆞ되 됴한우ᄂᆞᆫ 참 반복 쇼인이라
그러ᄒᆞᆫ자를 즁츄원에 오리 두엇 다가ᄂᆞᆫ 나라일
을 크게 그릇 드릴거시니 졍부에셔 응당 동츅 ᄒᆞᆯ
시려니와 찬양회 부인의 쇼연ᄒᆞᆫ 의리ᄂᆞᆫ 참 탄복
ᄒᆞᆯ만 ᄒᆞ다더라

○ 이ᄃᆞᆯ 이십ᄉᆞ일은
셩상 폐하ᄭᅴ셔 등극 ᄒᆞ시던 홍경절인고로 각부
에셔 관인들이 ᄉᆞ무를 폐ᄒᆞ고 노랏다더라

○ 엇젼에 대신 몃분이 셩빗괴로 나아갓다 ᄒᆞᄂᆡ
무ᄉᆞᆷ ᄭᆞ닭인지 알수도 업고 참 젼ᄒᆞᆫ 소문인지
밋을수도 업시되 우리ᄂᆞᆫ 듯ᄂᆞᆫ ᄃᆡ로만 긔ᄌᆡ ᄒᆞ
노라

본회 고ᄇᆡᆨ

본회에셔 이 회보를 젼년과 ᄀᆞᆺ치 일쥬일에 ᄒᆞᆫ
번식 발간 ᄒᆞᄂᆞᆫᄃᆡ 새로 륙폭으로 작뎡ᄒᆞ고 ᄒᆞᆫ장
갑슨 엽젼 오푼이오 ᄒᆞᆫ돌갑슬 미리내면 젼과 ᄀᆞᆺ
치 엽젼 ᄒᆞᆫ돈 오푼이라 본국 교우나 셔국 목ᄉᆞ
나 교외 친구나 만일 사셔 보고져 ᄒᆞ거든 졍동
아편셜라 목ᄉᆞ 집이나 죵로 대동셔시에 가셔 사
시옵

죵로대동셔시광고

우리 셔샤에셔 셩경 신구약과 찬미칙과 교회에
유익ᄒᆞᆫ 여러가지 셔칙과 시무에 긴요ᄒᆞᆫ 칙들을
팔되 갑시 샹당 ᄒᆞ오니 학문샹과 시무변에 ᄯᅳᆺ이
잇ᄂᆞᆫ 군ᄌᆞ들은 만히 사셔 보시옵

대영국 셩셔 공회 광고

새로 간출 ᄒᆞᆫ거ᄉᆞᆫ 로마 가라태 골노셔 야고보
베드로 젼후셔 티모데 젼후셔니 사셔 보실이ᄂᆞᆫ
회샤 쥬인 권고 션ᄉᆡᆼᄭᅴ로 오시옵

제삼권

대한회보

제오호

(합일빅오) 광무삼년 인 이월일일

셩경공부ᄒᆞ는티요

긴훈법 삼호련쇽

다ᄉᆞᆺ지는 사ᄅᆞᆷ이 맛당이 구세
쥬를 숭비ᄒᆞᆯ거시니 (마태 이장
이절과 십ᄉᆞ장 삼십 삼절과 비
립비인셔 이장 십절과 희빅리
인셔 일장 륙절과 묵시록 오장
팔절노 십삼절 ᄭᆞ지요) 여ᄉᆞᆺ지
ᄂᆞᆫ 예수ᄯᅢ셔 육신으로 세상에
강싱ᄒᆞ심이니 (요한복음 일장
십ᄉᆞ절과 비립비인셔 이장 칠
팔절과 희빅리인셔 ᄉᆞ장 십ᄉᆞ
오륙절이요) 닐곱지는 예수ᄯᅢ
셔 사ᄅᆞᆷ과 ᄀᆞᆺ치 음식을 잡수심
이니 (마태복음 이십일장 십팔
절과 요한복음 ᄉᆞ장 륙절과 마
태복음 구장 십일절이요) 여ᄃᆞᆲ
지ᄂᆞᆫ 예수ᄯᅢ셔 사ᄅᆞᆷ으로 더브
러 교접ᄒᆞ심이니 (요한복음 이
장 십이절과 가랍태인셔 일장
십구절이요) 아홉지는 예수ᄯᅢ
셔 위와 권능이 하ᄂᆞ님과 ᄀᆞᆺ
ᄒᆞ심이니 (마태복음 이십장 이
십삼절과 요한복음 오장 십구절
과 마가복음 십삼장 삼십 이절
이요) 열재는 예수ᄯᅢ셔 독일무
이ᄒᆞ신 구세쥬시니 (누가복음 이장 십일절과
십구장 십절과 요한복음 삼장 십칠절과 ᄉᆞ도ᄒᆡᆼ
젼 ᄉᆞ장 십이절과 뎨마커젼셔 일장 십오절과 요
한일셔 ᄉᆞ장 십절이라

○이공부에 요긴훈법은 청국 교우 심아각씨의
뎌술ᄒᆞᆫ거신ᄃᆡ 그ᄯᅳᆺ시 다만 청국 사ᄅᆞᆷ만 위ᄒᆞᆫ
여 권면ᄒᆞᆫ거시 아니라 ᄯᅩᄒᆞᆫ 한문을 통용ᄒᆞᄂᆞᆫ
나라에 잇ᄂᆞᆫ 형뎨들을 일뎨로 보게 ᄒᆞᆷ인고로 회
미보에 간츌ᄒᆞ엿ᄂᆞᆫ지라 그런고로 우리가 그글
에 긴요ᄒᆞᆫ 졔목을 더 갈ᄲᅢ아 **회보**에 긔록ᄒᆞ노
니 경향간에 우리 회보를 보시ᄂᆞᆫ 형뎨와 ᄌᆞ미들
은 암만 밧ᄲᅮᆯ지라도 이 졔목을 좃차 셩경 공부
에 착심ᄒᆞ시기를 ᄇᆞ라오

음력으로과셰ᄒᆞᆷ

대한 정부에서 양력과 음력을 겸용ᄒᆞᄂᆞᆫ고로 관
보와 공문에는 양력 일ᄍᆞ를 ᄡᅳ고 졔ᄉᆞ 지내는
졀긔와 ᄐᆡᆨ일ᄒᆞᄂᆞᆫ 술법에ᄂᆞᆫ 음력 일ᄌᆞ를 힝용ᄒᆞ
ᄂᆞᆫ지라 그러나 년션에는 대한 ᄇᆡᆨ셩들이 양력 셜
날을 명졀인지 아지 못ᄒᆞ고 다만 음력 졍월 일
일을 명졀노 알어 조샹의게 졔ᄉᆞᄒᆞ며 어룬의게
문안ᄒᆞ고 새ᄒᆡ를 치하 ᄒᆞ더니 지금은 ᄎᆞᄎᆞ 풍쇽
이 변ᄒᆞ야 양력 새ᄒᆡ를 모로ᄂᆞᆫ ᄇᆡᆨ셩이 만치 아니
ᄒᆞ며 ᄉᆞᄉᆞ편지 리왕에도 흔이 양력 일ᄌᆞ를 ᄡᅳ니
일노좃차 보건ᄃᆡ 몃히 아니되야 젼국이 다 양력
을 쥰힝ᄒᆞᆯ줄노 우리ᄂᆞᆫ 밋노라

대한크리스도인회보

THE KOREAN CHRISTIAN ADVOCATE.
Rev. H. G. Appenzeller, Editor
36 cents per annum
in advance. Postage extra.
Wednesday, FEB. 1st, 1899.

셔울 졍동셔 일쥬일에 ᄒᆞᆫ번식 발간ᄒᆞᄂᆞᆫᄃᆡ 아펜셜러 목ᄉᆞ가 회보 샤쟝이 되엿더라 일년 갑슬 미리 ᄂᆡ면 삼십 륙젼이오 우표갑슨 ᄯᅩ로 잇노라

평양녀교우노씨ᄯᅮ순편지

예수씨 탄일 지낸후에 홀 의원의 부인과 ᄒᆞᆷᄭᅴ 와셔머루라 ᄒᆞᄂᆞᆫ촌에 평양셔 팔십리 되ᄂᆞᆫ대 가셔 젼도 ᄒᆞ엿소 그곳에 사ᄂᆞᆫ 복인 김참봉 어머니가 우리를 쳥ᄒᆞ엿소이다 그 부인이 예수 교회에 드러 오기ᄂᆞᆫ 이젼에 홀 의원ᄯᅢ셔 ᄀᆞᄅᆞ쳐셔 처음 회ᄀᆡᄒᆞ고 교우된 오셔방이 인도ᄒᆞ여 예수의 빗출 밧으신 부인이오 이 부인이 진실히 예수를 밋으며 셩경 말ᄉᆞᆷ과 ᄀᆞᆺ치 불을 ᄒᆞ혀셔 말 아리 두지안코 촛ᄃᆡ우에 두어 들어 오ᄂᆞᆫ쟈로 보게 ᄒᆞᆷᄀᆞᆺ치 원 동리 사ᄅᆞᆷ의게 예수 빗출 드러 내ᄂᆞ이다 그런고로 그집을 보매 예수의 빗치 ᄎᆞᆷ 나타나고 ᄯᅩ 우리가 ᄒᆞᆫ집에 가보니 그 집에ᄂᆞᆫ 밋ᄂᆞᆫ사ᄅᆞᆷ ᄒᆞ나도 업고 외인의 집인고로 사ᄅᆞᆷ들도 우미ᄒᆞ고 집ᄌᆞ 미우 더럽고 ᄌᆞ긔가 ᄒᆞ나도 업시나 그러나 우리ᄂᆞᆫ 하ᄂᆞ님이 ᄐᆡᆨᄒᆞ신 김참봉 어머니 집에 잇셔 날아다 모혀 셩경보고 찬미ᄒᆞ고 긔도 ᄒᆞᄂᆞᆫᄃᆡ 늘 삼십 여명식 모히고 그즁 ᄉᆞ물식은 셩심으로 모히고 그 셩심으로 모히던 사ᄅᆞᆷ들은 학습인 된 녀인이 팔인이오 남ᄌᆞ가 오인ᄶᅵ오 모도 열 세사ᄅᆞᆷ이 열홈을 붓쳣소 그 사ᄅᆞᆷ들이 공부 ᄒᆞ고져 ᄒᆞ와 ᄎᆡᆨ을 사기로 ᄎᆡᆨ을 이십 륙ᄎᆡᆨ을 팔엿소 ᄎᆡᆨ가지고 간거서 부족ᄒᆞ여 더 못 팔엇소이다 ᄒᆞᆫ 례비동안 ᄃᆞᆫ여온고로 그집에서 례비 ᄒᆞᄂᆞᆫᄃᆡ 여러 곳 사ᄅᆞᆷ을 쳥ᄒᆞ여 ᄒᆞᆷᄭᅴ 례비ᄒᆞ고 됴흔 음식을 미리 예비 ᄒᆞ엿다가 먼대셔 온 손님을 ᄉᆞ랑ᄒᆞᄂᆞᆫ ᄆᆞ옴으로 잘 대접ᄒᆞ여 보내고 그날에 여러 사ᄅᆞᆷ이 더옥 하ᄂᆞ님 은혜를 감샤ᄒᆞ고 영광을 쥬ᄭᅴ 돌녓소이다 우리 ᄯᅥ나 올ᄯᅢ에 모든 사ᄅᆞᆷ이 대단이 셥셥ᄒᆞ다고 ᄒᆞ며 ᄯᅩ 다시 맛나기 ᄇᆞ란다고 ᄒᆞ엿ᄉᆞᆸᄂᆞ이다 예수ᄯᅢ셔 온젼이 겸손ᄒᆞ시고 어질고 ᄉᆞ랑ᄒᆞ시ᄂᆞᆫ 예수니 무론 아모 나라 아모 곳 사ᄅᆞᆷ이던지 쥬를 밋ᄂᆞᆫ 사ᄅᆞᆷ은 힘실이 예수와 갓흘수 잇소이다 이 부인은 가세도 별노 가난ᄒᆞ지안코 ᄌᆞ녀도 다 ᄀᆞᆺᄉᆞ오나 리세에 텬당 복락을 ᄇᆞ라시고 진실이 밋으시고 힘ᄡᅥ오니 우리가 부귀 빈쳔을 싱각지 말고 예수만 밋읍세다 부쟈라도 이세상 복만 의지ᄒᆞᆯ지 마시오 세샹복은 업셔지ᄂᆞᆫ 복이나 텬당복은 영원ᄒᆞᆫ 복이 올세다 동포형데들은 깁히 싱각 ᄒᆞ시기 ᄇᆞ라ᄂᆞ이다

레위일공과　일ᄇᆡᆨ오　이월 십이일

야곱이의긔도ᄒᆞᆷ

창셰긔 삼십이장 구졀노 십이졀과 이십 ᄉᆞ졀노
삼십 이졀ᄭᆞ지

九 야곱이 드ᄃᆡ여 긔도ᄒᆞ야 ᄀᆞᆯᄋᆞᄃᆡ 우리 조샹 아
브라함의 하ᄂᆞ님 우리 아바지 이삭의 하ᄂᆞ
님ᄭᅴ셔 이젼에 나ᄃᆞ려 명ᄒᆞ여 ᄀᆞᆯᄋᆞ샤ᄃᆡ 고향 일가
와게로 도라가라고 은혜로 허락ᄒᆞ셧ᄂᆞ니 十
하ᄂᆞ님ᄭᅴ셔 베프신 은혜와 진실ᄒᆞᆫ심을 감당치
못ᄒᆞᆯ터이오나 젼에 내가 오직 지팡이만 가지고
이 요단강을 건넛더니 이제 내가 거ᄂᆞ린거시 두
ᄯᅦ가 되엿ᄂᆞ이다 十一 내 형 에셔가 와셔 나와
밋 쳐ᄌᆞ를 칠가 두려워 ᄒᆞᄂᆞ이다 그런고로 비옵
ᄂᆞ니 나를 구원ᄒᆞ쇼셔 十二 이젼에 하ᄂᆞ님ᄭᅴ셔
은혜로 내게 허락ᄒᆞ여 ᄀᆞᆯᄋᆞ샤ᄃᆡ 내 ᄌᆞ손으로 ᄒᆞ
여곰 번셩ᄒᆞ기를 바다에 모래ᄀᆞᆺ치 헬수업게 ᄒᆞ
리라 ᄒᆞ셧ᄂᆞ이다
二十四 야곱이 홀노 머므다가 ᄒᆞᆫ 사ᄅᆞᆷ을 맛나 날이
ᄇᆞᆰ기ᄭᆞ지 씨름을 ᄒᆞ더니 二十五 그가 이긔지 못ᄒᆞᆯ
줄을 알고 씨름 ᄒᆞᆯᄯᅢ에 야곱의 볼기를 쳐 샹
ᄒᆞ고 二十六 ᄀᆞᆯᄋᆞᄃᆡ 날이 ᄇᆞᆰ어가니 나를 가게 ᄒᆞ라
야곱이 ᄀᆞᆯᄋᆞᄃᆡ 네가 나를 위ᄒᆞ여 복을 빌지 아
니ᄒᆞ면 너를 가지 못ᄒᆞ게 ᄒᆞ리라 二十七 ᄀᆞᆯᄋᆞᄃᆡ
네 일홈이 무어시뇨 ᄃᆡ답ᄒᆞ되 야곱이로다 二十八 ᄀᆞᆯ
ᄋᆞᄃᆡ 네 일홈을 야곱이라만 ᄒᆞ지 말고 이스라엘
이라 ᄒᆞ라 대개 네가 하ᄂᆞ님ᄭᅴ 힘을 엇어 사
ᄅᆞᆷ을 다 이긔리라 二十九 야곱이 ᄀᆞᆯᄋᆞᄃᆡ 네 일홈을
내게 고ᄒᆞ라 그가 ᄀᆞᆯᄋᆞᄃᆡ 엇지 내일홈을 뭇ᄂᆞ뇨
ᄒᆞ고 드ᄃᆡ여 거긔셔 복을비니 三十 야곱이 그ᄯᅡ
일홈을 변이엘이라 ᄒᆞ니 대개 ᄀᆞᆯᄋᆞᄃᆡ 내가 하
ᄂᆞ님을 ᄃᆡᄒᆞ여 그 얼골을 보앗시나 내명을 보젼
ᄒᆞ겟다 ᄒᆞᆷ이라 三十一 해돗을ᄯᅢ에 야곱이 변이엘을
지나다가 볼기를 샹ᄒᆞ여 절ᄯᅮᆨ거리니 三十二 그 사ᄅᆞᆷ
이 야곱의 볼기를 쳐 큰 힘줄을 샹ᄒᆞᆫ고로 지금
ᄭᆞ지 이스라엘 ᄌᆞ손이 므롯 볼기의 큰 힘줄을
먹지 안터라

주셕

야곱이 형을 무셔워 피ᄒᆞᆷ으로 ᄌᆞ긔 아바지 집에 잇지 못ᄒᆞ고 먼ᄯᅡ에 도망ᄒᆞ여 품군이 된지 이십여년이매 라반이 야곱의게 처음 언약ᄃᆡ로 아니ᄒᆞ고 속여 야곱의 ᄉᆞ랑ᄒᆞᄂᆞᆫ바 더의 적은 ᄯᆞᆯ을 주지안코 ᄆᆞ옴의 실혀ᄒᆞᄂᆞᆫ 큰 ᄯᆞᆯ을 주엇ᄉᆞ며 품삭도 약됴를 어긔여 ᄌᆞ긔 욕심만 채워 여러번 ᄆᆞ옴ᄃᆡ로 곳쳣ᄉᆞ나 야곱은 필경 하ᄂᆞ님의 도아주심으로 아ᄃᆞᆯ 열 ᄒᆞ나흘 두고 ᄯᅩ 부요ᄒᆞ얏ᄂᆞᆫ지라 야곱이 하ᄂᆞ님ᄭᅴ셔 이제ᄂᆞᆫ 네 고향으로 도라가라 ᄒᆞ신 명령을 밧엇ᄉᆞ나 그 장인의 욕심만홈을 두려워 밤에 ᄀᆞ만이 나아갈ᄉᆡ 나오면셔 싱각ᄒᆞ니 더의 형이 해ᄒᆞᆯ가 무서온 ᄆᆞ옴이 나셔 엇지ᄒᆞᆯ줄 모롬은 대가 이젼에 형의게 작죄ᄒᆞᆷ으로 써 이ᄯᅢᄭᆞ지 형벌을 밧음을 면치 못 ᄒᆞᆷ이라

야곱이 뎌의 형과 아모쪼록 화히코져 ᄒᆞᆫ때 ᄌᆞ긔 ᄆᆞᄋᆞᆷ에 아ᄂᆞᆫᄃᆡ로 힘을 다ᄒᆞ여 사ᄅᆞᆷ도 보내고 례물도 보내얏스며 ᄯᅩ 하ᄂᆞ님ᄭᅴ 긔도 ᄒᆞ엿ᄂᆞᆫ지라 야곱의 죵이 형의게 ᄃᆞᆫ여 와 말ᄒᆞ되 그ᄃᆡ 형의게서 ᄉᆞᄇᆡᆨ명이 온다 ᄒᆞᆷ을 듯고 심히 놀나 륙츅과 죵인들은 압헤 세우고 쳐ᄌᆞᄂᆞᆫ 뒤에서 ᄯᅡᄅᆞᆷ은 혹 위티ᄒᆞᆫ 일이 잇드ᄅᆡ도 뎌의몸을 피ᄒᆞ여 셩명을 보젼ᄒᆞ려 ᄒᆞᆷ이라 이러케 ᄒᆞᆫ후 다시 긔도ᄒᆞᆯ때 밤이 서도록 ᄒᆞᆷ은 ᄀᆞᆫ절이 원ᄒᆞᄂᆞᆫ 바로 ᄆᆞᄋᆞᆷ과 힘을 다ᄒᆞᆷ이나 야곱은 그젼과 이제와 비교ᄒᆞ면 아조 변화ᄒᆞ여 ᄯᅩ 사ᄅᆞᆷ이 되엿ᄉᆞ니 이젼에ᄂᆞᆫ ᄌᆞ긔가 ᄭᅬ ᄒᆞᄂᆞᆫ것만 밋엇더니 여러ᄒᆡ 고ᄉᆡᆼ ᄒᆞᆷ으로 ᄌᆡ조와 지혜가 뎨 홀노 밋고 의지ᄒᆞᆯ수 업ᄂᆞᆫ 줄을 알때 하ᄂᆞ님의 손 아ᄅᆡ셔 도아 주심을 밋고 비홈이라 긔도ᄒᆞᆯ제 뎌의 할아바지의 하ᄂᆞ님이여 아바지의 하ᄂᆞ님이여 부ᄅᆞᆷ은 넷재에 뎌와 언약 ᄒᆞᆫ심을 셩각게 ᄒᆞ심이요 ᄯᅩ 야곱이 밧은 언약을 셩각게 ᄒᆞ심이라 야곱은 뎌의게 잇ᄂᆞᆫ 바 륙츅과 쳐ᄌᆞ ᄭᆞ지 이거시 모다 하ᄂᆞ님ᄭᅴ셔 주신줄을 알때 더욱 감샤 ᄒᆞᆷ이요 뎌의 형을 무서워 ᄒᆞᆷ을 교ᄒᆞᆯ때 ᄌᆞ긔몸만 위ᄒᆞ여 구ᄒᆞᆷ이 아니라 그 쳐ᄌᆞ을 구원코져 ᄒᆞᆷ이오 이 긔도ᄒᆞᆷ은 우리가 본밧을만 ᄒᆞᆫ 긔도이니 우리도 셩셔에 허락ᄒᆞ신 말ᄉᆞᆷ을 하ᄂᆞ님ᄭᅴ 셩각 ᄒᆞ시게 ᄒᆞ여 그ᄃᆡ로 긔도ᄒᆞ고 구ᄒᆞ면 무어슬 엇지 못ᄒᆞᆯ바ㅣ 잇ᄉᆞ리오 ᄌᆞ긔만 위ᄒᆞ여 구ᄒᆞᆯ거시 아니라 ᄂᆞᆷ을 위ᄒᆞ여 ᄉᆞ랑ᄒᆞ며 구ᄒᆞᆯ거ᄉᆞ니라 야곱이 이제ᄂᆞᆫ 속이고 ᄭᅬᄒᆞᄂᆞᆫ 쟈ㅣ 되지안코 하ᄂᆞ님 압헤 밋어 올흔쟈ㅣ 되엿스며 하ᄂᆞ님ᄭᅴ셔 야곱의게 새로 주신 일홈 뜻은 하ᄂᆞ님 압헤 능력을 엇고 사ᄅᆞᆷ으로 더브러 이긔지 못ᄒᆞᆷ이 업다 ᄒᆞᄂᆞᆫ 뜻시니라

뭇ᄂᆞᆫ말

一 야곱의 긔도에 요긴ᄒᆞᆫ 뜻시 무어시뇨
二 젼에 하ᄂᆞ님ᄭᅴ셔 야곱의 ᄌᆞ손이 엇더케 되리라 ᄒᆞ셧ᄂᆞ뇨
三 야곱이 에서를 왜 두려워 ᄒᆞ엿ᄂᆞ뇨
四 야곱이가 젼에 요단강을 건너갈때 무슴물건을 가지고 갓ᄂᆞ뇨
五 야곱를 ᄯᆞ라 오ᄂᆞᆫ이가 얼마나 되ᄂᆞ뇨
六 야화화ᄭᅴ셔 이젼에 야곱의게 명ᄒᆞ샤ᄃᆡ 언의 ᄯᅡ흐로 다시오라 ᄒᆞ셧ᄂᆞ뇨
七 야곱이 엇던 이샹ᄒᆞᆫ 사ᄅᆞᆷ을 맛낫ᄂᆞ뇨
八 그 사ᄅᆞᆷ을 무서워 ᄒᆞ엿ᄂᆞ뇨
九 그 사ᄅᆞᆷ과 언의때 ᄭᆞ지 잇셧ᄂᆞ뇨
十 그의 일홈이 무어시뇨
十一 그가 야곱을 엇더케 ᄒᆞ엿ᄂᆞ뇨
十二 그가 야곱의게 무어슬 청 ᄒᆞ엿ᄂᆞ뇨
十三 야곱이 그 사ᄅᆞᆷ의게 무어슬 구 ᄒᆞ엿ᄂᆞ뇨
十四 그가 야곱의게 무어슬 주엇ᄂᆞ뇨
十五 야곱이 변이엘을 지낼제 무슴 연고가 잇셧ᄂᆞ뇨
十六 야곱의 일홈이 몃치뇨
十七 이스라엘 사ᄅᆞᆷ이 무어슬 먹지 아니 ᄒᆞᄂᆞ뇨

엡웟쳥년회

우리가 지나간 ᄒᆡ에 여러 쳥년의 표명ᄒᆞ신 글을 졍답게 밧아 긔지ᄒᆞᆫ거시 무비 우리 쳥년들을 권면ᄒᆞ여 아모쪼록 ᄆᆞ옴이 활발ᄒᆞ고 학문샹에 진보 되ᄂᆞᆫ글이 만하 피차에 소리와 긔운이 통ᄒᆞᆷ을 ᄯᅢ단이 감샤 ᄒᆞ올ᄲᅮᆫ더러 하ᄂᆞ님 은혜를 넙ᄉᆞ와 우리 쳥년즁에 ᄉᆞ망지환이 업셧ᄉᆞ니 더옥 깃붐을 익이지 못ᄒᆞ옵고 다시 ᄇᆞ탁옵기ᄂᆞᆫ 금년에도 작년과 ᄀᆞᆺ치 이 오폭에는 별노이 우리 어린 동싱들과 ᄌᆞ미들의게 유익ᄒᆞᆫ 글을 긔지ᄒᆞ려 ᄒᆞ노니 각쳐 쳥년 회즁에셔 ᄌᆞ미잇ᄂᆞᆫ 소문과 학문잇ᄂᆞᆫ 의견을 긔록 ᄒᆞ여 보내시오

열가지 죠심ᄒᆞᆯ일

세월이 흐리ᄂᆞᆫ 물 ᄀᆞᆺᄒᆞ여 로인즁에 경력이 만코 밋음이 견실ᄒᆞᆫ이ᄂᆞᆫ 뎐당길이 갓갑고 미거ᄒᆞᆫ 소년은 젼졍이 만리 ᄀᆞᆺᄒᆞ나 날을 보내고 ᄒᆡ를 지냄이 닷ᄂᆞᆫ몰이 틈ᄇᆡ 지냄 ᄀᆞᆺᄒᆞ여 어언간 셩ᄉᆞ가 좀간이 되되 날노ᄡᅳ고 힝ᄒᆞᄂᆞᆫ거시 홍샹 과ᄒᆞᆫ거나 혹 부족ᄒᆞ여 그 합당홈을 엇지 못ᄒᆞᄂᆞᆫ거슨 작졍ᄒᆞᆫ 법이 업ᄂᆞᆫ연고라 엇지 익셔지 아니ᄒᆞ리오 이아리 열가지 긔록ᄒᆞᄂᆞᆫ거시 일용 동졍지간에 만분지 일이나 도음이 될가 ᄒᆞ노라

一은 무론 무ᄉᆞᆷ 일이던지 오날ᄒᆞᆯ일을 릭일ᄒᆞᆫ다모리ᄒᆞ지 ᄒᆞ고 미루지 말지여다 이거슨 게으른 사ᄅᆞᆷ의 버르쟝이니 만ᄉᆞ 불셩이오 二는 내가 ᄒᆞᆯ만ᄒᆞᆯ일노 남을 괴롭게 식이지 말지여다 나ᄒᆞᆯ일은 내가 ᄒᆞ여야 이거시 ᄌᆞ쥬ᄒᆞᄂᆞᆫ 권리를 보젼ᄒᆞᄂᆞᆫ거시요 三 돈이 넉넉지 못ᄒᆞᆫ이ᄂᆞᆫ 더옥 졀용ᄒᆞ쟈여다 돈업ᄂᆞᆫ 사ᄅᆞᆷ이 돈ᄡᅳ기를 죠아ᄒᆞ면 필경 도젹질ᄒᆞᆯ ᄆᆞᄋᆞᆷ이 나ᄂᆞ니 간군ᄒᆞᆫ 일을 당ᄒᆞ면 쟝ᄎᆞᆺ 엇지 ᄒᆞ리오 四는 ᄡᅳᆯᄃᆡ업ᄂᆞᆫ 물건을 갑시 싸다고 함부로 사지 말지여다 헛된ᄃᆡ 허비ᄒᆞ고 불가불 잇셔야 ᄒᆞᆯ 물건을 엇더케 ᄒᆞ랴 이거슨 망ᄒᆞᄂᆞᆫ 쟝본이요 五 ᄯᅩ 만ᄒᆞᆫ 사ᄅᆞᆷ의게는 주린것과 목마른것과 치운것 보담 더 큰 환란이 오ᄂᆞ니 교만이라 ᄒᆞᄂᆞᆫ 거슬 ᄆᆞᄋᆞᆷ속에 쫏차 닐거시오 六은 의복과 음식을 넘어 사치ᄒᆞ엿다고 후회 ᄒᆞ도록 ᄒᆞ지 말지여마 졀조잇게 ᄒᆞᄂᆞᆫ거시 편ᄒᆞ고 七은 ᄆᆞᄋᆞᆷ에 ᄒᆞ고져 ᄒᆞᄂᆞᆫ바를 힝ᄒᆞ면 괴로옴이 업ᄂᆞ니 그런고로 ᄆᆞᄋᆞᆷ에 질겁지 아니ᄒᆞᆫ거슬 남의 안면에 구익ᄒᆞ여 힝ᄒᆞ거나 옷사ᄅᆞᆷ이 압재 ᄒᆞᆫ다고 힝ᄒᆞ면 그거시 무ᄉᆞᆷ 유익홈이 잇겟ᄂᆞ뇨 八은 악ᄒᆞᆫ 일이 몸에 당치 아니ᄒᆞᆷ이 큰 복이얏마ᄂᆞᆫ 당ᄒᆞ면 시험을 기ᄃᆞ려 경력ᄒᆞᆯ지여다 사ᄅᆞᆷ이 련단ᄒᆞᆷ이 만아야 일을 힝ᄒᆞᆯ매 죠쳐를 잘ᄒᆞᆯ거시요 九는 분ᄒᆞᆫ일에 잇ᄉᆞ면 말ᄒᆞ기젼에 수를 열번을 세고 대단이 분ᄒᆞ면 ᄇᆡᆨ번을 헬지여다 이거시 죄를 만히 지고 근심ᄒᆞᆯ거슬 예방ᄒᆞᄂᆞᆫ 묘법이요 十은 무어시던지 주고 밧을ᄯᅢ에 ᄌᆞ비ᄒᆞᆫ ᄆᆞᄋᆞᆷ으로 힝ᄒᆞ고 너머 샹지ᄒᆞ지 몰지니라

로병션

닉보

니승만씨ᄂᆞᆫ 지금ᄭᆞ지 감옥셔에 갓쳣ᄂᆞᆫᄃᆡ 얼던 신
문에 말ᄒᆞ기를 미국 공ᄉᆞ가 니승만씨를 위ᄒᆞ여
외부에 조회 ᄒᆞᆫ녓시니 옥즁에 갓쳔 니씨가 만일
알면 붓그러웟시리라 ᄒᆞᆫ녓시되 우리 ᄉᆡᆼ각에ᄂᆞᆫ
그러쳐 아니 ᄒᆞᆫ거시 우리 나라에 법률이 붉은ᄃᆡ
지은 죄를 버셔 날수가 업셔 외국 사ᄅᆞᆷ의게 두
호 ᄒᆞ기를 근청 ᄒᆞ면 외국 사ᄅᆞᆷ이 암만 정친ᄒᆞᆫ
ᄉᆞ이라도 조회 ᄒᆞᆯ리가 만무 ᄒᆞᆯ뿐더러 ᄌᆞ긔의 부
형이라도 당초에 외국인의게 말ᄒᆞᆯ리가 업시되
대한 법률이 도모지 ᄃᆡ즁이 업셔 유세ᄒᆞᆫ 사ᄅᆞᆷ은
나라에 해로온 일을 ᄒᆞᆯ지라도 츙신이라 칭 ᄒᆞ고
무세ᄒᆞᆫ 사ᄅᆞᆷ은 츙익ᄒᆞᄂᆞᆫ 목뎍을 가졋셔도 역당
이라 칭ᄒᆞ야 무죄이 죽ᄂᆞᆫ 디경에 니르니 엇지
의롱ᄒᆞᆯ 곳이 아니리오 그런즉 니승만씨의 원억
ᄒᆞᆫ거슬 타국 사ᄅᆞᆷ이 간셥 ᄒᆞᄂᆞᆫ거슨 대한 법률이
붉지 못ᄒᆞᆫ ᄯᅡᄃᆞᆰ인즉 대한 졍부에 붓그러온 일이
지 니승만씨의게ᄂᆞᆫ 조곰도 붓그러울 거시 업실
듯 ᄒᆞ더라

○ 청국 공ᄉᆞ 셔슈봉씨ᄂᆞᆫ 년젼에 미국 공ᄉᆞ로
가셔 잇다가 온넌ᄃᆡ 대단이 기명ᄒᆞᆫ 사ᄅᆞᆷ이라 ᄒᆞ더
라 이번에 셔울 드러 올ᄯᅢ에 긔구가 ᄆᆡ우 광장
ᄒᆞ여 구경ᄒᆞᄂᆞᆫ 사ᄅᆞᆷ이 길 좌우에 련쇽ᄒᆞ여 뷘틈
이 ᄯᅩ 셧다더라 일젼에 국셔 부본을 외부로 보내
여 궁닉부에 밧쳣다ᄂᆞᆫᄃᆡ 이 국셔ᄂᆞᆫ 청국 광셔
황뎨ᄭᅴ셔 지으신거슬 셔태후가 이번에 보내엿ᄂᆞᆫ
ᄃᆡ 민ᄉᆞᆺ헤ᄂᆞᆫ 대청국 대황뎨ᄂᆞᆫ 대한국 대황뎨 폐하
의게 삼가 편지 ᄒᆞᄋᆞᆸᄂᆞ이다 ᄒᆞᆫ녓다더라

본회 고빅

본회에셔 이 회보를 젼년과 ᄀᆞᆺ치 일쥬일에 ᄒᆞᆫ
번식 발간 ᄒᆞᄂᆞᆫᄃᆡ 새로 륙폭으로 작뎡ᄒᆞ고 ᄒᆞᆫ쟝
갑슨 엽젼 오푼이오 ᄒᆞᆫ돌갑슬 미리내면 젼파 ᄀᆞᆺ
치 엽젼 ᄒᆞᆫ돈 오푼이라 본국 교우나 셔국 목ᄉᆞ
나 교외 친구나 만일 사셔 보고져 ᄒᆞ거든 졍동
아펀셜라 목ᄉᆞ 집이나 죵로 대동셔시에 가셔 사
시ᄋᆞᆸ

죵로대동셔시광고

우리 셔샤에셔 셩경 신구약과 찬미칙과 교회에
유익ᄒᆞᆫ 여러가지 셔칙과 시무에 긴요ᄒᆞᆫ 칙들을
팔되 갑시 상당 ᄒᆞ오니 학문샹과 시무번에 ᄯᅳᆺ이
잇ᄂᆞᆫ 군ᄌᆞ들은 만히 사셔 보시ᄋᆞᆸ

대영국 셩셔 공회 광고

재로 간출 ᄒᆞᆫ거ᄉᆞᆫ 로마 가라태 골노시 야고보
베드로 젼후셔 티모데 젼후셔니 사셔 보실이ᄂᆞᆫ
회샤 쥬인 견묘 선ᄉᆡᆼᄭᅴ로 오시ᄋᆞᆸ

뎨삼권 대한회보 뎨륙호

광무삼년 [illegible]월팔일 (합일빅륙)

술이무서온즘싱보다더홈

두희전에 인도국에 흉년이 대단이 드러서 빅셩이 살기가 어렵게 된지라 지나간 히에 인도국에서 나아온 글을 본즉 비암이 사ᄅᆞᆷ을 무러 죽인거시 이만 일천명이오 돌 즘싱이 사ᄅᆞᆷ을 무러 죽인거시 ᄉᆞ쳔 이빅 칠십칠명이요 북편 산에 잇ᄂᆞᆫ 호랑이 외게 죽은 사ᄅᆞᆷ이 일천 일빅륙십 일인이요 셔북편 짜에 일희가 호랑이 보담 더 사오나온지라 ᄉᆞ년젼에 이 즘싱으로 그근쳐에 사ᄅᆞᆷ이 일빅 륙십인이 죽엇ᄂᆞᆫ대 샹년에ᄂᆞᆫ ᄉᆞ빅 이십륙명이 죽은지라 이 참혹ᄒᆞᆫ 일이 엇지 그러케 된고 ᄒᆞ니 흉년에 빅셩이 살기가 어려워셔 빈들에 가셔 먹을거슬 차짐이오 산 즘싱들은 열긔가 감온고로 목이 갈ᄒᆞ여 물을 차져 먹으러 산밧게 나아온 ᄭᅣ돍이라

○일노좃차 싱각ᄒᆞ여 본즉 비암파 호랑이와 일희보담 더사오납교 무서온 즘싱이 잇시니 그것은 곳 술이라 인도국ᄲᅮᆫ 아니라 대한국에도 술노 죽은 사ᄅᆞᆷ과 다른 병으로 죽은 사ᄅᆞᆷ을 비교ᄒᆞ면 술노 죽은 사ᄅᆞᆷ이 더 만흘지라 (즘언 이십삼쟝 삼십 일이졀)에 ᄀᆞᆯᄋᆞ되 술을 보고 즐거워 ᄒᆞ지마라 그빗치 븕은거시 귀ᄒᆞ나 술잔에 부으면 의례히 ᄯᅥ러 ᄒᆞ르ᄂᆞ니 맛참내 술이 사ᄅᆞᆷ 샹ᄒᆞ기를 비암 ᄀᆞᆺ치 ᄒᆞ고 그 독ᄒᆞ기가 복ᄉᆞ ᄀᆞᆺᄒᆞᆫ거슬 아지 못ᄒᆞᆫ다 ᄒᆞ신지라 그런즉 우리 쥬 그리스도를 밋ᄂᆞᆫ 형뎨들은 이런 됴흔 말ᄉᆞᆷ을 공부ᄒᆞ고 참 ᄆᆞᄋᆞᆷ으로 좃차 ᄌᆞ긔 혼ᄌᆞ만 술을 먹지 말거시 아니라 그 집안에셔도 일졀히 술을 쓰지말며 다른 사ᄅᆞᆷ의게도 쓰지 말기를 간졀히 ᄇᆞ라노라

글을픽뎡홈

젼년에 우리 셩셔 공회에셔 각쳐 형뎨의게 힘도부지식이라 ᄒᆞᄂᆞᆫ글을 지어 보내라고 회보에 광고 ᄒᆞ녓더니 셔울 평양 원산 부산계셔 지어온 글이 합이십 오쟝이라 셕달젼에 셩셔공회 회쟝이 그 글쟝에 표 ᄒᆞ되 한일ᄌᆞ로 브터 이십오ᄌᆞ ᄭᆞ지 표ᄒᆞᆫ후에 그 셩명은 다 업시ᄒᆞ여 아지 못ᄒᆞ게 ᄒᆞ고 특별히 위원두사ᄅᆞᆷ을 뎡ᄒᆞ여 그글을 고쥰ᄒᆞ여 뎨십쟝과 뎨 십칠쟝이 우등으로 ᄲᅩᆸ힌지라 그표를 좃차 셩명을 차쟈본즉 뎨 십쟝에ᄂᆞᆫ 김연근씨요 뎨 십칠쟝에ᄂᆞᆫ 송긔용씨라 셩셔 공회에셔 그글은 츌판ᄒᆞ고 그 두 형뎨의게ᄂᆞᆫ 각각 ᄉᆞ원식 샹급ᄒᆞᆫ다더라

삼빅ᄉᆞ십일

대한크리스도인회보

THE KOREAN CHRISTIAN ADVOCATE.
Rev. H. G. Appenzeller, Editor
36 cents per annum
in advance. Postage extra.
Wednesday, FEB. 8th, 1899.

서울 정동서 일쥬일에 ᄒᆞᆫ번식
발간ᄒᆞᄂᆞᆫᄃᆡ 아편셜러 목ᄉᆞ가
회보 샤쟝이 되엿더라
일년 갑슬 미리 ᄂᆡ면 삼
십 륙젼이오 우표갑슨
ᄯᅩ로 잇노라

회회교이야기

쥬국의 삼교ᄂᆞᆫ 유도 불도 션도여니와 유태국에
ᄯᅩᄒᆞᆫ 삼교가 잇ᄉᆞ니 유태교와 예수교와 회회교
라 유태교ᄂᆞᆫ 쥬나라ᄯᅢ 브터 잇셧시니 곳 바리ᄉᆡ
교회요 예수교ᄂᆞᆫ 한나라 평졔ᄯᅢ 브터 셜립 되얏
시며 회회교ᄂᆞᆫ 예수 강싱 ᄒᆞ신후 륙ᄇᆡᆨ년에 모함
믹덕이라 ᄒᆞᄂᆞᆫ 사ᄅᆞᆷ이 바리ᄉᆡ와 크리스도 두 교
회를 니기고져 ᄒᆞ여 회회교를 챵시 ᄒᆞ녓시니 그
말에 ᄀᆞᆯᄋᆞᄃᆡ 두 교회가 비록 하ᄂᆞ님 ᄯᅳᆺ슬 좃
ᄂᆞᆫ다 ᄒᆞ나 유대교ᄂᆞᆫ 나무의 처음으로 나오ᄂᆞᆫ ᄡᅡᆨ
리와 ᄀᆞᆺ고 예수교ᄂᆞᆫ 나무의 줄기와 ᄀᆞᆺ고 우리 회
회 교회ᄂᆞᆫ 나무의 실과와 ᄀᆞᆺᄒᆞ니 사ᄅᆞᆷ이 과목을
심으ᄂᆞᆫ 본ᄯᅳᆺ슨 실파를 먹고져 홈이라 우리 교회
가 흥홈으로 ᄯᅩᄒᆞᆫ 실과를 엇을지니 모든 교우들
은 다 녜젼 교를 ᄇᆞ리고 나를 좃차라 ᄒᆞ며 ᄯᅩ 회
회교를 밋ᄂᆞᆫ 무리들은 연셜ᄒᆞ되 우리 교쥬 모함믹
덕은 진실노 하ᄂᆞ님의 놉흔 ᄉᆞ쟈니 하ᄂᆞ님
의 명령을 세상에 젼파 ᄒᆞ심이ᄂᆞ 누구던지 그말
을 듯고 밋ᄂᆞᆫ쟈ᄂᆞᆫ 하ᄂᆞ님의 영을 슌죵ᄒᆞᄂᆞᆫ 량
민이오 그말을 반ᄃᆡ ᄒᆞᄂᆞᆫ쟈ᄂᆞᆫ 하ᄂᆞ님을 거역
ᄒᆞᄂᆞᆫ 악민이니 그죄가 죽이고 샤유치 못 ᄒᆞ리라
ᄒᆞ고 위엄과 권력으로 도를 젼ᄒᆞᆯ시 살육이 너머
심ᄒᆞᆷ으로 맛춤내 법을 힝ᄒᆞᆯ수 업ᄂᆞᆫ지라 그후에
규모를 곳쳐 다시 말ᄒᆞ되 회회교를 좃지 안ᄂᆞᆫ쟈
ᄂᆞᆫ 우리의게 셰랍을 밧칠진ᄃᆡ 죽기를 면ᄒᆞ리라
ᄒᆞ여 셰 교회자 서로 믜워ᄒᆞ며 분분ᄒᆞ여 송나라
ᄯᅢᄭᆞ지 니른지라 그ᄯᅢ에 살납젼이라 ᄒᆞᄂᆞᆫ 님군
은 회교즁에 식견이 고명ᄒᆞᆫ 사ᄅᆞᆷ이라 삼교즁에
어ᄂᆞ 교회가 참거시오 어ᄂᆞ 교회가 거짓 거신지
분변치 못ᄒᆞ야 홍샹 근심 ᄒᆞ더니 하로ᄂᆞᆫ 예루살
넴 니르러 그곳 부쟈사ᄅᆞᆷ 나단이라 ᄒᆞᄂᆞᆫ쟈ㅣ 특
이 ᄒᆞᆫ지혜가 잇심ᄂᆞᆫ 듯고 쳥ᄒᆞ여 서로 보고져 ᄒᆞᆫ
대 나단이 살납젼왕의게 보일ᄉᆡ 보화를 만히 션
물ᄒᆞ니 살납젼왕이 ᄀᆞᆯᄋᆞᄃᆡ 보물은 짐외게로 잇
ᄉᆞᆫ즉 원ᄒᆞ지 안커니와 특별히 그ᄃᆡ를 부른거슨
ᄒᆞᆫ마ᄃᆡ 말노 무물거시 잇노라 나단이 ᄀᆞᆯᄋᆞᄃᆡ 대
왕ᄭᅴ셔 신이 동방으로 좃차옴을 보시고 텩국의
형편을 뭇고져 ᄒᆞ시ᄂᆞᆫ닛가 살납젼 왕이 ᄀᆞᆯᄋᆞᄃᆡ
다름 아니라 내가 그ᄃᆡ의 총명 특달ᄒᆞᆫ 지죠를 듯
교 의심 잇ᄂᆞᆫ일을 뭇고져 ᄒᆞ노니 아지 못거라
우리 나라 교회의 리치가 어ᄂᆞ것이 참이뇨 미와

뎨빅일공과 일빅륙 이월 십구일

야곱과에셔의맛남

창〃긔 삼십삼장 일졀노 십륙졀ᄭᆞ지

一 야곱이 눈을 드러 보매 에셔가 ᄉᆞ빅인을 거ᄂᆞ리고 오거ᄂᆞᆯ 드듸여 모든 ᄌᆞ식을 ᄂᆞᆫ화 레아와 라헬과 밋 두죵으로 ᄒᆞ여곰 거ᄂᆞ리게 ᄒᆞ고 二 그 두죵과 밋 그 ᄌᆞ식은 압희 두고 레아와 그ᄌᆞ식은 뒤에두고 라헬과 요셉은 또 그뒤에 두고 三 야곱이 압흐로 나아가 그형이 갓가히 오기ᄭᆞ지 닐곱번 땅에 업드리니 四 에셔가 다러드러 마져 목을 안고 입을 맛초고 서로 울머니 五 에셔가 눈을드러 녀인들과 ᄌᆞ식들을 보고 ᄀᆞᆯᄋᆞᄃᆡ 뎌들은 다 누구뇨 야곱이 ᄀᆞᆯᄋᆞᄃᆡ 하ᄂᆞ님ᄭᅴ셔 은혜로 네의 죵의게 이 ᄌᆞ식들을 주셧ᄂᆞ이다 六 두죵과 그 ᄌᆞ식들이 나아와 절ᄒᆞ고 七 레아와 그 ᄌᆞ식들이 나아와 또 절ᄒᆞ고 그후에 라헬과 요셉이 나아와셔 또ᄒᆞᆫ 절ᄒᆞ더라 八 에셔가 ᄀᆞᆯᄋᆞᄃᆡ 보이ᄂᆞᆫ 모든 거ᄉᆞᆫ 무ᄉᆞᆷ 뜻이뇨 야곱이 ᄀᆞᆯᄋᆞᄃᆡ 우리 쥬 압헤 은혜 닙기를 ᄇᆞ라ᄂᆞ이다 九 에셔가 ᄀᆞᆯᄋᆞᄃᆡ 동ᄉᆡᆼ아 내의 가진거시 넉넉ᄒᆞ니 네의 가진거슬 네가 가지라 十 야곱이 ᄀᆞᆯᄋᆞᄃᆡ 물니치자 마ᄋᆞᆸ쇼셔 만일 내가 형님ᄭᅴ 은혜를 닙을터이면 청컨ᄃᆡ 내의 례물을 밧으쇼셔 대개 내가 형님 얼골을 보고 깃버ᄒᆞᆷ을 무릅숨이 하ᄂᆞ님 얼골 보임 ᄀᆞᆺᄒᆞ니다 十一 하ᄂᆞ님ᄭᅴ셔 은혜로 나를 도으샤 내가 넉넉이 가졋ᄉᆞ니 청컨ᄃᆡ 드리ᄂᆞᆫ 례물을 밧으쇼셔 ᄒᆞ고 굿게 권ᄒᆞᄃᆡ 밧으니라 十二 에셔가 ᄀᆞᆯᄋᆞᄃᆡ 우리가 셸니 ᄯᅥ나가되 내가 압셔 인도ᄒᆞ리라 十三 야곱이 ᄀᆞᆯᄋᆞᄃᆡ 내 ᄌᆞ식들이 다 약ᄒᆞ고 즘ᄉᆡᆼ이 다 졋먹고 어린줄을 우리 쥬도 아르시니 만일 ᄒᆞ로만 셸니몰면 즘ᄉᆡᆼ이 다 죽을지라 十四 청컨ᄃᆡ 쥬ᄭᅴ셔 압셔 가쇼셔 내 쟝ᄎᆞᆺ ᄌᆞ녀들과 즘ᄉᆡᆼ을 거ᄂᆞ리고 가ᄂᆞᆫᄃᆡ로 쳔쳔이 가셔 쥬 계신곳 셰이에 니르겟ᄂᆞ이다 十五 에셔가 ᄀᆞᆯᄋᆞᄃᆡ 이제 내의 죵인 두어ᄉᆞᆯ 머믈너 너와ᄒᆞᆷᄭᅴ 오게 ᄒᆞ겟노라 야곱이 ᄀᆞᆯᄋᆞᄃᆡ 그리 마르시고 나로 ᄒᆞ여곰 쥬의 은혜를 닙게 ᄒᆞ쇼셔 ᄒᆞᆫᄃᆡ ○ 十六 이날에 에셔가 셰이에 도라오니 十七 야곱이 수곳에 니르러 ᄌᆞ긔를 위ᄒᆞ야 집을짓고 즘ᄉᆡᆼ을 위ᄒᆞ야 울이를 지으니 그런고로 그ᄯᅡ 일홈을 수곳이라ᄒᆞ다

주셕

一 야곱이 에셔를 무셔워 ᄒᆞᆷ과 쳐ᄌᆞ를 위ᄒᆞ여 조심ᄒᆞᆷ

二 야곱의 진실히 회ᄀᆡ ᄒᆞᆷ과 ᄎᆞᆷ 겸손ᄒᆞᆷ

三 에셔의 용셔 ᄒᆞᆷ과 쟈유ᄒᆞᆷ

야곱이 그 형 에셔로 화목ᄒᆞ고져 ᄒᆞ매 ᄌᆞ긔 아ᄂᆞᆫ대로 힘을 다 ᄡᆞᆯ ᄲᅮᆫ외라 밤새도록 긔도를 만히 ᄒᆞ

혓ᄂᆞᆫ지라 이러케 례물도 보니며 하ᄂᆞ님ᄭᅦ셔
도아주마고 ᄒᆞ심을 엇고 깃버ᄒᆞ나 그러나 무서
온 ᄆᆞ음이 죵샤나매 더희 권솔을 ᄂᆞᆫ호아 그중에
ᄌᆞ긔가 ᄉᆞ랑ᄒᆞᄂᆞᆫ ᄆᆞ음 적은자ᄂᆞᆫ 압흐로 셔게 ᄒᆞ
며 심히 ᄉᆞ랑ᄒᆞᄂᆞᆫ자ᄂᆞᆫ 뒤헤 잇게ᄒᆞ며 ᄌᆞ긔ᄂᆞᆫ 형
의 압흐로 나아가 마조려 ᄒᆞ더라 야곱이 그 형
의 압헤셔 아조 겸손홈을 뵈이고 례물노 써 ᄌᆞ긔
가 이젼에 지은죄를 더속 ᄒᆞ려ᄒᆞ매 에셔도 이
젼에ᄂᆞᆫ 뮈워ᄒᆞᄂᆞᆫ ᄆᆞ음이 잇슬지라도 지금 야곱
의 이ᄀᆞᆺ치 겸손ᄒᆞ며 진실이 회ᄀᆡᄒᆞᆷ을 보고 도로
혀 ᄉᆞ랑ᄒᆞᄂᆞᆫ ᄆᆞ음이 나셔 아조 화목ᄒᆞ얏스며
에셔ᄂᆞᆫ 그 동ᄉᆡᆼ이 ᄃᆡ가 형셰 넉넉ᄒᆞ다고 이여
러 육츅의 갑만코 귀ᄒᆞᆫ 물건을 례물노 주ᄂᆞᆫ거슬
긋이 밧지 아니ᄒᆞ나 야곱은 이 물건을 형이 밧
아야 화목ᄒᆞᄂᆞᆫ 표적이 된다ᄒᆞ고 긔어히 드리거
ᄂᆞᆯ 에셔ㅣ ᄒᆞᆯ수업셔 그 물건을 밧앗스며 그 후
로브터 셩셔에도 이두 사ᄅᆞᆷ이 다시ᄂᆞᆫ 서로 ᄐᆞᆯ
니ᄂᆞᆫ 말이 업고 아조 화목 ᄒᆞ엿ᄂᆞᆫ지라 우리ᄂᆞᆫ
이일을 보고 본밧아 공부 ᄒᆞ여야 ᄒᆞᆯ터인ᄃᆡ
하ᄂᆞ님ᄭᅦ 긔도만 ᄒᆞ며 기ᄃᆞ릴거시 아니라 진심
으로 긔도ᄒᆞ며 밋으며 ᄯᅩ ᄌᆞ긔힘을 써셔 무ᄉᆞᆷ
일이던지 ᄒᆞ여야 ᄒᆞᆯ거시라 우리의 힘과 지혜와
졍신이 다 하ᄂᆞ님ᄭᅦ셔 본ᄅᆡ 주신거신ᄃᆡ 그ᄃᆡ
로 힘을 다써야 ᄒᆞᆯ거시오 그외에 하ᄂᆞ님ᄭᅦ
빌어 도아 주심을 ᄇᆞ랄지어다

뭇ᄂᆞᆫ말

一 야곱이 웨 여러 즘ᄉᆡᆼ을 각각 ᄂᆞᆫ호아 거나
리게 ᄒᆞ엿ᄂᆞ뇨
二 웨 야곱이가 닐곱번 ᄯᅡ헤 업드렷ᄂᆞ뇨
三 에셔와 서로맛나 웨 피ᄎᆞ에 우럿ᄂᆞ뇨
四 두종의 ᄌᆞ식이 엇지 몬져 절ᄒᆞ엿ᄂᆞ뇨
五 에셔가 야곱을 보고 춤 깃버 ᄒᆞ엿ᄂᆞ뇨
六 모든 물건을 에셔가 웨 ᄉᆞ양 ᄒᆞ엿ᄂᆞ뇨
七 야곱이 에셔의게 물건을 만히 준ᄯᅳ시 무ᄉᆞᆷ
ᄯᅳ시뇨
八 에셔가 웨 몬져 인도 ᄒᆞ랴고 ᄒᆞ엿ᄂᆞ뇨
九 야곱이가 엇지 원ᄒᆞ지 아니 ᄒᆞ엿ᄂᆞ뇨
十 에셔가 웨 야곱의게 종인을 주랴 ᄒᆞ엿ᄂᆞ뇨
十一 수콧은 지금 어ᄂᆞ 나라 ᄯᅡ히뇨
十二 수콧이란 ᄯᅳᆺ시 무어시뇨
十三 오ᄂᆞᆯ 공부에 인명이 모도 몃치뇨
十四 디명은 ᄯᅩ 몃치뇨

엡웟쳥년회

무식ᄒᆞᆫ교ᄂᆞᆫ젼도ᄒᆞ기어려온일

우리교ᄂᆞᆫ 근원이 깁고 멀며 바르고 크며 빗나고 ᄇᆞᆰ은지라 누구던지 듯고 보면 알거시요 알면 밋을거시요 밋으면 힝ᄒᆞᆯ거시요 힝ᄒᆞ면 유익ᄒᆞᆷ이 잇스려니와 우리 교우들이 왕왕이 학문이 부족ᄒᆞ여 외인의 현란이 뭇ᄂᆞᆫ말을 능히 ᄃᆡ답지 못ᄒᆞ여 다만 외인의게 치소만 바들ᄲᅮᆫ 아니라 도에 황연ᄒᆞᆫ 리치를 변론치 못ᄒᆞ고 도로혀 거륵ᄒᆞᆫ 셩경에 오묘ᄒᆞᆫ 뜻을 그릇 ᄒᆡ셕ᄒᆞ여 붓그러온 ᄃᆡ경에 니르니 뉘가 그도가 진실됨을 알니오 그런즉 외인의 비방ᄒᆞᄂᆞᆫ말과 현란이 뭇ᄂᆞᆫ말을 무식ᄒᆞᆫ 그사ᄅᆞᆷ이야 엇지 ᄃᆡ답ᄒᆞ여 그 ᄆᆞᄋᆞᆷ을 항복ᄒᆞ게 ᄒᆞ며 그 의혹을 풀어 주리요 ᄂᆞᆷ을 ᄀᆞᄅᆞ치기ᄂᆞᆫ 고사ᄒᆞ고 예수를 밋ᄂᆞᆫ 사ᄅᆞᆷ들도 ᄌᆞ긔 ᄆᆞᄋᆞᆷ속에 현란ᄒᆞᆷ을 분별치 못ᄒᆞ여 의리로 요량ᄒᆞᆯ일도 기연가미연가ᄒᆞ여 두셔를 분간치 못ᄒᆞ니 엇지 이답지 아니리오 ᄂᆞᆷ이 뭇ᄂᆞᆫ말에 ᄃᆡ답이 합당치 아니면 곳 그 사ᄅᆞᆷ이 갈터이니 가면 교외 진실ᄒᆞᆫ 리치를 엇지 들니며 ᄂᆞᆷ을 향ᄒᆞ여 몬저 말ᄒᆞ기를 이도가 ᄆᆡ우 진실ᄒᆞ니 밋으라 ᄒᆞ고도 그 리치를 분변치 못ᄒᆞ면 그 사ᄅᆞᆷ이 도로혀 비웃고 ᄒᆞᄂᆞᆫ말이 무식ᄒᆞᆫ 놈이 무ᄉᆞᆷ도를 ᄀᆞᄅᆞ치리요 ᄒᆞ고 다시 ᄃᆡ면치 아니리니 그러고 본즉 내게도 붓그러옴이오 ᄂᆞᆷ의게도 낭픽인거시 나ᄂᆞᆫ 그도ᄂᆞᆫ 밋어도 진소위 소경이 단쳥 구경ᄒᆞᄂᆞᆫ 모양이요 구원을 밧을쟈의게 그 리치를 분변치 못ᄒᆞ여 다시ᄂᆞᆫ 그사ᄅᆞᆷ이 우리 교우를 대ᄒᆞ지 아니랴 ᄒᆞᆯ터이니 이거슨 그사ᄅᆞᆷ을 과이 칙망ᄒᆞᆯ수 업고 내의칙망이니 무식ᄒᆞ고 교를 젼ᄒᆞᆫ다 ᄒᆞᄂᆞᆫ거시 엇지 대단이 불힝ᄒᆞᆫ일이 아니리오 그런즉 우리 대한에 빈한ᄒᆞᆫ 교우들이 일일이 학문이 넉넉ᄒᆞᆫ 연후에 도를 젼ᄒᆞ쟈 ᄒᆞ여도 어려온 일이요 무식ᄒᆞᆫ데 예수를 밋ᄂᆞᆫ ᄆᆞᄋᆞᆷ만 견실ᄒᆞ다고 도를 젼ᄒᆞ라도 쉽지 못ᄒᆞᆯ터이나 학문도 넉넉ᄒᆞ고 밋음도 견실ᄒᆞᆫ쟈가 만히 싱기게 ᄒᆞᄂᆞᆫ 방칙은 우리 교즁에셔 무론 어나 곳이던지 특별히 셩경 학당을 셜립ᄒᆞ고 남녀를 물론ᄒᆞ고 어려실ᄯᅢ 브터 그학교에 보내여 공부 식히고 쟝셩ᄒᆞ면 각기 ᄌᆞ긔 형세대로 무ᄉᆞᆷ 업을 식히게 ᄒᆞᄂᆞᆫ거시 됴코 그 학교에 별노이 규칙을 졍ᄒᆞ여야 ᄒᆞᆯ거시오 그 학교비ᄂᆞᆫ 우리 교우들이 원근 빈부 물론ᄒᆞ고 각기 힘ᄃᆡ로 구취ᄒᆞ며 셩경 학당 총활회를 셜시ᄒᆞ고 어나 곳이던지 셩경 학당은 그 회에셔 관리ᄒᆞ게 ᄒᆞ면 그 회에셔ᄂᆞᆫ 각항 파졍을 마련ᄒᆞ여 각쳐에 반포ᄒᆞ여 주면 불과 긔년에 대한에 예수교 학당이 만이 싱겨나라 예힉이요 교회에 힝이 될듯 ᄒᆞ기로 대강 의견ᄂᆞᆫ 말ᄒᆞ노라

로병션

ᄂᆡ보

탁지부에서 광무 삼년도 예산을 일젼에야 비로소 결뎡이 되녓다ᄂᆞᆫ듸 세입은 륙빅 ᄉᆞ십 칠만 삼쳔 이빅 이십 이원이요 세출은 륙빅 ᄉᆞ십칠만 일쳔 일빅 삼십 이원인즉 남ᄂᆞᆫ돈이 이쳔구십원 이라더라

○청국 공ᄉᆞ 셔수봉씨가 이월 일일 오후 두시에 폐현ᄒᆞ고 국셔를 밧쳣ᄂᆞᆫ듸 그 편지 샤의가 미우 관곡ᄒᆞ야 대한과 청국 ᄉᆞ이에 교졔를 친밀이 ᄒᆞ쟈고 ᄒᆞ녓다더라

○의정부 총무국장 나상지씨ᄂᆞᆫ 여러ᄃᆞᆯ ᄉᆞ진아니ᄒᆞᆫ ᄭᆞᄃᆞᆰ으로 면관이 되녓다더라

○감옥셔 죄수 최정식 셔샹대 니승만 삼인이 일젼에 도쥬ᄒᆞ다가 최셔 량씨ᄂᆞᆫ 영영 도망ᄒᆞ고 니승만 일인만 도로 잡혓ᄂᆞᆫ듸 곳 경무텽으로 올녀다가 문초ᄒᆞ고 인ᄒᆞ여 고등지판소로 넘겨서 지판 ᄒᆞᆫ후에 다시 감옥셔로 나려가 두엇ᄂᆞᆫ듸 니승만이 다러날ᄯᆡ에 시위이듸 병뎡 최영식이가 붓잡운고로 히듸에셔 그 병뎡의 공로를 포쟝ᄒᆞ여 달나고 군부에 보고ᄒᆞ녓다더라

○경향 각쳐에 도적이 대단ᄒᆞ여 가도에 힝인이 ᄃᆞᆫ닐수가 업고 ᄆᆞ을에 빅셩이 안졉ᄒᆞᆯ수가 업다고 말들이 만히 잇더라

○각도 군슈가 모다 삼십일인이 면관이 되녓ᄂᆞᆫ듸 일젼에 의정부에서 몬져 군슈 여ᄃᆞᆲ을 내녓다더라

○일젼에 법부대신 유긔환씨가 고등지판소 금ᄉᆞ 김영시씨의게 넘으되 감옥셔에셔 죄인을 엇더케 간슈ᄒᆞ기에 죄인이 도쥬ᄒᆞᆫ 디경에 니르니 심히 히연ᄒᆞᆫ지라 죵금이후로 감옥셔에 별반 신칙ᄒᆞ여 죄슈각간 문밧ᄭᅴ 슌검 ᄒᆞ나식 두어 파수를 엄슉히 보게 ᄒᆞ라고 ᄒᆞ녓다더라

본회 고빅

본회에서 이 회보를 젼년과 ᄀᆞᆺ치 일쥬일에 ᄒᆞᆫ번식 발간 ᄒᆞᄂᆞᆫ듸 새로 륙폭으로 작뎡ᄒᆞ고 ᄒᆞᆫ쟝 갑슨 엽젼 오푼이오 ᄒᆞᆫᄃᆞᆯ갑슨 미리내면 젼파 ᄀᆞᆺ치 엽젼 ᄒᆞᆫ돈 오푼이라 본국 교우나 셔국 목ᄉᆞ나 교외 친구나 만일 사셔 보고져 ᄒᆞ거든 졍동 아펜셜라 목ᄉᆞ 집이나 죵로 대동셔시에 가셔 사시옵

죵로대동셔시광고

우리 셔샤에셔 셩경 신구약과 찬미칙과 교회에 유익ᄒᆞᆫ 여러가지 셔칙과 시무에 긴요ᄒᆞᆫ 칙들을 팔되 갑시 샹당ᄒᆞ오니 학문샹과 시무변에 ᄯᅳᆺ이 잇ᄂᆞᆫ 군ᄌᆞ들은 만히 사셔 보시옵

대영국 셩셔 공회 광고

새로 간출 ᄒᆞᆫ거슨 로마 가라태 골노시 야고보 베드로 젼후셔 듸모데 젼후셔니 사셔 보실이ᄂᆞᆫ 회샤 쥬인 견묘 션싱ᄭᅴ로 오시옵

뎨삼권

대한크리스도인회보

뎨칠호

광무삼년 (칠빅일합)

이월십오일

감리교회에서 회보를사감

미이미 교회와 감리 교회는 근본 ᄒᆞᆫ나이오 지금은 대한에 와셔 교중일을 ᄯᅩᄒᆞᆫ 셔로 교동ᄒᆞ여 힘쓰며 셔로 도아 주ᄂᆞᆫ 거슨 교회 리치도 ᄀᆞᆺ고 교즁 례법도 ᄀᆞᆺᄒᆞᆫ지라 그런고로 감리교회 사ᄅᆞᆷ들이 우리 교회에셔 「문둔 찬미가도 ᄒᆞᆷ끠 사 보고 셔칙도 ᄒᆞᆷ끠 공부 ᄒᆞᄂᆞᆫ디 일젼에 셔울 상동 잇ᄂᆞᆫ 감리교회목ᄉᆞ 리덕씨가 졍동 와셔 회보샤쟝을 보고 부탁ᄒᆞ되 지금브터 귀샤 회보를 팔십쟝만 우리 교즁에 닐곱군데로 보내여 달나 ᄒᆞ엿시니 우리ᄂᆞᆫ 춤 반갑기ᄂᆞᆫ 반갑거니와 이 회보를 보시ᄂᆞᆫ 감리교즁 형뎨들은 회보만 보실ᄲᅮᆫ 아니라 무ᄉᆞᆷ 말이던지 됴흔 일이 잇거든 적어셔 우리의게 보내기를 ᄇᆞ라오

담비대단ᄒᆞᆷ

우리가 일본 사ᄅᆞᆷ의 츌판 ᄒᆞᄂᆞᆫ 월보를 보고 그 이야기를 이 아래 대강 긔지 ᄒᆞ노라

○일본 명치 황뎨ᄭᅴ셔 여송연 담비를 ᄒᆞ로 열귀 가량을 자시고 태ᄌᆞ뎨셔ᄂᆞᆫ 긔운이 부족ᄒᆞᆫ 고로 ᄒᆞ로 세 네귀식을 ᄌᆞ시ᄂᆞᆫ디 황뎨의 담비ᄂᆞᆫ 일빅귀의 갑시 오십원식이요 태ᄌᆞ의 담비ᄂᆞᆫ 일빅귀에 이십오원 가량이라 ᄒᆞᆫ고 이등박문은 여송연을 ᄒᆞ로 십칠귀 가량이니 갑슨 일빅귀에 십원이라 ᄒᆞᆫ지라 우리가 이 월보를 보건더 이더게 귀ᄒᆞᆫ 여송연을 잡수시ᄂᆞᆫ 거시 그 부귀의 쟝ᄒᆞᆷ을 칭도 ᄒᆞᆯ거니와 다만 그 물건이 사ᄅᆞᆷ의게 유익ᄒᆞᆫ거시 무어시뇨 깁히 싱각 ᄒᆞ여 보건디 유익ᄒᆞᆫ거슨 담비 연긔와 지ᄲᅮᆫ이라 그지ᄂᆞᆫ 무엇에 쓰ᄂᆞᆫ지 알수 업시되 그 연긔ᄂᆞᆫ 쟝구히 간슈ᄒᆞ기 어렵도다 ᄯᅩ 싱각ᄒᆞᆫ건더 일본 황태ᄌᆞᄂᆞᆫ 긔운이 부족 ᄒᆞ심으로 담비를 ᄒᆞ로 삼ᄉᆞ귀 밧게 먹지 못ᄒᆞᆫ다 ᄒᆞ엿시니 그물건이 몸에 약이 되ᄂᆞᆫ지 모로거니와 여송연을 인ᄒᆞ여 긔운이 더욱 부족ᄒᆞᆯᄭᅡ 념려 ᄒᆞ노라

셩경을공부ᄒᆞᆷ

인천 강화 송도 셔울 평양 삼화 륙곳에 잇ᄂᆞᆫ 교우즁 본토 젼도인과 권ᄉᆞ들이 졍동에 모히여 샹려 이월 초뉴일 브터 셩경 공부 ᄒᆞ기를 시작ᄒᆞ엿더라

대한크리스도인회보

THE KOREAN CHRISTIAN ADVOCATE.
Rev. H. G. Appenzeller, Editor
36 cents per annum
in advance. Postage extra.
Wednesday, FEB. 15th, 1899.

서울 정동셔 일쥬일에 ᄒᆞᆫ번식 발간 ᄒᆞᄂᆞᆫᄃᆡ 아편셜라 목ᄉᆞ가 회보 샤쟝이 되엿더라 일년 갑슬 미리 내면 삼십 륙젼이오 우표갑슨 ᄯᅡ로 잇ᄂᆞ니라

회회교이야기

숑젼호

나단이 ᄃᆡ답ᄒᆞ되 심은 유해교를 숭샹ᄒᆞᄂᆞᆫ 사ᄅᆞᆷ이니다 살납젼이 ᄀᆞᆯᄋᆞ되 무슴 방해가 잇ᄉᆞ리오 짐은 회회교를 밋ᄂᆞᆫ 사ᄅᆞᆷ이오 그ᄃᆡᄂᆞᆫ 유태교를 밋ᄂᆞᆫ 사ᄅᆞᆷ이오 ᄯᅩ 그리스도를 밋ᄂᆞᆫ이도 만ᄒᆞ니 삼교즁에 어나교가 ᄎᆞᆷ올ᄒᆞ뇨 큰도ᄂᆞᆫ 반ᄃᆞ시 ᄎᆞᆷ리 [illegible]이오 총명ᄒᆞᆫ 사ᄅᆞᆷ은 반ᄃᆞ시 착ᄒᆞᆫ도를 ᄐᆡᆨᄒᆞ여 굿게 직힐지라 그ᄃᆡᄂᆞᆫ 유태교를 밋고 짐은 회회교를 좃치나 만일 삼교즁에 예수교가 ᄎᆞᆷ일진ᄃᆡ 다ᄀᆞᆺ치 본교를 ᄇᆞ리고 예수를 좃ᄂᆞᆫ거시 올코 유태교가 ᄎᆞᆷ일진ᄃᆡ 짐도 유태교를 밋ᄂᆞᆫ거시 가ᄒᆞ지니 그ᄃᆡᄂᆞᆫ 두려워 ᄆᆞᆯ고 ᄶᅩᆨ바로 분셕ᄒᆞ야 말ᄒᆞ라 짐이 밧게 갓다가 다시 올이니 ᄉᆡᆼ각ᄒᆞ라 ᄒᆞ고 가거ᄂᆞᆯ 나단이 혼ᄌᆞ 안져 믁믁히 ᄉᆡᆼ각ᄒᆞ되 괴이ᄒᆞ고 어렵도다 살납젼의 무름이여 내가 만일 유태교만 올타ᄒᆞ면 더가 반ᄃᆞ시 듯기를 됴화 아니ᄒᆞ시오 만일 유태교가 그르고 회회교가 ᄎᆞᆷ이여라ᄒᆞ면 내의 본ᄯᅳᆺ시 아닐ᄲᅮᆫ 더러 더가 반ᄃᆞ시 ᄀᆞᆯᄋᆞᄃᆡ 그ᄃᆡ가 유태교 사ᄅᆞᆷ이 아니뇨 그런줄 알진ᄃᆡ 엇지ᄒᆞ여 그교를 ᄇᆞ리고 회회교를 좃지 안ᄂᆞ뇨ᄒᆞ리니 어거시 어린 ᄋᆞᄒᆡ의 슈쟈파 ᄀᆞᆺᄒᆞᆯ지라 불가불 녯젹일노 비유ᄒᆞ야 살납젼 왕으로 ᄒᆞ여곰 스ᄉᆞ로 ᄉᆡᆼ각ᄒᆞ게 ᄒᆞ리라 ᄉᆡᆼ각ᄒᆞᆯ 즈음에 살납젼 왕이 도라와 ᄀᆞᆯᄋᆞᄃᆡ 그ᄃᆡᄂᆞᆫ 다 ᄉᆡᆼ각ᄒᆞ엿ᄂᆞ뇨 아모도 방령ᄒᆞᄂᆞᆫ이가 업ᄉᆞ니 바로 말ᄒᆞ라 나단이 ᄀᆞᆯᄋᆞᄃᆡ 온 세샹 사ᄅᆞᆷ이 다 듯기여든 무슴 방해가 잇ᄉᆞ리오 살납젼 왕이 ᄀᆞᆯᄋᆞᄃᆡ 그ᄃᆡᄂᆞᆫ 명예를 손샹ᄒᆞᆯ셔 무슴해를 밧을셔 념녀치 말고 능히 대도의 ᄎᆞᆷ 리치를 차졋ᄂᆞ뇨 나단이 ᄀᆞᆯᄋᆞᄃᆡ 신은 명예와 리해도 무셔워 안코 다른 사ᄅᆞᆷ의 방령ᄒᆞᄂᆞᆫ것도 샹관이 업ᄂᆞ이다 살납젼이 ᄀᆞᆯᄋᆞᄃᆡ 그ᄃᆡ가 ᄎᆞᆷ 리치를 말ᄒᆞᆯ진ᄃᆡ 이 세샹에도 유익ᄒᆞ고 도ᄭᅦ도 유익ᄒᆞᆯ거시오 온 디구 사ᄅᆞᆷ이 다 그ᄃᆡ외 명찰ᄒᆞᆷ을 찬양ᄒᆞ리라 나단이 ᄀᆞᆯᄋᆞᄃᆡ 신이 녯젹 ᄉᆞ긔를 말ᄒᆞ고져 ᄒᆞ노니 대왕은 듯고져 ᄒᆞᄂᆞ닛가 살납젼 왕이 ᄀᆞᆯᄋᆞᄃᆡ 무슴일이뇨 속히 말ᄒᆞ라 짐이 듯기를 ᄆᆡ우 됴화ᄒᆞ노라 나단이 ᄀᆞᆯᄋᆞᄃᆡ 녯젹 동방 나라에 ᄒᆞᆫ왕이 잇셔 손가락에 반지 ᄒᆞ나를 엇어 가젓ᄂᆞᆫᄃᆡ 그 가온데 갑업ᄂᆞᆫ 보비가 잇ᄂᆞᆫ지라 이 보비를 가지ᄂᆞᆫ자ᄂᆞᆫ 능히 그나라의 쥬인이 될ᄲᅮᆫ 아니라 능히 하ᄂᆞ님으로 복을 나리시게 ᄒᆞ여 만 빅셩으로 ᄒᆞ여곰 미완

례ᄇᆡ일공과 일ᄇᆡᆨ칠 이월 이십륙일

야곱이 벳엘에 다시 잇슴과 라겔의 죽음

창셰긔 삼십오쟝 일졀노 이십졀ᄭᅡ지
一 하ᄂᆞ님ᄭᅴ셔 야곱의게 닐ᄋᆞ샤ᄃᆡ 이젼에 네가
형 에서를 피ᄒᆞᆯ제 내가 벳엘에셔 네게 나타나
노혓ᄂᆞ니 이제 니러나 더곳으로 가셔 거ᄒᆞ고 단
ᄡᆞ허 내게 졔ᄉᆞ를 드리라 ᄒᆞ시니 二 야곱이
모든 ᄃᆞ리고 오ᄂᆞᆫ 이의게 명ᄒᆞ여 닐ᄋᆞᄃᆡ 귀
신을 너희가 맛당이 ᄇᆞ리고 옷슬 곳쳐 닙
고 스ᄉᆞ로 ᄭᆡᆨ긋ᄒᆞ게 ᄒᆞ라 三 이제 니러나
벳엘노 가셔 내가 뎌곳에셔 하ᄂᆞ님을
위ᄒᆞ야 단을 ᄡᆞ코 이젼에 내가 환란을 맛나매
권고ᄒᆞ시고 내가 길에 ᄒᆡᆼᄒᆞ매 도아 주시고
복을 주셧ᄉᆞᄂᆞ니 四 드ᄃᆡ여 그 손에 잇ᄂᆞᆫ 귀신들
과 고리들 야곱의게 주니 시컴 샹슈리 나무 아
래에 감초고 五 뎌들이 압셔 가니 하ᄂᆞ님ᄭᅴ셔
ᄉᆞ방 ᄇᆡᆨ셩으로 ᄒᆞ여곰 다 두렵게 ᄒᆞ시니 그런고
로 야곱의 아ᄃᆞᆯ을 ᄶᅩᆺᄂᆞᆫ 사ᄅᆞᆷ이 ᄒᆞ나도 업ᄂᆞ니라
六 야곱이 죵인으로 더브러 가남 로ᄉᆞ에 니ᄅᆞ니
이 고을 일홈이 ᄯᅩᄒᆞᆫ 벳엘이라 七 젼에 야곱이
그 형 에서를 피ᄒᆞᆯ제 하ᄂᆞ님ᄭᅴ셔 나타나 보
히신고로 더곳에셔 단을 ᄡᆞ코 그 ᄯᅡ흘 일홈ᄒᆞ되
엘벳엘이라 ᄒᆞ엿ᄂᆞ니라 八 이ᄯᆡ에 리베가 유모
ᄯᅦ뽀라가 죽거ᄂᆞᆯ 벳엘 샹슈리 나무 아래에 장ᄉᆞ
ᄒᆞ고 그 나무를 일홈ᄒᆞ되 알론괴곡 이라 ᄒᆞ더라
○ 九 야곱이 파단 아람으로 브터 도라오니
하ᄂᆞ님ᄭᅴ셔 다시 나타나 보이시고 복을 주어 ᄀᆞᆯ
ᄋᆞ샤ᄃᆡ 十 네 일홈이 근본 야곱이라 ᄒᆞ여시나 이
후에ᄂᆞᆫ 이러케만 ᄒᆞᆯᄲᅮᆫ 아니라 일홈을 곳쳐 이스
라엘 이라 ᄒᆞ고 드ᄃᆡ여 닐ᄋᆞ샤ᄃᆡ 이스라엘 이
라 ᄒᆞ시고 十一 ᄯᅩ ᄀᆞᆯᄋᆞ샤ᄃᆡ 나ᄂᆞᆫ 이에 젼능ᄒᆞᆫ
하ᄂᆞ님이니 너ᄂᆞᆫ ᄒᆞ여곰 싱산ᄒᆞ고 양육ᄒᆞ기를
만히 ᄒᆞ야 여러 족과들 일위게 ᄒᆞ고 모든 왕이
다 네게로 브터 나오게 ᄒᆞ며 十二 내가 아브라함
과 이삭의게 준 ᄯᅡ흘 ᄯᅩᄒᆞᆫ 네게 주어 ᄌᆞ손 ᄉᆞ지
니ᄅᆞ게 ᄒᆞ리라 十三 하ᄂᆞ님이 말ᄉᆞᆷ을 맛치시고
올나 가시니 十四 야곱이 하ᄂᆞ님과 말ᄉᆞᆷ ᄒᆞ던
곳에 곳돌을 셰워 기동을 ᄒᆞ고 기롬으로 부으
고 술노 뎐 드리더라 十五 하ᄂᆞ님이 야곱으로
더브러 말ᄉᆞᆷ을 ᄒᆞ셧ᄉᆞ매 야곱이 그ᄯᅡ흘 일홈ᄒᆞ
되 벳엘이라 ᄒᆞ다 十六 벳엘노 브터 이법대로 옴
겨 가셔 오리 되지 아니ᄒᆞ여 라겔이 림산ᄒᆞ여
위티ᄒᆞ매 十七 히산ᄒᆞ기 어려울 ᄯᆡ에 싱산을 구원
ᄒᆞᄂᆞᆫ쟈ㅣ ᄀᆞᆯᄋᆞᄃᆡ 두려워 ᄒᆞ지마라 네가 ᄯᅩ 아ᄃᆞᆯ
을 엇으리라 ᄒᆞ니 十八 긔운이 쟝ᄎᆞᆺ ᄭᅳᆫ너질 ᄯᆡ에
라겔이 가 그 아ᄃᆞᆯ을 일홈ᄒᆞ되 편노니라 ᄒᆞ고
죽으니 그 아바지가 명ᄒᆞ야 편아민이라 일홈을
ᄒᆞ다 十九 라겔이 죽으매 이법대 길겻헤 다 장ᄉᆞᄒᆞ
고 후세 일홈ᄒᆞ되 벳네헴이라 ᄒᆞ니 곳 그 ᄯᅡ히
라 二十 야곱이 라겔의 묘에 기동을 셰우니 그 기
동이 지금ᄭᅡ지 잇ᄂᆞᆫ지라

주석

야곱이 더의 외삼촌 집에셔 도라온후 여러ᄒᆡ동안 시김이란 셩 갓가히 살매 이곳에셔 야곱이 우물을 ᄑᆞᆺᄉᆞ니 이 우물은 요한복음 ᄉᆞ장에 예수ᄭᅴ셔 시마리아 녀인과 말ᄉᆞᆷᄒᆞ시던 우물이라 이곳에 나종ᄭᆞ지 잇지 못홈은 ᄌᆞ긔 아ᄃᆞᆯ과 그 ᄯᅡ사ᄅᆞᆷ과 필경 ᄊᆞ홈이 될줄알아 념려ᄒᆞ더니 그후에 하ᄂᆞ님ᄭᅴ셔 ᄯᅩ 야곱ᄃᆞ려 네 아ᄃᆞᆯ을 다리고 벳엘노 가라 ᄒᆞ시매 그리로 곳 ᄯᅥ나 간지라 야곱이 홀노 계신 하ᄂᆞ님을 밋고 공경ᄒᆞ여 그젼브터 단을 ᄊᆞ코 하ᄂᆞ님ᄭᅴ 긔도ᄒᆞ며 제ᄉᆞ 드린다고 ᄒᆞ엿마ᄂᆞᆫ 그후 열심이 점점 ᄯᅥ러져 ᄌᆞ긔 집안에 우상 셤기ᄂᆞᆫ거ᄉᆞᆯ 알고 용납ᄒᆞ엿더니 이제 그우샹을 달나ᄒᆞ여 모다 ᄯᅡ헤 뭇어 ᄇᆞ렷ᄂᆞᆫ지라 하ᄂᆞ님ᄭᅴ셔 이왕에 예셔의 노홈을 풀어 야곱과 화목게 ᄒᆞ심과 ᄀᆞᆺ치 지금도 야곱이 급ᄒᆞᆫ ᄇᆡᆨ셩의 ᄆᆞ옴을 도로혀 그 ᄇᆡᆨ셩이 야곱을 무셥게 보아 평탄히 가게 ᄒᆞ셧시매 야곱이 벳엘을 거륵ᄒᆞᆫ ᄯᅡ호로 앎은 삼십년 젼에 여긔셔 처음으로 하ᄂᆞ님의 말ᄉᆞᆷ을 듯고 허락ᄒᆞ심을 밧아ᄉᆞ니 벳엘이라 일홈ᄒᆞᆫ 뜻 글ᄌᆞ뜻슨 하ᄂᆞ님 져소라 ᄒᆞ심이오 거긔셔 얼마 동안을 잇다가 ᄌᆞ긔 아바지 계시던 ᄯᅡ호로 갈ᄉᆡ ᄉᆞ랑ᄒᆞᄂᆞᆫ 안ᄒᆡ 라헬이 변아민을 낫코 죽으매 야곱이 심히 슯허ᄒᆞ며 무덤에 비돌을 세웟ᄉᆞ니 이곳은 그후 예수ᄭᅴ셔 탄ᄉᆡᆼᄒᆞ시던 벳네헴이라 (마태복음 이장 륙졀을 보라) 야곱이 집안에 우샹을 거두워 ᄯᅡ헤 뭇음은 그거시 아조 죽은 물건으로 앎이니 야곱이 ᄌᆞ긔 집안에 우샹을 거두어 ᄇᆞ리고 집을 ᄭᆡᆺ긋히 홈과 ᄀᆞᆺ치 아호던치 각기 집안에 무ᄉᆞᆷ 위ᄒᆞ던 물건과 하ᄂᆞ님 법에 합당치 못ᄒᆞᄂᆞᆫ거ᄉᆞᆯ 일졀 업시여 ᄇᆞ리고 집안을 더옥 졍결이 홀지여다 이런 죽은 물건으로 ᄯᅡ헤 뭇음과 ᄀᆞᆺ치 우리도 죄에 죽고 예수의게 산자 될지어다 로마 륙장 십일졀을 보라

뭇ᄂᆞᆫ말

一 하ᄂᆞ님ᄭᅴ셔 야곱의게 무ᄉᆞᆷ 분부ᄅᆞᆯ ᄒᆞ셧ᄂᆞ뇨
二 야곱이 집안 사ᄅᆞᆷ들의게 무ᄉᆞᆷ말을 식엿ᄂᆞ뇨
三 벳엘 ᄯᅡᄂᆞᆫ 예루살넴에셔 어나편에 잇ᄂᆞ뇨
四 벳엘에 무어ᄉᆞᆯ ᄊᆞ핫ᄂᆞ뇨
五 그곳 일홈을 무엇시라 ᄒᆞ엿ᄂᆞ뇨
六 누가 벳엘에셔 죽엇ᄂᆞ뇨
七 이스라엘 조샹의 단을 모도 몃치나 ᄊᆞ핫더
뇨 다ᄉᆞᆺ시니 一 아브라함이 벳엘에셔 처음
으로 ᄊᆞ코 (십이장 팔졀) 二 아브라함이 회
셔론에셔 ᄊᆞ핫고 (십삼장 십팔졀) 三 이삭
이 쎄어시파에셔 ᄊᆞ핫고 (이십륙장 이십오
졀) 四 야곱이 시김에셔 ᄊᆞ핫고 (삼십삼장
이십졀) 五 야곱이 ᄯᅩ 벳엘에 ᄊᆞ온것니라
八 하ᄂᆞ님ᄭᅴ셔 야곱의게 무ᄉᆞᆷ 허락 ᄒᆞ신 말ᄉᆞᆷ을
ᄒᆞ셧ᄂᆞ뇨
九 십ᄉᆞ졀에 야곱의 ᄒᆞᆫ일이 무어시뇨
十 야곱이 벳엘에셔 무ᄉᆞᆷ 슬픈일을 당ᄒᆞ엿ᄂᆞ뇨
十一 쏀오니 뜻시무어시뇨 답 내의 슬픈 아ᄃᆞᆯ이오
十二 변아민이란 뜻시 무어시뇨 답 내의 올흔손
아ᄃᆞᆯ이라

엡웟쳥년회

부인의교휵이뎨일급무

집안이 흥ᄒᆞᆷ과 나라이 부ᄒᆞᆷ과 ᄇᆡᆨ셩이 강ᄒᆞᆷ이 젼혀 녀인을 교휵 식히ᄂᆞᆫ데 달녀거ᄂᆞᆯ 슬프다 동양에 인도와 쳥국과 대한을 보면 녀인을 ᄀᆞᄅᆞ치기는고사ᄒᆞ고 무ᄉᆞᆷ 물건ᄀᆞᆺ치 넉여 집안에 가두고 ᄌᆞ식이나 나케ᄒᆞ며 음식이나 만들게ᄒᆞ며 잘잘못ᄒᆞᆫ에 구박이나 ᄒᆞ며 심ᄒᆞ면 두ᄃᆞ려 주며 네편네가 무엇이냐 주졔넘게 ᄒᆞᆫ다ᄒᆞ며 평ᄉᆡᆼ에 날빗촐 변변이 못보게 ᄒᆞ니 죄인도 그러ᄒᆞᆫ 죄인이 어듸 잇ᄉᆞ리오 그러ᄒᆞ고 본즉 젼국에 리히와 나라의 층등을 교휵ᄒᆞ여 보옵세다 나라에 리히로 말ᄒᆞ면 무ᄉᆞᆷ 일이던지 대소를 물론ᄒᆞ고 둘이 ᄒᆞᆯ일을 혼ᄌᆞᄒᆞ니 일ᄒᆞ기도 더듸고 힘도 더들되 그뿐ᄒᆞ며 나혼자 먹고 입ᄂᆞᆫ거시 아니라 일은 혼자 죽도록ᄒᆞ고 쓰기ᄂᆞᆫ 둘씨 쓰ᄂᆞᆫ것과 다름 사ᄅᆞᆷ은 둘이 다버러 쓰ᄂᆞᆫ거시 그리 힘틀 교계ᄒᆞ면 필경 둘이 번사ᄅᆞᆷ은 남은것도 잇스려니와 혼자버러 둘이 쓰ᄂᆞᆫ사ᄅᆞᆷ은 ᄒᆞᆼ상 허덕허덕 ᄒᆞᆯ터이요 가도가 빈한ᄒᆞ여 놈의게 츄ᄒᆞᆫ 괴상을 보이며 업수이 녁임을 밧으니 그 사ᄅᆞᆷ와게만 수모가 아니라 젼국이 수모요 젼국에 수모ᄲᅮᆫ 아니라 몃만명 ᄇᆡᆨ셩우에 잇ᄂᆞᆫ그 님군은 셜사 요순 ᄀᆞᆺᄒᆞ신이가 잇슬지라도 얼마나 더놉게 녁이며 녀인이 학문이 업ᄉᆞ면 ᄌᆞ식을 나아 기를때에 ᄌᆞ식이 압하 ᄒᆞ던지 주려 울던지 덥혀노코 젓이나 밥이나 트러너어 주고 위셩에 무엇인지 사ᄅᆞᆷ됨이 무엇인지 모로고 귀ᄒᆞ다ᄒᆞᆸ시고 허리를 잘나 둥에미여 달고 ᄃᆞᆫ이기와 ᄀᆞᄅᆞ치ᄂᆞᆫ거슨 거즛말 ᄀᆞᄅᆞ치기를 오지도 아니ᄒᆞᄂᆞᆫ 쥐온다 고양이 온다 ᄒᆞ여 어린 ᄆᆞᄋᆞᆷ에 무셥게만 ᄒᆞ고 어려서ᄂᆞᆫ 부모의게 맛즈야 사ᄅᆞᆷ이 된다ᄒᆞ고 막더기로 머리를 ᄯᅡ려 골이 흔들니게 ᄒᆞ여ᄒᆞᆫ번 마즈면 졍신이 앗득ᄒᆞ여 십년 감수케 ᄒᆞ니아거서 소경이 소경을 인도ᄒᆞᄂᆞᆫ 모양이라 엇지둘이 다 낭패되지 아니ᄒᆞ리요 어려서 못ᄇᆡ혼ᄌᆞ식이 커셔 공ᄌᆞ님의 학당을 ᄇᆡᆨ년을 둔인들 무ᄉᆞᆷ학문이 더 출즁ᄒᆞ여지며 ᄀᆞᄅᆞ치ᄂᆞᆫ 션ᄉᆡᆼ도 역시무식ᄒᆞᆫ 어미의게 ᄒᆞᆷ부로 자ᄅᆞᄂᆞᆫ 자라 학문이 잇ᄉᆞ면 몃푼어치 더 잇ᄉᆞ리요 그런즉 졈졈 녀인은더 못쓸 물건이 되고 녀인이 못쓸 물건이 될ᄉᆞ록 남ᄌᆞᄂᆞᆫ 더욱 무지ᄒᆞᆫ 야만이 되ᄂᆞ니 남녀가 다야만이 되면 그 나라을 야만국이라 ᄒᆞᄂᆞ니 야만국과 문명국이 층등이 엇더 ᄒᆞ리요 ᄯᅩ 혼가지더 더러운 악습은 부쟈라 귀인이라 ᄒᆞᄂᆞᆫ 이들이쳡 두셋을 두고 밤낫 희학으로 셰월을 보내고 큰마누라니 적은 마누라니 ᄒᆞ여 질투 ᄒᆞᄂᆞᆫ ᄆᆞᄋᆞᆷ이어차에 나 집안에 화평ᄒᆞᆫ 긔운 잇ᄂᆞᆫ날이 업고 혹그중에서 ᄌᆞ식이 나면 뎍ᄌᆞ니 셔ᄌᆞ니 ᄒᆞ여 텬륜을 손상케 ᄒᆞ니 이거시 텬명을 거역ᄒᆞᆷ이라 당초에 ᄒᆞᄂᆞᆯ이 일남 일녀를 내시매 (미완)

내보

올려 졍월 초오일 져녁 닐곱시쯤 되여 남대문 밧 관왕묘에 불이나셔 불ᄭᅩᆺ 형세가 바람을 좃차 니러나매 병뎡과 순검이 암만 힘을 다ᄒᆞ여 구ᄒᆞ되 능히 잡지 못ᄒᆞ야 뭇츰ᄂᆡ 관운쟝의 화샹이 다타고 다만 머리만 남엇ᄂᆞᆫ지라 사ᄅᆞᆷ들이 말ᄒᆞ기를 대한 사ᄅᆞᆷ이 혼이 관왕의 화샹을 경비ᄒᆞ고 그 압헤셔 빌더니 오ᄂᆞᆯ본즉 관왕이 능히 ᄌᆞ긔를 보호치 못ᄒᆞ거ᄂᆞᆯ 엇지 다른 사ᄅᆞᆷ을 구원ᄒᆞ리오 그 압헤셔 복을 빌나 사ᄅᆞᆷ은 ᄎᆞᆷ 어리셕도다 ᄒᆞᄂᆞᆫ이도 잇고 혹은 말ᄒᆞ되 대한에 하ᄂᆞ님 도가 ᄎᆞᄎᆞ 흥왕ᄒᆞ매 마귀와 우샹은 ᄌᆞ연이 쇼멸ᄒᆞ여지ᄂᆞᆫ 법이라 ᄒᆞ니 이러ᄯᅢ 말ᄒᆞᄂᆞᆫ 사ᄅᆞᆷ은 아마 교인인듯 ᄒᆞ더라

○ 강화 홍의 교회 교우 권신일씨ᄂᆞᆫ ᄆᆡ삭 초일일을 당ᄒᆞ면 형뎨 슈삼인으로 ᄃᆡ브러 형뎨에 집집마다 ᄎᆞ져가셔 그 집안 식구를 다모호고 찬미와 지나간 ᄒᆞᆫᄃᆞᆯ 동안에 평안이 지낸 은혜를 하ᄂᆞ님ᄭᅴ 감샤ᄒᆞ고 ᄯᅩ오ᄂᆞᆫ ᄃᆞᆯ ᄒᆞᆫᄃᆞᆯ 동안을 평안이 지낼복을 하ᄂᆞ님ᄭᅴ 빌고 ᄯᅩ 셩경 몃졀을 보고 그ᄯᅳᆺ을 히셕ᄒᆞ여 그ᄆᆞ옴을 새롭게 권면ᄒᆞ고 ᄯᅩ 권혜일씨ᄂᆞᆫ 복음을 가지고 각쳐로 젼도 ᄃᆞᆫ이다가 교동 송가ᄯᅡ헤 가셔 박형쥬씨 집의 유숙ᄒᆞ며 그 동리 사ᄅᆞᆷ 륙칠인으로 더브러 긔도ᄒᆞᄂᆞᆫ법을 ᄀᆞ리치며 셩경도 여러권을 사셔 공부ᄒᆞ게 ᄒᆞ엿스니 다 셩신님의 감화ᄒᆞ심을 감샤ᄒᆞ고 쟝ᄎᆞ 그ᄯᅡ의 교회가 일어나기를 하ᄂᆞ님ᄭᅴ 뵈고 ᄯᅩ [illegible]순일씨ᄂᆞᆫ 남면 길셩ᄯᅡᆼ의 가셔 젼도ᄒᆞ여 십여인으로 더브러 긔도ᄒᆞᄂᆞᆫ 법리를 ᄀᆞᄅᆞ치며 복음 여ᄉᆞᆺ권을 주어 공부ᄒᆞ게ᄒᆞᆫ즉 그 사ᄅᆞᆷ들이 열심으로 말ᄒᆞ기를 음력 졍월 초순 안으로 다시와셔 우리를 찬미도 ᄀᆞᄅᆞ쳐 주며 셩경ᄯᅳᆺ도 알녀달나 ᄒᆞ엿다니 우리ᄂᆞᆫ ᄎᆞᆷ 고동 송가ᄯᅡᆼ과 강화 남면 길셩ᄯᅡᆼ에 하ᄂᆞ님께 독셩 셩ᄌᆞ 예수씨의 빗치 ᄇᆞᆰ아 쟝ᄎᆞ 고 두곳에 구원홀 사ᄅᆞᆷ이 만히 일어날줄을 밋고 늘 하ᄂᆞ님ᄭᅴ 긔도ᄒᆞ노라

본회 고빅

본회에셔 이 **회보**를 젼년과 ᄀᆞᆺ치 일쥬일에 ᄒᆞᆫ번식 발간ᄒᆞᄂᆞᆫ데 새로 륙폭으로 작뎡ᄒᆞ고 ᄒᆞᆫ장 갑슨 엽젼 오푼이오 ᄒᆞᆫᄃᆞᆯ갑슨 미리내면 젼과 ᄀᆞᆺ치 엽젼 ᄒᆞᆫ돈 오푼이라 본국 교우나 셔국 목ᄉᆞ나 교외 친구나 만일 사셔 보고져 ᄒᆞ거든 졍동 아펜셜라 목ᄉᆞ 집이나 죵로 대동셔시에 가셔 사시옵

죵로대동셔시광고

우리 셔샤에셔 셩경 신구약과 찬미칙과 교회에 유익ᄒᆞᆫ 여러가지 셔칙과 시무에 긴요ᄒᆞᆫ 칙들을 팔되 갑시 샹당ᄒᆞ오니 학문샹과 시무변에 ᄯᅳᆺ이 잇ᄂᆞᆫ 군ᄌᆞ들은 만히 사셔 보시옵

대영국 셩셔 공회 광고

새로 간츌ᄒᆞᆫ 거ᄉᆞᆫ 로마 가라대 골노시 야고보 ᄆᆡ드로 젼후셔 티모데 젼후셔니 사셔 보실이ᄂᆞᆫ 회샤 쥬인 련묘 션ᄉᆡᆼ대로 오시옵

뎨삼권 대한크리스도인회보 뎨팔호

광무삼년 (팔빅일합) 이월이십이일

셩경을 ᄑᆞᆷ

우리 그리스도 교회는 어느 디방에 가 젼도 ᄒᆞ던지 셩경을 번역ᄒᆞ야 셔칙을 간출 ᄒᆞ야 ᄇᆡᆨ셩의게 ᄑᆞᄂᆞᆫ일을 요긴ᄒᆞᆫ 줄노 아ᄂᆞᆫ지라 그런고로 미국과 영국에 셩셔 공회를 셜립ᄒᆞᆫ지가 여러 히포 되엿더라 우리가 지나간히 동안에 셩경 ᄑᆞᆫ거슬 이아래 긔지 ᄒᆞ노라

○ 신약 이십칠권을 다 번역ᄒᆞ야 지금 츌판ᄒᆞᄂᆞᆫ 쥴이오 샹년에 ᄇᆡᆨ힌 칙 권 수효가 합 구만 삼천권이오 또 각쳐 교회당에 나아간거시 ᄉᆞ만 일천 이ᄇᆡᆨ 팔십 ᄉᆞ권이오 방매ᄒᆞᆫ거시 삼만 ᄉᆞ천 팔ᄇᆡᆨ 십삼권이오 지작년에 방매ᄒᆞᆫ거시 륙천 삼ᄇᆡᆨ 삼십오권이니 비교ᄒᆞ여 보건ᄃᆡ 작년에ᄂᆞᆫ 지작년 보담 오갑절이나 더 되ᄂᆞᆫ지라 우리ᄂᆞᆫ 셔칙의 만히 사가심을 치하 ᄒᆞ거니와 올히에ᄂᆞᆫ 칙을 더 만히 사가시고 공부도 독실히 ᄒᆞ기를 ᄇᆞ라노라 (요한복음 오장 삼십구절)을 보라

미국부인이 고향에 도라가심

동대문안 회당에서 젼도 ᄒᆞ시ᄂᆞᆫ 로웰나씨 부인과 리화 학당에서 아희들을 교휵 ᄒᆞ시ᄂᆞᆫ 푸라이씨 부인ᄭᅦ서 보실일이 잇서 일간에 고국으로 도라 가실지라 로웰나씨 부인은 십일년젼에 대한국에 나아오시고 푸라이씨 부인은 오년젼에 대한으로 오셧ᄂᆞᆫᄃᆡ 인의ᄒᆞ신 ᄆᆞᄋᆞᆷ으로 사ᄅᆞᆷ을 ᄉᆞ랑 ᄒᆞ고 구세쥬의 도를 젼 ᄒᆞ시며 아희들을 교휵 ᄒᆞ신교로 교즁 ᄌᆞ민들이 그 두 부인의 고국으로 가심을 대단히 섭섭 ᄒᆞ여 ᄒᆞᄂᆞᆫ지라 그러나 우리 셩각에ᄂᆞᆫ 그 두 부인이 고향으로 아주 가시ᄂᆞᆫ게 아니라 얼마후에 반ᄃᆞ시 대한국으로 도로 오실터이오니 그 두 부인을 셩각 ᄒᆞ시ᄂᆞᆫ ᄌᆞ민들은 아모쪼록 공부를 독실히 ᄒᆞ고 구세쥬를 진심으로 밋을진ᄃᆡ 그 부인과 ᄆᆞᄋᆞᆷ이 서로 교통ᄒᆞᆯ뿐 아니라 춤으로 그 부인의 ᄇᆞ라시ᄂᆞᆫ ᄆᆞᄋᆞᆷ을 갑ᄂᆞᆫ거시오니 그 부인이 업다고 ᄆᆞᄋᆞᆷ을 섭섭히 ᄒᆞ지말고 그 ᄯᅳᆺ슬 밧느러 좃기를 원ᄒᆞ오

대한크리스도인 회보

THE KOREAN
CHRISTIAN ADVOCATE.
Rev. H. G. Appenzeller, Editor
36 cents per annum
in advance. Postage extra.
Wednesday, FEB. 22ud, 1899.

서울 졍동서 일쥬일에 ᄒᆞᆫ번식
발간ᄒᆞᄂᆞᆫᄃᆡ 아편셜라 목ᄉᆞ가
회보 샤쟝이 되엿더라
일년 갑슬 미리 내면 삼
십 륙젼이오 우표갑슨
ᄯᅡ로 잇ᄂᆞ니라

회회교이야기 속젼호

보좃ᄎᆡ ᄒᆞᄂᆞ니 이것치 지극ᄒᆞᆫ 보비를 집에 두고 ᄌᆞ손의게 유젼ᄒᆞ되 ᄆᆡᆨᄌᆞ와 셔ᄌᆞ를 믈론ᄒᆞ고 반ᄃᆞ시 뎨일 ᄉᆞ랑ᄒᆞᄂᆞᆫ 아ᄃᆞᆯ을 ᄐᆡᆨᄒᆞ야 그 반지를 젼ᄒᆞ엿시니 대왕ᄭᅴ셔 그런 말ᄉᆞᆷ을 혹 드르셧ᄂᆞ닛가 살납젼이 ᄀᆞᆯᄋᆞᄃᆡ 짐이 듯지 못ᄒᆞ엿시니 쇽히 이야기 ᄒᆞ라 나단이 ᄀᆞᆯᄋᆞᄃᆡ 그 보물을 ᄃᆡ뒤로 ᄉᆞ랑ᄒᆞᄂᆞᆫ 아ᄃᆞᆯ의게 젼슈ᄒᆞ더니 ᄒᆞᆫ왕에 니르러 아ᄃᆞᆯ 삼형뎨가 잇ᄉᆞ니 져조도 서로 ᄀᆞᆺ고 왕의 ᄉᆞ랑홈도 경즁이 업ᄂᆞᆫ지라 왕이 ᄉᆡᆼ각ᄒᆞ되 이 반지를 ᄒᆞᆫ 아ᄃᆞᆯ의게만 주면 두아ᄃᆞᆯ이 셥셥ᄒᆞᆯ터이니 엇지ᄒᆞ면 됴흐리요 ᄒᆞᆫ 계교를 ᄉᆡᆼ각ᄒᆞ고 가마니 쟝식을 불너 됴흔 황금으로 반지 두ᄀᆡ를 더 만ᄃᆞ되 모양을 ᄯᅩᆨᄀᆞᆺ치 ᄒᆞ고 공젼을 만히 주되 재도가 지극히 묘ᄒᆞ야 어ᄂᆞ거시 춤인지 알수 업ᄂᆞᆫ지라 왕이 가만이 아ᄃᆞᆯ ᄒᆞ나식을 불너 ᄀᆞᆯᄋᆞᄃᆡ 네게 특별히 이 보비를 주노니 하ᄂᆞᆯ 복을 밧게ᄒᆞ되 너의 형뎨의게 말ᄒᆞ지 말나ᄒᆞ고 각기 ᄒᆞᄂᆞ식 주엇더니 그왕이 죽은 후에 세 아ᄃᆞᆯ이 각각 졔게만 보비 잇ᄂᆞᆫ줄 알고 서로 님군 되기를 다토니 어ᄂᆞ거시 춤인지 분별ᄒᆞᆯ수 업실지라 지금 삼교의 서로 올라 ᄒᆞᄂᆞᆫ 거시 이일과 ᄀᆞᆺᄒᆞ니이다 살납젼 왕이 ᄀᆞᆯᄋᆞᄃᆡ 반지의 모양은 ᄯᅩᆨᄀᆞᆺᄒᆞᆫ고로 진가를 모로거니와 삼교ᄂᆞᆫ 례법이 각각 다르거ᄂᆞᆯ 엇지 ᄀᆞᆺ다 ᄒᆞᄂᆞ뇨 나단이 ᄃᆡ답ᄒᆞ되 삼교가 다 각각 ᄌᆞ긔 조샹에서 유젼ᄒᆞᄂᆞᆫ 셩경이 잇고 사ᄅᆞᆷ마다 ᄌᆞ긔 조샹을 ᄉᆞ랑ᄒᆞ고 례법을 직히오니 각각 ᄌᆞ긔의 반지가 춤이라 홈파 무어시 다르리오 왕이 ᄀᆞᆯᄋᆞ티 필경은 엇더케 분간ᄒᆞ엿ᄂᆞ뇨 나단이 ᄀᆞᆯᄋᆞᄃᆡ 그ᄯᅢ에 세 왕ᄌᆞ가 서로 다토다가 다른나라에가 지판ᄒᆞ엿ᄂᆞ이다 왕왈 그왕이 엇더케 쳐결ᄒᆞ엿ᄂᆞ뇨 ᄀᆞᆯᄋᆞᄃᆡ 지판쟝의 말이 너희를 말을 드ᄅᆞ니 보물을 가진자ᄂᆞᆫ 하ᄂᆞᆯ 복을 밧으며 사ᄅᆞᆷ을 ᄉᆞ랑ᄒᆞᆫ다 ᄒᆞᄂᆞᆫ데 형뎨간에 서로 다토ᄂᆞᆫ 거슬 보니 너의 부왕이 반ᄃᆞ시 춤으로 된 반지ᄂᆞᆫ 너희 ᄇᆞ리고 거즛 세ᄀᆡ를 만ᄃᆞ러 줌이로다 나ᄂᆞᆫ 너희의 힘실을 보고 진가를 분별 ᄒᆞ노라 ᄒᆞ엿ᄂᆞ이다 살납젼 왕이 그 말ᄉᆞᆷ의 긔묘홈을 칭도ᄒᆞ고 나단을 더 후더 ᄒᆞ더엿라

례ᄇᆡ일공과 일빅팔 삼월 오일

요셉과 그의 ᄭᅮᆷ

창세긔 삼십칠쟝 일졀노 십이졀ᄭᆞ지

一 야곱이 가남에 거ᄒᆞ니 곳 그 부친의 손노릇 ᄒᆞ던 ᄯᅡ히라 二 야곱의 그 대강이 이와 ᄀᆞᆺᄒᆞ니 요셉의 나히 열 닐곱에 형들과 ᄒᆞᆷᄭᅴ 양을 치ᄂᆞᆫ지라 어릴ᄯᅢ에 셔모 ᄲᅵᆯ하와 실피가 나흔 형들노 더브러 동모ᄒᆞ여 놀매 그들의 죄를 아바지의게 고ᄒᆞᄂᆞᆫ지라 三 이스리엘이 요셉을 나흐매 나히 임의 늙으매 그런고로 ᄉᆞ랑ᄒᆞ기를 모든 아ᄃᆞᆯ보담 더ᄒᆞ야 채색 두루막이를 만드러 닙히니 四 모든 형들이 그 아바지가 요셉 ᄉᆞ랑ᄒᆞ기를 ᄌᆞ긔들보담 더 ᄒᆞᄂᆞᆫ거ᄉᆞᆯ 보고 이럼으로 뮈워ᄒᆞ야 서로 됴치 아니ᄒᆞᆫ 말노 요셉을 해ᄒᆞ더라

○ 五 요셉이 ᄭᅮᆷ을 ᄭᅮ고 모든 형의게 고ᄒᆞ니 일노ᄡᅥ 형들이 더욱 깁히 뮈워ᄒᆞ더라 六 요셉이 ᄀᆞᆯᄋᆞᄃᆡ 내 ᄭᅮᆷ을 쳥컨ᄃᆡ 드르쇼셔 七 우리가 밧헤셔 벼를 묵더니 내가 묵근거시 니러나 셧시매 형들의 묵근거시 둘너 서서 절ᄒᆞ더라 ᄒᆞ거ᄂᆞᆯ 八 모든 형들이 ᄀᆞᆯᄋᆞᄃᆡ 네가 쟝ᄎᆞᆺ 우리를 관할ᄒᆞ며 우리를 다ᄉᆞ리겟ᄂᆞ냐 ᄒᆞ며 그 ᄭᅮᆷ과 말을 인ᄒᆞ야 더욱 뮈워ᄒᆞ더라 九 요셉이 다시 ᄭᅮᆷ을 ᄭᅮ고 모든 형의게 고ᄒᆞ되 내가 ᄯᅩ ᄭᅮᆷ을 ᄭᅮ니 해와 ᄃᆞᆯ과 열ᄒᆞᆫ 별이 다 내게 절ᄒᆞ더라 ᄒᆞᄂᆞᆫ지라 十 요셉이 이 ᄭᅮᆷ으로 부형의게 고ᄒᆞᆯᄯᅢ에 그 아바지가 ᄭᅮ지져 ᄀᆞᆯᄋᆞᄃᆡ 네 ᄭᅮᆷ이 엇지 ᄒᆞᆷ이뇨 나와 너의 어마니와 네 형들이 쟝ᄎᆞᆺ 네압헤 업드리겟ᄂᆞ냐 十一 아바지ᄂᆞᆫ 그일을 긔록ᄒᆞ되 형들은 요셉을 시긔ᄒᆞ더라

주셕

아브라함과 이삭은 나그네 모양으로 가난 ᄯᅡ헤셔 쟝막을 짓고 잇셧ᄉᆞ나 야곱은 가난에셔 아조 거쳐ᄒᆞᄂᆞᆫ 모양으로 집을 지엿ᄂᆞᆫ지라 이제로브터ᄂᆞᆫ 셩셔에 야곱의 ᄉᆞ젹말이 ᄎᆞᄎᆞ 젹어지고 그 아ᄃᆞᆯ의 이야기를 만히 긔록ᄒᆞ엿ᄂᆞᆫᄃᆡ 그즁에 요셉의 ᄉᆞ실을 더욱 만히ᄒᆞᆷ은 여러 아ᄃᆞᆯ들은 악ᄒᆞᆷ이 잇ᄉᆞᄃᆡ 요셉은 뎨일 슌젼이 착ᄒᆞᆫ고로 이러ᄒᆞᆷ이요 요셉ᄂᆞᆫ 일후에 쟝ᄎᆞᆺ 오실 예수의 쳣 그림ᄌᆞㅣ요 예수와 ᄀᆞᆺ치 아바지의게 ᄉᆞ랑ᄒᆞᄂᆞᆫ 자ㅣ 됨과 그 동생의게 보냄과 야모죄 업시 놈의게 풀녀가며 하ᄂᆞ님 압헤 놉히심을 밧고 더의 형데들과 빅셩의게 구원ᄒᆞᄂᆞᆫ쥬ㅣ 되엿ᄂᆞᆫ지라 야곱이 여러 아ᄃᆞᆯ즁에 요셉을 ᄀᆞ장 ᄉᆞ랑ᄒᆞ여 별노이 됴흔옷슬 줌은 이거시 심히 어리셕은 일이오 요셉은 ᄌᆞ긔만 착ᄒᆞᆫ 힝실을 닥글ᄲᅮᆫ 외라

그 형들이 잘못ᄒᆞᆷ을 말ᄂᆡ며 아바지의게 고ᄒᆞ셔 요셉이 이러ᄐᆞ시 바ᄅᆞᆫ말을 ᄒᆞ며 뎌의 아바지가 심히 ᄉᆞ랑ᄒᆞᆷ으로 인ᄒᆞ여 여러 ᄇᆡᆨ셩들이 요셉을 싀긔 ᄒᆞᄂᆞᆫ즁에 요셉의 ᄭᅮᆷ 이야기를 드ᄅᆞᆫ 후로ᄂᆞᆫ 더욱 뮈워ᄒᆞ여 아조 멸ᄒᆞᆯ ᄆᆞᄋᆞᆷ을 두며 멀니 ᄯᅩᆺ차 ᄇᆞ리고져 ᄒᆞ더라 요셉이 ᄭᅮᆷ을 두번 다르게 ᄭᅮ엇ᄉᆞ나 그 실샹ᄯᅳᆺ은 ᄒᆞᆫ 모양됨은 ᄌᆞ긔 몸이 놉힘을 밧아 부모와 형데들이 다 뎌의 슈하 사ᄅᆞᆷ됨을 미리 알게 ᄒᆞᆷ이요 이러케 ᄭᅮᆷ말을 ᄒᆞᆷ으로 그 형들이 뮈워ᄒᆞ며 ᄉᆞᄉᆞ로 놉힌다 ᄒᆞ여 ᄌᆞ긔 아바지의게도 ᄭᅮ지람을 밧앗ᄂᆞᆫ지라 야곱이 요셉의 ᄭᅮᆷ 이야기를 칙망 ᄒᆞ엿ᄉᆞ나 ᄆᆞᄋᆞᆷ에 ᄀᆞ만히 싱각기를 이거시 일후에 엇지 될 증죤고 ᄒᆞᄂᆞᆫ 모양이 마리아가 목인과 예수의 말을 듯고 잠잠히 싱각ᄒᆞᆷ과 ᄀᆞᆺ더라 (누가복음 이장 십구절과 오십일졀을 보라) 우리가 이 공부에 비ᄒᆞᆯ거ᄉᆞᆫ 누구던지 아바지 된쟈ㅣ 여러 아ᄃᆞᆯ즁에 더욱 ᄉᆞ랑ᄒᆞᄂᆞᆫ ᄌᆞ식이 잇ᄉᆞᆯ지라도 여럿히 보ᄂᆞᆫ데 편벽됨을 뵈지말며 서로 싀긔 ᄒᆞᄂᆞᆫ ᄆᆞᄋᆞᆷ을 나지말게 ᄒᆞᆯ거시요 ᄯᅩ 무ᄉᆞᆷ 일이던지 ᄂᆞᆷ의 말을 듯거든 서로 급히 편론치 말지어다

四 므ᄂᆞᆫ말

一 이스라엘이 이ᄯᅢ에 어ᄃᆡ셔 살엇ᄂᆞ뇨

二 아ᄃᆞᆯ들이 무어슬 ᄒᆞ엿ᄂᆞ뇨

三 엇던 아ᄃᆞᆯ이 열 닐곱살 먹엇ᄂᆞ뇨

四 요셉이가 누구와 ᄒᆞᆷᄭᅴ 아바지의 양을 먹엿ᄂᆞ뇨

五 ᄲᅵᆯ하의 아ᄃᆞᆯ 일홈은 무어시뇨 ○ 답 ᄯᅡᆫ 파 랍다리니라

六 실파의 아ᄃᆞᆯ 일홈은 무어시뇨 ○ 답 ᄭᅢᆺ 파 애셔니라

七 이스라엘이 요셉을 엇더케 ᄉᆞ랑 ᄒᆞ엿ᄂᆞ뇨

八 요셉의 형들이 웨 인ᄉᆞ를 됴치안케 ᄒᆞ엿ᄂᆞ뇨

九 요셉이 ᄭᅮᆷ을 몃번 ᄭᅮ엇ᄂᆞ뇨

十 그 ᄭᅮᆷ ᄯᅳᆺ시 무어시뇨

十一 아바지와 형들이 이ᄭᅮᆷ을 엇더케 싱각ᄒᆞ엿ᄂᆞ뇨

엡웟청년회

부인의교휵이뎨일급무

속젼호

남편도 ᄒᆞᆫ나이요 안히도 ᄒᆞᆫ나이요 권리도 동등이요 뎡혼도 피차에 ᄒᆞᆫ가지여ᄂᆞᆯ 못된 사나희 놈은 재주먹힘만 밋고 부인을 압졔ᄒᆞ며 저ᄂᆞᆫ 음힝ᄒᆞ며 제 안ᄒᆡ가 만일 음힝ᄒᆞ면 큰 변괴로 알아 ᄒᆞᄂᆞᆫ 말이 칠거지악에 범ᄒᆞ엿다 ᄒᆞ여 헌신작 버리듯기 너여 버리며 부인은 비록 잔약ᄒᆞ나 졀ᄀᆡ가 놉하 그 남편을 위ᄒᆞ여 목숨이라도 버리ᄂᆞᆫ 쟈 만흐되 그 남편이야 안히를 위ᄒᆞ여 목숨ᄭᅡ지 버리ᄂᆞᆫ쟈야 어ᄃᆡ 잇ᄂᆞ뇨 졀ᄃᆡ로 말ᄒᆞ면 녀인이 몃층이 더 놉흔지라 그런즉 뎨왕브터 셔민ᄭᅡ지라도 하ᄂᆞ님 압회셔ᄂᆞᆫ 얼데 인셕이라 엇지 층등이 잇ᄉᆞ리요 지금 세계에 샹등 ᄀᆡ명ᄒᆞᆫ 나라에 가보면 각 학교에 션ᄉᆡᆼ이 거즌 부인이요 여러가지 빗ᄂᆞᆫ ᄉᆞ업이 다 부인의 ᄉᆞ업이라 엇지 아름답지 아니리요 다나 쓰나 괴로오나 즐거오나 빈ᄒᆞ나 부ᄒᆞ나 평ᄉᆡᆼ을 두 사ᄅᆞᆷ이 ᄒᆞᆷᄭᅴ ᄒᆞ여아 텬명을 슌수ᄒᆞᆷ이여ᄂᆞᆯ 우미ᄒᆞᆫ 계집들은 이를 도라보지 안코 쳔쳡이니 사나희 노리ᄀᆡ 감이니 사나희 등골 ᄲᅢ아먹ᄂᆞᆫ 빈터니 이러ᄒᆞᆫ 루명을 무릅쓰고 놈의 쳡되ᄂᆞᆫ 계집과 인류를 물건으로 알고 이삼ᄀᆡ식 쳡을 엇어 두어 집안이 망ᄒᆞ며 심지어 외국에 공ᄉᆞ로 가면셔 쳡을 본 안히인데 ᄒᆞ고 ᄒᆞᆷᄭᅴ 갓다가 탈노가 되면 그 쳡ᄒᆞ고ᄂᆞᆫ 외국에 학문잇ᄂᆞᆫ 부인들이 더럽다고 ᄒᆞᆫ 자리에 안지도 아니ᄒᆞ여 제나라 국톄ᄭᅡ지 손샹케 ᄒᆞ니 이 여러가지 악ᄒᆞᆫ 풍속이 셩게 미ᄀᆡ화국이 되ᄂᆞᆫ거슨 실샹을 궁구ᄒᆞ여보면 당초에 녀인을 ᄀᆞᄅᆞ치지 아니ᄒᆞᆫ 연고라 그런고로 우리 대한도 ᄀᆡ명ᄒᆞᆫ 날은 부인의 학문이 잇ᄂᆞᆫ 날노 긔약ᄒᆞ노라

로병션

쏘이쓰청년회소식

음력 십이월 이십구일 져녁에 쏘이쓰 청년회에셔 뎡동 리화학당에 ᄀᆡ회ᄒᆞ고 회장 부인 푸라이씨가 고향으로 도라 가ᄂᆞᆫᄃᆡ 젼별ᄒᆞᄂᆞᆫ 례식을 힝ᄒᆞᆯ시 처음에 하ᄂᆞ님ᄭᅴ 례비를 드린후에 부회장 부인 메리씨가 여러 회원을 총ᄃᆡᄒᆞ여 연연ᄒᆞᆫ 말ᄉᆞᆷ으로 셥셥ᄒᆞᆫ 졍회를 펴여 운지환 일쌍으로 졍을 표ᄒᆞ고 ᄯᅩ 여러가지 ᄌᆞ미 잇ᄂᆞᆫ 노리로 피차에 ᄒᆞᆫ회 환락ᄒᆞ고 여간 다과를 난호아 먹고 십일뎜죵ᄭᅡ지 논일다가 각각 깃분빗치 얼골에 차 도라가며 ᄒᆞᄂᆞᆫ 말이 후에도 이러케 즐거운 회가 죵죵 잇기를 ᄇᆞ라노라 ᄒᆞ엿다 ᄒᆞ니 우리 청년회에셔 ᄒᆞᆼ샹 깃분 ᄆᆞᄋᆞᆷ으로 즐거운 회를 열냐ᄒᆞ면 다졍국에셔 직칙을 극진이 ᄒᆞ여야 ᄒᆞᆯ지니라

○쏘이쓰 청년회 회장 부인 푸라이씨가 고국으로 도라가ᄆᆡ 아직은 부인 피어씨가 회장ᄉᆞ무를 더리 ᄒᆞᆫ다더라

ᄂᆡ보

남판왕에 회ᄌᆞ는거ᄉᆞᆫ 젼호 ᄂᆡ보에 임의 긔ᄌᆡᄒᆞ엿거니와 다시 쥬슈ᄒᆞ논ᄃᆡ 나라에셔 은화 ᄇᆡᆨ만원을 나리샤 큰 역ᄉᆞᄅᆞᆯ 시쟉ᄒᆞᄂᆞᆫᄃᆡ 감독파 여ᄒᆡ 판원을 ᄂᆡ여 간검케 ᄒᆞ신다더라 이번에 판왕묘가 쇼화된 ᄭᅡᄃᆞᆰ에 사ᄅᆞᆷ들이 말ᄒᆞ되 판왕이 우리 나라에 여러 ᄇᆡᆨ년을 계시다가 지금은 판왕이 가셧신즉 국ᄂᆡ에 혹 무ᄉᆞᆷ ᄌᆡ앙이 잇슬넌지 ᄒᆞ면셔 한탄 ᄒᆞᄂᆞᆫ이가 더러 잇다더라

○ 조셔ᄒᆞ샤 ᄀᆞᆯᄋᆞ샤ᄃᆡ 지금 듬을께 잇ᄂᆞᆫ 경ᄉᆞ들 맛나서 맛당히 판당지면을 보일지니 모반 살인 졀도 강도 통간 편지 륙범외에 가히 감등 ᄒᆞᆯ쟈ᄂᆞᆫ 감등ᄒᆞ고 가히 방송 ᄒᆞᆯ쟈ᄂᆞᆫ 방송ᄒᆞ고 비록 륙범 즁이라도 ᄯᅩᄒᆞᆫ 혹 정젹이 의심스로온 쟈가 업지 못ᄒᆞ니 지판소로 ᄒᆞ여곰 심리ᄒᆞ야 일뎨로 감등ᄒᆞ고 미결슈들은 판결 ᄒᆞ기를 기ᄃᆞ려 이ᄃᆡ로 거힝ᄒᆞ고 류비 죄인도 ᄯᅩᄒᆞᆫ 심판ᄒᆞ야 써 죠가에셔 경ᄉᆞᄅᆞᆯ 갓치 ᄒᆞᄂᆞᆫ ᄯᅳᆺ을 보이라 ᄒᆞ옵시다 (판보)

○ 즁츄원 의관즁에 여러ᄃᆞᆯ이 지ᄂᆡ도록 슈칙 아니ᄒᆞᆫ이와 슈칙 ᄒᆞ고도 여러ᄃᆞᆯ을 무고ᄒᆞ ᄉᆞ진 아니ᄒᆞᆫ이를 혹 면관도 ᄒᆞ고 혹 의원 면본관도 ᄒᆞ엿ᄂᆞᆫᄃᆡ 합 십여인이러라

○ 졍동 근쳐에 파슈 보ᄂᆞᆫ 병뎡들은 여젼이 잇ᄉᆡ나 일젼브터ᄂᆞᆫ 길표 업시 무란이 왕ᄂᆡᄒᆞᆫ다ᄂᆞᆫᄃᆡ 엇더ᄒᆞᆫ 사ᄅᆞᆷ이 말ᄒᆞ기를 병뎡이 파슈ᄒᆞᄂᆞᆫ거ᄉᆞᆫ 계엄ᄒᆞᄂᆞᆫ ᄯᅳᆺ인ᄃᆡ 만일 길표 업시 ᄃᆞᆫ일 디경이면 엇지 ᄒᆞ야 병뎡 ᄯᅵ지 것지 안ᄂᆞᆫ지

본회 고ᄇᆡᆨ

본회에셔 이 회보를 젼년과 ᄀᆞᆺ치 일쥬일에 ᄒᆞᆫ번식 발간 ᄒᆞᄂᆞᆫᄃᆡ 새로 륙폭으로 작뎡ᄒᆞ고 ᄒᆞᆫ장 갑슨 엽젼 오푼이오 ᄒᆞᆫᄃᆞᆯ갑슨 미리내면 젼파 ᄀᆞᆺ치 엽젼 ᄒᆞᆫ돈 오푼이라 본국 교우나 셔국 목ᄉᆞ나 교외 친구나 만일 사셔 보고져 ᄒᆞ거든 졍동 아편셜라 목ᄉᆞ 집이나 죵로 대동셔시에 가셔 사시옵

죵로대동셔시광고

우리 셔샤에셔 셩경 신구약과 찬미칙과 교회에 유익ᄒᆞᆫ 여러가지 셔칙과 시무에 긴요ᄒᆞᆫ 칙들을 팔되 갑시 샹당ᄒᆞ오니 학문샹과 시무변에 ᄯᅳᆺ이 잇ᄂᆞᆫ 군ᄌᆞ들은 만히 사셔 보시옵

대영국 셩셔 공회 광고

새로 간츌 ᄒᆞᆫ거ᄉᆞᆫ 로마 가라태 골노시 야고보 베드로 젼후셔 듸모데 젼후셔니 사셔 보실이ᄂᆞᆫ 회샤 쥬인 켠묘 션ᄉᆡᆼ씌로 오시옵

대삼권

대한크리스도인회보

대구호

광무삼년 (합일빅구) 삼월 일일

삼ᄃᆡ가입교ᄒᆞᆷ

정동 교우 최병헌씨ᄂᆞᆫ 구세쥬를 독실히 밋ᄂᆞᆫ고로 성신의 능력으로 외인의게만 젼도 ᄒᆞᆯ뿐 아니라 몬져 ᄌᆞ긔의 집안 식구들 권면ᄒᆞ야 그 부인과 ᄌᆞ녀가 다 신실ᄒᆞᆫ 교인이 되엿시며 그 부친이 츙쳥도 보원ᄯᅡ에 사ᄂᆞᆫᄃᆡ 작년에 올나 오셔서 ᄒᆞᄂᆞᆫ 말이 내 ᄌᆞ식의게 드른즉 츔 거륵ᄒᆞᆫ 도라 나려가셔 교회 문답을 공부ᄒᆞ고 집안에 잇ᄂᆞᆫ 우샹을 다 업시ᄒᆞᆫ 후에 동긔ᄒᆞ마 ᄒᆞ시더니 일젼에 그 ᄌᆞ졔와 손ᄌᆞ를 보내여 말ᄉᆞᆷᄒᆞ되 나ᄂᆞᆫ 늙어 힘보ᄒᆞ기가 어려온고로 ᄌᆞ여손을 ᄃᆡ신 보내니 교회에 입독ᄒᆞ여 달나ᄒᆞ기에 우리가 깃분 ᄆᆞ옴으로 그 부ᄌᆞ와 손ᄌᆞ의 일홈을 다 학습인깨 붓첫시니 최씨의 삼ᄃᆡ가 다 구쥬의 문도가 된지라 우리 교회가 대한에 나아온지 불과 십여년에 이런 일이 잇시니 영광을 엇지 하느님ᄭᅴ 돌녀 보내지 아니 ᄒᆞ리요 그젼에 달셩 회당에셔 손씨가 ᄉᆞᄃᆡ 입교ᄒᆞᆫ이가 잇단말을 드른듯 ᄒᆞ나 뎡녕이 알지 못ᄒᆞᆫ고로 회보에 긔ᄌᆡᄒᆞ지 못ᄒᆞ엿거니와 경향간 각쳐회당에 만약 삼ᄉᆞᄃᆡ 입교ᄒᆞᆫ이가 잇ᄂᆞ든 ᄌᆞ세이 긔별ᄒᆞ면 곳 회보에 간츌ᄒᆞ겟노라

ᄌᆞ미잇ᄂᆞᆫ칙을간츌ᄒᆞᆷ

리화학당에 계신 푸라이 부인과 페인 부인 두분이 칙 ᄒᆞᆫ권을 저술ᄒᆞ엿ᄂᆞᆫᄃᆡ 그 칙 일홈은 **젼ᄃᆡ공용문답**이라 본학당 ᄋᆞᄒᆡᄃᆞᆯ을 위ᄒᆞ야 이글을 ᄆᆞ드럿시나 말ᄉᆞᆷ이 유리ᄒᆞ고 ᄌᆞ미가 극진ᄒᆞ야 츔볼만 ᄒᆞᆯ지라 다른 학당 학도ᄃᆞᆯ도 만히사셔 공부ᄒᆞ면 크게 유익ᄒᆞᆷ이 잇시리라

공파쥬셕을지어옴

ᄆᆡ비일공파 쥬셕을 그젼에 평양 로블목ᄉᆞ가 몃번 지어 보내엿시나 길이 먼고로 미양 여의치 못ᄒᆞᆫ때가 만히 잇셧시며 그후에ᄂᆞᆫ 동대문안 회당에 노웰나씨 부인이 두달 동안ᄲᅮᆫ 잘지어 보내셔셔 공부들 잘 ᄒᆞ엿시니 츔 치하 ᄒᆞ거니와 죵금 이후로ᄂᆞᆫ 졔물포 됴원시 목ᄉᆞ가 우리 회샤ᄃᆞᆯ도으샤 쥬셕과 못ᄂᆞᆫ말을 지어 보내기로 작뎡 ᄒᆞ시니 우리ᄂᆞᆫ 감샤이 녁이노라

삼빅오십구

대한크리스도인회보

THE KOREAN CHRISTIAN ADVOCATE.
Rev. H. G. Appenzeller, Editor
36 cents per annum
in advance. Postage extra.
Wednesday, MAR. 1st, 1899.

서울 졍동셔 일쥬일에 ᄒᆞᆫ번식 발간ᄒᆞᄂᆞᆫᄃᆡ 아편셜라 목ᄉᆞ가 회보 샤쟝이 되엿더라

일년 갑슬 미리 ᄂᆡ면 삼십 륙젼이오 우표갑슨 ᄯᅡ로 잇ᄂᆞ니라

리형데룡셥씨별셰ᄒᆞᆫ일

원산 교우 리룡셥씨ᄂᆞᆫ 평안도 숙쳔 사름으로 갑오년 란리에 피란으로 원산ᄭᆞ지 니르럿더니 셩신의 도으심으로 영벌 피란쳐를 엇엇ᄂᆞᆫ지라 예수씨를 밋은지 ᄉᆞ년이오 나흔 오십세라 목수 일을 ᄒᆞᄂᆞᆫᄃᆡ ᄒᆞᆼ상 ᄒᆞᄂᆞᆫ 말이 예수씨ᄭᅴ셔 이 셰상에 오셧실ᄯᅢ에 지극히 놉흐신 하ᄂᆞ님의 아ᄃᆞᆯ이시언만 목수 일을 힘 보셧다 ᄒᆞ엿시니 우리들이야 ᄒᆞᆫ 이런 일 ᄒᆞ기를 엇지 깃부게 아지 아니ᄒᆞᆯ랴 ᄒᆞ며 구부러지고 흠ᄒᆞᆫ 나무라도 먹줄을 치고 ᄌᆞ귀로 ᄶᅡᆨ고 대패질 ᄒᆞ면 조치 아니ᄒᆞᆫ 나무가 업ᄉᆞ니 우리 죄인들도 예수씨 피로 씨스면 졍ᄒᆞ지 아니ᄒᆞᆯ이 업다 ᄒᆞ며 맛나ᄂᆞᆫ 사름마다 이 비유로 젼도ᄒᆞ며 동즁에셔도 도틈 열심으로 츙힘ᄒᆞ니 촛ᄃᆡ우희 둔 등불 ᄀᆞᆺᄒᆞᆫ지라 젼 쥬일에 례ᄇᆡ당에 와셔 례ᄇᆡᄒᆞ고 도라가며 형데들의게 ᄒᆞᄂᆞᆫ 말이 내가 이 셰상에 십년만 더 잇엇시면 남의게 ᄒᆞᆫ일을 다 ᄒᆞ겟고만 ᄯᅥ날ᄯᅢ가 갓가왓노라 ᄒᆞ더니 잇흔날 홀연이 병셕에 누워 륙일만에 이월 십이일 오후 십이시에 별셰 ᄒᆞ엿ᄂᆞᆫ지라 교우들이 모히여 텬당가ᄂᆞᆫ 령혼을 찬미가로 위로ᄒᆞ며 교즁례로 장ᄉᆞᄒᆞᆯ시 그 동리에 샹여가 잇스나 외인의 샹여를 쓰ᄂᆞᆫ거시 온당치 안타ᄒᆞ야 나무로 짤인교를 문드러 그우회 관을 노코 빅지로 단장ᄒᆞᆫ후 교우들이 서로 메고 산소에 니ᄅᆞ러 장례를 힝ᄒᆞᆯ서 본회 쥬리 ᄒᆞᄂᆞᆫ 목ᄉᆞ가 업서셔 본토 젼도인 김긔범씨가 와셔 목ᄉᆞ의 ᄃᆡ리로 장례를 힝ᄒᆞ고 안장 ᄒᆞ엿더라

보지못ᄒᆞᄂᆞᆫ셰계

영국 대학교에셔 교ᄉᆞ ᄒᆞᄂᆞᆫ 미국 사름 마록씨 ᄀᆞᆯᄋᆞᄃᆡ 우리 무리가 사ᄂᆞᆫ 오쥬 셰계에ᄂᆞᆫ 어나곳이던지 눈으로 볼수 잇시되 볼수 업ᄂᆞᆫ 셰계ᄂᆞᆫ 오직 사름의 ᄆᆞᄋᆞᆷ속에 잇시며 거쳐 ᄒᆞᄂᆞᆫ 셰계ᄂᆞᆫ ᄯᅩᄒᆞᆫ 디경과 한뎡이 잇시되 볼수 업ᄂᆞᆫ 셰계ᄂᆞᆫ 실노 한량 업시 너르고 진의 밧게 잇ᄂᆞᆫ지라 한뎡 잇ᄂᆞᆫ 셰계ᄂᆞᆫ 인간이요 한뎡 업ᄂᆞᆫ 셰계ᄂᆞᆫ 곳 텬샹이니 인간 일을 말ᄒᆞ면 사름마다 알기도ᄒᆞ고 보기도 ᄒᆞ거니와 텬샹 일을 말ᄒᆞ면 알지도 못ᄒᆞ고 밋지도 아니ᄒᆞᄂᆞ니 슬프다 사름의 어리셕음이여 도ᄂᆞᆫ 근본 인간에셔 난거시 아니라 셰계 밧게 잇시며 텬디 만물의 대쥬지ᄭᅴ셔 녯적 텬지 셩인의게 명령ᄒᆞ신 훈계라 그 계명을 직히ᄂᆞᆫ 쟈ᄂᆞᆫ 능히 보이지 안ᄂᆞᆫ 셰계ᄭᆞ지 드러가 살니라 ᄒᆞ엿더라

요셉이애굽도에풀닌일

창세긔 삼십칠장 십이졀노 삼십륙졀ᄭᆞ지

十二 모든 형들이 시켐에 가셔 아바지의 못 즘셩을
치더니 十三 이스라엘이 요셉의게 말ᄒᆞ되 네 형들
이 시켐에셔 즘셩을 치지 안느냐 오너라 내가
너를 보내리라 요셉이 ᄀᆞᆯᄋᆞ되 내가 여긔 잇느이
다 十四 이스라엘이 ᄀᆞᆯᄋᆞ되 모든 형과 즘셩들이
다 무고ᄒᆞᆫ가 가셔 보고 네가 도라와 내게 고ᄒᆞ
라ᄒᆞ고 드듸여 보내니 ᄒᆡᄇᆞ론이란 산곡으로 브
터 시켐에 니르더라 ○ 十五 빗ᄉᆞ이로 가다가 ᄒᆞᆫ
사ᄅᆞᆷ을 맛나매 그가 ᄀᆞᆯᄋᆞ되 네가 무어슬 찻느나
十六 요셉이 ᄀᆞᆯᄋᆞ되 우리 형들을 찻ᄂᆞ니 뎌들이
어듸셔 양을 치ᄂᆞᆫ지 내게 고ᄒᆞ라 十七 그가 ᄀᆞᆯᄋᆞ
듸 여긔셔 임의 떠나 갓ᄂᆞ니 내가 그들의 말을
드르매 도단으로 갓다 ᄒᆞ더라 요셉이 ᄌᆡ형을 차
져가매 ᄑᆡ연 도단에 잇ᄂᆞᆫ지라 十八 니르지 못ᄒᆞ야
셔 모든 형들이 멀니 보고 곳치 죽이기를 ᄭᅬᄒᆞ
야 十九 서로 말ᄒᆞ야 ᄀᆞᆯᄋᆞ되 ᄭᅮᆷᄭᅮᆫ자가 온다 二十 죽
이여 함졍에 ᄇᆞ리고 말ᄒᆞ되 악ᄒᆞᆫ 즘셩이 먹엇다
ᄒᆞᄂᆞᆫ거시 됴ᄒᆞ니 후에 그ᄭᅮᆷ이 ᄑᆡ연 즁험ᄒᆞ나 보
자 ᄒᆞ거ᄂᆞᆯ 二十一 레우벤 듯고 요셉을 구원코져 ᄒᆞ
야 ᄀᆞᆯᄋᆞ되 그의 ᄉᆡᆼ명을 상ᄒᆞ지 마라 二十二 레우벤
이가 구원ᄒᆞ야 아바지의게로 돌녀 보내랴 ᄒᆞᆫ
고로 ᄀᆞᆯᄋᆞ되 그의 피를 ᄒᆞᆯ니지 말며 그의 몸을
해ᄒᆞ지 마라 뷘들에 함졍이 잇ᄉᆞ니 그속에 더지
ᄂᆞᆫ거시 됴ᄒᆞ니라 ○ 二十三 요셉이 니르니 형들이
그 치식 두루막이를 벗겨 二十四 물업ᄂᆞᆫ 뷘 함졍에
다 더지고 二十五 드듸여 안져 ᄲᅣᆼ을 먹다가 멀니 보
니 이스마엘 사ᄅᆞᆷ이 뎨를지어 니르ᄃᆡ 뭇 약ᄃᆡ를
몰고 향지료 유향과 약을 지고 길이앗으로 브
터 와셔 애굽도로 가랴고 ᄒᆞ거ᄂᆞᆯ 二十六 유다가 형
뎨들의게 닐ᄋᆞ되 동ᄉᆡᆼ을 죽이고 그피를 숨기면
무어시 유익ᄒᆞ리오 二十七 이ᄂᆞᆫ 우리의 쳔속이니
그의 셩명을 해ᄒᆞ지 말고 이스미엘 사ᄅᆞᆷ의게 ᄑᆞᆯ
ᄂᆞᆫ거시 됴타ᄒᆞ니 형뎨들이 허락ᄒᆞᄂᆞᆫ지라 二十八
미뎐 쟝ᄉᆞ ᄒᆞᄂᆞᆫ 사ᄅᆞᆷ들이 그곳을 지내거ᄂᆞᆯ 모든
형들이 요셉을 함졍에셔 ᄭᅳ으러 내여 이스마엘
사ᄅᆞᆷ의게 ᄑᆞ러 금 이십을 엇으니 이스마엘 사ᄅᆞᆷ
이 요셉을 다리고 애굽도로 가다 ○ 二十九 그후
에 레우벤이가 함졍에 니르러 보니 요셉이 잇지
아니ᄒᆞ거ᄂᆞᆯ 드듸여 ᄌᆞ긔 옷슬 ᄶᅵᆺ고 三十 도라와
모든 동ᄉᆡᆼ을 보고 ᄀᆞᆯᄋᆞ되 ᄋᆞᄒᆡ가 잇지 아니ᄒᆞ
니 내가 엇더케 도라 가리요 ᄒᆞ거ᄂᆞᆯ 三十一 모든
동ᄉᆡᆼ들이 어린 산양을 잡아 요셉의 옷슬 피에
적셔 三十二 사ᄅᆞᆷ을 보내여 옷슬 가지고 아바지의게
돌녀 보내여 ᄀᆞᆯᄋᆞ되 우리가 이거슬 엇엇ᄉᆞ니 ᄑᆡ
연 아바지의 아ᄃᆞᆯ의 옷신지 시험ᄒᆞ여 보쇼셔 三十三
야곱이가 보고 ᄀᆞᆯᄋᆞ되 진실노 내 아ᄃᆞᆯ의 옷시라
반드시 악ᄒᆞᆫ 즘ᄉᆡᆼ이 먹은거시니 뎨지가 샹ᄒᆞᆷ이
의심업다 ᄒᆞ고 三十四 야곱이 드듸여 ᄌᆞ긔 옷슬 ᄶᅵᆺ

고 삭옷슬 닙고 슯허ᄒᆞ야 세월을 보내더니 三十五 ᄌᆞ녀가 여러히 와서 서로 위로 ᄒᆞ되 밧지 아니ᄒᆞ고 ᄀᆞᆯᄋᆞ되 내가 반드시 슯허ᄒᆞ여 유명에 나ᄅᆞ러 아ᄃᆞᆯ의게 나아가고 말니라 ᄒᆞ니 아바지가 아ᄃᆞᆯ을 ᄉᆡᆼ각ᄒᆞ야 익통ᄒᆞ기를 이러케 ᄒᆞ더라 三十六 미뎐 쟝ᄉᆞ가 요셉을 다리고 애굽도에 니르러 파레오의 신하 시위쟝 파데포어의게 풀더라

주석

(十二) 야곱의 아ᄃᆞᆯ이 십이 형뎨인ᄃᆡ 열홈은 레우벤과 시문과 리미와 유다와 이살기와 셔포륜과 요셉과 변야민과 단과 납대리와 가드파 아셜이니라 그즁에 요셉은 그 아바지의게 뎨일 ᄉᆞ랑ᄒᆞᆫ바 아ᄃᆞᆯ이로ᄃᆡ 형뎨들이 뮈워홈은 요셉의 지됴 파인ᄒᆞ고 그 형뎨의 힘셰를 그 아바지의게 고ᄒᆞ고 또 그가 ᄒᆞᆫ ᄭᅮᆷ을 엇어 형뎨의게 고ᄒᆞ니 형뎨들이 요셉을 시긔 ᄒᆞ엿ᄂᆞ니라 (十三) 시겜ᄯᅡ에셔 이스리엘이 ᄯᅡᆼ을 삿ᄉᆞ니 (창셰긔 三十三장 十九) 그 아ᄃᆞᆯ들이 즘싱을 치러 ᄃᆞᆫ이ᄂᆞᆫᄃᆡ (十四) 거긔 살어실 ᄯᅢ에 그 아ᄃᆞᆯ 시문과 리미가 거긔 ᄇᆡᆨ셩의게 힝악ᄒᆞᆫ 일이 잇ᄂᆞᆫ고로 (창셰긔 三十四장 二十五) 그 아바지가 념려ᄒᆞ야 엇지 ᄯᅢ됨을 알고져 ᄒᆞ야 요셉을 보내엿ᄂᆞ니라 (十五) 밧 ᄉᆞ이로 오란 말은 이스라엘이 이왕에 삿던 밧치라 (十七) 시겜에 찻지 못ᄒᆞ니 도단을 좃차가니 도단이란 ᄯᅳᆺ은 두 우물 ᄯᅳᆺ이라 (十八절노 二十) 형뎨들이 요셉을 죽이라ᄂᆞᆫ ᄭᅴ라 살인은 셰샹에 악ᄒᆞᆫ 일이로되 형이 아우 죽임은 엇지 형언ᄒᆞᆯ수 잇ᄉᆞ리오 시긔ᄌᆞ심 일에야 이런일이 잇ᄂᆞ니라 (二十一절노 二二) 그큰형 레우벤이 그ᄭᅬ를 알고 요셉을 건지랴고 죽임을 말녀 함졍에 너케ᄒᆞ니 혹 밤으로 놀라 오ᄂᆞᆫ지라 이ᄯᅢᄭᆞ지 이런 함졍은 그ᄯᅡ에 만ᄒᆞᆫ거슨 혹 우물로도 쓰고 혹 곡식을 그속에 ᄊᆞ코 혹 엇던ᄯᅢᄂᆞᆫ 그속에 죄인도 갓워두니 (야리미 三十八장 六) 그 모양은 이러ᄒᆞ니 그밋촌 넓고 우회ᄂᆞᆫ 좁으며 돌노 우혜를 덥ᄂᆞ니라 (二十三쟝 八) 레우벤 말을 듯고 그ᄃᆡ로 힝ᄒᆞ니 ᄯᅢ우벤이 어듸갈서 이스마엘 쟝ᄉᆞ ᄒᆞᄂᆞᆫ 사ᄅᆞᆷ들의게은 二十금으로 밧어 풀엇ᄂᆞ니 구쥬 예수ᄭᅦ ᄉᆞ긔를 샹고ᄒᆞ여 본즉 요셉을 형뎨들의게 판바 되던것 ᄀᆞᆺ치 예수ᄭᅦ셔도 졍다온 뎨ᄌᆞ의게 판바 되엿ᄂᆞ니라 이 이스마엘 사ᄅᆞᆷ들이 요셉을 다리고 애굽도에 가셔 ᄌᆡ샹 파데포어의게 팔아 샹뎐에 벼ᄉᆞᆯ은 죠션 좌우 포장과 ᄀᆞᆺ다더라

믓ᄂᆞᆫ말

一 시겜ᄯᅡ에셔 이왕에 무슴일이 잇셧ᄂᆞ뇨

二 이스미엘이 웨 요셉을 형뎨들의게 보내엿더뇨

三 ᄭᅮᆷ샨이가 온다ᄒᆞᆷ은 무슴 ᄯᅳᆺ시뇨

四 웨 형들이 요셉을 죽이려 ᄒᆞ엿ᄂᆞ뇨

五 이스마엘 사ᄅᆞᆷ들이 뉘 ᄌᆞ손이며 무엇 ᄒᆞᄂᆞᆫ 사ᄅᆞᆷ이뇨

六 사ᄅᆞᆷ을 죵으로 팔고 사ᄂᆞᆫ법이 웨 악ᄒᆞᆫ법이뇨

엡웟청년회

평양엡웟청년회에셔 보낸편지

젼능ᄒᆞ신 하ᄂᆞ님의 ᄉᆞ랑ᄒᆞ심과 예수씨의 은혜를 넙ᄉᆞ와 무궁ᄒᆞᆫ 복을 누리기를 원ᄒᆞ오며 우리 청년들은 하ᄂᆞ님의 은총을 넙ᄉᆞ와 일신월셩ᄒᆞ와 졍월 초십일에 각 임원을 ᄊᆡ로 션뎡ᄒᆞ엿ᄉᆞᆸᄂᆞᆫ듸 회쟝 오셕형 젼도국쟝 박승필 인제국쟝 림졍슈 학문국쟝 김락션 다졍국쟝 오셕찬 통신국쟝 강인걸 회계국쟝 김지션 졔씨라 ᄒᆞ엿더라

구졔ᄒᆞᄂᆞᆫ듸 죠심ᄒᆞᆯ일

긔갈이 심ᄒᆞ고 의복이 남누ᄒᆞ며 병들고 의지업시 류리ᄒᆞ여 ᄃᆞᆫ이ᄂᆞᆫ 늙은이나 어린쟈를 보면 엇던 사ᄅᆞᆷ이 측은이 녁여 구졔ᄒᆞ여 줄 ᄆᆞᄋᆞᆷ이 업ᄉᆞ리요 만은 근일에 우리 나라의 소위 거지ᄯᅦ라 ᄒᆞᄂᆞᆫ 무리들은 그즁에 혹 늙고 약ᄒᆞᆫ쟈도 잇거니와 졂고 이목 구비와 ᄉᆞ지 ᄇᆡ톄가 온젼ᄒᆞ여 능히 아모 일이던지 더의 슈속을 놀녀 버러 먹을만 ᄒᆞᆫ쟈들이 공연이 ᄯᅦᄯᅦ이 ᄃᆞᆫ이며 비러 먹기를 죠아ᄒᆞ며 혹 혼인 집에던지 못꼿지 ᄒᆞᄂᆞᆫ듸나 졔ᄉᆞ 지내ᄂᆞᆫ 집이나 명졀의 각 시졍으로 ᄃᆞᆫ이며 음식과 젼량을 토식ᄒᆞ다 심히ᄒᆞ며 야료가 무쌍ᄒᆞ여 그 거지ᄯᅦ를 맛나ᄂᆞᆫ 사ᄅᆞᆷ들이 혹 셩가시다 ᄒᆞ여 돈푼 주ᄂᆞᆫ 이도 잇고 불샹 ᄒᆞ다고 구졔ᄒᆞ여 주ᄂᆞᆫ이도 잇ᄉᆞ며 겨울에 옷슬 몃벌식 지어 난화주ᄂᆞᆫ 사ᄅᆞᆷ들이 잇셔 보ᄂᆞᆫ 사ᄅᆞᆷ들이 이거슬 구졔 ᄒᆞᄂᆞᆫ 일이라 ᄒᆞᆯ뜻ᄒᆞ나 우리ᄂᆞᆫ 싱각ᄒᆞ기를 도로혀 죄가 된다 ᄒᆞ노라 엇지ᄒᆞ여 그런고 ᄒᆞ니 녁녁히 뎌의 슈족으로 버러 먹을만 ᄒᆞᆫ쟈들 내가 구졔라 ᄒᆞ고 돈이나 ᄊᆞᆯ이나 의복을 주ᄂᆞᆫ거슨 놈을 얼마큼 게을느게 문드라 주니 내의 죄요 ᄒᆞᆫ사ᄅᆞᆷ 두사ᄅᆞᆷ ᄎᆞᄎᆞ 게을너 비러 먹ᄂᆞᆫ 사ᄅᆞᆷ이 만히 싱기면 나라에 크게 ᄒᆡ가되니 나도 구졔를 잘못ᄒᆞ여 젼국에 걸인이 만히 싱기게ᄒᆞᆫ 죄인즁 ᄒᆞᆫ나이라 엇지 죠심치 아니리요 일젼에 엇던 외국 사ᄅᆞᆷ의게 ᄒᆞᆫ걸인이 구걸ᄒᆞ려와셔 ᄒᆞᄂᆞᆫ 모양이 흉휼을 ᄯᅥᆯ며 다리를 져ᄂᆞᆫ체ᄒᆞ며 팔이 병신인체 ᄒᆞ여 쳣번 보기에ᄂᆞᆫ 불샹ᄒᆞᆫ 사ᄅᆞᆷ인듯ᄒᆞ여 그 외국 사ᄅᆞᆷ이 갓가히 가 팔과 다리를 문져본즉 아모듸도 샹ᄒᆞ지 안코 다만 얼골을 오리 씻지 아니ᄒᆞ여 츄ᄒᆞᆯᄲᅮᆫ인고로 그외국 사ᄅᆞᆷ이 말ᄒᆞ기를 네가 오ᄂᆞᆯ내 집의셔 일을 ᄒᆞ여주면 공젼은 다른 모군보담 삼ᄇᆡ나 더 주리라 ᄒᆞ고 무ᄉᆞᆷ일을 주어 식혀본즉 파연 잘 ᄒᆞᄂᆞᆫ지라 일ᄒᆞᆫ후에 삭을 주리라 ᄒᆞ고 어ᄃᆡ 갓다와 본즉 그 걸인이 도망ᄒᆞ엿더라 ᄒᆞ니 그 걸두고 보더리도 ᄒᆞᆫ이 사ᄅᆞᆷ이 게을느면 걸인이 되고 걸인이 되여셔ᄂᆞᆫ ᄒᆞᄂᆞᆫ일이 놈을 속이거나 도적질 밧ᄭᅴ ᄒᆞᄂᆞᆫ일이 업ᄂᆞ니 미완

내보

삼남 연흉을에 흉일이 대단이 되야 인명이 만히 죽엇시며 가옥과 젼답이 무수히 상ᄒᆞ엿다더라

○죠셔ᄒᆞ샤 ᄀᆞᆯᄋᆞ샤ᄃᆡ 흉역ᄒᆞᆫ 무리가 녯법을 변란ᄒᆞᆫ후로 브터 상하가 격졀ᄒᆞ야 민졍이 상달치 못ᄒᆞ고 므릇 ᄉᆞ방에 슈한의 쥬달ᄒᆞᆷ을 일졀 폐지ᄒᆞ매 ᄃᆡ양 궁부의 질고를 ᄉᆡᆼ각ᄒᆞ면 아참과 밤에 동동ᄒᆞ더니 근리 드르니 삼남에 흉일ᄒᆞᆯ 재앙이 참상과 다름이 업ᄂᆞᆫ지라 젼답의 상ᄒᆞᆷ과 인명의 죽은거ᄉᆞᆫ 놀납고 참혹ᄒᆞ여 참아 말ᄒᆞᆯ수 업시니 엇지 가히 심상ᄒᆞᆫ 휼뎐을 베플니오 각 히도 관찰ᄉᆞᄂᆞᆫ 위유ᄉᆞ를 보내여 연히 각군에 돌녀가셔 이 죠칙을 션유ᄒᆞ고 히도 탁지 샹납즁에 일만원을 취용ᄒᆞ여 셩부에셔 각 히도에 분비ᄒᆞ야 써 문허진거ᄉᆞᆯ 슈즙ᄒᆞ고 상ᄒᆞᆫ거ᄉᆞᆯ 보츙ᄒᆞᆯ ᄌᆞ본을 삼고 ᄲᅡ져 죽은 사ᄅᆞᆷ의 신역을 다 탕감ᄒᆞ야 짐의 상ᄒᆞᆫ것 ᄀᆞᆺᄒᆞᆫ ᄉᆡᆼ각을 위로ᄒᆞ고 ᄌᆞ금 위시ᄒᆞ야 ᄉᆡᆼ민의 ᄯᅢ 재앙 되ᄂᆞᆫ거ᄉᆞᆫ 히도 보고를 ᄯᅡ러 일일히 품쥬ᄒᆞ라 ᄒᆞ옵시다 관보

○이번에 새로난 북도 군슈즁에 엇던 유세력ᄒᆞᆫ 량반 ᄒᆞᆫ분이 말ᄒᆞ되 예수교 잇ᄂᆞᆫ 고을에 갈수 업시니 뎡남 고을노 옴겨 달난다니 엇지ᄒᆞ야 예수교 잇ᄂᆞᆫ 고을에 갈수 업ᄂᆞ뇨 우리 교ᄂᆞᆫ 하ᄂᆞ님을 공경ᄒᆞ고 사ᄅᆞᆷ을 ᄉᆞ랑ᄒᆞᄂᆞᆫ 도라 교를 ᄎᆞᆷ 밋ᄂᆞᆫ 사ᄅᆞᆷ은 엇지 츄호나 그른일을 힝ᄒᆞ며 관장의 명을 거역ᄒᆞ리오 그러나 관장이 만약 무단이 ᄇᆡᆨ셩의 재물을 ᄲᅢ슬 디경이면 그거ᄉᆞᆫ 용이이 ᄲᅢ앗기지 아닐터이니 그량반의 갈수 업다ᄂᆞᆫ 말이 이 ᄭᆞ닭인듯

외보

법국 대통령이 이월 십팔일에 붕ᄒᆞ시매 동월 이십삼일에 장례를 힝ᄒᆞ엿ᄂᆞᆫ지라 그 셩젼 힝젹을 샹고ᄒᆞᆫ즉 구쥬갑셩 일쳔팔ᄇᆡᆨ 구십오년에 대통령이 되셧ᄂᆞᆫᄃᆡ 법국에 크게 유익ᄒᆞᆫ 일을 만히 힘ᄒᆞ셧다더라

본회고ᄇᆡᆨ

본회에셔 이 **회보**를 젼년과 ᄀᆞᆺ치 일쥬일에 ᄒᆞᆫ번식 발간ᄒᆞᄂᆞᆫᄃᆡ 새로 륙폭으로 작뎡ᄒᆞ고 ᄒᆞᆫ장 갑슨 엽젼 오푼이오 ᄒᆞᆫ달갑슨 미리내면 젼과 ᄀᆞᆺ치 엽젼 ᄒᆞᆫ돈 오푼이다 본국 교우나 셔국 목ᄉᆞ나 교외 친구나 만일 사셔 보고져 ᄒᆞ거든 졍동 아편셜라 목ᄉᆞ 집이니 죵로 대동셔시에 가셔 사시옵

대삼권

대한 크리스도인 회보

대십호

광무삼년 삼월팔일 (십뷔일압)

벌너지를먹음

사ᄅᆞᆷ의 형용과 긔부가 칠년동안에 ᄒᆞᆫ번식 번 ᄒᆞᄂᆞ니 육신은 물건인고로 음식의 물건으로 기르ᄂᆞᆫ지라 그러나 사ᄅᆞᆷ이 음식으로만 사ᄂᆞᆫ거시 아니라 반ᄃᆞ시 쳥명ᄒᆞᆫ 공긔를 먹으며 공긔 가온ᄃᆡ 무수ᄒᆞᆫ 벌너지가 잇ᄂᆞ니 인구가 만히 사ᄂᆞᆫ 셔울에ᄂᆞᆫ 삼십쳑 공긔 즁에 벌너지 오만 오쳔ᄀᆡ 가량이 잇고 놉기가 일쳔 륙ᄇᆡᆨ 팔십쳑 되ᄂᆞᆫ 곳에ᄂᆞᆫ 삼십쳑 공긔즁에 벌너지 팔ᄀᆡ가 잇시며 ᄯᅡ에셔 브터 륙쳔쳑을 올나가면 벌너지가 ᄒᆞ나도 업실지라 ᄒᆞᆫ 사ᄅᆞᆷ이 ᄒᆞ로 호흡 ᄒᆞᄂᆞᆫᄃᆡ 긔운 삼십량 가량을 먹으면 졍신이 쳥명ᄒᆞ고 질병이 적은고로 ᄐᆡ셔 졔국에ᄂᆞᆫ 거쳐 ᄒᆞᄂᆞᆫ 방옥을 너르게 ᄒᆞ야 공긔를 만히 밧게 ᄒᆞᄂᆞᆫ지라 그 벌너지ᄂᆞᆫ 형상이 미우 적어 볼수 업시나 수ᄇᆡᆨ비 되ᄂᆞᆫ 현미경으로 보면 가히 분변ᄒᆞᆯ수 잇ᄂᆞ니라 ○ 사ᄅᆞᆷ이 먹고 사ᄂᆞᆫ 물건은 지극히 적은 거시 나도 볼수가 잇거니와 아조 볼수 업ᄂᆞᆫ 량식이 잇ᄉᆞ니 이 량식은 ᄒᆞᆫ번만 먹으면 기리 목마르지도 안코 기리 비곱ᄒᆞ지도 아니 ᄒᆞ리니 이 량식은 하ᄂᆞᆯ노셔 나려온 참 ᄯᅥᆨ과 근원 잇ᄂᆞᆫ 셩명슈 물이라 눈에 보이ᄂᆞᆫ 량식은 ᄒᆞᆫ샹 썩어 업셔지ᄂᆞᆫ 고로 그 량식으로 기르ᄂᆞᆫ 육신도 ᄇᆡᆨ년이 못되야 반ᄃᆞ시 썩어 업셔지거니와 볼수 업ᄂᆞᆫ 량식은 썩지도 아니ᄒᆞ고 그 량식으로 기르ᄂᆞᆫ 령혼도 ᄯᅩᄒᆞᆫ 업셔지지 아니 ᄒᆞᄂᆞ니 이거슨 하ᄂᆞ님ᄭᅴ셔 보내신 ᄯᅥᆨ ᄯᅥᆺᄒᆞᆫ 리치라 구셰쥬 ᄀᆞᆯᄋᆞ샤ᄃᆡ 너희ᄂᆞᆫ 썩어 업셔지ᄂᆞᆫ 량식을 위ᄒᆞ야 수고 ᄒᆞ지 말고 맛당히 영ᄉᆡᆼᄒᆞᄂᆞᆫ 량식을 위ᄒᆞ야 수고 ᄒᆞ라 ᄒᆞ셧시니 우리 형뎨와 ᄌᆞ미들은 구셰쥬의 참 리치를 좃차 영ᄉᆡᆼᄒᆞ기를 ᄇᆞ라노라

시목ᄉᆞ소식

시목ᄉᆞ와 대부인ᄭᅴ셔 양력 일월 초칠일에 구라파 셔ᄉᆞ국에 득달 ᄒᆞ셧고 시목ᄉᆞ의 부인ᄭᅴ셔ᄂᆞᆫ 삼년젼에 쟐 ᄉᆞ형뎨를 다리고 그곳에 가셔 계신ᄃᆡ ᄯᅩᄒᆞᆫ 태평 ᄒᆞ시다 ᄒᆞ니 우리ᄂᆞᆫ 시목ᄉᆞ 모ᄌᆞ분ᄭᅴ셔 무ᄉᆞ이 득달 ᄒᆞ심과 그 집안 식구의 깃부게 맛나ᄂᆞᆫ 거ᄉᆞᆯ 치하 ᄒᆞ노라

삼ᄇᆡᆨ륙십오

대한크리스도인 회보

THE KOREAN CHRISTIAN ADVOCATE.
Rev. H. G. Appenzeller, Editor
36 cents per annum
in advance. Postage extra.
Wednesday, MAR. 8th, 1899.

서울 정동서 일쥬일에 ᄒᆞᆫ번식 발간ᄒᆞᄂᆞᆫᄃᆡ 아펜셜라 목ᄉᆞ가 회보 샤쟝이 되엿더라 일년 갑슬 미리 내면 삼십 륙젼이오 우표갑슨 ᄯᅡ로 잇노라

고집불통

향일에 엇더ᄒᆞᆫ 션ᄇᆡ를 맛나니 동양 학문에ᄂᆞᆫ 대단이 박람ᄒᆞᆫ 사ᄅᆞᆷ이라 내가 그 션ᄇᆡ의게 구세쥬 도를 말ᄉᆞᆷᄒᆞ야 권면ᄒᆞ니 그 션ᄇᆡ ᄃᆡ답ᄒᆞ되 공ᄌᆞ ᄀᆞᆯᄋᆞ샤ᄃᆡ 내가 뭇사ᄅᆞᆷ을 좃겟다 ᄒᆞ셧시니 만일 대한 젼국 사ᄅᆞᆷ이 다 예수도를 밋을진ᄃᆡ 나도 밋겟노라 ᄒᆞ거놀 ᄯᅩ 말ᄒᆞ되 그ᄃᆡᄂᆞᆫ ᄒᆞᆼ샹 다른 사ᄅᆞᆷ만 위뢰ᄒᆞ고 ᄌᆞ유의권 업ᄂᆞᆫ 맘ᄉᆞᆷ이라 ᄇᆞᆰ은 리치를 몬져 ᄭᆡ다라 젼국 사ᄅᆞᆷ을 ᄀᆞᄅᆞ치ᄂᆞᆫ거시 놈의 뒤발을 좃ᄂᆞᆫ것 보다 됴ᄒᆞᆯ가 ᄒᆞ노라 그 션ᄇᆡ ᄀᆞᆯᄋᆞᄃᆡ 그ᄃᆡ의 말ᄉᆞᆷ을 드른즉 디옥으로 가ᄂᆞᆫ 길은 너르고 문도 커셔 드러 가ᄂᆞᆫ쟈ㅣ 만코 텬국으로 가ᄂᆞᆫ길은 좁고 문도 적어 드러 가ᄂᆞᆫ쟈ㅣ 적다 ᄒᆞ엿시니 일노좃차 보건ᄃᆡ 우리의 친구가 반ᄃᆞ시 디옥에 만홀거시오 우리 부모도 예수를 밋지 아니ᄒᆞ엿시니 필경 디옥으로 갓실지라 공ᄌᆞ ᄀᆞᆯᄋᆞ샤ᄃᆡ 아비의 도를 곳치지 아니ᄒᆞ여야 효ᄌᆞ라 ᄒᆞ셧시니 나도 우리 부모의 가신곳으로 가ᄂᆞᆫ거시 올코 친구가 만히 잇ᄂᆞᆫ곳에 가셔 교유ᄒᆞᄂᆞᆫ거시 깃부거놀 엇지 홀노 텬국으로 가셔 부모의게 불효ᄒᆞ고 친구들을 버리리오 녯말에 닐너시되 강남따에 ᄒᆞᆫ 촌락이 잇시니 수ᄇᆡᆨ호 대촌에 인구가 쳔여명이오 뎐답이 토옥ᄒᆞ며 초목이 무셩ᄒᆞ고 오곡이 풍등ᄒᆞ야 산수의 ᄃᆡᆨ이 잇시니 닐온바 인간락토라 그러나 그촌에 사ᄂᆞᆫ ᄇᆡᆨ셩들이 사ᄅᆞᆷ마다 광질이 잇셔 밋친열을 힝ᄒᆞ니 실노 불샹ᄒᆞᆫ지라 그ᄯᅢ에 ᄒᆞᆫ 격물 학ᄉᆞ가 잇셔 그촌에 드러가 산쳔 토리를 궁구ᄒᆞ여 분셕ᄒᆞᆫ즉 그 동니에 우물이 악ᄒᆞ야 먹ᄂᆞᆫ 사ᄅᆞᆷ으로 ᄒᆞ여곰 밋치게 ᄒᆞ거놀 학ᄉᆞㅣ 그곳 ᄇᆡᆨ셩을 구원코쟈 ᄒᆞ야 집을 이ᄉᆞᄒᆞ고 우물을 새로 파셔 동니 사름으로 먹으라 ᄒᆞ며 네젼 우물을 흙으로 메우니 동니 사ᄅᆞᆷ이 일제히 말ᄒᆞ되 새로 이ᄉᆞ온 사ᄅᆞᆷ이 밋쳣다 ᄒᆞ며 샹죵도 아니ᄒᆞ고 네젼 우물을 여젼이 먹거놀 그 학ᄉᆞ가 ᄒᆞᆯ일업셔 도로 쫏기여 갓다 ᄒᆞ엿시니 이런말을 드러도 혼ᄌᆞ 아노라 ᄒᆞ면 뭇사ᄅᆞᆷ이 뮈워ᄒᆞᄂᆞ니 셔국교도 셰샹이 다 ᄒᆞᆫ거든 ᄒᆞᄂᆞᆫ거시 올타ᄒᆞᄂᆞ니 그 션ᄇᆡᄂᆞᆫ 가위 고집 불통이라 ᄒᆞᆯ니라

최병헌

례비일공과 일빅십 삼월 십구일

요셉이종노릇ᄒᆞᆷ과옥에갓친일

창셰긔 삼십구장 일졀노 이십삼졀ᄭᆞ지

一 ᄉᆡ스마엘 사ᄅᆞᆷ이 요셉을 다리고 애굽도에 니르러 파래오의 신하 시위장 파데포어의게 ᄑᆞᆫ니 二 요셉이 애굽도 집에셔 죵노릇 ᄒᆞᆯ매 야화화ᄭᅴ셔 복을 주샤 형통 ᄒᆞ게 ᄒᆞ시니 三 야화화ᄭᅴ셔 복을 주샤 형통치 아니ᄒᆞᆷ이 업ᄂᆞᆫ거ᄉᆞᆯ 그 쥬인이 보고 四 그런고로 은혜로 베플고 ᄒᆞᆼ샹 좌우에 잇게 ᄒᆞ며 모든 업을 통할 ᄒᆞ게 ᄒᆞ야 잇ᄂᆞᆫ거ᄉᆞᆯ 다 그의손에 맛기니 五 그후에 야화화ᄭᅴ셔 요셉을 위 ᄒᆞᄂᆞᆫ고로 그 쥬인의게 복을 주시니 므릇 집과 밧치 다 그 복을 무릅 쓰ᄂᆞᆫ지라 六 쥬인이 잇ᄂᆞᆫ거ᄉᆞᆯ 다 요셉의 손에 맛기고 ᄌᆞ긔가 먹ᄂᆞᆫ것 외에ᄂᆞᆫ 다른 물건 잇ᄂᆞᆫ거ᄉᆞᆫ 아지 못ᄒᆞ고 요셉이 봉채가 심히 아름답거ᄂᆞᆯ ○七 오ᄅᆡ되매 쥬인의 안해가 요셉의게 눈질ᄒᆞ야 ᄀᆞᆯᄋᆞᄃᆡ 나와 ᄀᆞᆺ치 자쟈 ᄒᆞ거ᄂᆞᆯ 八 요셉이 좃지 아니ᄒᆞ고 ᄀᆞᆯᄋᆞᄃᆡ 쥬인이 임의 집일을 참예 ᄒᆞ지 아니 ᄒᆞ고 모ᄃᆞᆫ 잇ᄂᆞᆫ거ᄉᆞᆯ 다 내손에 맛기고 九 집안에셔 내가 총독이 되야 내게 ᄒᆞᄂᆞᆫ거ᄉᆞᆫ 쥬인이 금쳐안코 쥬인의 안해 너 외에ᄂᆞᆫ 모도 내게 맛겨 다ᄉᆞ리게 ᄒᆞ니 다만 너ᄂᆞᆫ 그의 안해라 내가 범ᄒᆞ지 못ᄒᆞᆯ 거시니 엇지 ᄉᆞᄉᆞ로 악을 간범ᄒᆞ야 하ᄂᆞ님ᄭᅴ 죄를 엇으리오 ᄒᆞᆫ대 十 녀인이 날마다 ᄭᅬ이거ᄂᆞᆯ 요셉이 듯지 아니 ᄒᆞ고 ᄀᆞᆺ치 자지 아니ᄒᆞᆯ ᄲᅮᆫ 아니라 또ᄒᆞᆫ ᄀᆞᆺ치 잇지도 아니 ᄒᆞ더니 十一 그후에 ᄒᆞ루ᄂᆞᆫ 방에 드러가 일볼ᄉᆡ 겻헤 시죵 ᄒᆞᄂᆞᆫ이가 업거ᄂᆞᆯ 十二 쥬인의 안해가 옷ᄉᆞᆯ잡고 ᄀᆞᆯᄋᆞᄃᆡ 나와ᄒᆞᆷᄭᅴ 자쟈ᄒᆞᆫ대 요셉이 옷ᄉᆞᆯ ᄇᆞ리고 도망ᄒᆞ여 나가ᄂᆞᆫ지라 ○十三 그가 도망ᄒᆞ고 ᄇᆞ린옷시 손에 잇ᄂᆞᆫ거ᄉᆞᆯ 쥬인의 안해가 보고 十四 곳 집안 사ᄅᆞᆷ을 불너 ᄀᆞᆯᄋᆞᄃᆡ 쥬인이 희빅리 사ᄅᆞᆷ으로 여긔 너ᄅᆞ매 ᄒᆞ야 우리의게 욕이 되게 ᄒᆞᆫ다 못츰 방에 드러 갓더니 나와 자랴고 ᄒᆞ거ᄂᆞᆯ 내가 소리를 엄히 지ᄅᆞ매 十五 뎌가 내 소리 심히 엄ᄒᆞᆷ을 듯고 옷ᄉᆞᆯ ᄇᆞ리고 도망 ᄒᆞ엿다 ᄒᆞ며 十六 그옷ᄉᆞᆯ 두고 쥬인이 도라 오기를 기ᄃᆞ리더니 十七 임의 니ᄅᆞ매 곳 고ᄒᆞᄃᆡ 네가 엇은 희빅리 죵이 드러와 나를 욕보이매 十八 내가 엄히 소리를 지ᄅᆞ매 뎌가 옷ᄉᆞᆯ ᄇᆞ리고 다러낫다 ᄒᆞ거ᄂᆞᆯ 十九 쥬인이 안해의 말을 드ᄅᆞ매 죵이 이러케 힝ᄒᆞᆫ줄 알고 심히 노ᄒᆞ야 二十 요셉을 잡어 옥에 ᄂᆞ리니 그ᄯᅢ 흔왕 법 범ᄒᆞᆫ 쟈를 가도ᄂᆞᆫ 곳시라 요셉이 임의 옥에 ᄂᆞ려가매 二十一 야화화ᄭᅴ셔 복 주심을 무릅셔 특별이 ᄇᆞᆫ

샹히 넉이샤 옥맛흔 판원의게 은혜를 밧게 ᄒᆞ시
니 二十二 옥맛흔 판원이 옥에 가돈이를 다 요셉의
게 부쳐 주장ᄒᆞ야 다ᄉᆞ리게 ᄒᆞ니 옥즁에셔 ᄒᆞᄂᆞᆫ
거슨 오직 요셉이가 판단 ᄒᆞᄂᆞᆫ지라 二十三 옥 맛흔
판원이 옥일을 ᄉᆞᄉᆞ로 다ᄉᆞ리지 아니 ᄒᆞ고 다
요셉의게 맛기니 대개 야화화께셔 복을 주샤
므ᄅᆞᆺ 힝 ᄒᆞᄂᆞᆫ거ᄉᆞᆯ 형통치 아니 ᄒᆞᆷ이 업게 ᄒᆞ
시더라

주석

뭇ᄂᆞᆫ말

一 누가 요셉을 어나곳에 가 풀엇ᄂᆞ뇨

二 요셉이 뉘 집에셔 종노릇 ᄒᆞ엿ᄂᆞ뇨

三 하ᄂᆞ님께셔 요셉을 엇더케 ᄒᆞ셧ᄂᆞ뇨

四 파데포어가 요셉을 엇더케 밋엇ᄂᆞ뇨

五 요셉의 얼골이 엇더ᄒᆞᆫ 사ᄅᆞᆷ이더뇨

六 뉘가 요셉을 보고 음욕을 내엿ᄂᆞ뇨

七 옷술 잡을때에 요셉이 엇더케 ᄒᆞ엿ᄂᆞ뇨

八 그 녀인이 요셉의 옷술 가지고 악ᄒᆞᆫ 계교를 엇더케 ᄒᆞ엿ᄂᆞ뇨

九 파데포어가 그 녀인의 말을 듯고 엇더케 ᄒᆞ엿ᄂᆞ뇨

十 요셉이 옥에 잇시매 하ᄂᆞ님께셔 엇더케 ᄒᆞ셧ᄂᆞ뇨

十一 우리가 오늘 공부에 본밧을 일이 무어시뇨

엡웟쳥년회

구졔ᄒᆞᄂᆞᆫᄃᆡ 죠심ᄒᆞᆯ일 속젼호

어제 셔울안에 계울너 걸인노릇 ᄒᆞᄂᆞᆫ 사ᄅᆞᆷ이 더욱 심ᄒᆞᆫᄃᆡ 별안간 한셩부에셔 거지들을 금ᄒᆞ려ᄒᆞ여셔ᄂᆞᆫ 아니 될터이요 다만 ᄒᆞᆫ가지 수밧ᄭᅦ 업ᄂᆞᆫ거슨 졍부에셔 ᄊᆞᆯ티업는 토목지역 ᄭᅩᆷ만 두고 졔조소를 여러곳을 셜시ᄒᆞ고 업이 업ᄂᆞᆫ 사ᄅᆞᆷᄂᆞᆯ노 졔조창에 와 일들을 ᄒᆞ게 ᄒᆞ며 일변 걸인을 금ᄒᆞ면 ᄌᆞ연이 걸인에 업셔 질터이오 ᄯᅩ 졔조물이 만이 날이니 그러코 본즉 ᄀᆡ화에 ᄒᆞᆫ도음이 될줄노 아노라 도병션

회한ᄒᆞᆫ밋음

목ᄉᆞ 스웨어씨가 젼쥬일에 동대문안에 가 젼도ᄒᆞ신 말ᄉᆞᆷ이 마태 이십칠장에 예수ᄭᅦ셔 십ᄌᆞ가에 도라 가실ᄯᅢ에 좌우에 갓치 못박ᄂᆞᆫ 형벌을 밧든 도적에 졍형을 ᄉᆡᆼ각ᄒᆞ여 보라 ᄒᆞᆫ사ᄅᆞᆷ은 회ᄀᆡᄒᆞᆫ쟈이요 ᄒᆞᆫ사ᄅᆞᆷ은 더욱이 악ᄒᆞᆫ쟈이라 이ᄯᅢ는 예루살넴에 큰 명일인고로 ᄉᆞ방에셔 삼ᄇᆡᆨ만명 가량 사ᄅᆞᆷ이 모혀드러 예수씨의 못 박ᄂᆞᆫ거ᄉᆞᆯ 구경ᄒᆞ며 ᄯᅦ들고 훼욕ᄒᆞᆯᄯᅢ 이ᄯᅢ를 당ᄒᆞ여 지극히 ᄉᆞ랑ᄒᆞ시든 문도 십일인도 역시 도망ᄒᆞ엿시니 누가 예수ᄭᅦ셔 구셰쥬토 알아 회ᄀᆡᄒᆞ기를 ᄉᆡᆼ각ᄒᆞᆫ쟈이 잇ᄉᆞ리오 만은 오직 이 도적질 ᄒᆞ든 ᄒᆞᆫ 사ᄅᆞᆷ은 압ᄒᆡ 회ᄀᆡᄒᆞ고 간구ᄒᆞ되 쥬여 텬국에 림ᄒᆞ실ᄯᅢ에 나를 ᄉᆡᆼ각ᄒᆞ소셔 ᄒᆞ엿ᄉᆞ니 이사ᄅᆞᆷ의 회ᄀᆡᄒᆞᆷ이 엇더ᄒᆞ뇨 갓처 형벌을 밧고 일뎨로 죽ᄂᆞᆫᄯᅡ인즉 뉘가 더놉고 더 조리요 만열 이사ᄅᆞᆷ은 제의 죄를 ᄉᆡᆼ각ᄒᆞ매 분명 디옥에 ᄯᅥ러질줄 알고 예수씨ᄂᆞᆫ 비록 독ᄒᆞᆫ 형벌을 밧고 도라가시나 필경 텬국에 올나 가실줄을 밋고 이ᄀᆞᆺ치 간졀ᄒᆞᆫ말노 빌엇ᄉᆞ니 쳔만인의 훼방이 ᄒᆞᆫ 사ᄅᆞᆷ의게 밋ᄂᆞᆫ ᄆᆞ음을 금제치 못ᄒᆞᆯ것이요 이ᄯᅢ에 우리 쥬ᄭᅦ셔 무ᄉᆞᆷ 경황이 잇ᄉᆞ리오 만은 이간구ᄒᆞᄂᆞᆫ 말에 ᄃᆡ답ᄒᆞ시기를 오날 네가 나와 ᄒᆞᆷᄭᅴ 락원에 잇ᄉᆞ리라 ᄒᆞ셧ᄉᆞ니 쥬ᄭᅦ셔 사ᄅᆞᆷ ᄉᆞ랑ᄒᆞ심이 과연 츙되시도다 그런즉 우리가 이 도적과 ᄀᆞᆺ치 도적질ᄒᆞᆫ 큰죄ᄂᆞᆫ 업시나 무ᄉᆞᆷ 죄던지 저그나 크나 ᄒᆞᄂᆞ님 압희셔ᄂᆞᆫ 다 ᄒᆞᆫ가지 죄인인즉 이 도적과 ᄀᆞᆺ처 압ᄒᆡ 회ᄀᆡᄒᆞ고 예수씨 압헤셔 간구 ᄒᆞ여야 구완ᄒᆞᆷ을 밧을터이니 속속히 회ᄀᆡ ᄒᆞᆸ세다 예수씨ᄭᅦ셔 ᄯᅥᆨ 다ᄉᆞᆺ덩이와 고기 두마리로 ᄉᆞ쳔 사ᄅᆞᆷ을 먹이심과 죽은 사ᄅᆞᆷ을 니르키신 일과 풍랑을 물니치심과 소경을 보게 ᄒᆞ신일이 오히려 날노 오신일이 아니라 만구일담이 예수씨ᄂᆞᆫ 이런 형벌을 밧고 죽어야 맛당 ᄒᆞ다고 ᄒᆞᄂᆞᆫ뎨 오직 이 악ᄒᆞᆫ 사ᄅᆞᆷ이 구셰쥬 신줄을 알고 밋어 오날 락원에셔 우리 쥬와 ᄒᆞᆷᄭᅴ 복을 누리리니 이거시 엇지 더욱 아람답다 아니리오 ᄒᆞᆫᄯᅢ 듯ᄂᆞᆫ ᄌᆞ미와 형뎨들이 미우 ᄌᆞ미 잇게 녁이고 례비를 파ᄒᆞᆫ후에 부인 헨씨와 목ᄉᆞ 스웨어씨와 대한교우 로병션씨가 부인 히리씨 집으로 가셔 셩경에 말ᄉᆞᆷ을 여간 강론ᄒᆞ고 ᄒᆞᆫ집안 식구ᄀᆞᆺ치 뎜심ᄭᆞ지 ᄀᆞᆺ치먹고 그례비일을 츙깃분 ᄆᆞ옴으로 지너엿다 ᄒᆞ더라

닉보

남대문 밧긔 관왕묘에 화ᄌᆡ가 나셔 다시 즁슈ᄒᆞᆫ단 말은 젼호에 임의 긔ᄌᆡ ᄒᆞ엿거니와 요ᄉᆞ이 각쳐에 복역군이 구름ᄀᆞᆺ치 모히매 그일노 인연ᄒᆞ여 각동에셔 무ᄃᆞᆼ을 ᄉᆞᆱ여 남묘압에 노리를 날마다 크게 비셜 ᄒᆞᄂᆞᆫ데 열 ᄉᆞ오셰 된 ᄋᆞᄒᆡ들이 사ᄅᆞᆷ의 억기우에 올나셔셔 혹은 기ᄉᆡᆼ의 복식도 ᄒᆞ고 혹은 대젼 별감의 복식도 ᄒᆞ고 혹은 즁의복식도 ᄒᆞ고 포도군관의 복식도 ᄒᆞ고 각식 노리를 각기 재조대로 ᄒᆞᄂᆞᆫ데 ᄉᆞ방에 구경ᄒᆞ러 오ᄂᆞᆫ 사ᄅᆞᆷ이 남녀로쇼 병ᄒᆞ야 여러 쳔명이라 문안 문밧ᄭᆡ 계으른 사ᄅᆞᆷ들은 그 구경으로 일을 삼ᄂᆞᆫ다더라

○요ᄉᆞ이 ᄉᆞ십여고을 원들을 새로 내ᄂᆞᆫ데 열에 칠팔인은 돈을 밧고 시긴단 말이 잇시나 우리ᄂᆞᆫ 이런 소문을 풍셜노 아ᄂᆞᆫ거시 각 군슈의게 돈을 밧고 내ᄂᆞᆫ거슨 곳 그 군슈로 ᄒᆞ여곰 고을에 나려가셔 ᄇᆡᆨ셩의 재물을 억지로 ᄲᅢᆺ스라고 ᄒᆞᄂᆞᆫ 뜻이라 지금 졍부 재공들은 다 공평 졍직 ᄒᆞᆫ 신대신이니 츙군 ᄋᆡ국 ᄒᆞᄂᆞᆫ ᄆᆞ음이 간졀ᄒᆞᆯ뿐 아니라 요젼에 만민 공동회에 대단ᄒᆞᆫ 무안을 당ᄒᆞ엿고 심지어 부샹과 병뎡으로도 민회를 헷치기ᄭᆞ지 ᄒᆞ엿시니 민회가 업셔 졋다고 엇지 ᄇᆡᆨ셩의게 ᄎᆞᆷ아 못ᄒᆞᆯ일을 ᄒᆡᆼ ᄒᆞ리오 그런고로 우리ᄂᆞᆫ 원을 끈다ᄂᆞᆫ 말을 아조 거즛 말노 알거니와 다시 도른쟉 그럿키에 졍부 관인즁에 혹 민회를 셩가 ᄒᆞᄂᆞᆫ이가 잇다 ᄒᆞ니 지금판에 졍부에 관인 되야 민회를 ᄉᆡᆼ각 ᄒᆞᄂᆞᆫ이가 누군지

본회고ᄇᆡᆨ

본회에서 이 **회보**를 젼년과 ᄀᆞᆺ치 일쥬일에 ᄒᆞᆫ번식 발간 ᄒᆞᄂᆞᆫ데 새로 륙폭으로 쟉뎡ᄒᆞ고 ᄒᆞᆫ쟝갑슨 엽젼 오푼이오 ᄒᆞᆫ돌갑슬 미리내면 젼과 ᄀᆞᆺ치 엽젼 ᄒᆞᆫ돈 오푼이라 본국 교우나 셔국 목ᄉᆞ나 교외 친구나 만일 사셔 보고져 ᄒᆞ거든 졍동 아편셜라 목ᄉᆞ 집이나 죵로 대동셔시에 가셔 사시옵

죵로대동셔시광고

우리 셔샤에셔 셩경 신구약과 찬미칙과 교회에 유익ᄒᆞᆫ 여러가지 셔칙과 시무에 긴요ᄒᆞᆫ 칙들을 팔되 갑시 샹당 ᄒᆞ오니 학문샹과 시무변에 뜻이 잇ᄂᆞᆫ 군ᄌᆞ들은 만히 사셔 보시옵

대영국 셩셔 공회 광고

새로 간츌 ᄒᆞᆫ거손 로마 가라대 골노시 야고보 베드로 젼후셔 티모데 젼후셔니 사셔 보실이ᄂᆞᆫ 회샤 쥬인 견묘 션ᄉᆡᆼᄭᅴ로 오시옵

데삼권

대한크리스도인회보

데십일호

광무삼년 삼월십오일 (합일빅십일)

요긴ᄒᆞᆫ보단

청국 상히에 류ᄒᆞᄂᆞᆫ 하익스씨ᄅᆞᆯ 셩셔 공회에셔 특별히 빌립빈 미국 섬에 보내여 졍형을 탐지ᄒᆞ라 ᄒᆞ엿더니 그가 도라와 셩셔회에 보단ᄒᆞᆫ 말ᄉᆞᆷ이 상히 신문에 잇ᄂᆞᆫ지라 우리가 그 보단에 만흔 말ᄉᆞᆷ을 다 번역ᄒᆞᆯ수 업시나 그 대강만 좌에 긔지ᄒᆞ노라 미국과 셔반이가 싸화 셔반아가 패ᄒᆞᆫ후로 빌립빈 섬이 미국에 속ᄒᆞ엿거니와 이젼브터 삼빅년 동안에 셔반아가 그 섬을 관할ᄒᆞ야 다른 교ᄒᆞᄂᆞᆫ 사ᄅᆞᆷ은 그 섬에 드러가 젼도ᄒᆞ지 못ᄒᆞ게 ᄒᆞ고 텬쥬교 신부만 삼빅년을 젼도ᄒᆞ고 ᄀᆞᄅᆞ쳣시니 ᄎᆞᄎᆞ치가 필경 흥왕ᄒᆞ엿실지라 그 실샹 ᄉᆞ적을 지금 보시오 하익스씨가 처음 갈때에 쟝로교 교ᄉᆞ ᄒᆞ나ᄅᆞᆯ 만나니 그사ᄅᆞᆷ의 말이 내가 이십오년 젼에 빌립빈 셔울 멘일니ᄅᆞᆯ 구경ᄒᆞ엿ᄂᆞᆫᄃᆡ 그때에 거긔 법률에 두가지 금볼이 잇ᄉᆞ니 륙혈포와 신구약 셩경이라 ᄒᆞᄂᆞᆫ지라 하익스씨가 그길노 멘일나에 니르러 셔반아 사ᄅᆞᆷ 긱쥬집을 엇어ᄉᆞ판을 뎡ᄒᆞ니 그집은 십년젼에 영국 셩셔회 교ᄉᆞᄅᆞᆯ 독약으로 죽이던 곳지러라 ○ 빌립빈 섬 인구ᄂᆞᆫ 혹 팔빅만이라 혹 일쳔 만명이라 ᄒᆞᄂᆞᆫᄃᆡ 미국과 싸홈ᄒᆞ기 젼에ᄂᆞᆫ 셔반아의 관원과 신부와 병뎡이 합 륙만인이 잇셔셔 빅셩을 다ᄉᆞ렷고 쳥국 사ᄅᆞᆷ은 팔만 오쳔명 가량이 잇ᄂᆞᆫᄃᆡ 쳥인과 본토 계집과 혼인ᄒᆞ여 산육ᄒᆞᆫ ᄌᆞ손이 이십 만명에 니른지라 십삼년 젼에 쳥국 사ᄅᆞᆷ이 륙만 칠쳔명인ᄃᆡ 그즁에 녀인은 겨우 이빅명이라 그후에 쳥인들이 다 본토 계집을 취ᄒᆞ엿시니 그 ᄌᆞ뉴들은 섬즁 인구에 비교ᄒᆞᆫ건ᄃᆡ 륙분의 일분이 되고 또 셔반아 사ᄅᆞᆷ들이 본토 녀인을 취ᄒᆞ여 ᄌᆞ식을 나은거ᄉᆞᆫ 그 인죵이 본토 사ᄅᆞᆷ보다 죠금 나흔지라 멘일나 셩닉외에 사ᄂᆞᆫ 인구가 합 삼십 일만명인ᄃᆡ 그즁에 본토인은 이십 만명즁 되고 언어ᄂᆞᆫ 셔반아 말ᄂᆞᆫ 쥬장ᄒᆞ고 싀골에ᄂᆞᆫ 본토 방언이 또ᄒᆞᆫ 만터라 ○ 삼빅년 동안에 텬쥬교사 홀노 권셰ᄅᆞᆯ 온젼히 ᄒᆞ야 젼도ᄒᆞ엿ᄂᆞᆫᄃᆡ 하익스씨가 그 졍형을 샹즁하 사ᄅᆞᆷ의게 ᄌᆞ세히 못ᄒᆞ고 또 이십오년을 그곳에 우거ᄒᆞᆫ 외국 사ᄅᆞᆷ의게도 렴탐ᄒᆞ여 본슈 미국과 셔반아가 싸홈ᄒᆞ기젼에 본토에셔 민뇨가 대단이 니기ᄂᆞᆫ 섬즁 빅셩들이 셔반아 관인의 토식홈과 신부의 힝악홈을 견ᄃᆡ지 못ᄒᆞ여 란리ᄅᆞᆯ 니르킴이라 그 단인의 토식ᄒᆞᆫ 일은 그만두고 그신부의 힝악ᄒᆞᆫ ᄉᆞ적을 의론컨ᄃᆡ 이폭

대한크리스도인 회보

THE KOREAN
CHRISTIAN ADVOCATE.
Rev. H. G. Appenzeller, Editor
36 cents per annum
in advance. Postage extra.
Wednesday, MAR. 15th, 1899.

서울 정동서 일쥬일에 ᄒᆞᆫ번식
발간 ᄒᆞᄂᆞᆫ듸 아편셜라 목ᄉᆞ가
회보 샤쟝이 되엿더라
일년 갑슬 미리ᄂᆡ면 삼
십 륙젼이오 우표갑슨
ᄯᅩ로 잇ᄂᆞ라

요긴ᄒᆞᆫ보단

일쪽련속

신부와 판원이 ᄒᆞᆼ샹 권세를 닷토아 신부의 권리가 더 만흔ᄭᆞ로 본국 정부의 명령ᄭᆞ지 업수히 녁이니 그런고로 그섬에 감ᄉᆞ나 다른 관원들이 ᄒᆞᆫ이 신부의 힘을 빙ᄌᆞᄒᆞ야 벼슬을 엇더라 년전에 엇더ᄒᆞᆫ 감ᄉᆞ ᄒᆞᆫ분이 ᄇᆡᆨ셩을 위ᄒᆞ야 셋돈을 주고 길을 치도ᄒᆞᆯ시 교즁 신부가 뢰물을 먹지 못ᄒᆞᆫ고로 길을 닥지 못ᄒᆞ게 ᄒᆞ니 역군들이 ᄯᅩᄒᆞᆫ 신부를 두려워ᄒᆞ여 일을 ᄒᆞ지 안커ᄂᆞᆯ 그 감ᄉᆞ가 명령을 좃지 안ᄂᆞᆫ 역군들을 잡아 가두엇더니 역군즁 ᄒᆞ나이 병드러 죽은지라 신부가 말ᄒᆞ되 감ᄉᆞ가 역군을 심히 매질ᄒᆞ여 죽엿다 ᄒᆞ고 면일나에 잇ᄂᆞᆫ 큰 감ᄉᆞ의게 지판ᄒᆞ여 필경은 그 감ᄉᆞ를 옥에 가두니라 ○ 신부의 힘ᄉᆞ가 부정ᄒᆞᆫ고로 셤즁 ᄇᆡᆨ셩들이 고히법을 힝ᄒᆞᆯ때에 큰 ᄯᆞᆯ은 신부의게 보내지 아니ᄒᆞ고 ᄯᅩ ᄇᆡᆨ셩들이 혼인 ᄒᆞᆯ ᄯᅢ에 신부가 와서 례절을 힝ᄒᆞᄂᆞᆫ 법이나 신부가 돈을 만히 달나 ᄒᆞᄂᆞᆫ고로 돈업ᄂᆞᆫ ᄇᆡᆨ셩들은 뎌희 길이 약됴만 뎡ᄒᆞ고 혼인 ᄒᆞᄂᆞᆫ쟈ㅣ 만ᄒᆞ며 죽은 사ᄅᆞᆷ을 쟝ᄉᆞ ᄒᆞᆯ때에 ᄯᅩᄒᆞᆫ 신부의 명령을 좃차 힝ᄒᆞᄂᆞᆫ 법이라 죽은 사ᄅᆞᆷ을 이십ᄉᆞ시 안으로 쟝ᄉᆞᄒᆞᄂᆞᆫ 졀때나 돈을 주지 아니면 신부가 쟝ᄉᆞ를 못ᄒᆞ게 ᄒᆞ고 혹 셩인의 그림을 적은 궤 우희 노아 죽은쟈의 친쇽을 주며 힝길에 나아가 힝인파긱의게 돈량을 구걸케 ᄒᆞ되 만열 돈에 부족ᄒᆞ면 ᄯᅩ 그 잇흔날 나아가 구걸ᄒᆞ게 ᄒᆞᄂᆞᆫ지라 ᄒᆞᆫ번은 역질이 대치ᄒᆞ야 셤즁에 죽은쟈ㅣ 만흐되 돈업시 영장ᄒᆞᆯ수 업셔 신톄를 회광에 싸아두매 ᄇᆡᆨ셩즁에 병이 더 젼렴 ᄒᆞ거ᄂᆞᆯ 면일나에 잇ᄂᆞᆫ 큰 감ᄉᆞ가 훈령을 나리여 모도 뭇으라 ᄒᆞ엿더니 신부가 노여ᄒᆞ야 다시 본국 정부에 뎐보ᄒᆞ야 그 훈령을 반ᄃᆡᄒᆞ게 ᄒᆞ엿더라 ○ 면일나에 잇ᄂᆞᆫ 쇼년이 글ᄋᆞ듸 나ᄂᆞᆫ 텬쥬교 ᄒᆞᄂᆞᆫ 사ᄅᆞᆷ인즉 신부의 힘ᄉᆞ를 덜럽다 ᄒᆞᆯ수 업시나 본토 교인즁에 나외쳔구가 아람다온 ᄯᆞᆯ이 잇ᄂᆞᆫ뎌 신부가 그 사ᄅᆞᆷ드려 ᄯᆞᆯ을 보내라 ᄒᆞ거ᄂᆞᆯ 그 사ᄅᆞᆷ이 분ᄒᆞᆫ ᄆᆞᄋᆞᆷ으로 보내지 아니 ᄒᆞ엿더니 신부가 거짓죄를 얼거 그 사ᄅᆞᆷ을 구양 보내엿다 ᄒᆞ고 ᄯᅩ 굴으듸 신부가 싀골 잇ᄂᆞᆫ 총슌으로 ᄒᆞ여곰 무죄ᄒᆞᆫ 사ᄅᆞᆷ을 여럿 죽엿다 ᄒᆞ더라 ○ 보단에 이와 ᄀᆞᆺ흔일이 만흐되 다 번역 ᄒᆞᆯ수업고 ᄯᅩ 이러케 긔지ᄒᆞᆷ은 깃분 ᄆᆞᄋᆞᆷ으로 ᄒᆞᆫ거시 아니라 슬픈 ᄆᆞᄋᆞᆷ으로 번역 ᄒᆞᆷ이요 ᄯᅩ 텬하에 잇ᄂᆞᆫ 신부가 다 그런거시 아니나 불가불 바로 말ᄒᆞᆯ수 밧게 업노라 (회보샤쟝)

례ᄇᆡ일공과 일ᄇᆡᆨ십일 삼월 이십륙일

도강

우리 구셰쥬를 밋ᄂᆞᆫ 형뎨들과 ᄌᆞ미들은 불가불 셩경을 독실히 공부ᄒᆞ야 하ᄂᆞ님ᄭᅴ셔 텬디 만물을 창조ᄒᆞ신 리력과 션죠 아담 이후 ᄃᆡᄃᆡ로 나려온 ᄉᆞ긔를 쇼샹 분명히 알어야 무식을 면ᄒᆞᆯ뿐 아니라 외인의게 ᄇᆞᆰ게 젼도ᄒᆞ야 동포의 가련ᄒᆞᆫ 령혼을 셩신의 능력으로 만히 구원ᄒᆞᆯ 터인즉 엇지 신구약 공부를 죠곰이라도 게을니 ᄒᆞ리오 그런고로 우리가 례ᄇᆡ일공과를 간츌ᄒᆞ야 경향간 각쳐 교우의게 공부ᄒᆞ기를 편의케 ᄒᆞ거니와 지금은 ᄉᆞ월브터 공부ᄒᆞᆯ 졔목을 이아래 미리 긔지ᄒᆞ야 알게 ᄒᆞ노니 교즁 형뎨와 ᄌᆞ미들은 ᄌᆞ셰히 보시고 힘써 궁구ᄒᆞ시기를 ᄇᆞ라노라

ᄉᆞ월구일

요셥이 파레오의 ᄭᅮᆷ을 ᄒᆡ셕ᄒᆞᆫ 일

창셰긔 ᄉᆞ십일쟝 구졀로 삼십륙졀ᄭᆞ지

ᄉᆞ월십륙일

요셥이 애급도 나라에 총리대신 됨

창셰긔 ᄉᆞ십일쟝 삼십칠졀로 ᄉᆞ십구졀ᄭᆞ지

ᄉᆞ월이십삼일

요셥이 그 형뎨를 첫번 맛난 일

창셰긔 ᄉᆞ십이쟝 일졀로 이십ᄉᆞ졀ᄭᆞ지

ᄉᆞ월삼십일

요셥의 형뎨 애급도에 두번재 간 일

창셰긔 ᄉᆞ십삼쟝 일졀로 십칠졀ᄭᆞ지

오월칠일

요셥의 집에셔 잔치ᄒᆞᆷ

창셰긔 ᄉᆞ십삼쟝 십팔졀로 삼십ᄉᆞ졀ᄭᆞ지

오월십ᄉᆞ일

유다가요셉의게간구ᄒᆞᆫ일

창세긔 ᄉᆞ십ᄉᆞ장 십ᄉᆞ절로 삼십ᄉᆞ절ᄭᆞ지

오월이십일일

요셉이그형뎨의게알닌일

창세긔 ᄉᆞ십오장 일절로 십오절ᄭᆞ지

오월이십팔일

야곱이요셉의소문을듯고애굽도
로간일

창세긔 ᄉᆞ십오장 이십삼절로 이십팔절과 ᄉᆞ십륙
장 일절로 륙절ᄭᆞ지

륙월ᄉᆞ일

애굽도에이스라엘이잇슴

창세긔 ᄉᆞ십륙장 이십팔절로 삼십ᄉᆞ절과 ᄉᆞ십칠
장 일절로 십절ᄭᆞ지

륙월십일일

요셉이흉년에치국ᄒᆞᆫ일

창세긔 ᄉᆞ십칠장 십삼절로 이십륙절ᄭᆞ지

륙월십팔일

야곱의장ᄉᆞ지낸일

창세긔 오십장 일절로 십ᄉᆞ절ᄭᆞ지

륙월이십오일

요셉이도라간일

창세긔 오십장 십오절로 이십륙절ᄭᆞ지

엡웟청년회

월는청년회를다시열음

그동안 우리회가 여러ᄃᆞᆯ을 폐회ᄒᆞᆷ은 교회의 ᄉᆞ무가 번화ᄒᆞᆯ뿐 더러 무ᄉᆞᆷ 구익 되는일이 잇서 됴흔 셰월을 헛되이 보냄은 우리 청년의게 대단이 불ᄒᆡᆼᄒᆞᆫ 일이라 엇지 개탄치 아니리요 정동 교회를 주장 ᄒᆞ시는 목ᄉᆞ 아편셜라씨가 우리 청년의 허송 셰월ᄒᆞᆷ을 익셕히 녁히샤 특이 정동 례비당 엽헤 방을 예비ᄒᆞ고 우리 청년들노 ᄒᆞ여곰 그방에 모도혀 긔도회를 열나 ᄒᆞ시니 ᄌᆞ금이후로는 우리가 미쥬일 하오 륙뎜 반죵에는 긔도회로 모히고 간혹 일월 일ᄎᆞ식은 토론회로 귀회 ᄒᆞᆯ터이오니 모든 회원들은 일제히 참예ᄒᆞ여 첫지 우리의 지식을 넓히고 둘지는 우리 목ᄉᆞ의 권면ᄒᆞ시는 ᄆᆞ옴을 져ᄇᆞ리지 안키를 ᄇᆞ라노라

어린사ᄅᆞᆷ의 담칙

셰계에 유명ᄒᆞᆫ 정치가 사ᄅᆞᆷ들과 됴명ᄒᆞᆫ 박물 학ᄉᆞ들과 셩현과 군ᄌᆞ들의 ᄉᆞ업ᄒᆞᆫ 일을 보면 그랑반들에 어려서 브터 빅화 공부ᄒᆞᆫ고로 정치가 사ᄅᆞᆷ들은 각기 재 나라를 위ᄒᆞ야 엇더케 ᄒᆞ면 ᄯᅡᆼ을 넓히고 군ᄉᆞ가 강ᄒᆞ여 질고 빅셩이 편안ᄒᆞ고 궁구ᄒᆞ고 박물 학ᄉᆞ들은 물건이 엇더케 셩긴 리치와 엇더케 ᄒᆞ면 무ᄉᆞᆷ 긔계를 새로 발명ᄒᆞ고 ᄒᆞ여 셩현과 군ᄌᆞ들은 ᄌᆞ긔 비혼 학문으로 사ᄅᆞᆷ을 화ᄒᆞ게 ᄒᆞ랴고 쥬야로 익써가며 각기 여러가지 방법을 베픔은 별안간 그런 싱각이 드러가 그리ᄒᆞ는거시 아니라 어려서 브터 공부를 힘써ᄒᆞ며 쟝인이 골각을 졀차ᄒᆞᆷ과 옥셕을 락마ᄒᆞ는것과 ᄀᆞᆺ치 ᄌᆞ긔 힝실놀 련마ᄒᆞ여 쟝셩ᄒᆞ매 광쟝ᄒᆞᆫ ᄉᆞ업들을 ᄒᆞᆯ 싱각이 나느니 이거시 다 어린 사ᄅᆞᆷ이 어려실때 브터 공부ᄒᆞᆫ 열미다 녯사ᄅᆞᆷ의 권학ᄒᆞᆫ 말을 드러보라 학문 업는 사ᄅᆞᆷ을 보니 비ᄒᆞᆯ 물건이 업도다 초목예 비ᄒᆞ면 풀예는 뎡지라ᄒᆞ는풀이 잇고 나무에는 츈나무가 잇ᄉᆞ며 나는새에는 난시와 봉황이 잇고 즘싱에는 긔린이 잇ᄉᆞ며 거름은 오곡을 븟게ᄒᆞ고 흙은 빅셩을 기르ᄂᆞᆫ고로 학문 업는 사ᄅᆞᆷ이라 ᄒᆞᄂᆞᆫ 물건은 비ᄒᆞᆯ터가 업다 ᄒᆞ엿ᄉᆞ니 이 말ᄉᆞᆷ이 졂어셔 비호지 안아 늙어셔 아모것도 모로는 사ᄅᆞᆷ을 두고 ᄒᆞᆫ말ᄉᆞᆷ이라 그런즉 우리 청년들의 담칙은 후일 나라를 부강케ᄒᆞᆷ과 교회를 흥왕케ᄒᆞᆷ과 집을 가죡히ᄒᆞᆷ과 텬하를 편안케 ᄒᆞᆷ이니 이에서 더큰 짐이 어ᄃᆡ 잇ᄉᆞ리요 우리가 오날 이러케 큰짐을 억기에 메고 안져셔 만일 말ᄒᆞ기를 오날 비호지 아니면 리일이 잇다 금년에 비호지 아니면 리년이 잇다ᄒᆞ고 흐르는 물결ᄀᆞᆺ흔 셰월을 헛되이 보니면 하ᄂᆞ님이 주신령혼과 몸과 나라와 집을 망ᄒᆞ게ᄒᆞ는쟈가 우리가 아니고 뉘뇨 근일에 각 학교에셔 공부 ᄒᆞ다가 퇴학ᄒᆞᆫ 소년들의 말이 (미완)

닉보

요ᄉᆞ이 드른즉 탑골 근쳐에 빅셩의 집을 여러 빅호를 헌다ᄒᆞᆯ때 무솜 ᄭᆞ닭인지 알수 업셔 사ᄅᆞᆷ들이 말ᄒᆞ기를 탑을 위ᄒᆞ야 그 근쳐에 긔도 ᄒᆞᆯ눈집을 여러 빅간을 짓나보다 ᄒᆞ더니 다시 쳐탐ᄒᆞᆫ즉 거긔다가 공원디를 몬드러 화초와 슈목을 만히 심으고 사ᄅᆞᆷ들이 잇다감 그곳에 가셔 휴식ᄒᆞ여 위싱 ᄒᆞᄂᆞᆫ터 크게 유익케 ᄒᆞᆫ다더라

○ 길영슈씨가 농상공부 샹공 국쟝을 ᄒᆞᆯ때 경향간 인심이 흉흉ᄒᆞ여 ᄒᆞᄂᆞᆫ 말이 길씨ᄂᆞᆫ 부샹의 도반슈라 정부에셔 이 사ᄅᆞᆷ으로 샹공 국쟝의 즁임을 맛길때에ᄂᆞᆫ 필경 부샹을 복셜 ᄒᆞ랴ᄂᆞᆫ ᄯᅳᆺ이니 부샹을 복셜 ᄒᆞᄂᆞᆫ 디경에ᄂᆞᆫ 빅셩은 살수가 업고 빅셩이 살수가 업ᄉᆞ면 나라 일에 말못 된다고 탄식 ᄒᆞᄂᆞᆫ이가 만히 잇다더라

○ 감옥셔 안에 죄인이 여러 빅명인터 혹 무솜 죄명인지 알지도 못ᄒᆞ고 갓쳔이도 잇고 혹 죄명은 잇시나 여러ᄃᆞᆯ을 가두어 두고 ᄒᆞᆫ번도 지판도 아니 ᄒᆞ니도 잇고 혹 지판ᄒᆞ여 무죄ᄒᆞᆫ 줄을 아나 엇던 법관의 ᄉᆞᄉᆞ 혐의로 갓치여 잇ᄂᆞᆫ이도 잇셔셔 ᄒᆞᆯ로 콩나물 쇼곰국과 뉘와 돌 반지기 밥두 그릇게 주린 챵ᄌᆞ를 견ᄃᆡ지 못ᄒᆞ고 동지섯달 설한풍에 팅긔가 ᄲᅧ를 ᄯᅮᆯ이고 오륙월 쟝마속에 악취가 코를 질너 그즁에 병이 나셔 죽ᄂᆞᆫ이도 잇고 빈ᄒᆞ 쥬려 병난이도 잇셔 그 졍셰가 말이 못 되ᄂᆞᆫ지라 우리 나라도 ᄎᆞᄎᆞ 귀명에 진보 ᄒᆞ랴면 몬져 빅셩을 ᄉᆞ랑 ᄒᆞᆯ거시요 빅셩을 ᄉᆞ랑 ᄒᆞ랴면 몬져 옥정을 바르게 ᄒᆞᆯ거시 뎨일 급무라고 사ᄅᆞᆷ의 공론이 분운 ᄒᆞ다더라

본회 고빅

본회에셔 이 회보를 젼년과 ᄀᆞᆺ치 일쥬일에 ᄒᆞᆫ번식 발간 ᄒᆞᄂᆞᆫ터 새로 륙폭으로 작뎡ᄒᆞ고 효장 갑슨 엽젼 오푼이오 ᄒᆞᆫ돌갑슨 미리내면 젼과 ᄀᆞᆺ치 엽젼 ᄒᆞᆫ돈 오푼이라 본국 교우나 셔국 목ᄉᆞ나 교외 친구나 만일 사셔 보고져 ᄒᆞ거든 졍동 아펜셜라 목ᄉᆞ 집이나 죵로 대동셔시에 가셔 사시옵

죵로대동셔시광고

우리 셔샤에셔 셩경 신구약과 찬미칙과 교회에 유익ᄒᆞᆫ 여러가지 셔칙과 시무에 긴요ᄒᆞᆫ 칙들을 팔되 갑시 샹당 ᄒᆞ오니 학문샹과 시무변에 ᄯᅳᆺ이 잇ᄂᆞᆫ 군ᄌᆞ들은 만히 사셔 보시옵

대영국 셩셔 공회 광고

새로 간츌 ᄒᆞᆫ거ᄉᆞᆫ 로마 가라태 골노시 야고보 베드로 젼후셔 티모데 젼후셔니 사셔 보실이ᄂᆞᆫ 회샤 쥬인 켠묘 션싱ᄭᅴ로 오시옵

뎨삼권

대한크리스도인회보

뎨십이호

광무삼년 (합일ᄇᆡᆨ십이) 삼월이십이일

오티입교 달셩회당

손완식씨 되에셔ᄂᆞᆫ 오려가 입교ᄒᆞ여 방쟝 례비당에 ᄒᆞᆷᄭᅴ 드니고 손호셕씨 되에셔ᄂᆞᆫ ᄉᆞ려가 입교ᄒᆞ여 방쟝 례비당에 ᄒᆞᆷᄭᅴ 참예ᄒᆞ니 춤 치하ᄒᆞᆯ고 흠모ᄒᆞᆯ 열어라 다ᄅᆞᆫ 셩 가진이도 만컨마ᄂᆞᆫ 하필 손씨 집에셔만 ᄉᆞ오터 입교ᄒᆞᆫ이가 잇ᄂᆞᆫ고 혹 엇던 사ᄅᆞᆷ 말ᄋᆞᆫ 셩이 손가인고로 손이 이곳치 만타ᄒᆞ나 그러치 아니ᄒᆞᆫ거시 손씨도 혹 무후ᄒᆞᆫ쟈도 잇ᄉᆞᆫ즉 열노만 보아도 헛된 말이오 우리 ᄉᆡᆼ각에ᄂᆞᆫ 손씨의 집에셔ᄂᆞᆫ 하ᄂᆞ님을 밋ᄂᆞᆫ ᄆᆞᄋᆞᆷ을 꼬루게 가진고로 텬복을 더옥 만히 밧어 그러ᄒᆞᆫ줄 아오니 영광을 하ᄂᆞ님ᄭᅴ 돌니오며 ᄯᅩ 군절이 ᄇᆞ라기ᄂᆞᆫ 이ᄉᆞ오터 ᄒᆞᆷᄭᅴ ᄃᆞ니시ᄂᆞᆫ 손씨들이 아 셰샹에셔도 텬복을 밧어 이곳치 경ᄉᆞ로이 ᄃᆞ니시니 후셰에 텬당에셔도 ᄒᆞᆷᄭᅴ 영화 밧기를 원ᄒᆞ노라 이 셰샹에셔ᄂᆞᆫ 비록 ᄒᆞᆷᄭᅴ 힘ᄒᆞ나 혹 텬당 영원ᄒᆞᆫ 자리에 만일 ᄒᆞᆷᄭᅴ 영광을 밧지 못ᄒᆞ면 무ᄉᆞᆷ 유익ᄒᆞᆷ이 잇ᄉᆞ리오 이 달셩회당에 삼터 ᄃᆞ니시ᄂᆞᆫ 교우ᄂᆞᆫ 여러분 되시니 다 긔록ᄒᆞ지 못ᄒᆞ고 ᄎᆞᄎᆞ ᄯᅩ 긔록ᄒᆞ여 보내리다 니은승

평양교우의 편지

우리 교회에 유익ᄒᆞᆫ것은 셩경을 공부ᄒᆞᆫ이라 이렴으로 지ᄂᆞᆫ헤 음력 셥이월 이십일 위시ᄒᆞ여 샤경회를 설시ᄒᆞ엿ᄂᆞᆫ데 각쳐 교우들과 본교회 형뎨 ᄌᆞ미 즁 공부를 힘쓰ᄂᆞᆫ 사ᄅᆞᆷ ᄉᆞ십여인이 목ᄉᆞ되에 모히여 ᄌᆡᄌᆡ히 깃분 ᄆᆞᄋᆞᆷ으로 ᄒᆞᄂᆞ님ᄭᅴ 긔도ᄒᆞ고 아춤 아홉시로 열ᄒᆞᆫ시 ᄭᆞ지ᄂᆞᆫ 로마인셔를 공부ᄒᆞ고 오후 두시로 네시 ᄭᆞ지ᄂᆞᆫ 요한 일이삼셔와 디도셔와 아각셔를 공부ᄒᆞ여 ᄒᆞᆫ ᄃᆞᆯ 동안에 하ᄂᆞ님의 목우ᄒᆞ신 은혜와 목ᄉᆞ의 셩실히 ᄀᆞᄅᆞ침으로 형뎨와 ᄌᆞ미들이 ᄆᆞᄋᆞᆷ 눈을 열어 지식의 유익ᄒᆞᆷ을 엇고 각각 밋ᄂᆞᆫ ᄆᆞᄋᆞᆷ이 더옥 굿건케 ᄒᆞ엿ᄉᆞ오니 감ᄉᆞ ᄒᆞ옵니다 오셕형

목ᄉᆞ의 발뎡ᄒᆞᆷ

졔믈포 교회에 쥬쟝ᄒᆞ시ᄂᆞᆫ 됴원시 목ᄉᆞ가 양력 삼월 이십일일에 길을 떠나 평양 교회로 향ᄒᆞ셧다 ᄒᆞ니 우리ᄂᆞᆫ 됴목ᄉᆞ의 왕반ᄒᆞ시ᄂᆞᆫ 동안에 몃날이나 될넌지 알수ᄂᆞᆫ 업시나 셩신의 능력으로 티왕간 안녕ᄒᆞ기를 ᄇᆞ라노라.

대한크리스도인회보

THE KOREAN
CHRISTIAN ADVOCATE.
Rev. H. G. Appenzeller, Editor
36 cents per annum
in advance. Postage extra.
Wednesday, MAR. 22nd, 1899

서울 정동서 일쥬일에 ᄒᆞᆫ번식 발간 ᄒᆞᄂᆞᆫᄃᆡ 아편셜라 목ᄉᆞ가 회보 샤쟝이 되엿더라

일년 갑슬 미리 ᄂᆡ면 삼십 륙젼이오 우표갑슨 ᄯᅩ로 잇노라

감리교우의편지

내가 놈을 경히 녁이ᄂᆞᆫ거시 아니라 구셰쥬의 은혜를 닙은후로 령혼의 자란거시 분명ᄒᆞᆫ 증거가 잇쇼 녜젼에ᄂᆞᆫ 지물도 만코 글도 유식ᄒᆞ고 문벌도 됴흔 사ᄅᆞᆷ을 보면 대단이 부럽더니 셩신의 도으심으로 육신 졍욕을 니긔고 본즉 유식ᄒᆞ고 부귀ᄒᆞᆫ 사ᄅᆞᆷ이라도 만복의 근원과 참 리치의 ᄲᅮ리와 만 ᄇᆡᆨ셩의 대쥬지 되신 하ᄂᆞ님의 은혜와 구셰쥬의 공로를 모로ᄂᆞᆫ 쟈들 보면 심히 답답ᄒᆞ지라 의식을 잘ᄒᆞ고 권세 잇ᄂᆞᆫ 사ᄅᆞᆷ이라도 셩경의 말ᄉᆞᆷ을 드른즉 물에 져진 ᄇᆡᆨ지쟝과 ᄀᆞᆺ치되니 참 령혼이 존즁ᄒᆞ고 육신은 쓸ᄃᆡ 업ᄂᆞᆫ지라 비유컨ᄃᆡ 쟝ᄉᆞ가 먼 디방에 가셔 홍리 ᄒᆞᆯ때에 차인군을 엇어 ᄇᆞ리다가 부모의 집으로 도라올때에 그 차인군을 ᄇᆞ리고 오ᄂᆞᆫ것 ᄀᆞᆺ치 우리 령혼도 이 셰샹에 와셔 육신을 거ᄂᆞ리고 ᄃᆞ니다가 령혼이 텬부ᄃᆡ로 도라 갈때에 샤졍업시 졸디에 ᄯᅥ나가면 챵혹ᄒᆞᆫ거ᄉᆞᆫ 육신이라 그런즉 육신을 니긔고 령혼을 구원ᄒᆞᆯ때 ᄒᆞ시오 령혼이 육신에 ᄆᆞᆯ니여 죄에 ᄲᅡ지ᄂᆞᆫ거ᄉᆞᆯ 비유컨ᄃᆡ 대황대 폐하ᄭᅦ셔 신하로 판찰ᄉᆞ와 슈령을 보내실때에 ᄇᆡᆨ셩을 착ᄒᆞ게 다ᄉᆞ리라 ᄒᆞ셧건마ᄂᆞᆫ 그 신하들이 감영과 고을에 도임ᄒᆞ야 악ᄒᆞᆫ일을 ᄒᆞ다가 죄에 ᄲᅡ지면 황뎨의 셩덕ᄭᆞ지 손샹ᄒᆞᆯ지라 갈때에ᄂᆞᆫ 텬당ᄀᆞᆺᄒᆞᆫ 궁궐 안에셔 나아왓더니 죄를짓고 갈때에ᄂᆞᆫ 반ᄃᆞ시 디옥ᄀᆞᆺᄒᆞᆫ 지판소로 가리니 사ᄅᆞᆷ의 셰젼과 ᄉᆞ후에 당ᄒᆞᄂᆞᆫ 경우가 ᄯᅩᄒᆞᆫ 이와 ᄀᆞᆺ도다 ○ 나ᄂᆞᆫ 무식ᄒᆞ고 소경ᄀᆞᆺ하 공ᄌᆞ의 글을 비혼 사ᄅᆞᆷ과ᄂᆞᆫ 말ᄒᆞᆯ수 업더니 구세쥬를 밋은후로 (마태복음십쟝이십졀)을 공부ᄒᆞᆫ즉 어려온 일이 잇실때에 셩신님이 너희 속에셔 말ᄉᆞᆷ을 ᄀᆞᄅᆞ쳐 주시리라 ᄒᆞ셧ᄂᆞᆫᄃᆡ 내가 지금은 셩경에 말ᄉᆞᆷ을 참 증거 ᄒᆞ옵ᄂᆞ이다 공ᄌᆞ의 글을 비혼 사ᄅᆞᆷ의게라도 젼도ᄒᆞᆯ때에 셩신ᄭᅦ셔 ᄀᆞᄅᆞ쳐 주시기를 ᄆᆞᄋᆞᆷ속으로 긔도ᄒᆞ고 말ᄉᆞᆷᄒᆞᆫ즉 그 사ᄅᆞᆷ들이 공부ᄂᆞᆫ ᄒᆞ엿셔도 참 리치ᄂᆞᆫ 아지 못ᄒᆞ더이다 싀골 형뎨들이 말ᄒᆞ되 셔울은 귀화ᄒᆞ야 등불을 ᄇᆞᆰ히고 길을 잘닥가 ᄃᆞ니기 편ᄒᆞ고 도적이 업다 ᄒᆞ오니 이거ᄉᆞᆫ 육신 ᄉᆡᆼ각만 ᄒᆞᆫ 심이라 내 ᄉᆡᆼ각에ᄂᆞᆫ 대ᄒᆞᆫ 사ᄅᆞᆷ은 무론 대쇼ᄒᆞ고 구세쥬의 ᄇᆞᆰ은빗스로 ᄆᆞᄋᆞᆷ속에 불을 켜셔 쥬야로 ᄇᆞᆰ게 ᄒᆞ면 마귀 도적을 니길ᄲᅮᆫ 아니라 대ᄒᆞᆫ 십삼도에 도적이 업실줄 밋노라 윤셩근

엡웟쳥년회

어린사ᄅᆞᆷ의담췩

속젼호

우리가 공부ᄒᆞᆯᄯᅢ에ᄂᆞᆫ 장ᄎᆞᆺ 나라에 ᄡᅥ워 졍부일을 좀 ᄒᆞ여보쟈 ᄒᆞᄂᆞᆫ 경영인ᄃᆡ 지금 벼ᄉᆞᆯ ᄒᆞᄂᆞᆫ 사ᄅᆞᆷ들을 보면 아모것도 몰나도 셰력이 잇거나 량반이거나 돈이나 잇ᄉᆞ면 ᄒᆞᆯ다ᄒᆞ고 우리ᄂᆞᆫ 공부ᄒᆞ여 무어세 ᄡᅳ리오 ᄒᆞᄂᆞᆫ이ᄂᆞᆫ 그 ᄒᆞ나만 알고 그ᄃᆞᆯ은 모로ᄂᆞᆫ 말이라 공부ᄒᆞᆯᄯᅢ에 벼ᄉᆞᆯ ᄒᆞ쟈고만 ᄆᆞ옴을 힘쓸ᄲᅮᆫ 아니라 공부라 ᄒᆞᄂᆞᆫ거ᄉᆞᆫ 사ᄅᆞᆷ이 사ᄅᆞᆷ노릇 ᄒᆞᄂᆞᆫ 직분이오 ᄯᅩᄒᆞᆫ 셩경을 공부ᄒᆞᄂᆞᆫ거ᄉᆞᆫ 곳 령혼을 텬당으로 인도 ᄒᆞᄂᆞᆫ 일이라 엇지 힘쓸바 아니리오

로병션

토론ᄒᆞᆯ문뎨를미리작뎡ᄒᆞᆷ

ᄉᆞ월 브터 륙월 ᄭᆞ지 엡웟 쳥년회에서 토론ᄒᆞᆯ 문뎨를 감회ᄉᆞ 됴원시씨가 번동ᄒᆞ여 각쳐 쳥년회에 보니엿ᄂᆞᆫᄃᆡ 합 십삼됴라 一은 밋ᄂᆞᆫ 사ᄅᆞᆷ의 바람파 二ᄂᆞᆫ 가ᄂᆞᆫ곳파 동힘을 싱각ᄒᆞᆷ파 三은 은혜에서 자라남파 四ᄂᆞᆫ ᄒᆞᆫ 학동에 긔도ᄒᆞᆷ파 五ᄂᆞᆫ 장터에서 거으름파 六은 밋ᄂᆞᆫ 사ᄅᆞᆷ의 깃붐파 七은 젼도 ᄒᆞᄂᆞᆫ 교회ᄉᆞ와 八은 령혼의게 긴요ᄒᆞᆷ파 九ᄂᆞᆫ 보비스ᄉᆞ은 청연파 十은 우리 령혼의 갑쥬와 十一은 허락ᄒᆞᆫ 권셰와 十二ᄂᆞᆫ 악곡파 가락지와 十三은 하ᄂᆞ님의 결쳐 ᄒᆞ심이라 이 문뎨를 우리가 열심으로 공부ᄒᆞ고 토론ᄒᆞ면 령혼에 량식이 될ᄲᅮᆫ더러 지혜와 구변이 졈졈 늘어 갈터이오니 ᄇᆞ라옵건ᄃᆡ 우리 쳥년들은 깁히 쥬의들 ᄒᆞ시요

회즁잡보

○ 지나간 례비일 하오 륙뎜반 죵에 리화학당 ᄯᅩ이ᄉᆞ 쳥년회에 새로 아홉 사ᄅᆞᆷ이 입회 ᄒᆞᄂᆞᆫᄃᆡ 목ᄉᆞ 아편셜라씨가 입회 례식을 힝 ᄒᆞ엿다더라

○ 동월에 월눈 쳥년회도 긔도회를 열고 판동 수십명이 깃분 ᄆᆞ옴으로 서로 권면 ᄒᆞᄂᆞᆫ 말이 포도 나무 가지가 포도 나무에서 ᄯᅥ러지면 말나 불에 더지ᄂᆞᆫ것파 ᄀᆞᆺ치 우리도 교회에 ᄯᅥ러져 나가면 불에 더지ᄂᆞᆫ 가지가 될터이니 아모ᄶᅩ록 열심으로 우리회를 흥왕케 ᄒᆞ자 ᄒᆞ더라

○ 월ᄂᆞᆫ 쳥년회 젼도국장 최병헌씨ᄂᆞᆫ 양쥬 독마위로 젼도 ᄒᆞ려 자고 다졍국장 문경호씨ᄂᆞᆫ 목ᄉᆞ 스웨어씨와 ᄒᆞᆷᄭᅴ 남도로 젼도 ᄒᆞ려 갓다더라

너보

음력 이월 팔일은 우리 황태ᄌᆞ 뎐하의 쳔츄 경졀인고로 졍부에셔 각부와 각 학교에 경츅비를 나리셧ᄂᆞᆫᄃᆡ 비지학당에도 ᄯᅩᄒᆞᆫ 은화 륙원을 반하 ᄒᆞ신지라 본 학당은 특별이 다른 학교와 ᄀᆞᆺ지 아니ᄒᆞ여 예수교를 쥬쟝 ᄒᆞᄂᆞᆫ 학당인ᄃᆡ 그날이 ᄆᆞᆺ춤 례비일인고로 경츅ᄒᆞᆯ 물건을 예비치 못ᄒᆞ고 그 잇흔날 례식을 힝ᄒᆞᆯ시 태극 국긔를 놉히 돌고 각석 등을 학당 압헤 좌우로 길게 버려 돌엇시며 져녁 닐곱시에 학도들이 일졔히 모히여 만세를 부르고 국가를 노리 ᄒᆞᄂᆞᆫᄃᆡ 등불이 휘황ᄒᆞ여 낫 ᄀᆞᆺᄒᆞᆫ지라 긔도 찬미 ᄒᆞᆫ후에 서로 경츅ᄒᆞᆯ 목뎍을 연셜 ᄒᆞᄂᆞᆫᄃᆡ 학도즁 일본 친구가 잇셔셔 ᄯᅩᄒᆞᆫ 됴흔 말ᄉᆞᆷ으로 우리 나라를 위ᄒᆞ야 경츅 ᄒᆞ니 사ᄅᆞᆷ들이 다 ᄌᆞ미 잇게 듯더라 실과봉 빅여ᄀᆡ를 쥰비 ᄒᆞ엿다가 ᄋᆞ히들로 브터 쇼년 ᄭᆞ지 논호아 주고 깃분 ᄆᆞ옴으로 파 ᄒᆞ니라

○ 원우샹씨가 새로 경무ᄉᆞ를 ᄒᆞᆫ후에 ᄉᆞ대문에 방을 븟쳣ᄂᆞᆫᄃᆡ 근리 도론쟈 민회의 여당이 혹 뉘집에 은근히 모힌다 ᄒᆞ니 각셔 슌검으로 ᄒᆞ여곰 도져히 경찰 ᄒᆞ야 혹 셋식 혹 다ᄉᆞᆺ식 모히거든 엄금 ᄒᆞ야 헷치고 부샹들도 농샹공부에 쳥원ᄒᆞᆫ다 빙ᄌᆞ ᄒᆞ고 간간이 모힌다 ᄒᆞ니 그도 ᄯᅩᄒᆞᆫ 법대로 엄금 ᄒᆞ라 ᄒᆞ엿다더라

○ 이번 쳔츄 경졀에 샹무 회샤에도 돈 쳔여량을 나리신고로 그 회원들이 황국협회 ᄉᆞ무쇼로 모혀 경츅 ᄒᆞ엿다더라 (독립신문)

본회고ᄇᆡᆨ

본회에셔 이 회보를 젼년과 ᄀᆞᆺ치 일쥬일에 ᄒᆞᆫ번식 발간 ᄒᆞᄂᆞᆫᄃᆡ 새로 륙폭으로 작뎡ᄒᆞ고 ᄒᆞᆫ쟝 갑슨 엽젼 오푼이오 ᄒᆞᆫ돌갑슨 미리내면 젼파 ᄀᆞᆺ치 엽젼 ᄒᆞᆫ돈 오푼이라 본국 교우나 셔국 목ᄉᆞ나 교외 친구나 만일 사셔 보고져 ᄒᆞ거든 졍동 아편셜라 목ᄉᆞ 집이나 죵로 대동셔시에 가셔 사시옵

죵로대동셔시광고

우리 셔샤에셔 셩경 신구약과 찬미칙과 교회에 유익ᄒᆞᆫ 여러가지 셔칙과 시무에 긴요ᄒᆞᆫ 칙들을 팔되 갑시 샹당 ᄒᆞ오니 학문샹과 시무변에 ᄯᅳᆺ이 잇ᄂᆞᆫ 군ᄌᆞ들은 만히 사셔 보시옵

대영국 셩셔 공회 광고

새로 간츌 ᄒᆞᆫ거슨 로마 가라태 골노시 야고보 베드로 젼후셔 티모데 젼후셔니 사셔 보실이ᄂᆞᆫ 회샤 쥬인 젼묘 션싱ᄭᅴ로 오시옵

뎨삼권

대한크리스도인회보

뎨십삼호

광무삼년 (합일ᄇᆡᆨ십삼) 삼월이십구일

부ᄉᆡᆼᄒᆞ신 속뜻

셔양 각국 즁에 구셰교회를 셜립ᄒᆞᆫ 나라들은 구셰쥬의 부ᄉᆡᆼ ᄒᆞ신 날을 큰명일노 아ᄂᆞᆫ지라 이날이 쥬일인고로 ᄆᆡ욱 깃부고 감샤ᄒᆞᆫ ᄆᆞ음으로 셩당에 각석 화초를 버려노코 찬미 잘 ᄒᆞᄂᆞᆫ 친구를 청ᄒᆞ여 졀ᄯᅩ 잇게 ᄒᆞ대 ᄒᆞ며 알닐누여 찬송 ᄒᆞ니 그런고로 미국과 영국셔ᄂᆞᆫ 비록 우리 쥬를 밋지 안ᄂᆞᆫ ᄊᆞᄅᆞᆷ이라도 이날은 다 셩당에 모히여 ᄒᆞᆷᄭᅴ 참예ᄒᆞ고 쥬와 신실ᄒᆞᆫ 뎨ᄌᆞ들은 이날에 세마지 깃분 일이 잇ᄉᆞ니 새 바ᄅᆞᆷ이 나고 새 ᄆᆞᄋᆞᆷ이 나고 새 압위ᄒᆞᆷ이 ᄯᅩᄒᆞ 나ᄂᆞᆫ지라 크리스도ᄭᅴ셔 부ᄉᆡᆼ ᄒᆞ시기 젼에ᄂᆞᆫ 무덤이 옥과 ᄀᆞᆺᄒᆞ여 ᄒᆞᆫ번 드러가면 다시 나오ᄂᆞᆫ ᄇᆞ람이 업더니 크리스도ᄭᅴ셔 부ᄉᆡᆼ ᄒᆞ신 후에ᄂᆞᆫ 사ᄅᆞᆷ이 비록 무덤에 드러 갈지라도 그 쳐ᄌᆞ나 친구나 과히 슯허 ᄒᆞ지 아니 ᄒᆞᆷ은 일후에 쟝ᄎᆞᆺ 다시 사ᄂᆞᆫ 희망이 잇ᄂᆞᆫ 연고라 요한복음 십일쟝 이십 ᄉᆞ졀에 골ᄋᆞ샤ᄃᆡ 내가 진실노 너희게 닐ᄋᆞᄂᆞ니 보리알 ᄒᆞ나이 ᄯᅡ에 ᄯᅥ러져 죽지 아니 ᄒᆞ면 ᄒᆞᆫ알더로 잇고 죽으면 열ᄆᆡ가 만히 ᄆᆡᆺ치리라 ᄒᆞ셧시니 이 비유 뜻은 크리스도ᄭᅴ셔 죽으셧다가 다시 사시ᄂᆞᆫ거시 이 보리알과 ᄀᆞᆺ다 ᄒᆞ심이니 쥬의 죽으심에 외양으로만 보면 크게 해로온듯 ᄒᆞ나 부ᄉᆡᆼ ᄒᆞ신 속뜻을 ᄉᆡᆼ각 ᄒᆞ면 크게 유익ᄒᆞᆫ거시 우리도 ᄒᆞᆫ번 죽은 후에야 텬당의 복록을 누릴수가 잇ᄂᆞᆫ지라 살기를 됴화ᄒᆞ고 죽기를 슬혀ᄒᆞᆷ은 사ᄅᆞᆷ의 샹졍이로ᄃᆡ 반ᄃᆞ시 ᄒᆞᆫ번 죽은 후에야 소원을 셩취 ᄒᆞᄂᆞ니 누구던지 이 세샹에 잇실ᄯᅢ에 각기 ᄌᆞ긔 육신을 위ᄒᆞᄂᆞᆫ 졍욕은 죽ᄂᆞᆫ것 ᄀᆞᆺ치 무덤속에 단단이 뭇고 ᄯᅡ른 사ᄅᆞᆷ을 위ᄒᆞᄂᆞᆫ 션심은 부ᄉᆡᆼ ᄒᆞᄂᆞᆫ것 ᄀᆞᆺ치 깃부게 힘ᄒᆞ면 참 하ᄂᆞ님의 은춍이 그 우에 항상 계실거시니 우리 구셰쥬를 밋ᄂᆞᆫ 형뎨와 ᄌᆞᄆᆡ들은 깁히 궁구 ᄒᆞᆯ지어다

뎨칠십삼

대한크리스도인회보

THE KOREAN CHRISTIAN ADVOCATE.
Rev. H. G. Appenzeller, Editor
36 cents per annum
in advance. Postage extra.
Wednesday, MAR. 29th, 1899

서울 정동서 일쥬일에 한번식 발간ᄒᆞᄂᆞᆫᄃᆡ 아편셜라 목ᄉᆞ가 회보 샤장이 되엿더라 일년 갑슬 미리 ᄂᆡ면 삼십 륙젼이오 우표갑슨 ᄯᅩ로 잇ᄂᆞ니라

대한크리스도인회보

답쟝편지

우리가 공보를 보니 ᄒᆞ엿시되 쳥국에 와서 젼도ᄒᆞᄂᆞᆫ 리뎨마태 션ᄉᆡᆼ이 셩화박의라 (즁화들 ᄭᆡ우ᄂᆞᆫ 너른의론) ᄒᆞᄂᆞᆫ 문뎨들 내여 영 미 량국 대학원 춍지 대신의게 편지 ᄒᆞ엿더니 미국 태학원 대춍지 히득씨와 춍관학교 대신 히리ᄉᆞ씨와 대득목셔원 춍지 파득록씨와 소탑 셩셔원 춍지 나타파씨와 영국 태ᄌᆞ태부 파리비씨의 답장이 왓ᄂᆞᆫᄃᆡ 여러 사ᄅᆞᆷ의 편지들 다 긔록ᄒᆞᆯ수 업시나 그 대강만 번역ᄒᆞ여 좌에 긔지 ᄒᆞ노라

대득목셔원 춍지 파득록씨 ᄀᆞᆯᄋᆞᄃᆡ 오ᄂᆞᆯ날 즁화를 ᄭᆡ우ᄂᆞᆫ 의론ᄒᆞᆫ 말ᄉᆞᆷᄒᆞᆯ진ᄃᆡ 몬져 나라 ᄇᆡᆨ셩의 근본을 좃차 강구ᄒᆞᆫ후에 ᄂᆞᆼ히 여러가지 ᄉᆞ업의 폐단을 구원ᄒᆞᆯ지라 그근본은 무어시뇨 오직 그리스도의 교회라 나ᄂᆞᆫ 미국 사ᄅᆞᆷ이로ᄃᆡ 우리 션조의 교ᄒᆞᆫ 영국이라 항샹 영 미 량국을 ᄉᆡᆼ각ᄒᆞ야 잇지 못ᄒᆞ노니 영 미 량국의 문명ᄒᆞᆫ 졍쳐와 아람다온 풍속이 다 구셰쥬의 교회로 좃차 온거슨 사ᄅᆞᆷ마다 아ᄂᆞᆫ 바ㅣ라 대개 구셰쥬의 교ᄂᆞᆫ 사ᄅᆞᆷ의 몸ᄲᅮᆫ 닥그며 풍속을 브르게 ᄒᆞ며 졍쳐를 붉게 ᄒᆞᄂᆞᆫ고로 그 나라이 날노 징징ᄒᆞ야 다ᄉᆞ리ᄂᆞᆫᄃᆡ 너른고로 구셰쥬의 교를 ᄇᆡ쳑ᄒᆞᄂᆞᆫ 나라ᄂᆞᆫ 뎐명을 거역ᄒᆞᄂᆞᆫ고로 날노 쇠약ᄒᆞ고 패망ᄒᆞᄂᆞᆫ지라 구셰쥬 교회에서 사ᄅᆞᆷ을 ᄀᆞᄅᆞ치되 흥샹 새법을 강구ᄒᆞ야 식견ᄲᅮᆫ 널게ᄒᆞ며 무ᄉᆞᆷ 일이던지 부지런ᄒᆞ게ᄒᆞ며 지물을 졀죠잇게 ᄡᅳ며 덕힝을 닥그며 졍욕을 니긔게 ᄒᆞ며 졍셩과 신외로 속이지 아니ᄒᆞ며 하ᄂᆞ님의 ᄯᅳᆺ을 본밧아 사ᄅᆞᆷ을 ᄉᆞ랑ᄒᆞ며 ᄌᆞ긔 일신에 ᄉᆞ욕만 좃지 안ᄂᆞ니 이여러가지 일은 다 ᄇᆡᆨ셩의 근본을 발니ᄒᆞ고 근원을 몱히ᄂᆞᆫ 법이오 ᄯᅩᄒᆞᆫ 나라에서 학교를 도셩에 민 셜립ᄒᆞᆯ셔시 아니라 싀골 궁촌ᄭᆞ지 학교를 셜시ᄒᆞ야 남녀를 일데로 ᄀᆞᄅᆞ쳐 ᄒᆞᆫ 사ᄅᆞᆷ도 글ᄌᆞ를 모로ᄂᆞᆫ 이가 업게ᄒᆞ되 아회로 브터 쟝셩ᄒᆞᆫ 사ᄅᆞᆷᄭᆞ지 학문에 졍통ᄒᆞᆫ자ᄂᆞᆫ 쇼학교 즁학교로 브터 대학교에 드러가 학문에 졸업을 식일진ᄃᆡ 엇지 나라에 인지가 만치 아니리오 그즁에 빈곤ᄒᆞ야 살수 업ᄂᆞᆫ 자ᄂᆞᆫ 법으로 써 구원ᄒᆞ며 죄에 범ᄒᆞᄂᆞᆫ 쟈ᄂᆞᆫ 법률을 공졍케 ᄡᅳ며 ᄯᅩᄒᆞᆫ 외국과 ᄀᆞᆺ치 외회원과 셔적원과 격치회를 셜시ᄒᆞ야 새법을 깁구ᄒᆞ면 이거시 다 나라를 흥왕케 ᄒᆞᄂᆞᆫᄃᆡ 뎨일 요긴ᄒᆞᆫ 법이오 ᄯᅩᄒᆞᆫ 외국과 ᄀᆞᆺ치 슈륙군 제도를 셜사ᄒᆞ야 병뎡을 ᄀᆞᄅᆞ치되 태셔 제국의 유명ᄒᆞᆫ 무관을 고빙ᄒᆞ야 군법과 기예를 련습케 ᄒᆞ면 즁국이 엇지 외국에 슈모ᄒᆞᆯ리가 잇스며 문명에 진보치 아니리오 ᄒᆞ엿더라

요셉이파레오의ᄭᅮᆷ을ᄒᆡ셕ᄒᆞᆫ일

창셰긔 ᄉᆞ십일쟝 구졀노 삼십륙졀ᄭᆞ지

九 술맛ᄒᆞᆫ 관원이 파레오의게 고ᄒᆞ되 신이 오날
졍각ᄒᆞ니 이젼에 죄를 엇으매 十 파레오ᄭᅴ셔 신
과 반찬 맛ᄒᆞᆫ 관원을 노ᄒᆞ샤 시위쟝의 옥에 ᄀᆞᆺ
쳐 가도엇더니 十一 우리 두 사ᄅᆞᆷ이 ᄒᆞᆫ밤에 ᄭᅮᆷ을
엇으매 ᄭᅮᆷ이 각각 ᄀᆞᆺ지 아니ᄒᆞᆫ매 무ᄉᆞᆫ 증존지
아지 못ᄒᆞ야 十二 그ᄯᅢ에 옥에셔 시위쟝의 역ᄉᆞᄒᆞ
는 희빅리 졂은 사ᄅᆞᆷ이 잇ᄉᆞ매 우리가 ᄭᅮᆷ을 고
ᄒᆞ니 그가 우리 ᄭᅮᆷ을 졈쳐 각각 징죠를 보히매
十三 졈이 응험처 안홈이 업ᄉᆞ니 신은 복직을 ᄒᆞ
고 반찬 맛ᄒᆞᆫ 관원은 목을 미여 나무에 달엇ᄂᆞ
이다 ᄒᆞᆯ거ᄂᆞᆯ ○ 十四 파레오가 요셉을 불너 속히
옥에셔 나오게 ᄒᆞ야 털을 ᄶᅡᆨ고 옷슬 박구어 닙
고 파레오를 보니 十五 파레오가 요셉의게 닐ᄋᆞ되
내가 ᄒᆞᆫ ᄭᅮᆷ을 엇으니 그 징죠를 아ᄂᆞᆫ 사ᄅᆞᆷ이 업
ᄂᆞᆫ지라 혹 내게 고ᄒᆞ되 네가 ᄭᅮᆷ을 드르면 그 징
죠를 안다 ᄒᆞ더라 十六 요셉이 ᄃᆡ답ᄒᆞ되 신이 능
히 알거시 아니오 하ᄂᆞ님ᄭᅴ셔 평강ᄒᆞᆫ 징죠로
파레오와ᄭᅴ 주시기를 원ᄒᆞᄂᆞ이다 ○ 十七 파레오
가 ᄀᆞᆯᄋᆞ되 내가 ᄭᅮᆷ에 강가헤 셧다가 十八 닐곱 소
가 강에셔 나오ᄂᆞᆫ거슬 보니 살지고 아름다워 밧
헤셔 풀을 먹고 十九 ᄯᅩ 다른 닐곱 소가 강에셔 나
오ᄂᆞᆫ거슬 ᄯᅩ 보니 빗처 됴처 못ᄒᆞ고 파리ᄒᆞᆫ매
그 소의 됴치 못홈은 온 애굽도에셔 내가 도모지
보지 못ᄒᆞᆯ너라 二十 그 됴처 못ᄒᆞ고 파리ᄒᆞᆫ 소
가 젼에 보던 살진 소를 먹더니 二十一 임의 먹으매
의연이 파리ᄒᆞ야 속에 드러가지 아니ᄒᆞᆫ것 ᄀᆞᆺ거ᄂᆞᆯ
이에 내가 ᄭᆡᆫ지라 二十二 다시 ᄭᅮᆷ을 ᄭᅮ매 ᄒᆞᆫ 줄
기에 닐곱 이삭이 나온거슬 보니 아름다오며 실
ᄒᆞ고 二十三 닐곱 이삭을 ᄯᅩ 보니 므르고 가ᄂᆞ러 동
풍에 몰녓ᄂᆞᆫ지라 二十四 아름다온 어삭을 도리혀 가
는 이삭이 먹으니 내가 이 ᄭᅮᆷ으로 모든 박ᄉᆞ의게
고ᄒᆞ되 다 졈ᄒᆞ지 못ᄒᆞ다 ᄒᆞ거ᄂᆞᆯ 二十五 요셉이가
파레오의게 고ᄒᆞ되 파레오의 ᄭᅮᆷ 징죠가 ᄒᆞ나이
니 하ᄂᆞ님ᄭᅴ셔 ᄒᆞ실거시 잇셔 왕의게 몬져 보
이셧ᄂᆞ이다 二十六 닐곱 아름다온 소ᄂᆞᆫ 닐곱ᄒᆡ요
닐곱 이삭도 ᄯᅩᄒᆞᆫ 닐곱ᄒᆡ니 그 징죠가 서로ᄀᆞᆺ고
二十七 후에 닐곱소가 됴처 아니ᄒᆞ고 파리ᄒᆞᆫ 소도
닐곱ᄒᆡ요 가ᄂᆞᆯ고 약ᄒᆞᆫ 닐곱 이삭이 동풍에 므른
것도 닐곱 흉년이니 二十八 내가 말ᄒᆞ되 하ᄂᆞ님
ᄭᅴ셔 ᄒᆞ실거시 잇셔 파레오의게 몬져 보이셧다
ᄒᆞᆫ거시 졍이 이와 ᄀᆞᆺᄒᆞ니 二十九 온 애굽도 ᄶᅡ에
반드시 닐곱 풍년이 잇고 三十 그후에 닐곱 흉년
이 드러 애굽도로 ᄒᆞ여곰 피페케 ᄒᆞ야 젼 풍년
을 아지 못ᄒᆞ게 ᄒᆞ리니 三十一 대개 후에 니른 흉년
이 심ᄒᆞᆫ고로 젼날 풍년을 아지 못ᄒᆞᆯ지라 三十二
하ᄂᆞ님ᄭᅴ셔 이러케 작뎡 ᄒᆞ시매 속히 일우시랴
ᄂᆞᆫ고로 파레오로 ᄒᆞ여곰 두번 ᄭᅮᆷ을 ᄭᅮ어 三十三 지
혜잇ᄂᆞᆫ 사ᄅᆞᆷ을 ᄐᆡᆨᄒᆞ야 애굽도를 다ᄉᆞ리게 ᄒᆞ고

三十四 또훈 여러 총독을 나라에 세워 닐곱 풍년즁에 밧헤서 난것 오분에 일을 취호고 三十五 풍년 곡식을 거두어 창에 싸코 셩에서 직히여 三十六 이 곡식을 두엇다가 장리 애굽도 닐곱 흉년에 쓰면 이 나라 패 호기를 면 호리다

주셕

요셥이 안 쥬인의 참쇼를 밧어 옥중에 갓쳣스나 더욱 밋음이 굿건호고 정셩으로 하느님을 셤비호매 하느님이 권고호샤 비록 옥중에 갓쳣스나 옥중 권세를 맛하 다스리매 형통치 아니훈 바ㅣ 업더라 맛춤 국왕의 술맛훈 관원과 반찬맛훈 관원 두 사름이 또훈 옥에 갓쳣다가 훈 꿈을 엇으매 요셥이 하느님 도으심을 입어 그 꿈 징죠를 히셕 호엿더니 과연 삼일만에 요셥의 히몽과 굿치 되여 술맛훈 관원은 복관작 되고 반찬맛훈 관원은 나무에 쳐교 호엿더라 그후에 애굽도 왕이 또 꿈을 엇으나 히몽 호는쟈ㅣ 업는지라 왕이 답답호던차에 맛춤 옥에 갓쳣던 술맛훈 관원이 요셥이 히몽 호던 일을 싱각호고 왕께 쳔거호니 요셥은 그때 옥에 잇더라 애굽도 국법에 샹복 입은 사름외에는 털과 슈염을 깍는 법이라 요셥이 옥에서 국왕의 부라심을 입어 털을 깍고 옷슬 가라입고 왕께 폐현 호여 그나라 외정 대신이 되엿스니 요셥이 죵노릇 홀때에 하느님이 도으시고 옥에 갓쳣실때에 도아 주시고 형통케 호며 옥중에서 국왕의 부라심을 입어 일국 외정 대신이 되엿스니 이로 보건더 이 세샹에 아모 사름이던지 옥에 갓쳣던지 하느님만 밋으면 이 요셥과 굿치 될지니라

뭇는말

一 파레오란 말은 무솜 말이뇨
二 요셥이 엇지호여 옥에 갓쳣느뇨
三 요셥이 옥에서 엇더케 되엿느뇨
四 요셥이 갓친옥에 엇던 관원이 갓쳣느뇨
五 술맛훈 관원이 전에 무솜 꿈 뀌엿소 그꿈을 이야기 호시오 (창셰긔 四十장 九ㅣ 十三ㅣ을 보시오)
六 반찬맛훈 관원은 무솜 꿈을 엇엇느뇨 (창셰긔 四十장 十六七ㅣ로 디답 호시오)
七 요셥이 그 두 관원의 꿈 히셕훈 징죠가 마졋느뇨
八 파레오가 요셥을 부랄때에 요셥이 어디 잇섯느뇨
九 요셥이 파레오의 꿈을 히셕호제 즈긔 지혜로 안다 호엿느뇨
十 파레오의 꿈 이야기좀 호시오
十一 요셥이 그꿈을 무솜 징죠라 호엿쇼
十二 요셥이 파레오 드려 엇더케 예비 호라 호엿느뇨
十三 요셥이 장리 징죠를 엇더케 알엇느뇨

엡웟청년회

이찬용사를세번ᄌᆡ번역홈

양력 ᄉᆞ월 이일은 곳 우리 쥬 예수 크리스도 ᄭᅴ셔셔 부활 ᄒᆞ신 날이라 세계 각국에 쥬를 밋ᄂᆞᆫ 무리들은 이날을 거룩ᄒᆞᆫ 날노만 알ᄲᅮᆫ 아니라 깃부고 지극히 귀ᄒᆞᆫ날노 알아 다시 사ᄂᆞᆫ 리치를 강론ᄒᆞ며 죠흔 찬용시를 을퍼 밋ᄂᆞᆫ쟈의 ᄆᆞ옴을 더욱 깃부게 ᄒᆞ고 ᄌᆞ미잇게 지나ᄂᆞᆫ지라 우리 청년회에셔도 하ᄂᆞ님ᄭᅴ 영화를 돌녀 보ᄂᆡ고 즐겁게 이날을 지ᄂᆡ랴 ᄒᆞ면 청아ᄒᆞᆫ시로 놉히 노ᄅᆡ를 불너 ᄆᆞ옴에 츙만ᄒᆞᆫ 깃붐을 나타ᄂᆡᄂᆞᆫ거시 됴흘듯 ᄒᆞ기로 로마글노 지은 찬용을 일ᄇᆡᆨ 오십 여년젼에 영국글노 번역ᄒᆞᆫ거시 ᄆᆡ우 유리ᄒᆞᆫ고로 대한 글노 또 번역 ᄒᆞ오니 우리 여러 청년들은 ᄌᆞ미잇게 을푸기를 ᄇᆞ라노라

一 예수오ᄂᆞᆯ니러ᄉᆞ니 알넬누여
거룩ᄒᆞᆫ날오ᄂᆞᆯ일셰 알넬누여

二 십ᄌᆞ고난밧으샤 알넬누여
우리죄악되쇽ᄒᆞᆺ네 알넬누여

三 텬국님군우리쥬ᄭᅴ 알넬누여
찬용노ᄅᆡᄒᆞ여보셰 알넬누여

四 죄인을구졔ᄒᆞ샤 알넬누여
십ᄌᆞ목덤견ᄃᆡ셧네 알넬누여

五 앏호심을견ᄃᆡ심ᄋᆡ 알넬누여
우리구원셩기엿네 알넬누여

六 하ᄂᆞᆯ에왕이되샤 알넬누여
텬ᄉᆞ들이노ᄅᆡᄒᆞᆫ네 알넬누여

임원을다시퇴뎡홈

제물포 청년회에셔 임원들에 임긔가 지낸고로 새 임원들을 퇴뎡 ᄒᆞ엿다 ᄒᆞᄂᆞᆫᄃᆡ 안뎡슈 장원근 강ᄃᆡ표 하츈ᄐᆡ 강원션 리연슈 김영긔 제씨요 회원은 삼십오인이라 ᄒᆞ니 우리ᄂᆞᆫ ᄇᆞ라건ᄃᆡ 이 새로ᄂᆞᆫ 임원들이 직분을 극진이 ᄒᆞ여 새로 ᄉᆞ업을 만히 ᄒᆞ시요 우리 청년회에 임원들 직분은 곳 ᄒᆞᆫ 졍부 일례라 가량 새로 죠직된 졍부가 됴흔 ᄉᆞ업ᄂᆞᆫ 만히 ᄒᆞ여 그 ᄇᆡᆨ셩을 더옥 진보케 ᄒᆞ여야 썻썻ᄒᆞᆫ 일이어ᄂᆞᆯ 만일 그 ᄇᆡᆨ셩을 도라 보지안코 ᄌᆞ긔 ᄉᆞ욕을 ᄎᆡ우랴고 ᄇᆡᆨ셩의 기름을 ᄲᆡᆯ던지 션왕의 강토를 외국인의게 주쟈 ᄒᆞ던지 벼슬을 탐ᄂᆡ여 ᄐᆡᆨ호나 엇쟈고 ᄒᆞ야 그 졍부를 더럽히면 이ᄂᆞᆫ 나라에 곳 역적이라 엇지 그 나라이 온젼ᄒᆞ리오 이거ᄉᆞᆫ 다 셰샹 샹관 되ᄂᆞᆫ 일이라 오히려 말ᄒᆞᆯ거시 업거니와 우리의 ᄒᆞᆫ 직분은 텬국에 관계 되ᄂᆞᆫ 일이라 더욱 삼가 ᄒᆞᆯ지어다 로병션

니보

감옥셔에 갓친 젼 즁츄원 의관 니승만씨의 부인 박씨가 그 남편의 당ᄒᆞᆫ바 일을 원억ᄒᆞ게 녁여 ᄌᆞ긔 몸으로 ᄃᆡ신 가두어 줍시사 ᄒᆞ는 ᄯᅳᆺ으로 원졍을 지어 가지고 일젼에 궐문 밧긔 ᄃᆡ죄ᄎᆞ로 업드렷더니 궁너부 슌검이 와셔 말ᄒᆞ되 칙임관 외에는 샹소를 못ᄒᆞ기로 쟝졍을 뎡ᄒᆞ엿고 누구던지 샹소ᄒᆞᆯ 일이 잇시면 몬져 즁츄원에 헌의ᄒᆞ야 즁츄원에셔 졍부로 통쳡ᄒᆞᆫ 후에 졍부에셔 샹쥬ᄒᆞ는거시니 여긔셔 ᄇᆡᆨ날 잇실지라도 샹소를 밧칠수 업슨즉 즁츄원으로 가라 ᄒᆞ니ᄭᆞ 그 부인이 ᄒᆞᆯ수 업셔 즁츄원으로 가셔 헌의셔를 드렷다더라

○의졍부 참졍 심샹훈씨와 ᄂᆡ부협판 민병한씨의 비소들 다 작뎡ᄒᆞ엿는ᄃᆡ 심씨의 비소는 젼라도 고군산이오 민씨의 비소는 황히도 텰도라 심씨는 당일에 발힝ᄒᆞ고 민씨는 아죽 셩문밧긔 류련ᄒᆞᆫ다더라

○아라사 사ᄅᆞᆷ의 경업지할ᄒᆞᆯ 긔디를 청구ᄒᆞ는 ᄉᆞ건으로 즁츄원에셔 여러번 회의ᄒᆞ엿거니와 금월 이십ᄉᆞ일에 의졍부 찬졍 권지형씨가 셩지를 밧들고 즁츄원에 와셔 구엽을 다시 의론ᄒᆞ는ᄃᆡ 여러 의관들이 다 분격ᄒᆞᆫ 말노 긔ᄃᆡ를 허급ᄒᆞ는거시 대단 불가ᄒᆞ다고 ᄒᆞ엿더니 그후에 의관 오인을 언ᄉᆞ 히망ᄒᆞᆷ으로 써 다 면관ᄒᆞ엿다더라

○의학교를 ᄒᆞ야 쟝ᄎᆞᆺ 설립 ᄂᆡ외 각죵 의술을 ᄀᆞᄅᆞ치고 졸업 년한은 삼년으로 작뎡ᄒᆞ고 의학교 경비는 국고에셔 지츌ᄒᆞ고 학교 규칙은 학부대신이 쥬장ᄒᆞ는지라 학교장은 의학에 익슉ᄒᆞᆫ 쟈로 엄명ᄒᆞ여 학도를 감독케ᄒᆞ고 교관이 삼인에오 셔긔가 일인인ᄃᆡ 각 디방에도 다 설시ᄒᆞᆫ다더라

본회 고ᄇᆡᆨ

본회에셔 이 **회보**를 젼년과 ᄀᆞᆺ치 일쥬일에 ᄒᆞᆫ번식 발간ᄒᆞ는ᄃᆡ 새로 륙폭으로 작뎡ᄒᆞ고 ᄒᆞᆫ쟝 갑슨 엽젼 오푼이오 ᄒᆞᆫ돌갑슬 미리내면 젼과 ᄀᆞᆺ치 엽젼 ᄒᆞᆫ돈 오푼이라 본국 교우나 셔국 목ᄉᆞ나 교외 친구나 만일 사셔 보고져 ᄒᆞ거든 졍동 아편셜라 목ᄉᆞ 집이나 죵로 대동셔시에 가셔 사시옵

죵로대동셔시광고

우리 셔샤에셔 셩경 신구약과 찬미칙과 교회에 유익ᄒᆞᆫ 여러가지 셔칙과 시무에 긴요ᄒᆞᆫ 칙들을 팔되 갑시 샹당ᄒᆞ오니 학문샹과 시무변에 ᄯᅳᆺ이 잇ᄂᆞᆫ 군ᄌᆞ들은 만히 사셔 보시옵

대영국 셩셔 공회 광고

새로 간츌ᄒᆞᆫ거슨 로마 가라태 골노새 야고보 베드로 젼후셔 듸모데 젼후셔니 사셔 보실이는 회샤 쥬인 견묘 션싱ᄃᆡ로 오시옵

뎨삼권 대한크리스도인회보 뎨십ᄉᆞ호

광무삼년 ᄉᆞ월오일 (ᄉᆞ십빅일합)

다시사신셩일

양력 ᄉᆞ월 이일은 곳 우리 쥬 크리스도께셔 다시 사신 거륵ᄒᆞᆫ 쥬일이라 경한간 각쳐 회당에셔 쥬를 밋는 우리들이 용맹 이날을 참 깃분 ᄆᆞᄋᆞᆷ으로 지너엿시려니와 우리 졍동 회당에셔도 하당업샤 감사ᄒᆞᆫ 뜻으로 례비ᄒᆞ엿는더 푸론비단 바탕에 **쥬파부싱** 이라는 한문 네 글ᄌᆞ를 금ᄌᆞ로 ᄉᆞ여 붓치고 그 아래에는 국문으로 **예수씌셔과연다시살으셧소** 열두 글ᄌᆞ를 또ᄒᆞᆫ 금ᄌᆞ로 석여시며 바탕 가으로는 금지로 보기됴케 샹사를 첫시며 민우회 량 가으로는 각식 가화를 드문 드문 단장ᄒᆞ야 광이 거의 ᄒᆞᆫ간이나 되는 거슬 셩단 셩단 뒤벽에 놉히 돌고 셩단 압흐로는 각식 화초들 버려 노왓는더 이때에 교즁 형데와 ᄌᆞ미들이 일십으로 모힌지라 목ᄉᆞ 아펜셜라씨가 젼도ᄒᆞ시는더 ᄉᆞ복음계 부싱ᄒᆞ신 ᄉᆞ젹을 ᄌᆞ세히 보신후에 됴흔 말ᄉᆞᆷ과 깁흔 의ᄉᆞ가 참 듯는 사ᄅᆞᆷ의 귀를 놀니며 다 영광을 하ᄂᆞ님께 돌녀 보너더라 ○샹동 교회에셔도 또ᄒᆞᆫ 이날을 귀렴ᄒᆞ야 남녀 교우가 일졔히 모혀 례비와 찬미로 셩심으로 ᄒᆞᆺ는더 그즁에 저조잇는 교우가 각식가화를 문드러 이날을 영화롭게 ᄒᆞ니 그 ᄭᅩᆺ 모양들을 말ᄒᆞᆯ진더 힝화와 도화가 새우를 먹음은듯 부용과 목단이 샤풍에 흔들어 논듯 ᄒᆞ니 참 장관일너라

교우의당고ᄒᆞᆷ

평양 교우 황뎡묘씨가 금츈 이월 이십오일에 그 모친상을 당ᄒᆞ엿는다 ᄉᆞ랑ᄒᆞ는 형데들이 다 ᄌᆞ긔일노 알고 모하여 장례를 일울셔 반구ᄒᆞᆯ때에 찬미가를 노래ᄒᆞ야 련당길을 인도ᄒᆞ엿다더라

과실노나무를아는것

부평 굴제 교회는 삼년 동안에 남녀 교우가 칠십여명인더 그즁에 감도정씨라 ᄒᆞ는 로인은 십리 밧긔셔 풍우를 불폐ᄒᆞ고 쥬일마다 회당에 참예ᄒᆞ고 신씨 부인은 몸이 ᄒᆞᆼ샹 회당을 떠나지 아니ᄒᆞ여 긔도 ᄒᆞ는더 그 집안 식구와 친척이 몸쓸말노 비방ᄒᆞᆯ때 그 부인은 말 ᄒᆞ기를 내가 남편과 ᄌᆞ식은 리별ᄒᆞᆯ지언뎡 하ᄂᆞ님은 ᄇᆞ반치 못ᄒᆞ겟다 ᄒᆞ니 아무분 교우는 참 셩신의 감화 ᄒᆞ심으로 련국 복락을 누릴술 칭숑 ᄒᆞ오며 움이 정월 초삼일 보터 십오일 ᄭᆞ지 형데 여닯사ᄅᆞᆷ이 둘식 둘식 작을 지어 각쳐로 단이며 전도ᄒᆞ기를 힘썻다 ᄒᆞ오니 우리는 참 실과를 보고 그 나무가 됴흔줄노 밋노라

삼빅이십구

대한크리스도인회보

THE KOREAN CHRISTIAN ADVOCATE.
Rev. H. G. Appenzeller, Editor
36 cents per annum
in advance. Postage extra.
Wednesday, APR. 5th, 1899

서울 정동셔 일쥬일에 ᄒᆞᆫ번식 발간ᄒᆞᄂᆞᆫᄃᆡ 아편셜라 목ᄉᆞ가 회보 샤쟝이 되엿더라 일년 갑슬 미리 ᄂᆡ면 삼십 륙젼이오 우표갑슨 ᄯᅡ로 잇노라

학쟈의 고명ᄒᆞᆫ 슈작

군일에 일과가 점점 화창ᄒᆞ매 입ᄉᆞ번풍은 동셩의 화류ᄅᆞᆯ 지촉ᄒᆞ고 구십쇼광은 셔호의 연운을 아람답게 ᄒᆞᄂᆞᆫ지라 이때에 셔안을 터ᄒᆞ야 신약셩경을 열람ᄒᆞᆯ더니 홀연이 문밧ᄭᅴ 박탁ᄒᆞᄂᆞᆫ 소래 나며 일진 청풍이 고인의 소식을 젼ᄒᆞ거ᄂᆞᆯ 급히 나아가 마지니 일위션ᄉᆡᆼ이 대관힘의로 외모가 쥰슈ᄒᆞ지라 승당 입실ᄒᆞ야 좌뎡 례필에 한담으로 슈작ᄒᆞᆯ시 그 션ᄉᆡᆼ은 곳 호즁에 유명ᄒᆞᆫ 쳐ᄉᆞ류 셩지의 문인이ᄅᆞ 션ᄉᆡᆼ이 말ᄉᆞᆷᄒᆞ되 내가 츙청도에 잇셔 여러 친구와 ᄒᆞᆷᄭᅴ 가셔에 모힐 때에 그ᄃᆡ가 셔국교에 투입ᄒᆞᆫ일노 ᄒᆞᆼ샹 ᄐᆞᆫ탄ᄒᆞ엿더니 셔울와셔 ᄒᆞᆫ번 보지 안코 가ᄂᆞᆫ거슨 ᄆᆞᄋᆞᆷ에 셥셥ᄒᆞ기로 왓노라 내가 ᄃᆡ답ᄒᆞ되 나ᄀᆞᆺ치 우쥰ᄒᆞᆫ 사ᄅᆞᆷ을 위ᄒᆞ야 ᄒᆞᆫ탄ᄒᆞ셧다니 듯기에 불안ᄒᆞ오나 아지 못거라 그ᄒᆞᆫ탄을 엇지ᄒᆞ시ᄂᆞᆫ가 내가 셔국교ᄅᆞᆯ 힘흠이 ᄆᆞᄋᆞᆷ에 익셔ᄒᆞ여 그러ᄒᆞᆫ신지 나와 ᄀᆞᆺ처 셔국교에 드러오지 못ᄒᆞ야 ᄒᆞᆫ탄ᄒᆞ신지 알수 업ᄂᆞᆫ지라 만일 우리교에 드러오고져 ᄒᆞ면 비륙 무식ᄒᆞ나 교당으로 인도ᄒᆞ리이다 션ᄉᆡᆼ이 텽파에 아모말도 아니ᄒᆞ더니 셔안우희 노인 황셩신문지를 집어보며 ᄒᆞᄂᆞᆫ말이 신문이란 문ᄌᆞ가 글문ᄌᆞ로 아랏더니 지금본즉 ᄯᅳᆯ문ᄌᆞ로새 황셩신문이라 ᄒᆞ엿시니 황셩은 어ᄂᆞ곳시뇨 대국 북경셔 츌판ᄒᆞᆫ 신문이뇨 뭇거ᄂᆞᆯ 내가 ᄃᆡ답ᄒᆞ되 ᄌᆞ셩재인이로다 션ᄉᆡᆼ은 다만 청국 황셩만 알고 대한황셩은 아지 못ᄒᆞᄂᆞ뇨 대황뎨 폐하 계신 곳시 황셩이 아니뇨 어ᄂᆞ터라 ᄒᆞ리요 션ᄉᆡᆼ이 ᄯᅩ 신문을 보다가 금익이 몃쳔원어라 ᄒᆞᆫ 구절을 아지 못ᄒᆞ야 ᄯᅩ 말ᄒᆞ되 근리에ᄂᆞᆫ 모롤 문ᄌᆞ가 만토다 ᄒᆞ고 신문을 밀셔노코 말ᄒᆞ되 싀골셔 소문을 드른즉 양인은 권세가 만하 ᄒᆞᆫ마ᄃᆡ 말노 능히 벼슬을 낸다ᄒᆞ니 그ᄃᆡ도 긔왕 양인을 샹죵ᄒᆞ거든 양인의게 쳥촉ᄒᆞ야 됴흔골노 외임이나 엇어 ᄒᆞ지 ᄉᆞᆯ더업ᄂᆞᆫ 뎐쥬교만 ᄒᆞ다고 셰월만 보내ᄂᆞ뇨 내가 그말을 듯고 개연히 탄식ᄒᆞ고 쳑망ᄒᆞ되 션ᄉᆡᆼ의 말ᄉᆞᆷ을 드른즉 대한 나라를 위ᄒᆞ야 실노 한심ᄒᆞ도다 사ᄅᆞᆷ의 지덕과 학문이 유여ᄒᆞᆯ진ᄃᆡ 정부에셔 ᄌᆞ연히 퇴용ᄒᆞᄂᆞᆫ거슨 ᄯᅥᆺᄯᅥᆺᄒᆞᆫ 리치라 이제 양인의게 쳥ᄒᆞ야 벼슬을 간구ᄒᆞ면 그 사ᄅᆞᆷ의 힘실과 인긔ᄅᆞᆯ 어ᄃᆡ 쓰며 ᄯᅩᄒᆞᆫ 양인이 외국에 와셔 놈의 졍부에 관인 츌쳑을 엇지 샹관ᄒᆞ리오 이거슨 캄캄ᄒᆞᆫ 밤에 취몽이 깁흔 사ᄅᆞᆷ의 슈작이라 션ᄉᆡᆼ이 일국에 학힝잇ᄂᆞᆫ ᄉᆞ표가 되야 엇지 무식ᄒᆞᆫ 우리의 말ᄉᆞᆷ을 ᄒᆞ시ᄂᆞ뇨 션ᄉᆡᆼ이 대단이 무안ᄒᆞ야 아모 말도 못ᄒᆞᄂᆞᆫ지라 내가 ᄯᅩ 말ᄒᆞ되 졍부에셔 의제ᄅᆞᆯ 마련ᄒᆞᆯ때에 ᄀᆡ례복 외에ᄂᆞᆫ 광슈의ᄅᆞᆯ 닙지 말나 ᄒᆞ엿거ᄂᆞᆯ 션ᄉᆡᆼ은 엇지 광슈의ᄅᆞᆯ 닙엇ᄂᆞ뇨 ᄃᆡ답ᄒᆞ되 나ᄂᆞᆫ 션왕의 법복이 뎨일 됴흔고로 닙노라 ᄒᆞᄒᆞ니 우리ᄂᆞᆫ 아참 이런 사ᄅᆞᆷ으로 인ᄒᆞ야 나라의 긔명이 더딜줄 아노라 최병헌

례비일공과 일빅 십ᄉᆞ ᄉᆞ월 십륙일

요셉이애급도나라에총리대신됨

창세긔 ᄉᆞ십일장 삼십칠졀노 ᄉᆞ십구졀ᄭᆞ지

三十七 파레오가 모든 신하로 더브러 그말을 올케
녁이며 三十八 파레오가 신하ᄃᆞ려 닐ᄋᆞᄃᆡ 이런 사
ᄅᆞᆷ은 하ᄂᆞ님의 신이 픔ᄇᆡᆨ홈을 무릅셧ᄉᆞ니 엇
지 엇기가 쉬우리오 三十九 또 요셉의게 닐ᄋᆞᄃᆡ
하ᄂᆞ님ᄭᅴ셔 졈의 이거ᄉᆞ로 다 네게 보이셧ᄉᆞ니
그런고로 네 지혜가 비ᄒᆞᆯ 사ᄅᆞᆷ이 업ᄉᆞ니 四十 네가
내집을 다ᄉᆞ리라 내 ᄇᆡᆨ셩이 반ᄃᆞ시 네 명령을 쥰
힝ᄒᆞ거시오 오직 나라 님군의 위ᄂᆞᆫ 내가 놉호니
라 ○ 四十一 파레오가 또 ᄀᆞᆯᄋᆞᄃᆡ 내가 너를 들어
온 애급도를 동할ᄒᆞ리라 ᄒᆞ고 四十二 드디여 지환
을 버셔 요셉의 손에 주고 고흔 옷슬 닙히고 또
금ᄉᆞ실을 그목에 드리우고 四十三 파레오 ᄯᅩᄂᆞᆫ 둘ᄌᆡ
슈레를 ᄐᆡ이고 압헤셔 구죵들이 소ᄅᆡᄒᆞ되 ᄭᅮ러
안지라 ᄒᆞ니 이ᄯᅢ로 브터 젼국의 지상을 삼ᄋᆞ라
四十四 파레오가 요셉의게 닐ᄋᆞᄃᆡ 나ᄂᆞᆫ 이에 파레오
니 온 나라 즁에셔 감히 쳔단 ᄒᆞ리가 업ᄂᆞᆫ지라
오직 네 명령을 드르리라 四十五 파레오가 요셉의
게 일홈을 주되 살랍파니라 ᄒᆞ고 안ᄯᅡ 졔ᄉᆞ 파
데미랍의 ᄯᆞᆯ 아셰납으로 안히를 삼으니 요셉이
가 애급도 ᄉᆞ방에 ᄃᆞᆫ이더라 ○ 四十六 요셉이가 애
급도 왕 파레오를 뵈ᄋᆞᆸ때에 나히 임의 삼십이라
요셉이가 파레오의게셔 나가셔 애급도 ᄉᆞ방을
두루 슌힝ᄒᆞ야 四十七 닐곱 풍년즁에 물산이 풍죡ᄒᆞᆫ
매 四十八 요셉이 그나라 량식을 거두어 각읍에 져
츅ᄒᆞᆯ셰 각읍들에 량식은 읍속에 져츅 ᄒᆞ니 四十九
곡식 ᄊᆞ힌거시 바다 모ᄅᆡ 만ᄒᆞᆫ것 ᄀᆞᆺᄒᆞ야 수를 헤
아리지 못ᄒᆞ니 대개 만ᄒᆞᆫ 연골니라

주셕

뭇ᄂᆞᆫ말

一 요셉이 므ᄉᆞᆷ 공로로 애굽도에 총리 대신이 되엿ᄂᆞ뇨

二 파례오가 신하들 ᄃᆞ려 므ᄉᆞᆷ 말 ᄒᆞ엿ᄂᆞ뇨

三 파례오가 요셉ᄃᆞ려 뉘 힘으로 지혜 잇다 ᄒᆞ엿ᄂᆞ뇨

四 파례오가 요셉의게 므ᄉᆞᆷ 세가지 물건을 주엇ᄂᆞ뇨

五 파례오가 요셉의께 누구 ᄐᆞ던 수레를 타라 ᄒᆞ엿ᄂᆞ뇨

六 파례오가 요셉의 일홈을 므어시라 곳쳐 주엇ᄂᆞ뇨

七 요셉이 어나ᄯᅡ 엇던 사ᄅᆞᆷ의 ᄯᆞᆯ의게 쟝가 드럿ᄂᆞ뇨

八 요셉의 안해 일홈이 무어시뇨

九 요셉의 나이 몃살에 파례오를 보앗ᄂᆞ뇨

十 애굽도에 몃해 풍년 ᄒᆞ엿ᄂᆞ뇨

十一 요셉이 엇더케 애굽도에서 흉년 지앙을 면ᄒᆞ엿ᄂᆞ뇨

十二 곡식 수가 얼마나 ᄒᆞ뇨

엡웟청년회

다시사ᄂᆞᆫ리치를설명ᄒᆞᆷ

흙과 혼이 합ᄒᆞ여 사ᄅᆞᆷ이 되매 죽으면 육신은 썩고 혼은 잇다가 세상 끗날에는 몸과 혼이 합ᄒᆞ여 다시 사라나 그젼에 육신과 혼이 ᄒᆞᆯ때 힘ᄒᆞ던 일을 션악ᄃᆡ로 상벌을 밧는거슨 공평ᄒᆞᆫ 리치라 그러나 우리도를 밋지 안는쟈ㅣ 왕왕이 다시 사는 도를 의심ᄒᆞ는고로 대강 설명ᄒᆞ노라 몰세에 죽은자 다시 사라난다 ᄒᆞᆫ 말ᄉᆞᆷ은 셩경즁에 ᄒᆞᆫ두곳이 아니라 여러 가지로 ᄒᆡ셕ᄒᆞᆫ 말ᄉᆞᆷ이 만커니와 첫재 예수ᄭᅴ셔 도라 가신지 삼일만에 다시 니러 나셧ᄉᆞ니 부ᄉᆡᆼ ᄒᆞ는도가 분명 잇는줄을 밋을거시요 ᄯᅩᄒᆞᆫ 알기쉬온 증거가 잇는거시 곡식씨를 심으면 그 겁질이 몬져 썩은 후에야 그속에서 싹이 도다나 결실이 되며 초목이 겨울을 당ᄒᆞ면 죽은듯 ᄒᆞ나 봄에 다시 쏫치 퓌며 누의가 고치를 짓고 그속에 들어 죽은듯 ᄒᆞ나 다시 화ᄒᆞ여 나뷔가 되여 ᄲᅩᆼ나무 닙새 먹든 버러지가 묽은 이실을 밧아 마시고 날나 ᄃᆞ니며 ᄒᆞᆫ낫 면화씨를 심으면 다시 나셔 몃ᄇᆡᆨ송이 솜이 석기니 이를 보건ᄃᆡ 초목과 미물도 다시 살거든 ᄒᆞ물며 귀ᄒᆞᆫ 사ᄅᆞᆷ이 다시 나지 못ᄒᆞ면 무어시 귀ᄒᆞ다 닐ᄋᆞ리오 그런즉 사ᄅᆞᆷ이 세상에 쳐ᄒᆞ매 이런 리치를 ᄌᆞ세히 알고 지너야 인간 칠십을 ᄌᆞ미 잇게 지니는지라 ᄒᆞᆫ번 죽으면 다시 살지 못 ᄒᆞ느니 살아셩젼 ᄒᆞᆫ세라 ᄒᆞ고 헛된 복귀와 헛된 영화를 탐너여 우수ᄉᆞ려로 평셩을 ᄀᆡ로이 지너니 이는 혼과 육신이 셩젼에만 ᄀᆡ로울ᄲᅮᆫ 아니라 버러지가 나뷔 되는날에 더욱 흉악ᄒᆞᆫ ᄀᆡ로움이 잇시리니 이것처 진실ᄒᆞ고 오묘ᄒᆞᆫ 뜻을 깁히 ᄆᆞ옴에 셩각ᄒᆞ여 ᄭᆡ다르면 빈ᄒᆞᆫ이나 부ᄒᆞᆫ이나 귀ᄒᆞᆫ이나 쳔ᄒᆞᆫ이나 홍상 즐거옴이 잇ᄉᆞ리라 이 세상에 소위 복이라ᄒᆞᆷ과 ᄀᆡ로온거슨 잠간이오 후세에 복과 ᄀᆡ로옴은 길이 밧느니 요힝이 세상에서 복이 잇는거슬 엇지 밋으며 외외에 여간 ᄀᆡ로옴이 잇는거슬 엇지 근심 ᄒᆞ리오 하ᄂᆞ님의 뜻을 깃부게 ᄒᆞ고 ᄀᆡ명을 복종ᄒᆞᆷ이 지극히 귀ᄒᆞ니 도적이 악ᄒᆞᆫ 사ᄅᆞᆷ이나 오ᄅᆡ살고 안ᄌᆞ는 착ᄒᆞᆫ 사ᄅᆞᆷ이나 요ᄉᆞᄒᆞ엿시니 엇지 텬도가 공평타 ᄒᆞ랴 ᄒᆞ지 말지여다 도적이 요힝이 향수 ᄒᆞ엿시나 공평되이 심판ᄒᆞ는날에 형벌을 면치 못ᄒᆞ겟고 안ᄌᆞ께서 불힝이 단명 ᄒᆞ엿시나 상을 밧으리니 므릇 귀ᄒᆞᆫ 우리 동포 형뎨들은 다시 사는 도를 궁구ᄒᆞ여 당쟝에 일만 셩각지 말고 후일에 보응이 분명이 잇는거슬 셩각ᄒᆞ여 이 세상에 ᄀᆡ로움을 므릅쓰고 후세에 텬당길을 예비 ᄒᆞᆯ지여다 · 병션

닉보

ᄉ월 일일에 량디 아문셔 남대문안 큰길을 쳑
량 ᄒ는ᄃ 미국 교ᄉ 혼분이 량디 아문에 모든
학도를 다리고 쳑량 ᄒ는 규칙을 ᄌ세히 ᄀᄅ
치매 한셩판윤은 디방판으로 참예ᄒ야 ᄉ무
를 보삷ᄒ고 길 좌우에 슌검이 셔셔 구경 ᄒ
는 사ᄅᆞᆷ들을 물니치더라

○이번에 면관된 대신들은 다 면즁계가 되고
유비간 젼 의정부 참정 신샹훈씨와 젼 내부대
신 셔리 민병한씨는 다 감일등이 되엿다더라

○의학 학교를 셜립 ᄒ다는 말은 젼호에 임
의 긔지 ᄒ엿거니와 다시 드른즉 년젼에 동리
관찰ᄉ 돈여온 지셕영씨가 의학교 교장이 되엿
다더라

○ᄉ월 이일에 졍동셔 셔쇼문 안으로 가는 마
루탁이에셔 파슈 보는 병뎡 ᄒ나이 덕국 공관
긔디 울타리 터진 곳으로 들어가셔 대변을 보
다가 덕관 셔리 령ᄉ의 눈에 들켜 병뎡의 혁
듸를 ᄲᅢ앗고 병뎡ᄭᆞ지 령ᄉ관으로 ᄭᅳᆯ고 들어가
더니 필경에 그 병뎡은 노아 보내고 외부로 편
져ᄒ야 죵쳐 ᄒ여 달나고 ᄒ엿다더라

○요ᄉ이 ᄡᆞᆯ갑시 졈졈 고등ᄒ매 궁춘의 빅셩
들이 셩애가 업셔 류리 ᄒ는 다경에 니른이가
만코 근긔에 도적들이 대치ᄒ야 빅셩이 안도키
어렵다고 말들이 머오 만더라

○일젼에 용인ᄯᅡ에 사는 니셔방이 본샤에 와셔
발ᄒ되 ᄌ긔의 형이 삼십여년 젼에 우연이 나아
간후 ᄉ싱존몰을 몰낫더니 요ᄉ이 들온즉 셔국
으로 가셔 아ᄃᆞᆯ ᄒ나를 나핫는ᄃ 지금 나히 이
십일세라 ᄌ뎍이 겸비ᄒ야 셔양 엇던나라 대동뎡
이 되엿는ᄃ 근본 용인 니씨ㄴ고로 일홈을 용나
두라 ᄒ엿다니 그 리허를 좀 알아닷나 ᄒ기에 본
샤에셔 허무ᄒᆫ말을 밋지말나 ᄒ엿더니 그사ᄅᆞᆷ이
도로혀 온휘 ᄒ는가 의심ᄒ니 이곳ᄒᆫ 우밍은 참
처옴 볼너라

본회고빅

본회에셔 이 회보를 젼년과 ᄀᆞᆺ치 일쥬일에 ᄒᆞᆫ
번식 발간 ᄒ는ᄃ 새로 륙폭으로 작뎡ᄒ고 ᄒᆞᆫ장
갑슨 엽젼 오푼이오 ᄒᆞᆫᄃᆞᆯ갑슨 미리내면 젼파 ᄀᆞᆺ
치 엽젼 ᄒᆞᆫ돈 오푼이며 본국 교우나 셔국 목ᄉ
나 교외 친구나 만일 사셔 보고져 ᄒ거든 뎡동
아펜셜라 목ᄉ 집이나 죵로 대동셔시에 가셔 사
시옴

죵로대동셔시광고

우리 셔샤에셔 셩경 신구약과 찬미칙과 교회에
유익ᄒᆫ 여러가지 셔칙과 시무에 긴요ᄒᆫ 칙들을
팔되 갑시 샹당ᄒ오니 학문샹과 시무변에 ᄯᅳᆺ이
잇는 군ᄌ들은 만히 사셔 보시옵

대영국 셩셔 공회 광고

새로 간츌 ᄒᆫ거슨 로마 가라태 골노셔 야고보
베드로 젼후셔 티모데 젼후셔니 사셔 보실이는
회샤 쥬인 권묘 션ᄉᆡᆼᄭᅦ로 오시옵

대한크리스도인회보

대삼권 대십오호

광무삼년 (ᄉᆞ십ᄇᆡ일합) ᄉᆞ월 이십일일

일본잇ᄂᆞᆫ외국교ᄉᆞ의수효

요ᄉᆞ이 일본셔 나온 신문을 볼
남ᄒᆞᆫ즉 일본 학부에서 나라 안
에 잇ᄂᆞᆫ 외국 사ᄅᆞᆷ으로 교ᄉᆞ노
릇 ᄒᆞᄂᆞᆫ이들의 수효를 샹고ᄒᆞ
니 합ᄒᆞ여 이ᄇᆡᆨ 팔십 륙명인ᄃᆡ
그즁에 미국 사ᄅᆞᆷ이 일ᄇᆡᆨ 이십
ᄉᆞ명이오 영국 사ᄅᆞᆷ이 륙십구
명이오 법국 사ᄅᆞᆷ이 륙십 어명
이오 덕국 사ᄅᆞᆷ이 십팔명이오
청국 사ᄅᆞᆷ이 ᄉᆞ명이오 대한 사
ᄅᆞᆷ이 삼명이오 아라샤 사ᄅᆞᆷ이
이명이오 그외에 네 나라 사ᄅᆞᆷ
이 각각 ᄒᆞ나식이라 이 여러나
라 교ᄉᆞ들 즁에 일본 졍부에서
월은을 밧지 아니ᄒᆞ고 각기 교
회즁으로 학당을 셜립ᄒᆞ야 인
민을 교육 ᄒᆞᄂᆞᆫ이가 만타더라
○우리 ᄉᆡᆼ각에ᄂᆞᆫ 이 여러사ᄅᆞᆷ
즁에 월은을 밧지안코 교ᄉᆞ노
릇 ᄒᆞᄂᆞᆫ이들은 다 젼도 ᄒᆞ기를
쥬쟝ᄒᆞ야 ᄒᆞᄂᆞᆫ듯 ᄒᆞ니 춤 깃부
거니와 다시 ᄉᆡᆼ각ᄒᆞᆫ즉 대한 져
국 인구ᄂᆞᆫ 이쳔만명 가량이오
일본 젼국 인구ᄂᆞᆫ ᄉᆞ쳔 오ᄇᆡᆨ만
이라 일본 인구가 대한보다 ᄇᆡ가 더 만키ᄂᆞᆫ 만
후나 대한 황셩안에 잇ᄂᆞᆫ 외국 교ᄉᆞ의 수효를
혜아려 보매 열에 지나지 아니ᄒᆞ니 일본 잇ᄂᆞᆫ
외국 교ᄉᆞ의께 비교ᄒᆞ면 이십분에 일분도 되지
못 ᄒᆞᄂᆞᆫ지라 대뎌 나라의 귀명ᄒᆞᆷ은 인ᄌᆞ를 교육
ᄒᆞᄂᆞᆫ듸 잇신즉 어나 나라이던지 만약 귀명에 진
보코져 ᄒᆞᆯ진ᄃᆡ 각항 학문으로 인민을 널니 ᄀᆞᄅᆞ
치ᄂᆞᆫ거시 뎨일 급부여니와 다만 학문만 숭상ᄒᆞ고
거륵ᄒᆞᆫ교를 붕힝치 아니ᄒᆞ면 이ᄂᆞᆫ 저조만 비호고
덕을 닥지 아니ᄒᆞᆷ이니 엇지 큰 흠절이 아니리오
그런즉 나라에ᄂᆞᆫ 인지를 교육 ᄒᆞᄂᆞᆫ거시 긴요ᄒᆞᆫ
일이오 교육 ᄒᆞᄂᆞᆫ데ᄂᆞᆫ 하ᄂᆞ님 도를 홍왕케 ᄒᆞᆯ
ᄂᆞᆫ거시 긴요ᄒᆞᆫ일노 우리ᄂᆞᆫ 아노라

감독오시ᄂᆞᆫ소식

우리 교즁 감독께서 샹력 오월 초십일에 인쳔 재
물포에 도박ᄒᆞ시고 십오일쯤 일년 년환회를 여신
다 ᄒᆞ니 춤 반가온 소식이라 각쳐 교우들은 감독
을 위ᄒᆞ야 만리 챵히에 안녕이 오시기를 하ᄂᆞ님
께 군절이 긔도 ᄒᆞ시면 됴흘ᄃᆞᆺ ᄒᆞ오

평양교우의편지

평양 아영동 교회에 한문 션ᄉᆡᆼ 황졍오씨의 모쳔
박씨ᄂᆞᆫ 금년에 년세가 칠십 이세요 무희젼에 세
례를 밧엇ᄂᆞᆫᄃᆡ 열심으로 쥬를 밋더니 음력 졍월
초이일에 우연 득병ᄒᆞ야 십륙일에 별세ᄒᆞ니 교즁
형뎨와 ᄌᆞ미들이 례식을 갓초아 극진히 안장ᄒᆞ고
찬미가로 텬당가ᄂᆞᆫ 령혼을 위로 ᄒᆞ엿다더라

갑 인 걸

一

상ᄇᆡᆨ구십일

대한크리스도인 회보

THE KOREAN CHRISTIAN ADVOCATE.
Rev. H. G. Appenzeller, Editor
36 cents per annum
in advance. Postage extra.
Wednesday, APR. 12th, 1899

서울 졍동서 일쥬일에 ᄒᆞᆫ번식 발간ᄒᆞᄂᆞᆫᄃᆡ 아편셜라 목ᄉᆞ가 회보 샤쟝이 되엿더라 일년 갑슬 미리 내면 삼십 륙젼이오 우표갑슨 ᄯᅡ로 잇ᄂᆞ니라

교인이더옥삼가ᄒᆞᆯ일

우리 하ᄂᆞ님 도ᄂᆞᆫ 광명 ᄒᆞ고 졍대 ᄒᆞ야 조곰도 우휘 ᄒᆞ고 샤곡홈이 업ᄂᆞᆫ지라 사ᄅᆞᆷ이 능히 사ᄅᆞᆷ은 속이되 하ᄂᆞ님은 속이지 못 ᄒᆞᄂᆞ니 우리 힝실의 현져ᄒᆞᆫ 션악은 더구나 말ᄒᆞᆯ것 업거니와 우리 ᄆᆞ옴 속에 엇더케 ᄉᆡᆼ각 ᄒᆞᄂᆞᆫ것 ᄭᅡ지 하ᄂᆞ님이 미리 아시ᄂᆞᆫ고로 비록 혼ᄌᆞ 잇실ᄯᅢ라도 ᄒᆞᆼ샹 경계ᄒᆞ고 조심 ᄒᆞᆯ거시오 외인이 미양 우리의 힝위ᄅᆞᆯ 엿보아 조곰이라도 불미ᄒᆞᆫ 일이 잇시면 긔틀을 ᄯᅡ러 비방 ᄒᆞᄂᆞᆫ 말이 발굼치를 좃차 니르ᄂᆞ니 우리가 만약 교인이라 칭ᄒᆞ고 외인이 우리의 힝ᄉᆞᄅᆞᆯ 인ᄒᆞ야 거룩ᄒᆞᆫ 도ᄅᆞᆯ 반ᄃᆡᄒᆞᆯ 디경이면 이ᄂᆞᆫ 우리가 하ᄂᆞ님을 셜독 ᄒᆞᆷ이니 엇지 공구ᄒᆞ고 ᄉᆞᆷ가ᄒᆞᆯ 곳이 아니리오 슯흐다 외식 ᄒᆞ기ᄅᆞᆯ 됴화 ᄒᆞᄂᆞᆫ 세상이여 흔이 위션 ᄒᆞ다가 본ᄉᆡᆨ이 탄로 ᄒᆞ야 졍다온 친구가 바른 말ᄉᆞᆷ으로 칙션 ᄒᆞ면 ᄃᆡ답 ᄒᆞᄂᆞᆫ 말이 나ᄂᆞᆫ ᄎᆞᆷ 하ᄂᆞ님을 공경 ᄒᆞ고 구세쥬를 밋ᄂᆞᆫ 사ᄅᆞᆷ이라 내외 ᄆᆞ옴을 사ᄅᆞᆷ은 알지 못ᄒᆞ되 하ᄂᆞ님ᄭᅴ셔ᄂᆞᆫ 엄외 아신다 ᄒᆞ며 거즛 겸손ᄒᆞᆫ 모양으로 다른 사ᄅᆞᆷ을 ᄃᆡ젹지 안ᄂᆞᆫ데 ᄒᆞᄂᆞ니 이ᄂᆞᆫ 셩경에 닐ᄋᆞ신바 외양은 면양 ᄀᆞᆺᄒᆞ되 실샹은 사오나운 시랑이라 ᄒᆞ심이니 ᄎᆞᆷ 의셕ᄒᆞᆫ 일이로다 셩경에 ᄯᅩ ᄀᆞᆯᄋᆞ샤ᄃᆡ 법률을 뎡 ᄒᆞ기젼에 죄를 지으면 오히려 용셔ᄒᆞᆷ을 엇으려니와 법률을 뎡ᄒᆞᆫ후에 범 ᄒᆞᄂᆞᆫ 거슨 영영 형벌을 면치 못ᄒᆞ리라 ᄒᆞ셧시니 파연 격당 ᄒᆞ신 훈계라 우리가 구세쥬의 ᄃᆡ속 ᄒᆞ신 공로를 듯지도 못ᄒᆞ고 알지도 못ᄒᆞᆫ ᄯᅢ에ᄂᆞᆫ 셜혹 계명을 범ᄒᆞᆯ지라도 하ᄂᆞ님ᄭᅴ셔 용셔 ᄒᆞ시려니와 눈으로 셩경을 보고 귀로 젼도 ᄒᆞᄂᆞᆫ 말ᄉᆞᆷ을 듯고 입으로 거룩ᄒᆞᆫ 만찬을 먹고 말 ᄒᆞᆯᄯᅢ 반다시 셩부와 셩ᄌᆞ와 셩신을 닐ᄏᆞᆺ기만 ᄒᆞ고 힝위ᄂᆞᆫ 크리스도 ᄯᅳᆺ에 합당치 아니 ᄒᆞ면 세샹 사ᄅᆞᆷ의 압헤셔 붓그러온거슨 고샤ᄒᆞ고 일후에 하ᄂᆞ님의 노여 ᄒᆞ심을 엇지 면ᄒᆞ며 ᄆᆞᆺ날 심판 ᄒᆞ실ᄯᅢ에 무ᄉᆞᆷ 면목으로 구세쥬를 뵈오리오 무론 남녀 노소 ᄒᆞ고 우리 교우들은 더욱 ᄉᆞᆷ가 ᄒᆞ고 더욱 조심 ᄒᆞᆯ지어다

송긔용

례ᄇᆡ일공과 일ᄇᆡᆨ 십오 ᄉᆞ월 이십삼일

요셉이 그 형뎨를 첫번 맛난일

창셰긔 ᄉᆞ십이장 일졀노 이십ᄉᆞ졀ᄭᆞ지

一 야곱이 애굽도에 곡식 잇ᄂᆞᆫ거슬 알고 여러 아ᄃᆞᆯ ᄃᆞ려 닐ᄋᆞ더 너희가 엇지 판망만 ᄒᆞ고 마너냐 二 ᄯᅩ ᄀᆞᆯᄋᆞ더 내가 드르매 애굽도에 곡식이 잇다 ᄒᆞ니 가셔 사다 연명을 ᄒᆞ고 죽기를 면케 ᄒᆞ라 ᄒᆞ더 三 요셉의 형 열 사ᄅᆞᆷ이 애굽도에 가셔 곡식을 삿서 四 그 동생 변야민과 야곱은 보내여 ᄒᆞᆷᄭᅴ 힝ᄒᆞ게 아니 ᄒᆞ니 지헤에 ᄲᅡ질가 두려워ᄒᆞᆷ이라 ○ 五 가나안 ᄯᅡ헤 심히 주리매 모도 애굽도에 ᄂᆞ려 곡식을 사니 이스라엘 여러 아ᄃᆞᆯ도 그 속에 잇ᄂᆞᆫ지라 六 요셉이가 나라 권세를 잡어 모든 ᄇᆡᆨ셩의게 곡식을 ᄑᆞᆯ시 모든 형뎨들이 나ᄅᆞ러 엎더여 졀 ᄒᆞ거ᄂᆞᆯ 七 요셉이 보고 아려도 ᄭᅢ곳 아지 못ᄒᆞᄂᆞᆫ데 ᄒᆞ고 ᄭᅮ지져 ᄀᆞᆯᄋᆞ더 너희가 어ᄃᆡ셔 왓ᄂᆞ냐 ᄃᆡ답ᄒᆞ되 가나안 ᄯᅡ헤셔 와 곡식 사기를 비ᄂᆞ이다 八 요셉은 비록 모든 형을 아러도 모든 형은 아지 못ᄒᆞ더라 九 요셉이가 이왕의 ᄭᅮ엇던 ᄭᅮᆷ을 ᄉᆡᆼ각ᄒᆞ고 모든 형ᄃᆞ려 말ᄒᆞ되 너희ᄂᆞᆫ 졍탐쟈ㅣ니 이제 여긔 온거ᄉᆞᆫ 우리 나라의 허실을 엿봄이라 十 ᄃᆡ답ᄒᆞ되 우리 쥬여 죵이 어와 ᄀᆞᆺ지 아니ᄒᆞ고 다만 곡식 사기를 ᄯᅢ러 왓ᄂᆞ이다 ○ 十一 우리가 다 ᄒᆞᆫ 아ᄇᆞ지게셔 나흔쟈요 근본 ᄒᆡᆼ실이 독실ᄒᆞ니 엇지 졍탐 ᄒᆞᄂᆞᆫ쟈ㅣ릿가 十二 요셉이 그러치 안타 너희쟈 이제 여긔 온거ᄉᆞᆫ 대개 우리 나라의 허실을 엿봄이라 ᄒᆞ거ᄂᆞᆯ 十三 ᄃᆡ답ᄒᆞ되 죵의 형뎨 열두 사ᄅᆞᆷ이 가나안 ᄯᅡ헤셔 ᄒᆞᆫ 아ᄇᆞ지ᄭᅴ 나해셔니 ᄆᆞᆺ헤 동생은 아ᄇᆞ지와 ᄒᆞᆷᄭᅴ 잇고 ᄒᆞ나흔 업ᄂᆞᆫ이다 十四 요셉이 ᄀᆞᆯᄋᆞ더 너희가 진실노 졍탐쟈ㅣ니 내말이 헛되지 안ᄂᆞᆫ지라 十五 내가 파레오를 가리쳐 밍셰 ᄒᆞᄂᆞ니 ᄆᆞᆺ해 동생을 다려오지 아니ᄒᆞ면 너희가 여긔셔 나가기를 허락지 아니ᄒᆞ고 너희 말 진위를 징험ᄒᆞ리니 十六 너희를 가도고 오직 ᄒᆞᆫ 사ᄅᆞᆷ만 보내여 네 동생을 다리고 와셔 너희 말 진위를 징험ᄒᆞ리라 그러치 아니ᄒᆞ면 내가 파레오를 가리쳐 밍셰 ᄒᆞᄂᆞ니 너희가 파연 졍탐쟈라 ᄒᆞ고 十七 이에 요셉이가 뎌들을 옥에 사흘을 가도고 十八 삼일만에 요셉이가 말ᄒᆞ되 내가 하ᄂᆞ님을 두려워ᄒᆞ야 특별이 ᄒᆞᆫ 계칙을 베푸ᄂᆞ니 너희가 좃처면 살니라 十九 너희가 파연 진실ᄒᆞᆫ 사ᄅᆞᆷ이면 ᄒᆞᆫ 사ᄅᆞᆷ만 옥에 가도리니 그 놈은이ᄂᆞᆫ 곡식을 실코 도라가 너희 집의 급ᄒᆞᆫ거ᄉᆞᆯ 구원ᄒᆞ고 二十 ᄆᆞᆺ헤 동생을 다리고 와셔 너희 말의 진위를 징험

ᄒᆞ면 죽기를 면ᄒᆞ리라 ᄒᆞ거ᄂᆞᆯ 이에 몡을 좃차 힝ᄒᆞ니라 ○ 二十一 뎌들이 서로 말ᄒᆞ되 젼에 우리가 동싱을 인ᄒᆞ야 죄를 츰 엇엇ᄂᆞ니 우리가 그의 익걸 ᄒᆞᄂᆞᆫ거슬 보고도 괴로온 ᄆᆞᄋᆞᆷ을 헤아리지 아니 ᄒᆞ고 드른데도 안ᄒᆞᆫ고로 이런 환난을 맛낫다 ᄒᆞ거ᄂᆞᆯ 二十二 데우벤이 골ᄋᆞ되 어린 ᄋᆞᄒᆡ를 해ᄒᆞ지 말나 내가 말ᄒᆞ지 안터나 너희가 듯지 아니ᄒᆞᆫ고로 그의 피 흘닌죄를 이제 우리의게 돌녀 보낸다 ᄒᆞ더라 二十三 처음에 요셥이가 뎌들노 더브러 말ᄒᆞᆯ셔 역판을 인ᄒᆞ야 말을 젼 ᄒᆞ엿더니 이제 열 사ᄅᆞᆷ이 방언을 말ᄒᆞ매 요셥이가 아지 못 ᄒᆞᄂᆞᆫ줄노 싱각 ᄒᆞ엿ᄉᆞ나 요셥은 임의 아ᄂᆞᆫ지라 二十四 요셥이 물너가 울고 다시 나와 말ᄒᆞ다가 여럿중에 시미온을 취ᄒᆞ야 그를 압헤셔 묵그니라

주셕

뭇ᄂᆞᆫ말

一 아곱이 아들들 ᄃᆞ려 무ᄉᆞᆷ 말을 ᄒᆞ엿ᄂᆞ뇨

二 아곱의 아들중에 누구를 집에두고 누구를 애굽도에 보니엿ᄂᆞ뇨

三 요셥이 웨 형들을 아지 못 ᄒᆞᄂᆞᆫ데 ᄒᆞ엿ᄂᆞ뇨

四 요셥이가 이왕에 무ᄉᆞᆷ ᄭᅮᆷ을 ᄭᅮ엇더뇨

五 요셥이 웨 형들ᄃᆞ려 정탐군이라 ᄒᆞ엿ᄂᆞ뇨

六 요셥의 말이 누구를 다려오라 ᄒᆞ엿ᄂᆞ뇨

七 요셥이가 형들을 몃날이나 옥에 가두엇더뇨

八 형데들이 옥에셔 다 나왓ᄂᆞ뇨

九 형데들이 회ᄀᆡ ᄒᆞᄂᆞᆫ ᄆᆞᄋᆞᆷ이 엇더케 낫ᄂᆞ뇨

十 형데중 엇던이가 모든 형데들의게 회ᄀᆡᄒᆞᆯ 말노 경계 ᄒᆞ엿ᄂᆞ뇨

十一 요셥이 무ᄉᆞᆷ 계교로 형데의게 넘넛ᄂᆞ뇨

十二 요셥의 ᄭᅮᆷ이 엇더케 응험ᄒᆞ게 되엿ᄂᆞ뇨

엡윗쳥년회

각국교들의 론ᄒᆞᆷ

ᄉᆞᄅᆞᆷ 사ᄂᆞᆫ 곳마다 교가 잇ᄂᆞᆫᄃᆡ 아푸리가 야만들의 교ᄂᆞᆫ 산과 물과 불과 비얌과 큰 즘ᄉᆡᆼ들을 위ᄒᆞ고 토에기와 파시와 애급과 아랍비아 셔방 아셰아 등디 반 야만들은 회회교를 밋으되 대개 악ᄒᆞ고 더러온 풍속은 녀편네ᄂᆞᆫ 교당에 드리지 아니ᄒᆞ며 ᄒᆞᆫ 사나희 놈이 여러 계집을 다리고 살며 인도와 쳥국과 대한과 일본 등디에ᄂᆞᆫ 불교가 잇셔 힝ᄒᆞᄂᆞᆫ ᄉᆞᄅᆞᆷ들이 약간 잇셔 그러ᄒᆞ되 실상인즉 셕가여릭가 ᄀᆞᄅᆞ친 불교가 아니요 다만 허수아비ᄅᆞᆯ ᄆᆞᆫᄃᆞ라 노코 우부 우밍의 돈을 ᄲᅢ앗자ᄂᆞᆫ 쥬의요 대한과 쳥국에ᄂᆞᆫ 공ᄌᆞ교가 잇ᄂᆞᆫᄃᆡ 졍치학과 슈신 졔가 ᄒᆞᄂᆞᆫ법과 힝동거지ᄅᆞᆯ 말ᄒᆞᆫ 학문이라 그중에 풍속이 회회교 ᄒᆞᄂᆞᆫ ᄉᆞᄅᆞᆷ들과 ᄀᆞᆺᄒᆞᆫ 개순ᄒᆞᆫ ᄉᆞᄅᆞᆷ이 여러 계집을 거느리게 ᄒᆞ며 일본에ᄂᆞᆫ 신교라 ᄒᆞᄂᆞᆫ거시 잇셔 이젼에 유명ᄒᆞᆫ 쟝관들과 놉흔 학문 잇던 이들과 혹 여호를 위ᄒᆞᄂᆞᆫᄃᆡ도 잇셔 어리셕은 일이 만코 불란셔와 오디리와 셔반아와 포도아와 이대리와 벨디암과 남이메리가 졔국에ᄂᆞᆫ 텬쥬교가 잇고 영국과 덕국과 미국과 하란과 셔뎐과 나위와 이 모든나라 속방들에ᄂᆞᆫ 예수교가 잇고 아라사와 희랍국에ᄂᆞᆫ 희랍교가 잇ᄂᆞᆫᄃᆡ 텬쥬교와 방불ᄒᆞᆫ지라 예수교와 텬쥬교와 희랍교에셔ᄂᆞᆫ 다 ᄀᆞᆺ치 하ᄂᆞ님을 밋고 예수씨ᄅᆞᆯ 구셰쥬로 아나 텬쥬교ᄂᆞᆫ 예수교와 다른거시 예수씨 외에 그 어머니 마리아ᄅᆞᆯ 더 밋으며 교즁 왕이 이대리 셔울 로마에 잇셔 무론 엇던 나라 ᄉᆞᄅᆞᆷ이던지 텬쥬교 ᄒᆞᄂᆞᆫ ᄉᆞᄅᆞᆷ은 그 왕의게 미혹ᄒᆞᄂᆞᆫ지라 만일 엇던 나라이던지 그 나라 교가 놉고 츰되면 그 나라에 잇ᄂᆞᆫ ᄉᆞᄅᆞᆷ들이 그 교화의 져져 그나라 ᄉᆞᄅᆞᆷ들의 ᄉᆡᆼ각 ᄒᆞᄂᆞᆫ거시 더옥 졍밀ᄒᆞ여 시비 곡딕을 실상으로 판단ᄒᆞ고 남을 칙망ᄒᆞᆯᄯᅢ에 증거업시 칙망 ᄒᆞᄂᆞᆫ 법이 업고 칭찬ᄒᆞᆯᄯᅢ에 그 실상을 드러 칭찬 ᄒᆞᄂᆞᆫ교로 미련ᄒᆞ고 무식ᄒᆞ고 경계업시 놈의 말만 듯고 올타 그ᄅᆞ다 ᄒᆞᄂᆞᆫ 야만에 풍속이 업ᄂᆞᆫ지라 그러고 본슈 놉고 츰된교가 잇ᄂᆞᆫ 나라에ᄂᆞᆫ 법률이 공평ᄒᆞ여 ᄉᆞᄅᆞᆷ마다 원망ᄒᆞᄂᆞᆫ ᄆᆞᄋᆞᆷ이 업ᄉᆞ며 어리셕고 헛된거슬 슝샹 ᄒᆞᄂᆞᆫ 나라에ᄂᆞᆫ ᄉᆞᄅᆞᆷ이 ᄉᆞᄅᆞᆷ을 잡아 먹ᄂᆞᆫ 풍속이 잇셔 뎌의 동포ᄅᆞᆯ 학ᄃᆡᄒᆞ며 법률이 공평치 못ᄒᆞ여 샹줄 ᄉᆞᄅᆞᆷ은 형벌ᄒᆞ고 형벌ᄒᆞᆯ놈은 샹주어 샹하 ᄉᆞ방에 원셩이 가ᄉᆞᆷ에 ᄎᆞ고 ᄯᅢ여 삭여 필경에ᄂᆞᆫ 서로 잡아 먹을 ᄉᆡᆼ각만 두고 제 집안과 제 나라ᄂᆞᆫ 도라 보지 안ᄂᆞ니 그 결과ᄂᆞᆫ 망ᄒᆞᄂᆞᆫ것 밧긔 업ᄂᆞ니라 그런즉 놉고 츰된교ᄅᆞᆯ 밋고 힘ᄒᆞ고 ᄀᆞᄅᆞ쳐야 고 나라이 하ᄂᆞ님의 복을 밧으리로다 로병션

내보

미국 공ᄉ 안련씨가 금월 륙일에 본국으로 도라 가시ᄂᆞᆫ데 미국 친구들이 강두에 ᄭᆞ지 전송 ᄒᆞᄂᆞᆫ 이가 잇더라

○ 이번에 아라샤 사ᄅᆞᆷ의 겸업 저합ᄒᆞᆯ 긔디를 청구 ᄒᆞᄂᆞᆫ일노 즁츄원에셔 회의 ᄒᆞ다가 여러 의관의 언사 픽망홈으로 다ᄉᆞᆺ 사ᄅᆞᆷ이 면관 되엿다ᄂᆞᆫ 말은 전호 닉보에 임의 긔지 ᄒᆞ엿거니와 다시 드른즉 그 면관ᄒᆞᆫ 의관들이 다 면즁계가 되엿다 더라

○ 빈지학당에셔 ᄒᆡ마다 츈화 일란ᄒᆞᆯᄯᆡ면 ᄒᆞᆫ번식 화류 구경을 가ᄂᆞᆫ데 금년에도 음력 삼월 초ᄉᆞ일에 여러 션ᄉᆡᆼ과 빅여명 학원들이 일졔히 새문밧 정토졀노 노리를 간다더라

○ 경셩안에 잇ᄂᆞᆫ 각 신문샤에셔 미월 일ᄎᆞ식 친목회를 ᄒᆞᄂᆞᆫ데 금월에ᄂᆞᆫ 황셩신문샤에셔 쥬간ᄒᆞ야 이돌 팔일에 무교엽 취향루로 각 샤원들이 모히여 친목 ᄒᆞᄂᆞᆫ 례식을 힝 ᄒᆞ엿다더라.

○ 나라의 긔명됨이 각 신문샤에 잇거늘 우리 대한에ᄂᆞᆫ 신문샤가 몃곳이 되지도 안커니와 여간 잇ᄂᆞᆫ 신문샤도 정부에셔 합당케 녁이지 아니ᄒᆞᆯᄯᆡ 각 신문샤 긔지원들이 함구지심이 잇셔셔 바른말을 ᄒᆞ지 못ᄒᆞ니 참 탄식ᄒᆞᆯ 일이라고 사ᄅᆞᆷ의 의론이 미우 분운 ᄒᆞ다더라

○ 일전에 친구 ᄒᆞᆫ분이 지내다가 엇던 신문샤에 들어 갓더니 병뎡이 술이 대취 ᄒᆞ야 신문샤 샤원과 힐난 ᄒᆞ다가 마당에셔 셰구러져 잠을 자고 병뎡 ᄒᆞ나흔 술에 반취 ᄒᆞ엿ᄂᆞᆫ디 무단이 신문샤에 와셔 집탈 ᄒᆞᄂᆞᆫ거ᄉᆞᆯ 보고 그 친구의 말이 병뎡의 직칙이 엇더케 소즁 ᄒᆞ거ᄂᆞᆯ 더 병뎡들은 공연히 월급만 먹고 힘쓰이 무뢰지비와 ᄀᆞᆺᄒᆞ니 군복 장관들은 다 낫잠만 자나 보다고 ᄒᆞ더라

본회고빅

본회에셔 이 회보를 전년과 ᄀᆞᆺ치 일쥬일에 ᄒᆞᆫ번식 발간 ᄒᆞᄂᆞᆫ데 새로 륙폭으로 작뎡ᄒᆞ고 ᄒᆞᆫ장 갑슨 엽전 오푼이오 ᄒᆞᆫᄃᆞᆯ갑슬 미리내면 전파 ᄀᆞᆺ치 엽전 ᄒᆞᆫ돈 오푼이라 본국 교우나 셔국 목ᄉᆞ나 교외 친구나 만일 사셔 보고져 ᄒᆞ거든 정동 아편셜라 목ᄉᆞ 집이나 죵로 대동셔시에 가셔 사시옵

죵로대동셔시광고

우리 셔샤에셔 셩경 신구약과 찬미칙과 교회에 유익ᄒᆞᆫ 여러가지 셔칙과 시무에 긴요ᄒᆞᆫ 칙들을 팔되 갑시 샹당 ᄒᆞ오니 학문샹과 시무번에 ᄯᅳᆺ이 잇ᄂᆞᆫ 군ᄌᆞ들은 만히 사셔 보시옵

대영국 셩셔 공회 광고

새로 간츌 ᄒᆞᆫ거슨 로마 가라대 골노시 야고보 베드로 전후셔 티모데 전후셔니 사셔 보실이ᄂᆞᆫ 회샤 쥬인 견묘 션ᄉᆡᆼ씌로 오시옵

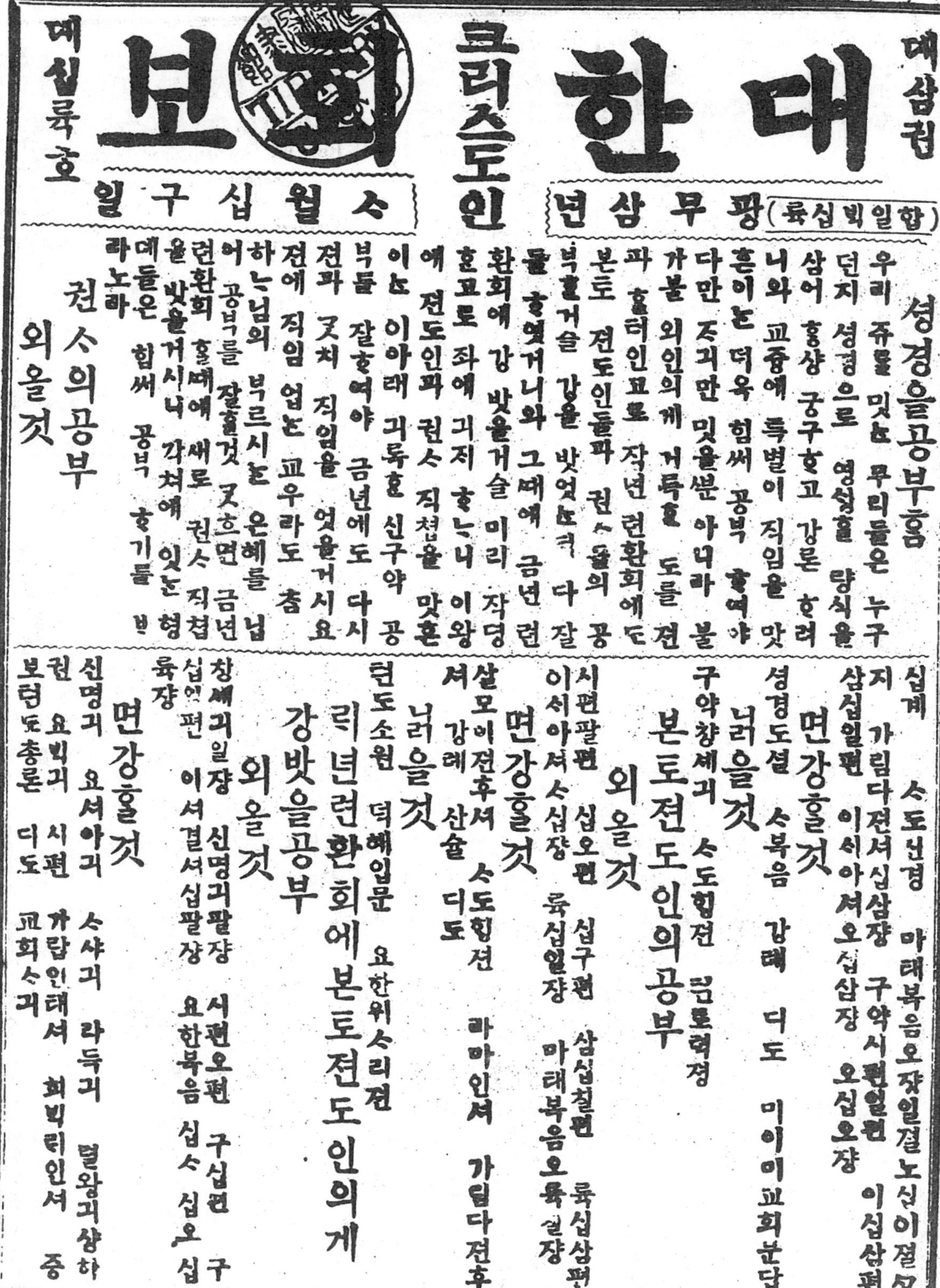

대삼권

대한크리스도인회보

대십륙호

광무삼년 (륙십빅일합) ᄉᆞ월십구일

셩경을공부ᄒᆞᆷ

우리 쥬를 밋ᄂᆞᆫ 무리들은 누구
던지 셩경으로 영혼ᄒᆞᆯ 량식을
삼어 ᄒᆞᆼ상 궁구ᄒᆞ고 강론ᄒᆞ려
니와 교즁에 특별이 직임을 맛
흔이ᄂᆞᆫ 더욱 힘써 공부ᄒᆞ여야
다만 ᄌᆞ긔만 밋을뿐 아니라 불
가불 외인의게 거륵ᄒᆞᆫ 도를 젼
파ᄒᆞᆯ터인고로 작년 련환회에ᄂᆞᆫ
본토 젼도인들과 권ᄉᆞ들의 공
부ᄒᆞᆯ거슬 강을 밧엇ᄂᆞᆫ지라 다 잘
들 ᄒᆞ엿거니와 그ᄯᅢ에 금년 련
환회에 강 밧을거슬 미리 작뎡
ᄒᆞᆫ고로 좌에 긔지 ᄒᆞᄂᆞ니 이왕
에 젼도인과 권ᄉᆞ 직첩을 맛흔
이ᄂᆞᆫ 이아래 긔록ᄒᆞᆫ 신구약 공
부들 잘ᄒᆞ여야 금년에도 다시
젼과 ᄀᆞᆺ치 직임을 엇을거시요
젼에 직임 업ᄂᆞᆫ 교우라도 춤
하ᄂᆞ님의 부르시ᄂᆞᆫ 은혜를 닙
어 공부를 잘ᄒᆞᆯ것 ᄀᆞᆺᄒᆞ면 금년
련환회ᄒᆞᆯᄯᅢ에 새로 권ᄉᆞ 직첩
을 밧을거시나 각쳐에 잇ᄂᆞᆫ 형
뎨들은 힘써 공부 ᄒᆞ기를 ᄇᆞ
라노라

권ᄉᆞ의공부

외올것

십계 ᄉᆞ도신경 마태복음오장일졀노 십이졀ᄭᆞ
지 가림다젼서십삼장 구약시편일편 이십삼편
삼십일편 이싀아셔오십삼장 오십오장

면강ᄒᆞᆯ것

셩경도셜 ᄉᆞ복음 강례 디도 미이미교회문답

니러올것

구약챵셰긔 ᄉᆞ도힝젼 ᄀᆞᆷ로력졍

본토젼도인의공부

외올것

시편팔편 십오편 십구편 삼십칠편 륙십삼편
이싀아셔ᄉᆞ십장 륙십일장 마태복음오륙칠장

면강ᄒᆞᆯ것

살모이젼후셔 ᄉᆞ도힝젼 라마인셔 가림다젼후
셔 강례 산술 디도

니러올것

련도소원 덕혜입문 요한위ᄉᆞ리젼

리년련환회에본토젼도인의게 강밧을공부

외올것

챵셰긔일장 신명긔팔장 시편오편 구십편 구
십일편 이셔결셔십팔장 요한복음 십ᄉᆞ 십오 십
륙장

면강ᄒᆞᆯ것

신명긔 요셔아긔 ᄉᆞ샤긔 라득긔 렬왕긔상하
권 요빅긔 시편 가랍인태셔 희빅리인셔 중
보련도총론 디도 교회ᄉᆞ긔

삼빅구십칠

대한크리스도인회보

THE KOREAN CHRISTIAN ADVOCATE.
Rev. H. G. Appenzeller, Editor
36 cents per annum
in advance. Postage extra.
Wednesday, APR. 19th, 1899

서울 졍동셔 일쥬일에 ᄒᆞᆫ번식 발간 ᄒᆞᄂᆞᆫᄃᆡ 아편셜라 목ᄉᆞ가 회보 샤쟝이 되엿더라 일년 갑슬 미리 내면 삼십 륙젼이오 우표갑슨 ᄯᅡ로 잇ᄂᆞ니라

츈식을구경홈

음력 삼월 초ᄉᆞ일에 ᄇᆡ지학당 학원들이 새문밧 졍토절노 노리를 가ᄂᆞᆫᄃᆡ 그때에 츈화 일난ᄒᆞ고 만화 방창ᄒᆞ야 졀승ᄒᆞᆫ 경긔를 츔구경ᄒᆞᆯ만 ᄒᆞᆫ지라 학도 ᄒᆞᆫ분이 본학당 긔호를 가지고 압희셔 길을 인도ᄒᆞ며 뒤에ᄂᆞᆫ 수ᄇᆡᆨ명이 이십명식 열ᄃᆡ를 지여 졍제히 나아가고 본학당 총교ᄉᆞ 아편셜라씨와 다른 셔국 교ᄉᆞ와 셔국 부인 여러분이 혹 것기도 ᄒᆞ고 타기도 ᄒᆞ며 혹션 혹후ᄒᆞ야 나아가시ᄂᆞᆫᄃᆡ 두시 동안에 졀문압헤 당도ᄒᆞ니 수십명 즁들이 일졔히 영접 ᄒᆞᄂᆞᆫ지라 잠간 쉰후의 이국가와 권학가들 ᄎᆞ례로 노래ᄒᆞ고 연두시 인경울 치ᄆᆡ 다반을 나아올ᄉᆡ 감ᄉᆞᄒᆞᆫ ᄯᅳᆺ으로 ᄒᆞᄂᆞ님ᄭᅴ 긔도ᄒᆞ고 판동파 로쇼가 다 ᄇᆡ부르게 먹은후에 종일토록 질기다가 셕양에 졔졔히 도라왓ᄂᆞᆫᄃᆡ 그 즁에 ᄒᆡ직 몃분이 잇서 지은 글ᄭᅴ가 볼만 ᄒᆞ기로 각기 ᄒᆞᆫ귀식 번역ᄒᆞ여 좌에 긔지 ᄒᆞ노라

一 산울넘ᄭᅥ 물을건너 ᄭᅦ오절에 니르러
서를듯고 ᄉᆞᆺ윤읇허 다시루에 오르네

一 문에ᄂᆞ오매 희빗치 셩각에 더옵고
절을차지매 구름이 불두에 깁헛다

一 힘화와 양류ᄂᆞᆫ 봄삼월이요
쥭쟝과 망혜ᄂᆞᆫ 긱이ᄒᆞᆫ루라

一 바롬은 향연을 보내여 보탑에 왓ᄂᆞᆫ데
히빗츤 화영을 옴기여 죵루에 갓갑네

一 간히 봄에 놈은홍이 오ᄂᆞᆯ다시 ᄂᆞ니
ᄇᆡᆨ련샤가 궁벽ᄒᆞ고 한감이 흐르다

一 양츈이 나를불너 ᄇᆡᆨ련샤에 노리ᄒᆞ니
즁의집이 최외ᄒᆞ고 셕간이 흐르더라

一 수ᄇᆡᆨ관동은 다됴흔 실과인ᄃᆡ
삼쳔셰계에 뷘다락이 잇더라

一 타시에 화류ᄂᆞᆫ 웅당슈인에 업고
금일에 문쟝은 누가 압두ᄒᆞ겟나고

一 동풍삼월에 됴흔노리를 덤치니
륜류와 가화ᄂᆞᆫ ᄒᆞᆫ빗츠로 호르다

一 즁다려 뭇ᄂᆞ니 극락이 어ᄃᆡ잇나
법우졔러던에 더곳으로 가ᄂᆞ니라

례ᄇᆡ일공과 일ᄇᆡᆨ십륙 ᄉᆞ월 삼십일

요셉의형뎨애굽도에두번재간일

창셰긔 ᄉᆞ십삼장 일졀로 십칠졀ᄭᆞ지

一 온 디경에 흉년이 심ᄒᆞᆫ매 二 애굽도에셔 가져온 곡식이 임의 ᄯᅥ러졋거ᄂᆞᆯ 아바지가 ᄀᆞᆯᄋᆞᄃᆡ 다시 가셔 조곰 곡식 사기를 빌나ᄒᆞᆫᄃᆡ 三 유다가 ᄀᆞᆯᄋᆞᄃᆡ 그 사ᄅᆞᆷ이 진실노 우리게 닐ᄋᆞ기를 ᄭᅳᆺ헤 동싱이 오지 아니ᄒᆞ면 내 얼골을 보지 못ᄒᆞ리라 ᄒᆞ엿ᄉᆞ니 四 만일 아바지ᄭᅴ셔 동싱을 보내여 ᄒᆞᆷᄭᅴ 가면 곡식을 사려니와 五 그러치 아니ᄒᆞ면 가지 못ᄒᆞ겟ᄂᆞ이다 대개 그 사ᄅᆞᆷ이 ᄀᆞᆯᄋᆞᄃᆡ ᄭᅳᆺ헤 동싱이 오지 아니ᄒᆞ면 내 얼골을 보지 못ᄒᆞ리라 ᄒᆞ엿ᄂᆞ이다 六 이스라엘이 ᄀᆞᆯᄋᆞᄃᆡ 엇지 동싱이 잇다고 ᄒᆞ야 나를 해롭게 ᄒᆞᄂᆞ냐 七 ᄃᆡ답ᄒᆞᄃᆡ 그 사ᄅᆞᆷ이 우리 족쇽을 ᄌᆞ셔히 힐문ᄒᆞ되 너의 아바지가 지금 ᄭᅡ지 잇스며 형뎨가 잇ᄂᆞ뇨 ᄒᆞᄆᆡ 우리가 실샹으로 고ᄒᆞ엿ᄂᆞ니 우리ᄃᆞ려 동싱을 ᄃᆞ리고 오라 ᄒᆞᆯ줄을 엇지 알니요 八 유다가 이스라엘의게 닐ᄋᆞᄃᆡ 동싱을 보내여 우리와 ᄒᆞᆷᄭᅴ 가게 ᄒᆞ면 아바지와 우리와 우리 ᄌᆞ녀가 다 보젼ᄒᆞᆯ거시요 죽지 아니ᄒᆞ리다

九 내가 어린 동싱을 보호ᄒᆞ기ᄂᆞᆫ 그 직칙이 내게 잇ᄉᆞ니 만일 ᄃᆞ려다가 아바지 압헤 두지 아니ᄒᆞ면 내 평ᄉᆡᆼ에 죄를 벗지 못ᄒᆞ리다 十 만일 지톄ᄒᆞ지 아니ᄒᆞ엿더면 임의 두번을 갓다 왓겟ᄉᆞᆸᄂᆞ이다 ○ 十一 이스라엘이 ᄀᆞᆯᄋᆞᄃᆡ 만일 그러ᄒᆞ면 내가 ᄒᆞᆯ 계칙이 잇ᄂᆞ니 ᄯᅡ에 됴흔 소산을 거두되 유향과 ᄭᅮᆯ샹 조곰과 향과 몰약과 비ᄌᆞ와 힝인을 그릇에 담어 례물을 ᄒᆞ고 十二 곡식 사기를 밧되 돈을 젼에 수효 보다 비나 더 가지고 젼에 그릇에셔 엇은 돈을 다 도로 주라 혹 차착이 잇슬가 두려워ᄒᆞ노라 十三 어린 동싱을 ᄃᆞ리고 니러나 그 사ᄅᆞᆷ의게 다시 가매 十四 젼능ᄒᆞ신 하ᄂᆞ님ᄭᅴ셔 너희로 ᄒᆞ여곰 그 사ᄅᆞᆷ 압헤셔 은춍 엇기를 원ᄒᆞ노니 네 형과 벤야민을 돌녀 보내라 내 죽은 아ᄃᆞᆯ인즉 그만이라 ○ 十五 드듸여 례물을 가지고 돈을 젼보다 비나 더 가지고 벤야민과 ᄒᆞᆷᄭᅴ 니러나 애굽도로 나려가 요셉 압헤 셔니 十六 요셉이가 벤야민이 ᄒᆞᆷᄭᅴ 온거ᄉᆞᆯ 보고 셰간 맛흔 사ᄅᆞᆷᄃᆞ려 닐ᄋᆞᄃᆡ 이 사ᄅᆞᆷ을 인도ᄒᆞ여 집으로 드러 오게ᄒᆞ고 즘

셩을 잡고 잔ᄎᆡ를 배풀나 오ᄂᆞᆯ 오졍에 나와 ᄒᆞᆷ께 먹으리라 ᄒᆞ니 ᄂᆞᆫ 새간 맛흔 사ᄅᆞᆷ이 명을 좃차 인도 ᄒᆞ여 가더라

주셕

묻ᄂᆞᆫ말

一 에나ᄯᅡ에 흉년이 들엇ᄂᆞ뇨

二 야곱이 아ᄃᆞᆯ들ᄃᆞ려 어나ᄯᅡ을 다시 가 무엇 ᄒᆞ라 ᄒᆞ엿ᄂᆞ뇨

三 엇던형이 누구를 다리고 가겟다 ᄒᆞ엿ᄂᆞ뇨

四 이스라엘이 몃가지 물종을 가지고 가라 ᄒᆞ엿ᄂᆞ뇨

五 이스라엘이 하ᄂᆞ님ᄭᅴ 무숨 말노 긔도 ᄒᆞ엿ᄂᆞ뇨

六 야곱과 이스라엘이 무숨 분별이 잇ᄂᆞ뇨

七 이스라엘이라 ᄒᆞᄂᆞᆫ 뜻슨 무숨 뜻이뇨

八 자루에서 엇은 금은 엇잔 금이뇨

九 요셉이 형대들을 엇더케 ᄃᆡ졉 ᄒᆞ엿ᄂᆞ뇨

十 이스라엘이 무숨말을 듯고 벤야민을 보너엿ᄂᆞ뇨

엡웟청년회

혼인론

우리 나라에서 혼인 ᄒᆞᄂᆞᆫ디 큰 폐단이 두가지가 잇ᄉᆞ니 쳣ᄌᆡᄂᆞᆫ 일즉 혼인 ᄒᆞᄂᆞᆫ거시라 사ᄅᆞᆷ이 이십세가 넘으야 비로소 근골이 차셔 무ᄉᆞᆷ일을 ᄒᆞ던지 낭패럽지 안케 ᄒᆞ고 공부를 ᄒᆞ더리도 팔세로 브터 이십세 ᄭᆞ지 ᄒᆞ여야 긔셩명을 ᄒᆞᆫ다 ᄒᆞᆯ거늘 엇지 ᄒᆞ쟈고 십 ᄉᆞ오세도 못된 어린 ᄋᆞᄒᆡ를 ᄶᅡᆨ을 지어주니 아모 분수 모로ᄂᆞᆫ 어린 사나희와 계집 ᄋᆞᄒᆡ가 우연이 맛ᄂᆞᆫ즉 그중에셔 ᄌᆞ식이 나니 못셩기고 번번처 아니거시 셩길ᄲᅮᆫ 더러 연골에 셜산 ᄒᆞᆫ 기ᄅᆞᆯ 시작ᄒᆞ니 그 어린 어미의 잔인ᄒᆞᆫ 모양은 ᄎᆞᆷ아 보지 못 ᄒᆞ겟고 어린 아비ᄂᆞᆫ 혈담을 ᄇᆞᆺ거나 뇌졈병에 들니거나 황달이 셩기거나 ᄒᆞ야 죽ᄂᆞᆫ쟈 태반이요 다힝이 련명으로 삼ᄉᆞ십세를 사나 졍신이 모손ᄒᆞ여 이젼 칠팔십세 된 로인 ᄀᆞᆺᄒᆞ니 하가에 학문을 비와 ᄉᆞ업을 일우리요 남ᄌᆞ의 활발ᄒᆞᆫ 긔상이 졈졈 줄어져 젼국에 잔약ᄒᆞᆫ 사ᄅᆞᆷ이 만은즉 그 나라이 약ᄒᆞ고 가난 ᄒᆞᆯ거슨 다 아ᄂᆞᆫ바ㅣ라 그런즉 사ᄅᆞᆷ마다 다 그ᄌᆞ식을 뉘가 ᄉᆞ랑 ᄒᆞᆯ져 아니리요 만은 일즉이 혼인 ᄒᆞᄂᆞᆫ거슨 곳 그 ᄌᆞ식을 죽이ᄂᆞᆫ것과 다름이 업슬거시요 둘ᄌᆡ 폐단은 혼인을 부모가 작뎡ᄒᆞ여 주ᄂᆞᆫ거시라 혼인이라 ᄒᆞᄂᆞᆫ거슨 두사ᄅᆞᆷ이 ᄇᆡᆨ년 고락을 ᄒᆞᆯ때 ᄒᆞ쟈고 약됴 ᄒᆞᄂᆞᆫ거신디 ᄇᆡᆨ년 고락을 ᄒᆞᆯ때 ᄒᆞ쟈면 쳣ᄌᆡ ᄆᆞᄋᆞᆷ과 ᄯᅳᆺ이 합ᄒᆞ며 둘ᄌᆡ 학문과 지식이 ᄀᆞᆺᄒᆞ며 셋ᄌᆡ 외양과 쳐디가 피ᄎᆞ에 대강은 ᄀᆞᆺᄒᆞ야 ᄒᆞᆯ거시여ᄂᆞᆯ 당초에 김 리 량셩이 거간을 노아 아모에 ᄯᆞᆯ과 아모에 아ᄃᆞᆯ이 합당 ᄒᆞ다ᄒᆞ니 그 부모ᄂᆞᆫ ᄆᆞᄋᆞᆷ이 합당 ᄒᆞ엿지마ᄂᆞᆫ 아모에 아ᄃᆞᆯ과 아모에 ᄯᆞᆯ이야 ᄉᆡᆨ ᄆᆞᄋᆞᆷ이 마즐니가 잇ᄉᆞ며 소경인지 악ᄒᆞᆫ병이 잇ᄂᆞᆫ지 누가 알니요 서로 맛ᄂᆞᆫ후에 합당치 아니ᄒᆞᆫ즉 잔약ᄒᆞᆫ 녀인은 여간 불합 ᄒᆞᆯ더리도 그 남편을 ᄯᅡ라 가지마ᄂᆞᆫ 사나희 놈은 재 주먹힘에 든든ᄒᆞᆫ것관 밋고 ᄉᆞ혜를 도라보지 안코 그 안ᄒᆡ를 욱다이며 두다리며 ᄉᆞ분에의 속 본쳐를 내여ᄶᅩᆺ고 쳡을 엇ᄂᆞ다 심지어 살육이 난다 ᄌᆞ수 ᄒᆞᄂᆞᆫ 폐단어 죵죵 잇서 원 집안에 화합지 못ᄒᆞ고 국중에 화합지 못ᄒᆞᄂᆞᆫ 집이 만은즉 ᄌᆞ연 나라ᄭᆞ지 편치 못ᄒᆞ고 외국에 ᄉᆞ치를 면치 못 ᄒᆞᄂᆞ니 이거슨 대한을 두고 보더리도 거울 ᄒᆞᆫ ᄀᆞᆺᄒᆞᆫ지라 지금 서울안에 셩혼ᄒᆞᆫ 남녀를 샹고 ᄒᆞ여보면 화긔 잇ᄂᆞᆫ 사ᄅᆞᆷ의 얼골이 드믈고 병셕이 나타나ᄂᆞᆫ쟈 열에 팔구인이 되니 그 실샹을 궁구ᄒᆞ여보면 미련ᄒᆞ고 지각업고 분수 모로ᄂᆞᆫ 남녀가 일즉이 비합된 ᄭᆞ닭이라 엇지 두려울일이 아니리요 그 구폐ᄒᆞᆯ 방약이 네가지가 잇ᄉᆞ니 一 남녀가 분별이 업셔 동등 권리가 잇ᄂᆞᆫ줄을 알아야 ᄒᆞᆯ거시요 二 남녀간에 ᄀᆞᆺᄒᆞᆫ 학문으로 ᄒᆞᆫ 학교에셔 공부 ᄒᆞ여야 ᄒᆞᆯ거시요 三 부모가 압재로 혼인을 뎡ᄒᆞ여 주지 아닐거셔요 四 혼인ᄒᆞᄂᆞᆫ 변긔를 뎡ᄒᆞᆯ거시라

도병션

너보

양력 ᄉ월 십오일에 각 신문샤 샤원들이 남촌 로인졍에 모히여 친목회를 비셜 ᄒᆞ고 노는ᄃᆡ 양요리와 대한 음식과 일본 다과를 합 ᄒᆞ야 풍족히 먹은후에 각식 풍류로 종일토록 질기다가 셕양에야 파ᄒᆞ고 각기 도라 왓다더라

○ 근일에 샹무총보라 ᄒᆞ는 신문이 새로 낫다 ᄒᆞ니 이 신문은 응당 샹무를 확쟝케 ᄒᆞ야 샹민을 더옥 귀명 식히랴는 뜻인듯 ᄒᆞ니 종금이후로는 쟝ᄉᆞ ᄒᆞ는 빅셩들이 물건 미매 ᄒᆞ는ᄃᆡ 예누리와 속이는 폐단이 업실듯 ᄒᆞ더라

○ 츙쳥도 온진 감경이셔 민요가 니러나 텬쥬교 신부와 본국 교인을 란타 ᄒᆞ엿다더니 다시 드른즉 ᄉᆞ화가 되엿다더라

○ 열젼의 남대문에 익명셔를 써 붓쳣는ᄃᆡ 그 말이 모호 ᄒᆞ야 히득 ᄒᆞᆯ수가 업ᄂᆞᆫ지라 누구던지 그글 뜻을 잘 푸러 아는이가 잇시면 벼슬을 식힌단 말이 잇다더라

○ 북촌 엇던 친구의 집에 싀골 사ᄅᆞᆷ ᄒᆞ나이 왓는ᄃᆡ 위인은 본ᄃᆡ 광증이 잇고 필법은 가이 명필이라 칭ᄒᆞᆯ만 ᄒᆞᆫ지라 일본 사ᄅᆞᆷ들이 그 소문을 듯고 만히 가셔 갑슬 주고 글시를 밧어 가는ᄃᆡ 셔촌 근쳐에 사는 친구들이 그 사ᄅᆞᆷ을 집에 쳥ᄒᆞ여 두고 폐백을 후히 주어 가면셔 글시를 ᄆᆞ음대로 밧겟다 ᄒᆞᆫ즉 그 사ᄅᆞᆷ이 한ᄉᆞ ᄒᆞ고 오기를 슬혀 ᄒᆞ매 교우 ᄒᆞ나이 말ᄒᆞ되 그 사ᄅᆞᆷ의 밋친 증세는 필연 마귀의 소윈고로 셔촌 구셰교 셩당 잇는 근쳐에는 오지 못ᄒᆞ나 보다고 ᄒᆞ더라

본회고빅

본회에셔 이 회보를 젼년과 ᄀᆞᆺ치 일쥬일에 ᄒᆞᆫ번식 발간 ᄒᆞ는ᄃᆡ 새로 쟝폭으로 작뎡ᄒᆞ고 ᄒᆞᆫ쟝 갑슨 엽젼 오푼이오 ᄒᆞᆫ돌갑슨 미리내면 젼과 ᄀᆞᆺ치 엽젼 ᄒᆞᆫ돈 오푼이라 본국 교우나 셔국 목ᄉᆞ나 교외 친구나 만일 사셔 보고져 ᄒᆞ거든 졍동 아펜셜라 목ᄉᆞ 집이나 죵로 대동셔시에 가셔 사시옵

죵로대동셔시광고

우리 셔샤에셔 셩경 신구약과 찬미칙과 교회에 유익ᄒᆞᆫ 여러가지 셔칙과 시무에 긴요ᄒᆞᆫ 칙들을 팔되 갑시 샹당 ᄒᆞ오니 학문샹과 시무번에 뜻이 잇는 군ᄌᆞ들은 만히 사셔 보시옵

대영국 셩셔 공회 광고

새로 간츌 ᄒᆞᆫ셔ᄉᆞ 로마 가라태 골노시 야고보 베드로 젼후셔 ᄃᆡ모데 젼후셔니 사셔 보실이는 회샤 쥬인 권묘 션싱ᄃᆡ로 오시옵

뎨삼권 대한크리스도인회보 뎨십칠호
광무삼년(칠십빅일합) ᄉᆞ월이십륙일

텬쥬교인불힝ᄒᆞᆷ

일젼에 텬쥬교인 리덕하 등 십여명이 황셩신문샤에 와셔 그 신문샤쟝 남궁억씨를 보고 ᄒᆞᄂᆞᆫ 말이 황셩신문 잡보에 부뎨가 텬쥬교에 드러왓다 ᄒᆞ니 그 부뎨ᄂᆞᆫ 누구를 ᄀᆞᄅᆞ쳐 ᄒᆞᆫ 말이냐 부뎨를 차자내라 ᄒᆞ고 발길노 차며 주먹으로 두ᄃᆞ리며 십여명이 등을 밀고 죵현 텬쥬교당으로 잡아다 놋코 수십명이 둘너안져 혹 으리기도 ᄒᆞ며 혹 후욕도 ᄒᆞ면셔 ᄒᆞᄂᆞᆫ 말이 신문을 뎡지ᄒᆞ라 그러치 아니ᄒᆞ면 신문샤를 부싀고 활판소를 쳘파ᄒᆞ리라 ᄒᆞ며 거의 여ᄉᆞᆺ시 동안을 군축ᄒᆞ며 욕ᄒᆞᄂᆞᆫ고로 그 셰샹 사ᄅᆞᆷ이 다 아ᄂᆞᆫ 부뎨님의 셩명을 들어 말ᄒᆞ고 또 신문뎡지 ᄒᆞᄂᆞᆫ것도 샤쟝의 임의로 못ᄒᆞ고 샤원들의 공의를 드러보야 작뎡ᄒᆞᆯ 일이라 ᄒᆞ니 그즁에도 지각 잇다ᄂᆞᆫ 쟈이 말ᄒᆞ기를 그러ᄒᆞᆯ 일이니 노아 보내쟈 ᄒᆞ야 즉시 남궁억씨ᄂᆞᆫ 도라 온지라 그 잇튼날 텬쥬교 감독 유텰씨가 명함을 남궁억씨의게 보내며 젼갈ᄒᆞ기를 작일에 우리 교당에셔 이곳셔 무리ᄒᆞᆫ일을 힝ᄒᆞᆫ거ᄉᆞᆯ 내가 아지 못ᄒᆞ엿시니 미우 불안ᄒᆞ오며 그때 무리 힝픽ᄒᆞᆫ쟈들의 셩명을 긔록ᄒᆞ여 보내라 ᄒᆞ엿다 ᄒᆞ니 뎌하에셔 져러ᄒᆞᆫ 무뢰지비가 셩교를 빙쟈ᄒᆞ고 무란이 힝픽ᄒᆞ니 하향에 풍문으로 듯ᄂᆞᆫ 말인들 엇지 밋지 아닐수가 잇ᄉᆞ리요 교인들이 힝세를 미우 얌전이 ᄒᆞ여도 공연이 미워ᄒᆞ야 비방ᄒᆞᄂᆞᆫ쟈들이 만아 본토 교인을 군축ᄒᆞ며 외국 션교ᄉᆞ들ᄭᆞ지 해코져 ᄒᆞᄂᆞᆫ 폐단이 종죵 잇ᄂᆞᆫ터 ᄒᆞᆫ물며 져러ᄒᆞᆫ일이 잇ᄉᆞ니 외인은 이때를 당ᄒᆞ여 여옥 우리 셩교를 비방ᄒᆞ고 심지어 교를 쥬쟝ᄒᆞ여 권ᄒᆞᄂᆞᆫ 사ᄅᆞᆷᄭᆞ지 시비가 도라오게 ᄒᆞ니 엇지 기탄치 아니리요 셩명과 지산의 희로온 일이 잇던지 명셰를 손샹ᄒᆞᄂᆞᆫ 말이 잇ᄉᆞ면 법판에 호소ᄒᆞ여 조쳐ᄒᆞᄂᆞᆫ거시 을커ᄂᆞᆯ 며교나 이일에 뎌ᄒᆞ여셔ᄂᆞᆫ 셩명과 지산과 명예에 샹관에 업고 부뎨가 텬쥬교에 드러갓다 ᄒᆞ면 셰샹 사ᄅᆞᆷ이 다 알아드를뜻 ᄒᆞᆫ고로 그러ᄒᆞᆫ듯ᄒᆞ고 또 셩붕이 그도를 버리고 셩교로 드러온다 ᄒᆞᆫ말이 무어시 해로옴이 잇ᄉᆞ며 놈의 신문을 뎡지ᄒᆞᆫ다 ᄒᆞ니 무식ᄒᆞ고 뎡계업ᄂᆞᆫ 말이라 신문이라 ᄒᆞᄂᆞᆫ 거ᄉᆞᆫ ᄉᆞ졍이 업시 션악간에 ᄇᆞᆰ히 말ᄒᆞ여 악ᄒᆞᆫ쟈로 귀화케 ᄒᆞ며 무식ᄒᆞᆫ 쟈로 귀명케 ᄒᆞ여 아모ᄶᅩ록 리국편민ᄒᆞᆯ 도리로 밀ᄒᆞᄂᆞ니 져 무식ᄒᆞᆫ 사ᄅᆞᆷ들 ᄉᆡᆼ각에ᄂᆞᆫ 신문에 업ᄉᆞ면 제 ᄆᆞ음ᄃᆡ로 악ᄒᆞᆫ 일을 힝ᄒᆞᆯ뜻 ᄒᆞ나 악ᄒᆞᆫ 쟈의게 하ᄂᆞᆯ이 엇지 무심ᄒᆞ리요 우리 대한회보ᄂᆞᆫ 다른 신문과 ᄀᆞᆺ지 아니ᄒᆞ여 놈의 시비 말ᄒᆞ기를 됴아 아니ᄒᆞ나 이런 일에 뎌ᄒᆞ여ᄂᆞᆫ 무론 차교 피교ᄒᆞ고 이러ᄒᆞᆫ 무법ᄒᆞᆫ 사ᄅᆞᆷ들이 잇서 일어락수로 온 교회를 물드리ᄂᆞᆫ고로 듯ᄂᆞᆫ 본ᄃᆡ로 긔록ᄒᆞ여 후일 경계가 되게 ᄒᆞ노라

ᄉᆞ빅삼

대한크리스도인회보

THE KOREAN CHRISTIAN ADVOCATE.
Rev. H. G. Appenzeller, Editor
36 cents per annum
in advance. Postage extra.
Wednesday, APR. 26th, 1899

셔울 졍동셔 일쥬일에 ᄒᆞᆫ번식 발간ᄒᆞᄂᆞᆫ뒤 아편셜라 목ᄉᆞ가 회보 샤쟝이 되엿더라

일년 갑슬 미리 ᄂᆡ면 삼십 륙젼이오 우표갑슨 ᄯᅡ로 잇ᄂᆞ니라

졍셩의 열미

녯말에 ᄀᆞᆯᄋᆞ되 사ᄅᆞᆷ이 음식으로 살것마ᄂᆞᆫ ᄆᆞᄋᆞᆷ업시 먹으면 그 맛슬 아지 못ᄒᆞᆫ다 ᄒᆞ고 하ᄂᆞᆯ이 놉것마ᄂᆞᆫ 졍셩이 지극ᄒᆞ면 하ᄂᆞ님이 감동ᄒᆞ신다더니 과연 녯 사ᄅᆞᆷ의 말이 올흔지라 이번길에 희셔 등디로 ᄃᆞ니며 교즁 형뎨의 신덕이 견실ᄒᆞᆫ 사ᄅᆞᆷ을 만히 보왓거니와 그즁에 뎨일 이샹ᄒᆞ고 ᄌᆞ미 잇ᄂᆞᆫ일은 차씨 부인의 밋ᄂᆞᆫ 졍셩이라 그일을 본대로 좌에 긔지ᄒᆞ노라 본월 십삼일 져녁에 됴목ᄉᆞ를 희쥬부에셔 맛나 깃부게 긔도ᄒᆞ고 십ᄉᆞ일에 발졍ᄒᆞ야 십오일 져녁에 연안 나모골이라 ᄒᆞᄂᆞᆫ촌에 니르러 밋ᄂᆞᆫ 형뎨 로윤삼씨의 집에셔 쥬일 례비를 지내기로 작뎡ᄒᆞᆫ지라 그날밤에 셰례 밧을 형뎨와 ᄌᆞ미들을 ᄒᆞ나식 불너 안치고 구셰쥬를 밋음과 셰샹 풍속을 거졀ᄒᆞᄂᆞᆫ 법리로 무르시고 단단히 약됴ᄒᆞᆫ후에 각 사ᄅᆞᆷ의게 셰례문답을 강 밧을셔 목ᄉᆞᄂᆞᆫ 녀인들의게 강을 밧고 리션싱 동혁씨ᄂᆞᆫ 로윤삼의 ᄉᆞ랑ᄒᆞᆷ을 보고 교뎨ᄂᆞᆫ 로윤양의 외옴을 보더니 로씨 두분은 언문에 능통ᄒᆞᆫ 남ᄌᆞ로뒤 불과 ᄉᆞ오쟝에 불통이 만코 언문ᄒᆞᆫᄌᆞ도 아지 못ᄒᆞᄂᆞᆫ 최즁오씨의 부인 차씨ᄂᆞᆫ 다만 귀로 듯기만 ᄒᆞ고 능히 셰례문답 일편을 무불통지 ᄒᆞᄂᆞᆫ지라 목ᄉᆞ와 형뎨들이 그 부언의 지죠와 졍셩을 탄복ᄒᆞ고 ᄯᅩ 그 부인의 참 밋ᄂᆞᆫ ᄆᆞᄋᆞᆷ으로 긔도ᄒᆞᆷ을 드론지라 이 부인은 형셰도 빈ᄒᆞᆫ고 언문도 무식ᄒᆞ되 일단 졍셩의 ᄆᆞᄋᆞᆷ으로 ᄉᆞ시 풍우를 불계ᄒᆞ고 회당에 참예ᄒᆞ며 결을 잇ᄂᆞᆫ티로 셩경과 문답을 듯기로 공부ᄒᆞ야 졍셩의 열미가 힘실에 낫타낫시니 학문이 너넉ᄒᆞ고 지혜 잇ᄂᆞᆫ 형뎨들이 만약 셩경공부를 아닐진티 엇지 그 부인의게 붓그럽지 아니ᄒᆞ리오 셩경에 ᄀᆞᆯᄋᆞ샤ᄃᆡ 하ᄂᆞ님ᄭᅴ셔ᄂᆞᆫ 셰샹에 지혜 업ᄂᆞᆫ쟈를 틱ᄒᆞ샤 지혜 잇ᄂᆞᆫ이를 붓그럽게 ᄒᆞ시고 능치 못ᄒᆞᆫ쟈를 틱ᄒᆞ샤 능ᄒᆞᆫ쟈를 붓그럽게 ᄒᆞ신다 ᄒᆞ엿더니 (가림다젼셔 일쟝 이십칠졀) 지금 보건티 지혜도 업고 언문도 모로ᄂᆞᆫ 녀인을 하ᄂᆞ님ᄭᅴ셔 틱ᄒᆞ샤 일단 셩심으로 문답 공부를 유식ᄒᆞᆫ 남ᄌᆞ보담 낫게 ᄒᆞ엿시니 엇지 셩신의 능력이 아니리요 누구시던지 구셰쥬를 밋ᄂᆞᆫ 형뎨와 ᄌᆞ미들은 다 차씨 부인의 졍셩을 본밧으쇼셔 아멘

최병헌

례ᄇᆡ일공과 일ᄇᆡᆨ 십칠 오월 칠일

요셉의 집에셔 잔치ᄒᆞᆷ

창셰긔 ᄉᆞ십삼쟝 십팔졀노 삼십ᄉᆞ졀ᄭᆞ지

十八 열 사ᄅᆞᆷ이 다 요셉의 집에 니르러 두려워ᄒᆞ며 서로 말ᄒᆞ더 젼에 그릇에 돈이 잇ᄂᆞᆫ ᄭᆞ닭으로 불너드려 졸디에 우리를 잡어 죵을 ᄆᆞᆫ돌고 우리 나귀를 ᄲᅢ스려 ᄒᆞᆫ다ᄒᆞ며 十九 이에 문겻헤셔 그 셰간 맛흔 사ᄅᆞᆷᄃᆞ려 말ᄒᆞ되 二十 쟝쟈여 젼에 우리가 여긔 와셔 곡식 사기를 빌제 二十一 도라가 쉬ᄂᆞᆫ곳에 니르러 그릇슬 여러보매 우리 돈이 그디로 잇시매 수를 헤여보니 조곰도 부족ᄒᆞᆷ이 업ᄂᆞᆫ지라 이제 우리가 도로 가져오고 二十二 그외에 돈을 가지고 곡식 사기를 미ᄂᆞ니 누가 그릇에 돈을 너헛ᄂᆞᆫ지 아지 못ᄒᆞᄂᆞ이다 二十三 그 사ᄅᆞᆷ이 골ᄋᆞ디 두려워 ᄒᆞ지 말고 네 ᄆᆞᄋᆞᆷ을 평안이 ᄒᆞ라 너의 하ᄂᆞ님 곳 너의 아바지 하ᄂᆞ님ᄭᅴ셔 네 그릇에 귀물이 셩ᄒᆞ게 ᄒᆞ셧ᄉᆞ니 네 돈을 내가 임의 밧엇ᄂᆞ니라 ᄒᆞ고 드디여 시미온을 내여 노아 서로 보게 ᄒᆞ더라 ○ 二十四 다 인도ᄒᆞ야 집에 드러가 물노 발을 씻기고 또 그 나귀를 먹이니 二十五 형뎨 열ᄒᆞᆫ 사ᄅᆞᆷ이 쟝ᄎᆞᆺ 여긔셔 먹ᄂᆞᆫ다 ᄒᆞᆷ을 드른고로 례물을 예비ᄒᆞ야 요셉이가 오졍에 도라 오기를 기ᄃᆞ리더니 二十六 요셉이 임의 니르매 형뎨가 례물을 집에 버려노코 ᄯᅡ헤 업ᄃᆡ여 절ᄒᆞ거ᄂᆞᆯ 二十七 요셉이가 문안ᄒᆞ야 골ᄋᆞ디 너희가 젼에 말ᄒᆞ기를 아바지가 임의 늙엇다 ᄒᆞ더니 지금 평안ᄒᆞ뇨 살엇ᄂᆞ뇨 ᄒᆞ거ᄂᆞᆯ 二十八 디답ᄒᆞ디 우리 쥬의 죵 우리 아바지가 지금 평안ᄒᆞ고 살엇ᄂᆞ이다 ᄒᆞ며 머리를 두ᄃᆞ리고 업ᄃᆡ거ᄂᆞᆯ 二十九 요셉이 ᄒᆞᆫ 어미ᄂᆡ게셔 난 동싱 벤야민을 보고 골ᄋᆞ디 너희가 젼에 말ᄒᆞ던 막ᄂᆡ 동싱이 곳 이 사ᄅᆞᆷ이뇨 하ᄂᆞ님ᄭᅴ셔 어린 사ᄅᆞᆷ의게 은혜 베프시기를 원ᄒᆞᄂᆞ라 三十 요셉이 동싱을 인ᄒᆞ야 ᄆᆞᄋᆞᆷ이 불 타ᄂᆞᆫ것 ᄀᆞᆺᄒᆞ매 눈물이 나랴ᄒᆞᄂᆞᆫ고로 급히 ᄒᆞᆫ곳을 ᄐᆡᆨᄒᆞ야 집에 드러가 울고 三十一 후에 얼골을 씻고 나와 그 졍을 강인히 억제ᄒᆞ고 잔치를 베풀나 명ᄒᆞ야 三十二 임의 베풀매 ᄒᆞᆫ 자리ᄂᆞᆫ 요셉을 위ᄒᆞ야 예비ᄒᆞ고 ᄒᆞᆫ 자리ᄂᆞᆫ 열ᄒᆞᆫ 사ᄅᆞᆷ을 위ᄒᆞ야 예비ᄒᆞ고 ᄀᆞᆺ치 먹을셰 ᄒᆞᆫ 자리ᄂᆞᆫ

애굽도 사ᄅᆞᆷ을 위ᄒᆞ야 예비ᄒᆞ니 대개 애굽도 사ᄅᆞᆷ이 희빅리 속파와 ᄒᆞᆫ 자리에 잇기를 깃버 아니ᄒᆞᆷ일너라 三十三 요셉이 여러 형뎨를 명ᄒᆞ야 압헤 버려 안칠ᄉᆡ 어른은 압헤 잇고 어린이는 뒤에 잇게ᄒᆞ니 피ᄎᆞ에 놀내고 이샹히 녁이더라 三十四 ■ 요셉이 여러 형뎨를 먹일ᄉᆡ 오직 변야민의 음식을 오빅나 더주고 드ᄃᆡ여 술을 마시고 ᄀᆞᆺ치 즐기더라

뭇는말

一 요셉의 집에 몃 형뎨나 모혓ᄂᆞ뇨

二 요셉이 본ᄃᆡ 十二 형뎨인ᄃᆡ 二인은 어ᄃᆡ 갓ᄂᆞ뇨

三 十 형뎨가 요셉의 집에 드러가셔 무ᄉᆞᆷ일노 의심 ᄒᆞ엿ᄂᆞ뇨

四 十인들이 요셉의 가지(가지는집다ᄉᆞ리는사ᄅᆞᆷ) 더러 무ᄉᆞᆷ 말 ᄒᆞ엿ᄂᆞ뇨

五 요셉의 가지가 十인의게 무ᄉᆞᆷ말노 위로 ᄒᆞ엿ᄂᆞ뇨

六 十인이 엇더케 요셉 오기를 예비 ᄒᆞ엿ᄂᆞ뇨

七 요셉이가 야곱의 문안을 무럿ᄂᆞ뇨

八 변야민이 요셉의게 다른 형뎨와 다름이 무어시뇨

九 요셉이 웨 변야민만 위ᄒᆞ야 하ᄂᆞ님ᄭᅴ 츅원 ᄒᆞ엿ᄂᆞ뇨

十 요셉이 웨 형뎨와 각상으로 먹엇ᄂᆞ뇨

十一 요셉이 변야민을 제 형뎨중에 더 더졉 ᄒᆞ엿ᄂᆞ뇨

十二 요셉이 웨 오리도록 형뎨라 ᄒᆞ지 아니 ᄒᆞ엿ᄂᆞ뇨

엡웟쳥년회

이거시교ᄒᆞᄂᆞᆫ사ᄅᆞᆷ인가

무롯 엇던 교던지 그규구ᄂᆞᆫ 련리와 인ᄉᆞ에 합당치 아닌거시 만으나 그즁에 얼마콤 착ᄒᆞᆫ일을 힘ᄒᆞ여라 ᄒᆞᆫ말이 만흔지라 그런즉 하ᄂᆞᆯ이 내이신 도를 힘 ᄒᆞ던지 사ᄅᆞᆷ이 문둔교를 좃든지 착ᄒᆞᆫ셩ᄌᆞ가 위쥬인즉 무론 차교 피교ᄒᆞ고 그교를 진실이 힘ᄒᆞᄂᆞᆫ쟈이면 그 사ᄅᆞᆷ의 목젹은 들넛시되 힘 ᄒᆞᄂᆞᆫ바ᄂᆞᆫ 춤아 못ᄒᆞᄂᆞᆫ ᄆᆞ음이 잇ᄂᆞᆫ지라 ᄒᆞᆯ믈며 예수교ᄂᆞᆫ 우흐로 하ᄂᆞ님을 공경ᄒᆞ며 아래로 사ᄅᆞᆷ ᄉᆞ랑 ᄒᆞ기를 ᄌᆞ긔 몸과 ᄀᆞᆺ치 ᄒᆞ고 모히ᄒᆞ고 군츅 ᄒᆞᄂᆞᆫ쟈들 위ᄒᆞ여 긔도ᄒᆞᄂᆞ니 그도에 크고 넓음이 엇더라 닐으리요 근일에 경향간 무뢰지비가 셔교를 칭탁ᄒᆞ고 수십명식 작당ᄒᆞ여 둔어며 빗바지와 사ᄅᆞᆷ을 무란이 구타ᄒᆞ며 이리저리 ᄭᅳ을고 둔이며 여러가지 힘픽가 망유긔극ᄒᆞ여 심지어 법관을 농욕 ᄒᆞᄂᆞᆫ쟈들이 죵죵 잇다ᄒᆞ니 엇지 통탄치 아니리요 그러나 그 졍형을 셩각ᄒᆞ면 불상ᄒᆞᆫ ᄇᆡᆨ셩이로다 우리 대한에 법률이 공평ᄒᆞ여 ᄇᆡᆨ셩을 잘 보호ᄒᆞ여 주엇시면 엇지 저ᄇᆡᆨ셩들이 이들 비반 ᄒᆞ고 저를 빙쟈ᄒᆞ야 저럿트시 힘픽 ᄒᆞ리요 사ᄅᆞᆷ마다 그 본셩인즉 착ᄒᆞᆫ것마ᄂᆞᆫ 오ᄂᆞᆯ날을 당ᄒᆞ여 그 ᄇᆡᆨ셩의 힘세ᄂᆞᆫ 젼일에 동학과 다름이 업시 된거슨 그 근인을 궁구ᄒᆞ여 보면 다 졍부에서 각박히 학티ᄒᆞ고 참혹히 속박ᄒᆞᆫ연고라 저ᄀᆞᆺ치 되게 문둔 졍부나 이ᄀᆞᆺ치 되엿다고 막먹ᄂᆞᆫ ᄇᆡᆨ셩이나 다 하ᄂᆞ님의게 죄인이요 나라에 원슈라 육신이 괴초를 밧고 령혼이 디옥에 ᄲᅡ지ᄂᆞᆫ 형벌을 엇지 면 ᄒᆞ리요 삼가ᄒᆞᆯ지여다 우리 교즁 형데들은 작당코 셰샹 시비를 샹관치 마시요 一 수삼인이 모히며리도 긔도회로 모힐지연졍 남 시비 ᄒᆞ쟈고 모히지 말들거시요 二 당봉지믈이 잇거든 ᄉᆞ의로 조쳐 ᄒᆞᆯ거시요 三 부득이 법관의게 재판을 쳥ᄒᆞᆯ일이 잇ᄉᆞ면 ᄌᆞ긔 권력더로 ᄒᆞ되 교를 빙쟈 ᄒᆞᆯ거슨 아니요 四 웃사ᄅᆞᆷ이 불의를 힘ᄒᆞ여 교회를 히롭게ᄒᆞᆯ다든지 명예를 손샹케 ᄒᆞ면 아모ᄶᅩ록 권면ᄒᆞ여 그 불의가 힘쳐 못ᄒᆞ게 ᄒᆞᆯ거시요 五 뇌물을 쥰다든지 밧ᄂᆞᆫ다 ᄒᆞᄂᆞᆫ거슨 일졀 뮈워 ᄒᆞᆯ거시요 六 내가 히를 불지언졍 놈을 억지로 ᄒᆞ게 말거시요 七 국법을 슌죵ᄒᆞ되 하ᄂᆞ님의 계명에 버셔나ᄂᆞᆫ 일이면 목숨을 버릴지언졍 억지로 ᄒᆞ라ᄒᆞᆯ다고 힘ᄒᆞ지 말거시라 폐일언 ᄒᆞ고 ᄒᆞᆼ샹 하ᄂᆞ님을 외지ᄒᆞ면 아모리 겁낼거시 업고 ᄆᆞ음이 평안ᄒᆞᆯ지라 작년 년환회 후에 감독ᄭᅴ셔 여러 목ᄉᆞ를 명ᄒᆞ셔 우리 통샹 교회의 ᄒᆞᆫ신 편지가 미우 긴착ᄒᆞ여 우리의게 경계 ᄒᆞ마ㅣ 만흔지라 지난 십일월 이일에 그 편지를 발간ᄒᆞ여 난 회보들 다시 본즉 ᄭᅵ다를 말ᄉᆞᆷ이 잇ᄂᆞᆫ고로 다시 우리 교즁 형데의게 두어마더로 셜명 ᄒᆞ노라

로병션

ᄂᆡ보

일젼에 셔촌 관뎡동 사ᄂᆞᆫ 죠판셔의 부인이 별세ᄒᆞ엿ᄂᆞᆫ디 그 집의셔 산디를 시흥ᄯᅡ헤 완뎡ᄒᆞ고 음력 삼월 십삼일 서벽에 운구ᄒᆞ여 나아갈시 삼긔 나루로 ᄇᆡ를 타고 건너ᄂᆞᆫ디 멀니 바라보매 소곰 실은 ᄇᆡ 흔쳑이 오ᄂᆞᆫ디 사ᄅᆞᆷ이 ᄉᆞ십여명 가량이나 오르고 ᄇᆡ안에 물건을 너머 만히 실은고로 ᄇᆡ가 무거워 점점 가라 안지매 여러 사ᄅᆞᆷ이 물속에 드러가 거의 다 죽게 된지라 샹에 실은ᄇᆡ가 그 충혹ᄒᆞᆫ 경샹을 보고 노를 급히 저허 갓가히 가셔 여러 ᄉᆞ공들과 샹에 메엿던 여러 사ᄅᆞᆷ이 일졔히 힘을 다ᄒᆞ야 물에 ᄲᅡ져 죽게된 인명들을 몰수히 구원ᄒᆞ야 ᄉᆞ십여명이 다 살엇ᄂᆞᆫ지라 그 사ᄅᆞᆷ들이 죠샹인을 향ᄒᆞ야 무수히 치하ᄒᆞ고 그 은혜ᄂᆞᆫ ᄇᆡᆨ골난망이라고 ᄒᆞ엿다더라

○요ᄉᆞ이 시골 친구들이 남북촌 지샹가에 와셔 만히 두류ᄒᆞᆫ다 ᄒᆞ니 엇던 사ᄅᆞᆷ이 걸ᄒᆞ되 ᄎᆞᄎᆞ 긔화ᄂᆞᆫ 오뢰라들고 점점 수구가 되야가매 쳥쵹절과 롱간ᄒᆞᄂᆞᆫ일이 만흔 ᄭᅡ닭이라 ᄒᆞ더라

○감옥셔 죄인 최졍식 셔샹대 량인이 월옥도쥬ᄒᆞ엿단 말은 그ᄯᅢ 각쳐 신문에 긔ᄌᆡᄒᆞᆫ거슬 다 보앗거니와 요ᄉᆞ이 드른즉 최경식은 삼화 즁남포에셔 잡혀 올나오고 셔샹대ᄂᆞᆫ 동리 근쳐에셔 잡혓다더라

○뎨국신문샤 보교원 한용교씨가 일젼에 별순검의게 잡혀여 경무텽에 갓치엿ᄂᆞᆫ디 사ᄅᆞᆷ들이 말ᄒᆞ되 지금 졍부에셔 신문을 뮈워ᄒᆞ매 아마 보교원 ᄭᅡ닭으로 잡혀엿ᄂᆞᆫ지 혹 다른 죄샹이 잇ᄂᆞᆫ지 알수 업다고 ᄒᆞ더니 ᄌᆞ세히 최탐ᄒᆞᆫ즉 팔년젼에 한씨가 시골 잇실ᄯᅢ에 뉘 쐬임을 듯고 사ᄅᆞᆷ을 살해ᄒᆞ랴다가 여의치 못ᄒᆞ엿시나 지금 그 일이 탄로난 ᄭᅡ닭이라더라

본회고ᄇᆡᆨ

본회에셔 이 **회보**를 젼년과 ᄀᆞᆺ치 일쥬일에 ᄒᆞᆫ번식 발간ᄒᆞᄂᆞᆫ디 새로 륙폭으로 작뎡ᄒᆞ고 ᄒᆞᆫ장 갑슨 엽젼 오푼이오 ᄒᆞᆫ돌갑슨 미리내면 젼과 ᄀᆞᆺ치 엽젼 ᄒᆞᆫ돈 오푼이라 본국 교우나 셔국 목ᄉᆞ나 교외 친구나 만일 사셔 보고져 ᄒᆞ거든 졍동 아편셜라 목ᄉᆞ 집이나 죵로 대동셔시에 가셔 사시옵

죵로대동셔시광고

우리 셔샤에셔 셩경 신구약과 찬미칙과 교회에 유익ᄒᆞᆫ 여러가지 셔칙과 시무에 긴요ᄒᆞᆫ 칙들을 팔되 갑시 샹당ᄒᆞ오니 학문샹과 시무변에 ᄯᅳᆺ이 잇ᄂᆞᆫ 군ᄌᆞ들은 만히 사셔 보시옵

대영국 셩셔 공회 광고

새로 간출ᄒᆞᆫ거ᄉᆞᆫ 로마 가라태 골노시 야고보 베드로 젼후셔 티모데 젼후셔니 사셔 보실이ᄂᆞᆫ 회샤 쥬인 권묘 션ᄉᆡᆼᄃᆡ로 오시옵

뎨삼권

대한회보

뎨십팔호

(팔십빅일합) 광무삼년 인 오월삼일

병뎡의힝패ᄒᆞᆫ일

여항간 소문을 드른즉 일젼에 평양 병뎡과 셔울 병뎡들이 인화문 밧긔셔 술을 취ᄒᆞ야 서로 싸화 샹ᄒᆞᆫ쟈 샹ᄒᆞᆫ쟈 십인이오 그즁에 즁샹ᄒᆞᆫ쟈ᄂᆞᆫ 죽기가 쉽다 ᄒᆞ니 우리ᄂᆞᆫ 듯기에 실노 한심ᄒᆞ지라 병뎡이라 ᄒᆞᄂᆞᆫ거ᄉᆞᆫ 우호로 황실을 보호ᄒᆞᆯ뿐 아니라 아래로 대한 젼국의 인민을 보호ᄒᆞ야 환란 샹구 ᄒᆞᄂᆞᆫ 직칙을 맛흔고로 국고의 돈을내여 월급을 주며 양육ᄒᆞᆷ이요 그 돈인즉 여러 빅셩의 가련ᄒᆞᆫ 직물이라 이제 그 월급으로 술을 취토록 먹고 존엄ᄒᆞᆫ 궐문 밧긔셔 괴란 업시 싸홈ᄒᆞ니 이거ᄉᆞᆫ 군인의 톄모를 손상ᄒᆞᆯ뿐 아니라 군법의 히이홈을 탄식ᄒᆞᆯ일이요 병뎡이란 거ᄉᆞᆫ 날즘셩의 우익과 ᄀᆞᆺ고 자둥의 슈죡과 ᄀᆞᆺ거ᄂᆞᆯ 이제 우익과 슈죡이 서로 ᄉᆞ랑 ᄒᆞ지안코 닷토아 즁샹 ᄒᆞ기에 니르럿시니 그몸이 엇지 온젼ᄒᆞ리요 대한 나라를 위ᄒᆞ야 긔탄 ᄒᆞᆯ일에요 쥬셕 이람거ᄉᆞᆫ 사ᄅᆞᆷ의 몸을 패망케 ᄒᆞᄂᆞᆫ 물건이라 녯적 셩인과 지혜 잇ᄂᆞᆫ 션비들의 경계 ᄒᆞ신바여ᄂᆞᆯ 어제 군부에 미인몸이 되야 ᄇᆡᆨ쥬 대도에서 계집의 집에도 무란이 가모 술 먹기로 일ᄉᆞ로 ᄒᆞ야 길가에셔 후쥬도 ᄒᆞ며 혹 자기도 ᄒᆞ더니 필경은 술을 인ᄒᆞ야 셩샹의 ᄉᆞ랑 ᄒᆞ심도 져ᄇᆞ리며 국가의 법률도 어긔우며 쟝관의 명령도 좃지안코 동류의 졍의도 싱각지 아니 ᄒᆞ니 그 병뎡들의 비호ᄂᆞᆫ 학문은 무어신지 직됴ᄂᆞᆫ 무어신지 텬하 각국 사ᄅᆞᆷ들이 좌우에서 그 동졍을 보거ᄂᆞᆯ 이ᄀᆞᆺ치 무례ᄒᆞ고 패악ᄒᆞᆫ일을 힝ᄒᆞ니 외국 사ᄅᆞᆷ의게 슈치도 모로ᄂᆞᆫ지 본국 빅셩의 ᄆᆞᄋᆞᆷ을 엇어케 위로ᄒᆞ리요 일변ᄂᆞᆫ 의셕ᄒᆞ고 일변ᄂᆞᆫ 분울ᄒᆞᆫ 일이로다 우리ᄂᆞᆫ ᄇᆞ라거니와 대한 병뎡들은 술먹기를 거졀ᄒᆞ고 군률을 엄숙히 직히여 나라 싸홈에 용밍이 잇고 샤샤 싸홈에 겁 ᄒᆞ기를 원ᄒᆞ노라

형뎨를장ᄉᆞᄒᆞᆷ

죵로 대동셔시에셔 구셰쥬의 교회칙과 문영귀화에 유죠ᄒᆞᆫ 셔칙을 방매ᄒᆞ던 리경회씨ᄂᆞᆫ 칠년젼브터 구셰쥬를 독실히 밋ᄂᆞᆫ 형뎨라 오년젼 브터 대동셔시를 창셜ᄒᆞ고 셔칙을 사려오ᄂᆞᆫ 사ᄅᆞᆷ의게 젼도ᄒᆞ야 셩경을 젼파ᄒᆞᆫ 곳게 교회가 점점 흥왕ᄒᆞ더니 양력 ᄉᆞ월 이십팔일에 하ᄂᆞ님ᄭᅴ셔 리씨의 령혼을 몬져 ᄃᆞ려 가신지라 교즁 목ᄉᆞ와 형뎨들이 모혀여 리씨의 시톄를 장ᄉᆞᄒᆞ고 리씨의게 셩경을 사간 사ᄅᆞᆷ들이 구셰쥬를 진실히 밋어 교회가 흥왕ᄒᆞ기를 하ᄂᆞ님ᄭᅴ 긔도 ᄒᆞ엿더라

대한크리스도인 회보

THE KOREAN CHRISTIAN ADVOCATE.
Rev. H. G. Appenzeller, Editor
36 cents per annum
in advance. Postage extra.
Wednesday, MAY, 3rd, 1899.

서울 졍동서 ᄒᆞᆫ번식 발간 ᄒᆞᄂᆞᆫ디 아편셜라 목ᄉᆞ가 회보 샤쟝이 되엿더라 일년 갑슬 미리 니면 삼십 륙젼이오 우표갑슨 ᄯᅡ로 잇노라

교회ᄉᆞ무를사실ᄒᆞᆫ일

양력 ᄉᆞ월초에 우리 교회 쟝로ᄉᆞ 됴원시씨가 평양도 징남포에 가셔 도를 젼파ᄒᆞ야 교우들 권면ᄒᆞ고 그후에 삼화읍에 가 ᄉᆞ담ᄒᆞᄂᆞᆫ 형데 김챵식씨 집에 류ᄒᆞ야 교즁 ᄉᆞ무를 보실ᄉᆡ 남녀 회우가 ᄉᆞ십여명이 되ᄂᆞᆫ지라 일을 맛친후에 강셔 ᄯᅡ에 가셔 읍니와 촌간에 젼도ᄒᆞ엿ᄂᆞᆫ데 수삼쳐에ᄂᆞᆫ 교회가 ᄎᆞᄎᆞ 흥왕ᄒᆞᆯ 모양이요 그후에 평양부에 득달ᄒᆞ야 로불 목ᄉᆞ의게셔 계삭회를 힝ᄒᆞ고 쳥년회를 권면ᄒᆞ엿ᄂᆞᆫ데 그곳에ᄂᆞᆫ 교회가 크게 흥왕ᄒᆞᆫ지라 그후에 팔월 의원과 ᄒᆞᆷᄭᅴ 운산 디ᄃᆡ 발비라 ᄒᆞᄂᆞᆫ 촌에 가셔 젼도ᄒᆞ엿ᄂᆞᆫ디 그곳은 ᄲᅢᆼ거 교ᄉᆞ가 젼도ᄒᆞ기를 힘쓴고로 회우가 모도 륙십여인인데 다 깃브게 보고 그후에 히쥬로 와셔 젼도ᄒᆞ야 수인을 학습인으로 밧고 관찰ᄉᆞ 리우용과 본슈 윤쥬영을 차쟈보고 교회일노 슈작ᄒᆞᆫ후에 즉일 발졍ᄒᆞ야 연인으로 와셔 너모골 회당 쥬인 ᄅᆞ윤삼씨의게 류숙ᄒᆞᆯᄉᆡ 그날밤에 셰례밧을 형데와 ᄌᆞᄆᆡ들을 일일히 시험ᄒᆞ여 강론ᄒᆞ고 십륙일 례비에 남녀 합 십구인을 셰례주고 오후에 남신당 회당으로 와셔 열심으로 젼도ᄒᆞ매 텽도ᄒᆞᄂᆞᆫ 형데들의 ᄆᆞ옴이 모도 감복ᄒᆞᄂᆞᆫ지라 그잇흔날 라ᄌᆞ포로 와셔 쥬를 독실히 밋ᄂᆞᆫ형데 ᄅᆞ경근씨 집에셔 남녀 교우를 모와 찬미 긔도ᄒᆞᆯᄉᆡ ᄅᆞ경근이가 ᄌᆞ긔집에 위ᄒᆞ든 마귀의 우샹과 물건을 거졀ᄒᆞ여 달나 ᄒᆞ거ᄂᆞᆯ 목ᄉᆞ가 경근의 조모와 모친을 쳥ᄒᆞ야 마귀 거졀ᄒᆞᆯ일노 뭇고 허락을 밧은후에 여러 교우로 ᄒᆞ여곰 위ᄒᆞ던 물건을 일일히 슈탐ᄒᆞ여 대문밧게 나아가 쇼화ᄒᆞᆯᄉᆡ 십여궤 교리짝에 각석 포복과 비단 젼복과 젹립과 쥬뎡과 쟝목 등물이러라 마귀의 물건을 다 쇼화ᄒᆞᆫ후에 교우들이 그 집에셔 뎜심밥을 먹을ᄉᆡ 홀연이 녀ᄌᆞ의 우름소래 은은히 들니거ᄂᆞᆯ 그 곡졀을 무른즉 쥬인 로파의 호곡ᄒᆞᄂᆞᆫ 소래라 로파를 블너 곡졀을 문ᄒᆞᆫ즉 말ᄒᆞ되 내가 소시에 어린 ᄌᆞ식을 드ᄒᆞ고 남복녀ᄃᆡᄒᆞ야 셰간을 모흘적에 우리집에 감귀식을 셤기여 지금 오륙 십년에 되엿ᄂᆞᆫ데 일조에 아조 거졀ᄒᆞ오니 ᄆᆞ옴이 셥셥ᄒᆞ지라 그러나 ᄉᆞ이도ᄎᆞ에 아모것도 밋을거시 업고 오직 독일 무이ᄒᆞ신 하ᄂᆞ님 밧긔 셤길이 업노라 ᄒᆞ거ᄂᆞᆯ 교우들이 골ᄋᆞ되 이거슨 그 로파가 우ᄂᆞᆫ거시 아니라 마귀가 ᄯᅥ나 가기를 셥셥ᄒᆞ여 우ᄂᆞᆫ거시라 ᄒᆞ더라 (미완)

례ᄇᆡ일공과 일ᄇᆡᆨ 십팔 오월 십ᄉᆞ일

유다가요셉의게간구ᄒᆞᆫ일

창세긔 ᄉᆞ십ᄉᆞ쟝 십ᄉᆞ졀노 삼십ᄉᆞ졀ᄭᆞ지

十四 유다가 형뎨로 더브러 니르니 요셉이 ᄆᆞᄎᆞᆷ
집에 잇거ᄂᆞᆯ 업ᄃᆡ여 졀ᄒᆞ니 十五 요셉이 ᄀᆞᆯᄋᆞᄃᆡ
너희 ᄒᆞᆫ 일이 엇지 ᄒᆞᆷ이뇨 나ᄀᆞᆺᄒᆞᆫ 사ᄅᆞᆷ이 졈
ᄒᆞᄂᆞᆫ거ᄉᆞᆯ 너희가 엇지 모르ᄂᆞ냐 十六 유다가 ᄀᆞᆯᄋᆞ
ᄃᆡ 우리가 쥬ᄭᅴ 고ᄒᆞ기를 무ᄉᆞᆷ 말노 ᄒᆞ여 ᄉᆞᄉᆞ
로 발명ᄒᆞ오릿가 하ᄂᆞ님ᄭᅴ셔 죵의죄를 나타
나게 ᄒᆞ셧ᄉᆞ니 잔을 가진쟈와 우리와 ᄒᆞᆷᄭᅴ 우리
쥬의 죵을 되겟ᄉᆞᆸᄂᆞ이다 ᄒᆞᆫᄃᆡ 十七 요셉이 ᄀᆞᆯᄋᆞᄃᆡ
올치 안타 다만 잔을 가진쟈만 내의 죵이 되리니
너희ᄂᆞᆫ 안연히 도라가 너희 아바지를 보ᄂᆞᆫ거시
올ᄒᆞ니라 ○ 十八 유다가 압흐로 나아가 요셉의
게 말ᄒᆞᆫᄃᆡ 쥬가 파레오와 ᄀᆞᆺᄒᆞ나 죵이 쥬ᄭᅴ 고ᄒᆞᆯ
ᄒᆞᆯ 말이 잇ᄂᆞ니 쥬ᄂᆞᆫ 노ᄒᆞ지 마쇼셔 十九 젼에 쥬ᄭᅴ
셔 죵의게 무르샤ᄃᆡ 아비와 형뎨가 잇ᄂᆞ냐 ᄒᆞ시
매 二十 죵이 쥬ᄭᅴ 고ᄒᆞᄃᆡ 아바지가 잇ᄉᆞ니 나히
늙거셔 ᄆᆞᆺᄒᆡ 아ᄃᆞᆯ을 나헛고 ᄒᆞᆫ 어마니게셔 나흔
형은 죽엇ᄂᆞᆫ데 그외 어마니가 오직 이 아ᄃᆞᆯ만
두엇시매 아바지가 극히 ᄉᆞ랑ᄒᆞ고 불상히 녁이
ᄂᆞ이다 ᄒᆞ니 二十一 쥬가 죵드려 명ᄒᆞᄃᆡ 다려 오라
눈으로 보고져 ᄒᆞ노라 ᄒᆞ시니 二十二 죵이 쥬ᄭᅴ 고
ᄒᆞᄃᆡ 뎌가 아바지와 잠간이라도 ᄯᅥ나지 못ᄒᆞᄂᆞ
니 아바지를 리별ᄒᆞ면 아바지가 죽을가 두려워
ᄒᆞᄂᆞ이다 ᄒᆞᆫᄃᆡ 二十三 쥬가 죵의게 명ᄒᆞᄃᆡ 만일 ᄆᆞᆺ
헤 동ᄉᆡᆼ이 니르지 아니ᄒᆞ면 너희가 내 얼골을 다
시 보지 못ᄒᆞ리라 ᄒᆞ매 二十四 죵이 도라가 우리
쥬의 죵 내 아바지의게 쥬의 말ᄉᆞᆷ으로 고ᄒᆞ엿
ᄂᆞᆫ지라 二十五 우리 아바지가 ᄀᆞᆯᄋᆞᄃᆡ 다시 가셔 조
곰 곡식 사기를 빌나ᄒᆞ니 二十六 죵여 ᄀᆞᆯᄋᆞᄃᆡ 만일
ᄆᆞᆺ헤 동ᄉᆡᆼ이 ᄒᆞᆷᄭᅴ 가면 가련이와 그러치 못ᄒᆞ면
불가ᄒᆞ니 대개 ᄆᆞᆺ헤 동ᄉᆡᆼ이 ᄀᆞᆺ치 가지 안ᄒᆞ면
그 사ᄅᆞᆷ의 얼골을 보지 못ᄒᆞ겟ᄂᆞ이다 二十七 우리
쥬의 죵 내 아바지가 우리ᄭᅴ 닐ᄋᆞᄃᆡ 내 안히가

오직 두 아ᄃᆞᆯ만 나흔줄을 너도 알거니와 二十八 ᄒᆞ
나는 나가서 오지 아니ᄒᆞ야 지금ᄭᆞ지 보지 못ᄒᆞ
ᄯᅢ 내가 말ᄒᆞ기를 즘싱의게 죽엇다 ᄒᆞ고 二十九 ᄒᆞ
아ᄃᆞᆯ만 잇ᄂᆞ니 이제 네가 다리고 가고져 ᄒᆞ니 설
혹 저앙을 맛나면 이는 너로 ᄒᆞ여곰 흰 머리로
쳐량이 무덤에 도라가게 ᄒᆞᆷ이라 ᄒᆞ니 三十 그런고
로 이제 도라가 우리 쥬의 종 내 아바지를 보내
ᄯᅩᄒᆡ 동싱이 나와 ᄒᆞᆷᄭᅴ 가지 아니ᄒᆞ면 장ᄎᆞᆺ 엇
지 ᄒᆞ리요 ᄒᆞ믈며 아바지가 ᄯᅩᄒᆡ 동싱 앗기기를
싱명ᄀᆞᆺ치 ᄒᆞᄂᆞ니 三十一 ᄀᆞᆺ치 오지 안는거슬 보고는
아바지가 반ᄃᆞ시 죽으리니 이 ᄀᆞᆺᄒᆞ면 종이 장ᄎᆞᆺ
우리 쥬의 종 내 아바지로 ᄒᆞ여곰 흰 머리로 쳐
량이 무덤에 도라가게 ᄒᆞᆷ이니 三十二 대개 종이 아
바지 압헤셔 이 동ᄌᆞ를 보호ᄒᆞ야 굴으되 만일
다리고 도라 오지 아니ᄒᆞ면 내가 평싱에 죄를
진다 ᄒᆞ엿ᄉᆞ니 三十三 이제 종이 ᄯᅩᄒᆡ 동싱을 ᄃᆡ신
ᄒᆞ야 여긔 잇셔 우리 쥬의 종 되기를 원ᄒᆞᄂᆞ니
ᄯᅩᄒᆡ 동싱을 용납ᄒᆞ야 형들과 ᄒᆞᆷᄭᅴ 도라가게 ᄒᆞ
쇼셔 三十四 만일 내가 도라가고 ᄯᅩᄒᆡ 동싱이 도라
가지 아니ᄒᆞ면 아바지가 해를 맛나리니 내가 엇
지 참아 보리요

뭇ᄂᆞᆫ말

엡웟쳥년회

나는분명이알아요

세계에 ᄉᆞ방 십칠되는 ᄯᅡᆼ이 오천 이ᄇᆡᆨ 삼십륙만 일천 일ᄇᆡᆨ 십오 방리인ᄃᆡ 물은 ᄯᅡᆼ보담 삼ᄇᆡ가 여ᄒᆞ며 ᄯᅡᆼ은 여ᄉᆞᆺ 명이니 이셰아와 구라파와 아비리가와 오대리아와 남 북 아미리가요 물은 다ᄉᆞᆺ이니 남 북 빙양과 태평양과 대셔양과 인도양이요 세계에 인구 수효는 대강이 십ᄉᆞ억 칠천구ᄇᆡᆨ ᄉᆞ십팔만 구천 여명이라 오분에 아는 황인종이니 아셰아 모든 나라에 살며 이분은 ᄇᆡᆨ인죵이니 구라파 오대리 아미리가 모든 나라에 살며 일분은 흑인죵이니 아비리가 모든 나라에 살고 황 ᄇᆡᆨ 흑이 셕긴 인죵은 각국에 난호아 사ᄂᆞ니라 대개 학문을 의론컨ᄃᆡ ᄇᆡᆨ인죵이 데일이요 기ᄎᆞ에 황인죵이요 흑인죵은 글이 업ᄂᆞᆫᄃᆡ가 만야 군신 샹하가 무식ᄒᆞ며 황 ᄇᆡᆨ 흑인죵 즁에 각각 교가 잇ᄂᆞ니 구셰교와 회회교와 유도와 불도와 션도와 인도교라 유 션 인도 삼교는 외국에 전도 ᄒᆞᄂᆞᆫ 사ᄅᆞᆷ을 보낼줄 아지 못ᄒᆞ고 되ᄯᅩ로 유젼ᄒᆞᆯ ᄲᅮᆫ이요 구셰교파와 회회교와 불도는 외국에 젼ᄒᆞ나 가셕ᄒᆞ도다 불교는 하ᄂᆞ님을 모로고 인도 태ᄌᆞ 셕가모리로 조샹을 삼으며 회회교는 하ᄂᆞ님과 모하목뎍을 셤기니 쟉히 사ᄅᆞᆷ의 ᄆᆞᄋᆞᆷ을 화ᄒᆞ게 못ᄒᆞ며 오직 구셰교는 경뎐의 인ᄒᆞᆷ파 ᄎᆞᆼ군 효친 ᄒᆞᄂᆞᆫ 도가 분명ᄒᆞ여 능히 모든 교의 션셩이 됨만ᄒᆞᆫ거시 셰계샹에 저ᄀᆞᆺ치 만은 사ᄅᆞᆷ을 형데도 알아 하ᄂᆞᆯᄭᅡ지 가셔 도를 ᄀᆞᄅᆞ치니 뉘가 단복지 아니리요 교마다 각문이 잇ᄉᆞ니 구셰교는 예수 텬쥬 희랍교요 회교는 슉리와 여샤요 션도는 ᄂᆡ단파 외단이요 불도는 대승과 소승파 오교요 유도는 한유와 송유와 쥬ᄌᆞ가 잇ᄂᆞᆫ지라 ○근 이쳔년젼에 구셰교가 아셰아 남편 유태국에셔 닐어나ᄯᅢ 다마가 동으로 인도에 젼ᄒᆞᆯ교 피득파 보라가 셔으로 라마에 젼ᄒᆞ야 지금 구원셰샹에 거의 다 젼ᄒᆞᆫ 모양이요 처음에는 텬쥬교라 예수신교라 분별이 업더니 텬쥬 교황이 포악ᄒᆞ여 셩경에 ᄯᅳᆺ슬 어긔고 ᄆᆞᄋᆞᆷᄃᆡ로 새다라온 법을 문드러 사ᄅᆞᆷ을 학ᄃᆡᄒᆞᆷ으로 난호엿ᄉᆞ니 지금 예수교와 텬쥬교와 희랍교라 예수교에 각각 일홈이 다른쟈 잇ᄉᆞ니 미이미회와 쟝로회와 감독회와 팀례회와 공례회라 영국에셔 판교와 민교에 부별이 잇셔 미샹불 폐단이 텹ᄉᆡᆼ ᄒᆞ더니 ᄇᆡᆨ셩계 ᄇᆞᆨ음으로 ᄎᆞᄎᆞ 업셔지고 예수교로 인ᄒᆞ여 복록을 누리는 나라는 이제 미국이 뎨일이라 무론 엇던 나라이던지 지금 힘셰 ᄒᆞ고 ᄃᆡ접 밧는 나라는 예수씨의 도로 그나라 ᄇᆡᆨ셩민 ᄀᆞᄅᆞ칠ᄲᅮᆫ 아니라 졍부와 유지ᄒᆞᆫ 션비들의 찬조로 교ᄉᆞ를 외국에 보내여 악ᄒᆞᆫ쟈를 인도ᄒᆞ여 착ᄒᆞᆫ데로 드려오게 ᄒᆞ노라고 일년에 몃 억만금 지산을 허비ᄒᆞ며 그못된 야만들의게 마자 죽는열이 죵죵 잇ᄉᆞ되 괴여히 위험을 피치 아니ᄒᆞ고 그야만들에 귀명토록 ᄀᆞᄅᆞ치는 주되 우리 대한 졍부와 션비들은 무어세 골몰ᄒᆞ야 근본을 찻지못ᄒᆞᄂᆞᆫ지요 로병션

외보

아라샤 공ᄉᆞ가 갈녀 들어 가ᄂᆞᆫ고로 일젼 져녁에 각국 공ᄉᆞ들을 쳥ᄒᆞ야 잔치ᄒᆞ고 노ᄂᆞᆫ데 아국 공ᄉᆞ관 압헤 각식 등불을 휘황히 달엇더라

○양력 ᄉᆞ월 삼십일 오후에 평양 병뎡과 졍동셔 파수보ᄂᆞᆫ 병뎡으로 더브러 샹힐 ᄒᆞ다가 언ᄒᆞ여 싸홈이 되야 서로 돌뿔 던지고 총뎌로 ᄶᅡ려 샹ᄒᆞᆫ쟈가 십인인데 그즁에 죽을 디경에 니른이가 몃 사ᄅᆞᆷ이라 쟝관이 급히 나아와 만단 효유 ᄒᆞ야 간신이 지식이 되엿다더라

○황셩신문에 부쳐가 텬쥬교에 들어 갓다고 긔지ᄒᆞᆫ 셔두에 텬쥬교인이 황셩신문 샤쟝 남궁억씨를 붓잡어 갓단말은 젼호에 임의 긔지 ᄒᆞ엿거니와 그후에 드른즉 그일을 텬쥬교 신부ᄂᆞᆫ 당초에 알지 못ᄒᆞ고 대한 교인들이 뎌의셰력 힝픽 ᄒᆞᆫ인고로 신부가 나죵에 그 말을 듯고 미우 불안이 녁여 ᄌᆞ긔 명함을 남궁억씨의게 보니며 샤과 ᄒᆞ엿다더니 다시 치탐ᄒᆞᆫ즉 신부와 대한 교인들이 황셩신문샤에 가셔 대단이 잘못 ᄒᆞᆫ양으로 루루이 말 ᄒᆞ엿다더라

○최졍식이가 잡혀 와셔 경무텽과 고등저판소에 여러번 지판 ᄒᆞᄂᆞᆫ데 그 월옥 도쥬ᄒᆞᆫ 일을 다 니승만의 지휘라고 무소 ᄒᆞ엿단 말이 밧긔 랑ᄌᆞᄒᆞ매 사ᄅᆞᆷ들이 말ᄒᆞ되 법관도 응당 최졍식의 홍포ᄒᆞᆫ거슬 알터인즉 엇지 최가의 무소 ᄒᆞᄂᆞᆫ 말을 신텽 ᄒᆞ리요 최가만 더옥 즁형을 당 ᄒᆞ리라고 ᄒᆞ다더라

본회 고ᄇᆡᆨ

본회에서 이 회보를 젼년과 ᄀᆞᆺ치 일쥬일에 ᄒᆞᆫ번식 발간 ᄒᆞᄂᆞᆫ데 새로 륙폭으로 작뎡ᄒᆞ고 ᄒᆞᆫ쟝 갑슨 엽젼 오푼이오 ᄒᆞᆫ돌갑슬 미리내면 젼파 ᄀᆞᆺ치 엽젼 ᄒᆞᆫ돈 오푼이라 본국 교우나 셔국 목ᄉᆞ나 교외 친구나 만일 사셔 보고져 ᄒᆞ거든 졍동 아펀셜라 목ᄉᆞ 집이나 죵로 대동셔시에 가셔 사시옵

죵로대동셔시광고

우리 셔샤에셔 셩경 신구약과 찬미칙과 교회에 유익ᄒᆞᆫ 여러가지 셔칙과 시무에 긴요ᄒᆞᆫ 칙들을 팔되 갑시 샹당 ᄒᆞ오니 학문샹과 시무샹에 ᄯᅳ시 잇ᄂᆞᆫ 군ᄌᆞ들은 만히 사셔 보시옵

대영국 셩셔 공회 광고

새로 간츌 ᄒᆞᆫ거슨 로마 가라태 골노시 야고보 베드로 젼후셔 듸모데 젼후셔니 사셔 보실이ᄂᆞᆫ 회샤 쥬인 켠묘 션싱ᄃᆡ로 오시옵

뎨삼권 **대한회보** 뎨십구호

광무삼년 오월십일 (구십빅일합)

목ᄉᆞ의환국홈

감리 교회에 젼도 ᄒᆞ기를 쥬쟝 ᄒᆞᄂᆞᆫ 목ᄉᆞ 리덕씨가 보실일이 잇셔 양력 ᄉᆞ월 이십일에 교국으로 도라 가셧ᄂᆞᆫᄃᆡ 교즁 형뎨들이 몃ᄃᆞᆯ 동안에 작별홈을 셥셥히 녁여 룡산 진두ᄭᆞ지 젼송ᄒᆞ며 목ᄉᆞᄭᅴ셔 속속히 대한국으로 도라와 젼도 ᄒᆞ시기를 원ᄒᆞ엿다더라

옥즁에셔젼도홈

녯적에 구세쥬의 도를 젼ᄒᆞ다가 군축을 밧아 ᄉᆞ데반은 돌에 마ᄌᆞ죽고 베드로ᄂᆞᆫ 쇠 사슬을 차고 옥즁에 갓쳣시며 바울노와 사람은 옥즁에셔 찬미 ᄒᆞ고 긔도 ᄒᆞ엿더니 지금 황히도 연안읍에 사ᄂᆞᆫ 비동명씨ᄂᆞᆫ 횡익이 잇셔 ᄉᆞ오년젼 브터 히쥬부에 갓쳐 징역군이 되엿ᄂᆞᆫᄃᆡ 구세쥬ᄭᅴ셔 밋ᄂᆞᆫ쟈의 죄패를 샤유ᄒᆞ신단 말을 듯고 교즁 셔칙을 구ᄒᆞ여 열심으로 공부ᄒᆞ고 하ᄂᆞ님ᄭᅴ 긔도 ᄒᆞ기를 마지 안터니 셩신의 감화 홈을 엇어 몸이 비록 옥즁에 잇시나 깃분 ᄆᆞ음으로 징역군들의게 젼도 ᄒᆞ되 우리가 이왕브터 죄악이 만흔고로 옥즁에셔 고싱 ᄒᆞ거니와 우리의 죄를 ᄎᆞᆷ으로 용셔 ᄒᆞ시고 우리의 령혼을 구원ᄒᆞ여 주실이ᄂᆞᆫ 예수밧긔 업다 ᄒᆞ즉 모든 징역군들이 죄를 통회 ᄒᆞ고 열심으로 밋ᄂᆞᆫ쟈ㅣ 십륙인이라 샤슬을 차고 징역 ᄒᆞᆯ때라도 일졔히 찬미가를 노래 ᄒᆞ니 화긔가 ᄌᆞ약ᄒᆞᆫ지라 순검의게 간구ᄒᆞ야 젼도인이 감옥셔게 드러 오기를 막지 말나 ᄒᆞ고 젼도 션ᄉᆡᆼ의게 편지 ᄒᆞ되 셩경칙을 만히 가지고 와셔 젼도 ᄒᆞ여 주시면셔 칙갑과 젼도인의 녀비ᄭᆞ지라도 우리들이 모도 담당 ᄒᆞ여 드리겟다 ᄒᆞ엿시니 우리ᄂᆞᆫ 이 모든 영화를 하ᄂᆞ님ᄭᅴ 돌녀 보내고 감샤 ᄒᆞ오며 비동명씨의 일이 비록 교회를 위ᄒᆞ야 고초를 밧음은 아니로되 옥즁에셔 찬미 긔도ᄒᆞᆫ은 녯적 사름이 붓그럽지 안타 ᄒᆞᆯ노라

셩경회로모힘

양력 오월 초칠일 례비에 졍동 회당에셔 목ᄉᆞ가 젼도 ᄒᆞ되 우리 셩경회ᄂᆞᆫ 텬하 만국에 쥬를 밋ᄂᆞᆫ 형뎨들이 셩경 칙 츌판 ᄒᆞ기를 위ᄒᆞ야 각각 힘써 연보 ᄒᆞᄂᆞᆫ 젼례라 영국에ᄂᆞᆫ 회샤가 두곳인ᄃᆡ 일쳔 팔빅 ᄉᆞ년에 셜립 ᄒᆞ엿고 미국에ᄂᆞᆫ ᄒᆞᆫ곳이 잇ᄂᆞᆫᄃᆡ 일쳔 팔빅 십륙년에 시작ᄒᆞᆫ지라 우리 대한 형뎨들도 영미 량국에 회샤를 힘ᄃᆡ로 도아 주자ᄒᆞ고 돈을 약간 연보 ᄒᆞ여더라

대한크리스도인 회보

THE KOREAN CHRISTIAN ADVOCATE.
Rev. H. G. Appenzeller, Editor
36 cents per annum
in advance. Postage extra.
Wednesday, MAY 10th, 1899.

서울 졍동셔 일쥬일에 ᄒᆞᆫ번식
발간ᄒᆞᄂᆞᆫᄃᆡ 아편셜라 목ᄉᆞ가
회보 샤쟝이 되엿더라
일년 갑슬 미리 니면 삼
십 륙젼이오 우표갑슨
ᄯᅡ로 잇ᄂᆞ니라

교회ᄉᆞ무를 사실ᄒᆞᆫ일 속젼호

그날 오후에 목ᄉᆞ와 읍에 드러가 본군슈 민태식을 보고 교회일노 샹약ᄒᆞ고 도라와 그 잇흔날 나진포에서 젼도ᄒᆞᆯᄉᆡ 세례 밧은이가 오명이오 입교ᄒᆞᆫ이가 삼명이더라 그후에 바로 떠나 교동셤으로 와서 교회에 향응ᄒᆞᄂᆞᆫ 사ᄅᆞᆷ 몃분을 차자보고 그날밤에 기회 교항동으로 와서 형뎨 김샹림 되에서 류ᄒᆞ고 그 잇흔날 하오에 회당에 드러가 계삭회를 힝ᄒᆞ고 밤에 다시 모히여 긔도ᄒᆞᆯᄉᆡ 남녀 합 칠십여명이 모히고 세례 밧은이가 일인이오 입교ᄒᆞᆫ이가 륙인이더라 이십일에 홍의 회당에 가셔 ᄉᆞ무를 볼ᄉᆡ 그곳은 형뎨 박능일씨가 젼도ᄒᆞ야 교회가 흥왕ᄒᆞᆫ지라 남녀교우 수십인이 그날밤에 회당에 모히여 하ᄂᆞ님ᄭᅴ 긔도ᄒᆞ엿ᄂᆞᆫᄃᆡ 입교ᄒᆞᆫ이가 남녀 합 ᄉᆞ인이오 세례 밧은이가 남녀 합 삼인이라 그 잇ᄒᆞᆫ날 아츰에 교즁 일원들이 모히여 계삭회를 힝ᄒᆞ고 오후에 고부즁 회당에 가셔 속장 황영일씨 집에셔 류ᄒᆞᆯ시 그날밤에 남녀 교우 삼십여인이 회당에 모히여 찬미 긔도ᄒᆞ엿ᄂᆞᆫᄃᆡ 입교ᄒᆞᆫ이가 남녀 합 십인이오 세례 밧은이가 일인이라 그곳은 지졍이 너넉지 못ᄒᆞᆷ으로 회당을 잘 슈리치 못ᄒᆞ야 방에 공석을 펴고 형뎨와 ᄌᆞ미들이 또 혓ᄒᆞᄃᆡ 아ᄉᆡ토록 치운줄을 모로고 렬심으로 례비ᄒᆞ엿더라 그 잇흔날 강화 형뎨를 쟉별ᄒᆞ고 쟝로ᄉᆞ 됴원시씨가 인쳔으로 도라 오셧더라 이번길에 ᄉᆞ골 각처에 잇ᄂᆞᆫ 형뎨들을 다 깃부게 맛나보고 교즁 ᄉᆞ무에 져미 잇ᄂᆞᆫ 일을 만히 보앗시나 다 긔록ᄒᆞᆯ수 업고 지졍 일관만 대강 말ᄉᆞᆷᄒᆞ노니 연안 남신당 회당에 슈리비로 연보ᄒᆞᆫ 돈ᄂᆞᆫ 이쳔 오ᄇᆡᆨ량이오 나무골 회당에ᄂᆞᆫ 칠ᄇᆡᆨ여량ᄒᆞ오 읍니에 잇ᄂᆞᆫ 교우들은 회당을 설시ᄒᆞ라고 연보ᄒᆞᆫ것이 일쳔 오ᄇᆡᆨ량이오 나진포 형뎨들은 돈 일쳔량을 연보ᄒᆞ야 회당을 설시ᄒᆞ라고 집 짓ᄂᆞᆫ거슬 보앗시며 가화교항동 회당에ᄂᆞᆫ 즁슈비와 속장의 월급과 교동 셤에 젼도ᄒᆞ기를 위ᄒᆞ야 슈합ᄒᆞᆫ 돈이 합ᄒᆞ야 일쳔 일ᄇᆡᆨ 여량이오 홍의 회당에ᄂᆞᆫ 슈리비ᄒᆞ고 젼도인 월급과 잡비가 합 ᄉᆞ쳔 삼ᄇᆡᆨ량이오 고부 회당에ᄂᆞᆫ 연보ᄒᆞᆫ 돈이 오ᄇᆡᆨ 륙십 여량이더라

례ᄇᆡ일공과 일ᄇᆡᆨ 십구 오월 이십일일

요셉이 그 형뎨의게 알닌일

창세긔 ᄉᆞ십오장 일졀노 십오졀ᄭᆞ지

一 요셉이가 졍을 억제 ᄒᆞ지 못ᄒᆞ야 모든 시종ᄒᆞᄂᆞᆫ 사ᄅᆞᆷ을 다 물니치라 분부ᄒᆞ야 ᄒᆞᆫ 사ᄅᆞᆷ도 곗헤 두지 아니 ᄒᆞᆫ후에 ᄇᆞᆰ히 형뎨의게 고ᄒᆞ야 서로 분변ᄒᆞ야 알게ᄒᆞ교 二 곳 크게 소리ᄒᆞ야 우니 애굽ᄯᅡ 사ᄅᆞᆷ과 파레오의 너뎡이 다 드른지라 三 요셉이가 형뎨의게 닐ᄋᆞᄃᆡ 나ᄂᆞᆫ 요셉이라 내 아바지ᄭᅴ셔 지금ᄭᆞ지 계시뇨 ᄒᆞᆫᄃᆡ 모든 형뎨가 두려워 ᄒᆞ야 ᄒᆞᆫ말도 능히 ᄃᆡ답지 못ᄒᆞ더라 四 요셉이가 제 형들의게 닐ᄋᆞᄃᆡ 내 압흐로 오라ᄒᆞᆫᄃᆡ 다 압흐로 오거ᄂᆞᆯ 요셉이가 ᄀᆞᆯᄋᆞᄃᆡ 나ᄂᆞᆫ 너의 동싱 요셉이니 젼에 너희가 애굽도에 ᄑᆞᆫ쟈라 ○ 五 이거슬 인ᄒᆞ야 ᄉᆞᄉᆞ로 근심ᄒᆞ고 ᄒᆞᆫᄒᆞ지 마라 대개 하ᄂᆞ님이 나를 보내여 너희 보다 몬져 너ᄅᆞ러 너희 싱명을 보젼케 ᄒᆞ심이라 六 이제 온 디경에 임의 두ᄒᆡ를 흉년들고 또 다ᄉᆞᆺᄒᆡ가 놈엇ᄉᆞ니 반ᄃᆞ시 농ᄉᆞ ᄒᆞᆯ수가 업ᄉᆞ리라 七 하ᄂᆞ님이 나를 보내여 너희보다 몬져 너ᄅᆞ러 너희 ᄌᆞ손을 보젼케 ᄒᆞ교 크게 구원 ᄒᆞ샤 너희 싱명을 완젼케 ᄒᆞ니 八 내가 여긔 니ᄅᆞᆫ거슨 너희가 보냄이 아니오 곳 하ᄂᆞ님이 보내심이니 나로 ᄒᆞ여곰 파레오의 ᄌᆡ샹이 되야 종실과 온 나라를 다ᄉᆞ리게 ᄒᆞ셧ᄉᆞ니 九 너희가 속히 도라가 아바지를 보고 고ᄒᆞᆫᄃᆡ 아바지의 아ᄃᆞᆯ 요셉이가 말ᄒᆞ기를 하ᄂᆞ님ᄭᅴ셔 나를 세워 애굽도의 ᄌᆡ샹이 되게 ᄒᆞ샤 온 나라를 다ᄉᆞ리게 ᄒᆞ니 청컨ᄃᆡ 아바지는 이곳으로 오시기를 더듸게 마옵쇼셔 ᄒᆞ교 十 너희와 밋 ᄌᆞ손과 소와 양과 일체 잇ᄂᆞᆫ 거슨 다 가산에 거ᄒᆞ게 ᄒᆞ야 내게셔 머지 안케 ᄒᆞ라 十一 흉년이 또 다ᄉᆞᆺᄒᆡ가 놈엇ᄉᆞ니 내가 네희를 공양ᄒᆞ야 너희 권속과 일체 잇ᄂᆞᆫ거시 궁곤ᄒᆞᆷ을 면케 ᄒᆞ리라 十二 내가 친히 너희와 말ᄒᆞᆯ때 너희와 동싱 벤야민이가 다 눈으로 본지라 十三 내

가 애굽도에셔 엇은 영광을 너희가 ᄀᆞᆺ치 보앗ᄂᆞ
니 속히 도라가 아바지의게 고ᄒᆞ여 이리 오시게
ᄒᆞ라 十四 드ᄃᆡ여 동ᄉᆡᆼ 변야민의 목을 안고 우니
변야민이가 ᄯᅩᄒᆞᆫ 그목을 안고 우ᄂᆞᆫ지라 十五 요셥
이 모든 형데로 더브러 입을 마초고 우니 형데
들이 비로소 더브러 말ᄒᆞ더라

뭇ᄂᆞᆫ말

一 요셥이 웨 뫼신쟈들을 다 물니친 후에 형데
됨을 ᄀᆞᆨ히 말 ᄒᆞ엿ᄂᆞ뇨

二 요셥이 ᄌᆞ긔의 부친이 살어 계신거ᄉᆞᆯ 알지
못ᄒᆞ야 다시 물엇ᄂᆞ뇨

三 모든 형데들이 웨 두려워셔 말 ᄒᆞᆯ마ᄃᆡ도 못
ᄒᆞ엿ᄂᆞ뇨

四 요셥이 그 형들을 ᄃᆡᄒᆞ야 그간에 ᄌᆞ긔 곤얼
을 원망 ᄒᆞᄂᆞᆫ 말이 잇셧ᄂᆞ뇨

五 이ᄯᅢ에 흉년이 몃ᄒᆡ나 지나고 몃ᄒᆡ가 남엇
다 ᄒᆞ엿ᄂᆞ뇨

六 요셥이 이급도에 온거ᄉᆞᆯ 그 형들이 푼 ᄭᆞ닭
이라 ᄒᆞ엿ᄂᆞ뇨

七 요셥이 그 형들ᄃᆞ려 속히 도라가 그 부친의
게 무ᄉᆞᆷ말을 고ᄒᆞ라 ᄒᆞ엿ᄂᆞ뇨

八 요셥이 이굽도에셔 엇은바 무어ᄉᆞᆯ 그 형데
들어 ᄒᆞᆫ가지 본다 ᄒᆞ엿ᄂᆞ뇨

九 지금이야 그 형데들이 엇더케 이졍을 나타
내엿ᄂᆞ뇨

엡웟쳥년회

리화학당녀학도의화류

사ᄅᆞᆷ의 두골파 젼톄와 ᄉᆞ지ᄂᆞᆫ 곳 긔묘ᄒᆞᆫ 긔계라 쌔ᄂᆞᆫ 서ᄅᆞ 버팅기고 살은 보첨ᄒᆞ고 가족은 싸미여 피차에 도라가고 굽으리며 펴고 들고 놋코 도리키며 조리고 느리며 벌니고 좁흐려 ᄒᆞ나이라도 업ᄉᆞ면 병든 긔계와 ᄀᆞᆺᄒᆞᆫ지라 그런즉 이 긔계를 오리 안지거나 세우거나 뉘거나 기터 두거나 ᄒᆞ면 ᄌᆞ연ᄒᆡ 병이 싱기ᄂᆞ니 그런고로 ᄯᅢ를 맛초아 닥그며 돌니며 수보ᄒᆞ여야 튼튼ᄒᆞ며 ᄯᅩ 녹이 졔이지 아니ᄒᆞᄂᆞᆫ지라 남녀간에 어려실 ᄯᅢ브터 시간을 작뎡ᄒᆞ고 음식 먹을 ᄯᅢ와 셀 ᄯᅢ와 공부ᄒᆞᆯ ᄯᅢ와 운동ᄒᆞᆯ ᄯᅢ와 목욕ᄒᆞᆯ ᄯᅢ와 의복을 밧구어 입을 ᄯᅢ가 불가불 작뎡ᄒᆞᆫ 시간이 잇서야 ᄒᆞᆯ거시여ᄂᆞᆯ 우리 나라 사ᄅᆞᆷ들은 그러치 못ᄒᆞ여 표명ᄒᆞᆫ 학자님의 문하에 ᄃᆞᆫ이ᄂᆞᆫ 학도들은 ᄭᅮᆯ어 안ᄂᆞᆫ거시 살님 문인에 본석이라 ᄒᆞ고 종일 ᄭᅮᆯ어안저 ᄉᆞᄀᆞ덕ᄉᆞᄀᆞ덕 ᄒᆞᄂᆞᆫ고로 귀시 안장다리에 활허리요 녀ᄋᆞ들은 칠세 여든 남녀간에 ᄒᆞᆫ 자리에 안지 못ᄒᆞᆫ다ᄂᆞᆫ 학문을 미우 잘 비운고로 홍상 방안에 가두어 며주ᄀᆞᆺ치 ᄯᅴ우니 평ᄉᆡᆼ에 ᄆᆞᆰ은 공긔를 마시지 못ᄒᆞ매 과골이 졈졈 참약ᄒᆞ여지고 안장다리에 활허리 긔계 가진 사나회를 보면 쥐 숨듯 기ᄂᆞᆫ 숨으니 이러ᄒᆞ고야 화긔가 어ᄃᆡ서 나며 ᄋᆡ국ᄒᆞᄂᆞᆫ 용긔와 츙군ᄒᆞᄂᆞᆫ 의리가 어ᄃᆡ셔 나리요 오ᄂᆞᆯ날 우리 나라 사ᄅᆞᆷ의 긔상이 이ᄀᆞᆺ치 불샹ᄒᆞᆫ거슨 ᄌᆞ초로 그썩은 학문에 물드러 위셩ᄒᆞᆫ줄을 모로ᄂᆞᆫ 몸 가지ᄂᆞᆫ 규칙이 업고 다만 속박ᄒᆞ기로만 주장ᄒᆞᆫ 연괴라 이제 서울에 잇ᄂᆞᆫ 각 학교 ᄋᆞᄒᆡ들ᄋᆞᆫ 운동과 톄죠와 긔계를 비호ᄂᆞᆫ 학당이 간혹 잇서 쟝ᄎᆞᆺ 식골 학교ᄭᆞ지 본밧ᄂᆞᆫ 줄노 ᄇᆞ르거니와 녀ᄋᆞ들은 언제나 그 움속을 면ᄒᆞ고 뎐일을 바로ᄌᆞ여 남ᄌᆞ와 교제가 친밀ᄒᆞ야져 문명ᄒᆞᆫ 셔양 제국에 남녀와 비견ᄒᆞ리요 위ᄉᆡᆼᄒᆞᄂᆞᆫ 법은 몸을 움작이며 음식을 졀조ᄒᆞ며 옷슬 자조 ᄲᆞᄂᆞᆫ것ᄲᅮᆫ이니라 츈삼월 ᄭᅩᆺ필 ᄯᅢ와 츄구월 단풍에 ᄆᆞ옴을 편히ᄒᆞ며 긔운을 펴셔 됴흔벗 삼삼 오오이 슈려ᄒᆞᆫ 산간 ᄎᆞᆺ자가 ᄭᅩᆺ과 단풍을 보아 눈을 깃브게ᄒᆞ며 향긔로은 ᄂᆡ암ᄉᆡ와 ᄆᆞᆰ은 공긔를 호흡ᄒᆞ여 모식을 흉금을 열ᄂᆡ게 ᄒᆞᄂᆞᆫ것도 위ᄉᆡᆼ이라 그런고로 문명ᄒᆞᆫ 나라 학교에서 들은 남녀 학도들이 공부ᄒᆞᄂᆞᆫ 시간외에 몸을 윤ᄐᆡᆨ게 ᄒᆞ고져 ᄒᆞ여 각식 운동ᄒᆞᄂᆞᆫ 긔계를 문드러 노코 ᄯᅱ염ᄒᆞᆯ기와 근네 ᄯᅱ기와 공치기와 겨울에 눈싸홈ᄒᆞᆯ기와 어름 타기와 셜미ᄉᆞᄀᆞ을기와 각식 노리로 그 젼신을 눈농ᄒᆞᄂᆞᆫ지라 녀ᄋᆞ들이 어려실ᄯᅢ브터 그 몸을 잘 쓴고로 셩인ᄒᆞ여서도 긔운이 활발ᄒᆞ여 ᄌᆞ식을 나흘도 슉셩ᄒᆞᆫ ᄋᆞᄒᆡ를 낫ᄂᆞ니 녀인은 나라에 어미라 어미가 쟉약ᄒᆞ고 무식ᄒᆞ면 그 속에셔 나ᄒᆞᆫ ᄌᆞ식이 무어시 번번ᄒᆞ리오 속담에 더러온거슨 병에 어미라 ᄒᆞ엿스니 병든 어미가 병든 ᄌᆞ식을 낫ᄂᆞᆫ거시 이에셔 무어시 다르리요 일젼에 정동 리화학당 녀학도들이 일년 동안을 ᄋᆡ쓰고 공부ᄒᆞ다가 봄빗출 ᄯᅡ라 창의문 밧ᄭᅴ로 화류구경 갓더라 ᄒᆞ니 우리가 미우 치하ᄒᆞᄂᆞᆫ 거슨 녀학도에 화류ᄂᆞᆫ 오ᄇᆡᆨ년ᄅᆡ에 처음이라 져 녀학도들은 나라 어미에게 션진이 되니 일노조차 쟝ᄎᆞᆺ 나라 어미될 쟈의 몸이 강장ᄒᆞ리로다 우리ᄂᆞᆫ ᄇᆞ라건ᄃᆡ 이 학도들은 아모ᄶᅩ록 강건ᄒᆞᆫ 몸으로 됴흔 학문을 만히 ᄇᆡ화 대한 젼국 녀인에 션ᄉᆡᆼ이 되기를 츅수ᄒᆞ노라 도병션

닉보

일젼 밤에 영션ᄉ 안에셔 난ᄃᆡ 업ᄂᆞᆫ 불이 나셔 슌검과 병뎡 여러 ᄇᆡᆨ명이 불을 잡으랴 ᄒᆞ되 화셰가 바람을 ᄯᅡ러 너러나매 능히 여외치 못ᄒᆞ고 일본 사ᄅᆞᆷ이 무조위를 가지고 와셔 미우 힘을 ᄡᅳ되 ᄯᅩᄒᆞᆫ 금치 못ᄒᆞ야 그 여러 십만량 아치 재목이 다 재가 되엿다더라

○요ᄉᆞ이 한재가 태심ᄒᆞ야 동리에 우물이 다 마르고 밧헤 최종이 다 타ᄂᆞᆫ지라 셔울 사ᄅᆞᆷ들은 날마다 곡가가 고등ᄒᆞᆷ으로 걱정이요 시골 ᄇᆡᆨ셩들은 물이 업셔 모ᄌᆞ리를 못ᄒᆞᆷ으로 걱정이라 더라

○니승만과 최정식 량인이 재판ᄒᆞᆫ다ᄂᆞᆫ 말은 그젼 회보에도 긔재 ᄒᆞ엿거니와 요ᄉᆞ이 날마다 고등재판소에셔 니 최 량인을 불너 울녀 공초밧고 그 월옥 ᄒᆞᆯ때에 목도ᄒᆞᆫ 압뇌등을 다 불너 터질ᄒᆞᄂᆞᆫᄃᆡ 여러 사ᄅᆞᆷ의 발이 다 최가의 소위라고 ᄒᆞ엿다니 여러 압뇌의 말이 족히 확실ᄒᆞᆫ 증거가 될만ᄒᆞᆫ즉 맛당이 속히 결쳐 ᄒᆞᆯ거시여ᄂᆞᆯ 법관이 날노 재판ᄒᆞᆫ다 칭ᄒᆞ고 연타 ᄒᆞᆫ기로 위쥬ᄒᆞ니 재판소에셔ᄂᆞᆫ 이일노만 세월을 보내ᄂᆞᆫ지

○어졋긔 식젼에 엇던 상제 ᄒᆞ나이 종현 ᄇᆡ거리에셔 족어 쟝ᄉᆞ의게 조반족어 열두뭇슬 갑ᄂᆞᆯ 작뎡ᄒᆞᆫ후 족어 임자의게 지우고 왜송골노 와셔 비재학당 뒤문밧게 세우고 ᄒᆞᄂᆞᆫ 말이 나ᄂᆞᆫ 이안에 사ᄂᆞᆫ 쳠샹인인ᄃᆡ 이문에 잡인은 들어오지 못ᄒᆞ니 네가 이곳에 잠간 셧시면 내가 족어 갑슬 가지고 나오마 ᄒᆞ고 족어를 가지고 들어간후 도모지 소식이 업ᄂᆞᆫ지라 그 족어 쟝ᄉᆞ 우히가 허허 탄식ᄒᆞ고 길가에 방황ᄒᆞᄂᆞᆫ 진소위 닭ᄶᅩᆺ던 개가 울울 치여다 봄이라 그근쳐 슌검들은 이러ᄒᆞᆫ 도적놈을 잡지 아니 ᄒᆞᄂᆞᆫ지

본회고빅

본회에셔 이 회보를 젼년과 ᄀᆞᆺ치 일쥬일에 ᄒᆞᆫ번식 발간 ᄒᆞᄂᆞᆫᄃᆡ 새로 륙폭으로 작뎡ᄒᆞ고 ᄒᆞᆫ쟝 갑슨 엽젼 오푼이오 ᄒᆞᆫ달갑슬 미리내면 젼과 ᄀᆞᆺ치 엽젼 ᄒᆞᆫ돈 오푼이ᄅᆞ 본국 교우나 셔국 목ᄉᆞ나 교외 친구나 만일 사셔 보고져 ᄒᆞ거든 졍동 아편셜라 목ᄉᆞ 집이나 죵로 대동셔시에 가셔 사시옵

죵로대동셔시광고

우리 셔샤에셔 셩경 신구약과 찬미책과 교회에 유익ᄒᆞᆫ 여러가지 셔칙과 시무에 긴요ᄒᆞᆫ 칙들을 팔되 갑시 샹당ᄒᆞ오니 학문샹과 시무번에 ᄯᅳᆺ이 잇ᄂᆞᆫ 군ᄌᆞ들은 만히 사셔 보시옵

대영국 셩셔 공회 광고

새로 간츌 ᄒᆞᆫ거슨 로마 가라태 골노시 야고보 베드로 젼후셔 티모데 젼후셔니 사셔 보실이ᄂᆞᆫ 회샤 쥬인 권묘 션ᄉᆡᆼ씨로 오시옵

뎨삼권

대한크리스도인회보

뎨이십호

광무삼년 오월십칠일 (합일빅이십)

감독의젼도홈

양력 오월 십ᄉ일 례비에 감독
크란스돈씨ᄭᅴ셔 졍동 회당에셔
젼도 ᄒᆞ셧ᄂᆞᆫᄃᆡ 샹오 구졈죵에
셩단우희 각석 화초를 버려노
코 남녀 교우들이 좌우를 논호
와 모혓시니 그ᄯᅢ에 오신이ᄂᆞᆫ
졔물포에 잇ᄂᆞᆫ 쟝로ᄉᆞ 됴원시씨
와 평양에셔 젼도ᄒᆞᄂᆞᆫ 목ᄉᆞ로
블씨와 셔울셔 젼도 ᄒᆞᄂᆞᆫ 목ᄉᆞ
아편셜라씨와 쇼목ᄉᆞ 감목ᄉᆞ
재씨와 셔국부인이 여러 분이오
셔울 잇ᄂᆞᆫ 미이미 교즁 형뎨와
ᄌᆞ믹들은 일졔히 모혓ᄂᆞᆫᄃᆡ 회우
로 오신이 ᄉᆞ지 칠ᄇᆡᆨ 여인이라
찬미 긔도후에 의찬례를 ᄒᆡᆼᄒᆞ
고 목ᄉᆞ 로블씨가 형뎨와 ᄌᆞ믹
의게 각각 ᄉᆞ랑ᄒᆞᄂᆞᆫ ᄯᅳᆺ으로 간
징ᄒᆞᆫ 말ᄉᆞᆷ을 무ᄅᆞᆺ더라 ○ 십
뎜죵에 니르러 다시 찬미 긔도
ᄒᆞ고 셩경 렬왕긔 하권 뎨오쟝
을 닑ᄂᆞᆫ후에 감독ᄭᅴ셔 론셜ᄒᆞ
시고 쟝로ᄉᆞ 됴원시씨가 대한
말노 번역ᄒᆞ야 젼도ᄒᆞ되 이곳
에 다시와셔 형뎨와 ᄒᆞᆷᄭᅴ 례ᄇᆡ
ᄒᆞ니 하ᄂᆞ님의 은혜 감샤ᄒᆞ
도다 지금 형뎨들의 간징ᄒᆞᄂᆞᆫ
말을 내가 듯지 못ᄒᆞ니 셥셥ᄒᆞ나 여러사ᄅᆞᆷ의 얼
골과 눈을 보건ᄃᆡ 셔로 깃분 ᄆᆞᄋᆞᆷ이 넘ᄂᆞᆫ것을 알
겟노라 오ᄂᆞᆯ 젼도ᄒᆞᆯ일은 네 사ᄅᆞᆷ의 ᄉᆞ젹이니 첫
지ᄂᆞᆫ 아란국 대쟝 네만의 병든것이라 ᄇᆡ슐도 놉
고 권세도 만흐되 의약으로 곳칠수 업ᄂᆞᆫ 문둥병
이 잇셔 몸이 패망케 되엿시니 이와ᄀᆞᆺ치 사ᄅᆞᆷ의
죄악이 만흐면 령혼이 ᄯᅩᄒᆞᆫ 패망케 될것이오 둘
지ᄂᆞᆫ 이스라엘 족쇽으로 아람국에 잡혀가 네만
의 집에셔 죵노릇 ᄒᆞᄂᆞᆫ 녀ᄋᆞ의 일이라 그녀ᄋᆞᄂᆞᆫ
고간ᄒᆞᆫ ᄌᆞ젹으로 놈의집에 하인이 되엿시되
하ᄂᆞ님을 존경ᄒᆞ고 평셩에 거즛말을 안ᄂᆞᆫ고로 그
대쟝과 그 님군ᄭᆞ지 그 녀ᄋᆞ의 말을밋고 편지를
ᄒᆞ며 례물을갓초아 이스라엘 나라에 션지쟈를 차
쟈갓시니 우리 형뎨즁에 지극히 쳔ᄒᆞᆫ 사ᄅᆞᆷ이라도
만일 진실히 밋고 셩신의 감화 ᄒᆞ심으로 힘심에
졍직ᄒᆞᆯ진ᄃᆡ 그 사ᄅᆞᆷ의 말을 밋을이가 만을것
이오 셰지ᄂᆞᆫ 션지쟈 이리샤의 일이니 하ᄂᆞ님의
묵시ᄒᆞ심으로 네만ᄃᆞ려 요단 하슈에 닐곱번 씨
스라 ᄒᆞᆷ이오 네만이ᄂᆞᆫ 션지쟈가 ᄌᆞ긔를 관졉지
아님으로 노여 ᄒᆞ다가 죵인의 권ᄒᆞᄂᆞᆫ 말을 듯고
시험으로 닐곱번 목욕ᄒᆞ여 ᄭᆡ굿ᄒᆞᆷ을 엇은후에 ᄯᅩ
ᄒᆞᆫ 션지쟈를 존경ᄒᆞ고 여호와 하ᄂᆞ님을 밋엇시
니 우리도 만일 션지쟈 ᄀᆞᆺ치 묵시를 엇을진ᄃᆡ 능
히 어젹을 힝ᄒᆞᆯ것이오 네지ᄂᆞᆫ 션지쟈의 하인 긔
합셔의 일이니 샤욕을 이기지 못ᄒᆞᆷ으로 거즛말(이 폭)

대한크리스도인 회보

THE KOREAN CHRISTIAN ADVOCATE.
Rev. H. G. Appenzeller, Editor
36 cents per annum
in advance. Postage extra.
Wednesday, MAY 17th, 1899.

서울 졍동셔 일쥬일에 ᄒᆞᆫ번식 발간 ᄒᆞᄂᆞᆫᄃᆡ 아편셜라 목ᄉᆞ가 회보 샤쟝이 되엿더라

일년 갑슬 미리 ᄂᆡ면 삼십 륙젼이오 우표갑슨 ᄯᅡ로 잇노라

일폭련속

을ᄒᆞᆫᄃᆡ 션지쟈의 분부로 네만의게 가셔 삼쳔량 은과 두벌옷슬 밧아 가만이 집에 두고 텬연히 션지쟈 압헤 가셔 션지쟈가 뭇ᄂᆞᆫ 말을 속여 ᄃᆡ답ᄒᆞᆯ 고로 션지쟈ᄭᅴ셔 네만의 문동병으로 긔합셔의게 주어 평ᄉᆡᆼ에 낫지 못ᄒᆞ고 져의 ᄌᆞ손의게 ᄭᅵ지 나리게 ᄒᆞ엿시니 이 네 사ᄅᆞᆷ의 ᄉᆞ젹을 보건ᄃᆡ 우리가 본 밧을것도 만코 경계ᄒᆞᆯ일도 만타ᄒᆞ고 ○ 감독ᄭᅴ셔 젼도 ᄒᆞ시기를 다 맛치시고 쇼목ᄉᆞ들을 불너 교즁 쟝로의 직칙을 맛기실ᄉᆡ 감독ᄭᅴ셔 이이미 교회 강례를 닐ᄋᆞ시고 몃ᄆᆞᄃᆡ 말ᄉᆞᆷ으로 무른후에 감독과 여러 목ᄉᆞ들이 ᄒᆞᆷᄭᅴ 쇼목ᄉᆞ 머리 우헤 손을 언ᄭᅩ 긔도 ᄒᆞ야 례식을 맛치시고 파회ᄒᆞ엿시며

하오 두뎜죵에 다시 청년회로 모힐ᄉᆡ 달셩당과 졔물포에셔 오신 청년들과 리화학당 녀교즁 청년들이 합셕ᄒᆞ야 모혓ᄂᆞᆫᄃᆡ 졍동 목ᄉᆞ 아편셜라씨가 찬미 긔도 ᄒᆞ고 ᄀᆡ회 ᄒᆞᆫ후에 회쟝 로병션씨가 미이미 교회를 셜립 ᄒᆞ시든 요한위ᄉᆞ리 션ᄉᆡᆼ의 ᄉᆞ젹을 대강 말ᄉᆞᆷ ᄒᆞ야 교우의게 권셜 ᄒᆞ고 녀 교즁에ᄂᆞᆫ 황현모씨의 부인ᄭᅴ셔 십오년젼 브터 미국 교회의 셜시ᄒᆞᆷ과 청년회가 처음에 엇더케 시작된 리력을 ᄌᆞ세히 연셜 ᄒᆞ야 형데와 ᄌᆞ미들의게 들니고 다 깃분 ᄆᆞᄋᆞᆷ으로 찬미ᄒᆞ엿더라

년환회

감독 크란스돈ᄭᅴ셔 양력 오월 십일일에 대한으로 오샤 교즁 ᄉᆞ무를 샤실 ᄒᆞ고 쳐판 ᄒᆞ실ᄉᆡ 각쳐 목ᄉᆞ와 부인의 보단과 대한 형뎨즁 본토 젼도인과 권ᄉᆞ의 보단 ᄭᅵ지 다 밧으시고 ᄉᆞ무를 맛치후에 십칠일 샹오에 년환회를 파회 ᄒᆞ신지라 금년에ᄂᆞᆫ 대한 형뎨 즁에도 ᄯᅩᄒᆞᆫ 셔긔 일인을 션뎡 ᄒᆞ야 년환회 일긔를 ᄌᆞ세히 긔록케 ᄒᆞ엿ᄂᆞᆫᄃᆡ 그 일긔를 셔국 목ᄉᆞ의 일긔와 셔로 교쥰ᄒᆞ야 다 ᄀᆞᆺ흔후에 츌판ᄒᆞ야 교즁 형뎨의게 반포 ᄒᆞᆫ다더라

례비일공과 일빅 이십 오월 이십팔일

야곱이요셉의소문을듯고애급도로간일

챵세긔 ᄉᆞ십오장 이십삼절노 이십팔절과 ᄉᆞ십륙
쟝 일절노 륙절ᄭᆞ지
二十三 그 아바지의게 물건을 보낼셰 슈나귀 열에
다 애급도의 아름다온 물건을 실코 암나귀 열에
다논 곡식파 떡온 량식을 시러 아바지의께 드리
께 ᄒᆞ고 二十四 형뎨를 보내여 ᄀᆞᆯᄋᆞᄃᆡ 길에셔 서로
다토지 말나 ᄒᆞ더라 ○ 二十五 각 사ᄅᆞᆷ이 드듸여
애급도를 ᄯᅥ나 가나온에 니르러 아바지 야곱을
보고 二十六 고ᄒᆞᄃᆡ 요셉이 지금 잇셔 애급도 전국
의 지상이 되엿ᄂᆞ이다 ᄒᆞ거ᄂᆞᆯ 야곱이 밋지 아니
ᄒᆞ고 그말을 드러도 ᄆᆞᄋᆞᆷ이 동ᄒᆞ지 아니 ᄒᆞᄂᆞᆫ지
라 二十七 모든 아ᄃᆞᆯ이 요셉의 말노 아바지의게 고
ᄒᆞ니 야곱이 요셉이가 수레를 보내여 ᄌᆡ긔 ᄅᆞᆯ
라ᄒᆞᆫ거ᄉᆞᆯ 보고 정신이 활발 ᄒᆞ야 二十八 ᄀᆞᆯᄋᆞᄃᆡ 족
ᄒᆞ지라 내 아ᄃᆞᆯ 요셉이가 지금 잇ᄉᆞ니 내가 죽
지 아니 ᄒᆞ여셔 반ᄃᆞ시 가 보리라 ᄒᆞ더라

ᄉᆞ십륙쟝 一 이스라엘이 모든 잇ᄂᆞᆫ거ᄉᆞᆯ 가지
고 가셔 별시파에 니르러 아바지 이삭에
하ᄂᆞ님ᄭᅴ 졔ᄉᆞ를 드리니 二 밤에 하ᄂᆞ님이 이
샹ᄒᆞᆫ 형샹 중에셔 이스라엘을 불너 ᄀᆞᆯᄋᆞ샤ᄃᆡ
야곱아 야곱아 ᄒᆞ시니 ᄃᆡ답 ᄒᆞᄃᆡ 내가 여긔 잇
ᄂᆞ이다 三 ᄀᆞᆯᄋᆞ샤ᄃᆡ 나ᄂᆞᆫ 하ᄂᆞ님이니 곳 너 아
바지의 하ᄂᆞ님이라 네가 애급도에 가기를 두
려워 ᄒᆞ지마라 내가 네 족파를 챵셩케 ᄒᆞ야 큰
나라를 일위게 ᄒᆞ리라 四 내가 쟝ᄎᆞᆺ 너를 인도ᄒᆞ
야 애급도에 니르게 ᄒᆞ고 네ᄲᅧ를 고토에 도라가
게 ᄒᆞ며 요셉이가 손을 네게 ᄃᆡ여 너로 ᄒᆞ여곰
눈을 감게 ᄒᆞ리라 ᄒᆞ시더라 五 야곱이 별시파를
ᄯᅥ나매 여러 아ᄃᆞᆯ이 파레오가 보낸 수레로 그
아바지와 쳐ᄌᆞ를 틔우니
六 야곱이 모든 즘ᄉᆡᆼ을 몰고 가나온에 잇던 지
물과 ᄌᆞ녀와 손ᄌᆞ와 친쳑을 다리고 다 애급도에
니르더라

엡웟쳥년회

별보

우리 청년회 셜시ᄒᆞᆫ지가 열지 돌이 된고로 오월 십ᄉᆞ일에 정동 례비당에 특별 긔렴회로 뫼회ᄒᆞ고 리화학당 ᄯᅩ이ᄡᅳ 청년회 부회쟝 부인 메리씨가 청년회 처음 셜시 ᄒᆞ던 ᄉᆞ긔를 우리의게 말ᄉᆞᆷᄒᆞ여 들닌고로 우리가 감샤히 듯고 ᄯᅩᄒᆞᆫ 우리 각쳐 청년회원들이 본회가 처음에 엇더케 셜시 된거슬 대강 알아야 됴흘듯 ᄒᆞ고로 들은ᄃᆡ로 긔지ᄒᆞ노라

우리 청년회는 일쳔팔ᄇᆡᆨ 팔십구년 오월 십오일에 미국 오하요 클늬부을닌드 셩에 잇ᄂᆞᆫ 즁앙 미이미 교회당에셔 새로 셜시 ᄒᆞ엿ᄂᆞᆫᄃᆡ 이 회당을 엡웟 청년회 난후에 다시 새로 짓고 일홈을 엡웟 긔렴 회당이라 ᄒᆞ엿ᄂᆞᆫ지라 이 청년회가 셜시 되기젼에ᄂᆞᆫ 각쳐 회 일홈이 다 다른고로 우리 교회에셔 그즁에 머리로 가ᄂᆞᆫ 청년회 다ᄉᆞᆺ시 모혀 ᄒᆞᆯ 일홈으로 합 ᄒᆞ랴고 몃 일헤를 두고 의론 ᄒᆞ엿스나 의합지 못 ᄒᆞ더니 필경 즁앙 미이미 교회당 목ᄉᆞ ᄯᅴ믹씨가 각 청년회 회원의게 쳥쳡을 돌녀 그 회당으로 모히고 다ᄉᆞᆺ 청년회에셔 오월 십ᄉᆞ일 아ᄎᆞᆷ에 모힐셔 크리스딘 청년회에셔ᄂᆞᆫ 삼인이오 그외에 각 오인식 모히여 회좌들 뎡ᄒᆞ고 회쟝과 셔긔들 션뎡ᄒᆞ고 의원들을 ᄐᆡᆨᄒᆞᆫ 후에 몃 청년회에셔 ᄒᆞ나식 나셔셔 각각 그 졍형과 규칙을 말ᄒᆞ고 오후에 다시 모히니 그즁에 하빈씨는 크리스딘 청년회 회원이라 의견을 난숙히 셜명ᄒᆞ야 하빈씨의 말ᄃᆡ로 각 청년회가 ᄒᆞᆯᄃᆡ 합ᄒᆞ기를 다좃고 해여질시 그즁에 의ᄉᆞ인들이 몃인 보단에 엡웟이라 ᄒᆞᆫ 일홈이 적혀 그다음 회ᄭᅡ지 상우해 노혓ᄂᆞᆫ지라 이 일홈은 크리스딘 편에셔 쥬의를 낸듯 ᄒᆞ여라 그 잇흔날 회원이 다시 모히니 이날은 쳔츄에 긔이ᄒᆞᆫ 오월 보룸날이라 회들 다시 열고 보단을 펴여볼시 엡웟에 새로 적혓거ᄂᆞᆯ 일노 변론이 무수ᄒᆞ야 옥스펏 청년회에셔 온 회원 ᄒᆞ나흔 그 일홈을 꼿처라 ᄒᆞ야 이샹ᄒᆞ다고 심지어 회원들을 웃기기만 ᄒᆞ고 엡웟이 그젼 쳔에 울나 왜실네와 옥스펏과 ᄯᅩ 다른 일홈 ᄒᆞ나로 더브러 투표를 ᄒᆞ고 본즉 왜실베가 그즁 만ᄒᆞ셔 셔긔의 부쳐 회로 넘겨 기부를 드릴셔 회원며치 불가라 ᄒᆞ고 옥스펏스로 밧고쟈ᄒᆞ야 다니 투표ᄒᆞ고 옥스펏의 일홈이 윤낫더니 북쪽 오하요 형데들이 좌우에 청ᄒᆞ고 옥스펏을 그에허 물니쳐 내라ᄒᆞ셔 하빈씨가 품을 ᄂᆞ셔 ᄒᆞᄂᆞᆫ 말이 오ᄂᆞᆯ날 일홈 뎡ᄒᆞ기 젼에ᄂᆞᆫ 어 자리를 ᄯᅥ나지 말자ᄒᆞ고 반시 동안을 열심으로들 긔도ᄒᆞᆫ 후에 하ᄂᆞ님이 길ᄎᆞ자 주시기만 기ᄃᆞ리니 회의가 점점 마루잡혀 저녁을 당ᄒᆞ야 엡웟이 그에허 청년회 일홈이 되고 청년회 회표ᄭᅡ지 모양을 좀 변ᄒᆞᆫ지라 이ᄯᅢ에 회원들이 서로 깃버 ᄒᆞ야 밤에 깁도록 환호ᄒᆞ며 찬미ᄒᆞ고 노랏더라

ᄂᆡ보

일젼에

죠칙이 나리셧ᄂᆞᆫᄃᆡ 그 샤의가 대개 누리나
라의 종교ᄂᆞᆫ 공부ᄌᆞ의 도라 만약 이 도가
아니면 사ᄅᆞᆷ이 가히 사ᄅᆞᆷ이 되지 못ᄒᆞ고
나라이 가히 나라이 되지 못ᄒᆞᆯ거시여ᄂᆞᆯ 만
근이ᄅᆡ로 실샹은 업시 허문만 숭샹ᄒᆞ더니
ᄎᆞᄎᆞ 허문 ᄭᆞ지 업서지니 크게 한심ᄒᆞᆯ지라
종금 이후로ᄂᆞᆫ 유교를 각별이 숭샹ᄒᆞ야 허
문을 바리고 실디로 힘ᄒᆞ라 ᄒᆞ셧ᄂᆞᆫᄃᆡ 외졍
부에셔 칙지를 봉힝ᄒᆞ야 한셩부에 훈
령ᄒᆞᆫ고로 판윤 최영하씨가 죠칙과 훈령을
번등ᄒᆞ야 죵로에 게방ᄒᆞ엿다더라

○요ᄉᆞ이 드른즉 엇더ᄒᆞᆫ 대신이 샹쥬ᄒᆞ고
판보나 각항 공문을 젼파 ᄀᆞᆺ치 한문으로만
ᄒᆞ고 국문은 ᄡᅳ지 안키로 작뎡ᄒᆞ엿다 ᄒᆞ되
우리ᄂᆞᆫ 그 소문을 밋지 안ᄂᆞᆫ거시 국문은
셰종대왕ᄭᅴ셔 지으신 글이라 비호기가 ᄆᆡ우
쉬워셔 비록 향곡에 어리셕은 녀ᄌᆞ라도 몃
ᄂᆞᆯ을 공부치 아니ᄒᆞ야 가히 통달ᄒᆞᆯ만 ᄒᆞ고
로 갑오 경쟝ᄒᆞᆫ 이후로 허다ᄒᆞᆫ 문ᄌᆞ를 슌
젼이 국문으로 문든거시 만으매 남녀를 물론
ᄒᆞ고 유 무식간에 다 보고 아ᄂᆞᆫ거슬 무ᄉᆞᆷ ᄭᆞ
ᄃᆞᆰ으로 졸디에 곳칠리가 업실듯ᄒᆞ더라

○음력 ᄉᆞ월 팔일은 셕가모니의 ᄉᆡᆼ일인고
로 죵로에셔 각ᄉᆡᆨ 등을 파ᄂᆞᆫᄃᆡ ᄋᆞᄒᆡ들은 큰
명일 모양으로 새의복을 닙고 가묘샹에 왕
래ᄒᆞ며 근긔에 사ᄂᆞᆫ 사ᄅᆞᆷᄭᆞ지 져녁에 관
등ᄒᆞ기를 위ᄒᆞ야 만히 올나왓시니 유교를
종교로 존숭ᄒᆞᄂᆞᆫ 나라에셔 엇지ᄒᆞ야 공ᄌᆞ
의 탄일은 심샹히 지내고 ᄉᆞ월 팔일은 ᄒᆡ
마다 불을 켜셔 셕가모니를 긔렴ᄒᆞᄂᆞᆫ지

본회고ᄇᆡᆨ

본회에셔 이 회보를 젼년과 ᄀᆞᆺ치 열쥬일에 ᄒᆞᆫ
번식 발간ᄒᆞᄂᆞᆫᄃᆡ 새로 륙폭으로 작뎡ᄒᆞ고 ᄒᆞᆫ쟝
갑슨 엽젼 오푼이오 ᄒᆞᆫ돌갑슬 미리내면 젼파 ᄀᆞᆺ
치 엽젼 ᄒᆞᆫ돈 오푼이라 본국 교우나 셔국 목ᄉᆞ
나 교외 친구나 만일 사셔 보고져 ᄒᆞ거든 졍동
아펜셜라 목ᄉᆞ 집이나 죵로 대동셔시에 가셔 사
시옵

죵로대동셔시광고

우리 셔샤에셔 셩경 신구약과 찬미칙과 교회에
유익ᄒᆞᆫ 여러가지 셔칙과 시무에 긴요ᄒᆞᆫ 칙들을
팔되 갑시 샹당ᄒᆞ오니 학문샹과 시무변에 ᄯᅳᆺ이
잇ᄂᆞᆫ 군ᄌᆞ들은 만히 사셔 보시옵

대영국셩셔공회광고

새로 간츌ᄒᆞᆫ거ᄉᆞᆫ 로마 가라태 골노시 야고보
베드로 젼후서 듸모데 젼후서니 사셔 보실이ᄂᆞᆫ
회샤 쥬인 견묘 션ᄉᆡᆼᄃᆡ로 오시옵

뎨삼권

대한회보

광무삼년 (일십이빅일합) 인도 오월이십ᄉᆞ일호

뎨이십일호

조셔히보시오

금년 년환회에 대단이 깃분일은 대한 형뎨들이 젼도 ᄒᆞ기에 열심 ᄒᆞ야 서로 의론 ᄒᆞ되 외국에 나가 젼도 ᄉᆞ무를 쥬쟝 ᄒᆞᄂᆞᆫ 회사가 되여 우리 대한에ᄂᆞᆫ 아직 셜시 아니 ᄒᆞ엿시니 교즁에 큰 협면이라 ᄒᆞ고 몃 사ᄅᆞᆷ이 회셔에 나가 […] 목ᄉᆞ의 대한 즁앙에 […] 총ᄉᆞ 회사 셜시 ᄒᆞ기로 쳥구 ᄒᆞ니 감독씌셔 말ᄉᆞᆷᄒᆞ시기를 미우 됴흔 일이나 아모 회샤던지 반ᄃᆞ시 쟝졍과 규칙이 잇ᄂᆞᆫ 법이라 대한 형뎨들은 몬저 외국에 잇ᄂᆞᆫ 회샤 규칙을 의방 ᄒᆞ야 쟝졍을 문드럿다가 명년 년환회에 뎨출 ᄒᆞ야 쳐판 ᄒᆞ라 ᄒᆞ시고 쟝졍을 번역ᄒᆞᆯ 위원 오인을 션뎡 ᄒᆞ엿더라 ○ 더욱 깃분일은 구셰쥬 강ᄉᆡᆼ 이십 빅년회가 갓가온지라 미국 교회즁에서 텬하 만국에 인단 교육 ᄒᆞ기를 위ᄒᆞ야 이십 빅년회에 금젼 이십 빅만원을 슈합 ᄒᆞ기로 작뎡 ᄒᆞᆫ고로 대한에 와셔 젼ᄒᆞᄂᆞᆫ 목ᄉᆞ들이 감독씌 동의 지청 ᄒᆞ기를 미국셔셔 이십 빅만원을 슈합 ᄒᆞ거든 대한을 위ᄒᆞ야 금젼으로 삼만 오쳔원만 보내여 주시면 대한 사ᄅᆞᆷ의 교육을 힘쓰겟다 ᄒᆞᆫ지라 대한 형뎨들이 그 목ᄉᆞ의 동의 ᄒᆞᄂᆞᆫ 말을 듯고 또ᄒᆞᆫ 서로 의론 ᄒᆞ되 미국 사ᄅᆞᆷ은 몃만리 밧긔 잇ᄂᆞᆫ 외인이로되 대한 빅셩의 어두옴을 걱졍 ᄒᆞ야 이ᄀᆞᆺ치 연보코져 ᄒᆞ거ᄂᆞᆯ 우리 대한 형뎨들은 대한 사ᄅᆞᆷ의 교육을 위ᄒᆞ지 안코 다만 눈감아 잠ᄌᆞ기만 됴와 ᄒᆞ리요 목ᄉᆞ의 동의ᄒᆞ고 대한 형뎨즁에서 또ᄒᆞᆫ 교육비 오쳔원만 슈합 ᄒᆞ야 연보 ᄒᆞ기로 작뎡 ᄒᆞ고 긔한은 삼년 동안에 원랍ᄒᆞ기를 마련ᄒᆞ며 ᄉᆞ무 위원은 회샤 쟝졍을 번역ᄒᆞᄂᆞᆫ 사ᄅᆞᆷ 오명으로 ᄒᆞ일을 겸ᄒᆞ게ᄒᆞ야 보게 ᄒᆞ엿더라 ○ 대뎌 나라의 긔명이 되기ᄂᆞᆫ 인민을 교육ᄒᆞᄂᆞᆫ디 잇고 인민을 교육 ᄒᆞ자면 반ᄃᆞ시 ᄌᆞ본이 잇슨후에 그 경비를 지츌 ᄒᆞᆯ지라 이제 대한 사ᄅᆞᆷ이 되야 츙으로 나라를 ᄉᆞ랑 ᄒᆞᄂᆞᆫ ᄆᆞ음이 잇실진대 교육 ᄒᆞ기게 뉘가 아니 열심 ᄒᆞ리요 교즁 형뎨던지 교회밧게 사ᄅᆞᆷ이던지 목뎍이 우리와 ᄀᆞᆺᄒᆞᆫ 유지ᄒᆞᆫ 군ᄌᆞ들은 다 각각 힘을 써 대한 사ᄅᆞᆷ 즁에서 다쇼를 불교ᄒᆞ고 보죠ᄒᆞ여 주시면 우리ᄂᆞᆫ 깃부고 감사ᄒᆞᆫ ᄆᆞ음으로 밧아 이 돈으로ᄂᆞᆫ 다른데 쓸것이 아니라 다만 대한 동포의 교육비로만 쓰랴 ᄒᆞ노라

대한크리스도인회보

THE KOREAN
CHRISTIAN ADVOCATE.
Rev. H. G. Appenzeller, Editor
36 cents per annum
in advance. Postage extra.
Wednesday, MAY 24th, 1899.

서울 정동서 일쥬일에 ᄒᆞᆫ번식 발간ᄒᆞᄂᆞᆫ듸 아편셜라 목ᄉᆞ가 회보 샤쟝이 되엿더라 일년 갑슬 미리 내면 삼십 륙젼이오 우표갑슨 ᄯᅡ로 잇ᄂᆞ니라

대한크리스도인 회보 二 ᄉᆞ백삼십

화를면ᄒᆞ고삶을엇ᄂᆞᆫ론

평양 셔문안 교우 김락션씨와 지어온 글을 좌에 긔지 ᄒᆞ노라

오호라 이 세상 사ᄅᆞᆷ이여 오ᄂᆞᆫ 화를 쟝ᄎᆞᆺ 엇지 ᄒᆞ리요 명명ᄒᆞ신 하ᄂᆞ님ᄭᅴ셔 텬디 만물을 창조ᄒᆞ시고 만물지즁에 사ᄅᆞᆷ을 가쟝 귀ᄒᆞ게 내여 산천 초목과 비금 쥬슈와 륙츅 곤어와 오곡 ᄇᆡᆨ과와 여러 가지를 사ᄅᆞᆷ으로 ᄒᆞ여곰 임의로 쓰게 ᄒᆞ고 ᄯᅩᄒᆞᆫ 사ᄅᆞᆷ 잇ᄂᆞᆫ 곳마다 셩현들 내샤 명명ᄒᆞᆫ 졍도로 사ᄅᆞᆷ의 ᄆᆞᄋᆞᆷ을 ᄀᆞᄅᆞ쳐 진셩 진의 진심으로 하ᄂᆞ님을 공경케 ᄒᆞ고 셕셕ᄒᆞᆫ 례법으로 사ᄅᆞᆷ의 몸을 ᄀᆞᄅᆞ쳐 밋음과 바람과 ᄉᆞ랑ᄒᆞᆷ을 권권 복응ᄒᆞ야 령혼이 세상을 니별ᄒᆞ면 명랑ᄒᆞᆫ 텬당에 올나 영영ᄒᆞᆫ 복을 밧게 ᄒᆞ셧시니 깃부고 깃부도다 ᄉᆞ후에 텬당에 영영ᄒᆞᆫ 복을 밧을진저 하ᄂᆞ님ᄭᅴ서 이러케 사ᄅᆞᆷ을 ᄉᆞ랑ᄒᆞ사 것마ᄂᆞᆫ 우리 인ᄉᆡᆼ들은 그 홍은을 감샤치 안코 텬된 귀신을 존경ᄒᆞ고 ᄉᆞ욕만 탐ᄒᆞ여 죄가 태심ᄒᆞ니 쟝ᄅᆡ에 앙화를 엇지 피ᄒᆞ리요 슯흐고 슯흐도다 ᄉᆞ후에 디옥이여 영영ᄒᆞᆫ 고초를 밧을진저 하ᄂᆞ님의 은혜 무궁ᄒᆞᆷ이여 겸손ᄒᆞᆷ이 ᄶᅡᆨ이 업네 ᄎᆞ아 이 세상을 멸망치 아니ᄒᆞ심이여 구쥬를 세상에 보내시도다 은혜를 감샤치 아니ᄒᆞᆷ이여 빈은망덕ᄒᆞᄂᆞᆫ도다 사ᄅᆞᆷ은 ᄇᆡᆨ년을 못삶이여 쳔년 살 계교를 짓ᄂᆞᆫ도다 우리 인ᄉᆡᆼ이 더러 립디ᄒᆞ여 고대광실에 부요ᄒᆞᆷ과 화용월티의 미녀와 쳥루쥬ᄉᆞ에 노름ᄒᆞᆷ과 여러가지 안된 ᄉᆞ욕만 밋고 하ᄂᆞ님의 넓으신 은혜를 비반ᄒᆞ니 익ᄃᆞᆲ고 통분ᄒᆞᄂᆞᆫ다 여류ᄒᆞᆫ 세월을 졍욕으로 지내다가 문득 령혼이 육신을 니별ᄒᆞᆯ 때에ᄂᆞᆫ 금은 치단으로 황텬에 놀수도 업고 녯날 회티의 의법으로도 살닐수 업고 유세력ᄒᆞᆫ쟈의 권세를 밋고 구완ᄒᆞᆯ수도 업고 불가불 디옥에 갈수밧게 업ᄉᆞ니 쟝ᄎᆞᆺ 엇지 ᄒᆞ리요 이 세상 죄인은 돈을 밧치면 그 죄를 샤ᄒᆞ려니와 디옥에 죄인은 무어ᄉᆞ로 밧치고 샤ᄒᆞ리요 우리 친이ᄒᆞᆫ 형뎨들은 됴흔 구실ᄯᅳᆯ 보비로 알지 말고 일촌만ᄒᆞᆫ 시간을 앗겨 진심 진력ᄒᆞ야 하ᄂᆞ님을 공경ᄒᆞ고 쟝ᄅᆡ에 화를 면ᄒᆞ기를 ᄇᆞ라노라

엡웟청년회

미이미교회를셜시ᄒᆞᆫ산션ᄉᆡᆼ

영국 림깅현에 엡웟이라 ᄒᆞᄂᆞᆫ ᄒᆞᆫ 궁벽ᄒᆞᆫ 촌이 잇ᄉᆞ니 남녀 인구가 불과 이쳔명 사ᄂᆞᆫ 촌락이라 그 디명으로ᄂᆞᆫ 셰샹 사ᄅᆞᆷ의게 ᄌᆞ랑ᄒᆞᆯ것이 업ᄉᆞ나 미이미 교회를 창셜ᄒᆞᆫ 요한웨스리 션ᄉᆡᆼ이 나신고로 엡웟은 비록 적은 마을이나 텬하에 하ᄂᆞ님의 도를 숭샹ᄒᆞᄂᆞᆫ 나라 사ᄅᆞᆷ들은 귀로 그 디명을 듯지 아닌쟈 업ᄂᆞᆫ지라 일ᄇᆡᆨ 구십 륙년젼 륙월 십칠일에 션ᄉᆡᆼ이 탄ᄉᆡᆼ ᄒᆞ시니 우흐로 ᄒᆞᆫ 형님과 다ᄉᆞᆺ 누의가 잇고 션ᄉᆡᆼ은 곳 닐곱지 동ᄉᆡᆼ이라 안으로 인ᄌᆞᄒᆞᆫ 모친 소살나씨와 밧그로 엄숙ᄒᆞᆫ 부친 살모아씨가 계시니 이 부모하 이아ᄃᆞᆯ을 둔거슬 뉘가 부러워 아니ᄒᆞ리요 십세에 론돈 소학교에 입학ᄒᆞ고 십칠세에 대학교에 올나가 공부ᄒᆞᆫ지 이삼년간에 일홈이 영국에 진동ᄒᆞ엿시며 이십이세에 대학교에 감동이 되고 이희 팔월 십구일에 교즁 집ᄉᆞ가 되고 이십륙세에 국가회 쟝로로 ᄲᅩᆸ히고 삼십ᄉᆞ세에 미국에 젼도ᄒᆞ고 삼십륙세에 미이미회를 셜립ᄒᆞ엿ᄂᆞᆫᄃᆡ 초ᄎᆞ에 ᄉᆞ인이 모히고 재ᄎᆞ에 삼십인이오 삼ᄎᆞ에 ᄉᆞ십오인이라 일쳔 칠ᄇᆡᆨ 삼십팔년 오월에 비로소 론돈에 모혀 열심으로 찬미 긔도ᄒᆞ고 셩경을 강론ᄒᆞ며 각각 쟈긔 지취를 말ᄒᆞ여 서로 권면ᄒᆞ니 화긔 융

융ᄒᆞ여 ᄒᆞᆫ 순젼ᄒᆞᆫ 반렬을 일운지라 이때에 각회방에셔 군츅과 비방이 닐어ᄂᆞᆫ거ᄉᆞᆫ 션ᄉᆡᆼ에 지됴가 부족ᄒᆞᆷ도 아니오 젼도ᄒᆞᆷ이 부졍ᄒᆞᆷ도 아니로되 언힝 심ᄉᆞ가 졍졍 방방ᄒᆞ여 엄연이 ᄒᆞᆫ 권세 잡은 자와 ᄀᆞᆺ고 조곰도 ᄉᆞ졍과 불미ᄒᆞᆫ일은 용납지 아니ᄒᆞᄂᆞᆫ 여괴라 션ᄉᆡᆼ이 미양 벽원에나 옥즁에 가서 젼도 ᄒᆞᆯ때면 듯ᄂᆞᆫ쟈 경각간에 뎌회를 외죄를 ᄭᆡ닷고 ᄆᆞᄋᆞᆷ이 샹ᄒᆞ여 ᄐᆞᆼ곡 회개ᄒᆞ니 션ᄉᆡᆼ의 젼도 ᄒᆞᄂᆞᆫ 권능이 엇더타 ᄒᆞ리요 일쳔 칠ᄇᆡᆨ 삼십구년 오월 십이일에 영국 블ᄉᆞ 도셩에 회당을 셜립ᄒᆞ고 륙월에 학교를 회당 엽헤 셜시ᄒᆞ고 일쳔 칠ᄇᆡᆨ 팔십ᄉᆞ년 십이월에 곡다마를 미국에 파송ᄒᆞ야 미이미회를 셜시ᄒᆞ고 아ᄉᆞ리를 셰워 감독 직분을 주니 곳 미국 미이미회 처음 감독이라 이때에 미국이 영국에 압제를 견ᄃᆡᆯ수가 업서 병화가 니러나ᄂᆞᆫᄃᆡ 소위 국회에서 보낸 목ᄉᆞ들은 병난을 겁내여 급급히 본국으로 도라오되 오직 아ᄉᆞ리ᄂᆞᆫ 겁내지 안코 풍진숑에 ᄃᆞᆫ이며 무수히 익쓰던 공효가 오ᄂᆞᆯ날 엇더ᄒᆞ뇨 엇지ᄒᆞ여 일홈을 미이미회라 ᄒᆞᄂᆞ뇨 션ᄉᆡᆼ은 힝동거지에 일졍ᄒᆞᆫ 규칙이 잇서 무론 무ᄉᆞᆷ 일이던지 그 규모에 버셔나지 아니ᄒᆞᆫ매 션ᄉᆡᆼ을 좃ᄂᆞᆫ쟈들도 또ᄒᆞᆫ 그 힝실을 본밧ᄂᆞᆫ고로 셰샹 사ᄅᆞᆷ들이 미이미파라 죠롱ᄒᆞ던 말이 인ᄒᆞ여 일홈이 된지라 내가 최샹을 대ᄒᆞ지 시여년에 미양 셔칙을 들고 안지면 조름을 익이지 못ᄒᆞ더니 션ᄉᆡᆼ젼을 닑어본즉 ᄆᆞᄋᆞᆷ이 샤쾌ᄒᆞ고 흉금이 열니ᄂᆞᆫ고로 션ᄉᆡᆼ의 힝젹을 대갑 말ᄒᆞ노라

로병션

ᄂᆡ보

경무ᄉᆞ 원수샹씨가 죵로에 방을 부쳣ᄂᆞᆫᄃᆡ 그 사의ᄂᆞᆫ 대개 가로에 계방 ᄒᆞᄂᆞᆫ거슨 곳변되지 아니ᄒᆞᆫ 일이면 능히 못 ᄒᆞᆯ거시요 무리의 의론이 아니면 또ᄒᆞᆫ ᄒᆞᆯ배 아니여ᄂᆞᆯ 근리에 샹민들이 다 각기 ᄉᆞᄉᆞ 욕심으로 방을 써 붓칠ᄲᅮᆫ 아니라 넷식 다ᄉᆞᆺ식 모히여 무ᄉᆞᆷ일을 언론 ᄒᆞᄂᆞᆫ 모양이니 이거슨 국법을 범ᄒᆞᆷ이라 각셔 총슌과 슌검들은 각별 샤실 ᄒᆞ야 잡으라 ᄒᆞ엿다더라

○샹무회샤에셔 또ᄒᆞᆫ 죵로에 방을 붓쳐 ᄆᆞᆯᄒᆞ되 우리가 지금 샹누의 규칙을 죠식 ᄒᆞ거ᄂᆞᆯ 요ᄉᆞ이 드른즉 식골 사ᄂᆞᆫ 샹민들이 농우방극 ᄒᆞᆫ때를 당ᄒᆞ야 무단이 경성 근쳐에 올나와서 부샹의 읫명을 도모ᄒᆞᆫ다 ᄒᆞ니 심히 ᄒᆡ연ᄒᆞᆫ지라 곳 각기 도라가 직업을 편안이 ᄒᆞ라 ᄒᆞ엿다더라

○요ᄉᆞ이 한지가 ᄐᆡ심ᄒᆞ고 곡가가 고등ᄒᆞᆫ매 인심이 흉흉ᄒᆞ야 식골 사ᄅᆞᆷ들이 만이 서울와서 두류ᄒᆞ고 혼이 ᄆᆞᆯᄒᆞ기를 만약 흉년이 들면 식골서ᄂᆞᆫ 불안당 ᄯᆞ닭에 살수가 엄실거시니 ᄎᆞ라리 셔울이 얼마가 낫다ᄒᆞ고들 ᄒᆞᆫ다더라

○일전에 농샹공부 협판 니인우씨가 하ᄂᆞ님ᄭᅴ 긔우졔를 드릴ᄉᆡ 츅문을 닑은후 업더여 절 ᄒᆞ다가 인ᄒᆞ여 죽엇다 ᄒᆞ니 참 괴이ᄒᆞᆫ 일이라 듯ᄂᆞᆫ 사ᄅᆞᆷ들이 ᄆᆞᆯᄒᆞ되 하ᄂᆞ님ᄭᅴ 졔ᄉᆞ ᄒᆞᄂᆞᆫ일이 엇더케 즁대 ᄒᆞ거ᄂᆞᆯ 니씨ᄂᆞᆫ 당초에 그 소임을 감당치 못ᄒᆞᆯ 사ᄅᆞᆷ이라고 ᄒᆞ더라

○근일에 드른즉 대황뎨 폐하ᄭᅴ셔 한지가 이ᄀᆞᆺ치 심ᄒᆞᆫ거ᄉᆞᆯ 몽츅ᄒᆞ샤 죠칙을 나리셧다 ᄂᆞᆫᄃᆡ 그 ᄯᅳᆺ은 대개 감옥셔에 갓친 죄슈즁에 만약 원억ᄒᆞᆫ 이가 잇시면 그 원망ᄒᆞ고 ᄒᆞᆯᄒᆞᄂᆞᆫ 소래가 가히 져앙을 엄월거시니 맛당히 팔당지면을 쓰리라 ᄒᆞ셧다 ᄒᆞ니 그 인ᄌᆞᄒᆞ신 셩의ᄂᆞᆫ 가히 우흐로ᄂᆞᆫ 하ᄂᆞ님을 감동 ᄒᆞ시고 아래로ᄂᆞᆫ ᄇᆡᆨ셩의 희망ᄒᆞᄂᆞᆫ 졍셩을 감화케 ᄒᆞ시나 좌우에 보필ᄒᆞᄂᆞᆫ 졔신이 능히 셩샹의 덕화를 민간에 밋치게 ᄒᆞᆯᄂᆞᆫ지

본회고ᄇᆡᆨ

본회에셔 이 **회보**를 젼년과 ᄀᆞᆺ치 일쥬일에 ᄒᆞᆫ번식 발간 ᄒᆞᄂᆞᆫᄃᆡ 새로 륙폭으로 작뎡ᄒᆞ고 ᄒᆞᆫ장 갑슨 엽젼 오푼이오 ᄒᆞᆫᄃᆞᆯ갑슬 미리내면 젼과 ᄀᆞᆺ치 엽젼 ᄒᆞᆫ돈 오푼이라 본국 교우나 셔국 목ᄉᆞ나 교외 친구나 만일 사셔 보고져 ᄒᆞ거든 졍동 아편셜라 목ᄉᆞ 집이나 죵로 대동셔시에 가셔 사시압

죵로대동셔시광고

우리 셔샤에셔 셩경 신구약과 찬미칙과 교회에 유익ᄒᆞᆫ 여러가지 셔칙과 시무에 긴요ᄒᆞᆫ 칙들을 팔되 갑시 샹당 ᄒᆞ오니 학문샹과 시무변에 ᄯᅳᆺ이 잇ᄂᆞᆫ 군ᄌᆞ들은 만히 사셔 보시압

대영국 셩셔 공회 광고

새로 간츌 ᄒᆞᆫ거ᄉᆞᆫ 로마 가라태 골노시 야고보 베드로 젼후셔 티모데 젼후셔니 사셔 보실이ᄂᆞᆫ 회샤 쥬인 견묘 션ᄉᆡᆼᄭᅴ로 오시압

뎨삼권

대한크리스도인회보

뎨이십이호

(합일빅이십이) 광무삼년

오월삼십일일호

감독의ᄯᅥ나가심

양력 오월 십일일에 감독 크란스돈씌셔 일본으로 좃차 대한 경셩에 니르러 교즁 년환회 ᄉᆞ무를 다 보시고 두번 쥬일을 졍동 회당에셔 젼도ᄒᆞ야 셔울 잇ᄂᆞᆫ 형뎨와 ᄌᆞ믹들을 됴흔 말ᄉᆞᆷ으로 권면ᄒᆞ시고 양력 오월 이십삼일에 대한 셔울을 ᄯᅥ나샤 청국 텬진항으로 가셧ᄂᆞᆫ뎨 그곳에셔 ᄯᅩ 교즁 ᄉᆞ무를 보신다더라

흉악ᄒᆞᆫ형벌

일젼에 졍부에셔 여러가지 일을 회의ᄒᆞ엿ᄂᆞᆫ뎨 그 의안즁에 골으ᄃᆡ 새로 문든 법률에ᄂᆞᆫ 대일 흉악ᄒᆞᆫ 죄인이라도 교 ᄒᆞᄂᆞᆫ 형벌에 지남이 업심으로 법강이 어즐업고 괴슈와 종인들 분간ᄒᆞᆯ수 업ᄉᆞ니 이후브터ᄂᆞᆫ 극흉 대악의 괴슈된쟈ᄂᆞᆫ 버히ᄂᆞᆫ 형벌을 쓰고 그 죄인의 아비와 아ᄃᆞᆯ과 형님과 아우ᄭᆞ지 련좌 ᄒᆞᄂᆞᆫ 법률을 의방ᄒᆞ야 시힝ᄒᆞᆫ다 ᄒᆞ엿시니 우리ᄂᆞᆫ 대한 빅셩을 위ᄒᆞ야 대단이 불샹ᄒᆞ고 한심ᄒᆞᆫ지라 대뎌 사ᄅᆞᆷ이 죄가 잇셔 부득이 죽을진ᄃᆡ 몸을 온젼케 죽이ᄂᆞᆫ 거시 됴흔고로 셔양 각국에 문명 기화ᄒᆞᆫ 나라들은 다 교ᄒᆞᄂᆞᆫ 형벌을 쓰고 참 ᄒᆞᄂᆞᆫ 형벌을 업시ᄒᆞ엿거ᄂᆞᆯ 대한에셔ᄂᆞᆫ 엇지 됴흔 법은 ᄇᆞ리고 악ᄒᆞᆫ 법을 쓰고져 ᄒᆞᄂᆞ뇨 이것은 기명에 진보가 되지 못ᄒᆞ고 졈졈 어두온ᄃᆡ로 물너 감이오 ᄯᅩ 부ᄌᆞ 형뎨를 련좌 ᄒᆞᄂᆞᆫ 법은 더구나 야만국의 괴악ᄒᆞᆫ 법률이라 셜령 ᄌᆞ식이 죄를 지어 죽기에 니르면 그 아비와 형뎨의 ᄆᆞᄋᆞᆷ이 편안 ᄒᆞ겟ᄂᆞ뇨 나라에셔 련좌법을 쓰지 안터래도 죽ᄂᆞᆫ 사ᄅᆞᆷ의 부모와 쳐ᄌᆞ와 형뎨ᄂᆞᆫ 다 근심이 만ᄒᆞᆯ거시오 산업도 ᄌᆞ연이 패ᄒᆞ기 쉬울터이어ᄂᆞᆯ ᄒᆞ믈며 형벌을 더 흉이리오 엇던 부모가 ᄌᆞ식을 ᄀᆞᄅᆞ쳐 죽을 죄를 지으라 ᄒᆞ며 엇던 ᄌᆞ식이 그 아비로 ᄒᆞ여곰 죽을 죄를 범ᄒᆞ라 ᄒᆞ리오 그런즉 부모 형뎨가 그 죄 짓ᄂᆞᆫ일을 아지도 못 ᄒᆞᄂᆞᆫ이가 만ᄒᆞᆯ지라 무숨죄로 련좌률을 당 ᄒᆞ리오 대한 졍부에셔 만일 이 두 가지 법을 쓸진ᄃᆡ 우리ᄂᆞᆫ 기명ᄒᆞᆫ 나라와 동등이 되지 못ᄒᆞᆯ줄 아노라

대한크리스도인회보

THE KOREAN CHRISTIAN ADVOCATE.
Rev. H. G. Appenzeller, Editor
36 cents per annum
in advance. Postage extra.
Wednesday, JUNE 31st, 1899.

서울 졍동셔 일쥬일에 ᄒᆞᆫ번식 발간ᄒᆞᄂᆞᆫᄃᆡ 아펜셜라 목ᄉᆞ가 회보 샤쟝이 되엿더라

일년 갑슬 미리 ᄂᆡ면 삼십 륙젼이오 우표갑슨 ᄯᅡ로 잇ᄂᆞ니라

긔우졔론

농샹공부 협판 리인우씨가 긔우졔 졔관으로 졸디에 도라 감온 젼호에 긔지 ᄒᆞ엿거니와 감을고 쟝마지며 흉년지고 풍듕ᄒᆞᆷ이 막비 하ᄂᆞ님 권능에 달닌고로 비록 마귀를 슝봉ᄒᆞᄂᆞᆫ 나라와 우샹의게 절ᄒᆞᄂᆞᆫ 빅셩이라도 큰 감을과 심ᄒᆞᆫ 쟝마를 당ᄒᆞ면 반드시 샤신 우샹의게 가지안코 하ᄂᆞ님ᄭᅴ 졔ᄉᆞ ᄒᆞᄂᆞ니 이것은 동셔양 사ᄅᆞᆷ을 물론ᄒᆞ고 년ᄉᆞ의 풍흉이 모도 하ᄂᆞ님ᄭᅴ 잇ᄂᆞᆫ줄 밋음이라 그러나 정셩이 지극지 못ᄒᆞ면 ᄂᆞᆼ히 신명을 감격지 못ᄒᆞᄂᆞ니 긔도 ᄒᆞᄂᆞᆫ 사ᄅᆞᆷ의 힝실과 심덕이 반드시 하ᄂᆞ님의 ᄯᅳᆺ을 슌죵ᄒᆞ고 계명을 직히ᄂᆞᆫ 셩인이라야 하ᄂᆞ님ᄭᅴ셔 그 사ᄅᆞᆷ의 긔도를 밧으시고 간구ᄒᆞᆷ을 드르샤 단비를 주실지라 녯젹에 이ᄉᆡᆨ렬 왕 아합이 ᄯᅢ에 여호와 하ᄂᆞ님을 비반ᄒᆞ고 파려의 우샹을 슝비ᄒᆞ며 악ᄒᆞᆫ 일을 힝ᄒᆞ거ᄂᆞᆯ 하ᄂᆞ님ᄭᅴ셔 노여ᄒᆞ샤 삼년반 동안에 비와 이실을 주지 아니시니 살마리아 ᄯᅡ히 크게 흉년드러 빅셩이 죽으며 시너물도 마르고 륙츅ᄭᆞ지 멸망케 되엿더니 션지자 이리아가 가밀산에 올나가 ᄯᅡ헤 업ᄃᆡ여 정셩을 다ᄒᆞ고 힘을 다ᄒᆞ야 하ᄂᆞ님ᄭᅴ 긔도ᄒᆞ고 ᄌᆞ긔 하인으로 ᄒᆞ여곰 바다에 보내여 구름이 니러남을 보라 ᄒᆞ더니 하인이 도라와 고ᄒᆞ되 구름이 업다 ᄒᆞ거ᄂᆞᆯ 이리아 ᄯᅩ 긔도ᄒᆞ고 하인을 ᄯᅩ 보내여 닐곱번에 니르매 하인이 말ᄒᆞ되 적은 구름이 사ᄅᆞᆷ의 손바닥ᄀᆞᆺ치 니러난다 ᄒᆞ더니 조곰후에 검은 구름이 하ᄂᆞᆯ에 가득ᄒᆞ고 단비가 흡족히 왓시며 아시아애도 은나라 탕님군ᄯᅢ에 하ᄂᆞᆯ이 크게 감을어 닐곱히를 비가 오지 아니ᄒᆞ매 빅셩이 다죽게 된지라 텬문보ᄂᆞᆫ 관원이 알외되 사ᄅᆞᆷ을 잡아 졔ᄉᆞᄒᆞ면 비가 오리라 ᄒᆞ거ᄂᆞᆯ 탕님군이 ᄌᆞ긔몸으로 졔물이 되여 머리털을 ᄽᅡᆨ고 목욕 지계ᄒᆞᆫ후에 몸에 흰ᄯᅴ를 닙고 샹림이라 ᄒᆞᄂᆞᆫ들에 가 친히 졔ᄉᆞᄒᆞᆯ시 졍셩으로 긔도 ᄒᆞ기를 긋치지 못ᄒᆞ야 큰 비가 수쳔리에 나리엿ᄂᆞᆫ지라 우리 교즁 형뎨들은 비록 이리아와 탕님군의 덕힝ᄂᆞᆫ 업실지라도 졍셩만 도더ᄒᆞ면 하ᄂᆞ님ᄭᅴ셔 감응 ᄒᆞ시리니 어련 한지를 당ᄒᆞ야 깃분 비 주시기를 하ᄂᆞ님ᄭᅴ 긔도 ᄒᆞ시오

레비일공과 일빅 이십이 륙월 십일일

요셥이흉년에치국혼일

창셰긔 ᄉᆞ십칠쟝 십삼졀노 이십륙졀ᄭᆞ지

十三 흉년이 임의 심ᄒᆞ매 ᄉᆞ방에 량식이 업셔 애급도와 가나온이 다 궁핍ᄒᆞᆫ지라 十四 애급도와 가나온 사ᄅᆞᆷ이 돈으로 곡식을 박구니 요셥이 두 ᄯᅡ헤 잇ᄂᆞᆫ돈을 거두어 파레오의 고간에 ᄡᅡ흐니 十五 빅셩의 돈이 핍진ᄒᆞ매 애급도 사ᄅᆞᆷ이 요셥을 보고 ᄀᆞᆯᄋᆞᄃᆡ 돈이 임의 핍진 ᄒᆞ엿ᄂᆞ이다 쳥컨ᄃᆡ 우리 먹을거ᄉᆞᆯ 주옵쇼셔 그러치 아니ᄒᆞ면 네 압헤셔 쥭겟ᄉᆞ니 쟝ᄎᆞᆺ 엇지 ᄒᆞ리요 十六 요셥이 ᄀᆞᆯᄋᆞᄃᆡ 돈이 임의 핍진 ᄒᆞ엿ᄉᆞ면 엇지 즘싱으로써 곡식을 박구지 아니 ᄒᆞᄂᆞ뇨 ᄒᆞᆫᄃᆡ 十七 빅셩이 즘싱을 ᄭᅳ을고 요셥의게로 오거ᄂᆞᆯ 요셥이 곡식으로 써 ᄆᆞᆯ과 소와 양과 나귀를 박구니 그ᄒᆡ에ᄂᆞᆫ 즘싱으로 박구어 량식을 주더라 ○ 十八 이ᄒᆡ가 다 가고 명년이 ᄯᅩ 니ᄅᆞ매 여러 사ᄅᆞᆷ이 와셔 요셥의게 말ᄒᆞᄃᆡ 우리 쥬 압헤셔 감히 속이지 아니ᄒᆞᄂᆞ니 우리 돈이 임의 핍진ᄒᆞ고 ᄯᅩ 즘싱이 다 우리 쥬의게로 도라가매 우리ᄂᆞᆫ 잇ᄂᆞᆫ거시 업고 오직 몸과 밧ᄲᅮᆫ이니다 十九 우리 몸이 죽고 밧ᄉᆞᆯ 다ᄉᆞ리지 못ᄒᆞᄂᆞᆫ거ᄉᆞᆯ 쥬ᄭᅴ셔 엇지 ᄎᆞᆷ아 보시랴ᄂᆞ닛가 원컨ᄃᆡ 몸과 밧ᄉᆞ로 곡식을 박구어 나와 내밧ᄉᆞᆯ 파레오의게 드리니 우리의게 종ᄌᆞ를 주어 밧치폐ᄒᆞ지 안케ᄒᆞ고 싱명이 망치 안케ᄒᆞ옵쇼셔ᄒᆞ더라 二十 흉년이 심ᄒᆞ매 애급도 사ᄅᆞᆷ이 각각 그 밧ᄉᆞᆯ 파레오의게 ᄑᆞ니 요셥이가 파레오를 위ᄒᆞ야 사고 二十一 애급도 ᄉᆞ방 빅셩을 셩과 고을에 옴기고 二十二 오직 졔ᄉᆞ의 밧츤 ᄑᆞᆯ지 아니ᄒᆞ니 대개 파레오가 량식을 논호아 졔ᄉᆞ의게 주니 졔ᄉᆞ가 그 량식을 먹ᄂᆞᆫ고로 밧ᄉᆞᆯ ᄑᆞᆯ지 아니 ᄒᆞ더라 二十三 요셥이가 빅셩의게 닐ᄋᆞᄃᆡ 이제 내가 파레오를 위ᄒᆞ야 너와 너의밧ᄉᆞᆯ 사매 종ᄌᆞ가 여긔 잇ᄉᆞ니 밧헤 ᄲᅮ리ᄂᆞᆫ거시 됴호니라 二十四 거둘때에 오분에 일을 슈운ᄒᆞ야 파레오의게 드리고 ᄉᆞ분은 너희가 가지고 종ᄌᆞ를 ᄒᆞ야 밧헤 ᄲᅮ리며 ᄯᅩᄒᆞᆫ 너와 너희 식구가 먹으라 ᄒᆞᆫᄃᆡ 二十五 ᄃᆡ답ᄒᆞᄃᆡ 쥬가 우리 싱명을 구원ᄒᆞ니 쥬의 은혜를 닙어 파레오의 종이 되기를 원 ᄒᆞᄂᆞ이다 ᄒᆞ더라 二十六 요셥이가 애급도에 부세 ᄒᆞᄂᆞᆫ법을 세워 오분에 일을 슈운ᄒᆞ야 파레오의게 드리게 ᄒᆞ고 오직 졔ᄉᆞ의 밧츤 파레오의게 드리지 안케ᄒᆞ니 지금ᄭᆞ지 그러 ᄒᆞ더라

뭇ᄂᆞᆫ말

一 그때 ᄉᆞ방에 물졍이 엇더 ᄒᆞ엿ᄂᆞ뇨

二 요셉의 두ᄯᅡ의 금으로 무엇 ᄒᆞ엿ᄂᆞ뇨

三 금이 다ᄒᆞ매 ᄇᆡᆨ셩들이 엇더케 ᄒᆞ엿ᄂᆞ뇨

四 요셉이 무어시라 ᄃᆡ답 ᄒᆞ엿ᄂᆞ뇨

五 그ᄒᆡ에ᄂᆞᆫ 무ᄉᆞᆷ 물건으로 매미 ᄒᆞ엿ᄂᆞ뇨

六 새ᄒᆡ를 당ᄒᆞ매 ᄇᆡᆨ셩들이 ᄯᅩ 무ᄉᆞᆷ 말을 ᄒᆞ엿ᄂᆞ뇨

七 그때에 ᄃᆡ답이 욕지 아니 ᄒᆞ엿더뇨

八 그ᄒᆡ에ᄂᆞᆫ 무엇으로 곡식을 교역 ᄒᆞ엿ᄂᆞ뇨

九 요셉이 파레오를 위ᄒᆞ야 엇더케 ᄒᆞ엿ᄂᆞ뇨

十 엇던 사ᄅᆞᆷ의 밧촌 사지 아니 ᄒᆞ엿ᄂᆞ뇨

十一 졔ᄉᆞ쟝ᄃᆞ 먹을 량식이 업셧더뇨

十二 요셉이 ᄇᆡᆨ셩들의게 무ᄉᆞᆷ 말을 ᄒᆞ엿ᄂᆞ뇨

十三 휴슈 ᄒᆞᆯ때에 무ᄉᆞᆷ 법을 ᄒᆡᆼᄒᆞ라 ᄒᆞ엿ᄂᆞ뇨

十四 ᄇᆡᆨ셩들이 요셉의게 무ᄉᆞᆷ 말을 ᄒᆞ엿ᄂᆞ뇨

十五 애급ᄃᆡ의 뎐셰법을 엇더케 마련 ᄒᆞ엿ᄂᆞ뇨

十六 졔ᄉᆞ쟝의 밧촌 엇더케 ᄇᆞᆨ셰를 밧ᄂᆞ뇨

十七 그때에 요셉이 엇던 ᄯᅡ흐로 부형의게 주어 산업을 삼계 ᄒᆞ엿ᄂᆞ뇨

엡웟쳥년회

바늘잇는듸실도잇다

졔믈포 룡동 회당에 남녀가 ᄒᆞᆷᄭᅴ 모히는 쳥년회가 잇더니 월젼에 부인들이 ᄯᆞ로이 회를 조직ᄒᆞ엿ᄂᆞᆫᄃᆡ 회쟝은 목ᄉᆞ 됴원시씨의 부인이요 회원은 십오인이라 ᄆᆡ양 례비일 하오 세시에 긔회ᄒᆞ고 셩경을 강론 ᄒᆞᄂᆞᆫᄃᆡ 이회가 졈졈 흥왕ᄒᆞᆯ 가망이 잇다 ᄒᆞ니 우리ᄂᆞᆫ ᄆᆡ우 감샤히 녁이노라

과만이되엿다

졍동 리화학당 ᄯᅩ이쓰 쳥년화 임원들의 임긔가 지낸고로 새 임원들을 션뎡 ᄒᆞ엿다ᄂᆞᆫᄃᆡ 젼도국쟝 부인 울누새씨와 인제국쟝 부인 쑨비여씨와 학문국쟝 부인 마터씨와 다졍국쟝 부인 ᄆᆡ레씨와 풍신국쟝 본학당 학도 쪄세씨와 회계국쟝 부인 미기씨라 ᄒᆞ니 이 새로 션거되신 임원들은 그동안 됴흔 ᄉᆞ업을 더욱 만히 ᄒᆞ시기를 옹망 ᄒᆞ노라

ᄂᆡ보

일젼에 졍부에셔 닐곱가지 일을 회의 ᄒᆞ엿ᄂᆞᆫᄃᆡ 표동 지판소를 일홈을 곳쳐 대심원이라 ᄒᆞ고 판졔를 긔뎡 ᄒᆞᄂᆞᆫᄉᆞ와 법률 긔초 위원의 봉급을 예산외에 지츌 ᄒᆞᄂᆞᆫᄉᆞ와 신지영파 경훈의 법률유취 셔편을 간츌ᄒᆞᆯᄉᆞ와 진위대 쟝관의 판ᄒᆞᆫ 군법을 긔뎡ᄒᆞᆯᄉᆞ와 녀학교를 셜시ᄒᆞᆯᄉᆞ와 십삼부에 종두ᄉᆞ를 셜시ᄒᆞᆯᄉᆞ와 신식이후에 국휼 대악이라도 교ᄒᆞᄂᆞᆫ 형벌에 지남이 업셔 법강이 문란ᄒᆞ매 슈죡이 분별이 업시니 쫏금 이후로ᄂᆞᆫ 다만 국휼 대악의 거슈된쟈ᄂᆞᆫ 참형을 쓰고 그 부쟈와 형뎨도 연좌 ᄒᆞᄂᆞᆫ법을 의방ᄒᆞ야 시힝ᄒᆞᆷ이 합당 ᄒᆞ다고 법률안에 쳠입 ᄒᆞᆯᄉᆞ이라 ᄒᆞ더라

○ 요ᄉᆞ이 문안파 문밧게 만인계를 셜시 ᄒᆞᆫ다ᄒᆞᆯ ᄯᅢ 빈궁ᄒᆞᆫ 사ᄅᆞᆷ들이 공연이 허욕을 내여 곤ᄑᆡ단이 젹듯 ᄒᆞ다더라

○ 일젼에 드른즉 므복와 젼쥬에 민요가 낫다 ᄒᆞ더니 그ᄉᆞ이 졍지가 되엿ᄂᆞᆫ지 모로거니와 한지가 태심ᄒᆞ매 인심이 흉흉ᄒᆞ야 도적이 쳐쳐에 봉긔 ᄒᆞᆫ다더라

○ 뎨국 신문샤에셔 ᄌᆡ졍도 부족 ᄒᆞᆫ거니와 ᄌᆡ미업일ᄂᆞᆫ이 만흔 ᄭᅡ닭으로 ᄅᆡ일브터 신문을 뎡지ᄒᆞᆫ다ᄒᆞ니 유지각 ᄒᆞᆫ이들이 서로 탄식ᄒᆞ며 말ᄒᆞ되 나라에 긔명이 되랴면 첫지 국ᄂᆡ에 신문샤가 만어야 ᄒᆞᆯ터인ᄃᆡ 여간 잇ᄂᆞᆫ 신문샤들도 졈졈 줄어가니 ᄇᆡᆨ셩의 우ᄆᆡᄒᆞᆫ ᄆᆞ음을 무어스로 ᄡᅥ 열니오

참 한심ᄒᆞᆫ 일이라고 ᄒᆞ더라

○ 뎐거힝ᄒᆞᆫ이후로 사ᄅᆞᆷ이 두명이 죽엇단말은 다른 신문에 긔재ᄒᆞᆫ거슬 우리가 다 보앗거니와 일젼에 오륙세 가량된 ᄋᆞᄒᆡ ᄒᆞ나히 털로 갓가히 들어 가다가 뎐거에 샹 ᄒᆞ야 쇄골 분신이 된지라 죵로 근처에 사ᄂᆞᆫ 빅셩들이 수ᄇᆡᆨ명이 ᄒᆞᆫ때 모혀여 뎐거 돌을 부수고 뎐거 ᄐᆞᄂᆞᆫ 사ᄅᆞᆷ ᄭᅡ지 돌노 ᄯᅡ려 쫏찻다 ᄒᆞ니 어리셕다 대한 빅셩이여 ᄌᆞ긔의 아ᄃᆞᆯ을 단쇽ᄒᆞ여 털로 갓가히 가지 못ᄒᆞ게ᄂᆞᆫ 아니 ᄒᆞ고 ᄋᆞᄒᆡ 죽은후에 뎐거의게 원수ᄅᆞᆯ 갑흐랴 ᄒᆞ니 무어시 유익 ᄒᆞ리요 죵시 야만지셜을 면치 못ᄒᆞᆯ너라

○ 옥구군슈 윤긔진씨ᄂᆞᆫ 청원셔 ᄒᆞᆫ일도 업고 면관된 일도 업다ᄂᆞᆫ데 옥구 감리가 새로 낫다ᄂᆞᆫ말이 잇스니 그 풍셜을 밋을수ᄂᆞᆫ 업시나 우리ᄂᆞᆫ 듯ᄂᆞᆫ데로 긔지 ᄒᆞᄂᆞ라

○ 경무ᄉᆞ 원우샹씨가 샤지 청원셔를 ᄒᆞ엿다ᄂᆞᆫ데 그 리쳐를 쳐담ᄒᆞᆫ즉 최정식과 강승향 량인의 구초에 난 사ᄅᆞᆷ들을 잡지 못 ᄒᆞᄂᆞᆫ거시 경무ᄉᆞ의 칙망이라고 ᄂᆡ부에셔 견칙ᄒᆞᆫ매 경무ᄉᆞ의 말이 그 사ᄅᆞᆷ들 즁에 혹 타국으로 간이도 잇고 혹 대한에 잇셔도 타국 사ᄅᆞᆷ의 집에 숨엇시니 엇더케 잡으리오 ᄒᆞ고 즉시 샤직 ᄒᆞ엿다더라

○ 한재가 이ᄀᆞᆺ치 심ᄒᆞ되 곡가가 아직 대단이 료등치 아니ᄒᆞᆫ거슨 삼남셔 샹납ᄒᆞᆯ 결젼으로 다 무곡 ᄒᆞ여 오강에 두엇ᄂᆞᆫ데 그 곡식을 요ᄉᆞ이 방매 ᄒᆞᄂᆞᆫ ᄭᆞ닭이라더라

본회고백

본회에서 이 **회보**를 젼년과 ᄀᆞᆺ치 일쥬일에 ᄒᆞᆫ번식 발간 ᄒᆞᄂᆞᆫ데 새로 륙폭으로 작뎡ᄒᆞ고 ᄒᆞᆫ장 갑슨 엽젼 오푼이오 ᄒᆞᆫ돌갑슬 미리내면 젼과 ᄀᆞᆺ치 엽젼 ᄒᆞᆫ돈 오푼이라 본국 교우나 셔국 목ᄉᆞ나 교외 친구나 만일 사셔 보고져 ᄒᆞ거든 졍동 아펜셜라 목ᄉᆞ 집이나 죵로 대동셔시에 가셔 사시옵

죵로대동셔시광고

우리 셔샤에셔 셩경 신구약과 찬미칙과 교회에 유익ᄒᆞᆫ 여러가지 셔칙과 시무에 긴요ᄒᆞᆫ 칙들을 팔되 갑시 샹당 ᄒᆞ오니 학문샹과 시무변에 ᄯᅳᆺ이 잇ᄂᆞᆫ 군ᄌᆞ들은 만히 사셔 보시옵

대영국 셩셔 공회 광고

새로 간츌 ᄒᆞᆫ거슨 로마 가라태 골노시 야고보 베드로 젼후셔 티모데 젼후셔니 사셔 보실이ᄂᆞᆫ 회샤 쥬인 켄묘 션ᄉᆡᆼ씌로 오시옵

뎨삼권

대한회보

뎨이십삼호

(삼십이빅일합) 광무삼년 인 륙월칠일

즁동젼긔를번역홈

우리가 일젼에 젼 군슈 리근영씨가 비지학당 즁으로 보낸 즁동젼긔 훈길을 바다 대강 열람훈즉 곳 미인 림락지씨의 져술훈 즁동젼긔 본말즁 더욱 긴요훈 의론과 근간에 동양에 긴관훈 각국 신문을 ᄲᆞᆸ아 편말에 텸부ᄒᆞ야 스ᄉᆞ로 훈 권질을 일운지라 ᄯᅩ 림씨의 져술훈 칙은 청국 사ᄅᆞᆷ 보기를 쥬쟝 ᄒᆞᄂᆞᆫ고로 슌 한문으로 긔록 ᄒᆞ엿더니 이 칙은 국한문을 셕거 번역 ᄒᆞ야 대한 사ᄅᆞᆷ 보기 편토록 ᄒᆞ엿더라 대뎌 동양에 한 일 청 삼국은 진실노 슌치지국이라 인죵과 문ᄌᆞ가 ᄀᆞᆺᄒᆞ며 풍졍과 습상이 ᄯᅩ훈 ᄀᆞᆺ훈것이 만훈지라 맛당히 보거상의 ᄒᆞ여 구쥬의 탐포훈 긔세를 방어 ᄒᆞ여야 홀지라 그런고로 동양에 유지훈 사ᄅᆞᆷ의 의론들은 량국이 교젼 ᄒᆞ기젼 브터 이ᄯᅳᆺ을 만히 보혀 혹 의안ᄒᆞ 메츌ᄒᆞ야 의론훈 일도 잇고 혹 회샤 ᄀᆞᆺ흔걸을 셜립ᄒᆞ야 강구훈 일도 잇스며 심지어 문ᄌᆞ로 져슐ᄒᆞ야 삼국에 유지훈 사ᄅᆞᆷ의 지긔를 격감ᄒᆞ야 삼국이 협력ᄒᆞ야 동양을 보젼ᄒᆞ여 가자ᄒᆞ고 지의 진ᄒᆞ ᄒᆞ베 의론훈 일도 잇셧스되 이러훈 의론은 다 오활ᄒᆞ고 말노 돌녀보내고 더욱 청국의 완고훈 물티과 교오훈 습상은 여간 언어 문ᄌᆞ로 귀도ᄒᆞ기 어려온즁ᄀᆞ 구미렬방과 ᄃᆡ등독립 ᄒᆞᄂᆞᆫ 대한을 오히려 번방으로 두고 임의로 졀졔코져 ᄒᆞ니 어ᄂᆞᆫ ᄌᆞ긔의 암둔ᄒᆞ고 완고훈 긔습으로 텬하 대셰를 ᄉᆡᆼ각지 못 홈이오 ᄯᅩ 만일 청국이 이러ᄐᆞ시 고집ᄒᆞ야 대한의 진보에 해 ᄭᅵ침이 잇슬 디경가면 비단 대한 일국계만 방해가 될ᄲᅮᆫ 아니라 실노 삼국 ᄀᆡ명상에 대단히 방애가 될터시오 ᄯᅩ 삼국이 진보처 못ᄒᆞ야 쇠망훈 디경에 니르면 아세아 칠억 황인의 거디가 필경 ᄇᆡᆨ인의 ᄯᅡ디가 되고 말지라 그런고로 일본 정부에셔 여러ᄒᆡ를 두고 ᄉᆡᆼ각ᄒᆞ고 경영ᄒᆞ여 오다ᄀᆞ 마ᄎᆞᆷ 대한과 니란을 당ᄒᆞ야 청인의 위약ᄒᆞ믈 인ᄒᆞ야 의연히 청국에 션젼ᄒᆞ고 아산셔브터 승승 쟝구ᄒᆞ야 청국 ᄂᆡ디ᄭᆞ지 무인디경 ᄀᆞᆺ치 드러가니 청국 ᄉᆞ억 인구가 조고마훈 셤즁 ᄉᆞ천만명 압혜 셩하지밍을 청ᄒᆞ며 ᄐᆡ만을 베혀주고 은 이억만량을 비샹으로 물게 되엿ᄂᆞᆫ지라 ᄃᆡᄊᆞ홈을 지낸후에 시국에 쥬목ᄒᆞ던 각국 사ᄅᆞᆷ들은 다 일본을 향ᄒᆞ야 칙칙히 칭도 ᄒᆞ거니와 우리ᄂᆞᆫ 이ᄯᆡ를 당ᄒᆞ며 일본ᄊᆞ 위ᄒᆞ야 칭찬홀 겨를이 업고 다만 청국을 향ᄒᆞ야 (이폭)

대한크리스도인 회보

THE KOREAN CHRISTIAN ADVOCATE.
Rev. H. G. Appenzeller, Editor
36 cents per annum
in advance. Postage extra.
Wednesday, JUN. 7th 1899.

서울 정동서 일쥬일에 ᄒᆞᆫ번식 발간 ᄒᆞᄂᆞᆫᄃᆡ 아편셜라 독ᄉᆞ가 회보 샤쟝이 되엿더라 일년 갑슬 미리 ᄂᆡ면 삼십 륙젼이오 우표갑슨 ᄯᅡ로 잇ᄂᆞ니라

일폭련속

목마르ᄃᆞᆺ시 바라ᄂᆞᆫ바ᄂᆞᆫ 이제ᄂᆞᆫ 쳥국이 여취여몽ᄒᆞᆫ 졍신을 ᄭᅢ여 이젼 와습과 교티를 바리고 크게 즁려ᄒᆞ야 이젼 혓되히 ᄌᆞ랑 ᄒᆞ던것이 다 실졔상에ᄂᆞᆫ 쓸ᄃᆡ 업ᄂᆞᆫ줄을 ᄭᆡ다르며 텬하의 국셰를 쳠작ᄒᆞ고 동양 삼국이 급히 돈목지의를 닥가 셔셰동졈 ᄒᆞᄂᆞᆫ 화긔를 ᄒᆞᆷᄭᅴ 막어 보기를 힘쓸줄 알고 이 ᄊᆞ홈후에 오히려 쳥국과 동양 형셰를 위ᄒᆞ야 대단히 다ᄒᆡᆼᄒᆡ 녁엿더니 이거시 ᄎᆞ운수라 ᄒᆞᄂᆞᆫ 것인가 쳥국이 이 수치를 당ᄒᆞᆫ후로 처음에ᄂᆞᆫ 얼마콤 ᄭᆡᆺ적여 무ᄉᆞᆷ ᄉᆡᆼ각을 좀 ᄒᆞᄂᆞᆫ듯 ᄒᆞ더니 미긔에 도로 녯 버릇슬 회복ᄒᆞ야 도로 취몽즁에 잇ᄉᆞ며 국즁에 여간 잇ᄂᆞᆫ 개진당은 다 내여몰고 완고당과 간셰비로 졍부를 죠직 ᄒᆞ고 ᄇᆡᆨ반ᄉᆞ무를 도로 다 이젼 부픽ᄒᆞᆫ 법으로 됴졔ᄒᆞ니 현금 쳥국 형편이 더욱 말이 못되야 가니 구쥬와 담포ᄒᆞᆫ 렬방들이 벌ᄯᅦᄀᆞᆺ치 니러나 다 쳥국을 향ᄒᆞ야 침늑을 ᄒᆞ니 침만 ᄒᆞᆯᄲᅮᆫ 아니라 필경은 쳥국 젼뎨를 다 업더저 ᄯᅳ더 먹고야 말ᄭᅦ 되엿ᄉᆞ니 엇지 익셕지 아니 ᄒᆞ리요 ○ 우리가 쳥국을 향ᄒᆞ야 바라던 본의가 다 귀어오유 ᄒᆞ얏ᄉᆞ니 더욱 분탄히 녁이ᄂᆞᆫ 일이어니 지금 리씨의 보낸칙을 더ᄒᆞᆫ매 더욱 감탄지심을 니기지 못ᄒᆞ야 대강 말ᄒᆞ거니와 대뎌 이 ᄊᆞ홈이 대한 독립을 위ᄒᆞ야 시작이 되엿고 ᄯᅩ 대한 독립이 이 ᄊᆞ홈을 인연ᄒᆞ야 더욱 셰계에 붉히 나타낫ᄉᆞ니 그런고로 열청 강화됴약 뎨일됴에 대한 독립을 확인ᄒᆞᆫ바라 그러ᄒᆞᆫ즉 대한 신민된자ㅣ 더욱 이ᄉᆞ젹을 아라야 ᄒᆞᆯ지라 그러ᄒᆞ나 대한 사ᄅᆞᆷ의 습관미양 뎨나라 형편과 ᄉᆞ긔ᄂᆞᆫ ᄭᅥᆺ지도외 ᄒᆞ고 소위 강구ᄒᆞᆫ다 ᄒᆞᄂᆞᆫ것은 다 몃쳔년젼 이샹 쳥국 ᄉᆞ긔ᄲᅮᆫ이라 그런고로 미양 뎨나라 일에ᄂᆞᆫ 몽미ᄒᆞ야 흥폐 존망을 월시진쳑 ᄀᆞᆺ치 ᄒᆞ니 오ᄂᆞᆯ날 대한이 이러케 위미부진 ᄒᆞᆫ것노 ᄯᅩᄒᆞᆫ 괴셩이 뎨나라 형편을 등기 ᄒᆞᄂᆞᆫ ᄭᅡ닭이라 지금 리군영씨가 이를 익셕히 녁여 불소ᄒᆞᆫ 지물을 드려 이 칙을 다시 번역ᄒᆞ야 현금 동양에 크게 관계되ᄂᆞᆫ ᄉᆞ졍을 젼국에 광포ᄒᆞ야 몽미ᄒᆞᆫ 동포로 ᄒᆞ여곰 텬하 대셰를 숣혀 발분 홍긔ᄒᆞ야 국가를 위ᄒᆞ야 열심 합력ᄒᆞ야 국가로 ᄒᆞ여곰 태산 반셕지안에 둘디경면 엇지 이 칙의 공효가 아니라 ᄒᆞ리오 이ᄂᆞᆫ 곳 리씨의 이 칙을 다시 츌간ᄒᆞᆫ 본의라 우리ᄂᆞᆫ ᄯᅩ 드르니 이 칙 번역 ᄒᆞᆯ ᄯᅢ에 젼 군슈 현채씨의 찬조ᄒᆞᆫ 힘이 만타더라

례비일공과 일빅 이십삼 륙월 십팔일

야곱의장ᄉᆞ지낸일

창세긔 오십장 일졀노 십ᄉᆞ졀ᄭᆞ지

一 요셥이가 아바지의 얼골에 업듸여 울며 입을 맛추고 二 요셥이가 집 의원을 명ᄒᆞ야 향으로 아바지의 시톄에 바르라 ᄒᆞᆫ대 의원이 바를시 三 시톄에 바르기를 ᄉᆞ십일에 임의 ᄆᆞ치니 애굽도 사ᄅᆞᆷ이 야곱을 위ᄒᆞ야 칠십일을 울어 四 우는 긔한이 임의 ᄆᆞ치매 요셥이가 파레오의 신하의게 고ᄒᆞ되 만일 네 은혜를 닙으면 네게 쳥 ᄒᆞᄂᆞ니 나를 위ᄒᆞ야 파레오께 구ᄒᆞ야 골ᄋᆞ되 五 우리 아바지가 림죵 ᄒᆞᆯ때에 날노 ᄒᆞ여곰 ᄆᆡᆼ세를 ᄒᆞ야 반ᄃᆞ시 가나온 ᄯᅡ히 예비ᄒᆞᆫ 무덤에 장ᄉᆞᄒᆞ라 ᄒᆞ엿ᄉᆞ니 나를 용납ᄒᆞ야 뎌곳으로 가셔 아바지를 장ᄉᆞ ᄒᆞ고 도라 오게 ᄒᆞ라ᄒᆞᆫ대 六 파레오가 하교ᄒᆞ야 요셥의게 닐ᄋᆞ되 너의 아바지가 임의 너로 ᄒᆞ여곰 ᄆᆡᆼ세를 ᄒᆞ엿ᄉᆞ니 가셔 장ᄉᆞ ᄒᆞ라 ᄒᆞ더라

○ 七 요셥이가 드듸여 가셔 아바지를 장ᄉᆞᄒᆞᆯ시 파레오의 신공과 시어와 애굽도 쟝로들이 ᄒᆞᆷ힘 ᄒᆞ더라 八 요셥이가 형뎨와 족쇽들 다 모히여 ᄒᆞᆯ때 갈ᄉᆡ 오직 어린 ᄋᆞ히와 소와 양은 가산에 머므르게 ᄒᆞ고 九 슈레와 몰이 ᄀᆞᆺ쳐 힘ᄒᆞ니 큰 무리가 ᄯᅦ를 지엇ᄂᆞᆫ지라 十 요단 동편 아달 벼마당에 니르러 심히 슬허ᄒᆞᆯ시 오직 요셥이가 아바지를 위ᄒᆞ야 닐헤를 슬허ᄒᆞ니 十一 가나온에 거ᄒᆞᄂᆞᆫ 빅셩이 아달 벼 마당에셔 슬허 ᄒᆞᄂᆞᆫ거ᄉᆞᆯ 보고 골ᄋᆞ되 애굽도 사ᄅᆞᆷ이 크게 슬허ᄒᆞᆫ다 ᄒᆞ니 그런고로 요단 동편 ᄯᅡ흘 부르기를 아벨믜셰라 ᄒᆞ더라

十二 야곱의 여러 아ᄃᆞᆯ이 아바지의 명을 좃차 힘ᄒᆞ야 十三 아바지의 ᄲᅧ를 가나온에 들녀와 믹비람 밧 구멍에 장ᄉᆞᄒᆞ매 만리와 서로 디ᄒᆞ니 이전에 아브라함이 혁사ᄅᆞᆷ 이불륜의게셔 산 무덤 ᄯᅡ히라 十四 요셥이가 아바지 장ᄉᆞ ᄒᆞ기를 ᄆᆞ치매 형뎨들과 장ᄉᆞ 호송ᄒᆞᄂᆞᆫ 사ᄅᆞᆷ들노 더브러 ᄒᆞᆷ께 애굽도에 도라 오니라

묻는말

一 요셉이가 아바지를 위ᄒᆞ야 엇더케 슯허 ᄒᆞ엿ᄂᆞ뇨

二 요셉이가 집 와원을 명ᄒᆞ여 무슴 일을 힝ᄒᆞ라 ᄒᆞ엿ᄂᆞ뇨

三 얼마나 오릭 ᄒᆞ엿ᄂᆞ뇨

四 애굽도 사ᄅᆞᆷ이 몃날 동안을 곡 ᄒᆞ엿ᄂᆞ뇨

五 요셉이가 파레오의 신하의게 무슴 말을 ᄒᆞ엿ᄂᆞ뇨

六 파레오가 허락 ᄒᆞ엿ᄂᆞ뇨

七 요셉이가 장ᄉᆞᄒᆞ려 갈ᄯᅢ에 엇더ᄒᆞᆫ 사ᄅᆞᆷ들이 회장 ᄒᆞ엿ᄂᆞ뇨

八 요셉의 형데와 족속이 다 갓ᄂᆞ뇨

九 장ᄉᆞ ᄒᆞ려 가는 긔구가 엇더 ᄒᆞ며 어나 디방에 가셔 며 슯허 ᄒᆞ엿ᄂᆞ뇨

十 요셉이는 조긔 아바지를 위ᄒᆞ야 몃날을 슯허 ᄒᆞ엿ᄂᆞ뇨

十一 가나안 사ᄅᆞᆷ들이 무어슬 보고 엇더케 말 ᄒᆞ엿ᄂᆞ뇨

十二 엇지 ᄒᆞ야 아벨미셰라 ᄒᆞ엿시며 이 디방은 어ᄂᆞ 곳이뇨

十三 요셉이가 조긔 아바지의 ᄲᅧ를 어ᄂᆞᄯᅡ 어ᄂᆞ 곳에 장ᄉᆞ ᄒᆞ엿ᄂᆞ뇨

十四 이 산디는 어ᄂᆞᄯᅢ에 누가 어ᄂᆞᄯᅡ 사ᄅᆞᆷ의게 삿ᄂᆞ뇨

부득이ᄒᆞ여압졔ᄒᆞᆯ일

무릇 무ᄉᆞᆷ 일이던지 ᄒᆞᆫ사ᄅᆞᆷ이 ᄒᆞᆫᄌᆞ 의견ᄃᆡ로 작뎡ᄒᆞ고 ᄒᆡᆼᄒᆞᆯ일도 잇지마ᄂᆞᆫ 샹하 남녀가 공ᄉᆞ간에 공변되이 의론ᄒᆞ고 ᄒᆞ면 그일이 진션진미ᄒᆞ야 낭ᄑᆡ가 업ᄂᆞᆫ고로 동셔양을 믈론ᄒᆞ고 대소간에 ᄉᆞ업을 경영ᄒᆞᄂᆞᆫ자 여러 사ᄅᆞᆷ의 의견을 듯ᄂᆞᆫ거슨 ᄒᆞᆫ 사ᄅᆞᆷ이 ᄉᆡᆼ각지 못ᄒᆞᄂᆞᆫ 의ᄉᆞ를 다른 사ᄅᆞᆷ은 ᄉᆡᆼ각ᄒᆞᄂᆞᆫ수가 잇셔 각각 의견 니ᄂᆞᆫ거시 혹 나흔자도 잇고 못ᄒᆞᆫ자도 잇셔 쟝단과 고하와 광협이 서로 ᄀᆞᆺ지 아니ᄒᆞ나 여러 사ᄅᆞᆷ의 의견을 ᄒᆞᆫ곳에 모도혀 노코 여러 사ᄅᆞᆷ이 참쟉ᄒᆞ여 그즁에서 뎨일 놉고 깁고 넓은거슬 취ᄒᆞᄂᆞ니 그러고 본즉 ᄒᆞᆫ 사ᄅᆞᆷ의 의견ᄲᅮᆫ 아니라 여러 사ᄅᆞᆷ의 의견이 합ᄒᆞ여 ᄒᆞᆫ 됴흔 ᄉᆞ업이 되ᄂᆞᆫ지라 샹하 남녀가 모혀 평등으로 의론ᄒᆞᄂᆞᆫ거슨 그 여러 사ᄅᆞᆷ의 학문이 ᄡᅡᆨ 갓지ᄂᆞᆫ 아니ᄒᆞᆯ망졍 ᄒᆞᆫ가지 학문은 각기 다잇셔 엇던 사ᄅᆞᆷ이 무ᄉᆞᆷ 의견을 내여 놋ᄐᆞᆫ지 피차에 알아듯고 쩨ᄃᆞ라 올흔거슨 올타ᄒᆞ고 그른거슨 그르다 ᄒᆞᄂᆞᆫ 경위가 잇슴이라 우리 대한 사ᄅᆞᆷ들은 그 변변치 아닌 학문일망졍 샹하 남녀가 대단이 고르지 못ᄒᆞ여 무ᄉᆞᆷ 일이던지 세 사ᄅᆞᆷ만 모혀 의론ᄒᆞᆫ더리도 그일이 되지 아닐ᄲᅮᆫ만 아니라 시비와 음희와 시긔지심이 나서 분경이 니러나고 필경은 살륙ᄒᆞᄂᆞᆫ 폐단ᄭᆞ지 셩기ᄂᆞ니 그런즉 일이 잘 되든지 못 되든지 찰아리 ᄒᆞᆫᄌᆞ ᄒᆞᄂᆞᆫ것만 ᄀᆞᆺ지 못ᄒᆞᆫ지라 가량 사나회가 녀인ᄃᆞ려 말ᄒᆞ기를 우리가 이젼에ᄂᆞᆫ 몰나 녀인을 압졔ᄒᆞ엿거니와 이졔 셔양 문명ᄒᆞᆫ 나라를 본ᄡᅡᆨ 남녀가 동등이요 권리가 동등인즉 ᄌᆞ금위시ᄒᆞ여ᄂᆞᆫ 대소ᄉᆞ간에 ᄀᆞᆺ치 의론ᄒᆞ자ᄒᆞ고 극히 의론ᄒᆞ여보면 올흔일은 올타ᄒᆞ여도 올흔줄노 알아듯지 못ᄒᆞ고 그른일은 그르다ᄒᆞ여도 그른줄도 몰나 ᄌᆞ미가 바이 업슨즉 알아 듯도록 ᄒᆞ쟈ᄒᆞᆫ즉 귀에 거스리게 ᄒᆞ니 그제ᄂᆞᆫ 응졸ᄒᆞᆫ ᄆᆞᄋᆞᆷ에 ᄒᆞᄂᆞᆫ말이 나도 사나회와 동등 권리가 잇거든 엇지ᄒᆞ여 져 사나회가 나를 압졔ᄒᆞᄂᆞᆫ고 ᄒᆞ며 졍투ᄒᆞ여 인ᄉᆞ가 그릇되고 그ᄲᅮᆫ 아니라 별 악즁에 즛시만아 남녀간에 그 직위를 더럽히ᄂᆞᆫ지라 근일에 엇던 녀인 ᄒᆞᆫ분이 외국 복식을 닙고 ᄃᆞ니며 샹무에 쥬의ᄒᆞᆫ다 ᄒᆞ기에 미우 고맙게 녀엿더니 일젼에 신분들을 본즉 그녀인이 외국 사ᄅᆞᆷ의 돈을 속여먹고 도망ᄒᆞᆫ고로 ᄀᆞᆺ치 잇던 녀인 ᄒᆞ나이 경무쳥에 잡혀 갓첫다 ᄒᆞ니 이거슨 다름 아니라 ᄌᆞ쥬니 독립이니 ᄀᆡ화니 ᄒᆞᄂᆞᆫ말만 듯고 ᄒᆞᆫ번 셰샹에 ᄲᅥᆯ치고 나션즉 뷘 창ᄌᆞ에 갓득 드러 찬거시 허욕이라 부지럽시 망ᄌᆞ존대ᄒᆞᆫ ᄆᆞᄋᆞᆷ만 싱겨 협잡질에 난지라 근일에 이소능쟝홈과 이하능상ᄒᆞᄂᆞᆫ 버르쟝이가 죵죵잇ᄂᆞᆫ거슨 소위 ᄀᆡ화 ᄒᆞ엿다ᄒᆞᄂᆞᆫ쟈들이 시비 경위ᄂᆞᆫ 불문ᄒᆞ고 항다반 ᄒᆞᄂᆞᆫ ᄯᆡ이 ᄀᆡ화된 셰샹에 더ᄂᆞᆫ 더고 나ᄂᆞᆫ 나지 ᄒᆞ고 인륜을 손샹ᄒᆞᄂᆞᆫ일이 흔ᄒᆞ니 엇지 ᄀᆡ탄치 아니리요 나ᄂᆞᆫ ᄉᆡᆼ각건ᄃᆡ 져러틋 무식ᄒᆞᆫ 남녀들을 압졔로 학문을 ᄀᆞᄅᆞ쳐 노코 후에 ᄌᆞ쥬라 독립이라 동등이라 ᄀᆡ화라 ᄒᆞᄂᆞᆫ 말을 닑어 ᄃᆞᆯ니야 경박ᄒᆞᆫ 소년들이 되지 아닐줄노 아노라 로병션

닉보

천왕(요식) 덕국 형리 천왕이 유람ᄎᆞ로 대한에 나아와셔 일간 경셩에 득달 ᄒᆞ신다ᄂᆞᆫᄃᆡ 대한 졍부에셔 영졉 ᄒᆞᆯ기에 ᄆᆡ우 분요 ᄒᆞ다더라

○신씨ᄉᆞ업) 젼쥬 고부 등디에 민요가 ᄆᆡ우 대단ᄒᆞᆫ지라 졍부에셔 그 일노 회의ᄒᆞᆯ시 참졍 신긔션씨가 쥬론 ᄒᆞ야 말ᄒᆞ되 금번 민요가 졈졈 창궐ᄒᆞ니 두고 뭇지 아니 ᄒᆞ면 큰 일이 쟝ᄎᆞᆺ 니러날거시니 얼ᄌᆞᆨ 업시 ᄒᆞᄂᆞᆫ거시 가ᄒᆞ나 이ᄀᆞᆺ흔 셰쇄ᄒᆞᆫ 연노 셔울 병뎡을 파송 ᄒᆞᄂᆞᆫ거슨 너머 거창ᄒᆞ니 위션 강화 디방ᄃᆡ 즁으로 이ᄇᆡᆨ명을 파송ᄒᆞᆷ이 하여오 ᄒᆞᆫᄃᆡ 다른 대신들도 다 손을 들어 가타 ᄒᆞᄂᆞᆫ지라 직시에 셩샹 폐하의 ᄌᆡ가를 밧들어 강화 디방ᄃᆡ쟝 리철규씨로 초토ᄉᆞ를 특림 ᄒᆞ야 젼쥬로 가게 ᄒᆞ엿다 ᄒᆞ니 각쳐에 소위 민요라 ᄒᆞᄂᆞᆫ거슨 슌량ᄒᆞᆫ ᄇᆡᆨ셩들이 관찰ᄉᆞ와 군슈의 학ᄃᆡᄒᆞᆷ을 견ᄃᆡ지 못ᄒᆞ야 부득이 작당 ᄒᆞ야 호원코져 ᄒᆞᆷ이여ᄂᆞᆯ 신씨ᄂᆞᆫ 일국 참졍 대신으로 ᄇᆡᆨ셩의 가긍ᄒᆞᆫ 졍셰를 폐하ᄭᅴ 품달 ᄒᆞ야 덕화로써 베플 ᄉᆡᆼ각은 아니ᄒᆞ고 다만 병뎡으로 ᄒᆞ여곰 황샹의 젹ᄌᆞ를 초멸코져 ᄒᆞᆫ다 ᄒᆞ니 사ᄅᆞᆷ들이 말ᄒᆞ되 신씨가 월젼에도 연좌법을 다시 쓰자고 쥬론 ᄒᆞ엿다더니 이번에 ᄯᅩ 병뎡을 보내자고 키론 ᄒᆞ엿스니 대뎌 신씨의 ᄉᆞ업이 근일에 ᄆᆡ우 만타고 ᄒᆞᆫ다더라

○(죵묘거동) 대황뎨 폐하ᄭᅴ셔 이달 륙일에 죵묘에 거동 ᄒᆞ샤 젼알 ᄒᆞ시고 즉시 환궁 ᄒᆞ셧다더라

본회고ᄇᆡᆨ

본회에셔 이 회보를 젼년과 ᄀᆞᆺ치 일쥬일에 ᄒᆞᆫ번식 발간 ᄒᆞᄂᆞᆫᄃᆡ 새로 륙폭으로 작뎡ᄒᆞ고 ᄒᆞᆫ 쟝 갑슨 엽젼 오푼이오 ᄒᆞᆫ돌갑슬 미리내면 젼파 ᄀᆞᆺ치 엽젼 ᄒᆞᆫ돈 오푼이ᄋᆡ 본국 교우나 셔국 목ᄉᆞ나 교외 친구나 만일 사셔 보고져 ᄒᆞ거든 졍동 아편셜라 목ᄉᆞ 집이나 죵로 대동셔시에 가셔 사시옵

뎨삼권

대한회보

뎨이십ᄉᆞ호

(하일빅이신ᄉᆞ) 광무삼년 이 륙월십ᄉᆞ일 호

남묘를구경홈

음력 정월 분ᄭᅴ 남 관왕묘에셔 별안간 불이 이러나셔 집이다 타고 터만 남엇더니 그 동안에 즁건ᄒᆞ야 지금은 필역을 ᄒᆞ엿기로 오월 단오날 구경을 ᄒᆞ랴고 갓더니 어룬과 ᄋᆞ희 남녀 슈쳔명이 리왕 ᄒᆞᄂᆞᆫ고로 드러가기가 ᄆᆡ우 어려온지라 겨우 틈을 엇어 드러가 보니 문직히ᄂᆞᆫ쟈ㅣ 잇셔 드러오ᄂᆞᆫ 사ᄅᆞᆷ들의게 돈 두푼식 밧고 드리며 그안을 삷펴보니 집지은 제도와 각식 치식칠홈과 삼국젹 쌈싸호든 그림을 다 젼파ᄀᆞᆺ치 ᄒᆞ엿ᄂᆞᆫᄃᆡ 그안을 ᄉᆞᆲ혀보니 ᄒᆞᆫ군되ᄂᆞᆫ 쟝이 잇서셔 각식물건 쟝ᄉᆞ가 잇셔 팔ᄭᅥ 사ᄂᆞᆫ거시 남분안 쟝파 방불ᄒᆞ고 또 ᄒᆞᆫ군ᄃᆡᄂᆞᆫ ᄂᆞ름판이 버러졋ᄂᆞᆫᄃᆡ 뒤션ᄒᆞᄀᆡ와 동치기와 돈ᄃᆡᄂᆞᆫ 셰시더라 뎐각은 무을 다쳣고 뒤젹은 문을 여러노코 그리 드러가보니 그속에 어둡기가 다 암속과 ᄀᆞᆺᄒᆞ야 어ᄃᆡ가 어ᄃᆡᆫ지 분간홀수 업고 사ᄅᆞᆷ들이 왕ᄅᆡ ᄒᆞ다가 셔로 부듸셔 샹ᄒᆞ기 쉽더라 감감ᄒᆞᆫ 속에셔 자셔히 보니 관공과 제쟝들이며 ᄇᆡ살ᄒᆞᆫ다 젼ᄶᅡᄀᆞᆺ치 ᄒᆞ여 노왓ᄂᆞᆫᄃᆡ 남녀 로소 불계ᄒᆞ고 그압헤 돈을 노코 절ᄒᆞ며 엇던이ᄂᆞᆫ 음식을 차려노코 무수히 비례ᄒᆞᄂᆞᆫ거슬 보니 그 사ᄅᆞᆷ들이 어리셕어셔 하ᄂᆞ님을 공경치 안코 뎌것ᄉᆡ게 졀ᄒᆞ니 [illegible] 되이 비ᄂᆞᆫ거시 도로혀 화앙이 될거시 하ᄂᆞ님ᄭᅦ셔 뎌들을 이 셰샹에 내시고 셩명과 호흡을 주시고 날노 의복 음식을 주어 오ᄂᆞᆯ날ᄭᆞ지 기르셧거ᄂᆞᆯ 그 은혜ᄂᆞᆫ 모ᄅᆞ고 하ᄂᆞ님ᄭᅦ셔 주신 물건을 ᄲᆡ아 터업ᄂᆞᆫ 헛신의게 노코 복을비니 하ᄂᆞ님ᄭᅦ셔 엇지 무심ᄒᆞ시리오 응당 벌을 내리샤 그들의 령혼을 디옥불에 너허 형벌ᄒᆞᆯ 밧게 ᄒᆞ실터이니 우리가 이 모든 ᄉᆡᆼ각을 ᄒᆞ니 불샹ᄒᆞ고 의답소이다 ᄎᆞ호라 초로 ᄀᆞᆺᄒᆞᆫ 뎌 인ᄉᆡᆼ들이여 이 셰샹에셔 ᄇᆡᆨ년을 지내면 언제던지 륙신은 버셔ᄯᅡ헤 바리고 령혼이 가ᄂᆞᆫ곳이 두길이 잇ᄂᆞᆫᄃᆡ 텬당과 디옥이라 죄 지은쟈ㅣ 어ᄃᆡ로 갈ᄯᅳᆺ 십호리오 ᄉᆡᆼ각들을 깁히 ᄒᆞ시오 공ᄌᆞ 말ᄉᆞᆷ ᄒᆞ샤ᄃᆡ 획죄어텬이면 무소도야 하ᄂᆞ님ᄭᅴ 죄를 엇으면 다른 신의게 빌곳이 잇깃ᄂᆞ뇨 하ᄂᆞ님은 텬하 만국왕의 대쥬지시오 만물을 거ᄂᆞ리시ᄂᆞᆫ 하ᄂᆞ님이시니 이글 보시ᄂᆞᆫ 동포ᄂᆞᆫ 모든 우샹과 허신을 셤기지 마시고 참신 하ᄂᆞ님만 공경ᄒᆞ시면 디옥갈 령혼이 텬당에 ᄂᆞ려가 영원 복락을 누리실터이니 ᄆᆞᄋᆞᆷ을 곳쳐 하ᄂᆞ님 ᄇᆡᆨ셩이 되시기를 ᄇᆞ라ᄂᆞ이다

ᄉᆞᄇᆡᆨᄉᆞ십칠

대한크리스도인회보

THE KOREAN
CHRISTIAN ADVOCATE.
Rev. H. G. Appenzeller, Editor
36 cents per annum
in advance. Postage extra.
Wednesday, JUN. 7th 1899.

셔울 졍동셔 일슈일에 ᄒᆞᆫ번식
발간ᄒᆞᄂᆞᆫᄃᆡ 아편셜라 목ᄉᆞ가
회보 샤쟝이 되엿더라
일년 가슈 미리내면 삼
십 륙젼이오 우표갑슨
ᄯᆞ로 잇ᄂᆞ니라

픠류의악습이라

이번에 폭발약의 변은 각쳐 신문에 긔지ᄒᆞᆫ 거슬
다 보앗고 본샤 ᄂᆡ보에도 ᄯᅩᄒᆞᆫ 대강 간츌ᄒᆞ엿
거니와 대한에 젼에 업던 괴샹ᄒᆞᆫ 변고로다 대뎌
무슴 일이던지 광명ᄒᆞ고 졍대ᄒᆞ야 놈이 모를거
시 업서야 가히 사ᄅᆞᆷ이라 칭ᄒᆞᆯ거시여ᄂᆞᆯ 무슴 서
ᄃᆞᆰ으로 폭발약을 ᄉᆞ방에 던져 공연히 인심을 소
동케 ᄒᆞᆯᄲᅮᆫ더러 위명을 살해ᄒᆞᄂᆞᆫ 디경에 니르럿
시니 가히 탄식ᄒᆞᆯ 일이라 셜혹 크게 원슈되ᄂᆞᆫ 사
ᄅᆞᆷ이 잇서 ᄒᆞᆫ가지 이 셰샹에 용납지 못ᄒᆞᆯ것 ᄀᆞ
ᄒᆞ면 그 사ᄅᆞᆷ의 ᄃᆡ ᄒᆞ야 그 죄샹을 낫낫치 들어
말ᄒᆞᆫ 연후에 그 사ᄅᆞᆷ을 죽이다던지 해롭게 ᄒᆞ여
야 그 사ᄅᆞᆷ이 무슴 죄에 죽ᄂᆞᆫ줄노 알거시오 다
ᄅᆞᆫ 사ᄅᆞᆷ이라도 그 곡졀을 분명이 알터인즉 ᄆᆞᄋᆞ
에 샹쾌ᄒᆞ고 셜분도 될거시여ᄂᆞᆯ 그 ᄉᆞ샹은 은
휘ᄒᆞ고 다만 폭발 단환을 여긔 져긔 던지기만
ᄒᆞ고 놈은 해롭게 ᄒᆞ랴면서 ᄌᆞ긔ᄂᆞᆫ 힝젹을 감초
오니 엇지 우미ᄒᆞᆫ 픠류의 힝ᄉᆞ가 아니리오 드
ᄅᆞ니
대황뎨 폐하ᄭᅴ셔 크게 진경ᄒᆞ샤 잠시라도
보좌를 떠나지 아니ᄒᆞ셧다 ᄒᆞ니 대한 신민된 자의
황송ᄒᆞᆫ 일이로다 우리가 젼에도 ᄒᆞᆼ샹 셜명ᄒᆞᆫ 바 만만
ᄒᆞ거니와 나라에 졍치ᄅᆞᆯ 보고 ᄇᆡᆨ셩의 ᄆᆞᄋᆞᆷ이 열녀
서 변란이 니러나지 아니케 ᄒᆞ라면 쳣지
하ᄂᆞ님을 공경ᄒᆞ고 사ᄅᆞᆷ을 ᄉᆞ랑ᄒᆞᄂᆞᆫ 거륵ᄒᆞᆫ 도를
사ᄅᆞᆷ마다 봉힝ᄒᆞ여야 살아가 서로 [illegible]지심이
업고 ᄇᆡᆨ셩이 각기 직업을 편안이 ᄒᆞᆯ터 [illegible] 대한
셔ᄂᆞᆫ 그러치 못ᄒᆞ야 구습을 바리지 안코 허문만
슝샹ᄒᆞ며 참 리치를 궁구ᄒᆞᆯ ᄉᆡᆼ각이 업고 우샹을
경ᄇᆡᄒᆞᄂᆞᆫ 폐단이 긋치지 아니ᄒᆞᄂᆞᆫ고로 ᄇᆡᆨ반 악
습이 층싱 쳡츌ᄒᆞ니 우리가 ᄒᆞᆼ샹 한탄ᄒᆞᄂᆞᆫ 바여
니와
하ᄂᆞ님ᄭᅴ셔 동방을 권고ᄒᆞ샤
셩신의 능력으로 대한 사ᄅᆞᆷ의 완악ᄒᆞᆫ ᄆᆞᄋᆞᆷ을 감
화ᄒᆞ야 독일 무이ᄒᆞ신
대쥬재 하ᄂᆞ님을 셤기고 ᄂᆞᆷ을 암해ᄒᆞ라ᄂᆞᆫ 악습
을 곳처서 의인 되게 ᄒᆞᄂᆞᆫ 우리 교회 형뎨가 다
[illegible]기를 근졀이 긔도ᄒᆞ노라

례ᄇᆡ일공과 일ᄇᆡᆨ 이십ᄉᆞ 륙월 이십오일

요셉이도라간일

창셰긔 오십장 십오졀노 이십륙졀ᄭᆞ지
十五 아바지가 임의 죽으매 요셉의 형뎨가 두려워
ᄒᆞ야 서로 ᄀᆞᆯᄋᆞᄃᆡ 요셉이가 반ᄃᆞ시 우리를 ᄒᆞᆯ
ᄒᆞ야 우리의 이젼 악ᄒᆞᆫ거ᄉᆞᆯ 성각 ᄒᆞ고 갑흐리라
ᄒᆞ며 十六 드ᄃᆡ여 ᄉᆞ람을 보내여 요셉을 보고 ᄀᆞᆯ
ᄋᆞᄃᆡ 네 아바지가 죽으시기 젼에 임의 우리를 명ᄒᆞ
샤 닐ᄋᆞᄃᆡ 十七 젼에 모든 형뎨가 너를 악ᄒᆞ
게 ᄃᆡ졉 ᄒᆞ엿스나 내가 이제 네게 구 ᄒᆞᄂᆞ니 그
들의 죄를 용서 ᄒᆞ라 ᄒᆞ셧ᄉᆞ니 이제 네게 구 ᄒᆞ
기ᄂᆞᆫ 너의 아바지 ᄒᆞᄂᆞ님의 죵 우리의 죄를
용서 ᄒᆞ라ᄒᆞᆫᄃᆡ 요셉이가 이말을 듯고 울거ᄂᆞᆯ 十八
요셉의 형뎨가 요셉 압헤 니르러 업ᄃᆡ여 ᄀᆞᆯᄋᆞᄃᆡ
우리가 네 죵 되기를 원 ᄒᆞ노라 ᄒᆞ니 十九 요셉
이가 ᄀᆞᆯᄋᆞᄃᆡ 두려워 마라 내가 엇지 ᄒᆞᄂᆞ님을
ᄃᆡ신 ᄒᆞ리오 二十 너희가 비록 나를 해롭게 ᄒᆞ엿
스나 ᄒᆞᄂᆞ님ᄭᅴ셔 도리혀 나로 ᄒᆞ여곰 잘 ᄃᆡ
졉케 ᄒᆞ시고 여러 ᄇᆡᆨ셩의 셩명을 오ᄂᆞᆯᄭᆞ지 보젼
케 ᄒᆞ셧ᄉᆞ니 二十一 지금 너희ᄂᆞᆫ 두려워 ᄒᆞ지 마라
내가 너희와 너희 안ᄒᆡ와 ᄌᆞ녀를 공양 ᄒᆞ리라
ᄒᆞ고 됴흔 말노 위로 ᄒᆞ더라 ○ 二十二 요셉이가 쳔
쳑으로 더브러 애급도에 거ᄒᆞ야 일ᄇᆡᆨ 십세를 향
슈 ᄒᆞ니 二十三 이법련의 증손 마나서의 아ᄃᆞᆯ 마길
이가 나흔 ᄌᆞ식이 오히려 요셉의 슬하에 잇더라
○ 二十四 요셉이가 모든 형뎨의게 닐ᄋᆞᄃᆡ 내가 죽
을 ᄭᅴ한이 쟝찻 니르ᄂᆞᆫ지라 하ᄂᆞ님ᄭᅴ셔 반ᄃᆞ시
너희를 권고ᄒᆞ샤 너희를 인도ᄒᆞ야 이ᄯᅡ에셔 나
가게 ᄒᆞ샤 하ᄂᆞ님ᄭᅴ셔 ᄆᆡᆼ셰ᄒᆞ야 아브라함과
이삭과 야곱의게 주신 ᄯᅡ헤 도라가게 ᄒᆞ시리라
二十五 요셉이가 이스라엘 족의게 닐ᄋᆞᄃᆡ 너희가
ᄆᆡᆼ셰를 ᄒᆞ야 하ᄂᆞ님ᄭᅴ셔 너희를 권고 ᄒᆞ실ᄯᅢ
에 너희가 내ᄲᅧ를 가지고 이 나라에셔 나가라
ᄒᆞ더라 二十六 요셉이가 일ᄇᆡᆨ 십세를 향슈 ᄒᆞ고 이
에 죽으니 사ᄅᆞᆷ들이 향으로 그 시톄에 바르고 렴
ᄒᆞ야 관속에 두고 애급도에 머므르더라

뭇는말

一 아바지 죽은 후에 요셉의 형뎨가 웨 두려워 ᄒᆞ엿시며 서로 무숨말을 ᄒᆞ엿ᄂᆞ뇨

二 사ᄅᆞᆷ을 요셉의게 보내여 아바지 유언을 엇더케 젼ᄒᆞ엿ᄂᆞ뇨

三 요셉이가 그 말을 듯고 엇더케 싱각ᄒᆞ엿ᄂᆞ뇨

四 형뎨들이 그 압헤 가서 무숨 일을 근청ᄒᆞ엿ᄂᆞ뇨

五 요셉이가 허락 ᄒᆞ엿ᄂᆞ뇨

六 요셉이가 말ᄒᆞ되 누가 ᄌᆞ긔로 ᄒᆞ여곰 형뎨들 잘 더졉케 ᄒᆞ셧다 ᄒᆞ엿ᄂᆞ뇨

七 요셉이가 몃ᄒᆡ나 향슈 ᄒᆞ엿ᄂᆞ뇨

八 뉘 증손 뉘 손ᄌᆞ 뉘 아ᄃᆞᆯ이 오히려 요셉의 슬하에 잇다 ᄒᆞ엿ᄂᆞ뇨

九 요셉이가 형뎨의게 닐ᄋᆞ되 하ᄂᆞ님ᄭᅴ셔 너희를 인도ᄒᆞ샤 어느 ᄯᅡ흐로 도라가게 ᄒᆞ시리라 ᄒᆞ엿ᄂᆞ뇨

十 그 ᄯᅡ 일홈이 무어시뇨

十一 요셉이가 이스라엘 족의게 뮝셰로 무어슬 가지고 나가라 ᄒᆞ엿ᄂᆞ뇨

十二 요셉이가 죽으매 사ᄅᆞᆷ들이 그 시톄를 엇더케 ᄒᆞ엿ᄂᆞ뇨

十三 오ᄂᆞᆯ 공부에 긴요ᄒᆞᆫ 뜻이 무어시뇨

동방셩인들도하ᄂᆞ님을공경ᄒᆞ엿소

우리 교에 샹쥬라 샹뎨라 텬쥬라 대쥬지라 하ᄂᆞ님이라 ᄒᆞᆷ은 유가셔에 샹뎨라 ᄒᆞᆷ과 음셩은 비록 다르나 ᄯᅳᆺ은 다름이 업ᄂᆞ니 그런고로 대아라 ᄒᆞᄂᆞᆫ 칙에 닐ᄋᆞ되 은나라이 그 ᄇᆡᆨ셩을 일치 아니ᄒᆞ여서는 샹뎨ᄭᅴ셔 도음이시니 누구를 미워ᄒᆞ시리오 샹뎨라 ᄒᆞᆷ은 텬디에 쥬지시니라 ᄒᆞ엿고 소아라 ᄒᆞᄂᆞᆫ 칙에 닐ᄋᆞ되 거륵ᄒᆞᆫ 샹뎨여 누구를 미워ᄒᆞ시리오 ᄒᆞ엿스며 뎡ᄌᆞᄭᅴ셔 닐ᄋᆞ되 형톄ᄂᆞᆫ 하ᄂᆞᆯ이오 쥬지ᄂᆞᆫ 님군이라 ᄒᆞ엿ᄉᆞᆫ즉 샹쥬와 샹뎨가 음은 비록 다르나 그 ᄯᅳᆺ이야 무엇시 다르리오 슯흐다 세샹 사ᄅᆞᆷ이여 망녕되이 샹뎨의 일홈을 셜독ᄒᆞ여 옥황과 ᄅᆞ군과 진무를 부르되 샹뎨라 ᄒᆞ고 사ᄅᆞᆷ이 텬디와 귀신과 만물의 쥬지라 ᄒᆞ니 엇지 ᄀᆡ탄치 아니리오 대뎌 ᄅᆞ군은 쥬나라 사ᄅᆞᆷ이요 옥황은 한나라 말년 사ᄅᆞᆷ이오 진무ᄂᆞᆫ 명나라 사ᄅᆞᆷ이라 족히 공경ᄒᆞᆯ거시 업거ᄂᆞᆯ 져어리석은 쳥국 인민들은 텬디의 쥬ᄌᆡ로 아니 유가셔를 ᄌᆞ셰히 샹고ᄒᆞ여 보라 요슌 우탕 문무 쥬공 공ᄆᆡᆼ이 하ᄂᆞᆯ에 계신 샹뎨를 공경ᄒᆞ셧고 옥황과 진ᄌᆞ와 ᄅᆞ군ᄯᆞ 셤겻ᄂᆞ ᄒᆞᆷ은 듯지 못ᄒᆞᆫ바ㅣ라 ᄯᅩ 유셔에 닐ᄋᆞ되 히씨가 죄 잇거ᄂᆞᆯ 샹뎨를 두려워ᄒᆞ여 내가 내 나라를 다ᄉᆞ리지 안니치 못ᄒᆞᆫ다 ᄒᆞ엿스며 소ᄌᆞ탕왕이 큰 쇼를 잡아 황황ᄒᆞ신 샹뎨ᄭᅴ 제ᄉᆞᄒᆞᆫ다 ᄒᆞ엿시며 샹뎨ᄭᅴ셔 화평ᄒᆞ심을 하민의게 나리사 무왕이 어진 사ᄅᆞᆷ을 엇으매 샹뎨를 공경ᄒᆞ고 난약ᄒᆞᆫ ᄇᆡᆨ셩을 막엇다 ᄒᆞ고 쥬공이 닐ᄋᆞ되 샹뎨ᄭᅴ셔 ᄇᆡᆨ셩을 인도ᄒᆞ여 은나라를 쳣다ᄒᆞ고 그 나라을 도라보지 아니ᄒᆞ샤 이긋ᄒᆞᆫ 형벌이 나렷다 ᄒᆞ며 대아에 닐ᄋᆞ되 착ᄒᆞᆫ 셔분왕이여 적은 ᄆᆞᄋᆞᆷ을 익익히 ᄒᆞ샤 시지로 샹뎨를 셤긴다 ᄒᆞ고 문왕의 령혼이 샹뎨 좌우에 계시다 ᄒᆞ엿고 샹뎨ᄭᅴ셔 네게 림ᄒᆞ시니 ᄆᆞᄋᆞᆷ을 두가지로 쓰지 마라 ᄒᆞ고 놉흐신 샹뎨ᄭᅴ셔 아래 림ᄒᆞ시기를 빗나게 ᄒᆞ사 ᄉᆞ방을 살펴 보신다 ᄒᆞ셧고 탕탕ᄒᆞ신 샹뎨ᄭᅴ셔 ᄇᆡᆨ셩의 님군이 되신다 ᄒᆞ엿스며 쥬송이라 ᄒᆞᄂᆞᆫ 칙에 닐ᄋᆞ되 용밍스러온 ᄆᆞᄋᆞᆷ을 잡으신 무왕이여 착ᄒᆞ시미 어린 셩갑 무왕ᄒᆞᆫ 샹뎨ᄭᅴ셔 도으셧다 ᄒᆞ고 장ᄎᆞᆺ 샹뎨의 복으신 덕을 빗으리라 ᄒᆞ엿스며 샹송에 닐ᄋᆞ되 착ᄒᆞᆫ 일을 날야다 힘쓰나 더디고 더디도다 샹뎨를 공경ᄒᆞᆫ자 ᄒᆞ엿스며 공ᄌᆞ 글으샤ᄃᆡ 물에셔 제ᄉᆞᄒᆞᄂᆞᆫ 거슨 샹뎨를 셤김이라 ᄒᆞ시고 밍ᄌᆞ 글ᄋᆞ되 악ᄒᆞᆫ 사ᄅᆞᆷ이라도 지계 목욕ᄒᆞ면 샹뎨를 셤긴다 ᄒᆞ셧스며 명도 글ᄋᆞ되 텬히에 이진 사ᄅᆞᆷ들이 다 샹뎨의 신하된다 ᄒᆞ셧고 ᄯᅩ 하샹쥬 삼ᄃᆡ적 글에 샹뎨를 밀ᄉᆞᆷᄒᆞᆫ 곳이 만아 나로 긔록ᄒᆞᆯ수 업거니와 우리 어ᄉᆞᆫ 자들의 싱뎨와 이젼 셩현을 다 공경ᄒᆞ시든 샹뎨와 다름이 업거ᄂᆞᆯ 져 어리석은 사ᄅᆞᆷ들은 하ᄂᆞ님은 공경치 아코 도로혀 샤신과 우상은 셤겨 셩현의 ᄀᆞᄅᆞ치심을 좃지 아니ᄒᆞ니 이러ᄒᆞᆫ 자들은 ᄉᆞ문에 난적이오 하ᄂᆞ님의 원수라 엇지 삼갈바 이니리오

니보

(괴샹ᄒᆞᆫ변) 이ᄃᆞᆯ 초팔일 하오 열ᄒᆞᆫ시쯤 되야 무슴 소리가 세번을 굉냥이 나ᄂᆞᆫ듸 대포소리 ᄀᆞᆺᄒᆞ야 산악이 진동 ᄒᆞ더니 그 잇흔날 드른즉 향동 박신긔션씨의 집과 장교 박뎡양씨의 집과 난동 박긔양씨의 집에셔 각각 폭발 탄환을 던졋ᄂᆞᆫ듸 신씨의 집에셔 사ᄅᆞᆷ ᄒᆞ나이 샹 ᄒᆞ엿고 박긔양씨의 집은 들보가 샹 ᄒᆞ엿다 ᄒᆞ더라 일노 ᄎᆞᆺᄎᆞᆺ 셔니 인심이 흉흉 ᄒᆞ고 각 병문파 동구에 경찰 ᄒᆞᄂᆞᆫ 슌검과 야슌 ᄒᆞᄂᆞᆫ 병뎡이 검이줄 ᄀᆞᆺ치 느럿ᄂᆞᆫ듸 그 잇흔날 밤에 됴병식씨의 집과 한규설씨의 집에 또 폭발약을 더젓ᄂᆞᆫ듸 그 소리에 놀니지 아니ᄒᆞᆫ이가 업시나 다힝이 사ᄅᆞᆷ은 샹ᄒᆞ지 아니ᄒᆞ엿다 ᄒᆞ며 십일일 밤에ᄂᆞᆫ 니죵건씨의 집에 던져셔 사ᄅᆞᆷ ᄒᆞ나이 샹ᄒᆞ엿다 ᄒᆞ며 십이일 밤에ᄂᆞᆫ 죵셔 경텽과 외쥬군슈 방한덕씨의 집에셔 또 화를 맛낫ᄂᆞᆫ듸 방씨의 아ᄃᆞᆯ ᄒᆞ나이 얼골을 만이 샹ᄒᆞ엿다 ᄒᆞ더라 십삼일에 또 드른즉 하오 여ᄉᆞᆺ시쯤 되야셔 쇼안동 네젼 박영효씨의 집에셔 폭발약이 터져셔 사ᄅᆞᆷ 둘이 죽엇다 ᄒᆞᄂᆞᆫ듸 아즉 지젹히 알수ᄂᆞᆫ 업시나 경무텽에셔 그 집의 잇ᄂᆞᆫ 사ᄅᆞᆷ들을 모도 잡어 갓다더라

(황송ᄒᆞᆫ일) 이번에 폭발약 소리가 련ᄒᆞ여 긋치지 아니ᄒᆞ매 대황뎨 폐하ᄭᅴ셔 크게 진경ᄒᆞ샤 보좌를 잠간 이어ᄒᆞ셧다더라

(무변불츌) 이ᄃᆞᆯ 구일 하오에 어떤 밋친놈 ᄒᆞ나이 엄숙ᄒᆞᆫ 대궐문을 엇더케 들어갓던지 함녕뎐 대령에 올나이져 불ᄂᆞᆼᄒᆞᆫ 말을 ᄒᆞ랴ᄒᆞ매 근시ᄒᆞᄂᆞᆫ 관원들이 즉시에 경찰ᄒᆞᄂᆞᆫ 관리로 ᄒᆞ여곰 잡어 옥에 가두고 처교ᄒᆞᆯ ᄯᅳᆺ으로 샹쥬ᄒᆞ엿더니 폐하ᄭᅴ셔 셩지를 나려 갈ᄋᆞ샤ᄃᆡ 광인이라 ᄒᆞ니 죽이지ᄂᆞᆫ 말나고 ᄒᆞ셧다더라

본회고빅

본회에셔 이 회보를 젼년과 ᄀᆞᆺ치 일쥬일에 ᄒᆞᆫ번식 발간 ᄒᆞᄂᆞᆫ듸 새로 륙폭으로 작뎡ᄒᆞ고 ᄒᆞᆫ샹갑슨 엽젼 오푼이오 ᄒᆞᆫᄃᆞᆯ갑슨 미리내면 젼파 ᄀᆞᆺ치 엽젼 ᄒᆞᆫ돈 오푼이라 본국 교우나 셔국 목ᄉᆞ나 교외 친구나 만일 사셔 보고져 ᄒᆞ거든 졍동 아펀셜라 목ᄉᆞ 집이나 죵로 대동셔시에 가셔 사시압

죵로대동셔시광고

우리 셔샤에셔 셩경 신구약과 찬미칙과 교회에 유익ᄒᆞᆫ 여러가지 셔칙과 시무에 긴요ᄒᆞᆫ 칙들을 팔되 갑시 샹당 ᄒᆞ오니 학문샹과 시무변에 ᄯᅳᆺ이 잇ᄂᆞᆫ 군ᄌᆞ들은 만히 사시 보시압

대영국 셩셔 공회 광고

새로 간츌 ᄒᆞᆫ거슨 ᄅᆞ마 가라태 골노시 야고보 에브소 지포서 티모데 젼후서 ᄉᆞᄉᆞ 보샵이ᄂᆞᆫ 회샤 쥬인 권묘 션싱ᄭᅴ로 오시압

뎨삼권

대한 인 회보

뎨이십오호

(합일ᄇᆡᆨ이십오) 광무삼년 륙월이십일일

한셩월보

대한 경셩에 신보샤가 합팔구쳐가 되는디 신문샤 샤원들이 서로 친목홀 목젹으로 ᄒᆞᆫ 회를 셜시ᄒᆞ니 일홈은 간천회라 ᄆᆡ월에 일ᄎᆞ식 모히여 신문샤 ᄉᆞ무를 의론ᄒᆞ는지라 륙월 십일에 진고개 구락부라 ᄒᆞ는 집에 또 모히여 의론ᄒᆞᆯ시 일본 션비 지촌작태랑씨는 학문이 고명ᄒᆞ고 어두온 세계를 ᄀᆡ명코져 ᄒᆞ는 사ᄅᆞᆷ이라 처음으로 한셩월보샤를 챵셜ᄒᆞ고 월보를 ᄆᆡ월에 ᄒᆞᆫ번식 츌판ᄒᆞ는디 처음으로 박인 월보를 각 신문샤에 ᄒᆞᆫ권식 션ᄉᆞᄒᆞ거ᄂᆞᆯ 우리가 그 두터온 졍의를 감샤히 너이며 그 월보의 긔저ᄒᆞᆫ 글을 대강 섭섭ᄒᆞ니 리치에 소명ᄒᆞᆫ 말ᄉᆞᆷ과 시셰에 합당ᄒᆞᆫ 언론이 진실노 ᄀᆡ명ᄒᆞᆫ 나라에 놉흔 안목이라 각 신문 샤원과 월보를 보시는 션비들은 다 아실터이오니 말ᄒᆞᆯ것 업거니와 우리 회보를 보시는 형뎨쥬에 한셩월보를 모로는 사ᄅᆞᆷ이 만흔고로 그 월보에 잇는 졔목을 대강 말ᄉᆞᆷᄒᆞ오니 ᄌᆞ셰히 보시옵○첫폭에는 아시아 디도를 박엿는디 대한 일본 청국 안남 셤라 면면의 디경이 분명ᄒᆞ고 아래는 부감ᄒᆞ고 분명ᄒᆞ기에 리로온 긔계들 론셜 ᄒᆞ엿시며 세계가 엇더케 변혁홈과 력ᄃᆡᄉᆞ긔와 디리의 공부를 셜명ᄒᆞ엿시며 도덕으로 힘실을 닥고 학문으로 지혜를 널니는 교육의 말ᄉᆞᆷ과 ᄇᆡᆨ셩을 기르는디 위셩되는 리치를 말ᄒᆞ고 농ᄉᆞ와 공쟝과 쟝ᄉᆞ의 말ᄉᆞᆷ과 만국의 평화ᄒᆞ는 의론을 셜명 ᄒᆞ엿시며 빌립빈 셤의 독립을 위홈과 만국 박람회 의론과 동양 ᄉᆞ무국의 셜시홈과 일본국 부인들의 협회를 새운 ᄊᆡ 농민이 농리회를 규뎡홈과 합즁국과 규바의 합병홈 계칙을 말ᄒᆞ고 아시아 디도와 만국 디지를 의론ᄒᆞ되 인죵을 구별ᄒᆞ며 종교를 분셕ᄒᆞ고 ᄀᆡ명ᄒᆞᆫ 나라와 미ᄀᆡᄒᆞᆫ 나라의 등급과 언어와 문ᄌᆞ들 론란ᄒᆞ고 산천 토지의 쟝단 광협과 바다와 셤과 각식 물산과 일긔의 엇더홈을 셜명ᄒᆞ엿고 만국 력ᄉᆞ를 의론ᄒᆞ되 익굽국의 토옥홈과 아랍비아와 파시아와 희리니의 리력과 파비륜의 니러남과 희부륜왕 ᄯᆞ빗과 소로문의 ᄉᆞ젹과 로마국의 울흥홈을 말ᄉᆞᆷᄒᆞ고 비니셔아와 인도국과 종교를 대강 론변ᄒᆞ엿시며 교육의 ᄉᆞ무와 위셩의 리해와 공긔의 관계됨과 거류디의 샹판됨을 소샹히 말ᄉᆞᆷᄒᆞ엿고 각국 시ᄉᆞ의 형편과 각국 세입의 예산표와 뎐보션 사륜차와 녜젹의 치부ᄒᆞᆫ 사ᄅᆞᆷ들의 ᄉᆞ젹과 여러가지 됴흔 말ᄉᆞᆷ을 긔록ᄒᆞ엿더라

대한크리스도인 회보

THE KOREAN CHRISTIAN ADVOCATE.
Rev. H. G. Appenzeller, Editor
36 cents per annum
in advance. Postage extra.
Wednesday, JUNE 21st 1899.

셔울 정동셔 일쥬일에 ᄒᆞᆫ번식 발간 ᄒᆞᄂᆞᆫᄃᆡ 아편셜라 목ᄉᆞ가 회보 샤장이 되엿더라
일년 갑슬 미리내면 삼십 륙젼이오 우표갑슨 ᄯᅡ로 잇노라

례비일공과 일ᄇᆡᆨ 이십오 칠월 이일

바울노가로마사ᄅᆞᆷ의게ᄒᆞᆫ편지

로마인셔 일쟝 일졀노 십칠졀ᄭᆞ지

一 예수 크리스도의 죵 바울노ᄂᆞᆫ 부르심을 밧드러 ᄉᆞ도가 되여 하ᄂᆞ님의 복음을 젼ᄒᆞᆷ으로 ᄐᆡᆨᄒᆞᆷ을 닙엇스니 二 이 복음은 그 션지쟈로 셩경에 미리 허락ᄒᆞ신거슬 三 하ᄂᆞ님의 아ᄃᆞᆯ을 ᄀᆞᄅᆞ치심이니 육신으로 말ᄒᆞᆫ즉 다윗의 ᄌᆞ손으로 나시고 四 셩결의 신으로 말ᄒᆞᆫ즉 죽음에셔 다시 니러나심으로 하ᄂᆞ님의 아ᄃᆞᆯ됨을 권능으로 나타나셧시니 곳 우리 쥬 예수 크리스도시니라 五 우리가 그로 말ᄆᆡ암아 은혜와 ᄉᆞ도의 직분을 밧아 그 일홈을 위ᄒᆞ야 모든 나라 즁에셔 밋어 슌죵케 ᄒᆞᄂᆞ니 六 너희도 그들 즁에셔 ᄯᅩᄒᆞᆫ 예수 크리스도의 부르심을 엇엇ᄂᆞ니라 七 로마에셔 하ᄂᆞ님의 ᄉᆞ랑ᄒᆞ심으로 부르심을 닙어 모든 셩도된 자의게 편지ᄒᆞ노니 하ᄂᆞ님 우리 아바지와 쥬 예수 크리스도로 좃차 은혜와 평안ᄒᆞᆷ이 너희게 잇기를 ᄇᆞ라노라 ○ 八 첫재ᄂᆞᆫ 내가 예수 크리스도로 말ᄆᆡ암아 너희 모든 사ᄅᆞᆷ을 위ᄒᆞ여 내 하ᄂᆞ님ᄭᅴ 감샤ᄒᆞᆷ은 너희 밋음이 온 셰샹에 펴짐이로라 九 대개 내 ᄆᆞᄋᆞᆷ에 그 아ᄃᆞᆯ의 복음으로 셤기ᄂᆞᆫ 하ᄂᆞ님이 내 증거가 되시니 내가 너희 ᄉᆡᆼ각ᄒᆞ기를 쉬지 아니ᄒᆞ여 十 긔도ᄒᆞᆯ ᄯᅢ에 ᄒᆞᆼ샹 구ᄒᆞ노니 하ᄂᆞ님의 ᄯᅳᆺ대로 됴흔 길을 엇어 너희게로 맛참내 나아가랴 ᄒᆞ노라 十一 대개 내가 너희 보기를 심히 원ᄒᆞᄂᆞᆫ거슨 너희게 신령ᄒᆞᆫ 은혜를 난호아 주고 너희를 굿게 ᄒᆞ랴 ᄒᆞᆷ이니 十二 이ᄂᆞᆫ 곳 내가 너희 즁에셔 각각 밋음으로 피ᄎᆞ 안위ᄒᆞᆷ을 엇음이니라 十三 형뎨들아 나ㅣ 너희가 모로기를 원치 아니ᄒᆞ노니 내가 여러번 너희게 가고져 ᄒᆞᆷ은 너희 즁에셔도 이방 사ᄅᆞᆷ 즁에셔 ᄀᆞᆺ치 열ᄆᆡ를 밋게ᄒᆞ랴 ᄒᆞᆷ이로되 지금ᄭᆞ지 긴이 막힘이로라 十四 내가 헬나 사ᄅᆞᆷ과 화외 사ᄅᆞᆷ과 지혜 잇ᄂᆞᆫ 사ᄅᆞᆷ과 어리셕은 사ᄅᆞᆷ의게

속이폭

도 빗진쟈ㅣ라 十五 그런고로 내 힘디로 너희 로마 사ᄅᆞᆷ의게도 복음을 전 ᄒᆞ기를 원 ᄒᆞ노라 十六 대개 내가 복음을 붓그러워 ᄒᆞ지 아니ᄒᆞᆷ은 ㅡ든 밋ᄂᆞᆫ쟈를 구원 ᄒᆞ시ᄂᆞᆫ 하ᄂᆞ님의 권능이시니 첫재ᄂᆞᆫ 유대 사ᄅᆞᆷ이오 ᄯᅩᄒᆞᆫ 헬나 사름이니라 十七 대개 하ᄂᆞ님의 의를 복음 즁에 나타내여 밋음으로 밋음에 니르ᄂᆞ니 셩경에 쓴 바와 ᄀᆞᆺ치 오직 올흔 사ᄅᆞᆷ은 밋음으로 살니라 ᄒᆞ셧ᄂᆞ니라

주셕 一쟝一관 一졀노 七졀

데목은 바울노가 그리스도인의게 인ᄉᆞᄒᆞᆷ이라

一 예수란 일홈은 우리 쥬 강셩ᄒᆞᆯ때 밧은 일홈과 사ᄅᆞᆷ인줄 아ᄂᆞᆫ지라 크리스도ᄂᆞᆫ 기름 발나 왕 세우ᄂᆞᆫ 뜻시라 죵이라 ᄒᆞᆷ은 다른이의 쥬의를 좃침이라 바울노가 크리스도인은 다 죵이라 ᄒᆞᆷ이니라 (六쟝二十二졀 부라심을 밧드러 ᄉᆞ도 되엿다ᄒᆞᆷ은 ᄉᆞ환이란뜻과 예수ᄭᅴ셔 친히 보냄이오 바울노가 열두 ᄉᆞ도ᄀᆞᆺ치 부르심을 닙은지라 하ᄂᆞ님의 복이라 ᄒᆞᆷ은 됴흔 소문이오 전ᄒᆞᄂᆞᆫ 이ᄂᆞᆫ 됴흔 소문 가져오ᄂᆞᆫ 뜻이라 누가복음이쟝십졀과 이사야오십ᄉᆞ쟝칠졀 퇵ᄒᆞᆫ다ᄒᆞᆷ은 바울노가 나기젼에 하ᄂᆞ님이 일 ᄒᆞ기를 뎡ᄒᆞ게 ᄒᆞᆷ이라 가랍티이쟝 십오륙졀 대마셕으로 갈때 부ᄅᆞᆷ을 밧엇ᄂᆞᆫ지라 ᄉᆞ도힝젼에십륙쟝십륙 졀노십팔졀 ᄯᅩᄒᆞᆫ 외방 사ᄅᆞᆷ의게 젼도 ᄒᆞ기로 부ᄅᆞᆷ을 밧앗ᄂᆞᆫ지라

二 바울노가 일졀에 누군지 알게 ᄒᆞ고 무ᄉᆞᆷ일 ᄒᆞᄂᆞᆫ인가 알게ᄒᆞ고 이졀에 직분에 즁ᄒᆞᆷ을 알게 ᄒᆞᆷ이라

션지라ᄒᆞᆷ은 하ᄂᆞ님 입일 티신 된쟈ㅣ라 셩경이라 ᄒᆞᆷ은 하ᄂᆞ님이 보낸글이라 미리 허락ᄒᆞᆷ은 아람다온 소문만 예언 ᄒᆞᆫ것이 아니라 그 소문 전 ᄒᆞᄂᆞᆫ이도 예언 ᄒᆞᆷ이라 ᄯᅩ ᄒᆞᆫ뜻은 구약으로 온젼쳐 못 ᄒᆞ고 예수 복음으로 응험ᄒᆞᆷ을 일웟ᄂᆞ니라

三 하ᄂᆞ님의 아ᄃᆞᆯ을 ᄀᆞᄅᆞ침이라 ᄒᆞᆷ은 복음에 재목이라 ᄒᆞᆷ은 원 비셩과 ᄀᆞᆺ ᄒᆞᆷ이라 희뵉리이쟝 십ᄉᆞ졀 따윗의 ᄌᆞ손이라 ᄒᆞᆷ은 예언으

속삼폭

로 미서아라 ᄒᆞᆫ거ᄉᆞᆯ 짜윗 지파로 됨을 바울노가 간징ᄒᆞᆷ이라

四 셩덕의신이라ᄒᆞᆷ은 셩신이 아니요 예수의 션이라 셩덕을 우리 처름 엇지 안코 본ᄅᆡ 잇ᄂᆞᆫ거시라 예수ᄂᆞᆫ 외모로 보면 우리 ᄀᆞᆺ고 신으로 보면 하ᄂᆞ님의 아ᄃᆞᆯ이라 ᄒᆞ니 그러면 예수의 몸의 거륵ᄒᆞᆫ 령혼과 하ᄂᆞ님 령이 잇시매 이 두가지가 일뎨이니라 죽음에서 다시 니러나심으로 하ᄂᆞ님 아ᄃᆞᆯ 됨을 권능으로 낫하 내심은 강셩 ᄒᆞ기젼에 하ᄂᆞ님 아ᄃᆞᆯ이오 강셩ᄒᆞᆷ으로 짜윗의 후예 되고 부셩 ᄒᆞᆷ으로 하ᄂᆞ님 아ᄃᆞᆯ 되ᄂᆞᆫ거ᄉᆞᆯ 세상에 알게ᄒᆞᆫ지라

五 우리라 ᄒᆞᆷ은 바울노요 말미암ᄂᆞᆫ다 ᄒᆞᆷ은 쇽량ᄒᆞᆫ 예수로 말ᄒᆞᆷ이요 은혜와 ᄉᆞ도 직분이라 ᄒᆞᆷ은 하ᄂᆞ님이 예수로 바울노를 청ᄒᆞᆫ거시라 모든 나라라 ᄒᆞᆷ은 유태 외에 나라이오 일홈을 위ᄒᆞᆫ다 ᄒᆞᆷ은 ᄆᆞᄋᆞᆷ으로 의지ᄒᆞ고 입으로 간징 ᄒᆞ여 구원ᄒᆞᆷ을 엇을수 잇ᄂᆞᆫ지라 슌죵이라 ᄒᆞᆷ은 밋음이 힝 ᄒᆞᄂᆞᆫ거ᄉᆞᆯ 곳 슌죵이니라

六 너희가 그들 중에서라 ᄒᆞᆷ은 바울노가 이방사ᄅᆞᆷ의게 젼도ᄒᆞᆷ을 맛흐시매 ᄯᅩᄒᆞᆫ 로마 사ᄅᆞᆷ의게도 편지 ᄒᆞᄂᆞᆫ거시라 부르신다 ᄒᆞᆷ은 로마 밋ᄂᆞᆫ 사ᄅᆞᆷ이 바울노와 ᄀᆞᆺ치 청ᄒᆞᆷ을 밧엇ᄉᆞ니 하ᄂᆞ님이 윈 세상을 청ᄒᆞ엿ᄉᆞ매 누구던지 슌죵 ᄒᆞ면 예수 크리스도의 부ᄅᆞᆷ을 엇은 쟈ㅣ니라 ᄒᆞᆷ이니라

七 로마에셔 하ᄂᆞ님의 ᄉᆞ랑 ᄒᆞ심으로 부라심을 닙엇다 ᄒᆞᆷ은 하ᄂᆞ님이 모든 사ᄅᆞᆷ을 ᄉᆞ랑ᄒᆞ되 오직 밋ᄂᆞᆫ 사ᄅᆞᆷ만 ᄉᆞ랑을 알지라 셩도 된쟈라 ᄒᆞᆷ은 셩도 되기로 부라니가 아니오 곳 셩도라 은혜ᄂᆞᆫ 하ᄂᆞ님의게셔 유익ᄒᆞᆫ 밧음이오 편안ᄒᆞᆷ은 안과 밧기 답답ᄒᆞᆷ이 업ᄂᆞᆫ거시라

뎨二관은 八졀노十五졀ᄭᅡ지

문뎨ᄂᆞᆫ 그들의게젼도ᄒᆞ기를오리원ᄒᆞᆫ거시라

八 쳣재라 ᄒᆞᆷ은 바울노가 쳣재라 ᄒᆞ엿ᄉᆞ되 ᄆᆞᄋᆞᆷ이 가득ᄒᆞᆫ고로 그여 ᄯᅢ츠ᄂᆞᆫ 쓰지 아닌지라 예수 크리스도로 말미암은 예수 강셩ᄒᆞ시고 아니 죽으셧더면 하ᄂᆞ님ᄭᅴ셔 사ᄅᆞᆷ의게 복음 배푼거시 업고 사ᄅᆞᆷ이

속ᄉᆞ폭

하ᄂᆞ님ᄭᅦ 감샤ᄒᆞᆷ을 드림이 업셧ᄂᆞᆫ지라 말
미암음다 ᄒᆞᆷ은 오졀 희셕에 보라 너희 모
든 사ᄅᆞᆷ이라 ᄒᆞᆷ은 그들의게 잘못ᄒᆞᆷ이 업ᄂᆞᆫ
고로 다른이들ᄭᆞ지 칙망ᄒᆞᆷ이 업ᄂᆞᆫ지라 내
라ᄒᆞᆷ은 하ᄂᆞ님 복음을 그들이 밧엇시ᄆᆡ
바울노가 곳 ᄌᆞ긔에 엇은것이 된지라 감샤
라ᄒᆞᆷ은 바울노가 긔도 ᄒᆞᆯᄯᅢ에 쳣지ᄂᆞᆫ 감샤
ᄒᆞᆷ을 드리고 더 유익ᄒᆞᆷ을 구 ᄒᆞ엿ᄂᆞᆫ지라 밋
음이라 ᄒᆞᆷ은 하ᄂᆞ님 밋기를 은혜로 주
엇스ᄆᆡ 그들이 ᄆᆞᄋᆞᆷ에 허락ᄒᆞ여 밋ᄂᆞᆫ 힘실
이 낫ᄂᆞᆫ지라 온 셰상이라 ᄒᆞᆷ은 바울노가
가ᄂᆞᆫ 곳마다 소식을 듯ᄂᆞᆫ거시라
九 바울노가 하ᄂᆞ님만 밋ᄂᆞᆫ ᄆᆞᄋᆞᆷ이 일졀ᄒᆞ
고로 하ᄂᆞ님이 내 증거가 된다 ᄒᆞᆷ이오
내가 너희 ᄉᆡᆼ각 ᄒᆞ기를 쉬지 안ᄂᆞᆫ다 ᄒᆞᆷ은
바울노가 로마 교회를 위ᄒᆞ여 긔도 ᄒᆞᆫ거슬
알지라 바울노가 졔ᄉᆞ장과 ᄀᆞᆺ쳐 외모로 셤
기지 안코 ᄆᆞᄋᆞᆷ으로 셤기ᄂᆞᆫ거시라
十 바울노가 로마에 나아 가고져 긔도ᄒᆞ되 ᄌᆞ
긔 임의로 아니오 하ᄂᆞ님의 합 ᄒᆞ여 가
기를 구 ᄒᆞ엿ᄂᆞᆫ지라
十一 바울노가 심히 보고져 ᄒᆞᄂᆞᆫ거슨 신령ᄒᆞᆫ거
시 셩신으로 나되 바울노가 ᄌᆞ긔로 인ᄒᆞ
여 굿건케 ᄒᆞ고져 ᄒᆞᆷ이라
十二 누구던지 하ᄂᆞ님의게로 오ᄂᆞᆫ 유익ᄒᆞᆷ 밧
기를 누구를 인연ᄒᆞ여 밧으면 그도 ᄯᅩᄒᆞᆫ 유
익 ᄒᆞ너라
十三 바울노가 가기를 원 ᄒᆞᄂᆞᆫ거슨 헛되이 ᄒᆞᄂᆞᆫ
거시 아니오 열미를 엇고져 ᄒᆞᆷ이라
十四 빗진쟈라 ᄒᆞᆷ은 빈부 귀쳔 물론ᄒᆞ고 다 차
자 젼도 ᄒᆞ기를 빗 갑ᄂᆞᆫ것 ᄀᆞᆺ쳐 담당 ᄒᆞᆯ거
시라
十五 바울노가 ᄌᆞ긔를 위ᄒᆞ여 유익ᄒᆞᆷ을 위ᄒᆞᆷ이
아니오 ᄌᆞ긔 담당 ᄒᆞᆷ으로 가고져 ᄒᆞᆷ이라

뎨三관은 十六졀노十七졀

뎨목은 복음은모든밋는사름을구
원ᄒᆞ는거시라

十六 아모 사ᄅᆞᆷ이던지 밋으면 그 권능을 밧ᄂᆞ니
라 그 권능은 셰상을 짓고 병을 곳치고 죽
은이를 살니ᄂᆞᆫ 그 권능이라
十七 우리 힘 ᄒᆞᄂᆞᆫ거슬 하ᄂᆞ님이 올타 ᄒᆞ면
의요 의ᄂᆞᆫ 우리 공로로 되ᄂᆞᆫ거시 아니오
하ᄂᆞ님이 주시ᄂᆞᆫ 거시라

뭇ᄂᆞᆫ말

一관 一졀노七졀

一 ᄉᆞ도 바울노가 누구며 어나ᄯᅢ에 살엇ᄂᆞ뇨

속오폭

二 로마인셔가 뉘게 보낸 글이뇨
三 一관 문뎨ᄂᆞᆫ 무어시뇨
四 예수란 뜻시 무어시며 크리스도란 뜻시 무어시뇨
五 ᄉᆞ도 바울노가 몃번ᄶᅢ 엇더케 하ᄂᆞ님 부라심을 닙엇ᄂᆞ뇨
六 예수ᄂᆞᆫ 하ᄂᆞ님 아ᄃᆞᆯ 되심을 무ᄉᆞᆷ일노 나타나셧ᄂᆞ뇨 四절

二관 八절노 十五절

七 二관 문뎨ᄂᆞᆫ 무어시뇨
八 로마셩 교회의 밋음이 엇더케 되엿ᄂᆞ뇨
九 바울노가 하ᄂᆞ님ᄭᅴ 무어ᄉᆞᆯ 간절히 긔도 ᄒᆞ엿ᄂᆞ뇨

三관 十六七절

十 뎨三관 문뎨ᄂᆞᆫ 무어시뇨
十一 十六절을 외오라

四관 十八절노 三十二절

十二 四관 문뎨ᄂᆞᆫ 무어시며 몃졀브터 몃졀ᄭᆞ지뇨
十三 하ᄂᆞ님이 엇더ᄒᆞᆫ 사ᄅᆞᆷ을 자노 ᄒᆞ시뇨 十八절
十四 하ᄂᆞ님이 아니 뵈이시ᄂᆞᆫ 일 무어ᄉᆞ로 ᄭᅢ다라 아ᄂᆞᆫ수 잇ᄂᆞ뇨 二十절
十五 세샹 사ᄅᆞᆷ들이 하ᄂᆞ님 영화를 엇더케 욕되게 ᄒᆞ엿ᄂᆞ뇨 二十二절
十六 세샹 사ᄅᆞᆷ들이 일노 말미암아 무ᄉᆞᆷ욕을 보ᄂᆞ뇨 二十四절
十七 세샹 사ᄅᆞᆷ들이 죄 짓기를 엇더케 셩가시게 짓ᄂᆞ뇨

ᄂᆡ보

죠변셕거) 만희샤라 ᄒᆞᄂᆞᆫ거슨 곳 만인계인ᄃᆡ 졍부에셔 당초에 엇지 ᄒᆞ야 허가 ᄒᆞ엿던지 일젼에 수만명이 새문밧 텬연졍 압헤 모히여 그계들 ᄒᆞ라다가 긔계가 병이 나셔 못 ᄒᆞ엿다 ᄒᆞ더니 그 잇흔날 경무텽에셔 너부 훈령을 둥인 ᄒᆞ야 ᄉᆞ대문에 ᄑᆡ시 ᄒᆞ고 금단 ᄒᆞ니 무ᄉᆞᆷ 위걸이며 일야지간에 엇더케 변동 ᄒᆞ엿ᄂᆞᆫ지 ᄯᅩ 그 잇흔날 만희샤 샤쟝 신셕효씨가 다시 계를 ᄒᆞᆫ겟다고 방을 붓쳣시니 엇더ᄒᆞᆫ ᄉᆞ둙인지 도모지 밋을수가 업다고 여항간 공론이 분분 ᄒᆞ다더라

○무ᄉᆞᆷ곡졀) 젼 의관 됴병션씨와 홍윤죠씨와 젼 츌신 니긔셥씨가 일젼에 경무텽에 잡히여 갓쳣다더라

○친왕귀국) 덕국 친왕이 일젼에 김셩 당고기 가셔 극광 ᄒᆞᆫ거슬 다 구경 ᄒᆞ고 곳 경셩에 드러와셔 입궐 ᄒᆞ야 폐현 ᄒᆞ고 그 잇흔날 인쳔으로 향ᄒᆞ야 본국으로 도라 갓다더라

뎨삼권

대한크리스도인회보

뎨이십륙호

광무삼년 (륙십이빅일합) 륙월 이십팔일

방학례식

륙월 이십구일 오후 두시에 ᄇᆡ지학당 학ᄃᆞ들의 방학 ᄒᆞᄂᆞᆫ 례식을 정동 회당에서 힝ᄒᆞᄂᆞᆫᄃᆡ 찬미ᄒᆞ고 긔도ᄒᆞᆫ후에 한문강을 밧을ᄉᆡ 김창션과 니유봉은 시젼과 뎍티ᄉᆞ략을 외오고 그 다음에ᄂᆞᆫ 영어강을 밧을ᄉᆡ 유젼씨ᄂᆞᆫ ᄯᅢ에 합당ᄒᆞᆫ 일을 변론ᄒᆞ고 니규치씨ᄂᆞᆫ 뎐연ᄒᆞᆫ 희락을 강론ᄒᆞ엿시며 국문강을 밧을ᄉᆡ 림슈남과 니대용은 미이미 교회 문답과 디구략론을 외오고 니응진씨ᄂᆞᆫ 영어로 ᄇᆡ학ᄒᆞᄂᆞᆫ 권셜을 ᄒᆞ고 셔국의ᄉᆞ쇄민씨ᄂᆞᆫ 풍류를 ᄒᆞ고 ᄉᆞ범학교 교ᄉᆞ 헐벗씨ᄂᆞᆫ 권셜을 ᄒᆞᄂᆞᆫᄃᆡ 간략히 말ᄉᆞᆷᄒᆞ되 내가 지금 영 한문과 국문 도강 ᄒᆞᄂᆞᆫ거ᄉᆞᆯ 본ᄌᆞᆨ 여러 학원의 부즈런이 공부ᄒᆞᆫ거ᄉᆞᆫ 가히 치하ᄒᆞᆯ만 ᄒᆞ거니와 학교를 셜립ᄒᆞ고 학도를 이ᄀᆞᆺ치 ᄀᆞᄅᆞ치ᄂᆞᆫ거시 이 닐온바 교육이라 ᄎᆞᆷ 실샹으로 힘쓸거시요 다만 외양으로 ᄒᆞ지 말거ᄉᆞᆫ 그ᄃᆡ들도 다 아ᄂᆞᆫ바여니와 내가 일젼에 죵로로 지날ᄉᆡ 엇던 사ᄅᆞᆷ이 화초ᄒᆞᆫ분을 가지고 팔너 ᄃᆞ니ᄂᆞᆫ 모양인ᄃᆡ 멀니보매 ᄭᅩᆺ과 닙히 휘황ᄒᆞ고 찬란ᄒᆞ야 ᄎᆞᆷ 볼만ᄒᆞᆫ지라 죵로 ᄋᆞᄒᆡ들이 다토아 사고져 ᄒᆞ야 그 화초쟝ᄉᆞ를 불너 갓가히 온후에 ᄌᆞ세히 본즉 이에 가화라 ᄋᆞ히들이 서로웃고 각기 홋허진거ᄉᆞᆯ 내가 잠시 보앗거니와 만약 학도가 되야 실샹 학문을 힘써 ᄇᆡ오지 아니ᄒᆞ고 허문만 슝샹ᄒᆞ면 이 가화와 ᄀᆞᆺᄒᆞ니 우미ᄒᆞᆫ 모군ᄒᆞ나를 다려다가 됴흔 의복을 닙히고 하ᄂᆞᆯ뎐 ᄯᅡ디 검ᄋᆞᆯ현 누루황 여러 글ᄌᆞ를 ᄀᆞᄅᆞ치되 다만 닙으로 슝니만 니고 그 속 ᄯᅳᆺ을 알지 못ᄒᆞ면 무어시 유익ᄒᆞ리요 불가불 됴흔씨를 됴흔ᄯᅡᆼ에 심어야 ᄒᆞᆯ터인ᄃᆡ 다른씨가 아니라 여긔 잇ᄂᆞᆫ 민씨 니씨 박씨가 됴흔씨요 이 ᄇᆡ지학당이 됴흔ᄯᅡᆼ이라 아모조록 됴흔씨가 됴흔ᄯᅡᆼ에 됴흔 열매 맷기를 ᄇᆞ라노라 ᄒᆞ매 듯ᄂᆞᆫ 사ᄅᆞᆷ들이 다 손벽을 치고 ᄌᆞ미잇게 넉이더라 그 다음에ᄂᆞᆫ 로병션 한광하 민찬호 송언용 남궁혁 졔씨가 서로 교육을 문답ᄒᆞᄂᆞᆫᄃᆡ 대개 동셔양 션비의 우열과 교육의 종지를 변론ᄒᆞ고 학부대신은 다른일이 잇ᄂᆞᆫ고로 오시지 못ᄒᆞ고 협판 민영찬씨가 ᄃᆡ신 권셜ᄒᆞ엿시며 본학당쟝 아펜셜라씨ᄂᆞᆫ 영어로 변셜ᄒᆞᄂᆞᆫᄃᆡ 교관 량홍묵씨가 대한말노 번역ᄒᆞ여 들니고 그후에ᄂᆞᆫ 학도즁 도강 잘ᄒᆞᆫ사ᄅᆞᆷ 몃명을 ᄲᅡᆸ아 ᄌᆞ젼 ᄒᆞᆫ권식 샹급ᄒᆞ고 일졔히 무궁화가를 노ᄅᆡᄒᆞᆫ후에 ᄇᆡ륵쓰 교ᄉᆞ가 거슈츅ᄉᆞ ᄒᆞ고 깃분 ᄆᆞᄋᆞᆷ으로 파ᄒᆞ니라

대한크리스도인 회보

THE KOREAN CHRISTIAN ADVOCATE.
Rev. H. G. Appenzeller, Editor
36 cents per annum
in advance. Postage extra.
Friday, JUNE 30th, 1899.

셔울 정동셔 일쥬일에 ᄒᆞᆫ번식 발간ᄒᆞᄂᆞᆫᄃᆡ 아편셜라 녹ᄉᆞ가 회보 샤쟝이 되엿더라
일년 갑슬 미리ᄂᆡ면 삼십 륙젼이오 우표갑슨 ᄯᅡ로 잇ᄂᆞ니라

쥬ᄀᆡᆨ문답

ᄀᆡᆨ이 무러 ᄀᆞᆯᄋᆞᄃᆡ 하ᄂᆞ님ᄭᅴ셔 지극히 공변되샤 션ᄒᆞᆫ쟈ᄂᆞᆫ 샹을 주시고 악ᄒᆞᆫ쟈ᄂᆞᆫ 벌을 주신다더니 세샹 사ᄅᆞᆷ을 두고보매 션인은 몸이 죽도록 괴로옴을 당ᄒᆞ고 악인은 죽을ᄯᅢᄭᆞ지 즐거옴을 밧ᄂᆞᆫ이가 만흔고로 군ᄌᆞᄂᆞᆫ 착ᄒᆞᆫ일을 ᄒᆞ여 쓸ᄃᆡ 업고 소인은 악ᄒᆞᆫ일을 ᄒᆞ여도 관계치 아닌줄 아ᄂᆞ니 그 리쳐가 무슴 곡졀이뇨 쥬인이 ᄃᆡ답ᄒᆞ되 셩경에 ᄀᆞᆯᄋᆞ샤ᄃᆡ 밋ᄂᆞᆫ쟈ᄂᆞᆫ 길에 삶을엇고 죄의 갑슨 길이 죽ᄂᆞᆫ거시라 ᄒᆞ고 유셔에도 ᄀᆞᆯᄋᆞᄃᆡ 하ᄂᆞᆯ도ᄂᆞᆫ 션인의게 복을 주시고 음란ᄒᆞᆫ 쟈의게 ᄌᆡ앙을 준다 ᄒᆞ엿시니 리치의 응험됨이 그림ᄌᆞ가 형샹을 좃ᄂᆞᆫ것 ᄀᆞᆺᄒᆞᆫ지라 무슴 의심이 잇ᄉᆞ리오 그러나 하ᄂᆞ님ᄭᅴ셔 샹과 벌을 이 세샹에셔만 주시ᄂᆞᆫ거시 아니라 그 사ᄅᆞᆷ이 죽은후에 반다시 심판ᄒᆞ샤 샹벌을 분명히 ᄒᆞ실거시오 ᄯᅩᄒᆞᆫ 션인이라도 평ᄉᆡᆼ에 힘ᄒᆞᆫ바 일을보면 적은 허물이 아조 업실ᄉᆞ 업셔 하ᄂᆞ님의 계명을 간범 ᄒᆞᄂᆞ니 슌젼이 션ᄒᆞᆫ 사ᄅᆞᆷ이 업고 악인이라도 평ᄉᆡᆼ의 힘ᄒᆞᆫ바 일을 보면 조곰 착ᄒᆞᆫ일이 혹 잇ᄂᆞ니 우리ᄂᆞᆫ 그 사ᄅᆞᆷ의 외모만 보ᄂᆞᆫ고 알거니와 하ᄂᆞ님ᄭᅴ셔ᄂᆞᆫ 그 사ᄅᆞᆷ의 ᄆᆞᄋᆞᆷ 속ᄭᆞ지 알으샤 션인의게 조고만 고란을 밧게 ᄒᆞ셔도 ᄉᆞ후의 주시ᄂᆞᆫ 영화ᄂᆞᆫ ᄇᆡᆨ비나 될거시오 악인의게 잠시간 부귀를 주셔도 ᄉᆞ후에 영원ᄒᆞᆫ 형벌을 밧게 ᄒᆞ실지라 ᄎᆞᆷ으로 지극ᄒᆞᆫ 샹벌이 ᄉᆞ후에 잇거ᄂᆞᆯ 이 세샹에 잠시 영화와 고란으로 엇지 션악을 판단 ᄒᆞ리오 그ᄃᆡ가 하ᄂᆞ님 나라 교회의 공졍ᄒᆞᆫ 리치를 모로ᄂᆞᆫ고로 ᄆᆞᄋᆞᆷ에 의심이 잇거니와 동양 셩현의 말ᄉᆞᆷ을 볼지라도 사ᄅᆞᆷ이 근심과 걱졍 가온ᄃᆡ 살다가 편안ᄒᆞ고 즐거온 가온ᄃᆡ 죽ᄂᆞᆫ다 ᄒᆞ엿시니 착ᄒᆞᆫ 사ᄅᆞᆷ을 ᄀᆞᄅᆞ쳐 ᄒᆞ신 말ᄉᆞᆷ이라 엇지 ᄭᆡ닷지 못ᄒᆞᄂᆞᆫ뇨 옥을 다ᄉᆞ리지 아니 ᄒᆞ면 그릇슬 닐위지 못ᄒᆞ고 쇠를 갈지 아니 ᄒᆞ면 동록을 벗길수 업고 사ᄅᆞᆷ이 고란을 밧지 아니면 공덕을 세울수 업ᄂᆞ니 사ᄅᆞᆷ이 아모 공덕이 업시 텬당의 무궁ᄒᆞᆫ 복을 엇지 밧으리오 그런즉 이 세샹의 잠시 고락으로ᄂᆞᆫ 하ᄂᆞ님의 공변되신 리치를 의론ᄒᆞᆯ수 업ᄂᆞ니라 ᄀᆡᆨ이 쥬인의 말을 듯고 황연히 ᄭᆡ다라 ᄒᆞᆫ연히 물너 가더라

바울노가로마사ᄅᆞᆷ의게ᄒᆞᆫ편지

로마인셔 일장 십팔졀노 삼십이졀ᄭᆞ지
十八 대개 하ᄂᆞ님의 진노 ᄒᆞ심이 하ᄂᆞᆯ노 좃차
불의로 진리를 막ᄂᆞᆫ쟈의 모든 경건치 아니ᄒᆞᆷ과
불의ᄒᆞᆷ에 나타 나시ᄂᆞ니 十九 그런고로
하ᄂᆞ님을 알바를 그속에 나타 나심은 대개
하ᄂᆞ님ᄭᅴ셔 뎌의게 나타 나심이니라 二十 대개 셰
샹을 창조 ᄒᆞ심으로 브터 하ᄂᆞ님의 보지 못
ᄒᆞᄂᆞᆫ거슨 곳 그의 무궁 ᄒᆞ신 권능과 신셩을 그
ᄆᆞᆫ드신 만물노 보와 알지니 그런고로 사ᄅᆞᆷ이 핑
계 ᄒᆞᆯ지 못ᄒᆞᆯ지니라 二十一 뎌희가 하ᄂᆞ님을
알되 하ᄂᆞ님을 영화롭게도 아니 ᄒᆞ며 감샤치
도 아니 ᄒᆞ고 오히려 그 ᄉᆡᆼ각이 허망 ᄒᆞ여지며
미련ᄒᆞᆫ ᄆᆞᄋᆞᆷ이 어두어 졋ᄂᆞ니 二十二 스ᄉᆞ로 지혜
잇ᄂᆞᆫ톄 ᄒᆞ나 우쥰ᄒᆞᆷ을 일우어 二十三 썩어지지 아
니ᄒᆞᄂᆞᆫ 하ᄂᆞ님의 영광을 변ᄒᆞ여 썩어질 사
ᄅᆞᆷ과 금슈와 버러지의 형샹으로 밧곰이니라 ○ 二十四
그런고로 하ᄂᆞ님ᄭᅴ옵셔 그 사ᄅᆞᆷ들을 그
정욕대로 더러온 일에 내여ᄇᆞ려 두샤 서로 뎌희
몸을 욕되게 ᄒᆞᆷ매 二十五 뎌희가 하ᄂᆞ님의 진
리를 거즛 거ᄉᆞ로 밧고아 지어내신 바 만물을
지여 내신 쥬 보다 더 경비 ᄒᆞ고 셤기ᄂᆞ니 쥬ᄂᆞᆫ
곳 영원이 찬미 ᄒᆞᆯ지로다 아멘 ○ 二十六 이를
인ᄒᆞ야 하ᄂᆞ님ᄭᅴ옵셔 그 붓그러온 욕심에 ᄇᆞ
려 두시매 녀인들은 본셩으로 쓸거슬 변ᄒᆞ여 거
ᄉᆞ리ᄂᆞᆫ 션품을 쓰고 二十七 남ᄌᆞ도 ᄯᅩᄒᆞᆫ 그러 ᄒᆞ야
녀인의 본셩으로 쓸거슬 ᄇᆞ리고 음욕의 ᄆᆞᄋᆞᆷ이
서로 불니듯 ᄒᆞ여 남ᄌᆞ가 남ᄌᆞ로 더브러 붓그러
온 일을 ᄒᆞ여 그 올치 못ᄒᆞᆷ으로 몸에 합당ᄒᆞᆫ 보
음을 밧ᄂᆞ니라 ○ 二十八 ᄯᅩᄒᆞᆫ 뎌희가 ᄆᆞᄋᆞᆷ에
하ᄂᆞ님 계시기를 원치 아니 ᄒᆞᆷ매 하ᄂᆞ님ᄭᅴ셔
뎌희를 어그러진 ᄆᆞᄋᆞᆷ에 ᄇᆞ려 합당치 못ᄒᆞᆫ 일을
ᄒᆡᆼᄒᆞᆷ에 두셧시니 二十九 모든 불의와 악독과 탐심
과 포악이 ᄀᆞ득ᄒᆞ고 싀긔와 살인ᄒᆞᆷ과 졍투와 궤
휼과 각박ᄒᆞᆷ이 ᄀᆞ득ᄒᆞ여 三十 음해 ᄒᆞᄂᆞᆫ이와 훼방
ᄒᆞᄂᆞᆫ이와 하ᄂᆞ님을 뮈워 ᄒᆞᄂᆞᆫ이와 만모 ᄒᆞᄂᆞᆫ
이와 교만ᄒᆞᄂᆞᆫ이와 ᄌᆞ랑ᄒᆞᄂᆞᆫ이와 악ᄒᆞᆫ거슬 짓
ᄂᆞᆫ이와 부모를 거ᄉᆞ리ᄂᆞᆫ이와 三十一 미련ᄒᆞᆫ이와 비
약ᄒᆞᄂᆞᆫ이와 무졍ᄒᆞᄂᆞᆫ이와 불샹이 녁이지 아니
ᄒᆞᄂᆞᆫ이니 三十二 뎌희가 하ᄂᆞ님의 뎡ᄒᆞ심은 곳
이 곳ᄒᆞᆫ 일을 ᄒᆡᆼᄒᆞᄂᆞᆫ 쟈ᄂᆞᆫ 죽ᄂᆞᆫ거시 합당ᄒᆞ다
ᄒᆞ심을 알고도 뎌만 ᄒᆡᆼᄒᆞᆯᄲᅮᆫ 아니라 ᄯᅩᄒᆞᆫ 다른
사ᄅᆞᆷ의 ᄒᆡᆼᄒᆞᄂᆞᆫ것도 깃버 ᄒᆞᄂᆞ니라

주셕

뎨四관 十八졀노 三十二졀ᄭᆞ지니

문뎨ᄂᆞᆫ 하ᄂᆞ님진노가죄로잇ᄂᆞᆫ지라

十八 불의ᄂᆞᆫ 하ᄂᆞ님의 률법과 화합 ᄒᆞ지 못
ᄒᆞᄂᆞᆫ지라 하ᄂᆞ님의 진노ᄂᆞᆫ 죄 짓ᄂᆞᆫ 사
ᄅᆞᆷ의게 잇지 안코 그 죄의게 잇ᄂᆞᆫ지라 진리
ᄂᆞᆫ 하ᄂᆞ님의 셩질을 낫하낸 거시라
十九 원 사ᄅᆞᆷ에 하ᄂᆞ님을 아ᄂᆞᆫ ᄯᅢ문에 진노
ᄒᆞᆯ을 뵈앗ᄂᆞ니라

二十二 하ᄂᆞ님이 이 셰샹 리치로 ᄌᆞ긔를 낫하내셧
ᄉᆞ니 신약이 업셔도 하ᄂᆞ님을 알지라
영화롭게 ᄒᆞᆷ은 ᄌᆞ긔 ᄆᆞᄋᆞᆷ에 화합ᄒᆞ여
간직ᄒᆞ지 아님이라 우리ᄂᆞᆫ
하ᄂᆞ님을 영화롭게 넉이고 다른 사ᄅᆞᆷ
도 영화롭게 넉이게 ᄒᆞᄂᆞᆫ 직분이라 분
의와 군샤ᄒᆞᆷ이 업ᄂᆞᆫ ᄆᆞᄋᆞᆷ을 알게 ᄒᆞ랍
이라 ᄆᆞᄋᆞᆷ이라 ᄒᆞᆷ은 아ᄂᆞᆫ것과 셩각ᄒᆞᆷ
과 원ᄒᆞᆷ과 갈과 힘ᄒᆞᄂᆞᆫ거세 근원이
라 무어시던지 ᄆᆞᄋᆞᆷ에 잇ᄉᆞ면 그가 힘
실을 살피ᄂᆞᆫ지라
二十三 셰샹 사ᄅᆞᆷ이 하ᄂᆞ님을 알아도 비반ᄒᆞ
고 우샹을 디신ᄒᆞ여 셤기ᄂᆞᆫ지라 써거질
사ᄅᆞᆷ과 즘승과 ᄉᆡ와 버러지를 셤기니 우
리 보기게 엇지 우쥰ᄒᆞᆫ지 말ᄒᆞᆯ수 업ᄂᆞᆫ지라
二十四 죄ᄂᆞᆫ 사ᄅᆞᆷ이 익이지 못ᄒᆞᄂᆞᆫ 원수라 사ᄅᆞᆷ
이 하ᄂᆞ님을 셤기지 안ᄂᆞᆫ고로 그 원
수의게 부칫ᄂᆞᆫ지라 사ᄅᆞᆷ이 그 원수의게
결박 되여셔도 하ᄂᆞ님의게 빌면 구
원ᄒᆞᄂᆞ니라
二十五 진리를 거즛 거시라 ᄒᆞᆷ은 우샹을 디신 셤
김이라 ᄒᆞᆷ이라 이젼 말ᄒᆞ던거슨 ᄯᅩ코 찬
미ᄒᆞᆯ지로다 뎌들의 죄 지음을 말ᄒᆞ다
가 도리혀 ᄌᆞ긔의게셔 깃붐이 발ᄒᆞ엿ᄂᆞᆫ
지라 하ᄂᆞ님ᄭᅴ 복을 드림은
하ᄂᆞ님의 거룩ᄒᆞ신 힘ᄒᆞᆷ을 우리가 밧음
을 남의게 알게 ᄒᆞᆷ이라 하ᄂᆞ님이 우리
의게 복을 준거슨 우리의게 올흠 준거시

二十六七 낫ᄒᆞᄂᆞᆫ지라
하ᄂᆞ님을 비반ᄒᆞ고 거즛 차ᄒᆞᆷ을 례ᄇᆡᄒᆞ
ᄂᆞᆫ고로 ᄌᆞ긔 몸에 형벌 밧앗ᄂᆞᆫ지라 녀
인이 되천ᄒᆞᆫ거슨 그 나라이 써거지ᄂᆞᆫ
장본이라
廿八—三十二 빅셩들이 하ᄂᆞ님 셩각이 ᄌᆞ긔
ᄆᆞᄋᆞᆷ에 잇셧ᄉᆞ되 ᄌᆞ긔 임의로 죄와
ᄲᅡ졋ᄉᆞ니 하ᄂᆞ님ᄭᅴ 계판ᄒᆞᆷ이 업
ᄂᆞᆫ지 그 사ᄅᆞᆷ들이 죄에 ᄲᅡ질ᄲᅮᆫ 아
니고 죄를 ᄉᆞ랑ᄒᆞᄂᆞᆫ지라 바울노
가 그 사ᄅᆞᆷ들이 샤욕 잇슴을 치망
ᄒᆞ지안코 하ᄂᆞ님을 비반ᄒᆞᆷ을 치
망ᄒᆞ엿ᄂᆞᆫ지라 샤욕은
하ᄂᆞ님을 비반ᄒᆞᄂᆞᆫ 열미라

뭇ᄂᆞᆫ말

四관 十八절노 三十二절
十二 四관 문데ᄂᆞᆫ 무어시며 몃절브터 몃절ᄭᅡ지뇨
十三 하ᄂᆞ님이 엇더ᄒᆞᆫ 사ᄅᆞᆷ을 지노ᄒᆞ시뇨 十八절
十四 하ᄂᆞ님이 아니 뵈이시ᄂᆞᆫ 일 무어스로 씨다
라 아ᄂᆞᆫ수 잇ᄂᆞ뇨 二十절
十五 셰샹 사ᄅᆞᆷ들이 하ᄂᆞ님 영화를 엇더케 욕되
게 ᄒᆞ엿ᄂᆞ뇨 二十三절
十六 셰샹 사ᄅᆞᆷ들이 일노 말미암아 무ᄉᆞᆷ욕을 보
ᄂᆞ뇨 二十四절
十七 셰샹 사ᄅᆞᆷ들이 죄 짓기를 엇더케 셩가시게
짓ᄂᆞ뇨

엡웟쳥년회

어리셕게ᄉᆡᆼ각ᄒᆞᄂᆞᆫ이를닐셰우ᄂᆞᆫ말

세샹에 잇ᄂᆞᆫ 일만 물건이 모도 사ᄅᆞᆷ의게 유조ᄒᆞᆫ것만은 그즁에도 사ᄅᆞᆷ의게 해로온 물건도 잇ᄉᆞ니 대강 말ᄒᆞ면 마귀가 잇서 사ᄅᆞᆷ의 령혼을 디옥에 ᄲᅡ지게 ᄒᆞᆷ과 사나온 즘ᄉᆡᆼ과 독ᄒᆞᆫ 버러지가 잇서 사ᄅᆞᆷ을 샹 ᄒᆞᄂᆞᆫ거ᄉᆞᆯ 어리셕은 사ᄅᆞᆷ들이 말 ᄒᆞ기ᄅᆞᆯ 하ᄂᆞ님은 온젼히 착 ᄒᆞ심으로 만물을 내시거ᄂᆞᆯ 엇지 ᄒᆞ여 이ᄀᆞᆺ치 해로온거ᄉᆞᆯ 셰샹에 두어 사ᄅᆞᆷ을 괴롭게 ᄒᆞᄂᆞ뇨 ᄒᆞ니 깁히 ᄉᆡᆼ각지 아니 ᄒᆞ면 혹 이러케 원망 ᄒᆞᄂᆞᆫ 말이 날ᄯᅳᆺ ᄒᆞ도다 우리들은 본거시 적고 아ᄂᆞᆫ거시 업서 니로 말ᄒᆞ기 어려오나 마귀로 말ᄒᆞ면 마귀의 못된 힘ᄉᆞ로 군ᄌᆞ가 도덕을 연단 ᄒᆞ니 힘검이 더욱 놉하지며 사나온 즘ᄉᆡᆼ으로 말ᄒᆞ면 호골과 웅담과 오공이 약이 되ᄂᆞ니 이 여러가지 무익ᄒᆞᆫ 물건이 혹 사ᄅᆞᆷ을 샹 ᄒᆞᄂᆞᆫ것도 잇ᄉᆞ며 유익ᄒᆞᆫ것도 잇ᄉᆞ니 어것은 하ᄂᆞ님의 온젼이 놉 ᄒᆞ심을 나타 내심이요 사ᄅᆞᆷ의 이목을 깃부게 ᄒᆞ심이라 엇지 아람답지 아니리요 ᄇᆞᆰ은빗만 잇고 어두온 빗치 업ᄉᆞ면 엇지 쥬야를 분별ᄒᆞ며 흰것만 잇고 검은거시 업ᄉᆞ면 엇지 오ᄉᆡᆨ을 분별ᄒᆞ며 쓴것만 잇고 단거시 업ᄉᆞ면 엇지 오미를 분별ᄒᆞ며 도적이 업셧더면 엇지 공ᄌᆞ의 공뢰가 나타 낫스리요 그런고로 만물즁에 장단과 호 불호ᄂᆞᆫ 불게 ᄒᆞ고 다 우리들의게 유익 ᄒᆞ니 됴흔 즘ᄉᆡᆼ을 ᄂᆡ샤 우리가 덕을 닥고 공을 세우ᄂᆞᆫ데 유죠케 ᄒᆞ엿시며 악ᄒᆞᆫ 즘ᄉᆡᆼ을 내샤 우리 죄악을 경계ᄒᆞ샤 그 형벌을 무셥게 ᄒᆞ셧신즉 우리가 엇던 물건은 ᄆᆡ우 죠흐니 셰샹에 잇ᄂᆞᆫ거시 죠코 엇던거슨 대단이 악ᄒᆞ니 셰샹에 업셧더면 죠켓다고 ᄉᆡᆼ각지 말고 다만 착ᄒᆞᆫ이를 본밧고 악ᄒᆞᆫ이를 멀니 ᄒᆞ여 후일에 영ᄉᆡᆼ ᄒᆞᄂᆞᆫ 길로 가기로 예비 ᄒᆞᄂᆞᆫ거시 우리의 직칙으로 아노라

토벽션

ᄂᆡ보

열샹읽벌) 시위ᄃᆡ 하샤 엄셔쥬가 병뎡 몃명을 거ᄂᆞ리고 림병길과 강인필과 김셩영과 니인형 네 사ᄅᆞᆷ을 잡엇ᄂᆞᆫᄃᆡ 곳 경무텽으로 넘겨 엄슈ᄒᆞ고 엄씨ᄂᆞᆫ 그 공로로 쇼ᄃᆡ쟝을 식히고 돈 ᄉᆞ쳔원을 샹급 ᄒᆞ엿단 말이 잇다더라

(부샹슈경) 이번에 포셩이 각쳐에 더지매 셩ᄂᆡ 인심이 흉흉 ᄒᆞᆫ지라 졍부에셔 ᄇᆡᆨ셩들노 ᄒᆞ여곰 십가식 작통ᄒᆞ야 밤마다 슈직케 ᄒᆞ더니 민간에 폐가 된다 ᄒᆞ야 ᄇᆡᆨ셩은 뎡지 ᄒᆞ고 다시 부샹을 지휘 ᄒᆞ야 ᄇᆡᆨ명식 슌경을 돌게 ᄒᆞ다더라

○민요뎡돈) 젼라 북도 고부군등 각군에 민요가 점점 돈뎡이 되매 군부에셔 그곳에 보낸 젼쥬 진위ᄃᆡ 병뎡과 광쥬 디방ᄃᆡ 병뎡의게 훈령ᄒᆞ야 다 철환 ᄒᆞ라 ᄒᆞ엿다더라

○삼남쇼식) 츙청 젼라 경샹 삼도에ᄂᆞᆫ 일젼에 비가 흡죡이 왓다더라

○이샹ᄒᆞᆫ비긔) 젼쥬 조경단을 건츅 ᄒᆞ다가 역군 니츈옥이가 지셕 ᄒᆞᆫ개를 엇으매 그 돌 우헤 글씨가 잇ᄂᆞᆫᄃᆡ 그 글ᄌᆞ의 ᄯᅳᆺ시 ᄆᆡ우 이샹 ᄒᆞ다ᄂᆞᆫ 소문이 잇다더라

(황온망국) 심샹훈씨와 민병한씨ᄂᆞᆫ 일간 히비가 될듯 ᄒᆞ다더라

○춤그런지) 군부들 일홈을 곳쳐 원슈부라 ᄒᆞ고 궁ᄂᆡ부 판졔를 긔뎡ᄒᆞ야 판원을 며 둔다더라

○야학해공) 샹동 광셩학교에셔 학원 오십여명이 모혀 밤마다 공부 ᄒᆞ더니 근일에 야금이 지엄ᄒᆞᆫ고로 해공이 된다더라

본회고ᄇᆡᆨ

본회에셔 이 회보를 젼년과 ᄀᆞᆺ치 일쥬일에 ᄒᆞᆫ번식 발간 ᄒᆞᄂᆞᆫᄃᆡ 새로 륙폭으로 작뎡ᄒᆞ고 ᄒᆞᆫ쟝 갑슨 엽젼 오푼이오 ᄒᆞᆫ돌갑슬 미리내면 젼파 ᄀᆞᆺ치 엽젼 ᄒᆞᆫ돈 오푼이다 본국 교우나 셔국 목ᄉᆞ나 교외 친구나 만일 사셔 보고져 ᄒᆞ거든 졍동 아펜셜라 목ᄉᆞ 집이나 죵로 대동셔시에 가셔 사시옵

뎨삼권

대한크리스도인회보

뎨이십칠호

광무삼년 (합일ᄇᆡᆨ이십칠) 칠월오일

회보를 ᄉᆞ폭으로 ᄒᆞᆷ

우리가 여름 동안에 일긔가 ᄆᆡ우 더운고로 회보를 주려 ᄉᆞ폭으로 간츌 ᄒᆞᄂᆞᆫ데 례ᄇᆡ일공과 주셕은 평양 로불 목ᄉᆞ가 지어 보내시고 뭇ᄂᆞᆫ 말은 제물포 됴원시 목ᄉᆞ가 ᄒᆞ시ᄂᆞᆫ지라 신약 셩셔 즁에 긴요ᄒᆞᆫ 공부 ᄒᆞᆯ거시 업ᄂᆞᆫ것은 아니로ᄃᆡ ᄉᆞ도 바울노가 로매 교회에 ᄒᆞᆫ 편지가 ᄯᅳᆺ이 깁고 말이 련쇽ᄒᆞ야 ᄭᆡ닷기 어려온 고로 로마인셔를 몬져 시작ᄒᆞᆷ이니 불가불 공부를 힘써 ᄒᆞ여야 ᄌᆞ미가 잇실것이오 회보 폭수ᄂᆞᆫ 젼보다 젹으나 공과ᄂᆞᆫ 여젼히 박힐 터이오니 우리 교우들은 공부를 잘 ᄒᆞ시오

고마온일

이번에 우리 학당 방학 ᄒᆞᆯ때에 힝ᄒᆞᆫ바 례식이 미비ᄒᆞᆫ 것이 만ᄒᆡ 잇서 족히 보암즉ᄒᆞᆫ것이 업거ᄂᆞᆯ 각쳐 신문샤에셔 각기 긔지ᄒᆞ야 쳠군ᄌᆞ로 보시게 ᄒᆞ엿시니 우리ᄂᆞᆫ ᄆᆡ우 감샤 ᄒᆞ노라

감독의소식

감독 크란스돈씨ᄭᅴ셔 그동안에 청국 북방 련진군쳐에 가셔셔 련환회 ᄉᆞ무를 보시고 칠월 초열일에 륜션을 ᄐᆞ고 인천항으로 지나 일본으로 가샤 파하ᄒᆞ고 그후에 청국 남방 복쥬 등디로 향ᄒᆞ야 또 련환회 ᄉᆞ무를 맛치고 미국으로 도라 가신다 ᄒᆞ니 우리 교우들은 감독을 위ᄒᆞ야 간절히 긔도ᄒᆞ기를 ᄇᆞ라오

쟝로ᄉᆞ의소식

우리가 일젼에 쟝로ᄉᆞ 시란돈씨의 편지를 본즉 그 대부인을 뫼시고 지금 류로바 셔ᄉᆞ국에셔 안녕이 계시다 ᄒᆞ니 우리ᄂᆞᆫ 춤 깃부거니와 대한에 다시 나오셔셔 거륵ᄒᆞᆫ 복음을 만히 젼파 ᄒᆞ시기를 츅원ᄒᆞ오

위싱론

요ᄉᆞ이 일긔가 ᄆᆡ우 더웁고 쟝마가 대단이 심ᄒᆞ니 진실노 삼가ᄒᆞᆯ때라 우리 교우들은 불가불 음식과 의복을 조심ᄒᆞ여야 ᄒᆞᆯ터이니 익지 아니ᄒᆞᆫ 실과를 먹지말거시오 링슈를 ᄉᆡ려마시고 의복을 자조ᄲᅡ라 드러온 내음ᄉᆡ가 나지말게 ᄒᆞᆯ것이오 아모리 더워도 ᄇᆡ와 허리를 드러내지 말고 ᄯᅳ거온 낫과 셔늘ᄒᆞᆫ 밤에 됴셥 ᄒᆞ기를 ᄒᆞᆯ결ᄀᆞᆺ치 ᄒᆞᆯ지어다 교인의 몸은 곳 하ᄂᆞ님의 셩뎐인즉 더옥 정결히 ᄒᆞ고 건장케 ᄒᆞ야 인의 ᄒᆞ신 뎐을 져ᄇᆞ리지 마시오

ᄉᆞ[illegible]십오

례배일공과 일백 이십칠 칠월 십륙일

바울노가로마사ᄅᆞᆷ의게ᄒᆞᆫ편지

로마인셔 이쟝 일졀노 십일졀ᄭᅡ지

一 그런고로 무론 누구던지 ᄂᆞᆷ을 심판 ᄒᆞᄂᆞᆫ 사ᄅᆞᆷ아 네가 핑계치 못ᄒᆞᆯ거시라 대개 ᄂᆞᆷ을 심판ᄒᆞᆷ으로 네게롤 뎡ᄒᆞᆷ은 심판 ᄒᆞᄂᆞᆫ 네가 ᄀᆞᆺᄒᆞᆫ 일을 힝ᄒᆞᆷ이니라 二 대개 이런 일을 힝ᄒᆞᄂᆞᆫ 쟈의게 ᄒᆞᄂᆞ님ᄭᅦ옵셔 진리로 심판 ᄒᆞ시ᄂᆞᆫ 줄을 우리가 아ᄂᆞᆫ지라 三 네가 이런일을 힝 ᄒᆞᄂᆞᆫ쟈를 심판 ᄒᆞ고도 이 ᄀᆞᆺᄒᆞᆷ을 힝ᄒᆞᄂᆞᆫ 사ᄅᆞᆷ아 네가 능히 ᄒᆞᄂᆞ님의 심판을 면ᄒᆞᆯ줄을 아ᄂᆞ뇨 四 혹 너희가 ᄒᆞᄂᆞ님ᄭᅴ 인ᄌᆞ ᄒᆞ심과 용납 ᄒᆞ심과 기리 ᄎᆞᆷ으심의 풍셩ᄒᆞᆷ을 멸시ᄒᆞ고 ᄒᆞᄂᆞ님의 인ᄌᆞ ᄒᆞ심으로 너희를 인도 ᄒᆞ야 회ᄀᆡ케 ᄒᆞ심을 알지 못ᄒᆞᄂᆞ뇨 五 다만 네가 굿어 회ᄀᆡ치 아니 ᄒᆞᆫ ᄆᆞᄋᆞᆷ으로 ᄒᆞᄂᆞ님의 노 ᄒᆞ심과 올흐신 심판을 나타내ᄂᆞᆫ 날ᄭᆞ지 노 ᄒᆞ심을 ᄡᆞᆺᄂᆞ니라 六 ᄒᆞᄂᆞ님ᄭᅦ옵셔 각 사ᄅᆞᆷ의게 힝ᄒᆞᆫ디로 보응 ᄒᆞ셔리니 七 ᄎᆞᆷ음으로 션힝ᄒᆞ여 영광과 존귀와 썩지 아니ᄒᆞᆷ을 구 ᄒᆞᄂᆞᆫ 쟈의게ᄂᆞᆫ 영싱으로 갑흐시고 八 오직 당을 지어 진리를 슌죵치 아니 ᄒᆞ고 블의를 좃ᄂᆞᆫ 쟈의게ᄂᆞᆫ 분노 ᄒᆞ심과 九 환난과 션고ᄒᆞᆷ으로 갑흐시되 이ᄂᆞᆫ 악ᄒᆞᆫ 일을 힝ᄒᆞᄂᆞᆫ 모든 사ᄅᆞᆷ의 령혼의게 ᄒᆞ심이니 첫재ᄂᆞᆫ 유대 사ᄅᆞᆷ이오 또ᄒᆞᆫ 헬나 사ᄅᆞᆷ이며 十 오직 모든 션을 힝 ᄒᆞᄂᆞᆫ 사ᄅᆞᆷ의게ᄂᆞᆫ 영광과 존귀와 평안 ᄒᆞᆷ으로 갑흐시리니 첫재ᄂᆞᆫ 유대 사ᄅᆞᆷ이오 또ᄒᆞᆫ 헬나 사ᄅᆞᆷ이니라 十一 대개 ᄒᆞᄂᆞ님ᄭᅦ셔ᄂᆞᆫ 외모로 사ᄅᆞᆷ을 취ᄒᆞ지 아니 ᄒᆞ시ᄂᆞ니라

주셕

묻는말

五판 二장一절노十一절

十八 뎨 五판 문뎨는 무어시뇨

十九 셰샹 사ᄅᆞᆷ들이 엇더케 서로 심판 ᄒᆞᄂᆞ뇨

二十 셰샹 사ᄅᆞᆷ들이 엇지 ᄒᆞ여 서로 심판ᄒᆞᆯ 평계 업겟ᄂᆞ뇨

二十一 하ᄂᆞ님의 지판 ᄒᆞ심과 셰샹 사ᄅᆞᆷ의 지판ᄒᆞᆷ에 무어시 다ᄅᆞ겟ᄂᆞ뇨

二十二 하ᄂᆞ님이 엇더케 사ᄅᆞᆷ을 지판 ᄒᆞ시겟ᄂᆞ뇨 六七八절

二十三 하ᄂᆞ님이 웨 유대 사ᄅᆞᆷ을 몬져 지판ᄒᆞ시고 헬나 사ᄅᆞᆷ을 나죵 지판 ᄒᆞ시겟ᄂᆞ뇨

二十四 하ᄂᆞ님이 엇더케 악ᄒᆞᆫ 사ᄅᆞᆷ을 지판 ᄒᆞ시겟ᄂᆞ뇨

二十五 하ᄂᆞ님이 엇더케 착ᄒᆞᆫ 사ᄅᆞᆷ을 지판 ᄒᆞ시겟ᄂᆞ뇨

二十六 十一절을 외오라

ᄂᆡ보

불파ᄎᆞ합) 요ᄉᆞ이 각부 대신의 집에 벼슬 구ᄒᆞᄂᆞᆫ 사ᄅᆞᆷ들이 운집 ᄒᆞ엿ᄂᆞᆫ디 열헤 팔구인은 소원인즉 참봉 ᄎᆞ함이나 쥬ᄉᆞ ᄎᆞ함에 지나지 안ᄂᆞᆫ다고 ᄒᆞᆫ다더라

○(량인면관) 경무ᄉᆞ 남명션씨와 한셩판윤 최영하씨ᄂᆞᆫ 만회샤와 치회국을 능히 금지치 못ᄒᆞ야 민심이 소동케 ᄒᆞᆫ ᄭᆞ닭으로 둘을 다 면관 ᄒᆞ엿다더라

○(량인중치) 만회샤 샤장 신셕효씨와 치회국 회장 니두죵씨ᄂᆞᆫ 관령을 쥰힝치 안코 일향 사ᄅᆞᆷ을 모혀 계를 ᄒᆞᆫ ᄭᆞ닭으로 둘[illegible] 다 한법 중치 ᄒᆞᆫ다더라

○(인심의구) 유긔환씨가 법부 대신을 갈니고 죠병식씨가 법부대신 셔리를 보매 이번에 폭발약에 간련되야 갓친 죄인의 족속들이 셔로 의구지심에 비나 더 ᄒᆞ다고 여항간 풍셜이 랑자 ᄒᆞ다더라

○(불승악형) 이번에 피착된 림병길씨ᄂᆞᆫ 악형을 견ᄃᆡ지 못ᄒᆞ야 란초로 ᄒᆞᄂᆞᆫ 말을 쥰신치 못ᄒᆞᆯ ᄲᅮᆫ 아니라 거의 죽을 디경에 니르럿다더라

○(술이ᄉᆡᆼ슈) 경무관 한지의씨가 권ᄂᆡ에서 술이 대취 ᄒᆞ야 막즁 존엄지디에 무란이 ᄯᅥ든 ᄭᆞ닭으로 즉시 면관ᄒᆞ고 죠률즁판 ᄒᆞᆫ다더라

○(칭송불이) 근일에 어ᄉᆞ이니 시찰이니 파원이니 ᄒᆞᆫ도에 두셋식 나려가매 ᄇᆡᆨ셩들이 그 탐학 ᄒᆞᄂᆞᆫ디 견ᄃᆡ지 못ᄒᆞ야 원셩이 챵텬 ᄒᆞ다더니 일젼에 새로 슈칙ᄒᆞᆫ 의정대신 윤용션씨가 대황뎨 폐하ᄭᅴ 쥬달ᄒᆞ고 그 무리들을 다 불너 올니기로 작뎡이 되엿다 ᄒᆞ매 여항간 송셩이 대단 ᄒᆞ다더라

본회고ᄇᆡᆨ

본회에서 이 **회보**를 젼년과 ᄀᆞᆺ치 일쥬일에 ᄒᆞᆫ번식 발간 ᄒᆞᄂᆞᆫ디 새로 륙폭으로 작뎡ᄒᆞ고 ᄒᆞᆫ쟝 갑슨 엽젼 오푼이오 ᄒᆞᆫ달갑슬 미리내면 젼과 ᄀᆞᆺ치 엽젼 ᄒᆞᆫ돈 오푼이라 본국 교우나 셔국 목ᄉᆞ나 교외 친구나 만일 사셔 보고져 ᄒᆞ거든 졍동 아편셜라 목ᄉᆞ 집이나 죵로 대동셔시에 가셔 사시옵

죵로대동셔시광고

우리 셔샤에셔 셩경 신구약과 찬미척과 교회에 유익ᄒᆞᆫ 여러가지 셔척과 시무에 긴요ᄒᆞᆫ 척들을 팔되 갑시 샹당 ᄒᆞ오니 학문샹과 시무변에 ᄯᅳ시 잇ᄂᆞᆫ 군ᄌᆞ들은 만히 사셔 보시옵

대영국 셩셔 공회 광고

새로 가츌 ᄒᆞᆫ거슨 로마 가라태 골노시 야고보 베드로 젼후셔 티모데 젼후셔니 사셔 보실이ᄂᆞᆫ 회샤 쥬인 겸묘 션싱ᄭᅴ로 오시옵

뎨삼권

대한회보

뎨이십팔호

광무삼년 (팔십이번일합) 칠월이십일일 인

피셔홈

근일에 쟝마가 지리ᄒᆞ고 일긔가 점점더워 삼복이 갓가온고로 셔국목ᄉᆞ와 부인들이 산슈와 명랑ᄒᆞᆫ곳에 잠시 피셔ᄎᆞ로 가니가 더러잇시나 몃쥬일 후에 곳 도라오실터이오 우리 형뎨와 ᄌᆞ미들이 몃칠 동안에 서로 보지 못ᄒᆞ나 뎡혼의 ᄆᆞ옴이 ᄒᆞᆼ샹 교통ᄒᆞᆯ것이오 서로 위ᄒᆞ야 하ᄂᆞ님의 은혜 밧기를 긔도ᄒᆞᆯ지니라

관음보살

향일에 엇더ᄒᆞᆫ 로파 ᄒᆞᆫ나이 등에 바랑을지고 목에 념쥬를 거럿시며 입으로 관음 보살을 부르고 교중 형뎨의 집에 드러와 시쥬ᄒᆞ기를 쳥ᄒᆞ거ᄂᆞᆯ 형뎨가 그 로파의 모양을 보니 셔리ᄀᆞᆺᄒᆞᆫ 머리털은 두샹에 소소ᄒᆞ고 ᄒᆞᆫ치되ᄂᆞᆫ 흰 눈섭은 두눈을 덥헛시니 보기에 가장 이샹ᄒᆞᆫ로인이라 무신지식이 잇ᄂᆞᆫ가 의심ᄒᆞ야 관음보살의 리력을 무른ᄃᆡ 아지 못ᄒᆞ고 다만 시쥬ᄒᆞ기만 지촉ᄒᆞ거ᄂᆞᆯ 시쥬ᄒᆞᄂᆞᆫ 근본을 ᄯᅩ 무른ᄃᆡ 보살이 ᄃᆡ답ᄒᆞ되 시쥬ᄒᆞᄂᆞᆫ돈으로 부쳐님ᄭᅴ 공양ᄒᆞ야 시쥬ᄒᆞᄂᆞᆫ 사ᄅᆞᆷ으로 부귀영화도 엇게ᄒᆞ고 질병을 멀니ᄒᆞ며 창셩ᄒᆞᆫ복을 밧게ᄒᆞ다 ᄒᆞᄂᆞᆫ지라 형뎨가 말ᄒᆞ되 나ᄂᆞᆫ 하ᄂᆞ님도를 좃차 구셰쥬를 밋ᄂᆞᆫ고로 부쳐의게 복밧기를 원치 안노라 나ᄂᆞᆫ불도를 숭샹치 아니ᄒᆞᆫ즉 그리력을 모로거니와 보살은 날마다 관음보살 부르며 그 근본을 모로니 ᄎᆞᆷ가련ᄒᆞᆫ 인싱이라 ᄯᅩᄅᆞᆫ즉 관음보살은 근본셔인도 묘쟝왕의 ᄯᆞᆯ이니 일홈은 묘션이라 비쟈ᄉᆞ라 ᄒᆞᄂᆞᆫ 절에 가셔 힝실 닥기를 공부ᄒᆞ더니 부ᄌᆞ의 ᄌᆞ식파 쟝롱ᄒᆞ야 음란ᄒᆞᆫ일을 ᄒᆞ거ᄂᆞᆯ 그부쳔 묘쟝왕이 소문을듯고 크게 노여ᄒᆞ야 비쟈ᄉᆞ에 불을 노흐니 절가온ᄃᆡ 부쳐와 즁들이 다 불타죽으되 오직 묘션이ᄂᆞᆫ 손에 버드나무 가를 ᄭᅵ고 불가온ᄃᆡ 안연히 안저 타지안커ᄂᆞᆯ 보ᄂᆞᆫ쟈들이 그것을 이샹히녀여 부쳐의 도술이라ᄒᆞᆫ고로 후세사ᄅᆞᆷ들이 관음보살이라 칭ᄒᆞ며 화샹을 다토와 그림ᄒᆞ야 모셔노코 그압희 숭비ᄒᆞ더니 그후에 풍속이 점점 교여ᄒᆞ야 흰옷닙은 관음보살과 일쳔손과 일쳔 눈 잇ᄂᆞᆫ 관음보살의 화샹을 문드러 숭비ᄒᆞ니 이거순 다 허무ᄒᆞᆫ일파 황당ᄒᆞᆫ 말노 세샹 사ᄅᆞᆷ을 속여 지물을 ᄲᅢᆺ고 슈복을 관음보살이 능히 준다 ᄒᆞᄂᆞ니 진실노 어리셕은 일이라 그ᄃᆡ도 지금브터 힝실이 부졍ᄒᆞ고 풍속을 패샹게 ᄒᆞ든 묘션을 밋지말고 회개ᄒᆞ야 하ᄂᆞ님을 셤기라 ᄒᆞ니 그 로보살이 긔가막혀 ᄒᆞᄂᆞᆫ말이 뎐쥬 셩교를 밋ᄂᆞᆫ 사ᄅᆞᆷ은 부쳐님과 무숨 원슈가 잇ᄂᆞᆫ지 시쥬도 아니ᄒᆞᆫ데 나라에 셩교가 흥왕ᄒᆞ면 부쳐님의 뎨ᄌᆞᄂᆞᆫ 다 굴머 죽겟다 ᄒᆞ고 스ᄉᆞ로 탄식ᄒᆞ고 갓다더라

례ᄇᆡ일공과 일ᄇᆡᆨ 이십팔 칠월 이십삼일

바울노가로마사ᄅᆞᆷ의게ᄒᆞᆫ편지

로마인셔 이쟝 십이졀노 이십구졀ᄭᆞ지

十二 므롯 률법업시 죄를 범ᄒᆞᆫ쟈ᄂᆞᆫ 또ᄒᆞᆫ 률법업시
망ᄒᆞ고 므롯 률법이 잇셔 죄를 범ᄒᆞᆫ쟈ᄂᆞᆫ 률법으
로 심판을 밧을거시라 十三 대개
하ᄂᆞ님 압헤셔ᄂᆞᆫ 률법을 듯ᄂᆞᆫ쟈가 올흔 사ᄅᆞᆷ 아
니라 오직 률법을 ᄒᆡᆼᄒᆞᄂᆞᆫ 쟈라야 올흠이 되게
ᄒᆞ시리라 十四 대개 률법 업ᄂᆞᆫ 이방 사ᄅᆞᆷ이 본셩
으로 률법의 일을 ᄒᆡᆼᄒᆞᆫ즉 이 사ᄅᆞᆷ은 률법 업시
ᄌᆞ긔가 ᄌᆞ긔의게 률법이 되ᄂᆞᆫ거시라 十五 이ᄂᆞᆫ 률
법의 일을 ᄆᆞᄋᆞᆷ에 삭여 나타내여 그의 량심이 증
거가 되고 또ᄒᆞᆫ 그 ᄉᆡᆼ각에 서로 올코 그ᄅᆞᆷ을 분
별ᄒᆞᄂᆞ니 十六 하ᄂᆞ님이 예수 크리스도로 말
미암아 사ᄅᆞᆷ의 은밀ᄒᆞᆫ거슬 심판ᄒᆞ시ᄂᆞᆫ 날에 내
복음ᄃᆡ로 되리라 ○ 十七 네가 만일 유대 사ᄅᆞᆷ이
라 칭ᄒᆞ며 률법을 의지ᄒᆞ며 하ᄂᆞ님을 ᄌᆞ랑ᄒᆞ
며 十八 률법에 ᄂᆡ온즉 하ᄂᆞ님의 ᄯᅳᆺ을 알고 능
히 됴흔거슬 혜아리며 十九 또 스ᄉᆞ로 밋기를 네가
소경의 길을 인도ᄒᆞᄂᆞᆫ쟈요 어두온 쟈의 빗치요
二十 률법에 지식과 진리에 규모를 가젓고 미련ᄒᆞᆫ
쟈를 ᄀᆞᄅᆞ치ᄂᆞᆫ 쟈요 어린 ᄋᆞᄒᆡ의 스승이라 ᄒᆞ면
셔 二十一 네가 다른 사ᄅᆞᆷ은 ᄀᆞᄅᆞ치고 네ᄂᆞᆫ ᄀᆞᄅᆞ치
지 못ᄒᆞᄂᆞ뇨 네가 도적질 말나 반포ᄒᆞ면셔 네
ᄂᆞᆫ 도적질 ᄒᆞᄂᆞ뇨 네가 음란치 말나 말ᄒᆞ면셔
너ᄂᆞᆫ 음란ᄒᆞᄂᆞ뇨 네가 우샹을 뮈워ᄒᆞ면셔 너
ᄂᆞᆫ 당집 물건을 도적질 ᄒᆞᄂᆞ뇨 二十三 네가 률법을
ᄌᆞ랑ᄒᆞ면셔 률법을 범ᄒᆞᆷ으로
하ᄂᆞ님을 욕ᄒᆞᄂᆞ뇨 二十四 대개
하ᄂᆞ님의 일홈이 너희로 말미암아 이방 사ᄅᆞᆷ 즁
에 비방을 밧ᄂᆞᆫ거시 긔록ᄒᆞᆫ바와 ᄀᆞᆺ ᄒᆞ니라 二十五
대개 네가 률법을 ᄒᆡᆼᄒᆞᆫ즉 할례가 유익홈이 잇고
또 만일 률법을 범ᄒᆞᆫ즉 할례가 할례 아니 홈이
되ᄂᆞ니 二十六 그런고로 할례 밧지 아니ᄒᆞᆫ쟈가 률
법의 외됨 직희면 할례 밧지 아니ᄒᆞ엿서나 할
례 밧은것과 ᄀᆞᆺ치 알지 안켓ᄂᆞ뇨 二十七 또ᄒᆞᆫ 본셩
으로 할례를 밧지 아니ᄒᆞᆫ쟈가 률법을 온젼히 직
희면 외문이잇고 할례ᄒᆞ고 률법을 범ᄒᆞᄂᆞᆫ 너를 심
판치 아니ᄒᆞ겟ᄂᆞ뇨 二十八 대개 외모로 유대 사ᄅᆞᆷ 되
ᄂᆞᆫ거시 유대사ᄅᆞᆷ아니오 외모로 몸에 할례 ᄒᆞᄂᆞᆫ거
시 할례가 아니라 二十九 오직 속으로 유대사ᄅᆞᆷ 되ᄂᆞᆫ
거시 유대 사ᄅᆞᆷ이오 또ᄒᆞᆫ 할례ᄂᆞᆫ ᄆᆞᄋᆞᆷ에 잇ᄂᆞ니
외문에 잇지 아니홈이오 그 칭찬홈이 사ᄅᆞᆷ으로 말
미암이 아니오 다만 하ᄂᆞ님으로 말미암ᄂᆞ니라

주셕

뎨목은 하ᄂᆞ님이률법주ᄂᆞᆫ거시사ᄅᆞᆷ
의샹하를가리여쥰서ᄃᆞᆰ이아
니라 十二—二十九절

十二 률법이라 홈은 이 우회ᄂᆞᆫ 두가지 법으로
ᄀᆞᄅᆞ쳣서도 이 귀절에 말은 모세가 주고

선지가 ᄀᆞᄅᆞ치ᄂᆞᆫ 법이라 률법업시라 ᄒᆞᆷ은
다른 리치로 심판ᄒᆞᆷ을 밧으리라 (十五절에
보라
十三 듯고 힘ᄒᆞᆷ이라 ᄒᆞᆷ은 이 리치ᄂᆞᆫ 모단 법졍
에 쥬추 돌이라 올흠 된다ᄒᆞᆷ은 (마태복음
二十五장 三十四절을 보라
十四 본셩이라 ᄒᆞᆷ은 공즁의 나ᄂᆞᆫ 새가 집 짓ᄂᆞᆫ
것 ᄀᆞᆺ치 본셩으로 법을 직혓ᄂᆞᆫ지라 모셰가
쥰 률법은 밧그로 아ᄂᆞᆫ거시오 외방 사ᄅᆞᆷ
은 안으로 아ᄂᆞᆫ지라
十五 ᄆᆞᄋᆞᆷ의 삭인다 ᄒᆞᆷ은 외방 사ᄅᆞᆷ이 왕왕히
안으로 법을 직히ᄂᆞᆫ고로 하ᄂᆞ님에 률법을
ᄆᆞᄋᆞᆷ의 삭인줄 아ᄂᆞᆫ지라 증거된다 ᄒᆞᆷ은
량심은 률법에 화합ᄒᆞᆫ지 아니되 량심은
률법의 올흠을 허락 주엇ᄂᆞᆫ지라 ᄉᆡᆼ각이라
ᄒᆞᆷ은 왼 셰샹에 모셰의 률법을 모르ᄂᆞᆫ 나
라들이 각각 률법을 셰웟스되 그 대지가
모셰의 률법에 화합ᄒᆞ게 ᄒᆞᆫ거슨 미리 짐작
ᄒᆞ여 셰운거시라 분별이라 ᄒᆞᆷ은 법을 셰
운 후에ᄂᆞᆫ 법ᄃᆡ로 힝케 ᄒᆞᆫ거시라
十六 온일이라 ᄒᆞᆷ은 마자막 날에 사ᄅᆞᆷ들이 ᄌᆞ긔
의 죄를 짐작 ᄒᆞᄂᆞᆫᄃᆡ로 판뎡 ᄒᆞᄂᆞ니라 내
복음이라 ᄒᆞᆷ은 바울노가 예수의게셔 그복
음을 밧어셔 심판 ᄒᆞᆯ날에 복음 리쳐 잇ᄂᆞᆫ
ᄃᆡ로 하ᄂᆞ님이 심판 ᄒᆞᄂᆞᆫ지라
十七八 유대라 ᄒᆞᆷ은 유대 사ᄅᆞᆷ이 그 일홈으로 교
만 ᄒᆞ엿스니 (갈나대 二장 十五절 보라) ᄌᆞ랑이라 ᄒᆞᆷ은
유대 사ᄅᆞᆷ이 하ᄂᆞ님의 놉흠과 권능을
ᄉᆡᆼ각 ᄒᆞᆯ때에 잘 셤기지 안앗셔도 ᄌᆞ랑은
ᄒᆞ엿ᄂᆞᆫ지라 층ᄃᆡ 여러가지 잇스니 쳣재ᄂᆞᆫ
유대 사ᄅᆞᆷ됨을 ᄉᆡᆼ각ᄒᆞ고 둘재ᄂᆞᆫ 률법을
ᄉᆡᆼ각 ᄒᆞᆯᄯᅢ에 죄 가온ᄃᆡ 잇셔도 형벌 면ᄒᆞᆯ
줄 알고 셋재ᄂᆞᆫ 법을 ᄉᆡᆼ각ᄒᆞᆷ으로 법을 배
푼이의게 ᄉᆡᆼ각ᄒᆞ고 넷재ᄂᆞᆫ 셰샹을 짓던이
가 유대 사ᄅᆞᆷ의 하ᄂᆞ님인줄 알므로 ᄌᆞ
랑ᄒᆞ고 다ᄉᆞᆺ재ᄂᆞᆫ 률법으로
하ᄂᆞ님의 ᄆᆞᄋᆞᆷ에 도라보고 입의 셰다름여
라 여ᄉᆞᆺ재ᄂᆞᆫ 다른 사ᄅᆞᆷ이 잘 아지 못ᄒᆞ며
리도 뎌회ᄂᆞᆫ의 불의를 뎡녕 알앗ᄂᆞᆫ지라
十九-廿 ᄉᆞ랑 ᄒᆞᄂᆞᆫ 층ᄃᆡ 되엿ᄂᆞᆫ지라 인도ᄒᆞᆷ이라
ᄒᆞᆷ은 외방 사ᄅᆞᆷ이 유대 사ᄅᆞᆷ과 ᄀᆞᆺ치
하ᄂᆞ님을 모르매 인도ᄒᆞᆯ뿐 아니고 눈셔
지 주겟다고 ᄒᆞᆷ이라 어두온쟈의 빗치라
ᄒᆞᆷ은 유대 사ᄅᆞᆷ이 그 률법으로 아ᄂᆞᆫ거ᄉᆞᆯ
만히 밧은줄 알앗ᄉᆞ니 외방 사ᄅᆞᆷ을 ᄀᆞᄅᆞ
쳐 주랴 ᄒᆞᆷ이라 외방 사ᄅᆞᆷ은 어린 ᄋᆞ히
ᄀᆞᆺᄒᆞᆫ줄 아ᄂᆞᆫ지라 하ᄂᆞ님이 ᄎᆞᆷ지혜 잇
ᄉᆞ니 누구던지 하ᄂᆞ님 알면 지혜 잇
스니 유대 사ᄅᆞᆷ이 하ᄂᆞ님을 아ᄂᆞᆫ고
로 온젼ᄒᆞᆫ 지혜 엇은데 ᄒᆞᄂᆞᆫ지라
二十一二 ᄌᆞ긔를 ᄀᆞᄅᆞ치지 못ᄒᆞᆫ다 ᄒᆞᆷ은 유대 사
ᄅᆞᆷ이 ᄉᆡᆼ각 ᄒᆞ기ᄂᆞᆫ 하ᄂᆞ님ᄯᅢ셔 률법

을 전도 ᄒᆞ기를 더희를 뒤ᄒᆞᆫ줄 알아셔도
다만 전도 ᄒᆞᄂᆞᆫ뒤로 힘ᄒᆞ지 안코 률법
을 범 ᄒᆞᄂᆞᆫ지라 유대 사ᄅᆞᆷ이 우샹의 물
건을 만지면 더러온줄 알면셔도 그물건
을 도적질 ᄒᆞ여다가 제집에 두ᄂᆞᆫ지라 온
멸ᄒᆞᆯ 심판ᄒᆞᆫ다 ᄒᆞᆷ은 놈을 힘ᄒᆞ게 ᄒᆞ라
고 ᄒᆞ면셔 더ᄂᆞᆫ 힘치 안음이라

二十三四 유대 사ᄅᆞᆷ의 힘 ᄒᆞᄂᆞᆫ거슨 외방 사ᄅᆞᆷ의
ᄀᆞᄅᆞ쳐 주ᄂᆞᆫ것과 ᄀᆞᆺ지 안음으로
하ᄂᆞ님을 비방 ᄒᆞᄂᆞᆫ지라 긔록ᄒᆞᆫ바라 ᄒᆞᆷ
은 이사야 五十二장 五절 말ᄉᆞᆷ이라 교
밧긔 사ᄅᆞᆷ들이 교 ᄒᆞᄂᆞᆫ 사ᄅᆞᆷ의 힝실을
보와셔 하ᄂᆞ님의 션 불션을 아ᄂᆞᆫ지라

뎨목은 상하 업시 심판밧음을 할례 로
면치 못ᄒᆞᆯ지라

二十五 할례라 ᄒᆞᆷ은 하ᄂᆞ님이 유대 사ᄅᆞᆷ으
로 약죠 ᄒᆞᆷ이라 창셰긔 十七장과 츌의굽
二十四장 七절과 신명긔
二十九장 一절을 보라 하ᄂᆞ님이 약됴 ᄒᆞᄂᆞᆫ거슨
계명을 슌죵 ᄒᆞᆷ으로 유익 ᄒᆞᆷ을 엇ᄂᆞᆫ거
시라

二十六 강례법을 외모로만 ᄒᆞ면 쓸ᄃᆡ 업고
하ᄂᆞ님을 슌죵 ᄒᆞᆷ으로 칭ᄒᆞᆯ거시니라

二十七 률법을 모로ᄂᆞᆫ 사ᄅᆞᆷ이 만히 구원ᄒᆞᆷ을
밧고 률법을 의지 ᄒᆞᄂᆞᆫ쟈가 구원ᄒᆞᆷ을
엇지 못 ᄒᆞᄂᆞᆫ지라 마태복음 十二장 四十
二절을 보라

二十八九 육신으로 할례 ᄒᆞᄂᆞᆫ거슨 죽음으로 ᄒᆞ거
니와 ᄆᆞ옴으로 ᄒᆞᄂᆞᆫ거슨 영영히 사ᄂᆞᆫ거
시라 ᄆᆞ옴으로 ᄒᆞᆷ은 신의 잇스니 외문
으로 아니라 ᄒᆞᆷ은 셩신의 ᄒᆞᄂᆞᆫ 뜻이라
그런고로 안으로 셩신의 ᄒᆞᄂᆞᆫ거시 잇셔
더면 외모 할례 아니 밧모리도 구원ᄒᆞᆷ
을 엇을수 잇ᄂᆞᆫ지라

묻ᄂᆞᆫ 말

六관 二장 十二절노 二十九절

二十七 六관 문뎨ᄂᆞᆫ 무어시뇨

二十八 률법업셔 죄 범 ᄒᆞᄂᆞᆫ쟈ㅣ 누구며 률법잇
셔 죄 범 ᄒᆞᄂᆞᆫ쟈ㅣ 누구뇨

二十九 하ᄂᆞ님이 이 두가지 사ᄅᆞᆷ을 지판에 분별
ᄒᆞ시겟ᄂᆞ뇨 十四절

三十 셰샹 사ᄅᆞᆷ들이 엇지ᄒᆞ야 션악을 분별 ᄒᆞ
ᄂᆞ뇨 十五절

三十一 하ᄂᆞ님이 누구로 ᄒᆞ여곰 이셰샹을 심판
ᄒᆞ시겟ᄂᆞ뇨 十六절

三十二 ᄉᆞ도 바울노가 엇더케 유대 사ᄅᆞᆷ들을 칙
망 ᄒᆞ엿ᄂᆞ뇨 十七절노二十四절

三十三 할례바든 사ᄅᆞᆷ의 직분은 무어시뇨

三十四 참 유대국 사ᄅᆞᆷ 되기ᄂᆞᆫ 무엇이며 참 할
례가 무엇시뇨

뎨삼권

대한  크리스도인 회보

뎨이십구호

광무삼년 칠월십구일 (합일ᄇᆡᆨ이십구)

희한ᄒᆞᆫ일

양력 칠월 십ᄉᆞ일 샹오에 정동 새 회당에서 비지학당 학도 민찬호 문경호 량씨가 리화학당 녀학도의게 혼인 례절을 일웟ᄂᆞᆫ데 목ᄉᆞ 아편셜라씨가 교즁 감례의 법ᄃᆡ로 ᄒᆞᄂᆞ님ᄭᅴ 긔도ᄒᆞ고 신랑과 신부로 ᄒᆞᆷᄭᅴ ᄒᆞᄂᆞ님 압헤셔 단단ᄒᆞᆫ 약죠로 ᄆᆡᆼ셔ᄒᆞᆷ을 여러 사ᄅᆞᆷ이 다 증참ᄒᆞᆫ지라 이 혼인에 ᄃᆡᄒᆞ야 희한ᄒᆞᆫ것은 대한 풍쇽에 아ᄃᆞᆯ을 샹동이로 길넛시면 혹 ᄒᆞᆫ날 ᄒᆞᆫ시에 혼인ᄒᆞᆷ이 잇거니와 타셩의 년긔도 ᄀᆞᆺ지 아닌 사ᄅᆞᆷ들이 엇지 ᄒᆞᆫ 자리에셔 ᄒᆞᆫ ᄯᅢ에 혼례를 ᄒᆡᆼᄒᆞᆯ수 잇ᄉᆞ리오 대한 ᄀᆡ국이ᄅᆡ로 처음보ᄂᆞᆫ 일이오 셔양에도 ᄯᅩᄒᆞᆫ 드믄일이라 대한 풍쇽에 미파가 잇셔 남ᄌᆞ와 녀ᄋᆞ와 당ᄌᆞ에 그 심디와 덕ᄒᆡᆼ과 지됴를 서로 아지 못ᄒᆞ고 ᄇᆡᆨ년ᄒᆡ로ᄒᆞᆯ 큰일을 경홀이 작뎡ᄒᆞ거ᄂᆞᆯ 이제 이두 형뎨 ᄌᆞ매ᄂᆞᆫ ᄒᆞᆨ교즁에 학도로 잇셔 피ᄎᆞ에 심디와 지됴를 서로 알고 서로 ᄉᆞ랑ᄒᆞᄂᆞᆫ ᄆᆞ음으로 혼인ᄒᆞ되 교즁 법례ᄃᆡ로 ᄒᆡᆼᄒᆞ엿시니 대한에 잇ᄂᆞᆫ 형뎨와 ᄌᆞ매들이 모도 교즁사ᄅᆞᆷ기리 혼인을 ᄒᆞ엿시면 대한에도 어리셕은 풍쇽이 ᄎᆞᄎᆞ 곳칠줄 아노라

ᄲᅡ진녀인을구원ᄒᆞᆷ

본월 십칠일 샹오 십일뎜에 비지학당 션ᄉᆡᆼ 수삼인이 맛참 왜송 우물 가흐로 지내더니 엇더ᄒᆞᆫ 녀인이 얼골에 ᄇᆡᆨ석이 잇고 머리털은 쑥ᄃᆡᆺ고 홋치마로 계우 압흘 가리우고 집신도 업시 맨발노 급히 우물을 향ᄒᆞ야 오거ᄂᆞᆯ 션ᄉᆡᆼ들이 그 녀인의 ᄒᆡᆼ식이 슈샹ᄒᆞᆷ을 보고 괴아ᄒᆞᆯᄎᆞ에 그 녀인이 물 쟝슈를 향ᄒᆞ여 물을 먹겟다 ᄒᆞ고 경각간에 우물노 뛰여 드러가니 당장에 참혹ᄒᆞᆫ 정경은 말ᄒᆞᆯ수 업ᄂᆞᆫ지라 션ᄉᆡᆼ들이 일변으로 사ᄅᆞᆷ을 우물에 드려 보내여 그 녀인을 줄노 ᄃᆞᆯ아 올니니 우물에 물이 적은고로 다ᄒᆡᆼ이 죽지 아닌지라 독립신문 샤쟝 임불리씨와 목ᄉᆞ 쉬어러씨가 그 소문을 듯고 급히 와서 임불리씨ᄂᆞᆫ 널판을 가져다가 그 녀인을 뉘이고 혼입을노 덥흔후에 쉬어러씨가 그 녀인을 슌검파 활판소 사ᄅᆞᆷ의게 메이고 미국 녀병원으로 가서 치료를 식힌다 ᄒᆞ니 그녀인이 무슴 서ᄅᆞᆷ으로 우물에 ᄲᅡ져 죽으려 ᄒᆞ엿ᄂᆞᆫ지 극히 탄식 ᄒᆞᄂᆞᆫ 바어니와 외국 친구들이 대한 사ᄅᆞᆷ을 이ᄀᆞᆺ치 ᄉᆞ랑ᄒᆞᆷ을 우리ᄂᆞᆫ 춤 고맙게 녁이노라

一

ᄉᆞᄇᆡᆨ칠십삼

례빅일공과 일빅이십구 칠월 삼십일

바울노가로마사ᄅᆞᆷ의게ᄒᆞᆫ편지

로마인셔 삼장 일절노 이십절ᄭᆞ지

一 그런즉 유대 사ᄅᆞᆷ이 나흠이 무어시며 할례의
유익ᄒᆞᆷ이 무어시뇨 二 범ᄉᆞ에 유익ᄒᆞᆷ이 만흐되
첫재ᄂᆞᆫ 하ᄂᆞ님의 말ᄉᆞᆷ으로 뎌희게 부탁ᄒᆞ셧
심이라 三 만일 밋지 아니ᄒᆞᄂᆞᆫ 쟈들이 잇셧시면
엇지ᄒᆞ리오 그 밋지 아니ᄒᆞᆷ으로
하ᄂᆞ님의 밋음즉ᄒᆞᆷ을 폐ᄒᆞ리오 四 결단코 아니
라 므롯 사ᄅᆞᆷ은 다 거즛되되 오직
하ᄂᆞ님은 참이시니 쓴 바와 ᄀᆞᆺ치
하ᄂᆞ님이 하ᄂᆞ님의 말ᄉᆞᆷ ᄒᆞ심에 의라 칭ᄒᆞᆷ을 엇
으시고 심판ᄒᆞᆯ ᄯᅢ에 이긔심을 엇으시리라 ᄒᆞ셧
시니 五 만일 우리 불의로 하ᄂᆞ님의 의를 드
러나게 ᄒᆞ면 무슴 말ᄒᆞ리오 내가 사ᄅᆞᆷ과 ᄀᆞᆺ치
말ᄒᆞ노니 하ᄂᆞ님이 노ᄒᆞ심을 베프시매 불
의ᄒᆞ리오 六 결단코 아니라 만일 그러ᄒᆞ면
하ᄂᆞ님ᄭᅴ셔 엇지 세샹을 심판ᄒᆞ시리오 七 만일
하ᄂᆞ님의 진리가 나의 거즛말노 영광을 엇엇시
면 나도 엇지 죄인과 ᄀᆞᆺ치 심판을 밧으리오 八 이
ᄀᆞᆺᄒᆞᆫ즉 엇던 사ᄅᆞᆷ이 우리를 훼방ᄒᆞᄂᆞᆫ데 우리가
착ᄒᆞᆫ일을 ᄒᆞ려ᄒᆞ야 악ᄒᆞᆫ일을 ᄒᆞ쟈 ᄒᆞᆫ다 ᄒᆞ니
이를 말ᄒᆞᄂᆞᆫ 사ᄅᆞᆷ은 죄 뎡ᄒᆞᆷ이 올흐니라 ○ 九
그러ᄒᆞ면 엇짐이뇨 우리가 뎌희보다 나흐뇨 실
노 아니라 대개 우리가 일즉이 유대 사ᄅᆞᆷ이나
헬나 사ᄅᆞᆷ이나 다 죄아래 잇슴을 ᄇᆞᆰ히 증거ᄒᆞ
엿ᄂᆞ니라 十 쓴 바와 ᄀᆞᆺ치 올흔 사ᄅᆞᆷ이 ᄒᆞ나도
업시며 十一 명빅ᄒᆞᆫ 사ᄅᆞᆷ도 업고 하ᄂᆞ님을 ᄎᆞᆺ
ᄂᆞᆫ 사ᄅᆞᆷ도 업ᄉᆞ며 十二 다 겻길노 나아가 ᄒᆞᆫ가지로
무익ᄒᆞᆫ거시 되고 인ᄌᆞᄒᆞᆷ을 힝ᄒᆞᄂᆞᆫ쟈도 업고 ᄒᆞᆫ
나히라도 업ᄂᆞ니라 十三 그 목구멍은 열닌 무덤ᄀᆞᆺ
고 그 혀로ᄂᆞᆫ 간사ᄒᆞᆷ을 베풀며 그 입슈얼에ᄂᆞᆫ
독샤의 독이 잇고 十四 그 입에ᄂᆞᆫ 악담과 쓴거시
ᄀᆞ득ᄒᆞ고 十五 그 발은 사ᄅᆞᆷ의 피 흘니기에 ᄲᆞ르
고 十六 멸망과 고셩이 그 길에 잇고 十七 평안ᄒᆞᆫ 길
을 알지 못ᄒᆞ니 十八 그 눈압헤 하ᄂᆞ님을 두려
워ᄒᆞᆷ이 업ᄂᆞ니라 ᄒᆞ시니라 ○ 十九 대개 우리가
률법의 말ᄒᆞᄂᆞᆫ거손 률법아래 잇ᄂᆞᆫ 쟈의게 말ᄒᆞ
ᄂᆞᆫ 거신줄 아ᄂᆞ니 이ᄂᆞᆫ 모든 입을 막고 온 세샹
이 하ᄂᆞ님 압헤셔 죄 뎡ᄒᆞᆷ이 됨이라 二十 그런
고로 률법을 힝ᄒᆞᆷ으로써 하ᄂᆞ님 압헤 모든
육톄가 올흠을 엇지 못ᄒᆞᄂᆞ니 대개 률법으로
써 죄를 알미니라

주셕

뎨목은 유대사ᄅᆞᆷ이참쟝ᄒᆞᆫ것잇ᄂᆞᆫ지
라 三쟝一절노二十절

一 바울노가 할례ᄂᆞᆫ 외모로만 ᄒᆞ면 쓸ᄃᆡ 업다
고 ᄒᆞ엿스니 무슴 모양으로 ᄒᆞ면 쓸ᄃᆡ 잇ᄂᆞ
뇨 무럿ᄂᆞᆫ지라

二 할례라 ᄒᆞᆷ은 셔ᄂᆡ산에셔 계명 준거시라

하ᄂᆞ님이 온 셰샹 사ᄅᆞᆷ을 위ᄒᆞ야 유대 사ᄅᆞᆷ
의게 ᄇᆞᆨ락 ᄒᆞ엿ᄉᆞ니 유대 사ᄅᆞᆷ이 담당 ᄒᆞᆯ지라
三 밋지 안ᄂᆞᆫ다 ᄒᆞᆷ은 유대 사ᄅᆞᆷ이 거의 다 밋
지 안ᄂᆞᆫ고로 혹 엇던이가 언약을 응ᄒᆞ지 아
니ᄒᆞᆫ다고 ᄒᆞᄂᆞᆫ지라 하ᄂᆞ님의 밋음이라
ᄒᆞᆷ은 하ᄂᆞ님의 어긔지 안ᄂᆞᆫ 약됴라
四 사ᄅᆞᆷ의 참은 지나간것과 지금과 이다음것이
다 합ᄒᆞ면 참이라 ᄒᆞᆯ수잇고 언약과 힘 ᄒᆞᄂᆞᆫ
거시 화합ᄒᆞ면 밋음즉이라 ᄒᆞᆯ수 잇ᄉᆞ니
하ᄂᆞ님이 무소부지가 잇ᄂᆞᆫ고로 참과 밋음즉
ᄒᆞᆷ은 ᄒᆞᆫ가지 ᄯᅳᆺ이라 쓴바라 ᄒᆞᆷ은 시편 五十
一편 四절을 말ᄒᆞᆷ이라
五 바울노가 시편 五十一편 四절을 외오기ᄂᆞᆫ대
벽이 죄 자음으로 하ᄂᆞ님의 의가 나타낫
ᄉᆞ니 유대 사ᄅᆞᆷ이 말 ᄒᆞ기ᄂᆞᆫ 죄 지음으로
하ᄂᆞ님을 영화 ᄒᆞ게 ᄒᆞᆫ다 ᄒᆞᆯ진된 죄 짓ᄂᆞᆫ거
시 맛당 ᄒᆞᄂᆞᆫ지라 그러면 하ᄂᆞ님이 죄
인을 형벌 주지 못ᄒᆞᆯ지라
六 형벌 주져 못 ᄒᆞᆯ터이면 셰샹을 심판 ᄒᆞ지
못 ᄒᆞ리라
七 거ᄌᆞᆺ ᄒᆞᆷ으로 하ᄂᆞ님 참된거ᄉᆞᆯ 영화 ᄒᆞᆫ다
ᄒᆞ고 ᄒᆞᆯ진된 나ᄂᆞᆫ 거ᄌᆞᆺ ᄒᆞᆫ다고 ᄒᆞ면 웨 죄인에
라고 ᄒᆞᄂᆞ뇨 ᄒᆞ엿ᄂᆞᆫ지라
바울노가 말 ᄒᆞ기를 하ᄂᆞ님이 거ᄌᆞᆺ 착ᄒᆞᆫ
ᄇᆡᆨ셩의게 참으로 ᄒᆞᆫ다 ᄒᆞ엿ᄉᆞ니 미리에 비ᄒᆞᆫ
형벌로 거ᄌᆞᆺ ᄒᆞᄂᆞᆫ것 마다 하ᄂᆞ님의 참을
나타 내ᄂᆞᆫ지라
八 우리라 ᄒᆞᆷ은 바울노와 ᄒᆞᆷᄭᅴ 젼도ᄒᆞᄂᆞᆫ 사ᄅᆞᆷ
이오 훼방이라 ᄒᆞᆷ은 엇더ᄒᆞᆫ 사ᄅᆞᆷ이 바울노
가 놈을 죠흔일 ᄒᆞ게 ᄒᆞᆷ으로 악ᄒᆞᆫ 힝실을
ᄀᆞᄅᆞ치ᄂᆞᆫ지라 바울노가 말ᄉᆞᆷ으로 ᄀᆞᄅᆞ쳐 주
ᄂᆞᆫ거손 이 리치ᄂᆞᆫ 올치 못ᄒᆞ면 그 힝ᄒᆞᆷ으로
평계 ᄒᆞᄂᆞ뇨
九 바울노가 말 ᄒᆞ기ᄂᆞᆫ 내가 의 불의 ᄃᆡᄒᆞᆷ이
업다고 ᄒᆞᄂᆞ뇨 결단코 아니라 내가 그 합으
로 평계 ᄒᆞ지 안코 온 셰샹이 본내브터 죄
아래 잇다ᄒᆞᆫ지라
데목은 유대사ᄅᆞᆷ이 ᄌᆞ긔잇ᄂᆞᆫ률법으
로죄ᄅᆞᆯ뎡ᄒᆞᄂᆞᆫ지라十절노二十절
十二 하ᄂᆞ님이 텬당에셔 내려다 보시ᄆᆡ ᄒᆞᆫ 사
ᄅᆞᆷ도 올ᄒᆞᆫ이가 업다고 ᄒᆞ셧시니 유대 사
ᄅᆞᆷ도 외방 사ᄅᆞᆷ과 ᄀᆞᆺ치 다 죄인이라 시
편十四편一절노三절ᄭᆞ지 옴기ᄂᆞᆫ글이라
十三 十七 목과 혀라ᄒᆞᆷ은 입에 여러 가지가 말을
나오게 ᄒᆞᄂᆞᆫ기시라 (시편 一百 五十五
편 七절에 보라) 열닌 무덤이라 ᄒᆞᆷ은
녯젹에 유대 나라 원수가 활노 사ᄅᆞᆷ을
만히 죽인고로 그 젼홍을 무덤에라 ᄒᆞ
나 원수의 말은 그살 보다 사ᄅᆞᆷ을 머만
히 죽이ᄂᆞᆫ 연문에 목 구멍 무덤이라 ᄒᆞᆫ
지라 간샤 ᄒᆞᆷ이라 ᄒᆞᆷ은 그 외모로ᄂᆞᆫ 입
으로 올흔 말ᄒᆞ고 안으로 사ᄅᆞᆷ의 피를

ᄒᆞᆯ니려 ᄒᆞᄂᆞᆫ지라 독샤라 ᄒᆞᆷ은 시편 긔록ᄒᆞᄂᆞᆫ이가 원수의 ᄭᅬ로 무셔워 ᄒᆞᄂᆞᆫ고로 독샤라 ᄒᆞ고 그에셔 면ᄒᆞ기를 비ᄂᆞᆫ지라 입에 가득이라 ᄒᆞᆷ은 어ᄂᆡ 입에 옴히를 셜시ᄒᆞ여 악ᄒᆞᆫ ᄉᆞᄅᆞᆷ으로 합력ᄒᆞ여 독을 힝ᄒᆞᄂᆞᆫ지라 (시편 五편 九졀과 一百四十편 三졀과 十편 七졀에 보라) 발이 ᄲᆞ르다 ᄒᆞᆷ은 그가 피 흘니랴 ᄒᆞ면 날ᄂᆡ ᄒᆞᄂᆞᆫ지라 멸망과 고셩이라 ᄒᆞᆷ은 난리와 참혹ᄒᆞᆫ ᄯᅳᆺ시라 (이사아 六十九장 七八졀을 보라) 구약에 옴기ᄂᆞᆫ거ᄉᆞᆫ 유대 ᄉᆞᄅᆞᆷ으로 말ᄒᆞᄂᆞᆫ거시라

十八 시편 三十四편 一졀에 보라) 바울노가 유대 ᄉᆞᄅᆞᆷ이 다 우헤 쓴거스로 다 악ᄒᆞᆫ ᄉᆞᄅᆞᆷ이라고 ᄒᆞ지 안으되 외방 ᄉᆞᄅᆞᆷ보다 나음이 잇더리ᄂᆞᆫ 죄 가온ᄃᆡ ᄇᆡᆨ셩이 만히 잇ᄂᆞᆫ지라

十九 률법이라 ᄒᆞᆷ은 아모 법이던지 ᄉᆞᄅᆞᆷ이 힝ᄒᆞᆯ것과 금ᄒᆞᆯ거ᄉᆞᆯ 알게 ᄒᆞᆫ거시라 왕과 부모 ᄀᆞᆺ치 맛당ᄒᆞᆫ이가 셰우ᄂᆞᆫ거시라 형벌 주지못ᄒᆞᄂᆞᆫ 법은 아모 권셰 업ᄂᆞᆫᄃᆡ 률법은 형벌줌이 맛당ᄒᆞ니라 유대 ᄉᆞᄅᆞᆷ의게ᄂᆞᆫ 하ᄂᆞ님 밧긔 왕이 업고 그 ᄆᆞᆯ숨밧긔 법이 업ᄂᆞᆫ지라 그런고로 셩경에 법이라 ᄒᆞᆷ은 하ᄂᆞ님의 쥬의를 나타내ᄂᆞᆫ 거시라 첫지ᄂᆞᆫ 아브라함의게 법을 주고 둘지ᄂᆞᆫ 모셰의게 주엇ᄉᆞ니 모셰가 열려권에 주ᄂᆞᆫᄃᆡ로 셧고 셰지ᄂᆞᆫ 션지의게 주엇고 넷지ᄂᆞᆫ 신약에 묵시로 쥰거시라 모도 널너도 률법이라 ᄒᆞ고 ᄒᆞ나라도 률법이 되ᄂᆞ니라 바울노가 이우에 시편과 이셔아 옴긴 거스로 률법이라 ᄒᆞᆫ지라 ᄯᅩᄒᆞᆫ 바울노ᄲᅮᆫ 아니오 듯ᄂᆞᆫ ᄉᆞᄅᆞᆷ들도 률법이라 ᄒᆞᄂᆞᆫᄃᆡ 아모 핑계가 업고 입을 막ᄂᆞᆫ지라

二十 바울노가 말ᄒᆞ기ᄂᆞᆫ 온 셰상을 죄뎡ᄒᆞᆷ으로 하ᄂᆞ님이 률법을 주엇거니와 률법으로 올흠이 될수 업ᄂᆞᆫ지라 구원ᄒᆞᆷ을 밧을ᄯᅢ 업어 두가지 잇ᄉᆞ니 하ᄂᆞ님에 회긔ᄒᆞᄂᆞᆫ ᄉᆞᄅᆞᆷ으로 올흠을 작뎡ᄒᆞ고 새ᄃᆞ옴이 나게ᄒᆞᄂᆞ니이 두ᄯᅢ가 아니고 ᄒᆞᆫᄯᅢ라

뭇ᄂᆞᆫ말

七관 三쟝一―二十졀

一 유대 ᄉᆞᄅᆞᆷ 됨은 무어시 유죠ᄒᆞ뇨 二졀

二 四졀을 외오라

三 우리 불의로 엇더케 하ᄂᆞ님 의를 드러나게 ᄒᆞ겟ᄂᆞ뇨

四 우리가 착ᄒᆞᆫ일을 ᄒᆞ랴 ᄒᆞ야 안ᄒᆞᆫ일을 ᄒᆞ쟈 ᄒᆞᆫ다ᄒᆞᆷ은 무ᄉᆞᆷ 거즛ᄒᆞᆷ이 잇ᄂᆞ뇨

五 十졀브터 十七졀 ᄀᆞᆺ지 어ᄃᆡ 잇ᄂᆞᆫ 글이며 무ᄉᆞᆷ ᄯᅳᆺ이뇨

六 모든 입이 엇더케 하ᄂᆞ님 압헤 막게 되엿ᄂᆞ뇨

七 二十졀을 외오라

뎨삼권 대한크리스도인회보 뎨삼십호

광무삼년 (합일빅샥십) 칠월이십륙일

샤치를 경계ᄒᆞᆷ

야곱의 편지 이쟝에 ᄀᆞᆯᄋᆞᄃᆡ 형뎨들아 외양으로 사ᄅᆞᆷ을 취ᄒᆞ지 말지어다 만약 누구던지 금가락지를 끼고 아ᄅᆞᆷ다온 옷슬 닙은이와 가난ᄒᆞᆫ 쟈가 ᄒᆡ여진 옷을 닙고 ᄒᆞᆫ가지로 회당에 드러오면 너희가 부쟈ᄃᆞ려ᄂᆞᆫ 샹좌에 안지라 빈쟈ᄃᆞ려ᄂᆞᆫ 발등샹 아래 안지라 ᄒᆞ면 너희가 빈부를 분별ᄒᆞᆷ이 아니냐 하ᄂᆞ님ᄭᅴ셔ᄂᆞᆫ 이 세샹에 빈ᄒᆞᆫ 쟈를 ᄐᆡᆨᄒᆞ샤 쥬의 도를 밋어 요부케 ᄒᆞ시ᄂᆞᆫ이라 ᄒᆞ엿고 베드로 편지 삼쟝에 ᄀᆞᆯᄋᆞᄃᆡ 안ᄒᆡ 된쟈ᄂᆞᆫ 맛당히 남편을 복죵ᄒᆞᆯ 것이오 밧ᄭᅴ 잇ᄂᆞᆫ 금 보픠와 아람다온 옷으로 써 쟝식ᄒᆞ지 말고 오직 ᄆᆞᄋᆞᆷ 가온ᄃᆡ 온유ᄒᆞ고 안정ᄒᆞᆫ 착ᄒᆞᆫ 힝실노 써 쟝식ᄒᆞᆯ지어다 이것이 하ᄂᆞ님 압희 지극ᄒᆞᆫ 보ᄇᆡ가 된다 ᄒᆞ엿시니 슬프다 우리 형뎨와 ᄌᆞᄆᆡ들이여 이두 ᄉᆞ도의 편지를 응당 다 보앗시려니와 우리가 만약 눈으로 셩경을 열람만 ᄒᆞ고 실상 ᄇᆡ화 힝ᄒᆞ지 아니ᄒᆞ면 무ᄉᆞᆷ 유익ᄒᆞᆷ이 잇ᄉᆞ리오 남녀를 믈론ᄒᆞ고 다만 외양으로 빈부를 분별ᄒᆞ거나 분슈를 직히지 아니ᄒᆞ고 샤치ᄒᆞᆫ 의복으로 ᄉᆞᄉᆞ로 놉흔톄ᄒᆞ면 그 가온ᄃᆡ셔 교만ᄒᆞᆫ 악습이 나기가 쉬운거시니 죠심ᄒᆞ고 삼갈지어다

졔물포교회에셔 온편지

형뎨 리명슉 하츈ᄐᆡᆨ 량씨를 황히도 둥디에 젼도ᄒᆞ려 보내엿더니 도라와셔 ᄀᆞᆯᄋᆞᄃᆡ 밤이 ᄒᆡ쥬부 감옥셔 근쳐를 지날즉 찬미소리 은은히 들니거ᄂᆞᆯ ᄎᆞᄎᆞ 갓가히 간즉 감옥셔에셔 나ᄂᆞᆫ지라 즉시 경무쳥 총슌 오씨를 ᄎᆞ져보고 긔옥셔 문을 열어달나 ᄒᆞ야 드러가 본즉 죵역군 비슌영은 년안군 동문밧 사ᄅᆞᆷ인ᄃᆡ 예수씨를 밋ᄂᆞᆫ 형뎨라 무ᄉᆞᆷ 죄가 잇셔 ᄒᆡ쥬셔 죵역ᄒᆞᄂᆞᆫᄃᆡ 감옥셔에셔 ᄆᆞᄋᆞᆷ을 편안히 ᄒᆞ야 셩경을 힘써보고 깃분 ᄆᆞᄋᆞᆷ으로 찬미 긔도 ᄒᆞᄂᆞᆫᄃᆡ 죵역군들이 예수씨 말ᄉᆞᆷ을 ᄯᅳᆺ표 각각 졔죄를 알고 슯흔 ᄆᆞᄋᆞᆷ으로 회ᄀᆡᄒᆞ고 죵역군 열닐곱 사ᄅᆞᆷ이 ᄀᆞᆺ흔 ᄆᆞᄋᆞᆷ으로 쥬일을 직히고 날마다 찬미 긔도ᄒᆞ니 처음에ᄂᆞᆫ 슌검파 형ᄉᆞ가 금ᄒᆞ더니 날이 오리매 오히려 불샹히 녁여 금치 아니ᄒᆞ며 쥬일에ᄂᆞᆫ 죵역도 아니 식히고 쥬일을 직히게 ᄒᆞ며 ᄯᅩ로혀 울케 녁이니 참 하ᄂᆞ님ᄭᅴ 영광을 돌닐지라 리씨 하씨 두 형뎨가 셩경을 닑고 젼도ᄒᆞ니 죵역군들이 깃버ᄒᆞ고 더욱 열심이 되여 ᄌᆞ미잇게 들엇ᄉᆞ니 사ᄅᆞᆷ이 누가 능히 감옥셔에셔 죵역ᄒᆞ며 괴롬밧ᄂᆞᆫ ᄆᆞᄋᆞᆷ을 깃부게 ᄒᆞᆯ수 잇겟ᄂᆞ뇨 셩신감화 ᄒᆞ시ᄂᆞᆫ 은혜를 감사ᄒᆞ노라 ᄒᆞ엿더라

一

ᄉᆞᄇᆡᆨ칠십칠

례비일공과 일빅 삼십 팔월 륙일

바울노가로마사ᄅᆞᆷ의게ᄒᆞᆫ편지

로마인셔 삼쟝 이십일졀노 삼십졀ᄭᆞ지

二十一 이제ᄂᆞᆫ 률법외에 하ᄂᆞ님의 의를 나타냇
시니 이ᄂᆞᆫ 률법과 션지쟈로 말미암아 증거ᄒᆞᆫ 것
이니라 二十二 곳 예수 크리스도를 밋음으로 말미
암아 모든 밋ᄂᆞᆫ 쟈의게 하ᄂᆞ님의 의를 주심
이 대개 분별이 업ᄂᆞ니라 二十三 대개 모든 사ᄅᆞᆷ이
임의 죄를 범ᄒᆞ매 하ᄂᆞ님의 영광을 죡히 엇
지 못ᄒᆞ더니 二十四 하ᄂᆞ님의 은혜로 예수 크
리스도의 속죄ᄒᆞᆫ 심으로 말미암아 우리가 공로
업시 올흠을 엇엇시니 二十五 하ᄂᆞ님ᄭᅦ셔 예수를
속죄ᄒᆞᄂᆞᆫ 제물노 세우샤 그 피를 밋음으로 말
미암아 젼에 지은 죄를 하ᄂᆞ님이 관인ᄒᆞ샤
용셔ᄒᆞᆷ으로 하ᄂᆞ님의 올흐심을 나타내려 ᄒᆞ
셧시니 二十六 곳 이ᄯᅢ에 그의 올흐심을 나타내심
은 하ᄂᆞ님이 ᄌᆞ긔의 올흐심과 ᄯᅩᄒᆞᆫ 예수를
밋ᄂᆞᆫ쟈도 올흠이 됨을 위ᄒᆞ심이니라 二十七 그런즉
ᄌᆞ랑ᄒᆞᆷ이 어ᄃᆡ 잇ᄉᆞ리오 막엇ᄂᆞ니라 무ᄉᆞᆷ 법으로
막엇ᄂᆞ뇨 법을 힝ᄒᆞᆷ이냐 아니라 오직 밋ᄂᆞᆫ 법으
로 막엇ᄂᆞ니라 二十八 그런고로 우리가 사ᄅᆞᆷ이 밋음
으로 올흠이 되ᄂᆞᆫ줄 혜아리ᄂᆞ니 률법을 힝ᄒᆞᆷ으
로 됨이 아니라 二十九 하ᄂᆞ님은 홀노 유대 사
ᄅᆞᆷ의게만 하ᄂᆞ님이시뇨 이방 사ᄅᆞᆷ의게도
하ᄂᆞ님이시뇨 진실노 이방 사ᄅᆞᆷ의게도
하ᄂᆞ님이시니라 三十 할례 밧은쟈도 밋음으로 올
흠이 되게 ᄒᆞ시고 할례 밧지 아니 ᄒᆞᆫ쟈도 밋음
으로 올흠이 되게 ᄒᆞ시ᄂᆞᆫ 하ᄂᆞ님은 ᄒᆞᆫ분
이시니라

주셕

뎨목은 예수를밋음으로올흠을엇ᄂᆞ
니라 三장二十一―三十졀

二十一二 죠금은 바울노가 률법의 어두온 가온
ᄃᆡ셔 빗최ᄂᆞᆫ 복음으로 도로 ᄀᆞᄅᆞ쳐 주
ᄂᆞᆫ지라 의라ᄒᆞᆷ은(一장 十졀에 보라
률법의라 ᄒᆞᆷ은 률법 힝ᄒᆞᆷ으로 올흠을
엇ᄂᆞᆫ 뜻이니라

二十三 크리스도로 밋음이라 ᄒᆞᆷ은(가랍대 二장
十六졀과 비립비 三장 九졀과 一장 二十
七졀과 가라셔 二장 十:절에 보라) 모든
이라ᄒᆞᆷ은 엇던 사ᄅᆞᆷ이 싱각 ᄒᆞ기ᄂᆞᆫ
하ᄂᆞ님이 모든 사ᄅᆞᆷ을 밋음으로 구원ᄒᆞ
겟다고 ᄒᆞ거니와 은밀은 힝ᄒᆞᆷ으로 빅셩
즁에 몃퇴ᄒᆞ여 밋게 ᄒᆞ야 구원 ᄒᆞ고 그

외에는 빅길줄 아는지라 바울노가 모든 사ᄅᆞᆷ이 죄 지엇다고 ᄒᆞᄂᆞᆫ것 ᄀᆞᆺ치 모든 사ᄅᆞᆷ이 구원 엇을수 잇겟다고 ᄒᆞ엿ᄂᆞᆫ지라 유대 사ᄅᆞᆷ이나 외방 사ᄅᆞᆷ이나 다 죄를 지어스매 하ᄂᆞ님 압헤ᄂᆞᆫ 후ᄒᆞᆷ과 박ᄒᆞᆷ이 업ᄂᆞᆫ지라 영광을 엇지 못ᄒᆞᆫ다 ᄒᆞᆷ은 본리ᄂᆞᆫ 하ᄂᆞ님이 칭찬 ᄒᆞ엿거니와 죄 짓ᄂᆞᆫ 사ᄅᆞᆷ으로 칭찬ᄒᆞᆷ이 업ᄂᆞᆫ지라

二十四 올흠을 엇ᄂᆞᆫ다ᄒᆞᆷ은 심판 ᄒᆞᄂᆞᆫ이가 죄뎡ᄒᆞ지 아니 ᄒᆞᆫ다고 ᄒᆞᄂᆞᆫ 뜻이니라 그런고로 복음은 예수씨가 밋ᄂᆞᆫ 사ᄅᆞᆷ을 뎡죄 ᄒᆞ지 아니 ᄒᆞ시겟다 ᄒᆞ심이라 또ᄒᆞᆫ 복음을 의지 ᄒᆞᄂᆞᆫ이가 심판ᄒᆞᆯ때 어나 곳으로 갈거슬 위ᄒᆞᆫ지 안코 밝셔 작뎡ᄒᆞᆫ지라

二十五 재물노 세운다 ᄒᆞᆷ은 (리미긔 十六쟝 二十九절노 三十四절ᄭᆞ지 보라) 녯적에 제ᄉᆞ를 드리ᄂᆞᆫ거슨 죄인의 형벌을 막앗ᄉᆞ니 그와ᄀᆞᆺ치 예수 ᄒᆞᆯ니신 피로 우리 형벌을 막앗ᄂᆞᆫ지라 밋음이라 ᄒᆞᆷ은 밋음으로 예수에 피가 우리의게 방패 되ᄂᆞᆫ지라 그런고로 속죄 ᄒᆞᄂᆞᆫ것은 예수의 피니라 올ᄒᆞ심이라 ᄒᆞᆷ은 아모 왕이던지 상하 업시 빅셩의게 힝ᄒᆞ면 올흔 왕이라 그와ᄀᆞᆺ치 하ᄂᆞ님이 예수를 보내셔 올흔 사ᄅᆞᆷ을 나타낸지라 관인 ᄒᆞ다ᄒᆞᆷ은 하ᄂᆞ님이 빅셩의 죄 치운디로 힝 ᄒᆞ엿더면 다 멸망 ᄒᆞ엿실리ᄯᆞ 그런고로 하ᄂᆞ님ᄭᅴ셔 참ᄂᆞᆫ거ᄉᆞ로 기다렷고 오직 아모 왕이던지 죄 잇ᄂᆞᆫ이를 형벌 주지 아니면 불의가 되ᄂᆞᆫ지라 그런즉 예수를 재ᄉᆞ 지음으로 하ᄂᆞ님ᄭᅴ셔 죄의게 노를 나타낸지라

二十六 잇때라 ᄒᆞᆷ은 관인ᄒᆞᆫ때를 더ᄒᆞᆫ 뜻이라 예수씨ᄭᅴ셔 십ᄌᆞ가에 아니 죽엇더면 세상이 구원ᄒᆞᆷ을 엇을수 업ᄂᆞᆫ지라 대개 죄인을 올흔이라 ᄒᆞ면 불의를 힝 ᄒᆞᄂᆞᆫ지라

뎨목은 ᄌᆞ랑ᄒᆞᆷ을다막엇ᄂᆞᆫ지라

二十七八 ᄌᆞ랑이라 ᄒᆞᆷ은 유대 사ᄅᆞᆷ이 률법과 힝ᄒᆞᆷ으로 ᄌᆞ랑 ᄒᆞᆫ 것이니라 바울노가 우에 리치로 ᄀᆞᄅᆞ침ᄂᆞᆫ 밋ᄂᆞᆫ 법으로 ᄌᆞ랑ᄒᆞᆷ을 다 막앗ᄂᆞᆫ지라 십ᄌᆞ가에셔 나온 말ᄉᆞᆷ도 셔리산에셔 나온 법처름 권능이 ᄒᆞᆫ가지라

二十九 하ᄂᆞ님은 상하 업시 보아 힝ᄒᆞᄂᆞᆫ 하ᄂᆞ님이시라

三十. 외모로만 힝ᄒᆞ면 유익홈이 업고 ᄆᆞᄋᆞᆷ애 밋
음으로 힝ᄒᆞ야 구원홈을 밧올수 잇ᄂᆞᆫ지라

뭇ᄂᆞᆫ말

八 三장 二十一졀노 三十졀ᄭᆞ지
률법외에 하ᄂᆞ님 의가 엇더케 나타 나셧
ᄂᆞ뇨 二十一졀
九 률법은 무엇이며 션지쟈ᄂᆞᆫ 무엇이뇨
十 二十三졀을 외오라
十一 우리가 엇더케 올홈을 엇엇ᄂᆞ뇨 二十四졀
十二 하ᄂᆞ님ᄭᅴ셔 엇더케 우리 젼에 지은 죄를 용
셔ᄒᆞ여 주셧ᄂᆞ뇨 二十五졀
十三 우리가 스ᄉᆞ로 ᄌᆞ랑홈이 엇더케 맛게 되엿
ᄂᆞ뇨
十四 하ᄂᆞ님이 엇더케 이방 사ᄅᆞᆷ의 하ᄂᆞ님 되셧
ᄂᆞ뇨

ᄂᆡ보

삼관쳔임) 쟝례원경 민영쥬씨ᄂᆞᆫ 경긔 관찰ᄉᆞ를 ᄒᆞ고 경긔 관찰ᄉᆞ 김영덕씨ᄂᆞᆫ 공쥬 관찰ᄉᆞ를 ᄒᆞ고 공쥬 관찰ᄉᆞ 졍쥬영씨ᄂᆞᆫ 즁츄원 의관을 ᄒᆞ엿다더라

○셩은감읍) 감옥셔 안에 본ᄅᆡ 목욕통이 잇셔 죄인들을 잇ᄯᅢ금 목욕 식히게 마련 ᄒᆞ엿ᄂᆞᆫᄃᆡ 쳥ᄉᆞ와 압뇌등이 더회재리 목욕만 ᄒᆞ고 죄인들은 착가 엄슈ᄒᆞ야 ᄒᆞᆫ번도 목욕 ᄒᆞ지 못ᄒᆞᆫ매 이것은 셩험에 공긔를 쏘이지 못ᄒᆞ야 다 병이나셔 죽게 되엿더니 일젼에 평리원장 홍죵우씨가 감옥셔에 나가셔 죄슈간문을 다 열고 죄인들의 쓴칼을 잠시 벗겨노코 셩샹 폐하의 측은이 넉이시ᄂᆞᆫ 셩지를 밧들어 효유ᄒᆞ되 너희들이 죄를 지은 연닭으로 이러ᄒᆞᆫ 고초를 밧으나 익민여ᄌᆞᄒᆞ시ᄂᆞᆫ 셩덕으로 지극히 불샹히 넉이시니 죄의 경즁을 ᄯᅡ러 다ᄉᆞ린후에 다 회개ᄒᆞ야 다시 법을 범치 말나 ᄒᆞ고 감옥셔 판인을 신칙ᄒᆞ야 죄인을 다 목욕 식히라 ᄒᆞᆫ매 여러 죄인들이 셩은을 감읍ᄒᆞ엿다더라

본회고ᄇᆡᆨ

본회에서 이 회보를 젼년과 ᄀᆞᆺ치 일쥬일에 ᄒᆞᆫ번식 발간 ᄒᆞᄂᆞᆫᄃᆡ 새로 륙폭으로 작뎡ᄒᆞ고 ᄒᆞᆫ쟝 갑슨 엽젼 오푼이오 ᄒᆞᆫᄃᆞᆯ갑슬 미리내면 젼과 ᄀᆞᆺ치 엽젼 ᄒᆞᆫ돈 오푼이락 본국 교우나 셔국 목ᄉᆞ나 교외 친구나 만일 사셔 보고져 ᄒᆞ거든 졍동 아편셜라 목ᄉᆞ 집이나 죵로 대동셔시에 가셔 사시옵

죵로대동셔시광고

우리 셔샤에셔 셩경 신구약과 찬미칙과 교회에 유익ᄒᆞᆫ 여러가지 셔칙과 시무에 긴요ᄒᆞᆫ 칙들을 팔되 갑시 상당 ᄒᆞ오니 학문상과 시무 번에 ᄯᅳᆺ이 잇ᄂᆞᆫ 군ᄌᆞ들은 만히 사셔 보시옵

대영국 셩셔 공회 광고

새로 간츌ᄒᆞᆫ거슨 로마 갈라태 골노시 야고보 베드로 젼후셔 듸모데 젼후셔니 사셔 보실이ᄂᆞᆫ 회샤 쥬인 견묘 션ᄉᆡᆼ씌로 오시옵

뎨삼권

대한크리스도인회보

뎨삼십일호

(일십삼빅일합) 광무삼년 팔월이일

강화교회의ᄌᆞ미잇ᄂᆞᆫ말

형뎨 문경호씨가 거월에 강화교회에 젼도 ᄒᆞ러 갓다가 도라왓ᄂᆞᆫᄃᆡ 그의 젼ᄒᆞᄂᆞᆫ 말을 드른즉 교항동과 홍의와 그 근쳐 각 교회의 ᄎᆞᄎᆞ 흥왕ᄒᆞᆫ거ᄉᆞᆫ ᄆᆡ우 감샤 ᄒᆞ거니와 그즁에 더욱 ᄌᆞ미 잇ᄂᆞᆫ일은 홍의 교회에셔 남녀 교우들이 각기 셩경의 긴요ᄒᆞᆫ 말ᄉᆞᆷ으로 뎨목을 내여 그ᄯᅳᆺ을 히셕ᄒᆞ야 글 다ᄉᆞᆺ장을 지어 보내엿기로 그즁에 십삼셰 된 쳐녀의 지은글을 뎐ᄒᆞ야 좌에 긔저 ᄒᆞ노라

하ᄂᆞ님을두려워홈이라

하ᄂᆞ님을 두려워 ᄒᆞᄂᆞᆫ거슨 뎐하 만국에 쥬지가 되샤 우리를 멸 ᄒᆞ시라면 멸 ᄒᆞ시고 잘 각구ᄉᆞ라면 잘되게 ᄒᆞ시니 엇지 ᄒᆞ여 두렵지 아니리오 그럼으로 우리의 죽고 살기ᄂᆞᆫ 다 하ᄂᆞ님ᄭᅴ 잇ᄂᆞᆫ지라 그런즉 우리가 홍상 조심ᄒᆞ야 모든 일에 졍셩되게 ᄒᆞᄂᆞᆫ것이 하ᄂᆞ님을 두려워 ᄒᆞᄂᆞᆫ것이오 ᄯᅩ 무론 아모ᄯᅢ던지 혼자 잇슬ᄯᅢ에 조심ᄒᆞ야 하ᄂᆞ님 ᄯᅳᆺ을 온젼이 슌죵 ᄒᆞᄂᆞᆫ것이 하ᄂᆞ님을 두려워 ᄒᆞᄂᆞᆫ것이오 ᄯᅩ 홍상 예수씨의 십ᄌᆞ가를 ᄉᆡᆼ각 ᄒᆞᄂᆞᆫ것이 하ᄂᆞ님을 두려워 ᄒᆞᄂᆞᆫ ᄯᅳᆺ이오 ᄯᅩ 셩경 말ᄉᆞᆷ을 슌죵 ᄒᆞᄂᆞᆫ것이 하ᄂᆞ님을 두려워 ᄒᆞᄂᆞᆫ것이라 그런즉 우리가 하ᄂᆞ님을 밋음으로 하ᄂᆞ님을 두려워 ᄒᆞ고 졔 죄를 ᄉᆡᆼ각홈으로 하ᄂᆞ님을 두려워 ᄒᆞᄂᆞᆫ 것으로 아옵ᄂᆞ이다

부샹복셜

대한의 근본 보부샹이 잇셔 수십년이래로 혜샹공국과 샹리국를 셜시ᄒᆞ야 샹무를 확쟝코져 ᄒᆞ더니 장ᄉᆞᄂᆞᆫ 흥왕치 못ᄒᆞ고 졈졈 폐단이 싱ᄒᆞ야 빅셩의게 손해가 만흔고로 갑오년 경쟝홀ᄯᅢ에 부샹의 임방명식을 일병 혁파ᄒᆞ고 ᄇᆡᆨ셩으로 ᄒᆞ여곰 임의로 쟝ᄉᆞᄒᆞ게 ᄒᆞ엿더니 작년 겨울에 부샹들이 만민 공동회와 위회문 밧에셔 졍혈홀후로 부샹의 공효가 잇다ᄒᆞ야 젼참졍 신긔션씨가 샹부 도샤쟝이 되고 셔울 오셔와 시골 십삼도에 샹무샤를 셜시ᄒᆞ엿ᄂᆞᆫᄃᆡ 부샹은 우샤가되고 보샹은 좌샤가 되게 ᄒᆞ엿고 그즁에 공ᄉᆞ원과 쟝무원과 명ᄉᆞ쟝과 도공원이란 임명이 잇시며 셔울에ᄂᆞᆫ 임방을 모도 륙십여쳐에 마련ᄒᆞ고 삼빅 ᄉᆞ십여읍에 각각 지샤를 셜립 ᄒᆞ엿시며 십삼도에 각각 도두령이란 임명이 잇셔 그 ᄉᆞ무를 쥬장혼다 ᄒᆞ더라

례빈일공과 일빅 삼십일 팔월 십삼일

바울노가로마사름의게훈편지

로마인셔 삼장 삼십일절과 ᄉ장 일졀노 십칠절

三十一 그런즉 우리가 밋음으로 써 률법을 폐훈겟느뇨 결단코 아니라 도로혀 률법을 굿게 홈이니라

(四장) 一 그런즉 우리 육신의 조샹 아브라함이 무어슬 엇엇다 흐리오 二 만일 아브라함이 힝훈바로 써 올홈이 되엿신즉 ᄌ랑 홀거시 업시되 오직 하느님 압헤셔는 업느니라 三 셩경에 무어솔 말흐느뇨 아브라함이 하느님을 밋엇시매 이 밋음을 올홈으로 써 데의게 혜아리심을 엇엇느니 四 사롬이 일흐매 삭은 은혜로 혜아릴거시 아니라 오직 빗처름 혜아릴 거시며 五 사롬이 일을 흐지 아니 흐매 경건치 아니 흐논 사롬을 올케 되게 흐시논 이를 밋논 쟈의게 그 밋음이 올홈으로 써 혜아리실 거시니라 六 이와굿치 짜윗이 일홀것 업시 하느님ᄭ셔 올홈으로 혜아리시논 쟈의게 복이 잇숨을 ᄀᄅ쳐 七 골ᄋ티 불법홈을 샤 흐시고 죄를 ᄀ리우심을 엇은쟈논 복잇논쟈오 八 쥬ᄭ셔 사롬의게 죄 잇숨을 혜아리지 아니 흐시면 그 복 잇논 쟈로다 흐엿시니 九 그런즉 이 복이 할례 밧은 쟈이나 혹 할례 밧지 아니훈 쟈의게나 잇느뇨 대개 우리 말 흐기를 아브라함의게는 밋음이 올홈을 인흐여 혜아리심을 엇엇느니라 十 그런즉 엇더케 혜아리심을 엇엇느뇨 할례후나 할례 젼이나 할례후가 아니라 오직 할례 젼이니라 十一 할례 표를 밧은거시 할례 아니 밧은때에 밋음으로 된 올홈을 인친 빙거ㅣ니 이는 할례 밧지 아니 흐여도 모든 밋논 사롬의 조샹이 되여 더희게도 올홈으로 혜아리심을 엇게 흐심이오 十二 또훈 할례 밧은쟈의 조샹이 되엿ᄉ나 할례 밧은 사롬의게뿐 아니라 오직 우리 조샹 아브라함이 할례 밧기젼에 밋은 힝적을 좃논 쟈의게도 되느니라 十三 대개 아브라함과 그 ᄌ손이 셰샹의 후ᄉ가 되리라 언약 흐신거시 률법으로 된거시 아니오 오직 밋음의 올홈으로 된 거시니라 十四 만일 률법을 인흐야 후ᄉ가 된즉 밋음이 헛되고 또훈 언약이 폐홈이 되느니라 十五 대개 률법이 노홈을 일우게 흐느니 률법이 업ᄉ면 범홈도 업ᄉ리라 十六 그런고로 밋음으로 된거ᄉ 은혜에 붓침이니 그 언약 흐심븐 아브라함의 모든 ᄌ손ㄱ게 굿게 흐심이오 률법에 붓친쟈뿐 아니라 또훈 아브라함의 밋음이 잇논 쟈의게도 흐느니 十七 이논 경에 쓴것과 굿치 내가 너를 여

러 국민의 조상으로 세웟다 ᄒᆞ셧ᄂᆞ니 아브라함은
그 밋우바 하ᄂᆞ님 곳 죽은쟈를 살니시고 업
ᄂᆞᆫ거술 잇ᄂᆞᆫ것 ᄀᆞᆺ치 부ᄅᆞ시ᄂᆞᆫ 하ᄂᆞ님 압헤셔
우리 모든 사ᄅᆞᆷ의 조샹이 되ᄂᆞ니라

주셕

二장三十一절 유대 사ᄅᆞᆷ이 하ᄂᆞ님의게셔 률법을 밧앗스니 ᄌᆞ랑 ᄒᆞᄂᆞᆫ데 바울노가 말ᄒᆞ기ᄂᆞᆫ 우리 젼도 ᄒᆞᄂᆞᆫ도로 구별홈이 업게 ᄒᆞ엿스니 또ᄒᆞᆫ 률법도 업게 ᄒᆞᄂᆞ냐 결단코 아니라 복음은 계명과 구약에 ᄀᆞᄅᆞ쳐 줌을 세우고 응ᄒᆞᄂᆞᆫ거시라 이 졀귀로 대목을 대츌ᄒᆞ고 四장으로 셜명 ᄒᆞ엿ᄂᆞᆫ지라

四장

一 률법을 ᄀᆞᄅᆞ쳐 주랴매 아브라함의 밋음을 셜명 ᄒᆞ엿ᄂᆞᆫ지라

二 아브라함이 하ᄂᆞ님을 깃부게 ᄒᆞ엿스니 힘ᄒᆞᆫ바로 ᄒᆞ엿더면 참 ᄌᆞ랑ᄒᆞᆯ거시 잇스러니와 복음의 ᄀᆞᄅᆞ쳐 주ᄂᆞᆫ거슨 ᄌᆞ랑 ᄒᆞᆯ거시 업다고 ᄒᆞ엿스니 복음은 거즛 착ᄒᆞᆫ게 ᄀᆞᄅᆞ쳐 주엇ᄂᆞᆫ지라 그런즉 밋음으로 ᄒᆞ엿더면 복음과 률법의 합 ᄒᆞ엿ᄂᆞᆫ지라 하ᄂᆞ님 압헤셔 업다라 ᄒᆞᆷ은 아브라함이 힘ᄒᆞᆷ으로 옳ᄒᆞᆷ을 엇엇더면 하ᄂᆞ님 압헤셔 은혜가 아니오 삭 밧음이라 그런고로 하ᄂᆞ님으로 ᄌᆞ랑 ᄒᆞ지 못 ᄒᆞ고 ᄌᆞ긔로 ᄌᆞ랑ᄒᆞ엿ᄂᆞᆫ지라

三 아브라함이 하ᄂᆞ님을 밋ᄂᆞᆫ고로 언약과 률법과 션지를 주엇스니 그 ᄭᅡ닭에 구별ᄒᆞᆯ것 잇ᄂᆞᆫ지라

四 아브라함이 밋음으로 언약을 밧엇스니 감당ᄒᆞᆯ것 업ᄂᆞᆫ지라 밋음은 공로라 ᄒᆞᆯ것 업ᄂᆞᆫ고로 우리가 암만 밋음 잇서도 하ᄂᆞ님이 담당ᄒᆞᆯ것 업ᄂᆞᆫ지라

五 경건이라 ᄒᆞᆷ은 아브라함의게 아니고 백셩의게 ᄒᆞᄂᆞᆫ 말이라 그런즉 밋음으로 올홈을 엇ᄂᆞᆫ ᄯᅥᆨ문의 힘홈으로 ᄒᆞᄂᆞᆫ ᄭᅡ닭은 업ᄂᆞᆫ지라

六七八 ᄯᅡ윗 때에도 사ᄅᆞᆷ이 공로업시 올홈을 밧앗ᄂᆞᆫ지라 복이라 ᄒᆞᆷ은 거록ᄒᆞᆫ다 힘ᄒᆞᆷ이라 ᄀᆞ리우신다 ᄒᆞᆷ은 졔ᄉᆞ ᄭᅴ 낸피가 죄를 쟝으로 덥ᄂᆞᆫ것 ᄀᆞᆺ치 ᄒᆞ여 심판 ᄒᆞᄂᆞᆫ이가 보지 못ᄒᆞ게 ᄒᆞᆷ이라 이 ᄀᆞᄅᆞ쳐 줌으로 복음과 률법의 화합 ᄒᆞᄂᆞᆫ지라 (시편 三十二○ 一절을 보라

九―十 우리라 ᄒᆞᆷ은 바울노와 편지 보ᄂᆞᆫ 사ᄅᆞᆷ이라 창세기 十五장의 하ᄂᆞ님이 아브라함으로 약됴 ᄒᆞᆯ때에 할례말 ᄒᆞ나도 업고 十四년 후에 할례법을 주엇ᄂᆞᆫ지라

十一―二 할례표라 ᄒᆞᆷ은 외면에 약됴 ᄒᆞᄂᆞᆫ표라 표뜻은 마태복음 二十四장 三十절과 누가복음 十一장 二十九절을 ᄎᆞ자보라 인천 빙거라 ᄒᆞᆷ은 고린도 후서 一장 二十一절과 이불소 一장 十三절과 듸모데

후셔 二장 十九절 아브라함 ᄌᆞ식됨은 육
예 ᄎᆞ자 보라
데로 아니고 신으로 되ᄂᆞᆫ거시라
十三 룰법이 외방 사ᄅᆞᆷ으로 막을수 업ᄂᆞᆫ지라
하ᄂᆞ님ᄭᅴ셔 아브라함의게 언약을 주ᄂᆞᆫ때
에 가남을 위홈이 아니고 새 세샹을 위ᄒᆞ
야 ᄒᆞᆯ거시라
十四五 아모 사ᄅᆞᆷ이라도 룰법을 직히지 못 ᄒᆞᆫ
ᄯᅢ문에 룰법이 하ᄂᆞ님의 진노를 모든
사ᄅᆞᆷ 죄의 나타나게 ᄒᆞᄂᆞᆫ지라
十六 룰법을 슌죵 ᄒᆞ여야 구원홈을 밧을터이면
하ᄂᆞ님 진노만 보겟고 밋음으로 ᄒᆞᄂᆞᆫ고로
온 세샹이 아브라함 ᄌᆞ손 되고 진노를 면
ᄒᆞᆯ수 잇ᄂᆞᆫ지라
十七 ᄉᆞ도힝젼 十七장 五절을 옴긴 거시라 여러
국민의 조샹이라 홈은 아브라함과 그 ᄌᆞ손
어 하ᄂᆞ님 압회 발셔 잇고 밋ᄂᆞᆫ 약됴
ᄒᆞᆫ표 다 밧앗ᄂᆞᆫ지라 아ᄎᆞᆨ 아지 못ᄒᆞᆫ 빅셩
으로 발셔 잇ᄂᆞᆫ 사ᄅᆞᆷ ᄀᆞᆺ치 ᄀᆞᄅᆞ쳐 주엇ᄂᆞᆫ
자라

뭇ᄂᆞᆫ말

三장 三十一절과 四장
四十九 四장에 문데ᄂᆞᆫ 무어시뇨
五十 아브라함이 엇지ᄒᆞ여 하ᄂᆞ님 압헤 ᄌᆞ랑
ᄒᆞᆯ수 업서 되엿ᄂᆞ뇨
五十一 셩경에 아브라함으로 무어슬 말ᄒᆞᄂᆞ뇨
三절
五十二 ᄒᆞᆯ노 보건ᄃᆡ 아브라함도 엇더케 올ᄒᆞᆷ을
엇엇ᄂᆞ뇨
五十三 ᄯᅡ윗이 누구 복이 잇다고 ᄒᆞ셧ᄂᆞ뇨 (七절
五十四 十二절을 보니 아브라함이 뉘 조샹이 되
겟ᄂᆞ뇨
五十五 아브라함이 어나ᄯᅢ에 밋음을 나타내엿ᄂᆞ뇨
五十六 우리도 엇더케 밋ᄂᆞᆫ ᄆᆞ옴을 나타 내겟ᄂᆞ뇨

본회 광고

본회에서 이 회보를 젼년과 ᄀᆞᆺ치 일쥬일에 ᄒᆞᆫ
번식 발간 ᄒᆞᄂᆞᆫ데 새로 륙쪽으로 작뎡ᄒᆞ고 ᄒᆞᆫ장
갑슨 엽젼 오푼이오 ᄒᆞᆫ돌갑슬 미리내면 젼과 ᄀᆞᆺ
치 엽젼 ᄒᆞᆫ돈 오푼이라 본국 교우나 셔국 목ᄉᆞ
나 교외 친구나 만일 사셔 보고져 ᄒᆞ거든 졍동
아펜셜라 목ᄉᆞ 집이나 죵로 대동셔시에 가셔
사시옵

죵로 대동셔시 광고

우리 셔샤에셔 셩경 신구약과 찬미칙과 교회에
유익ᄒᆞᆫ 여러가지 셔칙과 시무에 긴요ᄒᆞᆫ 칙들을
팔되 갑시 샹당 ᄒᆞ오니 학문샹과 시무변에 ᄯᅳᆺ이
잇ᄂᆞᆫ 군ᄌᆞ들은 만히 사셔 보시옵

대영국 셩셔 공회 광고

새로 간츌 ᄒᆞᆫ거순 로마 가라태 골노시 야고보
베드로 젼후셔 듸모데 젼후셔니 사셔 보실이ᄂᆞᆫ
회샤 쥬인 켠묘 션싱ᄭᅴ로 오시옵

뎨삼권

대한크리스도인회보

뎨삼십이호

광무삼년 (이십삼빅일합) 팔월구일

회보를도로륙폭으로ᄒᆞᆷ

그동안 장마가 심ᄒᆞ고 일긔가 더워셔 우리가 ᄉᆞ무를 젼파 ᄒᆞᆯ 곳처 볼수 업ᄂᆞᆫ고로 회보를 ᄉᆞ폭으로 ᄒᆞ엿더니 지금은 가을 바람의 셔늘ᄒᆞᆫ 긔운이 졈졈 긴ᄒᆞ매 가히 사ᄅᆞᆷ으로 ᄒᆞ여곰 졍신을 샹쾌케 ᄒᆞ야 모든 ᄉᆞ무를 여젼이 불만ᄒᆞᆫ고로 회보를 다시 륙폭으로 ᄒᆞ오니 각쳐에 잇ᄂᆞᆫ 우리 형뎨와 ᄌᆞ미들은 다들 잘 보실ᄲᅮᆫ 아니라 교회의 무ᄉᆞᆷ 됴흔 일이 잇거든 긔별 ᄒᆞ시면 회보에 긔ᄌᆡ ᄒᆞ겟ᄉᆞᆸ

거륵ᄒᆞ신죠칙 팔월삼일

죠셔에 ᄀᆞᆯᄋᆞ샤ᄃᆡ 형법은 셩왕의 ᄡᅥ 부득이 베프신 밧쟈라 셔젼에 ᄀᆞᆯᄋᆞᄃᆡ 형벌은 형벌 업기를 긔약 ᄒᆞ라 ᄒᆞ엿고 또 ᄀᆞᆯᄋᆞᄃᆡ 죄가 의심 나면 오직 가베압게 ᄒᆞ라 ᄒᆞ엿스니 이에 붉진ᄃᆡ 가히 그 본 ᄯᅳᆺ의 잇ᄂᆞᆫ 바ᄅᆞᆯ 알것이어ᄂᆞᆯ 근릭 법률이 희이 ᄒᆞ야 법관된 쟈가 ᄡᅥ 빅셩ᄲᅮᆫ 긍휼 ᄒᆞᆯ바ᄂᆞᆫ ᄉᆡᆼ각지 안코 도로혀 형법으로 ᄡᅥ 빅셩을 ᄲᆞ지게 ᄒᆞᄂᆞᆫ 함졍을 문드러 형ᄉᆞ로 갓쳔 사ᄅᆞᆷ들이 졀후ᄅᆞᆯ 지ᄂᆡ고 희를 지나도록 결쳐치 아니ᄒᆞᆫ 쟈가 잇스니 엇지 가히 크게 슬프지 아니 ᄒᆞ랴 진실노 이와 ᄀᆞᆺᄒᆞᆯ진ᄃᆡ 쥬나라에 영오가 비고 당 나라에 죽을 죄슈ᄅᆞᆯ 노하 돌녀 보낸것이 무엇이 귀 ᄒᆞ겟ᄂᆞ냐 그 법부로 ᄒᆞ여곰 평리원과 밋 각 저판쇼에 신칙 ᄒᆞ야 므릇 오리 갓친 죄슈를 셩칙ᄒᆞ야 졍부에 지죠ᄒᆞ고 십오일 안으로 긔한 ᄒᆞ고 밤 도아 결쳐 ᄒᆞ야 노흐되 혹 류안 ᄒᆞ야 연타ᄒᆞᆷ이 업게 ᄒᆞ고 또 거힝ᄒᆞᆯ ᄉᆞ유ᄂᆞᆫ ᄎᆞ례로 듯ᄌᆞ ᄒᆞ라 ᄒᆞ옵셧더라

우리가 이 거륵 ᄒᆞ신 죠칙을 업ᄃᆡ여 닑으매 죵금 이후로 각쳐에 죄슈들이 속히 결말이 나셔 오리 체슈 ᄒᆞᄂᆞᆫ 폐단이 업실ᄲᅮᆫ 아니라 셩상 폐하의 덕화가 가히 문명지쳐를 일울 거시니 대한 빅셩을 위ᄒᆞ야 대단히 치하 ᄒᆞ노라

ᄉᆞ빅구십일

대한크리스도인회보

THE KOREAN CHRISTIAN ADVOCATE.
Rev. H. G. Appenzeller, Editor.
36 cents per annum
in advance. Postage extra.
Wednesday, Aug. 9th, 1899.

서울 정동셔 일쥬일에 ᄒᆞᆫ번식 발간 ᄒᆞᄂᆞᆫᄃᆡ 아편셜라 목ᄉᆞ가 회보 샤쟝이 되엿더라 일년 갑슬 미리 ᄂᆡ면 삼십 륙젼이오 우표 갑슨 ᄯᅩ로 잇ᄂᆞ니라

례ᄇᆡ일공과 일ᄇᆡᆨ 삼십이 팔월 이십일

바울노가로마사ᄅᆞᆷ의게ᄒᆞᆫ편지

로마 언셔 오쟝 일졀노 이십일졀ᄭᆞ지

일노써 우리가 밋음으로 써 올흠이 되엿신즉 우리 쥬 예수 크리스도로 말미암아 ᄒᆞᄂᆞ님으로 더브러 화목ᄒᆞᆷ이 잇고 ᄯᅩᄒᆞᆫ 그로 말미암아 우리가 이제 셧ᄂᆞᆫ 은혜즁에 밋음으로 나아감을 엇엇시며 ᄯᅩᄒᆞᆫ ᄒᆞᄂᆞ님의 영광을 ᄇᆞ람으로 즐거옴에 잇ᄂᆞ니라 다만 이ᄲᅮᆫ 아니라 우리들이 환란 즁에도 깃버 ᄒᆞᄂᆞ니 대개 환란은 인내를 나코 인내ᄂᆞᆫ 련달을 나코 련달은 ᄇᆞ람을 낫ᄂᆞᆫ줄 아ᄂᆞ니 ᄇᆞ람은 붓그러옴에 니르지 아니ᄒᆞᆷ은 대개 우리의게 주신 셩신으로 ᄒᆞᄂᆞ님의 ᄉᆞ랑 ᄒᆞ심을 우리 ᄆᆞᄋᆞᆷ에 ᄃᆡ우심이니라 대개 우리가 약ᄒᆞᆯ때에 크리스도ㅣ 긔약 ᄒᆞᆫ신ᄃᆡ로 경건치 안ᄂᆞᆫ자를 위ᄒᆞ야 죽엇ᄂᆞ니라 대개 올흔 사ᄅᆞᆷ을 위ᄒᆞ야 죽ᄂᆞᆫ자를 거위 젹고 어진 사ᄅᆞᆷ을 위ᄒᆞ야 감히 죽ᄂᆞᆫ자ㅣ 혹 잇시나 오직 ᄒᆞᄂᆞ님ᄭᅴ셔 그 ᄉᆞ랑 ᄒᆞ심을 우리의게 나타내심은 우리가 죄인으로 잇슬때에 크리스도ᄭᅴ셔 우리를 위ᄒᆞ야 죽으셧ᄂᆞ니라 이제 우리가 그 피를 인ᄒᆞ야 올흠이 되엿거든 ᄒᆞ믈며 크리스도로 말미암아 노 ᄒᆞ심에셔 구 ᄒᆞ심을 엇지 못 ᄒᆞ겟ᄂᆞ뇨 대개 만일 우리가 원슈 되엿슬때에 그 아ᄃᆞᆯ의 죽으심으로 말미암아 ᄒᆞᄂᆞ님으로 더브러 화목 ᄒᆞ엿거든 ᄒᆞ믈며 임의 화목 ᄒᆞ엿ᄉᆞ매 그 살으심을 인ᄒᆞ야 구원을 엇지 못 ᄒᆞ겟ᄂᆞ뇨 다만 이ᄲᅮᆫ 아니라 이제 우리가 우리 쥬 예수 크리스도로 말미암아 화목ᄒᆞᆷ을 엇고 ᄯᅩᄒᆞᆫ 더로 말미암아 ᄒᆞᄂᆞ님을 깃버 ᄒᆞᄂᆞ니라 ○ 이런고로 죄ᄂᆞᆫ ᄒᆞᆫ 사ᄅᆞᆷ으로 말미암아 세상에 드러오고 죽음은 죄로 말미암아 왓ᄂᆞ니 이와ᄀᆞᆺ치 죽음이 모든 사ᄅᆞᆷ의게 니르럿심은 모든 사ᄅᆞᆷ이 죄를 범 ᄒᆞ엿심이라 대개 죄가 률법 잇기젼에 세상에 잇셧시나 다만 률법 업슬 때에ᄂᆞᆫ 죄를 혜아

十一예수의 죽음과 부셩 ᄒᆞᄂᆞᆫ거ᄉᆞ로 우리들 하ᄂᆞ님으로 더브러 화목 ᄒᆞᄂᆞᆫ것ᄲᅮᆫ 아니고 이후에 밧을 샹업을 위ᄒᆞ야 깃부게 ᄒᆞᄂᆞᆫ 지라

[illegible]목은 아담으로 나ᄂᆞᆫ형벌이변ᄒᆞᄂᆞᆫ 지라 十二절노十九절ᄭᆞ지

十二죄라 ᄒᆞᆷ은 로마인셔에 죄ᄂᆞᆫ 힘ᄒᆞᆫ것ᄲᅮᆫ 아니요 다만 ᄉᆞᆯ핌과 원수와 죽이ᄂᆞᆫ 권능이라 아담이 죄에 ᄲᅡ지기젼에 이세샹에 죄에 권셰가 업ᄂᆞᆫ지라 온 ᄇᆡᆨ셩이 죄 범ᄒᆞᆷ으로 죄짓지 아니로되 죄지을 셩픔이 낫ᄂᆞᆫ지라 그 ᄭᆞ닭으로 온 셰샹이 죽엇ᄂᆞᆫ지라

十三법률이라 ᄒᆞᆷ은 모셰가 셜립ᄒᆞᆫ 법이라 률법 셰우기 젼에 이 셰샹에 죄 잇ᄂᆞᆫ ᄭᆞ닭에 률법으로 나ᄂᆞᆫ거시 아니라 아담과 모셰 ᄉᆞ이에 사ᄂᆞᆫ이가 죄 지어도 모셰 법으로 형벌 밧을거시 아니라

十四죽음에 다 살닌다 ᄒᆞᆷ은 아담과 이와만 죽엇더면 죄 힘ᄒᆞᆷ으로 형벌 밧을줄 알련마ᄂᆞᆫ 온 ᄇᆡᆨ셩들도 죽은고로 아담 지은죄로 나ᄂᆞᆫ거시라 오실쟈ㅣ라 ᄒᆞᆷ은 아담으로 더브러 이 셰샹이 죄나고 온 셰샹이 죽ᄂᆞᆫ것 ᄀᆞᆺ쳐 예수로 말미암아 죄샤ᄒᆞᆷ이 낫고 온 셰샹이 영셩을 밧앗ᄂᆞᆫ지라

十五아담이 죄 짓ᄂᆞᆫ거ᄉᆞ로 온 셰샹이 죽어도 예수로 그와ᄀᆞᆺ치 사ᄂᆞᆫ것 아니라 은혜ᄂᆞᆫ 온 셰샹을 위ᄒᆞ여 잇고 다 임의ᄃᆡ로 구원ᄒᆞᆷ을 밧겟ᄂᆞᆫ지라

十六하ᄂᆞ님이 아담을 이젼에 둘ᄯᅢ에 률법을 주어 아담이 직히ᄂᆞᆫᄃᆡ로 작뎡ᄒᆞᆷ을 밧을거시라 그와ᄀᆞᆺ치 하ᄂᆞ님의 인익에셔 온 셰샹이 우샤를 빗엇ᄂᆞᆫ지라 본ᄃᆡ 하ᄂᆞ님이 아담을 학습으로 셰우시매 죄에 ᄲᅢ진고로 하ᄂᆞ님이 담당ᄒᆞᆷ이 업셔져도 다시 셰웟ᄂᆞᆫ지라 아담이 본ᄃᆡ 잇ᄂᆞᆫ것 ᄀᆞᆺ치 ᄒᆞ여 셰샹에 셰웟더면 올흠이 되엿거니와 ᄯᅩᄒᆞᆫ 온셰샹이 다시 죄에 ᄲᅡ져셔도 밋음으로 영셩을 밧엇ᄂᆞᆫ지라 누구던지 죄를 지으면 하ᄂᆞ님ᄭᅴ셔 그죄를 업셔지게 ᄒᆞᆯ것 아니라 오직 그 죄를 위ᄒᆞ여 밧을 형벌을 업셔지게 ᄒᆞᆯ거시라

十七모든 사ᄅᆞᆷ이 죽은고로 다 살닌다 ᄒᆞᆷ이오 그리스도로 말미암ᄂᆞᆫ다 ᄒᆞᆷ은 은샤가 온셰샹을 위ᄒᆞ야 잇셔도 밋ᄂᆞᆫ 사ᄅᆞᆷ만 밧을거시라

十八뭇 사ᄅᆞᆷ이 올흠을 엇ᄂᆞᆫ다 ᄒᆞᆷ은 밋ᄂᆞᆫ사ᄅᆞᆷ 아

니고 어 세상에 밋지 못 ᄒᆞ리가 ᄒᆞ나도 업
논지라 (가림다젼셔 十五장 二十一절과 五十
一절과 후셔 五장 十五절에 뭇시라 ᄒᆞᆫ뜻을
공부ᄒᆞ라
十九순죵이라 ᄒᆞᆷ은 三장 二十 四五六절에 보라
율흠이 예수의 죽음으로 되엿다 ᄒᆞ니 순죵
은 죽음으로 순죵 ᄒᆞᆫ논뜻을 아논지라
二十률법이라 ᄒᆞᆷ은 모세로 쥰거시라 률법 쥰거
스로 의롤의를 알앗논지라 아담이 죄 지음
으로 아담의 ᄌᆞ손이 죄를 짓고 률법 아논거
스로 ᄌᆞ긔의 죄에 힘실 나타나게 ᄒᆞᆫ논거시
라 그죄가 나타나논딕 하ᄂᆞ님의 진노
를 나타내지 안코 은샤를 나타나게 ᄒᆞᆫ거시
라
卄一우리가 아모 신데를 장ᄉᆞ ᄒᆞᆫ논거슬 볼때에
죄에 권능을 볼수 잇고 죽음이 세상에 왕파
ᄀᆞᆺ된지라 그런고로 하ᄂᆞ님이 그왕을 익이
랴고 ᄒᆞᆫ논 거스로 은샤를 왕파 ᄀᆞᆺ처 세엇논
지라

뭇논말

五장 八월二十일

五十七 五장 一절을 외오라
五十八 환란으로 무슴 여러가지 됴흔 ᄆᆞᄋᆞᆷ을 싱
기겟ᄂᆞ뇨
五十九 八절에 무숨 됴흔말이 잇ᄂᆞ뇨
六十 우리가 하ᄂᆞ님이 노 ᄒᆞ심에셔 엇더케 구
원 ᄒᆞ심을 엇엇ᄂᆞ뇨 九절
六十一 죽음이 엇더케 세상 사ᄅᆞᆷ의게 이러 낫
ᄂᆞ뇨 十二절
六十二 十八절을 히셕ᄒᆞ라
六十三 우리가 엇더케 영싱에 니르겟ᄂᆞ뇨

뎨삼권

대한크리스도인회보

뎨삼십삼호

(삼십삼회일합) 광무삼년 팔월십륙일

금싱에 예비릐 싱지 ᄉᆞ는 사름의 본분이라

녯말에 널넛스듸 사ᄅᆞᆷ이 만물에 비ᄒᆞ면 령ᄒᆞ다 ᄒᆞ엿스니 사ᄅᆞᆷ과 물건이 다른것은 금셩에 잇ᄉᆞ 안코 리셩에 잇ᄂᆞᆫ지라 사ᄅᆞᆷ이 싱ᄉᆡ의 본분만 다ᄒᆞ고 ᄉᆞ후 본분의 일을 다ᄒᆞ지 못ᄒᆞ면 이ᄂᆞᆫ 본분의 일이 완젼타 못ᄒᆞ리니 반드시 도리를 ᄇᆞᆰ히 알고 ᄆᆞ음을 졍결케 ᄒᆞ여 리셩을 예비ᄒᆞ면 이거슨 츙 본분의 일을 다 ᄒᆞ엿다 ᄒᆞᆯ지라 물건 본분ᄋᆞᆫ 말ᄒᆞ노니 지남철은 일뎡ᄒᆞᆫ 법이 잇고 옴기지 아니ᄒᆞ야 사ᄅᆞᆷ으로 ᄒᆞ여곰 동셔남북을 알게 ᄒᆞ고 ᄌᆞ명죵은 다ᄉᆞᆺ 바퀴가 ᄌᆞ셔를 어긔지 안코 운힝ᄒᆞ여 사ᄅᆞᆷ으로 ᄒᆞ여곰 시각을 알게 ᄒᆞ니 이ᄂᆞᆫ 사ᄅᆞᆷ이 문단 물건이 그 본분을 다ᄒᆞᆷ이오 ᄯᅩ 일ᄇᆡᆨ 곡식이 싹나고 ᄌᆞ라고 무셩ᄒᆞ고 닉도록 조곰도 건긔ᄒᆞᆷ이 업고 열ᄆᆡ 실과가 ᄭᅩᆺ피고 열ᄆᆡ 밋ᄂᆞᆫ거시 졀후를 잃시니 이거슨 그 먹ᄒᆞᆫ 물건이 본분을 다ᄒᆞᆷ이오 ᄯᅩ 개ᄂᆞᆫ 농히 밤을 직히고 ᄃᆞᆰ은 농히 ᄉᆡ벽을 알고 물은 다름질을 잘ᄒᆞ니 이거슨 혈긔의 물건이 각각 그 본분을 다ᄒᆞᆷ이라 이 모든 물건은 다만 싱젼일만 다ᄒᆞ면 리셩의 무ᄅᆞ거시 업ᄂᆞᆫ지라 사ᄅᆞᆷ은 그와 ᄀᆞᆺ지 아니ᄒᆞ니 가령 션비가 디금 ᄉᆞ긔와 녯 ᄉᆞ긔를 다 알면 뉘가 본분을 다 ᄒᆞ엿다 ᄒᆞ지 아니며 농부가 봄에 갈고 가을에 거두면 뉘가 농부에 본분을 다 ᄒᆞ엿다 ᄒᆞ지 아니며 공인들이 제조를 잘ᄒᆞ며 샹고들이 물건 흔ᄒᆞᆫ곳에 가셔 사다가 빗ᄊᆞᆫ곳에 갓다 ᄑᆞᆯ면 뉘가 샹고의 본분을 다 ᄒᆞ엿다 아니ᄒᆞ리오 그런즉 ᄉᆞ롱공샹의 본분을 각각 다ᄒᆞ면 가키ᄂᆞᆫ 가ᄒᆞ거니와 이거ᄉᆞ로 사ᄅᆞᆷ의 ᄒᆞᆯ 본분을 다ᄒᆞ엿다 못ᄒᆞᆯ지라 웨 그런고 ᄒᆞ니 금싱의 본분은 비록 다 ᄒᆞ엿스나 리싱의 본분은 완젼치 못ᄒᆞ엿고 ᄯᅩ 싱젼에 본분은 한뎡이 잇고 ᄉᆞ후의 본분은 다ᄒᆞᆷ이 업스니 금세샹 본분은 경ᄒᆞ고 리셩의 본분은 더욱 즁ᄒᆞ고로 사ᄅᆞᆷ이 다만 싱젼의 본분만 다ᄒᆞ고 ᄉᆞ후 본분을 싱젼에 예비치 못ᄒᆞ면 일ᄉᆡᆼ의 본분을 완젼치 못ᄒᆞ엿다 ᄒᆞᆯ지라 ᄎᆞᆼ이언건된 사ᄅᆞᆷ이 맛당히 하ᄂᆞ님ᄭᅴ옵셔 내신 본의를 알아야 ᄒᆞᆯ지라 그 본외ᄂᆞᆫ 이 ᄒᆞᆫ 셰샹뿐 아니고 이 셰샹에셔 오ᄂᆞᆫ 셰샹일을 예비케 ᄒᆞᆷ이라

○이아리 네가지 ᄯᅳᆺ을 발명ᄒᆞ노라 (一) 인심이 본리 무궁ᄒᆞ여 사ᄅᆞᆷ마다 부ᄒᆞ고져 ᄒᆞ고 (이쪽

대한크리스도인 회보

THE KOREAN CHRISTIAN ADVOCATE.
Rev. H. G. Appenzeller, Editor.
36 cents per annum
in advance. Postage extra.
Wednesday, Aug 16th, 1899.

서울 정동서 일쥬일에 ᄒᆞᆫ번식 발간 ᄒᆞᄂᆞᆫ데 아편셜라 독ᄉᆞ가 회보 샤쟝이 되엿더라 일년 갑슬 미리 ᄂᆡ면 삼십륙젼이오 우표 갑슨 ᄯᅡ로 잇노라

일폭련속

빈ᄒᆞ고져 아니 ᄒᆞ며 귀ᄒᆞ고져 ᄒᆞ며 쳔ᄒᆞ고져 아니 ᄒᆞ니 만일 빈ᄒᆞᆫ이가 문득 부ᄒᆞ면 더욱 부ᄒᆞᆷ을 ᄇᆞ라고 쳔ᄒᆞᆫ이가 문득 귀ᄒᆞ면 더욱 귀ᄒᆞᆷ을 ᄇᆞ라ᄂᆞ니 인정이 다 ᄀᆞᆺᄒᆞᆫ지라 금수ᄂᆞᆫ 이ᄀᆞᆺ지 안코 다만 ᄇᆡ부른것만 알고 그밧긔 나른 ᄯᅳᆺ이 업ᄂᆞᆫ! 라 오직 사ᄅᆞᆷ은 그러치 안ᄒᆞ니 일ᄉᆡᆼ에 맛나ᄂᆞᆫ것만 ᄉᆡᆼ각지 안코 더욱 면려ᄒᆞᆯ ᄆᆞᄋᆞᆷ이 잇ᄂᆞᆫ거슨 ᄅᆡᄉᆡᆼ에 일이 잇ᄂᆞᆫ거슬 은연즁 ᄀᆞᄅᆞ침이라 (二) 사ᄅᆞᆷ이 세샹에 잇셔 그 맛나ᄂᆞᆫ 일의 명한이 업스니 부귀빈쳔 총명우쥰 무론ᄒᆞ고 ᄆᆡ양 가난ᄒᆞ고 곤고ᄒᆞᆫ 일을 주어 그 심지를 괴롭게 ᄒᆞ며 근골을 수고롭게 ᄒᆞ야 종신토록 평안ᄒᆞᆷ이 업스니 이거슨 그 지혜와 능간을 더ᄒᆞ며 참고 견ᄃᆡ여 ᄅᆡᄉᆡᆼ의 일을 예비케 ᄒᆞᆷ이라 (三) 사ᄅᆞᆷ의 ᄆᆞᄋᆞᆷ은 며욱 쓸ᄉᆞ록 더욱 령ᄒᆞ고 능간은 쓸ᄉᆞ록 더욱 근지라 이러므로 글닑ᄂᆞᆫ 사ᄅᆞᆷ이 만히 닑을ᄉᆞ록 총명히 만코 능간이 ᄯᅩᄒᆞᆫ 만코 능히 시비를 판단ᄒᆞ며 도리를 ᄇᆞᆰ히ᄃᆡ 오ᄂᆞᆯᄂᆞᆫ 닑을때만 그럴ᄲᅮᆫ 아니라 ᄎᆡᆨ을 덥흔 후에도 ᄉᆡᆼ각ᄒᆞᆫ 능히 오묘ᄒᆞᆫ거슬 ᄭᆡ닷고 그 보지 못ᄒᆞ고 듯 못ᄒᆞᆫ일도 능히 ᄭᆡ닷고 ᄇᆞᆰ히되 오직 물건은 그러치 못ᄒᆞᆫ지라 금수의 소혈은 쳔고에 ᄀᆞᆺ고 곳치지 못ᄒᆞ며 옮여 운동지각은 시죵이 여일ᄒᆞ여 ᄒᆞᆫ날도 더 나아감이 업스되 사ᄅᆞᆷ은 총명과 능간이 엿흔ᄃᆡ로 말미암아 깁흔ᄃᆡ 밋고 것친ᄃᆡ로 말미암아 졍미ᄒᆞᆫᄃᆡ 밋고 자근ᄃᆡ로 말미암아 큰ᄃᆡ 밋고 갓가온ᄃᆡ로 말미암아 먼ᄃᆡ 밋출지니 영원이 압흐로 나아가고 머믈 ᄃᆡ경이 업ᄂᆞ니라 (四) 텬하 고금 사ᄅᆞᆷ을 헤아려 볼진ᄃᆡ 몰년의 죽기를 다 무셔워 ᄒᆞᄂᆞᆫ지라 그 ᄆᆞᄋᆞᆷ과 ᄯᅳᆺ을 궁구ᄒᆞ여 보면 그 일ᄉᆡᆼ에 ᄒᆞᆫ바일이 다 션ᄒᆞᆷ이 업셔 ᄉᆞ후ᄉᆡᆼ 하ᄂᆞ님 압헤 감히 심판 당ᄒᆞᆷ을 두려워 ᄒᆞ지 아닐쟈 업ᄂᆞᆫ지라 이거슨 사ᄅᆞᆷ의 량심이 사ᄅᆞᆷ을 경계ᄒᆞ여 오ᄂᆞᆫ 셰상 일을 예비케 ᄒᆞ고져 ᄒᆞᆷ이라 ᄯᅩ 하ᄂᆞ님이 사ᄅᆞᆷ을 지으실ᄉᆡ 그ᄯᅳᆺ의 [illegible]득 ᄒᆞ지 안코 ᄒᆞᆼ상 부속ᄒᆞᆷ이 잇게 ᄒᆞᆫ거슨 오ᄂᆞᆯ더 그 오지 못ᄒᆞᆫ 셰샹에 잇ᄂᆞᆫ거슬 알게 ᄒᆞᆷ이라 대개 사ᄅᆞᆷ은 늙을 긔약이 잇고 량심은 늙을 긔약이 업스며 사ᄅᆞᆷ은 죽을때가 잇고 령혼은 죽을때가 업고 영원이 압흐로 나가기를 마지아니케 ᄒᆞ셧ᄂᆞ이다 김챵식

례ᄇᆡ일공과 일ᄇᆡᆨ 삼십삼 팔월 이십칠일

바울노가로마사ᄅᆞᆷ의게ᄒᆞᆫ편지

로마인셔 륙장 일졀노 이십삼졀ᄭᆞ지
一 그런즉 우리가 무슴 말ᄒᆞ리오 은혜를 더ᄒᆞ게
ᄒᆞ라고 죄에 거ᄒᆞ겟ᄂᆞ뇨 二 결단코 아니라 우리
가 죄에 죽엇ᄉᆞ니 엇지 죄즁에 더 살니오 三 므
ᄅᆞᆺ 우리 크리스도 예수에 세례를 밧은쟈ᄂᆞᆫ 그 죽
음에 세례 밧은줄을 아지 못ᄒᆞᄂᆞ냐 四 그런고
로 우리가 죽음에 세례로 예수와 ᄒᆞᆷᄭᅴ 장ᄉᆞᄒᆞᆷ은
아바님의 영광으로 크리스도ㅣ 죽음에셔 다시
니러나심과 ᄀᆞᆺ치 우리도 ᄯᅩᄒᆞᆫ 새로 살어 힝ᄒᆞᆷ이
니라 五 만일 우리가 예수의 죽으심을 본 밧아
ᄒᆞᆷᄭᅴ 되면 그 다시 살어남도 ᄯᅩᄒᆞᆫ ᄀᆞᆺ ᄒᆞ리라 六
우리 녯몸에 예수와 ᄒᆞᆷᄭᅴ 십ᄌᆞ가에 못박혀 죄의
몸이 멸ᄒᆞ고 이제 브터 우리가 죄에 잇셔 죵이
되지 아니ᄒᆞᆷ을 알거시니라 七 대개 죽는쟈ᄂᆞᆫ 죄를
버셔나 올흠이 되ᄂᆞ니라 八 만일 우리가 크리스
도와 ᄒᆞᆷᄭᅴ 죽엇시면 ᄯᅩᄒᆞᆫ 그와 ᄒᆞᆷᄭᅴ 삶을 밋노
라 九 크리스도ㅣ 죽음으로 다시 니러 나셧시니
다시 죽지 니ᄒᆞ시고 죽음이 다시 뎌를 다ᄉᆞ리
지 못ᄒᆞᆯ줄을 아ᄂᆞ니 十 그 죽으심은 죄에 ᄒᆞᆫ번
죽으심이오 그 살으심은 하ᄂᆞ님ᄭᅴ 살으심이
니 十一 이와 ᄀᆞᆺ치 너희가 ᄌᆞ긔는 죄의게 죽고 예
수 크리스도로 힘닙어 하ᄂᆞ님ᄭᅴ 삶을 혜아릴
지니라 十二 그런고로 죄가 너희 죽을 몸을 다ᄉᆞ
리지 못ᄒᆞ게 ᄒᆞ며 그 ᄉᆞ욕을 슌죵치 말고 十三 ᄯᅩ
ᄒᆞᆫ 너희 지톄를 죄에 드려 불의의 병긔가 되지
말고 오직 죽음에셔 산 사ᄅᆞᆷ ᄀᆞᆺ치 ᄌᆞ긔를
하ᄂᆞ님ᄭᅴ 드리며 ᄯᅩᄒᆞᆫ 너의 지톄ᄂᆞᆫ 의힝으로 병
긔가 되야 하ᄂᆞ님ᄭᅴ 드릴지니라 十四 대개 죄
가 너희 쥬인이 되지 못ᄒᆞᆷ은 너희가 률법 아래
붓치지 아니ᄒᆞ고 은혜아래 붓침이라 ○ 十五 그런
즉 엇지ᄒᆞ리오 우리가 률법아래 붓치지 아니ᄒᆞ
고 은혜아래 붓쳣ᄉᆞ니 죄를 범ᄒᆞ리오 결단코
아니라 十六 너희 몸을 드려 죵이 되여 셤긴즉 셤
기ᄂᆞᆫ 쟈의 죵이 되ᄂᆞᆫ줄을 아지 못ᄒᆞᄂᆞ냐 혹 죄
의 죵이면 죽음에 니르고 혹 슌죵ᄒᆞᄂᆞᆫ 죵이면
올흠에 니르ᄂᆞ니라 十七 그러나 나ㅣ 하ᄂᆞ님ᄭᅴ
감샤ᄒᆞᆷ은 너희가 본ᄅᆡ 죄의 죵이 되엿더니 이제
ᄂᆞᆫ 너희가 ᄀᆞᄅᆞ친 법을 ᄆᆞᄋᆞᆷ으로 슌죵ᄒᆞᆷ이라 十八
너희가 죄에셔 버셔남을 엇어 올흠의 죵이 되엿
ᄂᆞ니라 十九 너희 육신에 연약ᄒᆞᆷ으로 내가 사ᄅᆞᆷ
의 풍쇽을 ᄯᅡ라 말ᄒᆞ노니 이왕에ᄂᆞᆫ 너희가 그
지톄를 드려 더러옴과 불의의 죵이 되야 불의에
니른것 ᄀᆞᆺ치 이제ᄂᆞᆫ 너희 지톄를 드려 올흠에
죵이 되야 졍결ᄒᆞᆷ에 니를지어다 二十 대개 너희가
이왕에 죄의 죵이 되엿실 때에ᄂᆞᆫ 올흠을 버셔
낫ᄂᆞ니라 二十一 너희가 이제 붓그러온 바 젼에 힝
ᄒᆞ던 일즁에 무슴 열ᄆᆡ를 엇엇ᄂᆞ뇨 그런일의 마
ᄌᆞ막은 죽음이니라 二十二 그러나 이제 너희가 죄
에셔 버셔남을 엇어 하ᄂᆞ님ᄭᅴ 죵이 되여 졍

결ᄒᆞᆷ에 니르ᄂᆞᆫ 너희 열ᄆᆡ를 엇엇시니 이 마자막은 영ᄉᆡᆼ이니라 二十三 대개 죄의 갑ᄉᆞᆫ 죽ᄂᆞᆫ거시오 오직 하ᄂᆞ님의 은샤ᄂᆞᆫ 우리 쥬 예수 크리스도로 말ᄆᆡ암아 영ᄉᆡᆼ이니라

주셕

뎨목은 예수죽음으로죄에셔죽엇ᄂᆞᆫ지라 一절노十절ᄭᆞ지

一 우리 공부 ᄒᆞᆷ으로 하ᄂᆞ님이 아담이 률법 범ᄒᆞᆷ으로 아담의 ᄌᆞ손이 죄를 만히 나타나게 ᄒᆞ고 하ᄂᆞ님이 ᄌᆞ긔 인익를 그러ᄒᆞᆷ으로 뵈엿ᄉᆞ니 우리들이 죄 짓ᄂᆞᆫ거ᄉᆞ로 하ᄂᆞ님 도를 왕셔ᄒᆞ랴 ᄒᆞᄂᆞ뇨 ᄒᆞ뇨 바울노가 못ᄒᆞᄂᆞᆫ거시라

二 죄의 죽엇다ᄒᆞᆷ은 누구던지 죽으면 이셰샹에셔 ᄯᅥ나ᄂᆞᆫ것 ᄀᆞᆺ치 죄에셔 아조 ᄯᅥ나ᄂᆞᆫ 거시라 가랍대 二장 十九절과 六장 十四절을 보라 하ᄂᆞ님이 우리로 온 처음에 원ᄒᆞᄂᆞᆫ거ᄉᆞᆫ 죄에 죽일거시라

三 셰례라 ᄒᆞᆷ은 하ᄂᆞ님을 셤기ᄂᆞᆫ 밧ᄯᅢ표라 사ᄅᆞᆷ이 셰례 밧음으로 하ᄂᆞ님과 새로 화합ᄒᆞᆫ줄 아ᄂᆞᆫ지라 죽음이라 ᄒᆞᆷ은 예수ᄭᅴ셔 텬당에 계실ᄯᅢ에ᄂᆞᆫ 이 셰샹에와 ᄀᆞᆺ지안코 이셰샹에 계실ᄯᅢ에 죄로 ᄒᆡ로옴을 밧엇시나 죽음으로 면ᄒᆞ엿ᄉᆞ니 십ᄌᆞ가에 죽ᄂᆞᆫ날에 아ᄎᆞᆷ은 원수 의임을 밧고 낫에ᄂᆞᆫ 죄에 ᄒᆡ로옴을 입엇고 져녁은 다 면ᄒᆞᆫ지라 그와ᄀᆞᆺ치 우리가 죄에셔 온젼히 면ᄒᆞ여슬 거시니라

四 뉘 신톄를 장ᄉᆞᄒᆞᆯᄯᅢ에 ᄇᆡᆨ셩이 그가 셰샹에셔 ᄯᅥ나간줄 아ᄂᆞᆫ것ᄀᆞᆺ치 셰례 밧으면 죄에 ᄯᅥ나고 장ᄉᆞᄒᆞᆫ줄 아ᄂᆞᆫ지라

五 본밧아 ᄒᆞᆷᄭᅴ 된다ᄒᆞᆷ은 예수가 인ᄌᆞ라 칭ᄒᆞ셧ᄉᆞ니 우리가 화합ᄒᆞᆷ으로 몸과 령혼이 인ᄌᆞ의 셩픔과 ᄀᆞᆺ치 될수 잇ᄂᆞᆫ지라 ᄯᅩᄒᆞᆫ 우리도 화합 ᄒᆞᆷ으로 예수 죽을ᄯᅢ에 ᄒᆞᆷᄭᅴ 죽엇ᄂᆞᆫ지라

六 녯몸이라 ᄒᆞᆷ은 예수를 밋으면 변ᄒᆞᄂᆞᆫ거시 만흔 ᄯᅢ문에 아조 죽엇다고 ᄒᆞᄂᆞᆫ지라 이불소 四장 二十二절과 가라셔 三장 九절을 보라 십ᄌᆞ가에 못 박다ᄒᆞᆷ은 죽이ᄂᆞᆫ 뜻인ᄃᆡ 못박아 죽인뜻이 아니고 임의 못박아 죽엇ᄂᆞᆫ지라 ᄯᅩ 오묘ᄒᆞᆫ뜻 잇ᄉᆞ니 예수 십ᄌᆞ가 못 박을ᄯᅢ에 예수 ᄉᆞᆫ과 발이 샹ᄒᆞᆷ으로 우리 죄도 샹ᄒᆞ엿ᄂᆞᆫ지라 그런즉 예수 십ᄌᆞ가에 못박혀 죽을ᄯᅢ에 우리도 죽엇ᄂᆞᆫ지라 죄에 몸이라 ᄒᆞᆷ은 죄짓ᄂᆞᆫ 사ᄅᆞᆷ의 몸이란 뜻이니라 죵이라ᄒᆞᆷ은 죄ᄂᆞᆫ 우리 쥬인 되여셔 몸으로 우리를 다ᄉᆞ리ᄂᆞᆫ지라

七 사ᄅᆞᆷ이 죄에 형벌을 ᄒᆞᆫ번만 밧고 다시 밧지 못ᄒᆞᆯ매 우리가 예수로 더브러 십ᄌᆞ가에 못박아 죽엇ᄉᆞ니 다시 죽지 아닐지라

八 ᄒᆞᆷᄭᅴ 죽엇다ᄒᆞᆷ은 예수로 더브러 죄에 ᄒᆡ로옴을 면ᄒᆞᄂᆞᆫ지라 산다ᄒᆞᆷ은 예수로 더브러 영ᄉᆡᆼ 엇ᄂᆞᆫ지라

九ㅡ十 누구던지 죄에죽으면 죄에 살핌을 면ᄒᆞᄂᆞᆫ
지라 또 죄로 죽으면 힝ᄒᆞᄂᆞᆫ것과 싱각 ᄒᆞ
ᄂᆞᆫ거시 온젼 ᄒᆞᆷ으로 하ᄂᆞ님ᄭᅴ 깃브게 ᄒᆞ
기를 익ᄊᆞᆯ거시라 그런즉 우리가 예수와
셩픔과 ᄀᆞᆺ치 될지라

뎨목은 그런즉죄를더셤기지마라홈
이라 十一절노十四절

十一 우리가 예수안에 잇ᄂᆞᆫ데로 하ᄂᆞ님의게 잇
겟ᄂᆞᆫ지라 다만 예수에 떠나면 죄가 살고
요한복음 十五장 一절
조긔데로 잇ᄂᆞᆫ지라 노 七절ᄭᆞ지 보라
十二 우리가 몸에 잇슬ᄯᅢ에 샤욕에 힘이 잇고
그데로 허락주면 죄를 힝ᄒᆞ고 죄에 왕이
샤욕으로 우리를 다ᄉᆞ리ᄂᆞᆫ지라
十三 우리가 샤욕의게 허락주면 입과 손과 발이
죄에 병긔가 되ᄂᆞᆫ지라 그런즉 바울노가 우
리의 권능이 온젼 ᄒᆞᆷ으로 하ᄂᆞ님ᄭᅴ 드리기
를 권ᄒᆞᆯ지라 우리ᄂᆞᆫ 예수를 밋은후에 임의
죽고 산거슬 셩각ᄒᆞᆯ지라
十四 률법에라 ᄒᆞᆷ은 모셰가 준거시라 가림다젼
셔 九장 廿 절을 보라 온혜 아리라 ᄒᆞᆷ은 五장 十一절
을 보라 하ᄂᆞ님ᄭᅴ셔 우리 힝ᄒᆞᆯ데로 우리의
게 갑슬 주지안코 인의로 베프ᄂᆞᆫ지라 특별
히 셩각ᄒᆞᆯ거슨 밋음과 온젼히 드리ᄂᆞᆫ 거시
화합 ᄒᆞ여야 온혜아리 잇슬지라

뎨목은 죄를셤김으로죄에히를나타
내ᄂᆞᆫ거시라 十五절노二十三절

十五 하ᄂᆞ님ᄭᅴ셔 우리 힝ᄒᆞᆫ데로 갑ᄒᆞ주지 안코
인의로 베프ᄂᆞᆫ데 죄를 힝ᄒᆞᆯ수 잇겟ᄂᆞ냐 ᄒᆞ
ᄭᅩ 뭇ᄂᆞᆫ거시라 가령 왕의 신하가 그왕이
져를 ᄉᆞ랑 ᄒᆞᄂᆞᆫ줄 알고 죄 지어도 형벌 밧
지 안을줄노 밋ᄂᆞᆫ것 ᄀᆞᆺ치 더회들이 하ᄂᆞ님
압헤 죄 지어도 형벌밧지 아닐줄 아ᄂᆞᆫ지라
十六 누구던지 다른이가 시기ᄂᆞᆫ데로 힝ᄒᆞ면 그
예 사ᄂᆞᆫ 병긔가 되ᄂᆞᆫ지라 그런즉 다른이가
시기ᄂᆞᆫ데로 ᄒᆞ기젼에 뉘 인지와 웨 시기ᄂᆞᆫ
지 알아보라 죄를 셤기ᄂᆞᆫ 리치ᄂᆞᆫ 죽ᄂᆞᆫ 샹
업이라 죄짓고 죽고 하ᄂᆞ님 셤기고 사ᄂᆞ니
그 두가지밧ᄭᅴ 업ᄂᆞᆫ지라
十七 감샤ᄒᆞᆷ이라 ᄒᆞᆷ은 본리 죄인셔닭 아니고 하
ᄂᆞ님을 슌죵ᄒᆞᄂᆞᆫ 셔닭으로 감샤ᄒᆞᆯ지라 ᄀᆞ
ᄅᆞ친 법이라ᄒᆞᆷ은 바울노와 ᄉᆞ도들이 ᄀᆞᄅᆞ
쳐 준거시라
十八 너희가 하ᄂᆞ님 슌죵ᄒᆞᆷ으로 죄를 면ᄒᆞ고
하ᄂᆞ님 죵 되엿ᄂᆞᆫ지라 그 변 ᄒᆞᄂᆞᆫ거슨 예
수로 더브러 죽고 부싱 ᄒᆞᄂᆞᆫ거시라
十九 사ᄅᆞᆷ의 풍속ᄯᅡ라 밀ᄒᆞᆫ다ᄒᆞᆷ은 외모에 비유
로 ᄀᆞᄅᆞ쳐 주ᄂᆞᆫ거시라 하ᄂᆞ님의게 살면 몸
과 령혼이 온젼ᄒᆞᆷ으로 거룩ᄒᆞ게 될지라
二十 누구던지 을혼힝실 ᄒᆞ면 하ᄂᆞ님의 임의에

화합ᄒᆞ야 ᄌᆞ쥬ᄒᆞᄂᆞᆫ 사ᄅᆞᆷ이라 ᄒᆞ고 올흔 힘
실 아니ᄒᆞ면 제 임의더로 못ᄒᆞ고 죄에 죵이
되ᄂᆞᆫ지라 바울노가 니ᄅᆞᆫ뜻은 죄를 힘ᄒᆞᆯ때
에 올흠에 결박 되ᄂᆞᆫ뜻은 아니로되 가부편
ᄒᆞᄂᆞᆫ이ᄂᆞᆫ 잇다고 ᄒᆞ여도 그ᄂᆞᆫ 올흠으로 결
박ᄒᆞᆷ이 업다고 ᄒᆞᄂᆞᆫ말이라

二十一 붓그러옴이라 ᄒᆞᆷ은 예수를 밋기젼에 죄짓
ᄂᆞᆫ거시라 신약에 ᄒᆞ여 열ᄆᆡ라 ᄒᆞᆫ거손 조
흔 힘실노 조흔 상업을 엇ᄂᆞᆫ거시라

二十二 이제라 ᄒᆞᆷ은 죄 짓ᄂᆞᆫ때와 누이쳐 곤쳐ᄂᆞᆫ때
를 비교ᄒᆞᆫ거시라 하ᄂᆞ님의 죵이라 ᄒᆞᆷ은(비
립비 一장 卄二절에 보라) 예수 밋음으로
온젼ᄒᆞᆷ을 엇으면 엇ᄂᆞᆫ지라

二十三 죄에 갑시라 ᄒᆞᆷ은 희리니 사ᄅᆞᆷ이 병뎡으로
월급 밧ᄂᆞᆫ것 ᄀᆞᆺ흔말이라 누가복음 三장 十
四절과 가림다젼
서 九장 七
절에보라 누구던지 죄에 친에 셤기면 월
급은 죽고 망ᄒᆞᄂᆞᆫ거시오 은샤라 ᄒᆞᆷ은 一
장 一절과 五장 十五절에 보라 영ᄉᆡᆼ이라
ᄒᆞᆷ은 아모 사ᄅᆞᆷ이라도 밧기를 공뢰 못ᄒᆞ
되 하ᄂᆞ님이 상업을 주시ᄂᆞ니라

묻ᄂᆞᆫ말

六장 八월二十七일

六十四 사ᄅᆞᆷ 죄 짓기로 오혜를 나리ᄂᆞᆫ 수가 잇
ᄂᆞ뇨

六十五 셰례ᄂᆞᆫ 엇더케 예수 죽으심을 비교가 되
ᄂᆞ뇨 三절

六十六 우리도 엇더케 예수 부활ᄒᆞ심을 비교ᄒᆞ
ᄂᆞᆫ수 잇ᄂᆞ뇨 四절

六十七 十一절을 외오시오

六十八 우리 지톄가 엇더케 죄에 붓치게 되ᄂᆞ뇨

六十九 내가 엇더케 내 지톄를 죄에 ᄲᅢ앗고 하ᄂᆞ
님ᄭᅴ 부치겟ᄂᆞ뇨 十三절

七十 스ᄉᆞ로 헤아려 본즉 임ᄌᆞ가 뉘 죵이뇨 十六절

七十一 우리가 엇더케 하ᄂᆞ님의 죵이 되겟ᄂᆞ뇨 二十二절

七十二 二十三절을 외오라

뎨삼권

대한회보

광무삼년(합일빅삭십ᄉᆞ) 인 팔월이십삼일

뎨삼십ᄉᆞ호

새로나온목ᄉᆞ

ᄲᅢ목ᄉᆞᄂᆞᆫ 근본 미국 셔편에셔 아홉히 동안을 련환회에 ᄎᆞᆷ예ᄒᆞ엿고 활판소 일노 [illegible]의 ᄒᆞ던 교우라 그 부인과 ᄌᆞ뎨 둘을 다리고 양력 팔월 십칠일에 졍동교회에 나와셔 칙판 ᄉᆞ무ᄅᆞᆯ 볼 터인고로 우리가 반갑게 영졉ᄒᆞ노니 아모죠록 교즁 셔칙을 만히 간츌 ᄒᆞ야 셩신의 능력으로 대한 동포의 불샹ᄒᆞᆫ 령혼을 널니 구원 ᄒᆞ기ᄅᆞᆯ ᄇᆞ라노라

졔물포교회에셔보낸편지

우리 교회 쟝로ᄉᆞ 죠원시씨가 칠월 년간에 교회 ᄉᆞ무ᄅᆞᆯ 인ᄒᆞ야 인쳔항에셔 일등 륜션을 ᄐᆞ고 일본 쟝긔도로 가셔 다시 발힝ᄒᆞ여 원산항에 도박ᄒᆞᆫ즉 그 곳 교회가 흥왕 ᄒᆞ며 본토 젼도인 김긔범씨의 젼도로 교우ᄂᆞᆫ 남녀 ᄉᆞ십여인이오 ᄯᅩ 교회ᄅᆞᆯ 각처에 셜립 ᄒᆞ엿ᄂᆞᆫ듸 혹 칠십리 혹 오십리 혹 삼십리 되ᄂᆞᆫ ᄯᅡ에 잇ᄂᆞᆫ지라 맛ᄎᆞᆷ 쟝마가 십여일을 나리매 가지 못ᄒᆞ고 본항 교우의게 셩 만찬을 베풀고 김긔범씨의 녀ᄋᆞ가 셰례ᄅᆞᆯ 밧엇더라 ᄉᆞ무ᄅᆞᆯ 맛치고 인쳔 항으로 팔월 십륙일에 평안이 도박 ᄒᆞ셧ᄉᆞ니 이 모든 영광ᄋᆞᆯ 하ᄂᆞ님ᄭᅴ 돌니노라 ᄒᆞ셧더라

옥황샹뎨의리력

동양 ᄉᆞ긔ᄅᆞᆯ 샹고ᄒᆞ여 보건ᄃᆡ 옥황은 근본 한나라 말셰에 진뎡부 힝당현 사ᄅᆞᆷ이니 셩은 쟝이오 명은 의라 어려셔브터 태샹로군의 도ᄅᆞᆯ 숭샹ᄒᆞ고 무당산에 숨어살며 단약을 만드러 셰샹 사ᄅᆞᆷ의 질병을 곳친지라 송나라 휘종ᄯᅢ에 니르러 슐긱 림령소가 ᄯᅩᄒᆞᆫ 로군의 도ᄅᆞᆯ 됴와 ᄒᆞ더니 기리 사ᄂᆞᆫ 슐법으로 휘종을 속이고 쟝의ᄅᆞᆯ 봉ᄒᆞ야 옥황샹뎨라 칭ᄒᆞ고 옥황의 도와 주기ᄅᆞᆯ ᄇᆞ라며 나라이 오래 태평ᄒᆞ기ᄅᆞᆯ 구ᄒᆞ엿시나 송휘종이 맛츰내 금나라 사ᄅᆞᆷ의게 잡혀가 오국셩이라 ᄒᆞᄂᆞᆫ 곳에셔 죽고 나라이 망ᄒᆞ엿시니 슯흐다 셰샹님군즁에 옥황샹뎨ᄅᆞᆯ 존숭ᄒᆞᆫ이가 송휘종 ᄀᆞᆺᄒᆞᆫ 사ᄅᆞᆷ이 업시되 필경은 ᄌᆞ긔 몸ᄭᆞ지 보젼치 못ᄒᆞ엿ᄉᆞ니 셜지 후셰사ᄅᆞᆷ의 경계ᄒᆞᆯ일이 아니리오 옥황ᄂᆞᆫ 근본 사ᄅᆞᆷ이오 ᄯᅩᄒᆞᆫ 아모권능도 업고 긔이ᄒᆞᆫ 힝적이 업거ᄂᆞᆯ 지금ᄭᆞ지 셰샹의 어리셕은 사ᄅᆞᆷ들이 갑ᄒᆞ기ᄅᆞᆯ 텬디 간에 뎨일 놉흔션이ᄂᆞᆫ 옥황샹뎨라 ᄒᆞᄂᆞ니 츰 어두온 말이로다 우리쥬ᄅᆞᆯ 밋ᄂᆞᆫ형뎨들은 텬디 만물의 대쥬재ᄅᆞᆯ 셤긴ᄉᆞ 어두온 사ᄅᆞᆷ들을 ᄀᆞᄅᆞ쳐 ᄭᆡ닷게 ᄒᆞ시오

대한크리스도인회보

THE KOREAN CHRISTIAN ADVOCATE.
Rev. H. G. Appenzeller, Editor.
36 cents per annum
in advance. Postage extra.
Wednesday Aug. 23rd, 1899.

셔울 정동셔 일쥬일에 ᄒᆞᆫ번식 발간 ᄒᆞᄂᆞᆫ데 아편셜라 목ᄉᆞ가 회보 샤장이 되엿더라 일년 갑슬 미리 ᄂᆡ면 삼십 륙젼이오 우표 갑슨 ᄯᅡ로 잇ᄂᆞ라

아리웃물진다

우리 교즁에 ᄋᆡ들온 일이 ᄒᆞᆫ가지 잇ᄉᆞ니 ᄉᆞ랑ᄒᆞᆫ ᄆᆞᄋᆞᆷ과 깃분 얼골이 압서지 안코 망녕되이 ᄉᆞᄉᆞ로 놉흔톄 ᄒᆞ며 그 지위ᄅᆞᆯ ᄉᆡᆼ각지 안코 다만 ᄌᆞᄌᆞ격ᄒᆞᆫ ᄆᆞᄋᆞᆷ이 잇서 형용이 악 ᄒᆞ여지며 교만ᄒᆞᆫ 태도가 압서니 이거시 엇지 한탄ᄒᆞᆯ비 아니리요 경향간 우리 교우들은 대한에 소위 반샹들ᄲᅮᆫ 아니라 심지어 쳔반 쳔인즁 사ᄅᆞᆷ들이 만은지라 그러나 우리 션교ᄉᆞ들은 다만 그 인류가 동등인줄노만 알고 화평 ᄒᆞ기ᄅᆞᆯ만 쥬무 ᄒᆞ거ᄂᆞᆯ 우리의 본뜻은 본밧지 안코 아랫 사ᄅᆞᆷ 된쟈 웃 사ᄅᆞᆷ을 능멸이 녁이며 웃 사ᄅᆞᆷ 된쟈 아랫 사ᄅᆞᆷ을 업수히 녁이며 ᄉᆞ지곡딕은 불문ᄒᆞ고 ᄒᆞᄂᆞᆫ 말이 저금 기회ᄒᆞᆫ 셰샹인데 더ᄂᆞᆫ 더고 나ᄂᆞᆫ 나지 내가 엇지 ᄒᆞ여 더의게 하데 ᄒᆞᄂᆞᆫ 말ᄉᆞᆷ 드르랴 ᄒᆞ며 셔방님 싱원님 나리 령감마님이 이제ᄂᆞᆫ 멀니 갓네 ᄒᆞᄂᆞᆫ 쟈들도 잇ᄉᆞ며 녀인들노 말ᄒᆞ면 나도 이제ᄂᆞᆫ 치마ᄅᆞᆯ 외로 닙겟다 ᄒᆞ며 ᄒᆞᆫ 절도 아니 ᄒᆞ며 아씨 마님이 우리 집 마루 밋헤 잇네 ᄒᆞ니 그러고 본즉 그런말을 듯ᄂᆞᆫ쟈들은 더욱 ᄆᆞᄋᆞᆷ이 불쾌 ᄒᆞ여 ᄒᆞᄂᆞᆫ 말이 이러 ᄒᆞ고야 셰샹이 엇지 망 ᄒᆞ지 아니리오 ᄒᆞ고 샹하가 아리 웃물이 지니 합심이 되기ᄂᆞᆫ 고사 ᄒᆞ고 서로 잡아 먹으랴고 ᄋᆡ들을 쓰니 엇지 평화ᄒᆞᆫ 긔샹이 나리요 도로혀 징투와 분경이 나니 도의 본지ᄅᆞᆯ 닐어ᄇᆞ릴ᄲᅮᆫ 아니라 그 힝위가 교 밧ᄭᅴ 사ᄅᆞᆷ 보덤 무엇시 더 나흐리오 ᄉᆞ도 바울노 편지에 ᄀᆞᆯᄋᆞ샤ᄃᆡ 쥬ᄅᆞᆯ 밋ᄂᆞᆫ 사ᄅᆞᆷ들은 남녀 귀천을 물론ᄒᆞ고 각각 ᄌᆞ긔 직분대로 일을 힝ᄒᆞ여 겸손ᄒᆞ고 교만치 말나 ᄒᆞ엿ᄉᆞ니 바ᄅᆞᆫ건대 우리 형데들은 이 ᄉᆞ소ᄒᆞᆫ 풍속을 변ᄒᆞ랴고 ᄋᆡ쓸거시 아니라 몬저 힘위ᄅᆞᆯ 점잔케 ᄒᆞ며 ᄒᆞᆼ샹 화긔가 융융케 피차에 교제 ᄒᆞ면 ᄌᆞ연이 서로 대접ᄒᆞ고 서로 공경ᄒᆞᆯ ᄆᆞᄋᆞᆷ이 싱길터이니 이거시 아리 웃물 지ᄂᆞᆫ거ᄉᆞᆯ 업세ᄂᆞᆫ 방침으로 아노라

례ᄇᆡ일공과 열벽 삼십ᄉ 구월 삼열

바울노가로마사룸의게ᄒᆞᆫ편지

로마인셔 칠쟝 일졀노 십이졀ᄭᆞ지

一 형데들아 내가 률법 아논쟈의게 말ᄒᆞ노니 너
희 엇지 률법이 사룸의 일ᄉᆡᆼ을 다ᄉᆞ리논줄 아지
못ᄒᆞᄂᆞ냐 二 대개 지아비 잇논 녀인이 지아비
살엇실 동안은 률법으로 그의게 ᄆᆡ임이 되나 오
직 지아비가 죽은즉 지아비 법에셔 버셔 낫ᄂᆞ니
三 그런고로 만일 지아비 살엇실 동안에 다른 사
룸을 조ᄎᆞᆫ즉 음부ㅣ라 닐ᄋᆞ고 오직 지아비가 죽
은즉 그 법에셔 버셔낫스니 다른 사룸을 조출지
라도 음부ㅣ 되지 아니ᄒᆞᄂᆞ니라 四 그럼으로 내
형데들아 너희도 크리스도의 몸으로 률법의게
죽음을 밧앗시니 이논 다른쟈 곳 죽음에셔 다시
살으심을 엇으신 이를 좃차 하ᄂᆞ님ᄭᅴ 열ᄆᆡ를
밋침이니라 五 대개 우리가 육톄에 잇슬 ᄯᅢ에논
률법으로 죄되논 졍욕이 우리 지톄에 힘ᄒᆞ야 죽
음에 니르논 열ᄆᆡ를 ᄆᆡ쳣더니 六 이제논 이왕에
붓친거싀게 죽어 률법을 버셔낫시니 이럼으로
우리가 새 신령으로 셤기고 녯 의문으로 아닐지
니라 七 그런즉 우리가 무숨 말 ᄒᆞ리오 률법
이 죄냐 결단코 아니라 다못 률법으로 아니면
내가 죄를 아지 못ᄒᆞ니 대개 률법에 탐내지 말
나 ᄒᆞ신 말숨을 아니 ᄒᆞ셧더면 내가 탐심을 아
지 못ᄒᆞ엿시리라 八 죄가 계명으로 긔회를 ᄐᆞ셔
내게 각양 탐심을 힘동ᄒᆞ게 ᄒᆞ니 대개 률법이 업
ᄉᆞ면 죄가 죽은 거시니라 九 젼에 률법 업실ᄯᅢ에
논 내가 살앗더니 계명이 니르매 죄논 살엇고 나
논 죽엇논지라 十 계명은 살게 ᄒᆞᆫ논 거시로ᄃᆡ 도
로혀 나를 죽게 ᄒᆞᆫ논거솔 ᄭᆡ닷게 ᄒᆞ엿도다 十一 대
개 죄가 계명으로 긔회를 ᄐᆞ셔 나를 속이고 ᄯᅩ
ᄒᆞᆫ 그거ᄉᆞ로 나를 죽엿논지라 十二 일노 보건ᄃᆡ
률법도 거륵ᄒᆞ고 계명도 거륵ᄒᆞ고 올코 착ᄒᆞ니라

주셕

뎨목은 우리가예수로더브러률법의
게죽엇논지라 一졀노六졀

一 률법이라 ᄒᆞᆷ은 모셰가 구약에 긔록ᄒᆞᆫ 법이라
아논쟈ㅣ라 ᄒᆞᆷ은 본ᄃᆡ브터 유대 사룸이 률법
을 ᄇᆡ호고 로마 사룸이 예수를 밋은후에 ᄯᅩ
ᄇᆡ웟논지라 법을 아논이가 면ᄒᆞᆯ수 업고 죽
도록 다ᄉᆞ림을 밧을지라

二 률법 다ᄉᆞ림을 면ᄒᆞᆯ수 업시되 률법에 권셰
ᄭᅳᆺ촌 잇논지라 모셰가 베픈 률법은 죽논 쟈
를 위ᄒᆞᆷ이 아니고 산쟈를 위ᄒᆞᆷ이라 그런고
로 부부 ᄆᆡ우논거ᄉᆞ로 아보 라치를 ᄀᆞᄅᆞ쳐
주논거시라

三 그거솔 비교로 말ᄒᆞ면 가령 남편이 살인 ᄒᆞᆯ
고 안히를 늘 히롭게 ᄒᆞᆯ진ᄃᆡ 다른 사룸이 부
ᄒᆞ묘 션ᄒᆞ니 그의 녀인을 명ᄒᆞ여 쟝가들나
ᄒᆞ여도 률법이 금 ᄒᆞᆫ논지라 률법은 녀인을
구ᄒᆞ라 ᄒᆞᆫ논 사룸을 막고 망 ᄒᆞ라고 ᄒᆞᆫ논이
의게 입의 ᄆᆡᆨ겻논지라 다만 죽음이 드러와

셔 률법을 ᄒᆡ롭게 ᄒᆞᆷ이 업서 쫏출 작뎡ᄒᆞ고
녀인을 명 ᄒᆞ엿ᄂᆞᆫ지라
四 우리가 죄외게 시집 갓스녀 남편은 임의 살
인ᄒᆞᆫ이라도 우리가 주의ᄃᆡ로 남편을 ᄐᆡᆨᄒᆞ고
로 률법이 허락ᄒᆞ여 작뎡ᄒᆞᆫ지라 예수씌셔
우리외게 장가 가랴드니 률법이 금 ᄒᆞ엿ᄂᆞᆫ
ᄃᆡ 예수가 죽음으로ᄡᅥ 률법이 우리를 민 권세
쫏출 작뎡ᄒᆞ야 우리를 명ᄒᆞᆫ지라 우헤 비교ᄒᆞ
ᄂᆞᆫ거스ᄂᆞᆫ 첫지ᄂᆞᆫ 악ᄒᆞᆫ 남편이 죽엇고 둘지
ᄂᆞᆫ 션ᄒᆞᆫ자가 죽엇스되 엇던이가 죽은거슨 특
별ᄒᆞᆷ이 업고 특별ᄒᆞᆫ거슨 다른이가 죽음으로
우리를 면ᄒᆞ게 ᄒᆞᆫ거시라
五 우리가 하ᄂᆞ님의 열ᄆᆡ되면 불가불 률법
의게 죽을지라 우리 지톄ᄂᆞᆫ 령혼이 류ᄒᆞᄂᆞᆫ
것ᄲᅮᆫ 아니고 지톄와 령혼이 화합ᄒᆞᄂᆞᆫ고로
아모거시 지톄를 살피면 령혼을 다ᄉᆞ리ᄂᆞᆫ지
라 다만 예수 죽음으로 죄를 면ᄒᆞᆯ때에 지톄
살필이가 업고 죽음에 열ᄆᆡ를 밋지 아닐지라
六 이조 변ᄒᆞ여 률법압헤 죽은것 ᄀᆞᆺ치 업셧ᄂᆞᆫ
시라 새 신령으로 셤기라ᄒᆞᆷ은 예수씌셔
명령을 긔록ᄒᆞ여 우리를 시기ᄂᆞᆫ것ᄲᅮᆫ 아니라
다만 셩신 감화ᄒᆞᆷ으로 하ᄂᆞ님 셤기기를
즐겁게 ᄒᆞᆯ지라

뎨목은 률법이불션ᄒᆞᆫ거시아니라

七 률법이라 ᄒᆞᆷ은 모셔가 구약에 긔록ᄒᆞᆫ거시라
엇던이가 말ᄒᆞ기ᄂᆞᆫ 률법이 악ᄒᆞ다 ᄒᆞ엿스
니 바울노가 ᄌᆞ긔 힘ᄒᆞ여 본거스로 션ᄒᆞᆫ거
슬 ᄀᆞᄅᆞ쳐 준거시라 죄를 아지 못ᄒᆞ다 ᄒᆞᆷ은
ᄆᆞᄋᆞᆷ에 샤욕이 니러나ᄂᆞᆫ 거시라 탐내지말나
ᄒᆞᆷ은 (츌애굽 二十장에 보라
八 률법에 죄 가득ᄒᆞᆫ 힘ᄒᆞᆷ을 시작ᄒᆞ고 바울노
의게 나타내ᄂᆞᆫ지라 죄로 비교ᄒᆞ면 우리몸에
다ᄉᆞ리ᄂᆞᆫ 왕이 잇스니 률법 잇ᄂᆞᆫ때에 왕은
살수잇고 률법 업ᄂᆞᆫ때에 왕이 죽엇ᄂᆞᆫ지라 아
모 죄던지 하ᄂᆞ님을 슌죵ᄒᆞ지 안ᄂᆞᆫ거시
라 그런고로 하ᄂᆞ님이 우리를 아모거
시라도 금ᄒᆞ시지 아니 ᄒᆞ셧더면 슌죵 ᄒᆞᄂᆞᆫ
거시 ᄯᅩ 업실거시고 죄도 모로겟ᄂᆞᆫ지라
九 률법 업실때라ᄒᆞᆷ은 바울노가 예수를 아지못
ᄒᆞᄂᆞᆫ때라 바울노가 대마식으로 ᄃᆞᆫ닐때에 률
법을 예수로 ᄭᆡ달아셔 죽엇ᄂᆞᆫ지라 누구던지
죽으면 이세샹 권세를 암만 쓸지라도 제 몸
을 살게 ᄒᆞ지 못 ᄒᆞᄂᆞᆫ것과 ᄀᆞᆺ치 죄로 죽으면
하ᄂᆞ님 부싱 ᄒᆞᄂᆞᆫ 빗쇠ᄂᆞᆫ 구원 ᄒᆞ지 못ᄒᆞ
ᄂᆞ니라
十 아담이 의뎐에 잇ᄂᆞᆫ때에 하ᄂᆞ님이 아담
을 죽지 안케 ᄒᆞ량으로 실과 먹기를 금ᄒᆞ
셧고 모셔 률법은 ᄇᆡᆨ셩을 살게 ᄒᆞ기로 베푼
거시라 다만 률법이 바울노를 죽음외게 인
도 ᄒᆞᄂᆞᆫ지라
十一 속인다 ᄒᆞᆷ은 (챵세긔 三장 十三절에와 가림다
후서 十一장 三절에 보라) 률법으로 바울노
가 죽어셔도 불션ᄒᆞᆫ거시 아니라 비교로 ᄒᆞᆯ터

이면 살인흔 사롬남 률법으로 죽일러이나 률법은 그 사롬을 죽이랴고 세운거시 아니고 본리 목숨을 구원 흐눈거순 다른 사롬의게 죽음을 밧지 안케 흐눈거시라

十二 률법은 하나님의 도를 왕셩케 흐랴흐니 거룩흔거시라

뭇눈말

七쟝 九월三일

七十三 률법이 엇지흐야 사롬을 일셩 다스리느뇨

七十四 부부로 무숨 비유를 흐엿느뇨 一二三졀

七十五 우리가 률법의게 죽음을 밧엇다 흐은 무숨 뜻이뇨

七十六 내가 엇더케 률법으로 죄를 씨다라 알앗느뇨 七졀

七十七 九졀을 엇더케 히셕 흐겟느뇨

七十八 十二졀을 외오라

본밧지아니흘일

사롬이 세상에 쳐흐여 언힝 심수와 긔거 동작을 대단이 조심 흐여야 흘거시라 스지 빅톄와 이목 구비가 온젼흔 사롬이 쳐신 흐기를 부정흐게 흐면 병신파 다름이 업술뿐 아니라 보기에 추흐고 사롬굿지 아니흘지라 우리 나라 사롬들에 몸 가지눈 풍속에 몃가지 추흐고 못된 악습이 잇서 늙은쟈이 힝흐면 쇼년이 본밧아 병신스러온 사롬이 될가 흐여 위션 몃가지를 들어 말흐노라 길에 둔닐때에 궁둥이를 두루며 갈지즈 거름 흐거나 밋친 사롬파 굿치 이리흘금 져리흘금 바라보눈것파 장죽파 요강 망티기 들니고 에라 게라 벽제 흐눈것파 아모더나 되눈더로 대쇼변 보기와 가라침 꼰두 세우며 코풀어 아모더나 바르기와 일업시 쟝죽 물고 압집 뒷집 둔이면서 진담루셜 흐기와 여러 사롬 모힌더셔 가라침 비앗기와 안질도 업눈더 안경 쓰기 됴아 흐기와 죠인광좌즁에 비나여 놋키와 구경 둔이기 됴아 흐기와 욕셜노 농담 흐기와 요두젼목에 팔을 쌤너기와 일업시 이집사랑 져집사랑 차자 둔이기와 여러 사롬 모힌중에셔 기지게 흐기와 입 넓게 벌니고 합흠 흐기와 비 어루 만지면셔 트름 흐기와 음식 먹을때에 입소리 야단스럽게 내눈것파 샹투 밋근흐게 쌋고 고기즛 흐기와 삼승 보션에 물뭇쳐 가면셔 발 조리기와 얼골에 분을 너머 만히 발나 회박 뒤집어 쓴것 굿흔것파 남을 디흐여 입쎄죽 쎄죽 흐눈것파 여러 사롬 즁에셔 귀에 입 더이고 소근 소근 흐눈것파 외국 사롬의게눈 니외 아니흐고 본국 동포의게눈 니외 흐눈것파 터문 업눈쟈이 몸에 비단옷 닙기 됴아 흐눈거시 이 여러 가지가 다 못된 악습이라 몸 가지기를 단정흐게 흘거시요 다른 사롬 보기에 추흐고 게느리고 녹녹 흐게 아니 흘진져

ᄂᆡ보

쳥렴ᄒᆞᆫ변명) 일젼에 보구녀판에 잇ᄂᆞᆫ 셔국 부인 ᄒᆞᆫ분이 북한으로 피셔ᄒᆞ려 갓다가 도라 오ᄂᆞᆫ 길에 즁로에셔 쉬ᄂᆞᆫᄃᆡ 돈 쥬머니를 길가에 노코 한 오리쯤 와셔 싱각ᄒᆞᆫ지라 갓치 오ᄂᆞᆫ 대한교우 ᄒᆞᆫ분이 급히 오던길노 도로가셔 ᄎᆞ져 보라ᄒᆞᆯ셔 엇던 사ᄅᆞᆷ이 ᄉᆡᆨ근 머리 우헤 감투를 쓰고 발에ᄂᆞᆫ 양혜를 신고 나려 오다가 그 급급히 가ᄂᆞᆫ 모양을 보고 물으되 무ᄉᆞᆷ 물건을 닐흔거시 업소 그 교우가 돈 쥬머니 일흔거슬 ᄌᆞ셰히 말ᄒᆞᆫᄃᆡ 그 사ᄅᆞᆷ이 압흘 인ᄒᆞ야 얼마를 올나 가더니 석굴속으로 드러가셔 쥬머니를 내여주며 ᄒᆞᄂᆞᆫ말이 그속에 든 물건을 다 샹고ᄒᆞ야 보라 ᄒᆞ거ᄂᆞᆯ 셔국 부인과 대한 교우가 ᄒᆞᆯᄯᅢ 치하ᄒᆞ고 작별ᄒᆞᆯᄯᅢ에 그 셩명을 굴은즉 북한 병뎡 리현진이라 ᄒᆞ더라

○공평ᄒᆞᆫ경무ᄉᆞ) 경무ᄉᆞ 니유인씨ᄂᆞᆫ 미ᄉᆞ를 공평 정직 ᄒᆞ게 ᄒᆞ야 만약 슌검 ᄒᆞ나이라도 궐이나면 ᄌᆞ긔 ᄉᆞ졍으로 쓰지 안코 학도 즁으로 가용지인을 ᄲᅩᆸ아 식히매 경무텽 속에셔 숑셩이 대단ᄒᆞ다더라

○부ᄌᆞ낭핑) 궁ᄂᆡ부 특진관 민영쥬씨ᄂᆞᆫ ᄂᆡ부 대신이 원 쥬본 ᄒᆞᆯᄯᅢ에 무ᄉᆞᆷ 화롱이 잇신 셔닭으로 유ᄇᆡ를 가ᄒᆞ고 그아ᄃᆞᆯ 민경식씨ᄂᆞᆫ 방ᄌᆞ이 샹소ᄒᆞᆫ 셔닭으로 면관되엿다가 면즁케 ᄒᆞ엿더라

외보

가장적은나라) 더즁히 사듸니아 셤 셔북편에 ᄯᅡᆼ이 삼리오 광이 반리오 인구가 오십오인 되ᄂᆞᆫ 다위리로라 ᄒᆞᄂᆞᆫ ᄒᆞᆫ셤이 잇스니 구라파에 뎨일 적은 나라이라 공화 졍치를 ᄒᆞᄂᆞᆫᄃᆡ 대통령 임긔ᄂᆞᆫ 륙년으로 작뎡ᄒᆞ엿다더라

본회 광고

본회에셔 이 회보를 젼년과 ᄀᆞᆺ치 일쥬일에 ᄒᆞᆫ번식 발간ᄒᆞᄂᆞᆫᄃᆡ 새로 륙폭으로 작뎡ᄒᆞ고 ᄒᆞᆫ쟝 갑슨 엽젼 오푼이오 ᄒᆞᆫᄃᆞᆯ갑슬 미리내면 젼과 ᄀᆞᆺ치 엽젼 ᄒᆞᆫ돈 오푼이라 본국 교우나 셔국 목ᄉᆞ나 교외 친구나 만일 사셔 보고져 ᄒᆞ거든 졍동 아펜셜라 목ᄉᆞ 집이나 죵로 대동셔시에 가셔 사시옵

죵로 대동셔시 광고

우리 서샤에셔 셩경 신구약과 찬미칙과 교회에 유익ᄒᆞᆫ 여러가지 셔칙과 시무에 긴요ᄒᆞᆫ 칙들을 팔되 갑시 샹당ᄒᆞ오니 학문샹과 시무변에 ᄯᅳᆺ이 잇ᄂᆞᆫ 군ᄌᆞ들은 만히 사셔 보시옵

대영국 셩셔 공회 광고

새로 간츌ᄒᆞᆫ거슨 로마 가라태 골노시 야고보 베드로 젼후셔 티모데 젼후셔니 사셔 보실이ᄂᆞᆫ 회샤 쥬인 면묘 션싱ᄃᆡ로 오시옵

뎨삼권

대한회보

뎨삼십오호

(합일빅삼십오) 광무삼년 팔월삼십일

대한국국제

뎨일됴 대한국은 세계 만국의 공변되이 아ᄂᆞᆫ바 ᄌᆞ쥬독립ᄒᆞ온 뎨국이니라

뎨이됴 대한 뎨국의 정치ᄂᆞᆫ 젼인즉 오빅년을 젼릐ᄒᆞ시고 후인즉 궁만셰토록 번혁지 아니ᄒᆞ실 전제정치이니라

뎨삼됴 대한국 대황뎨폐ᄒᆞ옵셔ᄂᆞᆫ 무한ᄒᆞ오신 권리를 누리시ᄂᆞ니. 공법에 니른바 ᄌᆞ립ᄒᆞᆫ 정톄이니라

뎨ᄉᆞ됴 대한국 신하와 ᄇᆡᆨ셩이 대황뎨폐ᄒᆞ옵셔 누리시ᄂᆞᆫ 군권을 침ᄉᆞᄒᆞ든지 손해ᄒᆞᄂᆞᆫ 힝위가 잇시면 임의 힝ᄒᆞ엿던지 힝치 못ᄒᆞ엿던지 물론ᄒᆞ고 신민의 도리를 닐흔쟈로 알게 ᄒᆞᆯ지니라

뎨오됴 대한국 대황뎨폐ᄒᆞ옵셔 국니의 ᄒᆡ륙군을 통솔ᄒᆞ옵셔 법제를 편뎡ᄒᆞ옵시고 계엄과 ᄒᆡ엄을 명ᄒᆞ옵시ᄂᆞ니라

뎨륙됴 대한국 대황뎨폐ᄒᆞ옵셔 법률을 졔뎡ᄒᆞ옵셔 그 반포ᄒᆞ심과 집힝ᄒᆞ기를 명ᄒᆞ옵시고 만국의 공변되이 ᄒᆞᆯ때 쓰ᄂᆞᆫ 법률을 외방ᄒᆞ샤 국니의 법률도 기뎡ᄒᆞ옵시고 크게 샤ᄒᆞ심과 특별히 샤ᄒᆞ심과 형벌을 감ᄒᆞ심과 권세 회복ᄒᆞᆷ을 명ᄒᆞ옵시ᄂᆞ니 공법에 니른바 스ᄉᆞ로 뎡ᄒᆞ신 률례이니라

뎨칠됴 대한국 대황뎨폐ᄒᆞ옵셔 각부 부의 힝정ᄒᆞᄂᆞᆫ 관제와 문무관의 봉급을 제뎡ᄒᆞ시고 혹 기뎡도 ᄒᆞ옵시고 힝정상에 반다시 요긴ᄒᆞᆫ 각항 측령을 발ᄒᆞ옵시ᄂᆞ니 공법에 니른바 스ᄉᆞ로 힝ᄒᆞᄂᆞᆫ 정치이니라

뎨팔됴 대한국 대황뎨폐ᄒᆞ옵셔ᄂᆞᆫ 문무관의 츌쳑ᄒᆞᆷ과 임면ᄒᆞ심 칭ᄒᆞ옵시고 작위와 훈장과 밋 다른 영화의 법뎐을 주시ᄂᆞᆫ것과 혹 톄탈도 ᄒᆞ시ᄂᆞ니 공법에 니른바 스ᄉᆞ로 식공ᄒᆞᆯ 션턱ᄒᆞᆷ이니라

뎨구됴 대한국 대황뎨폐ᄒᆞ옵셔ᄂᆞᆫ 됴약이 잇ᄂᆞᆫ 각국에 ᄉᆞ신을 파송ᄒᆞ샤 쥬찰케 ᄒᆞ옵시고 싸홈을 션포ᄒᆞᆷ과 강화와 밋 졔반 약됴를 체결ᄒᆞ옵시ᄂᆞ니 공법에 니른바 스ᄉᆞ로 ᄉᆞ신을 보낸다 ᄒᆞᆷ이니라

오빅구

대한크리스도인 회보

THE KOREAN
CHRISTIAN ADVOCATE.
Rev. H. G. Appenzeller, Editor.
36 cents per annum
in advance. Postage extra.
Wednesday Aug. 30th, 1899.

셔울 졍동셔 일쥬일에 ᄒᆞᆫ번식 발간ᄒᆞᄂᆞᆫᄃᆡ 아편셜라 목ᄉᆞ가 회보 샤쟝이 되엿더라

일년 갑슬 미리 ᄂᆡ면 삼십 륙젼이오 우표 갑슨 ᄯᅩ로 잇ᄂᆞ라

사ᄅᆞᆷ의 큰병통

세샹 사ᄅᆞᆷ의 병통이 여러가지 잇시되 쳣재ᄂᆞᆫ ᄉᆞᄉᆞ로 ᄌᆞ긔의 지식을 밋고 ᄉᆞᄉᆞ로 가득ᄒᆞ야 ᄂᆞᆷ의 말을 업수히 넉임이오 둘재ᄂᆞᆫ ᄉᆞᄉᆞ로 무식ᄒᆞ고 어리셕어 허황ᄒᆞᆫ 말은 밋고 참 리치ᄂᆞᆫ 밋지아님이라 구세교회에셔 면히젼브터 셔울 동대문 안에 학당을 셜시ᄒᆞ고 학도 아희들을 ᄀᆞᄅᆞ치더니 향일에 동대문 밧게 잇ᄂᆞᆫ 아희 ᄒᆞ나이 우연이와셔 공부ᄒᆞ기를 원ᄒᆞ거ᄂᆞᆯ 션ᄉᆡᆼ이 깃버 밧어 그 아희의 가지고온 셔칙ᄃᆡ로 잘 ᄀᆞᄅᆞ쳐주고 글시도 익히며 됴흔 말ᄉᆞᆷ으로 힘실에 유죠ᄒᆞ기를 권면ᄒᆞ더니 수삼일 후에 그 아희가 아모 연고업시 오지도 아니ᄒᆞ고 ᄒᆞᆫ마ᄃᆡ 말ᄉᆞᆷ으로 션ᄉᆡᆼ의게 하직ᄒᆞᆷ도 업셧거ᄂᆞᆯ 션ᄉᆡᆼ이 무ᄉᆞᆷ 우고가 잇ᄂᆞᆫ가 의심ᄒᆞ야 다른학도 아희를 파송ᄒᆞ야 그 아희의 집을 차자 ᄀᆞ 본즉 그아희의 부모가 대단히 거졍ᄒᆞ고 ᄌᆞ긔 아ᄃᆞᆯ을 불너 ᄭᅮ지지며 ᄒᆞᄂᆞᆫ말이 너ᄃᆞ려 관립쇼학교로 가라 ᄒᆞ엿거ᄂᆞᆯ 그릇 예수교를 숭샹ᄒᆞᄂᆞᆫ 학당으로 갓도다 함야터면 셔학에 물이드러 사ᄅᆞᆷ을 아조 ᄇᆞ릴번 ᄒᆞ엿다 ᄒᆞ고 그아희를 다시 보내지 아니ᄒᆞ거ᄂᆞᆯ 션ᄉᆡᆼ이 그회보를 듯고 우연이 탄식ᄒᆞ여 ᄀᆞᆯᄋᆞᄃᆡ 함아터면 그아희가 올흔 힘실을 닥고 령혼ᄭᆞ지 구원ᄒᆞᆯ겟거ᄂᆞᆯ 가이업시 되엿다 ᄒᆞ엿서니 슬프다 그런 사ᄅᆞᆷ은 셩경에 말ᄉᆞᆷ과 ᄀᆞᆺ치 눈이잇서 보아도 보지 못ᄒᆞ고 귀가잇서 드러도 듯지 못ᄒᆞᆷ이라 구세쥬 교회의 참 리치가 그들의 완악ᄒᆞᆫ ᄆᆞᄋᆞᆷ을 곳치며 어두온 이목을 ᄇᆞᆰ게ᄒᆞ여 줄새 념려ᄒᆞᄂᆞᆫ 사ᄅᆞᆷ이니 실노 어리셕은 일이라 그 사ᄅᆞᆷ의 병통을 궁구ᄒᆞᆫ건ᄃᆡ 구세교회의 오묘ᄒᆞᆫ 리치가 엇더ᄒᆞᆫ지 아지도 못ᄒᆞ고 알어볼 ᄉᆡᆼ각도 아니ᄒᆞ고 다만 녜젼브터 텬쥬학이 고약ᄒᆞ다ᄂᆞᆫ 말만 듯고 ᄌᆞ긔 ᄌᆞ식이 그학당에 가면 ᄇᆞ릴ᄭᅡ 두려워ᄒᆞ며 이왕에 ᄇᆡ호든 유가 셔칙이 그 사ᄅᆞᆷ ᄆᆞᄋᆞᆷ에 교항지질이 되야 다른 교회의 셔칙은 보지 아니ᄒᆞ고 이단이라 ᄇᆡ방ᄒᆞᆷ이니 엇지 큰 병통이 아니리오 그러나 동양의 하ᄂᆞᆯ이 곳 셔양 하ᄂᆞᆯ이오 셔양의 샹뎨ᄭᅴ셔 곳 동양 샹뎨시니 그 사ᄅᆞᆷ들도 다 하ᄂᆞ님의 다ᄉᆞ리시ᄂᆞᆫ ᄇᆡᆨ셩으로 하노라

바울노가 로마사ᄅᆞᆷ의게 ᄒᆞᆫ편지

로마인셔 칠쟝 십삼절노 이십오절ᄭᆞ지
十三 그런즉 착ᄒᆞᆫ거시 나를 죽게 ᄒᆞᄂᆞ뇨 결단코
아니라 오직 죄가 착ᄒᆞᆫ거ᄉᆞ로 써 나를 죽게 ᄒᆞᆷ
으로 죄를 나타 내려ᄒᆞᆷ은 죄가 계명으로 심히
죄되게 ᄒᆞ려 ᄒᆞᆷ이니라 十四 대개 우리가 률법은
신령ᄒᆞᆫ 줄 알되 오직 나ㅣ 육톄인즉 죄 아릐 팔
녓ᄂᆞ니라 十五 대개 내가 힝ᄒᆞᄂᆞᆫ거슬 아지 못ᄒᆞᆷ
은 나ㅣ 원ᄒᆞᄂᆞᆫ거슬 힝ᄒᆞ지 아니ᄒᆞ고 도로혀
뮈워ᄒᆞᄂᆞᆫ거슬 힝ᄒᆞᆷ이니 十六 만일 원치 아니ᄒᆞ
ᄂᆞᆫ거슬 힝ᄒᆞ면 내가 률법이 션ᄒᆞᆷ을 증거ᄒᆞᄂᆞ니
十七 이제 힝ᄒᆞᄂᆞᆫ거시 내가 힝ᄒᆞᄂᆞᆫ거시 아니오
오직 내 속에 거ᄒᆞᄂᆞᆫ 죄니라 十八 대개 내 속 곳 내
육톄 속에 착ᄒᆞᆫ거시 ᄒᆞ나도 거ᄒᆞ지 아니ᄒᆞᄂᆞᆫ줄
을 앎은 원ᄒᆞ기ᄂᆞᆫ 내게 잇ᄉᆞ나 착ᄒᆞᆫ거슬 힝ᄒᆞ
기ᄂᆞᆫ 엇숨이니라 十九 일노 써 내가 원ᄒᆞᄂᆞᆫ 션은
힝치 아니ᄒᆞ고 도로혀 원치 아니ᄒᆞᄂᆞᆫ 악은 힝
ᄒᆞᄂᆞ니라 二十 만일 내가 원치 아니ᄒᆞᄂᆞᆫ거슬 힝
ᄒᆞᆫ즉 내가 힝ᄒᆞᆷ이 아니오 오직 내 속에 거ᄒᆞᄂᆞᆫ
죄가 힝ᄒᆞᆷ이니라 二十一 나ㅣ 이에 ᄒᆞᆫ법을 ᄭᆡ다랏
시니 곳 내가 션을 힝ᄒᆞ고져 ᄒᆞᆯ때에 악이 ᄒᆞᆷᄭᅴ
잇ᄂᆞᆫ거시라 二十二 대개 내 속에 잇ᄂᆞᆫ 사ᄅᆞᆷ으로ᄂᆞᆫ
하ᄂᆞ님의 법을 즐거워 ᄒᆞ나 二十三 다못 지톄 중에
다른 법이 잇서 내 ᄆᆞᄋᆞᆷ의 법으로 ᄊᆞ화 또ᄒᆞᆫ 나
의 지톄에 잇ᄂᆞᆫ 죄의 법이 나를 사로 잡은거슬
보니 二十四 오호라 내가 괴로온 사ᄅᆞᆷ이로다 뉘가
능히 이 죽을 몸에서 나를 구원 ᄒᆞ랴 二十五 내가
우리 쥬 예수 크리스도로 말미암아
하ᄂᆞ님ᄭᅴ 감사 ᄒᆞ노라 그런즉 내가 ᄆᆞᄋᆞᆷ으로ᄂᆞᆫ
하ᄂᆞ님의 법을 셤기고 육톄로ᄂᆞᆫ 죄의 법을 셤
기ᄂᆞ니라

주셕

뎨목은 률법이 죄의권세와 불션ᄒᆞᆷ을
나타나ᄂᆞᆫ거시라 十三—二十五절

十三 죄가 병긔와 ᄀᆞᆺ치 률법으로 바울노를 살
히 ᄒᆞ여도 바울노가 률법을 불션이라 못
ᄒᆞ고 오직 거룩 ᄒᆞ다 ᄒᆞᆫ지라
하ᄂᆞ님이 바울노가 그 병긔로 죽을줄 미
리 아ᄂᆞᆫ때 그 병기로 바울노 위ᄒᆞ야 마땅

을 세운지라 률법은 죄를 나타나게 ᄒᆞᄂᆞᆫ
거시라
十四 내라ᄒᆞᆷ은 예수를 밋기젼에 률법을 지다
름으로 죄와 실름ᄒᆞ여 익임을 밧엇ᄂᆞᆫ지라
이 편지 긔록 ᄒᆞᆫ때에 예수를 밋엇ᄉᆞ니 예
수로 ᄒᆞ여곰 죄를 익엿ᄂᆞᆫ지라 그러나 분
명히 ᄀᆞᄅᆞ쳐 주려ᄒᆞ여 죄와 실름ᄒᆞ여 보
ᄂᆞᆫ때와 ᄀᆞᆺ치 닐넛ᄂᆞᆫ지라 죄 아릭 팔녓다
ᄒᆞᆷ은 로마 풍쇽에 쥬인이 종을 팔나면 빅
셩들의게 알게ᄒᆞ고 임의ᄃᆡ로 팔엇ᄉᆞ니 그
와ᄀᆞᆺ치 바울노가 다른 쥬인 죄의게 팔님
을 밧엇ᄂᆞᆫ지라
十五 아ᄂᆞ 종이던지 쥬인 시김을 밧을때에 힘
ᄒᆞᆯ거슬 알아도 무어슬 위ᄒᆞ여 ᄒᆞᄂᆞᆫ 줄을
모로ᄂᆞᆫ것 ᄀᆞᆺ치 바울노가 졔 임의ᄃᆡ로 못
ᄒᆞ고 죄가 시기ᄂᆞᆫ거슬 힘 ᄒᆞ여도 무어슬
위ᄒᆞ여 ᄒᆞᄂᆞᆫ지 모르ᄂᆞᆫ지라
十六 바울노가 졔 힘ᄒᆞ던 일을 뮈워ᄒᆞ고 률법도
금 ᄒᆞ엿ᄉᆞ니 바울노의 임의가 률법이 올
흠을 허락 주엇ᄂᆞᆫ지라
十七 바울노 임의가 률법을 합 ᄒᆞ여도 률법이
명 ᄒᆞᄂᆞᆫᄃᆡ로 못 ᄒᆞᄂᆞᆫ고로 졔 ᄆᆞᄋᆞᆷ의 살피
ᄂᆞᆫ이가 잇ᄂᆞᆫ줄 알앗ᄂᆞᆫᄃᆡ 죄라 ᄒᆞ엿ᄂᆞᆫ시라

十八廿 바울노의 ᄆᆞᄋᆞᆷ은 됴흔 힘실 ᄒᆞ고자 ᄒᆞ나
[illegible]워 ᄒᆞᄂᆞᆫ 열을 힘 ᄒᆞᄂᆞᆫ고로 육래의 원수
가 사ᄂᆞᆫ줄 아ᄂᆞᆫ지라
二十 十七절 해셕을 보라
二十一 률법이라 ᄒᆞᆷ은 모세가 주던 법이라 바울
노가 률법의 명 ᄒᆞᄂᆞᆫᄃᆡ로 ᄒᆞ랴고 ᄒᆞ되 률
법이 병긔가 되여 바울노를 죽이ᄂᆞᆫ고로
암만 션을 ᄒᆞ랴고 ᄒᆞ되 죄 지엇ᄂᆞᆫ지라
二十二 속이라 ᄒᆞᆷ은 二十三절에 ᄆᆞᄋᆞᆷ이라 ᄒᆞᆷ과
갓흔 뜻이라 속에 잇ᄂᆞᆫ 사ᄅᆞᆷ은
하ᄂᆞ님이 농히 곳칠것이라
二十三 다른 법이라 ᄒᆞᆷ은 바울노 속에 살고 시기
ᄂᆞᆫ쟈이라 그 다른 하ᄂᆞ님의게 싸홈ᄒᆞᆯ분 아
니고 볼ᄂᆡ ᄆᆞᄋᆞᆷ께셔 낫ᄂᆞᆫ지라 그 원수ᄂᆞᆫ
바울노 나라와 집에 드러올ᄲᅮᆫ 아니고 바
울노의 몸의 드러와 이기엿ᄂᆞᆫ지라
二十四 바울노가 면ᄒᆞ기 원 ᄒᆞᄂᆞᆫ거슨 옥에셔 아
니고 쇠ᄉᆞ슬 아니고 다만 제몸으로 결박
ᄒᆞᆯ거슬 면ᄒᆞ기 원 ᄒᆞ엿ᄂᆞᆫ지라
二十五 이우회 잇ᄂᆞᆫ 거ᄉᆞ도 바울노가 죄의 잇ᄂᆞᆫ
때에 ᄉᆡᆼ각ᄒᆞ여 죄로 시름ᄒᆞᆷ을 ᄀᆞᄅᆞ쳐 주
엇고 또 이롱ᄒᆞ로 ᄆᆞᄋᆞᆷ으로 블으되 슯푸다
내가 피로온 사ᄅᆞᆷ이로다 그러 ᄒᆞ다가 임

의 밧은 구원을 셩각ᄒᆞ여 불으되 내가 우리쥬 예수 크리스도로 말미암아 하ᄂᆞ님ᄭᅴ 감샤 ᄒᆞ노라 ᄒᆞ니 ᄯᅩ 다시 시름ᄒᆞᆷ을 도로 셩각ᄒᆞ여 말 ᄒᆞ기ᄂᆞᆫ 그런즉 내가 ᄆᆞ음으로ᄂᆞᆫ 하ᄂᆞ님의 법을 셤기고 육톄로ᄂᆞᆫ 죄의 법을 셤기ᄂᆞ니라 ᄒᆞ엿ᄂᆞᆫ지라

뭇ᄂᆞᆫ말

七쟝 九월十일

ᄂᆡ보

○만슈셩절) 양력 팔월 삼십일 (음력 칠월 이십오일)은 곳 대황뎨 폐하의 만슈셩절이라 대한 신민들이 사ᄅᆞᆷ마다 경츅 ᄒᆞ고 집마다 만셰를 불으ᄂᆞᆫᄃᆡ 만호쟝안을 태극긔로 단쟝 ᄒᆞ고 곳곳이 치셕등이 휘황ᄒᆞ야 가히 태평셩ᄃᆡ라 칭ᄒᆞᆯ만 ᄒᆞ더라

○경ᄉᆞ고시) 셔리 경무ᄉᆞ 김영쥰씨가 그젼에 붓쳣던 방은 ᄯᅦ여 업시ᄒᆞ고 다시 고시 ᄒᆞ기를 아릿 사ᄅᆞᆷ이 웃 사ᄅᆞᆷ을 비방 ᄒᆞᄂᆞᆫ 쟈와 거짓말을 지어ᄂᆡ여 인심을 션동 ᄒᆞᄂᆞᆫ 쟈와 쳔ᄒᆞᆫ쟈가 귀ᄒᆞᆫ이를 능모 ᄒᆞ던지 졂은이가 늙은이를 능모 ᄒᆞᄂᆞᆫ 쟈와 외방 사ᄅᆞᆷ이 열업시 유경 ᄒᆞ며 쳥촉질과 협잡 ᄒᆞᄂᆞᆫ쟈와 길에셔 큰 관원을 맛나 방ᄌᆞ이 횡힝 ᄒᆞᄂᆞᆫ쟈와 문지방에 거러 안거나 거리에셔 담비ᄯᅥᆨ를 ᄲᅢ친쟈와 급ᄒᆞᆫ일이 아닌ᄃᆡ 몰ᄂᆞ고 달니ᄂᆞᆫ쟈ᄂᆞᆫ 일졀 염금 ᄒᆞ라ᄒᆞ고 ᄒᆞ엿다더라

○기셩부샹) 근일에 샹무ᄉᆞ가 ᄆᆡ우 홍왕ᄒᆞ여 가ᄂᆞᆫᄃᆡ 기셩들이 부샹텽에 참예 ᄒᆞᄂᆞᆫ 쟈가 만타더라

○황은감츅) 심샹훈씨와 민병한씨ᄂᆞᆫ 일젼에 면즁계가 되엿다더니 다시드른즉 량씨가 다 독진관을 피명 ᄒᆞ엿다더라

○일회일비) ᄒᆡ쥬 관찰ᄉᆞ 니운용씨가 진쥬 관찰ᄉᆞ로 이임이 되매 ᄒᆡ쥬 ᄇᆡᆨ셩은 깃버ᄒᆞ고 진쥬 ᄇᆡᆨ셩은 슯허ᄒᆞ다더라

○교회경츅) 각쳐 교당에셔 교인들이 일심으로 모혀셔 대황뎨 폐하의 만슈 무강 ᄒᆞ심을 하ᄂᆞ님ᄭᅴ ᄀᆞᆫ졀히 긔도 ᄒᆞ고 혹 경츅ᄒᆞᄂᆞᆫ 대지를 연셜도 ᄒᆞ며 혹 ᄋᆡ국가를 노ᄅᆡ도 ᄒᆞ야 서로 숑츅 ᄒᆞᄂᆞᆫ 정셩을 표 ᄒᆞ엿다더라

○각부경츅) 각 마을에 경츅비 ᄉᆞ십원식을 반하 ᄒᆞ셧ᄂᆞᆫ뒤 각부 대소 판인들이 다 황은을 더옥 경츅 ᄒᆞ야 마을마다 연회를 비셜ᄒᆞ고 노ᄂᆞᆫ뒤 그 번화ᄒᆞᆫ 풍류와 승평ᄒᆞᆫ 긔샹은 칭찬 ᄒᆞ지 안ᄂᆞᆫ이가 업더라

○각학교경츅) 각 학교에 ᄯᅩᄒᆞᆫ 륙원식 나리셧ᄂᆞᆫ뒤 각 학교마다 문압헤 국긔를 쌍으로 돌고 만셰를 불으며 경츅ᄒᆞ고 엇던 학교 학원들은 머리에 ᄭᅩᆺ 가지를 ᄭᅩᆺ고 권문 압헤 모혀 경츅 ᄒᆞ엿다더라

○녀학교경츅) 녀학교 녀학ᄉᆡᆼ 여러 십명이 각기 쟝옷슬 써고 인화문 압헤셔 ᄋᆡ국가를 노ᄅᆡ ᄒᆞ고 만만셰를 불으니 보ᄂᆞᆫ 사ᄅᆞᆷ들이 다 말ᄒᆞ되 동양에 처음 잇ᄂᆞᆫ 일이라고 ᄒᆞ엿다더라

○부샹경츅) 각 임방 부샹들은 수ᄇᆡᆨ명이 대안문 압헤 모혀 쇼고를 치며 피리를 불며 츔쥬고 ᄯᅱ놀며 노ᄂᆞᆫ뒤 구경 ᄒᆞᄂᆞᆫ 사ᄅᆞᆷ들이 다 말 ᄒᆞ기를 이것도 ᄯᅩᄒᆞᆫ 일뒤 쟝관이라 ᄒᆞ더라

○량인보방) 일젼에 평리원에 피슈 ᄒᆞ엿던 봉시 문유용씨와 풍천군슈 현홍퇴씨ᄂᆞᆫ 다 보방이 되엿다더라

○량인몽방) 고군산에 유삼년 ᄒᆞ엿던 원우샹씨와 텰도에 유십년 ᄒᆞ엿던 민영쥬씨가 다 몽방이 되엿다더라

본회 광고

본회에서 이 회보를 젼년과 ᄀᆞᆺ치 일쥬일에 ᄒᆞᆫ번식 발간 ᄒᆞᄂᆞᆫ뒤 새로 륙폭으로 작뎡ᄒᆞ고 ᄒᆞᆫ쟝 갑슨 엽젼 오푼이오 ᄒᆞᆫ돌갑슨 미리내면 젼과 ᄀᆞᆺ치 엽젼 ᄒᆞᆫ돈 오푼이라 본국 교우나 셔국 목ᄉᆞ나 교외 친구나 만일 사셔 보고져 ᄒᆞ거든 졍동 아편셜라 목ᄉᆞ 집이나 죵로 대동셔시에 가셔 사시옵

죵로 대동셔시 광고

우리 셔샤에셔 셩경 신구약과 찬미칙과 교회에 유익ᄒᆞᆫ 여러가지 셔칙과 시무에 긴요ᄒᆞᆫ 칙들을 팔되 갑시 샹당ᄒᆞ오니 학문샹과 시무번에 ᄯᅳᆺ이 잇ᄂᆞᆫ 군ᄌᆞ들은 만히 사셔 보시옵

대영국 셩셔 공회 광고

새로 간츌 ᄒᆞᆫ거슨 로마 가라태 골노시 야고보 베드로 젼후셔 듸모데 젼후셔니 사셔 보실이ᄂᆞᆫ 회샤 쥬인 견묘 션ᄉᆡᆼᄭᅴ로 오시옵

뎨삼권

대한크리스도인회보

뎨삼십륙호

(륙십삼빅일합) 광무삼년 구월륙일

니써의별세홈

궁니부 고문관 니셔득씨ᄂᆞᆫ 근본 미국 사ᄅᆞᆷ으로 여러히 젼에 대한에 나아와셔 졍부 일을 찬죠ᄒᆞ야 의졍부 찬무와 법규교졍소 교졍관이 되엿더니 우연이 병들어 본월 이일에 어셰샹을 리별ᄒᆞᆯ때 각국 공관에셔 반긔를 돌어 됴샹ᄒᆞᄂᆞᆫ 례를 힝ᄒᆞ고

대황뎨 폐하ᄭᅴ셔

죠셔를 나려 ᄀᆞᆯᄋᆞ샤ᄃᆡ 의졍부 찬무 니션ᄂᆞᆨ이 금일에 죽엇다 ᄒᆞ니 그 관원이 본국에 와셔 슈ᄉᆞ루에 찬죠홈과 법규 교졍ᄒᆞ 그러온 공이 임의 만흐매 졍부ᄂᆞᆫ ᄃᆡ 후일 ᄇᆞ람이 ᄯᅩᄒᆞᆫ 젹지 안터니 이제 그만이라 엇지 슯흠을 이기리오 그 궁니부로 ᄒᆞ여곰 은화 삼쳔원을 보니여 써 짐의 샹휼 ᄒᆞᄂᆞᆫ 지극ᄒᆞᆫ ᄯᅳᆺ을 표ᄒᆞ라 ᄒᆞ셧시며 외국 규례를 좃차 파곽 우회 덥ᄂᆞᆫ ᄭᅩᆺ ᄒᆞᆫ 샹ᄌᆞ를 샤용 ᄒᆞ시고 쟝ᄉᆞ ᄒᆞᆯ때에 친위 일쇼ᄃᆡ로 ᄒᆞ여곰 호샹케 ᄒᆞ셧ᄂᆞᆫᄃᆡ 그날에 니외국 관인들이 양화진에 나아가셔 호샹ᄒᆞ고 일본 슈비ᄃᆡ 병뎡 일쇼ᄃᆡ가 ᄯᅩᄒᆞᆫ 호송 ᄒᆞ엿시니 니씨가 그젼에 일본셔도 고문관이 되야 공효가 만흔 ᄉᆞᄅᆞᆷ이라더라

연안교회에셔온편지

황히도 연안 군에 구셰쥬를 밋ᄂᆞᆫ 형뎨들이 잇셔 수삼년젼 브터 례비당을 셜시 ᄒᆞᆫ곳이 잇시되 읍니에ᄂᆞᆫ 밋ᄂᆞᆫ 사ᄅᆞᆷ이 업더니 거년브터 ᄎᆞᄎᆞ 밋ᄂᆞᆫ 무리가 니러나셔 금년 여름에 새로 례비당을 셜시 ᄒᆞᄂᆞᆫᄃᆡ 교우들이 각각 열심으로 보조ᄒᆞ야 이쳔 오ᄇᆡᆨ량을 슈합ᄒᆞᆫ 후에 큰 집 ᄒᆞ나를 사셔 즁슈ᄒᆞᆫ지라 그즁에 데일 감샤ᄒᆞᆫ 일은 교회 밧게 사ᄅᆞᆷ 몃분이 말ᄒᆞ되 우리가 아직 그 교회 즁에 참예치 못 ᄒᆞ엿시나 다 ᄀᆞᆺ치 하ᄂᆞᆯ 밋헤 사ᄂᆞᆫ 사ᄅᆞᆷ이라 엇지 그져 잇시리오 ᄒᆞ고 렴응균씨와 송윤명씨ᄂᆞᆫ 이원식 연보ᄒᆞ고 리응현씨ᄂᆞᆫ ᄉᆞ원을 보조 ᄒᆞ엿ᄂᆞᆫᄃᆡ 이 리씨ᄂᆞᆫ 젼브터 우리 교회를 만히 도아주ᄂᆞᆫ 사ᄅᆞᆷ이라 이 셰 사ᄅᆞᆷ의 됴흔 ᄆᆞ옴으로 연보홈은 실노 감샤 ᄒᆞ거니와 하ᄂᆞ님 셩신의 도아 주시ᄂᆞᆫ 권능이 아니면 엇지 이 사ᄅᆞᆷ들의 도아줌이 잇시리오 모든 영화를 다 하ᄂᆞ님ᄭᅴ로 돌녀 보내ᄂᆞ이다 ᄒᆞ엿더라

대한크리스도인 회보

THE KOREAN CHRISTIAN ADVOCATE.

Rev. H. G. Appenzeller, Editor.
36 cents per annum
in advance. Postage extra.

Wednesday, Sept. 6th, 1899.

셔울 졍동셔 일쥬일에 ᄒᆞᆫ번식 발간ᄒᆞᄂᆞᆫᄃᆡ 아편셜라 목ᄉᆞ가 회보 샤쟝이 되엿더라 일년 갑슬 미리 ᄂᆡ면 삼십륙젼이오 우표 갑슨 ᄯᅩ로 잇ᄂᆞ라

림락지 션ᄉᆡᆼ의 번역

청국에 잇ᄂᆞᆫ 영국 션교ᄉᆞ 위렴신씨 골ᄋᆞᄃᆡ 내가 여러ᄒᆡ 동안에 동양 셔칙을 만히 보앗시나 도학 리치를 통달케 말ᄉᆞᆷᄒᆞᆫ 칙은 ᄉᆞ셔 오경즁에 즁용이 뎨일 긴요ᄒᆞᆫ지라 첫재ᄂᆞᆫ 골ᄋᆞᄃᆡ 하ᄂᆞ님이 명ᄒᆞ여 주신것을 셩픔이라 ᄒᆞ고 둘재ᄂᆞᆫ 골ᄋᆞᄃᆡ 하ᄂᆞ님이 만물을 ᄉᆡᆼᄉᆡᆼ ᄒᆞ신다 ᄒᆞ엿시며 셋재ᄂᆞᆫ 골ᄋᆞᄃᆡ 들에셔 졔ᄉᆞ ᄒᆞᄂᆞᆫ례ᄂᆞᆫ 샹뎨를 셤긴다 ᄒᆞ엿시니 능히 텬리를 안다 ᄒᆞᆯ지라 그러나 가셕ᄒᆞᆫ 일은 하ᄂᆞ님을 례로만 셤길줄 알고 능히 ᄆᆞᄋᆞᆷ으로 셤기ᄂᆞᆫ 실샹을 말ᄉᆞᆷ치 아니ᄒᆞ엿고 군신간에 의리가 즁대ᄒᆞᆷ과 부ᄌᆞ간에 은혜가 망극ᄒᆞᆫ것을 ᄀᆞᄅᆞ쳣시되 정작 근본의 큰것은 말ᄉᆞᆷ치 아닌지라 만국 님군즁에 뎨일 놉고 크신이ᄂᆞᆫ 샹뎨가 아니시뇨 능히 ᄉᆞ시 쥬야를 운ᄒᆡᆼ케 ᄒᆞ시고 세샹 만물을 쟝양케 ᄒᆞ시거ᄂᆞᆯ 사ᄅᆞᆷ이 나라 님군은 셤길줄 알되 샹뎨ᄭᅴᄂᆞᆫ 숭비ᄒᆞᆯ줄 모로고 인ᄉᆡᆼ의 뎨일 크신 아바지가 하ᄂᆞ님이 아니시뇨 능히 사ᄅᆞᆷ의 령혼을 주샤 운동지각이 구비ᄒᆞᆫ 인류가 되게 ᄒᆞ시거ᄂᆞᆯ ᄌᆞ식이 다만 육신을 나신 부모만 공경ᄒᆞᆯ줄 알고 텬부ᄂᆞᆫ 셤길줄 아지 못ᄒᆞ니 심노 익셕 ᄒᆞ도다 ᄯᅩ 골ᄋᆞᄃᆡ 텬ᄌᆞ 외에ᄂᆞᆫ 능히 샹뎨ᄭᅴ 졔ᄉᆞ ᄒᆞ지 못ᄒᆞᆫ다 ᄒᆞ니 더옥 어리셕은 말이라 텬하 사ᄅᆞᆷ이 부귀 빈쳔을 물론ᄒᆞ고 하ᄂᆞ님의 ᄌᆞ녀 되지 아님이 업거ᄂᆞᆯ 엇지 빈쳔ᄒᆞᆷ으로 부모를 셤기지 못 ᄒᆞ리오 구세쥬 골ᄋᆞ샤ᄃᆡ 샹뎨를 ᄉᆞ랑ᄒᆞ고 공경 ᄒᆞ라 ᄒᆞ셧시니 세샹 사ᄅᆞᆷ의 ᄒᆡᆼ실을 보건ᄃᆡ 참 졍셩의 ᄆᆞᄋᆞᆷ으로 샹뎨를 ᄉᆞ랑 ᄒᆞᄂᆞᆫ쟈ᄂᆞᆫ 반ᄃᆞ시 부모ᄭᅴ 효경 ᄒᆞᆯ것이오 형뎨의게 우ᄋᆡ ᄒᆞᆯ것이오 쳐ᄌᆞ의게 너그럽게 ᄒᆞᆯ것이오 이웃 사ᄅᆞᆷᄭᆞ지 화목케 ᄒᆞᆯ지라 엇지 외양으로ᄂᆞᆫ 겸손ᄒᆞᆫ톄 ᄒᆞ고 안 ᄆᆞᄋᆞᆷ으로 교만ᄒᆞ며 외양으로ᄂᆞᆫ 공경ᄒᆞᆫ톄 ᄒᆞ고 안에 ᄒᆡᆼ실이 박졍ᄒᆞᆫ 션비와 ᄀᆞᆺᄒᆞ리오 즁용의 도가 ᄒᆞᆫ 집안ᄲᅮᆫ 가지허ᄒᆞ고 ᄒᆞᆫ 나라를 다ᄉᆞ리ᄂᆞᆫᄃᆡ ᄒᆡᆼᄒᆞᆯ지언뎡 온 텬하 만국사ᄅᆞᆷ을 교졔 ᄒᆞ기에ᄂᆞᆫ 부죡ᄒᆞᆫ지라 셩경에 골ᄋᆞ샤ᄃᆡ 다른 사ᄅᆞᆷ을 ᄌᆞ긔 몸ᄀᆞᆺ치 ᄉᆞ랑ᄒᆞ라 ᄒᆞ엿시니 이것은 ᄒᆞᆫ나라 사ᄅᆞᆷ을 ᄀᆞᄅᆞ쳐 말ᄉᆞᆷ ᄒᆞᆫ것이 아니라 온 세계샹 사ᄅᆞᆷ을 ᄉᆞ랑ᄒᆞ라 ᄒᆞ심이니 구세쥬의 교회가 나라를 다ᄉᆞ리고 ᄇᆡᆨ셩을 감화 ᄒᆞ며 풍쇽을 슌후케 ᄒᆞᄂᆞᆫᄃᆡ 뎨일 요긴ᄒᆞᆫ 방침이 되지 아니리오 ᄒᆞ엿더라

례ᄇᆡ일공과 일ᄇᆡᆨ삼십륙 구월 십칠일

바울노가로마사ᄅᆞᆷ의게ᄒᆞᆫ편지

로마인셔 팔쟝 일졀노 십칠졀ᄭᆞ지

一 그런고로 이제 예수 크리스도에 잇ᄂᆞᆫ 쟈의게ᄂᆞᆫ 죄를 뎡ᄒᆞᆷ이 업ᄂᆞ니라 二 대개 ᄉᆡᆼ명을 주시ᄂᆞᆫ 셩신의 법이 크리스도 예수를 인ᄒᆞ여 나를 노하 죄와 죽음의 법에 버셔나게 ᄒᆞ엿ᄂᆞ니 三 대개 률법이 육톄를 인ᄒᆞ야 연약ᄒᆞᆫ고로 능히 못ᄒᆞᄂᆞᆫ거ᄉᆞᆯ 하ᄂᆞ님은 죄를 인ᄒᆞ야 죄 잇ᄂᆞᆫ 육톄의 형상으로 ᄌᆞ긔 아ᄃᆞᆯ을 보내샤 육톄의 죄를 뎡ᄒᆞᆫ셧ᄉᆞ니 四 이ᄂᆞᆫ 육톄를 ᄯᅡ라 ᄒᆡᆼ치 아니ᄒᆞ고 오직 셩신을 ᄯᅡ라 ᄒᆡᆼᄒᆞᄂᆞᆫ 우리의게 률법의 올흠이 츙만케 ᄒᆞ심이니라 五 대개 육톄를 좃ᄂᆞᆫ쟈ᄂᆞᆫ 육톄의 일을 ᄉᆡᆼ각ᄒᆞ고 셩신을 좃ᄂᆞᆫ쟈ᄂᆞᆫ 셩신의 일을 ᄉᆡᆼ각ᄒᆞᄂᆞ니 六 대개 육톄의 ᄉᆡᆼ각은 죽ᄂᆞᆫ거시오 셩신의 ᄉᆡᆼ각은 사ᄂᆞᆫ것과 평안ᄒᆞᆷ이니라 七 대개 육톄의 ᄉᆡᆼ각은 하ᄂᆞ님으로 더브러 원슈가 됨이니 하ᄂᆞ님의 법을 굴복지 아니ᄒᆞᆯᄲᅮᆫ 아니라 ᄯᅩᄒᆞᆫ 능히 ᄒᆞ지도 못ᄒᆞᆷ이니라 八 육톄에 잇ᄂᆞᆫ쟈ᄂᆞᆫ 능히 하ᄂᆞ님을 깃부시게 못ᄒᆞᄂᆞ니 九 만일 너희 속에 하ᄂᆞ님의 신이 거ᄒᆞ시면 너희가 육톄에 잇지 아니ᄒᆞ고 오직 셩신에 잇ᄂᆞ니 므릇 크리스도의 신이 업ᄂᆞᆫ 사ᄅᆞᆷ은 크리스도의 사ᄅᆞᆷ이 아니오 十 만일 크리스도가 너희 속에 계시면 몸은 죄로 인ᄒᆞ야 죽고 령혼은 올흠을 인ᄒᆞ야 사니라 十一 예수를 죽음에셔 다시 닐게 ᄒᆞ신 하ᄂᆞ님의 신이 너희 속에 거ᄒᆞ시면 크리스도를 죽음에셔 다시 닐게 ᄒᆞ신이가 우리 속에 거ᄒᆞ시ᄂᆞᆫ 셩신으로 써 우리 죽을 몸을 살게 ᄒᆞ시리라 ○ 十二 그런고로 형뎨들아 우리들이 빗진 쟈ㅣ로ᄃᆡ 육톄를 좃차 육톄ᄃᆡ로 살녀 ᄒᆞᄂᆞᆫ 빗진쟈 아니라 十三 대개 너희가 육톄를 좃차 살면 반드시 죽을거시오 오직 셩신으로 써 몸의 ᄒᆡᆼ실을 죽이면 살니라 十四 므릇 하ᄂᆞ님의 신으로 인도ᄒᆞᆷ을 밧ᄂᆞᆫ쟈ᄂᆞᆫ 그ᄂᆞᆫ 곳 하ᄂᆞ님의 아ᄃᆞᆯ이라 十五 너희ᄂᆞᆫ 다시 무셔워ᄒᆞᄂᆞᆫ 종의 ᄆᆞᄋᆞᆷ을 밧지 아니ᄒᆞ엿고 오직 우리가 아바지라 부르ᄂᆞᆫ 양ᄌᆞ의 ᄆᆞᄋᆞᆷ을 밧앗ᄂᆞ니라 十六 셩신이 친히 우리 신으로 더브러 우리가 하ᄂᆞ님의 ᄌᆞ녀ㅣ 된거ᄉᆞᆯ 증거ᄒᆞᄂᆞ니 十七 ᄌᆞ녀가

된즉 후ᄉᆞ가 되고 곳 하ᄂᆞ님의 후ᄉᆞㅣ 되여
크리스도로 더브러 후ᄉᆞ가 되ᄂᆞ니 그와 ᄒᆞᆷ께 고
난을 밧으면 또ᄒᆞᆫ 그와 ᄒᆞᆷ께 영광을 밧을지니라

주셕

뭇ᄂᆞᆫ말

十四관 八쟝 一졀노 十七졀 九월十七일

八十六 一졀을 외오라
八十七 셩신께셔 우리를 죄와 죽음에 버셔나게 ᄒᆞ셧ᄂᆞ뇨 二졀
八十八 셩신을 ᄯᅡ러 힝ᄒᆞᆫ다 ᄒᆞᆷ은 무슴 뜻이뇨
八十九 육톄의 ᄉᆡᆼ각은 무엇이며 셩신의 ᄉᆡᆼ각은 무엇이뇨 六졀
九十 하ᄂᆞ님으로 더브러 무어솔 원슈가 되엿ᄂᆞ뇨 七졀
九十一 육톄에 잇ᄂᆞᆫ 사ᄅᆞᆷ은 엇지 ᄒᆞ여 하ᄂᆞ님을 깃부게 못ᄒᆞ겟ᄂᆞ뇨 八졀
九十二 누구야 크리스도 사ᄅᆞᆷ이 아니냐 九졀
九十三 우리가 엇더케 사ᄂᆞᆫ 사ᄅᆞᆷ이 되겟ᄂᆞ뇨 十一졀
九十四 우리가 엇더케 빗진쟈가 되엿ᄂᆞ뇨 十二졀
九十五 우리가 무어스로 하ᄂᆞ님 아ᄃᆞᆯ됨을 분명이 알겟ᄂᆞ뇨
九十六 十六졀을 외오라

엡웟청년회

력ᄉᆞ와디리가요긴ᄒᆞᆫ일

디리를 모로면 동셔를 분별치 못 ᄒᆞ며 력ᄉᆞ를 아지 못ᄒᆞ면 고금을 살피지 못 ᄒᆞᄂᆞ니 동셔를 분별치 못ᄒᆞ고 고금을 살피지 못ᄒᆞ면 엇지 능히 쟝단을 취샤ᄒᆞ며 득실을 칭냥 ᄒᆞ리요 지금 세계에 문명ᄒᆞᆫ 나라들은 방방 곡곡이 대 즁 쇼학교를 셜시ᄒᆞ고 득세이샹 된쟈 무비 학도라 그런고로 교화가 구비ᄒᆞ여 국민이 글ᄌᆞ를 모로ᄂᆞᆫ쟈와 글을 못 닑ᄂᆞᆫ쟈가 별노이업ᄂᆞᆫ고로 력ᄉᆞ와 디지와 신문을 능히 닑어 동셔 고금에 일을 가솜에 황연ᄒᆞ니 구미 각국에 져명ᄒᆞᆫ 나라 ᄋᆞ희들은 비록 상쳑동ᄌᆞ라도 입으로 능히 샹하 빅뎌에 변혁ᄒᆞᆫ것과 각국에 형세를 말ᄒᆞ되 우리 대한 ᄋᆞ희들은 샹외물론이오 쟝셩ᄒᆞᆫ 쇼년들이라도 그나라 밧긔ᄂᆞᆫ 무ᄉᆞᆷ 나라이 잇ᄂᆞᆫ지 무ᄉᆞᆷ ᄉᆞ긔가 엇지 되엿ᄂᆞᆫ지 도모지 모르니 엇지 한탄ᄒᆞᆯ바 아니리요 대뎌 오대부쥬 각국에 인종과 형세와 풍토와 인졍과 물산을 알고져 ᄒᆞᆯ진뎌 력ᄉᆞ를 비호야 ᄒᆞᆯ거시요 어뎌ᄂᆞᆫ 엇던 나라이 잇ᄂᆞᆫ것과 셤과 대양과 하슈와 강과 명산과 대쳔이 잇ᄂᆞᆫ것을 알고져 ᄒᆞ면 디지를 공부치 안코ᄂᆞᆫ 능치 못 ᄒᆞᄂᆞ니 구미 각국과 일본의 인민들은 비록 부인 유ᄌᆞ라도 소상이 알거ᄂᆞᆯ 대한과 청국에 인민들은 비록 ᄉᆞ대부라도 인방에 디지와 구미 각국 력ᄉᆞ를 아지 못 ᄒᆞ니 엇지 사ᄅᆞᆷ을 뎌ᄒᆞ여 사ᄅᆞᆷ이라 닐ᄋᆞ리요 사ᄅᆞᆷ 사ᄅᆞᆷ이 서로 수작 ᄒᆞᆯ ᄯᅢ에 오고 가ᄂᆞᆫ 말을 피차에 알아 드러야 ᄌᆞ미가 잇셔 졍의가 셩기거ᄂᆞᆯ 우리와 뎌외 학문이 엇지 그리 현수 ᄒᆞ여 업수히 녁이고 아리로 보ᄂᆞᆫ ᄆᆞ옴이 사ᄅᆞᆷ 사ᄅᆞᆷ 시이에 셩기ᄂᆞ뇨 동본 ᄒᆞ고 의셕ᄒᆞᆫ 일이로다 ᄇᆞ라건뎌 우리 청년들은 력ᄉᆞ와 디지가 미우 긴요ᄒᆞᆫ 줄 알아 속히 공부를 ᄒᆞᆯ진뎌

ᄂᆡ보

(져졍폐단) 근일에 지젼과 운젼 가계가 날노 고등ᄒᆞᆫ고로 다만 외국에셔 오ᄂᆞᆫ 물건만 갑시 오를ᄲᅮᆫ 아니라 본국에 잇ᄂᆞᆫ 물가도 점점 등용ᄒᆞ매 인심이 흉흉ᄒᆞ야 가난ᄒᆞᆫ 빅셩들이 부지 ᄒᆞᆯ수가 업ᄂᆞᆫ 모양이라 더라

○(본학당긔학) 양력 구월 십삼일(음력 팔월 초구일)에 비ᄌᆡ학당에셔 긔학 ᄒᆞ엿ᄂᆞᆫ뎌 셔국셔 학문이 고명ᄒᆞᆫ 교ᄉᆞ가 쟝ᄎᆞᆺ 나아와셔 여러가지 됴

ᄒᆞᆫ 학문을 ᄀᆞ록칠터인즉 경향간에 셰젼 ᄃᆞ니든
학원들은 진긔ᄒᆞ야 다 오실ᄲᅮᆫ 아니라 새로 드러
오ᄂᆞᆫ 학도가 ᄯᅩᄒᆞᆫ 만키를 ᄇᆞ라노라

○예방ᄒᆞᄂᆞᆫ규칙) 일젼에 니부에셔 호렬ᄌᆞ(괴질)
예방 ᄒᆞᄂᆞᆫ 규칙을 반포 ᄒᆞ엿ᄂᆞᆫᄃᆡ 그 ᄉᆞ연이 장
황ᄒᆞ야 다 긔재ᄒᆞᆯ수 업시되 첫재 긴요ᄒᆞᆫ 됴건은
집안에 오예지물ᄲᅮᆫ 업시 ᄒᆞ고 그 병을 알ᄂᆞᆫ자ᄂᆞᆫ
거처 ᄒᆞᄂᆞᆫ곳을 ᄯᅡ로 뎡ᄒᆞ여 병보ᄂᆞᆫ 사ᄅᆞᆷ 외에ᄂᆞᆫ
다른이ᄂᆞᆫ 통셥 ᄒᆞ지 못ᄒᆞ게 ᄒᆞ고 쇼독ᄒᆞᆯ 약으로
집안에 ᄲᅮ리며 집안에 공긔가 유통케 ᄒᆞ고 병든
쟈의 쳐소를 졍결케 ᄒᆞ라고 ᄒᆞ엿더라

○부ᄌᆞ몽은) 월젼에 유비갓든 민영쥬씨ᄂᆞᆫ 노아
시골 집으로 ᄶᅩᆺ처라시ᄂᆞᆫ 쳐분을 못고 그 아들
민경식씨ᄂᆞᆫ 젼직을 회복 ᄒᆞ야 다시 농샹공부 협
판을 ᄒᆞ엿다더라

○우체확장) 거월에 농샹공부에셔 고시 ᄒᆞ기를
창원항에 우체ᄉᆞ를 셜시ᄒᆞ고 본월 이십일 브터
우체를 통신케 ᄒᆞᆫ다 ᄒᆞ엿더라

○죄인수효) 감옥셔에 잇ᄂᆞᆫ 죄인이 도합 이ᄇᆡᆨ
삼십명인ᄃᆡ 임의 판결된이가 일ᄇᆡᆨ 십오명이오
아직 판결 되지 아니ᄒᆞᆫ 죄슈가 일ᄇᆡᆨ 십오명인ᄃᆡ
그즁에 병든이가 삼십이인이라 더라

○관제미뎡) 근일에 즁츄원 관졔를 다시 미뎡
ᄒᆞᄂᆞᆫᄃᆡ 이젼 의관은 다 ᄒᆡ임ᄒᆞ고 새로 삼십명
의관을 조직ᄒᆞ야 십오명은 월급이 잇고 십오명
은 월급이 업다더라

본회 광고

본회에셔 이 회보를 젼년과 ᄀᆞᆺ치 일쥬일에 ᄒᆞᆫ
번식 발간 ᄒᆞᄂᆞᆫᄃᆡ 새로 륙폭으로 작뎡ᄒᆞ고 ᄒᆞᆫ장
갑슨 엽젼 오푼이오 ᄒᆞᆫ달갑슬 미리내면 젼과 ᄀᆞᆺ
치 엽젼 ᄒᆞᆫ돈 오푼이라 본국 교우나 셔국 목ᄉᆞ
나 교외 친구나 만일 사셔 보고져 ᄒᆞ거든 졍동
아편셜라 목ᄉᆞ 집이나 종로 대동셔시에 가셔
사시ᄋᆞᆸ

종로 대동셔시 광고

우리 셔샤에셔 셩경 신구약과 찬미칙과 교회에
유익ᄒᆞᆫ 여러가지 셔칙과 시무에 긴요ᄒᆞᆫ 칙들을
팔되 갑시 상당 ᄒᆞ오니 학문샹과 시무변에 ᄯᅳᆺ이
잇ᄂᆞᆫ 군ᄌᆞ들은 만히 사셔 보시ᄋᆞᆸ

대영국 셩셔 공회 광고

새로 간출 ᄒᆞᆫ거슨 로마 가라태 골노셔 야고보
베드로 젼후셔 듸모데 젼후셔니 사셔 보실이ᄂᆞᆫ
회샤 쥬인 견묘 션ᄉᆡᆼᄃᆡ로 오시ᄋᆞᆸ

뎨삼권

대한크리스도인회보

뎨삼십칠호

광무삼년 (ᄒᆞᆫ일ᄇᆡᆨ삼십칠) 구월십삼일

목ᄉᆞ의독쳑본일

이번에 정동 교회에셔 새로 나아온 목ᄉᆞ ᄲᆡᆨ씨의 두살먹은 사나희 ᄋᆞ기가 우연히 득병ᄒᆞ야 양력 구월 초구일에 죽엇ᄂᆞᆫᄃᆡ 교즁 례법ᄃᆡ로 십일에 양화진에 나아가 안장 ᄒᆞ엿더라

ᄇᆡ재학당에ᄀᆡ학ᄒᆞᆫ일

양력 구월 십삼일에 정동 학당에셔 다시 ᄀᆡ학을 ᄒᆞ엿ᄂᆞᆫᄃᆡ 외국 교ᄉᆞ가 두분이오 본국 교원이 륙인이오 본일에 모힌 학도가 칠십 칠인이라 본국 교원즁에 녀병현씨ᄂᆞᆫ 미국과 영국에 드러가 ᄉᆞ오년 동안에 됴흔 학문을 만히 공부ᄒᆞ야 문견이 교명ᄒᆞᆫ 션비로 우리 학당에 드러와 학도를 ᄀᆞᄅᆞ쳐니 참 고마온 일이라 본 학당에셔 영문 한문 국문과 산술과 디리와 ᄉᆞ긔와 화학을 ᄀᆞᄅᆞ칠터인ᄃᆡ 이ᄯᅢ를 당ᄒᆞ야 일긔가 셔늘ᄒᆞ고 가을밤이 ᄎᆞᄎᆞ 기러가니 모든 학원들은 심력을 다ᄒᆞ야 공부 ᄒᆞ기를 ᄇᆞ라오

대한셩셔공회일

셩셔공회ᄂᆞᆫ 크리스도를 밋ᄂᆞᆫ 형뎨들이 셩경과 셔칙을 만히 츌판ᄒᆞ야 밧긔 사ᄅᆞᆷ의게 젼파 ᄒᆞ기를 위ᄒᆞ야 특별히 셩셔회를 셜시ᄒᆞ고 일년에 ᄒᆞᆫ번식 모히여 됴흔 연셜도 ᄒᆞ고 여간 젼지를 슈합ᄒᆞᄂᆞᆫ 법이라 금년에도 젼과 ᄀᆞᆺ치 정동 새회당으로 모힐터이오 일ᄌᆞᄂᆞᆫ 셩셔회 위원들이 양력 십월 초일일 샹오 십뎜죵으로 작뎡ᄒᆞᆫ지라 셔울게 잇ᄂᆞᆫ 미이미교회와 쟝로교회ᄂᆞᆫ 문안 문밧과 남녀로소를 물론ᄒᆞ고 다 ᄒᆞᆫ때 ᄒᆞᆫ 회당으로 모히여 셩셔공회의 됴흔날을 지내려니와 싀골에 잇ᄂᆞᆫ 형뎨ᄂᆞᆫ 다 ᄀᆞᆺ치 모히지 못ᄒᆞ니 죠곰 셥셥ᄒᆞᆫ 일이라 그런즉 우리 쥬를 밋ᄂᆞᆫ 형뎨들은 졔물포나 강화이나 연안에나 평양이나 삼화이나 원산이나 다 ᄀᆞᆺ치 양력 십월 초일일 샹오에 다 각각 그곳 회당에 모히고 쟝로 교우도 회당 근쳐에 사ᄂᆞᆫ이ᄂᆞᆫ 다 ᄀᆞᆺ치 우리 회당에 모히여 긔도와 연셜노 우리 쥬를 찬숑ᄒᆞ고 각각 힘ᄃᆡ로 ᄆᆞ옴에 소원ᄃᆡ로 젼량을 슈합 ᄒᆞ되 돈의 만코 적은것은 불계ᄒᆞ고 반ᄃᆞ시 회계원으로 그 ᄉᆞ무를 ᄎᆡᆨ히게 ᄒᆞ야 그 돈을 졔물포에셔 젼도 ᄒᆞ시ᄂᆞᆫ 됴원시 목ᄉᆞᄃᆡ로 보내시기를 ᄇᆞ라노라

대한크리스도인 회보

THE KOREAN CHRISTIAN ADVOCATE.
Rev. H. G. Appenzeller, Editor.
36 cents per annum
in advance. Postage extra.

Wednesday, Sept. 13th, 1899.

서울 정동서 일쥬일에 ᄒᆞᆫ번식 발간ᄒᆞᄂᆞᆫᄃᆡ 아편셜라 목ᄉᆞ가 회보 샤쟝이 되엿더라

일년 갑슬 미리 ᄂᆡ면 삼십 륙전이오 우표 갑슨 ᄯᆞ로 잇노라

재됴와지혜를더ᄒᆞᆷ

동양 셔칙에 ᄉᆞ셔 오경을 열람ᄒᆞ여 보건ᄃᆡ 셩현의 쳔언 만어가 도모지 ᄯᅳᆺ이라 부모의게 효도ᄒᆞᆷ과 님군의게 츙셩ᄒᆞᆷ과 형뎨간에 우ᄋᆡᄒᆞᆷ과 붕우간에 신의ᄒᆞᆷ과 부부간에 별다름과 어룬과 ᄋᆞ희들이 ᄎᆞ례가 잇슴을 ᄌᆞ세히 말ᄉᆞᆷ ᄒᆞ엿고 ᄆᆞᄋᆞᆷ을 발니ᄒᆞ고 몸을 닥그며 집을 가직히 ᄒᆞ고 나라를 다ᄉᆞ리며 텬하를 평뎡 ᄒᆞᄂᆞᆫᄃᆡ 됴흔 훈계와 됴흔 례절을 만히 ᄀᆞᄅᆞ치셧시니 그 말ᄉᆞᆷ대로 인민을 교육ᄒᆞᆯ것 ᄀᆞᆺᄒᆞ면 대단히 유죠ᄒᆞᆯ듯 ᄒᆞ나 현금에 대한 사ᄅᆞᆷ들이 그 셔칙을 공부 ᄒᆞ고 그 힝실인즉 셩현의 훈계와 어긔ᄂᆞᆫ 일이 만히 잇시니 그 ᄭᆞ닭이 어나곳에 잇ᄂᆞ뇨 그 리치를 궁구ᄒᆞ여 보건ᄃᆡ 동양 셩현의 말ᄉᆞᆷ이 다만 후셰 사ᄅᆞᆷ의게 규칙이 되거니와 능히 사ᄅᆞᆷ의 힝실을 권면 ᄒᆞᄂᆞᆫ 힘이 업시며 셩현이 다만 후셰 인민의게 스승이 될지언뎡 능히 사ᄅᆞᆷ의 지혜를 도아 주ᄂᆞᆫ 권능히 업ᄂᆞᆫ지라 오직 구셰쥬 예수ᄭᅴ셔ᄂᆞᆫ 능히 사ᄅᆞᆷ의 지혜를 더ᄒᆞ게 ᄒᆞ시고 하ᄂᆞ님ᄭᅴ셔ᄂᆞᆫ 밋ᄂᆞᆫ 무리의게 권능의 힘을 주시ᄂᆞᆫ고로 우리 교회가 일쳔 팔빅 구십 구년이리로 점점 흥왕ᄒᆞ야 지금은 텬하 각국 셰계에 젼파되지 아닌곳이 별노 업시며 가ᄂᆞᆫ곳 마다 진보가 되ᄂᆞᆫ지라 엇던 사ᄅᆞᆷ이 말ᄒᆞ되 사ᄅᆞᆷ의 재됴와 지혜ᄂᆞᆫ 어마니 ᄇᆡ속에 나아올ᄯᅢ 브터 ᄐᆞ고 나ᄂᆞᆫ것이라 뉘가 더ᄒᆞ게 ᄒᆞ고 덜ᄒᆞ게 ᄒᆞᄂᆞᆫ 리치가 잇시리오 ᄒᆞᄂᆞ니 참 어리셕은 말이라 우리가 동산가온ᄃᆡ 실과 나무를 볼지라도 처음에ᄂᆞᆫ 실과도 잘고 맛도 됴치안코 빌너지도 만히 잇던 나무를 봄에 동산 쥬인이 그 둥걸을 베히고 다른 실과의 됴흔 나무 가지를 그 버힌곳에 졉ᄒᆞ여 노코 가지가 나아올ᄯᅢ에 ᄉᆞ방으로 거름을 만히 ᄒᆞ여주며 시시로 물을 주어 잘 ᄇᆡ양 ᄒᆞᆫ즉 그후에ᄂᆞᆫ 그 나무 실과가 루루이 밋치며 맛도 됴케 되리니 그 나무의 근본 ᄲᅮ리를 ᄉᆡᆼ각ᄒᆞ여 보건ᄃᆡ 다른 나무가 아니라 녜젼에 잇든 못된 실과 나무로ᄃᆡ 지금에 열니ᄂᆞᆫ 실과ᄂᆞᆫ 녜젼 보다 ᄇᆡᆨ비나 나흘것이라 사ᄅᆞᆷ도 그 나무와 ᄀᆞᆺ치 셩신의 감화 ᄒᆞᆫ 심으로 지혜와 지능을 졉ᄒᆞ여 엇고 녜젼의 완악ᄒᆞ든 ᄆᆞᄋᆞᆷ을 곳치고 보면 그 사ᄅᆞᆷ의 형용과 ᄉᆞ지ᄇᆡᆨ톄ᄂᆞᆫ 젼과 ᄀᆞᆺᄒᆞ되 그 사ᄅᆞᆷ의 언ᄉᆞ와 힝실은 아조 다른 사ᄅᆞᆷ이 되리로다

례ᄇᆡ일공과 일ᄇᆡᆨ 삼십칠 구월 이십ᄉᆞ일

바울노가로마사ᄅᆞᆷ의게ᄒᆞᆫ편지

로마긔셔 팔쟝 십팔졀노 삼십구졀ᄭᆞ지

○ 十八 우리 이제 고난 밧ᄂᆞᆫ것과 쟝ᄎᆞᆺ 우리의게
나타낼 영광으로 써 비교ᄒᆞ면 족히 ᄯᅳᆺᄉᆞ로 혜아
리지 못ᄒᆞᆯ지니라 十九 대개 만물이 ᄀᆞᆫ졀이 ᄇᆞ라
ᄂᆞᆫ거ᄉᆞᆫ 하ᄂᆞ님의 뭇 아ᄃᆞᆯ이 나타남을 기ᄃᆞ리
ᄂᆞ니 二十 만물이 헛된ᄃᆡ 굴복ᄒᆞᆫ거시 ᄌᆞ긔 ᄯᅳᆺ이
아니라 오직 ᄇᆞ람으로 굴복게 ᄒᆞ시ᄂᆞᆫ 위로 말ᄆᆡ
암이라 二十一 이ᄂᆞᆫ 이 만물이 썩어짐의 죵됨을 쟝
ᄎᆞᆺ 버셔남을 엇어 하ᄂᆞ님의 뭇 ᄌᆞ녀의 영광
으로 ᄌᆞ쥬쟝 ᄒᆞᆷ에 니ᄅᆞᆷ이니라 二十二 대개 우리가
만물이 이제ᄭᆞ지 ᄒᆞᆷᄭᅴ 탄식 고로홈을 아ᄂᆞ니 二十三
다만 이ᄲᅮᆫ 아니라 오직 처음으로 셩신의 열ᄆᆡᄅᆞᆯ
미진 우리도 ᄯᅩᄒᆞᆫ ᄌᆞ긔 ᄆᆞᄋᆞᆷ에 탄식ᄒᆞ야 양ᄌᆞ됨
을 기ᄃᆞ리ᄂᆞ니 곳 우리 몸을 속량 ᄒᆞ심이라
二十四 대개 우리가 ᄇᆞ람으로 구홈을 엇엇시니 보
ᄂᆞᆫ바 ᄇᆞ람이 아니라 보ᄂᆞᆫ거ᄉᆞᆯ 누가 ᄇᆞ라리오 二十五
만일 우리가 보지 못ᄒᆞᄂᆞᆫ거ᄉᆞᆯ ᄇᆞ란즉 참음으로
기ᄃᆞ릴지니라 ○ 二十六 이와 ᄀᆞᆺ치 셩신도 ᄯᅩᄒᆞᆫ 우
리 연약홈을 도으시ᄂᆞ니라 대개 우리가 맛당이
빌바를 아지 못ᄒᆞ나 오직 셩신이 말ᄒᆞᆯ수 업ᄂᆞᆫ
탄식으로 ᄡᅥ 우리를 위ᄒᆞ야 친히 비시ᄂᆞ니라 二十七
ᄆᆞᄋᆞᆷ을 감찰 ᄒᆞ시ᄂᆞᆫ이가 셩신의 ᄯᅳᆺ을 알으심
은 하ᄂᆞ님의 ᄯᅳᆺᄃᆡ로 셩도를 위ᄒᆞ야 긔도 ᄒᆞ
심이니라 二十八 우리가 아ᄂᆞᆫ거ᄉᆞᆫ 곳 하ᄂᆞ님을 ᄉᆞ랑
ᄒᆞ고 그 ᄯᅳᆺᄃᆡ로 부ᄅᆞ심을 닙은 사ᄅᆞᆷ의게ᄂᆞᆫ 모든
일이 유익ᄒᆞ게 됨이니라 二十九 하ᄂᆞ님이 미리 알
으신 사ᄅᆞᆷ을 미리 뎡ᄒᆞ샤 그 아ᄃᆞᆯ의 모양을 본밧
게 ᄒᆞ심은 모든 형뎨 즁에셔 그가 맛아ᄃᆞᆯ이 되게
ᄒᆞ심이니라 三十 그 미리 뎡ᄒᆞ신이를 ᄯᅩᄒᆞᆫ 부ᄅᆞ시고
부ᄅᆞ신이ᄂᆞᆫ ᄯᅩᄒᆞᆫ 올홈이 되게ᄒᆞ시고 올홈이 되게
ᄒᆞ신이를 ᄯᅩᄒᆞᆫ 영화롭게 ᄒᆞ셧ᄂᆞ니라 ○ 三十一 그런즉
이거ᄉᆞ로 우리가 무ᄉᆞᆷ 말 ᄒᆞ리오 만일 하ᄂᆞ님ᄭᅦ
셔 우리를 위ᄒᆞ시면 뉘능히 우리를 대뎍 ᄒᆞ리오
三十二 하ᄂᆞ님ᄭᅦ셔 ᄌᆞ긔 아ᄃᆞᆯ을 앗기지 아니 ᄒᆞ시고
오직 우리 뭇 사ᄅᆞᆷ을 위ᄒᆞ야 ᄇᆞ리셧시니 엇지
그 아ᄃᆞᆯ과 ᄒᆞᆷᄭᅴ 만물을 은혜로 우리의게 주시지
아니 ᄒᆞ시겟ᄂᆞ뇨 三十三 뉘 능히 하ᄂᆞ님의 ᄲᅢ신
ᄇᆡᆨ셩을 송ᄉᆞ ᄒᆞ리오 하ᄂᆞ님이 사ᄅᆞᆷ을 올홈이

되게 ᄒᆞ시ᄂᆞ니라 三十四 뉘 능히 죄를 뎡 ᄒᆞ리오
크리스도 예수ㅣ 곳 임의 죽으시고 또ᄒᆞᆫ 다시니
러나샤 하ᄂᆞ님 우편에 계시샤 우리를 위ᄒᆞ야
긔도 ᄒᆞ시ᄂᆞ니라 三十五 뉘 능히 우리를 크리스도의
ᄉᆞ랑에서 ᄭᅳᆫ흐리오 환난이나 곤고나 핍박이나 주
림이나 젹신이나 위험이나 칼이 그러 ᄒᆞ겟ᄂᆞ냐
三十六 이ᄂᆞᆫ 셩경에 쓴바와 ᄀᆞᆺᄒᆞ니 글으샤ᄃᆡ 우리
가 죵일 너를 위ᄒᆞ야 죽음을 보고 우리가 잡을
양과 ᄀᆞᆺ치 혜아림을 밧앗다 ᄒᆞ셧시니 三十七 그러
ᄒᆞ나 이 모든 일에 우리를 ᄉᆞ랑 ᄒᆞ시ᄂᆞᆫ 이로 말
미암어 우리가 이긤을 더욱 엇고도 남음이 잇ᄂᆞᆫ
니라 三十八 대개 내가 깁히 밋ᄂᆞ니 죽음이나 ᄉᆡᆼ명
이나 텬ᄉᆞ나 권세 잡은이나 이제 일이나 장ᄅᆡ
일이나 능력이나 三十九 놉흠이나 깁흠이나 지음을
밧은 다른 아모 물건이라도 우리 쥬 크리스도 예
수에 잇ᄂᆞᆫ 하ᄂᆞ님의 ᄉᆞ랑에서 우리를 능히 ᄭᅳᆫ처
못 ᄒᆞ리라

주셕

뎨목은 만물의졍형과우리ᄌᆞ긔의몸
으로우리의ᄇᆞ람을확실케ᄒᆞᆷ
이라 十八졀노二十七졀ᄭᆞ지

十八 이 셰샹에서 밧은 고난과 장ᄅᆡ에 텬국에
가셔 밧을 영광을 서로 비교 ᄒᆞᆯ거시 업시
니셰샹 고난은 잠간이오 텬국 영광은 영
원 광대 ᄒᆞᆷ이니라
十九 장ᄅᆡ 우리의게 나타나ᄂᆞᆫ 영광을 말ᄒᆞᆫ거시
라 그러나 하ᄂᆞ님의 뭇 아ᄃᆞᆯ만 구원ᄒᆞᆷ
을 엇을거시 아니오 셰샹 만물도 또ᄒᆞᆫ ᄇᆞ
람이 잇ᄉᆞ니 네젼 원죠 아담이 죄를 범ᄒᆞᆫ
ᄭᆞ닭으로 ᄯᅡ히 저쥬ᄒᆞᆷ을 밧앗시나 신도들
은 허락ᄒᆞ신 새 텬디에 살기를 ᄇᆞ라ᄂᆞ니
그런고로 만물이 하ᄂᆞ님의 뭇 아ᄃᆞᆯ의
나타나ᄂᆞᆫ 영광을 군졀히 ᄉᆞ모 ᄒᆞᄂᆞ니라
二十 세가지 ᄯᅳᆺ이 잇ᄉᆞ니 (一) 만물이 근본 사
ᄅᆞᆷ의 졀제를 밧ᄂᆞᆫ거시나 오직 영화와 부
귀ᄂᆞᆫ 다 헛된데 속ᄒᆞᆫ거시오 (二) 셰샹 만
물이 이러케 되기를 원치 아니 ᄒᆞ엿ᄉᆞ나
사ᄅᆞᆷ의 죄를 인ᄒᆞ야 공번 되시고 올흐신
하ᄂᆞ님이 복죵케 ᄒᆞ심이오 (三) 만물이
영원히 이러케 될거시 아니라 진실노 ᄇᆞ랄
거시 잇ᄂᆞ니 장ᄅᆡ에 방셕ᄒᆞᆷ을 엇을거시
니라
二十一 하ᄂᆞ님의 뭇 ᄌᆞ녀가 장ᄅᆡ에 ᄌᆞ유 ᄒᆞᄂᆞᆫ 영
광을 밧을ᄯᅢ에 셰샹 만물이 또ᄒᆞᆫ 긔회를
엇어 써거지ᄂᆞᆫ 죵됨을 면ᄒᆞ고 반ᄃᆞ시 태
평 쾌락ᄒᆞᆫ ᄯᅢ를 일우ᄂᆞ니라
二十二 아담이 범죄ᄒᆞᆫᄯᅢ로 브터 복음의 영광이
나타나ᄂᆞᆫᄯᅢ ᄭᆞ지 만물이 탄식 로고 ᄒᆞ야

비유컨더 산모가 ᄒᆡ산 ᄒᆞᆯ때에 ᄆᆡ우 고롱
ᄒᆞᄂᆞᆫ것 ᄀᆞᆺᄒᆞᆫ더 ᄌᆞ식을 잘 양육ᄒᆞ야 쟝리
쾌락ᄒᆞᆷ이 잇ᄂᆞᆫ것 ᄀᆞᆺᄒᆞ니라
二十三처음으로 셩신의 열ᄆᆡ를 ᄆᆡᆺᄂᆞᆫ다 ᄒᆞᆷ은 곳
ᄆᆡᆺᄂᆞᆫ쟈의 ᄆᆞᄋᆞᆷ속에 셩신을 엇어 크리스도
의 무리됨을 증거 ᄒᆞᆷ이라 우리가 지금 탄
식 로고ᄒᆞ야 우리 몸을 다시 속량 ᄒᆞ야
하ᄂᆞ님의 양ᄌᆞ됨을 ᄇᆞ라ᄂᆞᆫ지라 바울노가
또 ᄆᆞᆯᄉᆞᆷ ᄒᆞ기를 크리스도가 반ᄃᆞ시 비쳔
ᄒᆞᆫ 우리 몸을 화ᄒᆞ야 영화로온 몸으로 더
ᄇᆞ러 다름이 업게 ᄒᆞ리라 ᄒᆞ엿ᄂᆞ니라
(비립비 三쟝 二十一졀
二十四셩도의 크게 유익ᄒᆞᆷ이 눈 압헤 잇ᄂᆞᆫ거시
아니라 바울노가 또 ᄀᆞᆯᄋᆞ더 너희 ᄇᆞ라ᄂᆞᆫ
복은 하ᄂᆞᆯ에 잇다 ᄒᆞ엿ᄂᆞ니라 (가라셔 一
쟝 五졀
二十五우리의 ᄇᆞ라ᄂᆞᆫ바ᄂᆞᆫ 쟝ᄅᆡ에 구원ᄒᆞᆷ을 엇ᄂᆞᆫ
거시니 아죽 엇지 못 ᄒᆞ엿을 때에ᄂᆞᆫ 조곰
도 급박ᄒᆞᆫ ᄆᆞᄋᆞᆷ을 둘거시 아니오 반ᄃᆞ시
안연ᄒᆞ고 고요ᄒᆞᆫ ᄆᆞᄋᆞᆷ으로 기ᄃᆞ려야 ᄒᆞᆯ
거시니라
二十六우리 무리가 비록 연약 ᄒᆞ나 다힝이 셩신
의 도으심을 힘닙으며 또ᄒᆞᆫ 우리가 어리
셕고 로둔ᄒᆞ야 엇더케 긔도ᄒᆞ며 또ᄒᆞᆫ 무
슴 ᄭᅡ닭으로 긔도 ᄒᆞᄂᆞᆫ거슬 아지 못ᄒᆞᆯ때
에 가히 셩신의 감동ᄒᆞᆷ을 엇을 거시오 또
셩신의 인도ᄒᆞᆷ이 비유컨더 션ᄉᆡᆼ이 뎨ᄌᆞ를
ᄀᆞᄅᆞ침 ᄀᆞᆺ치 ᄒᆞᄂᆞ니라 ᄆᆞᄋᆞᆷ이 극히 피로
와 닙으로 능히 말ᄒᆞ지 못 ᄒᆞᆯ때에 셩신이
말ᄒᆞᆯ수 업ᄂᆞᆫ 탄식으로 우리를 ᄃᆡ신 ᄒᆞ야
긔도ᄒᆞ여 주시ᄂᆞ니라
二十七 뭇 ᄆᆞᄋᆞᆷ을 감찰 ᄒᆞ시ᄂᆞᆫ 이ᄂᆞᆫ 곳
하ᄂᆞ님이시라 셩신이 ᄆᆞᄋᆞᆷ속에 계셔 무어
슬 원ᄒᆞ야 긔도 ᄒᆞ던지 반ᄃᆞ시
하ᄂᆞ님의 ᄯᅳᆺ을 합 ᄒᆞ여야 반ᄃᆞ시 응험ᄒᆞᆷ
을 엇ᄂᆞ니라

뎨목은 모든일에우리가이긤을더옥
엇고도남음이잇ᄂᆞ니라

二十八이 마ᄃᆡᄂᆞᆫ 참 지극히 아ᄅᆞᆷ답고 지극히 보
ᄇᆡ로온 말이라 므ᄅᆞᆺ 크리스도 인의게ᄂᆞᆫ
이 셰상에 맛나ᄂᆞᆫ 모든 일이 다 유익ᄒᆞᆷ이
되ᄂᆞ니라
廿九三十셩도ᄂᆞᆫ 하ᄂᆞ님이 미리 알오시고 미리
뎡 ᄒᆞ시고 부르시고 올흠이 되게 ᄒᆞ시
고 영광을 주신 쟈ㅣ니 맛 아ᄃᆞᆯ은 모든
구원ᄒᆞᆷ을 엇ᄂᆞᆫ쟈를 ᄀᆞᄅᆞ쳐 말 ᄒᆞᆷ이니
크리스도ᄂᆞᆫ 곳 맛 아ᄃᆞᆯ이시니라

三十一 뎐뎌도 창조 ᄒᆞ시고 므소 불능 ᄒᆞ신
하ᄂᆞ님이 우리를 보호 ᄒᆞ시면 뉘가 능히
우리를 대뎍 ᄒᆞ리오
三十二 하ᄂᆞ님이 능히 지극히 크고 지극히 어려
온 일을 일우셧ᄉᆞ니 엇지 젹고 쉬운 일을
힝치 아니 ᄒᆞ시리오 하ᄂᆞ님이 우리를
ᄉᆞ랑ᄒᆞ샤 ᄌᆞ긔의 독싱ᄌᆞ도 앗기지 아니
ᄒᆞ시고 바리셧거ᄂᆞᆯ 엇지 다른 유익ᄒᆞᆫ 일
노 우리를 도아 주시지 아니 ᄒᆞ리오 대개
하ᄂᆞ님은 ᄉᆞ랑 ᄒᆞ시ᄂᆞᆫ ᄆᆞ음을 변ᄀᆡ치 아
니 ᄒᆞ시ᄂᆞ니라
三十三 뉘 능히 숑ᄉᆞ ᄒᆞ리오 ᄒᆞᆷ은 곳 이김을 엇
ᄂᆞᆫ다 ᄒᆞᄂᆞᆫ 말이니 대개 신도ᄂᆞᆫ 셰상에 두
렵고 무셔온 일이 업ᄂᆞ니 구쥬 예수의 피
흘니신 공로를 인ᄒᆞ야 우리를 올흠이 되
게 ᄒᆞ시ᄂᆞᆫ 고로 가히 숑ᄉᆞ ᄒᆞᆯ만ᄒᆞᆫ 일이 업
ᄂᆞ니라
三十四 또ᄒᆞᆫ 죄를 뎡 ᄒᆞ리도 업ᄂᆞ니 (一) 크리스
도가 임의 도라 가셧고 (二) 다시 살으셧
고 (三) 지금 하ᄂᆞ님 우편에 계시고
(四) ᄒᆞᆼ샹 우리를 위ᄒᆞ야 긔도 ᄒᆞ심이
니라
三十五 이 닐곱 가지가 다 우리를 크리스도의 ᄉᆞ
랑 ᄒᆞ심에셔 ᄭᅳᆫ흘힘이 업ᄂᆞ니라
三十六 시편 四十四편 二十二졀을 인즁ᄒᆞᆫ 말이니라
三十七 우리가 예수로 더브러 화합ᄒᆞᆫ 고로 우리로
ᄒᆞ여곰 힘이 잇셔 모든일에 이김을 엇고
놈음이 잇게 ᄒᆞ시ᄂᆞ니라
三十八ー九 삼십오졀에 닐곱 가지로와 이 무마더
에 열가지로 우리를 크리스도의 ᄉᆞ랑
에셔 ᄭᅳᆫ치 못 ᄒᆞᄂᆞ니 열노 써 보건ᄃᆡ
엇더ᄒᆞᆫ 핍박이던지 엇더ᄒᆞᆫ 고난이던
지 엇더ᄒᆞᆫ 시험이던지 참 밋ᄂᆞᆫ 무리
로 ᄒᆞ여곰 쥬를 비반케 못 ᄒᆞᄂᆞ니라

묻ᄂᆞᆫ말

十五관 八쟝 十八ー三十九 九월二十四일

九十七 우리 밧ᄂᆞᆫ 고난과 영광을 엇더케 비교
ᄒᆞ겟ᄂᆞ뇨 十八졀
九十八 만물이 무어술 기ᄃᆞ린다 ᄒᆞ엿ᄂᆞ뇨 十九졀
九十九 밋ᄂᆞᆫ 사ᄅᆞᆷ이 또 무어술 기ᄃᆞ린다 ᄒᆞ엿ᄂᆞ
뇨 二十三졀
一百 보ᄂᆞᆫ바 ᄇᆞ람이 아니라 ᄒᆞᆷ은 무ᄉᆞᆷ 뜻이뇨
二十四졀
一百一 누가 우리긔도를 도아 주시ᄂᆞ뇨 二十六졀
一百二 二十八졀을 히셕ᄒᆞ라
一百三 三十一졀을 외오라
一百四 우리가 엇지ᄒᆞ야 하ᄂᆞ님ᄒᆞᆫ테 만물을 바
랄수 잇ᄂᆞ뇨
一百五 무어시 우리를 하ᄂᆞ님 ᄉᆞ랑에셔 ᄭᅳᆫ치게
ᄒᆞᄂᆞ뇨

디삼권

대한크리스도인회보

데삼십팔호

광무삼년 구월이십일 (합일빅삼십팔)

용서ᄒᆞ시오

우리가 요젼 회보에 셩셔공회로 시월 초일일에 졍동 회당으로 모히ᄂᆞᆫ 말ᄉᆞᆷ을 긔지ᄒᆞᆯ ᄯᅢ에 맛참 좌셕이 분요ᄒᆞ고 ᄉᆞ무에 공총ᄒᆞᆷ이 다ᄒᆞᆫ 쟝로교 교우ᄒᆞᆫ 한셕ᄒᆞ기를 말ᄉᆞᆷᄒᆞ고 감리교회 형뎨들은 오시란 말ᄉᆞᆷ을 밋치 못ᄒᆞ엿시니 우연이 잇고 그리ᄒᆞᆫ 일이나 실노 불안ᄒᆞᆫ ᄆᆞ옴이 한량 업ᄉᆞ오며 감리 교회에셔 우리 회보를 보실ᄯᅢ에 셥셥ᄒᆞᆫ ᄆᆞ옴이 나실듯ᄒᆞ오나 오ᄂᆞᆯ날 특별히 긔지ᄒᆞᆫ 말ᄉᆞᆷ을 보시면 우리의 허물을 웅당 용셔ᄒᆞ실줄 밋ᄉᆞ오며 회보 쳑폭에 홍샹 긔록ᄒᆞᆫ 말ᄉᆞᆷ이 부족ᄒᆞ더니 이번에 셩셔 공회도 말ᄉᆞᆷ을 ᄯᅩ ᄒᆞᆫ ᄒᆞ시니 도루혀 감ᄉᆞᄒᆞ오며 누가복음 십칠쟝 삼ᄉᆞ절을 보시기를 ᄇᆞ라오

텰도로리왕ᄒᆞᆫ일

서울셔 인쳔ᄭᆞ지 놋ᄂᆞᆫ 텰도를 두ᄒᆡ젼에 미국 회사에셔 대한 정부와 약됴ᄒᆞ고 시작ᄒᆞ엿더니 그후에 일본 사ᄅᆞᆷ이 텰ᄃᆞ ᄉᆞ무를 더신ᄒᆞ야 지금은 재물표 브터 삼리 건너편 영등포ᄭᆞ지 역ᄉᆞ가 다 일원지ᄂᆡ 양력 구월 십팔일에 텰도 회샤에셔 대한 관원들과 외국 공령ᄉᆞ와 신ᄉᆞ들과 각쳐 신문샤 샤원들을 쳥ᄒᆞ여 회륜ᄎᆞ의 처음으로 통ᄒᆞᄂᆞᆫ 례식을 ᄒᆡᆼᄒᆞ엿ᄂᆞᆫ데 나번 정거쟝에셔 ᄒᆞᆫ시 ᄉᆞ십분 동안에 인쳔ᄭᆡ 득달ᄒᆞᆫ지라 ᄎᆞ리로 창을 ᄒᆞ고 융젼으로 각ᄌᆞ를 믄ᄃᆞ러 됴흔 방안에 편히 안져 ᄒᆞᆫ시 ᄉᆞ십분에 칠십리 길을 리왕ᄒᆞ되 너ᄅᆞᆫ게 쳡지도 아니ᄒᆞ고 여름게 수고ᄒᆞᆷ도 업시 ᄒᆡᆼ인들이 ᄃᆞ니게 되엿시니 금 깃분일이라 대한 국중에 텰도가 더 확장되기를 ᄇᆞ라오

의원부인들의보단

우리 교회에셔 녀병원을 경향간에 세곳에 셜시ᄒᆞ엿ᄂᆞᆫ데 졍동 보구녀관에ᄂᆞᆫ 커틀너씨 부인이 보시고 동대문안 교즁졔ᄂᆞᆫ 해리스씨 부인이 보시고 평양에 회에ᄂᆞᆫ 홀의원의 부인미셔 보시ᄂᆞᆫ지라 작년 아홉달 동안에 병인을 치료ᄒᆞᆫ 보고ᄒᆞᆫ 본즉 졍동 보구녀관에ᄂᆞᆫ 이천 팔ᄇᆡᆨ 칠십구인이오 동대문안 교회에 병인이 륙ᄇᆡᆨ 사십 인ᄀᆡᆫ데 약갑 밧은돈 ᄉᆞ십오원 팔십칠젼이오 평양교회에ᄂᆞᆫ 여ᄃᆞᆲ달 동안인데 치료ᄒᆞᆫ병인이 이천 엳ᄇᆡᆨ 륙십칠인이오 약갑을 밧은돈이 오십구원 십십구젼이라 ᄯᅩ 말ᄉᆞᆷᄒᆞ되 평양 사ᄅᆞᆷ은 ᄉᆞ십인 즁에 글보ᄂᆞᆫ 사ᄅᆞᆷ을 ᄒᆞ나밧긔 맛나지 못ᄒᆞ엿시나 교즁 셔칙은 구ᄇᆡᆨ 삼십륙권을 팔앗시며 됴력은 삼십구장ᄲᅮᆫ 방미ᄒᆞ엿다 ᄒᆞᆫ지라 우리 교회가 대한녀인을 위ᄒᆞ여 됴흔일ᄒᆞᄂᆞᆫ것이 만ᄒᆞ나 지면이 좁기로 다 긔록지 못ᄒᆞ노라

대한크리스도인 회보 二 오ᄇᆡᆨ이십일

대한크리스도인 회보

THE KOREAN CHRISTIAN ADVOCATE.
Rev. H. G. Appenzeller, Editor.
36 cents per annum
in advance. Postage extra.
Wednesday, Sept. 20th, 1899.

서울 졍동서 일쥬일에 ᄒᆞᆫ번식 발간ᄒᆞᄂᆞᆫ데 아편셜라 목ᄉᆞ가 회보 샤쟝이 되엿더라
일년 갑슬 미리 ᄂᆡ면 삼십 륙젼이오 우표 갑슨 ᄯᅩ로 잇노라

허탄ᄒᆞᆷ을좃지말것

녯글에 골ᄋᆞ되 그싸옴을 점치고 그날을 점치자 말나ᄒᆞ엿시니 때의 됴코 언ᄉᆞᄂᆞᆫ 것을 턱ᄒᆞ지언뎡 날의 길ᄒᆞ고 흉ᄒᆞᆫ것ᄂᆞᆫ 턱ᄒᆞᆯ것이 업ᄂᆞᆫ지라 날ᄂᆞᆫ 곳 태양이니 일년 삼ᄇᆡᆨ 륙십여일을 두고 불지라 ᄂᆞᆫ 똑ᄀᆞᆺᄒᆞᆫ 날이오 칩고 더우것ᄋᆞᆫ 오직 그 절긔를 죳차 다른거시라 날의 션악을 말ᄒᆞᆯ진ᄃᆡ 가령 일ᄉᆡ가 음침ᄒᆞ고 풍우가 불슌ᄒᆞ면 그날은 됴치 안타 ᄒᆞᆯ거시오 일긔가 청명ᄒᆞ며 바람이 온화ᄒᆞ면 그날은 됴타 ᄒᆞ겟거ᄂᆞᆯ 이제 음양 술슈의 허탄ᄒᆞᆫ것을 공연히 밋어 혼인날을 턱ᄒᆞ되 바다시 싱기 복덕일과 샹관 결혼일을 칙력에 긔록ᄒᆞᆫ터로 좃차가ᄆᆡ 양인살과 도화살과 쥬당살ᄋᆞᆯ 다 피ᄒᆞᆫ후에 혼인ᄒᆞᆯ 길일이라 ᄒᆞ고 남녀 궁합을 보아 오ᄒᆡᆼ 리치에 샹극이 업시며 원진살이 업서야 부부간에 히로ᄒᆞᆯ다 ᄒᆞ고 장ᄉᆞ일을 턱ᄒᆞ되 죽은 사ᄅᆞᆷ의 싱긔가 합ᄒᆞᄂᆞᆫ날을 륙갑의 열젼ᄃᆡ로 턱뎡ᄒᆞ며 참파토의 귀금정에 ᄯᅡ다시 길일 길시가 잇다ᄒᆞ며 쥬당과 호츙살을 대단히 피ᄒᆞᄂᆞ니 참 어리셕고 허탄ᄒᆞᆫ 일이로다 녯적에 쥬나라 무왕이란 님군은 갑ᄌᆞ일에 싸홈을 니긔고 텬하 싸을 엇엇신즉 그날이 쥬무왕의게 대단히 됴흔 날이라 말ᄒᆞ되 샹나라 쥬님군은 갑ᄌᆞ일에 싸홈도 패젼ᄒᆞ고 나라 샤직이 망ᄒᆞ엿시니 갑ᄌᆞ일에 샹나라에ᄂᆞᆫ 대단히 됴치 못ᄒᆞᆫ지라 엇지ᄒᆞ야 ᄒᆞᆫ로날이 어ᄃᆡᄂᆞᆫ 됴코 어ᄃᆡᄂᆞᆫ 됴치 못ᄒᆞᆫ뇨 아지 못거라 쥬왕의게ᄂᆞᆫ 그날이 싱긔일이 되고 샹왕의게ᄂᆞᆫ 그날이 절명일이 되엿더뇨 슬프다 어두온 ᄇᆡᆨ셩들이 사술에 고혹ᄒᆞ여 사ᄅᆞᆷ의 화와 복을 하ᄂᆞ님이 쥬장ᄒᆞ사 권ᄒᆞᆫ터도 힝ᄒᆞ시되 오직 션ᄒᆞᆫ쟈의개 복을 주시고 음란ᄒᆞᆫ 쟈의게 앙화를 주시거ᄂᆞᆯ 세상 사ᄅᆞᆷ이 춤 리치ᄂᆞᆫ 깨닷지 못ᄒᆞ고 망영되이 사술에 속ᄒᆞᆫ바 되야 흉ᄒᆞᆫ 날을 피ᄒᆞ고 길ᄒᆞᆫ날을 취ᄒᆞ니 실노 한심ᄒᆞᆫ 일이로다 쳥국과 대한 사ᄅᆞᆷ들이 길일을 턱ᄒᆞ야 복 밧기를 ᄇᆞ라다가 ᄉᆞ무의 방ᄒᆡ되ᄂᆞᆫ일이 만흔고로 ᄇᆡᆨ셩이 점점 빈약ᄒᆞ고 나라이 부강치 못ᄒᆞᆫ것이라 우리 쥬를 밋ᄂᆞᆫ 형데들은 허탄ᄒᆞᆫ 말을 좃지 마시오

셤기리라 ᄒᆞ셧ᄂᆞ니라 (창세긔 二十五장 二十三절) 十一절에 의론ᄒᆞᆯ거시 네가지 잇ᄉᆞ니 (一) 아ᄃᆞᆯ을 아직 낫키젼에 하ᄂᆞ님이 임의 이 두 아ᄃᆞᆯ노 두 나라를 뎡ᄒᆞ심이오 (二) 그때에 이소와 야곱보가 아직 낫키젼인 고로 션악간에 힝ᄒᆞᆫ일이 업섯고 (三) 하ᄂᆞ님이 사ᄅᆞᆷ의 ᄒᆞᆫ신ᄯᅳᆺ슬 ᄲᅡᆨ히 뵈이심이오 (四) 사ᄅᆞᆷ의 힝실노 말ᄆᆡ암음이 아니오 하ᄂᆞ님의 부ᄅᆞ심으로 말ᄆᆡ암음이니 이 은혜ᄂᆞᆫ 곳 네젼브터 크리스도를 인ᄒᆞ야 우리의게 주션거시니라

十三 마랍긔 一장 二三절에 쥬ㅣ ᄀᆞᄅᆞ샤ᄃᆡ 어소가 야곱보의 형이 아니냐 그러나 내 야곱보를 ᄉᆞ랑ᄒᆞ고 어소를 뮈워ᄒᆞ야 뎌의 모든 산을 황무케ᄒᆞ고 그 유업으로 ᄒᆞ여곰 싀당의 굴혈이 되게 ᄒᆞ리라 ᄒᆞ셧ᄂᆞ니라 대개 이절에 말ᄉᆞᆷᄒᆞᆫ 대지ᄂᆞᆫ 하ᄂᆞ님의 은혜를 베프시ᄂᆞᆫ거시 오직 ᄌᆞ긔의 ᄯᅳᆺ스로 말ᄆᆡ암음이니라

뭇ᄂᆞᆫ말

十六판 九장 一절노 十三절 十월 一일

百六 우리가 내 당신을 엇더케 ᄒᆞ여야 증거ᄒᆞᆯ수 잇ᄂᆞ뇨 一절

百七 바울노가 무ᄉᆞᆷ 큰 근심이 잇섯ᄂᆞ뇨 二절

百八 누가 이스ᄅᆡ엘 사ᄅᆞᆷ이 되겟ᄂᆞ뇨 四절

百九 엇지ᄒᆞ야 아브라함과 이삭의 ᄌᆞ손이 분변ᄒᆞᆷ이 잇ᄂᆞ뇨 七절

百十 사ᄅᆞᄂᆞᆫ 뉘 안히뇨

百十一 엇던 ᄌᆞ손이라야 ᄎᆞᆷ 하ᄂᆞ님의 뭇 아ᄃᆞᆯ이 되겟ᄂᆞ뇨 八절

百十二 누가 하ᄂᆞ님 부ᄅᆞ신바 되엿ᄂᆞ뇨 十一절

百十三 형의 일홈은 누구며 아오의 일홈은 누구뇨

닉보

곡가묘등) 일본 상민들이 각 항구에서 곡식을 몃쳔셕식 무역ᄒᆞᆫ고로 ᄡᆞᆯ갑시 묘등ᄒᆞ야 미승애 륙칠젼 가량이 올낫다더라

○(풍재태심) 요ᄉᆞ이 련일 동풍이 대단이 불매 화곡이 크게 손상이 되엿다고 젼셜이 낭쟈ᄒᆞ더라

○(불힝면관) 평리원 검ᄉᆞ 정셕규씨ᄂᆞᆫ 몸이 별관이 되야 외군에 츅탁ᄒᆞᆷ으로 일젼에 면관이 되엿다더라

○(경ᄉᆞ겸임) 군부협판 김영쥰씨ᄂᆞᆫ 이왕에 경무ᄉᆞ 셔리를 보앗더니 지금은 경무ᄉᆞ 겸임을 ᄒᆞ엿다더라

○우역대치) 시골 각쳐에 쇼병이 대단ᄒᆞ야 가난ᄒᆞᆫ 빅셩들이 농우 ᄒᆞᆫ 바리로 큰 산업을 삼ᄂᆞᆫ데 우역 ᄯᅢ담에 낭패 보ᄂᆞᆫ이가 만히 잇실ᄲᅮᆫ 아니라 각관에셔 병든쇼를 만히들 잡ᄂᆞᆫ다니 그 고기를 만약 사셔 먹을 디경이면 사ᄅᆞᆷ의게 극히 해로올 터이니 부ᄃᆡ 조심들 ᄒᆞ시오

○셔리힉임) 니부대신 민영션씨ᄂᆞᆫ 림시 셔리 궁니대신 ᄉᆞ무를 힉임 ᄒᆞ엿다더라

○경찰ᄒᆞ심) 젼 경긔감영 뎍샤 외삼문압헤 엇던 ᄂᆞᆯ근 녀인이 니불을 덥고 여러날을 누엇ᄂᆞᆫ데 그 엽해ᄂᆞᆫ 그와ᄀᆞᆺ치 ᄂᆞᆯ근이 ᄒᆞᆫ나가 안젓거ᄂᆞᆯ 비지학당 부교ᄉᆞ ᄒᆞᆫ분이 지나다가 그 곡졀을 무른데 그 로인이 ᄃᆡ답ᄒᆞ되 뎌 녀인은 내외 안히인데 ᄂᆞᆷ의 집 방ᄒᆞᆫ간을 빌어 잇다가 병이 들ᄯᅢ 집쥬인이 나아가라 ᄒᆞ기에 엇지 ᄒᆞᆯ수 업셔 이곳에 와셔 잇노라 ᄒᆞ더라니 대한 사ᄅᆞᆷ들이 동포 형뎨를 ᄒᆞᆫ 집안에 두엇다가 무슴 병이 잇다고 내여 ᄶᅩᆺᄂᆞᆫ 악습ᄋᆞᆫ 더 말ᄒᆞᆯ것 업거니와 경찰 ᄒᆞᄂᆞᆫ 슌검ᄒᆞ온 민간ᄭᅦ 이러ᄒᆞᆫ 일을 ᄉᆞᆯ펴 보지 아니 ᄒᆞᆫ고 다만 파번쇼에셔 낫잠들만 자ᄂᆞᆫ지 보고도 시약불견 ᄒᆞᄂᆞᆫ지 알수 업시되 공연이 월급만 먹고 경찰 ᄉᆞ무ᄂᆞᆫ 무심 ᄒᆞᆫ것을 가히 알겟더라

○ᄉᆞ뎨당연) 즁츄원 파졔들 거뎡ᄒᆞᆫ후에 외관 삼십명을 아주 내지 아니 ᄒᆞ엿다더니 일젼에 의장이 의관 쥬본을 올니ᄂᆞᆫ데 이왕에 ᄃᆞ니던 의관즁으로 식힌다더라

뎨삼권

대한회보

뎨삼십구호

(합일ᄇᆡᆨ삼십구) 광무삼년 구월이십칠일

즁츄가졀일

음력 팔월 십오일은 대한의 츄셕 명졀이라 사ᄅᆞᆷ들이 조샹의게 졀ᄉᆞ지내ᄂᆞᆫ 이도 만코 무덤에 졀ᄒᆞᄂᆞᆫ 이도 만흔즉 우리 교즁 형뎨와 ᄌᆞ매들은 특별이 우리 조샹의 근본 되시ᄂᆞᆫ 하ᄂᆞ님ᄭᅴ 우리 몸으로 산제ᄉᆞ를 드리고져 ᄒᆞ야 정동 회당에 모히여 긔도ᄒᆞ시 교우 최병헌씨가 츄셕 리력과 제ᄉᆞ 리력을 대강 말ᄉᆞᆷᄒᆞ야 ᄀᆞᆯᄋᆞᄃᆡ 문견이 고루ᄒᆞ야 이 명졀의 츌쳐를 ᄌᆞ셰히 알지 못ᄒᆞ되 즁원 ᄉᆞ긔에ᄂᆞᆫ 별노히 말ᄉᆞᆷᄒᆞᆫ 곳이 업고 오직 죠션 ᄉᆞ긔를 보건ᄃᆡ 신라 유리왕 구년은 쥬 강셩 삼십 삼년이라 신라왕이 두 ᄯᆞᆯ노 ᄒᆞ여곰 부즁에 녀ᄌᆞ들을 거ᄂᆞ려 칠월 십륙일 브터 등불을 달고 삼베 길삼을 시작ᄒᆞ야 부지런이 ᄒᆞ다가 팔월 십오일을 당ᄒᆞ면 여러 녀ᄌᆞ의 길삼ᄒᆞᆫ 것을 샹고ᄒᆞ야 젹게ᄒᆞᆫ 사ᄅᆞᆷ이 만히ᄒᆞᆫ 사ᄅᆞᆷ의게 음식을 갓츄여 드리고 이날 ᄒᆞ로ᄂᆞᆫ 츔츄며 노래ᄒᆞ고 일ᄇᆡᆨ 가지 희롱ᄒᆞᆷ으로 죵일토록 노ᄂᆞ니 그날 일홈을 가비졀이라 칭ᄒᆞᆫ지라 그ᄯᅢ 브터 ᄒᆡ마다 그 날이면 노ᄂᆞᆫ 명졀노 알고 근 이쳔년을 젼리 ᄒᆞ엿시며 이ᄯᅢ에ᄂᆞᆫ 칩도 덥도 안코 실과와 곡식이 처음으로 일위ᄂᆞᆫ 것이 만흔고로 조샹의게 쳔신ᄒᆞᄂᆞᆫ 례졀이 니러나 제ᄉᆞ를 지냄이오 제ᄉᆞ의 리력을 보건ᄃᆡ 하ᄂᆞ님ᄭᅴ 제ᄉᆞᄒᆞᆷ은 샹고 시졀 브터 잇섯거니와 조샹의게 제ᄉᆞᄒᆞᆷ은 쥬나라 ᄯᅢ 브터 셩ᄒᆞ엿시나 일뎡ᄒᆞᆫ 규모가 업서 시동을 ᄅᆞᆨᄌᆞ 우희 안치고 제ᄉᆞᄒᆞᄂᆞᆫ 법도 잇섯고 신쥬를 조셩ᄒᆞᆯ ᄯᅢ에 소나무 잣나무 밤나무를 취ᄒᆞ야 나라마다 그 ᄯᅡ의 무셩ᄒᆞᆫ 나무를 썻시며 제ᄉᆞ 제문에 근본 텬ᄌᆞᄂᆞᆫ 칠묘요 제후왕은 오묘요 대부ᄂᆞᆫ 삼묘요 ᄉᆞ셔인은 부모의 제ᄉᆞ밧게 지내ᄂᆞᆫ 법이 아니어ᄂᆞᆯ 지금 풍쇽에ᄂᆞᆫ ᄉᆞ셔인이라도 ᄉᆞᄃᆡ를 봉ᄉᆞᄒᆞ고 졍ᄌᆞ의 가례에ᄂᆞᆫ 션쥬 단위를 노코 제ᄉᆞᄒᆞ며 쥬ᄌᆞ의 가례에ᄂᆞᆫ 신쥬 량위를 노코 제ᄉᆞᄒᆞ니 제례가 다 ᄀᆞᆺ지 못ᄒᆞ야 가위 집집마다 다른지라 그런즉 우리가 제ᄉᆞ의 례를 ᄒᆞᆫ번 ᄯᅩ 곳치ᄂᆞᆫ 것이 됴코 우리 조샹도 하ᄂᆞ님이 아니시면 세샹에 나지 못ᄒᆞ엿실 것이오 ᄉᆞ시 졀긔를 고로게 ᄒᆞ심과 오곡 ᄇᆡᆨ과를 일위게 ᄒᆞᄂᆞᆫ 것도 우리 조샹 힘으로 되ᄂᆞᆫ 것이 아니라 다 하ᄂᆞ님의 권능으로 되게 ᄒᆞ시ᄂᆞᆫ 것인즉 우리 쥬를 밋ᄂᆞᆫ 형뎨들은 ᄆᆡ양 츄셕일을 당ᄒᆞ거든 하ᄂᆞ님ᄭᅴ 우리 몸으로 산제ᄉᆞ를 드리게 ᄒᆞᆷ이 진실노 ᄆᆞᄋᆞᆷ에 원ᄒᆞᄂᆞᆫ 바라 ᄒᆞ엿더라

오ᄇᆡᆨ삼십삼

대한크리스도인회보

THE KOREAN CHRISTIAN ADVOCATE.
Rev. H. G. Appenzeller, Editor.
36 cents per annum
in advance. Postage extra.
Wednesday, Sept. 27th, 1899.

셔울 졍동셔 일쥬일에 ᄒᆞᆫ번식
발간 ᄒᆞᄂᆞᆫᄃᆡ 아편셜라 목ᄉᆞ가
회보 샤쟝이 되엿더라
일년 갑슬 미리 너면 삼
십 륙젼이오 우표 갑슨
ᄯᅡ로 잇노라

연안에교당을셜립ᄒᆞᆷ

우리 미이미 교회에셔 연안등디에 젼도ᄒᆞᆫ지가 불과 삼년이 되엿는ᄃᆡ 하ᄂᆞ님ᄭᅴ 참 감샤ᄒᆞ고 영광을 돌닐것은 형데와 ᄌᆞ믹ᄃᆞᆯ이 열심으로 ᄌᆡ물을 하ᄂᆞ님 나라에 싸아두고 일홈을 싱명록에 긔록ᄒᆞ고져 ᄒᆞ야 다토아 돈을 연보ᄒᆞ여 례비당을 다섯 곳에 셜립ᄒᆞ엿ᄂᆞ니 연보ᄒᆞ신 교우의 셩명을 좌에 긔ᄌᆡᄒᆞ노라

강셩로씨가 일쳔 륙ᄇᆡᆨ량이오 그외 미씨 강소ᄉᆞ가 삼쳔 팔ᄇᆡᆨ량이오 오희두씨가 일쳔이ᄇᆡᆨ 오십량이오 강셩원씨가 삼ᄇᆡᆨ량 이오 리쥰호씨가 ᄉᆞᄇᆡᆨ량애오 표졍필 안병션 변ᄋᆡ문 유경슈 리동혁제씨는 각각 일ᄇᆡᆨ량식 연보ᄒᆞ엿고 강봉규 리지ᄉᆞᆫ 김치호 강봉인제씨는 오십량식 내엿시니 돈이 합ᄒᆞ여 칠쳔 팔ᄇᆡᆨ량 이라 이 돈은 다 구세쥬 크리스도를 밋는 ᄆᆞ음에셔 나아온 ᄌᆡ물인즉 우리는 이 소문을 들을ᄯᅢ에 연안에 잇는 형데들 ᄃᆡᄒᆞ야 대단히 감샤ᄒᆞ오며 우리 교회가 더욱 흥왕ᄒᆞ기를 하ᄂᆞ님ᄭᅴ 긔도ᄒᆞ노라

계삭회를맛친일

양력 구월 이십 오일에 ᄌᆡ물포에셔 젼도ᄒᆞ시는 쟝로ᄉᆞ 됴원시씨가 인쳔셔 ᄯᅥ나 회륜차를 ᄐᆞ고 두시 동안에 셔울에 득달ᄒᆞ야 그날 오후와 밤에 긴요ᄒᆞᆫ 일 여러가지를 보시고 이십 륙일은 달셩당 교회의 계삭회와 동대문안 교회의 계삭회와 졍동 교회의 계삭회를 ᄒᆞ로 동안에 다 맛치시고 이십 칠일 오젼에 도로 ᄌᆡ물포로 도라간지라 우리가 이번 계삭회의 여젼히 잘된것을 감샤ᄒᆞᆯ ᄲᅮᆫ 아니라 됴원시씨의 ᄅᆡ왕ᄒᆞᆷ이 심히 경편ᄒᆞ고 신속ᄒᆞᆫ 것을 본즉 나라 가온ᄃᆡ 불가불 텰도가 흥왕ᄒᆞ여야 급ᄒᆞᆫ 일을 당ᄒᆞᆯᄯᅢ에 군식ᄒᆞᆷ이 업실지라 소문을 들은즉 음력 팔월 십오일에는 경셩 뎐긔텰로 회샤에셔 ᄅᆡ왕ᄒᆞᆫ 사ᄅᆞᆷ의 수효ᄅᆞᆯ 혜아려 본즉 ᄒᆞ로 동안에 ᄅᆡ왕ᄒᆞᆫ ᄉᆞᄅᆞᆷ이 칠쳔여명이라 ᄒᆞ니 대한 사ᄅᆞᆷ들도 텰노로 ᄃᆞ니기 됴와ᄒᆞᆷ을 알거시오 ᄅᆡ왕 ᄒᆞᄂᆞᆫ이가 만ᄒᆞ면 ᄉᆞ업이 더욱 흥왕ᄒᆞᆯ 것이니 우리 교회의 ᄉᆞ무도 반ᄃᆞ시 더 진보가 될지라 텰도로 ᄅᆡ왕ᄒᆞ기에 ᄲᆞ름과 ᄀᆞᆺ치 셩신의 능력을 엇어 압흐로 나아가 젼도 ᄒᆞ기를 힘ᄡᅳ시오

바울노가로마사ᄅᆞᆷ의게ᄒᆞᆫ편지

로마인셔 구쟝 십ᄉᆞ절노 삼십삼절ᄭᆞ지

十四 그런즉 우리가 무ᄉᆞᆷ 말ᄒᆞ리오 하ᄂᆞ님ᄭᅴ 불의
ᄒᆞᆷ이 잇ᄂᆞ뇨 결단코 아니라 十五 하ᄂᆞ님ᄭᅴ셔 모세
의게 닐너 ᄀᆞᆯᄋᆞ샤ᄃᆡ 내가 어엿비 넉닐쟈ᄅᆞᆯ 어엿
비넉이고불샹이넉닐쟈ᄅᆞᆯ불샹이넉이리라 ᄒᆞ셧시니
十六 그런즉 원ᄒᆞᆷ으로 말미암도 아니오 다ᄅᆞᆷ박질
ᄒᆞᆷ으로 말미암도 아니오 오직 어엿비 넉이시ᄂᆞᆫ
하ᄂᆞ님으로 말미암이니라 十七 대개셩경이 파라오
ᄭᅴ닐너 ᄀᆞᆯᄋᆞ샤ᄃᆡ 곳이 일을 인ᄒᆞ야나ㅣ 너ᄅᆞᆯ 세웟
시니 너로 내권능을 뵈이고 ᄯᅩᄒᆞᆫ 내 일홈을 온
ᄯᅡ에 퍼지게 ᄒᆞ랴 ᄒᆞᄂᆞ니라 ᄒᆞ셧시니 十八 그런즉
하ᄂᆞ님ᄭᅴ셔ᄂᆞᆫ 누구ᄅᆞᆯ 불샹에 넉이고져 ᄒᆞ신즉
불샹이 넉이시고 누구ᄅᆞᆯ 완패케 ᄒᆞ고져 ᄒᆞ신즉
완패케 ᄒᆞ시ᄂᆞ니라○ 十九 그런즉 네가 내게 말ᄒᆞ
야 ᄀᆞᆯᄋᆞᄃᆡ 하ᄂᆞ님ᄭᅴ셔 엇지 ᄭᅮ짓지시며 뉘가 그
ᄯᅳᆺ을 어긔엿ᄂᆞ뇨 ᄒᆞ리니 二十 사ᄅᆞᆷ아 네가 뉘기에
감히 하ᄂᆞ님ᄭᅴ 힐문ᄒᆞᄂᆞ뇨 지음을 밧은 물건이
엇지 지은 쟈ᄅᆞᆯ 더ᄒᆞ야 엇지 나ᄅᆞᆯ 이ᄀᆞᆺ치 문ᄃᆞ
랏ᄂᆞ뇨 ᄒᆞ겟ᄂᆞ뇨 二十一 그랏쟝이가 진ᄒᆞᆰ ᄒᆞᆫ 덩이로
ᄒᆞᆫ나흔 귀ᄒᆞᆫ 그ᄅᆞ슬 문ᄃᆞᆯ고 ᄒᆞᆫ나흔 쳔ᄒᆞᆫ 그ᄅᆞ슬
문ᄃᆞᄂᆞᆫ 권이 업ᄂᆞ냐 二十二 만일 하ᄂᆞ님이 그 노ᄒᆞ심
을 내시고 그 능ᄒᆞ심을 나타내고져 ᄒᆞ시면 웨
멸ᄒᆞᆯ 그ᄅᆞ슬 ᄎᆞᆷ음으로 만히 관용ᄒᆞ시고 二十三 ᄯᅩᄒᆞᆫ
영광 밧기ᄅᆞᆯ 위ᄒᆞ야 밧괴 예비ᄒᆞ신바 어엿비
넉이시ᄂᆞᆫ 그ᄅᆞ싀 그 풍셩ᄒᆞᆫ 영광을 알게 ᄒᆞ고져
ᄒᆞ셧시면 우리가 무ᄉᆞᆷ 말ᄒᆞ리오 二十四 이 그ᄅᆞ슨
곳 하ᄂᆞ님이 부ᄅᆞ신 우리니 다만 유대 사ᄅᆞᆷ중에서
ᄲᅮᆫ 아니라 이방 사ᄅᆞᆷ 중에셔도 부ᄅᆞ셧ᄂᆞ니라 二十五
호세아 글에 잇ᄂᆞᆫ 말ᄉᆞᆷ과 ᄀᆞᆺᄒᆞ니 ᄀᆞᆯᄋᆞ샤ᄃᆡ 나의
ᄇᆡᆨ셩 아닌 쟈ᄅᆞᆯ 나의 ᄇᆡᆨ셩이라 부ᄅᆞ며 나의 ᄉᆞ랑
치 아니ᄒᆞᄂᆞᆫ쟈ᄅᆞᆯ ᄉᆞ랑ᄒᆞᄂᆞ니쟈ㅣ라 칭ᄒᆞ리라 二十六
이젼에ᄂᆞᆫ 너희가 내 ᄇᆡᆨ셩 아니라 ᄒᆞᆫ곳에도 거긔
너희가셔 사시ᄂᆞᆫ하ᄂᆞ님의아ᄃᆞᆯ이라 칭ᄒᆞᆷ을 엇으리라
ᄒᆞ셧ᄂᆞ니라 二十七 이사야도 이스라엘 사ᄅᆞᆷ을 ᄀᆞ르쳐
ᄀᆞᆯᄋᆞ샤ᄃᆡ 이스라엘 못 ᄌᆞ손이 그 수가 비록 바다
모래 ᄀᆞᆺᄒᆞ나 오직 제처 남아 잇ᄂᆞᆫ 쟈가 쟝ᄎᆞᆺ 구
ᄒᆞᆷ을 엇으리니 二十八 대개 쥬ㅣ 세상에셔 그 말ᄉᆞᆷ을
일우시고 속히 힝ᄒᆞ신다 ᄒᆞ셧ᄂᆞ니라 二十九 ᄯᅩᄒᆞᆫ
이사야가 젼에 말ᄒᆞᆫ거과 ᄀᆞᆺᄒᆞ니 ᄀᆞᆯᄋᆞ샤ᄃᆡ 만유쥬
ᄭᅴ셔 우리ᄅᆞᆯ 위ᄒᆞ야 ᄡᅵᄅᆞᆯ 두시지 아니ᄒᆞ엿더면
곳소다마와 ᄀᆞᆺ치 되엿고 ᄯᅩᄒᆞᆫ 고모리와 ᄀᆞᆺ처ᄒᆞᆷ
을 밧엿시리라 ᄒᆞ엿ᄂᆞ니라○ 三十 그런즉 우리가
무ᄉᆞᆷ 말ᄒᆞ리오 올흠을 좃지아니ᄒᆞᆫ 이방사ᄅᆞᆷ은
올흠을 엇엇서니 곳 밋음에 올흠이라 三十一 오직
이스라엘 사ᄅᆞᆷ은 올흠에 법을 조차더 그 법에 니
ᄅᆞ지 못ᄒᆞ엿시니 三十二 엇지 그러ᄒᆞ뇨 이ᄂᆞᆫ 밋음
으로 아니ᄒᆞ고 오직 법만 힘ᄒᆞᆫ ᄭᅡᄃᆞᆰ이니 부듸칠
돌에 부듸쳐ᄂᆞ니라 三十三 이ᄂᆞᆫ 셩경에 ᄡᅳᆫ 바와 ᄀᆞᆺ

ᄒᆞ니 골으샤ᄃᆡ 보라 내가 시온에 부듸칠 돌과 밋
그러지ᄂᆞᆫ 반셕을 두ᄂᆞ니 더ᄅᆞᆯ 밋ᄂᆞᆫ 쟈ᄂᆞᆫ 붓그러
옴을 밧지아니리라 ᄒᆞ셧ᄂᆞ니라

주셕

뭇ᄂᆞᆫ말

十七관 九장 十四절노 三十三절 十월팔일

百十四 사ᄅᆞᆷ에 ᄯᅳᆺ과 힘으로 능히 하ᄂᆞ님의 어여
비넉님을 밧을수 잇겟ᄂᆞ뇨 十五六절

百十五 파리오ᄂᆞᆫ ᄌᆞ긔 힘으로 능히 왕이 되엿ᄂᆞ뇨 十七절

百十六 우리 ᄆᆞᄋᆞᆷ대로 되지 안ᄂᆞᆫ것스로 하ᄂᆞ님을
원망ᄒᆞ면 하ᄂᆞ님ᄭᅴ셔 엇더케 ᄒᆞ다 ᄒᆞ셧ᄂᆞ뇨
二十절노二十二절

百十七 하ᄂᆞ님ᄭᅴ셔 부ᄅᆞ신 사ᄅᆞᆷ의게 엇더케 ᄒᆞ신
다 ᄒᆞ셧ᄂᆞ뇨 二十三四절

百十八 이방사ᄅᆞᆷ의게ᄂᆞᆫ 엇더케 ᄒᆞ신다 ᄒᆞ셧ᄂᆞ뇨
二十五六절

百十九 소다마와고모라에 무ᄉᆞᆷ벌이 잇셧스며 웨
벌ᄒᆞ심을 당ᄒᆞ엿ᄂᆞ뇨 二十九절

百二十 이방사ᄅᆞᆷ이 엇지ᄒᆞ야 구원을 엇어ᄉᆞ며 이
스라엘 사ᄅᆞᆷ은 엇지ᄒᆞ야 구원을 엇지 못
ᄒᆞ겟ᄂᆞ뇨 三十절노三十二절

百二十一 부듸칠 돌이라 ᄒᆞᆷ은 무ᄉᆞᆷᄯᅳᆺ이뇨
三十三절

百二十二 사ᄅᆞᆷ이 돌에 부드치면 엇더케 되겟ᄂᆞ뇨

엡웟쳥년회

션악 두길

덕국에 ᄒᆞᆫ ᄋᆞᄒᆡ가 션악 두길을 비유ᄒᆞ여 말ᄒᆞᆫ거시 ᄆᆡ우 ᄌᆞ미가 잇ᄂᆞᆫ고로 긔ᄌᆡᄒᆞ노라

일일은 ᄒᆞᆫ션ᄉᆡᆼ이 데ᄌᆞ들을 모도여 안치고 말ᄒᆞ기를 사ᄅᆞᆷ의 ᄆᆞᄋᆞᆷ은 션악 두길이라 너희들즁에 누가 이 두가지를 두고 비유ᄒᆞᆯ쟈 잇겟ᄂᆞ뇨 ᄒᆞᆫ즉 그즁에 ᄒᆞᆫ ᄋᆞᄒᆡ 말ᄒᆞ기를 젼일 도적이 대치ᄒᆞᆯ ᄯᅢ에 불ᄒᆡᆼ이 우리집에 드러와 아바지와 륙츅을 노략ᄒᆞ여 간고로 어머이와 왼식구가 슬피 울다가 ᄒᆞᆯ일업셔 내가 부친을 차ᄌᆞ랴고 ᄉᆞ방으로 ᄃᆞᆫ닐시 ᄒᆞᆫ로ᄂᆞᆫ 길이 다ᄒᆞ고 날이 져물매 인젹은 고요ᄒᆞ고 가을달은 셔산에 ᄯᅥ러지고 스플바람은 소실ᄒᆞ며 흑운은 길을 막아 압파 뒤를 분별치 못ᄒᆞᆯ 즈음에 호랑이ᄂᆞᆫ 취파람ᄒᆞ며 원숭이와 두견ᄉᆡᄂᆞᆫ 창ᄌᆞ가 ᄭᅳᆫ어지게 울ᄉᆡ 이ᄯᅢ에 부친을 ᄉᆡᆼ각ᄒᆞᆫ즉 ᄆᆡ옥 묘연ᄒᆞ며 다시 모친을 ᄉᆡᆼ각ᄒᆞ니 ᄆᆞᄋᆞᆷ이 상ᄒᆞ고 눈물이 쇽졀업시 흐르ᄂᆞᆫ지라 압흐로 나아가쟈ᄒᆞ니 심산궁곡에 심갓ᄒᆞᆫ 초부에 길ᄲᅮᆫ이요 도로켜 오쟈ᄒᆞ니 만산 흑운즁에 나무닙시 소ᄅᆡ만 드러도 ᄆᆞᄋᆞᆷ이 차고 다리가 ᄯᅥᆯ니며 혼이 놀나 넉시 날거ᄂᆞᆯ 인ᄒᆞ여 길이 탄식ᄒᆞ여 닐ᄋᆞ되 사ᄅᆞᆷ이 착ᄒᆞᆫ ᄆᆞᄋᆞᆷ 두지 아니ᄒᆞ고 그릇 험ᄒᆞᆫ 길에 드러가면 그위티ᄒᆞᆷ이 이와ᄀᆞᆺ다 ᄉᆡᆼ각ᄒᆞ엿나이다

그션ᄉᆡᆼ이 모든 데ᄌᆞ들다려 못기를 너희가 잇갓ᄒᆞᆫ 이일을 당ᄒᆞ기를 원ᄒᆞᄂᆞ냐ᄒᆞᆫ즉 모든 데ᄌᆞ들얼골에 무셔운 빗치 잇셔 일제이 ᄃᆡ답ᄒᆞ기를 어런일은 ᄭᅮᆷ에도 잇슬가 두려ᄒᆞ나이다ᄒᆞ니 그ᄋᆞᄒᆡ가 ᄯᅩ 착ᄒᆞᆫ 길을 비유ᄒᆞ여 말ᄒᆞ기를 각식ᄭᅩᆺ츤 만발ᄒᆞ고 봄날은 화챵ᄒᆞᆫᄃᆡ 이날은 ᄭᅩᆺ어마님의 ᄉᆡᆼ신이라 아바지ᄭᅴ셔 우리 남ᄆᆡ를 명ᄒᆞ사 어머님 모르게 돈을 주시면셔 셩시에 가셔 셩션에 ᄊᆞᆯ물건을 사오라ᄒᆞ시ᄂᆞᆫ고로 우리가 어머님모르게 질음길노가 죠흔 물건을 만히 사가지고 도라올ᄉᆡ 못층 일긔가 저무러시나 그러나 봄길이 융화ᄒᆞ여 하ᄂᆞᆯ에 구름이 업고 월식이 명낭ᄒᆞᆫᄃᆡ 닝닝ᄒᆞᆫ 하슈 소ᄅᆡ가 운운에 들이고 먼촌에 ᄀᆡ짓ᄂᆞᆫ 소ᄅᆡ도 ᄯᅩ한 ᄭᅳ치지 안ᄂᆞᆫ지라 남ᄆᆡ서로 손을 붓잡고 산물건을 등에 지고 굽오 굽오 산곡으로 도리 나올졔 조금도 무셔운 ᄆᆞᄋᆞᆷ이 업시 집에 이르러오니 아바지ᄭᅴ셔 문을 의지ᄒᆞ고 바라보다가 우리의 옴을 보고 깃부게 맛즈ᄆᆡ 우리의 ᄆᆞᄋᆞᆷ에셔로이 더 깃붐은 의이저 못ᄒᆞ여 닐ᄋᆞᄃᆡ 사ᄅᆞᆷ이 착ᄒᆞᆫ일을 만이 힘ᄒᆞ면 이와ᄀᆞᆺ치 근심이 업고 깃붐이 ᄒᆞᆼ샹 ᄆᆞᄋᆞᆷ에 잇스리라 ᄒᆞ엿습ᄂᆞ이다 ᄒᆞᆫ즉 션ᄉᆡᆼ이 데ᄌᆞ들ᄃᆞ려 못기를 이 두비유가 션악두길파 흡ᄉᆞᄒᆞ니 엇더ᄒᆞᆫ 길노가랴ᄒᆞᄂᆞ냐 ᄒᆞᆫ즉 일데이 ᄃᆡ답ᄒᆞ기를 착ᄒᆞᆫ사ᄅᆞᆷ 좃기를 원ᄒᆞᄂᆞ니다 ᄒᆞ엿다더라

ᄂᆡ보

인항쇼식) 지표와 은젼 가게 서ᄃᆞᆯ에 빅동파 져동젼이 더욱 쳔ᄒᆞᆫ고로 인쳔 항구에 잇ᄂᆞᆫ 쳥국 샹민들이 서로 의론ᄒᆞ되 돈가게의 승갑ᄒᆞᄂᆞᆫ 연고로 쟝ᄉᆞᄒᆞᄂᆞᆫ 이가 리익에 손샹됨이 불소ᄒᆞ니 ᄌᆞ금 위시ᄒᆞ야 물건 매매 ᄒᆞᄂᆞᆫ데 빅동파 동젼은 쓰지 안키로 작졍 ᄒᆞ엿다더라

○ 피착풍셜) 젼 판셔 ᄂᆡ졍로씨와 젼 관찰ᄉᆞ ᄂᆡ건호씨와 젼 시죵 최씨가 경무쳥에 피착이 되엿다고 일젼 각쳐 신문에 긔지ᄒᆞᆫ 것을 다 보앗거니와 다시 치탐ᄒᆞᆫ즉 ᄂᆡ졍뵈씨의 피착 되엿다ᄂᆞᆫ 말은 랑셜이라더라

○ 부샹작폐) 시골 각쳐에 부샹들이 작폐가 대단ᄒᆞ야 빅셩이 견딜수가 업다고 소문이 랑쟈ᄒᆞ거ᄂᆞᆯ 셔울 샹무 본사에셔ᄂᆞᆫ 그 소문을 듯지 못ᄒᆞᄂᆞᆫ지 듯고도 김짓 모르ᄂᆞᆫ체 ᄒᆞᄂᆞᆫ지 알수 업다고 여항간 의론이 분운 ᄒᆞ다더라

○ 표훈원쳐소) 즁셔 샤동 이젼 츙훈부로 표훈원쳐소를 뎡ᄒᆞ고 양력 구월 이십 삼일에 이졉ᄒᆞ엿다더라

○ 교원견칙) 관립 쇼학교 교원 ᄂᆡ용원씨ᄂᆞᆫ 슈유 업시 ᄌᆞ긔 ᄆᆞ옴ᄃᆡ로 ᄉᆞ무를 보지 아니ᄒᆞᆫ 서ᄃᆞᆯ에 견칙을 당ᄒᆞ엿다더라

○ 군슈쥬본) 일젼에 ᄂᆡ부에셔 원 세 ᄌᆞ리 쥬본을 올녓ᄂᆞᆫ데 졔쥬와 의쥬와 평텩 세 고을이라더라

본회 광고

본회에셔 이 회보를 젼년과 ᄀᆞᆺ치 일쥬일에 ᄒᆞᆫ번식 발간 ᄒᆞᄂᆞᆫ데 새로 륙폭으로 작뎡ᄒᆞ고 ᄒᆞᆫ쟝 갑슨 엽젼 오푼이오 ᄒᆞᆫᄃᆞᆯ갑슬 미리내면 젼파 ᄀᆞᆺ치 엽젼 ᄒᆞᆫ돈 오푼이라 본국 교우나 셔국 목ᄉᆞ나 교외 친구나 만일 사셔 보고져 ᄒᆞ거든 졍동 아편셜라 목ᄉᆞ 집이나 죵로 대동셔시에 가셔 사시옵

죵로 대동셔시 광고

우리 셔샤에셔 셩경 신구약과 찬미칙과 교회에 유익ᄒᆞᆫ 여러가지 셔칙과 시무에 긴요ᄒᆞᆫ 칙들을 팔되 갑시 샹당ᄒᆞ오니 학문샹과 시무변에 ᄯᅳᆺ이 잇ᄂᆞᆫ 군ᄌᆞ들은 만히 사셔 보시옵

대영국 셩셔 공회 광고

새로 간츌 ᄒᆞᆫ거슨 로마 가라태 골노시 야고보 베드로 젼후셔 티모데 젼후셔니 사셔 보실이ᄂᆞᆫ 회샤 쥬인 견묘 션싱ᄭᅴ로 오시옵

데삼권

대한크리스도인회보

데ᄉᆞ십호

광무삼년 십월ᄉᆞ일 (합일ᄇᆡᆨ십ᄉᆞ)

대한셩셔회

양력 십월 초일일 례ᄇᆡ에 셩셔회로 졍동 회당에 모혓ᄂᆞᆫᄃᆡ 미이미교 쟝로교 감리교회즁에셔 젼도ᄒᆞ시ᄂᆞᆫ 셔국 목ᄉᆞ들과 부인ᄃᆡ셔 만히 오셧시ᄆᆡ 대한교우ᄂᆞᆫ 남녀로소와 ᄋᆞᄒᆡ들ᄭᆞ지 쳔여명이 (모혓ᄂᆞᆫᄃᆡ 그즁에) 싀골셔 올나온 형뎨도 잇ᄂᆞᆫ지라 회쟝 아펜셜러씨 샤무를 쥬쟝ᄒᆞ야 긔회ᄒᆞ실ᄉᆡ 찬미가 뎨오십팔쟝을 노래ᄒᆞ고 그 다음에 ᄯᅩ 교 형뎨 김홍경씨가 긔도ᄒᆞ고 회쟝 아펜셜러씨가 시편구십오편을 ᄂᆞ리온 후에 일졔히 영광경 노래ᄒᆞᆫ 후 쟝로교 형뎨 송셕쥰씨가 ᄉᆞ도ᄒᆡᆼ젼 뎨십칠쟝을 낡고 찬양ᄒᆞ야 뎨일ᄇᆡᆨ ᄉᆞ십 삼쟝 노래ᄒᆞᆫ후에 형뎨 최병헌씨 손님을 졉ᄃᆡᄒᆞᄂᆞᆫ 말ᄉᆞᆷ으로 강셜ᄒᆞ고 그후에 회쟝이 회즁에 보단ᄒᆞ엿고 그 다음에 셩셔간수원 빈돈씨가 회즁에 보단ᄒᆞ되 일년동안에 셩셔 츌판ᄒᆞᆫ 수효가 모도십일만 칠쳔 륙ᄇᆡᆨ륙십 삼권이오 방매ᄒᆞᆫ 칙이 륙만 일쳔 ᄉᆞᄇᆡᆨ삼십삼권이오 도련온만여쟝을 ᄑᆞᆯ앗다ᄒᆞ고 그후에 쟝로교 목ᄉᆞ 모열씨가 이ᄉᆡ야 오십오쟝을 낡은후에 강셜ᄒᆞ야 ᄀᆞᆯᄋᆞᄃᆡ 하ᄂᆞ님 말ᄉᆞᆷ은 비유컨ᄃᆡ 비와 눈이 하ᄂᆞᆯ노 좃차 나려와 ᄯᅡ에 흙을 윤ᄐᆡᆨᄒᆞ야 초목과 곡식을 발ᄉᆡᆼ케 ᄒᆞᆷ과 ᄀᆞᆺ고 ᄯᅡ에 직분 밧가ᄂᆞᆫ 쟈로 심으게 ᄒᆞ고 주리ᄂᆞᆫ 쟈로 먹게ᄒᆞ거늘 대한과 쳥국은 비가 오래 나리지 아니ᄒᆞ야 곡식이 다 말나 죽고 ᄯᅡ히 황막ᄒᆞᆷ과 ᄀᆞᆺ더니 지금은 비가 조곰와셔 초목의 ᄡᅡᆨ이 밍동ᄒᆞᆷ과 ᄀᆞᆺ치 구셰교회가 나라에 드러와 ᄎᆞᄎᆞ 밋ᄂᆞᆫ 형뎨를 구원케 된지라 ᄯᅩ 셩셔 말ᄉᆞᆷᄒᆞ시기를 젼도ᄒᆞᄂᆞᆫ 것이 씨를 비우고 거둠과 ᄀᆞᆺ다 ᄒᆞ엿스니 우리쥬가 다시 오실ᄯᅢ에 밋ᄂᆞᆫ 형뎨들이 만일 곡식을 ᄒᆞᆫ뭇도 가지지안코 쥬를 뵈올것 ᄀᆞᆺᄒᆞ면 엇지 붓그럽지 안켓ᄂᆞ뇨 힘써 셩셔를 만히 츌판ᄒᆞ게 도아달나ᄒᆞ고 인ᄒᆞ여 찬미가 이십구쟝을 노래ᄒᆞ고 그후에 형뎨 러병현씨가 마태 ᄉᆞ쟝 십륙졀을 외와 ᄇᆞᆰ은빗으로 강셜ᄒᆞ여 ᄀᆞᆯᄋᆞᄃᆡ 이셩셔회가 대한에 셜시된것이 대단히 깃분지라 강셩 일쳔 삼ᄇᆡᆨ 팔십 ᄉᆞ년에 존위클립씨의 별호ᄂᆞᆫ 서벽 별이니 그별이 나게되면 세상이 ᄇᆞᆰ아진다ᄂᆞᆫ 뜻이라 그 션ᄉᆡᆼ이 처음으로 셩셔를 등초ᄒᆞ야 ᄇᆡᆨ셩을 ᄀᆞᄅᆞ쳣고 일쳔오ᄇᆡᆨ오십오년에 윌리암텐델씨가 셩셔를 영국에 밧가ᄂᆞᆫ ᄋᆞᄒᆡᄭᆞ지 ᄀᆞᄅᆞ치기로 밍셰ᄒᆞ고 덕국에 가셔 셩셔를 다 번역ᄒᆞᆫ후에 활판 긔계를 발명ᄒᆞᆫ 사ᄅᆞᆷ 구텐벅

미완

대한크리스도인회보

THE KOREAN CHRISTIAN ADVOCATE.
Rev. H. G. Appenzeller, Editor.
36 cents per annum
in advance. Postage extra.
Wednesday, Oct. 4th, 1899.

서울 정동서 일쥬일에 ᄒᆞᆫ번식 발간 ᄒᆞ는ᄃᆡ 아편셜라 목ᄉᆞ가 회보 샤쟝이 되엿더라
일년 갑슬 미리 ᄂᆡ면 삼십 륙젼이오 우표 갑슨 ᄯᅩ로 잇노라.

쳣폭 연쇽

파 츌판 ᄒᆞ기를 약됴ᄒᆞ엿시나 지졍이 군식ᄒᆞ더니 영국 부ᄌᆞ 쟝ᄉᆞ 팍킹돈과 샹의ᄒᆞ고 연보ᄒᆞ는 돈을 얻어 셩셔를 다츌판 ᄒᆞᆫ후에 영국으로 슈운ᄒᆞ야 ᄇᆡᆨ셩의게 젼파ᄒᆞ니 륜돈셩에 잇는 춍목ᄉᆞ가 그일을 져희코져 ᄒᆞ야 팍킹돈을 불너 돈을만히 주고 영국에 흣허진 셩셔를 다사셔 불지르라 ᄒᆞ니 팍킹돈이 허락ᄒᆞ고 돈을 밧아 덕국 활판쇼로 보내여 ᄎᆡᆨ을 더만히 박이게 ᄒᆞ고 ᄌᆞ긔의게 잇는ᄎᆡᆨ 몃만권을 춍목ᄉᆞ의게 가져다가 소화ᄒᆞ여더니 덕국에셔 ᄎᆡᆨ이 젼보다 며 만ᄒᆞᆫ와 더젼파가 되매 춍목ᄉᆞ가 괴샹히 녁여 팍킹돈을 불너 다시 뭇거ᄂᆞᆯ 팍킹돈이 웃고 ᄃᆡ답ᄒᆞᄃᆡ 젼국에 잇는 셩셔를 다 쇼화ᄒᆞ엿시되 덕국에 잇는 활판긔계는 그저 잇시니 ᄎᆡᆨ을 ᄉᆞᆫ 돈으로 셩셔를 더 만히 츌판ᄒᆞᆷ이라 이사ᄅᆞᆷ으로 감ᄉᆞᄒᆞ노라ᄒᆞ니 춍목ᄉᆞ가 ᄯᅩᄒᆞᆫ 우슐다름이라 그후로 브터 영국사ᄅᆞᆷ이 셩셔를 만히 보아으로 ᄀᆡ명ᄒᆞᆫ후에 나라히 ᄯᅩᄒᆞᆫ ᄀᆡ명구라파에 뎨일 부강ᄒᆞᆫ 나라이 되엿고 미국도 륙십여년젼 브터 셩셔회가 흥왕ᄒᆞ매 사ᄅᆞᆷ마다 하ᄂᆞ님노로 ᄆᆞᄋᆞᆷ에 ᄲᅮᆯ히를 삼아 ᄀᆡ명이 되고로 셰계상에 강국이 되엿시나 셩셔회의 관계가 실노 즁대ᄒᆞᆫ지라 우리나라도 사ᄅᆞᆷ마다 셩셔를 공부ᄒᆞ야 민심이 ᄀᆡ명ᄒᆞᆫ면 나라도 ᄯᅩᄒᆞᆫ ᄀᆡ명ᄒᆞ야 영미 량국과 ᄀᆞᆺ치 되면 ᄇᆞᆰ은 빗을 셰계상에 날날것이오 우리도 미기ᄒᆞᆫ 나라에 가셔 셩셔회를 셰우게되기를 간졀히 ᄇᆞ란다 ᄒᆞ고 그후에 찬미가 삼십이쟝을 노래ᄒᆞ고 회계원 됴원시씨가 ᄎᆡᆨ즁에 지졍 츌납ᄒᆞᆫ것을 보단ᄒᆞ고 교우들이 일제히 연보ᄒᆞᆫ후에 찬미가 륙십이쟝을 노래ᄒᆞ고 맛친 지라 이번 셩셔회에 연보젼은 셔양 목ᄉᆞ들파 대한교우들이 합ᄒᆞ여 모흔 돈이 거의 삼ᄇᆡᆨ원에 니르러시니 이 모든 영광을 다 하ᄂᆞ님ᄭᅴ 밧치ᄂᆞ이다

레비일공과 일ᄇᆡᆨ ᄉᆞ십 십월 십오일

바울노가로마사ᄅᆞᆷ의게ᄒᆞᆫ편지

로마인셔 십장 일졀노 이십일졀ᄭᆞ지

一 형뎨들아 내 ᄆᆞᄋᆞᆷ에 원ᄒᆞᄂᆞᆫ바와
하ᄂᆞ님께셔 구ᄒᆞᄂᆞᆫ바ᄂᆞᆫ 곳 이스라엘을 위ᄒᆞᆷ
이니 뎌희가 구ᄒᆞᆷ을 엇게 ᄒᆞᆷ이라 二 대개 뎌희가
하ᄂᆞ님께 열심 잇ᄂᆞᆫ것은 내가 증거ᄒᆞ노라 그러
ᄒᆞ나 지식을 좃차 ᄒᆞᄂᆞᆫ거시 아니라 三 대개
하ᄂᆞ님의 올흠을 모로고 ᄌᆞ긔 올흠을 세우고져
ᄒᆞ야 하ᄂᆞ님의 올흠을 복죵치 아니ᄒᆞ엿
ᄂᆞᆫ뎌라 四 크리스도ᄂᆞᆫ 률법의 뭇ᄎᆞᆷ이시니 모든
밋ᄂᆞᆫ 쟈의게 올홈이 되시ᄂᆞ니라 五 대개 모세가
률법으로 말ᄆᆡ암ᄂᆞᆫ 올흠을 써 ᄀᆞᆯᄋᆞᄃᆡ 힝ᄒᆞᄂᆞᆫ 사
ᄅᆞᆷ이 일노 살니라 ᄒᆞ엿ᄂᆞ니라 六 오직 밋음으로
말ᄆᆡ암ᄂᆞᆫ 올흠은 이 ᄀᆞᆺ치 말ᄒᆞᆫᄃᆡ 네 ᄆᆞᄋᆞᆷ에 뉘
가 하ᄂᆞᆯ에 올나 가겟ᄂᆞ냐 ᄒᆞ지 말나 이ᄂᆞᆫ 크리
스도를 강림ᄒᆞ시게 ᄒᆞ려 ᄒᆞᄂᆞᆫ 말이라 七 혹 뉘
가 음부에 ᄂᆞ려 가겟ᄂᆞ냐 ᄒᆞ지 말나 이ᄂᆞᆫ 크리
스도를 죽음에셔 올나 오시게 ᄒᆞ려 ᄒᆞᄂᆞᆫ 말이라
八 오직 무슴 말ᄒᆞᄂᆞ뇨 ᄀᆞᆯᄋᆞᄃᆡ 도가 네게 갓갑
고 네 입에 잇고 네 ᄆᆞᄋᆞᆷ에 잇ᄂᆞ니 이ᄂᆞᆫ 곳 우
리가 반포ᄒᆞᄂᆞᆫ 밋음의 도ㅣ니 九 네가 만일 네
입으로 예수를 쥬로 안다 ᄒᆞ고 네 ᄆᆞᄋᆞᆷ에
하ᄂᆞ님께셔 예수를 죽음에셔 다시 닐게 ᄒᆞ심을
밋으면 구ᄒᆞᆷ을 엇으리라 十 대개 사ᄅᆞᆷ이 ᄆᆞᄋᆞᆷ으
로 써 밋은즉 올흠에 니르고 입으로 써 안즉 구
ᄒᆞᆷ에 니르ᄂᆞ니라 十一 셩경에 닐ᄋᆞ샤ᄃᆡ 므롯 뎌를
밋ᄂᆞᆫ쟈ᄂᆞᆫ 붓그러옴을 보지 아니ᄒᆞ리라 ᄒᆞ시니
十二 대개 유대 사ᄅᆞᆷ과 헬나 사ᄅᆞᆷ의 분별이 업
숨은 ᄒᆞᆫ 쥬ㅣ 뭇 사ᄅᆞᆷ의 쥬ㅣ시니 뎌를 부르ᄂᆞᆫ
모든 사ᄅᆞᆷ의게 풍셩ᄒᆞ시ᄂᆞ니 十三 므롯 누구던지
쥬의 일홈을 부르ᄂᆞᆫ 쟈ᄂᆞᆫ 구ᄒᆞᆷ을 엇으리라 十四
그러ᄒᆞ면 밋지 아니ᄒᆞᆫ 이를 엇지 부르며 듯지
아니ᄒᆞᆫ 이를 엇지 밋으며 반포ᄒᆞᄂᆞᆫ쟈ㅣ 업ᄉᆞ
면 엇지 드ᄅᆞ리오 十五 보내심을 밧지 아니ᄒᆞ엿
ᄉᆞ면 엇지 반포ᄒᆞ리오 쓴바와 ᄀᆞᆺ치 됴흔것의
복음을 젼ᄒᆞᄂᆞᆫ쟈의 발이 엇지 아ᄅᆞᆷ다오니라
ᄒᆞ셧ᄂᆞ니라 ○ 十六 그러ᄒᆞ나 뎌희가 다 복음을
듯고 좃지 아니ᄒᆞ엿ᄂᆞ니라 이사야ㅣ ᄀᆞᆯᄋᆞᄃᆡ 쥬
여 우리 젼ᄒᆞᄂᆞᆫ 바를 뉘가 밋엇ᄂᆞ니 잇가 ᄒᆞ엿
시니 十七 그런고로 밋ᄂᆞᆫ거슨 듯ᄂᆞᆫ쟈셔 나며 듯
ᄂᆞᆫ거슨 크리스도의 말ᄉᆞᆷ으로 나ᄂᆞ니라 十八 그러
나 내가 말ᄒᆞ노니 뎌희들이 듯지 아니ᄒᆞ엿ᄂᆞ뇨

ᄀᆞᆯᄋᆞ되 드럿ᄂᆞ니 대개 그 소리가 온 따헤 나아
가고 그 말ᄉᆞᆷ이 따ᄭᅳᆺᄭᆞ지 니르럿다 ᄒᆞ나 十九 내
또 말 ᄒᆞ노니 이스라엘 사ᄅᆞᆷ이 아지 못ᄒᆞ엿ᄂᆞ
뇨 몬져 모세가 닐ᄋᆞ되 ᄇᆡᆨ셩 되지 아닌 쟈로 ᄡᅥ
너희를 싀긔케 ᄒᆞ고 미련ᄒᆞᆫ ᄇᆡᆨ셩으로 ᄡᅥ 너희
를 분나게 ᄒᆞ리라 ᄒᆞ시고 二十 이사야ㅣ 담대ᄒᆞ게
말ᄒᆞ되 나를 ᄎᆞᆺ지 아니 ᄒᆞᄂᆞᆫ 쟈가 나를 맛나고
나를 구ᄒᆞ지 안ᄂᆞᆫ쟈가 내의 나타냄을 보리라 ᄒᆞ
시고 二一 또 이스라엘의게 말ᄒᆞ야 ᄀᆞᆯᄋᆞ샤ᄃᆡ 나ㅣ
종일 순종치 아니 ᄒᆞ고 더뎌 ᄒᆞᄂᆞᆫ ᄇᆡᆨ셩의게 내
손을 폇노라 ᄒᆞ셧ᄂᆞ니라

뎨삼권

대한회보

뎨ᄉᆞ십일호

광무삼년 (빅ᄉᆞ십일호) 십월 십일일

감리교회년환회

요ᄉᆞ이 감리교회 대셔긔 넘밧 목ᄉᆞ가 대한ᄭᆞ지 나아왓소 을 떼에 부산으로 브터 원산에 니ᄅᆞ러 오래 그리던 친구 원산항 감리 윤치호씨를 맛나 보고 륙노로 셔울와셔 교즁 년환회를 맛셔고 몃날 동안에 셔울셔 송도로 가 거긔 교즁 ᄉᆞ무를 보앗ᄂᆞᆫᄃᆡ 교우들이 이긘 유명ᄒᆞᆫ 목ᄉᆞ를 맛나 됴흔 말ᄉᆞᆷ을 듯고 다 깃버 ᄒᆞ여다더라 ○ 감리교회즁에 무목ᄉᆞ 니외분과 ᄯᆞᆯ의 기ᄒᆞ나와 셩싱 노릇ᄒᆞ심 가스라ᄒᆞᄂᆞᆫ 부인ᄭᅴ셔 요ᄉᆞ이 새로 나아와 교즁 ᄉᆞ무를 보신다더라

쟝로교회년환회

쟝로교회에 지나간 보름 동안에 년환회 ᄉᆞ무를 보어여 보왓ᄂᆞᆫᄃᆡ 이 교회가 대한에 나아온지 십오년이라 뎌 처음에 나아오신이ᄂᆞᆫ 미국 공ᄉᆞ 알년씨요 지금은 여러 교회즁에 사ᄅᆞᆷ수효도 대엘 반키 회당또 여러곳에 셜시ᄒᆞ엿고 또 유명ᄒᆞᆫ 목ᄉᆞᄂᆞᆫ 셩경을 번역ᄒᆞ시ᄂᆞᆫ 크리스도 션교샤쟝 원두우씨와 젼에 원산에 잇던 ᄇᆡ일 목ᄉᆞ와 평양에 잇ᄂᆞᆫ 마포 목ᄉᆞ이니 께일 목ᄉᆞᄂᆞᆫ 셩경을 번역ᄒᆞᆯᄲᅮᆫ 아니라 한영ᄌᆞ뎐이란 칙을 몬드럿고 마포 목ᄉᆞᄂᆞᆫ 젼도에 열심ᄒᆞ야 평안도ᄂᆡ에 아니 가ᄂᆞᆫ곳이 업ᄂᆞᆫ 모양이라 이 형뎨와 ᄌᆞ미들이 여러날 동안에 교즁 ᄉᆞ무를 의론 ᄒᆞ고 지금은 각각 ᄌᆞ긔 잇ᄂᆞᆫ 곳으로 도라가니 하ᄂᆞ님의 도아 주시ᄂᆞᆫ 은혜로 젼도를 힘써 ᄒᆞ시기를 ᄇᆞ라노라

부평굴지교회에쟝ᄉᆞᄒᆞᆫ일

굴지회당 션ᄉᆡᆼ 리영순씨ᄂᆞᆫ 오년젼 브터 구셰쥬를 독실히 밋ᄂᆞᆫ 형뎨라 션ᄉᆡᆼ의 부인이 우연이 득병ᄒᆞ야 음력 팔월 십륙일에 ᄯᅥ흔이 세샹을 리별ᄒᆞ엿ᄂᆞᆫᄃᆡ 졔물포에서 젼도ᄒᆞ시ᄂᆞᆫ 목ᄉᆞ 됴원시씨와 여러 형뎨들과 쳥년회 하도들이 모혀 교즁법례대로 강례를 ᄂᆞ리고 긔도ᄒᆞᆫ후에 안쟝 ᄒᆞ엿더라

셩경을공부ᄒᆞᆯ것

경에 글은 사터 너희가 셩서를 상고 ᄒᆞᄂᆞᆫ거슨 그속대 영ᄉᆡᆼ ᄒᆞᄂᆞᆫ도가 잇ᄂᆞᆫ가 ᄉᆡᆼ각ᄒᆞᆷ이니 이칙은 나를 위ᄒᆞ여 ᄀᆞᄅᆞ친것이라 ᄒᆞ고 (요한복음오쟝 삼십구절) 또 글은 사터 하ᄂᆞ님ᄭᅴ셔 주신바 모든 셩경은 ᄀᆞᄅᆞ침과 췩망ᄒᆞᆷ과 몸ᄇᆞᆯ 반니ᄒᆞᆷ와 의를 비호ᄂᆞᆫᄃᆡ 유익ᄒᆞ다 ᄒᆞ엿시니 (뎨모태후서삼쟝십륙졀) 우리쥬를 밋ᄂᆞ 젼도ᄒᆞᄂᆞᆫ 형뎨들은 불가불 오묘ᄒᆞᆫ 리치를 더욱 ᄀᆞᆨ구ᄒᆞ여야 놈을 ᄀᆞᄅᆞ칠지라 힘써 공부ᄒᆞ기를 ᄇᆞ라오

一

오ᄇᆡᆨ삼십구

대한크리스도인회보

THE KOREAN CHRISTIAN ADVOCATE.
Rev. H. G. Appenzeller, Editor.
36 cents per annum
in advance. Postage extra.
Wednesday, Oct. 11th, 1899.

서울 졍동서 일쥬일에 ᄒᆞᆫ번식
발간ᄒᆞᄂᆞᆫ데 아편셜라 목ᄉᆞ가
회보 샤쟝이 되엿더라
일년 갑슬 미리 내면 삼
십 륙젼이오 우표 갑슨
ᄯᅡ로 엇노라

이샹ᄒᆞᆫ작란

작란이란 것은 근본 됴치 못ᄒᆞᆫ 일이로ᄃᆡ 그즁에도 쓸만ᄒᆞᆫ 작란이 잇고 아조 고약ᄒᆞᆫ 작란이 잇ᄂᆞᆫ지라 쓸 작란이라 ᄒᆞᆷ은 사ᄅᆞᆷ의게 유익ᄒᆞᆫ 일이니 학도들이 공부 ᄒᆞᆫ후에 여가를 엇어 작란으로 운동ᄒᆞ며 공도 치고 다름질 ᄒᆞᄂᆞᆫ 작란이오 못쓸 작란이라 ᄒᆞᆷ은 놈을 해롭게 ᄒᆞ든지 물건을 손상케 ᄒᆞ야 ᄌᆞ긔 몸에 욕이 밋치게 ᄒᆞᆷ이라 녯적에 영국에 공부 ᄒᆞᄂᆞᆫ 학도 ᄒᆞ나이 년쇼예긔로 작란을 됴와 ᄒᆞ고 친구와 희롱 ᄒᆞ기를 잘 ᄒᆞ더니 ᄒᆞᆫ 토ᄂᆞᆫ 학도가 교ᄉᆞ와 ᄒᆞᆷᄭᅴ 여가를 엇어 밧ᄭᅴ 나아가 뎐답 사이로 ᄃᆞ니며 시경을 구경ᄒᆞᆯ시 교ᄉᆞ가 그 학도의 춍명ᄒᆞᆷ을 ᄉᆞ랑ᄒᆞ야 졍다온 친구와 ᄀᆞᆺᄒᆞᆫ지라 한가히 슈작ᄒᆞᆯ 즈음에 ᄒᆞᆫ연이 보매 길가에 신 ᄒᆞᆫ쌍이 잇ᄉᆞ니 이신은 밧갈고 심으ᄂᆞᆫ 농부의 물건이오 일을 다 맛친후에 도로 신고 갈 심이라 쇼년이 ᄭᅬᄅᆞᆯ 내여 신을 감초고 나무 밋헤 숨어잇서 농부의 거동을 보아 ᄒᆞᆫ번 희롱ᄒᆞᆷ이 엇더ᄒᆞ뇨 스승이 ᄀᆞᆯᄋᆞᄃᆡ 그러케 ᄒᆞᆷ은 놈을 해ᄒᆞᆷ이라 무ᄉᆞᆷ 질거옴이 잇ᄉᆞ리오 네가 돈이 잇거든 이젼을 내여 신 ᄒᆞᆫ짝에 일젼식 너허 두고 그 사ᄅᆞᆷ의 동졍을 보ᄂᆞᆫ거시 됴흐니라 그 학도가 금젼 두기를 취ᄒᆞ여 스승의 말ᄉᆞᆷ대로 신짝에 너허두고 두 사ᄅᆞᆷ이 갓가온 슈풀속에 은신ᄒᆞ야 그 동졍을 엿보더니 날이 져물매 그 농부 일을 맛치고 나아와 신을 도로 신을ᄉᆡ 금젼이 잇심을 보고 당황ᄒᆞ야 좌우를 도라보며 뉘가 ᄂᆞᆷ혼가 의심ᄒᆞ더니 ᄉᆞ방에 아모 사ᄅᆞᆷ도 업고 젹젹ᄒᆞᆫ때를 당ᄒᆞᆫ지ᄅᆡ 농부가 눈물을 흘니며 밧가에 두 무릅을 ᄭᅮᆯ코 하ᄂᆞ님ᄭᅴ 도고ᄒᆞ여 ᄀᆞᆯᄋᆞᄃᆡ 나ᄂᆞᆫ 근본 빈궁ᄒᆞᆫ 사ᄅᆞᆷ으로 량식이 졀핍 ᄒᆞ엿고 쳐ᄌᆞ의 병이 잇서 죽을 디경에 니르럿ᄉᆞᆸ더니 아바지ᄭᅴ서 불상히 너기샤 지물을 주어 병든 사ᄅᆞᆷ을 구원ᄒᆞ져 ᄒᆞ샤 길가ᄂᆞᆫ 사ᄅᆞᆷ으로 ᄒᆞ여곰 션심이 발ᄒᆞ게 ᄒᆞ시도다 ᄒᆞ거ᄂᆞᆯ 그때에 은신ᄒᆞ엿던 학도가 그 농부의 ᄒᆞᄂᆞᆫ 말을 듯고 ᄌᆞ연 감동ᄒᆞᄂᆞᆫ 눈물이 나리며 ᄆᆞᄋᆞᆷ에 심히 쾌활 ᄒᆞ더니 그 농부 바도라간후에 교ᄉᆞ가 학도ᄃᆞ려 무ᄅᆞ되 너ᄂᆞᆫ 외게 물건을 주어 희롱ᄒᆞᆷ이 놈의 물건을 취ᄒᆞ여 즐거ᄒᆞᆷ과 엇더ᄒᆞ뇨 학도가 ᄃᆡ답ᄒᆞ되 오ᄂᆞᆯ브터 ᄉᆞ도힝젼 이십장 삼십오졀에 잇ᄂᆞᆫ 말ᄉᆞᆷ을 더옥 밋ᄂᆞᆫ다 ᄒᆞ고 깃븐 ᄆᆞᄋᆞᆷ으로 도라오다 ᄒᆞ엿시니 우리 형뎨들도 이런일을 본밧기 ᄇᆞ라오

례ᄇᆡ일공과 일ᄇᆡᆨ ᄉᆞ십일 십월 이십이일

바울노가로마사ᄅᆞᆷ의게ᄒᆞᆫ편지

로마인셔 십일쟝 일졀노 십졀ᄭᆞ지

一 그런고로 나ㅣ 말ᄒᆞ노니 하ᄂᆞ님이 그 ᄇᆡᆨ셩을 버리셧ᄂᆞ뇨 결단코 아니라 대개 나도 이스라엘 사ᄅᆞᆷ이오 아브라함의 ᄌᆞ손이오 벤야민의 지파ㅣ라 二 하ᄂᆞ님이 그 미리 아신 ᄇᆡᆨ셩을 버리지 아니 ᄒᆞ셧시니 너희가 셩경이 엘니야를 ᄀᆞᄅᆞ쳐 말ᄒᆞᆫ거ᄉᆞᆯ 아지 못ᄒᆞᄂᆞ냐 이스라엘 ᄇᆡᆨ셩을 하ᄂᆞ님ᄭᅴ 송ᄉᆞᄒᆞ야 ᄀᆞᆯᄋᆞ되 三 쥬여 뎌희가 쥬의 션지쟈들 죽이며 쥬의 졔단을 헐고 홀노 나만 남엇ᄂᆞᆫᄃᆡ 또 내 목숨을 ᄎᆞᆺᄂᆞ니다 ᄒᆞ니 四 하ᄂᆞ님ᄭᅴ셔 뎌희게 ᄃᆡ답ᄒᆞ신이 무어시뇨 ᄀᆞᆯᄋᆞ사ᄃᆡ 내가 나ᄅᆞᆯ 위ᄒᆞ야 바알의게 무릅흘 ᄭᅮᆯ지 아니ᄒᆞᆫ 사ᄅᆞᆷ을 칠쳔명을 남겻다 ᄒᆞ셧시니 五 이와ᄀᆞᆺ치 이제도 또ᄒᆞᆫ 은혜로 ᄲᅢ신ᄃᆡ로 남져지 사ᄅᆞᆷ이 잇ᄂᆞ니라 六 만일 은혜로 말미암음즉 공으로 말미암지 아님이니 그러치 아니면 은혜가 은혜 되지 못ᄒᆞᄂᆞ니라 七 그런즉 엇지ᄒᆞᆷ이뇨 이스라엘은 구ᄒᆞᄂᆞᆫ바를 엇지 못ᄒᆞ고 오직 ᄲᅢ션쟈ᄂᆞᆫ 엇엇시니 남져지ᄂᆞᆫ 굿어짐을 엇엇ᄂᆞ니라 八 셩경에 긔록ᄒᆞᆫ바와 ᄀᆞᆺ치 하ᄂᆞ님이 그 ᄆᆞᄋᆞᆷ을 혼미케ᄒᆞ야 눈으로 보지 못ᄒᆞ게 ᄒᆞ며 귀로 듯지 못ᄒᆞ게 ᄒᆞ고 오ᄂᆞᆯ날ᄭᆞ지 니ᄅᆞ럿ᄂᆞ니라 九 또 다윗이 ᄀᆞᆯᄋᆞᄃᆡ 뎌희 밥상이 변ᄒᆞ여 그물과 덧과 걸니ᄂᆞᆫ 물과 보응홈이 되고 十 그 눈은 흐려 보지 못ᄒᆞ고 등은 ᄒᆞᆼ상 굽게 될지어다 ᄒᆞ엿ᄂᆞᆫᄃᆡ

주셕

一 바울ᄀᆞ 친히 말ᄒᆞᄃᆡ 구쥬 예수ᄭᅴ셔 ᄌᆞ긔를 ᄐᆡᆨᄒᆞ야 문도를 삼으셧ᄉᆞ니 일노 보건ᄃᆡ 유대 사ᄅᆞᆷ이 다 거졀ᄒᆞᆷ을 밧음이 아니라 ᄒᆞ엿ᄂᆞ니라

二 하ᄂᆞ님이 ᄇᆞ리지 아니ᄒᆞ셧다 ᄒᆞᆷ은 대개 이스라엘노 말미암아 난쟈가 다 이스라엘 사ᄅᆞᆷ이 될것이 아니오 또ᄒᆞᆫ 아브라함 ᄌᆞ손 될을 인ᄒᆞ야 다 그 ᄌᆞ손이 될것이 아니오 오직 하ᄂᆞ님의 ᄇᆡᆨ셩은 그 총ᄋᆡ ᄒᆞ심을 닙어 부르심을 밧은 쟈ㅣ니라

三四 열왕긔 상권 십구쟝 구졀과 십팔졀을 인증ᄒᆞᆫ 말이니 엘니야의 ᄉᆞ젹은 열왕긔 상권

십팔 십구쟝에 긔록 ᄒᆞ엿ᄂᆞ니라 이ᄯᅢ에 아합왕이 국히 더럽고 악ᄒᆞᆫ일을 ᄒᆡᇰᄒᆞ고 그 왕후 야세벨이 ᄯᅩᄒᆞᆫ 음난ᄒᆞ고 사나온 녀인이오 므롯 이스라엘 사ᄅᆞᆷ은 파려을 셤기는 쟈ㅣ라 엘니야ㅣ 말ᄒᆞ되 오직 나 ᄒᆞᆫ 사ᄅᆞᆷ이 ᄒᆞᆯ노 야화화를 셤긴다 ᄒᆞ니 쥬ㅣ ᄃᆡ답 ᄒᆞ야 ᄀᆞᆯᄋᆞ샤ᄃᆡ 그러치 안타 파려의게 무릅을 굽히지 아니ᄒᆞᆫ쟈ㅣ 오히려 칠쳔 사ᄅᆞᆷ이 잇다 ᄒᆞ셧ᄂᆞ니라

五

이ᄯᅢ에 ᄉᆞ도의 젼도 ᄒᆞᄂᆞᆫ거시 이젼 엘니야 ᄯᅢ와 방불ᄒᆞ니 오순졀에 삼쳔 사ᄅᆞᆷ이 셰례를 밧고 그후에 오ᄅᆡ지 아니 ᄒᆞ야 밋ᄂᆞᆫ쟈ㅣ 오쳔 사ᄅᆞᆷ이 잇섯고 ᄯᅩ 오ᄅᆡ지 아니 ᄒᆞ야 유대 사ᄅᆞᆷ의 밋ᄂᆞᆫ자ㅣ 수만명이 잇섯ᄉᆞ니 이ᄂᆞᆫ 다 하ᄂᆞ님의 넓은 은혜로 그들을 ᄐᆡᆨᄒᆞ야 조긔의 ᄇᆡᆨ셩을 삼으심이니라

六

은혜로 말미암은즉 공로로 말미암지 아니 ᄒᆞᆫ다 ᄒᆞᆷ은 곳 ᄐᆡᆨᄒᆞ야 부르심을 닙은쟈ㅣ 사ᄅᆞᆷ이 닥근 공덕으로 말미암음이 아니오 이에 조긔 ᄒᆞ신 하ᄂᆞ님의 어엿비 넉이심으로 말미암음이니 녜젹 이소와 야고보ㅣ 낫키젼에 하ᄂᆞ님이 사ᄅᆞᆷ을 ᄐᆡᆨ ᄒᆞ시ᄂᆞᆫ 뜻을 나타ᄂᆡ사 ᄒᆡᆼ ᄒᆞᄂᆞᆫ일노 말미암지 안코 오직 부르시ᄂᆞᆫ이의 뜻으로 말미암아 일우셧ᄂᆞ니라

七

유대 사ᄅᆞᆷ이 오ᄅᆡ 열심으로 올흠을 구 ᄒᆞ엿ᄉᆞ나 그 구ᄒᆞᄂᆞᆫ 복을 엇지 못ᄒᆞᆫ쟈ㅣ 태반이오 오직 부르심을 닙은 쟈ㅣ라야 엇엇ᄂᆞ니라 ᄉᆞ도ㅣ ᄀᆞᆯᄋᆞ되 하ᄂᆞ님이 처음브터 너희를 ᄐᆡᆨᄒᆞ야 너희로 ᄒᆞ여곰 진리를 밋고 셩신아 감동ᄒᆞ야 거룩ᄒᆞ고 ᄭᆡᆺ긋ᄒᆞᆷ을 힘입어 구원ᄒᆞᆷ을 엇게 ᄒᆞ고져 ᄒᆞᆫ다 ᄒᆞ셧ᄂᆞ니라 (쳡살나니가후서이쟝십삼졀)

八

그들이 하ᄂᆞ님 독ᄉᆡᆼᄌᆞ의 영광을 즐겨 보고져 아니 ᄒᆞᄂᆞᆫ고로 하ᄂᆞ님이 그들의 ᄆᆞ음을 혼미케 ᄒᆞ셧ᄂᆞ니라 (신명긔이십구쟝ᄉᆞ졀과 이사야륙쟝구ㅣ십졀)

九ㅣ十

시편 륙십구편 이십이와 이십삼졀을 인증ᄒᆞᆫ 말ᄉᆞᆷ이니 이 시편에 구쥬의 고난 밧으실것을 말ᄉᆞᆷᄒᆞ셧ᄉᆞ니 유대 사ᄅᆞᆷ이 미시아를 ᄇᆞ허 ᄇᆞ린고로 하ᄂᆞ님이 유대 사ᄅᆞᆷ을 거졀 ᄒᆞ셧ᄂᆞ니라 대개 이 두졀에 유대국에 큰 지앙 나리심을 ᄇᆞᆰ히 말 ᄒᆞ엿ᄂᆞ니라

부모가ᄌᆞ식ᄉᆞ랑ᄒᆞᆫ니야기

엄ᄒᆞᆫ 부모의 아ᄃᆞᆯ 아모가 년광이 십이세라 ᄉᆡᆼ일을 당ᄒᆞ여 그 부모가 ᄌᆞ긔 ᄌᆞ식과 동문 슈학ᄒᆞᄂᆞᆫ ᄋᆞ희들을 블너 ᄒᆞᆷᄭᅴ 잔치 ᄒᆞ고 죵일토록 놀게 ᄒᆞ니 여러 ᄋᆞ희들이 음식을 ᄇᆡ불니 먹고 동산에 올나 ᄉᆞ방 경치를 구경 ᄒᆞ랴 ᄒᆞ야 일제히 나아가니 그 너른 동산안에 특별히 그쥬인 ᄋᆞ희들 위ᄒᆞ여 지은 조고마ᄒᆞᆫ 동산이 잇ᄂᆞᆫ지라 그 밧ᄭᅴ 복숑아 나무 ᄒᆞᆫ나ᄒᆡ 잇서 열ᄆᆡ가 열녀 거즌 먹게된지라 여러 ᄋᆞ희가 ᄯᅡ 먹고져 ᄒᆞ거ᄂᆞᆯ 쥬인 ᄋᆞ희가 닐ᄋᆞᄃᆡ 이 열ᄆᆡ를 아직 우리 아바지가 맛보시지 아니ᄒᆞᆫ것을 내가 몬져 맛보ᄂᆞᆫ거슨 도리가 아니요 우황 우리 아바지ᄭᅴ서 먹기를 허락지 아니ᄒᆞ셧시니 내의 동산에 잇ᄂᆞᆫ거슨 다 임의로 ᄒᆞ되 이 복숑아ᄂᆞᆫ 우리 임의로 못ᄒᆞ리라 ᄒᆞ니 여러 ᄋᆞ희들의 말이 오ᄂᆞᆯ은 너의 ᄉᆡᆼ일이라 여긔 잇ᄂᆞᆫ거슬 네와 임의로 ᄒᆞ되 너의 부모ᄭᅴ서 도로혀 긔특이 넉이리니 조곰도 념녀말나 그 ᄋᆞ희가 ᄃᆡ답ᄒᆞ기를 나ᄂᆞᆫ 우리 부모의 명령을 담당코 어긔지 아니 ᄒᆞ리라 ᄒᆞ나 여러 ᄋᆞ희들이 일제히 말ᄒᆞ기를 네와 아바지가 보시지 아닐ᄲᅮᆫ더러 셜ᄉᆞ 알으시드리도 너ᄂᆞᆫ 모론다 ᄒᆞ여라 ᄒᆞ니 그 ᄋᆞ희가 황겁ᄒᆞ여 ᄒᆞᄂᆞᆫ말이 이거슨 거즛 말이라 내가 평ᄉᆡᆼ에 거즛말은 아니 ᄒᆞ기로 작뎡ᄒᆞ노라 만일 아바지ᄭᅴ서 알으시고 무르면 모로노라고 ᄃᆡ답지ᄂᆞᆫ 못ᄒᆞ겟노라 ᄒᆞᆫ즉 그즁에 큰 ᄋᆞ희가 츌반쥬ᄒᆞ여 ᄒᆞᄂᆞᆫ말이 됴흔 계칙이 잇스니 드르라 우리 여러 사ᄅᆞᆷ이 먹고 칙망을 여러시 당ᄒᆞ면 네가 칙망을 독단이 ᄃᆞᆯ녀보니지 아니리라 ᄒᆞ니 그 ᄋᆞ희가 부득이 ᄒᆞ여 응락ᄒᆞᆯᄯᆡ 그실과를 모도 ᄯᅡ먹고 헤여젓ᄂᆞᆫ지라 그 ᄋᆞ희가 황공ᄒᆞᆫ ᄆᆞᄋᆞᆷ이 나서 감히 부모의게 가지 못ᄒᆞ고 그 동산안에 숨ᄂᆞᆫ데니 그 부친이 동산에 드러와 그 나무를 보즉 입시만 놈고 실과ᄂᆞᆫ 간ᄃᆡ 업ᄂᆞᆫ지라 그 ᄋᆞ희를 블너 무론즉 울면서 ᄒᆞᄂᆞᆫ말이 내가 ᄒᆞᆫ일이 아니라 동모 ᄋᆞ희들의 ᄒᆞᆫ일이라 ᄒᆞ나 그 부친이 ᄋᆞ희들 일굴고 집게 도라가 아헤 안치고 ᄭᅮ지져 ᄀᆞᆯᄋᆞᄃᆡ ᄋᆞ희야 엇지 나를 속이ᄂᆞ냐 다시ᄂᆞᆫ 이 동산안에 드러가지 못ᄒᆞ리라 ᄒᆞ고 문을 좀ᄋᆞ니 그 ᄋᆞ희가 밤이 시도록 잠을 일우지 못ᄒᆞ고 심ᄉᆞ가 불평ᄒᆞ야 형용이 변ᄒᆞᆫ지라 그 어머니가 불샹히 넉이고 그 남편의게 말ᄒᆞ기를 어린 ᄋᆞ희를 오ᄅᆡ 울게 ᄒᆞᄂᆞᆫ거시 올치 안타ᄒᆞ니 그 아비 닐으되 나도 그러ᄒᆞᆫ줄을 아나 십년후에ᄂᆞᆫ 울음이 변ᄒᆞ여 우슬ᄯᆡ가 되리라 ᄒᆞ고 수일을 지니더니 그 어미가 지샹간쳥 ᄒᆞ기를 부모 ᄌᆞ식 ᄉᆞ이에 졍의가 셕길ᄭᅡ 두려우니 원컨ᄃᆡ 남군ᄋᆞᆫ 너머 엄ᄒᆞ게 말으시고 용셔ᄒᆞ소서 그 남편ᄉᆞ 말이 그러ᄒᆡ 아니ᄒᆞᆯ 연고가 잇스나 제가 죄를 지으ᄆᆡ 날노 ᄒᆞ여곰 ᄃᆡ답ᄉᆞ랑치 못ᄒᆞ게 ᄒᆞᆷ이요 ᄯᅩᄒᆞᆫ 더도 셰상에 ᄌᆞ식ᄉᆞ랑ᄒᆞ지 아니ᄒᆞᄂᆞᆫ 부모 업ᄂᆞᆫ줄을 알거든 엇지 ᄌᆞ복ᄒᆞ지 아니ᄒᆞ며 ᄭᆡ닷ᄂᆞᆫ ᄆᆞᄋᆞᆷ이 나게되면 (륙폭

내가 이러케 ᄒᆞᄂᆞᆫ거시 더를 더욱 ᄉᆞ랑 ᄒᆞᄂᆞᆫ 열심줄을 알니라 ᄒᆞ고 수일을 지내더니 ᄒᆞᄅᆞᄂᆞᆫ 그ᄋᆞ히가 회식이 만안ᄒᆞ여 젼일에 부모ᄯᅢ셔 주신 물건을 다안고 부모압헤 와셔 엽ᄃᆡ여 ᄒᆞᄂᆞᆫ말이 내가 ᄌᆞ식의 도리를 일어 ᄇᆞ렷시ᄆᆡ 부모ᄯᅢ셔 주신 물건과 금을 아조 부모ᄯᅢ 밧쳐 다시 ᄌᆞ식이 되기를 원 ᄒᆞ오니 원컨ᄃᆡ 젼죄를 용셔 ᄒᆞ쇼셔 ᄒᆞ니 그ᄯᅢ에 그부모가 그ᄋᆞ히를 붓들고 실피 울고 그후로ᄂᆞᆫ 그 아ᄃᆞᆯ을 젼보다 비나 더 ᄉᆞ랑 ᄒᆞ엿다더라

ᄂᆡ보

(의정직쥬) 일젼에 의정부 의졍 윤용션씨가 삼가 알외되 옥톄가 엇더케 삼가고 소즁 ᄒᆞ거ᄂᆞᆫ 근일에 엽ᄃᆡ ᄯᅢ 듯ᄉᆞ온즉 김필제 심샤홈을 인ᄒᆞ야 민영긔가 ᄯᅩ 구라홈을 닙엇다 ᄒᆞ오니 대뎌 옥졍의 엄밀ᄒᆞᆫ것은 비록 ᄌᆡ쟤이 알기 어렵ᄉᆞ오나 셔등이 팔월 ᄉᆞ일에 법부에셔 쥬본을 올녀 쥬ᄒᆞ 신옵신것을 엽ᄃᆡ여 보온즉 써 ᄒᆞ되 민영긔가 김필제와 윤재보의 안건에 ᄃᆡᄒᆞ야 간예ᄒᆞ야 그른일이 업ᄂᆞᆫ고로 방면 ᄒᆞ옵ᄂᆞ니다 ᄒᆞ야 엄의 가윤 ᄒᆞ심을 무르왓ᄂᆞᆫᄃᆡ 이제 쟝ᄎᆞᆺ 다시 샤회홈을 칭ᄒᆞᆫ다 ᄒᆞ오니 젼일에 윤년 쥬안에 진실노 능히 ᄉᆞᆷ허고 삼가 ᄒᆞ엿신즉 반드시 금일에 다시 심샤홈에 업실것이요 오ᄂᆞᆯ날 샤실홈이 당연홈 디경이면 젼일의 쥬본을 무망ᄒᆞ여 올닌것을 미루어 가히 알겟ᄉᆞ오나 김필재와 민영긔ᄂᆞᆫ 다시 더 ᄒᆞ게 심샤ᄒᆞ야 죄를 바르게 ᄒᆞ옵고 옥뎨를 열우지 못ᄒᆞ옵고 법률에 어김이 잇게ᄒᆞᆫ 법부셔리 대신과 멋 젼후 평리원 재판쟝들은 일병 면관ᄒᆞ야 엄례로 심판 ᄒᆞ옴이 엇더 ᄒᆞ올는지 ᄒᆞ엿더니 봉 지니에 의쥬ᄒᆞ라 ᄒᆞ옵셧더리

○법대신임) 의정부 찬정 권지형씨로 법부대신을 임 ᄒᆞ엿더라 이샹은 판보

○(일심오오) 첫 가을에ᄂᆞᆫ 비곡이 다 풍등 ᄒᆞ다고 소문이 너머 광쟝 ᄒᆞ더니 근일에 풍셰가 련일 부죠ᄒᆞ고 찬 셔리가 일즉 나리ᄆᆡ 젼여답간에 곡식이 크게 손샹 ᄒᆞ엿다고 인심이 오오 ᄒᆞ다더라

○동젼뎡지) 인쳔항에 외국 샹민들이 대한 동젼 독려에 샹업이 홍왕치 못ᄒᆞᆫ일노 빅동젼을 뎡지 ᄒᆞ자고 회의 ᄒᆞ엿다더라

(쳥원니부) 쥭두 위원을 십삼부에ᄂᆞᆫ 다 파송ᄒᆞ고 각 항구에만 아니 된고로 쥭두 학도들이 각항구에도 파송ᄒᆞ야 달나고 쟝ᄎᆞᆺ 니부에 쳥원 ᄒᆞᆫ다더라

뎨삼권 대한크리스도인회보 뎨ᄉᆞ십이호

(회ᄉᆞ십이호) 광무삼년 십월 십팔일

나죵을보시오

세샹 사람이 흔히 말ᄒᆞ되 악을 힘ᄒᆞ야 하ᄂᆞ님의 뜻을 거역ᄒᆞᄂᆞᆫ쟈도 부귀 영화를 잘 ᄒᆞᄂᆞᆫ이가 잇고 평생에 겸손ᄒᆞ고 그릇엘을 힘쳐 아니ᄒᆞᄂᆞᆫ쟈도 ᄒᆞᆼ샹에 궁곤ᄒᆞ며 외식이 간구ᄒᆞᆫ이가 잇스니 착ᄒᆞᆫ쟈를 복을 주고 악ᄒᆞᆫ쟈를 화준다 ᄒᆞ신 말ᄉᆞᆷ을 누가 밋으리오 ᄒᆞᄂᆞ니 이것은 다만 이 세샹일만 의론ᄒᆞ고 ᄒᆞᆫ 세샹일은 ᄉᆡᆼ각지 아님이오 처ᄋᆞᆷ에 고난을 밧고 나죵에 영화가 되ᄂᆞᆫ것은 보지 못함이라 녯적에 ᄑᆡ시이국 사람 아길파라 ᄒᆞᄂᆞᆫ이ᄂᆞᆫ 근본 회회교 사람으로 구세쥬 교회의 ᄎᆞᆷ 리치를 맷으매 회회교 사람들의게 내여 ᄶᅩᆺ김을 맛나 고향에 살지 못ᄒᆞ고 타국으로 어ᄉᆞᄒᆞᆯ셔 소됴ᄒᆞᆫ 힝쟝이 다만 당나귀 ᄒᆞᆫ필에 ᄃᆞᆰ ᄒᆞᆫ 머리를 가졋스니 나귀ᄂᆞᆫ 곤비ᄒᆞᆫ때에 ᄐᆞ기를 위함이오 닭은 적막ᄒᆞᆫ 밤에 시 알기를 위함이라 산쳔ᄶᅡᆨ 도로가 싱소ᄒᆞᆫ 곳으로 뎡쳐 업서 가더니 ᄒᆞ로ᄂᆞᆫ 무인 디경에 니르러 낫빗은 점점 어두어 가고 쥬막이 업서 졍히 근심ᄒᆞᆯ 즈음에 멀니 ᄇᆞ라보매 수삼촌락이 잇거ᄂᆞᆯ ᄎᆞ져가 자기를 청ᄒᆞᆫ즉 쥬인이 문을닷고 드리지 아니ᄒᆞ거ᄂᆞᆯ ᄒᆞᆯ수업서 나무 수풀밋헤 가셔 나귀를 미고 등불을 ᄡᅧ혀 밤을 지내며 셩경을 보더니 홀연이 일지광풍이 니러나 등불을 ᄶᅥ지게 ᄒᆞ거ᄂᆞᆯ ᄆᆞᄋᆞᆷ이 쳐량ᄒᆞ야 셩경을 볼수도 업고 다만 ᄯᅡ에 업ᄃᆡ여 긔도ᄒᆞ더니 뜻밧게 일회가 달녀드러 닭을 무러 가ᄂᆞᆫ지라 아길파 놀내여 하ᄂᆞ님ᄭᅴ셔 ᄌᆞ비ᄒᆞ시기만 빌더니 말을 맛치지 못ᄒᆞ야 난ᄃᆡ 업ᄂᆞᆫ ᄉᆞᄌᆞ가 소리지르며 내다라 나귀를 마쟈 잡어 가거ᄂᆞᆯ 아길파 크게 놀ᄂᆡ여 엇지ᄒᆞᆯ줄 모로고 하ᄂᆞ님의 셩신이 도아 주시기만 긔도ᄒᆞ고 날이 ᄇᆞᆰ으매 촌락을 다시 차져 먹을 음식을 구ᄒᆞ고쟈ᄒᆞᆯ서 뜻밧게 동니 사람이 십에 팔구ᄂᆞᆫ 그날밤에 불안당의게 다 죽고 약간 남은 사람은 다 도망ᄒᆞ야 정경이 극히 ᄎᆞᆷ혹ᄒᆞᆫ지라 아길파 황연이 ᄭᆡ닷고 하ᄂᆞ님ᄯᅢ 영광을 찬양ᄒᆞ야 골ᄋᆞᄃᆡ 만일 나귀와 ᄃᆞᆰ이 울고 등불이 잇셧더면 도적이 ᄎᆞ저와 내의 목숨ᄭᆞ지 해ᄒᆞ엿실것을 셩신의 도으심으로 셩명을 보젼ᄒᆞ엿슴ᄂᆞ이다 ᄒᆞ엿스니 이세샹에 잠시 고난을 당ᄒᆞᆯ시 탄식 ᄒᆞ지 말고 나죵을 볼지어다

대한크리스도인회보

THE KOREAN CHRISTIAN ADVOCATE.
Rev. H. G. Appenzeller, Editor.
36 cents per annum
in advance, Postage extra.
Wednesday, Oct 18th, 189?

셔울 졍동셔 일쥬일에 ᄒᆞᆫ번식 발간 ᄒᆞᄂᆞᆫ데 아편셜라 목ᄉᆞ가 회보 샤쟝이 되엿더라 일년 갑슬 미리 니면 삼십 륙젼이오 우표 갑슨 ᄯᅡ로 잇ᄂᆞ니라

어샹ᄒᆞᆫ 디구

네젼에 영국 셔울 학교에셔 ᄒᆞᆫ 션ᄉᆡᆼ이 뎨ᄌᆞ들을 더ᄒᆞ야 텬문학과 디리학을 ᄀᆞᄅᆞ칠시 태양은 화ᄉᆡᆼ이니 공즁에 잇셔 요동치 아니ᄒᆞᆷ과 월구 안에ᄂᆞᆫ 산쳔 초목이 잇심과 슈화금목토 오셩즁에 목셩은 ᄃᆞᆯ이 네시요 토셩은 ᄃᆞᆯ이 여ᄃᆞᆲ이오 텬왕셩의 ᄃᆞᆯ은 닐곱이오 디구에 속ᄒᆞᆫ ᄃᆞᆯ은 ᄒᆞ나이 잇ᄂᆞᆫ 리치를 의론ᄒᆞ고 디구ᄂᆞᆫ 홍샹 태양을 안고 도라가ᄂᆞᆫ데 오대쥬의 디경과 오대양의 형톄를 ᄌᆞ세히 ᄀᆞᄅᆞ치며 ᄒᆞᆼ샹 말ᄒᆞ되 이 세샹 만물은 모도 하ᄂᆞ님ᄭᅴ셔 창조ᄒᆞ셧다 ᄒᆞ매 뎨ᄌᆞ즁에 ᄒᆞᆫ 사ᄅᆞᆷ이 그 말ᄉᆞᆷ을 밋지 아니ᄒᆞ야 ᄀᆞᆯᄋᆞᄃᆡ 텬디 만물이 ᄌᆞ연이 된것이라 창창ᄒᆞᆫ 하ᄂᆞᆯ에 쥬쟤가 어나 곳에 계신지 알수도 업고 볼수도 업거ᄂᆞᆯ 뉘가 쥬쟤와 만물 창조ᄒᆞ심을 보앗ᄂᆞ뇨 실노 허황ᄒᆞᆫ 말이라 ᄒᆞ고 밋지 아니커ᄂᆞᆯ 션ᄉᆡᆼ이 그 뎨ᄌᆞ의 지됴가 졀등홈은 ᄉᆞ랑ᄒᆞ나 다만 그 고집이 만홈으로 학문을 그릇칠가 념려ᄒᆞ더니 ᄒᆞ로ᄂᆞᆫ ᄀᆞᄅᆞ칠 계칙을 ᄉᆡᆼ각ᄒᆞ고 만물회사에 가셔 새로 발명ᄒᆞ야 ᄆᆞᆫ드러 노흔 디구덩이 ᄒᆞ나를 ᄉᆞ셔 ᄌᆞ긔집 우희 두고 그 뎨ᄌᆞ를 쳥ᄒᆞ야 놀너오라 ᄒᆞ엿더니 그 뎨ᄌᆞ가 션ᄉᆡᆼ의 집에 ᄎᆞ자와 화초ᄂᆞᆫ 구경ᄒᆞ고 셔칙도 열람홈시 탁ᄌᆞ우희 처음보ᄂᆞᆫ 이샹ᄒᆞᆫ 물건이 잇ᄂᆞᆫ데 모양은 둥글고 남북빙양과 오쥬 셰계가 모도 그 가온데 잇시며 동반구와 셔반구와 디경이 뎡녕ᄒᆞ고 열ᄃᆡ 온ᄃᆡ와 경션 위션의 비치가 긔묘ᄒᆞ야 동셔양 나라와 산쳔이 소샹분명ᄒᆞ니 디도그림에 비교홈바 아니라 션ᄉᆡᆼᄭᅴ 무러 ᄀᆞᆯᄋᆞᄃᆡ 이물건은 곳 셰샹 디구덩이와 어나곳에셔 구ᄒᆞ여 오시닛가 션ᄉᆡᆼ이 ᄃᆡ답ᄒᆞ되 나ᄂᆞᆫ 그 물건이 어ᄃᆡ셔 왓ᄂᆞᆫ지 아지 못ᄒᆞ고 누가 ᄆᆞᆫ드럿ᄂᆞᆫ지 엇지ᄒᆞ야 그곳에 노엿ᄂᆞᆫ지 도모지 모로거니와 내 ᄉᆡᆼ각에ᄂᆞᆫ 그 물건이 ᄌᆞ연히 이곳에 ᄉᆡᆼ긴줄 밋노다 그 뎨ᄌᆞ가 낫빗을 변ᄒᆞ야 ᄀᆞᆯᄋᆞᄃᆡ 션ᄉᆡᆼ이 뎨ᄌᆞ를 속임이로다 엇지 ᄆᆞᆫ돈 사ᄅᆞᆷ이 업시 물건이 ᄉᆡᆼ겻ᄉᆞ며 가져온 사ᄅᆞᆷ이 업시 이곳에 왓시리오 션ᄉᆡᆼ이 ᄀᆞᆯᄋᆞᄃᆡ 그ᄃᆡ가 이물건이 저절노 되엿단 말을 뎡녕이 밋지 아닐진ᄃᆡ 이 디구덩이 보담 더 긔괴 묘묘ᄒᆞᆫ 텬디 만물을 ᄆᆞᆫ드신 쥬쟤가 계시다 홈을 엇지 밋지 아니ᄒᆞᄂᆞ뇨 그 뎨ᄌᆞ가 황연이 ᄭᆡ닷고 션ᄉᆡᆼᄭᅴ 샤례ᄒᆞ여 ᄀᆞᆯᄋᆞᄃᆡ 션ᄉᆡᆼ의 ᄀᆞᄅᆞ치심이 족히 우미ᄒᆞᆫ 사ᄅᆞᆷ의 ᄆᆞᄋᆞᆷ을 열어 쥰다 ᄒᆞ고 그 후브터ᄂᆞᆫ 대쥬쟤 하ᄂᆞ님을 경비ᄒᆞᄂᆞᆫ 사ᄅᆞᆷ이 되엿더라

례ᄇᆡ일공과 일ᄇᆡᆨᄉᆞ십이 십월 이십구일

바울노가로마사ᄅᆞᆷ의게ᄒᆞᆫ편지

로마인셔 십일쟝 십일졀노 삼십륙졀ᄭᆞ지

十一 그런고로 나ㅣ 말ᄒᆞ노니 뎌희가 실족ᄒᆞ야 너머젓ᄂᆞ뇨 결단코 아니라 오직 뎌희 ᄯᅥ러짐으로 구원ᄒᆞᆷ이 이방 사ᄅᆞᆷ의게 왓시니 이스라엘 사ᄅᆞᆷ으로 싀긔케 ᄒᆞᆷ이니라 十二 만일 뎌희 너머짐이 셰상의 부ᄒᆞᆷ이 되며 뎌희 부족ᄒᆞᆷ이 이방 사ᄅᆞᆷ의 부ᄒᆞᆷ이 되거든 ᄒᆞ믈며 그 풍셩ᄒᆞᆷ이리오 ○ 十三 그러나 내가 너희 이방 사ᄅᆞᆷ의게 말ᄒᆞ노니 나ᄂᆞᆫ 이방 사ᄅᆞᆷ의 ᄉᆞ도 되여 내 셤김으로 영화롭게 녁임온 十四 혹 내 골육 즁에셔 엇더케 싀긔케 ᄒᆞ여 뎌희즁에 혹간 구쇽 ᄒᆞ랴 ᄒᆞᆷ이라 十五 대개 만일 뎌희를 ᄇᆞ리ᄂᆞᆫ거시 셰샹의 화목ᄒᆞᆷ이 되거든 그 도로혀 밧ᄂᆞᆫ거시 죽음에셔 사ᄂᆞᆫ것과 엇지 다ᄅᆞ리오 十六 만일 ᄉᆡ로 ᄆᆡ존 열ᄆᆡ가 거룩ᄒᆞᆫ즉 멍이도 그러ᄒᆞ고 ᄯᅩᄒᆞᆫ ᄲᅮ리가 거룩ᄒᆞᆫ즉 가지도 그러ᄒᆞ니라 十七 그러나 만일 엇던 가지가 ᄭᅥᆨ거짐이 되고 네가 들 감남 나무ㅣㄴ뒤 그즁에 졉ᄒᆞᆷ이 되여 ᄯᅩᄒᆞᆫ 참 감남 나무 ᄲᅮ리를 힘닙고 ᄯᅩ 그 후즙을 엇엇신즉 十八 그 것구러진 가지우에 ᄉᆞᄉᆞ로 ᄌᆞ랑ᄒᆞ지마라 ᄌᆞ랑ᄒᆞ면 네가 ᄲᅮ리를 담당치 아니ᄒᆞ고 오직 ᄲᅮ리가 너를 담당ᄒᆞᄂᆞ니라 十九 그런고로 네 말이 가지를 ᄭᅥᆨ근거ᄉᆞᆫ 나를 졉ᄒᆞ랴고 ᄒᆞᄂᆞᆫ거시라 ᄒᆞ니 二十 그러ᄒᆞᆫ즉 뎌희ᄂᆞᆫ 밋지 아니ᄒᆞᆷ으로 ᄡᅥ ᄭᅥᆨ금을 보고 너ᄂᆞᆫ 밋음으로 ᄡᅥ 셧ᄂᆞ니 ᄆᆞ음을 놉히지 말고 오히려 두려워 ᄒᆞ여라 二十一 만일 하ᄂᆞ님이 근본 가지라도 앗기지 아니 ᄒᆞ셧시면 너희들도 앗기지 아니 ᄒᆞ시리라 二十二 그런고로 하ᄂᆞ님의 ᄌᆞ비 ᄒᆞ심과 엄위 ᄒᆞ심을 보라 ᄯᅥ러지ᄂᆞᆫ 쟈의게ᄂᆞᆫ 엄위 ᄒᆞ시고 오직 너희게ᄂᆞᆫ 너희가 온유ᄒᆞᆷ에 거ᄒᆞᆫ즉 ᄌᆞ비 ᄒᆞ시ᄂᆞ니 그러챠 아니면 너희도 ᄭᅥᆨ거짐을 엇으리라 二十三 뎌희가 만일 밋지 아니 ᄒᆞᆫ뒤 거ᄒᆞ지 아니ᄒᆞ면 ᄯᅩᄒᆞᆫ 졉ᄒᆞᆷ을 엇을지니 대개 하ᄂᆞ님이 뎌희들을 능히 다시 졉 ᄒᆞ시리라 二十四 네가 만일 근본 들 감남 나무에셔 ᄭᅥᆨ거짐을 엇고 ᄯᅩ 셩품을 거ᄉᆞ려 됴흔 감남 나무에 졉ᄒᆞᆷ을 엇엇거든 ᄒᆞ믈며 뎌희ᄂᆞᆫ 근본 가지니 다시 뎌희 감남 나무에 졉ᄒᆞ심을 엇지 못 ᄒᆞ리오 ○ 二十五 형뎨들아 내가 이 오묘ᄒᆞᆫ 뜻을 너희가 모로기를 원치 아니ᄒᆞᆷ은 ᄉᆞᄉᆞ로 지혜 잇다ᄒᆞᆷ을 면케 ᄒᆞᆷ이니 대개 이스라엘

사ᄅᆞᆷ이 더러는 완픽ᄒᆞᆷ이 되여 외방 사ᄅᆞᆷ이 드러
오기 ᄭᆞ짐이니라 二六 이러케 ᄒᆞ여야 모든 이스라엘
사ᄅᆞᆷ이 구ᄒᆞᆷ을 엇으리라 성경에 쓴바와 ᄀᆞᆺ치
시온에서 구원ᄒᆞᆯ 자ㅣ 장ᄎᆞᆺ 오셔셔 야고보의
경건치 아닌거ᄉᆞᆯ 업게 ᄒᆞ시고 二七 또ᄒᆞᆫ 나ㅣ 그
죄를 졔ᄒᆞᆯᄯᅢ에 나ㅣ 뎌로 ᄒᆞᆷᄭᅴ 언약을 세운거시
이거시라 ᄒᆞ셧ᄂᆞ니라 二八 복음으로 써 의론ᄒᆞᆫ즉
뎌희가 너희를 위ᄒᆞ여 원수 됨이오 오직 ᄐᆡᆨᄒᆞᆷ으
로 써 의론ᄒᆞᆫ직 렬조를 위ᄒᆞ야 ᄉᆞ랑 ᄒᆞᄂᆞᆫ 쟈ㅣ
니라 二九 대게 하ᄂᆞ님의 은ᄉᆞ와 부르심이 다 뉘
웃치심이 업ᄂᆞ니라 三十 대개 너희가 전에
하ᄂᆞ님ᄭᅴ 슌죵치 아니ᄒᆞ고 이제 도로혀 이스
라엘 사ᄅᆞᆷ의 슌죵치 아니 ᄒᆞᆷ으로 써 긍휼ᄒᆞᆷ을
닙엇시니 三一 이와ᄀᆞᆺ치 이스라엘 사ᄅᆞᆷ이 이제 슌
죵치 아니ᄒᆞᆷ은 너희ᄭᅴ 베프ᄂᆞᆫ 긍휼ᄒᆞᆷ으로 써 뎌
희도 긍휼ᄒᆞᆷ을 엇게 ᄒᆞ심이니라 三二 대개
하ᄂᆞ님ᄭᅴ셔 뭇 사ᄅᆞᆷ을 슌죵치 아니ᄒᆞᆷ에 가두심
은 뭇 사ᄅᆞᆷ의ᄭᅦ 긍휼ᄒᆞ랴 ᄒᆞ심이니라 ○ 三三 깁
도다　하ᄂᆞ님의 부ᄒᆞᆷ과 지혜와 지식이여 그 심
판ᄒᆞ시ᄂᆞᆫ거ᄉᆞᆫ 가히 측량치 못ᄒᆞ며 죵젹도 가히
ᄎᆞᆺ지 못ᄒᆞ겟도다 三四 쥬의 ᄆᆞ음을 아ᄂᆞᆫ이가 누
구며 ᄒᆞᆷᄭᅴ 의론ᄒᆞᆫ이가 누구며 三五 쥬ᄭᅦ 몬져 드
려서 갑흐심을 엇으니가 누구뇨 三六 대개 만물이
다 쥬ᄭᅦ셔 나오고 쥬로 말미암고 쥬ᄭᅦ 잇ᄂᆞ니
영광은 ᄃᆡᄃᆡ로 쥬ᄭᅴ 잇ᄂᆞ니라　아멘

뭇ᄂᆞᆫ 말

一 뉘가 이스라엘 족쇽으로 발분케 ᄒᆞ엿ᄂᆞ뇨
二 뉘가 밋그러지며 뉘가 부요ᄒᆞᆷ을 엇겟ᄂᆞ뇨
三 유대 사ᄅᆞᆷ들은 맛ᄎᆞᆷ내 구원ᄒᆞᆷ을 엇지 못ᄒᆞ
겟ᄂᆞ뇨
四 ᄲᅮ리가 거륵ᄒᆞ면 가지도 거륵ᄒᆞᆫ 뜻이 무엇
이뇨
五 감남의 ᄶᅥᆨ거진 가지는 누구뇨
六 우리가 ᄌᆞ랑 ᄒᆞᆯ것이 잇다 ᄒᆞ엿ᄂᆞ뇨
七 이십절에 뜻을 외오시오
八 이스라엘 사ᄅᆞᆷ을 위ᄒᆞ야 셩경에 무ᄉᆞᆷ 말이
잇ᄂᆞ뇨　二十六七절
九 ᄃᆡ뎍이 되ᄂᆞᆫ쟈ᄂᆞᆫ 누구며 ᄉᆞ랑 ᄒᆞ심을 닙은이
ᄂᆞᆫ 누구뇨
十 이방 사ᄅᆞᆷ이 누구를 인ᄒᆞ야 긍휼ᄒᆞ심을 닙
엇ᄂᆞ뇨

엡웟쳥년회

평셩을걱뎡업시지낼계칙

우리가 음식과 의복과 집이 아니면 육신을 살닐수가 업ᄂᆞᆫ거슨 사ᄅᆞᆷ 사ᄅᆞᆷ이 다 아ᄂᆞᆫ바라 이 세가지ᄂᆞᆫ 일 ᄒᆞᄂᆞᆫ터셔 나ᄂᆞ니 의복과 음식과 거쳐를 걱졍 업시 자라ᄂᆞᆫ 소년들이여 무론 무ᄉᆞᆷ일이던지 일 ᄒᆞᄂᆞᆫ 사ᄅᆞᆷ을 귀ᄒᆞ게 넉이고 엇던 쳐지에 잇던지 일 아니 ᄒᆞ고 놀고 먹고 놀고 입ᄂᆞᆫ 쟈를 쳔ᄒᆞ게 넉이라 우리의 의복 음식 거쳐가 다 일ᄒᆞᄂᆞᆫ 사ᄅᆞᆷ 수즁에셔 나오ᄂᆞᆫ 거시라 져 망ᄒᆞ여가ᄂᆞᆫ 나라들 보라 님군이 방탕ᄒᆞ고 신하가 탐학ᄒᆞ고 ᄇᆡᆨ셩이 나타ᄒᆞ여 님국에 슈모ᄒᆞ고 국ᄉᆞ가 날노 그릇되여 감을ᄯᆡ에 옹창이 쳑샹 되여가ᄂᆞᆫ거시 그 실샹은 궁구ᄒᆞᆯ진ᄃᆡ 모도 일 아니ᄒᆞᆫ 연괴요 무의 무가ᄒᆞ야 남녀로소 업시 길거리로 ᄃᆞᆫ니면셔 거지 노릇 ᄒᆞᄂᆞᆫ 사ᄅᆞᆷ들도 그 실샹인즉 ᄌᆞ긔가 일ᄒᆞ기 셜은쟈나 어려셔 부모가 일ᄒᆞ기를 ᄀᆞᄅᆞ쳐지 아닌쟈ㅣ라 그런즉 나라를 망케ᄒᆞᄂᆞᆫ 쟈ᄂᆞᆫ 일 아니ᄒᆞᄂᆞᆫ쟈요 거지 노릇ᄒᆞᄂᆞᆫ 쟈도 [illegible] 일 아니ᄒᆞᆫ쟈라 일이라 ᄒᆞᄂᆞᆫ거슨 사ᄅᆞᆷ의 원긔를 도아 주ᄂᆞᆫ거시라 셰상에 긔골이 쟝ᄃᆡᄒᆞ고 녀력이 출즁ᄒᆞᆫ 사ᄅᆞᆷ을 보면 모다 일 부즈런이 ᄒᆞᄂᆞᆫ 사ᄅᆞᆷ이오 나약ᄒᆞ고 병이 잇셔 혈긔가 업ᄂᆞᆫ쟈를 살펴보면 무론 ᄇᆡᆨ부ᄒᆞ고 일 아니 ᄒᆞᄂᆞᆫ 쟈이거나 일 못ᄒᆞᄂᆞᆫ 쟈이라 그런고로 부쟈이던지 빈쟈이던지 ᄌᆞ식 둔 사ᄅᆞᆷ들은 ᄌᆞ식을 어려실ᄯᆡ브터 잠시라도 놀니지 말지어다 부즈런이 일ᄒᆞᄂᆞᆫ거시 세가지 요긴ᄒᆞᆫ거시 잇ᄉᆞ니 一은 목숨을 살니ᄂᆞᆫ거시오 二ᄂᆞᆫ ᄆᆞᄋᆞᆷ을 달련ᄒᆞᄂᆞᆫ거시오 三은 긔운을 활발케 ᄒᆞᄂᆞᆫ거시라 어려실ᄯᆡ브터 일에 져난이 만은 사ᄅᆞᆷ은 무론 무슴일을 당ᄒᆞ던지 쉽게 국츅치 안코 압흐로 나아가ᄂᆞᆫ ᄆᆞᄋᆞᆷ이 잇셔셔 그혀히 그일에 결말을 짓ᄂᆞ니 이러ᄒᆞᆫ 사ᄅᆞᆷ은 평셕이 죡죡ᄒᆞᆯᄲᅮᆫ더러 일우지 못ᄒᆞᆫ일이 업고 ᄯᅩᄒᆞᆫ 이젼 사ᄅᆞᆷ의 훈계를 드르니 부귀ᄂᆞᆫ 반ᄃᆞ시 부즈런ᄒᆞ고 수고론ᄃᆡ셔 엇ᄂᆞᆫ다 ᄒᆞ니 우리 청년들은 무론 엇던 쳐디에 잇던지 부즈런이 일을 ᄒᆞᆯ거시요

닉보

량호샹투) 젼 법부 셔리 대신 됴병식씨가 민영긔씨를 다시 구라ᄒᆞᄂᆞᆫ 일노 의정대신 윤용션씨가 그 옥ᄃᆡ의 손샹됨을 쥬달ᄒᆞ야 됴씨가 면관

을당 ᄒᆞ엿단 말은 그때 각처 신문에 긔저ᄒᆞᆫ것을 ᄂᆡ외국 사ᄅᆞᆷ이 다 보앗거니와 근일에 드른즉 됴대신이 또 쟝쇼 ᄒᆞ야 윤외졍을 탄핵ᄒᆞᆫ대 윤의졍이 셩북동 어ᄂᆞ 졍ᄌᆞ에 나아가셔 명을 기ᄃᆞ리ᄂᆞᆫ디 대황뎨 폐하ᄭᅴ셔 여러번 비셔승을 보ᄂᆡ샤 돈유 ᄒᆞ시고 곳 함ᄭᅴ 오라 ᄒᆞ시되 윤외졍이 죵시 회환치 아니 ᄒᆞᆫ다 ᄒᆞᄂᆞᆫ디 윤씨와 됴씨의 이번 시비가 승부ᄂᆞᆫ 알수가 업시나 두ᄇᆞᆷ이 서로 싸호ᄂᆞᆫ 모양이라ᄒᆞ고 여항간 풍셜이 쟈쟈 ᄒᆞ다더라

○릉힝퇴뎡) 릉힝을 음력 십오일노 퇴뎡 ᄒᆞ엿더니 다시 그 잇흔날노 퇴뎡 ᄒᆞ셧다더라

○긔원경츅) 양력 십월 이십일일은 곳 대한 계텬긔원경졀이라 대한 외부에셔 각국 공령ᄉᆞ와 각마을 대관들을 쳥ᄒᆞ야 야연을 비셜ᄒᆞ고 경츅 ᄒᆞ엿다더라

○셔리승임) 경무ᄉᆞ 김영쥰씨ᄂᆞᆫ 샤직쇼를 샹ᄒᆞ엿더니 셩샹ᄭᅴ셔 우비들 나리샤 윤허치 아니ᄒᆞ시고 군부대신 셔리를 명 ᄒᆞ셧다더라

○병재위츙) 리화학당 녀학도 ᄒᆞᆫ나이 년긔ᄂᆞᆫ 십팔재 된 쳐녀인ᄃᆡ 여러히를 학당에 잇셔셔 각항 공부를 힘써 ᄒᆞᆯ뿐 아니라 하ᄂᆞ님 도를 독실히 밋더니 수년젼 브터 무ᄒᆞ재죵으로 신음 ᄒᆞ다가 병세가 매우 위즁ᄒᆞ야 장ᄎᆞᆺ 이 세샹을 떠나ᄭᅦ 된지라 본학당에 계신 셔국 부인 여러분이 이 쳐녀를 위ᄒᆞ야 긔도를 군절이 ᄒᆞ시ᄂᆞᆫ디 일후에 텬당에 가셔 다시 맛나볼 일을 싱각ᄒᆞᆫ즉 일변은 위로가 되나 이 세샹에셔 다시 보지 못ᄒᆞᆯ일을 싱각ᄒᆞᆫ즉 일변은 슯흔 ᄆᆞᄋᆞᆷ이 측량 ᄒᆞᆯ수 업다더라

본회 광고

본회에서 이 **회보**를 젼년과 ᄀᆞᆺ치 일쥬일에 ᄒᆞᆫ식번 발간ᄒᆞᄂᆞᆫ디 새로 륙폭으로 작뎡ᄒᆞ고 ᄒᆞᆫ장갑슨 엽젼 오푼이오 ᄒᆞᆫ달갑슨 미리내면 젼과 ᄀᆞᆺ치 엽젼 ᄒᆞᆫ돈 오푼이라 본국 교우나 셔국 목ᄉᆞ나 교외 친구나 만일 사서 보고져 ᄒᆞ거든 졍동 아펜셜라 목ᄉᆞ 집이나 죵로 대동셔시에 가셔 사시옵

죵로 대동셔시 광고

우리 셔샤에셔 셩경 신구약과 찬미칙과 교회에 유익ᄒᆞᆫ 여러가지 셔칙과 시무에 긴요ᄒᆞᆫ 칙들을 팔되 갑시 샹당ᄒᆞ오니 학문샹과 시무변에 ᄯᅳᆺ이 잇ᄂᆞᆫ 군ᄌᆞ들은 만히 사서 보시옵

대영국 셩셔 공회 광고

새로 간츌ᄒᆞᆫ거슨 로마 가라태 골노시 야고보 ᄲᅢ드로 젼후셔 티모데 젼후셔니 사서 보실이ᄂᆞᆫ 회샤 쥬인 켠묘 션싱ᄭᅴ로 오시옵

디삼권

대한크리스도인회보

광무삼년 십월 이십오일 (ᄇᆡᆨᄉᆞ십삼호)

뎨ᄉᆞ십삼호

고문관을장ᄉᆞᄒᆞᆷ

미국 사ᄅᆞᆷ 구례씨는 십년전에 대한에 나아와 법부 고문관이 되야 법률 ᄉᆞ무와 외국 교제에 여러가지 일을 보더니 불일이 몃달전 브터 병이 드러 오래 신고ᄒᆞ다가 양력 십월 이십일일에 낙동에 잇는 영국 시병원에서 죽으니 대황뎨 폐하ᄭᅴ서 특별히 죠서ᄒᆞ사 궁니부로 ᄒᆞ여곰 은화삼천원을 보내샤 장ᄉᆞ에 쓰라 ᄒᆞ시고 구례씨의 파거ᄒᆞᆫ 모친은 금년에 팔십일세 된 로인이라 불샹히 녁이샤 궁닉부 관원 쟝봉환씨로 그 로인을 호위ᄒᆞ야 미국으로 돌녀 보내실서 리왕 로비ᄭᆞ지 다 획하ᄒᆞ여 주신다니 우리 미국 사ᄅᆞᆷ들은 대한황뎨의 특별ᄒᆞ신 은혜를 감격히 녁이는지라 구례씨를 이십삼일 하오에 양화진에 나아가 장ᄉᆞᄒᆞᆯ시 대한 관인들과 외국 공령ᄉᆞ와 신ᄉᆞ들이 회장 ᄒᆞ엿는디 목ᄉᆞ 아편셜라씨가 그 장ᄉᆞ 례절을 쥬장ᄒᆞ야 지내엿더라

평양소식

평양부에셔 전도 ᄒᆞ시는 ᄯᅩ불 목ᄉᆞ의 부인ᄭᅴ셔 병이 대단ᄒᆞ야 평양부게셔는 그병을 곳칠수 업는고로 장ᄎᆞᆺ 인천 제물포로 이ᄉᆞ ᄒᆞᆫ다니 그부인은 평양 교회에셔 대단히 힘써 전도 ᄒᆞ시는이라 제물포로 오시[illegible] 그병이 속히 쾌복되여 긔운이 강건ᄒᆞ셔 [illegible] 평양으로 가셔 교회 ᄉᆞ무를 보시게 되기를 [illegible]

셩경을번역ᄒᆞᆷ

구세쥬의 교를 [illegible]ᄒᆞᄂᆞᆫ디 셩경 번역이 급ᄒᆞᆫ지라 그런고로 장로교회와 미이미 교회에셔 의론ᄒᆞ고 특별히 다ᄉᆞᆺ 사ᄅᆞᆷ을 택뎡ᄒᆞ야 셩경 번역의 ᄉᆞ무를 맛겻는디 쟝로회 목ᄉᆞ 원두우씨와 게일씨와 리목ᄉᆞ이오 미이미회 목ᄉᆞ 시란돈씨와 아편셜라씨라 이 다ᄉᆞᆺ분이 비단 본국글을 잘 알ᄲᅮᆫ 아니라 대한 방언도 잘 아는고로 이 ᄉᆞ무를 맛흔지라 그러나 시란돈씨 목ᄉᆞ는 지금 대한에 업는고로 네분이 날마다 모혀여 어왕에 번역ᄒᆞᆫ 신약 셩경을 다시 교졍ᄒᆞ셔 루가복음 ᄭᆞ지 맛치고 ᄯᅩ 요한복음을 시작 ᄒᆞ엿시며 외국 목ᄉᆞ들만 이일을 보는 것이 아니라 대한 형데 중에 제사ᄅᆞᆷ이 함ᄭᅴ 안져 말ᄉᆞᆷ의 미흡ᄒᆞᆫ 구절을 의론ᄒᆞ야 작뎡ᄒᆞ니 싱각건ᄃᆡ 이후에 셔로 출판 ᄒᆞᄂᆞᆫ 셩경은 문말ᄯᅳᆺ도 구비ᄒᆞ고 대한말도 슌슌ᄒᆞ야 알아보고 공부ᄒᆞ기에 편리ᄒᆞᆯ듯 ᄒᆞ더라

대한크리스도인회보

THE KOREAN
CHRISTIAN ADVOCATE.
Rev. H. G. Appenzeller, Editor.
36 cents per annum
in advance. Postage extra.
Wednesday, Oct. 25th, 1899.

서울 정동셔 일쥬일에 ᄒᆞᆫ번식
발간ᄒᆞᄂᆞᆫᄃᆡ 아편셜라 목ᄉᆞ가
회보 샤쟝이 되엿더라
일년 갑슬 미리 내면 삼
십 륙젼이오 우표 갑슨
ᄯᅡ로 잇ᄂᆞ니라

붉은거울을보시오

거울이란 물건은 아모 형샹이던지 본질ᄃᆡ로 빗최이되 일호도 틀림이 업ᄂᆞ니 졍ᄒᆞᆫ자ㅣ 됴흔빗출 더 드러내고 츄ᄒᆞᆫ자ㅣ 그 악ᄒᆞᆫ ᄐᆡ도를 감출수 업ᄂᆞᆫ지라 아시아 ᄒᆞᆫ곳에 유명ᄒᆞᆫ 화원이 잇ᄉᆞ니 화류가 번셩ᄒᆞ고 루ᄃᆡ가 공교ᄒᆞ여 긔이ᄒᆞᆫ 금수와 쳥렬ᄒᆞᆫ 슈셕이 잇ᄂᆞᆫ고로 호화ᄌᆞ뎨와 풍류쇼년들이 츈화 일난ᄒᆞᆯ ᄯᅢ를 당ᄒᆞ면 ᄒᆞᆼ샹 그곳에 모히여 쥬챵을 가지고 풍악으로 셰월을 보내ᄂᆞᆫ 곳이라 ᄒᆞᆯ로ᄂᆞᆫ 유람ᄒᆞᄂᆞᆫ 소년들이 모히여 술을 두고 놀더니 홀연이 ᄇᆡᆨ발노인 ᄒᆞᆫ분이 잇셔 의관이 질박ᄒᆞ고 형용이 엄숙ᄒᆞᆫᄃᆡ 쇼년ᄃᆞ려 닐으ᄃᆡ 그ᄃᆡ들은 다 즐거오냐 ᄒᆞ거ᄂᆞᆯ 쇼년들이 신인인가 의심ᄒᆞ야 그 셩명을 무르되 ᄃᆡ답지 아니ᄒᆞ고 탄식ᄒᆞ며 ᄒᆞᄂᆞᆫ말이 이화원이 비록 조흐나 산지동만 못ᄒᆞ다 ᄒᆞ거ᄂᆞᆯ 쇼년들이 그말을 듯고 셔로 닐ᄋᆞᄃᆡ 텬하에 경치가 이곳보담 나흔ᄃᆡ가 엇지 잇ᄉᆞ리오 로인이 ᄯᅩ ᄀᆞᆯᄋᆞᄃᆡ 그ᄃᆡ들이 내말을 밋지 안커든 나를 ᄯᆞ라와 구경ᄒᆞ라 쇼년들이 술먹기를 파ᄒᆞ고 로인을 ᄯᆞ라 ᄒᆞᆫ곳에 니ᄅᆞ니 긔암괴셕이 즁즁 쳡쳡ᄒᆞᆫᄃᆡ 이샹ᄒᆞᆫ ᄭᅩᆺ과 아람다온 새가 만히 잇ᄂᆞᆫᄃᆡ 로인이 손으로 산밋ᄒᆞᆯ ᄀᆞᄅᆞ쳐며 말ᄒᆞ되 더골노 드러가면 참 조흔 경치가 잇ᄂᆞ니라 ᄒᆞ거ᄂᆞᆯ 쇼년들이 그곳을 본즉 층암졀벽 아래 조고마ᄒᆞᆫ 문이 잇고 좌우에 풀이 무셩ᄒᆞ야 드러갈수 업ᄂᆞᆫ지라 그즁에 ᄒᆞᆫ쇼년이 로인의 권ᄒᆞᆷ을 듯고 몸을 굽흐려 그문으로 드러가더니 ᄒᆞᆫ시쯤 되여 그쇼년이 도로 나아와 뭇 사ᄅᆞᆷ의 뭇ᄂᆞᆫ 말을 ᄃᆡ답지 아니ᄒᆞ고 손으로 입을 가리우고 얼골에 붓그러온 빗치잇셔 다라나거ᄂᆞᆯ 여러 쇼년들이 그ᄯᅳᆺ을 히득지 못ᄒᆞ야 처음에ᄂᆞᆫ 미첫다 ᄒᆞ고 나죵에ᄂᆞᆫ 의심ᄒᆞ야 쇼년 ᄒᆞ나이 그곡졀을 알냐ᄒᆞ고 드러가더니 조곰후에 우ᄂᆞᆫ소ᄅᆡ 들니거ᄂᆞᆯ 뭇사ᄅᆞᆷ이 더욱 의아ᄒᆞ더니 그쇼년이 도로 나아와 머리를 숙이고 다라나ᄂᆞᆫ지라 그즁에 ᄒᆞᆫ쇼년이 노긔를 발ᄒᆞ야 그 곡졀을 알냐ᄒᆞ고 ᄯᅩ 드러가더니

례비일공과 일ᄇᆡᆨ ᄉᆞ십삼 십일월 오일

바울노가로마사ᄅᆞᆷ의게ᄒᆞᆫ편지

로마인셔 십이쟝 일졀노 팔졀ᄭᆞ지

一 그런고로 형뎨들아 내가 하ᄂᆞ님의ᄌᆞ비ᄒᆞᆫ
심으로 너희를 권ᄒᆞ야 몸으로 사ᄂᆞᆫ 제ᄉᆞ를 드려
거룩ᄒᆞ고 하ᄂᆞ님을 깃부시게 ᄒᆞᄂᆞᆫ거시 너희
당연ᄒᆞᆫ 역ᄉᆞㅣ라 。二 이 셰ᄃᆡ를 본밧지 말고 오직
ᄆᆞ옴을 새로이 변화ᄒᆞᆷ을 밧아 하ᄂᆞ님의 션ᄒᆞ
서고 깃버 ᄒᆞ시고 온젼 ᄒᆞ신 ᄯᅳᆺ을 달련ᄒᆞ라 ○三
대개 내게 주신 은혜로 너의 각 사ᄅᆞᆷ의게 말ᄒᆞ
노니 합당ᄒᆞᆫ 일 외에ᄂᆞᆫ 스ᄉᆞ로 놉흔데 말고 오
직 하ᄂᆞ님ᄭᅴ셔 각 사ᄅᆞᆷ의게 밋음을 난화 주
신ᄃᆡ로 지혜로 ᄉᆡᆼ각ᄒᆞ라 四 대뎌 우리 ᄒᆞᆫ 몸에
여러 지톄 잇ᄉᆞ나 모든 지톄를 ᄒᆞᆫ가지로 쓰지
아니ᄒᆞᄂᆞ니 五 이와 ᄀᆞᆺ치 우리 무리가 크리스
도에 ᄒᆞᆫ 몸이 되여 서로 지톄 되엿ᄂᆞ니라 。
하ᄂᆞ님이 주신ᄃᆡ로 우리가 은ᄉᆞ 엇은거시 각각
다르니 혹 션지 되ᄂᆞᆫ 쟈ᄂᆞᆫ 밋음의 분수ᄃᆡ로 션
지가 되고 。혹 집ᄉᆞ가 되ᄂᆞᆫ 쟈ᄂᆞᆫ 집ᄉᆞ ᄒᆞ고 혹
교훈 ᄒᆞᄂᆞᆫ 쟈ᄂᆞᆫ 교훈 ᄒᆞ고 혹 권위가 되ᄂᆞᆫ 쟈ᄂᆞᆫ
권위 ᄒᆞ고 。구제 ᄒᆞᄂᆞᆫ 쟈ᄂᆞᆫ 셩실ᄒᆞᆫ ᄆᆞ옴으로
ᄒᆞ고 다ᄉᆞ리ᄂᆞᆫ 쟈ᄂᆞᆫ 부지런이 ᄒᆞ고 불샹히 넉여
ᄂᆞᆫ 쟈ᄂᆞᆫ 즐거온 ᄆᆞ옴으로 ᄒᆞᆯ거시니라

주셕

뎨목 **신도가맛당이몸으로산제ᄉᆞ를드릴것** 一졀노 二졀

一 신도가 임의 샤죄ᄒᆞᆷ을 엇엇시니
하ᄂᆞ님의 ᄌᆞ비 ᄒᆞ신 은혜를 잇지 못 ᄒᆞᆯ것이
니라 몸이라 ᄒᆞᆷ은 맛당이 ᄉᆞ지 ᄇᆡᆨ톄로 쥬를
셤긴다 ᄒᆞᄂᆞᆫ 말이오 산 제ᄉᆞ라 ᄒᆞᆷ은 모셰
의 례법ᄃᆡ로 셩츅을 죽여 제ᄉᆞ를 드릴것이
아니라 곳 ᄌᆞ긔의 산몸으로 ᄌᆞ긔 셩젼에 졍
셩을 드린다 ᄒᆞᆷ이니 대개 셰상 사ᄅᆞᆷ이
하ᄂᆞ님을 숭비 ᄒᆞᄂᆞᆫ거ᄉᆞᆫ 인ᄉᆞ의 당연ᄒᆞᆫ 일
이오 ᄯᅩᄒᆞᆫ 리치에 합당ᄒᆞᆫ 쟈ㅣ니라
二 셰쇽의 츄루ᄒᆞᆫ 풍규와 패픠ᄒᆞᆫ 례법을 의빙
치 말며 구습을 ᄇᆞ리고 긔질을 변화 ᄒᆞ야
하ᄂᆞ님의 착 ᄒᆞ시고 깃버 ᄒᆞ시고 온젼 ᄒᆞ신
ᄯᅳᆺ을 나타낼거시니라
三

대목 교회가 그리스도의안에잇서
ᄒᆞᆫ몸을일움 三절노八절

三 내게 주신 은혜라 ᄒᆞᆷ은 곳 바울노ㅣ 스도의 직분과 셩신의 능력 엇음을 말ᄒᆞᆫ것이라 식 도의 픔힘은 ᄌᆞ긔의 명예를 스ᄉᆞ로 놉히랴 ᄒᆞᆫ것이 아니오 맛당이 신덕의 분량ᄃᆡ로 ᄌᆞ 긔의 엇은바 은혜를 ᄯᆞ라 직분을 닥글것이 니라 쥬ㅣ ᄀᆞᄅᆞ샤ᄃᆡ ᄆᆞᄋᆞᆷ불 뷔ᄂᆞᆫ쟈ㅣ 복이 된다 ᄒᆞ셧ᄂᆞ니라

四五 그리스도ᄂᆞᆫ 곳 교회의 머리시오 문 ᄌᆞᄂᆞᆫ 곳 그빈데니 대개 몸에 ᄒᆞᆫ 령혼 잇ᄉᆞᆷ을 인ᄒᆞ야 ᄒᆞᆫ 몸이 되여 ᄒᆞᆫ때 사ᄂᆞᆫ것 ᄀᆞᆺ치 신도의 가 온ᄃᆡ ᄒᆞᆫ 셩신이 계신고로 ᄒᆞᆫ 교회를 일우어 서로 련합 ᄒᆞᄂᆞ니라

六 신도의 밧은 은혜가 서로 ᄀᆞᆺ지 아니 ᄒᆞ야 사ᄅᆞᆷ의 이 목 구 비가 각기 그 소용이 잇슴 ᄀᆞᆺᄒᆞ니라 션지가 되여 ᄒᆞᆨ 예언 ᄒᆞ며 ᄒᆞᆨ 젼 도ᄒᆞᄂᆞᆫ 쟈도 잇ᄉᆞ니 ᄒᆞᆨ ᄌᆞ긔의 밋ᄂᆞᆫ 힘을 의빙 ᄒᆞᄂᆞᆫ쟈도 잇고 ᄒᆞᆨ 맛당히 밋을 진리를 의빙 ᄒᆞᄂᆞᆫ 쟈도 잇ᄂᆞ니라

七 집ᄉᆞ의 본분과 직칙은 (데마태젼서 삼장 팔 절노 십삼절 ᄭᆞ지에 보고 교훈 ᄒᆞᄂᆞᆫ 도리ᄂᆞᆫ (피득젼서 이장 이결에 보라)

八 권위ᄒᆞᆫ다 ᄒᆞᆷ은 셩경에 ᄀᆞᄅᆞ되 피ᄎᆞ 서로 권 면ᄒᆞ야 ᄒᆞᆨ 너희즁에 죄악의 ᄉᆞᆯ닌비ㅣ 되여 ᄆᆞᄋᆞᆷ이 완악 ᄒᆞ게됨을 면ᄒᆞ라 ᄒᆞ엿ᄂᆞ니라 (히빅리 삼장 십삼졀) 구졔를 셩심으로 ᄒᆞ ᄂᆞᆫ것은 (마태 륙장 일졀노 ᄉᆞ졀ᄭᆞ지 보라) 다ᄉᆞ리ᄂᆞᆫ 쟈라ᄒᆞᆷ은 곳 교회즁에 권세 잡은 자를 ᄀᆞᄅᆞ쳐 말ᄒᆞᆫ것이니라 (쳡살나니가 젼 셔 오장 십이졀과 데마태젼서 오장 십칠졀) 불상히 너인다 ᄒᆞᆷ은 곳 빈궁ᄒᆞᆫ 사ᄅᆞᆷ들을 맛 당히 쾌락ᄒᆞᆫ ᄆᆞᄋᆞᆷ으로 구졔ᄒᆞ여 주ᄂᆞᆫ거슬 말ᄒᆞᆷ이니라

묻ᄂᆞᆫ 말

이폭련속

조곰후에 나아와 붓그러온 빗치 얼골에 가득ᄒᆞ야 닙엇던 비단옷을 모도 버서 바리고 아모말도 업시 가거ᄂᆞᆯ 여러 쇼년들이 그 로인의게 ᄭᆞᄃᆞᆰ을 무ᄅᆞ니 ᄃᆡ답ᄒᆞ되 드러갓던 사ᄅᆞᆷ의게 무르라 ᄒᆞ고 인ᄒᆞ야 보이지 안ᄂᆞᆫ지라 쇼년들이 도라와 드러갓던 친구의게 곡절을 ᄯᅩ 무르니 ᄃᆡ답ᄒᆞ되 그곳에 드러가매 다ᄅᆞᆫ 물건은 업고 오직 거울 ᄒᆞ나이 잇ᄂᆞᆫᄃᆡ 나의 얼골만 빗쵤ᄲᅮᆫ 아니라 평ᄉᆡᆼ에 지난바 간음ᄒᆞ고 드러온 ᄐᆡ도를 력력히 긔록ᄒᆞ엿스니 보ᄂᆞᆫ 사ᄅᆞᆷ으로 잘못ᄒᆞᆫ 허물을 돈연히 ᄭᆡ닷게ᄒᆞ더라 ᄒᆞ엿서니 우리 형뎨들은 이 비유를 볼지어다

묘혼비유

디구우희 륙대부쥬와 오대양이 잇시니 아셰아와 구라파와 아프리가와 오ᄉᆞ대리아와 북아메리가 남아메리가가 곳 여ᄉᆞᆺ 부쥬요 태평양과 대셔양파 인도양파 북빙양파 남빙양이 곳 다ᄉᆞᆺ 대양이라 슈륙을 병ᄒᆞ야 네세 분파 ᄒᆞ면 물은 삼분이오 륙디ᄂᆞᆫ 일분이라 창명ᄒᆞᆫ 바다에 강쳘노 문든 화륜션이 ᄐᆡ왕ᄒᆞ야 실수가 별양 업시나 물속에 ᄅᆡ산파 반셕이 왕왕 잇ᄂᆞᆫ고로 파션 되기가 쳡경 쉬운지라 그런고로 위ᄐᆡᄒᆞᆫ곳 마다 놉히 탑을 짓고 그우희 불을 켜서 옴옴ᄒᆞᆫ 철야에 션쳑이 리왕ᄒᆞ기 용이케 ᄒᆞ엿시니 츙 긔묘 ᄒᆞ도다 그탑우희 집이 잇서 ᄉᆞ방으로 유리문을 달은고로 불을 켜면 밤이 낫 ᄀᆞᆺᄒᆞ여 샤공들의 항구로 가ᄂᆞᆫ 길이 광명ᄒᆞ여 수ᄇᆡᆨ만량 지산을 싯고 가ᄂᆞᆫ ᄇᆡ가 험ᄒᆞᆫ곳을 실수업시 지나ᄂᆞᆫ지라 그런즉 그 샤공들은 곳 우리요 그ᄇᆡᄂᆞᆫ 곳 우리의 몸이요 그ᄇᆡ에 실은 갑진 물건은 영ᄉᆡᆼ 불ᄉᆞ ᄒᆞᄂᆞᆫ 령혼이요 ᄇᆡ길은 우리 평ᄉᆡᆼ이요 그 대양은 이 셰샹이요 그 항구ᄂᆞᆫ 곳 텬당이라 이ᄀᆞᆺ치 험ᄒᆞᆫ 대양에 변변치 아니ᄒᆞᆫ ᄇᆡ를 탓스니 풍랑도 맛나기 쉽고 바위에 부드치기도 쉽고 여울에 걸니기도 쉬오니 그 등불이 아니면 엇더케 그런곳이 잇ᄂᆞᆫ줄을 알니오 그곳에 ᄐᆡ왕ᄒᆞᄂᆞᆫ 션쳑에 뎨일 긴ᄒᆞᆫ거슨 그 봉화로 다 이와 ᄀᆞᆺᄒᆞᆫ 등불ᄲᅮᆫ

하ᄂᆞ님ᄭᅴ서 우리의게 주셧스니 곳 셩경이라 셩경에 닐너스되 하ᄂᆞ님의 말ᄉᆞᆷ은 우리 압헤 등불이라 압길을 빗취여 주신다 ᄒᆞ셧스니 셩경에 말ᄉᆞᆷ이 우리의 갈바 길을 ᄀᆞᄅᆞ쳐 환란을 면ᄒᆞ게 ᄒᆞᄂᆞ니 우리들은 날마다 셩경을 닑고 긔도ᄒᆞ고 잠시라도 셩경 말ᄉᆞᆷ이 ᄆᆞᄋᆞᆷ에 ᄯᅥ나지 아니ᄒᆞ면 깃부게 묘혼 항구를 득달 ᄒᆞ리로다 아멘

ᄂᆡ보

거리칙지) 농샹공부 셔리 대신 민죵묵씨가 일젼에 의정대신 윤용션씨의 집에 간즉 윤의정이 민씨를 ᄃᆡᄒᆞ야 크게 ᄭᅮ지져 ᄀᆞᆯ으ᄃᆡ 그ᄃᆡ가 농샹공부 셔리 대신으로 잇셔 본마을 모든 관원놀 허물업시 막오떼고 ᄌᆞ긔의 친절ᄒᆞᆫ 사ᄅᆞᆷ으로 내니 만약 이러ᄒᆞᆫ 버릇을 일향 곳치지 아니ᄒᆞ면 졍부에셔 결단코 쥬본을 올니고 면관ᄒᆞ겟노라 ᄒᆞᆫ즉 민셔리가 져작이 잇던지 븕은 빗치 얼골에 ᄀᆞ득ᄒᆞ야 능히 ᄃᆡ답지 못ᄒᆞ고 물너갓다더라

○(구습샹존) 져쟝신 임샹쥰씨가 쥬쟝ᄒᆞ야 무쟝대가집 ᄌᆞ데들노 오십명을 ᄲᅩᆸ아 시어 벼슬을 식혀 입직도 ᄒᆞ고 기예도 비호게 ᄒᆞ더인ᄃᆡ 팔ᄃᆡ안에 쟝신 지낸 죠샹이 업ᄉᆞ면 참예치 못ᄒᆞ게 ᄒᆞ고 션쳔으로만 ᄲᅩᆸ는ᄃᆡ 부쳔 집에셔 말ᄒᆞ기를 시어란 벼슬은 갑오이젼 션젼관과 군치이라네 젼에ᄯᅩ 션젼관은 션쳔이 ᄒᆞ고 군직은 부쳔이 만히 ᄒᆞ엿는ᄃᆡ 엇지 션쳔만 ᄒᆞ리오 ᄒᆞ고 시비가 분운ᄒᆞᆫ고로 다시 공의가 되야 션부쳔으로 졀반식 ᄒᆞ게 ᄒᆞᆫ다더라

○(대관피착) 법부에셔 일젼에 궁ᄂᆡ부 협판 민영긔씨를 구라 ᄒᆞ엿다더라

○(의정ᄉᆞ진) 의정 윤용션씨는 일젼브터 의정부에 ᄉᆞ진 ᄒᆞᆫ다더라

○(가계점락) 근일에 지표와 은젼 가계는 점점 ᄯᅥ러지되 물가는 나리지 안는다고 미우 걱정들 ᄒᆞᆫ다더라

본회 광고

본회에셔 이 회보를 젼년과 ᄀᆞᆺ치 일쥬일에 ᄒᆞᆫ식번 발간ᄒᆞ는ᄃᆡ 새로 륙폭으로 뎡가ᄒᆞ고 ᄒᆞᆫ장 갑슨 엽젼 오푼이오 ᄒᆞᆫ달갑슬 미리내면 젼파 ᄀᆞᆺ치 엽젼 ᄒᆞᆫ돈 오푼이라 본국 교우나 셔국 목ᄉᆞ나 교외 친구나 만일 사셔 보고져 ᄒᆞ거든 졍동 아편셜라 목ᄉᆞ 집이나 죵로 대동셔시에 가셔 사시옵

죵로 대동셔시 광고

우리 셔샤에셔 셩경 신구약과 찬미칙과 교회에 유익ᄒᆞᆫ 여러가지 셔칙과 시무에 긴요ᄒᆞᆫ 칙들을 팔되 갑시 샹당ᄒᆞ오니 학문샹과 시무변에 ᄯᅳᆺ이 잇는 군ᄌᆞ들은 만히 사셔 보시옵

대영국 셩셔 공회 광고

새로 간츌ᄒᆞᆫ 거손 로마 가라태 골노시 야고보 베드로 젼후셔 티모데 젼후셔니 사셔 보실이는 회샤 쥬인 권묘 션싱ᄃᆡᆨ로 오시옵

뎨삼권

대한회보

광무삼년 (뎨ᄉᆞ십ᄉᆞ호)

뎨ᄉᆞ십ᄉᆞ호 십일월이일

셰례밧은일

양력 십일월 이십구일 례비에 남문안 달셩 회당에서 교우들이 셰례를 밧엇ᄂᆞᆫ디 남녀 로쇼 합 삼십 ᄉᆞ인이라 우리가 모든 영광을 하ᄂᆞ님ᄭᅴ 찬숑 ᄒᆞ거니와 그 회당에서 전도 ᄒᆞ시ᄂᆞᆫ 형뎨의게 대단히 치하 ᄒᆞ노라 이 셰례를 밧ᄂᆞᆫ뜻이 무어시뇨 그리스도 예수 ᄀᆞᆯᄋᆞ샤ᄃᆡ 하ᄂᆞᆯ과 ᄯᅡ의 모든 권셰를 다 내게 주셧시니 너희ᄂᆞᆫ 가셔 모든 ᄇᆡᆨ셩을 불너 뎨ᄌᆞ를 삼고 아바님과 아ᄃᆞ님과 셩신의 일홈으로 셰례를 주라 ᄒᆞ셧ᄉᆞ니 (마태복음 이십팔장 십팔구졀) 구셰쥬를 밋ᄂᆞᆫ 무리들이 셰례를 주고 밧ᄂᆞᆫ것은 쥬의 ᄇᆡ명을 직히ᄂᆞᆫ 거시라 그러나 다른 교회셔ᄂᆞᆫ ᄀᆞᄅᆞ치기를 사ᄅᆞᆷ이 셰례를 밧음으로 다시 나고 텬국에 드러간다 ᄒᆞ되 우리 미이미 회에셔ᄂᆞᆫ 그러치 아니 ᄒᆞ야 사ᄅᆞᆷ이 그리스도를 밋음으로 ᄌᆞ긔의 죄를 ᄭᆡ닷고 죄를 ᄭᆡ다름으로 뉘웃처 곳처며 회개ᄒᆞᆷ으로 하ᄂᆞ님ᄭᅴ셔 샤유 ᄒᆞ심을 엇고 구셰쥬의 허락ᄒᆞ신바 은혜와 권능을 밧을지니 셰례 밧ᄂᆞᆫ거ᄉᆞ ᄌᆞ긔 죄를 ᄌᆞ복 ᄒᆞ고 하ᄂᆞ님의 용서 ᄒᆞ심을 엇ᄂᆞᆫ 표적이오 은혜와 권능을 밧은후에 셩신으로 다시난 사ᄅᆞᆷ이 되ᄂᆞ니 이것은 쥬를 밋음으로 될기오 셰례를 밧음으로 되ᄂᆞᆫ거시 아니라 우리가 대한 형뎨들을 본즉 셰례를 밧은후에 도로혀 죄짓ᄂᆞᆫ일도 잇고 잘못 ᄒᆞᄂᆞᆫ 힘실이 더러 잇ᄉᆞ니 그런 사ᄅᆞᆷ은 셰례 밧ᄂᆞᆫ거시 령혼에 구ᄒᆞᄂᆞᆫ 리쳐에 조곰도 유익 ᄒᆞᆫ거시 업실더이오 셰례 밧음으로 다시 나ᄂᆞᆫ게 아니라 오직 회개ᄒᆞᆫ 사ᄅᆞᆷ들이 쥬의 계명을 직히여 도 힘ᄒᆞ기를 시작 ᄒᆞᄂᆞᆫ 일이라 ᄒᆞ오

새로나아온교ᄉᆞ

양력 구월 삼십일에 케붐이라 ᄒᆞᄂᆞᆫ 교ᄉᆞ가 미국서 ᄯᅥ나 대한에 나아오기ᄂᆞᆫ 졍동 비지학당 학원들을 교육ᄒᆞᆯ일노 나왓시니 그 교ᄉᆞ가 교육 ᄒᆞᄂᆞᆫ디 열심으로 ᄒᆞᆯᄲᅮᆫ 아니라 여러 학원들은 ᄯᅩᄒᆞᆫ 열심으로 공부 ᄒᆞ기를 ᄇᆞ라노라

종교론

셰상 사ᄅᆞᆷ에 ᄒᆞᆼ샹 ᄌᆞ긔의 힘ᄒᆞᄂᆞᆫ 교외에 다른도ᄂᆞᆫ 이단이라 ᄒᆞ며 서로 회방 ᄒᆞᄂᆞ니 사ᄅᆞᆷ의 ᄌᆞ연ᄒᆞᆫ 셩픔이라 취망ᄒᆞᆫ것 업거니와 종교들 의론컨ᄃᆡ 하ᄂᆞ님와 도외에ᄂᆞᆫ 업실지라 이제 총명 발달ᄒᆞᆫ 셩인으로 ᄒᆞᆫ여곰 무신 교든지 새로 셜립코져 ᄒᆞ면 하ᄂᆞ님으로 근본을 삼을 빙게 수가 업ᄂᆞ니 하ᄂᆞ님와 도가 엇지 종교가 아니리오

대한크리스도인회보

THE KOREAN CHRISTIAN ADVOCATE.
Rev. H. G. Appenzeller, Editor.
36 cents per annum
in advance. Postage extra.

Wednesday, Nov. 2nd, 1899.

서울 정동서 일쥬일에 ᄒᆞᆫ번식 발간ᄒᆞᄂᆞᆫ데 아편셜라 목ᄉᆞ가 회보 샤쟝이 되엿더라 일년 갑슬 미리 ᄂᆡ면 삼십 륙젼이오 우표 갑슨 ᄯᅡ로 잇노라

밧굴수 업ᄂᆞᆫ것

현금 텬하에 ᄃᆡ샹ᄒᆞᆫ 나라들은 아모 디방을 믈론ᄒᆞ고 물화를 교역 ᄒᆞᄂᆞᆫ고로 장ᄉᆞ ᄉᆞ업이 점점 흥왕ᄒᆞ고 물건 매매가 날노 번셩 ᄒᆞᄂᆞᆫ데 이 셰샹에 잇ᄂᆞᆫ 물화ᄂᆞᆫ 서로 밧구지 못ᄒᆞᆯ거시 ᄒᆞ나도 업ᄂᆞᆫ지라 가령 농ᄉᆞ ᄒᆞᄂᆞᆫ ᄇᆡᆨ셩이 포목을 밧구랴ᄒᆞ면 곡식을 가지고 져자에 가 돈으로 밧군후에 그돈을 가지고 포목을 살것이오 각색 그릇을 졔조ᄒᆞᄂᆞᆫ 쟝색이 곡식을 사고져 ᄒᆞ면 쟝색의게 그릇을 파랴 돈을 엇은후에 ᄯᅩᄒᆞᆫ 곡식을 무역ᄒᆞᆯ지니 형샹이 잇ᄂᆞᆫ 물건은 ᄯᅩᄒᆞᆫ 형샹이 잇ᄂᆞᆫ물화로 교역ᄒᆞ거니와 사ᄅᆞᆷ의 혼은 즉 근본 형질이 업ᄂᆞᆫ고로 현데가 잇ᄂᆞᆫ 물화로 사고 팔수가 업ᄂᆞᆫ지라 셩경에 ᄀᆞᆯᄋᆞ샤ᄃᆡ 사ᄅᆞᆷ이 텬하를 다 엇을지라도 ᄉᆡᆼ명을 닐코 보면 무엇이 유익ᄒᆞ리오 사ᄅᆞᆷ이 무슴 물건으로 능히 ᄉᆡᆼ명을 밧구겟ᄂᆞ냐 ᄒᆞ셧시니 (마태복음 십륙쟝 이십륙졀) 사ᄅᆞᆷ의 몸이 만승텬ᄌᆞ가 되야 ᄉᆞ히안에 잇ᄂᆞᆫ 물건을 다 차지ᄒᆞ고 보면 이 셰샹에서ᄂᆞᆫ 뎨일 귀ᄒᆞ고 뎨일 부ᄒᆞᆫ 사ᄅᆞᆷ이로되 만일 그 하ᄂᆞ님ᄭᅴ셔 보내신 구셰쥬를 밋지 아니ᄒᆞ면 령혼을 구원ᄒᆞᆯ수 업실지라 이 셰샹에셔ᄂᆞᆫ 암만 귀명ᄒᆞᆫ 나라이라도 사ᄅᆞᆷ이 마련ᄒᆞᆫ 법률을 쓰ᄂᆞᆫ고로 죽을죄에 간범ᄒᆞᆫ 사ᄅᆞᆷ을 몃쳔원 몃만원 돈으로 목숨을 ᄃᆡ쇽ᄒᆞ야 살니ᄂᆞᆫ 법이 잇고 지판ᄒᆞᄂᆞᆫ 관원중에 탐욕이 잇ᄂᆞᆫ자ᄂᆞᆫ 돈을 밧고 그죄를 용셔 ᄒᆞᄂᆞᆫ자ㅣ 잇거니와 하ᄂᆞ님 나라의 률법은 지극히 공변 되시고 일호 반점이라도 용ᄃᆡᄒᆞᆯ수가 업셔 샹벌이 분명 ᄒᆞ신지라 만승 텬ᄌᆞ와 왕후 귀인이라도 하ᄂᆞ님이 심판 ᄒᆞ실ᄯᅢ에 억ᄇᆡᆨ만원의 돈을 밧치고 그 죽을 목숨을 밧구워 살수 업도다 셩경에 ᄯᅩ ᄀᆞᆯᄋᆞ샤ᄃᆡ 내가 셰샹에 나ᄯᅢ 잇그러온바도 업고 셰샹을 ᄇᆞ리매 잇그러가ᄂᆞᆫ바 업다 ᄒᆞ셧ᄉᆞ니 (뎨마태젼서 륙쟝 칠졀) 사ᄅᆞᆷ이 셰샹에 잇슬ᄯᅢ에 몃쳔만원 돈이 잇ᄉᆞ면 ᄇᆡᆨ년을 살지 못ᄒᆞᄂᆞᆫ 육신을 잘 공궤 ᄒᆞ려니와 그 지물을 하ᄂᆞ님ᄭᅴ 드리고 목숨을 더 느리게도 못ᄒᆞᆯ터이오 죽을ᄯᅢ에 그 지물을 ᄒᆞᆫ푼 ᄀᆞ지고 갈수도 업ᄂᆞᆫ지라 사ᄅᆞᆷ이 혹 말ᄒᆞ기를 죽은 신톄에 비단 필육으로 염습 ᄒᆞᄂᆞᆫ거시 죽은 사ᄅᆞᆷ의 가져가ᄂᆞᆫ거시라 ᄒᆞ되 죽은자가 ᄌᆞ긔의 육신ᄭᆞ지 셰샹에 ᄇᆞ리고 가거늘 무슴 지물을 잇그러가ᄂᆞᆫ 리치가 잇ᄉᆞ리오 그런즉 물건으로 밧굴수 업ᄂᆞᆫ것은 참 사ᄅᆞᆷ의 령혼이라 엇지 구셰쥬를 밋지아니리오

례ᄇᆡ일공과 [illegible]

바울노가로마사ᄅᆞᆷ의게ᄒᆞᆫ편지

로마인셔 십이쟝 구졀노 이십일졀ᄭᆞ지

九 ᄉᆞ랑ᄒᆞᄂᆞᆫ 거ᄉᆞᆫ 거즛ᄒᆞᆷ이 업시 ᄒᆞ고 악ᄒᆞᆫ 거ᄉᆞᆯ 뮈워ᄒᆞ고 션ᄒᆞᆫ 거싀게 븟처라 十 형뎨ᄃᆞᆯ ᄉᆞ랑ᄒᆞ야 서로 우의ᄒᆞ고 존경ᄒᆞ기를 서로 몬져ᄒᆞ며 十一 부즈런ᄒᆞ야 게으르지 말고 열심을 품어 쥬를 섬기라 十二 ᄇᆞ람에 즐거워ᄒᆞ고 환란에 참으며 항심으로 긔도ᄒᆞ고 十三 셩도의 쓰ᄂᆞᆫ거ᄉᆞᆯ 공급ᄒᆞ며 손님 ᄃᆡ졉ᄒᆞ기를 좃처라 十四 너희를 핍박ᄒᆞᄂᆞᆫ 쟈를 위ᄒᆞ야 빌되 복을 빌고 저앙을 ᄒᆞ 빌지마라 十五 즐거워ᄒᆞᄂᆞᆫ 쟈ᄂᆞᆫ ᄒᆞᆷᄭᅴ 즐거워ᄒᆞ고 우ᄂᆞᆫ 쟈ᄂᆞᆫ ᄒᆞᆷᄭᅴ 울나 十六 서로 ᄯᅳᆺ을 ᄀᆞᆺ처ᄒᆞ야 놉흔데 말고 오직 나즌것의게 겸손ᄒᆞ야 스ᄉᆞ로 지혜 잇ᄂᆞᆫ테 마라 十七 악으로 ᄡᅥ 악을 갑지 말고 모든 사ᄅᆞᆷ 압헤 션을 젼심으로 힝ᄒᆞ라 十八 ᄂᆞᆼ히 뭇 사ᄅᆞᆷ으로 더브러 화목ᄒᆞᆯ수 잇거든 힘ᄃᆡ로 ᄒᆞ라 十九 ᄉᆞ랑ᄒᆞᄂᆞᆫ 벗ᄃᆞᆯ아 네 원통ᄒᆞᆫ거ᄉᆞᆯ 갑지 말고 오직 쥬의 노ᄒᆞ심을 기ᄃᆞ리라 쓴바와 ᄀᆞᆺ치 쥬ㅣ 말ᄉᆞᆷᄒᆞ사ᄃᆡ 내게 보슈ᄒᆞᆷ이 내게 잇ᄉᆞ니 내가 갑호리라 ᄒᆞ셧ᄂᆞ니라 二十 그런고로 너의 원수가 만일 주리거든 먹이고 목 마ᄅᆞ거든 마시우라 대개 이러ᄒᆞ면 숫불노 그 머리에 놋ᄂᆞᆫ것 ᄀᆞᆺᄒᆞ니라 二一 악으로 ᄡᅥ 이긔지 말고 오직 션으로 ᄡᅥ 악을 이긔라

주셕

뎨목 신도의 픔힝 구졀노 이십일졀

九 ᄉᆞ랑ᄒᆞᆫ다 ᄒᆞᆷ은 (가뎜다젼셔 십삼장에 보라) 또ᄒᆞᆫ 맛당히 악ᄒᆞᆫ것을 뮈워ᄒᆞ고 착ᄒᆞᆫ 일을 됴화ᄒᆞᆯ것이니라

十 교우ᄂᆞᆫ 서로 친 형뎨와 ᄀᆞᆺ치 ᄉᆞ랑ᄒᆞ여야 ᄒᆞᆯ것이니 피ᄎᆞ에 공경ᄒᆞ고 겸손ᄒᆞᆯ것이니라

十一 신도의 맛당히 직힐 규례가 세가지 잇ᄉᆞ니 一 맛당히 셕업을 부즈런이 ᄒᆞᆯ것이오 二 열심이 아피리와 ᄀᆞᆺ치 잇서야 ᄒᆞᆯ것이오 (ᄉᆞ도힝젼 십팔장 이십오졀) 三 맛당히 쥬를 섬거야 ᄒᆞᆯ것이니 셩경에 ᄀᆞᆯᄋᆞᄃᆡ 너희가 먹던지 마시던지 무ᄉᆞᆷ 일을 ᄒᆞ던지 맛당히

하ᄂᆞ님의 영화ᄅᆞᆯ 위ᄒᆞ야 ᄒᆞ라 ᄒᆞ엿ᄂᆞ니라
(가림다젼셔 십쟝 삼십일졀)

十二ᄇᆞ람에 즐거워 ᄒᆞ라 ᄒᆞᆷ은 (피득젼셔 일쟝 삼졀노 륙졀에 보라) 환난에 ᄎᆞᆷᄂᆞᆫ것은 (요한 십륙쟝 삼십삼졀과 로마 팔쟝 십팔졀에 보라) 긔도ᄒᆞ다 ᄒᆞᄂᆞᆫ 말은 (누가 십팔쟝 이졀과 ᄉᆞ도힝젼 이쟝 ᄉᆞ십이졀과 륙쟝 ᄉᆞ졀과 에불소 륙쟝 십팔졀과 뎨살라니가 젼셔 오쟝 십칠졀에 말ᄒᆞ엿ᄂᆞ니라

十三셩도ᄅᆞᆯ 공급ᄒᆞᄂᆞᆫ것은 (아각 이쟝 [illegible]일졀과 로마 십오쟝 이십오졀에 보라) 손님 대졉ᄒᆞᄂᆞᆫ것은 (히브리 십삼쟝 이졀에 보라

十四이마대 히셕은 (누가 륙쟝 이십 륙칠졀과 이십삼쟝 삼십ᄉᆞ졀에 보라

十五깃붐과 걱정을 ᄀᆞᆺ치 ᄒᆞᄂᆞᆫ고로 예수ᄭᅴ셔 가나 혼인 잔치와 베다니 상가에 가 보셧ᄂᆞ니라

十六맛당이 ᄆᆞᄋᆞᆷ과 ᄯᅳᆺ을 합ᄒᆞ야 너와 나ᄅᆞᆯ 구별ᄒᆞᆯ것이 업ᄂᆞ니라 놉흔데 말나ᄒᆞᆷ은 교만ᄒᆞᆫ 일을구ᄒᆞᆯ것이 아니오 맛당히 비쳔ᄒᆞᆫ 형뎨들 친근히 ᄒᆞ고 ᄉᆞᄉᆞ로 춍명과 지혜ᄅᆞᆯ ᄌᆞ랑 ᄒᆞᆯ것이 아니니라

十七악을 악으로 갑ᄂᆞᆫ것은 마귀의 도요 션으로 악을 갑ᄂᆞᆫ것은 이에 하ᄂᆞ님의 도ㅣ니라

十八신도ㅣ 맛당히 뭇 사ᄅᆞᆷ으로 더브러 화목ᄒᆞᆷ을 쥬쟝 ᄒᆞᆯ것이니 만일 샹죵 ᄒᆞᄂᆞᆫ 사ᄅᆞᆷ이 그른 사ᄅᆞᆷ 이거나 혹 진리ᄅᆞᆯ 저희ᄒᆞᄂᆞᆫ 사ᄅᆞᆷ이면 능히 화목ᄒᆞᆯ수 업ᄉᆞ나 맛당히 심력을 다ᄒᆞ야 뭇 사ᄅᆞᆷ으로 더브러 화목ᄒᆞ여 지낼지니라

十九ㅣ廿一마태 오쟝 삼십팔졀노 ᄉᆞ십팔졀 ᄭᆞ지와 신명긔 삼십이쟝 삼십오졀과 시편 륙십ᄉᆞ편 일졀ㅣ 삼졀 ᄭᆞ지와 히브리 십쟝 삼십졀을 참호ᄒᆞ여 보라 이십졀은 곳 좀언 이십오쟝 이십 일이졀을 인증ᄒᆞᆫ 말이니라 숫불을 원슈의 머리에 놋ᄂᆞᆫ다 ᄒᆞᆷ은 풀무 머리에 숫불을 픠워 금털을 녹여 그 ᄶᅵ기ᄅᆞᆯ 떠러 ᄇᆞ리ᄂᆞᆫ것 ᄀᆞᆺ치 ᄉᆞ랑ᄒᆞᄂᆞᆫ ᄆᆞᄋᆞᆷ으로 악ᄒᆞᆫ 사ᄅᆞᆷ을 ᄃᆡ졉ᄒᆞ야 그 악ᄒᆞᆫ ᄆᆞᄋᆞᆷ을 이저 그들노 ᄒᆞ여곰 귀과 쳔셔 ᄒᆞ야 원슈가 친구 되게 ᄒᆞᆯ것이니라

엡윗쳥년회

죵일긔도ᄒᆞᄂᆞᆫ녀인

하ᄂᆞ님의 도를 밋ᄂᆞᆫ 무리ᄂᆞᆫ ᄒᆞᆼ샹 긔도 ᄒᆞ기로 게을니 아니 ᄒᆞᄂᆞ니 녯적에 유태국 사ᄅᆞᆷ들은 ᄒᆞᄅᆞ 세번식 긔도 ᄒᆞ되 반ᄃᆞ시 ᄉᆞ시초와 오시정과 신시초에 힝 ᄒᆞ엿시며 왕왕이 금식ᄒᆞᆫ지라 긔도ᄒᆞᄂᆞᆫ 규모가 여러시 잇ᄉᆞ니 회당에나 너른 들에셔 허다ᄒᆞᆫ 사ᄅᆞᆷ을 모ᄒᆞ고 전도 ᄒᆞᆯ때에 공번되이 긔도ᄒᆞ며 집안 식구를 모ᄒᆞ고 죠셕으로 ᄉᆞᄉᆞ로이 ᄒᆞ기도 ᄒᆞ며 혼ᄌᆞ 적적ᄒᆞᆫ 협실에 드러가 은밀이 빌기도 ᄒᆞ며 길갈때나 일ᄒᆞᆯ때에 ᄆᆞᄋᆞᆷ 속으로 잠시간 긔도 ᄒᆞᄂᆞᆫ 법도 잇ᄂᆞ니 어나 곳이던지 ᄎᆞᆼ ᄆᆞᄋᆞᆷ과 졍셩으로 긔도 ᄒᆞ면 셩신의 감화ᄒᆞ심을 엇을지라 혹이 말ᄒᆞ되 일이 만코 ᄒᆞᆼ샹 분쥬 ᄒᆞ야 긔도 ᄒᆞᆯ 겨를이 업다 ᄒᆞᄂᆞ니 실노 신심이 부족ᄒᆞᆫ 말이라 몃ᄒᆡ변젼에 영국 셔울 론돈 교회에 ᄒᆞᆫ 녀인이 잇ᄉᆞ니 일홈은 쇼판이라 회당에 하인이 되여 일셩에 일이 만흔고로 긔도ᄒᆞᆯ ᄯᆡ 시각이 업거ᄂᆞᆯ 젼도 목ᄉᆞ가 그의 긔도 ᄒᆞ지 못ᄒᆞᆷ을 걱정ᄒᆞᆫ대 쇼판이 ᄃᆡ답 ᄒᆞ여 골ᄋᆞᄃᆡ 내가 아ᄎᆞᆷ에 닐ᄌᆞᆨ이 니러나 눈을 ᄯᅳᆯ때에 긔도ᄒᆞ되 쥬ᄭᅴ셔 나의 눈을 ᄇᆞᆰ게 열어 주샤 쥬의 긔이ᄒᆞᆫ 일을 보게 ᄒᆞ쇼셔 ᄒᆞ고 의복을 닙을 때에 긔도 ᄒᆞ되 쥬ᄭᅴ셔 나로 ᄒᆞ여곰 ᄎᆞᆼ신의 갑쥬를 닙고 화평ᄒᆞᆫ 신을 신어 마귀를 ᄃᆡ뎍 ᄒᆞ게 ᄒᆞ쇼셔 ᄒᆞ고 셰슈 ᄒᆞᆯ때에 쥬ᄭᅴ셔 이 물노, 나의 드러온 죄를 ᄡᅵ셔 주쇼셔 긔도 ᄒᆞ고 쥬방에셔 불을 너흘때에 쥬ᄭᅴ셔 이 불노 나의 찬 ᄆᆞᄋᆞᆷ을 덥게ᄒᆞ샤 열실으로 쥬를 ᄉᆞ랑 ᄒᆞ게 ᄒᆞ소셔 긔도ᄒᆞ고 ᄡᅳᆯ과 마당을 ᄡᅳᆯ 때에 쥬ᄭᅴ셔 이비로 나의 드러온 ᄆᆞᄋᆞᆷ속에 악ᄒᆞᆫ 셩각과 망령된 욕심을 졍결히 ᄡᅳᆯ어 주쇼셔 긔도 ᄒᆞ고 음식을 먹을때에 쥬ᄭᅴ셔 목 마르지 아니 ᄒᆞᄂᆞᆫ 물과 영셩 ᄒᆞᄂᆞᆫ 량식으로 나의 령혼을 기르게 ᄒᆞ여 주소셔 긔도 ᄒᆞ오니 몸이 비록 분쥬 ᄒᆞ나 긔도ᄂᆞᆫ 죵일토록 ᄒᆞᆫ다 ᄒᆞ엿시니 우리 교우들도 이런 녀인을 본밧을지어다

녀보

ᄎᆞᆼ직ᄒᆞᆫ상소) 의졍윤용션씨가 시폐를 드러 상소ᄒᆞᆫ 소본을 엇어 본즉 그 대지가 네 죠건을 말

ᄒᆞ엿ᄂᆞᆫᄃᆡ 일왈 봉당을 파ᄒᆞᆫ일이요 이왈 궁금을 슉청ᄒᆞᆫ일이요 삼왈 부샹을 혁파ᄒᆞ고 [illegible]세를 정지ᄒᆞᆯ일이요 ᄉᆞ왈 간세비들 물니칠 일인ᄃᆡ 경무ᄉᆞ 김영쥰은 본ᄃᆡ 탐비ᄒᆞᆷ으로 근일에 더욱 도량ᄒᆞ야 재물 모히ᄂᆞᆫ 더러온 소ᄅᆡ가 경향에 랑ᄌᆞᄒᆞ온ᄃᆡ 부민은 죄가 업서도 죄가 잇ᄂᆞᆫ것 ᄀᆞᆺᄒᆞ여 무숨 화가 어느날 싱길넌지 겁내고 ᄯᅥᆯ면서 아츰파 져녁을 보젼치 못ᄒᆞᆯ것 ᄀᆞᆺ치 ᄒᆞ오니 슈화와 도탄을 ᄇᆞᆲᄂᆞᆫ것 보다 더 심ᄒᆞ야 만구 열담에 경식이 슈참ᄒᆞ오나 다 그 긔세를 두려워ᄒᆞ야 감히 드러내 노코 말ᄒᆞ지 못ᄒᆞᄂᆞᆫ게ᄉᆞᆫ 신이 전에 알윈 발자오나 민정의 ᄉᆞᆯ논것이 날마다 심ᄒᆞ오니 이것을 만일 그저 두오면 나라 법을 엇다 쓰오릿가 ᄇᆡᆨ셩의 재물을 늑탈ᄒᆞᆫ 수효ᄂᆞᆫ ᄌᆞ세히 모르오나 전 비셔랑 셔상훈의 잃은 곳 장물이 탄로ᄒᆞᆫ 거시라 이에 감히 말ᄒᆞ지 못ᄒᆞᆯ 말노 샤연이 입에 발ᄒᆞ기들 긔탄이 업ᄉᆞ오니 이 실관만 가져도 그 놈어지를 가히 아올지라 복걸 폐하ᄂᆞᆫ 샐니 우뢰 ᄀᆞᆺᄒᆞ신 위염을 나리샤 위션 면관ᄒᆞ옵시고 법부로 ᄉᆞ힉 종판ᄒᆞ와 여러 ᄇᆡᆨ셩의게 샤례ᄒᆞ소서 이거시 신ᄒᆞᆫ 사ᄅᆞᆷ의 말ᄲᅮᆫ 아니라 온 죠졍이 다 아ᄂᆞᆫ 바오니 졍부 졔신의게 쟈슌ᄒᆞ오시면 반ᄃᆞ시 ᄇᆞᆰ히 둇촉ᄒᆞ오리이다 ᄒᆞ엿다ᄂᆞᆫᄃᆡ 비지 대개ᄂᆞᆫ 봉당와 귀미가 잇실ᄃᆡ경이면 맛당이 징[illegible]ᄒᆞ거시오 그외 여러 죠건은 ᄯᆡ를 ᄯᆞ러 죠쳐ᄒᆞ거시요 또 경무ᄉᆞ로 말ᄒᆞ면 확거가 잇실진ᄃᆡ 경의지위로 알외여 ᄂᆞᆯ게옵이 가ᄒᆞ되 젼문의 그릇됨에 지나지 아니ᄒᆞᆫ즉 샹소ᄒᆞ야 탄힉ᄒᆞᆷ이 엇지 파치 아니냐고 ᄒᆞ셧다더라

본회 광고

본회에서 이 회보를 젼년과 ᄀᆞᆺ치 일쥬일에 ᄒᆞᆫ장식 번 발간ᄒᆞᄂᆞᆫᄃᆡ 새로 륙폭으로 명작ᄒᆞ고 ᄒᆞᆫ장 갑슨 엽젼 오푼이오 ᄒᆞᆫ돌갑슬 미리내면 젼과 ᄀᆞᆺ치 엽젼 ᄒᆞᆫ돈 오푼이라 본국 교우나 셔국 목ᄉᆞ나 교외 친구나 만일 사서 보고져 ᄒᆞ거든 졍동 아편셜라 목ᄉᆞ 집이나 죵로 대동셔시에 가서 사시옵

죵로 대동셔시 광고

우리 셔샤에서 셩경 신구약과 찬미척과 교회에 유익ᄒᆞᆫ 여러가지 셔척과 시무에 긴요ᄒᆞᆫ 척들을 팔되 갑시 샹당ᄒᆞ오니 학문샹과 시무변에 뜻이 잇ᄂᆞᆫ 군ᄌᆞ들은 만히 사서 보시옵

대영국 셩셔 공회 광고

새로 간출ᄒᆞᆫ 게ᄉᆞᆫ 로마 가라태 골노시 야고보 배드로 젼후서 티모데 젼후서니 사서 보실이ᄂᆞᆫ 회샤 쥬인 긴묘 션싱ᄯᅢ로 오시옵

디삼권

대한크리스도인회보

뎨ᄉᆞ십오호

광무삼년 ([illegible]) 일월구일

텬당의 사ᄂᆞᆫ곳

이 셰샹 사ᄅᆞᆷ은 시ᄀᆞᆨ을 의론컨ᄃᆡ 첫지ᄂᆞᆫ ᄃᆡ퇴이 업시며 신업이 연ᄐᆡᆨᄒᆞ야 ᄉᆞ방으로 유리ᄒᆞ며 ᄌᆞ착ᄒᆞᆯ곳시 업ᄂᆞᆫ이도 만코 둘지ᄂᆞᆫ 사ᄂᆞᆫ 곳이 잇실지라도 집이 좁으며 살기가 어려워 흉싱군심으로 지내ᄂᆞᆫ 이도 만코 셋지ᄂᆞᆫ 너르고 놉흔집에 ᄃᆡ답ᄒᆞ고 ᄒᆡ인도 만ᄒᆞ며 걱졍업시 시ᄂᆞᆫ 사ᄅᆞᆷ도 잇ᄂᆞ니 여러 사ᄅᆞᆷ의 ᄆᆞᄋᆞᆷ을 ᄯᅳᆺ게ᄒᆞ여 보건ᄃᆡ ᄌᆞ긔 사ᄂᆞᆫ곳을 ᄉᆞ당ᄒᆞᆫ지 아니ᄒᆞᄂᆞᆫ 자ㅣ 업ᄂᆞᆫ지라 속담에 널넛스되 놈의 놉흔 와가이 나의 셕우가만 못ᄒᆞ고 다른 사ᄅᆞᆷ의 신슈셩찬이 나의 나물쥭만 못ᄒᆞ다 ᄒᆞ엿스니 이것은 사ᄅᆞᆷ 마다 ᄌᆞ긔 ᄉᆡᆼ의를 ᄉᆞ랑ᄒᆞᆷ이라 그러나 이 셰상일은 장구치 못ᄒᆞ고 텬당에 살곳은 영원ᄒᆞᆫ 집이 민허ᄀᆡ시니 요한복음 십ᄉᆞ장 이절) 구셰쥬를 밋ᄂᆞᆫ자ᄂᆞᆫ 실노 근심이 업실지라 부쟈의 산업이 만ᄒᆞᆫ도 오래 누릴수 업고 죽을때에 ᄒᆞ나도 가져갈수 업시ᄯᅩ 빈곤ᄒᆞᆫ 자ᄂᆞᆫ 가져갈거시 업ᄉᆞᆫ 셈이니라 이 셰샹에서 오래 고ᄉᆡᆼᄒᆞᆯ것도 업고 밋ᄂᆞᆫ지ᄂᆞᆫ 됴흔 곳으로 가려니와 부지기 구셰쥬를 밋지 아니면 텬당에도 갈수업고 셰싱 ᄌᆡ믈도 남허 ᄇᆞ릴지니 ᄎᆞᆷ 한심ᄒᆞᆫ 일이라 오직 밋ᄂᆞᆫ 지ᄅᆞ 이 금셰 후셰에 다 복을 빗울지니라

교도가서로도아줄것

셩경에 ᄀᆞᆯᄋᆞ샤ᄃᆡ 그리스도ᄂᆞᆫ 교회의 머리라 ᄒᆞ고 그리스도가 우리즁에 계셔 ᄒᆞᆫ몸을 일운다 ᄒᆞ엿시니 우리쥬를 밋ᄂᆞᆫ 무리ᄂᆞᆫ 다 ᄉᆞ지ᄇᆡ데기 될지ᄃᆡ ᄉᆞ지 ᄇᆡ데 즁에 ᄒᆞᆫ일 ᄒᆞᆫ가지라도 업고 보면 그 사ᄅᆞᆷ은 온젼ᄒᆞᆫ 사ᄅᆞᆷ이 아니라 반ᄃᆞ시 병신이 될거시오 교회즁에 ᄒᆞᆫ 형뎨라도 ᄌᆞ긔 직칙을 힘ᄡᅳ지 아니ᄒᆞ면 그 교회ᄂᆞᆫ 온젼ᄒᆞᆫ 교회를 일울수 업ᄂᆞ니 교즁 집ᄉᆞ가 된지ᄂᆞᆫ 집ᄉᆞ일을 흥싱ᄒᆞ고 ᄀᆞᄅᆞ쳐 인도ᄒᆞᄂᆞᆫ지와 사ᄅᆞᆷ을 권면ᄒᆞᄂᆞᆫ지와 ᄀᆞᆫ궁ᄒᆞᆫ이를 구제ᄒᆞᄂᆞᆫ자ㅣ 다 각각 ᄉᆞ샹ᄒᆞᆫ ᄆᆞᄋᆞᆷ으로 ᄌᆞ긔 직칙을 극진이 ᄒᆞ야 서로 도아준후에 교회일도 잘될셈이니 우리 구셰쥬의 지혜가 츙ᄉᆞ도ᄯᅩᄒᆞᆫ 영화를 ᄒᆞᄂᆞᆫ님ᄭᅴ 친당ᄒᆞ고 영오ᄒᆞᆫ 복을 빗을지라 우리 대한회보ᄂᆞᆫ 셩경을 공부ᄒᆞᄂᆞᆫ 것뿐 아니라 경향 각쳐에 잇ᄂᆞᆫ 형뎨들노 ᄆᆞᄋᆞᆷ이 서로 교통ᄒᆞ며 서로 ᄉᆞ랑ᄒᆞ고 서로 도아주ᄂᆞᆫ ᄉᆡᆺᄉᆞ 잇거ᄂᆞᆯ 식괄 형뎨들이 됴흔 말ᄉᆞᆷ을 긔록ᄒᆞ여 본사로 보니지 아니ᄒᆞ니 실노 익셕ᄒᆞᆫ 일이라 이후브터ᄂᆞᆫ 서로 도아 주기를 ᄇᆞ라노라

오[illegible]십삼

대한크리스도인회보

THE KOREAN CHRISTIAN ADVOCATE.

Rev. H. G. Appenzeller, Editor.
36 cents per annum
in advance. Postage extra.

Wednesday, Nov. 1th, 1899.

서울 졍동셔 일쥬일에 ᄒᆞᆫ번식 발간ᄒᆞᄂᆞᆫᄃᆡ 아편셜라 목ᄉᆞ가 회보 샤장이 되엿더라

일년 갑슬 미리 ᄂᆡ면 삼십 륙젼이오 우표 갑슨 ᄯᅡ로 잇노라

의혹론

아모 일이던지 의혹이 잇시면 그 일은 못 ᄒᆞᄂᆞᆫ 법이라 심지어 농ᄉᆞ도 의혹이 잇스면 못ᄒᆞᆫ다ᄂᆞᆫ 말이 잇스니 농부들이 봄에 밧을 갈고 죵ᄌᆞ를 심으고 봄ᄂᆡ 여름ᄂᆡ 일긔가 더우나 비가 오나 농ᄉᆞ를 위ᄒᆞ야 무슈ᄒᆞᆫ 인력을 쓰ᄂᆞᆫ것ᄂᆞᆫ 가을에 가셔ᄂᆞᆫ 봄에 심엇든 죵ᄌᆞ보다 몃 갑절을 더 거둘줄 밋고 이것치 미리 슈고를 드리ᄂᆞᆫ 것이라 만일 농부들이 봄에 안저 ᄉᆡᆼ각ᄒᆞ기를 우리가 밧을 갈고 죵ᄌᆞ들 심어도 가을에 가셔 몃갑절 츄슈ᄒᆞᆯᄂᆞᆫ지 못ᄒᆞᆯᄂᆞᆫ지 몰오겟다 ᄒᆞ고 의심ᄒᆞ야 죵ᄌᆞ도 심으지 아니ᄒᆞ면 가을에 가셔 엇지 츄슈 ᄒᆞ기를 ᄇᆞ라리오 필경 긔ᄉᆞᄒᆞᄂᆞᆫ 디경에 일으찌라 이럼으로 의혹이 잇스면 못ᄒᆞᆫ다 ᄒᆞᆷ이로다 ᄯᅩ 무ᄉᆞᆷ일을 ᄒᆞ면서도 그길에 ᄒᆞᆼ샹 의혹을 두면 점점 자라서 그 일을 셩공치 못ᄒᆞ게 ᄒᆞ고 공연ᄒᆞᆫ 슈고와 고심만 ᄒᆞ고 필경은 픽ᄒᆞᄂᆞᆫ 법이라 의혹이라 ᄒᆞᄂᆞᆫ거슨 어두웁고 아지 못ᄒᆞᄂᆞᆫ데서 ᄉᆡᆼ기ᄂᆞᆫ고로 ᄉᆞᄉᆞ에나 공ᄉᆞ에나 의혹이 나기 시작ᄒᆞ면 졈졈 아혹ᄒᆞ고 희미ᄒᆞᆫ 길노 드러 갈소록 더욱 어두어셔 그 울홈을 일어 ᄇᆞ리ᄂᆞᆫ고로 그 ᄉᆞ이에 번간도 ᄉᆡᆼ기고 속이ᄂᆞᆫ 일도 ᄉᆡᆼ기고 모히 ᄒᆞᄂᆞᆫ일도 ᄉᆡᆼ기고 먹ᄂᆞᆫ일노 ᄉᆡᆼ기여셔 가히 의혹 아니 ᄒᆞᆯ만ᄒᆞᆫ 일에도 의혹을 내여 ᄉᆞ리고 시긔ᄒᆞ고 뮈워ᄒᆞ야 혹이 미ᄒᆞᆫ 인명도 샹히ᄒᆞ며 ᄯᅩ 의혹나기 시작ᄒᆞ면 한이 업ᄂᆞᆫ고로 남을 의심ᄒᆞ고 차차 집안 사ᄅᆞᆷ을 의심ᄒᆞ다가 그후에ᄂᆞᆫ ᄌᆞ긔가 ᄌᆞ긔도 밋지 못ᄒᆞ야 이러ᄒᆞ면 엇더ᄒᆞᆯ지 저리ᄒᆞ면 엇더ᄒᆞᆯ지 몰으고 유예 유예 ᄒᆞᄂᆞᆫ때ᄂᆞᆫ 무한ᄒᆞᆫ 손히를 당ᄒᆞᆯ지라 ᄯᅩ 일에만 이러케 히로올뿐 아니라 슈에도 관계가 ᄃᆡ단이 되니 사ᄅᆞᆷ이 ᄒᆞᆯ 세샹을 살나면 어려온일도 ᄒᆞ고 쉬온일도 ᄒᆞ고 각식 ᄒᆞᄂᆞᆫ일이 만ᄒᆞᆫᄃᆡ 만일 입마다 때때로 의혹이 여러 가지로 ᄉᆡᆼ길것 ᄀᆞᆺᄒᆞ면 잠시도 ᄆᆞ옴이 한가ᄒᆞ고 온화ᄒᆞᆫ때가 업서서 졍신이 쇼요ᄒᆞ고 혈긔가 불균ᄒᆞ야 구원ᄒᆞ기 어려온 병을 일우기도 쉬울지라 의혹이라 ᄒᆞᆷ을 더욱이 삼가ᄒᆞᆯ거슨 텬당이 잇나 디옥이 잇나ᄒᆞ여 의심ᄒᆞ여 텬당에 올나갈임파 디옥에 ᄯᅥ러질 일을 분간치 못ᄒᆞ고 갈팡 질팡 ᄒᆞ다가 낭픽되기가 쉬으리로다

바울노가로마사ᄅᆞᆷ의게ᄒᆞᆫ편지

로마인셔 십삼쟝 일졀노 십ᄉᆞ졀ᄭᆞ지

一 모든 사ᄅᆞᆷ은 우헤 권세 잇ᄂᆞᆫ 쟈의게 굴복ᄒᆞ라 대개 권세ᄂᆞᆫ 하ᄂᆞ님ᄭᅴ로 나지 아님이 업ᄂᆞ니 권세 잇ᄂᆞᆫ 쟈들은 하ᄂᆞ님의 뎡 ᄒᆞ신바ㅣ라 二 그런고로 권세 잇ᄂᆞᆫ쟈를 거ᄉᆞ리면 하ᄂᆞ님의 명을 거ᄉᆞ림이니 거ᄉᆞ리ᄂᆞᆫ 쟈들은 ᄌᆞ긔의게 죄 뎡ᄒᆞᆷ을 밧으리라 三 대개 권세 잇ᄂᆞᆫ쟈ᄂᆞᆫ 션힝 ᄒᆞᄂᆞᆫ 자의게 두려워 ᄒᆞᆷ이 아니라 오직 힝악 ᄒᆞᄂᆞᆫ 쟈의게 두려워 ᄒᆞᆷ이 되ᄂᆞ니 네가 권세 잇ᄂᆞᆫ쟈를 두려워 ᄒᆞ지 아니ᄒᆞ겟ᄂᆞ뇨 션을 힝별ᄒᆞ즉 그의게 칭찬ᄒᆞᆷ을 엇으리라 四 대개 그ᄂᆞᆫ 하ᄂᆞ님의 부리ᄂᆞᆫ 쟈ㅣ니 너를 유익 ᄒᆞ게 ᄒᆞ되 만일 네가 힝악 ᄒᆞ거든 두려워 ᄒᆞ라 대개 그가 공연이 칼을 가지지 아니 ᄒᆞ고 하ᄂᆞ님의 부리ᄂᆞᆫ 쟈ㅣ 되여 악을 힝ᄒᆞᄂᆞᆫ 쟈의게 노ᄒᆞᆷ으로 형ᄒᆞᄂᆞ니라 五 그런고로 맛당히 굴복ᄒᆞᆷ은 노ᄒᆞᆫ기 면ᄒᆞᆯ샢 아니라 오직 량심을 위 ᄒᆞᆷ이니라 六 대개 너희가 이를 인ᄒᆞ야 세를 밧치ᄂᆞ니 그 권세 잇ᄂᆞᆫ쟈ᄂᆞᆫ 하ᄂᆞ님의 집ᄉᆞ가 되여 ᄒᆞᆼ샹 이 일을 다ᄉᆞ리ᄂᆞ니라 七 맛당이 모든 사ᄅᆞᆷ의게 줄거슨 주되 세를 밧칠쟈의게 세를 밧치고 슈세 밧칠쟈의게 슈세를 밧치고 두려워 ᄒᆞᆯ 쟈의게 두려워 ᄒᆞ고 공경 ᄒᆞᆯ 쟈의게 공경ᄒᆞ라 ○ 八 므롯 너희가 사ᄅᆞᆷ의게 이ᄌᆞ러짐이 업세ᄒᆞ고 오직 서로 ᄉᆞ랑ᄒᆞ라 대개 남을 ᄉᆞ랑ᄒᆞᄂᆞᆫ쟈ᄂᆞᆫ 률법을 다 일우엿ᄂᆞ니라 九 이 아래ᄂᆞᆫ 간음ᄒᆞ지 말며 사ᄅᆞᆷ을 죽이지 말며 도적질 ᄒᆞ지 말며 거줏 증거 ᄒᆞ지 말며 탐내지 말고 또 다른 계명이 잇더라도 곳 니웃 사ᄅᆞᆷ ᄉᆞ랑 ᄒᆞ기를 ᄌᆞ긔 몸과 ᄀᆞᆺ치 ᄒᆞ라 ᄒᆞ신 계명즁에 다 드러 갓ᄂᆞ니라 十 ᄉᆞ랑 ᄒᆞᄂᆞᆫ거슨 니웃 사ᄅᆞᆷ의게 악을 일우지 아니 ᄒᆞᄂᆞ니 그런고로 ᄉᆞ랑 ᄒᆞᄂᆞᆫ거슨 률법을 온젼이 ᄒᆞᆷ이니라 ○ 十一 또 ᄒᆞᆯ 너희 이ᄯᅢ를 아ᄂᆞ니 곳 자다가 맛당이 ᄭᆡᆯᄯᅢ라 이제ᄂᆞᆫ 우리 구원ᄒᆞᆷ이 처음 밋을ᄯᅢ 보다 갓가오니라 十二 밤이 깁고 낫이 갓가왓ᄉᆞ니 그런고로 우리가 어두온ᄃᆡ 힝 ᄒᆞᄂᆞᆫ일을 벗고 광명ᄒᆞᆫ 갑옷슬 닙을지니라 十三 맛당이 합당 ᄒᆞ기를 낫해 힝ᄒᆞᆫ것치 ᄒᆞ고 탐식과 술 취ᄒᆞ지 말며 음난과 방탕 ᄒᆞ지 말며 징투와 싀긔 ᄒᆞ지 말고 十四 오직 쥬 예수 크리스도를 닙고 육신의 일을 예비 ᄒᆞ야 정욕을 힝치 말지니라

주셕

뎨목 ᄇᆡᆨ셩이 맛당이 권세잡은쟈의게 슌죵ᄒᆞᆯ것

일졀노칠졀

一二 하ᄂᆞ님은 곳 만왕의 왕이시니 각국 뎨왕과 관원을 다 셜립 ᄒᆞ신 바ㅣ라 그런고로 권세 잡은 쟈들 슌죵치 아니 ᄒᆞᄂᆞᆫ것은 곳 하ᄂᆞ님을 거ᄉᆞ림이니 그 뎡죄 ᄒᆞ심을 면치 못 ᄒᆞᆯ것이니라

三 법에 범ᄒᆞᄂᆞᆫ쟈ᄂᆞᆫ 형벌을 당ᄒᆞᆯ것이오 법을
준힝ᄒᆞᄂᆞᆫ쟈ᄂᆞᆫ 포장ᄒᆞᆷ을 밧ᄂᆞ니라
四 뎨왕들과 관장들은 다 하ᄂᆞ님의 ᄉᆞ환
이니 그들노 ᄒᆞ여곰 ᄇᆡᆨ셩을 다ᄉᆞ려 평안ᄒᆞᆷ
을 엇게 ᄒᆞ심이니라 칼ᄒᆞᆫ 가진다 ᄒᆞᆷ은 곳
ᄉᆡᆼ살지권이 잇다 ᄒᆞᄂᆞᆫ 말이니라
五 신도가 맛당히 복음의 리치를 의지 ᄒᆞ야 본
국 관장들의게 슌죵ᄒᆞᆯ것이니라
六七 뎨왕이하로 문부 대소 관원들은 다 ᄇᆡᆨ셩을
위ᄒᆞ야 직무를 맛흔자ㅣ니 ᄇᆡᆨ셩들이 맛당히
닥글바 면분과 직분을 다ᄒᆞ야 복죵 ᄒᆞᆯ것이
니라

뎨목 ᄉᆞ랑ᄒᆞᄂᆞᆫ것은률법을완젼케ᄒᆞᆷ

팔졀노십졀

八 사ᄅᆞᆷ의게 이지러짐이 업게 ᄒᆞ라 ᄒᆞᆷ은 남의
게 무ᄉᆞᆷ 것이나 빗을 지지말나 ᄒᆞᆷ이니 ᄎᆞᆷ
요긴ᄒᆞᆫ 말이라 교외 사ᄅᆞᆷ들은 서로 빗진쟈
가 만ᄒᆞ나 신도의게ᄂᆞᆫ 결단코 불가ᄒᆞᆫ 일이
니 다만 ᄒᆞᆫ가지 일이 남의게 빗진것이 잇ᄉᆞ
니 곳 ᄉᆞ랑 ᄒᆞᄂᆞᆫ 것이라 ᄉᆞ랑 ᄒᆞᄂᆞᆫ것은 (마
태 이십이장 삼십칠졀노 삼십구졀ᄭᆞ지 보라
九 이 마ᄃᆡᄂᆞᆫ 곳 예수ᄭᅴ서 ᄒᆞᆫ 쇼년의게 ᄒᆞ신
말ᄉᆞᆷ이니라 (마태 십구장 십륙졀)
十 그리스도 교에 뎨일 쇼슝이 녀이ᄂᆞᆫ 바ᄂᆞᆫ 곳
ᄉᆞ랑 ᄒᆞᄂᆞᆫ 것이니 곳 하ᄂᆞ님을 ᄉᆞ랑ᄒᆞ며
세상 사ᄅᆞᆷ을 ᄉᆞ랑 ᄒᆞᄂᆞᆫ 것이니라 (아각 이장
팔졀노 십일졀ᄭᆞ지

뎨목 자ᄂᆞᆫ사ᄅᆞᆷ을경셩ᄒᆞᄂᆞᆫ것

십일졀노십ᄉᆞ졀

十一 잔다ᄒᆞᆷ은 하ᄂᆞ님이 ᄀᆞᆯᄋᆞ샤ᄃᆡ 자ᄂᆞᆫ 쟈ᄂᆞᆫ
맛당히 ᄭᆡ여 죽음에셔 다시 니러나라 그리
스도가 반ᄃᆞ시 빗을 네게 빗최리라 ᄒᆞ셧ᄂᆞ
니라 (이불소 오장 십ᄉᆞ졀) 구원ᄒᆞᆷ이 갓갑다
ᄒᆞᆷ은 대개 지나간 세월이 임의 오리고 압해
오ᄂᆞᆫ 광음이 만치 아니 ᄒᆞ야 비ᄀᆞ건ᄃᆡ 검은
밤이 어둔거ᄉᆞᆯ 쟈촛 지내고 ᄇᆡᆨ쥬의 광명ᄒᆞᆫ
빗을 보ᄂᆞᆫ것과 ᄀᆞᆺ치 신도들이 가히 세샹 고
초를 ᄇᆞ리고 텬당 무궁ᄒᆞᆫ 복락을 누릴시라
아각이 ᄀᆞᆯᄋᆞᄃᆡ 쥬의 강림ᄒᆞᆯ날이 갓가오니
심판 ᄒᆞ시ᄂᆞᆫ 쥬가 임의 문압헤 서셧다 ᄒᆞ엿
ᄂᆞ니라 (아각 오장 팔졀노 구졀ᄭᆞ지
十二 밤이 깁고 낫이 갓가왓다 ᄒᆞᆷ은 이제밤이 임
의 깁헛ᄉᆞ니 신도들이 맛당히 셔벽빗ᄎᆞᆯ 기ᄃᆞ
릴지니라 웃졀 주셕을 참호ᄒᆞ여 보라 어두운
ᄃᆡ 힝ᄒᆞᄂᆞᆫ일을 ᄇᆞ린다 ᄒᆞᆷ은 (요한삼셔륙졀
과 가딤다후서 륙장 십ᄉᆞ졀과 이불소 오장
십일졀에 보라) 광명ᄒᆞᆫ 갑옷이라 ᄒᆞᆷ은 이불
소 륙장 십일졀노 십팔졀ᄭᆞ지 보라

十三선ᄒᆞᆷ과 악ᄒᆞᆷ이 ᄒᆞᆼ샹 서로 반ᄃᆡ 되ᄂᆞᆫ 것이니 광명 졍ᄃᆡᄒᆞᆯ것은 낫에 ᄒᆡᆼᄒᆞᄂᆞᆫ일이오 이마ᄐᆡ에 말ᄒᆞᆫ 여ᄉᆞᆺ가지 일은 곳 밤에 ᄒᆡᆼᄒᆞᄂᆞᆫ 일이니라

十四구쥬ᄅᆞᆯ 섬기ᄂᆞᆫ 쟈ㅣ 맛당히 그 교훈ᄃᆡ로 쥰ᄒᆡᆼᄒᆞ야 ᄒᆞᆼ샹 경셩ᄒᆞ여야 ᄒᆞᆯ것이니라 졍와으로 좃차 나오ᄂᆞᆫ 일은 곳 어두온 일이니라 라마 ᄭᆞᆯ쟝 오졀노 십삼졀ᄭᆞ지

졍신차려볼것

ᄉᆞᄅᆞᆷ의 육신은 형용이 잇ᄉᆞᄆᆡ 음식으로 기ᄅᆞ거니와 졍신은 형용이 업서 다만 형용이 업ᄂᆞᆫ 샹쾌ᄒᆞᆫ 희락이라 ᄒᆞᄂᆞᆫ 물건으로 보양ᄒᆞᄂᆞ니 그런고로 육신은 오리 운동치 아니ᄒᆞ고 가만이 누어 쉬일지라도 만일 졍신을 쉬이지 아니ᄒᆞ면 각ᄉᆡᆨ 병이 나ᄂᆞ니 울화 병이라 심병이라 신음병이라 ᄒᆞᄂᆞᆫ 모든 이와 ᄀᆞᆺᄒᆞᆫ 병이 졍신을 너머 수고롭게 ᄒᆞᄂᆞᆫᄃᆡ셔 나ᄂᆞᆫ지라 근심과 걱졍이 ᄐᆡ산ᄀᆞᆺᄒᆞ여 가슴이 답답ᄒᆞ고 심ᄉᆞ가 울울ᄒᆞᆯᄯᅢ에ᄂᆞᆫ 용밍ᄒᆞᆫ 긔운을 너여 몸을 운동ᄒᆞ여 됴흔 글을 읇호며 ᄯᅱ놀고 노ᄅᆡᄒᆞ여 졍신을 샹쾌케 ᄒᆞᄂᆞᆫ거시 됴코 졍신을 너머 고롭게 ᄒᆞ면 지식을 발달케 ᄒᆞᄂᆞᆫᄃᆡ만 ᄒᆡ로올ᄲᅮᆫ이 아니라 감수가 되ᄂᆞᆫ고로 문명ᄒᆞᆫ 나라에셔들은 연설ᄒᆞ기와 우수운 노리와 활쏘기와 공치기와 몰ᄃᆡ기와 [illegible]항 노리ᄅᆞᆯ 셩공ᄒᆞ게 ᄒᆞ기ᄂᆞᆫ ᄒᆞ화롭고 방탕ᄒᆞ려 ᄒᆞᄂᆞᆫ거시 아니라 그 근본인즉 졍신을 깃부게 ᄒᆞᄂᆞᆫ 방법이라 대뎌 셰샹의 일만일이 다 ᄉᆞᄅᆞᆷ의게 ᄃᆞᆯ녓다 ᄒᆞ나 ᄉᆞᄅᆞᆷ인즉 졍신을 의퇴ᄒᆞ여 일에 셩취ᄅᆞᆯ 나타내ᄂᆞ니 졍신이 견실ᄒᆞ고 샹쾌ᄒᆞᆫ즉 몸노 건쟝ᄒᆞᆫ거ᄉᆞᆫ 길게 말ᄒᆞ지 아니ᄒᆞ여도 아ᄂᆞᆫ바라 아모리 됴흔 음식을 먹어 육신을 부ᄒᆞ게 ᄆᆞᆫᄃᆞᆯ녀 ᄒᆞ여도 졍신이 합당치 안케 녀이면 고량진미가 육신을 윤ᄐᆡ케 ᄒᆞᄂᆞᆫ 효험이 업ᄂᆞ니 온젼ᄒᆞᆫ ᄉᆞᄅᆞᆷ이 되랴면 됴흔 음식만 구ᄒᆞᆯ것이 아니라 의복과 거쳐도 합당ᄒᆞ여야 ᄒᆞ며 음식 거쳐 의복만 됴케 ᄒᆞᆯ거시 아니라 졍신을 더옥 샹쾌케 ᄒᆞᆯ지라 그런고로 셔양 유명ᄒᆞᆫ 의원의 말이 졍신이 쾌활ᄒᆞᆫᄯᅢ에ᄂᆞᆫ 음식을 소화ᄒᆞᄂᆞᆫ힘이 평소(평소ᄂᆞᆫ 두어시던지 잘 소화케 ᄒᆞᄂᆞᆫ 물건) 보담 십비나 더ᄒᆞ다 ᄒᆞ엿고 동양 유명ᄒᆞᆫ 의원의 말이 노리와 풍류ᄅᆞᆯ 드ᄅᆞᆯᄯᅢ에ᄂᆞᆫ 음식에 톄ᄒᆞ지 안ᄂᆞᆫ다 ᄒᆞ엿ᄉᆞ니 이 말은 졍신을 즐겁게 ᄒᆞᄂᆞᆫᄯᅢᄅᆞᆯ 두고 말ᄒᆞᆫ거시라 우슈 ᄉᆞ러가 만으면 신톄가 손샹ᄒᆞ고 희희 락락 ᄉᆞ시 쟝츈으로 지내면 졍신이 샹쾌ᄒᆞᆯ지라 그런즉 우슈와 ᄉᆞ러ᄂᆞᆫ 물니치고 희락과 화평ᄋᆞᆯ 구ᄒᆞᄂᆞᆫ거시 됴흘ᄃᆞᆺᄒᆞ

나 사ᄅᆞᆷ이 셰상에 쳐ᄒᆞ여 엇지 근심이 업ᄉᆞ리오 만일 우슈 ᄉᆞ려가 업ᄉᆞᆫ즉 사ᄅᆞᆷ의 ᄌᆞ유권이 업ᄉᆞᆯ지 ᄯᅡ 근심과 걱졍을 ᄭᅳᆫ어 바리랴 ᄒᆞᆷ은 ᄡᅳᆯᄃᆡ업ᄂᆞᆫ 일에 졍신을 허비치 말나 ᄒᆞᆷ이요 방탕ᄒᆞ게 놀나 ᄒᆞᆷ이 아닌즉 합당ᄒᆞᆫ 일노 합당ᄒᆞ게 졍신을 써 지극히 즁ᄒᆞᆫ 목숨을 오리 보젼 ᄒᆞᆯ지여다

ᄂᆡ보

궁협몽방) 궁ᄂᆡ부 협판 민영긔씨ᄂᆞᆫ 무ᄉᆞᆷ 심ᄉᆞᄒᆞᆫ 일이 셔 평리원에 ᄌᆞ현 취슈 ᄒᆞ엿다더니 수ᄎᆞ 심문ᄒᆞᆫ즉 무죄ᄒᆞᆷ으로 본월 구일에 ᄇᆡ방이 되엿다더라

○삼년류빈) 젼시죵 신셕린씨ᄂᆞᆫ 평리원에셔 일젼에야 지판을 요결 ᄒᆞ엿ᄂᆞᆫᄃᆡ 일ᄇᆡᆨ 류 삼년에 쳐 ᄒᆞ엿다더라

○폐뎐이파슈) 일젼에 황샹ᄭᅴ셔 죵묘 거동 ᄒᆞ실ᄯᅢ에 셔울 오셔 안에 잇ᄂᆞᆫ 륙십여 임ᄇᆡᆼ 부샹ᄇᆡ이 삼십명식 분비ᄒᆞ야 ᄯᅩᆨ 방곡에 파슈 ᄒᆞ엿다더라

○학ᄉᆞ츌학) 영어학교 학원 김영졔씨 등 여두 사ᄅᆞᆷ이 학교ᄅᆞᆯ 무학교 교ᄉᆞ 할치션씨로 다시 속빙ᄒᆞ여 달나고 학부에 여러번 뎡명 쳥원ᄒᆞ되 만약 그러케 아니 ᄒᆞ면 학원이 다 퇴학 ᄒᆞ겟다고 ᄒᆞ엿더니 학부에셔 그 학원들의 ᄒᆡᆼ위가 괴당ᄒᆞᆷ으로 열두명을 다 츌학ᄒᆞ고 그 학원의 셩명을 낫낫치 관보에 간츌 ᄒᆞ엿더라

○참령피착) 참령 셔졍규씨가 ᄯᅩ 무ᄉᆞᆷ ᄉᆞ건인지 일젼에 경무텽에 피착 ᄒᆞ엿다더라

○우엇을견찰) 일젼밤에 립동 사ᄂᆞᆫ ᄂᆡ부 시찰 우용젼씨의 집에 도적 셰명이 드러와셔 우씨를 결박 란타ᄒᆞ고 지물과 의복과 픽물을 몰수이 가져갓다니 각 교번소 슌검들은 무엇을경찰 ᄒᆞᄂᆞᆫ지

본회 광고

본회에셔 이 **회보**를 젼년과 ᄀᆞᆺ치 일쥬일에 ᄒᆞᆫ식번 발간 ᄒᆞᄂᆞᆫᄃᆡ 새로 륙폭으로 뎡ᄒᆞ고 ᄒᆞᆫ쟝 갑슨 엽젼 오푼이오 ᄒᆞᆫᄃᆞᆯ갑슨 미리내면 젼과 ᄀᆞᆺ치 엽젼 ᄒᆞᆫ돈 오푼이라 본국 교우나 셔국 목ᄉᆞ나 교외 친구나 만일 사지 보고져 ᄒᆞ거든 졍동 아편셜리 목ᄉᆞ 집이나 죵로 대동셔시에 가셔 사시압

죵로 대동셔시 광고

우리 셔사에셔 셩경 신구약과 찬미칙과 교회에 유익ᄒᆞᆫ 여러가지 셔칙과 시무에 긴요ᄒᆞᆫ 칙들을 팔되 갑시 상당 ᄒᆞ오니 학문상과 시무번에 ᄯᅳᆺ이 잇ᄂᆞᆫ 군ᄌᆞ들은 만히 사셔 보시압

대영국 셩셔 공회 광고

새로 간츌ᄒᆞᆫ 거손 로마 가라태 골노시 야고보 베드로 젼후셔 틔모데 젼후셔니 사셔 보실이ᄂᆞᆫ 회샤 쥬인 권묘 션싱ᄭᅴ로 오시압

뎨삼권

대한크리스도인회보

뎨ᄉᆞ십륙호

광무삼년 (ᄇᆡᆨᄉᆞ십륙호) 삼일월십륙일

목ᄉᆞ의문답

사ᄅᆞᆷ의 지혜와 총명이 특별이 츌즁ᄒᆞ고 도덕과 힝실이 하ᄂᆞ님 ᄯᅳᆺ에 합ᄒᆞ야 셩신 권능을 밧은 쟈ㅣ 닐ᄋᆞᄃᆡ 셩현이라 ᄒᆞ고 나라의 률법이 공젹ᄒᆞ며 상벌이 분명ᄒᆞ고 졍치가 문명ᄒᆞ야 ᄇᆡᆨ셩이 안락ᄒᆞ며 젼국 인민이 하ᄂᆞ님의 도를 경봉ᄒᆞᄂᆞᆫ 나라ᄂᆞᆫ 닐ᄋᆞᆫ바 셩국이라 영국 북변에 잇ᄂᆞᆫ 쇼혁란 디방에 사ᄂᆞᆫ 사ᄅᆞᆷ들은 죠쥬 독립의 ᄆᆞ오파 종교를 슝봉ᄒᆞᄂᆞᆫᄃᆡ 열심이 대단ᄒᆞ야 안식일을 당ᄒᆞ면 관인들은 졍부ᄉᆞ무를 뎡지ᄒᆞ고 ᄇᆡᆨ셩들은 ᄉᆡᆼ업의 ᄉᆞ무를 휴식ᄒᆞᄂᆞᆫ고로 안식일에 ᄀᆞᆫ 길거리로 ᄃᆞ니며 볼것 ᄀᆞᆺᄒᆞ면 장ᄉᆞᄒᆞᄂᆞᆫ ᄇᆡᆨ셩은 ᄀᆞ가 문을 ᄒᆞ나도 열지 안코 농ᄉᆞᄒᆞᄂᆞᆫ ᄇᆡᆨ셩은 마쇼ᄭᆞ지 놀니ᄂᆞᆫ 고로 시졍이 고요ᄒᆞ고 례ᄇᆡ당에 찬미 소리만 들니ᄂᆞ니 진실노 셩국이라 닐ᄏᆞᆯ지라 쇼혁란 읍니에 디리학ᄉᆞ ᄒᆞ나 잇ᄉᆞ니 평ᄉᆡᆼ에 물건 된 리치를 궁구ᄒᆞ셔 여러가지 돌을 ᄭᆡ드려 그 속에 엇더ᄒᆞᆷ을 보며 여러가지 흙을 취ᄒᆞ야 빗치 다른 ᄭᆞ슬 궁구ᄒᆞᄂᆞᆫ지라 학ᄉᆞ가 ᄒᆞᆫ번은 안식일에 쇠몽치를 가지고 밧게 나아가 바외 돌을 ᄶᅢ치더니 마ᄎᆞᆷ 뎐도 ᄒᆞᄂᆞᆫ 목ᄉᆞ가 지나다가 학ᄉᆞ를 보고 믈어 ᄀᆞᆯᄋᆞᄃᆡ 그ᄃᆡ가 안식일에 무ᄉᆞᆷ 일을 ᄒᆞᄂᆞ뇨 학ᄉᆞㅣ ᄃᆡ답ᄒᆞ되 내가 이 바회 속에 무어시 잇ᄂᆞᆫ가 보고져 ᄒᆞ야 돌을 ᄶᅢ치노라 뎐도 목ᄉᆞ ᄀᆞᆯᄋᆞᄃᆡ 그ᄃᆡ가 돌을 ᄶᅢ치ᄂᆞᆫ 거시 아니라 오ᄂᆞᆯ날 례ᄇᆡ를 ᄶᅵ침이로다 학ᄉᆞ가 ᄃᆡ답ᄒᆞᆯ 말이 업서 도로혀 믈으ᄃᆡ 그ᄃᆡᄂᆞᆫ 안식일에 어ᄂᆞ 곳으로 가ᄂᆞ뇨 목ᄉᆞㅣ ᄃᆡ답ᄒᆞ되 나ᄂᆞᆫ 사ᄅᆞᆷ ᄆᆞ옴 속에 돌ᄀᆞᆺ치 완악ᄒᆞᆫ 셩품을 ᄶᅢ치려 ᄃᆞ니노라 학ᄉᆞ가 죠곰의 잘못ᄒᆞᆷ을 ᄭᆡ다라 겸손ᄒᆞᆫ 말노 안식일에 계명 직히지 못ᄒᆞᆷ을 목ᄉᆞ의게 샤과ᄒᆞ엿ᄂᆞᆫ지라 그곳 사ᄅᆞᆷ들은 종교의 규모를 엄슉히 직히고 ᄌᆞ유의 권리를 사ᄅᆞᆷ마다 닐치 안ᄂᆞᆫ고로 영국 사ᄅᆞᆷ이 쇼혁란을 ᄀᆞᄅᆞ쳐 ᄀᆞᆯᄋᆞ되 긔운밧치라 ᄒᆞᄂᆞ니 엇지 아ᄅᆞᆷ답지 아니리오 우리 대한 사ᄅᆞᆷ들도 만일 구세쥬의 도를 종교로 밋고 하ᄂᆞ님의 계명과 률법을 집집마다 직힐진ᄃᆡ 졍치가 ᄇᆞᆰ지 못ᄒᆞᆷ을 엇지 근심ᄒᆞ며 나라이 ᄀᆡ명되고 ᄇᆡᆨ셩이 안락ᄒᆞ기를 엇지 보지 못ᄒᆞ리오 ᄇᆞ라건ᄃᆡ 경향 각쳐에 잇ᄂᆞᆫ 형뎨들은 일심으로 젼도ᄒᆞ기를 힘쓸지어다

오ᄇᆡᆨ륙십구

대한크리스도인회보

THE KOREAN CHRISTIAN ADVOCATE.
Rev. H. G. Appenzeller, Editor.
36 cents per annum in advance. Postage extra.
Wednesday, Nov. 16th, 1899.

서울 정동서 일쥬일에 ᄒᆞᆫ번식
발간 ᄒᆞᄂᆞᆫ뎨 아펜셜라 목ᄉᆞ가
회보 샤장이 되엿더라
일년 갑슬 미리 ᄂᆡ면 삼
십 륙젼이오 우표 갑슨
ᄯᅩ로 잇노라

례ᄇᆡ일공과 일ᄇᆡᆨᄉᆞ십륙 십일 이십륙일

바울노가로마사름의게ᄒᆞᆫ편지

로마인셔 십ᄉᆞ쟝 일졀노 십이졀ᄭᆞ지

밋음이 연약ᄒᆞᆫ 쟈를 너희가 맛당이 밧자 ᄒᆞ되
다만 의혹ᄒᆞᄂᆞᆫ바 안노 변론ᄒᆞ지 마라 = 밋음
이 잇ᄂᆞᆫ쟈ᄂᆞᆫ ᄇᆡᆨ물을 다 먹으되 다만 연약ᄒᆞᆫ쟈ᄂᆞᆫ
치소를 먹ᄂᆞ니 ■ 먹ᄂᆞᆫ쟈ᄂᆞᆫ 먹지 못ᄒᆞᄂᆞᆫ쟈를 경
히 넉이지 말고 ᄯᅩᄒᆞᆫ 먹지 못ᄒᆞᄂᆞᆫ쟈ᄂᆞᆫ 먹ᄂᆞᆫ쟈
를 폄론ᄒᆞ지마라 대개 하ᄂᆞ님이 임의 뎌를
밧자 ᄒᆞ셧ᄂᆞ니라 ■ 너ᄂᆞᆫ 누구관ᄃᆡ 감히 타인의
죵을 폄론ᄒᆞᄂᆞ뇨 그 혹 셧ᄂᆞᆫ거시 던지 너머 지
ᄂᆞᆫ거시시 뎨 쥬인의게 잇ᄉᆞ니 다못 뎨 셧ᄂᆞᆫ거슨
하ᄂᆞ님이 셔게 ᄒᆞ시ᄂᆞᆫ 권능 이시니라 ■ 혹은 이
날이 뎌날보다 낫다 ᄒᆞ고 혹은 모든 날이 갓다
ᄒᆞᄂᆞ니 각각 ᄌᆞ긔 ᄆᆞ옴에 의심업시 작뎡 ᄒᆞ여라
˟ 날을 직히ᄂᆞᆫ 자도 이에 쥬를 위ᄒᆞ야 직히고
먹ᄂᆞᆫ쟈ᄂᆞᆫ 쥬ᄭᅴ 먹음이셔 하ᄂᆞ님ᄭᅴ 감사 ᄒᆞ고
먹지 아니 ᄒᆞᄂᆞᆫ자도 ᄯᅩᄒᆞᆫ 쥬ᄭᅴ 먹지 아니홈이니
하ᄂᆞ님ᄭᅴ 감사 ᄒᆞᄂᆞ니라 ˙ 대개 우리가 ᄌᆞ긔의게
사ᄂᆞᆫ쟈ㅣ 업고 ᄯᅩᄒᆞᆫ ᄌᆞ긔의게 죽ᄂᆞᆫ자도 업ᄂᆞ니
라 ˟ 우리가 산즉 쥬ᄭᅴ 살고 죽은즉 쥬ᄭᅴ 죽ᄂᆞ
니 그런고로 우리가 살고 죽ᄂᆞᆫ거시 다 쥬의 거시
니라 ˟ 이러므로 크리스도ᄭᅴ셔 죽으신것과 다시
살으신거슨 곳 죽은쟈와 사ᄂᆞᆫ 쟈의 쥬가 되려ᄒᆞ
심이니라 + 너ㅣ 엇지 너희 형뎨를 심판ᄒᆞ며 엇
지 너희 형뎨를 업수히 넉이ᄂᆞ뇨 대개 우리가
다 하ᄂᆞ님의 심판 ᄒᆞ시ᄂᆞᆫ뒤 압해 서리라 +-
쓴바와 곳치 쥬ㅣ ᄀᆞᆯᄋᆞ사ᄃᆡ 나ᄂᆞᆫ 사노라 모든
무릅히 반다시 내게 ᄭᅮᆯ거시오 ᄯᅩ 모든 인이
반다시 하ᄂᆞ님ᄭᅴ 찬미 ᄒᆞ리라 ᄒᆞ셧ᄂᆞ니라
⁺⁼ 그런고로 우리 각인이 다 ᄌᆞ긔 ᄒᆡᆼᄒᆞᆫ일을
하ᄂᆞ님ᄭᅴ ᄉᆞᄉᆞ로 회계 ᄒᆞ리라

엡웟청년회

일월과디구가서로상관잇ᄂᆞᆫ말

희라 ᄒᆞᄂᆞᆫ거ᄉᆞᆫ 붉은빗과 ᄯᅳ거온 긔운으로 된거시라 붉은빗과 ᄯᅳ거온 긔운이 여러세계를 빗최여주ᄂᆞ니 이 여러 세계를 ᄒᆡᆼ셩이라 닐ᄋᆞ매 ᄒᆡᆼ셩즁에 우리ᄂᆞᆫ 디구셩에 사ᄂᆞᆫ지라 희와 디구를 대소경즁을 분별 ᄒᆞᆫ거더 희에 크기가 디구셩 보담 일만비나 더ᄒᆞ며 즁수ᄂᆞᆫ 디구가 ᄉᆞ비나 더ᄒᆞ고 희가 우리의게 적게 보이ᄂᆞᆫ거ᄉᆞᆫ 상거가 디구에셔 태양이 구천 삼빅 만리가 되ᄂᆞᆫ고로 그러ᄒᆞᆫ지라 가령 디구와 태양 ᄉᆞ이에 텰도를 노코 ᄒᆞᆫ시간에 일빅 오십리식 가ᄂᆞᆫ 화륜거로 가랴ᄒᆞ면 ᄉᆞ빅년 동안이나 되ᄂᆞᆫ지라 멀기 보이ᄂᆞᆫ 현미경으로 태양을 보면 무ᄉᆞᆷ점이 태양 외면에 동편서 서편으로 머려 잇다가 이십ᄉᆞ일만에 다시 나라나ᄂᆞᆫ고로 텬문 학ᄉᆞ가 말ᄒᆞ기를 태양이 이십ᄉᆞ일에 ᄒᆞᆫ번식 도라 ᄃᆞᆫ넌다 ᄒᆞᄂᆞ니라 네적 사ᄅᆞᆷ들은 태양이 디구ᄅᆞᆯ 도라 ᄃᆞᆫ넌다 ᄒᆞ엿ᄉᆞ나 지금 사ᄅᆞᆷ들은 디구가 ᄒᆞ로 ᄒᆞᆫ번식 도라 쥬야가 되고 일년 열두달 삼빅 륙십오일 만에 태양을 에워 ᄒᆞᆫ번식 도라 가ᄂᆞᆫ고로 ᄉᆞ시가 되ᄂᆞᆫ줄 분명이 아니 고금세 식견이 이곳치 현수ᄒᆞᆫ지라 일식이라 월식이라 ᄒᆞᄂᆞᆫ거ᄉᆞᆫ ᄃᆞᆯ이 희를 가리우ᄂᆞᆫ ᄯᅢ라 ᄃᆞᆯ은 ᄯᅡ를 도라 ᄃᆞ니ᄂᆞᆫ고로 언제던지 ᄃᆞᆯ이 희와 ᄯᅡ ᄉᆞ이에 ᄲᅡᆨ 잇슬ᄯᅢ면 온 일식이라 ᄒᆞ며 희ᄅᆞᆯ 조곰 가리울ᄯᅢ면 반 일식이라 ᄒᆞ나 ᄃᆞᆯ마다 외례히 월식은 보름에 잇지안코 일식은 초생에 잇지 안ᄂᆞᆫ거ᄉᆞᆫ ᄃᆞᆯ이 희 이편 져편으로 다니ᄂᆞᆫ거시 무샹ᄒᆞᆫ연고라 텬문 학ᄉᆞ들은 일월식이 언제되며 얼마큼 될거슬 미리 말ᄒᆞᄂᆞ니라 야만국 ᄇᆡᆨ셩들은 일월식이 되면 그 나라에 무ᄉᆞᆷ 큰 직앙이 잇슬줄 싱각ᄒᆞ여 크게 무셔워 ᄒᆞ고 말ᄒᆞ기를 비암이 일월을 삼킨다고 ᄒᆞ며 하ᄂᆞᆯ 개가 ᄃᆞᆯ을 물어 간다 ᄒᆞ고 청국 ᄇᆡᆨ셩들과 흑인죵물은 일월식이 될ᄯᅢ면 북을 치며 쟁막이를 울녀 소ᄅᆡ를 크게내여 그 개와 비얌을 ᄶᅩᆺᄂᆞᆫ다 ᄒᆞ니 무식홈이 대단이 심ᄒᆞᆫ지라 우리 나라에도 산간에 잇ᄂᆞᆫ 즁들이 너머 무식ᄒᆞ여 일식 ᄒᆞᄂᆞᆫ 날이면 야만에 풍속을 만히 ᄒᆡᆼᄒᆞᄂᆞ니라

니보

(홍릉힝힝) 음력 십월 십오일에 셩샹께셔 또 홍릉에 거동 ᄒᆞ셧ᄂᆞᆫ대 그때 애도 간 임방 부샹들이 길가에 좌우로 라렬 ᄒᆞ엿다더라

○(봉비ᄒᆞᆫ일) 령남 사ᄂᆞᆫ 젼판셔 장셕룡씨가 엄귀인 봉비홈 일노 일젼에 샹소 ᄒᆞ엿다더라

○(유림보슈) 니챵렬의 구초로 경무텽에 피착 된 니근용씨가 근본 신병이 잇ᄂᆞᆫ중에 더옥 위즁ᄒᆞᆫ 고로 ᄉᆞᄉᆞ집으로 보슈ᄒᆞ고 변순검이 슈직 ᄒᆞᆫ다더라

○(법협사직) 법부협판 니근호씨ᄂᆞᆫ 사직 샹소ᄅᆞᆯ ᄒᆞ엿다더라

○(부미몽방) 젼주 부자 김쟝셕씨가 무ᄉᆞᆷ ᄭᆞᄃᆞᆰ인지 경무텽에 갓첫다더니 일젼에 방송이 되엿다더라

○(마산포소식) 외국 사ᄅᆞᆷ들이 본월 일일에 마산포 군처에 잇ᄂᆞᆫ 토디ᄅᆞᆯ 매미ᄒᆞᆫ 일노 곳박식을 힐ᄒᆞ엿ᄂᆞᆫ대 디면은 삼만 일빅 팔십오 평방미돌이요 짜 갑슨 즁계ᄒᆞ야 ᄉᆞ만 구천 삼빅 ᄉᆞ십이 원이라 ᄒᆞ더라

○(궁셜교록) 궁니부 협판 민영긔씨ᄂᆞᆫ 면관이 된다ᄂᆞᆫ 말이 잇서나 젹실치 못 ᄒᆞ다더라

본회 광고

본회에서 이 회보ᄅᆞᆯ 젼년과 ᄀᆞᆺ치 일쥬일에 ᄒᆞᆫ식번 발간 ᄒᆞᄂᆞᆫ대 새로 륙폭으로 뎡작ᄒᆞ고 ᄒᆞᆫ장 갑슨 엽전 오푼이오 ᄒᆞᆫ달갑슬 미리내면 젼과 ᄀᆞᆺ치 엽전 ᄒᆞᆫ돈 오푼이라 본국 교우나 셔국 목ᄉᆞ나 교외 친구나 만일 사시 보고져 ᄒᆞ거든 졍동 아편셜라 목ᄉᆞ 집이나 종로 대동서시에 가서 사시압

종로 대동셔시 광고

우리 셔샤에서 셩경 신구약과 찬미칙과 교회에 유익ᄒᆞᆫ 여러가지 셔칙과 시무에 긴요ᄒᆞᆫ 칙들을 팔되 갑시 샹당ᄒᆞ오니 학문상과 시무변에 ᄯᅳᆺ이 잇ᄂᆞᆫ 군ᄌᆞ들은 만히 사서 보시압

대영국 셩셔 공회 광고

새로 긴출 ᄒᆞᆫ 거ᄉᆞᆫ 로마 기락태 골노시 야고보 베드로 전후셔 티모데 젼후셔니 사서 보실이ᄂᆞᆫ 회샤 쥬인 긘묘 션싱ᄭᅴ로 오시압

뎨삼권

대한회보

뎨ᄉᆞ십칠호

광무삼년(ᄇᆡᆨᄉᆞ십칠호) 십일월이십삼일

오디리황뎨ᄭᅴ셔 폴무부신일

혹 엇던 ᄋᆞ히들이 쳔ᄒᆞᆫ일에 죠역ᄒᆞ기를 나즌 일노 ᄉᆡᆼ각ᄒᆞᆯ듯ᄒᆞ나 비록 ᄃᆡ인이라도 그러치 아니ᄒᆞ니라 져 일 오디리 황뎨 요셉씨ᄭᅴ셔 리대리 ᄯᆞᆼ에셔 유람ᄒᆞ실ᄯᅢ에 ᄒᆞᆫ가지 본밧을만ᄒᆞᆫ 일을 힝ᄒᆞ셧ᄉᆞ니 그것은 무ᄉᆞᆷ 일인고ᄒᆞ니 그ᄯᅢ에 그 황뎨 ᄐᆞ신 마차의 바퀴 ᄒᆞ나이 상ᄒᆞᆫ고로 ᄒᆞᆫ 젹은 촌에 잇ᄂᆞᆫ 풀무쟝의 집을 차져 드러가 그 쟝식ᄃᆞ려 그 바쿠를 지체말고 곳쳐달나 ᄒᆞ신ᄃᆡ 그 쟝식이 ᄃᆡ답ᄒᆞ되 그리ᄒᆞ여시면 됴흘터이나 오날은 ᄌᆞ긔 일인고로 내 집 사ᄅᆞᆷ들은 다 례ᄇᆡ당에 가고 ᄯᅩ 풀무부ᄂᆞᆫ ᄋᆞ히도 멀니 나갓ᄉᆞ오니 가란이라 ᄒᆞ거ᄂᆞᆯ 그 황뎨ᄭᅴ셔 ᄃᆡ답ᄒᆞ야 ᄀᆞᆯᄋᆞᄃᆡ 내가 이 됴흔 긔회를 맛나 불이나 좀 ᄯᅩ미겟노라 ᄒᆞ시고 그 풀무 압흐로 안지사 그 쟝식의 지휘ᄒᆞᄂᆞᆫ 것을 좃차 풀무를 부시니 외양으로 보면 돈밧고 고용ᄒᆞᄂᆞᆫ ᄉᆞ롬 굿더라 그 일을 다 맛친후에 그쟝식어 달나ᄂᆞᆫ 삭젼보다 몃비나 더 되게 금젼 여ᄉᆞᆺ 더켓트(ᄒᆞᆫ 더켓트ᄂᆞᆫ 소원 오십션 가량이라)를 내여 주신ᄃᆡ 그 쟝식이 말ᄒᆞ되 이곳치 젹은 촌에셔 금젼 여ᄉᆞᆺ 더켓트를 밧구어 드릴수가 업ᄉᆞ오니 그것이 잘못 ᄉᆡᆼ각ᄒᆞ신 일이라 ᄒᆞ거ᄂᆞᆯ 그 황뎨ᄭᅴ셔 마차를 ᄐᆞ시면서 웃고 ᄀᆞᆯᄋᆞᄃᆡ 어느ᄯᅢ 던지 밧굴수 잇거든 밧구라 황뎨가 풀무 불어본 흥치로 위ᄒᆞ여 돈을 좀 줄만ᄒᆞ다 ᄒᆞ셧스니 내가 엇던면에 잇ᄂᆞᆫ ᄋᆞ회를 아ᄂᆞᆫᄃᆡ 뎌회들이 풀무 불녀 오기젼에ᄂᆞᆫ 남이 도아 주기를 오래 기ᄃᆞ려슬듯 ᄒᆞ니 이런 ᄋᆞ회들은 됴흔 외견으로 놉흔 지위에 쳐ᄒᆞᆯ 것이 아니니라.

부ᄌᆞ문답

ᄒᆞ로ᄂᆞᆫ ᄯᅩ나이라 ᄒᆞᄂᆞᆫ ᄋᆞ히의 어머니가 ᄯᅩ나이를 학교에 보내랴 ᄒᆞᄂᆞᆫᄃᆡ 그 ᄋᆞ히가 뎌와 아버지와계 말ᄒᆞ기를 나ᄂᆞᆫ 글을 아지 못ᄒᆞ오니 학교에 가기ᄂᆞᆫ 실코 아버지와 ᄒᆞᆫᄭᅴ 지계지고 나무ᄒᆞ나 부즈런이 ᄒᆞ겟습ᄂᆞ이다 ᄒᆞ니 그 아버지가 뭇기를 ᄋᆞ희야 우리가 어제 큰 나무를 엇더케 버혀 뉘엿ᄂᆞ냐 ᄒᆞᆫ즉 그 ᄋᆞ히가 ᄃᆡ답ᄒᆞ기를 그 나무를 독기로 ᄒᆞᆫ번 찍고 두번 찍고 세번 찍고 작고 찍어셔 필경에 너머지게 ᄭᅡ지 ᄒᆞ엿ᄂᆞ이다 ᄒᆞ니 그 아버지가 말ᄒᆞ기를 학교에 가셔 공부ᄒᆞᄂᆞᆫ 거시 그와 ᄀᆞᆺᄒᆞ니 ᄒᆞᆫᄌᆞ 비호고 두ᄌᆞ 비호(오폭

오ᄇᆡᆨ칠십삼

대한크리스도인회보

THE KOREAN CHRISTIAN ADVOCATE.
Rev. H. G. Appenzeller, Editor.
36 cents per annum
in advance. Postage extra.
Wednesday, Nov. 23rd, 1899.

서울 정동서 일쥬일에 ᄒᆞᆫ번식 발간ᄒᆞᄂᆞᆫᄃᆡ 아편셜라 목ᄉᆞ가 회보 샤쟝이 되엿더라 일년 갑슬 미리 ᄂᆡ면 삼십 륙젼이오 우표 갑슨 ᄯᅡ로 잇ᄂᆞ니라

셩픔리치론

각국의 현철ᄒᆞ고 유명ᄒᆞᆫ 션비ᄃᆞᆯ이 사ᄅᆞᆷ의 셩픔을 의론ᄒᆞᆷ이가 만흐되 소견이 각각 다른고로 론단이 분분ᄒᆞᆫ지라 녯적에 슌ᄌᆞ의 말ᄉᆞᆷ은 사ᄅᆞᆷ의 셩픔이 근본 악ᄒᆞᆫᄃᆡ 션ᄒᆞᆫ일을 힘ᄡᅳᄂᆞᆫ거슨 외모로 거짓 ᄒᆞᆷ이라 ᄒᆞ고 고ᄌᆞ의 말ᄉᆞᆷ은 사ᄅᆞᆷ의 셩픔이 션악의 분별이 업셔 물의 셩픔과 동방으로 인도 ᄒᆞ면 동으로 흘너가고 서방으로 인도 ᄒᆞ면 셔으로 흐르ᄂᆞᆫ것 ᄀᆞᆺ치 셩픔과 ᄀᆞ른쳐 인도ᄒᆞᄂᆞᆫᄃᆡ 잇다ᄒᆞ고 밍ᄌᆞ의 말ᄉᆞᆷ은 사ᄅᆞᆷ의 셩픔이 근본 션ᄒᆞᆫ거시 물의 셩픔이 아래로 흐르ᄂᆞᆫ것 ᄀᆞᆺ다 ᄒᆞ고 한문공의 말ᄉᆞᆷ은 사ᄅᆞᆷ의 셩픔이 세가지 등분이 잇ᄉᆞ니 샹등 인물은 션ᄒᆞᆫ일만 힘ᄡᅳ고 즁등 인물은 션악의 일을 아올나 힘ᄒᆞᆯ것이오 하등 인물우 다만 악ᄒᆞᆫ일만 힘ᄒᆞᆫ다 ᄒᆞ엿시니 세샹의 고명ᄒᆞ다ᄂᆞᆫ 선ᄉᆡᆼ들도 일뎡ᄒᆞᆫ 의론이 업거ᄂᆞᆯ ᄒᆞ물며 후세의 우밍ᄒᆞᆫ 빅셩들이 엇지 울코 그른것을 분셕ᄒᆞ리오 대뎌 셩픔의 실디를 알고져 ᄒᆞᆯ진ᄃᆡ 어린 ᄋᆞ희를 두고 의론ᄒᆞᆷ이 맛당ᄒᆞᆫ지라 ᄋᆞ희가 처음으로 나매 눈을 감고 아모 아ᄂᆞᆫ것도 업시며 말도 못ᄒᆞ고 다만 졋 먹기와 자기와 울기밧게 모로니 그 셩픔의 션악을 엇지 분별 ᄒᆞ리오 ᄎᆞᄎᆞ 자라나 ᄉᆞ오세에 니르면 ᄌᆞ연ᄒᆞᆫ 셩픔이 밧게 뵈이ᄂᆞ니 부모와 형뎨를 ᄉᆞ랑 ᄒᆞᄂᆞᆫ것과 부모가 깃버ᄒᆞ면 더도 깃버ᄒᆞ고 부모가 슯히 울면 더도 통곡 ᄒᆞᄂᆞᆫ거슨 인의ᄒᆞᆫ 셩픔에서 발ᄒᆞᆷ이오 어려셔ᄂᆞᆫ 울기도 잘ᄒᆞ고 노여 ᄒᆞ기도 잘 ᄒᆞ다가 자란후에 부모의 명령을 슌죵ᄒᆞ며 점점 겸손ᄒᆞᆫ ᄆᆞᄋᆞᆷ으로 어룬과 공경 ᄒᆞᄂᆞ니 효뎨의 힝실도 착ᄒᆞᆫ셩픔에서 발ᄒᆞᆷ이라 요슌과 공밍 ᄀᆞᆺᄒᆞ신 셩인도 근본 셩픔의 ᄌᆞ연ᄒᆞᆫ 션과 힝ᄒᆞᆫ 다름이라 조곰마ᄒᆞᆫ 나무씨가 ᄎᆞᄎᆞ 자라나 수쳔쳑 고목과 일우고 잔잔ᄒᆞᆫ물이 근원을 널처 아니 ᄒᆞ면 능히 만리 챵히에 득달 ᄒᆞᄂᆞ니 사ᄅᆞᆷ이 하ᄂᆞ님ᄭᅴ서 주신 본셩을 직힐진ᄃᆡ 엇지 셩픔이 악ᄒᆞ다 ᄒᆞ리오 그러나 어린 ᄋᆞ희의 셩픔이라도 오직 션ᄒᆞᆫ것ᄲᅮᆫ 아닌즉 ᄒᆞᆫ갓 션ᄒᆞᆷ으로 론단ᄒᆞᆯ수 업ᄂᆞᆫ지라 (미완)

례ᄇᆡ일공과 일ᄇᆡᆨᄉᆞ십칠 십이월 이일

바울노가로마사ᄅᆞᆷ의게ᄒᆞᆫ편지

로마인셔 십ᄉᆞ장 십삼졀노 이십삼졀ᄭᆞ지

十三 그런고로 우리가 서로 심판 ᄒᆞ지 말고 오히
려 ᄯᅳᆺ을 뎡ᄒᆞ야 밋그러지고 것쳐ᄂᆞᆫ 돌노 ᄡᅥ 형
뎨 압헤 두지 아니ᄒᆞᆯ지라 十四 우리가 쥬 예수에
알고 깁히 밋ᄂᆞᆫ거ᄉᆞᆫ 므릇 무ᄉᆞᆷ 물건이던지 ᄉᆞᄉᆞ
로 정결치 아님이 업ᄉᆞ되 만일 사ᄅᆞᆷ이 정결치
못ᄒᆞ게 녁인즉 뎌희게 정결치 못 ᄒᆞᄂᆞ니라 十五 네
가 만일 음식으로 너희 형뎨로 근심 ᄒᆞ게ᄒᆞᆫ즉
너희가 ᄉᆞ랑ᄒᆞᆷ으로 ᄒᆡᆼ치 아니 ᄒᆞᄂᆞ니라 크리스
도가 ᄯᅩᄒᆞᆫ 그 형뎨를 위ᄒᆞ야 죽으셧ᄉᆞ니 너희
가 엇지 음식으로 ᄡᅥ 그를 망케 ᄒᆞ겟ᄂᆞ뇨 十六 그
런고로 너희 션ᄒᆞᆫ으로 사ᄅᆞᆷ의게 비방 ᄒᆞᄂᆞᆫ바ㅣ
되지마라 十七 대개 하ᄂᆞ님의 나라흔 음식에
잇지 아니 ᄒᆞ고 오직 셩신에 올흔것과 평안ᄒᆞᆷ과
깃붐에 잇ᄂᆞ니라 十八 일노 ᄡᅥ 크리스도를 섬기ᄂᆞᆫ
쟈ᄂᆞᆫ 하ᄂᆞ님의 깃버 ᄒᆞ시고 세상 사ᄅᆞᆷ도 칭
찬ᄒᆞᄂᆞᆫ바ㅣ 되리라 十九 이런고로 사ᄅᆞᆷ으로 더브
러 화목 ᄒᆞᄂᆞᆫ것과 서로 덕을 세우ᄂᆞᆫ거ᄉᆞᆯ 조찰지
어다 二十 먹ᄂᆞᆫ거스로 하ᄂᆞ님의 ᄒᆞ신일을 문허
지게 마라 만물이 다 정ᄒᆞ되 다만 먹ᄂᆞᆫ 쟈의게
경칙 ᄒᆞ게ᄒᆞᆫ즉 악ᄒᆞᆷ이 되ᄂᆞ니라 二十一 찰하리 고기
도 먹지 아니 ᄒᆞ고 술도 마시지 아니 ᄒᆞᆯ지언뎡
무론 무ᄉᆞᆷ 일이던지 형뎨로 밋그러지게 ᄒᆞ지 아
니ᄒᆞᆫ즉 이거시 ᄎᆞᆷ 아람다온 거시니라 二十二 네가
밋음이 잇ᄂᆞ뇨 ᄉᆞᄉᆞ로 위ᄒᆞ여 하ᄂᆞ님 압헤
잇게 ᄒᆞ라 사ᄅᆞᆷ이 ᄌᆞ긔 허락ᄒᆞᆫ 바로 ᄡᅥ ᄉᆞᄉᆞ로
죄를 뎡치 아니 ᄒᆞᄂᆞᆫ 쟈ᄂᆞᆫ 복 잇ᄂᆞᆫ 쟈ㅣ로다 二十三
ᄆᆞ음에 의심ᄒᆞ고 먹ᄂᆞᆫ쟈ᄂᆞᆫ 죄를 뎡 ᄒᆞᆯ거심은 밋
음으로 말미암아 먹지 아니 ᄒᆞᆷ이니 범ᄉᆞ에 밋음
으로 아니 ᄒᆞᄂᆞᆫ거ᄉᆞᆫ 죄니라

주셕

대목 형뎨들노ᄒᆞ여곰밋그러지고것
침이업게ᄒᆞᆯ것 십삼졀노이십삼졀

十三 ᄉᆞ도ㅣ 맛당히 신심이 견확ᄒᆞᆫ 교도를 권
ᄒᆞ야 신실이 견실치 못ᄒᆞᆫ 형뎨 압헤 것쳐
밋그러지ᄂᆞᆫ 돌ᄒᆞᆯ 두지 말게 ᄒᆞᆯ것이니라
十四 바울노ㅣ 무ᄉᆞᆷ 물건이 던지 정결치 아니
ᄒᆞᆷ이 업ᄉᆞᆷ을 아ᄂᆞᆫ것은 ᄌᆞ긔의 총명으로

말미암음이 아니오 오직 예수의 ᄀᆞᄅᆞ처심
으로 말미암음이니라
十五 육식 ᄒᆞᄂᆞᆫ것은 이 적은 일이니 므롯 형데
ᄉᆞ랑 ᄒᆞᄂᆞᆫ 쟈ᄂᆞᆫ 반드시 그ᄅᆞᆯ노 ᄒᆞ여곰 근
심 되게 아니 ᄒᆞᆯ것이니 ᄒᆞ믈며 그리스도
ᄭᅦ셔ᄂᆞᆫ 그들의 죽음ᄭᆞ지 ᄃᆡ신도 ᄒᆞ셧거ᄂᆞᆯ
엇지 신도들은 정욕을 익여 그들노 ᄒᆞ여
곰 구원ᄒᆞᆷ을 엇지 못ᄒᆞ게 ᄒᆞ리오
十六 비록 그른 일이 아닐줄 알지라도 그 일을
힝 ᄒᆞ야 타인의 훼방을 ᄇᆞᆨ르ᄂᆞᆫ것은 불가
ᄒᆞᆯ 일이시라
十七 텬국의 도리ᄂᆞᆫ 음식 례졀에 잇지 아니ᄒᆞ
고 다만 올흔것(요한 십륙장 십졀)과 평
안ᄒᆞᆷ)류가 이십ᄉᆞ장 삼십륙졀)과 셩신이
주신 깃븜(ᄉᆞ도힝젼 십삼장 오십이졀)에
잇ᄂᆞ니라
十八 문도ㅣ 맛당히 웃 마ᄃᆡ에 말ᄒᆞᆫ 바 돌의빙
ᄒᆞ야 힝 ᄒᆞᆯ것이니 첫재ᄂᆞᆫ 쥬의 깃버ᄒᆞ
시ᄂᆞᆫ 바ㅣ오 둘재ᄂᆞᆫ 형데의 칭찬 ᄒᆞᄂᆞᆫ 바
ㅣ니라
十九 신도ㅣ 맛당히 힘써 형데들과 화목 ᄒᆞ야
서로 덕업을 세울것이니라
二十 웃 마ᄃᆡᄂᆞᆫ 교회 세움을 명ᄒᆞ고 이 마ᄃᆡ에
ᄂᆞᆫ 교회를 문헛드림을 경계 ᄒᆞ엿ᄂᆞ니라
만물이라 ᄒᆞᆷ은 곳 식물을 ᄀᆞᄅᆞ쳐 말 ᄒᆞᆫ것
이니 먹ᄂᆞᆫ것은 곳 적은 일이라 가히 일노
인연ᄒᆞ야 것치고 밋그러지ᄂᆞᆫ 돌ᄭᆞᆯ 형데압
헤 두지 아니 ᄒᆞᆯ것이니라(마태 십오장 십
일졀과 ᄉᆞ도힝젼 십장 십오졀과 로마 십
ᄉᆞ장 ᄉᆞ졀과 예다 일장 십오졀)
二十一 이마ᄃᆡᄂᆞᆫ 지극히 아ᄅᆞᆷ다온 말ᄉᆞᆷ이니 녯적
에 로마셩 사ᄅᆞᆷ들이 우상의게 졔ᄉᆞ지낸 고
기를 다시 져ᄌᆞ에다 파ᄂᆞᆫ 풍속이 잇ᄂᆞᆫᄃᆡ
신도중에 혹 말ᄒᆞᄃᆡ 이런 고기ᄂᆞᆫ 먹지 아
니 ᄒᆞᄂᆞᆫ거시 올타ᄒᆞ니 ᄉᆞ도ㅣ 골으ᄃᆡ 우
상이라 ᄒᆞᄂᆞᆫ거ᄉᆞᆫ 허무ᄒᆞᆫ 것이니 그 고기
ᄅᆞᆯ 먹어도 관계ᄒᆞᆯ것이 업다 ᄒᆞ엿ᄂᆞ니라 그
러ᄒᆞ나 식뇽이 만일 형데로 ᄒᆞ여곰 것ᄭᅥ
밋그러지게 ᄒᆞᆯ 더경이면 차라리 그고기를
영영 먹지 아니ᄒᆞ야 형데로 ᄒᆞ여곰 밋그러
짐ᄭᆞᆯ 면케 ᄒᆞ리라 ᄒᆞ엿ᄂᆞ니라(다림다젼셔
팔장 십삼졀)
二十二 량심을 이즈러짐ᄭᆞᆯ 업게ᄒᆞ야 ᄆᆞ옴에 힘쳐
못 ᄒᆞᆯ것인줄 알면 곳 그일을 힘치 아니ᄒᆞ
ᄂᆞᆫ 사ᄅᆞᆷ은 복 잇ᄂᆞᆫ 쟈ㅣ니라 바울노 골으
ᄃᆡ 내 ᄉᆞᄉᆞ로 면려ᄒᆞ야 하ᄂᆞ님을 ᄃᆡᄒᆞ
나 세상 사ᄅᆞᆷ을 ᄃᆡᄒᆞ야 ᄒᆞᆼ상 이즈러짐이
업ᄂᆞᆫ 량심을 가지노라 ᄒᆞ엿ᄂᆞ니라(ᄉᆞ도힝
젼 이십ᄉᆞ장 십륙졀
二十三 웃졀에ᄂᆞᆫ 신심을 의론ᄒᆞ고 이졀에ᄂᆞᆫ 의심
을 말ᄒᆞ엿ᄂᆞ니 웃졀ᄯᅳᆺ슨 밋음으로 힝 ᄒᆞ
야 복 엇음을 말ᄒᆞ고 이졀에ᄂᆞᆫ 의심 나ᄂᆞ
ᄆᆞ옴으로 힝ᄒᆞ야 죄 엇음을 말ᄒᆞ엿ᄂᆞ니라

일폭련속

고 세ᄌᆞ 비호고 작고 비호면 네가 글ᄌᆞ 만이 아ᄂᆞᆫ 학ᄉᆞ가 되겟고 수학에 문제를 ᄒᆞ나 히셕ᄒᆞ고 둘 히셕 ᄒᆞ고 작고 히셕 ᄒᆞ면 수 잘ᄒᆞᄂᆞᆫ 학ᄉᆞ가 되겟고 ᄒᆞᆫ번 궁구ᄒᆞ고 두번 궁구ᄒᆞ고 작고 궁구ᄒᆞ면 이 세상에 뎨일 어려온 칙의 션ᄉᆡᆼ이 되겟고 ᄒᆞᆫ번 춤고 두번 춤고 작고 춤고 공부 ᄒᆞ면 필경에ᄂᆞᆫ 도저ᄒᆞᆫ 문장이 되리라 ᄒᆞ니 그 ᄋᆞ히가 묵묵히 ᄉᆡᆼ각 ᄒᆞ다가 뭇기를 이 밧게ᄂᆞᆫ 더 업ᄉᆞᆸᄂᆞ이가 그 아버지 ᄃᆡ답ᄒᆞ기를 그만ᄒᆞ면 무던ᄒᆞ니라 ᄒᆞ니 그 ᄋᆞ히가 또 말ᄒᆞ기를 아모케나 내 그거ᄉᆞᆯ ᄒᆞ겟ᄉᆞᆸᄂᆞ이다 ᄒᆞ고 그ᄯᅢ브터 불과 륙셰 된 ᄋᆞ히가 학교에 ᄃᆞᆫ니기를 시작ᄒᆞ여 학교에 우등 학도가 되엿다 ᄒᆞ니 학ᄯᅢ에 ᄃᆞ니ᄂᆞᆫ 여러 소년들은 이 말을 ᄉᆡᆼ각ᄒᆞ여 보기를 ᄇᆞ라노라

미국과셔반아싸홈ᄒᆞᆫ일

미국 친구 피어스씨ᄂᆞᆫ 그 미씨가 대한 졍동 리화학당에 계신고로 월젼에 대한 경셩에 나아와 남미간에 서로 깃부게 맛나 보시고 우리의 군청ᄒᆞᆷ을 들어 비지학당에서 두어ᄃᆞᆯ을 여러 학원의게 됴흔 학문을 ᄀᆞᄅᆞ쳐더인ᄃᆡ 작년에 미국이 셔반아로 더브러 싸홈ᄒᆞᆯᄯᅢ에 그 친구가 ᄌᆞ원병으로 참예ᄒᆞ고로 월젼에 그ᄯᅢ ᄉᆞ샹을 비지학당에셔 대강 연셜ᄒᆞ야 ᄀᆞᆯᄋᆞᄃᆡ 미국이 셔반아로 더브러 싸홈ᄒᆞᆫ것이 두ᄀᆞ지 ᄭᆞᄃᆞᆰ이 잇시니 一은 미국 군함이 규바 항구에서 파쇄된것이 셔반아 사람의 소위ㅣᆫ줄 분명히 알수ᄂᆞᆫ 업시나 셔반아에셔 무단이 모해 ᄒᆞ랴ᄂᆞᆫ 칙망을 면치 못ᄒᆞᆯ이오 二은 규바가 미국과 디경이 가장 갓가온ᄃᆡ 셔반아가 규바를 침학이 대단ᄒᆞᆫ즉 미국셔 가히 샹관치 아니치 못ᄒᆞᆯ이라 그런고로 미국셔 싸홈 ᄒᆞ기를 됴화 ᄒᆞᄂᆞᆫ거시 아니라 마지 못ᄒᆞ야 작년 ᄉᆞ월 이십일일에 싸홈을 시작ᄒᆞᆯ시 미장ᄒᆞᆫ 삼일후에 미국 대통령ᄭᅴ셔 ᄌᆞ원병 칠만 오쳔명을 모집 ᄒᆞ시고 칠일후에 십이만 오쳔명을 또 모집 ᄒᆞ시ᄂᆞᆫᄃᆡ 그ᄯᅢ에 나도 나라를 위ᄒᆞ야 ᄉᆞ싱을 불고ᄒᆞ고 ᄌᆞ원ᄒᆞ야 군ᄉᆞ에 ᄲᅩᆸ힌지라 대뎌 ᄌᆞ원병을 모집ᄒᆞᄂᆞᆫ법이 그 디방 인구의 다쇼를 혜아려 ᄒᆞᄂᆞᆫᄃᆡ 뉴욕은 인구가 만흔고로 ᄌᆞ원 ᄒᆞᄂᆞᆫ쟈ㅣ 일만 륙쳔명이 되고 텐네시ᄂᆞᆫ 인구가 적은고로 ᄌᆞ원 ᄒᆞᄂᆞᆫ쟈ㅣ 겨우 ᄉᆞ쳔명이 되엿스나 나ᄂᆞᆫ 텐네시에셔 ᄌᆞ원병을 모집ᄒᆞᄂᆞᆫᄯᅢ에 입참이 되엿거니와 누구던지 부모와 쳐ᄌᆞ를 리별ᄒᆞ고 ᄌᆞ원ᄒᆞ야 젼쟝에 나아가ᄂᆞᆫ것이 다만 이국ᄒᆞᄂᆞᆫ 졍셩이여ᄂᆞᆯ 엇지 평안이 목숨을 보젼ᄒᆞ야 다시 고향에 도라오기를 ᄇᆞ라리오 작년 륙월 십일에 우리가 텐네시라 ᄒᆞᄂᆞᆫ 셤을 ᄯᅥ나 싼프란씨스코라 ᄒᆞᄂᆞᆫ 항구로 향ᄒᆞᆯ시 지나ᄂᆞᆫ 곳마다 ᄇᆡᆨ셩들이 다토아 만셰를 불으며 음식을 내여 극진이 ᄃᆡ접ᄒᆞ고 그 친밀ᄒᆞᆫ 졍의가

형메와 ᄀᆞᆺ더라 륙월 십칠일에 싼프란씨스코에 득
달ᄒᆞ야 넉놀을 유련ᄒᆞ며 무예를 연습ᄒᆞ고 십월
삼십일에 그곳을 ᄯᅥ나 밀네니아라 ᄒᆞᄂᆞᆫ ᄯᅢ호로
향ᄒᆞᆯ시 그ᄯᅢ에 드른즉 미국파 셔반아 싸홈은 임
의 평뎡이 되엿다더라 다시 빌립빈으로 향ᄒᆞ며
슯혀 본즉 셔반아 군ᄉᆞᄂᆞᆫ 비록 믈너갓시나 금년
이월 ᄉᆞ일 밤에 열시에 빌립빈 토병 오만명이
다시 미국 군ᄉᆞ로 ᄯᅥ브러 싸홀서 륙칠십리에 화
광이 츙텬ᄒᆞᄂᆞᆫ디 우리ᄂᆞᆫ 다만 파슈만 ᄒᆞ엿시나
뎐환이 귀 가흐로 여러번 지나가거놀 형세 ᄌᆞ못
위급ᄒᆞ야 이에 몸을 ᄲᅡ이랴 ᄉᆞ이에 숨어 ᄇᆞ라보
니 미국 군ᄉᆞ의 죽고 샹ᄒᆞᆫ쟈들 수레에 실고 오
더라 이월 십일일에 우리가 힐네위에 득달ᄒᆞ야
드른즉 미국 군함 잇ᄂᆞᆫ 곳에셔 포셩이 진동ᄒᆞ
더니 탄환ᄒᆞᆫ기 크기가 ᄉᆞ면 열치식 되ᄂᆞᆫ 것이 지
나가ᄂᆞᆫ 곳에 적병의 포터를 쳐셔 파ᄒᆞ엿더라 우
리가 ᄯᅩ 씨ᄲᅮ리 ᄒᆞᄂᆞᆫ 셤으로 갈식 놉흔 산이 믹
우 위험ᄒᆞ거ᄂᆞᆯ 대포를 실고 산우헤 올나가 슈
적ᄒᆞᆯ ᄌᆞ음에 적국 군ᄉᆞ와 서로 싸홈이 되여 우
려즁에 일홈은 프라씨리 ᄒᆞᄂᆞᆫ이가 근본 나팔 불
기를 됴화 ᄒᆞᄂᆞᆫ 사ᄅᆞᆷ인디 즁히 샹ᄒᆞ여 명이 경
각에 잇ᄂᆞᆫ지라 그 친ᄒᆞᆫ 벗 쿨ᄂᆞ우를 불너 나팔
을 주며 ᄒᆞᄂᆞᆫ 말이 부ᄃᆡ 싸홈을 이긔고 도라갈 ᄯᅢ
에 나팔을 가져다가 내의 모친ᄭᅴ 드려 벽샹에
걸게 ᄒᆞ라 ᄒᆞ며 하ᄂᆞ님ᄭᅴ 긔도ᄒᆞ되 나를 텬
당으로 인도ᄒᆞ샤 후일에 모친의 얼골을 다시 보
게 ᄒᆞ쇼셔 ᄒᆞ고 인ᄒᆞ야 죽으니 엽헤 사ᄅᆞᆷ이 다
지극히 슯허 ᄒᆞ고 그 근처에 안장ᄒᆞ엿더라 난리
를 평뎡ᄒᆞᆫ 후에 우리가 정부 명령을 좃차 샌프란
씨스코로 도라 오ᄂᆞᆫ디 대통령ᄭᅴ셔 친히 거동ᄒᆞ
샤 ᄌᆞ원병의 츙셩을 크게 가샹이 넉이시더라 ᄒᆞ
니 셔국 목ᄉᆞ 여러분과 모든 학원이 다 ᄌᆞ미 잇
게 듯더라

본회 광고

본회에서 이 회보를 전년과 ᄀᆞᆺ치 일쥬일에 ᄒᆞᆫ
식번 발간ᄒᆞᄂᆞᆫ디 새로 륙폭으로 뎡작ᄒᆞ고 ᄒᆞᆫ장
갑슨 엽전 오푼이오 ᄒᆞᆫ돌갑슨 미리내면 전파 ᄀᆞᆺ
처 엽전 ᄒᆞᆫ돈 오푼이라 본국 교우나 셔국 목ᄉᆞ
나 교외 친구나 만일 사서 보고져 ᄒᆞ거든 정동
아편셜라 목ᄉᆞ 집이나 죵로 대동서시에 가셔
사시옵

죵로 대동서시 광고

우리 서샤에서 셩경 신구약과 찬미칙과 교회에
유익ᄒᆞᆫ 여러가지 서칙과 시무에 긴요ᄒᆞᆫ 칙들을
팔되 갑시 샹당ᄒᆞ오니 학문샹과 시무변에 ᄯᅳᆺ이
잇ᄂᆞᆫ 군ᄌᆞ들은 만히 사서 보시옵

대영국 셩셔 공회 광고

새로 간츌ᄒᆞᆫ 거슨 로마 가라태 골노시 야고보
베드로 젼후서 듸모데 젼후서니 사서 보실이ᄂᆞᆫ
회샤 쥬인 견묘 선싱ᄆᆡᆨ로 오시옵

뎨삼권 대한회보 뎨ᄉᆞ십팔호

광무삼년 (빅ᄉᆞ십팔호) 십일월삼십일

미국대통령ᄭᅴ셔오선그로브라ᄒᆞᄂᆞᆫᄯᅡ에가신일

오셴그ᄋ브ᄂᆞᆫ 합즁국 동방 히변에 잇ᄂᆞᆫ 동회쳐라 대통령ᄭᅴ셔 그때에 니르샤 ᄉᆞ면을 바라보신즉 집집마다 국긔를 놉히 달고 거리거리 군악 소리 진동ᄒᆞᄂᆞᆫ딕 관광ᄒᆞᄂᆞᆫ 사ᄅᆞᆷ들이 구름ᄀᆞᆺ쳐 모혀 마졔를 부른 후에 ᄭᅴ이미 교회 감독 퓌트스거랠드씨가 이러나 영접ᄒᆞᆯ때에 박관ᄒᆞᄂᆞᆫ 사ᄅᆞᆷ들이 마명 가량이러라 그때에 ᄆᆞ어린씨가 쥬셕이 되여 여러 회원들과 ᄀᆞᆺ치 차미ᄒᆞ고 또 긔도ᄒᆞᆫ후에 미이미 교회 감독 퓌트스거랠드씨가 연설ᄒᆞ야 ᄀᆞᆯᄋᆞ딕 오ᄂᆞᆯ 내가 우리 미이미 교회와 또 이곳에 잇ᄂᆞᆫ 여러 쳔명 회원들이 딕포 되여 우리 대통령 윌릐암메킨리씨를 영접ᄒᆞᄂᆞᆫ것이 내게 대단ᄒᆞᆫ 영광이라ᄒᆞ고 또 대통령을 향ᄒᆞ야 말ᄒᆞ딕 우리 대통령이여 내가 오ᄂᆞᆯ 이 회샤와 이곳에 모힌 모든 사ᄅᆞᆷ의 일홈으로 반갑게 영접ᄒᆞᆸᄂᆞ다 어 교회ᄂᆞᆫ 홍샹 여러 가지로 대통령ᄭᅴ셔 관활ᄒᆞ시ᄂᆞᆫ 우리 정부를 더ᄒᆞ야 츙셩을 다ᄒᆞ며 ᄯᅩᄒᆞᆫ 우리가 다 우리 교회와 십ᄌᆞ긔와 우리 별 그린 국긔 아리셔 ᄀᆞᆺ치 ᄃᆞ니니 이 두 긔 ᄉᆞ이에 무숨 반ᄃᆡᄒᆞᆯ 일이 업고 어ᄂᆡ때 던지 우리 미이미 교회가 운동ᄒᆞ면 이 두 긔가 서로 화합ᄒᆞ야 ᄀᆞᆺ치 ᄯᅥ셔 공평 정직ᄒᆞᆫ ᄌᆞ유권을 나타내일 터인즉 우리가 십ᄌᆞ긔의 보호 밧ᄂᆞᆫ것이 별 그린 국긔의 보호 밧ᄂᆞᆫ것과 ᄀᆞᆺᄒᆞ며 십ᄉᆞ긔의 진보ᄒᆞᄂᆞᆫ것이 별 그린 국긔의 진보ᄒᆞᆷ과 ᄀᆞᆺᄒᆞ니라 그런고로 우리가 우리 ᄌᆞ녀들을 불너 십ᄌᆞ긔 아리 세워 그리스도의 군ᄉᆞ가 되게 ᄒᆞ며 ᄯᅩᄒᆞᆫ 우리 ᄌᆞ질들을 ᄀᆞᄅᆞ쳐 어ᄂᆡ때 던지 대통령ᄭᅴ셔 부르시면 별 그린 국긔를 가지고 어더던지 갈일을 감당케 ᄒᆞ니 지금도 이 세계샹 ᄒᆞᆫ편에셔 우리 ᄌᆞ질들이 별긔를 직히고 셧ᄂᆞᆫ것은 그 긔가 우리 ᄌᆞ유 권을 맛흔 ᄯᅢ돍이요 우리도 ᄯᅩᄒᆞᆫ 십ᄌᆞ긔가 점점 더 놉히 ᄯᅳ기를 ᄀᆞᆫ절이 바라ᄂᆞᆫ것은 이 긔가 이 세계의 태평 긔샹과 모든 사ᄅᆞᆷ의 착ᄒᆞᆫ ᄆᆞᄋᆞᆷ을 표ᄒᆞᆫ ᄯᅢ돍이라 ᄯᅩ 우리가 대통령ᄭᅴ셔 우리 나라의 뎨일 큰 권세로 가지시고 우리와 ᄒᆞᆷ게 이 십ᄌᆞ긔 아리 선것을 대단히 즐거워 ᄒᆞᄂᆞᆫ거슨 우리가 이긔를 가지고 (오쪽)

대한크리스도인 회보

THE KOREAN
CHRISTIAN ADVOCATE.
Rev. H. G. Appenzeller, Editor.
36 cents per annum
in advance. Postage extra.

Wednesday, Nov. 30th, 1899.

서울 졍동서 일쥬일에 ᄒᆞᆫ번식 발간ᄒᆞᄂᆞᆫᄃᆡ 아편셜라 목ᄉᆞ가 회보 샤쟝이 되엿더라

일년 갑슬 미리 ᄂᆡ면 삼십 륙젼이오 우표 갑슨 ᄯᅡ로 잇ᄂᆞ니라

셩픔리치론

속젼호

어린 ᄋᆞ히라도 악ᄒᆞᆫ 셩졍이 발ᄌᆡ 뵈이ᄂᆞᆫ지라 더외 ᄉᆞ랑ᄒᆞᄂᆞᆫ 욕심ᄲᅮᆫ 임운즉 깃버ᄒᆞ고 욕심의 뜻ᄉᆞᆯ 어긔즉 노ᄒᆞ야 ᄒᆞᄂᆞ니 떡과 실과를 먹을ᄯᆡ에 다른 사ᄅᆞᆷ의게 논하 주기를 즐겨 ᄒᆞ지 안ᄂᆞᆫ것은 탐심에 발ᄒᆞᆫ바요 무ᄉᆞᆷ 물건ᄲᅮᆫ 도적ᄒᆞᆫ후에 어룬의게 ᄭᅮ지럼을 당ᄒᆞᆯ가 ᄒᆞ야 거짓말노 속이ᄂᆞᆫ것은 악ᄒᆞᆫ ᄆᆞᄋᆞᆷ에 발ᄒᆞᆷ이라 그런 힘실이 점점 자라나 완악ᄒᆞᆫ 셩픔ᄲᅮᆫ 임운즉 ᄉᆞ승의 ᄀᆞ른침과 부모의 명령ᄭᅡ지 듯지 아니ᄒᆞ고 지식의 욕심과 궤휼ᄒᆞᆫ 계칙이 ᄒᆞᆼ샹 악ᄒᆞᆫ길노만 가ᄂᆞᆫ고로 사치ᄒᆞ고 교만ᄒᆞ고 두려ᄒᆞᄂᆞᆫ 힘실과 박당ᄒᆞ고 음란ᄒᆞᆫ 말ᄉᆞᆷ이 모도 죄악 가온ᄃᆡ 잇ᄂᆞᆫ지라 엇지 그셩픔이 악ᄒᆞ다 아니 ᄒᆞ리오 그런고로 우리가 비록 문견이 고루ᄒᆞ나 구세쥬 밋ᄂᆞᆫ 형뎨들을 위ᄒᆞ야 두어마듸 말노 셩픔의 엇더함을 의론ᄒᆞ노니 사ᄅᆞᆷ의 셩픔은 근본 악ᄒᆞᆫ거시라 ᄒᆞᆼ샹 육신에 속ᄒᆞᆫ졍욕을 니기지 못ᄒᆞ야 졍욕의게 ᄇᆡ리ᄂᆞᆫ것은 사ᄅᆞᆷ이 날ᄯᆡ브터 셩신으로 나지 못ᄒᆞ고 ᄒᆞᆼ샹 졍욕으로 ᄉᆡᆼ겻시며 원조 아담이 마귀 유혹에 ᄲᅡ진후로 그 ᄌᆞ손이 다 날ᄯᆡ브터 악ᄒᆞᆫ씨가 그셩픔에 잇ᄂᆞᆫ고로 사ᄅᆞᆷ이 ᄎᆞᄎᆞ 자라나면 악ᄒᆞᆫ ᄲᅮᆯ히가 ᄯᅩᄒᆞᆫ 자라나 졍욕과 혈긔를 도아 주ᄂᆞ니 하ᄂᆞ님ᄭᅴ서 근본 주신 어진 ᄆᆞᄋᆞᆷ과 착ᄒᆞᆫ 셩픔이 점점 약ᄒᆞ고 위ᄐᆡᄒᆞ야 무ᄉᆞᆷ 물건이던지 볼ᄯᆡ에 졍욕의 ᄆᆞᄋᆞᆷ이 신령의 셩픔ᄲᅮᆫ 니긔고 몬져 나아가ᄂᆞᆫ 고로 졍욕을 좃ᄂᆞᆫ쟈ㅣ ᄒᆞᆼ샹 불의의 일을 힝ᄒᆞ기 쉬온지라 그런즉 우리가 능히 졍욕을 니긔고 마귀의 유혹을 거졀ᄒᆞ고져 ᄒᆞᆯ진ᄃᆡ 우리의 연약ᄒᆞᆫ 힘으로 ᄒᆞᆯ수 업고 오직 셩신의 도아 주시ᄂᆞᆫ 권능을 엇은후에 여러가지 악ᄒᆞᆫ 힘실을 거졀ᄒᆞᆯ수 잇ᄉᆞᆸ더이오 셩신의 도아 주시ᄂᆞᆫ 권능을 엇ᄂᆞᆫ 리치ᄂᆞᆫ 오직 우리 쥬ᄭᅴ 긔도 ᄒᆞ야 간구ᄒᆞᄂᆞᆫᄃᆡ 잇ᄂᆞ니 쥬를 밋ᄂᆞᆫ 무리들은 령혼과 셩신 ᄉᆞ이에 반드시 볼수 업ᄂᆞᆫ 젼어긔가 잇셔셔 밋ᄂᆞᆫ ᄆᆞᄋᆞᆷ으로 긔도ᄒᆞ면 그 말ᄉᆞᆷ이 젼어줄노 좃차 셩신ᄭᅴ 바로 들니ᄂᆞᆫ 것이오 셩신의 묵조ᄒᆞ시ᄂᆞᆫ 권능이 우리의게 감응ᄒᆞ심이 젼어션으로 좃차 오ᄂᆞᆫ것 ᄀᆞᆺᄒᆞᆫ지라 우리 형뎨들은 졍셩으로 긔도ᄒᆞ시기를 ᄇᆞ라오

레ᄇᆡ일공과　일빅ᄉᆞ십팔　십이월 구일

바울노가로마사ᄅᆞᆷ의게ᄒᆞᆫ편지

로마인셔 십오장 일졀노 십삼졀ᄭᆞ지

一 우리 굿센자가 맛당이 굿세지 못ᄒᆞᆫ자의 연약
ᄒᆞᆷ을 도으며 ᄌᆞ긔를 깃버 ᄒᆞ지 아니 ᄒᆞᆯ거시오
二 우리가 각각 맛당이 니웃슬 깃부게 ᄒᆞ야 션을
세우고 유익ᄒᆞᆷ을 엇게 ᄒᆞᆯ지어다 三 대개 크리스
도가 ᄌᆞ긔를 깃버 ᄒᆞ지 아니 ᄒᆞ시고 오직 쓴바
와 ᄀᆞᆺ치 너희를 비방 ᄒᆞᄂᆞᆫ 쟈의 비방 ᄒᆞᄂᆞᆫ거시
다 내게 니르럿다 ᄒᆞ셧ᄂᆞ니라 四 므릇 젼에 쓴바
ᄂᆞᆫ 다 우리를 교훈 ᄒᆞ랴고 쓴거시니 우리가 셩
경에 ᄎᆞᆷᄂᆞᆫ것과 안위 ᄒᆞᆷ으로 ᄇᆞ람을 엇게 ᄒᆞᆷ이니
五 ᄎᆞᆷᄂᆞᆫ것과 안위를 주신 하ᄂᆞ님이 너희로 크
리스도 예수를 본밧아 서로 ᄯᅳᆺ을 ᄀᆞᆺ치 ᄒᆞᆯ거심은
六 ᄒᆞᆫ ᄆᆞᄋᆞᆷ과 ᄒᆞᆫ 입으로 하ᄂᆞ님과 우리 쥬 예
수 크리스도의 아바지ᄭᅴ 영광을 돌녀 보내게 ᄒᆞᆷ
이니라 七 일노 써 서로 밧자 ᄒᆞ기를 크리스도가
너희를 밧자 ᄒᆞ야 하ᄂᆞ님을 영광 되게 ᄒᆞᆷ과
ᄀᆞᆺ치 ᄒᆞ라 八 대개 나ㅣ 말ᄒᆞ노니 크리스도가
하ᄂᆞ님의 진리를 위ᄒᆞ야 조상의게 허락 ᄒᆞ션 언
약을 응 ᄒᆞ시랴고 할례 밧은쟈의 섬김이 되고
九 ᄯᅩᄒᆞᆫ 이방 사ᄅᆞᆷ으로 불샹이 녁이심을 위ᄒᆞ야
하ᄂᆞ님을 영화케 ᄒᆞ니 쓴바와 ᄀᆞᆺ치 이런고로 내
가 이방 사ᄅᆞᆷ 즁에셔 너를 칭찬ᄒᆞ고 네 일홈을
찬미 ᄒᆞ도다 ᄒᆞ엿시며 十 ᄯᅩ ᄀᆞᆯᄋᆞ듸 이방 사ᄅᆞᆷ이
쥬의 ᄇᆡᆨ셩으로 ᄒᆞᆷᄭᅴ 즐거 ᄒᆞ도다 ᄒᆞ엿시며 十一 ᄯᅩ
ᄒᆞᆫ ᄀᆞᆯᄋᆞ샤듸 모든 이방 사ᄅᆞᆷ이 쥬를 찬양ᄒᆞ고 모
든 ᄇᆡᆨ셩이 쥬를 찬양 ᄒᆞ도다 ᄒᆞ엿시며 十二 ᄯᅩ
이셔아ㅣ 말ᄒᆞ듸 리셔의 ᄲᅮ리가 잇스리니 니러
나셔 이방 사ᄅᆞᆷ을 다ᄉᆞ리매 이방 사ᄅᆞᆷ이 그를 의
지ᄒᆞ여 ᄇᆞ라리라 ᄒᆞ엿시니 十三 ᄇᆞ라게 ᄒᆞ시ᄂᆞᆫ
하ᄂᆞ님이 밋음으로 모든 깃븜과 평안ᄒᆞᆷ을 너희
게 츙만케 ᄒᆞ시고 셩신의 능력으로 ᄇᆞ람이 넘치게
ᄒᆞ시ᄂᆞ니라

주셕

뎨목 신도ㅣ맛당히ᄌᆞ긔몸깃부게ᄒᆞᆷ
을구치아니ᄒᆞᆯ것　일졀노칠졀

一 二 굿센자ㅣ 맛당히 유ᄒᆞᆫ 자의 연약 ᄒᆞᆷ을 도아

주어야 ᄒᆞᆯ것이니 신도ㅣ ᄌᆞ긔 몸을 깃브게
ᄒᆞᆷ을 구ᄒᆞᆯ것이 아니오 오직 다른 사ᄅᆞᆷ이 깃
버ᄒᆞᆷ을 원 ᄒᆞᄂᆞᆫ 바ᄂᆞᆫ 교우의 신덕을 세워
완젼ᄒᆞᆷ을 일우고져 ᄒᆞᆷ이니 이ᄀᆞᆺ치 ᄒᆞ면 크게
유익ᄒᆞᆷ이 될것이니라

三 시편 륙십구편 구절을 인증ᄒᆞᆫ 말이니 젼편
이 다 예수를 ᄀᆞᄅᆞ쳐 말ᄒᆞᆫ것이니라 내게 니
ᄅᆞ럿다 ᄒᆞᆷ은 예수의 핍박을 당 ᄒᆞᄂᆞᆫ 사ᄅᆞᆷ이
다 일테 됨이니라

四 구약을 공부 ᄒᆞ야 그 말을 밋ᄂᆞᆫ 쟈ᄂᆞᆫ 가히
교훈과 안위를 밧을것이니 대개 셩도ㅣ 미
우 어려온 ᄯᅢ를 당ᄒᆞ야 능히 ᄎᆞᆷᄂᆞᆫ것을 비화
야 쟝ᄅᆡ에 이김을 엇ᄂᆞᆫ 긔회와 희망이 잇ᄉᆞᆯ
것이니라

六 바울노ㅣ 텬부ᄭᅦ셔 셩도의게 ᄎᆞᆷᄂᆞᆫ것과 안위
ᄒᆞᆷ을 주어 서로 동심 합의 ᄒᆞ야 예수를 효
측ᄒᆞ고 ᄯᅩᄒᆞᆫ ᄒᆞᆫ ᄆᆞ음과 ᄒᆞᆫ 입으로
하ᄂᆞ님을 찬숑 ᄒᆞ기를 원 ᄒᆞ엿ᄂᆞ니라 바울
노ㅣ ᄯᅩ 셩ᄌᆞ를 ᄀᆞᄅᆞ쳐 말ᄒᆞ되 이ᄂᆞᆫ 우리
쥬 예수 그리스도시ㅣ니 곳 우리 구쥬시오
우리 즁보시라 ᄒᆞ엿ᄂᆞ니라

七 이마데 히셕은 예수 긔도 ᄒᆞ신 말ᄉᆞᆷ을 보라
뎌희로 ᄒᆞ여곰 다 ᄒᆞ나이 되게ᄒᆞ야 아바지가
내안에 계시고 내가 아바지 안에 잇숨 ᄀᆞᆺ치
ᄒᆞ야 뎌희로 ᄒᆞ여곰 ᄯᅩᄒᆞᆫ 우리 안에 잇셔
ᄒᆞ나이 되게ᄒᆞ여 셰샹으로 ᄒᆞ여곰 당신이
나를 보내신줄 알게 ᄒᆞ소서 ᄒᆞ엿ᄂᆞ니라 (요
한 십칠쟝 이십일졀)

뎨목 복음을 이방사ᄅᆞᆷ의게 젼파ᄒᆞᄂᆞᆫ 것

팔졀노십삼졀

八九 할례 밧은쟈ᄂᆞᆫ 곳 유대 사ᄅᆞᆷ이니 예수ᄭᅦ셔
처음에 유대 사ᄅᆞᆷ의게 젼도 ᄒᆞ시고 그후에
ᄯᅩ 문도들을 명ᄒᆞ샤 복음을 텬하 만국에 젼
파ᄒᆞ라 ᄒᆞ셧ᄉᆞ니 당시 션지쟈의 예언에 응
험 ᄒᆞ엿ᄂᆞ니라 예수ᄭᅦ셔 ᄯᅩᄒᆞᆫ 이방으로 ᄒᆞ
여곰 교회에 드러와 하ᄂᆞ님을 찬숑케 ᄒᆞ
셧ᄂᆞ니라 쓴바와 ᄀᆞᆺ다ᄒᆞᆷ은 곳 시편 십팔쟝
ᄉᆞ십구졀이니라

十 신명긔 삼십이쟝 ᄉᆞ십삼졀을 인증ᄒᆞᆫ 말이
니라

十一 시편 일빅 십칠쟝 일졀이니라

十二 이사야 십일쟝 십졀을 인증ᄒᆞᆫ 말이니 야셔
ᄂᆞᆫ 곳 대벽왕의 부친이니라 (로듀긔 ᄉᆞ쟝
십삼졀과 살모이젼서 십륙쟝 십일졀과 묵시
록 이십이쟝 십륙졀을 참호ᄒᆞ여 보라

十三 ᄇᆞ란다ᄒᆞᆷ은 로마 오쟝 일졀노 오졀ᄭᆞ지 보
라 바울노ㅣ 신도를 위ᄒᆞ여 복을 비ᄂᆞᆫ 말이
니 미우 보비스러온 말이니라 희빅리 십삼
쟝 이십졀과 이십일졀을 참쟉 ᄒᆞ여보라

일폭련속

셩젼 ᄒᆞ면 이 세계에 모든 나라이 변ᄒᆞ야 텬국이 될터인즉 우리가 오ᄂᆞᆯ날 우리 대통령으로 영졉ᄒᆞᆯ뿐 아니라 또ᄒᆞᆫ 우리 ᄉᆞ랑 ᄒᆞᄂᆞᆫ 형뎨ᄀᆞᆺ치 영졉 ᄒᆞ노라 ○ 말ᄉᆞᆷ을 맛치매 여러 사ᄅᆞᆷ들이 손뼉을 치며 칭션 ᄒᆞ더라 그후에 대통령께셔 이러나샤 회샤코져 ᄒᆞᆯ때에 여러 사ᄅᆞᆷ들이 소리를 놉히 ᄒᆞ야 환호 ᄒᆞᄂᆞᆫ고로 말을 내지 못ᄒᆞ고 오래 셧다가 다시 말ᄉᆞᆷ을 내여 골ᄋᆞ대 여러 분이 나를 이ᄀᆞᆺ치 즐겁게 영졉 ᄒᆞᆫ 뜻을 내 말노ᄂᆞᆫ 능히 다 회샤ᄒᆞᆯ수 업ᄂᆞ니다 내가 이곳에 온것은 이 회샤를 앙모 ᄒᆞ야 ᄒᆞᆫ번 치하코져 ᄒᆞᆷ이라 대개 이 회샤가 긔왕에도 그ᄀᆞᆺ치 큰 ᄉᆞ업을 일우고 또 쟝ᄅᆡ에도 더 큰 ᄉᆞ업을 셩취ᄒᆞᆯ것은 이 회샤에 효대 츙션이 구비 ᄒᆞ야 외국 ᄒᆞᄂᆞᆫ ᄆᆞᄋᆞᆷ이 죵교 밋ᄂᆞᆫ 신민으로 조차 나ᄂᆞᆫ ᄭᆞ닭으로 우리가 우리 나라와 우리 국긔를 ᄉᆞ랑 ᄒᆞᄂᆞᆫ ᄆᆞᄋᆞᆷ이 젼열보다 더ᄒᆞ고 어ᄃᆡ던지 우리 국긔가 셔ᄂᆞᆫ곳은 압제 ᄒᆞᄂᆞᆫ일을 위ᄒᆞ지 아니 ᄒᆞ고 다만 ᄌᆞ유권을 위ᄒᆞᆷ이라 고로 그 국긔 셔ᄂᆞᆫ곳에 무ᄉᆞᆷ 됴흔일이 잇시면 다만 우리만 위ᄒᆞᆯ뿐 아니라 우리 관할 밧ᄂᆞᆫ 나라에 사ᄂᆞᆫ 사ᄅᆞᆷ들ᄭᆞ지 다 위ᄒᆞᆷ이라 그런고로 이번 싸홈이 우리 합즁국을 위ᄒᆞ야 포로뤼코와 빌립빈을 희롭게 ᄒᆞᆷ이 아니라 내가 만일 다른곳에 가셔 우리 졍부가 빌립빈 사ᄅᆞᆷ들을 디졉ᄒᆞ야 이 발본을 ᄒᆞᆫ다고 말ᄒᆞ면 다른 사ᄅᆞᆷ들이 혹 의심낼듯 ᄒᆞ나 그러나 이 좌셕에셔 말 ᄒᆞᄂᆞᆫ 거슨 무방 ᄒᆞ니 말ᄒᆞ노라 대개 우리가 빌립빈 사ᄅᆞᆷ들ᄭᆞ지 위ᄒᆞ야 ᄒᆞᆯ것은 첫지 화친ᄒᆞᆫ 후에 뎌희 여러 사ᄅᆞᆷ들을 구졔 ᄒᆞ야 주고 둘지 그 졍부의 법률ᄭᆞ지 죠직 ᄒᆞ야 셩명과 지산을 보호ᄒᆞ며 국민의 ᄉᆡᆼ업을 흥왕케 ᄒᆞ야 주면 뎌희들이 필경 분파되여 별 그런 국긔 아래 셧기를 ᄇᆞ라노라 내가 처음 말 ᄒᆞ고져 ᄒᆞᆫ것보다 더 쟝황이 말 ᄒᆞ엿시니 더 설명ᄒᆞᆯ것 업시나 내가 오ᄂᆞᆯ날 이 교회에 와셔 여러분께 뎌면 ᄒᆞ야 뵈이고 또 여러분이 이ᄀᆞᆺ치 나를 고맙게 영졉 ᄒᆞ시니 내 ᄆᆞᄋᆞᆷ에 대단이 즐겁습ᄂᆞ이다 ᄒᆞ고 말ᄉᆞᆷ을 맛치니라

닉보

(부상작폐) 파쥬 사ᄂᆞᆫ 구차ᄒᆞᆫ ᄇᆡᆨ셩 ᄒᆞ나이 집선 다ᄉᆞᆺ 켜리를 삼어 가지고 그 고을 공농장으로 팔너 갓더니 그 장시에 잇ᄂᆞᆫ 부상들이 셰젼 닷

당을 밧치라 ᄒᆞ거놀 그 사ᄅᆞᆷ이 이걸ᄒᆞ야 ᄀᆞᆯᄋᆞᄃᆡ 이 집신 다ᄉᆞᆺ 켜리 갑시 돈 닷량이 못되니 이 집신으로 가져 가라 ᄒᆞᆫ즉 부샹들이 달녀 들어 그 사ᄅᆞᆷ의 몸을 뒤여 다른 사ᄅᆞᆷ이 무ᄉᆞᆷ 물건 사다 ᄃᆞᆯ나ᄂᆞᆫ 돈 열량을 ᄲᆡ셔 가매 그 사ᄅᆞᆷ이 긔가 막히여 ᄯᅡᆼ에 업더저 통곡 ᄒᆞ녓다더라

○살인ᄒᆞᆫ의원) 락지부 쥬ᄉᆞ 유담씨ᄂᆞᆫ 이후승에 잇ᄂᆞᆫ표로 대한 엇던 의원의게 침을 맛다가 당장에 죽엇다더라

○됴흔ᄉᆞ업) 전ᄌᆞ판 서병슉씨ᄂᆞᆫ 농ᄉᆞ 한교를 설시ᄒᆞ자고 학부에 쳥원 ᄒᆞ엿다더라

○민씨면계) 궁ᄂᆡ부 협판 민영긔씨의 면관 되엿다ᄂᆞᆫ 말은 젼호에 임의 긔재 ᄒᆞ엿거니와 다시 드른즉 일젼에 특지로 면즁계가 되엿다더라

○민씨심ᄉᆞ) 젼대신 민영긔씨의 ᄉᆞ건은 일젼에 평리원에서 다시 심ᄉᆞ ᄒᆞ엿다더라

○쥬ᄉᆞ벌봉) 경무령 쥬ᄉᆞ 젼직현씨ᄂᆞᆫ ᄉᆞ진 시하을 억인 ᄭᆞ닭에 삼일 벌봉 ᄒᆡ셔 ᄒᆞ엿다더라

○일ᄉᆞ조회) 일본 공ᄉᆞ 림권조씨ᄂᆞᆫ 일젼에 외부에 조회ᄒᆞ고 폐현 ᄒᆞ기를 쳥 ᄒᆞ엿다더라

○경찰무심) 일젼밤에 서서 석다리 교번소 압헤셔 장젼 ᄒᆞᄂᆞᆫ 오홍규씨의 집에 도적이 들어와셔 천여량 엇치 물건을 넘혓다 ᄒᆞ니 그 압헤셔 경찰ᄒᆞᄂᆞᆫ 슌검ᄂᆞᆫ 무엇들을 ᄒᆞᄂᆞᆫ지

○서씨의즙물) 젼에 ᄌᆞ미 공ᄉᆞ로 가잇든 서광범씨가 이 세상을 리별ᄒᆞᆫ 후에 그 쓰던 즙물을 지금ᄭᆞ지 미국계 두엇더니 금년 구월에 미국 정부에서 그 물건을 다 방매 ᄒᆞ야 여러 ᄇᆡᆨ원을 대한 경셩에 잇ᄂᆞᆫ 미국 공ᄉᆞ관으로 보내여 셔대신의 부인의게로 젼ᄒᆞ엿다더라

본회 광고

본회에서 이 회보를 젼년과 ᄀᆞᆺ치 일쥬일에 ᄒᆞᆫ식 발간 ᄒᆞᄂᆞᆫᄃᆡ 새로 륙폭으로 뎡작ᄒᆞ고 ᄒᆞᆫ장 갑슨 엽젼 오푼이오 ᄒᆞᆫᄃᆞᆯ갑슬 미리 내면 젼과 ᄀᆞᆺ치 엽젼 ᄒᆞᆫ돈 오푼이라 본국 교우나 셔국 목ᄉᆞ나 교외 친구나 만일 사서 보고져 ᄒᆞ거든 정동 아편셀라 목ᄉᆞ 집이나 죵로 대동서시에 가셔 사시옵

죵로 대동서시 광고

우리 서샤에서 셩경 신구약과 찬미칙과 교회에 유익ᄒᆞᆫ 여러가지 서칙과 시무에 긴요ᄒᆞᆫ 칙들을 팔되 갑시 샹당 ᄒᆞ오니 학문샹과 시무변에 ᄯᅳᆺ이 잇ᄂᆞᆫ 군ᄌᆞ들은 만히 사서 보시옵

대영국 셩서 공회 광고

새로 간츌 ᄒᆞᆫ거손 로마 가라태 골노시 야고보 베드로 젼후서 티모데 젼후서니 사서 보실이ᄂᆞᆫ 회샤 쥬인 견묘 션싱씨로 오시옵

뎨삼권

대한크리스도인회보

광무삼년 (빅ᄉᆞ십구호) 십이월륙일

뎨ᄉᆞ십구호

헛된 소문

향일에 대한 졍부에서 세번이나 사ᄅᆞᆷ을 미국 공ᄉᆞ관에 보내여 말ᄒᆞ되 비지학당에셔 민회를 다시 셜시 ᄒᆞ니 금단 ᄒᆞ라 ᄒᆞᄂᆞᆫ고로 공ᄉᆞ께셔 우리의게 뭇ᄂᆞᆫ지라 엇더ᄒᆞᆫ 사ᄅᆞᆷ이 쌜히 업ᄂᆞᆫ 말을 몬ᄃᆞ러 우리 학당을 해코져 ᄒᆞᄂᆞᆫ지 알수 업시나 실노 분ᄒᆞᆫ 열어라 우리 학당에ᄂᆞᆫ 당초에 민회를 시작ᄒᆞᆫ 일도 업고 알지도 못ᄒᆞ거늘 엇지 이러ᄒᆞᆫ 말노 우리의게 미 ᄒᆞ리오 헛된 소문을 몬드ᄂᆞᆫ 사ᄅᆞᆷ은 춤 어리셕은 쳔인으로 아노라

양쥬교회

ᄉᆞ년젼에 양쥬 사ᄅᆞᆷ 토형달씨가 셔울 졍동 와셔 셰례를 밧고 가더니 독바위 동리에 ᄎᆞᄎᆞ 하ᄂᆞ님을 밋ᄂᆞᆫ 형뎨들이 니러나ᄂᆞᆫ지라 약력 십일월 이십륙일 메비에 목ᄉᆞ 아편셜라씨가 양쥬 독바위 촌에 니려가 남녀 합 아홉 사ᄅᆞᆷ을 셰례 주고 하ᄂᆞ님와 영화를 찬송 ᄒᆞ엿시니 텬국의 리치ᄂᆞᆫ 춤 계ᄌᆞ씨 ᄀᆞᆺ흔줄 밋을니라

제물포에셔 온편지

이곳 교회ᄂᆞᆫ 하ᄂᆞ님 은혜로 졈졈 흥왕ᄒᆞ오니 감샤 ᄒᆞ오며 학당 션ᄉᆡᆼ은 작년 브터 완졍슈씨가 영어와 한문과 국문과 여러가지 학문을 ᄀᆞᄅᆞ쳐더니 지금은 안졍슈씨가 본항 히관에 ᄉᆞ무를 보ᄂᆞᆫ고로 낫에ᄂᆞᆫ 결을이 업고 밤으로 ᄃᆞ니며 본당 학도를 교육 ᄒᆞ니 춤 감샤ᄒᆞᆫ 일뿐 아니라 안션ᄉᆡᆼ은 지혜도 만코 학문이 고명ᄒᆞᆫ 사ᄅᆞᆷ으로 하ᄂᆞ님의 계명을 진실히 직히며 구세쥬의 말ᄉᆞᆷ을 열심으로 젼파 ᄒᆞ고 학도의게 월급도 밧지 아니ᄒᆞ며 ᄉᆞ랑 ᄒᆞᄂᆞᆫ ᄆᆞᄋᆞᆷ으로 ᄀᆞᄅᆞ쳐 주니 이 형뎨ᄂᆞᆫ 춤 하ᄂᆞ님ᄭᅴ셔 ᄐᆡᆨᄒᆞ신 사ᄅᆞᆷ으로 아오며 새로 오신 한군 션ᄉᆡᆼ [illegible]능일씨ᄂᆞᆫ 강화 홍의 교회에셔 젼도ᄒᆞ던 형뎨라 열심으로 젼도 ᄒᆞ며 교즁 형뎨들을 권장 ᄒᆞ[illegible]ᄒᆞᆫ 날노 자라게 ᄒᆞ오니 우리ᄂᆞᆫ 안졍슈 [illegible] 당셔를 더 ᄒᆞ야 감샤 ᄒᆞ옵ᄂᆞ[illegible]

장경화

대한크리스도인회보

THE KOREAN CHRISTIAN ADVOCATE.

Rev. H. G. Appenzeller, Editor.
36 cents per annum
in advance. Postage extra.

Wednesday, Dec. 6th, 1899.

서울 졍동서 일쥬일에 ᄒᆞᆫ번식 발간ᄒᆞᄂᆞᆫᄃᆡ 아편셜라 목ᄉᆞ가 회보 샤쟝이 되엿더라 일년 갑슬 미리 너면 삼십 륙젼이오 우표 갑슨 ᄯᅩ로 잇노라

례ᄇᆡ일공과 일ᄇᆡᆨᄉᆞ십구 십이월 십륙일

바울노가로마사ᄅᆞᆷ의게ᄒᆞᆫ편지

로마인셔 십오쟝 십ᄉᆞ절노 삼십삼졀ᄭᆞ지

十四 내 형뎨들아 내가 너희를 위ᄒᆞ야 깁히 밋음은 너희가 인ᄌᆞᄒᆞᆷ이 가득ᄒᆞ고 모든 지식이 ᄎᆞ며 ᄯᅩᄒᆞᆫ 서로 능히 권ᄒᆞᆷ이로다 十五 다못 내가 당당이 글노ᄡᅥ 너희게 붓쳐셔 너희로 대강 긔렴ᄒᆞ게 ᄒᆞᆷ은 하ᄂᆞ님ᄭᅴ셔 내게 큰 은혜를 주심이니 十六 내가 이방 사ᄅᆞᆷ을 위ᄒᆞ야 예수 크리스도의 집ᄉᆞ가 되고 하ᄂᆞ님 복음의 졔ᄉᆞ자 되야 이방 사ᄅᆞᆷ 드림을 셩신으로 힘닙어 졍결케 ᄒᆞ야 가히 밧음작ᄒᆞ게 ᄒᆞᆷ이로다 十七 그런고로 내가 예수 크리스도를 힘닙어 하ᄂᆞ님 압헤 잇ᄂᆞᆫ거ᄉᆞᆯ 자랑ᄒᆞ며 十八 대개 크리스도ᄭᅴ셔 날 말미암아 힝치 아니ᄒᆞᆫ거슨 내가 가히 말ᄒᆞ지 아니ᄒᆞ고 언힝과 권능으로 징죠와 이샹ᄒᆞᆫ 일과 하ᄂᆞ님의 신에 능력으로 이방 사ᄅᆞᆷ을 신[illegible]케 [illegible]이니 일노ᄡᅥ 내가 예루살넴으로브터 두루 ᄒᆡᆼᄒᆞ야 일누리고ᄭᆞ지 크리스도의 복음을 가득히 젼ᄒᆞ고 二十 ᄯᅩᄒᆞᆫ 내가 힘ᄡᅥ 복음을 젼ᄒᆞᄃᆡ 크리스도와 일홈 잇ᄂᆞᆫ 곳에 젼ᄒᆞ지 아니ᄒᆞᆷ은 놈의 터 우희 세울가 두려워ᄒᆞᆷ이로라 二一 다못 쓴바와 ᄀᆞᆺ치 쥬를 ᄀᆞᄅᆞ쳐 젼파ᄒᆞᆷ을 보지 못ᄒᆞᆫ쟈도 쟝ᄎᆞᆺ 볼거시오 ᄯᅩᄒᆞᆫ 듯지 못ᄒᆞᆫ쟈도 쟝ᄎᆞᆺ ᄭᆡ다르리라 ᄒᆞ엿ᄂᆞ니라 ○ 二二 그러ᄒᆞᆫ고로 내가 여러번 너희게 가랴 ᄒᆞ나 길이 막혓더니 二三 이제는 이 디방에 젼도ᄒᆞᆯ 곳이 업고 ᄯᅩᄒᆞᆫ 여러ᄒᆡ를 너희게 가고 십흔 ᄆᆞ음이 잇섯ᄂᆞᆫ지라 二四 스바니아로 갈때에 반드시 너희게로 가리니 대개 ᄇᆞ라건ᄃᆡ 가ᄂᆞᆫ 길에 너희를 보고 ᄯᅩᄒᆞᆫ ᄒᆞᆷᄭᅴ 잇서 ᄆᆞ음에 가득ᄒᆞᆫ 후에 너희가 그리로 보냄을 밧겟노라 二五 이제 내가 예루살넴에 가ᄂᆞᆫ거슨 셩도를 셤기랴 ᄒᆞᆷ이라 二六 대개 마게돈과 아가이 사ᄅᆞᆷ이 깃버 돈을 내여 예루살넴 셩도의 가난ᄒᆞᆫ 쟈를 구졔 ᄒᆞᆷ이니라 二七 뎌희가 비록 깃버ᄒᆞ나 ᄯᅩᄒᆞᆫ 뎌희 빗진것 ᄀᆞᆺᄒᆞᆷ이니 대개 만일 이방 사ᄅᆞᆷ이 뎌희로 ᄒᆞᆷᄭᅴ 신령ᄒᆞᆫ거ᄉᆞᆯ 밧앗더면 ᄯᅩᄒᆞᆫ 육톄의 셤김에 빗진것 ᄀᆞᆺᄒᆞ리라 二八 그런고로 내가 이 일을 ᄆᆞᆺ치매 이 열ᄆᆡ를 붓쳐 내가 너희게로 스바니아에 ᄭᆞ지 가리라 二九 내가 너

희게 나아갈때에 반드시 크리스도의 두터온 복
을 가지고 갈줄을 아노라 ○ 三十 형뎨들아 내가
우리 쥬 예수 크리스도와 셩신의 ᄉᆞ랑 ᄒᆞ심으로
말미암아 너희게 군구 ᄒᆞ노니 날노 더브러 힘써
나를 위ᄒᆞ야 하ᄂᆞ님께 빌거심은 三一 날노 유대
에 신죵치 아니ᄒᆞ는 쟈의게 버서 나게 ᄒᆞ고 또
예루살넴에 나의 셤기는거슬 셩도의게 밧음즉
ᄒᆞ게 ᄒᆞ고 三二 내가 하ᄂᆞ님의 뜻을 좃차 즐겨
너희게 나아가 너희와 ᄒᆞᆷ께 쉽을 엇게 ᄒᆞᆷ이니라
三三 평안ᄒᆞᆷ을 주시는 하ᄂᆞ님께서 너희 뭇사ᄅᆞᆷ
즁에 ᄒᆞᆷ께 ᄒᆞ심을 원 ᄒᆞ노라 아멘

주셕

뎨목 복음을이방사ᄅᆞᆷ의게젼파ᄒᆞ는 것 (권쇽)십ᄉᆞ절노이십일절

十四 바울노ㅣ 로마셩에 잇는 문도들의게 말ᄒᆞ
되 너희의 인ᄌᆞᄒᆞᆷ과 지혜에 츙만ᄒᆞ고 또
ᄒᆞᆫ 서로 ᄉᆞ랑ᄒᆞ야 권면 ᄒᆞ는것은 내 깁히
아는 바ㅣ라 ᄒᆞ엿ᄂᆞ니라
十五 바울노ㅣ 겸손ᄒᆞᆫ 말노 교회에 글을 부쳐
하ᄂᆞ님에 ᄌᆞ긔의게 큰 은혜를 주신것을
말 ᄒᆞ엿ᄂᆞ니라
十六 이방 사ᄅᆞᆷ을 위ᄒᆞ야 그리스도의 집ᄉᆞ가
된다ᄒᆞᆷ은 바울노ㅣ 스ᄉᆞ로 말ᄒᆞᆫ데 나는
셩도즁에 지극히 적은ㅣ 쟈로되
하ᄂᆞ님께서 오히려 이러ᄒᆞᆫ 은혜를 주샤
이방의 ᄉᆞ도가 되게 ᄒᆞ셧다 ᄒᆞ엿ᄂᆞ니라
복음의 제ᄉᆞ라 ᄒᆞᆷ은 신약 가온데에 제ᄉᆞ
ᄒᆞ는 의문은 업ᄉᆞ니 곳 복음의 직분을 ᄀᆞ
ᄅᆞ쳐 ᄒᆞᆫ 말이니라 이방 사ᄅᆞᆷ을 드린다 ᄒᆞᆷ
은 ᄉᆞ도ㅣ 이방 사ᄅᆞᆷ즁에 구쥬 밋는 사ᄅᆞᆷ
을 인진ᄒᆞ야 향기로온 제ᄉᆞ로 삼는다 ᄒᆞᆷ
이니 곳 비유로 ᄒᆞᆫ 말이니라 로마 십이쟝
일절에 바울노ㅣ 굴ᄋᆞ데 내 너희를 권ᄒᆞ
야 몸으로 산 제ᄉᆞ를 드리라 ᄒᆞ엿ᄉᆞ니 대
개 이방 신도ㅣ 반드시 셩신의 감동함을
힘닙어 거룩ᄒᆞ고 졍결함을 일우어 가히
하ᄂᆞ님의 깃버 밧으심을 엇게 되여야 ᄒᆞᆯ
것이니라
十七 바울노ㅣ 그리스도를 힘닙어 ᄉᆞ도의 직칙
을 힝함이니 스ᄉᆞ로 ᄌᆞ랑ᄒᆞᆫ다 함은 복음
젼파함을 인ᄒᆞ야 스ᄉᆞ로 쾌락 ᄒᆞᆫ다 함이
니라
十八九 이방 사ᄅᆞᆷ이 우샹을 브리고 ᄎᆞᆷ신의게 도
라옴은 바울노ㅣ ᄌᆞ긔의 힘이 아니오 오
직 예수의 권능으로 말미암음이라 ᄒᆞ엿ᄂᆞ
니라 비울노의 젼도ᄒᆞᆫ ᄉᆞ적은 (ᄉᆞ도힝젼

십삼쟝으로 이십팔쟝 ᄭᆞ지 보라) 셩신의 큰 능력을 힘닙어 신젹을 ᄒᆡᆼᄒᆞ고 ᄯᅩ 복음을 각방에 두루 젼ᄒᆞ엿ᄂᆞ니라

二十 바울노ㅣ 우샹 셤기ᄂᆞᆫ 디방에 젼도 ᄒᆞ기를 원ᄒᆞᆷ은 공업을 놈의 셩취ᄒᆞᆫ ᄯᅡ우희 세울가 두려워 함이라 ᄒᆞ엿ᄂᆞ니라

二十一 이사야 오십이쟝 십오졀은 인증ᄒᆞᆫ 말이니 대개 도를 듯지 못ᄒᆞᆫ쟈로 ᄒᆞ여곰 도를 엇어 듯게 ᄒᆞ고져 함이니라

데목 바울노 복음의 너ᄅᆞᆫ 은혜로 로마셩 니ᄅᆞ기를 원ᄒᆞᆷ (이십이졀노 삼십삼졀)

二十二 로마셩 사ᄅᆞᆷ이 임의 도를 드른고로 바울노 ᄯᅩ 다ᄅᆞᆫ 곳으로 가 잇셧ᄂᆞ니라

二十三四 바울노 유대로 좃차 미리돈에 니르러 임의 도를 젼ᄒᆞ고 지금 구라파 셔남으로 가고져 ᄒᆞ엿ᄉᆞ나 셩경에 다시 말ᄒᆞ지 아니 ᄒᆞ엿ᄉᆞ니 그후에 츰으로 셔반아에 갓ᄂᆞᆫ지 알수 업ᄂᆞ니라 이길에 로마셩을 지나여 가ᄂᆞᆫ고로 거긔 드러와 잠간 머믈너 ᄉᆞ도와 신도가 서로 깃부게 만나 ᄆᆞᄋᆞᆷ을 안위 ᄒᆞ려ᄂᆞᆫ고로 이러케 말 ᄒᆞ엿ᄂᆞ니라

廿五－七 바울노ㅣ 셩도의 결핍함을 구제 ᄒᆞᆯ것이라 대개 이방사ᄅᆞᆷ이 유대인의 지극ᄒᆞᆫ 큰 복음의 리익을 엇엇ᄉᆞ니 곳 유대인의게 큰빗을 진것이라 지금 맛당히 그 빗갑기를 위ᄒᆞ야 그들의 결핍함을 구제ᄒᆞ여야 ᄒᆞᆯ것이나 이ᄂᆞᆫ 오히려 ᄉᆞ소ᄒᆞᆫ 일이니라 령혼의 구원함과 육톄를 기르ᄂᆞᆫ 것은 一가림다젼셔 십륙쟝 일졀노 ᄉᆞ졀ᄭᆞ지와 가림다후셔 팔쟝 일졀노 십ᄉᆞ졀ᄭᆞ지 보라

二十八 열미라 함은 곳 이방 사ᄅᆞᆷ이 유대 사ᄅᆞᆷ의 결핍함을 깃분 ᄆᆞᄋᆞᆷ으로 구졔함이니라

二十九 지금 의방에 니르러 ᄒᆞᄂᆞᆫ 복ᄉᆞ들은 맛당히 이 말ᄉᆞᆷ 홍샹 ᄆᆞᄋᆞᆷ 안에 삭여 둘것이니라

三十 권면 ᄒᆞᄂᆞᆫ 말이니 一 예수 그리스도를 인함이오 二 셩신의 주신 ᄉᆞ랑을 인함이오 三 피ᄎᆞ에 서로 진셩 갈력ᄒᆞ야 함ᄭᅴ 하ᄂᆞ님ᄭᅴ 긔도를 드림이니라

三十一 二 긔도 ᄒᆞᆫ것이 네가지 잇ᄉᆞ니 一 유대 사ᄅᆞᆷ의 죄난을 면케 함이오 二 유대 셩도가 이 연조 ᄒᆞᄂᆞᆫ것을 깃부게 밧음이오 三 쥬ᄭᅴ셔 ᄌᆞ긔로 ᄒᆞ여곰 쾌락ᄒᆞᆫ ᄆᆞᄋᆞᆷ으로 로마셩에 니르게 ᄒᆞ심이오 四 ᄉᆞ도와 신도가 서로 평안히 쉼이니라

三十三 이 마디ᄂᆞᆫ 복을 비ᄂᆞᆫ 말이니라

대한크리스도인회보

제삼권 · 제오십호

(뎨오십호) 광무삼년 십이월 십삼일

안부홈

우리 구세쥬 예수 그리스도의 셩탄 절과를 당ᄒᆞ야 경향 각쳐에 잇ᄂᆞᆫ 형뎨와 ᄌᆞᄆᆡ들은 하ᄂᆞ님의 은혜와 셩신의 도아주심으로 평강ᄒᆞᆫ 복 밧기를 바라오

우리의원홈

하ᄂᆞ님ᄭᅴ셔 지극히 인ᄋᆡᄒᆞ심으로 죄악이 관영ᄒᆞᆫ 이 세상사ᄅᆞᆷ을 죄 주지 아니ᄒᆞ시고 도로혀 ᄉᆞ랑ᄒᆞ샤 독ᄉᆡᆼᄌᆞ 예수 그리스도를 보내여 만국 만민의 죄를 ᄃᆡ쇽ᄒᆞ셧시니 우리 쥬를 밋ᄂᆞᆫ 우리들은 맛당히 ᄌᆞ긔 몸과 집안 식구만 위ᄒᆞ야 간구ᄒᆞᆯ 거시 아니라 우리를 뮈워 ᄒᆞᄂᆞᆫ 사ᄅᆞᆷᄭᆞ지 위ᄒᆞ야 하ᄂᆞ님ᄭᅴ셔 복 주시기를 구ᄒᆞᆯ 거시오 ᄒᆞᆼ상 놈을 위ᄒᆞ야 힘써 하ᄂᆞ님의 거룩ᄒᆞ신 ᄯᅳᆺ을 몸 밧을지니라 ○ 이번 셩탄일에 우리 교회 잇ᄂᆞᆫ곳 마다 형뎨들이 하ᄂᆞ님의 영광을 엇더케 경츅ᄒᆞ며 구세쥬의 오심을 엇더케 깃버 ᄒᆞᆫ일을 일일히 긔록ᄒᆞ야 본샤로 보내여 우리 회보에 긔ᄌᆡᄒᆞ야 각쳐 교회가 서로 교통 ᄒᆞᄂᆞᆫ ᄯᅳᆺ을 표ᄒᆞ게 ᄒᆞ기를 ᄇᆞ라노라

깃분찬미

이ᄯᅢ를 당ᄒᆞ야 밋ᄂᆞᆫ 무리의 ᄆᆞᄋᆞᆷ속에 ᄌᆞ연히 ᄉᆞᄉᆞ나ᄂᆞᆫ 찬미ᄂᆞᆫ 지극히 놉흐신ᄃᆡ에 하ᄂᆞ님ᄭᅴ 영화를 돌녀 보내고 ᄯᅡ헤셔ᄂᆞᆫ 깃버 ᄒᆞ심을 닙은 사ᄅᆞᆷ이 평안 ᄒᆞᆯ지어다

황셕죠회

이번 회보를 누른 죠희로 출판ᄒᆞᆷ은 다ᄅᆞᆷ 아니라 황셕은 즁앙토의 정ᄉᆡᆨ이니 토ᄂᆞᆫ 슈화 금목즁에 쇽ᄒᆞ지 아닌곳이 업고 신은 인의 례지즁에 쇽ᄒᆞᆯ지 아닌터가 업ᄂᆞᆫ고로 신이쥬앙토에 쇽ᄒᆞ엿시며 우리 교회에ᄂᆞᆫ 신이 쥬장인즉 거룩ᄒᆞᆫᄯᅢ에 뎨일 됴흔빗출 취ᄒᆞᆷ이오 ᄯᅩᄒᆞᆫ 동양세계에 만승텬ᄌᆞᄂᆞᆫ ᄒᆞᆼ상 누른빗출 슝상 ᄒᆞᄂᆞᆫ고로 지금 대한국도 황셕을 즁히 넉이ᄂᆞᆫ지라 이럼으로 셩탄일 회보ᄂᆞᆫ 특별히 황셕을 씀이오 어번 회보에ᄂᆞᆫ 세샹 소문이 비록 만흘지라도 우리가 됴치 못ᄒᆞᆫ 소문은 셔양법례를 ᄯᆞ차 긔록지 아니 ᄒᆞ노라

오빅팔십구

대한크리스도인 회보

THE KOREAN
CHRISTIAN ADVOCATE.
Rev. H. G. Appenzeller, Editor.
36 cents per annum
in advance. Postage extra.

Wednesday, Dec. 13th, 1899.

서울 정동서 일쥬일에 ᄒᆞᆫ번식
발간 ᄒᆞᄂᆞᆫ데 아편셜라 목ᄉᆞ가
회보 샤장이 되엿더라
일년 갑슬 미리 내면 삼
십 륙젼이오 우표 갑슨
ᄯᅡ로 잇노라

론돈셔 예수씨의 탄일을 지내던 일

삼년젼에 내가 영국 론돈 동편에 할라ᄯᅡᆨ ᄒᆞᄂᆞᆫ 학교에셔 공부 ᄒᆞ더니 예수씨의 탄일이 갓가온즉 그 학교에셔 휴업 ᄒᆞ고 모든 학원들은 각각 ᄌᆞ긔 집으로 가셔 이 경졀을 지낼터이나 나는 먹디에 잇는 ᄭᅡ닭으로 별노이 갈데가 업셔셔 ᄆᆞ음에 좀 젹젹ᄒᆞ던차에 마참 론돈 북편에 ᄒᆞᆷ쓰숫헤드라 ᄒᆞᄂᆞᆫ 동리에 사는 교우 ᄒᆞᆫ분이 ᄌᆞ긔의 집에 와셔 이 경졀을 ᄒᆞᆫ가지로 지내쟈 ᄒᆞ기로 감사히 너겨 가족 쥬인이 흔연이 영졉ᄒᆞ고 됴흔 방 ᄒᆞ나를 너여주며 거쳐 ᄒᆞ라 ᄒᆞ기로 그 밤을 잘 지내고 그 잇흔날은 곳 예수씨의 탄일이라 아직 이러나가 젼에 침상에 누어 드른즉 문 밧게셔 무ᄉᆞᆷ 즐기는 소리 나미로 즉시 유리창을 열고본즉 엇던 소년 삼ᄉᆞ인이 와셔 찬미ᄒᆞ며 ᄒᆞᄂᆞᆫ말이 이러들 나시오 니러들 나시오 구세쥬ᄭᅴ셔 탄셩ᄒᆞ셧ᄂᆞ니다 그 말을 듯고 즉시 이러나 쇼셰ᄒᆞ고 안졋더니 문득 식죵을 치기로 식당에 나려간즉 쥬인이 무ᄉᆞᆷ 편지 몃봉을 주면서 내게 온건이라 ᄒᆞ기로 ᄯᅦ여본즉 각쳐에 잇ᄂᆞᆫ 친구들이 보낸것인ᄃᆡ 그속에 든것은 그림 그린 몃쳡에 츅원ᄒᆞᄂᆞᆫ 말을 쓴것들이더라 ᄯᅩ 그날 오젼 열시반에 쥬인과 ᄒᆞᆫ가지로 례ᄇᆡ당에 가셔 모든 교우들과 ᄀᆞᆺ치 찬미 긔도 ᄒᆞᆫ후에 젼도ᄉᆞ 깁슨씨가 누가복음 이쟝을 닑고 구세쥬의 탄싱ᄒᆞ신 열노 젼도ᄒᆞᄂᆞᆫ데 것을 듯고 쥬인의 게로 도라온즉 그날밤에 쥬인이 잔치를 비셜ᄒᆞ고 즐겁게 놀때에 혹 노리도 ᄒᆞ며 혹 풍류 소ᄅᆡ도 들니며 혹 연셜도 ᄒᆞᄂᆞᆫᄃᆡ 그즁에 크리스도 탄일의 나무라 ᄒᆞᄂᆞᆫ것은 본리 덕국셔 온 풍쇽이니 푸른 나무 ᄒᆞ나를 셰우고 좌셕에 모힌 사ᄅᆞᆷ들의 일홈을 봉투에 쓴후에 그속에는 무ᄉᆞᆷ 불만ᄒᆞᆫ ᄎᆡᆨ이나 혹 ᄲᅵᆫ만ᄒᆞᆫ 물건을 너어 그 나무 가지에 달어 두엇다가 그 봉투에 씨운 일홈ᄃᆡ로 그 임자를 차저 젼ᄒᆞ니 이런일은 다 그나라 풍쇽인고로 대강 보고 드른ᄃᆡ로 긔지ᄒᆞ엿거니와 그날을 당ᄒᆞ야 내 ᄆᆞ음에 특별히 깁히 ᄉᆡᆼ각ᄒᆞᆫ것은 내가 그젼에는 예수씨ᄭᅴ셔 뉘신지 아지 못ᄒᆞᆫ ᄭᅡ닭으로 이 경졀을 여러번 지내엿스되 다른날과 ᄀᆞᆺ치 범샹히 알엇더니 그때는 내가 교회에 들어와셔 예수씨의 ᄉᆞ젹을 알고 그 거록ᄒᆞ신 공뢰를 찬송ᄒᆞᄂᆞᆫ ᄆᆞ음으로 이날을 당ᄒᆞᆫ즉 이날이 대단히 존즁ᄒᆞ고 영광스러온 것을 ᄭᆡ다랏노라

려병현

례ᄇᆡ일공파 일ᄇᆡᆨ오십 십이월 이십ᄉᆞ일

구세쥬강ᄉᆡᆼᄒᆞ심

누가복음 이장 일졀노 이십졀

一 못ᄎᆞᆷ 이ᄯᅢ에 가ᄇᆡ사 아구ᄉᆞ도가 명을 ᄂᆞ려 텬하로 ᄒᆞ여곰 다 호젹에 올니게 ᄒᆞ니 二 이 호젹은 처음으로 힝ᄒᆞᆫ거시오 구레니가 수리아 감ᄉᆞ 되엿실ᄯᅢ에 ᄒᆞᆫ거시라 三 모든 사ᄅᆞᆷ이 호젹에 올니라 ᄒᆞ야 각각 제 고을노 도라기니 四 요셉도 다윗의 ᄌᆞ손이니 갈닐니에셔 나사렛으로 브터 유대에 올나가 다윗의 고을에 니르니 일홈은 베들네헴이라 五 뎡혼ᄒᆞᆫ 안해 마리아와 ᄒᆞᆫ가지로 호젹 ᄒᆞ러 갈ᄉᆡ ᄯᅢ에 마리아가 임의 잉ᄐᆡ ᄒᆞ엿더니 六 못ᄎᆞᆷ 뎌긔 잇셔 ᄒᆡ산ᄒᆞᆯ 긔약이 니르러 七 맛아ᄃᆞᆯ을 나하 강보로 싸 구유에 누이니 이는 긱뎜에 용납ᄒᆞᆯ 곳이 업ᄉᆞᆷ이러라 ○ 八 그 디경에 목쟈ᄃᆞᆯ이 밧헤 잇셔 밤에 그 양의 무리를 직희더니 九 쥬의 ᄉᆞ쟈가 겻헤 셔고 쥬의 영광이 그 사ᄅᆞᆷ들을 두루 빗최매 크게 무셔워 ᄒᆞ거늘 十 텬ᄉᆞ가 닐ᄋᆞ되 무셔워 말나 내가 너희게 크게 깃버ᄒᆞᆯ 아ᄅᆞᆷ다온 쇼식을 가저오며 이는 ᄇᆡᆨ민의게 밋출지니라 十一 오ᄂᆞᆯ날 다윗의 고을에 너희를 위ᄒᆞ야 ᄒᆞᆫ 구쥬가 나셧시니 곳 그리스도 쥬시니라 十二 이거시 증험이니 너희는 가셔 ᄒᆞᆫ 아기를 강보로 싸서 구유에 누인거ᄉᆞᆯ 보리라 ᄒᆞ니 十三 홀연이 허다ᄒᆞᆫ 하ᄂᆞᆯ 군ᄉᆞ가 텬ᄉᆞ와 ᄀᆞᆺ치 잇셔 하ᄂᆞ님을 찬숑ᄒᆞ이 ᄀᆞᆯᄋᆞ되 十四 지극히 놉흐신 뒤에 하ᄂᆞ님ᄭᅴ 영화를 돌녀 보내고 ᄯᅡ헤셔는 깃버ᄒᆞ심을 닙은 사ᄅᆞᆷ이 평안ᄒᆞᆯ지어다 ᄒᆞ더라 ○ 十五 못ᄎᆞᆷ 텬ᄉᆞ가 ᄯᅥ나 하ᄂᆞᆯ노 올나가니 목쟈가 서로 말ᄒᆞ되 닐우신바 곳 쥬ㅣ 우리의게 뵈신거ᄉᆞᆯ 보러 베들네헴 ᄭᅡ지라도 가자 ᄒᆞ고 十六 샐니 가셔 마리아와 요셉과 구유에 누인 아기를 ᄎᆞ지며 十七 임의 보매 곳 져의게 닐은바 아기의 말을 알니니 十八 듯는쟈ㅣ 다 목쟈의 고ᄒᆞᆫ 일을 긔이히 녁이되 十九 오직 마리아는 이 모든 말을 직희여 ᄆᆞ음에 모호더라 二十 목쟈가 도라가 그 듯고 본거시 다 닐으던바와 ᄀᆞᆺᄒᆞᆷ으로 ᄡᅥ 하ᄂᆞ님ᄭᅴ 영화를 돌녀 보내고 찬숑 ᄒᆞ며라

주셕

뎨목 구쥬의강싱ᄒᆞ심 일졀노칠졀

一ㅣ三가이사 어구스도는 로마국 황뎨의 일홈이요 텬하는 다만 로마국 디경안만 일음이요 호젹을 힘홈은 빅셩의 수효를 알어 세션을 밧고져 홈이나 그ᄯᅢ에 유태국이 로마 속방이 된고로 유태국에도 령을 나려 호젹을 힘케 홈이라

四ㅣ七니외의 일홈ᄒᆞᆫ 호젹에 다 올니는것은 로마국 법례요 호젹ᄒᆞᆯ ᄯᅢ에 조상의 고을노 가는것은 유대국 법례라 예수ᄭᅴ셔 벳레헴에 나심은 션지쟈의 말솜이 응험케 ᄒᆞ심이니 (사무엘젼셔 이십장 륙졀파 마태 이장 오륙졀)에 보라

뎨목 텬ᄉᆞ가됴흔 쇼식을목쟈의게 젼홈 팔졀노이십졀

八ㅣ十二쇼식을 몬져 목쟈의게 젼홈은 구세쥬ᄭᅴ셔 후일에 이스라엘 집의 닐허ᄇᆞ린 양의 목쟈가 되실 표젹이요 텬ᄉᆞ가 올ᄯᅢ에 하ᄂᆞ님의 영광이 두루 빗최임은 쥬ᄭᅴ셔 홀ᄯᅢ 나타내심을 표 홈이요 아름다온 쇼식이라 홈은 유태국 빅셩ᄲᅮᆫ 아니라 텬하 만국 빅셩이 다 구원홈을 엇을 깃붐이 잇심이라

十三ㅣ十五허다ᄒᆞᆫ 텬군이라 홈은 쳔만이나 되는 텬군이 공즁에서 거문고를 타고 하ᄂᆞ님을 찬숑 홈이니 이것은 모든 ᄉᆞ쟈가 다 졀ᄒᆞ는 뜻이요 영화를 하ᄂᆞ님ᄭᅴ 돌녀 보낸다홈은 예수ᄭᅴ셔 죄악 가온ᄃᆡ 빅셩을 구원 ᄒᆞ실터인고로 영화를 돌녀 보냄이오 사ᄅᆞᆷ이 평안ᄒᆞᆯ지어다 홈은 예수ᄭᅴ셔 평강ᄒᆞᆫ 님군이 되샤 복음을 젼파 ᄒᆞ는곳 마다 사ᄅᆞᆷ으로 ᄒᆞ여곰 크게 유익홈을 엇을거심이니라

十六ㅣ二十목쟈가 샐니가셔 봄은 의심이 업는 연고요 ᄋᆞ기의 소눈을 젼파홈은 여러 사ᄅᆞᆷ으로 쥬의 영광을 알게 홈이니 우리 교우들도 맛당이 이 목쟈를 본밧어 구세쥬의 은혜를 널니 젼파 홀지어다 쥬의 나신 ᄉᆞ적을 ᄌᆞ세히 알고져 ᄒᆞ거든 마태 이쟝을 참호ᄒᆞ여보라

괴이ᄒᆞᆫ시표

ᄒᆞ로ᄂᆞᆫ ᄒᆞᆫ 친구가 셔ᄉᆞ국셔 문돈 묘ᄒᆞᆫ 시표 ᄒᆞᆯ나ᄒᆞᆯ 뵈히며 말ᄒᆞᆫᄃᆡ 로형이 이 시표ᄅᆞᆯ 가지면 밤즁이라도 능히 시간을 분명히 분별ᄒᆞᆯ리이다 ᄒᆞ고 그 친구가 틔엽을 잠간 트니 이 연약ᄒᆞᆫ 시표가 여ᄃᆞᆲ뎜을 치고 ᄯᅩ 다ᄅᆞᆫ 졀로로 두번을 더 치ᄂᆞᆫ지라 그 친구가 말ᄒᆞ기ᄅᆞᆯ 이것은 곳 여ᄃᆞᆲ시 반과 아홉시 일각젼 즁간 어느분각이라 만일 여ᄃᆞᆲ시 일각이면 여ᄃᆞᆲ뎜 치고 ᄒᆞᆫ번을 더 칠것이오 아홉시 일각젼(곳 여ᄃᆞᆲ시 삼각)이면 여ᄃᆞᆲ뎜 치고 세번을 더 친다 ᄒᆞ더라 ○ 처음에 시표 졔조ᄒᆞᆫ 법을 ᄌᆞ셰히 알기 어려오나 일쳔 ᄉᆞᄇᆡᆨ 칠십오년 가량에 덕국 뉴룸벅이라 ᄒᆞᄂᆞᆫ 디방에셔 창조ᄒᆞᆫ듯 ᄒᆞ니라 그ᄯᅢ에ᄂᆞᆫ 시표ᄅᆞᆯ 혹 쥬머니죵이라 칭ᄒᆞ엿ᄉᆞ나 ᄯᅩ 뎨형을 알ᄀᆞᆺ치 문돈고로 뉴룸벅 알이라고 머흔이 불넛ᄂᆞ니라 그ᄯᅢ에 시표ᄂᆞᆫ 셔ᄅᆞᆸ곳치 시뎜ᄒᆞᆫ 치ᄃᆡ 문놉고 ᄯᅩ 형톄가 크고 근냥이 무거웟ᄂᆞ니라 젼 ᄒᆞᄂᆞᆫ 말에 이젼 셰ᄇᆡᆨ이 황메데로 찰스가 그위ᄅᆞᆯ ᄉᆞ양ᄒᆞ고 ᄉᆞ찰간에 한양ᄒᆞ실 ᄌᆞ긔외게 잇ᄂᆞᆫ 시표 ᄉᆞ삼개로 ᄒᆞ여곰 시간을 곳치 가게 ᄒᆞ랴고 셰월을 만히 허비ᄒᆞ엿ᄉᆞ나 맛츄ᄃᆡ 셩취치 못ᄒᆞᆫ지라 이에 위연히 탄식ᄒᆞ야 골ᄋᆞᄃᆡ 내 이제 능히 이 두어개 시표로 ᄒᆞ여곰 시간을 곳치 가게 못ᄒᆞ니 내 일작 무한ᄒᆞᆫ ᄇᆡ와 지물을 허비ᄒᆞ야 모든 사ᄅᆞᆷ으로 ᄒᆞ연곰 ᄉᆡᆼ각을 졔일 ᄒᆞ게 문ᄃᆞᆫ나 ᄒᆞ던일은 ᄎᆞᆷ 크게 어리셕은 사ᄅᆞᆷ의 일이로다 ᄒᆞ엿ᄂᆞ니라 ○ 영국 님군 뎨일 헤느리의게 시표 ᄒᆞ나이 잇셧ᄂᆞᆫᄃᆡ 일쥬간을 틀니지 안코 가ᄂᆞᆫ 시표라 그 님군ᄯᅢ에 인민들이 죽은 모양을 됴하 ᄒᆞᄂᆞᆫ 윤치가 잇ᄂᆞᆫ거ᄉᆞᆫ 그들의 시포 모양으로 가히 판단ᄒᆞ여 알지니라 그들의 시표들 시신담ᄂᆞᆫ 판 모양으로 만히 문들고 혹 ᄒᆡ골 모양과 죽은 사ᄅᆞᆷ의 머리 모양으로 문드럿더라 ○ 뎨일 적은 시표즁 ᄒᆞᆫ나흔 아놀드라 ᄒᆞᄂᆞᆫ 사ᄅᆞᆷ이 문드러 영국 님군 뎨심 조즈의게 그 란일(일쳔 칠ᄇᆡᆨ 륙십ᄉᆞ년 륙월 ᄉᆞ일)에 드린것이나 그뎨ᄃᆡᄂᆞᆫ 직션으로 반치보다 조곰 뎌큰ᄃᆡ 가죵 긔계가 다 구비ᄒᆞ게 들고 능히 시와 각과 분을 여샹히 지회ᄂᆞᆫ지라 영왕이 오쳔 여원 가량으로 아놀드를 답례ᄒᆞ고 그후에 아라샤 황뎨가 그시표 ᄒᆞᆫ쌍에 만여원 가량을 주엇시나 밧지 아니ᄒᆞ엿ᄂᆞ니라 근년에 뎨일 적은 시표ᄂᆞᆫ 영국 브릿이란 디방에 사ᄂᆞᆫ 폐낼이란 사ᄅᆞᆷ이 가진것이나 이 시표ᄂᆞᆫ 뎨디가 직션으로 반치가 못되ᄂᆞᆫ 시표요 미국안에 뎨일 적은 시표ᄂᆞᆫ 뉴욕셩에 ᄒᆞᆫ 사ᄅᆞᆷ이 가진 시표인ᄃᆡ 셔ᄉᆞ국셔 문든것이라 직션으로 반치가 조곰 더 ᄒᆞ더라

량홍묵

예수씨의탄일에뎨일됴흔션믈

젼일 셔국에 눌누라 ᄒᆞᄂᆞᆫ 계집 ᄋᆞ희가 잇스니 나흔 여ᄃᆞᆲ 살이라 예수씨의 탄일을 당ᄒᆞ야 저ㅣ 돈푼 모아 두엇던 돈으로 제 친구들의게 션믈ᄒᆞᆯ 믈건을 사셔 예수 탄일 나무 (예수 탄일 나무ᄂᆞᆫ 셔국 풍쇽에 푸른 나무를 셰우고 모든 친구들의게 션믈ᄒᆞᆯ것을 봉투에 너흔후에 그 봉투 우에다 그 친구의 일홈들을 써셔 그 나무 가지에 달엇다가 그 써운 일홈ᄃᆡ로 차져 션믈 ᄒᆞᄂᆞᆫᄃᆡ 쓰ᄂᆞᆫ 나무라)에 달고져 ᄒᆞᆯᄯᅢ에 그 모친이 그 ᄋᆞ희를 조력ᄒᆞ야 그 믈건들을 그 나무 가지에 달ᄯᅢ에 그 ᄋᆞ희가 말ᄒᆞ되 나ᄂᆞᆫ 이날이 일년즁에 뎨일 됴흔 날노 ᄉᆡᆼ각 ᄒᆞ거니와 모친ᄭᅴ셔ᄂᆞᆫ 그러치 아니 ᄒᆞ오니잇가 그 모친이 ᄃᆡ답ᄒᆞ되 그러타 만은 우리가 불가불 이날에 엇더ᄒᆞᆫ 경졀인지 그 ᄯᅳᆺ을 ᄌᆞ세이 알아야 되겟다 ᄒᆞ고 말ᄒᆞ되 이날은 하ᄂᆞ님ᄭᅴ셔 그 ᄉᆞ랑 ᄒᆞ시ᄂᆞᆫ 독ᄉᆡᆼᄌᆞ 예수씨로 우리의게 션믈ᄒᆞ신 날이라 ᄒᆞ고 젼후 ᄉᆞ젹을 ᄌᆞ세히 말ᄒᆞᆫᄃᆡ 그 ᄋᆞ희가 그 잇흔날 아참에 젼과 ᄀᆞᆺ치 즐거온 긔ᄉᆡᆨ이 적어셔 말ᄒᆞ되 예수씨ᄭᅴ셔 나의 뎨일 됴흔 친구신ᄃᆡ 내가 그외게 션믈ᄒᆞᆯ것이 업서셔 걱정이로라 ᄒᆞ거ᄂᆞᆯ 그 모친이 말ᄒᆞ되 네 ᄆᆞᄋᆞᆷ을 예수씨ᄭᅴ 드리라 그것이 뎨일 됴흔 션믈이라ᄒᆞᆫᄃᆡ 그 ᄋᆞ희가 그 말을 듯고 곳 제 방으로 가더니 제와 외겸으로 무숨 편지 ᄒᆞᆫ장을 써셔 그 나무 가지에 걸엇거ᄂᆞᆯ 그것을 ᄯᅦ여 본즉 예수씨ᄭᅴ ᄒᆞᄂᆞᆫ 편지라 그 편지에 ᄒᆞ엿스되 존즁ᄒᆞ신 예수씨여 내가 아모것도 쥬ᄭᅴ 드릴것이 업기로 나의 몸으로 쥬ᄭᅴ 드리니 밧으시옵쇼셔 ᄒᆞ고 거긔다 제 일홈을 썻더라 그 부친이 본ᄃᆡ 교ᄅᆞᆯ 밋ᄂᆞᆫ 사ᄅᆞᆷ이 아닌ᄃᆡ 그 편지를 보고 그 ᄆᆞᄋᆞᆷ이 감동ᄒᆞ야 그 집안 사ᄅᆞᆷ들을 ᄃᆞ려 물으되 오ᄂᆞᆯ을 당ᄒᆞ야 무어시 뎨일 됴흔 션믈이뇨 ᄒᆞᆫᄃᆡ ᄒᆞᆫ사ᄅᆞᆷ은 무어시 됴흔 거시라 ᄒᆞ고 ᄯᅩ 다른 사ᄅᆞᆷ은 무어시 됴흔것이라 ᄒᆞ야 의론이 불일ᄒᆞᆯᄯᅢ에 그 ᄋᆞ희 부친이 말ᄒᆞ되 나의 ᄯᆞᆯ 눌누의 션믈이 뎨일 됴흐니 나도 불가불 거긔다 무숨 믈건을 좀 더 ᄒᆞ겟다 ᄒᆞ고 즉시 그 편지에다 ᄌᆞ긔 일홈을 쓰고 ᄌᆞ긔 ᄆᆞᄋᆞᆷ을 예수씨ᄭᅴ 드린후에 그밤에 처음으로 그 집안 사ᄅᆞᆷ과 ᄀᆞᆺ치 셩경 닑고 긔도ᄒᆞ며 그날브터 ᄒᆞᆫ 즐거온 교인이 되고 그 ᄯᆞᆯ 눌누ᄂᆞᆫ 즉금에 ᄒᆞᆫ 졂은 부인이 되엿ᄂᆞᆫᄃᆡ ᄌᆞ긔 ᄆᆞᄋᆞᆷ을 예수씨ᄭᅴ 드리고져 ᄒᆞ다가 ᄯᅩᄒᆞᆫ 그 부친ᄭᅵ지 인도ᄒᆞ야 그 ᄆᆞᄋᆞᆷ을 예수씨ᄭᅴ 드린일을 대단이 즐거워 ᄒᆞᆫ다ᄒᆞ니 나ᄂᆞᆫ 이 나라에도 이러ᄒᆞᆫ 부친과 이러ᄒᆞᆫ 모친과 ᄯᅩ 이러ᄒᆞᆫ ᄯᆞᆯ이 만히 잇기를 간졀이 ᄇᆞ라노라

뎨삼권 (오십일호)

대한크리스도인회보

광무삼년 십이월이십일일

뎨오십일호

신년경축

우리 회보를 보는이들은 새희를 당ᄒᆞ야 하ᄂᆞ님의 은혜로 평강ᄒᆞᆫ 복누리기를 ᄇᆞ라오

도라오심

우리가 향일에 편지를 본즉 장ᄅᆞᆫᄉᆞᄂᆡ 란돈씨와 로부인미셔와 푸라이 부인은 이달 이십이일에 영국셔 ᄯᅥ나 구라파 길노좃차 양력 명년 이월즘 대한셔울노 오신다 ᄒᆞ고 믹길 의원은 명년 이월 이십구일에 미국향항셔 ᄯᅥ나 삼월즘 원산으로 도라온다 ᄒᆞ엿고 로왈니씨 부인은 미국에 잇셔 본 병환이 조곰 낫다 ᄒᆞ엿더라

ᄯᅩ 깃분일은 쌩커 목ᄉᆞ와 그 부인이 더셔 일년반을 평안도 운산금광에 가서 잇더니 지금은 금광의 직무를 갈니고 다시 셔울와셔 교중 ᄉᆞ무와 비지학당 학도를 ᄀᆞᄅᆞ치기로 ᄒᆞ엿더라

셩경을공부홈

평양에 잇ᄂᆞᆫ 목ᄉᆞ 로볼씨ᄂᆞᆫ 그 근동에 사ᄂᆞᆫ 교우들을 모화 공부 ᄒᆞᄂᆞᆫ티 남 교우가 륙십인이오 녀교우가 이십칠인이라 ᄒᆞ니 우리ᄂᆞᆫ 그 학도의 만히 모힘을 치하 ᄒᆞ오며 인천 제물포에 잇ᄂᆞᆫ 됴원시 목ᄉᆞᄂᆞᆫ 양력 명년 일월 초 팔일 브터 인천 부평 강화 슈원 등 각쳐에 교우들을 룡동 회당으로 모화 셩경 공부ᄒᆞ기를 ᄀᆞᄅᆞ친다 ᄒᆞ니 우리ᄂᆞᆫ 이 여러분 교우들이 셩신의 도아 주심으로 총명 지혜를 엇어 셩경을 독실이 공부ᄒᆞ고 각각 도라가 힘써 젼도 ᄒᆞ기를 ᄇᆞ라노라

션싱과뎨ᄌᆞ

츙쳥북도 보은군 거ᄒᆞᄂᆞᆫ 됴명하씨ᄂᆞᆫ 근본 유지ᄒᆞᆫ 션비로 학문이 고명ᄒᆞᆫ지라 년젼에 엇더ᄒᆞᆫ 친구의 집에서 ᄉᆞ민필지와 신약셩서를 엇어 보고 셩신의 부르심으로 구세쥬를 밋ᄂᆞᆫ ᄆᆞᄋᆞᆷ이 졈졈 독실ᄒᆞ더니 월젼에 그 뎨ᄌᆞ 박챵섭씨를 셔울노 보내여 셩경을 공부ᄒᆞ라 ᄒᆞ고 ᄌᆞ긔ᄂᆞᆫ 그후에 올나와 양력 십이월 십칠일 례비에 졍동 회당에서 뎨ᄌᆞ 박챵섭씨와 ᄒᆞᆷ씌 셰례를 밧고 깃분 ᄆᆞᄋᆞᆷ으로 교중 셔칙을 만히 구ᄒᆞ여 가지고 도로 싀골노 ᄂᆞ려간지라 우리ᄂᆞᆫ 모든 영광을 하ᄂᆞ님ᄭᅴ 찬송ᄒᆞᆯ뿐 아니라 됴씨가 ᄯᅩᄒᆞᆫ 셩신의 권능을 엇어 츙쳥도 허다ᄒᆞᆫ 빅셩의게 널니 젼파 ᄒᆞ기를 하ᄂᆞ님ᄭᅴ 간구ᄒᆞ노라

오빅구십오

대한크리스도인 회보

THE KOREAN CHRISTIAN ADVOCATE.
Rev. H. G. Appenzeller, Editor.
36 cents per annum *in advance. Postage extra.*
Wednesday, Dec. 20th, 1899.

셔울 정동셔 일쥬일에 ᄒᆞᆫ번식 발간 ᄒᆞᄂᆞᆫ데 아편셜라 목ᄉᆞ가 회보 샤쟝이 되엿더라 일년 갑슬 미리 ᄂᆡ면 삼십 륙젼이오 우표 갑슨 ᄯᅩ로 잇노라

녯거슬ᄇᆞ리고새거슬좃침

형매들아 불지어다 지금은 양력으로 녯ᄒᆡ를 보내고 새ᄒᆡ를 당ᄒᆞ오니 우리 쥬를 밋는 이들은 맛당이 이왕에 지나간 허물을 ᄉᆡᆼ각ᄒᆞ고 리두에 오ᄂᆞᆯ날을 경영ᄒᆞᆯ지라 일년 동안에 우리 교즁 형편을 보건ᄃᆡ 육신이 세상을 ᄇᆞ린 사ᄅᆞᆷ이 아조 업는거슨 아니로ᄃᆡ 통이 언지ᄒᆞ면 교즁 형데가 아모 환란도 업시 평강ᄒᆞᆫ 은혜를 밧은 사ᄅᆞᆷ이 만ᄉᆞ오며 셩신의 부ᄅᆞ심으로 남녀 교우 몃 ᄇᆡᆨ 사ᄅᆞᆷ을 ᄯᅩ 엇엇ᄉᆞ오니 영화를 하ᄂᆞ님ᄭᅦ 찬숑ᄒᆞᆯ지라 우리 쥬를 모로는 사ᄅᆞᆷ들은 새ᄒᆡ를 당ᄒᆞᆯ때에 다만 집안이 태평ᄒᆞ고 셰상의 부귀 ᄒᆞ기를 원ᄒᆞ거니와 하ᄂᆞ님을 밋는 이들은 항상 잘못ᄒᆞᆫ 일을 경계ᄒᆞ야 네젼 죄과는 녯ᄒᆡ와 ᄀᆞᆺ치 보내여 업시ᄒᆞ고 새ᄒᆡ에는 셩신으로 새로 난 사ᄅᆞᆷ이 되여 새ᄆᆞ음으로 헌옷슬 짓지말고 새로 ᄆᆞᆫ드러 닙은후에 녯적옷슨 아조 버셔 ᄇᆞ리되 우리의 네젼 ᄒᆡᆼ실과 드러온 ᄐᆡ도를 우리 쥬와 ᄀᆞᆺ치 못박아 죽게ᄒᆞ야 죄과를 다 멸ᄒᆞ고 다시 죄의 죵이 되지 아니케 ᄒᆞᆯ지니 (로마인셔 륙쟝 륙졀)에 말ᄉᆞᆷ되로 ᄒᆡᆼᄒᆞᆯ거시오 우리가 그리스도와 ᄀᆞᆺ치 십ᄌᆞ가에 못질 ᄒᆞ여야 시는거슨 그리스도가 우리안에 계심이라 우리가 하ᄂᆞ님의 독ᄉᆡᆼᄌᆞ를 밋음으로 사는거슨 (갈나대인셔 이쟝 이십졀과 오쟝 이십ᄉᆞ졀)에 잇는 말ᄉᆞᆷ되로 ᄒᆡᆼᄒᆞᆯ거시오 우리의 ᄆᆞᄋᆞᆷ이 셩신 감화ᄒᆞ심으로 다시 새롭게 되리니 하ᄂᆞ님ᄭᅦ셔 의리와 정결ᄒᆞ심으로 지으신 새 사ᄅᆞᆷ을 본밧기는 (에불소인셔 ᄉᆞ쟝 이십 삼ᄉᆞ졀과 갈나대인셔 륙쟝 십오졀)에 말ᄉᆞᆷ과 ᄀᆞᆺ치 ᄒᆡᆼᄒᆞᆯ거시라 셩경에 ᄯᅩ ᄀᆞᆯᄋᆞ샤ᄃᆡ 우리 무리를 구원ᄒᆞ심은 우리가 의로온 ᄒᆡᆼ실이 잇심을 말미암은거시 아니라 쥬ᄭᅴ셔 우리를 불샹히 녁이샤 다시 나는 세례와 셩신의 권능으로 우리를 새롭게 ᄒᆞ신다 ᄒᆞ엿고 (데다셔 삼쟝 오졀) 하ᄂᆞ님을 좃차 다시 난사ᄅᆞᆷ이 죄를 범ᄒᆞ지 안는거슨 하ᄂᆞ님의 말ᄉᆞᆷ이 그안에 잇심이라 ᄒᆞ셧시니 (요한일셔 삼쟝 구졀) 우리 쥬를 밋는 형데들은 새ᄒᆡ에 새 사ᄅᆞᆷ이 되야 새로 젼도 만히 ᄒᆞ기를 ᄇᆞ라오

례비일공파 일빅오십일 십이월 삼십일일

바울노가로마사ᄅᆞᆷ의게ᄒᆞᆫ편지

로마인셔 십륙장 일졀노 십륙졀ᄭᆞ지

一 ᄲᅦ가 견크레 교회즁에 집ᄉᆞ 노릇ᄒᆞᄂᆞᆫ 우리 ᄌᆞ미 뢰베씨를 너희게 쳔거ᄒᆞ노니 二 너희 쥬에 밧자홈이 셩도의 합당ᄒᆞᆫ바와 ᄀᆞᆺ치 ᄒᆞ고 ᄯᅩᄒᆞᆫ 그가 긴ᄒᆞᆫ일이 잇거든 도아 줄지니 대개 그가 일죡이 여러 사ᄅᆞᆷ을 돕고 ᄯᅩᄒᆞᆫ 나도 도아 주엇ᄂᆞ니라 ○ 三 너희가 브리스길나와 아굴니의게 문안ᄒᆞ라 곳 그리스도 예수에 날노 홈ᄭᅴ 슈고ᄒᆞᆫ쟈ㅣ요 四 ᄯᅩᄒᆞᆫ 내 목숨을 위ᄒᆞ야 ᄌᆞ긔 목숨으로ᄡᅥ 칼놀을 무릅섯스니 그런고로 다만 나만 샤례ᄒᆞᆯ뿐 아니라 이방 사ᄅᆞᆷ 모든 교회도 ᄯᅩᄒᆞᆫ 그러ᄒᆞᆯ거시오 五 ᄯᅩ 그 집에 모힌 교회의게도 문안ᄒᆞ고 나의 쳔ᄒᆞᆫ 벗 에비네도의게 문안ᄒᆞ라 곳 아시아에셔 크리스도에 몬져 열ᄆᆡ 맷존 자ㅣ니라 六 마리아의게 문안ᄒᆞ라 너희를 위ᄒᆞ야 여러번 슈고ᄒᆞᆫ자ㅣ요 七 안도로니고와 내 친쳑 유니아의게 문안ᄒᆞ라 ᄯᅩᄒᆞᆫ 그가 날노 더브러 홈ᄭᅴ 갓쳐 ᄉᆞ도즁에 유명ᄒᆞ고 날보다 몬져 크리스도에 잇셧ᄂᆞ니라 八 크리스도에 내 ᄉᆞ랑ᄒᆞᄂᆞᆫ 암블니아ᄭᅴ 문안ᄒᆞ고 九 크리스도에 우리와 홈ᄭᅴ 슈고ᄒᆞᄂᆞᆫ 쟈 웨바노와 나의 ᄉᆞ랑ᄒᆞᄂᆞᆫ 스다구의게 문안ᄒᆞ여라 十 크리스도에 달련을 밧은쟈 아벨네ᄭᅴ 문안ᄒᆞ고 아리도불노의 집 사ᄅᆞᆷ의게 문안ᄒᆞ고 十一 내 친쳑 헤로듸온의게 문안ᄒᆞ고 나깃소 집 크리스도의게 잇ᄂᆞᆫ 쟈의게 문안ᄒᆞ여라 十二 쥬에 수고ᄒᆞᆫ쟈 드루피나와 드루포사의게 문안ᄒᆞ고 쥬에 만히 슈고ᄒᆞ고 ᄉᆞ랑ᄒᆞᄂᆞᆫ 버시의게 문안ᄒᆞ고 十三 쥬에 뎍ᄒᆞᆫ쟈 루포의게 문안ᄒᆞ고 ᄯᅩᄒᆞᆫ 그 어마님ᄭᅴ 문안ᄒᆞ라 그 어마님은 곳 내 아바님이니라 十四 아숭그도와 프네고와 허마와 빗로바와 허미와 뎌희 홈ᄭᅴ 잇ᄂᆞᆫ 형뎨의게 문안ᄒᆞ라 十五 빌로로고와 율니아와 네리아와 다못 그 ᄌᆞ미와 올놈바와 ᄯᅩᄒᆞᆫ 뎌희와 홈ᄭᅴ 잇ᄂᆞᆫ 모든 셩도의게 문안ᄒᆞ고 十六 너희가 청결이 친구ᄒᆞ야 서로 문안ᄒᆞ라 크리스도의 모든 교회가 다 너희게 문안ᄒᆞᄂᆞ니라

주셕

뎨목 셩도의게 문안훈것 일졀노십륙졀

一—十五뢰베써ㅣ 교회 즁에 잇서 가간훈 쟈들 시졔 호고 병든쟈를 고호 호엿느니라 겐크레는 가림디에 잇는 항구 일홈이니라 이 녀집亽는 바울노와 쳔거훈 바ㅣ니 바울노ㅣ 셩도들을 권호야 그를 잘 졉딕 호고 도아주라 홈은 대개 그가 일즉 亽도들을 만히 도아 줌이니라 브리스길나는 곳 아굴니의 안히니 셩경을 졍통호고 학문이 고명훈 녀인이니 일쯕 아파라를 연졉호야 셩경을 강론 호고 (亽도힝젼 십팔장 이십亽졀노 이십륙졀) 또亽도의 연고를 인호야 위험훈 일을 당 호엿느니라 마리아와 드루픠나와 드루포사ㅣ 다 교회를 인호야 근로를 만히 호엿느니라 로포의 모친을 ᄌ긔의 모친이라 홈은 바울노ㅣ 그의게 유익훈을 만히 밧음이라 바울노 또 율니아의게 문안 호라 호엿느니라 이상은 다 녀신도의게 문안호라 훈것이니라 ○아굴니는 바울노와 ᄀᆞᆺ치 쟝막을 졔조 호야 싱업을 호던 사룸이니라 그 집에 모힌 교회라 홈은 곳 례비일에 집으로 모힌 교우들이니라 에비네도는 곳 亽데반의 일가ㅣ니라 안드로니고와 유니아는 바울노의 친쳑이오 바울노로 더브러 홈쯰 옥에 갓쳣던 사룸이니 당시에 명망이 잇섯고 또 바울노 몬져 교회에 입참 호엿느니라 바울노ㅣ 또 안블니아와 웨바노와 亽다구등 여러 사룸의게 문안호라 호엿느니라 이상은 남신도의게 문안호라 훈것이니라

十六 각셩에 잇는 교회에셔 마다 로마 셩도의게 평안홈을 무렷느니라

이 찬미ᄂᆞᆫ 평양목ᄉᆞ 로불씨의 부인이 구쥬
탄일에 쓰고져 ᄒᆞ야 번역 ᄒᆞᆫ거시나 늣게와
이제야 츌판ᄒᆞ오 각쳐에 교우들은 잘볼지어다

一 한밤에양기르ᄂᆞᆫ이
그양을직힐시
쥬의ᄉᆞ쟈가나려오고
영광이빗최매
영광이빗최매

二 크게놀나니ᄉᆞ쟈가
놀나지말나히
깃분소문만민의게
가져왓다고히
가져왓다고히

三 오날다위의고을에
너희ᄅᆞᆯ위ᄒᆞ야
구세쥬가싱ᄒᆞ시니
곳그리스도쥬니라
곳그리스도쥬니라

四 이증험잇ᄉᆞ니알아
아기강보로싸셔
구유에누어셧시니
차즐수잇도다
차즐수잇도다

五 텬ᄉᆞ말ᄒᆞ시하ᄂᆞᆯ에
광명ᄒᆞᆫ무리가
하ᄂᆞ님을찬미ᄒᆞ야
찬숑ᄒᆞᆯ소ᄅᆡ히
찬숑ᄒᆞᆯ소ᄅᆡ히

六 놉흐신하ᄂᆞ님의게
영화가잇도다
ᄯᅡ에사ᄅᆞᆷ에평안과
화목ᄒᆞᆯ지어다
화목ᄒᆞᆯ지어다

영싱ᄒᆞᄂᆞᆫ 량식을 구홈

녯 이야기를 의빙ᄒᆞ야 말ᄒᆞ노니 유태국 동편 야랍비 ᄯᅢ에 ᄒᆞᆫ 모ᄅᆡ 바다가 잇ᄉᆞ니 일망 무졔ᄒᆞᆫ지라 그 곳 사ᄅᆞᆷ들이 그 모ᄅᆡ 바다를 지날터이면 먹을 음식과 힘쟝을 단속ᄒᆞ야 약ᄃᆡ에 실고 다니ᄂᆞᆫ고로 사ᄅᆞᆷ이 약ᄃᆡ들 니른터 모ᄅᆡ 바다의 비파ᄒᆞᄂᆞᆫ지라 못ᄎᆞᆷ ᄒᆞᆫ 가난ᄒᆞᆫ 사ᄅᆞᆷ이 그곳을 지날ᄉᆡ 약ᄃᆡ가 업ᄂᆞᆫ고로 먹을 량식을 등에지고 가다가 길을 일코 두루 도라 ᄃᆞ니니 량식이 ᄯᅥᆯ진ᄒᆞ고 기갈이 ᄌᆞ심ᄒᆞ야 엇지ᄒᆞᆯ줄 모로ᄂᆞᆫ지라 주져 ᄒᆞ다가 싱각ᄒᆞ되 젼에 엽ᄒᆞ던 사ᄅᆞᆷ들이 혹 음식을 먹다가 부스러기나 ᄯᅥ러 바렷슬가 ᄒᆞ야 두루 ᄎᆞᄎᆞ 가더니 길가에 조고마ᄒᆞᆫ 젼ᄃᆡ가 잇거ᄂᆞᆯ 급히 마져보니 져은 ᄐᆡᄎᆞ알 굿ᄒᆞ매 먹을 음식인가 ᄒᆞ여 크게 깃버ᄒᆞ야 ᄀᆞᆯ으ᄃᆡ 하ᄂᆞ님이 먹을거ᄉᆞᆯ 주어 내의 쟈명을 구ᄒᆞᆷ이라 ᄒᆞ고 급히 푸러보니 이에 진쥬라 이ᄯᅢ를 당ᄒᆞ야 젹은 ᄯᅥᆨ ᄒᆞ기로 그 진쥬를 박고쟈 ᄒᆞ면 엇지 밧고지 아니 ᄒᆞᆯ리오 ᄒᆞ엿다ᄒᆞ니 일노 보건ᄃᆡ 육톄의 셩명도 진ᄒᆞᆯ에 다ᄒᆞ여ᄂᆞᆫ 진쥬 ᄒᆞᆫ 젼ᄃᆡ로 젹은 ᄯᅥᆨ ᄒᆞ기를 밧고려 ᄒᆞ거든 ᄒᆞ믈며 령혼의 량식이야 더 귀치 아니ᄒᆞ겟ᄂᆞ뇨 셩경에 닐은 텬하리를 다 엇을지라도 셩명 일흐면 무슴 유익ᄒᆞᆷ이 잇스리오 ᄒᆞ엿ᄉᆞ니 어서 우리 대ᄒᆞᆫ 이쳔만 동포들은 육톄의 졍욕을 버셔 바리고 우리 쥬ᄭᅴ로 도라와 령혼의 량식 엇기를 바라노라

한종 졍문국

ᄂᆡ보

ᄎᆞ혹ᄒᆞᆫ일) 젼의판 홍젹후씨ᄂᆞᆫ 우리 구세쥬를 독실히 밋ᄂᆞᆫ 형데라 위인을 ᄀᆡ명ᄒᆞ논ᄃᆡ ᄆᆡ우 열심이 잇심ᄲᅮᆫ 아니라 무슴 ᄉᆞ업이던지 아모조록 압흐로 나아 가고져 ᄒᆞᄂᆞᆫ고로 일본 사ᄅᆞᆷ과 약됴ᄒᆞ고 슈륜 긔계를 갓다가 힝쥬 근쳐에서 각물을 인도ᄒᆞ야 수ᄇᆡᆨ셕지기를 작답 ᄒᆞ라고 쟝ᄎᆞᆺ 일본

으로 향ᄒᆞ셔 화륜션에 올나 가다가 실슈가 되야 물에 ᄯᅥ러져셔 죽엇다 ᄒᆞ니 홍씨를 아ᄂᆞᆫ 사ᄅᆞᆷ은 누가 츄측히 넉이지 안ᄂᆞᆫ이가 업더라

○(무죄방면) 쪽발악 ᄉᆞ건으로 피착ᄒᆞᆫ 니찬영 니죵우 김로안 졔씨가 봄브터 지금ᄭᆞ지 감옥셔에셔 허다ᄒᆞᆫ 고초를 만이 격ᄂᆞᆫ다더니 평리원에셔 여러번 심ᄉᆞᄒᆞ되 아모 죄가 업ᄂᆞᆫ고로 일젼에 다 방숑이 되엿다더라

○(참봉ᄎᆞ함) 요ᄉᆞ이 의릉 참봉 ᄎᆞ함이 ᄆᆡ우 ᄌᆞ조 나ᄂᆞᆫᄃᆡ 경향간 부랑피 류들이 눈이 벌거케 덤빈다더라

○(민씨셔임) 젼 궁ᄂᆡ부 협판 민영긔씨ᄂᆞᆫ 일젼에 특진관을 피명 ᄒᆞ엿다더라

○(젼권피명) 젼대신 심샹훈씨ᄂᆞᆫ 쥬청 젼권 공ᄉᆞ를 피명 ᄒᆞ엿다더라

○(풍셜고록) 각도 각군에 독쇄관을 나려 보내여 결젼을 슈쇄 ᄒᆞ야 곡식을 무역 ᄒᆞᆫ다ᄂᆞᆫ 소문이 잇시나 밋을수ᄂᆞᆫ 업ᄂᆞᆫ것이 불샹ᄒᆞᆫ ᄇᆡᆨ셩의게 세젼을 불일 독봉 ᄒᆞ엿다가 쌀 쟝ᄉᆞ ᄒᆞᆯ이가 만무ᄒᆞᆯ지

○(의졍ᄉᆞ직) 의졍대신 윤용션씨가 죠병식 니용티 ᄇᆡᆨ셩긔 졔씨의 ᄉᆞ건이 다쳡된일이 온당치 안다ᄒᆞ야 ᄉᆞ직 소를 올녓더니 비지니에 즉시 힝공ᄒᆞ라 ᄒᆞ옵셧더라

○(비쥬강도) 일젼에 졍동 대궐 압헤셔 잇던 와돔 ᄒᆞᆫ사ᄅᆞᆷ이 금 픈 돈을 가지고 지나가ᄂᆞᆫᄃᆡ 비쥬대도에 강도 ᄒᆞᆫ놈이 한도를 ᄲᆡ여 가지고 달녀 들어 그 사ᄅᆞᆷ을 지르려ᄂᆞᆫ 즉디에 슌검이 그 강도놈을 잡어 경무텽으로 압송 ᄒᆞ엿다ᄂᆞᆫᄃᆡ 칼에 마진 사ᄅᆞᆷ은 다ᄒᆡᆼ이 파히 샹지ᄂᆞᆫ 아니 ᄒᆞ엿다더라

본회 광고

본회에서 이 회보를 젼년과 ᄀᆞᆺ치 일쥬일에 ᄒᆞᆫ식번 발간 ᄒᆞᄂᆞᆫᄃᆡ 새로 륙폭으로 뎡자ᄒᆞ고 ᄒᆞᆫ쟝 갑슨 엽젼 오푼이오 ᄒᆞᆫᄃᆞᆯ갑슨 미리내면 젼과 ᄀᆞᆺ치 엽젼 ᄒᆞᆫ돈 오푼이라 본국 교우나 서국 목ᄉᆞ나 교외 친구나 만일 ᄎᆞᆺ셔 보고져 ᄒᆞ거든 졍동 아펜셜라 목ᄉᆞ 집이나 죵로 대동셔시에 가셔 사시옵

죵로 대동셔시 광고

우리 셔샤에셔 셩경 신구약과 찬미칙과 교회에 유익ᄒᆞᆫ 여러가지 셔칙과 시무에 긴요ᄒᆞᆫ 칙들을 팔되 갑시 샹당 ᄒᆞ오니 학문샹과 시무변에 ᄯᅳᆺ이 잇ᄂᆞᆫ 군ᄌᆞ들은 만히 사셔 보시옵

대영국 셩셔 공회 광고

새로 간츌 ᄒᆞᆫ거슨 로마 가라태 골노시 야고보 베드로 젼후셔 듸모데 젼후셔니 사셔 보실이ᄂᆞᆫ 회샤 쥬인 긘묘 션ᄉᆡᆼᄭᅴ로 오시옵

뎨삼권

대한크리스도인회보

뎨오십이호

광무삼년 (비오신이ᄒᆞ) 십이월 이십칠일

셩탄일을지냄

서울 셩안과 셩밧게 예수교 회당파 뎐쥬교 회당에 등불이 휘황ᄒᆞ고 여러 쳔만 사ᄅᆞᆷ이 깃븜게 지나가니 구세쥬 탄일이 대한 국에도 큰 셩일이 되엿더라

정동회당

아참 여ᄉᆞᆺ시에 목ᄉᆞ 이하로 남녀 교우들이 열졔히 모혀 양쳐ᄂᆞᆫ 목쟈가 쥬의 영광을 보고 베ᄃᆞ레헴애 간것 ᄀᆞᆺ치 구세쥬를 경비 ᄒᆞ고 하ᄂᆞ님의 은혜를 찬숑 ᄒᆞ엿더라

젼도홈

샹오 열ᄒᆞ시에 젼쥬셔 젼도 ᄒᆞ시ᄂᆞᆫ 리목ᄉᆞ가 와셔 토가 어쟝파 마태 이쟝을 보고 비지학당 학도들은 영어로 찬미 ᄒᆞᆫ후에 리목ᄉᆞ가 다시 ᄉᆞ도힝젼 이십쟝 삼십오졀을 보고 글ᄋᆞᆫ티 하ᄂᆞ님의 도ᄂᆞᆫ 밧ᄂᆞᆫ것 보담 주ᄂᆞᆫ거시 복이 되ᄂᆞᆫ지라 하ᄂᆞ님ᄭᅴ셔 ᄇᆞᆰ은 빗과 허다ᄒᆞᆫ 물건으로 사ᄅᆞᆷ의게 주실ᄲᅮᆫ 아니라 ᄉᆞ랑 ᄒᆞ시ᄂᆞᆫ 독ᄉᆡᆼ ᄉᆡᆼᄌᆞ 예수 ᄭᆞ지 세샹에 주샤 만국 만민의 죽을 죄를 ᄃᆡ쇽 ᄒᆞ셧시니 대일 거룩 ᄒᆞ신 은총이오 ᄯᅩ 우리의게 령혼과 ᄉᆞ지ᄇᆡᆨ톄를 주셧시니 첫ᄌᆡᄂᆞᆫ 우리들이 맛당히 ᄆᆞᄋᆞᆷ과 몸으로 하ᄂᆞ님ᄭᅴ 드리ᄂᆞᆫ거시 올코 둘ᄌᆡᄂᆞᆫ 우리가 됴흔 복음을 밧앗시니 의복 음식으로 사ᄅᆞᆷ을 구졔 ᄒᆞᄂᆞᆫ것 보담 뎐국 복음을 외인의게 만히 젼파ᄒᆞ야 주ᄂᆞᆫ거시 대일 됴흔 일이라 만일 듯ᄂᆞᆫ 사ᄅᆞᆷ이 밧기를 슬혀 ᄒᆞ거든 우리가 긔도 홈으로 써 주ᄂᆞᆫ거시 올타 ᄒᆞᄂᆞᆫ지라 그후에 리화학당 녀학도들이 영어로 찬미ᄒᆞ고 파ᄒᆞ엿ᄂᆞᆫ데 모힌 무리가 ᄉᆞ오ᄇᆡᆨ명 가량이더라

오후학당

아희들이 오포젼 브터 구세쥬 탄일을 기다리ᄯᅥ니 이날 오후에 교우와 학원들이 학당에 모히여 찬미 긔도 ᄒᆞᆫ후에 몃 사ᄅᆞᆷ이 연셜ᄒᆞ고 파실 봉지와 돌력을 분급ᄒᆞ고 리화학당에셔도 학도들의게 실과 봉지들 분급 ᄒᆞ엿시며 하오 여ᄉᆞᆺ시에 다시 회당에 모히여 구세쥬 오시던ᄯᅢ 브터 승텬ᄒᆞ실ᄯᅢ ᄭᆞ지 여러가지 그림을 ᄌᆡ미 잇게 구경식힐셰 모힌 사ᄅᆞᆷ이 쳔여명이더라

대한크리스도인회보

THE KOREAN CHRISTIAN ADVOCATE.
Rev. H. G. Appenzeller, Editor.
36 cents per annum
in advance. Postage extra.

Wednesday, Dec. 27th, 1899.

서울 졍동셔 일쥬일에 ᄒᆞᆫ번식
발간ᄒᆞᄂᆞᆫ 아펜셜라 목ᄉᆞ가
회보 샤쟝이 되엿더라
일년 갑슬 미리 내면 삼
십 륙젼이오 우표 갑슨
ᄯᅩ로 잇ᄂᆞ니라

달성회당

이ᄯᅢ에 젼도ᄒᆞ시ᄂᆞᆫ 이가 맛참 병이 잇기로 남녀 교우들이 다 아참에ᄂᆞᆫ 졍동 회당으로 와셔 ᄒᆞᆷᄭᅴ 례ᄇᆡᄒᆞ고 하오 닐곱시에 본 회당에 모히여 깃븐 ᄆᆞ음으로 그림과 봉물을 논하 주엇다더라

동대문안회당

이 회당에셔ᄂᆞᆫ 로병션씨가 젼도ᄒᆞᄂᆞᆫ데 이날 하오 칠뎜 죵에 남녀 교우들을 모호고 례ᄇᆡ를 셔국 풍쇽대로 구셰쥬 탄일 나무 가지에 달엇다가 긔도 찬미ᄒᆞᆫ후에 연셜ᄒᆞ고 깃부게 논히 주엇다 더라

二

은산으로감

양력 십일월 십오일에 홀의원과 부인과 ᄒᆞᆷᄭᅴ 은산 지경에 가셔 젼도ᄒᆞ실시 여러 ᄉᆞᄅᆞᆷ을 맛나 하ᄂᆞ님의 아ᄅᆞᆷ다온 복음으로 ᄀᆞᄅᆞ치나 불샹ᄒᆞ고 답답ᄒᆞᆫ 빅셩이 ᄒᆞᆫ둣 만하 눈물이 ᄌᆞ연히 흐르ᄂᆞᆫ지라 우리 대한 형뎨 들은 엇지 ᄒᆞ야 회개치 못ᄒᆞ며 구셰쥬 붉은빗출 본밧지 못ᄒᆞ고 하ᄂᆞ님의 은혜를 감사ᄒᆞᆯ줄 모로ᄂᆞ고 어서 속히 ᄶᅢ다러 밋ᄂᆞᆫ 형뎨 되기를 ᄇᆞ라오 대한국 빅셩들도 하ᄂᆞ님ᄭᅴ셔 내신 사ᄅᆞᆷ이오 하ᄂᆞ님이 주신 만물노 먹고 닙고 살것마ᄂᆞᆫ 텬은을 알지 못ᄒᆞᆷ으로 각인의게 해가 적지 안소 무론 아모곳이던지 하ᄂᆞ님을 공경ᄒᆞᄂᆞᆫ 형뎨 외에ᄂᆞᆫ 모도 어리석고 가련ᄒᆞᆫ 빅셩이라 우리가 이곳 셔지오며 본즉 대한 비록 적으나 풍쇽이 다른지라 쳥국이 ᄀᆞᆺ가온고로 ᄉᆞᄅᆞᆷ의 말소리노 이상ᄒᆞ고 례법도 ᄀᆞᆺ지 아닌거시 만ᄒᆞ니 싀집 가ᄂᆞᆫ 신부ᄂᆞᆫ 보교에 담아셔 몰ᄂᆞᆫ 티우고 근쳐 가ᄂᆞᆫ 새악시ᄂᆞᆫ 록의 홍샹으로 몰을 티우고 계집 ᄋᆞ희들은 삼ᄉᆞ세 브터 은으라 귀의 고리를 문 고리 ᄀᆞᆺ처 문ᄃᆞ러 달고 ᄃᆞ니게 ᄒᆞ되 여십 칠팔세 되면 ᄲᅵ여 ᄇᆞ릴ᄯᅢ에 대단히 셥셥ᄒᆞᆫ ᄆᆞ음이 잇다 ᄒᆞ오 평양 녀인들은 머리에 큰 다ᄅᆞᆯ 드려 언ᄭᅩ 슈건을 쓰ᄂᆞᆫ 법이오 북도 풍쇽은 쳥국 녀인과 ᄀᆞᆺ치 머리멀노 귀ᄭᆞ지 싸셔 ᄆᆡᆺ고 슈건도 쓰지 (오쥭)

례ᄇᆡ일공과 일ᄇᆡᆨ오십이 졍월 칠일

바울노가로마사름의게ᄒᆞᆫ편지

로마인셔 십륙쟝 십칠졀노 이십칠졀ᄭᆞ지

十七 형뎨들아 내가 너희를 권ᄒᆞ노니 너희 ᄇᆡ혼 도를 거ᄉᆞ려 서로 등지게 ᄒᆞ고 걸치게 ᄒᆞᄂᆞᆫ 사름을 ᄉᆞᆲ히고 ᄯᅩᄒᆞᆫ 더희게서 ᄯᅥ날지어다 十八 대개 이 ᄀᆞᆺᄒᆞᆫ 사름은 우리 쥬 크리스도를 섬기지 아니 ᄒᆞ고 다만 ᄌᆞ긔의 ᄇᆡ만 섬기ᄂᆞ니 공교ᄒᆞᆫ 말파 아당 ᄒᆞᄂᆞᆫ 말노 셩실ᄒᆞᆫ 쟈의 ᄆᆞᄋᆞᆷ을 미혹케 ᄒᆞᆷ이라 十九 대개 너희 슌죵ᄒᆞᆷ이 소문이 여러 무리에 들니니 그런고로 내 너희들 위ᄒᆞ여 깃버ᄒᆞ고 너희가 션ᄒᆞᆫ데 지혜 ᄒᆞ고 악ᄒᆞᆫ데 미련 ᄒᆞ기를 원 ᄒᆞ노라 二十 평강ᄒᆞᆷ을 주시ᄂᆞᆫ 하ᄂᆞ님ᄭᅴ셔 속히 사단을 너희 발 아래 ᄇᆞᆲ게 ᄒᆞ시리라 ○二 우리 쥬 예수 크리스도 은혜가 너희게 잇기를 원ᄒᆞ노라 ○ 二一 나와 ᄒᆞᆷᄭᅴ 슈고 ᄒᆞᄂᆞᆫ 듸모데와 나의 친쳑 누기오와 야손파 소시밧도가 너희게 문안 ᄒᆞ고 二二 이 편지 더신 쓰ᄂᆞᆫ 더듸오도 쥬에 너희게 문안 ᄒᆞ고 나와 온 교회 쥬인 가이오도 너희게 문안 ᄒᆞ고 셩즁에 고간 맛흔 에라스도와 형뎨 구아도도 너희게 문안 ᄒᆞᄂᆞ니라 ○二四 우리 쥬 예수 크리스도의 은춍이 너희 모든 사름의게 잇기를 ᄇᆞ라노라 아멘 ○ 二五 오직 하ᄂᆞ님ᄭᅴ셔 나의 복음파 ᄯᅩᄒᆞᆫ 예수 크리스도의 반포 ᄒᆞ시ᄂᆞᆫ데로 능히 너희를 견쟝케 ᄒᆞ고 녯젹 브터 오묘 ᄒᆞ신 묵시ᄂᆞᆫ 임의 잠잠 ᄒᆞ시더니 二六 이제ᄂᆞᆫ 나타내샤 션지쟈의 쓴바로 말미암아 영셩 ᄒᆞ시ᄂᆞᆫ 하ᄂᆞ님의 명 ᄒᆞ신바 터로 모든 외방 사름의 밋음으로 슌복게 ᄒᆞᆷ을 알게 ᄒᆞ심이니 二七 예수 크리스도로 독일 무이 ᄒᆞ시고 지혜 ᄒᆞ신 하ᄂᆞ님ᄭᅴ 영광을 영원토록 돌녀 보내기를 원 ᄒᆞ노라 아멘

주셕

대목 좀도를비반ᄒᆞᄂᆞᆫ쟈를삼가막을것 십칠졀노이십졀

十七八 ᄉᆞ도ㅣ 거즛도 강론 ᄒᆞᄂᆞᆫ쟈들 방비 ᄒᆞᄂᆞᆫ

것을 셩경 즁에 만히 강론 ᄒᆞ엿ᄂᆞ니 맛당히 피ᄒᆞ야 그 말ᄉᆞᆷ을 듯지 아니 ᄒᆞᆯ것이니라 비만 셤긴다 ᄒᆞᆷ은 곳 그 불션ᄒᆞᆫ 힝위를 말ᄒᆞᆫ것이니라

十九그때 ᄭᅡ지 마셩 교회가 아ᄅᆞᆷ다온 소문이 잇셧ᄂᆞ니라 션ᄒᆞᆫᄃᆡ 지혜롭고 악ᄒᆞᆫᄃᆡ 미련 ᄒᆞ다 ᄒᆞᆷ은 예수ㅣ 굴으샤ᄃᆡ 맛당히 지혜ᄂᆞᆫ 비얌 ᄀᆞᆺ고 순ᄒᆞᆫ것은 비ᄃᆞᆯ기 ᄀᆞᆺ치 ᄒᆞ라 ᄒᆞ셧ᄂᆞ니라

二十마귀를 능히 이긔ᄂᆞᆫ 거시네ᄶᆡ (창세긔 삼쟝 십ᄉᆞ졀

뎨목 **형뎨의문안** 이십일졀노이십ᄉᆞ졀

二十一듸모데와 누기오와 야손과 소시바도가 로마 교회를 문안 ᄒᆞᆫ말이니라

二十二가랍태인셔ᄂᆞᆫ 바울노의 친필노 쓴것이오 로마인셔ᄂᆞᆫ ᄃᆡ드오가 바울노 ᄃᆡ신 쓴것이니라

二十三가이오ᄂᆞᆫ 셩도를 잘 맛허 ᄃᆡ졉ᄒᆞᆫ 사ᄅᆞᆷ이니라

二十四복비ᄂᆞᆫ 말이니라

뎨목 **찬미ᄒᆞ고 송덕ᄒᆞᄂᆞᆫ말** 이십오졀노 이십칠졀

廿五ㅡ七예수교와 유교의 다른것은 이 찬송 ᄒᆞᄂᆞᆫ 말ᄉᆞᆷ을 보면 ᄌᆞ연 알것이니라 하ᄂᆞ님은 영싱 ᄒᆞ시ᄂᆞᆫ 신이라 ᄒᆞ며 독일 ᄒᆞ신 지혜로으신 신이라 칭 ᄒᆞ엿ᄂᆞ니라 대개 복음을 젼파 ᄒᆞᄂᆞᆫ것은 곳 하ᄂᆞ님의 완젼ᄒᆞ신 덕을 드러내ᄂᆞᆫ 것이오 ᄯᅩ예수의 영광과 은혜를 뎨론 ᄒᆞᄂᆞᆫ것이니 이 복음이 능히 신도의 ᄆᆞᄋᆞᆷ을 견고 ᄒᆞ게 ᄒᆞ며 ᄯᅩ 근긔를 온젼케 ᄒᆞᄂᆞ니라 복음의 오묘ᄒᆞᆷ이 능히 만국 만민으로 ᄒᆞ여곰 구셰쥬를 신복 ᄒᆞ야 하ᄂᆞ님ᄭᅴ로 도라 오게 ᄒᆞᄂᆞᆫ고로 영광이 셩부와 셩ᄌᆞ와 셩신ᄭᅴ 나타나 셰셰에 니ᄅᆞ게 ᄒᆞ기를 원 ᄒᆞ엿ᄂᆞ니라 아멘

은산으로감

이폭련씨

ᄒᆞᄂᆞᆫ 법이오 졂은 녀인이 나제 밧그로 ᄃᆞ니지 못ᄒᆞᄂᆞᆫ 셔울 풍쇽과 ᄀᆞᆺ도다 우리가 ᄉᆡᆼ신의 인도ᄒᆞ심으로 쳠데 오씨집에 ᄂᆞ려 본즉 그 형뎨ᄂᆞᆫ 쥬를 밋음으로 외인보다 모양이 대단히 다른지라 우리가 오씨 집에 잇실 동안에 여러 사ᄅᆞᆷ이 죠셕으로 모힐ᄉᆡ 남ᄌᆞ들은 몬져 모혀 긔도ᄒᆞ고 그후에 녀인들이 ᄯᅩ 모히여 찬미 긔도 ᄒᆞ엿ᄂᆞᆫᄃᆡ 그즁에 예수를 밋고져 ᄒᆞᄂᆞᆫ 사ᄅᆞᆷ이 남ᄌᆞ가 둘이오 녀인이 둘이오 ᄋᆞᄒᆡ가 ᄒᆞ나이라 북진 지레부비라 ᄒᆞᄂᆞᆫ 곳에 가 미국 사ᄅᆞᆷ이 금점 ᄒᆞᄂᆞᆫ 곳을 구경ᄒᆞ니 긔긔 고묘ᄒᆞᆫ 긔계ᄂᆞᆫ 다 칭량ᄒᆞᆯ수 업고 놉흔 산을 파 내ᄂᆞᆫᄃᆡ 몃 ᄇᆡᆨ길 되ᄂᆞᆫ 구멍으로 드러가ᄂᆞᆫᄃᆡ 어두워 그져ᄂᆞᆫ 갈수 업ᄂᆞᆫ고로 쵸불을 들고 드러가니 그곳에ᄂᆞᆫ 금이 만히 난다 ᄒᆞ오 미국 사ᄅᆞᆷ이 금을 보이ᄂᆞᆫᄃᆡ 우리 눈에ᄂᆞᆫ 검은 흙이 반 사발즘 되ᄂᆞᆫᄃᆡ 미국 사ᄅᆞᆷ의 말이 금젼으로 ᄉᆞᄇᆡᆨ원 앗치라 ᄒᆞ니 ᄎᆞᆷ 귀즁ᄒᆞᆫ 보화라 우리가 여러가지 구경을 ᄒᆞᆫ후에 긔분 ᄆᆞᄋᆞᆷ도 잇고 한심ᄒᆞᆫ ᄆᆞᄋᆞᆷ도 잇ᄉᆞ니 우리 나라 ᄇᆡᆨ셩들도 이목[illegible]가 ᄂᆞᆷ의 나라 사ᄅᆞᆷ과 ᄀᆞᆺ치 슬 엇지 ᄒᆞ야 외국 인민들은 대한 ᄭᆞ지 와셔 금과 은과 모든 보화를 한량업시 실어가되 대한 사ᄅᆞᆷ은 타국에 잇ᄂᆞᆫ 보화를 가져 오기ᄂᆞᆫ 고샤ᄒᆞ고 내 나라 ᄯᅡ에 잇ᄂᆞᆫ 금은도 파ᄂᆡᆯ줄 모로고 분ᄒᆞᆫ ᄆᆞᄋᆞᆷ도 업고 그곳에 가셔 모군 품이나 팔고 은젼 몃원식 밧ᄂᆞᆫ 거슬 대단ᄒᆞᆫ 횡재로 알고 근쳐에 사ᄂᆞᆫ ᄇᆡᆨ셩들은 술을 만ᄃᆞ러 금점 군ᄉᆞ게 팔기로 골몰 무가ᄒᆞ니 ᄎᆞᆷ 불샹ᄒᆞ고 익셕ᄒᆞ야 볼수 업ᄉᆞ다 쥬야 ᄇᆞ라ᄂᆞᆫ 기ᄂᆞᆫ 우리 나라 졍부에셔도 ᄇᆡᆨ셩을 ᄎᆞᆷ으로 ᄉᆞ랑ᄒᆞ고 각항 지됴를 ᄀᆞᄅᆞ치며 나라이 부강ᄒᆞ기를 힘써 사ᄅᆞᆷ마다 산업을 편케 ᄒᆞ면 ᄌᆞ연히 ᄆᆞᆫ명ᄒᆞᆫ 디경에 나ᄅᆞᆯ지니 엇지 외국 사ᄅᆞᆷ만 못ᄒᆞ기로 근심ᄒᆞ리오 대한이 부강ᄒᆞᆯ 방침을 말ᄒᆞᆯ진대 첫재ᄂᆞᆫ 인ᄌᆞᄒᆞ신 구세쥬를 밋어야 될터이오 둘재ᄂᆞᆫ ᄡᅳᆯᄃᆡ 업ᄂᆞᆫ 신당에 긔도ᄒᆞᄂᆞᆫ 폐지ᄒᆞ고 그 돈으로 학교들 더 만히 셜시ᄒᆞ야 각국 학문을 ᄀᆞᄅᆞ치며 ᄇᆡᆨ셩들은 각각 ᄌᆞ긔의 ᄌᆞ데들을 힘써 학교로 보내여 각식 지됴를 ᄇᆡ호게 ᄒᆞ면 후셰들이라도 필경은 부강ᄒᆞᆫ 세계를 볼터이오니 대한 형뎨들은 어셔 속히 ᄭᆡ다ᄅᆞᆯ지어다 우리가 ᄯᅩ 평양에 잇ᄂᆞᆫ 셕탄광을 구경ᄒᆞᆫ즉 됴흔 셕탄이 만흔ᄃᆡ 대한 사ᄅᆞᆷ들은 ᄯᅡ속에 무쳔 지물을 차질줄 모로다가 타국 사ᄅᆞᆷ의게 내여주니 실노 익셕ᄒᆞᆫ 일이라 우리 ᄀᆞᆺ흔 젹은 녀ᄌᆞ의 ᄆᆞᄋᆞᆷ에도 이ᄀᆞᆺ치 샹ᄒᆞ오니 대한 형뎨들은 어셔 속히 ᄭᆡ다랏 시기를 천만 ᄇᆞ라오며 여은 셜의 원

(륙쪽

은산으로감

오쪽련속

슈라 예수를 밋는 형데들이 금점에 간쟉 밋지 아니 ᄒᆞᄂᆞᆫ 쟈ㅣ 비방ᄒᆞᆯ뿐 아니라 미국 사ᄅᆞᆷ의 악ᄒᆞᆫ 힝실을 보고 더욱 유혹에 빠지오니 ᄎᆞᆷ 졀통ᄒᆞᆯ 일이라 형데 오씨가 쳐ᄌᆞ를 다리고 은산에셔 젼도 ᄒᆞ오니 여러분 교우들은 그 형데를 위ᄒᆞ야 만히 긔도 ᄒᆞ시고 츄슈 ᄒᆞ시ᄂᆞᆫ 쥬의게 간구ᄒᆞ여 일군을 더 보내여 츄수 ᄒᆞ게 ᄒᆞ옵소셔

녀교우 쟉순

닉보

○(지정경갈) 각도에 ᄃᆡ랍을 건체 ᄒᆞᄂᆞᆫ 교용이 만ᄒᆞᆫ고로 탁지부에 지정이 경갈ᄒᆞ야 각 마을 관인의게 이돌 월급을 줄수가 업다더라

○(삭남소식) 삼남에 화적이 대치 ᄒᆞ야 길에ᄂᆞᆫ 힝인이 왕릭 ᄒᆞ기가 어렵고 촌에ᄂᆞᆫ ᄇᆡᆨ셩이 안졉ᄒᆞᆯ수가 업다더라

○(니씨피착) 니명샹씨가 동릭 감리로 잇실 때에 너장원 돈도 갑슬 샹납 ᄒᆞᆫ것이 모호ᄒᆞᆫ 닭으로 일젼에 평리원에 피착이 되엿다더라

○(어씨피착) 젼외판 어용션씨ᄂᆞᆫ 무ᄉᆞᆷ 일인지 알수 업시되 일젼에 경무텽에 잡히여 갓쳣다더라

○(뎨국신문) 향일에 남대문안 지봉소에셔 불이 나셔 인가 십여쳐까지 다 타고 샤ᄅᆞᆷ ᄒᆞ나ᄭᆞ지 타셔 죽고 뎨국신문샤 집과 활판 긔계와 쥬ᄌᆞ와 문부가 다 ᄌᆡ가 된고로 우리가 그신문이 업셔질가 미우 한탄 ᄒᆞ엿더니 그 샤원들이 인민을 ᄌᆡ명ᄒᆞ고 ᄒᆞᄂᆞᆫ디 열심에 잇셔 지정의 손해됨을 불계 ᄒᆞ고 신문을 얼전브터 다시 발간 ᄒᆞ얏다 ᄒᆞ니 ᄎᆞᆷ 쳐하ᄒᆞᆯ만 ᄒᆞᆫ일이더라

본회 광고

본회에셔 이 회보를 젼년과 ᄀᆞᆺ치 일쥬일에 ᄒᆞᆫ식번 발간 ᄒᆞᄂᆞᆫ디 새로 륙쪽으로 면직ᄒᆞ고 ᄒᆞᆫ장 갑슨 엽젼 오푼이오 ᄒᆞᆫ돌갑슨 미리내면 젼과 ᄀᆞᆺ치 엽젼 ᄒᆞᆫ돈 오푼이라 본국 교우나 셔국 목ᄉᆞ나 교외 친구나 만일 사셔 보고져 ᄒᆞ거든 정동 아편셜라 목ᄉᆞ 집이나 종로 대동셔시에 가셔 사시옵

종로대동셔시 광고

우리 셔샤에셔 셩경 신구약과 찬미칙과 교회에 유익ᄒᆞᆫ 여러가지 셔칙과 시무에 긴요ᄒᆞᆫ 칙들을 팔되 갑시 샹당 ᄒᆞ오니 학문샹과 시무변에 뜻이 잇ᄂᆞᆫ 군ᄌᆞ들은 만히 사셔 보시옵

대영국 셩셔 공회 광고

새로 간출 ᄒᆞᆫ거슨 로마 가라태 골노시 야고보 베드로 젼후셔 티모데 젼후셔니 사셔 보실이ᄂᆞᆫ 회샤 쥬인 권묘 션ᄉᆡᆼ께로 오시옵

대한크리스도인회보

돈 잘 쓰는 법

우리 활판소에 긔계가 부족ᄒᆞᆫ 기로 미국 쳔구외계 보죠ᄒᆞᆫ 기를 청구ᄒᆞᆫ 엿더니 엇던 쳔구ᄒᆞᆫ나은 이 쳔원을 보죠ᄒᆞᆫ 고 엇던 쳔구들은 몃 빅원식 보죠 ᄒᆞ고로 합ᄒᆞ여 오 쳔원을 엇은지라 ᄉᆡᆨ 목ᄉᆞ가 그 돈으로 긔계와 쥬ᄌᆞ를 만히 샷시니 그 긔계가 다 나오고 보면 대한에는 우리 활판소보다 더 큰 곳이 업실너라

특별광고

만국이 통공ᄒᆞ야 ᄒᆞᆯ 쥬일 동안 긔도ᄒᆞᆯ 제목

텬하 만국에 잇ᄂᆞᆫ 그리스도 교인들이 미년 일월 첫 쥬일 브터 일쥬일 동안을 긔도 ᄒᆞᆯ터인디 대한에 잇ᄂᆞᆫ 교인들도 만국파 ᄀᆞᆺ치 긔도 ᄒᆞᆯ지라 그 제목을 좌에 긔지ᄒᆞ노라

초칠일 일요 교회ᄂᆞᆫ 몸이오 그리스도ᄂᆞᆫ 머리니 더가 죽은 쟈 즁에셔 몬져 사신 쟈ㅣ니라 (골노시 일장 십팔절)

초팔일 월요 죄를 고ᄒᆞ고 감샤ᄒᆞᆷ 회ᄀᆡᄒᆞᆯ 죄가 두가지 잇ᄉᆞ니 ᄒᆞᆫ나흔 악을 힝ᄒᆞᄂᆞᆫ 거시오 ᄒᆞᆫ나흔 션을 힝치 아니ᄒᆞ게 ᄒᆞᄂᆞᆫ 거시라 (요한 일장 팔절노 십절 시편 오십일편 좀언 이십팔장 십삼절 시편 오십편 이십삼절 일빅편 ᄉᆞ절 필립보 ᄉᆞ장 륙절 골노시 ᄉᆞ장 이절 고린도 젼셔 일장 ᄉᆞ절 요한 십륙장 십삼절 로마 십일장 이십륙절)

초구일 화요 온 그리스도를 위ᄒᆞ야 긔도ᄒᆞᆷ 각쳐 젼교ᄉᆞ와 교우들을 위ᄒᆞ야 긔도ᄒᆞᆷ거시라 (이불소 ᄉᆞ장 삼절노 륙절)

초십일 슈요 각 나라와 그나라 다ᄉᆞ리ᄂᆞᆫ 사름을 위ᄒᆞ야 긔도ᄒᆞᆷ (로마 십삼장 일절노 칠절 좀언 팔장 십오절 듸모데 젼셔 십일장 일절노 륙절)

십일일 목요 집안과 학교를 위ᄒᆞ야 긔도ᄒᆞᆷ (요한 삼셔 ᄉᆞ절)

십이일 금요 그리스도 교를 아지 못ᄒᆞᄂᆞᆫ 나라에 젼도ᄒᆞᆷ을 감샤ᄒᆞ고 긔도ᄒᆞᆷ (마대 이십팔장 십구절노 이십절 ᄉᆞ도힝젼 일장 팔절 팔장 ᄉᆞ절)

십삼일 토요 그리스도 교를 아ᄂᆞᆫ 나라에 젼도ᄒᆞᆷ과 유대 사ᄅᆞᆷ의게 젼도 ᄒᆞ기를 군구ᄒᆞᆷ (로마 십일장 오절과 이십오절노 이십구절 누가 십삼장 이십 구절노 삼십절 마태 오장 이십구절)

십ᄉᆞ일 쥬일 그리ᄉᆞ도의 요긴ᄒᆞᆫ 지톄가 됨 (고린도 젼셔 십장 십칠절과 십이장 이십이절)

대한크리스도인회보

THE KOREAN
CHRISTIAN ADVOCATE.
Rev. H. G. Appenzeller, Editor.
36 cents per annum
in advance. Postage extra.

Wednesday, Jan. 3rd, 1900.

서울 정동서 일쥬일에 한번식 발간ᄒᆞᄂᆞᆫᄃᆡ 아편셜라 목ᄉᆞ가 회보 샤쟝이 되엿더라

일년 갑슬 미리 ᄂᆡ면 삼십 륙젼 이오 우표 갑슨 ᄯᅩ로 잇노라

만국여러목ᄉᆞ의련명ᄒᆞᆫ편지대강

우리 쥬를 참 밋ᄂᆞᆫ 쟈들은 쥬의 몸이 되엿슨즉 우리가 ᄎᆞᄎᆞ 자라 우리 머리 되신이로 말미암아 온젼ᄒᆞᆷ이 되ᄂᆞ니라

우리가 셩신을 힘닙어 하ᄂᆞ님의 셩뎐이 되엿시매 구쥬의 아름다오심과 영광에 쇽ᄒᆞᆫ지라 우리가 쥬를 ᄯᅥ나면 아모것도 ᄒᆞ지 못ᄒᆞᆯ거시오 쥬ᄭᅴ 잇서셔ᄂᆞᆫ ᄒᆞᆫ나히 됨은 셩부와 셩ᄌᆞᄭᅴ셔 ᄒᆞᆫ나히 되심과 ᄀᆞᆺᄒᆞ여 ᄒᆞ홉과 음식과 사ᄂᆞᆫ거시 다 쥬로 말미암ᄂᆞ니라

우리가 언어와 힘ᄉᆞ와 문견과 지식과 권능과 모든거시 ᄀᆞᆺ지 아니ᄒᆞᆫ 만국 만민을 구원ᄒᆞ시ᄂᆞᆫ 예수씨와 ᄒᆞᆫ 교회가 되엿신즉 쥬 강싱 일쳔 구ᄇᆡᆨ년에 만국에 잇ᄂᆞᆫ 그리스도의 ᄇᆡᆨ뎨들이 일시에 모히여 일심으로 긔도ᄒᆞ야 셩신의 권능 밧기를 바라오

일심으로 긔도ᄒᆞ라 명ᄒᆞ셧고 밋ᄂᆞᆫ 쟈ᄂᆞᆫ 두어시 합ᄒᆞ야 긔도ᄒᆞᆯᄯᅢ에ᄂᆞᆫ 특별ᄒᆞᆫ 은혜를 주시고 응ᄒᆞ신다 허락ᄒᆞ셧시니 모든 교우들은 무론 남녀 로쇼 강약ᄒᆞ고 일심으로 긔도ᄒᆞ기를 권ᄒᆞ노라

모든 교우들이 강론ᄒᆞ며 증거ᄒᆞ며 이젹을 힝ᄒᆞ며 방언으로 말ᄒᆞᄂᆞᆫ거시 다 ᄀᆞᆺ지ᄂᆞᆫ 못ᄒᆞ나 긔도ᄂᆞᆫ 다 ᄒᆞᆯ수가 잇슨즉 형뎨 ᄌᆞᄆᆡ들은 ᄯᅥᆨᄀᆞᆺᄒᆞᆫ 몸으로 긔도ᄒᆞ시기를 ᄇᆞ라오

우리가 교회를 위ᄒᆞ야 긔도ᄒᆞᆯ ᄲᅮᆫ 아니라 신심이 부족ᄒᆞᆫ쟈와 외인들을 위ᄒᆞ야 간절히 긔도 ᄒᆞᆯ거시로다 우리가 죄를 고ᄒᆞ고 밋음과 감샤ᄒᆞᆷ으로 여호와ᄭᅴ 긔도ᄒᆞ면 만국 교회가 복 밧을지라 우리 예수 쥬 그리스도의 죵된쟈ᄂᆞᆫ 이 편지를 우리 ᄉᆞ랑ᄒᆞᄂᆞᆫ 형뎨들의게 붓치노라

연안나진포교회

구세쥬 탄일에 교우를 모화 경츅ᄒᆞ고 등불을 만히 달고 하ᄂᆞ님ᄭᅴ 찬숑ᄒᆞ며 구쥬 강싱ᄒᆞ신 은혜를 ᄉᆡᆼ각ᄒᆞᆯ시 찬미 뎨팔십구 뎨 십오 뎨 십륙을 부르며 누가복음 뎨 이쟝을 닑고 긔도ᄒᆞᆫ후에 열심으로 론셜ᄒᆞ니 구경ᄒᆞᄂᆞᆫ 사ᄅᆞᆷ들도 만히 왓ᄂᆞᆫ데 각식 실과를 쥰비ᄒᆞ여 교즁 학동과 구경ᄒᆞᄂᆞᆫ 아ᄒᆡ들ᄭᆞ지 주어 즐겁게 ᄒᆞ고 ᄯᅩ 교즁 형뎨 ᄌᆞᄆᆡ들은 ᄉᆞ랑ᄒᆞᄂᆞᆫ ᄆᆞ음으로 ᄋᆡ찬례를 힝ᄒᆞ엿ᄂᆞᆫ데 교우 남녀가 륙십 팔인이라 일노 좃차 볼진데 어두온 디경에 하ᄂᆞ님이 ᄇᆞᆰ은 빗출 빗최셧시니 영광을 다 하ᄂᆞ님ᄭᅴ로 돌니ᄂᆞ니다 오희두

엡웟쳥년회

우리가 금년 일년 브터 륙삭 동안에 또 신약을 공부 ᄒᆞᆯ 터인ᄃᆡ 아직 어나 권을 작뎡치 못 ᄒᆞ고로 이번 회보에는 출판치 못 ᄒᆞ노라

감회ᄉᆞ편지

우리 ᄉᆞ랑 ᄒᆞᄂᆞᆫ 엡웟 쳥년회 형매들은 하ᄂᆞ님 도오심으로 평안 ᄒᆞ시며 쥬 탄일 경축회에 ᄌᆞ미 만히 보시고 구셰쥬 오심을 깃분 ᄆᆞᄋᆞᆷ으로 찬숑 ᄒᆞ시고 일쳔 구ᄇᆡᆨ년 되ᄂᆞᆫ 새ᄒᆡ에 새로 ᄂᆞᆫ 사ᄅᆞᆷ을 더 엇으셔기를 ᄇᆞ라오며 이삼삭 문제ᄂᆞᆫ 요한복음 즁에셔 ᄐᆡᆨ ᄒᆞ여 보내옵고 이후 삼삭 문제도 요한복음 즁에셔 뎡 ᄒᆞᆯ 터이오며 또 륙삭 문제ᄂᆞᆫ 구약에셔 ᄐᆡᆨ ᄒᆞ겟ᄉᆞ오니 고히 아시고 이 문져 보내ᄂᆞᆫ 문제로 긔도회들 보시옵쇼셔 우리 쳥년 형매들은 동심 합력 ᄒᆞ야 금년 일년 동안에 그리스도 나라를 셜립 ᄒᆞ시와 영광을 하ᄂᆞ님ᄭᅴ 돌니게 ᄒᆞ고 ᄒᆞᆼ상 은혜즁 계시기를 ᄇᆞ라노라

됴원시

쳥년회긔도회문제

일월

一 참빗촌예수씨라
요한 일장 일졀노 십ᄉᆞ졀

二 예수씨의 쳣지뎨ᄌᆞ들
요한 일장 삼십오졀노 ᄉᆞ십륙졀

三 예수씨의 쳣지이젹
요한 이장 일졀노 십일졀

四 예수씨와 니가데모
요한 삼장 일졀노 십륙졀

五 예수는 야고보우물에계심
요한 ᄉᆞ장 오졀노 십오졀

이월

一 량반의 아들병곳쳐심
요한 ᄉᆞ장 ᄉᆞ십삼졀노 오십ᄉᆞ졀

二 구쥬의 권셰
요한 오장 십칠졀노 어십칠졀

三 오쳔명먹어심
요한 륙장 일졀노 십ᄉᆞ졀

四 예수씨가잔치에참예ᄒᆞ심
요한 칠장 이십팔졀노 삼십칠졀

삼월

一 예수씌셔우리죄를벗겨주심 요한 팔장 십이절노 삼십륙절

二 예수씌셔소경을보게ᄒᆞ심 요한 구장 일절노 십일절

三 예수씨는우리의착ᄒᆞᆫ목쟈 요한 십장 일절노 십륙절

四 예수씨는하ᄂᆞ님의아ᄃᆞᆯ이뎡녕ᄒᆞᆫ증거 요한 십장 이십이절노 ᄉᆞ십이절

각쳐쳥년회회원의게 새ᄒᆡ문안

예수 그리스도의 지극히 적은 죵 노병션은 경향 각쳐에 잇ᄂᆞᆫ ᄉᆞ랑ᄒᆞᄂᆞᆫ 형뎨들의게 문안ᄒᆞ노니 원컨ᄃᆡ 우리 구셰쥬와 하ᄂᆞ님ᄭᅦ셔 평강ᄒᆞᆫ 은춍을 나리시옵소셔 광음이 물 흐르ᄂᆞᆫ것곳ᄒᆞ야 어언간 삼ᄇᆡᆨ 륙십 오일이 지나고 일쳔 구ᄇᆡᆨ년을 당ᄒᆞ야 우리가 일년 동안에 지난바 일을 ᄉᆡᆼ각ᄒᆞ여 보면 하ᄂᆞ님의 은혜를 닙어 ᄉᆞ업을 만히ᄒᆞᆫ 형뎨도 잇ᄉᆞ려니와 세샹 풍쇽에 구익ᄒᆞ고 육신 졍욕에 복린바 되야 ᄒᆞᆨ 허물을 지은이도 잇ᄉᆞᆸ더이오니 됴흔 ᄉᆞ업은 하ᄂᆞ님ᄭᅴ ᄉᆞ랑ᄒᆞ시ᄂᆞᆫ바ㅣ요 허물을 짓ᄂᆞᆫ거ᄉᆞᆫ 하ᄂᆞ님의 노여ᄒᆞ시ᄂᆞᆫ바나 허물만 지은쟈ㅣ 엇지 경셩ᄒᆞᆯ 곳이 아니리오 그러나 션ᄒᆞᆫ쟈와 악ᄒᆞᆫ 쟈가 일톄로 하ᄂᆞ님의 은혜를 닙어 일년 동안을 무ᄉᆞ히 지내엿시니 하ᄂᆞ님의 넓으신 은춍을 엇지 감샤치 아니리오 셩경에 ᄀᆞᆯᄋᆞ샤ᄃᆡ 새 옷가음으로 헌옷ᄉᆞᆯ 깁지 안ᄂᆞᆫ거ᄉᆞᆫ 기운거시 도로혀 그 옷ᄉᆞᆯ 더 ᄒᆡ여ᄇᆞ릴가 ᄒᆞᆷ이오 새술을 헌가죡 부ᄃᆡ에 넛치 안ᄂᆞᆫ거ᄉᆞᆫ 술이 ᄉᆡ고 부ᄃᆡ가 ᄶᅵ어질가 ᄒᆞᆷ이니 새술은 새 부ᄃᆡ에 너허야 둘이 다 보젼ᄒᆞᄂᆞ니라 ᄒᆞ엿시니 우리가 새ᄒᆡ에 ᄒᆞᆯ 일은 새 가음으로 새 옷을 지어야 ᄒᆞᆯ거시요 새 부ᄃᆡ에 새술을 너허야 ᄒᆞᆯ거시라 그런즉 우리 청년의 담칙은 더옥 소즁ᄒᆞᆫ거시 교회를 흥왕케ᄒᆞᆷ과 나라를 ᄀᆡ명케ᄒᆞᆷ과 집을 가지ㅣ ᄒᆞᄂᆞᆫᄃᆡ 우리가 아니ᄒᆞ고 뉘가ᄒᆞ며 이ᄯᅢ에 아니ᄒᆞ고 어나ᄯᅢ ᄒᆞ리오 ᄯᅩᄒᆞᆫ 바울노 말ᄉᆞᆷ에 ᄀᆞᆯᄋᆞᄃᆡ 날노 환란이 잇ᄉᆞ니 ᄎᆞᆷ음을 잇기라 ᄒᆞ셧ᄉᆞ니 부지러니 젼도ᄒᆞ야 어두온ᄃᆡ 잇ᄂᆞᆫ 동포를 구원ᄒᆞᆯ거시오 구셰쥬 ᄀᆞᆯᄋᆞ샤ᄃᆡ 츄슈ᄒᆞᆯ거ᄉᆞᆫ 만ᄒᆞᄃᆡ 일군은 적다ᄒᆞ셧시니 우리ᄂᆞᆫ 하ᄂᆞ님의 부르신 일군이라 품삭을 밧고져 ᄒᆞᆯ진ᄃᆡ 츄슈 ᄒᆞᆫ기ᄅᆞᆯ 게을니 말거시라 ᄇᆞ라건ᄃᆡ 우리 청년들은 새ᄒᆡ에 새 ᄆᆞᄋᆞᆷ으로 교회에 일 ᄒᆞᆫ기ᄅᆞᆯ 더옥이 힘ᄉᆞᆯ지어다

원산편지

안변 영풍 짜온 쳡쳡ᄒᆞᆫ 산즁에 유벽ᄒᆞᆫ 곳이오 층암 절벽에 화뎐을 닐어 감저나 심으고 들 즘승으로 벗을 삼아 세월을 보내ᄂᆞᆫ곳이라 거긔 사ᄂᆞᆫ 한긔두라 ᄒᆞᄂᆞᆫ 형데ᄂᆞᆫ 셩경 말ᄉᆞᆷ을 드룬후에 예수씨ᄂᆞᆫ 춤 ᄌᆞ긔를 구원ᄒᆞᆫ신 쥬로 알고 열심으로 밋으며 심산궁곡에 외로이 잇서 농사 밧븜에 아모리 밧분지라도 쥬일을 당ᄒᆞ면 ᄇᆡᆨ스를 젼폐 ᄒᆞ고 가족으로 더브러 쥬일을 직히ᄂᆞᆫ디 긔도 ᄒᆞᄂᆞᆫ 법과 찬미 몃편을 비화 입으로ᄂᆞᆫ 외오나 일ᄌᆞ 무식ᄒᆞᆷ으로 셩경 못 봄을 ᄒᆞᆼ샹 ᄒᆞᆫ탄ᄒᆞᄂᆞᆫ지라 찬미 ᄒᆞᆫ 권을 사다가 비호ᄂᆞᆫ디 져고리에 주머니를 문드러 찬미를 너코 낫헤 가나 장에 가나 아모디를 가던지 곁을 잇ᄂᆞᆫ디로 내여 공부 ᄒᆞ더니 ᄒᆞ로ᄂᆞᆫ 수십리 밧게 져 숔모 집에 갈ᄉᆡ 그 니웃 집압헤 ᄒᆞᆫ 사ᄅᆞᆷ이 고랑을 차고 안져셔 한씨를 보고 말ᄒᆞ되 독긔비 원바지게에 뎐쥬학 ᄒᆞᄂᆞᆫ 놈 너머 간다 ᄒᆞ거ᄂᆞᆯ 한씨가 쳥이 블문 ᄒᆞ고 져 숔모 집에 드러가 아졋더니 니웃집 녀인이 와서 니르되 져긔 고랑 차고 안진이가 내 아ᄃᆞᆯ이오 독긔비 들닌지 월여가 되엿ᄂᆞᆫ디 경도 여러번 닑고 굿도 ᄒᆞ엿시되 낫지 아니 ᄒᆞ고 노아두면 산으로 다라나며 쟝유를 불별ᄒᆞ고 ᄒᆞ고 세간을 샹 ᄒᆞᄂᆞᆫ고로 져러케 고랑을 채여 두엇더니 오놀 그디를 보고 ᄒᆞᄂᆞᆫ 말이 이샹 ᄒᆞᆷ쁜 아니라 내가 드른매 예수 교 ᄒᆞᄂᆞᆫ 사ᄅᆞᆷ은 귀신이 슬혀 ᄒᆞᆫ다 ᄒᆞ니 내 아ᄃᆞᆯ의 병을 곳쳐주고 가시오 ᄒᆞ거ᄂᆞᆯ 한씨의 말이 우리 예수교 ᄒᆞᄂᆞᆫ 사ᄅᆞᆷ의 집에ᄂᆞᆫ 마귀가 다 도망 ᄒᆞᄂᆞ니 그거ᄉᆞᆫ 예수 교 ᄒᆞᄂᆞᆫ 사ᄅᆞᆷ을 무서워 그런 거시 아니라 하ᄂᆞ님을 두려워 ᄒᆞᆷ이니 누구던지 예수를 밋으면 마귀가 나가려니와 사ᄅᆞᆷ은 귀신을 나가게 못 ᄒᆞ옵ᄂᆞ니다 내가 예수를 밋으나 무식 ᄒᆞ여 셩경도 모로고 이런일을 지내 보지도 못 ᄒᆞ엿ᄉᆞ니 ᄒᆞᆯ수 업다 ᄒᆞ고 집으로 도라오려 ᄒᆞ니 져 숔모와 그 녀인이 문을 닷고 못 가게 ᄒᆞ며 사ᄅᆞᆷ을 살녀 주고 가라 ᄒᆞ거ᄂᆞᆯ 한씨 마지 못 ᄒᆞ여 ᄒᆞᆷ믜 가니 독긔비 들닌쟈ㅣ 또 말ᄒᆞ되 뎐쥬학 ᄒᆞᄂᆞᆫ 놈 너머 간다고 쇼리 지르거ᄂᆞᆯ 고랑을 벗기고 방으로 드러가셔 긔도 ᄒᆞᆫ후에 엇더케 ᄒᆞᆯ 방편을 알수 업ᄂᆞᆫ지라 주머니에 찬미가를 내여 뎨 구십편 (영광경)을 외오며 ᄀᆞᄅᆞ치니 그 사ᄅᆞᆷ이 문을 차고 나가 산으로 다라 나거ᄂᆞᆯ 여러 사ᄅᆞᆷ이 잡아다 놓코 복숑아 나무로 싸리니 온 몸이 다 샹 ᄒᆞ여도 압흔줄 모로고 광언 망셜을 ᄒᆞᄂᆞᆫ지라 밤이 맛도록 영광경을 외오며 ᄀᆞᄅᆞ치니 필경에 ᄒᆞᆼ복 ᄒᆞᄂᆞᆫ말이 파연 독긔비 올시다 아모디 잇더니 이집 가마 독교 신벽의 뒤를 ᄯᆞ라 왓습더니 지금 비가 곱하 가기 어렵습ᄂᆞ이다 한씨가 호령왈 네가 이 사ᄅᆞᆷ의게서 나가지 아니ᄒᆞ면 예수ᄭᅴ셔 너를 디옥으로 보내시리라 독긔비 이 사ᄅᆞᆷ의게셔 나가고 완인이 되엿시(륙쪽)

오폭련속

니셩신 권능이 아니셔면 엇지이런 일이 잇ᄉᆞ오릿가 어더던지 젼도 잘되고 못 되ᄂᆞᆫ거ᄉᆞᆫ 셩신의 권능이시니 함경도 디경 ᄇᆡᆨ셩들을 불샹히 넉이샤 구원 ᄒᆞ시랴고 이런 권능을 나타내시니 하ᄂᆞ님ᄭᅴ 영광을 돌녀 보내옵ᄂᆞ이다 아멘 김긔범

닉보

츅혹ᄒᆞ다) 양력 일월 일일에 남대문완에셔 십여셰 된 ᄋᆞ희 ᄒᆞᆫ나히 텬긔에 샹ᄒᆞ야 ᄭᅩᆺ 죽엇다더라

○(언제갈ᄭᅩ) 젼 군슈 됴즁하씨가 젼라 남북도 각 공젼 독쇄 감리들 픽명ᄒᆞ지 두돌이 되엿ᄂᆞᆫ데 지우금 ᄯᅥ나지 아니 ᄒᆞ엿다니 무ᄉᆞᆷ 미진ᄒᆞᆫ ᄉᆞ건이 잇ᄂᆞᆫ지 모로게니와 창명을 [illegible] 오래 지체 ᄒᆞᄂᆞᆫ

○(탐살인명) 쟝셩 군슈 김셩규씨가 함평군 사ᄂᆞᆫ 젼 위원 니철규씨를 탐쟝 ᄒᆞ야 죽엿다 ᄒᆞ니 니씨의 죄샹은 알수 업시되 관쟝으로 인명을 탐살 ᄒᆞᄂᆞᆫ거시 당돌이 잇실듯 ᄒᆞ대라

○(시량가등) 근일에 일긔가 혹ᄒᆞᆫᄒᆞ고 쌀과 나무 갑시 ᄭᅱ등ᄒᆞ야 가난ᄒᆞᆫ ᄇᆡᆨ셩들이 과한을 견듸지 못ᄒᆞ야 류리 ᄒᆞᄂᆞᆫ 디경에 니를ᄲᅮᆫ 아니라 각쳐에 도젹이 니러나 도로가 막히고 츈려가 소료ᄒᆞ다 ᄒᆞ니 당직ᄒᆞᆫ 관인들은 이러ᄒᆞᆫ 졍경을 응당 다 알더인듸 엇더케 죠쳐들 ᄒᆞᆯ나넌지

○(관찰원류) 함경 북도 관찰ᄉᆞ 니근용씨가 즁츄원 의관으로 갈녀 올나 오ᄂᆞᆫ듸 그 도ᄂᆡ ᄇᆡᆨ셩들이 원류장을 뎡 ᄒᆞ야 관찰ᄉᆞ를 올나 가지 못ᄒᆞ게 ᄒᆞᆫ다더니 근일에ᄂᆞᆫ 그 ᄇᆡᆨ셩들이 너부에 두번ᄯᅩᆫ 청원 ᄒᆞ야 아모조록 니씨로 그 도 [illegible]시 식혀 달

광무ᄉᆞ년 일월 십일 (합일빅오십ᄉᆞ호)

뎨ᄉᆞ권

대한 그리스도인 회보

뎨이호

홀의 원부인의 보단

지난번 계삭회 후에 우리 회 ᄒᆞᆫ 바일은 동셩 싹손과 에데로 홍뎨 광혜녀원 계셔 오ᄂᆞᆫ 병 리를 복시 새 로 온 사ᄅᆞᆷ이 륙빅 십구 인이 오 젼후 ᄒᆞᆫ 합 이 일쳔 일빅 십삼명인ᄃᆡ 이 이명즁에 교인 이 ᄒᆞ나식 왓 고 외인 삼십 명 즁에 ᄒᆞ나 이온 학습인이 지엿ᄉᆞ오며 날 마다 병보기 젼 에 병인으로 더 브러 긔도 ᄒᆞᆫ 이ᄂᆞᆫ 에데이너 싹손으로 ᄉᆞ경 을 닑어 ᄀᆞᄅᆞ쳣습ᄂᆞ이다 례빅당 에 오겟다 허락 ᄒᆞᄂᆞᆫ 사ᄅᆞᆷ은 만 호나 춤으로 오ᄂᆞᆫ 이ᄂᆞᆫ 팔십 칠 인이오 ᄋᆞ회들을 학당에 ᄃᆞ니라 ᄒᆞ엿더니 여ᄉᆞᆺ ᄋᆞ히가 셔지에 와셔 공부 ᄒᆞ오 에데가 차자가 ᄃᆞ니며 젼도ᄒᆞᆫ 집은 일빅 두집 이오 싹손의 ᄃᆞ닌 집은 이십칠 가이오 나ᄂᆞᆫ 셜흔 다ᄉᆞᆺ 집으로 ᄃᆞᆫ엿ᄂᆞᆫᄃᆡ 이 여러 사ᄅᆞᆷ의 집에 셔 도합 오빅명 사ᄅᆞᆷ의게 셩경 말ᄉᆞᆷ으로 권면 ᄒᆞ엿ᄉᆞ오며 셩경 칙은 일빅 오십 ᄉᆞ권을 팔앗고 례빅 삼일마다 오후에 외셩으로 오허여 젼파ᄀᆞᆺ치 례비ᄒᆞᆯ지라 그 동니ᄂᆞᆫ 텬쥬교 ᄒᆞᄂᆞᆫ 사ᄅᆞᆷ이 만흔 고로 우리와 ᄒᆞᆷᄭᅴ 모혀 례비ᄒᆞ ᄂᆞᆫ 사ᄅᆞᆷ은 십ᄉᆞ명에 지나지 못 ᄒᆞ오나 하ᄂᆞ님ᄭᅴ셔 그 사ᄅᆞᆷ들 의게 복을 나리샤 그의 어마니 와 조모들이 예수를 춤 밋고 두 ᄯᆞᆯ과 ᄒᆞᆫ 아ᄃᆞᆯ이 ᄯᅩᄒᆞᆫ 하ᄂᆞ님의 ᄌᆞ손이 되엿습ᄂᆞ이다 지나간 계삭회 후에 스사나를 우 산골 녀인들의게 셩경을 ᄀᆞᄅᆞ치 려 보내고 지나간 ᄃᆞᆯ에 나ᄂᆞᆫ 그 곳에 가셔 반가히 맛나 보앗소 스사나의 그 지나간 ᄒᆞᆫ 일은 복음 십ᄉᆞ권을 팔고 초학언문 이십이 권을 팔앗ᄉᆞ오며 녀인 둘과 쳐 녀 닐곱명의ᄭᅦ 언문과 셩경을 ᄀᆞᄅᆞ쳣습ᄂᆞ이다 ᄒᆞ엿더라 우리가 이 부인의 보단을 본즉 말ᄉᆞᆷ에 ᄌᆞ셰ᄒᆞᆯ ᄲᅮᆫ 아니라 병인을 치료ᄒᆞᆷ과 복음을 젼파 ᄒᆞᄂᆞᆫᄃᆡ ᄆᆡ우 열심으로 ᄒᆞ엿ᄉᆞ오니 셩신 의 도아 주신 은혜를 감샤 ᄒᆞ오 며 평안도니 각군에 우리 도가 크게 흥왕 되기를 ᄇᆞ라노라

긔도홈

만국이 통공ᄒᆞ야 긔도ᄒᆞᆯ 문뎨를 우리가 요젼 회보에 긔지 ᄒᆞ엿거 니와 황셩에 잇ᄂᆞᆫ 교우들은 일월 첫쥬일브터 졍동회당은 새문안 례 비당 ᄉᆞᄅᆞᆷ과 합ᄒᆞ야 서로 번ᄎᆞ례 로 모이고 달셩회당은 홍문셔골 례비당 형뎨와 합ᄒᆞ여 번ᄎᆞ례로 모힘이 련ᄒᆞ 만국의 교회와 나라 와 파쟝과 학교와 유태국 사ᄅᆞᆷ ᄭᆞ지 위ᄒᆞ야 하ᄂᆞ님ᄭᅴ셔 도아 주시기를 군구 ᄒᆞ더라

대한크리스도인 회보

THE KOREAN CHRISTIAN ADVOCATE.
Rev. H. G. Appenzeller, Editor.
30 cents per annum in advance. Postage extra.
Wednesday, Jan. 11th [illegible]

셔울 졍동셔 일쥬일에 ᄒᆞᆫ번식 발간ᄒᆞ는ᄃᆡ 아편셜라 목ᄉᆞ가 회보 샤쟝이 되엿더라

일년 갑슬 미리 너면 삼십 륙젼이오 우표 갑슨 ᄯᅩ로 잇노라

도를젼ᄒᆞ다가고난을 밧음일

아푸리가 동남 히즁게 ᄒᆞᆫ나라이 잇스니 일홈은 마득가ㅣ라 ᄒᆞ디 방은 삼쳔리오 인구는 이ᄇᆡᆨ오 십만명이며 산쳔이 슈려ᄒᆞ고 초목이 무셩ᄒᆞ야 경치가 심히 아름다오나 다만 그곳에 사는 사ᄅᆞᆷ의 얼골이 검어 말레 인죵파 ᄀᆞᆺᄒᆞᆫ 문파 례졀이 업셔 쥰쥰ᄒᆞ야 야만의 풍쇽이 잇ᄂᆞᆫ지라 ᄇᆡᆨ여년 젼에 영국 션교ᄉᆞ가 그 셤에 드러가 무식ᄒᆞᆫ ᄇᆡᆨ셩들이 우샹의게 절ᄒᆞᆷ을 보고 불샹히 녁여 학교를 셜립ᄒᆞ고 인민을 교휵ᄒᆞ매 ᄇᆡᆨ셩들이 말ᄒᆞᄃᆡ 얼골은 희고 눈은 푸르며 머리털이 누른자ㅣ 엇지ᄒᆞ여 우리 나라에 왓ᄂᆞ뇨 의심ᄒᆞ되 다ᄒᆡᆼ이 그 님군의 명쳘ᄒᆞᆷ으로 신하와 ᄇᆡᆨ셩와 ᄌᆞ뎨들을 명ᄒᆞ야 학교로 보내매 몃ᄒᆡ가 되지 못ᄒᆞ야 하ᄂᆞ님의 도를 밋ᄂᆞᆫ쟈ㅣ 만흔지라 교회가 ᄎᆞᄎᆞ 흥왕ᄒᆞ더니 불ᄒᆡᆼ이 그 님군이 죽고 태ᄌᆞ가 어린ᄃᆡ 그 왕모의 셩픔이 흉악ᄒᆞ야 태ᄌᆞ를 살히ᄒᆞ고 왕위를 ᄲᅢ신후에 ᄇᆡᆨ셩을 학ᄃᆡᄒᆞᆯ뿐 아니라 구셰쥬 밋ᄂᆞᆫ 교도를 더옥 뮈워ᄒᆞ야 셰례 밧ᄂᆞᆫ것을 엄금ᄒᆞᄂᆞᆫᄃᆡ 그ᄯᅢ에 ᄒᆞᆫ 젹은 ᄋᆞ희가 ᄇᆡᆨ셩을 권ᄒᆞ야 우샹의게 절ᄒᆞ지 말나 ᄒᆞ니 왕후가 그 소문을 듯고 ᄋᆞ희의게 독약을 나리여 죽이고져 ᄒᆞ나 그 ᄋᆞ희가 약을 마신후에 죽지 아니ᄒᆞᆫ매 모든 교우들이 엄졔히 모히여 맛춤 하ᄂᆞ님의 권능을 찬송ᄒᆞ시 대신 ᄒᆞ나히 지나다가 그 경식을 보고 대궐에 드러가 왕후ᄭᅴ 알외되 ᄇᆡᆨ셩들이 수ᄇᆡᆨ년을 류젼ᄒᆞᄂᆞᆫ 조샹의 법도를 ᄇᆞ리고 이단을 좃ᄉᆞ오니 쳥컨대 신의 머리를 버히여 이단의 풍쇽을 보지 말게 ᄒᆞ소셔 왕후가 이에 엄슉ᄒᆞᆫ 조칙을 나리되 예수교 밋ᄂᆞᆫ쟈ㅣ ᄒᆞᆫ쥬일 동안에 판부로 와셔 말ᄒᆞ고 교를 ᄇᆡ반ᄒᆞ면 죄를 용셔ᄒᆞ려니와 만일 뎡을 거역ᄒᆞᄂᆞᆫ쟈면 죽기를 면치 못ᄒᆞ리라 ᄒᆞᆫᄃᆡ ᄇᆡᆨ셩들이 두려워 ᄒᆞ야 신심이 굿지 못ᄒᆞᆫ이는 판부로 나아가 하ᄂᆞ님을 ᄇᆡ반ᄒᆞ고 신덕이 독실ᄒᆞᆫ 무리는 밤에 례ᄇᆡ당에 모히여 하ᄂᆞ님ᄭᅴ셔 조긔와 신심을 굿게 ᄒᆞ여 주시기를 간구ᄒᆞ더니 칠일이 지나매 왕후가 사ᄅᆞᆷ으로 렴탐ᄒᆞᆫ즉 판원즁에셔도 하ᄂᆞ님을 ᄇᆡ반치 아니ᄒᆞᆫ자가 ᄉᆞᄇᆡᆨ여원이오 ᄇᆡᆨ셩도 수쳔명이라 왕후가 ᄒᆞᆯ일업셔 죽이ᄂᆞᆫ 뎡을 곳쳐 판원은 삭직ᄒᆞ고 ᄇᆡᆨ셩의게는 벌금을 밧으며 교즁셔칙을 판부로 슈입ᄒᆞ야 불지ᄅᆞ시 엇던 사ᄅᆞᆷ은 셩경칙을 바회구멍에 감쵸두고 감아니 공부ᄒᆞᄂᆞᆫ이도 잇시며 션교ᄉᆞ의 젼도ᄒᆞᆷ을 금ᄒᆞᄂᆞᆫ고로 이에 던ᄋᆞ력졍이란칙을 지어 세상에 젼파ᄒᆞ야 춤 리치를 ᄇᆞᆯ키엿더라 (이완)

엡웟청년회

제물포교회

이번 구세쥬와 탄일을 당 ᄒᆞ여 본교회에서 깃분 ᄆᆞᄋᆞᆷ으로 경축ᄒᆞᆯ새 회당 안에는 구세쥬 강싱 여셧ᄌᆞ를 크게 써셔 달고 홍삼ᄌᆞ긔에 한문으로 (금일대벽셩쉬이셩구쥬) 열ᄌᆞ를 금ᄌᆞ로 쉭여 젼뎡쇼에 달고 좌우에는 태극긔와 미국긔를 달엿ᄉᆞ오며 그압헤는 동 열 다숫긔에 국문으로 오놀 대ᄇᆡᆨ셩에 우리 위ᄒᆞ 구쥬 나셧네 열 다숫ᄌᆞ를 써셔 놉히 달고 가온대에는 그리스도 탄일나무를 셔양 물종으로 단장 ᄒᆞ여 졔원ᄉᆞ도며 밧게 대문 압헤는 쳥송으로 취병을 들어 세우고 그 밋헤는 큰 등에 금ᄌᆞ로 (구세쥬탄일경츅) 일곱ᄌᆞ를 한문으로 크게 써셔 달고 그 압헤는 십ᄌᆞ긔와 태극긔를 엇미여 세엇시며 각석 등 수ᄇᆡᆨ여긔를 상하로 달엇습ᄂᆞ니다 상오 열졈에 일실으로 회당에 모와 경츅 례식을 힝ᄒᆞᆯ셔 십륙 찬미를 노릭 ᄒᆞᆫ후에 김경션씨가 긔도 ᄒᆞ고 녀학도가 일졔히 십오 찬미를 노릭 ᄒᆞ고 안명수씨가 경츅 대지와 예수ᄭᅴ셔 오심으로 우리의게 유익ᄒᆞᆷ을 연설ᄒᆞ고 남학도가 팔십구 찬미를 노릭 ᄒᆞᆫ후에 ᄋᆞᄒᆡ들의게 실과봉을 분급ᄒᆞ고 교즁형데 ᄌᆞ미들여 ᄉᆞ랑 ᄒᆞ는 ᄆᆞᄋᆞᆷ으로 례물을 션ᄉᆞ ᄒᆞ고 남학도 ᄉᆞ오인이 노블목ᄉᆞ 부인이 번역ᄒᆞᆫ 찬미를 노릭 ᄒᆞᆫ후에 목ᄉᆞ 죠원시씨가 긔도 ᄒᆞ엿시며 하오 칠뎜에 다시 일졔히 모히매 구경군 합 ᄒᆞ여 칠 팔ᄇᆡᆨ명이 되는ᄃᆡ 본학당 학도들이 마당에 모혀셔 팔십구 찬미 ᄒᆞᆫ후에 학도즁 쟝원근씨가 한국에 구세쥬 탄일을 당 ᄒᆞ면 엇더케 깃버ᄒᆞᆯ 것을 셜명 ᄒᆞ고 회당에 드러가 찬미 긔도 ᄒᆞᆫ후에 목ᄉᆞ 죠원시씨가 외인을 더ᄒᆞ여 경츅 대지와 예수를 밋지 아니ᄒᆞ면 엇더케 됨을 셜명 ᄒᆞ고 교즁 형데 ᄌᆞ미가 깃분 ᄆᆞᄋᆞᆷ으로 간증 ᄒᆞ고 폐회 ᄒᆞ엿ᄉᆞ오며 그후에 뭇 노리들 밤이 깁도록 ᄒᆞ고 깃분 ᄆᆞᄋᆞᆷ으로 각각 허여졋더라

닉보

거룩ᄒᆞ신죠칙) 작년 십이월 이십오일에 대황뎨 폐하ᄭᅴ셔 거룩 ᄒᆞ신 조칙을 나리샤 골ᄋᆞ샤ᄃᆡ 여러번 경ᄉᆞ에 ᄌᆞ조 샤면도 잇셧거니와 이러ᄒᆞᆫ 쳐운대를 당ᄒᆞ야 더욱 죄수들 싱각 ᄒᆞ거시나 므롯 륙범와 지역군은 일병 방숑 ᄒᆞ고 륙범안에 징역군이나 륙범 너외 류비 죄인이라도 각 지판소에서 심리 ᄒᆞ야 가히 방숑ᄒᆞᆯ 쟈는 방숑 ᄒᆞ고 자히 감등ᄒᆞᆯ 쟈는 감등ᄒᆞ고 미결슈는 판결 ᄒᆞ기를 기

따러 엇데로 시힘 ᄒᆞ야 죠가의 팡당 흠휼 ᄒᆞᄂᆞᆫ 뜻을 뵈이라 ᄒᆞᆯ옵셔ᄂᆞᆫ데 일젼에 감옥셔에 잇ᄂᆞᆫ 징역군들이 어 죠칙 나리심을 듯고 텬은을 감격ᄒᆞ야 열졔히 만세를 부르고 삼쳔리 강산에 화긔가 융융ᄒᆞ야 초목과 금슈가 다 굿쳐 질거워 ᄒᆞᄂᆞᆫ듯 ᄒᆞ다고 려항 ᄇᆡᆨ셩들이 깃부게 서로 니야기 ᄒᆞ더라

○의졍샤직) 의졍대신 윤용션씨가 샤직소를 올녓더니 비지가 나리샤 아즉 갈어 주시노라 ᄒᆞ옵셧더라

○젹환대쳐) 근일에 삼남 대로에 도젹이 개쳐ᄒᆞ야 도로가 막히고 촌락이 소요 ᄒᆞᆫ단 말은 젼호에 임의 긔졔 ᄒᆞ엿거니와 다시 드른즉 ᄉᆞ오일젼에 룡인 김양쟝터에 화젹 륙십여명이 드러와서 각쳐 샹고의 물건을 탈취ᄒᆞ여 갓ᄂᆞᆫ데 슈원군 사ᄂᆞᆫ 니츈근이ᄂᆞᆫ 도젹의 환도에 억기를 즁히 샹ᄒᆞ야 긔지 ᄉᆞ경이요 기외에 여간 샹훈 사ᄅᆞᆷ도 만타더라

○필무시리) 이번에 륙범외 징역군을 일병 방송 ᄒᆞ라신 죠칙에 나리엿ᄂᆞᆫ데 즁간에 무숨 롱간이 잇섯ᄂᆞᆫ지 그즁에 무세력ᄒᆞᆫ 징역군 몃명은 다시 죄명을 쳡입ᄒᆞ야 방송쳐 아니 ᄒᆞᆫ다ᄂᆞᆫ 소문이 낫게 낭자ᄒᆞ매 려항간 ᄇᆡᆨ셩들이 서로 탄식ᄒᆞ며 ᄒᆞᄂᆞᆫ말이 우리가 불힝이 대한 ᄇᆡᆨ셩이 되야 도모지 살수가 업ᄂᆞᆫ것이 당초에 무죄ᄒᆞᆫ 사ᄅᆞᆷ들이 감옥셔에 이미이 고샹 ᄒᆞᄂᆞᆫ이도 머러 잇거니와 셜혹 죄파가 츰 잇ᄂᆞᆫ 징역군이라도 죠가계셔 광당지던을 보이샤 거륵ᄒᆞ신 황칙을 나리셧ᄂᆞᆫ데 일시지하에 엇지 후박과 이즁이 잇서 다굿흔 륙범외 징역군에 ᄂᆞ구ᄂᆞᆫ 방송ᄒᆞ고 누구ᄂᆞᆫ 방송쳐 아니리오 츰 이에계에 살수가 업다고 곳곳 마다 원셩이 챵텬 ᄒᆞ다니 우리 생각에ᄂᆞᆫ 대한 ᄇᆡᆨ셩들이 다만 ᄌᆞ긔 나라의 무숨 일이던지 실시 ᄒᆞ야 닌것만 셩각ᄒᆞ고 미리 겁을 내ᄂᆞᆫ것이지 그러ᄒᆞᆯ리가 만무ᄒᆞᆫ것이 기록ᄒᆞ신 죠칙이 나리신지가 몃날이 되지 못ᄒᆞ야 먹혼젹이 오히려 마르지 아니 ᄒᆞ엿거ᄂᆞᆯ 엇지 그굿치 변ᄀᆡ ᄒᆞᆯ리가 잇시리오 우리ᄂᆞᆫ 밋지 안노라

본회 광고

본회에서 이 회보를 젼년과 굿쳐 일쥬일에 ᄒᆞᆫ식번 발간 ᄒᆞᄂᆞᆫ데 새로 륙폭으로 뎡작ᄒᆞ고 ᄒᆞᆯ갑슨 엽젼 오푼이오 ᄒᆞᆫᄃᆞᆯ갑슨 미리 내면 젼과 굿치 엽젼 ᄒᆞᆫ돈 오푼이라 본국 교우나 셔국 목ᄉᆞ나 교외 친구나 만일 사서 보고져 ᄒᆞ거든 졍동 아편셜라 목ᄉᆞ 집이나 죵로 대동서시에 가셔 사시옵

죵로대동서시광고

우리 서샤에서 셩경 신구약과 찬미칙과 교회에 유익ᄒᆞᆫ 여러가지 셔칙과 시무에 긴요ᄒᆞᆫ 셔칙들을 팔되 갑시 샹당 ᄒᆞ오니 문샹과 시무번에 뜻이 잇ᄂᆞᆫ 군ᄌᆞ들은 만히 사셔 보시옵

대영국셩셔공회광고

새로 간츌ᄒᆞᆫ거슨 로마 가라태 골노시 야고보 베드로 젼후셔 티모데 젼후서니 사셔 보실이ᄂᆞᆫ 회샤 쥬인 견묘 션싱ᄃᆡ로 오시옵

뎨ᄉ권

대한회보

그리스도인

뎨삼호

공부ᄒᆞᆯ뎨목

이아래 여러가지 칙은 본토젼도인들와 공부ᄒᆞᆯ 목록인ᄃᆡ 이 모든 공부를 미이미 교회의 슈힝 젼도 목ᄉ와 본토 젼도ᄉ인들이 ᄉ년 곡회에 모히여 바다시 ᄭᅩᆨ 쥰ᄒᆞ는 시험을 지내고 그 직부을 밧는 법례니 이러케 됨ᄋᆞ로 ᄀᆞ손 공회가 모든 ᄉᆞ롬으로 공부를 식혀는게시라 대하에 잇는 본토젼인들은 여러가지 공부를 독습히 ᄒᆞᆫ 후에셔 션악 능력ᄋᆞᆯ 경어 힘써 도ᄒᆞ기를 ᄇᆞ라노라

뎨일년공부ᄒᆞᄂᆞᆫ것

一 사모엘상하권

二 요한복음과 ᄉᆞ도힝젼과 로마인셔

三 미이미교회강례

四 ᄉᆞ민필지나 다른디도칙

五 태셔신ᄉᆞ샹권

六 젼례공용문답

외오ᄂᆞᆫ것

구약시편뎨팔편 뎨십오편과 마태복음오륙칠장

닑ᄂᆞᆫ것

텬도소원과 덕혜입문과 요한위ᄉᆞ리젼

뎨이년공부ᄒᆞᄂᆞᆫ것

一 츌애급과 민수긔략과 신명긔

二 가랍태와 이불소와 비립비와 가라셔

三 셩경디도

四 교회ᄉᆞ긔

五 태셔신ᄉᆞ하권

외오ᄂᆞᆫ것

창셰긔뎨일쟝과 시편 구십편과 요한복음십ᄉᆞ쟝

간밤에작뎡ᄒᆞᆫ일

션암 영국 셕탄광 근쳐에 사는 소년ᄒᆞ나히 교회에 참셕ᄒᆞ엿거놀 목ᄉ가 시ᄒᆞᆼ이 그 소년ᄃᆞ려 긔도ᄒᆞ라ᄒᆞ매 소년이 말ᄒᆞ되 나는 예수ᄭᅴ셔 十ᄌᆞ에 쥬신줄 분명히 알기젼에는 긔도를 아니ᄒᆞ겟다ᄒᆞ고 그 잇흔날 셕탄광에 갓다가 불힘이 셕탄에 치여 샹ᄒᆞ야 명ᄉᆡ경각이라 그 소년이 죽을때에 말ᄒᆞ되 간밤에 작뎡ᄒᆞᆫ 일이 됴라ᄒᆞ엿너라

십일

대한크리스도인회보

THE KOREAN CHRISTIAN ADVOCATE.
Rev. H. G. Appenzeller, Editor.
36 cents per annum
in advance. Postage extra.

Wednesday, Jan. 17th 1900.

셔울 졍동셔 일쥬일에 ᄒᆞᆫ번식 발간ᄒᆞᄂᆞᆫ 아편셜라 목ᄉᆞ가 회보 샤쟝이 되엿더라

일년 갑슬 미리 내면 삼십 륙젼이오 우표 갑슨 ᄯᅩ로 잇노라

도를젼ᄒᆞ다가고난을밧은일

속젼호

그ᄯᅢ에 마득가 왕후가 령을 나려 국즁에 잇ᄂᆞᆫ 교도들을 잡을ᄉᆡ 재상의 ᄯᆞᆯ즁에 랄법려라 ᄒᆞᄂᆞᆫ 녀ᄌᆞ가 예수를 독실히 밋거늘 왕후가 그 집을 젹몰ᄒᆞ되 랄법려를 옥에 뇌슈ᄒᆞ여 쟝ᄎᆞᆺ 죽이고져 ᄒᆞ더니 그날밤에 궁셩안에 큰 화ᄌᆡ가 잇ᄂᆞᆫ지라 왕후가 ᄉᆡᆼ각ᄒᆞ기를 내가 랄법려를 죽이랴 ᄒᆞ매 하ᄂᆞ님ᄭᅴ셔 혹ᄒᆞ여ᄒᆞᆫ사 불노 ᄌᆡ앙을 나리심인가 ᄒᆞ야 잇흔날 아ᄎᆞᆷ에 죠서를 나려 랄법려를 노앗더라 ᄯᅩ 라삽란여린 녀인이 ᄲᅡ록 옥에 갓쳣스나 형벌을 두려워 ᄒᆞᆷ이 업ᄉᆞ니 왕후 그 소문을 듯고 관예로 ᄒᆞ여곰 그 녀인을 미즐ᄒᆞ되 삽란은 ᄃᆞ옴에 즐거옴이 잇서 매를 마질ᄯᅢ에 하ᄂᆞ님ᄭᅴ 찬미ᄒᆞ거ᄂᆞᆯ 관예들이 그외 노리ᄒᆞᆷ을 듯고 다 놀니여 ᄀᆞᆯᄋᆞᄃᆡ 하ᄂᆞ님을 존경ᄒᆞᄂᆞᆫ 쟈ㅣ 요술노 사ᄅᆞᆷ을 미혹케 ᄒᆞᆫ다 ᄒᆞ더니 라삽란이 맛참내 태연ᄒᆞᆫ ᄆᆞᄋᆞᆷ으로 죽ᄂᆞᆫᄃᆡ 나아간지라 ᄯᅩ 수십사ᄅᆞᆷ을 죽일ᄉᆡ 혹 창으로 질으며 혹 총으로 노아 교인을 더옥 독살ᄒᆞ더니 수십명 사ᄅᆞᆷ이 ᄯᅩ 니러나 하ᄂᆞ님을 존경ᄒᆞᆫ다 말ᄒᆞ니 일호도 두려온 빗치 업거ᄂᆞᆯ 왕후 무리 ᄀᆞᆯᄋᆞᄃᆡ 네가 조샹 국왕의 신령의게 절ᄒᆞᄂᆞ냐 ᄃᆡ답ᄒᆞ되 아니라 ᄒᆞ거ᄂᆞᆯ 이어 다 결박ᄒᆞ야 잇글고 놉흔산 졀벽우에 올나가 노ᄭᅳᆫ으로 ᄒᆞᆫ 사ᄅᆞᆷ식 ᄆᆞᆯ고 군ᄉᆞ로 ᄒᆞ여곰 그 노ᄭᅳᆫ을 ᄭᅳᆫ을ᄉᆡ 무러 ᄀᆞᆯᄋᆞᄃᆡ 네가 ᄆᆞ악히 하ᄂᆞ님을 공경치 아니면 ᄃᆡ를 시ᄒᆡᆼᄒᆞ리라 ᄒᆞ되 그 사ᄅᆞᆷ들이 다 원ᄒᆞᆫ지 아니ᄒᆞ고 일졔히 절벽에 ᄯᅥ러져 죽지라 ᄯᅩ 곳후니 사ᄅᆞᆷ이 잇스매 ᄇᆡᆨ셩과 다르다 ᄒᆞ야 셥을 ᄊᆞ코 네 사ᄅᆞᆷ을 그 우에 안치고 불을 질으니 그들이 불가온ᄃᆡ 잇서 하ᄂᆞ님ᄭᅴ 찬양ᄒᆞ야 ᄀᆞᆯᄋᆞᄃᆡ 하ᄂᆞᆯ 우에 복이 잇심이여 우리가 울지 안토다 눈을 드러 봄이여 속히 올나 갈지로다 겻헤 사ᄅᆞᆷ이 듯고 무러 ᄀᆞᆯᄋᆞᄃᆡ 하ᄂᆞ님이 어ᄃᆡ 잇ᄂᆞ냐 불속에셔 ᄃᆡ답ᄒᆞ되 하ᄂᆞ님이 우리와 ᄒᆞᆷᄭᅴ 계셔 우리를 텬당으로 인도ᄒᆞ신다 ᄒᆞ고 말을 맛치매 다 죽으나 그외 신심이 견확ᄒᆞᆷ을 뉘가 항복지 아니ᄒᆞ리오 그러나 지금 우 마득기 나라에 잇ᄂᆞᆫ 례ᄇᆡ당이 일쳔 삼ᄇᆡᆨ곳이오 하ᄂᆞ님을 존슝ᄒᆞᄂᆞᆫ 무리가 이십만여명이오 셩경을 공부ᄒᆞᄂᆞᆫ 남녀가 구만여명이라 이로좃차 보건ᄃᆡ 하ᄂᆞ님의 도ᄂᆞᆫ 금ᄒᆞᆯᄉᆞ록 더옥 흥왕ᄒᆞᆯ거시오 ᄉᆞ름 위ᄒᆞ야 ᄌᆞ난ᄒᆞᆫ 밧ᄂᆞᆫ거시 츙영광으로 이노라

엡웟청년회

한문글ᄌᆞ와국문글ᄌᆞ에관계

대뎌 글에라 ᄒᆞᄂᆞᆫ거슨 형용이 업ᄂᆞᆫ일과 형용이 잇ᄂᆞᆫ일과 먼뎌 업과 갓가온뎌 일과 보ᄂᆞᆫ일과 보지 못ᄒᆞᄂᆞᆫ일과 입으로 말ᄒᆞᄂᆞᆫ것과 능히 말노 형용치 못ᄒᆞᄂᆞᆫ일을 글ᄌᆞ로 긔록ᄒᆞ여 고금 상하 원근 무론ᄒᆞ고 서로 뎐ᄒᆞ면 ᄒᆞ여 강론치 못ᄒᆞᆯ때면 문ᄌᆞ로 ᄃᆞ신 보ᄂᆞ니 그런즉 글이라 ᄒᆞᄂᆞᆫ 거슨 그림 그리ᄂᆞᆫ자와 지필묵과 치쉬 것ᄒᆞᆯ거시오 시진관의 사진 긔계와 것ᄒᆞᆫ거시라 화공이 안져 그림을ᄡᅢ에 무ᄉᆞᆷ 물건에 형상을 그리던지 ᄌᆞ긔 본거ᄉᆞᆯ ᄆᆞ음에 쟝단과 광협과 ᄯᅡ소ᄂᆞᆫ 맛게 ᄆᆡᆷ량ᄒᆞ여 그림에 그 경륜 비포ᄅᆞᆯ 다 나타 내ᄂᆞ니 나타낸 후에ᄂᆞᆫ 산을 그려스면 산이라 물을 그렷ᄉᆞ면 물이라 ᄒᆞ리니 그런고로 글은 학문을 그리ᄂᆞᆫ 긔계요 별거 붓이 아니라

글ᄌᆞ에 ᄒᆞᆫ가지 두가지 분별이 잇ᄉᆞ니 (일은) 물건을 형상ᄒᆞ야 문든 거시라 아세아 며 나라에서 쓰ᄂᆞᆫ곳 한문 글ᄌᆞ니 이급이라 ᄒᆞᄂᆞᆫ 나라에서 처음으로 물형글ᄌᆞ를 지어 각식 학문을 발명ᄒᆞ엿더니 그후에 아세아에 그 글ᄌᆞ가 드러오매 청국에서 그글ᄌᆞ를 더욱이 비호기를 힘써 어쳔만ᄉᆞ들이 글ᄌᆞ로 ᄡᅳ용ᄒᆞ여 하ᄂᆞᆯ을 궁구ᄒᆞ니 글ᄌᆞ가 번다ᄒᆞ고 획법이 심히 ᄶᅡ다롭와 비호ᄂᆞᆫ지ㅣ 적은고로 이셔이 젼국으ᄅᆞ 멸ᄒᆞ면 물건의 형상ᄒᆞ야 글ᄌᆞ 문드러 쓰ᄂᆞᆫ 나라ᄂᆞᆫ 점점 쇠ᄒᆞᆯᄲᅮᆫ 나아가지 못ᄒᆞᆯ뿐 더러 글ᄌᆞ로 사ᄅᆞᆷ을 속박ᄒᆞᄂᆞᆫ 폐단이 ᄆᆡ코 지어 대한ᄒᆞ여ᄂᆞᆫ 우나라ᄯᆡ에 이 그림 글ᄌᆞ를 청국에서 빌어ᄯᅥ가 오ᄂᆞᆯ날ᄭᆞ지 쓰기를 ᄒᆞᆨ녹여 ᄒᆞ여 ᄭᅩ짐이 되더ᄉᆞᆸ히ᄒᆞ에 ᄭᅩᆺ처기가 어렵게 된지라 이 글ᄌᆞ가 미상불 처음에ᄂᆞᆫ ᄒᆞ험이 업다 ᄒᆞᆯ수 업ᄉᆞ나 곤리에 소원 글ᄌᆞ 아ᄂᆞᆫ 션비라 ᄒᆞᄂᆞᆫ 쟈들이 십ᄉᆞ십년 학무에 죵ᄉᆞᄒᆞ야 너러기와 긔묘ᄒᆞ기와 져술ᄒᆞ기를 능ᄒᆡ 잘ᄒᆞ다 ᄒᆞ나 ᄉᆞ무샹에 막미ᄒᆞᆯ 샹머리 일신은 보젼ᄒᆞᆯ 계획이 업ᄉᆞ니 이러ᄒᆞᆫ 인물은 나라에 ᄡᅳᆯ터 업ᄂᆞᆫ 물건이오 경제상에 실츙이라 그런고로 녯적 사ᄅᆞᆷ의 언론 ᄒᆞ던 ᄯᅥ그럭이 학문 민고집ᄒᆞ여 멋고ᄒᆞᄂᆞᆫ말이 글에 조화가 붓형뎌ᄒᆞ며 이젼 사ᄅᆞᆷ의 문ᄌᆞ 즁에 무ᄉᆞᆷ 긔독ᄒᆞᆫ거시 부족ᄒᆞ여 다시 ᄭᅢᆺ치게 되면 그 보던 십비기 나흘터이로되 ᄭᅩ집ᄒᆞᆫ 소견에 ᄒᆞᄂᆞᆫ 말이 션현에 흔 일을 엇지 감히 ᄭᅩᆺ치리오 ᄒᆞ고 십뎜 엄획이라도 ᄭᅩᆺ치ᄂᆞᆫ자ㅣ 잇ᄉᆞ면 ᄉᆞ문에 난적이라 ᄒᆞ이 글ᄌᆞ로 사ᄅᆞᆷ을 얼마콤 압제ᄒᆞᄂᆞᆫ고로 물형으로 글ᄉᆞ 문ᄃᆞ라 쓰ᄂᆞᆫ 나라들은 글ᄌᆞ를 능히 아ᄂᆞᆫ자ㅣ 빅분에 일에 지나지 못ᄒᆞ고 (일은) 구음을 ᄯᅡ라 지우 글ᄌᆞ니 지금 구라파 각국에서 쓰ᄂᆞᆫ 로마 글ᄌᆞ리 처음에 아셰아 셔편에 잇ᄂᆞᆫ 비니시아라 ᄒᆞᄂᆞᆫ 나라에서 지어ᄡᅥ 본슈 (미완)

ᄂᆡ보

모든명관) 근일에 십삼도 관찰ᄉᆞ들이 각기 관하 군슈의 치적을 니부에 보고 ᄒᆞ엿ᄂᆞᆫᄃᆡ 다 몃관에오 붑치ᄒᆞᆫ 관쟝은 몃명기못된다니 요ᄉᆞ이 엇지 그리 역판이만흔지

(무숨셔돈) 즁셔 사ᄂᆞᆫ 지권시명 정의환씨가 일젼에 경무텽에 피착이 되엿다니 무숨 ᄉᆞ닭인지

○염인학교) 츙쳥남도 공쥬부에셔 약 쟝ᄉᆞ ᄒᆞᄂᆞᆫ 일본 나룸 아모씨가 셩업ᄒᆞᄂᆞᆫ 여가에 그 근쳐에 사ᄂᆞᆫ 소년파 으희들을 모집ᄒᆞ야 일본 말을 ᄀᆞᄅᆞ치ᄂᆞᆫᄃᆡ 쟈ᄒᆞᆫ 학교를 셜시 ᄒᆞ랴고 ᄒᆞᆫ다더라

○학협원힝) 학부협판 민영찬씨가 법국 박물 대원으로 일젼게 길을 ᄯᅥ나 이쳔항으로 나려 가ᄂᆞᆫᄃᆡ 정부 대소 관인들파 그 친척 교구들이 만히 륜거를 ᄐᆞ고 이쳔ᄭᆞ지 가셔 젼숑ᄒᆞ고 그ᄯᅢ씨 민영환씨도 ᄯᅩᄒᆞᆫ ᄒᆞᆫ가지 갓다가 작일에 올나 왓다더라

○학도졸업) 무관 학교에셔 모든 학원을 취시 ᄒᆞ지가 오ᄅᆡ되 졸업쟝을 주지 아니 ᄒᆞ엿다더니 일젼에야 비로소 졸업쟝을 주ᄂᆞᆫ 례식을 힝ᄒᆞ엿다더라

)부위면관) 히쥬 디방ᄃᆡ 부ᄂᆡ 한원교씨ᄂᆞᆫ 몸이 군연이 되야 깁위가 뎍쳑ᄒᆞᆫ 일이 잇다고 일젼에 면관이 되엿다더라

)경쳥보시) 이번에 법부에셔 ᄂᆞ적 다ᄉᆞ리ᄂᆞᆫ 법률ᄇᆞᆫ 긔명ᄒᆞ호에 경무텽에셔 각 방곡에 교시ᄒᆞᆯ기를 나룸이 되에 범 ᄒᆞᄂᆞᆫ자시무비 ᄌᆞ작지얼기라 근일에 민습ㅣ 무엄ᄒᆞ야 명분을 손상ᄒᆞ며 처음에ᄂᆞᆫ 란류가 되엿다가 나죵에ᄂᆞᆫ 도적이 되여 긔강을 범ᄒᆞ며 사룸을 겁탈ᄒᆞ고 지물을 ᄲᅢᆺᄂᆞᆫ 폐가 죵죵 잇ᄉᆞ니 극히 통탄ᄒᆞᆯ지라 ᄇᆡᆨ셩을 착ᄒᆞ지 못ᄒᆞᆫ데로 인도ᄒᆞᆷ은 형벌에 경ᄒᆞᆷ이라 지금 법률을 긔명ᄒᆞᄂᆞᆫ것은 어리셕은 ᄇᆡᆨ셩으로 ᄒᆞ여곰 스ᄉᆞ로 긔파쳔션ᄒᆞ야 죄에 범ᄒᆞ지 말나 ᄒᆞᆷ이라 ᄒᆞ엿더라

뎨ᄉᆞ권

대한 그리스도인 회보

뎨ᄉᆞ호

덕힝도 구원을 엇지못ᄒᆞᆷ

니고듸모ᄂᆞᆫ 샹뭉 사ᄅᆞᆷ으로 교회의 권세를잡아 유대 국을 다ᄉᆞ리ᄂᆞᆫ자 칠십인즁에 참예ᄒᆞ엿고 또 신학박ᄉᆞ로 모세 률법을 비ᄒᆞᆫ ᄭᆞ닭으로 셩경 말ᄉᆞᆷ이 ᄒᆞ나도 ᄌᆞ긔 외계 반ᄃᆡ될거시 업고 또ᄒᆞᆫ 여러 사ᄅᆞᆷ 압헤셔 힝ᄒᆞᄂᆞᆫ 일이 다 청ᄇᆡᆨᄒᆞᆫ듸 조곰도 흠이 업ᄂᆞᆫ 모양이나 예수ᄭᅴ셔 그 사ᄅᆞᆷ다려 말ᄉᆞᆷᄒᆞ시기를 네가 불가불 셩신으로 다시 나셔 ᄉᆡ 사ᄅᆞᆷ이 되여야 구원을 엇겟다 ᄒᆞ셧신즉 이 말ᄉᆞᆷ을 ᄉᆡᆼ각ᄒᆞ면 세샹 사ᄅᆞᆷ이 다 ᄌᆞ긔의 덕힝도 밋을수 업고 또 ᄌᆞ긔의 착ᄒᆞᆷ으로 놀ᄒᆞᆫ 힝실노 ᄌᆞ랑ᄒᆞᆯ수 업ᄂᆞᆫ고로 다만 구세쥬 예수씨를 밋어야 셩명 구원ᄒᆞᆷ을 엇을줄노 깁히 밋노라

한문글ᄌᆞ와 국문글ᄌᆞ에 관계 (쇽젼호)

쓰기가 쳔경이요 ᄌᆞ획이 ᄒᆞᆫ번치 아니ᄒᆞᆫ고로 비호ᄂᆞᆫ 자가 만코 학문을 발명ᄒᆞᄂᆞᆫ듸 얼마콤 쉬여 졈졈 구쥬 각국에셔 들 모본ᄒᆞ여 각기 ᄌᆞ긔 나라 국문으로 ᄆᆡᆫ드러 각항 학문을 지졍 지밀ᄒᆞ게 셜명ᄒᆞᆫ즉 오ᄂᆞᆯ날 일ᄃᆡ 셩운이 구쥬에 밋첫스니 그 실샹인즉 글ᄌᆞ가 편리ᄒᆞᆫ 연고라 ᄒᆞᆯ지라 슬프다 귀벽ᄒᆞᆫ후 오쳔년간 ᄆᆡ 아세아에 션진이 금일을 당ᄒᆞ야 구라파에 뒤질ᄲᅮᆫ 아니라 대한 일본 청국 파ᄉᆞ 셤라 다ᄉᆞᆺ 나라외에 구쥬 사ᄅᆞᆷ의 주먹안에 드지 아닌자ㅣ 업ᄉᆞ니 그 실샹을 궁구ᄒᆞᆫ즉 물건 형샹으로 ᄆᆡᆫ든 글ᄌᆞ를 써 비호기가 어렵게 ᄒᆞ고 ᄌᆞ긔 나라 국문을 쳔히 녁이며 넷적 일을 놉히고 이제 일을 낫게 녁이ᄂᆞᆫ 악습이 잇ᄂᆞᆫ 연고라

우리 나라에 국문 독본이라 언문 반졀이라 ᄒᆞᄂᆞᆫ거슨 곳 세종대왕ᄭᅴ셔 구음을 ᄯᅡ라 지으신 거시라 로마 글와ᄌᆞ 의미가 갓ᄒᆞ 비호기와 쓰기가 쉬워 각항 학문을 셜명ᄒᆞ기가 이ᄀᆞᆺ치 쉬온 거시 업ᄂᆞᆫ듸 불ᄒᆡᆼ이 그 셔다라온 한문 글ᄉᆞ에 권리를 ᄲᅢ앗기고 국문은 일으되 암글이라 녀ᄌᆞ비게 통졍ᄒᆞᄂᆞᆫ 문ᄌᆞ라 ᄒᆞ나 이ᄀᆞᆺᄒᆞᆫ 막을 구쥬 사ᄅᆞᆷ외게 ᄒᆞᆫ면 비소ᄒᆞᆷ을 밧을지라 국문과 한문에 리ᄒᆡ를 교계ᄒᆞᆫ진ᄃᆡ 가령 죠흔 화학칙ᄒᆞᆫ권을 한문과 국문으로 각각 ᄒᆞᆫ권식을 ᄡᅥᆺᄂᆞᆫᄃᆡ 이십년 공부ᄒᆞᆫ 학ᄉᆞ님ᄂᆡ려 문칙을 보라 ᄒᆞ면 이심ᄎᆞ를 열람ᄒᆞᆫ더라도 그 의미를 분명 (오쪽)

십오

대한크리스도인회보

THE KOREAN CHRISTIAN ADVOCATE.
Rev. H. G. Appenzeller, Editor.
36 cents per annum
in advance. Postage extra.
Wednesday, Jan. 24th 1900.

서울 정동셔 일쥬일에 ᄒᆞᆫ번식 발간ᄒᆞᄂᆞᆫᄃᆡ 아편셜라 목ᄉᆞ가 회보 샤쟝이 되엿더라

일년 갑슬 미리 내면 삼십 륙젼이오 우표 갑슨 ᄯᅡ로 잇ᄂᆞ니라

제물포에셔 공부ᄒᆞᆷ

양력 정월 초팔일에 됴목ᄉᆞ와 셔목ᄉᆞ가 긔회ᄒᆞ시고 공부를 ᄀᆞᄅᆞ치ᄂᆞᆫᄃᆡ 권ᄉᆞ들과 쇽쟝들과 젼도ᄒᆞ시ᄂᆞᆫ 녀인들도 ᄒᆞᆷᄭᅴ 참예ᄒᆞ셧더라 사ᄅᆞᆷ의 수효ᄂᆞᆫ 칠십 이인이오 셔울 제물포 강화 연안 뭇지ᄂᆡ 파쳔 슈원 이쳔 홍쥬 평양등디 삼십일쳐 례비당에셔 오셧ᄂᆞᆫᄃᆡ 공부ᄂᆞᆫ ᄒᆞᆫ쥬일 동안 ᄒᆞ기로 작뎡ᄒᆞ고 시간은 오젼 여ᄃᆞᆲ시브터 열두시ᄭᆞ지ᄒᆞ고 오후 두시에 시작ᄒᆞ야 다섯시ᄭᆞ지와 져녁 닐곱시 반에 모혀 아홉시반ᄭᆞ지 ᄒᆞ기로 작뎡ᄒᆞ셧더라

○첫날 모힐 때에 됴독ᄉᆞ가 말ᄉᆞᆷᄒᆞ시기를 미국 셔도ᄉᆞ샤경회 ᄒᆞᆯ때에 각쳐 교우가 ᄒᆞᆫ나식 니러나 통셩명ᄒᆞᄂᆞᆫ 례가 잇ᄉᆞ니 우리도 그와 ᄀᆞᆺ치 ᄒᆞᆸᄉᆞ ᄒᆞ되 내 셩명은 아모요 집은 아모ᄯᅡ요 교회에 드러온지ᄂᆞᆫ 몃ᄒᆡ요 셰례 밧은지 몃ᄒᆡ가 되엿다 ᄒᆞ고 어ᄂᆞᆫ 곳 교회에 ᄃᆞ니ᄂᆞ니다 ᄒᆞ라 ᄒᆞ시니 각 교우가 다 그모양으로 ᄒᆞᆫ나식 니러나 통셩명ᄒᆞ니 참 ᄌᆞ미 잇고 ᄯᅩ 은근ᄒᆞᆫ 졍으로 ᄉᆞ랑ᄒᆞ니 외인들과 통셩ᄒᆞᄂᆞᆫᄃᆡ 비ᄒᆞᆯ바ㅣ 아닐너라 공부ᄂᆞᆫ 야교보 인셔와 복음요ᄉᆞ 인가귀도라 양목ᄉᆞ가 셩신의 힘으로 열심ᄒᆞ야 셩경의 깁흔 ᄯᅳᆺ슬 히셕ᄒᆞ야 ᄀᆞᄅᆞ쳐 주시니 우리의 무식ᄒᆞ고 어두온 ᄆᆞᄋᆞᆷ이 ᄇᆞᆰ어졋더라 목ᄉᆞ씌셔 례비 삼일 밤에 학습인과 입교인 합 이십인을 강례법으로 밧으시고 례비일 아ᄎᆞᆷ에 목ᄉᆞ씌셔 십일인의게 셰례 주시고 만찬을 베프시고 남녀 수ᄇᆡᆨ명이 엄슉ᄒᆞᆫ 모양으로 규모 잇게 만찬을 먹은지라 오후에ᄂᆞᆫ 평양 본토 젼도인 노셕형씨가 청년 회원을 위ᄒᆞ야 죠흔 말ᄉᆞᆷ을 만히 ᄒᆞ엿고 져녁에ᄂᆞᆫ 목ᄉᆞ가 누가복음 ᄉᆞ장 일졀노 이십졀ᄭᆞ지 닑으신후에 각각 작별ᄒᆞᄂᆞᆫ 간증으로 말ᄒᆞ되 누가복음 십장에 갈숨티로 나도 나아가셔 첫시 우리 집 문져 ᄀᆞᄅᆞ쳐 밋게ᄒᆞ고 두재ᄂᆞᆫ 힘써 젼도ᄒᆞ기로 각 사ᄅᆞᆷ들이 ᄒᆞᆫ모양 ᄒᆞᆫ ᄯᅳᆺ으로 간증ᄒᆞ고 찬미ᄒᆞᆫ후에 폐회ᄒᆞ고 그 잇흔날 하오 십뎜죵에 모혀 샤진 박엿ᄂᆞᆫᄃᆡ 남교우ᄂᆞᆫ 남교우 세리 박고 녀교우ᄂᆞᆫ 녀교우 세리 박엿더라 하ᄂᆞ님ᄭᅴ 가샤 ᄒᆞᆯ거슨 우리가 다 마귀의 아ᄃᆞᆯ이오 디옥에 ᄲᅡ져 죽을 인셩들을 하ᄂᆞ님ᄭᅴ셔 독ᄉᆡᆼᄌᆞ 예수를 보내샤 우리를 죄에셔 건져 주시고 하ᄂᆞ님의 아ᄃᆞᆯ을 삼으시며 영원ᄒᆞᆫ 양식을 주셧ᄂᆞ니 이 영화ᄂᆞᆫ 다 하ᄂᆞ님ᄭᅴ 돌녀 보내ᄂᆞ이다

일곡련속

히 모롤거시오 ᄒᆞᆫ돌즘 언문 공ᄒᆞᆫ 사ᄅᆞᆷ다려 그 언문으로 쓴칙을 닑어 보라 ᄒᆞ면 불과 일이차에 ᄭᅢ다롤 거시오 그ᄲᅮᆫ 아니라 가령 황상 폐하에 죠칙이 던지 각부 고시를 죵로 대도상에 한문으로 써 붓치면 지나가ᄂᆞᆫ쟈 ᄇᆡᆨ인즁에 능히 글을 보ᄂᆞᆫ이가 계오 이삼인이 되고 만일 언문으로 써 붓치면 남녀 무론ᄒᆞ고 능히 닑어 아ᄂᆞᆫ쟈 칠팔십명이 될터이니 그러고 보면 국민을 ᄀᆞ명 젼보에 나아가게 ᄒᆞᄂᆞᆫᄃᆡ 그 손히가 엇더 ᄒᆞ겟ᄂᆞ뇨 당초에 무ᄉᆞᆷ일이던지 들어나게 써 붓칠 ᄯᅢ에ᄂᆞᆫ 여러 사ᄅᆞᆷ을 알게 ᄒᆞ자 ᄒᆞᄂᆞᆫ거시지 갈지ᄌᆞ 거름ᄒᆞ고 궁둥이 나여 두루고 남 안입ᄂᆞᆫ 괌수의 입은쟈 몃 사ᄅᆞᆷ만 위ᄒᆞ자ᄂᆞᆫ거슨 아니라 여러 사ᄅᆞᆷ이 알아 보기쉽고 비호기 쉬운거스로 여러 사ᄅᆞᆷ이 리익을 홈ᄭᅴ 입ᄂᆞᆫ 고로 학문은 ᄒᆞᆫ 사ᄅᆞᆷ이 혼자 둘바 아니오 여러 사ᄅᆞᆷ이 ᄀᆞᆺ치 가지잔거시라

이제 각국에 형세를 볼진ᄃᆡ 약ᄒᆞᆫ자에 고기를 강ᄒᆞᆫ자가 먹으며 죠혼거슨 더옥 나아가고 나즌거슨 여지업시 망ᄒᆞ야 풍진 세계 춤혹ᄒᆞᆫ 형샹은 닐노 말ᄒᆞᆯ수업시나 ᄒᆞᆫ곳 바롤거시 잇ᄂᆞᆫ거슨 모든 각국들이 자셜ᄒᆞᆫ거로 목뎍을 삼아 서로 앗기ᄂᆞᆫ ᄆᆞ옴이 잇서 피아롤 불분ᄒᆞ고 모든 죵교로 젼교를 힘써 ᄒᆞᆫ글ᄀᆞᆺ치 보ᄂᆞᆫ 의무가 점점 승ᄒᆞ니 만국의 의향이 점점 ᄀᆞᆺᄒᆞ가ᄂᆞᆫ ᄯᅢ라 이ᄯᅢ롤 당ᄒᆞ야 나라에 ᄇᆡᆨ셩된자 ᄒᆞᆯ 직무ᄂᆞᆫ 교육을 발달ᄒᆞ며 도덕을 실힝ᄒᆞ며 상무롤 확쟝ᄒᆞ며 시세롤 잘 살펴 교제가 연숙ᄒᆞ고 공법과 각국 언어롤 잘ᄒᆞᄂᆞᆫ 학문이 잇서야 ᄒᆞᆯ지라 이샹 여러가지 학문으로 젼국 인민을 속히 교육 ᄒᆞ고져 ᄒᆞᆯ진ᄃᆡ 분명이 국문 온젼이 쓰ᄂᆞᆫᄃᆡ 잇고 결단코 한문을 쓰ᄂᆞᆫᄃᆡ 잇지 아니 ᄒᆞᆯ지라 가령 학교 ᄒᆞ나롤 셜시ᄒᆞ고 학도 ᄇᆡᆨ명을 졸업 식히려 ᄒᆞᆯ시 한문으로 교육 식히라면 십년을 작뎡ᄒᆞ고 학비 륙만원을 예산ᄒᆞᆯ것 ᄀᆞᆺᄒᆞ면 국문으로ᄂᆞᆫ 년한은 오년이오 예산은 삼만원에 지나지 아니ᄒᆞᆯ줄 분명히 밋ᄂᆞᆫ바ㅣ요 그ᄲᅮᆫ 아니라 젼국 인민이 샹하 남녀 물론ᄒᆞ고 학문을 비호기에 용이ᄒᆞ여 불과 삼십년에 대한이 문명ᄒᆞᆫ 디경을 바라볼터이나 만일 한문을 조화 잇ᄂᆞᆫ 글이라 ᄒᆞ야 폐단 되ᄂᆞᆫ줄 모로고 줄곳 쓰게되면 ᄇᆡᆨ년을 지내더ᄅᆡ도 기화 맛슬 보기ᄂᆞᆫ 묘사ᄒᆞ고 점점 국민에 긔샹이 담약ᄒᆞᆯ지로다

슬흐도다 대한이 독립 이후에 정부가 입신ᄒᆞ고 일민가지 ᄉᆞ무가 나가ᄂᆞᆫ 긔미가 잇서 국민의 이목을 새롭게 ᄒᆞ라고 국문을 슝용ᄒᆞᆯ ᄯᅳᆺ으로 ᄒᆞ더니 엇지ᄒᆞ여 근일에 당국ᄒᆞᆫ 제공들이 이ᄀᆞᆺ처 그림글을 조화 ᄒᆞᄂᆞᆫ고 우리동포들은 엇더케 싱각 ᄒᆞ시요 면국 만민이 ᄀᆞᆺ처 보ᄂᆞᆫ 글ᄌᆞ롤 비호시려 ᄒᆞ오 몃ᄂᆡ라 몃사ᄅᆞᆷ에 보ᄂᆞᆫ 글ᄌᆞ롤 비호시려 ᄒᆞ오 현불초롤 무론ᄒᆞ고 학문을 비호게 ᄒᆞᆯ자ᄂᆞᆫ 국문을 온젼히 쓰ᄂᆞᆫᄃᆡ서 지나지 아니 ᄒᆞᆯ줄노 밋노라

닉보

너부훈령) 근일 너부에셔 각도 각군에 훈칙ᄒᆞ기를 각군 훈령이 미양 검시 단닐때에 부비를 만히 내여 민간에 람징ᄒᆞ야 ᄒᆞᆫ번 옥사가 잇스면 정범의 집ᄲᅮᆫ 아니라 그 동리가 거의 거산ᄒᆞᆯ 디경이라고 호소가 비비 유지ᄒᆞᆫ니 면정을 ᄉᆡᆼ각ᄒᆞᆯ매 엇지 긍측지 아니ᄒᆞ리오 관원 된쟈가 진심노 잘 조ᄎᆡᄒᆞ야 졀용ᄒᆞ고 검수ᄒᆞ엿스면 엇지 이러ᄒᆞ리오 혹 검사ᄒᆞ러 다니ᄂᆞᆫ 관원이 관속을 만히 거ᄂᆞ리고 소위 례채와 마ᄲᅡᆨ과 쥬식치를 억지로 식ᄒᆞ야 그러나 공용ᄒᆞᄂᆞᆫ 괴구와 려비ᄂᆞᆫ 본ᄃᆡ 그골 경비에 잇순쥭 인민의게 폐 식히ᄂᆞᆫ 것이 당치 안코 소위 례채라고 ᄒᆞᄂᆞᆫ 거ᄉᆞᆫ 본ᄃᆡ브터 들닌 졀례라 지금 경장ᄒᆞᆫ후에 맛당히 교정ᄒᆞᆯ 열ᄉᆞᆯ 터이어ᄂᆞᆯ 열터것 지형ᄒᆞᄂᆞᆫ 것은 자못 증거가 업ᄂᆞᆫ 거시라 지금브터ᄂᆞᆫ 사검관을 당ᄒᆞᆫ쟈ᄂᆞᆫ 단긔로 두어 하인과 ᄒᆞᆫ두명 아전 쟝교를 다리고 가되 별노히 션칙ᄒᆞ야 소위 례채와 마비와 쥬식 등비를 일졀히 ᄇᆡᆨ셩의게 침어ᄒᆞ지 말기로 명식을 삼어셔 죠곰도 억의지 말되 이번 령칙ᄒᆞᆫ후에 만일 구습을 인힝ᄒᆞ여드면 현달ᄒᆞᄂᆞᆫ 대로 엄감ᄒᆞ고 그 부비를 징츌ᄒᆞᆯ터이니 판하 각군과 경무판의게 신칙ᄒᆞ야 쥰힝ᄒᆞ고 억의지 말나고 ᄒᆞ엿다더라

○정부회의) 수일젼에 졍부에셔 회의가 되엿ᄂᆞᆫ데 각부 칙임 쥬임 판임관의 월급을 다시 긔뎡ᄒᆞ엿스되 각부 대신은 이ᄇᆡᆨ원식이오 그밧긔 칙임관은 대소 물론ᄒᆞ고 일ᄇᆡᆨ원식이오 쥬임관은 오십원식이오 판임관은 삼십원식으로 작뎡ᄒᆞ고 ᄯᅩ 승등은 물시ᄒᆞ고 ᄯᅩ 신설 아문 관원의 월급은 주지 안키로 작뎡ᄒᆞ엿다더라

○졸업부직) 무관 학교에셔 졸업ᄒᆞᆫ 학원즁에 일등으로 이등ᄭᆞ지ᄂᆞᆫ 참위에 부직ᄒᆞ엿다더라

본회 광고

본회에셔 이 회보를 젼년과 ᄀᆞᆺ치 일쥬일에 ᄒᆞᆫ번식 발간 ᄒᆞᄂᆞᆫᄃᆡ 새로 륙쪽으로 작뎡ᄒᆞ고 ᄒᆞᆫ쟝 갑슨 엽젼 오푼이오 ᄒᆞᆫ돌갑슬 미리 내면 젼과 ᄀᆞᆺ치 엽젼 ᄒᆞᆫ돈 오푼이라 본국 교우나 셔국 목ᄉᆞ나 교외 친구나 만일 사셔 보고져 ᄒᆞ거든 졍동 아편셜라 목ᄉᆞ 집이나 죵로 대동셔시에 가셔 사시옵

죵로대동셔시광고

우리 셔샤에셔 셩경 신구약과 찬미칙과 교회에 유익ᄒᆞᆫ 여러가지 셔칙과 시무에 긴요ᄒᆞᆫ 셔칙들을 팔되 갑시 샹당ᄒᆞ오니 학문샹과 시무변에 ᄯᅳᆺ이 잇ᄂᆞᆫ 군ᄌᆞ들은 만히 사셔 보시옵

대영국셩셔공회광고

새로 간츌ᄒᆞᆫ 거ᄉᆞᆫ 로마 가라태 골노시 야고보 ᄇᆡ드로 젼후셔 듸모데 젼후셔니 사셔 보실이ᄂᆞᆫ 회샤 쥬인 권묘 션ᄉᆡᆼ대로 오시옵

광무ᄉᆞ년 이월 이일 (합일ᄇᆡᆨ오십칠호)

뎨ᄉᆞ권

대한그리스도인회보

뎨오호

우리교회의 진보홈

우리미이미교회ᄂᆞᆫ 셩신의도음으로 ᄒᆡ마다 진보되니 감샤ᄒᆞ고 ᄯᅩ 더옥 진보케 ᄒᆞ기를 위ᄒᆞ야 젼년브터 신학회를 ᄀᆡ셜ᄒᆞ고 ᄒᆡ마다 일월 첫 쥬일 후로 모든 형뎨를 불너 공부ᄒᆞ시 젼년에ᄂᆞᆫ 셔울 ᄇᆡ지학당에셔 공부ᄒᆞ고 금년에ᄂᆞᆫ 인쳔 우각죠 목ᄉᆞ되 샤랑에셔 곳부ᄒᆞ기를 작뎡ᄒᆞ고 본토젼도인과 권ᄉᆞ와 모든 형뎨즁 공부에 유의ᄒᆞᆫ 형뎨들은 불너온ᄃᆡ 가ᄅᆞ치ᄂᆞᆫ 목ᄉᆞᄂᆞᆫ 죠목ᄉᆞ와 소목ᄉᆞ와 노불목ᄉᆞ 세분이시오 비호ᄂᆞᆫ 형뎨ᄂᆞᆫ 열닐곱 사ᄅᆞᆷ이온ᄃᆡ 그즁에 먼ᄃᆡ셔 온 형뎨도 잇ᄉᆞ니 평양셔ᄂᆞᆫ 대한 형뎨 오셕형 김창식 두분과 목ᄉᆞ 노불씨와 원산에 젼도ᄒᆞ시ᄂᆞᆫ 형뎨 김긔범씨가 왓ᄂᆞᆫᄃᆡ 이 먼ᄃᆡ셔 오신 형뎨의 말을 드르니 신학회 공부를 위ᄒᆞ야 올나 올ᄯᅢ에 험ᄒᆞᆫ 길과 셜샹 쳐위를 도바 보지 안코 열심으로 올나 왓ᄂᆞᆫᄃᆡ 원산셔 오신 김긔범씨도 올나 오ᄂᆞᆫ 길에셔 극ᄒᆞᆫ 치위를 맛나 좀 고ᄉᆡᆼᄒᆞ엿고 평양셔 오신 형뎨도 치위에 고ᄉᆡᆼ을 맛나 ᄂᆞᆫ즁 데일 고ᄉᆡᆼᄒᆞᆫ 기ᄂᆞᆫ 오셕형씨나 그 형뎨ᄂᆞᆫ 두ᄒᆡ젼브터 신병이 잇셔 몸이 약ᄒᆞ더니 이번 로즁에셔 치위를 견ᄃᆡ지 못ᄒᆞ야 병이 나매 목ᄉᆞ 노불씨와 김창식 두분이 잘보호ᄒᆞ여 인쳔셔지ᄂᆞᆫ 잘 와셔 ᄒᆞᆫ 쥬일 동안을 공부ᄒᆞ고 그 ᄌᆞ친의 부음 맛나 공부를 폐ᄒᆞ고 나려가니 오셕형만 울음결ᄲᅮᆫ 아니라 ᄒᆞᆷᄭᅴ 공부ᄒᆞ던 형뎨와 목ᄉᆞ와 모도 오셕형을 ᄃᆡᄒᆞᄂᆞᆫ이마다 섭섭ᄒᆞ고 비챵ᄒᆞ지 안ᄂᆞᆫ 이가 업더라 우리 형뎨가 이ᄀᆞᆺ치 섭섭ᄒᆞ기ᄂᆞᆫ 오셕형의 ᄌᆞ친 세샹ᄯᅥ남ᄲᅮᆫ ᄉᆡᆼ각ᄒᆞᆷ이 아니라 그 ᄌᆞ친온 쥬 강ᄉᆡᆼ 일쳔 팔ᄇᆡᆨ 구십륙년에 셰례 밧고 일쳔 팔ᄇᆡᆨ 구십팔년에 입교ᄒᆞ고 평양 교즁에 형뎨 ᄌᆞ미들이 ᄌᆞ긔 어머니ᄀᆞᆺ치 ᄃᆡ졉ᄒᆞ고 ᄉᆞ랑ᄒᆞ던 부인이라 이 부인은 원의 하ᄂᆞ님 영화를 밧온줄 밋고 하ᄂᆞ님ᄭᅴ 감샤ᄒᆞᆷ을 드릴거손 하ᄂᆞ님이 그 부인을 만히 ᄉᆞ랑ᄒᆞ샤 이 괴로온 세샹에셔 불너 평안ᄒᆞ고 영화로온ᄃᆡ 잇게ᄒᆞ시니 우리가 그 부인을 ᄉᆡᆼ각ᄒᆞᆯᄯᅢ에 슬픈 가온ᄃᆡ셔 도로혀 감사ᄒᆞᆷ이 나거니와 오셕형씨들 ᄉᆡᆼ각ᄒᆞᆯᄯᅢ에 섭섭ᄒᆞ고 눈물나지 아널ᄉᆞ 업더라 오셕형씨의 졍지를 ᄉᆡᆼ각ᄒᆞ면 ᄌᆞ긔 몸에ᄂᆞᆫ 병잇고 안히 업고 미거ᄒᆞᆫ ᄌᆞ식 둘이 잇고 눈 못보ᄂᆞᆫ ᄯᅡᆯ ᄒᆞ나 잇ᄉᆞ니 그 졍지ᄂᆞᆫ 녜젼 요ᄇᆡᆨ의 시험 밧을ᄯᅢ와 비슷ᄒᆞ더라 그러나 오셕형씨의 굿건ᄒᆞᆫ 밋음 잇ᄉᆞ니 육톄의 졍으로 섭섭ᄒᆞ지 아닐수 (ᄋᆞ폭)

대한크리스도인 회보

THE KOREAN CHRISTIAN ADVOCATE.
Rev. H. G. Appenzeller, Editor.
36 cents per annum
in advance. Postage extra.
Wednesday, Feb. 2nd 1900.

서울 졍동서 일쥬일에 ᄒᆞᆫ번식 발간ᄒᆞᄂᆞᆫ데 아편셜라 목ᄉᆞ가 회보 샤장이 되엿더라

일년 갑슨 미리 ᄂᆡ면 삼십 륙젼이오 우표 갑슨 ᄯᅩ로 잇ᄂᆞ니라

만국쥬일공과 그리스도 씨의 ᄒᆡᆼ젹

데일공과 이월ᄉᆞ일

데목 예수의 강ᄉᆡᆼᄒᆞ심

루가 이장 일졀노 십륙졀ᄭᆞ지

집에셔 공부ᄒᆞᆯ 것

루가 일장 마태 일장 요한 일장 일졀노 십팔졀

데이공과 이월십일일

데목 예수ᄭᅴ셔 어려슬ᄯᅢ에 예루살넴에 올나가심

루가 이장 ᄉᆞ십일졀노 오십이졀

집에셔 공부ᄒᆞᆯ 것

마태 이장 루가 이장 이십일졀노 삼십팔졀

데삼공과 이월십팔일

데목 셰례주ᄂᆞᆫ 요한이 젼도ᄒᆞᆷ

루가 삼장 일졀노 십칠졀ᄭᆞ지

집에셔 공부ᄒᆞᆯ 것

마태 삼장 일졀노 칠졀과 ᄉᆞ장 일졀노 륙졀

데ᄉᆞ공과 이월이십오

데목 예수의 셰례 밧으심과 시험 밧으심

마태 삼장 십삼졀노 ᄉᆞ장 이졀

집에셔 공부ᄒᆞᆯ 것

루가 삼장 이십일이졀과 ᄉᆞ장 일졀노 십삼졀을 참호ᄒᆞ라

데오공과 삼월ᄉᆞ일

데목 예수의 처음으로 ᄐᆡᆨᄒᆞᆫ 문도

요한 일장 삼십오졀노 ᄉᆞ십륙졀

집에셔 공부ᄒᆞᆯ 것

요한 일장 십구졀노 오십일

데륙공과 삼월십일일

데목 예수와 이가데모

요한 삼장 일졀노 십팔졀ᄭᆞ지

집에셔 공부ᄒᆞᆯ 것

요한 이장

데칠공과 삼월십팔일

데목 예수ᄭᅴ셔 야각우물에 계신일

요한 ᄉᆞ장 오졀노 이십륙졀ᄭᆞ지

집에셔 공부ᄒᆞᆯ 것

요한 삼장 이십이졀노 ᄉᆞ장 ᄉᆞ십오졀ᄭᆞ지

데팔공과 삼월이십오

데목 예수ᄭᅴ셔 나사렛에셔 ᄶᅩᆺ겨가심

루가 ᄉᆞ장 십륙졀노 삼십졀ᄭᆞ지

집에셔 공부ᄒᆞᆯ 것

마태 ᄉᆞ장 십삼졀노 십륙졀과 마가 일장 십ᄉᆞ오졀과 요한 ᄉᆞ장 ᄉᆞ십륙졀노 오십ᄉᆞ졀

만국쥬일공과

뎨일공과 이월ᄉᆞ일

그리스도 씨의 힝젹

누가 복음 이쟝 일졀노 십ᄉᆞ

一 못숨 이때에 가이사 어구스도 령을 나려 텬하로 ᄒᆞ여곰 다 호젹을 올니게 ᄒᆞ니 二 이 호젹은 처음으로 힝ᄒᆞᆫ거시오 구레뉴가 슈리아 감ᄉᆞ 되엿실 때에 ᄒᆞᆫ 거시라 三 모든 사ᄅᆞᆷ이 호젹을 올니랴 ᄒᆞ야 각각 제 셩으로 도라가니 四 요셉도 ᄯᆞ윗의 ᄌᆞ손이니 갈릴리에서 나사렛 셩으로 브터 유대에 올나가 ᄯᆞ윗의 셩에 니ᄅᆞ니 일홈은 벳네헴이라 五 뎡혼ᄒᆞᆫ 안ᄒᆡ 마리아와 ᄒᆞᆷᄭᅴ로 호젹ᄒᆞ러 갈시 때에 마리아가 임의 잉ᄐᆡᄒᆞ엿더니 六 못숨 거긔 잇셔 ᄒᆡ산ᄒᆞᆯ 긔약이 니르러 七 맛아ᄃᆞᆯ을 나하 강보로 싸구유에 누이니 이는 샤관에 용납ᄒᆞᆯ 곳이 업슴이러라 ○ 八 그 디경에 목쟈들이 밧게 잇셔 밤에 그 양의 무리ᄅᆞᆯ 직희더니 九 쥬의 ᄉᆞ쟈가 겻헤 서고 쥬의 영광이 뎌희ᄅᆞᆯ 두루 빗최매 크게 무셔워ᄒᆞ거ᄂᆞᆯ 十 텬ᄉᆞ가 닐너 ᄀᆞᆯᄋᆞᄃᆡ 무셔워 말나 내가 너희게 크게 깃버ᄒᆞᆯ 아ᄅᆞᆷ다온 소식을 가져오니 이는 만민의게 밋출지니라 十一 오ᄂᆞᆯ날 ᄯᆞ윗의 고을에 너희ᄅᆞᆯ 위ᄒᆞ야 ᄒᆞᆫ 구쥬가 나셧시니 곳 크리스도 쥬ㅣ시니라 十二 이 거시 표젹이니 너희는 가셔 ᄒᆞᆫ 이기ᄅᆞᆯ 강보로 싸셔 구유에 누인 거ᄉᆞᆯ 보리라 ᄒᆞ니 十三 홀연히 허다ᄒᆞᆫ 하ᄂᆞᆯ 군ᄉᆞ가 텬ᄉᆞ와 ᄀᆞᆺ치 잇셔 하ᄂᆞ님을 찬숑ᄒᆞ야 ᄀᆞᆯᄋᆞᄃᆡ 十四 지극히 놉흔 곳에셔는 하ᄂᆞ님ᄭᅴ 영화를 돌녀보내고 ᄯᆞ에셔는 깃비ᄒᆞ심을 닙은 사ᄅᆞᆷ이 평안ᄒᆞᆯ지어다 ᄒᆞ더라 ○ 十五 못줌 텬ᄉᆞ가 ᄯᅥ나 하ᄂᆞᆯ노 올나가니 목ᄌᆞ가 서로 말ᄒᆞᄃᆡ 이제 벳네헴ᄭᆞ지 가셔 이 일우신거ᄉᆞᆯ 보자 곳 쥬ㅣ 우리의게 뵈신 바ㅣ라 ᄒᆞ고 十六 샐니 가셔 마리아와 요셉과 구유에 누인 아기ᄅᆞᆯ 차지니라

요지

네쟝 ᄎᆞᆺ 그 일홈은 예수ㅣ라 부르리니 대가 그가 ᄌᆞ긔의 ᄇᆡᆨ셩을 죄악 가온ᄃᆡ셔 구원ᄒᆞ시리라 마태 일쟝 이십일졀

년ᄃᆡ

구쥬 강ᄉᆡᆼ젼 오년 가량인듯ᄒᆞ나 뎡확히 긔록ᄒᆞᆫ바ㅣ 업ᄂᆞ니라 아구스도 가이사ᄂᆞᆫ 로마 황뎨의 일홈이오 헤롯은 유대 님군의 일홈이니라

디방

벳네헴은 예루살넴에서 남으로 십오리 가량이니라

주셕

一二 요셉과 마리아ㅣ 비록 나사렛 디방에셔 사랏스나 션지들이 예언ᄒᆞᄃᆡ 이 아기가 반다시 션조 ᄯᆞ윗 왕의 고을 벳네헴에셔 탄ᄉᆡᆼᄒᆞ리라 ᄒᆞ엿ᄂᆞ니라 마리아ㅣ 티중으로 잇슬때에 벳네헴에셔 이ᄇᆡᆨ리 샹거 되ᄂᆞᆫ터에셔 살더니 그때에 로마 황뎨 아구사도ㅣ 텬하에 령을 나려 본국과 속방 ᄇᆡᆨ셩들노 ᄒᆞ여곰 다 호석을 슈정케 ᄒᆞ니 유대 사ᄅᆞᆷ들노 령을 듯고 각각 ᄌᆞ긔 지파의 원고향으로 가셔 호젹을 ᄒᆞ랴 ᄒᆞᆷ이

이ᄉᆞ야ㅣ 텬즁으로 닷싀 ᄒᆞᆫ즁에 벳네헴으로 도야 왓ᄂᆞ니라 이ᄯᅢ에 유대국이 로마의 판찰부ᄂᆞᆫ이니니 대개 헤롯왕이 이 나라를 다ᄉᆞ림이라 그러나 이 나라ᄂᆞᆫ 아구사도가 헤롯을 분봉ᄒᆞᆫ ᄯᅡ힌고로 헤롯이 아구사도를 ᄌᆞ긔의 상국 님군으로 밧드럿ᄂᆞ니라

三 각각제디방으로가 다ᄒᆞᆷ은 유대 사ᄅᆞᆷ들이 호셕을 ᄌᆞ긔의 풍속더로 ᄒᆞ랴ᄒᆞᆫ즉 사ᄅᆞᆷ마다 ᄌᆞ긔의 본 고을이나 본동니로 가서 일홈을 올니랴 ᄒᆞᆷ이니라

四 벳네헴은 예루살넴 에서 십오리 가랑되ᄂᆞᆫ 죠고마ᄒᆞᆫ 동니라 아 동니ᄂᆞᆫ 야곱ᄯᅢ 브터 잇던 오랜 디방이니 그ᄯᅢ에ᄂᆞᆫ 동니일홈을 엡리다라 ᄒᆞ엿ᄂᆞ니라 구약의 쟝황ᄒᆞᆫ ᄉᆞ긔를 지내도록 이ᄯᅡ히 유대에 무셩 무취ᄒᆞᆫ ᄒᆞᆫ심상ᄒᆞᆫ 동니러라 루득씨의 이아기ᄂᆞᆫ 이 동니 ᄉᆞ긔로 일편을 긔록ᄒᆞ엿ᄂᆞ니라 ᄯᅢ윗 왕이 이곳에서 나심으로 긴요ᄒᆞᆫ 디방이 되엿고 ᄯᅢ윗왕 보다 더 크신이가 ᄯᅩ 이곳에서 탄강ᄒᆞ신고로 영원히 유명ᄒᆞᆫ 디방이 되엿ᄂᆞ니라 이동니ᄂᆞᆫ 산우에 설립ᄒᆞ야 디형이 놉고 인구ᄂᆞᆫ 삼ᄉᆞ천명 가량이니라

七 구유에누이다ᄒᆞᆷ은 려관에 몬져 든손이나 혹 긔구 잇ᄂᆞᆫ ᄒᆡᆼ인이 됴흔 쳐소를 몬져 차지ᄒᆞᆫ 연고ㅣ니라

八 목쟈ᄂᆞᆫ 곳 그 나라 평민이니 그ᄯᅢ에 양치ᄂᆞᆫ것은 유대사ᄅᆞᆷ의 흔이 ᄒᆞᄂᆞᆫ 싱업이니라

九 쥬의ᄉᆞ쟈ᄂᆞᆫ 셰샹 사ᄅᆞᆷ의 돗힝과 ᄀᆞᆺ치 사ᄅᆞᆷ의 형샹으로 온듯ᄒᆞ나 구약 십팔쟝 이졀과 십구쟝 일 이졀에 텬ᄉᆞ들이 이 모양으로 흔히 뵈엿ᄂᆞ니라

쥬의영광 샹뎨의 조화로 ᄒᆞᆫ 광연되 나라ᄂᆞᆫ 광치니 이러ᄒᆞᆫ 광치ᄂᆞᆫ 하ᄂᆞ님과 그의 ᄉᆞ쟈 외에ᄂᆞᆫ 잇ᄉᆞᆯ수ㅣ 업ᄂᆞ니라 목쟈들이 이러ᄒᆞᆫ 황홀ᄒᆞᆫ 광치의 리치를 아지 못ᄒᆞᆫ고로 크게 무서워ᄒᆞ엿ᄂᆞ니라

十 크게깃버ᄒᆞᆯ아름다온소식 ᄉᆞ천년을 이 셰샹에 덥혓던 어둔거시 쟝ᄎᆞᆺ 버서지게 됨이오 온 셰계 인류가 사죄ᄒᆞᆷ을 엇고 하ᄂᆞ님으로 더브러 다시 화친ᄒᆞᆷ을 엇을 긔회요 살단의 머리를 쳐 샹케 ᄒᆞᆷ이오 하ᄂᆞᆯ나라와 처음 쥬초를 놋게됨이니 이것이 ᄎᆞᆷ 깃분 소식이로다

뭇ᄂᆞᆫ말

一 가이사 아구사도가 령을나려 텬하로 ᄒᆞ여곰 호젹에 올니게 ᄒᆞᆷ이 무ᄉᆞᆷ 연고뇨

二 이ᄯᅢ에 요셉과 마리아가 벳네헴으로 호셕ᄒᆞ러 가ᄂᆞᆫ거슨 무ᄉᆞᆷ 연고뇨

三 예수ᄭᅴ서 벳네헴 에서 강싱ᄒᆞ신 일이 셩경 속에 엇더ᄒᆞᆫ 말ᄉᆞᆷ을 응코져 ᄒᆞᆷ이뇨

四 우리 구셰쥬ᄭᅴ서 이 셰샹에 강싱 ᄒᆞ실ᄯᅢ에 용납ᄒᆞᆯ 곳이 업서서 구유에 누어 계셧ᄉᆞ니 우리ᄂᆞᆫ 이일을 엇더케 싱각ᄒᆞ겟ᄂᆞ뇨

五 이ᄯᅢ에 그 목쟈들이 처음에ᄂᆞᆫ 두려워 ᄒᆞ고 나죵에ᄂᆞᆫ 텬ᄉᆞ의 말을 밋고 샐니가서 구셰쥬를 차졋스니 우리가 엇더케 싱각ᄒᆞ겟ᄂᆞ뇨

일폭련속

업스나 그ᄆᆞᄋᆞᆷ에 위로ᄒᆞᆷ이 만히 잇더라 우리 형데들이 오석형씨들 위ᄒᆞ야 긔도 ᄒᆞᆯ거ᄉᆞᆫ 쥬ᄭᅴ셔 세상 사ᄅᆞᆷ을 위ᄒᆞ야 동포 동락ᄒᆞ셧스니 우리 교즁 형데들에 환난 밧ᄂᆞᆫ거ᄉᆞᆯ 우리 환난 밧음과 ᄯᅡᆨᄀᆞᆺ고 어줄수 업더라 그런고로 교즁형데 김창식으로 ᄒᆞ여곰 오석형씨들 젼별케 ᄒᆞ고져 ᄒᆞ야 인쳔셔 셔울ᄭᆞ지 ᄀᆞᆺ치오고 ᄯᅩ 말과 로비를 쥰비ᄒᆞ여 젼송케ᄒᆞ매 김창식씨ᄲᅮᆫ 오석형씨의 몸 셩치 아니ᄒᆞᆷ ᄆᆡ우 념녀ᄒᆞ여 독립관ᄭᆞ지 나와 젼송 ᄒᆞ고 도라 올ᄯᅢ에 셥셥ᄒᆞ고 불안ᄒᆞᆫ ᄆᆞᄋᆞᆷ 억졔ᄒᆞ기 어려워 곳 아편목ᄉᆞ 집으로 드러오지 못ᄒᆞ고 다른ᄃᆡ로 휘도라 왓다더라

목ᄉᆞ아편셜라

삼화 교회에서 탄일 경츅ᄒᆞᆫ 열이 ᄆᆡ우 ᄌᆞ미 잇슨고로 좌에 긔지 ᄒᆞ노라

오ᄂᆞᆯ날 탄일을 당ᄒᆞ여 ᄆᆡ우 깃분고로 작년 탄일에 비ᄒᆞ면 더욱 셩심 잇ᄂᆞᆫ거ᄉᆞᆯ 깃버 ᄒᆞᄂᆞᆫ지ᄯᅡ 여러 형데 ᄌᆞ미들이 깃분 ᄆᆞᄋᆞᆷ으로 각각 연보 ᄒᆞ여 셩찬을 쥰비ᄒᆞ며 송지문이며 셩단 압헤 청숑을 세우고 가지에 봉투를 달엇시며 련화등을 놉히 달엇ᄂᆞᆫᄃᆡ 샹오 열시에 형데 빅여명과 ᄌᆞ미 삼십여명이 일심으로 찬미 데팔십구와 십오장을 노리ᄒᆞ고 ᄌᆞ미로 ᄒᆞ여곰 누가 이쟝 십일절노 십ᄉᆞ절ᄭᆞ지 외오게ᄒᆞ고 형데들은 이사야 구쟝 륙절을 외온후에 김창식씨가 구쥬 강싱ᄒᆞ신 ᄯᅳᆺ스로 연셜 ᄒᆞᆫ후에 본읍 감리 평한쥬ᄭᅴ셔 감샤ᄒᆞᆫ ᄆᆞᄋᆞᆷ으로 연셕에 참례ᄒᆞ여 하ᄂᆞ님을 공경ᄒᆞ여 죄을 범치 말나ᄂᆞᆫ ᄯᅳᆺ으로 연셜ᄒᆞ고 속쟝 안긔덕씨가 하ᄂᆞ님ᄭᅴ셔 이세샹 죄인을 ᄉᆞ랑ᄒᆞ시ᄂᆞᆫ ᄯᅳᆺ스로 연셜ᄒᆞᆫ후에 하ᄂᆞ님ᄭᅴ 감샤ᄒᆞᆷ으로 찬미 긔도 ᄒᆞ고 여러 형데와 ᄌᆞ미와 방텽인으로 음식을 난호이며 봉투와 쳐단을 난호여 주니 ᄋᆞ희들과 수빅명 방텽인들이 다 이날은 데일 큰 경졀인줄 알고 감샤ᄒᆞᆷᄲᅮᆫ 마지 안ᄂᆞᆫ지라 우리가 이ᄀᆞᆺ흔 경졀을 당ᄒᆞ여 인익ᄒᆞᆫ ᄆᆞᄋᆞᆷ으로 쇽쟝 안긔덕씨와 교우 삼ᄉᆞ인이 셩찬을 가지고 본읍 감옥서에 드러가 구쥬ᄭᅴ셔 에세샹 죄인을 위ᄒᆞ야 강싱 ᄒᆞ신 ᄯᅳᆺ슬 셜명ᄒᆞ고 음식을 난호며 죄인 삼십여명이 감샤ᄒᆞ여 ᄒᆞᄂᆞᆫ말에 우리ᄂᆞᆫ 이ᄀᆞᆺ흔 은혜를 아지 못ᄒᆞ고 죄만 지엇ᄉᆞ오니 이제ᄂᆞᆫ 회ᄀᆡᄒᆞ고 하ᄂᆞ님ᄭᅴ 나아가기ᄅᆞᆯ 원ᄒᆞ오니 우리 ᄆᆞᄋᆞᆷ에 엇지 깃분지 알수 업습고 하ᄂᆞ님ᄭᅴ셔 이ᄀᆞᆺ흔 사ᄅᆞᆷ을 구원ᄒᆞ시기를 ᄇᆞ라옵ᄂᆞ니다 우리가 오ᄂᆞᆯ 깃붐이 이 세샹ᄲᅮᆫ 아니라 쟝ᄅᆡ에 여러 텬ᄉᆞ와 션지와 ᄀᆞᆺ치 하ᄂᆞᆯ 아바지 보좌 압헤셔도 이ᄀᆞᆺᄒᆞᆫ 영광으로 즐거워 ᄒᆞᆯ거ᄉᆞᆯ 더욱 깃버 ᄒᆞ옵ᄂᆞ이다

안셕훈

닉보

졍부투표) 학부에서 녀학교를 설시ᄒᆞ쟈고 경비를 졍부에 쳥의ᄒᆞ엿더니 칙령 안으로 졍부에서 회의ᄒᆞᄂᆞᆫᄃᆡ 설시ᄒᆞᄂᆞᆫ거시 가타표ᄒᆞᄂᆞᆫ 표가 네시요 불가ᄒᆞ다ᄂᆞᆫ 표가 여ᄉᆞᆺ시기로 좃다슈ᄒᆞ야 녀학교 설시가 되지 못ᄒᆞ게 되엿더라

○교육경비) 광무 삼년도에 학부에서 공ᄉᆞ립 학교와 외국 어학교에 슈효와 경비가 합 만여원인ᄃᆡ 서울 관립 학교ᄂᆞᆫ 열이오 외국 어학교ᄂᆞᆫ 여ᄉᆞᆺ시요 외방 학교ᄂᆞᆫ 륙십이처요 ᄉᆞ립 소학교ᄂᆞᆫ 십일처요 긔외에 의학교와 ᄇᆡ지학당이더라

○갑봉물시) 졍부 관인들의 봉급을 ᄇᆡ 줄이기로 된다더니 근일에 다시 담문ᄒᆞᆫ즉 시힝이 되지 못ᄒᆞ고 이젼ᄃᆡ로 된다고들 ᄒᆞ더라

○여항풍셜) 여항 풍셜에 말ᄒᆞ기를 우리 나라 인구가 미양 루락ᄒᆞ고 실상ᄃᆡ로 됴샤가 되지 못ᄒᆞᄂᆞᆫ거시 흠뎐인고로 탁지부예서 호구 됴샤 위원을 각도 각군에 파송ᄒᆞ야 호구를 젹실히 됴샤ᄒᆞ야 오기로 의론이잇다더라

●법률귀졍) 법부에서 법률을 귀뎡ᄒᆞᄂᆞᆫᄃᆡ 관인이나 평민을 물론ᄒᆞ고 외국 사ᄅᆞᆷ의게 의지ᄒᆞ야 국톄를 손상ᄒᆞᄂᆞᆫ 쟈ᄂᆞᆫ 별노히 쳐판ᄒᆞᄂᆞᆫ 법률을 문둘엇다더라

●학협시샹) 일젼에 녀학교에서 녀학교쟝 양셩당 김씨가 녀학도 십여명을 다리고 학부로 와서 학교 경비를 예산에 너어달나고 쳥ᄒᆞᄂᆞᆫᄃᆡ 협판 민샹호씨가 녀학도들을 불너 드려 공부ᄒᆞᆫ 글을 시험ᄒᆞ고 휘지 닐곱쟝과 필묵 ᄒᆞᆫ 장식 주엇다더라

○강슈인도) 한강 샹류 강슈를 인도ᄒᆞ야 장안에 집마다 물을 ᄯᅥ여 주고 물셰를 밧기로 어느 일본 온힝소 사ᄅᆞᆷ이 미국 사ᄅᆞᆷ 산쓰씨와 흠ᄃᆡ 주션ᄒᆞ야 그 일이 된다ᄂᆞᆫ 풍셜이 잇다더라

뎨ᄉ권

대한 그리스도인 회보

뎨륙호

례비일학당

우리가 엇던 밋음만ᄒᆞᆫ 신문지를본즉 온텬하에 잇ᄂᆞᆫ 례비일 학당 수효가 모도 이십오만 이천 오빅 여쳐요 션ᄉᆡᆼ의 수효ᄂᆞᆫ 남녀 합ᄒᆞ야 이빅 삼십팔만 팔천여 인이오 학원의 수효ᄂᆞᆫ 이억삼빅 ᄉᆞ만 구천 여인인ᄃᆡ 대일 만히 잇ᄂᆞᆫ 곳은 합즁국이니 례비일 학당은 십삼만 칠천 이빅 구십삼쳐요 션ᄉᆡᆼ은 ᄉᆞ빅십 셕구만 구천칠빅 십일인이오 학원은 일억일빅 삼십 이만 칠천 팔빅 오십팔인이오 그 다음은 영길리국이니 본ᄃᆡ방에 잇ᄂᆞᆫ 학당이 오만 이천 오빅 구십쳐요 션ᄉᆡᆼ은 칠만 ᄉᆞ천 구빅 오십오인이오 학원은 칠빅 팔십칠만 오천 칠빅 ᄉᆞ십팔인이오 뎌국에ᄂᆞᆫ 례비일 학당이 칠천이빅 삼십일쳐요 션ᄉᆡᆼ은 삼만 구천 팔빅 칠십이인이오 학원은 팔십일만 ᄉᆞ천 일빅 칠십 오인이오 인도국은 쥬일학당이 오천오빅 칠십팔쳐요 션ᄉᆡᆼ이 일만삼천 구빅 삼십 칠인이오 학원ᄂᆞᆫ 이십ᄉᆞ만 칠천 ᄉᆞ빅 칠십이인이오 불란시국은 쥬일학당에 일천ᄉᆞ빅 칠십 오쳐요 션ᄉᆡᆼ은 삼천팔빅 칠십륙인이오 학원은 륙만일천 이빅인이오 아라사국은 쥬일학당이 팔십삼쳐요 션ᄉᆡᆼ은 칠빅 팔십오인이오 학원은 일만오천 륙빅칠십 ᄉᆞ인이오 일본국은 쥬일 학당이 일빅 오십쳐요 션ᄉᆡᆼ은 삼빅 구십인이오 학원은 칠천 십구인이라○일노조차 보건ᄃᆡ 영어와 예수교를 존숭ᄒᆞᄂᆞᆫ 나라들은 례비학당을 진실히 밋고 텬쥬교와 회랍교ᄂᆞᆫ 밋지 안ᄂᆞᆫ지라 온세샹 소년 학도가 이천 삼빅 ᄉᆞ만 구천 여인인즉 미국 학도ᄂᆞᆫ 그즁에 반이나 되고 영국은 ᄉᆞ분의 일이 좀더 되ᄂᆞᆫ지라 대한 인구에ᄂᆞᆫ 쥬일학당에 오ᄂᆞᆫ 학도가 일천이빅인즁에 ᄒᆞ나 가량이 될듯ᄒᆞ오니 츙이셩ᄒᆞᆫ 일이라 더욱 힘쓸진뎌

학도를위ᄒᆞ야긔도홈

텬하 만국에 공부 ᄒᆞᄂᆞᆫ 학원이 뎨일만코 학원즁에 대학교 ᄉᆞ지 드러간 사ᄅᆞᆷ은 지됴도 만코 지혜도 잇것마ᄂᆞᆫ 구세쥬ᄅᆞᆯ 밋지안ᄂᆞᆫ 이가 만흔고로 교ᄉᆞ와 션ᄉᆡᆼ들이 크게 불샹히 녁여 처음에ᄂᆞᆫ 각각 혼ᄌᆞ 긔도 ᄒᆞ더니 그후에 서로 의론ᄒᆞ고 미년 이월 둘재 쥬일노 작뎡ᄒᆞ고 학원들을 위ᄒᆞ야 긔도ᄒᆞᄂᆞᆫ 절례가 난지라 대한에ᄂᆞᆫ 아직 학교가 만치 못ᄒᆞ나 그즁에도 밋지 안ᄂᆞᆫ 사ᄅᆞᆷ이 만흔즉 우리 교우들은 양력 이월 십일일 례비에 학도ᄅᆞᆯ 위ᄒᆞ여 긔도 ᄒᆞ기를 ᄇᆞ라노라

대한크리스도인회보

THE KOREAN
CHRISTIAN ADVOCATE.
Rev. H. G. Appenzeller, Editor.
36 cents per annum
in advance. Postage extra.
Wednesday, Feb. 7th 1900.

서울 졍동셔 일쥬일에 한번식 발간ᄒᆞᄂᆞᆫᄃᆡ 아편셜라 목ᄉᆞ가 회보 샤쟝이 되엿더라

일년 갑슬 미리 내면 삼십륙젼이오 우표 갑슨 ᄯᅡ로 잇ᄂᆞ니라

보ᄂᆞᆫ것과못보ᄂᆞᆫ것

一은 육신과 령혼이니 육신은 눈으로 볼수잇고 령혼은 눈으로 볼수 업ᄂᆞᆫ거시라 육신을 길으ᄂᆞᆫ 거ᄉᆞᆫ 외인의 슝샹 ᄒᆞᄂᆞᆫㅣ바니 외복과 음식을 됴케 ᄒᆞ야 몸을 편케ᄒᆞ며 외화만 빗나게 ᄒᆞ다가 빅년이 지나지 못ᄒᆞ야 령혼이 ᄯᅥ나가면 육신은 목셕과 ᄀᆞᆺ치 ᄯᅡᆼ속에 드러가 써거질거시오 령혼을 길으ᄂᆞᆫ거ᄉᆞᆫ 교인의 슝샹ᄒᆞᄂᆞᆫ바니 하ᄂᆞ님의 참 리치와 구셰쥬의 계명으로 영ᄉᆡᆼᄒᆞᆯ 량식을 예비ᄒᆞ야 영원ᄒᆞᆫ 세샹에 한량업시 살기를 ᄇᆞ라ᄂᆞᆫ 거시니 육신이 죽음과 샹관이 업ᄂᆞᆫ지라 특별히 외인과 다름이오 二ᄂᆞᆫ 하ᄂᆞ님과 마귀의 우샹이니 우샹은 눈으로 보ᄂᆞᆫ거시요 하ᄂᆞ님은 눈으로 뵈올수 업ᄂᆞᆫ지라 외인들은 목석으로 문둔 우샹의게 음식과 쥬육으로 셤기며 졔ᄒᆞ고 복을 구ᄒᆞ되 실샹 어리석은 일이라 우샹이 능히 복을 줄 권리가 업고 교인들은 독일무이ᄒᆞ시고 젼지 젼능ᄒᆞ신 하ᄂᆞ님을 슝비ᄒᆞ며 형샹도 업고 볼수도 업ᄂᆞᆫ 셩신의 감화ᄒᆞ시기를 군구ᄒᆞᄂᆞ니 사ᄅᆞᆷ의 ᄉᆡᆼᄉᆞ와 빈부와 고락이 모도 하ᄂᆞ님ᄭᅴ 달닌 연고라 특별히 외인과 다름이오 三은 세샹 영화와 텬당 복락이니 세샹의 영화ᄂᆞᆫ 눈으로 보ᄂᆞᆫ거시오 텬당의 복락은 이 세샹에셔 볼수 업ᄂᆞᆫ지라 외인들은 놉흔 벼ᄉᆞᆯ과 부쟈의 지산으로 복이라 ᄒᆞ며 영화라 ᄒᆞ야 홍샹 권셰를 이 세샹에셔 닷토며 일홈을 후인의게 젼ᄒᆞ고져 ᄒᆞ나 실샹을 ᄉᆡᆼ각ᄒᆞ면 여녀 ᄀᆞᆺᄒᆞᆫ 텬디 간에 초로 ᄀᆞᆺᄒᆞᆫ 인ᄉᆡᆼ들이 얼마 오라지 못ᄒᆞᆯ거시오 교인들의 영화ᄂᆞᆫ ᄉᆞ후에 잇ᄂᆞᆫ고로 령혼이 텬국에 드러가 무궁ᄒᆞᆫ 복락을 밧을지니 엇지 세샹에 잠시 업서지ᄂᆞᆫ 허화 세계에 번화들 취ᄒᆞ리오 ᄉᆞ도 바울노 ᄀᆞᆯ으ᄃᆡ 우리의 힘슬거ᄉᆞᆫ 눈으로 보ᄂᆞᆫ바 일이 아니라 볼수 업ᄂᆞᆫ 일이니 보ᄂᆞᆫ바쟈ᄂᆞᆫ 잠간이오 보지 못ᄒᆞᄂᆞᆫ바ᄂᆞᆫ 홍샹 잇다 ᄒᆞ셧ᄉᆞ니 (고린도 후셔 ᄉᆞ쟝 십팔졀) 우리 쥬를 밋ᄂᆞᆫ 교우들은 맛당히 눈에 보이ᄂᆞᆫ 육신과 우샹과 세샹 영화를 ᄇᆞ리고 보이지 아니 ᄒᆞᄂᆞᆫ 령혼과 하ᄂᆞ님과 텬국의 복을 위ᄒᆞ야 힘슬거시요 눈에 뵈이ᄂᆞᆫ 이 세샹 교회로 조차 보이지 아니ᄒᆞᄂᆞᆫ 텬국 교회로 드러 가기를 군구ᄒᆞᆯ지니라

최병헌

만국쥬일공과 (그리스도씨의힝젹)

뎨이공과 이월십일일

예수ᄭᅴ셔어려슬ᄯᅢ에 예루살넴에올나가심

루가 이쟝 ᄉᆞ십일절노 오십이절

四一 그 부모가 ᄒᆡ마다 유월절을
당ᄒᆞ면 예루살넴으로 가더니
四二 예수ㅣ 열두살 될ᄯᅢ에 이 졀
긔의 젼례를 조차 다올나 갓다가
四十三 긔약이 ᄎᆞ셔 도라올ᄉᆡ ᄋᆞ희
예수ᄂᆞᆫ 예루살넴에 머물너 셧더
니 그 부모ᄂᆞᆫ 아지 못ᄒᆞ고 四四 동
힝 즁에 잇ᄂᆞᆫ줄노 알앗ᄂᆞᆫ고로 ᄒᆞᆫ
로 길을 힝ᄒᆞ야 이예 친쳑 즁에
차지되 四五 맛나지 못 ᄒᆞᆫ매 차지
랴고 예루살넴에 도라 갓ᄂᆞᆫ지라
四六 ᄆᆞᆺᄎᆞᆷ 사흘후에 셩뎐에셔 맛
나니 션ᄉᆡᆼ들 ᄒᆞᆫ 가온ᄃᆡ 안지샤
더희게 드ᄅᆞ시며 뭇기도 ᄒᆞ시니
四六 듯ᄂᆞᆫ쟈ㅣ 다 그 지혜와 밋
ᄃᆡ답ᄒᆞ심을 놀나더라 四八 그 부
모가 보고 긔이히 녁여 그 모친
이 ᄀᆞᆯᄋᆞᄃᆡ 아ᄃᆞᆯ아 엇지 ᄒᆞ여 이
러케 우리게 ᄒᆞᄂᆞ뇨 네 아바지
와 내가 근심ᄒᆞ야 너를 차젓다
ᄒᆞ니 四九 예수ㅣ ᄀᆞᆯᄋᆞ샤ᄃᆡ 엇지
ᄒᆞ야 나를 차젓ᄂᆞ니 잇가 내가
내 아바지 집에 잇서야 쓸줄을
아지 못ᄒᆞ엿ᄂᆞ니잇가 ᄒᆞ시니 五十
량친이 그 ᄒᆞ신 말ᄉᆞᆷ을 ᄭᆡᄃᆞᆺ지
못ᄒᆞ더라 五一 예수ㅣ ᄒᆞᆫ가지로
ᄂᆞ려가 나사렛에 니르러 슌죵ᄒᆞ
야 밧드니오직 그 모친은 이 모
든일을 ᄆᆞᄋᆞᆷ에 두더라 ○五二 예
수ㅣ 지혜와 나히 더 ᄒᆞ시매 더
옥 하ᄂᆞ님과 사ᄅᆞᆷ의게 괴임을
보시더라

요지

예수ㅣ 지혜와 나히 더 ᄒᆞ시매 더옥 하ᄂᆞ님과 사ᄅᆞᆷ의게 괴임을 보시더라 (루가 이쟝 오십이절)

년뎨

셔력 긔원후 구년 봄이니라

디방

니시ᄃᆡ 예루살넴

공과의구별

一 셩에셔일흔일

二 셩뎐에셔차진일

주셕

四十一 유월절 하ᄂᆞ님이 에스ᄅᆡ엘 ᄇᆡᆨ셩을 ᄋᆡ급에셔 구원ᄒᆞ사 다시 량민이 되게 ᄒᆞ심을 긔렴ᄒᆞᆷ으로 셜립ᄒᆞᆫ 졀긔니라 (츌ᄋᆡ급 십이쟝) 이 졀긔ᄂᆞᆫ 비록 닐곱날 동안을 지내나 의무로 직희ᄂᆞᆫ 날은 두날이니라 이ᄯᅢ에 병인과 로인과 쇼경과 귀 먹은이와 실진ᄒᆞᆫ 사ᄅᆞᆷ과 십이세 못된 사나ᄋᆞ희ᄂᆞᆫ 다 집에 머물너 잇기를 허락ᄒᆞ엿ᄂᆞ니라

四十二 열두살될ᄯᅢ 유대 풍쇽에 열두돌 된 ᄋᆞ희ᄂᆞᆫ 비로소 셩인이 되ᄂᆞᆫ고로 그ᄯᅢ 브터 예루살넴에 올나가 모든 졀긔에 참례ᄒᆞ엿ᄂᆞ니라

四十三 그부모가아지못ᄒᆞᆷ 이것은 이상히 녁일일이 아니니 대개 그 졀긔에 젼국 ᄇᆡᆨ셩이 예루살넴에 모힌 쟈ㅣ 미우

만흔 연고ㅣ라 그때에 예수ᄭᅴ셔 거긔 머물너 계신거시 짐짓 모옴으로 ᄒᆞ신일인지 아닌지 알수 업ᄂᆞ니라

四十四 ᄒᆞ로길 졀긔를 맛치고 도라 오ᄂᆞᆫ 첫날 길은 니양 십오리 후 이십리 밧게 못 되엿ᄂᆞ니라

四十六 셩뎐 이거슨 바로 셩뎐이 아니라 셩뎐에 쇽ᄒᆞᆫ 어ᄂᆞ ᄒᆞᆫ 쳐소ㅣ니 녀인들이 무샹히 츌입ᄒᆞᆯ만ᄒᆞᆫ 곳이니라

션ᄉᆡᆼ 고명ᄒᆞᆫ 학ᄉᆞ들과 모세의 률법 ᄀᆞᄅᆞ치ᄂᆞᆫ 교ᄉᆞ들이니 그들이 예수ᄭᅴ셔 문답 ᄒᆞ시ᄂᆞᆫ 말ᄉᆞᆷ을 듯고 긔이히 녁엿ᄂᆞ니라 예수의 부모가 거긔셔 예수를 보고 미우 이샹히 녁엿ᄉᆞ나 이러케 이샹히 녁일 것이 업셧ᄂᆞ니라

四十九 이졀에 예수의 말ᄉᆞᆷ ᄒᆞ신거슨 처음으로 긔록 ᄒᆞ엿ᄂᆞ니라 예수의 어머니가 예수를 좀경계 ᄒᆞ야 말ᄒᆞ니 예수ᄭᅴ셔 ᄃᆡ답ᄒᆞ샤ᄃᆡ 하ᄂᆞ님 아바님 집에셔 맛당히 ᄒᆞᆯ일을 ᄒᆞ엿다 ᄒᆞ셧ᄂᆞ니라 그 부모가 이말이 무슴 뜻신지 아조 알아듯지 못 ᄒᆞ엿더니 그 후에야 ᄎᆞᄎᆞ ᄭᆡ다랏ᄂᆞ니라 예수ᄭᅴ셔 나사렛에 도라와 그 부모ᄭᅴ 슌죵 ᄒᆞ엿ᄂᆞ니라 마가 륙장 삼졀에 예수ᄭᅴ셔 그 아바지의 ᄉᆡᆼ업을 비화 목수가 되셧다 ᄒᆞ엿ᄂᆞ니라 예수ᄭᅴ셔 나사렛에셔 열 여ᄃᆞᆲ ᄒᆡ를 계셧ᄂᆞ니라 예수의 어머니ᄭᅴ셔 이온일을 다 깁히 명심 ᄒᆞ엿ᄂᆞ니라 예수ᄭᅴ셔 신톄와 령혼이 졈졈 자라매 하ᄂᆞ님과 사ᄅᆞᆷ이 다 깃버ᄒᆞ더라

뭇ᄂᆞᆫ말

一 요셉과 마리아가 년년이 어ᄃᆡ를 가더뇨

二 무슴 ᄭᆞ닭으로 갓더뇨

三 예수의 나이 그때에 얼마즘 되엿더뇨

四 유월졀은 무슴일을 긔렴 ᄒᆞᆫ 이뇨

五 어ᄂᆞ때 ᄭᆞ지 요셉에 예루살넴에 류 ᄒᆞ엿ᄂᆞ뇨

六 유월졀 잔치를 몃날이나 ᄒᆞ엿ᄂᆞ뇨

七 엇지ᄒᆞ야 예수ᄭᅴ셔 그 부모와 동힝 ᄒᆞ지 아니 ᄒᆞ엿ᄂᆞ뇨

八 요셉과 마리아가 얼마나 간후에 예수 닐허 ᄇᆞ린거슬 ᄭᆡ다랏ᄂᆞ뇨

九 요셉과 마리아가 처음에 어ᄃᆡ 가서 예수를 찻고져 ᄒᆞ엿ᄂᆞ뇨

十 예수ᄭᅴ셔 어ᄂᆞ곳에셔 무슴일을ᄒᆞ실때에 그부모가 차젓ᄂᆞ뇨

十一 그때에 여러 션ᄉᆡᆼ이 예수의 말ᄉᆞᆷ을 엇더케 ᄉᆡᆼ각ᄒᆞ엿ᄂᆞ뇨

十二 요셉과 마리아가 말 ᄒᆞᆯ때에 예수ᄭᅴ셔 엇더케 ᄃᆡ답 ᄒᆞ셧ᄂᆞ뇨

十三 그때에 예수의 뎨일 즐거온 일이 무어시뇨

예수ᄭᅴ셔 나사렛에 계시던일

그집은 빈한ᄒᆞ고 요셉은 일ᄭᅮᆫ목슈로 그집에셔 목슈일을 여러ᄒᆡ ᄒᆞᆯ때에 그집이 적고 웅당 목슈긔계간은 ᄒᆞᆫ편 구셕에 잇슬터이오 ᄯᅩ 그 동리ᄂᆞᆫ 미쳔ᄒᆞᆫ ᄭᆞ닭으로 사ᄅᆞᆷ들이 ᄒᆞᆼ샹 경멸히 녁여 말ᄒᆞ되 그곳에셔 예수ᄭᅴ셔 열여ᄃᆞᆲ ᄒᆡ를 계실때에 그부모의게 슌죵 ᄒᆞ시며 그 부친 ᄒᆞᄂᆞᆫ일을 ᄒᆞ

시되 예루살렘 셩뎐에셔 학ᄉᆞ들파 ᄒᆞ시던것만콤 ᄒᆞ셧시니 우리도 이일을 ᄉᆡᆼ각ᄒᆞ야 무ᄉᆞᆷ ᄉᆞ업을 ᄒᆞᆯ때에 우리 일을 ᄒᆞᆯ지 말고 우리 하ᄂᆞᆯ 아바님의 일을 ᄒᆞ여야 될터이니라 예수의 붉은빗처 장ᄎᆞᆺ 텬하 각국을 문명케 ᄒᆞ랴묘이 적고 아지 못ᄒᆞ던 갈리리촌에셔 여러 ᄒᆡ를 기ᄃᆞ렷ᄉᆞ니 갈리리가 비록 적으나 이 세계의 구세쥬 살으ᄉᆞ기에 넉넉ᄒᆞ엿ᄂᆞ니라 그런고로 우리도 날마다 적은 직분으로 하ᄂᆞᆯ 아바님 일 ᄒᆞ고져 ᄒᆞ면 예수ᄭᅴ셔 나사렛에 계실때에 하ᄂᆞ님ᄭᅴ 사ᄅᆞᆷ의 은춍 속에셔 자라신것과 ᄀᆞᆺ치 ᄒᆞ여야 될터이니라

신학회

일쳔 구ᄇᆡᆨ년 일월 이십 삼일에 신학회를 제물포에셔 긔회ᄒᆞ엿ᄂᆞᆫ되 모힌 회원은 십륙인이오 공부파장은 십륙됴인되 령혼학파 신학파 인류학파 최초 셩인론파 범죄론파 원죄론파 속죄법은 노블목ᄉᆞ 션ᄉᆡᆼ이 ᄀᆞᄅᆞ치시고 교회 ᄉᆞ긔 구쥬 승텬후 일년으로 일ᄇᆡᆨ년ᄭᆞ지와 이ᄇᆡᆨ년으로 삼ᄇᆡᆨ 삼십칠년ᄭᆞ지 ᄉᆞ긔ᄂᆞᆫ 됴목ᄉᆞ가 ᄀᆞᄅᆞ치셧ᄂᆞᆫ되 노블목ᄉᆞᄂᆞᆫ 샹오 아홉시브터 열두시ᄭᆞ지 두쥬일 동안 ᄀᆞᄅᆞ치시고 됴목ᄉᆞᄂᆞᆫ 하오 두시브터 네시ᄭᆞ지 ᄀᆞᄅᆞ치셧시며 셔목ᄉᆞᄂᆞᆫ 셩만찬의 참ᄯᅳᆺ슬 공부식히시고 아목ᄉᆞᄂᆞᆫ 령혼육신 죽말소판ᄉᆞ쥬에 리식론파 즁화세계론파 지ᄎᆞ 갈림론파 부활론파 심판론파 쟝리 형벌론파 쟝리향목론ᄒᆞᆫ 공부 식엿ᄂᆞᆫ되 층 셔식은혜 가온되 온젼이 공부ᄒᆞ엿더라 ᄯᅩ 셥셥ᄒᆞᆫ일은 평양 오셔형써ᄂᆞᆫ 공부ᄒᆞ다가 지샹ᄭᅴ 당ᄒᆞ여 몬져 작별ᄒᆞ엿시니 하ᄂᆞ님이 그형뎨 잘 위로ᄒᆞ심을 군구ᄒᆞ오며 감샤ᄒᆞ옵기ᄂᆞᆫ 심ᄒᆞᆫ 치위에 별ᄒᆞᆫ 일업시 보호ᄒᆞ여 주심을 감샤ᄒᆞᆯ일이로다 이월 삼일 샹오 십이시에 공부를 맛치고 여러분목ᄉᆞ들이 제제히 열좌ᄒᆞ여 모든 젼도인과 권ᄉᆞ들노 작별 례식을 ᄒᆡᆼᄒᆞᆯ시 권셜파 긔도로 폐회ᄒᆞ엿시며 그후에 ᄉᆞᄉᆞ로 ᄆᆞᄋᆞᆷ을 살펴보니 셩신의 량인금은 광치휘황ᄒᆞᆫ듯 셩명의 참 량식은 용지불갈 토록 싸하둔듯 젼신 갑쥬와 구원 투구와 밋음 방패와 복음신은 넉넉히 예비된듯 열심의긔 양양ᄒᆞ여 견ᄃᆡ기 어렵도다 유익ᄒᆞ다 신학이여 ᄒᆞᆫ번에도 아럿거든 숙습ᄒᆞ면 오작ᄒᆞ리 ᄆᆞᄋᆞᆷ을 도로혀 온은이 ᄒᆞᆫ편을 ᄇᆞ라보니 긔이ᄒᆞᆷ도 긔이ᄒᆞ다 크리스도의 셰상을 이긔시던 십ᄌᆞ긔가 츈풍에 날니도다

하오 두시에 각쳐에셔 오신 형뎨들노 작별ᄒᆞᆯ시 든든ᄒᆞ다 우리 ᄆᆞᄋᆞᆷ 반셕ᄀᆞᆺ치 굿엇시며 아름답다 우리 ᄆᆞᄋᆞᆷ 일심 합력 되엿도다 손목들을 서로 잡고 깃봄으로 작별ᄒᆞᆯ제 귀에 ᄃᆡ고 ᄒᆞᄂᆞᆫ 말이 구쥬 권능 더 힘닙어 놉고 놉흔 십ᄌᆞ긔를 곳곳마다 ᄭᅩ저놋코 방방 곡곡 졈령ᄒᆞ여 편토라도 마귀의게 잃치말고 구쥬 ᄆᆞᄋᆞᆷ 깃부시게 ᄒᆞ자ᄒᆞ며 송별가를 을푸더라

ᄂᆡ보

덕인실물) 정동 대안문 엽헤 ᄉᆞᄂᆞᆫ 덕국 샹변 ᄭᅭ살기씨가 십여일젼에 어음 다ᄉᆞᆺ장과 집문서 ᄒᆞᆫ장ᄲᅮᆫ 닐헛ᄂᆞᆫᄃᆡ 일본 사ᄅᆞᆷ의게 차질 어음 두장에 합 삼ᄇᆡᆨ 칠십오원ᄡᅵ오 대한 사ᄅᆞᆷ 윤홍희의게 차질 어음이 두장인ᄃᆡ ᄒᆞᆫ장은 ᄉᆞᄇᆡᆨ 삼십오원 ᄉᆞ십젼이요 ᄯᅩ ᄒᆞᆫ장은 팔ᄇᆡᆨ원이요 샹부샤에 차질 어음이 ᄀᆡ쳔원이요 죵뎡에서 요젼ᄒᆞᄂᆞᆫ 리ᄐᆡ혁ᄭᅦ게 차질 어음이 삼쳔 팔ᄇᆡᆨ 팔십 ᄉᆞ량이라 ᄀᆡ여러장 어음을 지갑속게 너헛더니 지갑ᄭᆞ지 닐헛스니 누구던지 만약 엇거든 ᄭᅭ살기씨 집으로 가져오면 후이 샹급 ᄒᆞ다더라

●청인실화) 일젼에 정동 대안문 밧게 청인 장목젼에서 불이 나서 ᄎᆡ단이 쇼화가 되엿다더라

●면거금익) 음력 정월 엽일에 면거표를 ᄑᆞᆫ 금익이 삼ᄇᆡᆨ원이라더라

○포뎜즁하)어번 포뎜에 즁등군슈ᄂᆞᆫ 쥭산에 윤병씨와 가동에서 병션씨와 함평에 민태식씨와 젼의에 정도엿씨와 안익에 니의덕씨언ᄃᆡ 혹 감봉에도 쳐ᄒᆞ고 혹 견칙도 당ᄒᆞ엿시며 하동군슈ᄂᆞᆫ 장연에 임오쥰씨와 연쳔에 송경인씨와 영유에 니규용씨와 평양에 홍슌욱씨와 슉쳔에 량봉제씨와 은산에 안예록씨인ᄃᆡ 다 면관이 되엿다더라

○셩우피가ᄉᆞᆫ) 경샹 남도에서 쇼잡ᄒᆞᆫ ᄇᆡᆨ뎡들이 갈넌 관찰ᄉᆞ 됴시영씨에ᄭᅦ 등쇼ᄒᆞ기를 갑오이후에 칙교로 관망을 쓰게 ᄒᆞ오매 루ᄇᆡᆨ년 포원이 어름 녹듯 ᄒᆞ엿더니 병신년이후로 엇던 고을은 갓슬 쓰기도 ᄒᆞ나 지우금 갓슬 쓰지 못ᄒᆞᄂᆞᆫ 고을이 만히 잇ᄉᆞ오니 갓슬 쓰지 못ᄒᆞᄂᆞᆫ 각군에 훈칙ᄒᆞ시와 ᄒᆞᆷᄭᅴ 긔류게 참예케ᄒᆞ여 달나 ᄯᅩ ᄒᆞᆫ즉 됴판찰이 졔ᄉᆞᄒᆞ기를 갓슬 쓰고져 ᄒᆞ거든 셩우피로 갓ᄉᆞᆫ을 ᄒᆞ쌔 ᄒᆞ고 즉시 ᄇᆡᆨ뎡 ᄉᆞ십명을 불너드려 셩쇼가죡을 버혀 져져이 달어주고 힝길노 내여보내니 션지피가 좌우쌤에 림리ᄒᆞᆫ지라 구경ᄒᆞᄂᆞᆫ 사ᄅᆞᆷ들이 말ᄒᆞ기를 ᄇᆡᆨ뎡의 갓ᄉᆞᆫ은 셩우피로 ᄒᆞ엿시니 탐관의 갓ᄉᆞᆫ은 돈ᄭᅦ에미로ᄒᆞᄂᆞᆫ거시 합당ᄒᆞ겟다ᄒᆞ엿더라

데ᄉ권 대한 그리스도인 회보 데칠호

동심합력

항구의 포ᄃᆡ를 산악ᄀᆞᆺ치 ᄊᆞ아노코 국중에 ᄇᆡᆨ만명 군ᄉᆞ를 길올지라도 사ᄅᆞᆷ마다 각심이 되고 보면 수쳔명 뎍병이 올ᄯᆡ에 각각 살기를 도모ᄒᆞ야 동분셔쥬 ᄒᆞ리니 그 포ᄃᆡᄂᆞᆫ 쓸ᄃᆡ업ᄂᆞᆫ 물건ᄲᅮᆫ 아니라 뎍병의게 리가 될거시오 군ᄉᆞ가 ᄒᆞ나도 업ᄂᆞᆫ 적은 나라이라도 젼국 인민이 서로 ᄉᆞ랑ᄒᆞ야 동심 합력이 되고 보면 그런 나라ᄂᆞᆫ 하ᄂᆞ님ᄭᅴ셔 반다시 도아 주시ᄂᆞ니 능히 그 디방을 보젼ᄒᆞᆯ지니라

근본을힘쓸것

나라를 다ᄉᆞ림이 나무를 심으ᄂᆞᆫ 것과 ᄀᆞᆺᄒᆞ니 몬져 그 ᄲᅮ리를 ᄇᆡ양ᄒᆞᆯ지라 나무의 ᄲᅮ리가 깁고 단단ᄒᆞ면 가지와 닙ᄉᆞ귀가 ᄌᆞ연이 무셩ᄒᆞ고 열ᄆᆡ가 루루히 ᄆᆡᆺ칠 거시오 만일 ᄲᅮ리가 깁지 못ᄒᆞ면 가지와 닙히 마를ᄲᅮᆫ 아니라 큰바람이 불고 쟝마비가 나릴ᄯᆡ에 반다시 너머질 렴녀가 잇ᄂᆞ니 나무ᄂᆞᆫ 곳 나라 집이오 ᄲᅮ리ᄂᆞᆫ 곳 교화와 법률이오 가지와 닙ᄉᆞ귀ᄂᆞᆫ ᄇᆡᆨ셩의 산업이오 루루ᄒᆞᆫ 열ᄆᆡᄂᆞᆫ 국가의 ᄌᆡ졍이오 풍우와 쟝마물은 국중의 환란이라 그런즉 나무ᄂᆞᆫ ᄲᅮ리를 단단히 북도다 주어야 무셩ᄒᆞᆯ거시오 나라ᄂᆞᆫ 교화와 법률을 ᄇᆞᆰ히 힝ᄒᆞ여야 될거시라 교화와 법률을 ᄇᆞᆰ히ᄂᆞᆫ 거슨 공부ᄒᆞᆫ 학도의게 달녓ᄉᆞ니 졍부에서 졍치를 문명케 ᄒᆞ랴면 불가불 졸업ᄉᆡᆼ중에 ᄐᆡᆨ용ᄒᆞ야 직분을 맛길 거시오 학도의 공부ᄒᆞᆷ도 ᄯᅩᄒᆞᆫ 나무를 ᄇᆡ양ᄒᆞᆷ과 ᄀᆞᆺᄒᆞ니 ᄲᅮ리 업ᄂᆞᆫ 나무를 물주어 기ᄅᆞ고져 ᄒᆞ면 몃날 동안에 비슴ᄒᆞᆫ 긔운으로 닙히 마르지 아닐지언뎡 열ᄆᆡ를 ᄆᆡᆺ질 가망은 업실지라 그 나무의 ᄲᅮ리ᄂᆞᆫ 도학이니 학도가 몬져 하ᄂᆞ님의 참리치로 그 ᄆᆞᄋᆞᆷ과 셩픔을 ᄇᆡ양ᄒᆞ야 신덕이 견확ᄒᆞ고 ᄒᆡᆼ실이 단졍ᄒᆞᆫ후에 여러가지 학문을 ᄇᆡ왓시면 일후에 법률을 힝ᄒᆞ며 ᄇᆡᆨ셩을 다ᄉᆞ릴ᄯᆡ에 반다시 공평 ᄒᆞ고 신의를 힝 ᄒᆞ려니와 만일 근본ᄂᆞᆯ 힘쓰지 아니 ᄒᆞ고 ᄒᆞᆫ갓 다른 학문만 ᄇᆡ호고 보면 부졍ᄒᆞᆫ 심술과 교만ᄒᆞᆫ 셩픔이 잇서 권세를 잡을ᄯᆡ에 ᄉᆞ혐으로 법률을 힝ᄒᆞ고 뢰물노 쳥쵹을 일솜아 크게 그ᄅᆞᆫ 일을 힝 ᄒᆞ리니 실샹을 ᄉᆡᆼ각ᄒᆞ면 무식ᄒᆞ고 어리셕은 ᄇᆡᆨ셩만 못ᄒᆞ며 나라 졍치를 문란케ᄒᆞ야 ᄲᅮ리 업ᄂᆞᆫ 나무와 ᄀᆞᆺ고 근원이 ᄒᆞ린 물과 ᄀᆞᆺᄒᆞᆫ지라 엇지 문명에 진보 ᄒᆞ기를 ᄇᆞ라리오 졍부 에서ᄂᆞᆫ 션ᄇᆡ로 근본을 삼아 교화와 법률을 ᄀᆞᄅᆞ칠 · 거시오 션ᄇᆡᄂᆞᆫ 도학으로 근본을 삼아 참 리치를 궁구ᄒᆞᆯ진뎌

대한크리스도인 회보

THE KOREAN
CHRISTIAN ADVOCATE.
Rev. H. G. Appenzeller, Editor.
36 cents per annum
in advance. Postage extra.

Wednesday, Feb. 15th 1900.

셔울 졍동셔 일쥬
일에 ᄒᆞᆫ번식 발간
ᄒᆞᄂᆞᆫ듸 아편셜라 목
ᄉᆞ가 회보 사장이
되엿더라

일년 갑슬 미디
닉면 삼십 륙젼
이오 우표 갑슨
ᄯᆞ로 잇노라

대한론

대한이 오뵉년 이릭로 복송아꼿
동산 쇽에서 셰월을 보내다가 오
날을 당ᄒᆞ야 비로소 ᄭᅮᆷ을 ᄭᆡ다라
정략을 곳쳣다 ᄒᆞ나 조곰도 현져
히 나타나는 일이 업ᄉᆞ며 즁학교
라 외국 어학교라 ᄉᆞ범학교라 공
ᄉᆞ립 학교가 수십쳐가 되며 총쥰
ᄒᆞᆫ ᄌᆞ뎨들을 외국으로 보내여 학
문을 비호게 ᄒᆞᆫ다 ᄒᆞᆫ제가 칠팔
년이 되나 국가에 슈용ᄒᆞᆯ 지목이
낫다 ᄒᆞᄂᆞᆫ 말을 아직 듯지 못ᄒᆞ엿
시니 학도들이 공부를 잘못ᄒᆞᆫ 연
고인가 당국 쟈들이 인지를 슈
용치 안코 현불초를 무론ᄒᆞ고 ᄌᆞ
긔들의 문싱고리만 쓰ᄂᆞᆫ 연고인
가 이 묘ᄃᆡᆨ을 뉘게 무르며 뉘게
듯겟나뇨 깁이 탄식ᄒᆞᆯ 곳이로다
군ᄉᆞ를 쥰비ᄒᆞᆫ다 ᄒᆞ나 병뎡들의
긔샹을 보건ᄃᆡ 외구을 방어ᄒᆞᆯ 희
망이 업ᄉᆞ며 젼국 인심을 보건
ᄃᆡ 활발ᄒᆞᆫ 모양과 용밍ᄒᆞᆫ 무긔가
조곰도 업고 유약ᄒᆞ며 구차ᄒᆞ며
나틱ᄒᆞ며 농샹공 세가지를 경영
ᄒᆞᄂᆞᆫ 쟈들을 보건ᄃᆡ 긔계가 업셔
토지를 경작지 못ᄒᆞ고 팔쟝 ᄭᅩᆺ고
한가이 노ᄂᆞᆫ 모양이며 웅문 거벽
들의 모양들을 보건ᄃᆡ 본국 역ᄉᆞ
와 다리 통계와 호젹 인구 수효
를 황연이 대답ᄒᆞᆯ쟈 업ᄉᆞᆯ듯 ᄒᆞ며
공부ᄒᆞᆫ 바쟈는 다만 쳥국 고금
역ᄃᆡ ᄉᆞ긔와 시부 문집 풍월 등셔
에만 쥬의ᄒᆞ고 ᄌᆞ긔 국ᄉᆞ에 암
미ᄒᆞ니 자소위 등하불명이오 ᄌᆞ
초로 쳥국만 본밧아 교육 식헌고
로 의술ᄭᆞ지 쳥국 의술을 신용ᄒᆞ
며 쳥국 약ᄉᆡ를 당ᄉᆡ라 ᄒᆞ여 즁
가를 주고 사다 쓰니 그 약이 과연
신효가 잇ᄉᆞ면 다힝이 거니와 그
러치 아니ᄒᆞ면 엇지ᄒᆞᆯ고 슯ᄒᆞ다
우리 동포 이쳔만의 의술이 드문
세계에 안졋ᄉᆞ니 만일 불힝ᄒᆞ여
젼염병이 잇ᄉᆞᆯ셰면 엇더ᄒᆞᆫ 경황
을 당ᄒᆞ며 엇더ᄒᆞᆫ 곤고를 당ᄒᆞ리
오 념녀 불소ᄒᆞ며 졍부 대관이
하 지어 평민ᄭᆞ지 병든쟈ㅣ 잔
잔이 요망ᄒᆞᆫ 무당과 자활ᄒᆞᆫ 소경
을 불너 용녈히 회싱ᄒᆞ기를 지
셩으로 츅수ᄒᆞ니 여항에 우부우
부들은 학문이 업ᄉᆞᆫ즉 용혹 무괴
어니와 지어 졍부 대관ᄒᆞ여는 이
곳ᄒᆞᆫ 더러온 일을 힝ᄒᆞᄂᆞᆫ거시
과연 남붓그러온 일이로다 이셰
를 당ᄒᆞ여 더욱이 한심ᄒᆞᆫ거슨
사름의 혈긔 곳ᄒᆞᆫ 광산과 털도와
경업긔디와 산림을 외국의게 인
심조케 닉여주고 안져서 무엇슬
브랄바 잇ᄉᆞ리오 삼천리 강산이
령농ᄒᆞ여 삼면으로 물이 둘넛스며
일면으로 아세아 대륙을 연ᄒᆞ엿
스며 남으로 거문도와 졔쥬며 동
히로 울능도며 경셩 셔편에 강화
도와 교동도와 손셕졍과 영죵이
뎐쟈으로 셩이 되엿스나 디리가
인화만 곳지 못ᄒᆞ다 ᄒᆞ니 오직 브
를 거슨 우리는 일심으로 학문을
힘써 비호면 수인ᄉᆞ 디텬명은 사
름의 ᄯᅦᆺᄯᅦᆺᄒᆞᆫ 의무라 당국ᄒᆞᆫ쟈들
은 엇지 싱각들 ᄒᆞ시오 무졍ᄒᆞᆫ셰
월은 점점 ᄒᆞᆯ너가고 풍파는 날노
닐어나ᄂᆞ니 머지 아니ᄒᆞ여 큰 걱졍
이 싱길터이니 뉘가 몬져 셰ᄃᆞ를
고 슯흐고 슯흐도다 로병션

만국쥬일공과 그리쇼도 씨의힝젹

뎨삼공과 이월십팔일

세례주는 요한이 젼도홈

누가 삼장 일절노 십칠절

一 듸베료 가이사가 위에 잇슨지
열 다ᄉᆞᆺᄒᆡ에 본되오 필나도가
유대에 감ᄉᆞ가 되고 헤롯이 갈닐
니에 왕이 되고 그 동ᄉᆡᆼ 필닙온
이두라야와 두라고이듸 디방에 왕
이 되고 루사니아는 아비리니에
왕이 되고 二 안나쓰와 가야파가
졔ᄉᆞ장 되엿실 ᄯᅢ에 뷘 들에셔
하ᄂᆞ님의 말숨이 사가리아의 아ᄃᆞᆯ
요한의게 림ᄒᆞ니 三 요한이 요단
강 각쳐에 와셔 뉘웃쳐 곳치는
세례를 젼파 ᄒᆞ매 이는 죄 샤홈
을 엇게 홈이라 四 션지 이샤아의
칙에 쓴 말숨과 ᄀᆞᆺ ᄒᆞ니 닐ᄋᆞ시
ᄃᆡ 뷘들에 소ᄅᆡ 잇셔 웨여 ᄀᆞᆯᄋᆞ
ᄃᆡ 쥬의 길을 예비 ᄒᆞ야 그 쳡경
을 곳게 ᄒᆞ라 五 각 골작이 메고
각 산과 언덕이 ᄂᆞᆺ쳐지고 굽은거
시 곳어지고 험ᄒᆞᆫ 길이 평평 ᄒᆞ
고 六 모든 사ᄅᆞᆷ이 하ᄂᆞ님의 구
속ᄒᆞ심을 보리라 ᄒᆞ시며라 〇七
요한이 세례 밧으려 온 무리ᄃᆞ려
닐너 ᄀᆞᆯᄋᆞᄃᆡ 독샤의 죵류들아 뉘
가 너희를 쟝ᄅᆡ에 노 ᄒᆞ심을 피
ᄒᆞ라 ᄀᆞᄅᆞ쳐더냐 八 그런고로 뉘
웃쳐 곳치는ᄃᆡ 합당ᄒᆞᆫ 실과를 ᄆᆡᆺ
고 속으로 말 ᄒᆞ기를 아브라함이
우리 죠샹이라 ᄒᆞ지마라 내 너희
게 닐ᄋᆞ노니 하ᄂᆞ님ᄭᅴ셔 이 돌노
아브라함의게 ᄌᆞ손이 되게 ᄒᆞ시
리라 九 이제 독긔를 나무 ᄲᅮᆯ히
에 노하 두엇시니 됴ᄒᆞᆫ 실과를
열지 아니 ᄒᆞ는 나무 마다 찍어
불에 더지리라 ᄒᆞ니 十 무리가
무러 ᄀᆞᆯᄋᆞᄃᆡ 그러ᄒᆞ면 우리가 무
어슬 ᄒᆞ리잇가 十一 ᄃᆡ답 ᄒᆞ야 ᄀᆞᆯ
ᄋᆞᄃᆡ 옷 두벌 잇는 이가 옷 업
는 이의게 줄 거시오 먹을 거시
잇는 이도 그러케 ᄒᆞᆯ거시니라 ᄒᆞ
니 十二 세리들도 세례를 밧고져 ᄒᆞ
야 와셔 무러 ᄀᆞᆯᄋᆞᄃᆡ 스승이여 우
리는 무어슬 ᄒᆞ리잇가 十三 ᄀᆞᆯᄋᆞᄃᆡ
뎡ᄒᆞᆫ 세 외에는 륵징치 말나 ᄒᆞ
니 十四 군ᄉᆞ들도 ᄯᅩ 무러 ᄀᆞᆯᄋᆞᄃᆡ
우리는 무어슬 ᄒᆞ리잇가 ᄀᆞᆯᄋᆞᄃᆡ
사ᄅᆞᆷ의게 강포 ᄒᆞ지 말며 무소
ᄒᆞ지 말고 밧는 료를 족히 ᄒᆞᆫ줄노
알어라 〇 十五 ᄇᆡᆨ셩들이 ᄇᆞ라고
기ᄃᆞ리매 모든 사ᄅᆞᆷ들이 요한을
혹 크리스도ㅣ 신가 ᄉᆡᆼ각 ᄒᆞ니
十六 요한이 무리의게 ᄃᆡ답ᄒᆞ야 ᄀᆞᆯ
ᄋᆞᄃᆡ 나는 물노 써 세례를 주거
니와 오직 나 보다 능력이 만ᄒᆞ
신 이가 오시리니 나는 그 신ᄭᅳᆫ
풀기도 감당치 못 ᄒᆞ겟노라 그는
셩신과 물노 너희게 세례를 주실
거시오 十七 손에 키를 들고 타작
마당을 졍 ᄒᆞ게 ᄒᆞ샤 알곡은 고
잔에 모화 드리시고 죽졍이는 써
지지 안는불에 ᄐᆡ우리라

주셕

예수ᄭᅴ셔 나사렛에셔 열여ᄃᆞᆲ ᄒᆡ를
지나시매 이에 ᄒᆞᆫ 소년이 되신
지라 이ᄯᅢ에 유대 들에 ᄯᅩ 다른
소년 ᄒᆞᆫ분이 ᄌᆞ라낫는지라 그가
지존 ᄒᆞ신이의 권능으로 세례를
밧엇ᄉᆞ니 대개 그의 ᄉᆞ업은 모든
션지의 후진과 미ᄉᆡ아의 션진
ᄀᆞᆺ치 되라홈이니라 가이사 듸베로
는 아구사도 가이사의 위를 니어
로마 황뎨가 되고 본표 피라토는
유대를 다ᄉᆞ리고 아나와 가야바는

졔ᄉᆞ쟝의 지위를 탈취ᄒᆞ엿고 그
셰에 압졔와 곤난 밧ᄂᆞᆫ 가긍ᄒᆞᆫ
ᄇᆡᆨ셩들은 ᄉᆡᆼ명의 도에 주린졔
오래더니 홀연히 ᄉᆞᄇᆡᆨ여년 잠잠
ᄒᆞ던 예언이 이제 다시 소ᄅᆡ를
ᄯᅩ날니ᄂᆞᆫ도다 졔ᄉᆞ의 문즁ᄒᆞᆫ 소년
으로 약ᄃᆡ털 옷을 닙고 광야로
쳐소를 삼고 요단강변에 올연히
서셔 소ᄅᆡ를 놉히ᄒᆞ야 ᄀᆞᆯᄋᆞᄃᆡ
너희ᄂᆞᆫ 회ᄀᆡᄒᆞ여라 텬국이 안젼에
잇다 ᄒᆞ엿ᄂᆞ니라 그가 죄악을
여지업시 비쳑ᄒᆞ고 회ᄀᆡᄒᆞᄂᆞᆫ 도
리를 ᄀᆞᆫ졀히 권면ᄒᆞ고 ᄯᅩᄒᆞᆫ 셰례
를 베프럿ᄂᆞ니라 ○ 이 셰례
주ᄂᆞᆫ 요한은 스가리야와 엘니
사벳의 ᄋᆞᄃᆞᆯ이니 그 사ᄅᆞᆷ의 ᄉᆡᆼ쟝
ᄒᆞᆯ 일ᄂᆞᆯ 텬ᄉᆞ 가ᄇᆡᆨ렬노 미리
알게 ᄒᆞ엿고 예수보다 여섯ᄃᆞᆯ
몬져 나헛ᄂᆞ니라 예수ᄭᅴ셔ᄂᆞᆫ
나사렛에서 ᄌᆞ라시고 요한은 광
야에 잇슨고로 서로 지면치 못
ᄒᆞ야 예수ᄭᅴ셔 요한의게 셰례 밧
으려 가셧슬 ᄯᅢ에 그가 예수를
아지 못ᄒᆞ엿ᄂᆞ니라 ○ 구약과
신약이 서로 셰례주ᄂᆞᆫ 요한의게
맛낫ᄉᆞ매 요한은 곳 두 셩경을
ᄒᆞᆫ데 련ᄒᆞᄂᆞᆫ 산 사슬이니라 그의
모양과 엄ᄒᆞ게 젼도ᄒᆞᆫ 것을 보면
녜젼 여러 선지의 풍도가 잇셧고
ᄯᅩ 그가 예수를 향ᄒᆞ야 ᄉᆞ랑ᄒᆞᄂᆞᆫ
졍과 존경ᄒᆞᄂᆞᆫ 셩의를 뵈인것은
곳 그가 그리스도 교인의 슈두ㅣ
니라 ○ 그의 파송ᄒᆞᆫ 직칙은 ᄌᆞ
긔보다 더 크신이를 위ᄒᆞ야 길을
예비ᄒᆞ라ᄒᆞᆫ 것이니라 그 ᄯᅢ에 여
러 사ᄅᆞᆷ의 무리가 요한의게 나아
와 도를 듯고 셰례를 밧엇ᄂᆞ니라
그의 젼도ᄒᆞᄂᆞᆫ 말ᄉᆞᆷ이 대단히 엄
졀ᄒᆞ엿ᄉᆞ나 조곰도 샤과ᄒᆞᆫ 일이
업셧고 만일 그들이 회ᄀᆡ치 아니
ᄒᆞ면 곳 진노ᄒᆞ심을 맛나리라고
셩심으로 경계ᄒᆞ엿ᄂᆞ니라 그가
회ᄀᆡᄒᆞᄂᆞᆫ데 합당ᄒᆞᆫ 열미를 맷이라
ᄒᆞ엿ᄉᆞ니 이 말은 곳 죄를 ᄯᅦ여
바리고 픔ᄒᆡᆼ을 거륵ᄒᆞ게ᄒᆞ라
ᄒᆞᆷ이니라 그가 누구던지 용서를
아니 ᄒᆞ엿ᄂᆞ니라 아브라함의
ᄌᆞ손이라도 회ᄀᆡᄒᆞ지 아니ᄒᆞ면
형벌을 밧으리라 ᄒᆞ엿ᄂᆞ니라 독
긔를 나무 밋헤 노흔것은 그
연장을 즉시 쓰려 ᄒᆞᆷ이니 그러케
공동ᄒᆞᄂᆞᆫ 말을곳 그ᄃᆡ로 시ᄒᆡᆼᄒᆞᆯ
것이니라 ○ 우리 엇지ᄒᆞ리오
ᄒᆞᆷ은 요한의 젼도ᄒᆞᄂᆞᆫ 말ᄉᆞᆷ이
뎡도ᄒᆞᄂᆞᆫ 사ᄅᆞᆷ의 졍신을 분발케
ᄒᆞᆷ이니 그들이 이제야 ᄆᆞᄋᆞᆷ이 조
민ᄒᆞ야 그 진노ᄒᆞ심을 면ᄒᆞᆯ 도리
를 구ᄒᆞ엿ᄂᆞ니라 요한이 각인의
지위ᄃᆡ로 맛당히 ᄒᆡᆼᄒᆞᆯ 일ᄂᆞᆯ을 ᄀᆞ
ᄅᆞ쳐 주엇ᄂᆞ니라 ○ 十三 뎡ᄒᆞᆫ
부셰외에ᄂᆞᆫ 더 취ᄒᆞ지 말나 ᄒᆞᆷ은
대개 부셰라 ᄒᆞᄂᆞᆫ것은 졍부의
경비를 위ᄒᆞ야 마련ᄒᆞᆫ 것이오 ᄯᅩ
ᄒᆞᆫ 인원을 뎡ᄒᆞ야 슈쇄ᄒᆞ여야
될것이오 ᄇᆡᆨ셩이 ᄯᅩᄒᆞᆫ 맛당히
깃분 ᄆᆞᄋᆞᆷ으로 공급ᄒᆞᆯ 것이라 그
러ᄒᆞ나 이 공즁ᄒᆞᆫ 지물은 ᄯᅩᄒᆞᆫ
맛당히 공즁히 써야 ᄒᆞᆯ것이오 탐
람ᄒᆞᆫ 관원이 가만히 도젹질ᄒᆞ야
ᄉᆞᄉᆞ로 쓸것이 아니니라 ○
十四 사ᄅᆞᆷ의게 토식지 말나 ᄒᆞᆷ은
다만 ᄌᆞ긔의 직칙만 ᄒᆞᆯ것이오
공연히 살인쟈와 강도 노릇을
ᄒᆞ지 말나 ᄒᆞᆷ이니라

뭇ᄂᆞᆫ말

一 셰례주던 요한이 올ᄯᅢ에 유대
국 감ᄉᆞ가 뉘뇨
二 갈닐니 왕이 뉘뇨
三 그ᄯᅢ에 졔ᄉᆞ쟝이 뉘뇨
四 요단강 근쳐에서 요한이 무

숨 일을 ᄒᆞ엿ᄂᆞ뇨

五 뉘가 하ᄂᆞ님 말숨이 요한의게 밋츨줄을 미리 말ᄒᆞ엿ᄂᆞ뇨

六 쥬의길을 예비 ᄒᆞ고 쳡경을 곳게 ᄒᆞᆫ다 ᄂᆞᆫ ᄯᅳᆺ이 무어시뇨

七 어ᄂᆞ ᄯᅢ에 뎨이장 륙졀에 잇ᄂᆞᆫ 말이 응 ᄒᆞ엿ᄂᆞ뇨

八 요한이 여러 사ᄅᆞᆷ들의게 젼도ᄒᆞᆫ 대지가 무어시뇨 :

九 요한이 여러 사ᄅᆞᆷ들을 경셩ᄒᆞᆫ일이 무어시뇨

十 그ᄯᅢ에 잇더ᄒᆞᆫ 사ᄅᆞᆷ 두 무리가 요한의게 왓더뇨

十一 요한이 그 병뎡들의게 명령ᄒᆞᆫ일이 무어시뇨

十二 요한이 여러 사ᄅᆞᆷ들의게 조긔의 말을 엇더케 ᄒᆞ엿ᄂᆞ뇨

十三 요한이 여러 사ᄅᆞᆷ들을 대ᄒᆞ야 뉘가 쟝ᄎᆞᆺ 오겟다고 말ᄒᆞ엿ᄂᆞ뇨

ᄎᆞᆷ 우수온 말

던 외국 사ᄅᆞᆷ이 말ᄒᆞ되 우리 예수씨를 밋ᄂᆞᆫ 목ᄉᆞ들이 미국 와셔 대한에 젼도ᄒᆞᄂᆞᆫ쟈ㅣ 인이라 근본 어리셕은 무 솔도 ᄒᆞᆯ수업고 가세도 엇어먹고 성ᄋᆡᆨᄒᆞᆯ 방칙이 업ᄂᆞᆫ고로 교회에 투입ᄒᆞ야 외국에 젼도ᄒᆞ기를 쳥구ᄒᆞ면 월급이 기즁에 조지ᄒᆞᆫ고로 이 길노 왓다 ᄒᆞ니 이거ᄉᆞᆫ ᄎᆞᆷ 하ᄂᆞ님의 진리도 모로고 쥬식잡기에 방탕ᄒᆞᆫ 쳔쟝부의 우수온 말이라 미국으로 말ᄒᆞᆯ진ᄃᆡ 학문이 고명ᄒᆞ고 지식이 졀등ᄒᆞᆫ 사ᄅᆞᆷ이라도 인ᄋᆡᆨ 화평ᄒᆞᆫ 힝실노 구세쥬ᄅᆞᆯ 밋지 아니ᄒᆞ면 대통령 디위에 등극ᄒᆞᆯ수가 업고 법률학ᄉᆞ의 유명ᄒᆞᆫ 사ᄅᆞᆷ이라도 구세쥬ᄅᆞᆯ 밋지 아니ᄒᆞ면 고등원 지판쟝을 엇어 ᄒᆞᆯ수 업ᄂᆞ니 대통령과 지판쟝은 다 쳔루ᄒᆞᆫ 사ᄅᆞᆷ이라 ᄒᆞ겟ᄂᆞ뇨 우리가 구세쥬ᄅᆞᆯ 밋고 하ᄂᆞ님의 계명을 직히며 쥬석의 방탕ᄒᆞᆫ 힝실을 거절ᄒᆞ고 인ᄋᆡᆨᄒᆞᆫ 도학의 리치ᄅᆞᆯ 젼파ᄒᆞ거ᄂᆞᆯ 엇지 쳔루ᄒᆞᆫ 무리라 ᄒᆞᄂᆞ뇨 음란ᄒᆞ고 도젹질ᄒᆞᄂᆞᆫ쟈ᄂᆞᆫ 놉흔 사ᄅᆞᆷ이오 인ᄋᆡᆨᄒᆞ고 정직ᄒᆞᆫ 일을 ᄒᆞᄂᆞᆫ쟈ᄂᆞᆫ 쳔인이 되겟ᄂᆞ뇨 ᄎᆞᆷ 우수온 사ᄅᆞᆷ의 우수온 말노 아노라

십ᄌᆞ가군ᄉᆞ

군ᄉᆞ라 ᄒᆞᄂᆞᆫ거ᄉᆞᆫ 쟝슈의 명령과 지휘ᄅᆞᆯ 일즁ᄒᆞ야 비록 험디와 위경이라도 피치 아니ᄒᆞ며 부탕도화ᄅᆞᆯ 겁내지 아니ᄒᆞ야 홍샹 압흐로 나아가며 싸홈의 용밍이 잇서야 능히 뎍진을 파ᄒᆞ며 대공을 일우ᄂᆞ니 이 셰샹에 병쟝긔로 싸호ᄂᆞᆫ 군ᄉᆞ도 그러ᄒᆞ거든 허믈며 십ᄌᆞ가에 군ᄉᆞ가 되야 인ᄋᆡ 화평ᄒᆞᆫ ᄎᆞᆷ 리치로 마귀의게 흉ᄒᆞᆫ 형셰ᄅᆞᆯ ᄃᆡ뎍 ᄒᆞᆷ이리오 ᄉᆞ도 바울노 ᄀᆞᆯᄋᆞ샤ᄃᆡ 나의 군ᄉᆞᄅᆞᆯ 쓺은 혈긔로 싸홈이 아니라 하ᄂᆞ님의 능력을 의지ᄒᆞ야 마귀의 굿은 진을 파ᄒᆞᆫ다 ᄒᆞ엿ᄉᆞ니 (고린도 후셔 십장 ᄉᆞ졀) 우리쥬ᄅᆞᆯ 밋ᄂᆞᆫ 무리들은 다 마귀ᄅᆞᆯ ᄃᆡ뎍ᄒᆞᄂᆞᆫ 하ᄂᆞ님의 군ᄉᆞ요 교즁 쳥년들은 그즁에 압흐로 용진ᄒᆞᄂᆞᆫ 졍병이라 구세쥬의 명령을 복죵치 아니 ᄒᆞᄂᆞᆫ 교도ᄂᆞᆫ 쟝령을 거역ᄒᆞ고 도망ᄒᆞᄂᆞᆫ 괘졸과 ᄀᆞᆺᄒᆞᆯ지니 엇지 구원ᄒᆞ심을 엇으리요 우리의 싸홈은 혈긔도 아니요 병쟝긔도 아니요 오직 츙신 갑쥬와 화평 복음으로 조긔의 졍욕을 니긔고 마귀의 권세도 업시ᄒᆞ야 날허 ᄇᆞ렷든 ᄇᆡᆨ셩을 도로 차자 하ᄂᆞ님 나라의 ᄇᆡᆨ셩이 되게 ᄒᆞ고 마귀의 디방으로 모도 거륵ᄒᆞᆫ 텬국이 되게 ᄒᆞ셔기ᄅᆞᆯ ᄇᆞ라오

ᄂᆡ보

량인션고」 지작년「민회셰에 피착 되엿든 강셩형씨와 윤셰용씨 두 사ᄅᆞᆷ의 ᄉᆞ건을 일젼에야 션고ᄒᆞ엿는ᄃᆡ 그 ᄉᆞ실인즉 강셩형은 일본 망명인 니규완의 미부인ᄃᆡ 니규완과 황텰이가 진고기 나왓실셰에 강셩형이가 도망ᄒᆞᆫ 강호션으로 흠셰 니규완을 ᄎᆞ져 불시 강호션이가 니규완ᄃᆞ려 말ᄒᆞ되 나라 형셰가 이 굿치 위급ᄒᆞᆫᄃᆡ 지금 위관에 신챵희 니만직은 츙의지ᄉᆞ라 굿치 의론ᄒᆞ야 황실을 보호ᄒᆞ야 경복궁으로 이어ᄒᆞ고 졍부를 조직ᄒᆞ면 일아 되리라 ᄒᆞ더니 일일은 강셩형이가 신창희와 니만작으로 더브로 니규완과 황텰의게 간즉 황 니 량인이 신창희와 니만직ᄃᆞ려 ᄀᆞᆯᄋᆞᄃᆡ 두 령감을 맛나기가 우연치 아니ᄒᆞ니 부하 병뎡을 거ᄂᆞ리고 궐문에 달녀들졔 만일 궐문이 닷쳣거든 폭발약을 예비ᄒᆞ엿다가 부슈고 병뎡 일ᄇᆡᆨ 오십명으로 각쳐를 파슈ᄒᆞ고 조긱 삼십명을 안동ᄒᆞ야 각뎐을 보호ᄒᆞ며 근시ᄒᆞ는 사ᄅᆞᆷ중에 항거ᄒᆞ는쟈는 죽이고 이왕 간셰빈들을 론감ᄒᆞ자 ᄒᆞᆫᄃᆡ 강셩형의 말이 그러면 살륙지환이 과치「아니ᄒᆞ냐」 니규완이 ᄀᆞᆯᄋᆞᄃᆡ 우리나라 인심이 그러케 아나ᄒᆞ면 ᄒᆞᆯ수 업고 졍부 조직은 외교에 련슉ᄒᆞᆫ 윤치호로「외부협판에 외대 셔리를 삼고「박영효가 오기젼은 민영환으로 ᄂᆡ부대신에 춍리대신 셔리를 삼고 한규셜노 법부대신을 삼고 나는 경무ᄉᆞ를 ᄒᆞ고 황텰노 법부 협판을 삼고 신창희로 려단장을 삼어 각군ᄃᆡ를 졀졔ᄒᆞ고 강셩형 윤셰용으로 대ᄃᆡ장을 내자ᄒᆞᆫᄃᆡ 황텰이 ᄀᆞᆯᄋᆞᄃᆡ 민씨와 한씨를 권리를 맛기즉 샹의만 쇼죵ᄒᆞ기가 쉽다ᄒᆞ니 니규완이 ᄀᆞᆯᄋᆞᄃᆡ 공평홈으로 쥬장을 삼으면 그 사ᄅᆞᆷ들이 다 우리 쟝악 안에 들어 올것이니 후려가 업다ᄒᆞᆫᄃᆡ 황텰이왈 셩ᄉᆞ된 몃ᄃᆞᆯ후에 평양으로 셔울을 옴겨셔 외국 사ᄅᆞᆷ의 수치를 면ᄒᆞ자 ᄒᆞ는 젼후 ᄉᆞ실을 강셩형이가 듯고 고발치 안닌ᄭᆞ닭에 ᄐᆡ일ᄇᆡᆨ 유죵신에 쳐ᄒᆞ고 윤셰용은 일본 유학ᄒᆞᆯ셰에 도망ᄒᆞᆫ 니규승과 흠셰 환국ᄒᆞᆯ셰에 박영효가 본국 형편을 통긔ᄒᆞ여 달나고 ᄒᆞᆫ고로 민회 형편을 암호로 뎐보ᄒᆞᆫ ᄭᆞ닭에 ᄐᆡ일ᄇᆡᆨ 유삼년에 쳐ᄒᆞ엿더라

뎨ᄉᆞ권

대한크리스도인회보

뎨팔호

셩경공부

근일에 남송현 감리 교회에서 경향 각쳐에 젼도 ᄒᆞᄂᆞᆫ 대한 형뎨 십칠인을 모와 이쥬일 동안에 공부를 식힐ᄉᆡ 하의원과 모목ᄉᆞᄂᆞᆫ 그 교회롤 쥬쟝ᄒᆞ야 셩경과 교즁강례를 날 마다 마ᄅᆞ치고 ᄉᆞ법학교 교ᄉᆞ 헐벗틔씨ᄂᆞᆫ ᄒᆞᆫ쥬일 동안에 구약에 잇ᄂᆞᆫ 셩현의 ᄉᆞ젹을 ᄀᆞᄅᆞ치고 대한회보 샤쟝 아편셜라씨ᄂᆞᆫ 수ᄎᆞ릐왕ᄒᆞ며 교즁ᄉᆞ긔롤 ᄀᆞᄅᆞ친다더라

병셰우감

쇄만 의원이 삼십여일 동안에 속병이 잇서 대단이 고싱 ᄒᆞ더니 근일에 병셰가 조곰 나흔고로 우리ᄂᆞᆫ 미우 감샤히 녁이며 하ᄂᆞ님의 은혜를 찬송 ᄒᆞ노라

목ᄉᆞ의도라오심

우리가 ᄌᆞ세히 알수 업시되 아마 이 다음 회보 츌판 ᄒᆞ기젼에 시간돈씨 목ᄉᆞ와 대부인 ᄯᅢ셔와 푸라티씨 부인이 대한으로 나아올듯 ᄒᆞᆫ지라 양력으로 샹년 십이월 금음즘 영국 룬돈 셩에서 발힝ᄒᆞ야 수삭 동안에 대한에 득달ᄒᆞᆯ지라 시목ᄉᆞ와 대부인ᄯᅢ셔ᄂᆞᆫ 세번재 대한으로 도로 오시니 우리 교우들은 무론 로쇼 남녀ᄒᆞ고 다 깃버 ᄒᆞᆯ거시오 외인이라도 친ᄒᆞᆫ 사ᄅᆞᆷ은 다 반가히 녁일듯 ᄒᆞ더라

학교진보

비지학당에서 양력 이월 초륙일 음력 졍월 초칠일에 ᄀᆡ학 ᄒᆞ엿ᄂᆞᆫ딕 젼일 학도가 다 올ᄲᅮᆫ 아니라 새로 드려온 학도가 졈졈 만흔지라 셔국 교ᄉᆞ가 삼원인딕 학교쟝 아편셜라씨와 ᄲᅥᆼ커 교ᄉᆞ와 케불 교ᄉᆞ요 대한 부교ᄉᆞ가 ᄉᆞ원인딕 량홍무씨와 로병션씨와 려병현씨와 윤챵렬씨요 한문 교ᄉᆞ가 이원 인딕 송긔용씨와 김연곤씨라 현금에 영어 학도가 일빅인이오 한문 학도가 삼십오인에 지ᄂᆞᆫ지라 우리ᄂᆞᆫ 이학교가 더욱 진보 ᄒᆞ야 학도가 날노 늘어가고 학문을 독실히 공부ᄒᆞ야 문학 박ᄉᆞ가 만히 니러나기를 ᄇᆞ라노라

ᄌᆞ미잇ᄂᆞᆫ말

밧게 사ᄅᆞᆷ이 흔이 말 ᄒᆞ기를 대한회보에ᄂᆞᆫ 세샹 소문도 만치안코 졍치 득실도 의론치 안코 다만 셩경 공부와 교즁 이야기만 잇ᄉᆞ매 보기에 ᄌᆞ미 적다 ᄒᆞᄂᆞ니 세계 형편만 알고져 ᄒᆞᄂᆞᆫ 사ᄅᆞᆷ은 그럴듯 ᄒᆞ나 ᄎᆞᆷ 리치의 ᄇᆞᆰ은거슬 알나ᄒᆞ면 우리 회보의 말ᄉᆞᆷ이 ᄎᆞᆷ ᄌᆞ미가 잇ᄉᆞᆯ지라 셰샹의 헛된일만 싱각지 말고 하ᄂᆞ님 나라의 오묘ᄒᆞᆫ 리치를 ᄌᆞ미드려 보시오

대한크리스도인 회보

THE KOREAN CHRISTIAN ADVOCATE.

H. G. APPENZELLER, - Editor.

TERMS:—36 cents per year, in advance. Postage extra.

WEDNESDAY, FEB. 21, 1900.

셔울 졍동셔 일쥬일에 ᄒᆞᆫ번식 발간 ᄒᆞᄂᆞᆫ듸 아편셜라목ᄉᆞ가 회보 샤장이 되엿더라

일년 갑슬 미리 니면 삼십 륙젼이오 우표 갑슨 ᄯᅩ로 잇ᄂᆞ니라

학문의 아바지

서국 속담에 ᄀᆞᆯᄋᆞ듸 교회ᄂᆞᆫ 학문의 아바지라 ᄒᆞ니 이 말ᄉᆞᆷ은 션비의 학문이 교회 즁에셔 나오고 교회즁에셔 자라 난다 ᄒᆞᆷ이오 ᄯᅩ ᄀᆞᆯᄋᆞ듸 우미ᄒᆞᆫ거ᄉᆞᆫ 붉은 리치의 디뎍이ᄂᆞ ᄒᆞ니 이 말ᄉᆞᆷ은 셩경에 참 리치가 어무온쟈로 붉게 ᄒᆞ고 어리셕은 쟈로 지혜롭게 ᄒᆞᆫ다 ᄒᆞᆷ이라 하ᄂᆞ님의 교회가 근본 학슐을 비양 ᄒᆞᄂᆞᆫ 고로 녜젼에 션지쟈 사모엘이 이스라엘 빅셩을 다ᄉᆞ릴ᄯᅢ 브터 학교를 셜시ᄒᆞ고 하ᄂᆞ님의 률법을 ᄀᆞᄅᆞ쳣시며 구세쥬 강싱 ᄒᆞ실ᄯᅢ에도 ᄉᆞ도 바울노ᄂᆞᆫ 가마열 션ᄉᆡᆼ 문하에셔 조종 률법을 비왓시며 ᄉᆞ조 바리시 인도 학문을 슝샹 ᄒᆞ엿고 ᄉᆞ도들이 젼도 ᄒᆞᆯᄯᅢ에ᄂᆞᆫ 교즁 학교가 더옥 흥왕ᄒᆞᆫ지라 ᄉᆞ도 요한은 이비소 셩에 가셔 학교를 셜립 ᄒᆞ고 교우의 ᄌᆞ뎨들을 교휵ᄒᆞ셧시며 아프리가 쥬에 잇ᄂᆞᆫ 아력산대 학교ᄂᆞᆫ 강싱 ᄒᆞ신후 이빅년 브터 ᄉᆞ빅년 ᄭᆞ지 크게 유명 ᄒᆞ엿ᄂᆞᆫ듸 글네민과 올이진이란 션ᄉᆡᆼ이 그 학교에셔 나려낫시며 쇼아시아쥬 학교에ᄂᆞᆫ 유명ᄒᆞᆫ 션ᄉᆡᆼ 발니갑과 폐파애쓰가 나셧고 아뎨오 학교에ᄂᆞᆫ 듸아도로쓰와 크리쏘쓰톰이란 션ᄉᆡᆼ이 나려나셧고 가톄이지 학교에ᄂᆞᆫ 사이프리안과 터털니안 이란 유명ᄒᆞᆫ 션ᄉᆡᆼ이 나셧시니 이 여러 문쟝들은 다 교회 즁에 쟝로와 감독이 되엿시니 우리 교회ᄂᆞᆫ 녜젼 브터 쟈금ᄭᆞ지 젼도 ᄒᆞᄂᆞᆫ 곳마다 반ᄃᆞ시 학교를 셜립ᄒᆞ야 교즁 뎨ᄌᆞ들을 ᄀᆞᄅᆞ치ᄂᆞᆫ 법이라 사ᄅᆞᆷ이 세샹에 쳐ᄒᆞ매 학문이 업신즉 어리셕고 완악ᄒᆞ야 허탄ᄒᆞᆫ 말과 무례ᄒᆞᆫ 일을 힝ᄒᆞ기 쉽고 다만 세샹 학문만 비호고 하ᄂᆞ님 나다의 참 리치ᄅᆞᆯ 모로고 보면 그 학문이 쓸ᄃᆡ 업실ᄲᅮᆫ 아니라 도로혀 그 사ᄅᆞᆷ의게 화근이 되기가 쉬온고로 교회에셔 몬져 인의와 신의를 쥬장 ᄒᆞᄂᆞᆫ 텬국 복음을 젼파ᄒᆞ고 둘지 문견과 지식을 비양 ᄒᆞᄂᆞᆫ 학문을 ᄀᆞᄅᆞ치되 반ᄃᆞ시 남녀를 불계ᄒᆞ고 동등으로 ᄀᆞᄅᆞ치며 교회와 학교가 서로 의지ᄒᆞ고 서로 도아 주어 홍샹 병힝ᄒᆞ게 ᄒᆞᄂᆞ니 우리 쥬를 밋ᄂᆞᆫ 형뎨들은 반ᄃᆞ시 교회 잇ᄂᆞᆫ 곳 마다 학교를 셜시 ᄒᆞ고 ᄌᆞ뎨들을 ᄀᆞᄅᆞ쳐 그즁에셔 유명ᄒᆞᆫ 젼도 목ᄉᆞ가 만히 나려 나게 ᄒᆞ고 녜젼에 교회를 위ᄒᆞ야 치명 ᄒᆞ든 ᄯᅳ스든과 그레민 ᄀᆞᆺᄒᆞᆫ 감독이 학교 즁에셔 나려나 외인을 권면ᄒᆞᄂᆞᆫ 셔ᄎᆡᆨ도 져술 ᄒᆞ고 하ᄂᆞ님 나라의 일을 힘써 힝 ᄒᆞ게 ᄒᆞ기를 ᄇᆞ라오

최병헌

만국쥬일공과 그리스도 씨의힝젹
뎨ᄉᆞ공과 이월이십오
예수의셰례밧으심과
시험밧으심

마태 복음 삼장 십삼졀노 ᄉᆞ장
십일졀

十三 이ᄯᅢ에 예수ㅣ 갈닐니로셔
요단강에 니르러 요한의게 셰
례를 밧으랴 ᄒᆞ신ᄃᆡ 十四 요한이
ᄉᆞ양 ᄒᆞ야 ᄀᆞᆯᄋᆞᄃᆡ 내가 맛당히
네게 셰례를 밧을터인ᄃᆡ 너ㅣ 내
게로 오시ᄂᆞ닛가 十五 예수ㅣ ᄃᆡ
답ᄒᆞ야 ᄀᆞᆯᄋᆞ샤ᄃᆡ 이제 허락ᄒᆞ라
우리가 맛당히 모든 올흔 거슬
이러케 다 ᄒᆞᆯ지라 ᄒᆞ신ᄃᆡ 이에
요한이 허락 ᄒᆞ거ᄂᆞᆯ 十六 예수ㅣ
셰례를 밧으시고 곳 물에셔 올나
오실셰 하ᄂᆞᆯ이 열니고
하ᄂᆞ님의 셩신이 비돌기 모양으
로 ᄂᆞ려 그우헤 림 ᄒᆞ심을 보고
하ᄂᆞᆯ노셔 소ᄅᆡ가 잇셔 말ᄉᆞᆷ ᄒᆞ샤
ᄃᆡ 이ᄂᆞᆫ 내 ᄉᆞ랑 ᄒᆞᄂᆞᆫ 아ᄃᆞᆯ이오
내 깃버 ᄒᆞᄂᆞᆫ 쟈 라 ᄒᆞ시더라

ᄉᆞ장) 一 그ᄯᅢ에 예수ㅣ 셩신의
인도 ᄒᆞ심을 닙어 마귀의게 시
험을 밧으려 뷘들노 가샤 二 ᄉᆞ
십일을 밤낫 아니 잡수신 후에
주리시더니 三 시험 ᄒᆞᄂᆞᆫ쟈ㅣ 예
수ᄭᅴ 와 ᄀᆞᆯᄋᆞᄃᆡ 만일 하ᄂᆞ님의
아ᄃᆞᆯ이어든 이 돌노 ᄯᅥᆨ 되라고
ᄒᆞ라 ᄒᆞ니 四 예수ㅣ ᄃᆡ답 ᄒᆞ야
ᄀᆞᆯᄋᆞ샤ᄃᆡ 긔록 ᄒᆞ엿ᄉᆞ니 사ᄅᆞᆷ
이 ᄯᅥᆨ으로만 살거시 아니오 오직
하ᄂᆞ님의 입으로 나오ᄂᆞᆫ 모든
말ᄉᆞᆷ으로 살거시라 ᄒᆞ시니라 五
이에 마귀가 거룩ᄒᆞᆫ 셩으로 ᄃᆞ려
가 셩 ᄭᅩᆨ닥이에 세우고 六 말
ᄒᆞ야 ᄀᆞᆯᄋᆞᄃᆡ 만일 하ᄂᆞ님의 아
ᄃᆞᆯ이어든 네가 네몸을 더져 ᄂᆞ리
라 대개 긔록 ᄒᆞ엿ᄉᆞ니 쥬ㅣ
너를 위ᄒᆞ야 텬ᄉᆞ의게 분부 ᄒᆞ야
손으로 너를 밧드러 네 발이 돌
에 부딋지 아니케 ᄒᆞ시리라 ᄒᆞ셧
다 ᄒᆞ니 七 예수ㅣ 닐너 ᄀᆞᆯᄋᆞ샤
ᄃᆡ ᄯᅩᄒᆞᆫ 긔록 ᄒᆞ엿ᄉᆞ니 쥬 너
희 하ᄂᆞ님을 시험치 말나 ᄒᆞ
셧다 ᄒᆞ시니라 八 마귀가 ᄯᅩ 다
리고 지극히 놉흔 산에 올나가
텬하 만국과 그 영광을 뵈여 九
ᄀᆞᆯᄋᆞᄃᆡ 만일 내게 업ᄃᆡ여 절ᄒᆞ면

이 모든거ᄉᆞᆯ 주리라 ᄒᆞ니 十 이
에 예수ㅣ 말ᄉᆞᆷ ᄒᆞ샤ᄃᆡ 사탄아
물너 가거라 긔록ᄒᆞ엿ᄉᆞ니 쥬
너희 하ᄂᆞ님ᄭᅴ 절ᄒᆞ고 오직
이만 셤기라 ᄒᆞ셧다 ᄒᆞ니 十一 이
에 마귀가 예수를 ᄯᅥ나고 텬ᄉᆞㅣ
와셔 슈종 드더라

요지

하ᄂᆞᆯ노셔 소ᄅᆡ 잇셔 말ᄉᆞᆷ ᄒᆞ샤
ᄃᆡ 이ᄂᆞᆫ 내 ᄉᆞ랑 ᄒᆞᄂᆞᆫ 아ᄃᆞᆯ이오
내 깃버 ᄒᆞᄂᆞᆫ이라 ᄒᆞㅣ 더라 (삼
장 십칠졀)

ᄌᆞ흔귀절

셰례밧으신것 (마가 일장

구절ㅣ 십일절 루가 삼장 이십일
이절)

시험밧으신것 (마가

일장 십 이삼절 루가 ᄉᆞ장 일절
ㅣ 십삼졀

년ᄃᆡ

셔력 긔원후 이십륙년

디방

一 요단강 근쳐에 잇ᄂᆞᆫ 디방
二 광야이니 ᄉᆞ히 북편에셔 셔

쪽이듯 ᄒᆞ니라

공과의구별

一 구쥬의셰례밧으심 (삼장 십삼절ㅣ 십칠절

二 첫지시험 (ᄉᆞ장 일절ㅣ ᄉᆞ절)

三 둘지시험 (오절ㅣ칠절)

四 넷지시험 (팔절ㅣ십일절)

주셕

十三 **그ᄯᅢ**라 ᄒᆞᆷ은 요한이 젼도 시작 ᄒᆞᆫ후 여ᄉᆞᆺ돌즘 된듯 ᄒᆞ니라

十四 **내게로오시ᄂᆞ냣가** ᄒᆞᆷ은 요한 일장 삼십삼절에 요한이 예수ᄭᅴ셔 미시아 신줄을 쾌히 아지 못ᄒᆞᆫ것을 말 ᄒᆞ엿ᄉᆞ나 이마 ᄃᆡ 말ᄉᆞᆷ을 보면 예수를 젼에 아든 모양이 잇셧ᄂᆞ니라

十五 **모든올흔것을다ᄒᆞ다** ᄒᆞᆷ은 죵교상의 모든 의무를 극진히 ᄒᆞ여야 ᄒᆞᆫ다 ᄒᆞᆷ이니라

十六 **비돍이모양** 이 셔ᄂᆞᆫ 셩신의 덕당ᄒᆞᆫ 긔호ㅣ니라

十七 **소리가잇다** ᄒᆞᆷ은 다른 사ᄅᆞᆷ도 드른이가 ᄯᅩ 잇ᄂᆞᆫ지 알수 업ᄉᆞ나 예수와 요한이 이 소리를 드ᄅᆞ셧ᄂᆞ니라

四장ㅡ **시험을밧다** ᄒᆞᆷ은 련달ᄒᆞᆷ을 밧게 ᄒᆞᆷ이나 이 모양으로 시험 ᄒᆞᄂᆞᆫ것은 죄에 ᄲᅡ지게 ᄒᆞᆷ이니라

二 모세와 (출이급 삼십ᄉᆞ장 이십팔절 엘니아의 금식ᄒᆞᆫ것 (렬왕긔 샹권 십구장 팔절을 비교 ᄒᆞ여 보라 **셰번시험ᄒᆞᆫ것** 첫지 시험은 구복의 욕심을 격동 ᄒᆞᆷ과 하ᄂᆞ님의 말ᄉᆞᆷ을 의혹케 ᄒᆞᆷ이오 둘지 시험은 교만ᄒᆞᆫ ᄆᆞ음을 이리킴과 하ᄂᆞ님의 보호 ᄒᆞ심을 쳔단히 희롱 ᄒᆞᆷ이오 셋지 시험은 부귀의 졍욕을 고동ᄒᆞᆷ과 하ᄂᆞ님 숭비 ᄒᆞᄂᆞᆫ 례법을 폐지케 ᄒᆞᆷ이니 이 세가지 시험을 낫낫치 셩경을 인증 ᄒᆞ야 ᄃᆡ답 ᄒᆞ셧ᄂᆞ니라 첫지 ᄃᆡ답은 신명긔 팔장 삼절이오 시편 구십일편 십일이절이오 셋지ᄂᆞᆫ 신명긔 륙장 십륙절이니라

뭇ᄂᆞᆫ말

一 예수ᄭᅴ셔 어ᄃᆡ로 브터 어ᄃᆡᄭᆞ지 가셧더뇨

二 무ᄉᆞᆷ일이 요한을 놀나게 ᄒᆞ엿ᄂᆞ뇨

三 예수ᄭᅴ셔 셰례를 밧으신 후에 무어시 열녀ᄂᆞ뇨

四 그ᄯᅢ에 요한이 무ᄉᆞᆷ 긔히ᄒᆞᆫ 일을 보앗ᄂᆞ뇨

五 그ᄯᅢ에 요한이 무ᄉᆞᆷ 소리를 드럿스며 ᄯᅩ 그 소리가 어ᄃᆡ로 브터 왓ᄂᆞ뇨

六 무어시 예수를 인도ᄒᆞ야 들에 가셧더뇨

七 마귀가 예수를 처음으로 시험코져 ᄒᆞᆯ새에 무ᄉᆞᆷ 의심이 잇셧ᄂᆞ뇨

八 예수ᄭᅴ셔 ᄃᆡ답 ᄒᆞ실ᄯᅢ에 사ᄅᆞᆷ이 무엇으로 살거시라고 말ᄉᆞᆷ ᄒᆞ셧ᄂᆞ뇨

九 마귀가 ᄯᅩ 예수를 인도ᄒᆞ야 어ᄃᆡ로 갓더뇨

十 ᄯᅩ 예수ᄭᅴ셔 무ᄉᆞᆷ 말ᄉᆞᆷ으로 마귀를 ᄃᆡ뎍 ᄒᆞ셧ᄂᆞ뇨

十一 예수ᄭᅴ셔 ᄯᅩ 어ᄃᆡ로 가셧더뇨

十二 그때에 마귀가 무슴 뢰물을 드리고져 ᄒᆞ엿ᄂᆞ뇨

十三 마귀를 퇴송ᄒᆞ실때에 예수께서 무슴 말슴을 ᄒᆞ셧ᄂᆞ뇨

十四 마귀가 간후에 뉘가 나려와셔 예수를 호위ᄒᆞ엿ᄂᆞ뇨

예수의신셩ᄒᆞᆫ후시험밧으심

예수께서 셰례를 밧으시고 텬ᄉᆞ가 시종ᄒᆞ고 하ᄂᆞ님이 말슴ᄒᆞ시며 셩신이 강림ᄒᆞ시니 그때야 비로소 쟝릭에 ᄒᆞ실일을 예비ᄒᆞ셧ᄂᆞ니라 예수께셔 비록 사ᄅᆞᆷ의 셩픔을 가졋스나 하ᄂᆞ님께셔 ᄒᆞᆼ상 ᄀᆞᆺ치 계시니 아모 죄도 업슴은 분명ᄒᆞ고 또 그 어미ᄒᆞ심이 다만 어린 ᄋᆞ히 ᄀᆞᆺᄒᆞ실ᄲᅮᆫ 아니되 이ᄀᆞᆺ치 대단ᄒᆞᆫ 시험을 밧으셧ᄂᆞ니라 그젼에 요엡파 모셰와 단니엘 ᄀᆞᆺᄒᆞᆫ 사ᄅᆞᆷ들이 큰시험을 견ᄃᆡ시나 예수께셔 더 큰 시험을 견ᄃᆡ셧스니 예수는 그 사ᄅᆞᆷ들 보다 더 놉흐신 줄을 쌔ᄃᆞ를 터이니라 그 시험이 참으로 위험ᄒᆞ되 ᄉᆞ십일을 금식ᄒᆞ되 신톄를 손샹케 ᄒᆞ시면셔 온ᄀᆞᆺ일노 시험을 밧으신거시 우리와 ᄀᆞᆺᄒᆞ나 다만 죄가 업ᄉᆞ시고 또 그 시험은 싱각과 ᄆᆞ음에 관계되미 대단ᄒᆞ되 예수께셔는 그것을 니긔셧ᄂᆞ니라

령혼을 위ᄒᆞ야 싸홀때에 하ᄂᆞ님이 창과 군긔를 주시니 사ᄅᆞᆷ이 불가불 그것을 ᄡᅳ야 될터이오 또 우리가 우리 일을 ᄒᆞ지 아니면 샤탄이 우리를 니길터이니 아모 사ᄅᆞᆷ이던지 시험을 잘 견ᄃᆡ면 텬ᄉᆞ의 동힝과 도아줌을 밧을터이니라

셰상에뎨일고명ᄒᆞᆫ의원

대개 셰상에 신통ᄒᆞᆫ 의원이 허다ᄒᆞ여 일신에 곳치지 못ᄒᆞ는 병이 업ᄂᆞᆫ중 병든 다리를 베혀내고 인도고로 새 다리를 ᄆᆡᆫᄃᆞ러 붓쳐 여상히 거러 ᄃᆞ니게 ᄒᆞ며 ᄂᆡ장에 병이 잇ᄉᆞ면 빅를 ᄶᅩ기고 그병을 집어낸후 그빅를 다시 ᄭᆞ어ᄆᆡ여 온젼ᄒᆞᆫ 오장이 되게ᄒᆞ며 니가 다 ᄲᅡ진 자의게 은금으로나 혹 ᄲᅧ로 니를 ᄆᆡᆫᄃᆞ러 셰우고 젼보덤 더 튼튼ᄒᆞ게 ᄒᆞ여 근본 니로 씨입지 못ᄒᆞ던 물건이라도 능히 씨브며 보지 못ᄒᆞ던 쳥밍잔이라도 능히 브게ᄒᆞ며 창병과 염병이라도 됴흔약을 써서 회복ᄒᆞ게 ᄒᆞ매 셰샹 사ᄅᆞᆷ들이 말이 화태편쟉 ᄀᆞᆺᄒᆞᆫ 의원이라 ᄒᆞ나 그러나 엇던 사ᄅᆞᆷ들은 병이 골수에 들어 비록 화태편쟉이 다시 살어 나드리도 곳치지 못ᄒᆞ여 지산을 탕진ᄒᆞ며 쳔신 만고ᄒᆞ다가 필경에 죽는쟈도 잇ᄉᆞ니 아모리 셰샹에 고명ᄒᆞᆫ 의원이 만타ᄒᆞ여도 고종명ᄒᆞᄂᆞᆫ쟈 드믈고 인싱 빅년을 병에 써혀 죽ᄂᆞᆫ쟈ㅣ 더옥 만흐니 엇지 가셕ᄒᆞᆫ 일이 아니리오 만은 이거슨 다만 육신의 병을 두고 말ᄒᆞᆫ거시라 죡히 무셔워ᄒᆞᆯ바 아니나 참 곳치기 어려온병 잇ᄉᆞ니 곳 령혼에 든 병이라 만일 령혼에는 어ᄃᆡ든지 조고마ᄒᆞᆫ 부스럼이 나드리도 이 셰샹의 의약으로는 다ᄉᆞ리기 어려오니라

넷적에 유태국에 ᄒᆞᆫ 녀인이 잇더니 피 흐르는 병으로 십이년

울 고싱ᄒᆞ며 셰샹에 고명타 ᄒᆞᄂᆞᆫ 의원은 다 불너다가 보이며 약이라 ᄒᆞᄂᆞᆫ거슨 다 시험ᄒᆞ엿서도 죵릭 곳치지 못ᄒᆞ고 그 지산만 다 업시매 무수히 익를 썻스나 빅약이 무효ᄒᆞ여 그제ᄂᆞᆫ 죽기로 조쳐 ᄒᆞ더니 일일은 여러 만명 사ᄅᆞᆷ이 예수를 옹위 ᄒᆞ고 지나 가거ᄂᆞᆯ 그 녀인이 ᄉᆡᆼ각 ᄒᆞ기를 내가 예수씨의 옷갓만 ᄒᆞᆫ번 문져도 내의 병이 나흐리라 ᄒᆞ고 의심업시 예수씨의 뒤를 ᄯᆞ라가셔 여러 사ᄅᆞᆷ중에 잔신이 드러가 옷가슬 잠간 문지니 피 흐르ᄂᆞᆫ거시 곳 굿친지라 그 여러 사ᄅᆞᆷ 중에셔 누가 누구를 문지ᄂᆞᆫ지 엇지 알니오 만은 예수ᄭᅴ셔ᄂᆞᆫ 알으시고 나를 문지ᄂᆞᆫ이가 누구냐 ᄒᆞ시니 그ᄯᅢ에 피득과 동힝 ᄒᆞ던쟈들이 ᄃᆡ답ᄒᆞ되 션ᄉᆡᆼ님이여 이 여러 사ᄅᆞᆷ이 션ᄉᆡᆼ님을 옹위ᄒᆞ고 가매 혹 문지ᄂᆞᆫ 쟈도 잇ᄉᆞᆯ뿐이요 혹 걸니ᄂᆞᆫ것도 잇ᄉᆞᆯ터이요 혹 누르고 미ᄂᆞᆫ쟈도 잇ᄉᆞᆯ터인ᄃᆡ 도로혀 션ᄉᆡᆼ님ᄭᅴ셔 특별히 나를 문지ᄂᆞᆫ이가 누구냐 ᄒᆞ시ᄂᆞ잇가 예수ᄃᆡ답 ᄒᆞ샤ᄃᆡ 내게셔 능력이 나가ᄂᆞᆫ줄을 ᄭᆡ드랏노라 ᄒᆞ시니 그 녀인이 은휘ᄒᆞ지 못ᄒᆞᆯ줄을 알고 ᄯᅥᆯ면셔 즉시 여러 사ᄅᆞᆷ 모힌 중에셔 그 조셰ᄒᆞᆫ 말ᄉᆞᆷ을 다ᄒᆞ니 예수ᄭᅴ셔 말ᄉᆞᆷ ᄒᆞ시기를 녀인아 네 안심ᄒᆞ고 평안이 도라가거라 네 밋음이 너를 구원 ᄒᆞ셧다 ᄒᆞ셧스니 이일ᄂᆞᆫ 볼진ᄃᆡ 이녀인은 그 곳치기 어려온 병을 돈 ᄒᆞᆫ푼 허비치 안코 다만 밋음으로 곳쳣스니 엇지 신긔ᄒᆞᆫ 일이 아니리요 예수씨ᄂᆞᆫ 돈 밧지 아니 ᄒᆞ시고 우리 육신의 병만 곳쳐 주실뿐 아니라 령혼의 병도 이와ᄀᆞᆺ치 곳쳐 주시ᄂᆞᆫ거슨 길게 말ᄒᆞ지 아니 ᄒᆞ여도 우리 형뎨들은 다 아시ᄂᆞᆫ 바여니와 우리몸을 외양으로 보면 병이 업ᄂᆞᆫ듯 ᄒᆞ나 고명ᄒᆞᆫ 의원 예수씨의게 진 ᄒᆞ여 보시라고 쳥ᄒᆞ면 필경 말ᄉᆞᆷ ᄒᆞ시기를 열두히 혈누증 들녓든 녀인의 병보다 더 심ᄒᆞᆫ병이 드럿다 ᄒᆞ시리니 조셰히들 ᄉᆡᆼ각ᄒᆞ여 보시오

본회 광고

본회에셔 이 회보를 젼년과 ᄀᆞᆺ치 일쥬일에 ᄒᆞᆫ번식 발간 ᄒᆞᄂᆞᆫᄃᆡ 새로 륙폭으로 작명 ᄒᆞ고 ᄒᆞᆫ쟝갑슨 엽젼 오푼이오 ᄒᆞᆫᄃᆞᆯ갑슬 미리 내면 젼과 ᄀᆞᆺ치 엽젼 ᄒᆞᆫ돈 오푼이라 본국 교우나 셔국 목ᄉᆞ나 교외 친구나 만일 사셔 보고져 ᄒᆞ거든 졍동 아편셜라 목ᄉᆞ 집이나 죵로 대동셔시에 가셔사시옵

죵로대동셔시광고

우리 셔사에셔 셩경 신구약과 찬미가칙과 교회에 유익ᄒᆞᆫ 여러가지 셔칙과 시무에 긴요ᄒᆞᆫ 셔칙들을 팔되 갑시 샹당 ᄒᆞ오니 학문샹과 시무변에 ᄯᅳᆺ이 잇ᄂᆞᆫ 군ᄌᆞ들은 만히 사셔 보시옵

대영국셩셔공회광고

새로 간츌 ᄒᆞᆫ거슨 로마 가라태 골노시 야고보 베드로 젼후셔 듸모데 젼후셔니 사셔 보실이ᄂᆞᆫ 회샤쥬인 견묘 션 ᄭᅴ로 오시옵

데ᄉᆞ권

그리스도인

데구호

공ᄉᆞ의 연셜

일본 관원 ᄒᆞ나히 젼일에 영국 공ᄉᆞ로 갓실 새에 영국 풍속을 조세히 보앗더니 지금은 공ᄉᆞ를 갈니고 도라온지라 엇던 회에 가셔 연설ᄒᆞᆫ 말ᄉᆞᆷ을 좌에 긔저ᄒᆞ노라 그 회에 모힌 사ᄅᆞᆷ은 삼ᄇᆡᆨ오십인이오 문졔는 영국 사ᄅᆞᆷ이라 그 공ᄉᆞ가 연셜ᄒᆞ되 영국 사ᄅᆞᆷ을 보건ᄃᆡ 쳣지는 물건을 ᄆᆡ매ᄒᆞᆯ새에 ᄒᆞᆼ샹 신의를 직혀서로 밋고 서로 속임이 업시며 말과 ᄒᆡᆼ실을 ᄒᆞᆼ샹 졍직ᄒᆞ고 셩실ᄒᆞᆷ으로 ᄒᆡᆼᄒᆞ고 둘지는 부부간에 의가 잇서 남녀가 서로 밋으며 서로 도와 주고 물건의 ᄆᆡ매ᄒᆞᆷ을 부부간에 속임이 업셔 ᄒᆞᆼ샹 의론ᄒᆞ며 남편이 무ᄉᆞᆷ 어려온 일이나 한심ᄒᆞᆫ 일을 당ᄒᆞᆯ새에 그 안히가 됴흔 말ᄉᆞᆷ으로 위로ᄒᆞ고 화평케 ᄒᆞᄂᆞ니 일본 풍속에 비교ᄒᆞ면 대단이 다른지라 본국 사ᄅᆞᆷ은 새벽에 닐직이 집을 ᄯᅥ나고 어두온 밤에 도라 와셔 물건의 엇더케 ᄆᆡ매ᄒᆞᆷ을 그 안히의게 말도 아니 ᄒᆞ고 의론도 아니 ᄒᆞ며 집안에 쳐ᄌᆞ를 볼새는 다만 등불 ᄲᅮᆫ이라 집이 가직ᄒᆞ기를 엇지 ᄇᆞ라리오 식구가 반ᄃᆞ시 서로 도아 주고 화합ᄒᆞᆫ 후에 집안일이 잘 될거시오 셋지는 영국 사ᄅᆞᆷ의 ᄆᆞᄋᆞᆷ은 지극히 크고 넓어 텬하 만국 사ᄅᆞᆷ을 한갈ᄀᆞᆺ치 보고 피ᄎᆞ의 인류로 불계ᄒᆞᄂᆞᆫ지라 내가 영국에 잇실새에 유람ᄎᆞ로 공원지에 갓더니 싀골 사ᄅᆞᆷ들이 ᄯᅩᄒᆞᆫ 공원지에 놀너와서 어ᄃᆡ로 가는 길과 어ᄂᆞ 곳에 경치가 잇슴을 ᄂᆡ게 뭇는 이가 만흐니 본국 사ᄅᆞᆷ으로 외국 사ᄅᆞᆷ의게 못ᄂᆞᆫ거슨 실상 피ᄎᆞ에 ᄆᆞᄋᆞᆷ이 업슴이라 일본사ᄅᆞᆷ들은 그러치 못ᄒᆞ야 ᄋᆞᄒᆡ들 ᄭᅡ지라도 셔양 사ᄅᆞᆷ을 볼새에 ᄭᅬ이ᄒᆞ고 드러온 즘싱ᄀᆞᆺ지 녁이ᄂᆞ니 ᄯᅩᄒᆞᆫ 영국 사ᄅᆞᆷ의 넓은 ᄆᆞᄋᆞᆷ과 ᄀᆞᆺ지 못ᄒᆞ다 ᄒᆞ엿더라

교인은 술먹지 못ᄒᆞᆯ 증거가 셩경에 분명ᄒᆞᆷ

교인중에 혼히 말ᄒᆞ기를 셩경 말ᄉᆞᆷ에 술먹지 말나 ᄒᆞ신 말ᄉᆞᆷ이 업고 다만 과이 취ᄒᆞ지 말나 ᄒᆞ셧ᄉᆞ니 술을 약간 먹어도 관계찬타 ᄒᆞ고 혼이 술 먹는 쟈 만키로 내가 보고 드른ᄃᆡ로 두어 마ᄃᆡ 설명ᄒᆞ오니 여러 형뎨ᄭᅴ서 보시고 가만히 ᄉᆡᆼ각ᄒᆞ여 보시옵쇼셔 잠언에 말ᄉᆞᆷᄒᆞ샤ᄃᆡ 뉘가 지앙을 맛ᄂᆞ며 뉘가 싸홈을 니르키며 뉘가 원수를 ᄆᆡ지며 뉘가 눈이 븕고 몸이 샹ᄒᆞᆷ이 ᄭᅡᄃᆞᆰ이 업다 ᄒᆞ리오 누룩 술을 탐ᄒᆞ야 맛보고 심ᄒᆞᆫ 쟈ㅣ 그러ᄒᆞ니라 술을 볼새에 그 빗치 븕은거슬 깃버ᄒᆞ지 마라 잔에 부으면 외

대한크리스도인 회보

THE KOREAN CHRISTIAN ADVOCATE.

H. G. APPENZELLER, - Editor.

TERMS:—86 cents per year, in advance. Postage extra.

WEDNESDAY, FEB. 28, 1900.

서울 졍동서 일쥬일에 ᄒᆞᆫ번식 발간ᄒᆞᄂᆞᆫᄃᆡ 아편셜라 목ᄉᆞ가 회보 샤장이 되엿더라

일년 갑슬 미리 ᄂᆡ면 삼십륙젼 이오 우표갑슨 ᄯᅩ로 잇ᄂᆞ니라

일[illegible]련속

례히 ᄉᆡ려 오르ᄂᆞᆫ거시라 맛ᄎᆞᆷ내 술에 샹ᄒᆞᆷ이 비암ᄀᆞᆺ고 그 독ᄒᆞᆷ이 복ᄉᆞ 가닭을 아지 못ᄒᆞᄂᆞᆫ도다 술에 침면ᄒᆞᆫ즉 눈이 음녀를 탐내여 보고 ᄆᆞᄋᆞᆷ이 간사ᄒᆞ리니 그 위ᄐᆡᄒᆞᆷ이 바다 가온ᄃᆡ 눕ᄂᆞᆫ 듯ᄃᆡ 우헤 누흠 ᄀᆞᆺᄒᆞᆫ지라 스ᄉᆞ로 니ᄅᆞᄃᆡ 마셔도 샹치 안코 취히도 해롭지 안타 ᄒᆞ야 ᄭᆡᆫ 후에 다시 마시지 말나 ᄒᆞ시고 ᄯᅩ 이ᄉᆡ아 ᄀᆞᆯᄋᆞ사ᄃᆡ 술을 탐ᄒᆞ야 아름다온 술을 빗고 쥬량이 셤히 큰쟈ᄂᆞᆫ 반ᄃᆞ시 지앙이 잇스리라 ᄒᆞ고 ᄯᅩ 말ᄉᆞᆷᄒᆞ사ᄃᆡ 그가 일작이 니러나 술 먹기를 법도 업시 ᄒᆞ야 졈을셰에 취ᄒᆞᆷ을 세ᄃᆞᆺᄂᆞ니 이ᄀᆞᆺᄒᆞᆫ 쟈ᄂᆞᆫ 반ᄃᆞ시 지앙이 잇ᄉᆞ리라 ᄒᆞ시고 ᄇᆞ라 말ᄉᆞᆷ에도 싀과 ᄒᆞᄂᆞᆫ것과 술 취ᄒᆞᄂᆞᆫ거슨 방탕ᄒᆞᆷ과 ᄀᆞᆺᄒᆞᆫ거시라 내가 젼에도 말ᄒᆞ엿고 지금 ᄯᅩ 말ᄒᆞ노니 이거ᄉᆞᆯ 힝ᄒᆞᄂᆞᆫ 쟈ᄂᆞᆫ 하ᄂᆞ님 나라를 엇지 못ᄒᆞ리라 ᄒᆞ셧ᄂᆞ니라 우리가 이 셰샹에 모든 죄되ᄂᆞᆫ일을 다 거절ᄒᆞ야 ᄇᆞ리고 새사ᄅᆞᆷ이 되여 착ᄒᆞ고 올흠을 세워셔 우리의 령혼을 구원ᄒᆞ야 이후에 하ᄂᆞ님 나라에 가셔 영ᄉᆡᆼ복 엇기를 ᄇᆞ라고 우리가 힘써 계명을 직혀 하ᄂᆞ님을 공경ᄒᆞᄂᆞᆫᄃᆡ 모든 죄 되ᄂᆞᆫ일을 다 ᄇᆞ리ᄂᆞᆫ중에 오직 술 먹음으로 죄되ᄂᆞᆫ줄 알고도 짐짓 먹으면 이런 사ᄅᆞᆷ은 아직도 세속을 ᄇᆞ리지 못ᄒᆞᆫ 사ᄅᆞᆷ이라 참 밋ᄂᆞᆫ 형뎨를 유인ᄒᆞ야 술을 ᄀᆞᆺ치 먹으며 ᄀᆞᆯᄋᆞᄃᆡ 악ᄒᆞᆫ 힝위 외에ᄂᆞᆫ 음식 먹음으로 죄되지 안ᄂᆞᆫ다 ᄒᆞ고 형뎨를 죄에 ᄲᅡ지게 ᄒᆞ면 이ᄂᆞᆫ 스ᄉᆞ로 ᄆᆡ돌을 목에 ᄆᆡ고 물에 ᄲᅡ지ᄂᆞᆫ것 ᄀᆞᆺ치 ᄒᆞᆷ이라 ᄎᆞᆷ 익셕ᄒᆞ도다 ᄇᆞ라 ᄀᆞᆯᄋᆞ샤ᄃᆡ 내가 식물을 먹음으로 형뎨를 범죄케 ᄒᆞ면 나ᄂᆞᆫ 영영 그 식물을 먹지 아니ᄒᆞ여 내가 내의 형뎨를 범죄치 안케 ᄒᆞ리라 ᄒᆞ셧ᄉᆞ니 우리ᄂᆞᆫ 셩경 말ᄉᆞᆷ대로 쥰힝ᄒᆞ야 조기도 죄 짓지 아니ᄒᆞ려니와 놈을 유인ᄒᆞ야 죄에 ᄲᅡ지게 마시오 셩경 말ᄉᆞᆷ을 좌에 긔지ᄒᆞ오니 여러 형뎨ᄂᆞᆫ 차자 공부ᄒᆞ시고 아ᄂᆞᆫᄃᆡ로 술 먹ᄂᆞᆫ 형뎨를 권면ᄒᆞ야 죄 짓지 안케 ᄒᆞ시기를 ᄇᆞ라ᄂᆞ니다

잠인 이십삼장 이십구절.
잠언 이십장 일절
이사야 오장 십일절
이사야 오장 이십이절
하셔셔 삼장 일절
로마인셔 십삼장 십삼절
갈나듸인셔 오장 이십일절
에베소 오장 십팔절
베드로젼셔 ᄉᆞ장 삼절
누가복음 이십일장 삼십ᄉᆞ절
듸모데젼셔 삼장 삼절
고린도젼셔 오장 십일절
고린도젼셔 십장 이십일절
고린도젼셔 팔장 십삼절
고린도젼셔 삼장 십륙절
고린도젼셔 륙장 십구절
고린도후셔 십일장 십ᄉᆞ절

문경호

만국쥬일공과

그리스도 씨의힝젹

뎨오공과 삼월ᄉᆞ일

예수의처음으로퇴ᄒᆞᆫ문도

요한 복음 일장 삼십 오졀노 ᄉᆞ십륙졀

三五 또 잇ᄒᆞᆫ날 요한이 두 뎨ᄌᆞ와 ᄀᆞᆺ치 섯다가 三六 예수 ᄃᆞᆫ니심을 보고 말ᄒᆞᄃᆡ 하ᄂᆞ님의 어린 양을 보라 ᄒᆞ니 三七 두 뎨ᄌᆞ가 그 말ᄉᆞᆷ 듯고 곳 예수를 좃거ᄂᆞᆯ 三八 예수ㅣ 몸을 도리켜 좃ᄂᆞᆫ거ᄉᆞᆯ 보시고 무러 ᄀᆞᄅᆞ샤ᄃᆡ 무어ᄉᆞᆯ 구ᄒᆞᄂᆞ냐 ᄒᆞ시니 ᄀᆞᄅᆞᄃᆡ 랍비여 어ᄃᆡ 계시오닛가 ᄒᆞ니 랍비라 ᄒᆞᄂᆞᆫ말은 번역ᄒᆞ면 션ᄉᆡᆼ이라 ᄒᆞᆷ이러라 三九 예수ㅣ ᄀᆞᄅᆞ샤ᄃᆡ 와보라 ᄒᆞ신ᄃᆡ 뎌희가 와셔 계신ᄃᆡ를 보고 그 날 ᄀᆞᆺ치 잇ᄉᆞ니 ᄯᅢ가 신졍즘 되엿더라 四十 두 사ᄅᆞᆷ이 요한의 말을 듯고 예수를 좃ᄎᆞ니 ᄒᆞ나흔 시몬 베드로의 아오 안드레라 四一 몬져 그형 시몬을 맛나 말ᄒᆞᄃᆡ 우리가 메시야를 맛낫다 ᄒᆞ니 메시야는 번역ᄒᆞ면 그리스도러라 四二 ᄃᆞ리고 예수ᄭᅴ로 오니 예수ㅣ 보시고 ᄀᆞᄅᆞ샤ᄃᆡ 네가 요나의 아ᄃᆞᆯ 시몬이니 장ᄎᆞᆺ 게바ㅣ라 ᄒᆞ리라 ᄒᆞ시니 게바ᄂᆞᆫ 번역ᄒᆞᆫ즉 베드로ㅣ라 ᄒᆞᆷ이러라 四三 잇ᄒᆞᆫ날 예수ㅣ 갈닐니로 가랴 ᄒᆞ시다가 빌닙을 맛나 닐ᄋᆞ샤ᄃᆡ 나를 좃치라 ᄒᆞ시니 四四 빌닙은 벳새다 사ᄅᆞᆷ이니 안드레와 베드로와 ᄀᆞᆺ치 ᄒᆞᆫ 셩 사ᄅᆞᆷ이라 四五 빌닙이 나다나엘을 맛나 닐ᄋᆞᄃᆡ 모세 률법에 긔록ᄒᆞᆫ 바와 여러 션지쟈의 긔록ᄒᆞᆫ 일을 우리가 맛낫시니 요셉의 아ᄃᆞᆯ 나사렛 예수ㅣ라 ᄒᆞᆫᄃᆡ 四六 나다나엘이 ᄀᆞᆯᄋᆞᄃᆡ 나사렛에셔 무ᄉᆞᆷ 션ᄒᆞᆫ거시 나겟ᄂᆞ냐 ᄒᆞ니 빌닙이 ᄀᆞᄅᆞᄃᆡ 와셔 보라ᄒᆞ더라

요지

두 뎨ᄌᆞ가 그 말ᄉᆞᆷ 듯고 곳 예수를 좃치니라 삼십칠졀

년ᄃᆡ

셔력 긔원후 이십칠년 이월이니 유대인의 례ᄇᆡ ᄉᆞ일인듯 ᄒᆞ니라

디방

벳새대는 요단강 동편이니 혹 베대늬라도 ᄒᆞᄂᆞ니라

공과의구별

一 세례 주는 요한이가 두 문도를 미시아ᄭᅴ 인도ᄒᆞᆷ

二 이 두 문도중 ᄒᆞᆫ 사ᄅᆞᆷ이 셋재 문도를 인도ᄒᆞᆷ

三 미시아ᄭᅴ셔 넷재 문도를 ᄉᆞᄉᆞ로 부르심

四 넷재 문도가 다ᄉᆞᆺ재 문도를 부름

주셕

三五 **두뎨ᄌᆞ** 이중에 ᄒᆞ나흔 안드레요 (ᄉᆞ십졀) ᄒᆞ나흔 이복음 긔록ᄒᆞᆫ 요한이니 ᄌᆞ긔의 일홈은 긔록지 아니 ᄒᆞ엿ᄂᆞ니라

三六 **하ᄂᆞ님의어린양을보라** ᄒᆞᆷ은 이 어린 양은 하ᄂᆞ님ᄭᅴ셔 졔ᄉᆞ 드리기를 위ᄒᆞ야 공급ᄒᆞᆫ 것이니라 (창셰긔이십이장팔졀) 이 어린 양은 하ᄂᆞ님의

양이오 ᄉᆞᄅᆞᆷ의 양이 아니니 능히 죄악을 졔어 ᄒᆞᄂᆞ니라

三八 **무어술구ᄒᆞᄂᆞ냐** ᄒᆞᆷ은 예수ᄭᅴ셔 길을열어 그들노 ᄒᆞ여곰 조긔의게 나아 오게 ᄒᆞ신 것이니 사마리아 녀인의게 와 (ᄉᆞ장십졀―십륙졀) 갈닐니 바다에셔 고기 잡는 문도들의게와 (이십일쟝오졀) 에마우로 가는 문도 들의게 ᄒᆞ심과 (루가이십ᄉᆞ쟝십칠졀) ᄀᆞᆺ치 ᄒᆞ셧ᄂᆞ니라

라비 이는 도학 션ᄉᆡᆼ으로 미우 경ᄃᆡ ᄒᆞᄂᆞᆫ 칭호ㅣ니 ᄉᆞ부와 학ᄉᆞ지칭 이니라

三九 **와보라** ᄒᆞᆷ은 이는 션ᄉᆡᆼ이 졔ᄌᆞ를 ᄃᆡ졉ᄒᆞ야 외례히 ᄒᆞᄂᆞᆫ 말이니라

四十 **안드레** 그의 ᄉᆞ젹은 그 일홈이 ᄉᆞ도 셩명록에 처음 오른것과 그가 셩경에 참예ᄒᆞᆫ 일 외에는 우리가 더 ᄌᆞ셰히 아지 못ᄒᆞᄂᆞ니라 그가 조긔의 형 시몬 베드로을 차자 예수ᄭᅴ 다려 오니 예수ᄭᅴ셔 베드로를 아시고 곳 게바라 부르셧ᄉᆞ니 그 ᄯᅳᆺ은 반셕과 혹 돌이라 ᄒᆞᄂᆞᆫ말이니라

四三 **빌닙** 예수ᄭᅴ셔 그를 불너 조긔를 좃치라 ᄒᆞ시니 그 말ᄉᆞᆷ을 곳 깃분 ᄆᆞᄋᆞᆷ으로 좃쳣ᄂᆞ니라

四五 **빌닙이 나다나엘을 맛남** 빌닙도 안드레와 ᄀᆞᆺ치 ᄒᆞᆫ ᄉᆞᄅᆞᆷ을 차자 예수ᄭᅴ 인도 ᄒᆞ엿ᄂᆞ니라 나다나엘이 빌닙 의게 무ᄅᆞᄃᆡ 나사렛 디방에도 어ᄂᆞ 됴흔 일이 싱겨 날수 잇ᄉᆞ리오 ᄒᆞ니 빌닙이 즉시 그를 닛글고 예수ᄭᅴ 와셔 그로 ᄒᆞ여곰 ᄉᆞᄉᆞ로 광경을 ᄉᆞᆯ혀 보게 ᄒᆞ니 그가 예수를 뵈옵고 곳 문도가 되엿ᄂᆞ니라

뭇ᄂᆞᆫ말

一 요한이 예수를 보고 하ᄂᆞ님의 어린 양이라고 ᄒᆞᆷ은 엇진 ᄯᅳᆺ시뇨

二 그ᄯᅢ에 요한의 말을 듯고 예수ᄭᅴ로 온 ᄉᆞᄅᆞᆷ이 뉘뇨

三 예수ᄭᅴ셔 그 두 ᄉᆞᄅᆞᆷ ᄃᆞ려 엇더케 말ᄉᆞᆷ ᄒᆞ셧ᄂᆞ뇨

四 그 ᄉᆞᄅᆞᆷ들이 예수ᄃᆞ려 라비라고 칭 ᄒᆞ엿ᄉᆞ니 라비를 번역 ᄒᆞ면 무ᄉᆞᆷ 말이뇨

五 그 ᄉᆞᄅᆞᆷ들이 예수를 ᄯᅡ라온 ᄯᅢ에 몃시나 되엿더뇨

六 그 두 ᄉᆞᄅᆞᆷ즁에 ᄒᆞ나히 뉘뇨

七 안드레가 그 형뎨 시몬ᄃᆞ려 엇더케 말 ᄒᆞ셧ᄂᆞ뇨

八 예수ᄭᅴ셔 시몬ᄃᆞ려 게바이라고 칭ᄒᆞ엿ᄂᆞ니 게바은 번역ᄒᆞ면 무ᄉᆞᆷ ᄯᅳᆺ이뇨

九 그 잇흔날 예수ᄭᅴ셔 친히 뎨ᄌᆞ ᄒᆞ나를 엇엇ᄉᆞ니 그 ᄉᆞᄅᆞᆷ의 일홈은 무어시뇨

十 빌닙이 ᄯᅩ 뎨ᄌᆞ ᄒᆞ나를 예수ᄭᅴ ᄃᆞ려 왓ᄉᆞ니 그 ᄉᆞᄅᆞᆷ은 뉘뇨

十一 빌닙이 나다나엘ᄃᆞ려 엇더케 말 ᄒᆞ엿ᄂᆞ뇨

十二 이ᄯᅢ에 예수의 뎨ᄌᆞ된 ᄉᆞᄅᆞᆷ이 몃명이뇨

쳣지다ᄉᆞᆺ문도.

안드레는 예수씨의 수뎨ᄌᆞ니 문도목록에 쳣지로 긔록 ᄒᆞᆫ이라 큰 젼도인도 아니오 쳑도 짓지 아니 ᄒᆞ엿고 그리스도의 군ᄉᆞ즁에 ᄒᆞᆫ 은밀ᄒᆞᆫ 군ᄉᆞ라 그의 ᄉᆞ젹은 요한 일쟝 ᄉᆞ십졀 ᄉᆞ십일졀

과륙쟝 팔졀 구졀과 십이쟝 이십졀노 이십이졀에 보라 이공부에셔 우리가 ᄒᆞᆫ 특별히 닉응ᄒᆞᆫ 일을 보겟스니 안드레가 빅셩들을 예수씨의게로 ᄒᆞᄂᆞ식 ᄒᆞ나식 나아오게 ᄒᆞᆷ이요

그 다음은 요한이니 셩픔이 심원ᄒᆞᆷ이라 그리스도의 교훈 ᄒᆞ시ᄂᆞᆫ바를 다른 사ᄅᆞᆷ은 알아듯지 못ᄒᆞᄂᆞᆫ것을 알아듯고 예수씨의 가ᄉᆞᆷ을 의지ᄒᆞ야 그ᄆᆞᄋᆞᆷ을 ᄀᆞᆺ가히 ᄒᆞ며 다른 사ᄅᆞᆷ의 니져 ᄇᆞ리ᄂᆞᆫ 말을 요한은 긔역 ᄒᆞᄂᆞᆫ고로 심원ᄒᆞᆫ 사ᄅᆞᆷ이라 ᄒᆞᄂᆞ니라

시몬 베드로ᄂᆞᆫ 모든 뎨ᄌᆞ 즁에 유명ᄒᆞᆫ이니 섬약ᄒᆞ나 우리가 그의 힝젹을 공부ᄒᆞ여 보면 예수씨ᄭᅦ셔 시몬 베드로를 반셕이라 말ᄉᆞᆷ ᄒᆞ신거시 젹당ᄒᆞᆫ지라 츙직ᄒᆞ고 션실ᄒᆞᆫ 문도요

빌닙은 의ᄉᆞ가 강명ᄒᆞ고 련슉ᄒᆞᆫ이오 나다나엘은 셩픔이 공직ᄒᆞ여 나무랄듸 업ᄉᆞᆫ 사ᄅᆞᆷ이니라

그럼으로 이 다ᄉᆞᆺ 문도ᄂᆞᆫ 젼진ᄒᆞᄂᆞᆫ 교회를 위ᄒᆞ여 요긴ᄒᆞᆫ 긔본이 되ᄂᆞᆫ줄노 우리ᄂᆞᆫ 아노라

안드레가 그 동싱 시몬을 예수씌 ᄃᆞ려온일

이것이 안드레가 그 동싱 시몬과 ᄒᆞᆷ씌 ᄒᆞᆫ 일이오 ᄯᅩ 그이가 ᄒᆞ던즁 뎨일 됴흔 일이라 고로 이것이 ᄯᅩᄒᆞᆫ 우리가 다른 사ᄅᆞᆷ을 위ᄒᆞ야 ᄒᆞᄂᆞᆫ즁 뎨일 됴흔 일이니라 젼일에 엇더ᄒᆞᆫ 어린 ᄋᆞᄒᆡ가 고양이와 개를 됴화 ᄒᆞᄂᆞᆫ 고로 어ᄂᆞ셰 던지 엇던 게가 샹ᄒᆞᆫ거솔 보면 곳 집으로 ᄃᆞ리고 와셔 그거솔 유의ᄒᆞ야 보더니 얼마 오리지 아니ᄒᆞ야 개를 만히 모라 드린즉 그 모친이 다시 더ᄂᆞᆫ 가져 오지 말나고 말ᄒᆞ되 그 ᄋᆞᄒᆡᄂᆞᆫ 볼리 착ᄒᆞᆫ ᄋᆞᄒᆡ라 그 잇흔날 학당에 갈ᄯᅢ에 본즉 불샹ᄒᆞ고 불힝ᄒᆞᆫ 강ᄋᆞ지 ᄒᆞ나히 지나가ᄂᆞᆫ 슈레 박휘에 발이 치어 차고 찬 가을 일긔에 ᄯᅥᆯ면서 슯흔 소리를 발ᄒᆞᄂᆞᆫ듸 거긔셔 그강ᄋᆞ지가 의심업시 죽을 모양이라 그ᄯᅢ에 그 ᄋᆞᄒᆡ가 그것을 보고 측은이 녁여 그 ᄆᆞᄋᆞᆷ이 샹ᄒᆞᄂᆞᆫ듯 ᄒᆞ야 즉시 그 불샹ᄒᆞᆫ 즘싱을 집어 품고 혼자 말노 ᄒᆞ되 어머니ᄭᅴ셔 이 개 ᄒᆞ나만 더 집으로 가셔 올터이오니 나를 용서 ᄒᆞ소셔 ᄒᆞ엿스니 그 ᄋᆞᄒᆡ가 그 모친을 아ᄂᆞᆫ바라 만일 그 모친이 그 불샹ᄒᆞ고 슯히 짓ᄂᆞᆫ 강ᄋᆞ지를 보면 그 ᄆᆞᄋᆞᆷ이 반ᄃᆞ시 뎌와ᄀᆞᆺ치 감챵ᄒᆞᆯ 줄을 확실히 짐작 ᄒᆞ엿ᄂᆞᆫ고로 그 ᄋᆞᄒᆡ가 과연 관계치 아니ᄒᆞ엿스니 아모 사ᄅᆞᆷ이라도 이일놀 싱각ᄒᆞ면 그 모친이 그 불샹ᄒᆞᆫ 다리져ᄂᆞᆫ 개를 치운 밧그로 내여 보낼듯 ᄒᆞ냐 ᄒᆞᆫ 어미의 ᄆᆞᄋᆞᆷ은 하ᄂᆞ님의 ᄆᆞᄋᆞᆷ의 적은 것이니라 고로 하ᄂᆞ님ᄭᅴ셔 말ᄉᆞᆷᄒᆞ샤ᄃᆡ 누구던지 내게로 오면 내가 쟝ᄎᆞᆺ 내바리는것이 어질지 못ᄒᆞ다 ᄒᆞ셧ᄂᆞ니라

동양대셰

아시아 졔국에 대한 일본 청국 셤나 안남 아부간 파사 아랍빅 비로지 등국이 잇스되 그즁에 토디가 뎨일 크고 인구가 뎨일 만흔 나라는 청국이라 그러나 정치가 ᄇᆞᆰ지 못ᄒᆞ고 국셰가 약ᄒᆞᆫ고로 구라파 강국들이 각각 토디

를 뎜령 ᄒᆞ고 권리를 닷토더니
작년이리로 북경 졍부에 잔당이
독셰 ᄒᆞ야 광셔 황뎨를 치독 ᄒᆞ
며 구류 ᄒᆞ고 셔태후가 셥졍 ᄒᆞ
매 텬하 각국이 그 긔틀을 다
엿보다가 금년을 당ᄒᆞ야 광셔황
뎨가 홀연히 손위 ᄒᆞ고 다라단군
왕 지의의 아들 부쥰으로 동치황
뎨의 대통을 잇게 ᄒᆞᆫ고로 국니
가 흉흉 ᄒᆞ야 샹히 등디에 유지
ᄒᆞᆫ 션비들이 장ᄉᆞ 일쳔 수ᄇᆡᆨ여인
파 홈셰 남양 각쳐에 격셔를 보내
여 사ᄅᆞᆷ을 모집ᄒᆞ며 샹히 뎐보국
춍관경원희는 일쳔 이ᄇᆡᆨ명지ᄉᆞ로
련명ᄒᆞ야 북경 졍부에 뎐보 ᄒᆞ되
광셔황뎨를 폐치 말나 ᄒᆞ엿시며
예수교도 팔ᄇᆡᆨ명과 호남 광동
각쳐에 지ᄉᆞ들은 영국과 일본인
으로 더브러 운동 ᄒᆞ기를 경영
ᄒᆞ며 아라사와 법국은 쳥국일을
간예 ᄒᆞ야 말ᄒᆞ되 만일 북경에
무ᄉᆞᆷ 일이 잇시면 만쥬에 파슈
ᄒᆞᆫ 군ᄉᆞ ᄉᆞ만명과 포병 십이ᄃᆡ
를 북경으로 보내겟다 ᄒᆞ며 법
국은 동양 함ᄃᆡ를 급히 발ᄒᆞ야
쳥국으로 온다 ᄒᆞ며 아라사가 또
영국과 트국이 서로 싸호ᄒᆞᆷ을 보
고 긔회를ᄐᆞ셔 군ᄉᆞ 칠만 오쳔인
을 발ᄒᆞ야 아부잔 디경으로 나
아오매 영국의 인심이 흉흉 ᄒᆞ다
ᄒᆞ며 아라사가 또 인도국 디
경에 군ᄉᆞ 이십 오만인을 미리
예비 ᄒᆞ여 두엇시며 쳥국 녀슌
구와 파ᄉᆞ만에 함ᄃᆡ를 더 강대
ᄒᆞ게 쥰비 ᄒᆞ엿시며 법국은 륙
군을 정돈 ᄒᆞ야 아라사와 합동
ᄒᆞ되 아국은 아시아 토이기를
보호 ᄒᆞ고 법국은 구라파 토이
기를 보호 ᄒᆞ자는 밀약이 잇다
ᄒᆞ고 쳥국 인심은 졈졈 더 흉흉
ᄒᆞ야 량호 셔원에 감독 벼슬ᄒᆞ
는 량졍분씨와 호북 안찰ᄉᆞ 잠
츈명씨는 다 죽기로 조쳐 ᄒᆞ고
북경으로 가셔 닷토고져 ᄒᆞᆫ다 ᄒᆞ
니 동양 형셰가 실노 위티ᄒᆞᆫ
지라 우리가 이러ᄒᆞᆫ 소문을 듯
는ᄃᆡ로 괴지ᄒᆞᆷ은 실노 동양 나
라를 위ᄒᆞ야 탄식 ᄒᆞᆯ이오 또ᄒᆞᆫ
우리가 대한에 나와서 잇슨즉 대
한은 곳 우리 나라이라 쳥국의
형편이 뎌러케 되는거시 대한에
는 리해가 엇더케 될는지 알수
업시나 이셰를 당ᄒᆞ야 정부관인
과 젼국 인민이 다 졍신을 차릴
새라 ᄒᆞ노라

본회 광고

본회에셔 이 **회보**를 젼년과 ᄀᆞᆺ
치 일쥬일에 ᄒᆞᆫ번식 발간 ᄒᆞᄂᆞᆫᄃᆡ
새로 륙폭으로 작뎡 ᄒᆞ고 ᄒᆞᆫ쟝갑
슨 엽젼 오푼이오 ᄒᆞᆫ돌갑슬 미리
내면 젼과 ᄀᆞᆺ치 엽젼 ᄒᆞᆫ돈 오푼
이라 본국 교우나 셔국 목ᄉᆞ나
교외 친구나 만일 사셔 보고져
ᄒᆞ거든 졍동 아펜셜라 목ᄉᆞ 집이
나 종로 대동셔시에 가셔 사시옵

종로대동셔시광고

우리 셔사에셔 셩경 신구약과 찬
미가칙과、교회에 유익ᄒᆞᆫ 여러가
지 셔칙과 시무에 긴요ᄒᆞᆫ 셔칙들
을 팔되 갑시 샹당 ᄒᆞ오니 학문
샹과 시무변에 ᄯᅳᆺ이 잇ᄂᆞᆫ 군ᄌᆞ들
은 만히 사셔 보시옵

대영국셩셔공회광고

새로 간츌 ᄒᆞᆫ거슨 로마 가라태
골노시 야고보 베드로 젼후셔 ᄃᆡ
모데 젼후셔니 사셔 보실이ᄂᆞᆫ 회
샤쥬인 견묘 션ᄉᆡᆼ 씌로 오시옵

데ᄉ권

대한 그리스도인 회보

데십호

특별광고

본샤에셔 광무 삼년도에 회보 룰 합ᄒ여 최 으로 민고져 ᄒ 야 회보를 출 판ᄒᆯ 쌔 마다 이십장식을 류 치ᄒ엿더니 삼 권 이십칠 호 이십팔 호 이십구 호 삼십호 삼십 일호 ᄉ십호 ᄉ 십일호 삼 십륙호 ᄉ 십ᄉ호가 업 서젓기로 광고 ᄒ오니 회보보 시는 이중에 회 보를 잘 간슈 ᄒ여 두신이 잇 거든 본샤로 도로 보내여 주시 면 척을 셩질ᄒ겟습ᄂᆞ이다

대한회보샤쟝

텬리쇼연

구약 잠언 십륙쟝 ᄉ졀에 ᄀᆞᆯᄋᆞ ᄃᆡ 악ᄒᆞᆫ쟈ㅣ 긔약이 밋치면 형 벌이 반ᄃᆞ시 더ᄒᆞᆫ다 ᄒᆞ고 신약 로마인셔 이쟝 팔 구졀에 ᄀᆞᆯᄋᆞ ᄃᆡ 붕당을 톄결ᄒᆞ야 ᄎᆞᆷ 리치를 거ᄉᆞ리고 불의를 힝ᄒᆞᄂᆞᆫ쟈ᄂᆞᆫ 하ᄂᆞ님ᄭᅴ셔 노여ᄒᆞ샤 환난과 곤 고로 써 주신다 ᄒᆞ셧시니 하ᄂᆞ님ᄭᅴ셔 인ᄋᆡ ᄒᆞ시고 ᄌᆞ비ᄒᆞ 샤 악ᄒᆞᆫ쟈의게 벌을 "주심이 지 완ᄒᆞᆷ은 그 사ᄅᆞᆷ이 회ᄀᆡ ᄒᆞ기를 기ᄃᆞ리심이나 엇던 쟈의게ᄂᆞᆫ 벌 을 속히 나리심도 잇ᄂᆞ니 ᄉᆞᄉᆞ 로 지은죄ᄂᆞᆫ ᄎᆞᆷ 도망ᄒᆞᆯ수 업ᄂᆞᆫ 지라 근일에 대ᄒᆞᆫ 졍부에 엇던 관인은 월젼 ᄭᆞ지 권셰를 잡어 여러마지 놉흔 벼ᄉᆞᆯ을 ᄒᆞ엿시되 군부협판에 륙군 참쟝으로 군부 대신 셔리를 지내엿시며 군부포 공국과 마졍과 문부샤명 위원쟝 으로 법규 교명소 의명관을 겸 ᄒᆞ고 또 경무ᄉᆞ를 졈임ᄒᆞ야 나라 를 도으되 츙셩은 다ᄒᆞ지 아니 ᄒᆞ고 별순검을 ᄉᆞ방에 파송ᄒᆞ야 지물 만흔 빅셩을 무죄히 잡어다 가 지산을 늑탈ᄒᆞ며 인명을 람 살ᄒᆞ되 혹 부ᄌᆞ를 ᄒᆞᆷᄭᅴ 착슈ᄒᆞ 야 무단이 불효 부뎨로 몰고 혹 ᄉᆞ혐을 인ᄒᆞ야 무죄ᄒᆞᆫ 사ᄅᆞᆷ을 악 형ᄒᆞ고 혹 국권을 환롱코져 ᄒᆞ 야 외국 공ᄉᆞ를 모해ᄒᆞ며 혹 관 쟝을 잡어다가 몃만금 지산을 탈취ᄒᆞ고 기외에 허다ᄒᆞᆫ 악습이 무소 부지 ᄒᆞ매 도도ᄒᆞᆫ 위염이 일셰를 경동ᄒᆞ고 오오ᄒᆞᆫ 원셩이 ᄉᆞ방에 낭ᄌᆞ ᄒᆞ더니 일죠에 풍 파가 니러나셔 그 여러가지 귀 ᄒᆞᆫ 벼ᄉᆞᆯ을 다 파면ᄒᆞ고 ᄌᆞ긔의 부리던 별슌검이 도로혀 ᄌᆞ긔를 포박ᄒᆞ야 경무텽에 피착ᄒᆞ고 평 리원에 압샹ᄒᆞ며 감옥셔에 뇌슈 ᄒᆞ니 일노 좃차 보건ᄃᆡ 무론누구 던지 죄를 지으면 엇지 형벌을 면ᄒᆞ리오 ᄉᆞ후에 령혼이 더옥 고초를 밧을ᄲᅮᆫ 아니라 이셰상에 셔도 당연ᄒᆞᆫ 벌을 밧으니 ᄎᆞᆷ 텬 리가 쇼연ᄒᆞ도다

대한크리스도인 회보

THE
KOREAN CHRISTIAN ADVOCATE.

H. G. APPENZELLER, - Editor.

TERMS:—36 cents per year, in advance. Postage extra.

WEDNESDAY, March, 7, 1900.

셔울 정동셔 일쥬일에 ᄒᆞᆫ번식 발간ᄒᆞᄂᆞᆫᄃᆡ 아편셜라목ᄉᆞ가 회보 샤쟝이 되엿더라

일년갑슬 미리 ᄂᆡ면 삼십륙젼이오 우표갑슨 ᄯᅩ로 잇노라

교회법에도 술먹지 못ᄒᆞᆯ거시 분명ᄒᆞᆷ

교인이 술 먹지 못ᄒᆞᆯ 증거가 셩경에 분명ᄒᆞᆷ을 젼호에 말ᄒᆞ엿거니와 우리 교회 법도 술 먹ᄂᆞᆫ것과 술 파ᄂᆞᆫ 일을 금ᄒᆞ심이 ᄯᅩᄒᆞᆫ 분명ᄒᆞ고 ᄯᅩ 수년젼 년환회 ᄒᆞᆯ새 감독 ᄯᅩ이 쓰ᄆᆡ웁셔 쟝로ᄉᆞ와 여러 목ᄉᆞ와 본토 젼도인들과 권ᄉᆞ들을 모호시고 대한 형뎨들의계 무ᄅᆞ시되 형뎨즁에 술 담비 먹ᄂᆞᆫ쟈 잇ᄂᆞ뇨 ᄒᆞ시니 엇던이ᄂᆞᆫ 술 담비를 ᄭᅳᆫ엇다 ᄒᆞ고 엇던이ᄂᆞᆫ 담비를 ᄭᅳᆫ치 못ᄒᆞ엿ᄂᆞ이다 ᄒᆞᆫ즉 감독ᄭᅴ셔 말ᄉᆞᆷ ᄒᆞ시기를 형뎨들아 우리의 몸이 하ᄂᆞ님의 거룩ᄒᆞ신 셩뎐인줄 아지 못ᄒᆞᄂᆞ뇨 교인들이 술 담비를 먹지 못ᄒᆞ려니와 젼도 션생들은 더욱 먹지 못ᄒᆞᆯ거슨 하ᄂᆞ님의 거룩ᄒᆞ신 말ᄉᆞᆷ을 내 입으로 젼ᄒᆞᄂᆞᆫᄃᆡ 만약 입에셔 술 담비 내음ᄉᆡ가 나면 엇더케 그 입으로 찬미 긔도ᄒᆞ며 하ᄂᆞ님 말ᄉᆞᆷ을 베풀수 잇ᄉᆞ리오 이후브터ᄂᆞᆫ 술 담비를 먹자 말나 ᄒᆞ시니 그ᄯᅢ에 ᄀᆞᆺ치 ᄃᆡ답ᄒᆞ기를 아니 먹겟ᄂᆞ이다 ᄒᆞ엿고 ᄯᅩ 금년에도 쟝로ᄉᆞ 됴원시ᄭᅴ셔 본토 젼도인들과 권ᄉᆞ들과 속쟝들을 모호고 말ᄉᆞᆷᄒᆞ시되 만약 우리 교즁에 처음 밋ᄂᆞᆫ쟈나 션ᄉᆡᆼ이나 술을 ᄭᅳᆫ치 안코 짐짓 술을 먹으며 교회에 두니면 그 교우를 즉시 츌교 식ᄒᆞᆯ터이오 ᄯᅩ 다른 교회에 속ᄒᆞᆫ 교우즁에 술 먹ᄂᆞᆫ쟈 잇ᄂᆞᆫᄃᆡ 그 곳 목ᄉᆞ가 금ᄒᆞ지 안으면 내가 감독의게 편지ᄒᆞ야 송ᄉᆞᄒᆞ겟다 ᄒᆞ신 말ᄉᆞᆷ도 잇ᄂᆞᆫ지라 그러ᄒᆞᆫᄃᆡ 내가 본즉 교우즁에 혹 술을 먹ᄂᆞᆫ쟈ㅣ 잇고 ᄯᅩ 술 취ᄒᆞᆫ후에 목ᄉᆞ나 션ᄉᆡᆼ이나 보면 붓그러워 피ᄒᆞ니 내가 누구라고 지목은 ᄒᆞ지 안커니와 무셔온이ᄂᆞᆫ 뉘뇨 하ᄂᆞ님이뇨 목ᄉᆞ뇨 ᄉᆡᆼ각ᄒᆞ여 보시옵소셔 이런 교우가 처음밋ᄂᆞᆫ 교우의게 이런 ᄒᆡᆼ위를 보이면 본밧을가 ᄒᆞᄂᆞ이다 술 먹음으로 네가지 죄가 되ᄂᆞ니 一 하ᄂᆞ님ᄭᅴ 죄를 범ᄒᆞ고 二 교회법을 어긔고 三 부모와 형뎨 쳐ᄌᆞ의게 광언지셜을 ᄒᆞ야 죄짓고 ᄌᆞ긔몸을 망ᄒᆞ게 ᄒᆞᆷ이라 녜젼에 미국셔 엇던 ᄇᆡᆨ셩 ᄒᆞ나히 술을 만히 먹고 ᄌᆞ긔 집에 드러가셔 쥬졍ᄒᆞᆷ으로 ᄌᆞ긔 안해와 어린아ᄃᆞᆯ과 ᄯᆞᆯ을 보기실타 ᄒᆞ고 밤즁에 대문 밧그로 ᄶᅩᆺ고 문을 걸어 좀그니 그ᄯᅢᄂᆞᆫ ᄆᆡ우 치운 겨울이라 그 밤에 ᄋᆞᄒᆡ들과 그 모친이 어려 죽엇ᄂᆞᆫ지라 그 남편 되ᄂᆞᆫ쟈ㅣ 술이 ᄭᆡ여 식젼에 이러나보니 집안에 ᄒᆞᆫ 사ᄅᆞᆷ도 업거ᄂᆞᆯ 고히녁여 대문을 열고 밧겻슬 보니 ᄌᆞ긔 안해가 어린 아ᄒᆡ를 양편손으로 안고 문밋헤셔 어려죽엇거ᄂᆞᆯ 그 사ᄅᆞᆷ이 이형샹을 보고 놀나며 가ᄉᆞᆷ이 ᄶᅴ여지ᄂᆞᆫ것 ᄀᆞᆺ고 아ᄃᆞᆯ나 뉘웃쳐 ᄉᆡᆼ각ᄒᆞᆫ들 즁이 파의라 엇지 ᄒᆞ리오 일셕에 집과 사ᄅᆞᆷ들이 다 망ᄒᆞ엿ᄂᆞ니라 문경호

만국쥬일공과

크리스도씨의힝젹

뎨륙공과 삼월십일일

예수와니고데모

요한복음 삼장 일졀노 십팔

一 바리시인 중에 니고데모라 ᄒᆞ는 사ᄅᆞᆷ이 잇ᄉᆞ니 유대 관원이라 二 이 사ᄅᆞᆷ이 밤에 와셔 예수를 보고 ᄀᆞᆯᄋᆞᄃᆡ 라비여 우리가 션싱끠셔 하ᄂᆞ님끠로 브터 오신 션싱인줄 아ᄂᆞ이다 야는거ᄉᆞ 하ᄂᆞ님이 ᄒᆞᆷ끠 계시지 아니ᄒᆞ시면 션싱의 힝ᄒᆞ시는 이젹을 아모 사ᄅᆞᆷ도 ᄒᆞ지 못ᄒᆞᆷ이니이다 三 예수ㅣ ᄃᆡ답ᄒᆞ야 ᄀᆞᆯᄋᆞ샤ᄃᆡ 아멘 아멘 네게 닐ᄋᆞ노니 사ᄅᆞᆷ이 거듭 나지 아니ᄒᆞ면 하ᄂᆞ님 나라를 보지 못ᄒᆞᄂᆞ니라 四 니고데모ㅣ ᄀᆞᆯᄋᆞᄃᆡ 사ᄅᆞᆷ이 늙으면 엇더케 나겟ᄉᆞᆸᄂᆞ잇가 두번 어미 ᄇᆡ 속에 드러갓다가 날수 잇ᄉᆞᆸᄂᆞ잇가 五 예수ㅣ ᄃᆡ답ᄒᆞ샤ᄃᆡ 아멘 아멘 네게 닐ᄋᆞ노니 물과 셩신으로 나지 아니ᄒᆞ면 하ᄂᆞ님 나라에 드러가지 못ᄒᆞᄂᆞ니 六 육신으로 난거ᄉᆞᆫ 육신이요 신으로 난거ᄉᆞᆫ 신이니 七 거듭 나야 ᄒᆞ겟다 ᄒᆞᄂᆞᆫ 말ᄂᆞᆯ 괴이히 넉이지 마라 八 바람이 임의로 불매 소리를 드러도 어ᄃᆡ셔 오며 어ᄃᆡ로 가ᄂᆞᆫ지 아지 못ᄒᆞᄂᆞ니 셩신으로 난 사ᄅᆞᆷ은 다 니러ᄒᆞ니라 九 니고데모ㅣ ᄃᆡ답ᄒᆞ야 ᄀᆞᆯᄋᆞᄃᆡ 엇지 이러ᄒᆞᆫ 일이 잇겟ᄉᆞᆸᄂᆞ잇가 十 예수ㅣ ᄀᆞᆯᄋᆞ샤ᄃᆡ 네가 이스라엘의 션싱이 되여 이러ᄒᆞᆫ 일ᄂᆞᆯ 아지 못ᄒᆞᄂᆞ냐 十一 아멘 아멘 네게 닐ᄋᆞ노니 우리 아ᄂᆞᆫ 거ᄉᆞᆯ 말ᄒᆞ고 본거ᄉᆞᆯ 증거ᄒᆞ되 너희가 우리 증거를 밧지 아니ᄒᆞᄂᆞᆫ도다 十二 이 셰샹 일ᄂᆞᆯ 말ᄒᆞ여도 밋지 아니ᄒᆞ거든 ᄒᆞ믈며 하ᄂᆞᆯ 일ᄂᆞᆯ 말ᄒᆞ면 너희가 엇더케 밋겟ᄂᆞ냐 十三 하ᄂᆞᆯ노셔 나려 온쟈 밧긔 하ᄂᆞᆯ에 올나간 사ᄅᆞᆷ이 업ᄉᆞ니 이는 하ᄂᆞᆯ에 잇는 인ᄌᆞㅣ니라 十四 모세가 광야에셔 ᄇᆡ암을 든것ᄀᆞᆺ치 인ᄌᆞ도 들녀야 ᄒᆞ리니 十五 무론 누구던지 뎌를 밋으면 영싱을 엇으리라 ○十六 하ᄂᆞ님이 셰샹ᄂᆞᆯ 이처럼 ᄉᆞ랑ᄒᆞ샤 독싱ᄌᆞ를 주셧ᄉᆞ니 누구던지 뎌를 밋으면 멸망 ᄒᆞ지 안코 영싱을 엇으리라 十七 하ᄂᆞ님이 그 아ᄃᆞᆯ을 셰샹에 보내신거시 셰샹ᄂᆞᆯ 죄를 뎡 ᄒᆞ시랴 ᄒᆞ는거시 아니오 그 아ᄃᆞᆯ노 셰샹ᄂᆞᆯ 구원ᄒᆞ시랴 ᄒᆞ는거시라 十八 뎌를 밋는 사ᄅᆞᆷ은 죄를 뎡ᄒᆞᆫ 거시 업고 밋지 아니 ᄒᆞ는 사ᄅᆞᆷ은 발셔 죄를 뎡 ᄒᆞᆫ거시니 이는 하ᄂᆞ님의 독싱ᄌᆞ의 일홈ᄂᆞᆯ 밋지 아니ᄒᆞᆷ이라

요지

하ᄂᆞ님이 셰샹ᄂᆞᆯ ᄉᆞ랑ᄒᆞ샤 외아ᄃᆞᆯ을 주셧ᄉᆞ니 누구던지 뎌를 밋으면 영싱을 엇고 망 ᄒᆞ지 아니ᄒᆞ리라 (십륙졀)

년ᄃᆡ

셔력 긔원후 이십칠년 오월인듯 ᄒᆞ니라

디방

예루살넴

공과의구별

一 사ᄅᆞᆷ의게 크게 긴요ᄒᆞᆫ것 (일졀-십이졀)

二 하ᄂᆞ님의 큰은ᄉᆞ (십삼졀-십팔졀)

주석

니고데모는 공회의 회원이오 또훈 졍밀훈 사룸이나 담긔는 약훈 사룸이니라 밤에 예수씌 나아온것은 예수를 반딕훈는 공회를 쇠린 연고ㅣ니라 그가 예수를 하느님씌셔 나려오신 션싱으로 안것은 대개 예수씌셔 힝 훈신 이젹은 사룸의 권능으로는 이러케 큰 일을 힝 훌수 업슬것이오 또훈 마귀의 심셩으로는 이러케 착훈일을 힝 훌길 업숨줄 알미니라 三 **아멘 아멘** 훈신 말솜은 뎡녕 반복 훈야 권권히 고유훈신 말솜이니라 **거듭나지아니훈면** 훈는말은 예수씌셔 니고데모의게 말솜 훈샤딕 외면의 직칙과 례모의 률례와 츌싱훈 특권이 능히 사룸으로 훈여곰 텬국에 복락을 누리게 훌수 업소니 심셩과 픔힝을 일신이 변혁 훈여야 훌지니 이러케 되게 훈는것은 또훈 가히 젼능 훈옵신 하느님의 힘으로 일울 것이니라 다시 난다 훈는 말은 곳 새 관습과 새 픔힝과 새 지취와 새 소원과 새 셩벽과 새 쥬견과 새 의소와 새 희망과 새 두려온 므옴으로 새 사룸이 다시 된다 훔이니라 五 **물과셩신** 물노 나는거슨 밧그로 셰샹 나라의 나타나는 긔호요 셩신으로 나는거슨 안으로 하느님 나라에 인도 훈는 길이니라 六 **육신으로난것은** 다만 훈 육톄뿐이니 무형훈 령혼과 서로 원슈 되나 다만 셩신으로 나는 몸은 곳 신령 훈고 슌젼 훈고 거룩 훈야 곳 이몸을 조셩 훈신 하느님과 굿치 될지니라 七 **거듭나야 훈다** 훔은 이 말은 다른 사룸의게만 긴요 훌거시 아니라 각 유대 사룸의게도 미우 긴요훈 말솜이니라 예수씌셔 당신 훈신 말솜을 더 조셰히 푸러 말솜 훈샤딕 사룸이 바람의 형톄는 볼수 업시되 그 조최는 능히 본다 훈셧소딕 니고데모가 이 분명훈 리치를 오히려 씨닷지 못훈엿느니라 十 **이스라엘의션싱** 니고데모가 이러케 긴요훈 일을 알지 못 훈는고로 이 말솜으로 온슌히 경계 훈셧느니라 十二 **셰샹일**이라 훔은 이 셰샹에 되는 일이니 곳 새로 나는것과 하느님 조식들의 현저훈 특권의 둥소니라 **하늘일** 이라 훔은 곳 하느님 조뎨의 영존 훈심과 부조 셩신의 일톄 되시는 둥소ㅣ니라 十四 모세가 광야에서 빅암을 단것과 굿치 (민수긔략 팔쟝 이십일졀) 예수씌셔도 반드시 스스로 달님을 보실지라 유대인 즁에 빅암 물닌쟈ㅣ 반드시 그 다시 구리 빅암을 쳐다보게되듯시 죄인들이 또훈 맛당히 셩심으로 예수를 쳐다 보아야 훌것이니라 十六 이 귀절은 뎨일 긴

요ᄒᆞᆫ 말ᄉᆞᆷ이니 이ᄂᆞᆫ ᄉᆞ랑 ᄒᆞᆷ이
하ᄂᆞ님을 감동 ᄒᆞ야 조긔의 독
ᄉᆡᆼᄌᆞ를 주어 온 셰샹 사ᄅᆞᆷ의 죄
를 ᄃᆡ신 ᄒᆞ야 죽게 ᄒᆞ심이니라
하ᄂᆞ님ᄭᅴ셔ᄂᆞᆫ 무론 누구든지 멸
망ᄒᆞᄂᆞᆫ거ᄉᆞᆯ 원치 아니 ᄒᆞ시고
다 구원ᄒᆞᆷ 엇기를 ᄇᆞ라시ᄂᆞ니라

뭇ᄂᆞᆫ말

一 니고데모ᄭᅡ 어ᄂᆞ 교회 사ᄅᆞᆷ
아며 유대국에셔 두ᄉᆞᆷ 직분
이 잇셧ᄂᆞ뇨
二 니고데모가 왜 밤에 왓ᄂᆞ뇨
三 그ᄯᅢ에 예수ᄭᅴ 무ᄉᆞᆷ 말을
믈엇ᄂᆞ뇨
四 예수ᄭᅴ셔 엇더케 ᄃᆡ답 ᄒᆞ셧
ᄂᆞ뇨
五 니고데모가 예수씨의 말ᄉᆞᆷ
을 듯고 엇더케 말ᄒᆞ엿ᄂᆞ뇨
六 예수ᄭᅴ셔 다시 ᄃᆡ답ᄒᆞ신 말
ᄉᆞᆷ이 무어시뇨
七 셩신과 물노 다시 난다 ᄒᆞ
심이 무ᄉᆞᆷ ᄯᅳᆺ이뇨
八 니고데모가 예수씨의 말ᄉᆞᆷ
을 밋엇ᄂᆞ뇨
九 예수ᄭᅴ셔 ᄒᆞᆼ샹 인ᄌᆞ라고 ᄌᆞ
칭ᄒᆞ신일이 무ᄉᆞᆷ ᄯᅳᆺ이뇨
十 비암과 ᄀᆞᆺ치 들닌다 ᄒᆞ심이
무ᄉᆞᆷ ᄯᅳᆺ이뇨
十一 하ᄂᆞ님ᄭᅴ셔 그 독ᄉᆡᆼᄌᆞ를 이
셰샹에 보내신 일은 무ᄉᆞᆷ
ᄯᅳᆺ이뇨

사ᄅᆞᆷ의셩픔은불가불다시나야될일

텨긔 죵 ᄒᆞ나히 잇ᄂᆞᆫᄃᆡ 그껏이
ᄭᅢ여졋ᄉᆞ니 엇더케 ᄒᆞ면 다시
곳치겟ᄂᆞ뇨 두가지 법중에 ᄒᆞ나
호로 ᄒᆞᆯ러인ᄃᆡ 첫지ᄂᆞᆫ 그 죵을
다시 곳치되 무ᄉᆞᆷ 레 두라로 두
루거나 혹 무ᄉᆞᆷ 노끈으로 싸믜
거나 ᄒᆞᆯ러이나 그려케 ᄒᆞ면 아
모 사ᄅᆞᆷ이라도 그 죵 소ᄅᆡ를 듯
고 능히 그죵이 ᄭᅢ여진줄을 알
터이니라 ᄯᅩ 다른 법이 잇ᄉᆞ니
그죵을 다시 녹여 다시 부어내
여 새것을 문들면 그죵이 분명
히 울고 그 소리가 ᄒᆞᆼ샹 청낭ᄒᆞᆯ
터이니라 사ᄅᆞᆷ의 셩픔도 이와ᄀᆞᆺ
ᄒᆞ여 밧그로ᄂᆞᆫ 곤칠수 업고 다
만 다시 나야 다시 ᄒᆞᆯ러이니 여
ᄭᅥᆺ은 하ᄂᆞ님만 ᄒᆞ시ᄂᆞᆫ 법이요
다른 법은 업ᄂᆞ니라

회명ᄒᆞᄂᆞᆫ일

요한셤메엘드씨ᄂᆞᆫ 미이미 교회
에 지목 ᄒᆞᄂᆞᆫ 젼도ᄉᆞ인ᄃᆡ ᄒᆞᆫ번
은 신병으로 알을ᄯᅢ에 졈잔코
놉흔 론돈교회 목ᄉᆞ 두분이 와
셔 문병ᄒᆞ고 그중에 ᄒᆞᆫ 사ᄅᆞᆷ이
뭇ᄂᆞᆫ 말이 로형의 나히 얼마뇨
ᄒᆞ거ᄂᆞᆯ 그 병인이 ᄃᆡ답ᄒᆞ되 내가
쥬 강ᄉᆡᆼ 일쳔 칠ᄇᆡᆨ 구십 팔년에
영국셔 나고 ᄯᅩ 일쳔 팔ᄇᆡᆨ 십칠
년에 익이란셔 다시 낫노라 ᄒᆞᆫ
ᄃᆡ 그 사ᄅᆞᆷ이 이샹히 ᄃᆡ답ᄒᆞᆷ을
듯고 놀나거ᄂᆞᆯ 셤메엘드씨가 예
수ᄭᅴ셔 니고데모ᄃᆞ려 닐ᄋᆞ신 말
ᄉᆞᆷ으로 ᄃᆡ답ᄒᆞᄃᆡ 그ᄃᆡ가 이스라
엘의 스승이 되여 이러ᄒᆞᆫ일을 아
지 못 ᄒᆞᄂᆞ뇨 ᄒᆞ고 인ᄒᆞ야 조과
의 긔과ᄒᆞᆫ 일ᄂᆞᆯ 다 말ᄒᆞ엿ᄉᆞ니
우리도 다셔 나ᄂᆞᆫ거시 됴코 ᄯᅩ
그 긔과ᄒᆞᆫ 일조와 시잔도 아ᄂᆞᆫ
거시 더욱 됴흐니라

크게ᄭᆡ드럿다

대개 사ᄅᆞᆷ이 셩인이 아니면 비
록 션ᄒᆞᆫ 사ᄅᆞᆷ이라도 능히 허물
업ᄉᆞᆯ자 업ᄂᆞ니 근일에 우리 교
회가 졈졈 진보 ᄒᆞ여 나아 갈ᄉᆞ
록 허물 짓ᄂᆞᆫ자 더욱 만하 가니
자셕ᄒᆞᆫ 일이로다 셩경에 말ᄉᆞᆷᄒᆞ
시기를 렴분을 발치 아니 ᄒᆞ

거든 ᄂᆞᆷ을 평론치 마라 ᄒᆞ시고 ᄯᅩ 엇지 ᄒᆞ야 동ᄉᆡᆼ의 눈속에 잇ᄂᆞᆫ 틔ᄂᆞᆫ 보고 네 눈 속에 잇ᄂᆞᆫ 들보ᄂᆞᆫ ᄉᆡᆼ각지 못 ᄒᆞᄂᆞ냐 거즛 착ᄒᆞᆫ톄 ᄒᆞᄂᆞᆫ이여 몬져 네 눈에 잇ᄂᆞᆫ 들보ᄅᆞᆯ ᄲᅢ여야 그 후에ᄂᆞᆫ 동ᄉᆡᆼ의 눈에 잇ᄂᆞᆫ 틔ᄅᆞᆯ ᄲᅢ가에 ᄇᆞᆰ히 뵈이리라 ᄒᆞ셧ᄉᆞ니 틔잇ᄂᆞᆫ 눈도 온젼ᄒᆞᆫ 눈이라고ᄂᆞᆫ 못 ᄒᆞ겟스나 들보 잇ᄂᆞᆫ 눈은 눈 면쟈와 다름이 업ᄂᆞᆫ지라 사ᄅᆞᆷ의 허물을 ᄎᆡᆨ망 ᄒᆞᄂᆞᆫ 법이 두 가지가 잇ᄉᆞ니 첫지ᄂᆞᆫ 허물 지은 사ᄅᆞᆷ을 대ᄒᆞ야 정답게 권ᄒᆞ기ᄅᆞᆯ 그ᄃᆡ가 아모 일은 잘 ᄒᆞ지마ᄂᆞᆫ 아모 일은 대단이 잘 못 ᄒᆞ엿ᄉᆞ니 곳치기ᄅᆞᆯ ᄇᆞ라노라 ᄒᆞ면 피차에 졍의가 더 돗타와 그 허물을 즉시 회ᄀᆡ ᄒᆞᄂᆞᆫ 수가 잇고 둘지ᄂᆞᆫ ᄂᆞᆷ의 허물을 ᄎᆡᆨ망 ᄒᆞᄂᆞᆫ쟈ㅣ 허물 지은이ᄅᆞᆯ 홍샹 싀긔 ᄒᆞ다가 그 사ᄅᆞᆷ이 틔ᄭᅳᆯ 만ᄒᆞᆫ 허물이 잇ᄉᆞ면 들보 만큼 ᄆᆞᆫᄃᆞ러 보ᄂᆞᆫ 사ᄅᆞᆷ 마다 말 ᄒᆞ고 그 사ᄅᆞᆷ 뮈워 ᄒᆞ기ᄅᆞᆯ 구수 ᄀᆞᆺ치 녁이니 ᄎᆡᆨ망 듯ᄂᆞᆫ쟈 그 허물은 ᄉᆡᆼ각지 아니ᄒᆞ고 도로혀 분격ᄒᆞᆫ ᄆᆞᄋᆞᆷ이 ᄉᆡᆼ겨ᄂᆞ니 그러고 본즉 ᄂᆞᆷ을 ᄎᆡᆨ망ᄒᆞᄂᆞᆫ쟈의 본의가 취모멱ᄌᆞ ᄒᆞ자ᄂᆞᆫ 쥬의이자 ᄂᆞᆷ을회ᄀᆡ케 ᄒᆞ자ᄂᆞᆫ거손 아니요 ᄎᆡᆨ망을 듯ᄂᆞᆫ쟈 그 허물을 곳첫시면 ᄎᆞᆷ 아ᄅᆞᆷ다온 일이지만은 그러치 안코 분심이 격발 ᄒᆞ여 뮈워 ᄒᆞᄂᆞᆫ ᄆᆞᄋᆞᆷ이 뎌와 ᄀᆞᆺᄒᆞ니 엇지 이셕ᄒᆞᆫ 일이 아니며 그ᄲᅮᆫ 아니라 악ᄒᆞᆫ 사ᄅᆞᆷ을 인도 ᄒᆞ여 착ᄒᆞᆫᄃᆡ로 드려 오게ᄒᆞᆫ다 ᄒᆞᄂᆞᆫ 사ᄅᆞᆷ들이 남녀 무론 ᄒᆞ고 지각업고 마련 업ᄂᆞᆫ 쟈들이 죵죵 잇ᄉᆞ니 그 소위 권면 ᄒᆞᆫ다ᄂᆞᆫ 말들을 드러보면 빈졍 빈졍 ᄒᆞ기와 엇독 빗독 ᄒᆞ기와 되지 아니ᄒᆞ게 문ᄌᆞ써 망발 ᄒᆞ기와 수근수근 ᄒᆞ기와 쏘삭 쏘삭 ᄒᆞ기와 ᄂᆞᆷ의 비위ᄅᆞᆯ 건드리기와 알쟝알쟝 ᄒᆞ기와 슝굴 슝굴 ᄒᆞᄂᆞᆫ것과 ᄂᆞᆷ을 ᄂᆞᆷ을 ᄒᆞ기와 야살굿게 ᄒᆞ기와 야멸지게 ᄒᆞ기ᄅᆞᆯ 쟝기로 알고 졀졀 거리고 덤벙 거리니 이러ᄒᆞᆫ 이들은 찰아리 입을 봉ᄒᆞᄂᆞᆫ거시 죠코 만일 입을 열면 다른 사ᄅᆞᆷ 병 드리ᄂᆞᆫ거시 과연 적지 안은지라 속담에 불공에ᄂᆞᆫ ᄆᆞᄋᆞᆷ이 업고 지벡에만 ᄆᆞᄋᆞᆷ이 잇다 ᄒᆞᄂᆞᆫ것과 ᄀᆞᆺ치 그 실샹을 일온 ᄉᆡᆼ각지도 아니 ᄒᆞ며 능히 감당 ᄒᆞᆯ만ᄒᆞᆫ 일인지 ᄂᆡ 심량을 ᄉᆡᆼ각지 아니 ᄒᆞ고 다만 지밤에만 ᄆᆞᄋᆞᆷ이 잇ᄂᆞᆫ 쟈가 만아 ᄂᆞᆷ의 죠소ᄅᆞᆯ 면치 못 ᄒᆞ니 한심ᄒᆞᆫ 일이로다 다 각기 ᄉᆡᆼ각들 ᄒᆞ여 보시요 크게 병든거ᄉᆞᆯ 로병션

본회에서 이 **회보**ᄅᆞᆯ 젼년과 ᄀᆞᆺ치 일쥬일에 ᄒᆞᆫ번식 발간 ᄒᆞᄂᆞᆫᄃᆡ 새로 륙폭으로 작뎡 ᄒᆞ고 ᄒᆞᆫ쟝갑손 엽젼 오푼이오 ᄒᆞᆫ돌갑슬 미리 내면 젼과 ᄀᆞᆺ치 엽젼 ᄒᆞᆫ돈 오푼이라 본국 교우나 셔국 목ᄉᆞ나 교외 친구나 만일 사셔 보고져 ᄒᆞ거든 졍동 아편셜라 목ᄉᆞ 집이나 죵로 대동셔시에 가셔사시ᄋᆞᆸ

대영국셩셔공회광고

새로 간츌 ᄒᆞᆫ거손 로마 가라태 골노시 야고보 베드로 젼후셔 틔모데 젼후셔니 사셔 보실이ᄂᆞᆫ 회샤쥬인 젼묘 션 셰로 오시ᄋᆞᆸ

뎨ᄉᆞ권 그리스도인 대한회보 뎨십일호

뎐리쇼연이 부족ᄒᆞᆫ다ᄂᆞᆫ 편지

귀막혀씨가 편지 ᄒᆞ엿ᄂᆞᆫ듸 그 말이 ᄆᆡ우 유리ᄒᆞᆫ고로 좌에 긔ᄌᆡᄒᆞ오나 우리가 그 시비ᄂᆞᆫ 담당치 안노라

대한 **회보** 샤쟝이 대한 뎡부에 엇던 유세력ᄒᆞᆫ 관인의 편론ᄒᆞᆫ 뎌리쇼연이라 ᄒᆞᆫ 말ᄉᆞᆷ을 닑어본즉 졀졀이 뎍당ᄒᆞᆫ 말이나 다만 그 ᄒᆞ나만 말ᄒᆞ고 그ᄃᆞᆯ은 말ᄉᆞᆷᄒᆞ지 아니ᄒᆞᆫ지라 대개 사ᄅᆞᆷ의 욕심은 한뎡이 업ᄂᆞᆫ고로 만일 법률이 업거나 올흔 사ᄅᆞᆷ들의 평론이 업ᄉᆞ면 그 욕심이 어ᄂᆞ 디경ᄭᆞ지 니ᄅᆞᆯᄂᆞᆫ지 모로ᄂᆞᆫ것이라 그 대한 그 졍부 그 관원이 그러케 놉흔 디위에 잇서 무죄ᄒᆞᆫ ᄇᆡᆨ셩을 잡아다가 줄의를 트러 가면서 돈 달나 ᄒᆞ면 돈 주고 무죄ᄒᆞᆫ 사ᄅᆞᆷ을 죽이면 죽고 무단히 불효 부뎨로 몰고 악형ᄒᆞ면 불효 부뎨ᄒᆞᆫ줄노 알고 악형을 밧으며 ᄒᆞᆫ번 악형에 졔집 산업을 다 밧치고 두번 악형에 군부의 가지시든 믈물ᄭᆞ지 실어다가 밧치니 이러케 일이 ᄎᆞᄎᆞ이 ᄆᆞ옴되로 되ᄂᆞᆫ 세에 그 관원이 이보뎜 더 큰 일을 경영 ᄒᆞ엿드리도 여의히 되엿실거시 그 무죄ᄒᆞᆫ ᄇᆡᆨ셩의 ᄌᆡ산을 늑탈ᄒᆞ며 ᄉᆡᆼ명을 람살ᄒᆞᆯ세에 뉘가 말ᄒᆞᆫ마듸나 ᄒᆞ엿소 졍부의 ᄇᆞᆰ고 공평ᄒᆞᆫ 대신이 ᄒᆞ나이라도 업서거나 국중에 의리 잇ᄂᆞᆫ ᄇᆡᆨ셩이 몃명만 잇섯드리도 ᄒᆞ나 악독ᄒᆞᆫ 관원의 무리ᄒᆞᆫ 학졍을 론희 ᄒᆞ엿실터인듸 그러치 못ᄒᆞ고 쥐 죽은 듯시 잇셧스니 졍부의 모든 관인들의 죄샹을 말ᄒᆞ자면 의리 업고 인졍 업다고도 말ᄒᆞᆯ수 업고 악ᄒᆞᆫ기가 그 관원의 ᄒᆡᆼᄒᆞᆫ일 보뎜 더 ᄒᆞᆫ거시 ᄇᆡᆨ셩이 주ᄂᆞᆫ 월급 먹고 안져서 ᄇᆡᆨ셩을 학듸ᄒᆞᄂᆞᆫ거ᄉᆞᆯ 보고도 엄연이 잇서ᄉᆞ니 이거ᄉᆞᆫ 악ᄒᆞᆫ사ᄅᆞᆷ을 도아 악ᄒᆞᆫ 일을 ᄒᆡᆼᄒᆞ게 ᄒᆞᆫ거시요 ᄇᆡᆨ셩들노 말ᄒᆞ여도 나의 돈을 주어 가면셔 나의 동포 형뎨를 무죄히 살육ᄒᆞ고 ᄲᅧ를 분지더리도 나서셔 말ᄒᆞᆫ마듸 건드려주ᄂᆞᆫ ᄇᆡᆨ셩이 업섯ᄂᆞᆫ지라 그러고본즉 그 ᄇᆡᆨ셩들과 그 관원들은 악ᄒᆞᆫ 관원을도아 악ᄒᆞᆫ일을 ᄒᆡᆼ케ᄒᆞᆷ과 다름이 업ᄂᆞᆫ지라 엇지ᄒᆞ야 그 관원이 그 ᄇᆡᆨ셩들을 다 죽이고 ᄇᆡᆨ셩의 ᄌᆡ물을 모도 ᄌᆞ긔의 ᄌᆡ물을 삼고 그 나라를 ᄌᆞ긔의 나라를 ᄆᆞᆫᄃᆞ지 아니 ᄒᆞ엿ᄂᆞᆫ지 모로겟도다 법률노 말ᄒᆞ면 ᄇᆡᆨ셩들과 졍부 모든 관원들은 대한을 좀 먹으라고 지시ᄒᆞᆫ 수두요 그 관원들은 수죵군이라 수죵군도 죄샹은 업다 ᄒᆞᆯ수 업소나 슈두의 죄가 더욱 큰지라 아모리 ᄉᆡᆼ각ᄒᆞ여도 이졍부 잇고 이ᄇᆡᆨ셩 잇고ᄂᆞᆫ 결단코 ᄌᆞ쥬ᄒᆞᄂᆞᆫ 나라ᄂᆞᆫ될수가 업ᄂᆞᆫ거시 이 ᄇᆡᆨ셩이 이 학듸를 밧어 가면셔도 하ᄂᆞ님의 주신 공변된 의리를 세우고 나라를 보젼ᄒᆞᆯ쟈ᄂᆞᆫ 뜻이 업소니 뎌의가 엇지 무심ᄒᆞ리오 그런즉 나ᄂᆞᆫ 귀샤쟝이 그ᄃᆞᆯ은 말ᄉᆞᆷ ᄒᆞ지 아니 ᄒᆞ엿다 ᄒᆞ노라

오십오

대한크리스도인 회보

THE
KOREAN CHRISTIAN ADVOCATE.

H. G. APPENZELLER, - Editor.

TERMS:—36 cents per year, in advance. Postage extra.

WEDNESDAY, March, 14, 1900.

셔울 졍동셔 일쥬일에 ᄒᆞᆫ번식 발간ᄒᆞᄂᆞᆫᄃᆡ 아편셜라목ᄉᆞ가 회보 샤장이 되엿더라

일년 갑슬 미리 니면 삼십 륙젼 오이 우표 갑슨 ᄯᅡ로 잇ᄂᆞ니라

사ᄅᆞᆷ의ᄌᆞ유권리

사ᄅᆞᆷ의 ᄌᆞ유 ᄒᆞᄂᆞᆫ 권리ᄂᆞᆫ 무론 현우 빈부 귀쳔 강약 ᄒᆞ고 차등 분별이 업서 만승 텬ᄌᆞ의 위엄과 일만 ᄇᆡᆨ셩의 힘으로도 ᄒᆞᆫ 사ᄅᆞᆷ의 ᄌᆞ유 ᄒᆞᄂᆞᆫ 권리ᄂᆞᆫ ᄲᅢ앗지 못ᄒᆞᄂᆞ니 ᄌᆞ유라 ᄒᆞᄂᆞᆫ거ᄉᆞᆫ 무ᄉᆞᆷ 일이던지 죠아 ᄒᆞᄂᆞᆫ거ᄉᆞᆫ ᄆᆞᄋᆞᆷ대로 ᄒᆡᆼᄒᆞ고 굴복ᄒᆞ며 거리ᄭᅵᄂᆞᆫ거시 업서 악ᄒᆞᆫ 일이던지 션ᄒᆞᆫ 일이던지 임의로 ᄒᆞᄂᆞᆫ 거시라 그러나 방약 무인 ᄒᆞ며 ᄉᆞ톄ᄂᆞᆫ 도라 보지 안코 ᄌᆞ긔 ᄂᆡ욕만 치우랴 ᄒᆞ며 법 아닌 일을 ᄒᆡᆼᄒᆞᄂᆞᆫ거ᄉᆞᆫ 결단코 ᄌᆞ유가 아니라 나라에 법률을 공평 졍직 ᄒᆞ게 직히여 다른 사ᄅᆞᆷ을 해롭게 말며 다른 사ᄅᆞᆷ의 해를 죽기에 밋처도 밧지 아니 ᄒᆞ고 임의로 ᄒᆡᆼᄒᆞᄂᆞᆫ것이 닐은바 ᄌᆞ유 ᄒᆞᄂᆞᆫ 권리라 ᄒᆞᆯ지라 그런고로 인ᄉᆡᆼ이 셰샹에 쳐 ᄒᆞ여ᄂᆞᆫ ᄌᆞ유 ᄒᆞᄂᆞᆫ 권리가 업ᄉᆞᆫ즉 초목과 금슈에 비ᄒᆞᆯ 물건이라 ᄌᆞ쥬ᄒᆞᆯ 일을 대강 의론컨ᄃᆡ 일은 신명의 ᄌᆞ쥬니 바른도로 ᄒᆡᆼ동 거지를 조찰케ᄒᆞ여 ᄌᆞ긔의 분뎡에 넘지 아니 ᄒᆞ면 우인ᄒᆞᆯ 일도 업ᄉᆞ며 속박ᄒᆞᆯ리도 업서 타인의 방해를 막으며 불법ᄒᆞᆫ 침노를 ᄃᆡ뎍 ᄒᆞ여 건쟝 ᄒᆞ고 쾌활ᄒᆞᆫ 모양을 뵈이며 이ᄂᆞᆫ ᄌᆡ산의 ᄌᆞ유니 내의 ᄌᆡ산을 절조 잇게 쓰ᄂᆞᆫ 쌔ᄂᆞᆫ 금졔ᄒᆞᆯ쟈 업ᄉᆞ며 ᄯᅩᄒᆞᆫ 무리ᄒᆞᆫ 횡탈을 밧지말고 편리 ᄒᆞᆯ쌔에 쓰ᄂᆞᆫ거시요 삼은 ᄉᆞ업상 ᄌᆞ유니 무ᄉᆞᆷ ᄉᆞ업이던지 죵ᄉᆞ ᄒᆞ기를 공평 졍직ᄒᆞᆫ 도로 ᄒᆡᆼ ᄒᆞ여 일뎡ᄒᆞᆫ 규모와 경위를 직혀 위조 ᄒᆞᄂᆞᆫ것과 폐막 되ᄂᆞᆫ거ᄉᆞᆯ 물니치면 ᄉᆞ업상 ᄌᆞ유를 길히 보젼 ᄒᆞᆯ거시요 ᄉᆞᄂᆞᆫ 회 조직 ᄒᆞᄂᆞᆫ ᄌᆞ유니 여러 사ᄅᆞᆷ이 합의 ᄒᆞ여 엇더ᄒᆞᆫ 회를 ᄒᆞ든지 광명 졍대ᄒᆞᆫ 목젹늘 잡고 이삼인의 회라도 ᄆᆞᄋᆞᆷ을 ᄀᆞᆺ치 ᄒᆞ고 힘을 합ᄒᆞ여 용맹 잇게 나아가면 정부의 압졔와 소인의 군축을 밧더릭도 필경은 그목젹이 일울거시요 오ᄂᆞᆫ 종교의 ᄌᆞ유 권리니 교라 ᄒᆞᄂᆞᆫ거ᄉᆞᆫ 각 사ᄅᆞᆷ의 ᄆᆞᄋᆞᆷ으로 깃버 ᄒᆞᄂᆞᆫ거ᄉᆞᆯ 좃찰거시요 늑입 ᄒᆞ고 구박ᄒᆞᆷ늘 밧지 말며 종교의 규칙은 국법을 크게 어긔지 아니 ᄒᆞᄂᆞᆫ 쌔ᄂᆞᆫ 임의로 졍 ᄒᆞᆯ거시요 륙은 말ᄒᆞᄂᆞᆫ ᄌᆞ유니 사ᄅᆞᆷ 사ᄅᆞᆷ이 피ᄎᆞ에 교졔 ᄒᆞᆯ때에 그말에 진실 ᄒᆞᆷ을 좃고 허무 밍낭ᄒᆞᆫ 말이 업고 ᄂᆞᆷ의 올흔 말놀 내가 그르다고 ᄒᆞᄂᆞᆫ것도 ᄌᆞ쥬가 아니요 ᄂᆞᆷ의 그른 말을 그 사ᄅᆞᆷ의 안녹에 구이 ᄒᆞ여 내가 올타고 ᄒᆞᄂᆞᆫ것도 ᄌᆞ유가 아니니 그른말은 그르다

만국쥬일공과 그리스도 씨의힝젹
뎨칠공과 삼월십팔일
예수ᄭᅴ셔아각우물에
계신일

요한복음 ᄉᆞ장 오졀노 이십륙졀

五 사마리아에 잇는 셔가ㅣ라 ᄒᆞ
는 셩에 니르시니 야곱이 그
아ᄃᆞᆯ 요셉의게 쥰 ᄯᅡ히 갓갑고
六 거긔 ᄯᅩ 야곱의 우물이 잇는
지라 예수ㅣ 길을 가시매 곤ᄒᆞ
샤 우물 겻헤 안ᄌᆞ시니 ᄯᅢ가 오
졍즘 되엿는지라 七八 뎨ᄌᆞ들은
먹을거ᄉᆞᆯ 사려 셩에 드러갓더라
사마리아 녀인 ᄒᆞ나히 물을 길
너 왓거ᄂᆞᆯ 예수ㅣ 닐ᄋᆞ샤ᄃᆡ 물
을 좀 달나 ᄒᆞ시니 九 사마리아
녀인이 ᄀᆞᆯᄋᆞᄃᆡ 그ᄃᆡ가 유대 사
ᄅᆞᆷ이 되여셔 엇지 ᄒᆞ야 나 사마
리아 녀편네 ᄃᆞ려 물을 달나 ᄒᆞ
ᄂᆞ냐 ᄒᆞ니 이는 유대 사ᄅᆞᆷ이
사마리아 사ᄅᆞᆷ과 샹죵치 아니
ᄒᆞᆷ이라 十 예수ㅣ ᄃᆡ답ᄒᆞ야 ᄀᆞᆯ
ᄋᆞ샤ᄃᆡ 네가 만일 하ᄂᆞ님의
주신거ᄉᆞᆯ 알고 ᄯᅩ 너ᄃᆞ려 물좀
달나 ᄒᆞ는 사ᄅᆞᆷ이 누구ㄴ줄 알
앗더면 네가 그의게 구ᄒᆞ엿스
리니 그가 산 물을 네게 주엇스
리라 ᄒᆞ신ᄃᆡ 十一 녀인이 ᄀᆞᆯᄋᆞᄃᆡ
쥬여 물 기ᄅᆞᆯ 그릇도 업고 이우
물이 ᄯᅩ 깁흐니 어ᄃᆡ셔 산 물을
엇겟ᄉᆞᆸᄂᆞ잇가 十二 우리 조샹 야곱
이 이 우물을 주어 뎌와 뎌의
아ᄃᆞᆯ과 즘ᄉᆡᆼ이 다 먹엇ᄉᆞ오니
그ᄃᆡ가 엇지 야곱 보다 더 크리
잇가 十三 예수ㅣ ᄃᆡ답ᄒᆞ여 ᄀᆞᆯᄋᆞ
샤ᄃᆡ 이 물을 먹는 사ᄅᆞᆷ마다 다
시 목 ᄆᆞᄅᆞ려니와 十四 내가 주
는 물을 먹는 사ᄅᆞᆷ은 영원히 목
ᄆᆞᄅᆞ지 아니ᄒᆞᆯ지니 나 주는 물
이 속에셔 셤이 되여 영싱ᄒᆞ도
록 솟ᄉᆞ리라 ᄒᆞ신ᄃᆡ 十五 녀인이
ᄀᆞᆯᄋᆞᄃᆡ 쥬여 이런 물을 내게 주
샤 목 ᄆᆞᄅᆞ지 아니ᄒᆞ게 ᄒᆞ시고
ᄯᅩ 여긔 와셔 이 물을 깃지 아
니ᄒᆞ게 ᄒᆞ옵소셔 十六 예수ㅣ
ᄀᆞᆯᄋᆞ샤ᄃᆡ 네가 가셔 남편을 불
너 오라 ᄒᆞ신ᄃᆡ 十七 녀인이 ᄃᆡ
답ᄒᆞᄃᆡ 남편이 업ᄂᆞ이다 ᄒᆞ니
ᄀᆞᆯᄋᆞ샤ᄃᆡ 네가 남편이 업다 ᄒᆞ
는 말이 올토다 十八 네가 이젼
에 남편 다ᄉᆞᆺ시 잇셧시나 시방
잇는거ᄉᆞᆫ 네 남편이 아니냐 네
말이 올타 ᄒᆞ신ᄃᆡ 十九 녀인이
ᄀᆞᆯᄋᆞᄃᆡ 쥬여 내가 보니 션지ᄌᆞ
로소이다 二十 우리 조샹은 이
산에셔 례ᄇᆡ ᄒᆞ엿거니와 너희
말은 례ᄇᆡᄒᆞᆯ곳시 예루살넴에 잇
다 ᄒᆞ더이다 二一 예수ㅣ ᄀᆞᆯᄋᆞ샤
ᄃᆡ 녀인아 나ᄅᆞᆯ 밋으라 ᄯᅢ가 니
ᄅᆞ리니 이 산에나 예루살넴에
나 아바지ᄭᅴ 례ᄇᆡ ᄒᆞ지 아니ᄒᆞ
리라 二二 너희는 아지 못ᄒᆞ는
거ᄉᆞᆯ 례ᄇᆡ ᄒᆞ고 우리는 아는 거
ᄉᆞᆯ 례ᄇᆡ ᄒᆞ노니 구원ᄒᆞᆷ이 유대
사ᄅᆞᆷ의게셔 낫는지라 二三 ᄯᅢ가
니ᄅᆞ려니와 이제도 그 ᄯᅢ라 아
바지ᄭᅴ 춤으로 례ᄇᆡ ᄒᆞ는 사ᄅᆞᆷ
은 신령과 춤 리치로 례ᄇᆡ ᄒᆞ리
니 아바지ᄭᅴ셔 이ᄀᆞᆺ치 ᄌᆞ긔의게
례ᄇᆡ ᄒᆞ는 사ᄅᆞᆷ을 차ᄌᆞ시ᄂᆞ니라
二四 하ᄂᆞ님은 신이신고로 신령
과 춤 리치로 례ᄇᆡ ᄒᆞᆯ지니라 二
五 녀인이 ᄀᆞᆯᄋᆞᄃᆡ 내가 그리스
도ㅣ라 ᄒᆞ신 미시아가 오실줄
알앗노니 오시면 모든거ᄉᆞᆯ 우리
의게 말ᄉᆞᆷᄒᆞ시리다 二六 예수ㅣ
녀인ᄃᆞ려 닐ᄋᆞ샤ᄃᆡ 너ᄃᆞ려 말ᄒᆞ
는 내가 그로다 ᄒᆞ시더라

요지

하ᄂᆞ님은 신이시니 셩신과 진리로 례ᄇᆡ ᄒᆞᆯ것이니라 (이십ᄉᆞ절)

년ᄃᆡ

셔력 긔원후 이십칠년 십이월이니라

디방

야곱 우물

공과의구별

一 야곱 우물에 (오절ㅡ구절)
二 구원 ᄒᆞᄂᆞᆫ 우물에 (십절ㅡ십오절)
三 의문으로ᄒᆞᄂᆞᆫ례ᄇᆡ(십륙절ㅡ이십절)
四 셩신으로 ᄒᆞᄂᆞᆫ례ᄇᆡ (이십일절ㅡ이십륙절)

주셕

五 **셔가**라 ᄒᆞᄂᆞᆫ 셩은 이발과 거리심 두산 ᄉᆞ이에 잇ᄂᆞᆫ 동ᄂᆡ일홈이니 이 두 산은 곳 이스라엘 ᄇᆡᆨ셩이 가난에 드려잔 후에 열두 지파중 여ᄉᆞᆺ 지파식 각기 ᄒᆞᆫ 산에 올나 ᄇᆡᆨ셩의 복과 져쥬를 구ᄒᆞ던 쳐소ㅣ니라 (신명긔이십칠장십일절노이십륙절)

六 **야곱의우물** 이 우물은 셔가 셩에서 륙리즘 되ᄂᆞ니라 우리 교회 감독 뉴만씨가 이 우물을 구경 ᄒᆞ엿ᄂᆞᆫᄃᆡ 깁기ᄂᆞᆫ 대한 목쳑으로 팔십쳑이오 직션(광)이 구쳑인ᄃᆡ 피이ᄂᆞᆫ 물은 삼쳑으로 오쳑ᄭᆞ지 된다 ᄒᆞ더라

九 **사마리아녀편네다려** 라 ᄒᆞᄂᆞᆫ 말은 물을 구 ᄒᆞ기를 사마리아 사ᄅᆞᆷ중 더욱 녀편네의게 구 ᄒᆞᄂᆞᆫ것은 그 녀인 보기에 츰 이샹ᄒᆞᆫ 일이라 대개 유대 사ᄅᆞᆷ은 사마리아 사ᄅᆞᆷ의게 크게 ᄃᆡ뎍이 되ᄂᆞᆫ 연고ㅣ니라 十 **하ᄂᆞ남주신것**이라 ᄒᆞᆷ은 하ᄂᆞ님ᄭᅴ셔 예수를 인연 ᄒᆞ야 주시ᄂᆞᆫ 영ᄉᆡᆼ ᄒᆞᄂᆞᆫ 도리니라 **산물**이라 ᄒᆞᆷ은 졍히 흐르ᄂᆞᆫ 물이라 ᄒᆞᄂᆞᆫ ᄯᅳᆺ도 되고 ᄯᅩ 신셩ᄒᆞᆫ 물이라 ᄒᆞᄂᆞᆫ ᄯᅳᆺ도 되ᄂᆞᆫ고로 그 녀인이 이 두가지 ᄯᅳᆺ을 인ᄒᆞ야 십 일이절에 뭇ᄂᆞᆫ 말을 뎨출 ᄒᆞ엿ᄂᆞ니라 十三 **이물을먹ᄂᆞᆫ사ᄅᆞᆷ** 이라 ᄒᆞᆷ은 예수ᄭᅴ셔 그 녀인의게 더 깁흔 말ᄉᆞᆷ을 니르셧ᄂᆞ니라 야곱 우물 말은 잠시 지탱 ᄒᆞᄂᆞᆫ 물이오 예수ᄭᅴ셔 주실 물은 영ᄉᆡᆼᄒᆞᄂᆞᆫ 원쳔이 될지니라 十五 **이런물을내게주옵소셔** ᄒᆞᆷ은 곳 쳔셩으로 ᄀᆞ구ᄒᆞᄂᆞᆫ 말이나 그 신셩ᄒᆞᆫ ᄯᅳᆺ은 아지 못 ᄒᆞ엿ᄂᆞ니라 十六 **가셔남편을불너오라** ᄒᆞᆷ은 예수ᄭᅴ셔 그 녀인의 은밀ᄒᆞᆫ 힝실을 드러내여 ᄒᆞᆫ 쳥구 ᄒᆞᄂᆞᆫ 말ᄉᆞᆷ으로 그 녀인의 구ᄒᆞᄂᆞᆫ 말을 ᄃᆡ답 ᄒᆞ셧ᄂᆞ니라 그 다ᄉᆞᆺ 남편은 혹 죽엇던지 혹 사리별 ᄒᆞ엿ᄂᆞ니라 예수ᄭᅴ셔 그 녀인의 젼ᄉᆞ를 다 말ᄉᆞᆷ ᄒᆞ시ᄂᆞᆫ고로 그 녀인이 예수를 례ᄉᆞ 유대 사ᄅᆞᆷ만 아닌줄을 비로소 짐작 ᄒᆞ엿ᄂᆞ니라 十九 **내가보니 선지쟈로소이다** ᄒᆞᆷ은 그 녀인이 이제야 ᄌᆞ긔의 죄를 ᄌᆞ복ᄒᆞ고 예수를 츰 신셩 ᄒᆞ신 지휘인이 이신줄을 아랏ᄂᆞ니라 二十 **우리조샹** 그 녀인이 예수를 션지로 녁이ᄂᆞᆫ고로 지금 예수ᄭᅴ

그 구원 ᄒᆞᄂᆞᆫ 도리가 유대 사ᄅᆞᆷ으로 좃차 나ᄂᆞᆫ자 시마리아 사ᄅᆞᆷ으로 좃차 나ᄂᆞᆫ지 이 큰 문뎨ᄅᆞᆯ 자뎡 ᄒᆞ여 달나 ᄒᆞ엿ᄂᆞ니라 **이산**은 곳 그들이 갓가히 보ᄂᆞᆫ 게리심 산이니라 그 구원 ᄒᆞᄂᆞᆫ 도리가 혹 우리 말과 ᄀᆞᆺ치 이곳에 잇ᄂᆞᆫ지 혹 당신들의 말과 ᄀᆞᆺ치 예루살넴에 잇ᄂᆞᆫ지 무러본말이니라 이십일절에 예수ᄭᅴ셔 예나 뎨나 특별히 뎡ᄒᆞᆫ 곳이 업다 ᄒᆞ셧ᄂᆞ니라 죵교 샹에ᄂᆞᆫ 쳐소가 샹관이 업ᄉᆞ니 대개 보통 ᄒᆞ신 하ᄂᆞ님은 쟝ᄎᆞᆺ 보통ᄒᆞᆫ 례ᄇᆡ를 밧으실지니라 二四 **하ᄂᆞ님은 신이시라** 홈은 대개 하ᄂᆞ님은 형톄가 업ᄉᆞ시니 무ᄉᆞᆷ 형질노 되신바ㅣ 아니시고 다만 셩결ᄒᆞᆫ 신 신령이시니 아모 곳에셔 던지 그 형톄를 뵈올수 업ᄂᆞ니라 누구던지 하ᄂᆞ님을 합당히 숑ᄇᆡᆨ ᄒᆞ랴 ᄒᆞᄂᆞᆫ 사ᄅᆞᆷ은 하ᄂᆞ님이 엇더 ᄒᆞ신 신이신지 궁구 ᄒᆞ여 본후에 ᄌᆞ긔의 지극ᄒᆞᆫ ᄆᆞᄋᆞᆷ이 ᄂᆞᆼ히 하ᄂᆞ님과 교졔 ᄒᆞᆯ만콤 졍결 ᄒᆞ고 거록 ᄒᆞ게 되여야 ᄒᆞᆯ 것이니라

뭇ᄂᆞᆫ말

一 예수ᄭᅴ셔 어ᄂᆞ 나라 어ᄂᆞ 셩에 니르셧더뇨

二 야곱의 우물이라고 칭홈은 무ᄉᆞᆷ ᄯᅳᆺ이뇨

三 그ᄯᅢ가 몃시즘 되엿더뇨

四 그ᄯᅢ에 그 뎨ᄌᆞ들은 다 어ᄃᆡ로 갓더뇨

五 예수ᄭᅴ셔 우물 겻헤 안져계실ᄯᅢ에 엇더ᄒᆞᆫ 사ᄅᆞᆷ이 왓더뇨

六 예수ᄭᅴ셔 그 녀인ᄃᆞ려 물을 달나 ᄒᆞ실ᄯᅢ에 그녀인이 엇더케 ᄃᆡ답 ᄒᆞ엿ᄂᆞ뇨

七 또 예수ᄭᅴ셔 그 녀인ᄃᆞ려 엇더케 말ᄉᆞᆷ ᄒᆞ셧ᄂᆞ뇨

八 산물이라 ᄒᆞ심은 무어ᄉᆞᆯ 비유 ᄒᆞ심이뇨

九 누구던지 이 산물을 마시면 엇더켓ᄂᆞ뇨

十 예수ᄭᅴ셔 그 녀인ᄃᆞ려 누구를 숑ᄇᆡᆨ ᄒᆞ라고 닐ᄋᆞ셧ᄂᆞ뇨

十一 또 하ᄂᆞ님을 엇더케 숑ᄇᆡᆨ ᄒᆞ라고 말ᄉᆞᆷ ᄒᆞ셧ᄂᆞ뇨

十二 그 녀인이 나죵에 예수를 엇더케 밋엇ᄂᆞ뇨

야곱의우물

이 우물이 대단이 깁더니라 엇던 사ᄅᆞᆷ들은 우물과 ᄀᆞᆺ하 그 속에 그 동포를 위ᄒᆞ야 유익ᄒᆞᆫ 물건을 만히 너허 두엇스나 야곱의 우물과 ᄀᆞᆺ치 긴 드렛줄을 가지고야 능히 그 물을 써 올닐더이니라 또 엇던 사ᄅᆞᆷ은 비 올ᄯᅢ에 져습ᄒᆞᆫ ᄯᅡᆼ과 ᄀᆞᆺ하 조곰만 파도 물이 나아오고 엇던 사ᄅᆞᆷ은 셥물과 ᄀᆞᆺ하 ᄒᆞᆼ샹 소사 나오고 엇던 사ᄅᆞᆷ은 큰 셤이 눈결ᄀᆞᆺ치 흰물을 공즁으로 놉히 날니ᄂᆞᆫ것 ᄀᆞᆺ고 또 엇던 사ᄅᆞᆷ은 그 밋헤 진흙 밧게ᄂᆞᆫ 업ᄂᆞᆫ것 ᄀᆞᆺᄒᆞ니 우리가 다 비유 ᄒᆞ면 무엇 ᄀᆞᆺᄒᆞ던지 ᄆᆞ른 우물은 되지 아니 ᄒᆞ여야 쓸터이니라

물

물이 비유컨ᄃᆡ 은퇴을 형용 ᄒᆞᆷ이니 그것이 활동 ᄒᆞ고 연ᄒᆞ야 ᄒᆞᆯ녀나려 ᄆᆞ르지 아니 ᄒᆞ니 우

리가 그것을 반갑게 밧으면 그
맛이 싱신 ᄒᆞ고 그것이 업ᄉᆞ면
죽을 터이니라 그 진실ᄒᆞᆫ 형용
은 이와 ᄀᆞᆺ고 또 그 우물은 이물
을 밧ᄂᆞᆫ 그릇이니 거긔셔 영원
ᄒᆞᆫ 싱명이 소ᄉᆞ 나오ᄂᆞ니라

이쥭련속

고 올흔말은 올타고 ᄒᆞᄂᆞᆫ거시 말
의 ᄌᆞ유 ᄒᆞᄂᆞᆫ권리요 칠은 명예의
ᄌᆞ유니 무례ᄒᆞᆫ 비방과 실업ᄂᆞᆫ 허
예를 막고 그 셩명을 귀즁ᄒᆞ니 녁
이ᄂᆞᆫ 거시라 그러나 교휵이 업
ᄉᆞ면 ᄌᆞ유 ᄒᆞᄂᆞᆫ 권리를 알지 못
ᄒᆞ고 내의 권리를 타인의게 주
며 타인의 권리를 물ᄒᆞᆫ케도 ᄒᆞ
여야 만히 되ᄂᆞ니 그런고로 나
라를 다ᄉᆞ리ᄂᆞᆫ쟈 몬져 문명ᄒᆞᆫ
학문으로 빅셩을 ᄀᆞᄅᆞ치며 공평
ᄒᆞᆫ 법률노 빅셩의 권리를 보호
ᄒᆞ여야 그 나라를 보젼ᄒᆞᆯ거시
요 그러치 안코 강ᄒᆞᆫ쟈 약ᄒᆞᆫ이
를 업수히 넉이며 귀ᄒᆞᆫ쟈 쳔ᄒᆞᆫ
이를 멸시ᄒᆞ고 조샹 쳔답ᄒᆞ며
포학ᄒᆞᆫ 법률노 인민을 토식ᄒᆞ
고ᄂᆞᆫ 그 나라를 망치 아니 ᄒᆞᄂᆞᆫ
쟈 업ᄂᆞ니라 로병션

닉보

특지유비) 젼 경무ᄉᆞ 김영쥰씨
의 탐학ᄒᆞᆫ ᄉᆞ샹을 평리원에 호
쇼 ᄒᆞᄂᆞᆫ쟈ㅣ 십오명이나 된다더
니 일젼에 특지로 나리샤
김영쥰을 호즁 연히읍으로 유비
ᄒᆞ라 ᄒᆞ셧다더라

○법관샤직) 일젼에 즁츄원 샹
쇼를 맛난 평리원 지판쟝이하
관검ᄉᆞ ᄭᆞ지 다 샤직쇼를 샹ᄒᆞ
엿다더라

○니씨보방) 작년 십월분에 경무
텽에 착슈 되엿든 니츙직씨는
일젼에 보방이 되엿다더라

●즁츄원탄힉 일젼에 즁츄원에셔
칙쥬임 의관들이 회의ᄒᆞ고 니용
익과 김영쥰 량씨의 죄샹을 탄힉
ᄒᆞ야 샹소 ᄒᆞ엿ᄂᆞᆫ딕 그 대개인즉
니용익은 님군셤기ᄂᆞᆫ 의리에 어
둡고 다만 간사히 아쳠 ᄒᆞᄂᆞᆫ 계
교가 잇서 탐학ᄒᆞ기를 임의로 ᄒᆞ
매 만민이 오오ᄒᆞ니 왕쟝소지에
극히 히연ᄒᆞ고 김영쥰으로 말ᄒᆞᆯ
지라도 경무ᄉᆞ로 잇슬ᄯᆡ에 졔반
악습이 아젼을 ᄶᅵ르고 금을 셰앗
ᄂᆞᆫ것보덤 더심ᄒᆞ니 그 죄샹을 궁
구ᄒᆞ건딕 다 즁률에 쳐ᄒᆞᆷ이 합
당ᄒᆞ다고 ᄒᆞ엿다더라

데ᄉ권

대한 그리스도인 회보

데이십호

방관ᄒᆞᄂᆞᆫ 사ᄅᆞᆷ의 평론

년젼에 고명ᄒᆞᆫ 감독 한분이 대한과 청국에서 수년 유람ᄒᆞ고 본국으로 도라가셔 량국형편을 평론ᄒᆞ면셔 발ᄒᆞ기를 대한과 청국 사ᄅᆞᆷ들이 싀례와 정신과 덕힝샹에 용밍이 적고 ᄯᅩ 무슴 일이던지 능히 사ᄅᆞᆷ의 ᄆᆞᄋᆞᆷ을 감동케 ᄒᆞᆫ다고 ᄒᆞᄂᆞᆫ거시 다 쇽으로 좃차 나지 아니ᄒᆞ고 다만 것흐로 브터 오ᄂᆞᆫ고로 밧ᄂᆞᆫ쟈ㅣ ᄆᆞᄋᆞᆷ이 혼미ᄒᆞ고 머리가 아플 ᄯᅳᄅᆞᆷ이라 고로 이러ᄒᆞᆫ 빅셩은 불가불 무슴 희망과 용밍으로 고동식히야 될터이니라 그런즉 이 두 나라를 구원ᄒᆞ랴면 각국에 긔독교 밋ᄂᆞᆫ 사ᄅᆞᆷ들노 ᄒᆞ여곰 교롱만 ᄒᆞ지 말고 공측히 녁이며 ᄯᅩ 그 나라 토디를 늑탈ᄒᆞᆯ 싱각을 두지 말고 공평ᄒᆞ게 ᄒᆞ여야 되겟고 그ᄲᅮᆫ 아니라 이 두 나라로 ᄒᆞ여곰 륙군이나 군함을 만히 두ᄂᆞᆫ것 보다 교회와 학교를 만히 셜립ᄒᆞ여야 그빅셩이 점점 기명 되고 그 나라히 쟝ᄎᆞᆺ 진보ᄒᆞᆯ터이니라 ○동양 사ᄅᆞᆷ들이 혹 싱각ᄒᆞ기를 셔양 사ᄅᆞᆷ들이 동양에 나와셔 예수교의 물발ᄂᆞᆫ 말노 뎌희가 남의 나라 리익을 강탈ᄒᆞ랴ᄂᆞᆫ 목젹을 뒤덥허 간다고 ᄒᆞᆯ터이나 만일 예수 교회가 동양에 나와 그 위령을 졈졈 더펴게되면 한 청 량국이 셔양 졔강국의 큰 욕심을 견ᄃᆡ지 못ᄒᆞᆯ 동안에 화평ᄒᆞ고 인ᄋᆡᄒᆞᆫ 소ᄅᆡ를 모아 이 불힝ᄒᆞᆫ 빅셩들을 곤란 속에셔 구원ᄒᆞᆯ줄노 깁히 밋노라 ᄒᆞ엿스니 이러ᄒᆞᆫ 말을 드ᄅᆞ면 대한을 위ᄒᆞ야 엇지 한심치 아니ᄒᆞ리오 대뎌 죵교의 관계가 대단히 큰지라 유교ᄂᆞᆫ 슈구ᄒᆞ고 진즁ᄒᆞᆫ거ᄉᆞᆯ 숭샹ᄒᆞᄂᆞᆫ 고로 한 청 량국이 유교를 존숭ᄒᆞᆫ후에 민심이 ᄒᆞᆫ번 변ᄒᆞ야 슈구ᄒᆞ고 진즁ᄒᆞᆫ거ᄉᆞᆯ 됴아ᄒᆞ야 압흐로 나아갈 용밍이 업고 긔독교ᄂᆞᆫ 날근거ᄉᆞᆯ 바리고 새거ᄉᆞᆯ 좃치며 ᄌᆞ유와 용진 ᄒᆞᄂᆞᆫ거ᄉᆞᆯ 숭샹ᄒᆞᄂᆞᆫ고로 태셔 각국이 긔독교를 존숭ᄒᆞᆫ후에 그빅셩이 ᄒᆞᆫ번 변ᄒᆞ야 ᄌᆞ유ᄒᆞᄂᆞᆫ ᄆᆞᄋᆞᆷ과 용진ᄒᆞᄂᆞᆫ 긔운을 발달ᄒᆞ야 오ᄂᆞᆯ날 뎌ᄀᆞᆺ치 문명 부강ᄒᆞ니 이 대한에도 긔독 교회가 흥왕ᄒᆞ여 빅셩의 ᄆᆞᄋᆞᆷ이 몬져 기명ᄒᆞ면 나라히 기명치 못ᄒᆞᆷ을 엇지 근심ᄒᆞ리오 ᄯᅩ 학교를 만히 셜립ᄒᆞ야 인ᄌᆡ를 교휵ᄒᆞ되 독립지심을 권면ᄒᆞ며 츙의지의를 비양ᄒᆞ야 그 빅셩이 다 학문이 잇고 ᄆᆞᄋᆞᆷ이 ᄇᆞᆰ으면 다른 나라 사ᄅᆞᆷ들이 엇지 올치 아니ᄒᆞᆫ 일노 그 정부를 위협ᄒᆞ야 토디를 토식ᄒᆞ며 그 빅셩을 일호라도 업수히 녁이리오 대한 졔군ᄌᆞᄂᆞᆫ 깁히 깁히 셩각ᄒᆞ기를 간졀히 ᄇᆞ라노라

대한크리스도인 회보

THE
KOREAN CHRISTIAN ADVOCATE.

H. G. APPENZELLER, - Editor.

TERMS:—36 cents per year, in advance. Postage extra.

WEDNESDAY, March, 21, 1900.

셔울 정동셔 일쥬 일에 ᄒᆞᆫ번식 발간 ᄒᆞᄂᆞᆫ디 아편셜라 목ᄉᆞ가 회보 샤장이 되엿더라

일년 갑슬 미리 내면 삼십 륙젼 오이 우표 갑슨 ᄯᅩ로 잇ᄂᆞ니라

삼인문답

엇던 젼도인 ᄒᆞ나히 동양 학문에 대강 셥엽이 잇더니 ᄒᆞ로는 젼도ᄎᆞ로 북촌 뉘집을 차자 그 집 쥬인은 이왕에 쥬임 ᄒᆞᆫ을 지낸 사ᄅᆞᆷ으로 문질이 빈빈ᄒᆞ고 그 샤랑에 노ᄂᆞᆫ 손님중에 ᄒᆞᆫ사ᄅᆞᆷ은 가쟝 학문이 고명ᄒᆞᆫ 션비라 젼도인이 ᄀᆞᆯᄋᆞᄃᆡ 텬하ᄂᆞᆫ ᄒᆞᆫ 집과 ᄀᆞᆺ고 ᄉᆞᄒᆡ안 사ᄅᆞᆷ은 다 형뎨라 이곳에 계신 동포들도 구셰쥬의 복음을 드러 계신니가 쥬인이 ᄃᆡ답ᄒᆞ되 나도 예수 교회의 말ᄉᆞᆷ은 드럿거니와 우리 나라의 우리 유교도도 뎌히 힝치 못ᄒᆞ거든 ᄒᆞ믈며 타국교를 어ᄂᆞ 겨를에 딩ᄒᆞ리오 젼도인이 ᄀᆞᆯᄋᆞᄃᆡ 유불 션ᄉᆡᆼ도가 모도 타국에셔 왓거늘 엇지 우리 나라 교라 ᄒᆞᄂᆞ뇨 공부ᄌᆞ는 로국 창평현 에셔 나시고 셕가여래는 텬츅국 셔란도에셔 나시니 이 교의 조샹들이 ᄒᆞ나도 대한 텬디에셔 난이는 업시되 쥬인장 말ᄉᆞᆷ이 우리 나라 교라 ᄒᆞ고 구셰쥬씌셔는 아셰아 셔편 유대국에셔 나셧ᄉᆞ나 ᄯᅩᄒᆞᆫ 대한과 ᄒᆞᆫ 부쥬안에 잇는지라 하필 외국 교라 지목ᄒᆞ고 힝치 아니 ᄒᆞᆯ것이 무ᄉᆞᆷ 곡절이니잇가 쥬인이 ᄃᆡ답ᄒᆞ되 그ᄃᆡ의 말ᄉᆞᆷ이 올키는 올ᄒᆞ나 우리나라 사ᄅᆞᆷ이 다 힝ᄒᆞ기젼에는 나도 힝ᄒᆞᆯ수 업노라 ᄒᆞ고 인ᄒᆞ야 안으로 드러가는지라 학문이 고명ᄒᆞᆫ 션ᄇᆡ 젼도인 ᄃᆞ려 말ᄒᆞ되 도라 ᄒᆞ는거시 근본 ᄒᆞ나히요 두 리치가 업ᄂᆞ니 우리가 무ᄉᆞᆷ 교를 ᄒᆞ든지 사욕을 막고 텬리를 잇게ᄒᆞ며 악ᄒᆞᆫ거ᄉᆞᆯ 징계ᄒᆞ고 착ᄒᆞᆫ거ᄉᆞᆯ 권면ᄒᆞ야 독실히 힝ᄒᆞ면 거록ᄒᆞᆫ 디경에 니를지라 하필왈 공조교니 예수교니 부쳐교니 분별ᄒᆞᆯ거시 무어시뇨 이제 창망ᄒᆞᆫ 뷘 바다 가온ᄃᆡ 울자ᄒᆞᆫ 산 ᄒᆞ나히 잇ᄉᆞ니 놉기는 구십쟝이오 ᄉᆞ방으로 올나가는 길이 잇고 산골에 시ᄂᆡ물이 ᄯᅩᄒᆞᆫ 아홉 구뷔라 사ᄅᆞᆷ이 그 산으로 올나가랴 ᄒᆞ면 무지게 다리로 건너가 아홉구뷔 시ᄂᆡ물의 근원을 ᄯᅡ라 그 산으로 올나가게 되엿ᄉᆞ니 이 산은 태초시에 조화옹의 슈단으로 태극 리치를 좃차 련작으로 된 산이라 청정ᄒᆞᆫ 디경에 경개가 졀승ᄒᆞ고 일월이 명랑ᄒᆞᆫᄃᆡ 그 산 색다기에는 다ᄉᆞᆺ 셩인이 잇셔 서로 담화ᄒᆞ며 홍샹 한가ᄒᆞ야 근심과 걱정이 업ᄉᆞ니 다ᄉᆞᆺ 셩인은 공부조와 로조와 셕가모니와 구셰쥬 예수씨와 회회교의 모합믜이라 셰샹 사ᄅᆞᆷ이 홍샹 그 산에 올나가 다ᄉᆞᆺ 셩인과 ᄀᆞᆺ치 놀고져 ᄒᆞ나 첫지는 정셩이 부족ᄒᆞ고 둘ᄌᆡ는 문호가 달나 올나 가는 길이 각각 다름이라

미완

만국쥬일공과

그리스도 씨의힝젹

뎨팔공과 삼월이십오

예수씌셔 나사렛에셔 쫏겨가심

누가복음 ᄉᆞ장 십륙절노 삼십절

十六 예수ㅣ 자ᄅᆞ나신 곳 나사렛에 니ᄅᆞ샤 안식일에 조긔 규례로 ᄯᅥ라 회당에 드러가샤 셩경을 닑고져 ᄒᆞ야 셔시매 十七 션지쟈 이사야의 칙을 드리니 칙을 펴 긔록 ᄒᆞᆫᄃᆡ로 임의 차지시매 十八 쥬의 셩신이 내게 림ᄒᆞ시니 가난ᄒᆞᆫ 이의게 아ᄅᆞᆷ다온 쇼식을 젼ᄒᆞ게 ᄒᆞ시라고 내게 기ᄅᆞᆷ을 부으시고 나ᄅᆞᆯ 보내샤 잡힌 쟈의게 다시 노힘과 눈먼 쟈의게 다시 봄을 젼파 ᄒᆞ고 패ᄒᆞᆫ 쟈ᄅᆞᆯ 조유케 ᄒᆞ고 十九 쥬의 복된 헤ᄅᆞᆯ 젼파 ᄒᆞ게 ᄒᆞ셧다 ᄒᆞ시더라 二十 예수ㅣ 칙을 덥허 집ᄉᆞ를 주시고 안지시니 회당에 잇는 쟈들이 다 눈을 ᄯᅳ혀 보더라 二一 예수ㅣ 무리의게 말ᄉᆞᆷ을 시작ᄒᆞ야 ᄀᆞᆯᄋᆞ샤ᄃᆡ 이 글을 너희 귀로 드럿시니 오ᄂᆞᆯ 응ᄒᆞ엿도다 ᄒᆞ시거ᄂᆞᆯ 二二 무리들이 다 증거ᄒᆞ고 그 입으로 나온바 은혜로온 말을 괴이히 녁여 ᄀᆞᆯᄋᆞᄃᆡ 이 사ᄅᆞᆷ이 요셉의 아ᄃᆞᆯ이 아니냐 ᄒᆞ니 二三 예수ㅣ 무리ᄃᆞ려 닐ᄋᆞ샤ᄃᆡ 너희가 필경 이런 쇽담으로 내게 말ᄒᆞ리니 의원아 네병을 곳치라 가버나옴에 ᄒᆡᆼᄒᆞᆫ거ᄉᆞᆯ 우리가 드럿ᄉᆞ니 그ᄃᆡ로 여긔 고향에셔 ᄯᅩ ᄒᆡᆼ ᄒᆞ라 ᄒᆞ리라 ᄒᆞ시고 二四 ᄯᅩ ᄀᆞᆯᄋᆞ샤ᄃᆡ 내 진실노 너희게 닐ᄋᆞ노니 션지쟈가 고향에셔 ᄃᆡ졉을 밧은쟈ㅣ 업ᄉᆞ나 二五 그러나 나ㅣ 실노 너희게 닐ᄋᆞ노니 이젼 엘니야 ᄯᅢ에 하ᄂᆞᆯ이 세ᄒᆡ 여ᄉᆞᆺᄃᆞᆯ을 닷치여 온 ᄯᅡ히 큰 흉년이 들ᄯᅢ에 이스라엘에 과부가 만ᄒᆞ되 二六 엘니야가 보내심을 밧드러 그즁에 ᄒᆞ나의게도 가지 안코 오직 시돈 ᄯᅡ헤 잇는 사렙다 고을 ᄒᆞᆫ 과부의게만 갓고 二七 ᄯᅩ 션지 엘니사 ᄯᅢ에 이스라엘에 문둥이 병든쟈ㅣ 만ᄒᆞ되 조찰ᄒᆞᆷ을 엇은 사ᄅᆞᆷ이 그즁에 ᄒᆞ나도 업ᄉᆞ나 수리아인 나아만 ᄲᅮᆫ이니라 ᄒᆞ시니 二八 회당에 잇는 쟈들이 이거ᄉᆞᆯ 듯고 다 심히 노ᄒᆞ야 二九 니러나 셩 밧그로 ᄶᅩ차 ᄂᆡ올고 그 셩 세운 산 니마에 니ᄅᆞ러 밀쳐 ᄂᆞ리치고져 ᄒᆞ되 三十 오직 그 가온ᄃᆡ로 지나 가셧ᄂᆞ니라

요지

그ᄯᅡ에 와도 그 빅셩이 ᄃᆡ졉지 아니ᄒᆞ니라 (요한일장십일절)

년ᄃᆡ

셔력 긔원후 이십팔년 정초인듯 ᄒᆞ니라

디방

나사렛

공과의구별

一 조긔의 고토에 가심 (십륙절노 이십일절)

二 조긔의 고토가 ᄃᆡ졉지 아니ᄒᆞᆷ (이십이절노 삼십절)

주셕

우리가 오ᄂᆞᆯ은 예수ᄭᅴ셔 당신의 고향 나사렛에 가심과 거긔셔 엇더케 ᄃᆡ졉 밧으신것을 공부ᄒᆞᆯ터이라 사밧날을 당ᄒᆞ야 예수ᄭᅴ셔 회당에 드러가셧ᄂᆞ니라 그회당은 ᄒᆞᆫ 방이니 그ᄯᅳᆺ은 예루살넴을 향ᄒᆞ야 문ᄃᆞ랏ᄂᆞ니라 남ᄌᆞ들은 ᄯᅡ로 ᄒᆞᆫ편으로 안고 녀인들은 살창으로 막은 뒤에 얼골을 가루고 ᄯᅩ ᄒᆞᆫ편으로 안졋ᄂᆞ니라 그중에 으ᄯᅳᆷ 되는 긔물은 칠ᄒᆞᆫ 나무로 문ᄃᆞᆫ 법궤니 ᄆᆡ양 표쟝으로 ᄭᅵ루워 두고 그궤에 잔슈ᄒᆞᆫ것은 곳 모세의 오경과 모든 션지의 문젹이니라 ᄒᆞᆫ편에 강셜ᄒᆞ는 사ᄅᆞᆷ이 잇고 례ᄇᆡ의 ᄎᆞ서는 긔도와 찬미로 시작ᄒᆞ고 그다음에 률법 몃 귀절을 랑독ᄒᆞ고 그후에 션지의 말ᄉᆞᆷ 몃 마ᄃᆡ를 닑ᄂᆞ니라 글쟝 닑는 사ᄅᆞᆷ과 모ᄒᆞᆫ 교우들이 하ᄂᆞ님 말ᄉᆞᆷ을 공경ᄒᆞᆷ으로 글쟝 닑을 ᄯᅢ에는 다 니러셔고 강론ᄒᆞᆯᄯᅢ에는 다 안ᄂᆞ니라 ○이 사밧날에 그ᄎᆡᆨ을 예수ᄭᅴ 드릴적에 그 쳐 공과를 임의 닑엇ᄂᆞ니라 그 날 공과는 이사야 륙십일쟝 일이졀이니라 이 귀절은 미시아의 본분에 지극히 아름다온 것이니라 그이의 ᄉᆞ업은 곳 빈쳔ᄒᆞᆫ 쟈의게 복음을 젼파ᄒᆞ라 ᄒᆞᆷ이오 샹ᄒᆞᆫ ᄆᆞᄋᆞᆷ을 다시 보텀ᄒᆞ야 ᄊᆞ미라 ᄒᆞᆷ이오 사로잡힌 쟈를 방셕ᄒᆞ라 ᄒᆞᆷ이오 소경을 보게ᄒᆞ라 ᄒᆞᆷ이오 샹ᄒᆞᆫ 쟈를 곳치라 ᄒᆞᆷ이니라 미시아는 곳 결박ᄒᆞᆫ것을 푸려 ᄌᆞ유식이는 이오 곳 의원이시니라

쥬의 복된ᄒᆡ

이것은 모세의 률법ᄃᆡ로 ᄆᆡ 오십ᄒᆡ 되는 ᄒᆡ니 이 ᄒᆡ에는 모든 빗진쟈와 노예를 다 방셕ᄒᆞ고 타인의 산업는 본쥬의게 도로 돌녀보내고 학정은 금지ᄒᆞᄂᆞ니라 이 ᄒᆡ는 복을 누리는 ᄒᆡ라 칭ᄒᆞ엿고 ᄯᅩᄒᆞᆫ 크리스도 나라의 참 복 밧는 긔호ㅣ니라 예수ᄭᅴ셔 그 ᄎᆡᆨ을 도로 주고 좌뎡ᄒᆞ샤 젼도를 시작ᄒᆞ시니 나사렛 사ᄅᆞᆷ들이 그 은혜로온 말ᄉᆞᆷ을 드럿ᄂᆞ니라 예수ᄭᅴ셔 그들의게 말ᄉᆞᆷᄒᆞ샤ᄃᆡ 당신이 곳 결박진것을 푸는이오 그들은 맛당히 ᄌᆞ유ᄒᆞᆷ을 엇어야ᄒᆞ겟다 ᄒᆞ시니 이 말ᄉᆞᆷ이 그 사ᄅᆞᆷ 듯기에 너무 과격ᄒᆞᆫ지라 그들이 이 두 가지 말ᄉᆞᆷ을 반ᄃᆡᄒᆞ엿ᄂᆞ니라 그들이 예수를 ᄃᆡᄒᆞ야 다른 ᄃᆡ에서 ᄒᆡᆼᄒᆞᆫ 이젹을 뵈이라 강박ᄒᆞ엿ᄉᆞ니 이는 곳 예수ᄭᅴ셔 말ᄉᆞᆷᄒᆞᆫ바를 증거ᄒᆞ라 ᄒᆞᆷ이니라 ○二四 이 귀절은 예수ᄭᅴ셔 그 사ᄅᆞᆷ들이 ᄌᆞ긔를 져희ᄒᆞ는 일을 응답ᄒᆞ여 말ᄉᆞᆷᄒᆞᆫ것이니라 잠언에 대범ᄒᆞᆫ 규례를 말ᄒᆞ엿ᄂᆞ니라 예수ᄭᅴ셔 구약에 긔록ᄒᆞᆫ 두마지 젼례를 드러 설명ᄒᆞ셧ᄂᆞ니라 이리야의 이야기는 렬왕긔 샹권 십칠쟝 구절과 십팔쟝 일졀에 긔록ᄒᆞ엿고 ᄂᆡ만의 이야기는 렬왕긔 하권 오쟝에 긔록ᄒᆞ엿ᄂᆞ니라 二八졀에 우리가 그 모힌 사ᄅᆞᆷ들이 ᄒᆞᆫ 란도가 된것을 비홀지라 그 설명ᄒᆞ신 말ᄉᆞᆷ이 그들의게 당ᄒᆞᆫ 말ᄉᆞᆷ인고로 그들이 이것을 분노ᄒᆞ엿ᄂᆞ니라 그들이 회당 자리에서 일졔히 니러나셔 예수를 ᄶᅩᆺ차내여 ᄉᆞ오십쳑 되는 졀벽 ᄭᅳᆺ ᄭᆞ지 ᄶᅩᆺ

차와 예수를 그 위험ᄒᆞᆫ 절벽 아래로 밀쳐 써룻드려 죽이려 ᄒᆞ엿ᄉᆞ나 예수ᄭᅴ셔 곳 권능을 부려 피신 ᄒᆞ셧ᄂᆞ니라

뭇ᄂᆞᆫ말

一 예수ᄭᅴ셔 어ᄂᆞ 곳으로 오셔 어ᄂᆞ 집으로 드러 가셧더뇨

二 그날이 무ᄉᆞᆷ 날이뇨

三 그ᄯᅢ에 무ᄉᆞᆷ 척을 예수ᄭᅴ 갓다 드렷더뇨

四 예수ᄭᅴ셔 어ᄂᆞ 귀절을 닑으셧ᄂᆞ뇨

五 예수ᄭᅴ셔 그척을 닑으신 후에 그 사ᄅᆞᆷ들 ᄃᆞ려 엇더케 말ᄉᆞᆷ ᄒᆞ셧ᄂᆞ뇨

六 그 사ᄅᆞᆷ들이 예수의 말ᄉᆞᆷ을 듯고 엇더케 말 ᄒᆞ엿ᄂᆞ뇨

七 션지자 그 싱장ᄒᆞᆫ 곳에셔도 ᄃᆡ졉을 밧앗다고 말ᄉᆞᆷ ᄒᆞ셧ᄂᆞ뇨

八 그ᄯᅢ에 예수ᄭᅴ셔 어ᄂᆞ 션지자 둘을 말ᄉᆞᆷ ᄒᆞ셧ᄂᆞ뇨

九 예수ᄭᅴ셔 말ᄉᆞᆷ을 맛치시매 그 사ᄅᆞᆷ들이 예수를 엇더케 ᄒᆞ엿ᄂᆞ뇨

十 예수ᄭᅴ셔 엇더케 피 ᄒᆞ셧ᄂᆞ뇨

히명ᄒᆞᄂᆞᆫ말

영국에 유명ᄒᆞᆫ 요한웨슬레씨가 ᄒᆞᆫ번은 불힝ᄒᆞ야 무뢰지ᄇᆡ의게 츙격 ᄒᆞᆫ바 되여 거의 ᄊᆞ혜 거ᄉᆞ려질번 ᄒᆞ엿ᄂᆞᆫᄃᆡ 만일 그이가 거ᄉᆞ려졋더면 그 목숨을 보젼ᄒᆞᆯ수 엽슬터인ᄃᆡ 그ᄯᅢ에 그이가 ᄲᅣᆷ을 ᄒᆞᆫ번 맛고 입에셔 피가 나오되 그 앏ᄒᆞᆫ거ᄉᆞᆯ 참고 태연히 안진 모양이 조긔 방에 혼자 안진것 ᄀᆞᆺᄒᆞ여 조긔와 그 무뢰지ᄇᆡ를 위ᄒᆞ야 긔도를 ᄒᆞ면셔 그 목숨을 애구 ᄒᆞᆯᄯᅢ에 ᄯᅩ 별안간 이샹ᄒᆞᆫ 일이 낫ᄂᆞ니라 그것은 무ᄉᆞᆷ 일인고 ᄒᆞ니 어ᄃᆡ셔 분명히 드르라고 부르ᄂᆞᆫ 소리가 나더니 그 무뢰지ᄇᆡ의 피수로 츙격 ᄒᆞ든 당자가 졸디에 변ᄒᆞ야 웨슬레씨의 보호자가 되엿더라 그ᄯᅢ에 그 무리들이 가장 뎌희가 일졔히 락종 된듯키 그 피슈쟈의 지도ᄒᆞᆷ을 좃차 홍오를 ᄎᆞ려 물너 가거ᄂᆞᆯ 웨슬레씨ᄂᆞᆫ 그졔야 무ᄉᆞ히 피ᄒᆞ여 ᄉᆞ쥬인으로 도라오니라

개가학당에ᄃᆞᆫ닌일

미국 메인이라 ᄒᆞᄂᆞᆫ 도에 사ᄂᆞᆫ 엇던 학도의 ᄉᆞ랑 ᄒᆞᄂᆞᆫ ᄂᆡ로라 ᄒᆞᄂᆞᆫ 개가 잇ᄂᆞᆫᄃᆡ 이 개ᄂᆞᆫ 근본 늬우ᄢᅡ운드랜드 개라 츄긔 ᄀᆡ학ᄒᆞᄂᆞᆫᄯᅢ를 당ᄒᆞ여 그 ᄋᆞ히 쥬인을 ᄯᆞ라 학당에 ᄃᆞ닐ᄉᆡ ᄆᆡ양 학당에 가셔ᄂᆞᆫ 문 밧게나 마당에 잔듸풀 우에 누어 학도들의 공부 맛치기를 기ᄃᆞ리다가 학도들이 공부를 파ᄒᆞ고 나아오면 ᄯᅱ놀고 즐기ᄂᆞᆫ 모양이 ᄋᆞ히들 ᄀᆞᆺᄒᆞᆫ지라 츈화 일난ᄒᆞ고 만화 방챵ᄒᆞᆫ ᄯᅢ와 구십월 가ᄂᆞᆫ 단풍 머리에ᄂᆞᆫ 잔듸닙 우에나 나무 그ᄂᆞᆯ 밋헤셔 학당 시잔을 기ᄃᆞ리ᄂᆞᆫ거시 히로울거시 엽ᄉᆞ나 동지셧달 셜한풍에야 엇지 그 한고를 밧ᄭᅴ셔 참으리오 그러나 그개ᄂᆞᆫ 불폐풍우 ᄒᆞ고 그 쥬인을 날마다 ᄯᆞ라 ᄃᆞ니더니 일일은 바람이 심히 불고 눈 보라가 쳐 눈을 ᄯᅳᆯ수가 업ᄂᆞᆫᄃᆡ 그개가 밧ᄭᅴ셔 그 치운거ᄉᆞᆯ 참다 못ᄒᆞ여 학당 것문을 발노 밀고 드러가셔 안문을 발노 글그니 션ᄉᆡᆼ이 그 소

리ᄅᆞᆯ 듯고 문을 열고보니 그 개가 쇼리ᄅᆞᆯ 두르며 ᄯᅥᆯ고 무ᄉᆞᆷ 소리ᄅᆞᆯ ᄉᆡᆼᄉᆡᆼ ᄒᆞᄂᆞᆫ것이 밧에 드러가 몸 녹이기ᄅᆞᆯ 키탁 ᄒᆞ쇼셔 ᄒᆞᄂᆞᆫ 모양이라 그 셔ᄉᆡᆼ이 ᄃᆡ답ᄒᆞ기ᄅᆞᆯ 네가 됴흔 개가 될터이면 드러오라 ᄒᆞ니 그 개가 밧으로 드러가 큰 [illegible]덕겻헤 누어 샨아난듯ᄒᆞ게 한숨을 내여 쉬ᄂᆞᆫ지라 그후브터 ᄒᆞᆨ도와 ᄀᆞᆺ치 방안으로 드러와 화덕겻헤 안ᄂᆞᆫ 절ᄎᆞ가 엄연ᄒᆞ고 단졍ᄒᆞᆫ 모양이 ᄒᆞᆨ도와 ᄀᆞᆺᄒᆞᆫ지라 겨울은 아직 다 지나지 못ᄒᆞ고 그봄은 니ᄅᆞ지 아니ᄒᆞ엿ᄂᆞᆫᄃᆡ 그 쥬인이 무ᄉᆞᆷ 볼일이 잇서서 엇던 도회쳐로 갓ᄉᆞ매 그개가 ᄒᆞᆫ자 젹막히 집에 잇더니 ᄒᆞ로ᄂᆞᆫ ᄒᆞᆨ당 ᄋᆞᄒᆡ들이 ᄎᆡᆨ과 셕판을 엽헤 ᄭᅵ고 압ᄒᆞ로 지나 가ᄂᆞᆫ것을 보더니 별안간 집으로 ᄯᅱ여 드러가 그 쥬인의 쓰던갓과 이던옷시 벽샹에 걸닌거ᄉᆞᆯ 향ᄒᆞ야 지주 거리다가 홀연히 머리ᄅᆞᆯ 도리키고 무ᄉᆞᆷ ᄉᆡᆼ각이 잇ᄂᆞᆫ것 ᄀᆞᆺ치 ᄒᆞᆨ당으로 ᄲᆞᆯ니 다라가 여젼이 발노 문을 글그니 셔ᄉᆡᆼ도 ᄯᅩᄒᆞᆫ 젼과 ᄀᆞᆺ치 문을 열어 주매 드러가 부드럽시 모든 ᄋᆞᄒᆡ들의 얼골을 ᄇᆞ라보고 젼에 안든 자리에 안더니 그날브터 비가 오던지 눈이 오던지 ᄒᆞᆨ당 시간을 어긔지 안코 죵 소리만 드르면 바로 ᄒᆞᆨ당으로 갈ᄌᆞᆯ을 알고 ᄒᆞᆨ당에셔 ᄒᆞᆨ도들이 공부ᄒᆞ다가 쉬이라고 ᄯᅩ잠간 밧그로 나아갈새면 뒤ᄅᆞᆯ ᄯᆞ라 나아가ᄂᆞᆫ 모양이 희롱쇼와 ᄒᆞᄂᆞᆫ ᄒᆞᆨ도 ᄀᆞᆺᄒᆞᆫ지라 이개가 ᄒᆞᆨ당에셔 크게 짓기ᄂᆞᆫ 다만 ᄒᆞᆫ번ᄲᅮᆫ인ᄃᆡ ᄒᆞ로ᄂᆞᆫ 쇼가 울타리ᄅᆞᆯ ᄯᅮᆯ코 마당으로 드러오ᄂᆞᆫ거ᄉᆞᆯ 그개가 ᄂᆡ다보고 들창문 우흐로 ᄯᅱ여올나 그쇼ᄅᆞᆯ 향ᄒᆞ야 크게 좃즈니 션ᄉᆡᆼ이 그 유리문을 열어주어 나아가 쇼ᄅᆞᆯ 몰아 벌셰러라 ○ 늙기ᄭᆞ지 ᄒᆞ로도 ᄲᅡ지지 아니ᄒᆞ고 일졍ᄒᆞᆫ 시간을 ᄯᆞ라 ᄃᆞ니더니 늘기에 밋처ᄂᆞᆫ ᄎᆞᆫ보ᄅᆞᆯ 옴기지 못ᄒᆞᆷ으로 샤랑 압희 누어 지나 ᄃᆞ니ᄂᆞᆫ ᄒᆞᆨ도들을 ᄒᆞᆼ샹 쥬의ᄒᆞ여 보앗ᄂᆞᆫ고로 그 ᄒᆞᆨ당에 ᄃᆞ니든 ᄒᆞᆨ도들은 남녀간의 지금ᄭᆞ지 그개의 ᄒᆞᆨ당 ᄃᆞ닌일을 니져 ᄇᆞ리지 안코 ᄒᆞᆼ샹 말ᄒᆞ다더라

본회광고

본회에셔 이 회보ᄅᆞᆯ 젼년과 ᄀᆞᆺ치 일쥬일에 ᄒᆞᆫ번식 발간 ᄒᆞᄂᆞᆫᄃᆡ 새로 륙폭으로 작뎡 ᄒᆞ고 ᄒᆞᆫ장갑슨 엽젼 오푼이오 ᄒᆞᆫ돌갑슬 미리 내면 젼과 ᄀᆞᆺ치 엽젼 ᄒᆞᆫ돈 오푼이라 본국 교우나 셔국 목ᄉᆞ나 교외 친구나 만일 사셔 보고져 ᄒᆞ거든 졍동 아펜셜라 목ᄉᆞ 집이나 죵로 대동셔시에 가셔 사시옵

죵로대동셔시광고

우리 셔사에셔 셩경 신구약과 찬미가칙과 교회에 유익ᄒᆞᆫ 여러가지 셔칙과 시무에 긴요ᄒᆞᆫ 셔칙들을 팔되 갑시 샹당 ᄒᆞ오니 ᄒᆞᆨ문샹과 시무변에 ᄯᅳᆺ이 잇ᄂᆞᆫ 군ᄌᆞ들은 만히 사셔 보시옵

대영국셩셔공회광고

새로 간츌 ᄒᆞᆫ거ᄉᆞᆫ 로마 가라태 골노시 야고보 베드로 젼후셔 티모데 젼후셔니 사셔 보실이ᄂᆞᆫ 회샤쥬인 견묘 션ᄉᆡᆼ 씌로 오시옵

뎨ᄉᆞ권

그리스도인

뎨십삼호

설명홈

본회보 뎨십호 오폭에 크게 병 드럿다 ᄒᆞᆫ 문뎨에 ᄃᆡᄒᆞ여 첫지는 사ᄅᆞᆷ의 허물을 칙망 ᄒᆞᄂᆞᆫ 법을 말ᄒᆞ엿고 둘지ᄂᆞᆫ 사ᄅᆞᆷ들의게 각기 흠졀이 되ᄂᆞᆫ것을 긔록ᄒᆞ엿고 셋지ᄂᆞᆫ 무ᄉᆞᆷ 일이 든지 진실ᄒᆞᆫ ᄆᆞᄋᆞᆷ으로 힝 ᄒᆞ여야 당연 ᄒᆞ다 말ᄒᆞ엿더니 져간에 조미를 즁에서 몃몃분이 ᄉᆡᆼ각 ᄒᆞ기를 이것이 ᄒᆞᆫ 사ᄅᆞᆷ 누구를 지목 ᄒᆞ여 말ᄒᆞᆫ것이라 ᄒᆞ고 발론ᄒᆞ기를 이러ᄒᆞᆫ 사ᄅᆞᆷ이 우리 녀인들 즁에 잇스면 그여히 권면 ᄒᆞ야 곳치게 ᄒᆞ자고 그 사ᄅᆞᆷ이 누구인가 ᄒᆞ고 얼마큼 불평ᄒᆞᆫ ᄆᆞᄋᆞᆷ들이 싱겻다 ᄒᆞ니 미우 불안ᄒᆞᆫ 일이나 그 긔록ᄒᆞᆫ 사ᄅᆞᆷ의 본의인즉 ᄒᆞᆫ 사ᄅᆞᆷ을 지목 ᄒᆞ여 ᄒᆞᆫ것이 아니라 각인의 병통이 된바를 ᄀᆞᄅᆞ쳐 후폐 될바를 경계 ᄒᆞᆷ이라 ᄒᆞᄂᆞᆫ고로 이번에 다시 설명 ᄒᆞ오니 ᄇᆞ라옵건ᄃᆡ 우리 회보 보시ᄂᆞᆫ 쳠군ᄌᆞᄂᆞᆫ 다시 이 회보를 보시고 각기 ᄆᆞᄋᆞᆷ을 ᄉᆞᆲ혀 이 말노 인ᄒᆞ야 유익 홈이 만히 잇기를 ᄇᆞ라노라

찬미가다ᄉᆞᆺ번재츌판홈

경향 각쳐에 우리 쥬를 밋ᄂᆞᆫ 교우들이 오래 기ᄃᆞ리고 찻고 ᄇᆞ람으로 소원을 일우지라 이번에 츌판ᄒᆞᆫ 찬미가ᄂᆞᆫ 큰 글조로 박혓사니 로인도 보시기 됴홀 거시오 이젼 찬미 보담 쟝수를 갑졀이나 더 만케 ᄒᆞ야 합 일빅 칠십 륙쟝을 편집ᄒᆞ엿고 그아래 긔도문과 십계와 셩경과 여러 가지 례문을 긔지ᄒᆞ엿시니 초뎨가 젼과 굿지 아니 ᄒᆞ나 사ᄅᆞᆷ의 ᄆᆞᄋᆞᆷ과 소리 경우에 합당ᄒᆞᆫ 말ᄉᆞᆷ이 구비ᄒᆞ야 로인과 ᄋᆞᄒᆡ들의 각각 됴와홈과 쳥년 회원들의 외인을 권면 ᄒᆞᄂᆞᆫ 곡됴가 다 그즁에 잇ᄉᆞ오니 좀 조미 잇고 ᄲᅮᆫ만ᄒᆞᆫ지라 우리ᄂᆞᆫ 션싱부인 노월나씨와 됴원시 목ᄉᆞ씨셔 이러케 근로 ᄒᆞ야 번역 ᄒᆞᆫ거ᄉᆞᆯ 치하ᄒᆞᆯᄲᅮᆫ 아니라 좀 감샤히 녁이오

○ 찬미 갑슨 이십젼식인ᄃᆡ 원ᄒᆞ고 기ᄃᆞ리든 교우들이 다 사셔 보실줄 밋고 ᄇᆞ라노라

회랍교젼파홈

아라사 회랍교 신부가 향일에 경셩에 드러 와셔 아라샤 공ᄉᆞ와 홈끠 폐현 ᄒᆞ엿다ᄂᆞᆫᄃᆡ 현금 아관에 잇서셔 젼쥬일브터 교인을 모집ᄒᆞ야 례비를 힝 ᄒᆞ엿다더라

대한크리스도인 회보

THE
KOREAN CHRISTIAN ADVOCATE.
H. G. APPENZELLER, - Editor.
TERMS:—36 cents per year, in advance. Postage extra.
WEDNESDAY, March, 28, 1900.

셔울 정동셔 일쥬일에 ᄒᆞᆫ번식 발간ᄒᆞ는ᄃᆡ 아편셜라목ᄉᆞ가 회보 샤쟝이 되엿더라

일년 갑슬 미리 니면 삼십륙젼 오이우표 갑슨 ᄯᅩ로 잇ᄂᆞ니라

삼인문답 쇽젼호

션ᄇᆡ 골ᄋᆞᄃᆡ 그 산 우혜 아모 사ᄅᆞᆷ이던지 올나만 갓시면 다ᄉᆞᆺ 셩인을 ᄆᆞᄋᆞᆷᄃᆡ로 맛나 ᄇᆞ렷마는 동셔남북에 각각 길이 다른고로 이 길노 가는 사ᄅᆞᆷ은 뎌 길노 가는 사ᄅᆞᆷ을 비방ᄒᆞ고 동으로 향ᄒᆞ는 이는 셔으로 향ᄒᆞ는 이를 뮈워ᄒᆞ야 조긔의 쥬견ᄃᆡ로 셔로 ᄉᆡ긔ᄒᆞ다가 부지즁에 슈젼히 착ᄒᆞᆫ 도심을 닐허ᄇᆞ리기로 ᄇᆞᆰ은 거울이 어두어지고 ᄆᆞᆰ은 물결이 흐리여져셔 덕량의 ᄆᆞᄋᆞᆷ과 본연ᄒᆞᆫ 셩픔이 변ᄒᆞ야 가든 길을 즁도폐지 ᄒᆞᄂᆞ니 엇지 그 산우헤 득달ᄒᆞ야 다ᄉᆞᆺ 셩인 보기를 ᄇᆞ라리오 실노 이셕ᄒᆞᆫ 일이라 나의 ᄉᆡᆼ각에는 무론 아모 교ᄒᆞ고 진심 진력ᄒᆞ야 독실히 향ᄒᆞ엿시면 반ᄃᆞ시 셩인 디경에 가렷마는 향샹 샤욕을 니긔지 못ᄒᆞᆷ으로 거룩ᄒᆞᆫ 디위에 밋자 못ᄒᆞᆫ다 ᄒᆞ노라 젼도인이 골ᄋᆞᄃᆡ 션ᄉᆡᆼ의 학문이 가장 고명ᄒᆞ고 말ᄉᆞᆷ이 근리ᄒᆞ거니와 그러치 아니ᄒᆞᆫ 곡졀이 잇ᄉᆞ니 구세쥬 예수ᄭᅴ셔는 공ᄆᆡᆼᄌᆞ나 로불ᄌᆞ ᄀᆞᆺᄒᆞᆫ 셩현이 아니라 곳 하ᄂᆞ님이시니 강ᄉᆡᆼᄒᆞ신셰 브터 남녀교합ᄒᆞ야 나신이가 아니라 셩신으로 동졍녀의게 잉ᄐᆡᄒᆞ셧고 이 셰샹에 오샤 ᄒᆡᆼᄒᆞ신 바 일을 보건ᄃᆡ 죽은자를 살니시며 병든자를 곳치시되 소경을 보게ᄒᆞ며 귀 먹은자를 듯게 ᄒᆞ며 안잔방이를 ᄃᆞ니게 ᄒᆞ시며 문ᄃᆞᆼ이를 졍결케 ᄒᆞ시고 다ᄉᆞᆺ개 ᄯᅥᆨ과 두마리 ᄉᆡᆼ션으로 오쳔 사ᄅᆞᆷ을 먹이셧시니 이러ᄒᆞᆫ 권능과 이적은 셩인ᄇᆡ의 못 ᄒᆞᆯ일이라 그즁에 뎨일 큰 일은 십ᄌᆞ가에 못박혀 도라가샤 만국 만민의 죽을 죄를 ᄃᆡ속ᄒᆞ여 주심이라 당초에 삼위 일톄 되시는 하ᄂᆞ님으로 셰샹에 강ᄉᆡᆼᄒᆞ신고로 하ᄂᆞ님의 권능을 가지셧시니 범샹ᄒᆞᆫ 셩인으로 비교ᄒᆞ야 말ᄒᆞᆯ수 업고 태셔 각국이나 동양 졔국이나 고왕 금ᄅᆡ에 ᄒᆞᆯ노 ᄒᆞ나ᄲᅮᆫ 되시는 구셰쥬시니 오직 밋는 쟈는 구원ᄒᆞᆷ을 엇어 령혼이 영ᄉᆡᆼᄒᆞᆯ거시오 밋지 아니ᄒᆞ는 쟈는 하ᄂᆞ님ᄭᅴ셔 죄를 뎡ᄒᆞ샤 령혼을 길이 죽게 ᄒᆞ셧다 ᄒᆞ셧시니 션ᄉᆡᆼᄭᅴ셔도 죽기를 슬혀ᄒᆞ고 길이 살기를 원ᄒᆞ거든 어두온ᄃᆡ를 ᄇᆞ리고 ᄇᆞᆰ은 빗흐로 나아 오시기를 ᄇᆞ라ᄂᆞ이다 그 션ᄇᆡ 듯기를 맛치매 링소ᄒᆞ고 골ᄋᆞᄃᆡ 공ᄌᆞ 말ᄉᆞᆷ에 착ᄒᆞᆫ거술 ᄒᆞ는 쟈는 하ᄂᆞᆯ이 복을 주신다 ᄒᆞ셧시니 오직 착ᄒᆞᆫ일만 ᄒᆞ엿시면 복을 밧는다 ᄒᆞ고 젼도인의 말을 밋지 아니 ᄒᆞ니라 최병헌

엡웟청년회긔도회 문뎨

ᄉᆞ월

一 나사로를죽엄에셔 살녀주심
요한 十一장三十二ㅣ四十五

二 뵈대니에셔기름을 바름
요한 十二장 一ㅣ十一

三 겸손ᄒᆞ심
요한 十三장 一ㅣ十七

四 예수씨는우리길과 ᄎᆞᆷ리치와싱명되심
요한 十四장 一ㅣ十四

오월

一 보혜ᄉᆞ를허락ᄒᆞ심
요한 十四장 十九ㅣ二十七

二 포도나무와그가지 들
요한 十五장 一ㅣ十二

三 예수씨잡혀가심
요한 十八장 一ㅣ十四

四 예수씨졔ᄉᆞ졔쟝의 지판을밧으심
요한 十八장 十五ㅣ二十七

륙월

一 예수씨빌나도의지 판을밧으심
요한 十八장 二十七ㅣ四十

二 십ᄌᆞ가에못박히심
요한 十九장 十七ㅣ三十

三 예수씨다시살아나 심
요한 二十장 十一ㅣ二十

四 우리가예수로인ᄒᆞ야새로히살아남
골노시 三장 一ㅣ十五

쟝단셔온편지

쟝단군 부율 셔에 사는 죠션지씨는 농부로 집이 넉넉지 못ᄒᆞ즁 그 부인은 쟝속병으로 싀음ᄒᆞ더니 작년 가을에 그 아ᄃᆞᆯ은 리질노 넉ᄃᆞᆯ지 알코 그 조부는 안질이 심ᄒᆞ야 빅티가 셔여 아조 보지 못ᄒᆞ니 집안이 슈란ᄒᆞ야 ᄒᆞ로는 죠씨가 숑도로 드러와 복쟈를 ᄎᆞ져 길흉을 졈코ᄌᆞᄒᆞᆯ시 숑도 남문에 니르러는 ᄆᆞ음이 이샹ᄒᆞ야 무심히 남으로 향ᄒᆞ고 가면셔 ᄉᆡᆼ각ᄒᆞ니 젼일에

ᄒᆞᆫ 밍인이 길가 집에 안자 글을 외오던지라 그집을 ᄎᆞ자가 밍인을 보고 문복코쟈 ᄒᆞᆫᄃᆡ 그 밍인의 말이 졈은 다 거즛거시요 죠곰도 유익ᄒᆞᆯ것 업시니 오직 우리 쥬 [illegible]수 크리스도를 진실히 밋고 츔[illegible] 하ᄂᆞ님ᄭᅴ 긔도 ᄒᆞ자 ᄒᆞ니 이 밍인은 감리회 젼도ᄒᆞᄂᆞᆫ 빅사겸씨요그 집은 셩경착샤라 죠션지씨가 감동ᄒᆞ야 곳 빅사겸씨와 ᄀᆞᆺ치 엽ᄃᆡ여 긔도ᄒᆞ고 나갓더니 집에 가본즉 그 아들과 조부가 다 나흔지라 어ᄂᆞ세 나흐냐 무르니 그세ᄂᆞᆫ 곳 빅씨와 긔도 ᄒᆞᆫ세라 그날 브터 그 온 집안이 다 열심으로 쥬를 밋고 감ᄉᆞᄒᆞ야 긔도ᄒᆞ나 그 부인 쇽병도 ᄎᆞᄎᆞ 나흔지라 이럼으로 그 동리 사ᄅᆞᆷ들이 ᄯᅩᄒᆞᆫ 밋ᄂᆞᆫ쟈ㅣ 열둘이오 쥬일마다 관광쟈ㅣ 만ᄉᆞ오니 이 이젹은 요한복음 ᄉᆞ쟝에 잇ᄂᆞᆫ 왕신의 아ᄃᆞᆯ과 다ᄅᆞᆷ이 업ᄉᆞ오니 우리들이 츰 영광을 하ᄂᆞ님ᄭᅴ 밧치옵고 다시 비옵기ᄂᆞᆫ 곳곳마다 이런 령젹을 만히 나타내샤 모든 우미ᄒᆞᆫ 쟈를 다 구원ᄒᆞ여 주옵소셔 나의 반셕과 나를 구쇽ᄒᆞ시ᄂᆞᆫ 하ᄂᆞ님이시여 내입에 말ᄉᆞᆷ과 내ᄆᆞ음의 ᄉᆡᆼ각을 깃부게 드ᄅᆞ소셔

셜양면

원슈들을서로화친ᄒᆞᆷ

례비일 학당 타임스라 ᄒᆞᄂᆞᆫ 신문에 말ᄒᆞ기를 (쥬를 깃부시게 ᄒᆞᄂᆞᆫ 사ᄅᆞᆷ이 여러 사ᄅᆞᆷ 들의게 원슈가 되ᄂᆞᆫ것이 젹실 ᄒᆞ니 대개 하ᄂᆞ님의 원슈가 되ᄂᆞᆫ 쟈들은 하ᄂᆞ님을 친ᄒᆞᆫ 사ᄅᆞᆷ들의게도 원슈가 되ᄂᆞᆫ 거시 분명ᄒᆞᆫ지라 원슈들이 잇슴으로 쥬를 깃부시게 ᄒᆞᄂᆞᆫ 증거가 되지 아니ᄒᆞ고 쥬를 깃부시게 ᄒᆞ자면 원슈가 ᄉᆡᆼ기ᄂᆞ니 쥬를 깃부시게 ᄒᆞ고 여러 사ᄅᆞᆷ들의게 원슈가 될세에 참고 ᄉᆞ랑ᄒᆞ고 신실ᄒᆞ면 필경에ᄂᆞᆫ 원슈가 도로겨 화목 ᄒᆞᄂᆞ니라) ᄒᆞ엿더라

본회광고

본회에셔 이 회보를 젼년과 ᄀᆞᆺ치 일쥬일에 ᄒᆞᆫ번식 발간ᄒᆞᄂᆞᆫᄃᆡ 새로 륙폭으로 작명ᄒᆞ고 ᄒᆞᆫ쟝갑슨 엽젼 오푼이오 ᄒᆞᆫ들갑슬 미리 내면 젼과 ᄀᆞᆺ치 엽젼 ᄒᆞᆫ돈 오푼이라 본국 교우나 셔국 목ᄉᆞ나 교외 친구나 만일 사셔 보고져 ᄒᆞ거든 졍동 아펜셜라 목ᄉᆞ 집이나 종로 대동셔시에 가셔사시옵

죵로대동셔시광고

우리 셔사에셔 셩경 신구약과 찬미가칙과 교회에 유익ᄒᆞᆫ 여러가지 셔칙과 시무에 긴요ᄒᆞᆫ 셔칙들을 팔되 갑시 샹당 ᄒᆞ오니 학문샹과 시무변에 ᄯᅳᆺ이 잇ᄂᆞᆫ 군ᄌᆞ들은 만히 사셔 보시옵

대영국셩셔공회광고

새로 간츌 ᄒᆞᆫ거손 로마 가라태 골노시 야고보 베드로 젼후셔 티모데 젼후셔니 사셔 보실이ᄂᆞᆫ 회샤쥬인 견묘 션ᄉᆡᆼᄭᅴ로 오시옵

데ᄉᆞ권

대한그리스도인회보

데십ᄉᆞ호

징남포회당을밧침

우리가 삼화교우 안긔덕씨의 편지를 본즉 그곳에는 젼년륙월 브터 일년에 몃번식 사경회 ᄒᆞ기를 작뎡 ᄒᆞ엿고 금년에는 평양 노블 목ᄉᆞ씌셔 오샤 삼월 초륙일 브터 긔회 ᄒᆞ고 셩경을 공부 ᄒᆞ다가 초십일 하오에 파회 ᄒᆞ엿는ᄃᆡ 오신 형뎨들은 평양 강셔 룡간 함종 등디에셔 오셧고 모힌이는 형뎨와 ᄌᆞᄆᆡ 합 칠십 ᄉᆞ인이오 공부ᄒᆞᆫ 거ᄉᆞ 마태 누가 요한복음이라 미우 ᄌᆞ미 잇게 공부 ᄒᆞ엿시며 셩신의 도으심으로 하ᄂᆞ님의 츙신ᄒᆞᆫ 병뎡이 되여 여셩 ᄒᆞᄂᆞᆫ 군량을 만히 어덧ᄉᆞ오니 마귀의 진을 가히 대뎍ᄒᆞᆯ지라 그즁에 참으로 셩실ᄒᆞᆫ 졍셩 둘이 잇ᄉᆞ니 ᄒᆞ나ᄒᆞᆫ 차씨부인 소파라 힝년 칠십오셰에 빅슈 로샹으로 날마다 셩경을 공부ᄒᆞ며 쥬야로 찬미 긔도ᄒᆞ야 셩신의 감화를 밧엇고 ᄒᆞ나는 윤셕호씨의 륙셰된 녀ᄋᆞ라 비록 어리나 셩경 문답과 찬미가를 능통 ᄒᆞ엿시며 셩신의 부라심으로 쟝래에 큰 그릇시 될지라 ○십일일 례비에 목당을 하ᄂᆞ님ᄭᅴ 밧쳣ᄉᆞ오며 목ᄉᆞ와 남녀 교우들이 모히여 회ᄉᆞ씌셔 굴으ᄃᆡ 젼도 ᄒᆞ기를 위ᄒᆞ여 월연금을 보조ᄒᆞᆷ이 엇더ᄒᆞ뇨 무ᄅᆞ시매 여러 형뎨들이 닷토아 연보를 ᄌᆞ원ᄒᆞ니 ᄆᆡ월 슈합 ᄒᆞ는돈이 엽으로 삼십이량이라 춤 깃부고 감샤ᄒᆞᆫ 일이라 ᄒᆞ엿더라

과쳔편지

과쳔 덕고기 교우 허대진씨는 강싱 일쳔 팔빅 구십오년에 셰례를 밧고 쳔 팔빅 구십 륙년에 입교 ᄒᆞᆫ후로 눈에 보이는 육신과 우샹과 셰샹 영화를 브리고 눈으로 볼수 업는 령혼과 하ᄂᆞ님과 텬국 복락을 위ᄒᆞ야 농ᄉᆞ ᄒᆞ든 ᄂᆞᆷ의 졔위답 수십셕락을 브리니 일노좃차 육신의 싱이가 령락 ᄒᆞᆫ지라 근근히 런명 ᄒᆞ다가 긔한을 견ᄃᆡ지 못ᄒᆞ야 본년 이월에 병이 나매 우리들이 그 졍지를 불샹히 녁여 하ᄂᆞ님ᄭᅴ 긔도 ᄒᆞ더니 초팔일에 그 형뎨가 찬미 긔도 ᄒᆞ고 ᄌᆞ긔 ᄌᆞ녀를 교우의게 부탁 ᄒᆞ야 하ᄂᆞ님의 도를 ᄀᆞᄅᆞ치라 ᄒᆞ고 인ᄒᆞ야 셰샹을 써나매 우리들이 교중 법례대로 장ᄉᆞ ᄒᆞ고 허씨의 쳐ᄌᆞ를 심히 위로 ᄒᆞ야 긔도ᄒᆞ노라 ᄒᆞ엿더라

대한크리스도인회보

THE
KOREAN CHRISTIAN ADVOCATE.
H. G. APPENZELLER, - *Editor.*
TERMS:—36 cents per year, in advance. Postage extra.
WEDNESDAY, April, 4, 1900.

셔울 졍동셔 일쥬일에 ᄒᆞᆫ번식 발간ᄒᆞᄂᆞᆫᄃᆡ 아펜셜라 목ᄉᆞ가 회보 샤쟝이 되엿더라

일년 갑슬 미리 내면 삼십륙젼
오이우표 갑슨 ᄯᅩ로 잇ᄂᆞ니라

두가지요긴홈

사ᄅᆞᆷ이 쳣재ᄂᆞᆫ 어려온 일을 당ᄒᆞᆯ때에 ᄒᆞᆼ샹 ᄎᆞᆷ고 견ᄃᆡ여 마귀유혹에 ᄲᅡ지지 말거시요 둘재ᄂᆞᆫ ᄉᆞ랑ᄒᆞᄂᆞᆫ ᄆᆞᄋᆞᆷ으로 형뎨의 허믈을 용셔ᄒᆞ야 졍의를 손샹케 말며 화긔가 ᄒᆞᆼ샹 융융케 ᄒᆞᆯ지라 쥬 ᄀᆞᄅᆞ사ᄃᆡ 시몬 시몬아 사탄이 너희 무리를 보리ᄀᆞᆺ치 ᄎᆡ분다 ᄒᆞ셧시니 (누가 이십이쟝 삼십일졀) 마귀의 간샤ᄒᆞᆫ 계교가 ᄒᆞᆼ샹 사ᄅᆞᆷ의 ᄆᆞᄋᆞᆷ을 엿보다가 만일 조고만 혼단이 잇심을 보면 반ᄃᆞ시 계졔를 ᄯᅳ셔 그 사ᄅᆞᆷ을 유혹ᄒᆞ야 죄에 ᄲᅡ지게 ᄒᆞᄂᆞ니 녜젼에 아담과 이와를 유혹ᄒᆞ엿시며 ᄀ빅과 사울노를 시험ᄒᆞ엿고 유대 ᄆᆞᄋᆞᆷ에 드려가 구세쥬를 팔게 ᄒᆞᆫ지라 흉악ᄒᆞᆫ 마귀는 능히 하ᄂᆞ님의 아ᄃᆞᆯᄭᆞ지 시험ᄒᆞ거든 ᄒᆞ믈며 우미ᄒᆞ고 무지ᄒᆞᆫ 셰샹 사ᄅᆞᆷ이리오 실노 두렵고 경계ᄒᆞᆯ 일이라 ᄉᆞ도 바울노 ᄀᆞᄅᆞᄃᆡ 환난이 인ᄂᆡᄒᆞᆷ을 내고 인ᄂᆡ가 련달홈을 내고 련달이 ᄇᆞ람을 내다 ᄒᆞ엿시니 우리 쥬를 밋ᄂᆞᆫ 쟈ㅣ 사쇼ᄒᆞᆫ 분노를 능히 참지 못ᄒᆞ면 반ᄃᆞ시 유혹에 셕려질 거시오 셩신과 ᄀᆞᆺ치 잇지 아니ᄒᆞ면 필경은 시험을 니기지 못ᄒᆞ리니 엇지 셩령의 감화를 밧엇다 ᄒᆞ리오 우리가 대단히 조심ᄒᆞᆯ거시오 쥬 ᄀᆞᄅᆞ사ᄃᆡ 형뎨의 허믈을 용셔ᄒᆞ되 엇지 일곱번만 ᄒᆞ리오 칠십번으로 샹샹ᄒᆞ도록 사유ᄒᆞ라 ᄒᆞ셧시니 (마태 십팔쟝 이십이졀) 우리 쥬를 밋ᄂᆞᆫ 교우들은 반ᄃᆞ시 쥬의 훈계를 좃차 형뎨즁에 허믈이 잇거든 서로 ᄎᆞᆷ고 용셔ᄒᆞ야 졍의를 ᄒᆞᆼ샹 화목케 ᄒᆞᆯ지라 우리가 다만 우리를 ᄉᆞ랑ᄒᆞᄂᆞᆫ쟈만 ᄉᆞ랑ᄒᆞ고 뮈워 ᄒᆞᄂᆞᆫ쟈를 서로 뮈워ᄒᆞᆯ진ᄃᆡ 교외 사ᄅᆞᆷ보다 나흘거시 무어시뇨 그런고로 령혼을 ᄎᆞᆷ 구원코져 ᄒᆞᄂᆞᆫ 형뎨들은 허믈을 서로 사유ᄒᆞ며 우리를 군축ᄒᆞ고 해롭게 ᄒᆞᄂᆞᆫ쟈ᄭᆞ지 됴케 보고 우리 쥬 붉은빗가온ᄃᆡ ᄒᆞᆼ샹 셩신과 ᄀᆞᆺ치 잇서셔 마귀의 유혹이 올 때에 구세쥬의 능력으로 시험을 니긔고 죄가온ᄃᆡ ᄲᅡ지지 말거시니 이 두가지 요긴ᄒᆞᆫ 일은 사ᄅᆞᆷ마다 조긔의 당연ᄒᆞᆫ 직분으로 알고 ᄒᆞᆼ샹 긔도ᄒᆞ며 ᄒᆞᆼ샹 경셩ᄒᆞ야 녜젼 긔습과 더러온 ᄒᆡᆼ실은 다 십조가에 못질ᄒᆞ야 죽이고 셩신으로 다시 난 사ᄅᆞᆷ이 되게드면 교즁에 조연히 시비도 업실거시오 무ᄉᆞᆷ 일이던지 서로 합심 되기가 쉽고 마귀는 물녀가며 련소ᄒᆞᄂᆞᆫ 복죵ᄒᆞ야 우리 육신이 비록 이 셰샹에 잇슬지라도 령혼은 ᄒᆞᆼ샹 거룩ᄒᆞᆫ 텬국에 잇슬지니 엇지 ᄀᆞᆺ부지 아니리오 ᄇᆞ라건ᄃᆡ 우리 형뎨와 ᄌᆞ미들은 이 두가지 요긴ᄒᆞᆫ 일을 힘써 힝ᄒᆞᆯ진뎌

만국쥬일공과

그리스도
씨의힝젹

그리스도의부활ᄒᆞ심

뎨십공과 ᄉᆞ월팔일

마가복음 십륙장 일졀노 팔졀

一 안식일이 지나매 막달나 마리
아와 야고보의 어머니 마리아와
또 살노메가 향속을 사 가지고
와셔 예수씨 발나 드리랴 ᄒᆞ야
二 칠일 첫날에 미우 일죽이 히
돗을 새에 그 무덤으로 오다가
三 셔로 말ᄒᆞ되 누가 우리를 위
ᄒᆞ야 뎌 무덤 문에셔 돌를 구을
녀 주리오 ᄒᆞ더니 四 ᄇᆞ라 본즉
돌을 발셔 구울녀 노앗고 그 돌
온 심히 큰지라 五 무덤에 드러
가 ᄒᆞᆫ 쇼년이 흰옷솔 닙고 우편
에 안진거솔 보고 놀나매 六 쇼
년이 닐으되 놀나지 말나 너희
가 십ᄌᆞ가에 못 박혓던 나사렛
인 예수를 ᄎᆞᆺᄂᆞᆫ고나 그가 다시
니러나셧고 여긔 계시지 아니
ᄒᆞ니 시톄 두엇던 곳을 보라
七 가셔 그의 뎨ᄌᆞ들과 베드로의
게 닐으기를 예수씨셔 너희 보
다 몬져 갈닐니로 가시리니 젼
에 너희게 말솜 ᄒᆞ신ᄃᆡ로 너희
가 거긔셔 뵈오리라 ᄒᆞ거놀 ᄉᆞ녀
인들이 나와 무덤에셔 ᄃᆞ라나고
ᄯᅥᆯ며 놀나여 아모ᄃᆞ려 말 ᄒᆞᆫ 마
ᄃᆡ도 ᄒᆞ지 못ᄒᆞᆷ은 무셔워 ᄒᆞᆷ일
너라

요지

다만 그리스도씨셔 진실노 죽은
으로 다시 니러나셔 자다가 니
러ᄂᆞᆫ 모든이의 머리가 되엿ᄂᆞ니
라 (가림다젼셔십오장이십졀)

년ᄃᆡ

유월졀 후 쥬일이오 십ᄌᆞ가에
못 박은후 뎨 삼일이니라

디방

예루살넴

공과의구별

一 셩묘 ᄒᆞᄂᆞᆫ 사ᄅᆞᆷ (일―이졀)
二 무덤 문 막은돌 (삼―ᄉᆞ졀)
三 텬ᄉᆞ (오―팔졀)

주셕

안식일이지나매 어ᄂᆞᆫ유
대사ᄅᆞᆷ의 사밧날이 지나고 지
금 우리가 직희ᄂᆞᆫ 쥬일이 시작
ᄒᆞᆫ 날이니라 그 녀인들이 예수
의 신톄에 바르랴고 향료를 가
져 온거슨 곳 유대 사ᄅᆞᆷ의 풍쇽
이니라 이 녀인들이 일죽이 동
틀새에나 히 돗을새에 무덤에 왓
ᄂᆞ니라 그들이 비록 예수의 무
리나 예수씨셔 당신 말솜과 ᄀᆞᆺ
치 다시 니러 나실줄을 확실히
밋지 아니 ᄒᆞ엿ᄂᆞ니라 만일 그
들이 말을 밋엇ᄉᆞ면 신톄에 바
를 향료를 가져 오지 아니 ᄒᆞ엿
슬터이니라 **무덤문에셔돌
을구을녀** 그 돌은 크고 둥굴
어 미우 무거온 돌이라 그 녀인
들이 다만 이 돌을 구울녀 닐
일노만 걱정 ᄒᆞ엿ᄉᆞ니 피랍다가
그 돌을 발셔 봉쇄 ᄒᆞ고 그무덤
을 병뎡으로 파슈 ᄒᆞᆫ거슨 아지
못ᄒᆞᆫ듯 ᄒᆞ니라 **무덤에드러
가** 그 녀인들이 그 무덤 밧겨

잔에 흐려 갓ᄉᆞ니 이잔은 ᄉᆞ방수쳑이 되엿ᄂᆞᆫ듯 ᄒᆞ니라 **ᄒᆞᆫ소년** 모양은 사ᄅᆞᆷ과 ᄀᆞᆺᄒᆞ나 셩픔은 곳 텬ᄉᆞ 라 그 녀인들이 그ᄅᆞᆯ 만날ᄯᅢ에 우편에 안졋셧ᄂᆞ니라 그 녀인들이 보고 놀낸거ᄉᆞᆫ 이샹 ᄒᆞᆯ거시 업ᄂᆞ니라 **놀나지 말나** 그 텬ᄉᆞ가 그 파슈 ᄒᆞᄂᆞᆫ 병뎡들의게ᄂᆞᆫ 위엄을 뵈엿ᄉᆞ나 어 예수ᄅᆞᆯ ᄉᆞ랑 ᄒᆞᄂᆞᆫ 친구의게ᄂᆞᆫ 화평ᄒᆞᆫ 말노 이야기 ᄒᆞ고 ᄯᅩ 그들의 ᄆᆞᄋᆞᆷ을 견고케 ᄒᆞ엿ᄂᆞ니라 너희가 예수ᄅᆞᆯ 찻ᄂᆞᆫ다 마ᄂᆞᆫ 그가 다시 니러 나셔셔 여긔 계시지 아니 ᄒᆞ니 시톄 두엇던 곳을 보라 ᄒᆞᆫ 말은 춤 가히 ᄆᆞᄋᆞᆷ을 안위 ᄒᆞᆯ만ᄒᆞᆫ 말솜 이로다 七 그 텬ᄉᆞᄂᆞᆫ 그 녀인들을 위 ᄒᆞ야 봉명 ᄒᆞ고 온이니라

뎨ᄌᆞ들파 베드로의게

그가 특별ᄒᆞᆫ 긔별을 늣게 ᄭᆞ지 졔의 쥬ᄅᆞᆯ 모론다 모피 ᄒᆞ던 베드로의게 보내엿ᄉᆞ니 예수ᄯᅢ셔ᄂᆞᆫ 이ᄯᅢᄭᆞ지 이 사ᄅᆞᆷ을 ᄉᆞ랑ᄒᆞ심이니라 그 녀인들이 텬ᄉᆞ의 니ᄅᆞᄂᆞᆫ 말을 다 드렷ᄉᆞ나 ᄆᆡ우 무셔워 ᄒᆞ야 그 무덤에셔 급히 나아와 이 이야기ᄅᆞᆯ 그 문도들을 맛나 니ᄅᆞ기 젼에ᄂᆞᆫ 아모의게도 말ᄒᆞ지 아니 ᄒᆞ엿ᄂᆞ니라

뭇ᄂᆞᆫ 말

一 예수의 시톄ᄅᆞᆯ 장ᄉᆞᄒᆞᆫ 곳이 어ᄃᆡ뇨

二 그 곳이 뉘뫼뇨

三 그ᄯᅢ에 그 곳에 가던 부인들의 일홈들이 무어시뇨

四 그 부인들이 갈ᄯᅢ에 무슴 말을 서로 ᄒᆞ엿ᄂᆞ뇨

五 그들이 그 곳에 와셔 무어ᄉᆞᆯ 보앗ᄂᆞ뇨

六 그ᄯᅢ에 본 소년이 뉘뇨

七 그 소년이 무슴 ᄉᆞ졍으로 왓더뇨

八 그 소년이 그 부인들 ᄃᆞ려 엇더케 말 ᄒᆞ엿ᄂᆞ뇨

九 그 부인들이 도라 올ᄯᅢ에 그 소년이 무슴 일을 명령 ᄒᆞ엿ᄂᆞ뇨

十 셩경 속에 뎨일 큰 이젹이 무어시뇨

十一 우리들의게 부활 ᄒᆞᄂᆞᆫ 일이 무슴 ᄯᅳᆺ슬 응ᄒᆞᆷ이뇨

ᄉᆞ랑ᄒᆞ면두려온거시 업소

그ᄯᅢ에 예수의 모친 마리아와 ᄯᅩ 다른 마리아 두분이 우리 구셰쥬ᄅᆞᆯ 싱각ᄒᆞ고 그 밤을 지낸후에 그 잇흔날 일은 아ᄎᆞᆷ에 니러ᄂᆞᆫ즉 원산에 아ᄎᆞᆷ 안긔ᄂᆞᆫ 아즉 것지 아니 ᄒᆞ엿고 동편에 ᄒᆡ가치 올나오지 아니 ᄒᆞ엿고 겻헤 잇ᄂᆞᆫ 사ᄅᆞᆷ들은 깁흔 잠을 그져 셰지 못 ᄒᆞ엿ᄂᆞᆫᄃᆡ 구셰쥬ᄅᆞᆯ ᄉᆞ랑 ᄒᆞᄂᆞᆫ ᄆᆞᄋᆞᆷ이 졈졈 간졀ᄒᆞ여 황망ᄒᆞᆫ 거름으로 컴컴ᄒᆞᆫ 길을 차자 구셰쥬의 시톄 계신 산소ᄅᆞᆯ 향ᄒᆞ야 올ᄯᅢ에 강포ᄒᆞᆫ 병뎡들은 ᄉᆞ면에셔 슈직 ᄒᆞᄂᆞᆫᄃᆡ 엇지 두렵지 아니 ᄒᆞ리오 그러나 구셰쥬ᄅᆞᆯ ᄉᆞ랑 ᄒᆞᄂᆞᆫ ᄆᆞᄋᆞᆷ이 깁흔고로 두려온거ᄉᆞᆯ 니졋ᄂᆞ니라 고로 우리도 구셰쥬ᄅᆞᆯ ᄉᆞ랑ᄒᆞᄂᆞᆫ ᄆᆞᄋᆞᆷ으로 어ᄃᆡᄅᆞᆯ 가던지 두려온 거ᄉᆞᆯ 니져 ᄇᆞ리고 마귀의 독ᄒᆞᆫ 살을 ᄃᆡ뎍 ᄒᆞ여야 될터이니라

영국황후와 어린ᄋᆞ히들

작년 십이월 이십륙일은 예수씨의 탄일 지낸 잇흔날이라 영국 황후ᄭᅴ셔 윈소 ᄒᆡᆼ궁에셔 잔치를 비셜ᄒᆞ고 남아 젼장에 출젼ᄒᆞᆫ 군인들의 쳐ᄌᆞ들을 불너 놀으실ᄉᆡ 오후 ᄉᆞ뎜종에 모든 황족들과 윈소 관뇨이 몬져와셔 황후 오시기를 기ᄃᆞ릴ᄉᆡ 허다ᄒᆞᆫ ᄋᆞ히들이 찬란ᄒᆞᆫ 궁궐속에 구름ᄀᆞᆺ치 모혀 즐겁게 놀더니 오뎜종즘 되매 센조지라 ᄒᆞᄂᆞᆫ 뎐각을 열매 여러 군인의 쳐ᄌᆞ들이 닷토아 드러가 본즉 그 안에 예수 탄일 나무를 세우고 뎐긔등과 각ᄉᆡᆨ 완호지물을 달앗ᄂᆞᆫᄃᆡ 황후ᄭᅴ셔ᄂᆞᆫ 좌편에 안즈시고 황족중에 여러 부인들은 그 조녀와 시비들을 달이고 우편에 시위ᄒᆞ엿더라 그ᄯᅢ에 ᄋᆞ히들이 닷토와 황후의 얼골을 보고져 ᄒᆞᆯᄉᆡ 황후ᄭᅴ셔 분부ᄒᆞ샤ᄃᆡ 우리가 불가불 져 ᄋᆞ히들을 위ᄒᆞ여 등불을 더 ᄇᆞᆰ히고 ᄉᆞ면에 화려ᄒᆞᆫ 물건으로 쟉시ᄒᆞ여 뎌희들노 즐겁게 ᄒᆞ여야 ᄒᆞ겟다 ᄒᆞ시며 흔연이 우스시니 그ᄯᅢ에 모든 황족 부인들이 예수 탄일 나무에 달닌 완호지물을 ᄯᅦ여 황후ᄭᅴ 드린즉 황후ᄭᅴ셔 친히 그 물건들을 밧아 그 ᄋᆞ히들을 주시ᄂᆞᆫ 모양이 ᄉᆞ랑ᄒᆞᄂᆞᆫ 어머니 ᄀᆞᆺ더라 혹 엇던 ᄋᆞ히ᄂᆞᆫ 수집어 감히 압흐로 나아가지 못ᄒᆞ면 황후ᄭᅴ셔 ᄯᅡ라 가셔셔 그 물건을 손에 쥐여 주시고 혹 엇던 ᄋᆞ히ᄂᆞᆫ 너머 당돌히 압흐로 나와 눈을 바로 ᄯᅳ고 무어신가 물으되 황후ᄭᅴ셔 본톄 인ᄌᆞᄒᆞ샤 혐의치 아니ᄒᆞ시더라 그ᄯᅢ에 ᄒᆞᆫ 녀인이 다ᄉᆞᆺ살 된 아ᄃᆞᆯ ᄃᆞ려 황후ᄭᅴ 절ᄒᆞ라 ᄒᆞᆫᄃᆡ 그 ᄋᆞ히가 황망중에 황후의게ᄂᆞᆫ 절ᄒᆞ지 아니ᄒᆞ고 다른편을 향ᄒᆞ야 절ᄒᆞ니 황후ᄭᅴ셔 수건으로 입을 가리우시고 우수ᄉᆞ며 말솜ᄒᆞ샤ᄃᆡ 내 어린것아 관계치 안타 ᄒᆞ시고 그 머리를 어루만지시고 ᄯᅩ ᄒᆞᆫ ᄋᆞ히ᄂᆞᆫ 군인의 거례 법으로 인ᄉᆞᄒᆞ고 ᄯᅩ ᄒᆞᆫ ᄋᆞ히ᄂᆞᆫ 공손히 두손으로 읍ᄒᆞ고 절ᄒᆞ니 황후ᄭᅴ셔 그 두 ᄋᆞ히의게 별샹급을 주시니라 ○고ᄯᅢ에 ᄯᅩ 늙은 녀인 ᄒᆞ나히 ᄌᆞ긔 손을 황후의 손우헤 언고 공슌이 말ᄒᆞᄃᆡ 황후 폐하여 이ᄯᅢ가 우리 평ᄉᆡᆼ에 뎨일 됴흔ᄯᅢ로 소이다ᄒᆞᆫᄃᆡ 황후ᄭᅴ셔 ᄃᆡ답ᄒᆞ샤ᄃᆡ 내가 오늘 ᄀᆞᆺ치 더 즐거온 날이 엇셧고 우리 츙용 잇ᄂᆞᆫ 군인들의 가속들을 즐겁게 ᄒᆞᆯ것 ᄀᆞᆺᄒᆞ면 내 ᄆᆞᄋᆞᆷ은 엇더케 즐겁겟ᄂᆞ뇨 ᄒᆞ시더라 ○그런후에 그 ᄋᆞ히들을 불너 음식을 먹이시고 그 ᄋᆞ히들이 음식먹기를 맛치매 황후ᄭᅴ셔 그 ᄋᆞ히들을 도라 보시고 말솜ᄒᆞ샤ᄃᆡ 내의 어린것들아 내가 너희들이 즐겁게 노ᄂᆞᆫ거ᄉᆞᆯ 대단히 됴와ᄒᆞ노라 ᄒᆞ시니 그 ᄋᆞ히들이 나종ᄭᆞ지 즐겁게 놀고 각각 뎌희 집으로 도라 갓다ᄒᆞ니 만일 남아에 출젼ᄒᆞᆫ 군인들이 이 소식을 드르면 그 ᄆᆞᄋᆞᆷ이 엇더케 감격ᄒᆞ겟ᄂᆞ뇨

흑ᄉᆞ병의예방

근릭에 흑ᄉᆞ병이 일본과 ᄃᆡ만 등디에 잇시매 대한에 건너올까 념려 ᄒᆞ야 의학교에서 예방 ᄒᆞ는 법과 치료 ᄒᆞ는 약을 쥰비 ᄒᆞ엿는ᄃᆡ 흑ᄉᆞ병은 젼염 병 즁에 ᄃᆡ일 악독ᄒᆞᆫ 병이니 말일 그 병을 알는 집이 잇거든 서로 통셥지 말며 쥐와 벼룩과 이와 모긔와 파리를 다 잡아 죽이여 다른 사ᄅᆞᆷ의게 침로치 말게 ᄒᆞ고 의복을 정결케 ᄒᆞ며 식물을 덥게 ᄭᅳᆯ이여 먹으라 ᄒᆞ엿더라

ᄂᆡ보

학부쳥의) 일젼에 학부에서 졍부에 쳥의 ᄒᆞ기를 년리로 셜시ᄒᆞᆫ 외국 어학교에서는 온젼히 학문 샹으로 교육 ᄒᆞᆫ이 업ᄉᆞ니 그 학도들을 잘 비양 ᄒᆞᆫ다 ᄒᆞᆯ지라도 일후에 효험 보는거슨 외국 말을 통변 ᄒᆞ는ᄃᆡ 지나지 못ᄒᆞᆯ터인즉 외국 어학교는 일병 혁파 ᄒᆞ고 다 즁학교에 붓쳐 몃 시간은 어학을 ᄒᆞ고 몃 시간은 보통학을 ᄀᆞᄅᆞ치자고 ᄒᆞ엿다더라

○풍납슈쇄) 탁지대신 죠병식씨가 풍납을 슈쇄 ᄒᆞ기에 젼력 ᄒᆞ야 이왕에 갈녀간 군슈와 지금 잇는 군슈의 샹납 건톄된 쟈를 일병 경무텽으로 훈령ᄒᆞ야 잡어 가두매 요ᄉᆞ이 각쳐 공젼이 련속ᄒᆞ야 올나 온다더라

○관졔긔정) 학부에서 셩균관 관졔를 긔정 ᄒᆞ는ᄃᆡ 셩균관쟝은 칙임 이등으로 ᄒᆞ고 셩균관 교슈는 폐지 ᄒᆞ고 ᄉᆞ업과 즁졍 두 관원을 두기로 졍부에 졔의 ᄒᆞ엿다더라

○명고퇴학) 셩균관 교슈 경현슈와 최항셕 량씨가 남학칙을 셩균관에 드려다가 구경ᄒᆞᆫ ᄭᆞᄃᆞᆰ으로 각쳐 션비들이 일젼에 일졔히 셩균관에 드러가셔 그 교슈 량인을 북을 지우고 토죄 ᄒᆞ매 관학 유생들이 큰 슈치를 당ᄒᆞ엿다 ᄒᆞ야 다 퇴학ᄒᆞᆯ ᄯᅳᆺ으로 학부에 쳥원 ᄒᆞ엿다더라

본회광고

본회에셔 이 회보를 젼년과 ᄀᆞᆺ치 일쥬일에 ᄒᆞᆫ번식 발간 ᄒᆞ는ᄃᆡ 새로 륙폭으로 작뎡 ᄒᆞ고 ᄒᆞᆫ쟝갑슨 엽젼 오푼이오 ᄒᆞᆫ돌갑슬 미리 내면 젼과 ᄀᆞᆺ치 엽젼 ᄒᆞᆫ돈 오푼이라 본국 교우나 셔국 목ᄉᆞ나 교외 친구나 만일 사셔 보고져 ᄒᆞ거든 졍동 아펜셜라 목ᄉᆞ 집이나 죵로 대동셔시에 가셔사시옵

죵로대동셔시광고

우리 셔사에셔 셩경 신구약과 찬미가칙과 교회에 유익ᄒᆞᆫ 여러가지 셔칙과 시무에 긴요ᄒᆞᆫ 셔칙들을 팔되 갑시 샹당 ᄒᆞ오니 학문샹과 시무변에 ᄯᅳᆺ이 잇는 군ᄌᆞ들은 만히 사셔 보시옵

대영국셩셔공회광고

새로 간츌 ᄒᆞᆫ거슨 로마 가라태 골노시 야고보 베드로 젼후셔 틔모데 젼후셔니 사셔 보실이는 회샤쥬인 견묘션 ᄭᅴ로 오시옵

뎨ᄉᆞ권

대한 그리스도인 회보

뎨십오호

구쥬부활

송심

음력 삼월 십륙일은 예수 부활ᄒᆞ신 쥬일이라 원슈들이 악ᄒᆞᆫ ᄆᆞᄋᆞᆷ으로 무죄ᄒᆞ고 거룩ᄒᆞ신 인ᄌᆞ를 십ᄌᆞ가에 못박아 죽엿시나 친구가 잇서 쟝ᄉᆞᄒᆞ엿고 로마 병뎡들이 무덤을 암만 단단이 직혓시나 예수ᄭᅴ셔 무덤으로 좃차 니러나샤 다시 사신지라 구쥬ᄭᅴ셔 임의 죽은 권세를 니긔셧시니 우리도 예수의 권능으로 니길터이오 무덤이 무셔올것 업고 니러날지라 우리 대한교인들은 다 이날을 깃부게 지날지어다

알수업는열

우리가 뎨국신문 칠십륙호를 보매 ᄒᆞ엿시되 환교ᄒᆞᆫ 사ᄅᆞᆷ들이 라마교나 야소교를 텬쥬학이라고 불어 가ᄂᆞᆫ쟈ㅣ 만치 안터니 희랍교ᄂᆞᆫ 셜시ᄒᆞᆫ지 불과 수삼[illegible]쥬일이로ᄃᆡ 참입ᄒᆞᄂᆞᆫ 사ᄅᆞᆷ이 심히 만타 ᄒᆞ니 어ᄂᆞ 교던지 텬쥬교ᄂᆞᆫ 일반이어ᄂᆞᆯ 좀 알수 업ᄂᆞᆫ 일이라 ᄒᆞᆫ지라 우리ᄂᆞᆫ 이 세가지 교회가 일반이 될수 업슴을 구구히 셜명치 안커니와 죄악 가온ᄃᆡ 잇ᄂᆞᆫ 사ᄅᆞᆷ은 능히 하ᄂᆞ님을 셤길수 업ᄂᆞ니 예수교를 빗고져 ᄒᆞᆯ진ᄃᆡ 회모와 례졀에 잇ᄂᆞᆫ거시 아니라 졍실ᄒᆞᆫ ᄆᆞᄋᆞᆷ으로 ᄌᆞ긔 죄를 회기ᄒᆞᄂᆞᆫᄃᆡ 잇ᄂᆞ니 아모 사ᄅᆞᆷ이던지 몬져 죄를 셰다라 뉘웃쳐 곳치고 하ᄂᆞ님의 셩신ᄭᅴ셔 죄를 샤유ᄒᆞ신 간증을 엇어셔 령혼을 구ᄒᆞᆯ지니 밋ᄂᆞᆫ 쟈ㅣ 교즁 률법도 ᄌᆞ연히 슌죵ᄒᆞᆯ거시오 알수업다 ᄒᆞᆷ은 교를 ᄒᆡᆼᄒᆞᄂᆞᆫ거시 각각 ᄌᆞ긔의 령혼을 구원코져 ᄒᆞᆷ이어ᄂᆞᆯ 무어시 알수 업시리오 그러나 령혼만 구원코져 ᄒᆞᄂᆞᆫ 완고들이 하필 희랍교를 됴화ᄒᆞᆷ은 우리도 ᄯᅩᄒᆞᆫ 알수업다 ᄒᆞ노라

삼화편지

룡강 ᄇᆡᆨ곳이라 ᄒᆞᄂᆞᆫ 동리ᄂᆞᆫ 삼화셔 동으로 십일리 되ᄂᆞᆫᄃᆡ 쥬 강칭 일쳔 팔ᄇᆡᆨ 구십팔년 가을에 ᄒᆞᆫ 사ᄅᆞᆷ이 밋더니 그 익년에 여ᄉᆞᆺ집이 다 밋엇ᄉᆞ며 교인수ᄂᆞᆫ 삼십여 인이 되더니 일쳔팔ᄇᆡᆨ 구십구년 십일월에 례ᄇᆡ당 ᄉᆞ간을 세우고 교우가 날마다 흥왕ᄒᆞᆫ지라 그곳 형뎨즁 강리빅씨가 금년 삼월 이십여일에 셰샹을 ᄯᅥ낫ᄂᆞᆫᄃᆡ 죽기젼에 식구를 다 모호고 그 안히ᄃᆞ려 셩경 보고 긔도 ᄒᆞ라 ᄒᆞ매 그 안히ᄂᆞᆫ ᄯᅩᄒᆞᆫ 진실히 밋ᄂᆞᆫ 사ᄅᆞᆷ이라 즉시 셩경을 닑고 긔도ᄒᆞ매 강씨가 누어셔 예수 십ᄌᆞ가에 못 박힌 형샹을 손으로 마ᄅᆞ치고 혀가 굿어 말을 못ᄒᆞ더니 ᄒᆞᆫ 분후에 용모가 회여지며 웃ᄂᆞᆫ 모양이 잇고 문득 ᄒᆞᆫ마ᄃᆡ 말노 ᄎᆞᆷ 됴타ᄒᆞ고 이에 셰샹을 ᄯᅥ나매 그 안히와 동싱이 ᄯᅩᄒᆞᆫ 죽ᄂᆞᆫ거슨 니져ᄇᆞ리고 텬당에 가ᄂᆞᆫ ᄉᆡᆼ각만 ᄒᆞ매 잠간 깃버 ᄒᆞ엿다가 슈족을 만져 보니 ᄲᅥᆺᄲᅥᆺᄒᆞ고 닙에셔 찬김이 나오ᄂᆞᆫ지라 그제야 다시 슯흔 ᄉᆡᆼ각이 나고 셔로 ᄯᅥ나ᄂᆞᆫ거ᄉᆞᆯ 이련히 넉엿더라

대한크리스도인 회보

THE
KOREAN CHRISTIAN ADVOCATE.

H. G. APPENZELLER, - Editor.

TERMS:—36 cents per year, in advance. Postage extra.

WEDNESDAY, April, 11, 1900.

셔울 졍동셔 일쥬일에 ᄒᆞᆫ번식 발간ᄒᆞᄂᆞᆫ듸 아편셜라목ᄉᆞ가 회보 샤쟝이 되엿더라

일년 갑슬 미리 ᄂᆡ면 삼십륙젼 오이 우표 갑손 ᄯᆞ로 잇노라

산촌학쟝을ᄀᆞᄅᆞ침

싀ᄭᆞᆯ 산촌에셔 ᄋᆞ희들을 ᄀᆞᄅᆞ치ᄂᆞᆫ 학쟝이 홍샹 위엄이 만하 목부ᄉᆞ 담비ᄯᅥᆨ에 슐ᄯᅳ지 졀초를 먹으며 몬지 뭇은 쳬ᄲᅳᆯ관에 가라침을 곤도 세고 완고의 학문으로 쳔ᄌᆞ문 통감권을 ᄀᆞᄅᆞ치더니 예수교 젼도인이 혐즁으로 ᄃᆞ니다가 학쟝을 만나 슈작ᄒᆞᆯ시 젼도인이 ᄀᆞᆯᄋᆞ듸 일쳔 구ᄇᆡᆨ년젼에 유태국 ᄇᆡᆨ리홍 ᄭᆞᆯ에셔 구셰쥬가 나셧시니 곳 하ᄂᆞ님의 독ᄉᆡᆼᄌᆞ라 거륵 ᄒᆞ신 권능으로 셰샹에 오샤 죽은 사ᄅᆞᆷ을 살니시며 여러가지 병을 곳치시고 긔힘 이젹을 만히 힝ᄒᆞ시다가 악ᄒᆞᆫ 무리의게 잡히여 십ᄌᆞ가에 못박혀 도라가 만국 만민의 죄를 ᄃᆡ쇽ᄒᆞ시고 쟝ᄉᆞᄒᆞᆫ지 삼일만에 다시 부활ᄒᆞ샤 ᄉᆞ십일 동안에 뎨ᄌᆞ들을 더 ᄀᆞᄅᆞ치시고 승텬ᄒᆞ셧시니 누구던지 예수를 밋ᄂᆞᆫ쟈ᄂᆞᆫ 구원ᄒᆞᆷ을 엇을 거시오 밋지 아니ᄒᆞᄂᆞᆫ 쟈ᄂᆞᆫ 죄를 뎡ᄒᆞ리라 ᄒᆞ셧시니 션ᄉᆡᆼᄭᅴ셔도 예수를 밋음이 엇더ᄒᆞ뇨 학쟝이 텽파에 앙텬대쇼ᄒᆞ고 ᄀᆞᆯᄋᆞ듸 긔의 말ᄉᆞᆷ이 허탄ᄒᆞ도다 셜ᄉᆞ 예수로 이샹ᄒᆞᆫ 권능이 잇실진ᄃᆡ 악ᄒᆞᆫ 무리의게 잡혀가 죽을리도 업고 녯글에 닐너시되 ᄭᅳᆫ어진쟈ᄂᆞᆫ 다시 쇽ᄒᆞ지 못ᄒᆞ고 죽은쟈ᄂᆞᆫ 다시 살지 못ᄒᆞᆫ다 ᄒᆞ엿거ᄂᆞᆯ 장ᄉᆞᄒᆞᆫ 사ᄅᆞᆷ이 엇지 다시 살아ᄂᆞᆯ 리치가 잇ᄉᆞ리오 허황ᄒᆞᆫ 말을 밋을수 업다 ᄒᆞ매 젼도인이 엇더케 비유ᄒᆞᆯ 방칙이 업서 ᄉᆡᆼ각ᄒᆞ더니 이ᄯᅢᄂᆞᆫ 츈풍 삼월 호시졀이라 언덕에 버들은 연긔를 ᄯᅴ여 의의ᄒᆞ고 ᄯᅳᆯ압헤 ᄭᅩᆺ촌 리실을 먹음어 봉졉이 분분이 나라들거ᄂᆞᆯ 젼도인이 나뷔를 ᄀᆞᄅᆞ처 말ᄒᆞ듸 션ᄉᆡᆼ이 뎌 나뷔의 젼신이 엇더ᄒᆞᆷ을 아시ᄂᆞᆫ닛가 젼에ᄂᆞᆫ 굼젹 굼젹 ᄒᆞᄂᆞᆫ 버러지로셔 죽은것 ᄀᆞᆺ치 변화ᄒᆞ야 잇다가 나뷔로 환ᄉᆡᆼᄒᆞ야 화원 셩니와 방초 루듸에 임의로 나라 ᄃᆞ니ᄂᆞ니 무지ᄒᆞᆫ 미물노도 뎌 ᄀᆞᆺ치 변화ᄒᆞ거든 ᄒᆞ믈며 텬디 만물 즁에 뎨일 귀즁ᄒᆞᆫ 사ᄅᆞᆷ이 엇지 다시 사ᄂᆞᆫ 리치가 업시며 젼능ᄒᆞ신 하ᄂᆞ님의 아ᄃᆞᆯ 예수ᄭᅴ셔 부활ᄒᆞ심이 엇지 허황ᄒᆞ다 ᄒᆞ리오 그 션ᄉᆡᆼ이 묵묵히 말이 업서 침음ᄒᆞ고 ᄉᆡᆼ각ᄒᆞ더니 ᄯᅩ 의심ᄒᆞ야 ᄀᆞᆯᄋᆞ듸 리치ᄂᆞᆫ 그러ᄒᆞ거니와 우리도 죽은후에 다시 사ᄂᆞᆫ 법이 잇겟ᄂᆞ뇨 젼도인이 ᄀᆞᆯᄋᆞ듸 그러ᄒᆞ니 다 ᄭᅳᆺ날에 구셰쥬ᄭᅴ셔 다시 오실ᄯᅢ에 죽ᄂᆞᆫ 사ᄅᆞᆷ ᄭᅥ지 다시 사라나 심판을 밧ᄂᆞᆫ다 ᄒᆞ셧ᄂᆞ니다 그 션ᄉᆡᆼ이 ᄎᆞᄎᆞ 밋기를 허락 ᄒᆞ엿더라 최병헌

그리스도 씨의힝젹

만국쥬일공과

뎨십일공과 ᄉᆞ월십오

반신불슈곳차심

마옴복가 이쟝 일졀노 십이졀

一 수일을 지나 예수ㅣ 다시 가버나옴에 드러가 집에 계신 소문이 들닌지라 二 사ᄅᆞᆷ이 만히 모혀 들매 용신 ᄒᆞᆯ 틈이 업고 문 압헤라도 용신 ᄒᆞᆯ슈가 더옥 업ᄂᆞᆫᄃᆡ 예수ㅣ 그들의게 도를 젼ᄒᆞ시더니 三 반신 불슈 병든 사ᄅᆞᆷ ᄒᆞ나흘 너히 메고 와셔 四 사ᄅᆞᆷ이 만하 갓가이 ᄒᆞ지 못ᄒᆞᆷ으로 집웅을 뜻고 구멍을 낸후에 병든 쟈의 누은 요를 ᄃᆞ라 ᄂᆞ리니 五 예수ㅣ 그 사ᄅᆞᆷ들의 밋음을 보시고 반신불슈 된쟈ᄃᆞ려 닐너 ᄀᆞᄅᆞ샤ᄃᆡ 쇼ᄌᆞ야 네 죄를 샤 ᄒᆞ노라 ᄒᆞ시니 六 셔샤관 몃 사ᄅᆞᆷ이 거긔 안져셔 중심에 의론 ᄒᆞ야 ᄀᆞᆯᄋᆞᄃᆡ 七 이 사ᄅᆞᆷ이 엇지 이 ᄀᆞᆺ치 말 ᄒᆞᄂᆞ뇨 훼방 ᄒᆞᆫ도다 ᄒᆞᆫ분 하ᄂᆞ님 외에는 누가 능히 죄를 샤 ᄒᆞ겟ᄂᆞ냐 八 예수ㅣ 곳 그들의 중심으로 이러케 의론 ᄒᆞᄂᆞᆫ 줄을 알으셔고 닐너 ᄀᆞᄅᆞ샤ᄃᆡ 엇지 이거술 너희 중심에 의론 ᄒᆞᄂᆞ냐 九 반신불슈 된쟈 ᄃᆞ려 너의 죄를 샤ᄒᆞ여 쥰다 말ᄒᆞᆫ것과 혹 니러나 너의 요를 것어 가지고 거러라 말ᄒᆞᄂᆞᆫ거시 엇던거시 쉽겟ᄂᆞ냐 十 다만 너로 인ᄌᆞㅣ 싀헤셔 죄를 샤 ᄒᆞᄂᆞᆫ 권세가 잇ᄂᆞᆫ줄을 알게 ᄒᆞ리라 ᄒᆞ시고 두ᄃᆡ여 반신불슈 된 쟈ᄃᆞ려 말솜 ᄒᆞ샤ᄃᆡ 十一 너 려나 네 요를 가지고 집으로 도라 가라 ᄒᆞ시니 十二 그 사ᄅᆞᆷ이 니러나 곳 요를 가지고 뭇 사ᄅᆞᆷ 압흐로 나가거ᄂᆞᆯ 뎌희들이 긔이히 넉여 영광을 하ᄂᆞ님ᄭᅴ 돌녀 보내며 ᄀᆞᄅᆞᄃᆡ 우리가 이런 일을 일죽 보지 못 ᄒᆞ엿다 ᄒᆞ더라

요지

쇼ᄌᆞ야 네죄를샤 ᄒᆞ노라 ᄒᆞ시니 (마가이쟝오졀)

ᄌᆞᆫ귀졀

마태구쟝아졀노팔졀파루가오쟝십칠졀노이십륙졀

년ᄃᆡ

셔력 긔원후 이십팔년 봄이니라

디방

갈닐니의 가버나옴이니라

공과외구별

一 반신불슈 병든 죄인을 네 사ᄅᆞᆷ이 매고 온일 (일졀노ᄉᆞ졀)

二 그 사ᄅᆞᆷ의 죄를 샤ᄒᆞᆫ일 (오졀ㅣ칠졀)

三 그 반신 불슈 병이 나흔일 (팔졀노십이졀)

주셕

예수ᄭᅴ셔 가버나옴에셔 병 곳친 거슨 요젼 공과에 말 ᄒᆞ엿거니와 그후에 예수ᄭᅴ셔 혼ᄌᆞ ᄒᆞᆫ 산에 올나 가셔 긔도 ᄒᆞ시고 졀도 ᄒᆞ실ᄎᆞ로 갈닐니 ᄯᅡ에 도라 ᄃᆞ니샤 ᄒᆞᆫ 문둥 병을 곳쳐 주시고 당신의 본 디방 가버나옴에 도라 오시니 사ᄅᆞᆷ들이 무론 귀

쳔 ᄒᆞ고 예수ᄭᅴ 나아오거ᄂᆞᆯ 그들의게 젼도 ᄒᆞ셧ᄂᆞ니라 반신불슈라 ᄒᆞᄂᆞᆫ 병은 문동병과 ᄀᆞᆺ치 곳치기 어려온 병이니라 예수ᄭᅴ 나아가 곳치기ᄅᆞᆯ 원ᄒᆞᆫ거슨 ᄎᆞᆷ 지혜 잇ᄂᆞᆫ 일이니라 **집웅을ᄯᅳᆺ은거슨** 그들이 여러 사ᄅᆞᆷ 총중에 헤치고 드러 갈수 업ᄂᆞᆫ고로 계교ᄅᆞᆯ 내여 다른길을 차져 간 것이니 그 병인이 ᄎᆞᆷ 열심으로 예수ᄅᆞᆯ 차져 뵈인 것이니라

그의밋음을보시고 예수ᄭᅴ셔 그들이 당신이 그 병을 곳쳐 주실 권능이 잇ᄂᆞᆫ줄을 밋ᄂᆞᆫ거ᄉᆞᆯ 보심이니 이 ᄒᆞᆫ일이 모든 일을 다 포함 ᄒᆞᆫ 거시니 예수ᄭᅴ셔 그 병 곳치실 권능이 계신줄을 알고 온젼이 밋고 졍셩을 드린 거시니라 **죄샤ᄒᆞᆷ을엇엇다** 그 병인이 ᄒᆞᆫ 말도 엿줍지 아니ᄒᆞ엿ᄉᆞ나 예수ᄭᅴ셔 그 밋음을 보시고 죄ᄅᆞᆯ 샤ᄒᆞ여 주시고 ᄯᅩ 그보다 아조 큰 복을 주셧ᄂᆞ니라

참람ᄒᆞ도다 참람 ᄒᆞᆫ 죄ᄅᆞᆯ 범 ᄒᆞᄂᆞᆫ거슨 곳 하ᄂᆞ님ᄭᅴ 부당ᄒᆞᆫ 일을 하ᄂᆞ님ᄭᅴ 돌녀 보내던지 하ᄂᆞ님ᄭᅴ 당 ᄒᆞᆫ 일을 져희 ᄒᆞ던지 혹 특별히 하ᄂᆞ님ᄭᅴ 속ᄒᆞᆫ거ᄉᆞᆯ 잔예ᄒᆞᆯ 권이 업ᄂᆞᆫ 쟈의게 구 ᄒᆞᄂᆞᆫ 거시니라 **하ᄂᆞ님외에ᄂᆞᆫ 뉘가죄ᄅᆞᆯ샤ᄒᆞ겟ᄂᆞ냐** 그들의 ᄒᆞᆫ 말이 올흐나 예수ᄂᆞᆫ 곳 하ᄂᆞ님이오 권세 잇셧ᄉᆞ나 셔샤관들은 밋고 그러케 너이지 아니 ᄒᆞ엿ᄂᆞ니라 **즁심으로알고** 예수ᄭᅴ셔 그들의 ᄉᆡᆼ각 ᄒᆞ시ᄂᆞᆫ것ᄭᅡ지 아셧ᄉᆞ니 그들ᄲᅮᆫ 아니라 우리 ᄆᆞᄋᆞᆷ도 이와 ᄀᆞᆺ치 아시ᄂᆞ니라

뭇ᄂᆞᆫ말

一 이ᄯᅢ에 예수ᄭᅴ셔 어ᄂᆞ 곳에 계서셔 무ᄉᆞᆷ 일을 힝 ᄒᆞ셧ᄂᆞ뇨

二 잇더ᄒᆞᆫ 병인이 예수ᄅᆞᆯ 차져 왓더뇨

三 그 병인이 엇더케 예수 계신 방에 ᄭᅡ지 드러왓ᄂᆞ뇨

四 예수ᄭᅴ셔 그 사ᄅᆞᆷ을 보시고 엇더케 말ᄉᆞᆷ ᄒᆞ셧ᄂᆞ뇨

五 그ᄯᅢ에 거긔 잇던 셔샤관들이 예수의 말ᄉᆞᆷ을 듯고 즁심으로 엇더케 의론 ᄒᆞ엿ᄂᆞ뇨

六 예수ᄭᅴ셔 그 셔샤관ᄃᆞ려 엇더케 말ᄉᆞᆷ ᄒᆞ셧ᄂᆞ뇨

七 나죵에 그 병인이 엇더케 되엿ᄂᆞ뇨

八 거긔 잇던 여러 사ᄅᆞᆷ이 예수ᄭᅴ셔 ᄒᆞ시ᄂᆞᆫ 일을 보고 엇더케 말 ᄒᆞ엿ᄂᆞ뇨

九 이 병인이 밋음으로 그 죄샤ᄒᆞᆷ을 엇엇시니 우리ᄂᆞᆫ 엇더케 ᄒᆞ여야 되겟ᄂᆞ뇨

十 예수ᄭᅴ셔 셔샤관들이 즁심으로 의론 ᄒᆞᄂᆞᆫ것을 알으셧시니 우리ᄂᆞᆫ 엇더케 조심ᄒᆞ여야 되겟ᄂᆞ뇨

의로온말에복죵ᄒᆞᄂᆞᆫ 거시귀ᄒᆞ다

사ᄅᆞᆷ을 감복케 ᄒᆞᄂᆞᆫ거시 두가지 잇ᄉᆞ니 첫지ᄂᆞᆫ 도덕으로 감복케 ᄒᆞᄂᆞᆫ거시라 ᄌᆡ능과 덕힝이 구비ᄒᆞᆫ쟈ᄂᆞᆫ 그 말 ᄒᆞᄂᆞᆫ 바로 사ᄅᆞᆷ을 화ᄒᆞ게 ᄒᆞ며 그 힝위로 사ᄅᆞᆷ을 감동케 ᄒᆞᄂᆞᆫ고로 감화ᄅᆞᆯ 밧은쟈 그 ᄆᆞᄋᆞᆷ으로 복죵 ᄒᆞ엿신즉 변ᄒᆞ기 용이치 아니ᄒᆞ여 몸이 맛도록 그 결단ᄒᆞᆫ 쥬젼을 셰아슬쟈 업ᄉᆞ며 둘지ᄂᆞᆫ 위력과 감언니셜노 사ᄅᆞᆷ을 감복케 ᄒᆞᄂᆞᆫ거시라 위엄을 뵈이며 힘으로 눌어 사ᄅᆞᆷ을 복죵케 ᄒᆞ거나 감언니셜노 ᄒᆞ면 당장에ᄂᆞᆫ 몸을 굴피고 말을 나죽히 ᄒᆞ여 복죵 ᄒᆞᄂᆞᆫ듯ᄒᆞ나 그 ᄆᆞᄋᆞᆷ은 불복 ᄒᆞ엿신즉 필경에ᄂᆞᆫ 위력과 감언니셜을 배푼 쟈의게 화가 밋게 ᄒᆞᄂᆞᆫ 수가 잇ᄂᆞ니 그런즉 도덕의 효험은 ᄆᆞᄋᆞᆷ을 화ᄒᆞ게 ᄒᆞ며 위엄과 감언니셜의 효험은 혼이 외양만 복죵케[illegible]ᄒᆞ기 쉬오니라

파사국에 엇던 녀인이 그 아ᄃᆞᆯ의게 돈 ᄉᆞ십원을 주어 분산 식히고 닐으ᄂᆞᆫ 말이 네가 평싱에 거즛말 아니 ᄒᆞ기ᄅᆞᆯ 내가 ᄇᆞ란다 ᄒᆞ니 그 아ᄃᆞᆯ이 ᄃᆡ답 ᄒᆞ기ᄅᆞᆯ 어마님의 말ᄉᆞᆷ을 슌죵 ᄒᆞ기로 ᄆᆞᄋᆞᆷ에 결단 ᄒᆞ엿ᄂᆞ이다 모ᄌᆞ피ᄎᆞ 텬당에셔 다시 보기ᄅᆞᆯ 언약ᄒᆞ고 작별ᄒᆞ고 그 아ᄃᆞᆯ이 돈을 가지고 갈시 길에셔 도젹의게 잡히엿ᄂᆞᆫ지라 ᄒᆞᆫ 도젹놈이 뭇기ᄅᆞᆯ 네몸에 가진거시 무어시냐 ᄒᆞᆫ즉 그 사ᄅᆞᆷ이 ᄃᆡ답 ᄒᆞ기ᄅᆞᆯ 우리 어마니가 분산 ᄒᆞ여 주신 돈 ᄉᆞ십원을 내 옷속에 너코 바ᄂᆞᆯ노 ᄭᅰ여 ᄆᆡᆺ다 ᄒᆞ니 그 도젹이 웃고 희롱 ᄒᆞᄂᆞᆫ줄노 싱각 ᄒᆞ더니 ᄯᅩ ᄒᆞᆫ 도젹이 나아와 그 몬져 말ᄒᆞ던 도젹과 ᄀᆞᆺ치 무ᄅᆞ니 여일히 그와 ᄀᆞᆺ치 ᄃᆡ답 ᄒᆞ거ᄂᆞᆯ 그 도젹들의 괴수가 크게 ᄭᅮ지져 말ᄒᆞ기ᄅᆞᆯ 네가 겁업시 우리ᄅᆞᆯ 죠롱 ᄒᆞᄂᆞ냐 ᄒᆞ며 네몸의 가진거ᄉᆞᆯ 바로 말ᄒᆞ여라 ᄒᆞᆫ즉 그 사ᄅᆞᆷ이 ᄃᆡ답 ᄒᆞ기ᄅᆞᆯ 내가 임외 두 사ᄅᆞᆷ의게 다 말 ᄒᆞ엿노라 ᄒᆞ니 그 도젹들이 달녀 들어 옷솔 ᄯᅳᆺ고 본즉 과연 돈 ᄉᆞ십원이 잇ᄂᆞᆫ지라 도젹의 괴수가 그가 진졍으로 말ᄒᆞᆷ을 이샹히 넉여 물은ᄃᆡ 그 소년의 ᄃᆡ답이 내가 내의 어마니의게 평싱에 거즛말 아니 ᄒᆞ기로 허락 ᄒᆞ엿ᄂᆞᆫ고로 그ᄃᆡ들을 쇽이지 아니 ᄒᆞ고 바로 말ᄒᆞ엿노라 ᄒᆞ니 그 도젹의 ᄆᆞᄋᆞᆷ이 감동 ᄒᆞ야 ᄒᆞᄂᆞᆫ 말이 당신은 저럿트시 졀므신이로 어마니의게 ᄒᆞᆯ 직분을 다ᄒᆞ되 우리ᄂᆞᆫ 늙도록 하ᄂᆞ님의 계명을 거ᄉᆞ리고 사ᄅᆞᆷ의 ᄒᆞᆯ 직분을 못ᄒᆞ엿노라 ᄒᆞ며 그 소년의 손을 붓잡고 ᄒᆞᄂᆞᆫ 말이 내 이제ᄂᆞᆫ 당신을 본밧아 내죄ᄅᆞᆯ 회ᄀᆡ ᄒᆞ겟노라 ᄒᆞ니 여러 도젹이 이러ᄒᆞᆫ 광경을 보고 ᄆᆞᄋᆞᆷ이 늣겨 그 피수의게 말ᄒᆞ기ᄅᆞᆯ 당신이 우리가 죄 짓ᄂᆞᆫᄃᆡ 수두가 되엿더니 이제ᄂᆞᆫ 우리ᄅᆞᆯ 도덕으로 인도ᄒᆞᄂᆞᆫ 수두가 되시오 ᄒᆞ고 즉시 그 도젹ᄒᆞᆫ 물건을 내여 주고 아조 군ᄌᆞ들이 되엿다 ᄒᆞ니 사ᄅᆞᆷ이 슌젼 ᄒᆞ고 진실ᄒᆞ면 아모리 악ᄒᆞᆫ 사ᄅᆞᆷ이도 ᄆᆞᄋᆞᆷ을 화ᄒᆞ게 ᄒᆞ기 쉬운줄[illegible]아노라 로병션

내보

특저 회비) 작년 가을에 쟝죵황뎨 츄숭 ᄒᆞ션 옐올 샹쇼 ᄒᆞ야 정집 ᄒᆞ던 니회로씨와 김휘병씨 량인을 황쥬 군으로 칠년 류비 ᄒᆞ엿더니 일젼에 특지로 하비 ᄒᆞ셧다더라

○김씨 부임) 금월 팔일에 김영쥰씨를 특지로 면 즁계 ᄒᆞ고 다시 흑군참쟝을 셔임 ᄒᆞ엿는ᄃᆡ 미구에 김씨가 다시 경무ᄉᆞ를 ᄒᆞ리라교 젼셜이 낭쟈 ᄒᆞ더라

○활빈당 착득) 금월 ᄉᆞ일에 보은군 셔긔 리한호씨가 쳥쥬 디방ᄃᆡ에셔 군슈비 츄심ᄎᆞ로 와셔 잇는 하ᄉᆞ 일명과 병뎡을 거ᄂᆞ리고 쇽리산에 들어가셔 활빈당의 피슈 셔뎡만의 무리 열ᄒᆞᆫ명을 살게 잡엇다고 보은 군슈가 경부에 보 ᄒᆞ엿다더라

○죵로 뎐등) 뎐긔 회사에셔 일젼브터 죵로에 뎐긔등 세개를 켯는ᄃᆡ 그 등불 빗치 휘황ᄒᆞᆫ매 구경 ᄒᆞ는 사ᄅᆞᆷ이 져조 ᄀᆞᆺ치 모여셔 서로 ᄒᆞ는 말이 대뎌 긔화가 또 ᄒᆞᆫ거시 대한 뎐긔에는 쳣젼뎌 ᄒᆞ이리로 쳐음 보는 일이라고 ᄒᆞ더라

○군률 히이) 근일에 병뎡들이 죵죵 술이 대취 ᄒᆞ야 가로샹에셔 졍신업시 ᄭᅳᆯ지ᄶᅡ 지름으로 이러져리 ᄃᆞᆫ이내 병뎡이라 ᄒᆞ는 것은 우호로 황실을 보호 ᄒᆞ고 아리로 인민을 보호 ᄒᆞ야 그 직임이 엇더케 즁대 ᄒᆞ거놀 이러ᄒᆞᆫ 병뎡은 술다령으로 일을 삼으니 대한 군률이 엇지 이ᄀᆞᆺ치 히이ᄒᆞᆫ지 크게 한심ᄒᆞᆫ 일이라고 유지ᄒᆞᆫ 사ᄅᆞᆷ들이 ᄆᆡ양 한식 ᄒᆞᆫ다더라

○새 경무ᄉᆞ) 겸임 경무ᄉᆞ 윤웅렬씨가 샹쇼 ᄒᆞ야 갈니고 그 ᄃᆡ에 즁추원 의관 셔샹용씨가 임 ᄒᆞ엿다더라

○가권뎐당) 한셩 지판소에 탁지부 샹납 건톄ᄒᆞᆫ 죄인 십여명을 잡아 가두고 독쇄 ᄒᆞ는ᄃᆡ 챵졸에 돈을 ᄒᆞᆯ수 업는샤는 그 집을 집힝 ᄒᆞ랴ᄒᆞᆫ즉 모도 집 문권을 임의 일본 샹민의게 뎐당 잡혓다더라

본회광고

본회에셔 회보를 쳔년과 ᄀᆞ치 일쥬일에 ᄒᆞᆫ번식 발간 ᄒᆞᄂᆞᆫ뎨 새로 륙폭으로 작뎡 ᄒᆞ고 ᄒᆞᆫ쟝갑슨 엽젼 오푼이오 ᄒᆞᆫ돌갑슬 미리 내면 젼과 ᄀᆞᆺ치 엽젼 ᄒᆞᆫ돈 오푼이라 본국 교우나 셔국 목ᄉᆞ나 교외 친구나 만일 사셔 보고져 ᄒᆞ거든 정동 아편셜라 목ᄉᆞ 집이나 죵로 대동셔시에 가셔 사시옵

죵로대동셔시광고

우리 셔사에셔 셩경 신구약과 찬미가칙과 교회에 유익ᄒᆞᆫ 여러가지 셔칙과 시무에 긴요ᄒᆞᆫ 셔칙들을 팔되 갑시 쳠당 ᄒᆞ오니 학문샹과 시무변에 뜻 잇는 군ᄌᆞ들은 만히 사셔 보시옵

대영국셩셔공회광고

재로 잔출 ᄒᆞᆫ거순 로마 가라태 플노시 야고보 베드로 젼후셔 티모데 젼후셔니 사셔 보실이는 회샤쥬인 젼묘 션싱ᄭᅴ로 오시옵

뎨ᄉ권

대한 그리스도인 회보

뎨십륙호

부활쥬일

음력 삼월 십륙일은 구셰쥬 예수 그리스도ᄭᅴ셔 장ᄉᄒᆞᆫ지 삼일만에 부활ᄒᆞ신 날이라 졍동 회당과 달셩 회당에셔 부활 ᄒᆞ신 ᄯᅳᆺ으로 긔호를 ᄡᅥ셔 놉히 달고 여러가지 화초로 셩단에 버려 노코 찬미 긔도 ᄒᆞ엿ᄂᆞᆫᄃᆡ 남녀 교우가 일졔히 모힐ᄲᅮᆫ 아니라 참셕 ᄒᆞ야 드ᄅᆞ시ᄂᆞᆫ 손님이 만히 와셔 거룩ᄒᆞᆫ 셩일을 춤 깃부게 지내엿시니 셰계샹에 이날이 잇심으로 억죠 만민이 ᄯᅩᄒᆞᆫ 다시 살아날 긔회를 엇은지라 무궁ᄒᆞᆫ 영광을 하ᄂᆞ님ᄭᅴ 찬숑 ᄒᆞᄂᆞ이다

목ᄉ가 셰샹을 ᄯᅥ남

슯흐다 우리 ᄉᆞ랑ᄒᆞᄂᆞᆫ 목ᄉ 기포씨가 ᄉᆡ팔노 젼도 ᄒᆞ러 가 잇다가 양력 ᄉ월 초십일에 리질 병으로 셰샹을 ᄯᅥᄂᆞᆫ지라 이 목ᄉ가 대한에 나아와 젼도ᄒᆞᆫ지 십일년반이 되엿고 방언도 잘 비왓시며 영어 복음요ᄉ를 대한 국문으로 번역 ᄒᆞ엿ᄂᆞᆫᄃᆡ 이칙은 예수씨의 ᄒᆡᆼ젹을 조셰히 긔록ᄒᆞ엿시니 춤 볼만ᄒᆞᆫ 칙이오 ᄯᅩ 영어로 칙 ᄒᆞᆫ권을 지엇ᄂᆞᆫᄃᆡ 션교ᄉ의 미일 ᄒᆞᄂᆞᆫ 일을 긔록 ᄒᆞ엿시니 이 칙도 미우 유익ᄒᆞᆫ 칙이더라 ○목ᄉ의 나히 삼십구셰인ᄃᆡ 십륙셰 브터 교회에 신도가 된지라 대한에 올셰브터 우리가 서로 알고 친ᄒᆞ며 밋더니 이러케 일죽이 리별 ᄒᆞ엿시니 ᄆᆞᄋᆞᆷ이 대단이 비챵 ᄒᆞ도다 십륙일 하오 ᄒᆞᆫ시에 졍동 회당에셔 장례를 거ᄒᆡᆼ ᄒᆞ엿ᄂᆞᆫᄃᆡ 미국공ᄉ 덕국 공ᄉ 일본 공ᄉ와 셔양 션교ᄉ들과 셔국 부인 여러분과 대한 남녀 교우 합 ᄉ오빅명이 모혓고 련못골 녀학도가 찬미ᄒᆞᆫ후에 모목ᄉᄂᆞᆫ 대한 말노 말ᄉᆞᆷ ᄒᆞ고 본 회보 샤쟝은 영어로 만ᄉ를 지어 닑고 그후에 양화진으로 나아가 장ᄉᄒᆞᆯᄉᆡ 대한 형뎨들이 상여를 메고 가니 우리 ᄆᆞᄋᆞᆷ에ᄂᆞᆫ 대한 형뎨들이 도라가신 목ᄉ를 위ᄒᆞ야 풍쇽에 업ᄂᆞᆫ일노 ᄉᆞ랑ᄒᆞᄂᆞᆫ 졍의를 표ᄒᆞ니 춤 아람다온 일노 아노라

슌ᄒᆡᆼ젼도

인쳔 졔물포에 잇ᄂᆞᆫ 됴원시씨 목ᄉ가 근일에 슌ᄒᆡᆼ ᄒᆞ며 젼도ᄒᆞ엿ᄂᆞᆫᄃᆡ 강화군에ᄂᆞᆫ 회당 닐곱 곳이 잇고 그 갑슨 오빅원 가량이오 입교인과 학습인은 빅명이 더 느럿다고 ᄒᆞ더라

대한크리스도인회보

THE KOREAN CHRISTIAN ADVOCATE.

H. G. APPENZELLER, - Editor.

TERMS:—36 cents per year, in advance. Postage extra.

WEDNESDAY, April, 18, 1900.

셔울 졍동셔 일쥬일에 ᄒᆞᆫ번식 발간ᄒᆞᄂᆞᆫᄃᆡ 아편셜라목ᄉᆞ가 회보 샤쟝이 되엿더라

일년 갑슬 미리 닋면 삼십륙젼 오아 우표 갑슨 ᄯᅡ로 잇노라

독어공실어공

사ᄅᆞᆷ이 무ᄉᆞᆷ 일이던지 실디ᄅᆞᆯ 궁구ᄒᆞ며 실심으로 실샹의 일을 힘쓰게되면 그 효험이 비록 더딜지언뎡 필경은 실효가 잇서 ᄉᆞ업을 셩취ᄒᆞᆯ거시오 허황ᄒᆞᆫ 일에 허욕을 내여 헛되이 힘을 쓴즉 그일이 십샹팔구는 일우지 못ᄒᆞᆯ뿐 아니라 셜ᄉᆞ 될지라도 필경은 랑패ᄒᆞᆯ섀가 잇ᄂᆞᆫ 법이라 그런고로 녯글에 닐너시되 ᄌᆡ물이 패역ᄒᆞ게 들어 온쟈ᄂᆞᆫ 또ᄒᆞᆫ 패역ᄒᆞ게 나간다 ᄒᆞ고 속담에 닐너시되 악으로 모흔 셰간은 악으로 패ᄒᆞᆫ다 ᄒᆞ엿시니 녜로브터 노롬ᄒᆞ야 가산을 부케ᄒᆞᆫ쟈ㅣ 업고 협잡ᄒᆞ야 ᄆᆞᄋᆞᆷ이 평안ᄒᆞᆫ쟈ㅣ 적은지라 우리가 엇지 조심ᄒᆞᆯ일이 아니리오 몃ᄇᆡᆨ년젼에 구라파에 ᄒᆞᆫ 녀인이 잇ᄉᆞ니 일ᄉᆡᆼ이 나타ᄒᆞ야 부지러니 셰슈ᄒᆞ면 열ᄒᆞᆯ에 ᄒᆞᆫ번이오 날죽이 과침ᄒᆞ면 열두시에 니러나고 한가ᄒᆞᆫ 지취가 평샹에 놀고 먹기를 당연ᄒᆞᆫ 직분으로 ᄒᆞ니 가산이 ᄌᆞ연 탕패ᄒᆞ고 셩계가 점점 군석ᄒᆞ야 람루ᄒᆞᆫ 의샹은 현슌ᄇᆡᆨ결이오 초쳬ᄒᆞᆫ 모양은 흉년 긔민이라 ᄒᆞᆫ일업셔 길거리로 ᄃᆞ니며 젼젼 걸식ᄒᆞ더니 ᄒᆞᆫ곳에 니르러 ᄯᅳᆺ밧게 은화 수십젼을 엇으니 여러히 궁곤ᄒᆞᆷ으로 허욕이 대발ᄒᆞ야 장ᄉᆞ를 경영ᄒᆞᆯ시 적은 밋쳔으로 리를 만히 엇ᄂᆞᆫ거슨 술 장ᄉᆞ만 ᄒᆞᆫ거시 업다 ᄒᆞ고 수십젼 돈으로 모쥬를 밧은후에 ᄂᆡᆨ슈ᄂᆞᆫ 만히 부어 큰 그릇세 담아 노코 길거리에 안자 힝인 과ᄀᆡᆨ의게 술을 팔시 오륙월 더운ᄯᅢ에 힝인들의 갈징이 대단ᄒᆞ면 술의 호부ᄂᆞᆫ 불계ᄒᆞ고 돈을 주고 사 먹으니 그렁저렁 밧은 돈이 수삼원에 지난지라 그 녀인이 크게 깃버ᄒᆞ야 ᄉᆞᄉᆞ로 ᄉᆡᆼ각ᄒᆞ되 이 돈으로 모도 술을 사 이와 ᄀᆞᆺ치 팔고 브면 수ᄇᆡᆨ원을 엇을지니 빈궁ᄒᆞᆷ을 면ᄒᆞ겟다 ᄒᆞ고 그 돈을 가족 부ᄃᆡ에 너허 가지고 술집을 ᄎᆞ쟈갈시 몸이 곤뢰ᄒᆞᆷ으로 돈 젼ᄃᆡ를 겻희 노코 길가에서 낫잠 자더니 난ᄃᆡ 엇ᄂᆞᆫ 소리ᄀᆡ가 가족 부ᄃᆡ에 먹을거시 잇ᄂᆞᆫ가 ᄒᆞ야 쏜살ᄀᆞᆺ치 달녀 들어 병아리 ᄀᆞᆺ치 훔켜가니 그 녀인이 ᄭᆡ작 놀나 니러나 소래를 질으며 ᄯᅩ차 가더니 소리ᄀᆡ가 놉히 나라 강물을 건너 가ᄂᆞᆫᄃᆡ 돈 젼ᄃᆡ가 푸러져 돈이 모도 강물에 섀지ᄂᆞᆫ지라 그 녀인이 ᄒᆞᆯ일 업서 탄식ᄒᆞ야 골ᄋᆞᄃᆡ 하ᄂᆞ님이 나의 나타ᄒᆞᆷ을 뮈워ᄒᆞ샤 물노 엇은 돈이 도로 물노 들어가게 ᄒᆞ시다 ᄒᆞ엿시니 닐은바 독어공중에 실어공중이라 우리 교우들은 실샹 공부를 힘쓸진뎌

최병헌

미이미교회의진보ᄒᆞᆷ

부활일 하오에 달셩회당과 ᄇᆡᄌᆡ학당리화학당 청년회원들이 다시 정동 회당에 모히여 긔회 ᄒᆞ고 월는청년회 회쟝 로병션씨가 쥬셕ᄒᆞ야 긔회 례식을 힝ᄒᆞᆯ시 찬미 긔도 ᄒᆞ고 셩경을 닑은 후에 말ᄒᆞ되 우리 미이미 교회는 근본 영국인 요한웨슬니씨가 셜립ᄒᆞᆫ 교회인ᄃᆡ 미국에 셜립이 된지는 지금 팔십 일년이라 우리가 오날을 당ᄒᆞ야 예수씨ᄭᅴ셔 부활 ᄒᆞ신후 문도의게 명 ᄒᆞ시기를 텬하 만국에 가 내의 일홈을 젼ᄒᆞ라 ᄒᆞ신 말ᄉᆞᆷ을 우리 미이미 교회에서 엇더케 쥰힝 ᄒᆞ엿는가 보옵세다 ᄒᆞ고 여러 회원들의게 각각 아는ᄃᆡ로 말을 식힐시 ○송언용씨는 아푸리까 쥬에 젼도됨을 말ᄒᆞ여 ᄀᆞᆯᄋᆞᄃᆡ 아푸리까 ᄇᆡᆨ셩들은 헛된 우샹을 숭배ᄒᆞᆯ ᄲᅮᆫ 아니라 흑인들이 미국에 팔녀와 죵노릇 ᄒᆞ는쟈ㅣ 만터니 일쳔 팔ᄇᆡᆨ 이십년에 미국 대통령이 흑인들을 모도 불너 본토로 보낼시 라이베리아라 ᄒᆞ는 ᄯᅡᄒᆞᆯ 사셔 주고 회당과 학당을 셜시ᄒᆞ야 주엇시며 일쳔 팔ᄇᆡᆨ 이십오년에 감독회에셔 션교ᄉᆞ를 보내고져 ᄒᆞ나 원 ᄒᆞ는 사ᄅᆞᆷ이 업더니 일쳔 팔ᄇᆡᆨ 삼십년에 콕쓰라 ᄒᆞ는 쇼년이 아푸리가에 젼도ᄒᆞ기를 ᄌᆞ원ᄒᆞ야 죽기를 두려워 아니 ᄒᆞ고 삼십이년 십일월 륙일에 고국을 써나 라이베리아로 가 젼도 ᄒᆞ다가 석ᄃᆞᆯ만에 병드러 죽으니 젼교가 이후로 오래 뎡지ᄒᆞᆫ지라 지금은 션교ᄉᆞ가 만히 드러가 젼도ᄒᆞ매 교인이 륙쳔 ᄉᆞᄇᆡᆨ ᄉᆞ십 여명이오 교회를 관할 ᄒᆞ는 학교도 만히 잇다 ᄒᆞ고 ○쥬샹호씨는 남아메리가 모든 나라와 멕쓰코의 젼도 됨을 말ᄉᆞᆷᄒᆞᄃᆡ 그곳 나라들은 여러 우샹을 셤기더니 일쳔 팔ᄇᆡᆨ 삼십 삼년에 우리 교회가 몬져 의졔된 합즁국과 베루국으로 드러가 젼도ᄒᆞᆯ시 관쟝들이 져희 ᄒᆞ더니 지금은 션교ᄉᆞ가 합 삼ᄇᆡᆨ 오십명이오 여ᄉᆞᆺ 나라에 교를 셜시 ᄒᆞ엿는ᄃᆡ 교회가 대단하 흥왕 ᄒᆞ야 본회가 합 다ᄉᆞᆺ 곳이오 지회가 합 륙십 삼처이오 녀교회가 합 오처이오 입교인이 합 일만 오쳔명이라 ᄒᆞ고 멕쓰코 나라에는 일쳔 팔ᄇᆡᆨ 칠십삼년에 우리 교가 들어가 셜시 ᄒᆞ엿는ᄃᆡ 지금은 도회가 삼처요 지회가 ᄉᆞ십삼처요 녀교회가 십처이오 교인과 학습인이 합 ᄉᆞ쳔여명이라 ᄒᆞ고 ○윤챵렬씨는 쳥국에 젼도됨을 말ᄉᆞᆷᄒᆞᄃᆡ 일쳔 팔ᄇᆡᆨ ᄉᆞ십칠년에 칼인과 화잇 이란 목ᄉᆞ가 쳥국 복쥬에 젼도를 시작 ᄒᆞ엿는ᄃᆡ 십년 동안에 교우를 ᄒᆞ나도 엇지 못 ᄒᆞ엿고 오십칠년 륙월에 비로소 ᄒᆞᆫ 사ᄅᆞᆷ이 셰례를 밧더니 지금은 교우가 이만 삼ᄇᆡᆨ 이십 륙인이오 학도가 일만 팔쳔 오ᄇᆡᆨ 칠십 륙인이오 션교ᄉᆞ가 일ᄇᆡᆨ 팔인이며 대쇼 학교가 합 이ᄇᆡᆨ 삼처요 본토 젼도인과 교ᄉᆞ가 합 칠ᄇᆡᆨ 오십인이오 젼도 부비는 첫ᄒᆡ에 미국 금젼으로 륙쳔원을 썻더니 작년에는 경비가 합 오십삼만 륙쳔 오ᄇᆡᆨ 팔십원인ᄃᆡ 그즁에 삼십만원은 본토 교회인들이 낸거시라 ᄒᆞ고

○민찬호씨는 구라파 제국에 젼
도됨을 말ᄉᆞᆷᄒᆞᆫᄃᆡ 일쳔 팔ᄇᆡᆨ ᄉᆞ십
구년에 우리 교회가 덕국 북방
으로 드러가 젼도ᄒᆞ매 불과 몃
ᄒᆡ에 거긔 ᄇᆡᆨ셩들이 만히 밋을
뿐 아니라 그 중에셔 션교ᄉᆞ가
만히 니러나 각국에 젼도ᄒᆞ엿
ᄂᆞᆫᄃᆡ 작년에 교인 수효를 샹고
ᄒᆞᆫ즉 덕국에는 일만 팔쳔 일ᄇᆡᆨ
삼십 일인이오 셔뎐국에는 일만
칠쳔 ᄉᆞᄇᆡᆨ 구인이오 나위국에는
륙쳔 십구인이오 셔ᄉᆞ국에는 팔
쳔 구십 구인이오 뎡말국에는
삼쳔 일ᄇᆡᆨ 구십ᄉᆞ인이오 의대리
국은 일쳔 구ᄇᆡᆨ 구십 오인이오
필랜드국에는 팔ᄇᆡᆨ 팔십 ᄉᆞ인이
오 쎌거리아국에는 이ᄇᆡᆨ ᄉᆞ십
일인이니 도합이 오만 오쳔 구
ᄇᆡᆨ 칠십 이인이라 ᄒᆞ고 ○송셕
봉씨는 인도국에 젼도됨을 발ᄉᆞᆷ
ᄒᆞᆫᄃᆡ 인도국은 ᄇᆡᆨ셩이 어두워
목셕으로 만든 우샹의게 절ᄒᆞᆯ뿐
아니라 악독ᄒᆞᆫ 즘싱들을 셤기더
니 일쳔 팔ᄇᆡᆨ 오십 이년에 월리
임쌔트러라 ᄒᆞᄂᆞᆫ 션교ᄉᆞ가 처음
으로 킬컷타라 ᄒᆞᄂᆞᆫ 도셩에 드
러가 젼도ᄒᆞ되 ᄉᆞ년 동안에 ᄒᆞᆫ
사ᄅᆞᆷ도 엇지 못ᄒᆞ고 ᄂᆡ란을 맛
낫더니 일쳔 팔ᄇᆡᆨ 오십 구년에
도번씨 목ᄉᆞ가 또 와셔 ᄉᆞ십일
년 동안을 젼도 ᄒᆞ다가 일쳔 팔
ᄇᆡᆨ 팔십 팔년에 인도국 감독이
된지라 지금은 입교인과 학습인
의 수효가 합 구만 이쳔 여인이
오 본토 젼도인이 륙ᄇᆡᆨ 칠십인
이오 대학교가 이십ᄉᆞ쳐요 교중
에 거두는 돈이 일년에 이쳔이
ᄇᆡᆨ 원이라 ᄒᆞ고 ○ 회쟝 로병
션씨는 일본과 대한에 미이미 교
회가 진보된거ᄉᆞᆯ 말ᄒᆞᄂᆞᆫᄃᆡ 일
본은 이십팔년 젼에 우리 교회
를 의원 ᄆᆡᆨ케레씨가 셜립 ᄒᆞ엿
ᄂᆞᆫᄃᆡ 지금에 본회가 팔쳐이요
지회가 ᄉᆞ십 삼쳐인ᄃᆡ 학습인과
입교인이 합오쳔 일ᄇᆡᆨ 삼십륙
명이며 대한은 십륙년젼에 시란
돈 아편셜라 두 목ᄉᆞ가 교회를
시작 ᄒᆞ엿ᄂᆞᆫᄃᆡ 학습인과 입교인
이 합 이쳔 륙ᄇᆡᆨ 이십 륙명이
라 ᄒᆞ고 우리가 오날 우리 교회
에셔 팔십 일년 동안에 ᄒᆞᆫ ᄉᆞ업
을 녁녁히 드럿ᄉᆞ니 ᄆᆡ우 즐겁
다 ᄒᆞ고 깃분 ᄆᆞᄋᆞᆷ으로 찬미를
부르고 폐회ᄒᆞ엿더라 (미완)

데ᄉᆞ권 그리스도인 대한회보 데십칠호

회미보에 잇ᄂᆞᆫ말

우리가 복쥬미화셔국에셔 츌판ᄒᆞᄂᆞᆫ **월보**ᄅᆞᆯ 본즉 여러가지 됴흔말이 만ᄒᆞ되 그즁 요긴ᄒᆞᆫ거ᄉᆞᆫ 이암 션ᄉᆡᆼ의 강론ᄒᆞᆫ 말ᄉᆞᆷ이라 ○이암 션ᄉᆡᆼ이 ᄀᆞᆯᄋᆞᄃᆡ 사ᄅᆞᆷ이 사ᄅᆞᆷ을 친ᄒᆞ고쟈 ᄒᆞᆯ진ᄃᆡ 반다시 그사ᄅᆞᆷ의 셩픔과 덕ᄒᆡᆼ이 엇더ᄒᆞᆫ 인지 안연후에 친ᄒᆞᆯ거시오 사ᄅᆞᆷ이 만일 하ᄂᆞ님을 친코쟈 ᄒᆞᆯ진ᄃᆡ 반다시 하ᄂᆞ님의 신셩과 인ᄋᆡ와 권능이 엇더ᄒᆞ심을 몬져 안후에야 ᄎᆞᆷ으로 친ᄒᆞᆯ수 잇ᄂᆞᆫ지라 셩경에 ᄀᆞᆯᄋᆞ샤ᄃᆡ 나 여호와 너의 하ᄂᆞ님은 거륵ᄒᆞ니 너희도 반다시 거륵케 ᄒᆞ라 ᄒᆞ시고 (리미긔십일쟝ᄉᆞ십ᄉᆞ졀) 또 ᄀᆞᆯᄋᆞ샤ᄃᆡ 너희ᄅᆞᆯ 부ᄅᆞ시ᄂᆞᆫ 이ᄂᆞᆫ 거륵 ᄒᆞ시니 너희도 또ᄒᆞᆫ 거륵케 ᄒᆞᆯ지어다 ᄒᆞ엿시니 (베드로젼셔일쟝십오졀) 녯적 션지쟈로 브터 지금 우리ᄭᆞ지 경계ᄒᆞᆫ신 말ᄉᆞᆷ이라 사ᄅᆞᆷ이 거륵 되지 못ᄒᆞ고 엇지 하ᄂᆞ님ᄭᅴ ᄀᆞᆺ가히 ᄒᆞᆯ수 잇시며 셩신의 감화 ᄒᆞ심을 밧지 못ᄒᆞ고 엇지 거륵 되기ᄅᆞᆯ ᄇᆞ라리오 이거ᄉᆞᆫ 셩경즁에 뎨일 긴즁ᄒᆞᆫ ᄯᅳᆺ이니 그리스도의 신도들은 몸이 거륵 되게 ᄒᆞ라 ᄒᆞ엿더라

화도신보에 말ᄉᆞᆷ

우리가 양오 거ᄉᆞ의 벽장셔라 ᄒᆞᄂᆞᆫ글을 본즉 ᄒᆞ엿시되 장ᄉᆞᄒᆞᄂᆞᆫ 법이 녜젼브터 작뎡ᄒᆞᆫ 례졀이 잇서 디리ᄅᆞᆯ ᄐᆡᆨᄒᆞ되 셩곽을 ᄊᆞᆺ지 아닐곳과 도로가 되지 아닐곳과 슈파ᄅᆞᆯ 당ᄒᆞ지 아닐ᄃᆡᄅᆞᆯ 취ᄒᆞᆷ은 조샹의 신톄가 편ᄒᆞ기ᄅᆞᆯ ᄇᆞ람이오 복을 구ᄒᆞᆷ이 아니여ᄂᆞᆯ 지금 사ᄅᆞᆷ들은 풍슈의 말을 밋어 됴흔ᄯᅡᆼ을 구ᄒᆞ지 못ᄒᆞ면 조고 부모의 ᄒᆡ골을 영장 ᄒᆞ지 아니ᄒᆞ고 황양ᄒᆞᆫ 들 가온ᄃᆡ ᄇᆡᆨ골을 그저 두엇다가 개와 여호가 침노도 ᄒᆞ고 도적놈이 ᄒᆡ골을 도적ᄒᆞ여 가기도 ᄒᆞ니 이거ᄉᆞᆫ 불효ᄌᆞ의 죄ᄅᆞᆯ 면치 못ᄒᆞ겟고 풍슈의 말이 엇더ᄒᆞᆫ ᄯᅡ은 부귀가 겸젼ᄒᆞ야 만ᄃᆡ에 영화ᄅᆞᆯ 누릴거시오 엇더ᄒᆞᆫ ᄯᅡ은 직앙이 대단ᄒᆞ야 ᄌᆞ손이 당ᄃᆡ에 폭망ᄒᆞ리라 ᄒᆞ매 어리셕은 ᄇᆡᆨ셩이 그말을 두려워 ᄒᆞ야 공연이 셰월을 허비ᄒᆞ며 길디ᄅᆞᆯ ᄎᆞ자 ᄃᆞᄂᆞ니 ᄎᆞᆷ 한심ᄒᆞᆫ 일이라 목숨의 쟝단과 사ᄅᆞᆷ의 빈부가 모도 하ᄂᆞ님ᄭᅴ 달녓거ᄂᆞᆯ 아모것도 모로ᄂᆞᆫ 흙이 엇지 화복을 마련ᄒᆞ며 사ᄅᆞᆷ이 사라셔 눈으로 보고 귀로 듯고 입으로 말ᄒᆞ고 슈족이 운동ᄒᆞᆯ때에도 부귀ᄅᆞᆯ ᄌᆞ긔의 임의ᄃᆡ로 일우지 못ᄒᆞ거든 허믈며 목셕과 ᄀᆞᆺ치 지각 운동이 업ᄂᆞᆫ ᄇᆡᆨ골이 무ᄉᆞᆷ복을 ᄌᆞ손의게 주리오 ᄒᆞ엿더라

대한크리스도인 회보

THE
KOREAN CHRISTIAN ADVOCATE.

H. G. APPENZELLER, - Editor.

TERMS:—36 cents per year, in advance. Postage extra.

WEDNESDAY, April, 25, 1900.

셔울 졍동셔 일쥬일에 ᄒᆞᆫ번식 발간ᄒᆞᄂᆞᆫᄃᆡ 아편셜라목ᄉᆞ가 회보ᄉᆞ쟝이 되엿더라

일년 갑슬 미리 니면 삼십륙젼이오 우표갑슨 ᄯᆞ로 잇ᄂᆞ니라

셰샹의 원은 곳치지 못ᄒᆞᆯ 병

대개 문동병은 흉악ᄒᆞᆫ 병이라고 말ᄒᆞᄂᆞᆫ거시 오히려 헐후ᄒᆞᆫ 말이라 왼몸이 진무ᄂᆞᆫ 죵긔가 나 발가락과 손가락과 귀와 코가 거진 압흐로 ᄲᅥ러지고 다리와 팔이 ᄎᆞᄎᆞ 물너 안다가 팔경에ᄂᆞᆫ 그 사ᄅᆞᆷ이 죽ᄂᆞ니 이병에ᄂᆞᆫ 비록 불ᄉᆞ약이 잇더ᄅᆡ도 쓸ᄃᆡ 업ᄉᆞ며 화타편쟉이 ᄀᆡᆼ싱ᄒᆞ더ᄅᆡ도 ᄒᆞᆯ일 업ᄂᆞ니 그런고로 이젼에 유태국에 문동병이 만아 셩ᄒᆞᆫ 사ᄅᆞᆷ이 갓가이 ᄒᆞ면 그병이 옴ᄂᆞᆫ고로 그병이 잇ᄂᆞᆫ이를 위ᄒᆞ여 ᄒᆞᆫ 동ᄂᆡ를 뎡ᄒᆞ고 문동촌을 문ᄃᆞᄅᆞ시며 엇던 사ᄅᆞᆷ이던지 문동이 잇ᄂᆞᆫ곳을 모로고 갓가이 가면 문동이가 닐ᄋᆞᄃᆡ 부졍ᄒᆞᆫ 사ᄅᆞᆷ이 여긔 잇다 ᄒᆞ고 크게 소ᄅᆡ질너 다른 사ᄅᆞᆷ의게 옴지 못ᄒᆞ게 ᄒᆞᄂᆞᆫ 일이 잇더니 이ᄯᅢ에 예수ᄭᅴ셔 ᄉᆞ방에 주류ᄒᆞ시면셔 젼도ᄒᆞ시고 병든 이들을 고쳐 주실ᄉᆡ 맛참 문동촌으로 지나시다가 ᄒᆞᆫ 문동이가 예수ᄭᅴ를 보고 업ᄃᆞ려 말ᄒᆞ기를 쥬ᄭᅴ셔 ᄒᆞ고져ᄒᆞ시면 나를 ᄭᅢᄭᅳᆺ게ᄒᆞ소셔ᄒᆞ매 곳 예수ᄭᅴ셔 손으로 그 문동병을 문지시며 말ᄉᆞᆷᄒᆞ시기를 내가 ᄒᆞ고져 ᄒᆞᆫ다 네가 ᄭᅢᄭᅳᆺᄒᆞ여라 ᄒᆞ시니 문동병이 물너가고 그 사ᄅᆞᆷ이 이젼 친구들을 차자가 니웃ᄒᆞ여 살앗다 ᄒᆞᆫ즉 우리 ᄉᆡᆼ각에ᄂᆞᆫ 이와 ᄀᆞᆺᄒᆞᆫ 무셔온 병은 이 셰샹에 업슬듯ᄒᆞ나 모든 셰샹 사ᄅᆞᆷ들이 이 문동병 보다 더 흉악ᄒᆞᆫ 병이 잇ᄉᆞ니 이병은 몸에 병이 아니라 령혼의 든 병이니 죄라 ᄒᆞᄂᆞᆫ 병이라 죄라 ᄒᆞᄂᆞᆫ 병이 우리 눈에ᄂᆞᆫ 그 문동병과 ᄀᆞᆺ치 더럽고 무셥지 아니ᄒᆞ여 보이나 하ᄂᆞ님은 그 문동병보다 더 부졍ᄒᆞ게 보시ᄂᆞ나 무셥도다 이 죄라 ᄒᆞᄂᆞᆫ 병이여 우리가 이거슬 씻서 ᄇᆞ리지 안코ᄂᆞᆫ 결단코 하ᄂᆞ님을 갓가이 ᄒᆞᆯ수 업ᄂᆞ니 엇더케 ᄒᆞ면 이병을 씻서 ᄇᆞ릴고 오대양에 잇ᄂᆞᆫ물을 다 드려도 이 더려온 병은 씻서 ᄇᆞ릴수 업고 다만 밋고 겸손ᄒᆞᆫ ᄆᆞᄋᆞᆷ으로 예수ᄭᅴ 나아가면 씻서 ᄇᆞ릴수 잇ᄂᆞ니 누구던지 이젼에 문동병 든 사ᄅᆞᆷ이 예수씨의게 구ᄒᆞᄂᆞᆫ ᄆᆞᄋᆞᆷ을 가지고 가면 구원ᄒᆞᆯ수 잇ᄉᆞ니 이 잔악ᄒᆞᆫ 셰대를 당ᄒᆞ여 우리 동포들은 깁히들 ᄉᆡᆼ각ᄒᆞ여 보시오 셰샹에 잇ᄂᆞᆫ 의원은 아모리 고명ᄒᆞ더ᄅᆡ도 죄라 ᄒᆞᄂᆞᆫ 병은 곳칠수 업고 다만 예수ᄲᅮᆫ인줄노 우리ᄂᆞᆫ ᄉᆡᆼ각ᄒᆞ노라 로병션

구셥이

만국주일공과도강

一 예수의강싱ᄒᆞ심

○요지ㅣ 내 장ᄎᆞᆺ 그 일홈을 예수라 부르리니 그가 ᄌᆞ긔의 ᄇᆡᆨ셩을 죄악 가온ᄃᆡ셔 구원 ᄒᆞ시리라 ○ᄆᆞᆺᄂᆞᆫ말ㅣ 예수ᄭᅴ셔 어ᄂᆞ 디방에서 강셩 ᄒᆞ셧ᄂᆞ뇨 그의 부모ᄂᆞᆫ 뉘시뇨 그가 셰상에 강셩 ᄒᆞ실ᄯᅢ에 누가 영졉 ᄒᆞ엿ᄂᆞ뇨

二 예수ᄭᅴ셔어렷실ᄯᅢ에 예루살넴에올나가심

○요지ㅣ 지혜와 나히 더 ᄒᆞ시매 더옥 하ᄂᆞ님과 사ᄅᆞᆷ의 고임을 보시더라 ○ᄆᆞᆺᄂᆞᆫ말ㅣ 예수ᄭᅴ셔 무ᄉᆞᆷ 졀긔에 참예 ᄒᆞ셧ᄂᆞ뇨 그가 그ᄯᅢ에 몃살 잡수셧ᄂᆞ뇨 ᄒᆞ로에ᄂᆞᆫ 그로 어ᄃᆡ서 찻져 내엿ᄂᆞ뇨 그가 무ᄉᆞᆷ일을 ᄒᆞ더뇨

三 셰례주ᄂᆞᆫ요한의젼도ᄒᆞᆷ

○요지ㅣ 쥬의길을 예비ᄒᆞ여라 ○ᄆᆞᆺᄂᆞᆫ말ㅣ 누가 와서 예수를 ᄀᆞᄅᆞ쳐 젼도 ᄒᆞ엿ᄂᆞ뇨 그가 무ᄉᆞᆷ 말을 ᄒᆞ엿ᄂᆞ뇨 엇던 션지쟈가 이 사ᄅᆞᆷ을 ᄀᆞᄅᆞ쳐 말 ᄒᆞ엿ᄂᆞ뇨

四 예수의셰례밧으심과시험밧으심

○요지ㅣ 하ᄂᆞᆯ노셔 소ᄅᆡ 잇서 말ᄉᆞᆷ ᄒᆞ샤ᄃᆡ 이ᄂᆞᆫ 내 ᄉᆞ랑 ᄒᆞᄂᆞᆫ 아ᄃᆞᆯ이오 내 깃버 ᄒᆞᄂᆞᆫ 이라 ᄒᆞ시더라 ○ᄆᆞᆺᄂᆞᆫ말ㅣ 예수ᄭᅴ셔 어ᄃᆡ서 셰례를 밧으셧ᄂᆞ뇨 뉘게 셰례를 밧으셧ᄂᆞ뇨 그후에 어ᄃᆡ로 가셧ᄂᆞ뇨 무엇ᄒᆞ러 가셧ᄂᆞ뇨

五 예수의처음으로톄ᄒᆞᆫ문도

○요지ㅣ 두 뎨ᄌᆞ가 그 말을 듯고 곳 예수를 좃치니라 ○ᄆᆞᆺᄂᆞᆫ말ㅣ 예수의 처음 톄ᄒᆞᆫ 문도ᄃᆞᆯ이 누구뇨 이 문도중 ᄒᆞᆫ 사ᄅᆞᆷ이 쳔거 ᄒᆞᆫ이ᄂᆞᆫ 누구뇨 예수ᄭᅴ셔 친히 부ᄅᆞ신이ᄂᆞᆫ 누구뇨

六 예수와니고데모

○요지ㅣ 하ᄂᆞ님이 셰샹을 ᄉᆞ랑 ᄒᆞ샤 외 아ᄃᆞᆯ을 주셧ᄉᆞ니 누구던지 뎌를 밋으면 영싱을 엇고 망ᄒᆞ지 아니 ᄒᆞ리라 ○ᄆᆞᆺᄂᆞᆫ말ㅣ 니고데모ᄂᆞᆫ 누구뇨 어ᄃᆡ로 예수ᄭᅴ 나아왓ᄂᆞ뇨 누가 능히 새 ᄆᆞᄋᆞᆷ을 주ᄂᆞ뇨

七 예수ᄭᅴ셔야곱우물에계신일

○요지ㅣ 하ᄂᆞ님은 신이시니 셩신과 진리로 례비ᄒᆞᆯ거시니라 ○ᄆᆞᆺᄂᆞᆫ말ㅣ 예수와 우물에 온 녀인의 이야기ᄅᆞᆯ 좀 ᄒᆞ여라 산물은 무어시며 이 물은 어ᄃᆡ서 찻ᄂᆞ뇨

八 예수ᄭᅴ셔나사렛에셔쫏겨가심

○요지ㅣ 그ᄯᅢ에 와도 그 ᄇᆡᆨ셩이 ᄃᆡ졉지 아니 ᄒᆞ니라 ○ᄆᆞᆺᄂᆞᆫ말ㅣ 예수ᄭᅴ셔 어ᄂᆞ 디방에서 회당에 드러가 젼도 ᄒᆞ셧ᄂᆞ뇨 ᄌᆞ긔를 ᄀᆞᄅᆞ쳐 무ᄉᆞᆷ 말ᄉᆞᆷ을 ᄒᆞ셧ᄂᆞ뇨 나사렛에서 엇더케 ᄃᆡ졉을 밧으셧ᄂᆞ뇨

九 예수ᄭᅴ셔가버나움에셔모든병곳치심

○요지ㅣ 예수ㅣ 모든 병든 사ᄅᆞᆷ을 곳치시며 모든 샤귀ᄅᆞᆯ 내여 쫏치시되 샤귀ᄃᆞᆯ이 말 ᄒᆞ기ᄅᆞᆯ 허락지 아니시니 샤귀ᄃᆞᆯ은

예수를 얇이러라 ○뭇ᄂᆞᆫ말ㅣ 누가
가버나움에서 살앗ᄂᆞ뇨 엇더ᄒᆞᆫ 사ᄅᆞᆷ들이
예수ᄭᅴ 병 곳침을 엇엇ᄂᆞ뇨 예수ᄭᅴ셔 지
금 ᄭᆞ지도 사귀들을 능히 내여 좃치시ᄂᆞ뇨

十 반신불슈 곳치심

○요지ㅣ 소ᄌᆞ야 네 죄를 샤
ᄒᆞ노라 ○뭇ᄂᆞᆫ말ㅣ 예수ᄭᅴ셔 반신불슈
병든쟈의게 무ᄉᆞᆷ 일을 힝 ᄒᆞ셧ᄂᆞ뇨 예수
ᄭᅴ셔 언ᄶᅡᆫᄒᆞᆫ 성각 잇ᄂᆞᆫ 사ᄅᆞᆷ의 ᄆᆞᄋᆞᆷ을 위
ᄒᆞ야 무어ᄉᆞᆯ 능히 ᄒᆞ시ᄂᆞ뇨

十一 예수ㅣ 레위의 집에 셔잡수심

○요지ㅣ 그
의게 닐너 ᄀᆞᆯᄋᆞ샤ᄃᆡ 나를 좃치
라 ᄒᆞ시니 ○뭇ᄂᆞᆫ말ㅣ 예수ᄭᅴ셔 누구
를 불너 조긔를 좃치라 ᄒᆞ셧ᄂᆞ뇨 셰리ᄂᆞᆫ
무어시뇨 예수ᄭᅴ셔 지금은 누구를 불너
조긔를 좃치라 ᄒᆞ시ᄂᆞ뇨

년ᄃᆡ와 디방

셔력 긔원
젼 오년으로 긔원후 이십 팔년
ᄭᆞ지
이 석돌 동안 공부ᄒᆞᆫ 공과에 지
낸 년ᄃᆡ 동안에 예수ᄭᅴ셔 유대
베네헴에 강싱 ᄒᆞ셧고 유대인의
규례를 의지 ᄒᆞ야
하ᄂᆞ님ᄭᅴ 드리량으로 예루살넴
셩뎐에 다리고 갓고 혜롯왕의
학ᄃᆡ를 피ᄒᆞ야 이집드로 다리
고 갓고 다시 가리리 나사렛 으
로 다리고 와 거긔셔 ᄋᆞ희ᄯᅢ를
지내셧ᄉᆞ며 열 두 살 되엿실ᄯᅢ
예루살넴에 졀긔 참예를 ᄒᆞ셧고
그 다음에 열 여ᄃᆞᆲ히를 가리리
나사렛에서 죵용이 지내셧고 요
단강 근쳐에서 셰례 주ᄂᆞᆫ 요한
의게 셰례를 밧으러 가셧고 광
야에서 시험을 격그셧고 요단강
으로 도라오샤 처음 뎨ᄌᆞ 문도
를 부르셧고 가리리 가나에 가
셧다가 거긔셔 가버나움으로 오
셧고 긔원후 이십칠년 ᄉᆞ월 열
ᄒᆞ로날 유월졀에 예루살넴에 올
연히 뵈이셧고 유대 디방에서
잠간 셰례를 힝ᄒᆞ셧고 사마리아
디방에셔 두날을 지내시고 가리
리에셔 조긔의 일을 시작 ᄒᆞ셧
고 나사렛에서 쫏겨 나샤 가버
나움으로 이ᄉᆞ ᄒᆞ셧고 가리리
디방에 ᄃᆞ니샤 처음 젼도를 힝
ᄒᆞ셧ᄂᆞ니라

미이미 교회의 진보홈

속젼호

녀교우 메레씨가 녀인 교회의 진보됨을 말솜ᄒᆞ여 ᄀᆞᆯᄋᆞᄃᆡ 삼십 헐년 젼에 인도국에 갓다온 팍커 목ᄉᆞ의 부인과 ᄊᆡᆺ틀너목ᄉᆞ의 부인이 그곳 부인 ᄒᆞ나로 더브러 미국 ᄲᅩᆺ스톤에셔 모히여 인도국 녀ᄌᆞ의 일을 담론ᄒᆞᆯ시 ᄉᆞ만만명 녀ᄌᆞ들이 예수를 모를ᄲᅮᆫ 아니라 내외가 극진ᄒᆞ여 녀교ᄉᆞ가 ᄀᆞᄅᆞ치지 아니면 비ᄒᆞᆯ략 ᄒᆞ여도 ᄒᆞᆯ수 업다 ᄒᆞ며 여러히 인도국에 잇던 목ᄉᆞ의 말솜이 인도 녀ᄌᆞ의 공부 졸업 ᄒᆞ기는 셤돌노 틈 업시 싸흔 담 일쳔 오ᄇᆡᆨ쳑 되는 더 ᄀᆡ여 올나 가기 보다 더 어렵다 ᄒᆞᄂᆞᆫ지라 의론ᄒᆞ야 외국 녀ᄌᆞ들노 예수교에 진보케 ᄒᆞᆯ 회를 셜시 ᄒᆞ자 ᄒᆞ매 그곳 부인의 말솜이 투리민트시 추릿 회당에 부인들과 의론 ᄒᆞ리이다 ᄒᆞ고 수일지간에 여러분과 말솜ᄒᆞ매 진보회 잇는거시 됴타 ᄒᆞ거ᄂᆞᆯ 그ᄒᆡ 삼월 이십삼일노 모혀 회의 긴요ᄒᆞᆫ 목적을 팍커 목ᄉᆞ의 부인과 ᄊᆡᆺ틀너 목ᄉᆞ의 부인ᄭᅴ 드ᄅᆞ랴ᄒᆞᆯ시 삼쳐 회당에 부인들을 쳥 ᄒᆞ엿더니 그날에 맛참 비가 와셔 다 모히지 못ᄒᆞ고 연셜ᄒᆞᆯ 부인과 드르러 온 사ᄅᆞᆷ이 륙인ᄲᅮᆫ이라 팍커목ᄉᆞ의 부인ᄭᅴ셔 인도국 녀ᄌᆞ들의 어려온 모양을 조셰히 셜명ᄒᆞ매 박즁에 듯는 사ᄅᆞᆷ의 ᄆᆞᄋᆞᆷ이 다 감동ᄒᆞ야 열심이 나 ᄀᆞᆯᄋᆞᄃᆡ 기ᄃᆞ리지 말고 회를 지금 곳 셜시ᄒᆞ쟈 ᄒᆞ며 간절이 긔도 ᄒᆞ기를 쥬ᄭᅴ셔 이 회의 머리가 되소셔 ᄒᆞ고 회를 셜시ᄒᆞᆫ지라 그후에 토번목ᄉᆞ의 미씨가 인도국으로 가고져ᄒᆞᆷ을 알고 (이 부인은 그 오.라바니게 드러 인도국 일을 조셰히 아는고로 조긔가 가셔 녀ᄌᆞ들을 ᄀᆞᄅᆞ칠 ᄆᆞᄋᆞᆷ이 간절 ᄒᆞ엿더라) 그 부인으로 회원들을 몸밧아 인도국에 보낼ᄭᅡ ᄒᆞ나 회원이 이십명도 못되고 거둔돈은 삼ᄇᆡᆨ원이 못되니 경비를 담당ᄒᆞᆯ수 업다ᄒᆞ야 의론이 불일ᄒᆞ더니 그즁 ᄒᆞᆫ 사ᄅᆞᆷ이 굿세게 밋음으로 담대히 니러나 말ᄒᆞ되 우리 쥬즁에 쓸돈이 업다고 이런 쓸만ᄒᆞᆫ 사ᄅᆞᆷ을 엇지 놋치리오 우리가 보병옷솔 납고 츌립ᄒᆞᆯ지라도 거긔 드리는 돈을 거둡시다 ᄒᆞ고 회장을 불너 토번 부인으로 회즁에 ᄲᅡᆸ아 보내기를 ᄃᆞᆼ의ᄒᆞ고 지쳥되야 가타 ᄒᆞ엿더니 수삭후에 녀의원 ᄒᆞᆫ분이 ᄯᅩ ᄌᆞ치 가게되여 그ᄒᆡ 동지달에 이 두 부인이 인도국으로 ᄯᅥ나갓시니 혼ᄌᆞ 부녀로 타국에 가는 일은 이 두 부인이 처음으로 시작ᄒᆞᆫ지라 이 회가 점점 진보 되여 지금은 륙쳔 이ᄇᆡᆨ 지회가 더 되고 회원 수효는 일억 오만 ᄉᆞ쳔 이ᄇᆡᆨ명 가량이라 이 회에셔 퇴츌ᄒᆞ야 외국에 보낸 사ᄅᆞᆷ이 삼ᄇᆡᆨ 이십오명인ᄃᆡ 혹은 텬국으로 가고 혹은 병이 잇셔 본국으로 가고 현금에 외국에셔 일 보는 사ᄅᆞᆷ은 ᄉᆡᆨ 이ᄇᆡᆨ명이라 이 사ᄅᆞᆷ들이 가셔 ᄒᆞ는바 일은 녀ᄋᆞ들을 의식 주고 거두어 ᄀᆞᄅᆞ치는 학당이 륙십 삼쳐오 부모 업는 ᄋᆞᄒᆡ들을 거두는 집이 십이쳐오 셩경을 ᄇᆡ호는 학당이 신칠쳐오 병인을 치료ᄒᆞ야 곳쳐 주ᄂᆞᆫ 병원이 십ᄉᆞ쳐오 각쳐에 쓰ᄂᆞᆫ 경비ᄂᆞᆫ 다 이회에셔 담당ᄒᆞ야 주ᄂᆞ니 거둔 돈을 시작 ᄒᆞᆯ새 브터 작년ᄭᆞ지 합계ᄒᆞᆫ즉 오ᄇᆡᆨ 이만 구쳔 이ᄇᆡᆨ원이나 이거ᄉᆞᆫ 미국 금젼이라 이회에셔 ᄆᆞ르쳐 젼도 ᄒᆞᄂᆞᆫ 부녀가 칠ᄇᆡᆨ명 가량이오 어륜ᄋᆞ히 업시 글 ᄇᆡ호ᄂᆞᆫ쟈ᄂᆞᆫ 여러 만명이오 인도국에ᄂᆞᆫ 대학교ᄭᆞ지 잇고 미국에 ᄭᆞ지 들어가 공부 ᄒᆞᄂᆞᆫ 녀ᄌᆞ가 잇ᄂᆞᆫ지라 이회에셔 녀ᄌᆞ 교휵을 힝 ᄒᆞᄂᆞᆫ 나라들은 인도국과 쳥국 일본 대한과 남아미리까요 ᄆᆡ시코 이달니 쎌까리아 아프리까라 엇지ᄒᆞ야 부녀들이 특별히 셔로 이러케 ᄋᆡᄅᆞᆯ 쓰ᄂᆞᆫ고 처음에 예수씨ᄅᆞᆯ ᄋᆡ써 차진이ᄂᆞᆫ 멧 부인들이라 예수 ᄇᆞᆰ히 나타나샤 ᄀᆞᆯᄋᆞ샤ᄃᆡ 녀인아 평안ᄒᆞ라 ᄒᆞ시고 위로ᄒᆞ샤 무셔워 말나 ᄒᆞ시며 가셔 내 동ᄉᆡᆼ들의게 닐ᄋᆞᄃᆡ 갈닐리에 가면 거긔셔 나ᄅᆞᆯ 보리라 ᄒᆞ신 말ᄉᆞᆷ이 지금 ᄭᆞ지 밋쳣도다 외국 부인들은 타국을 위ᄒᆞ야 이러케 힘을 쓰ᄂᆞ나 우리 대한 녀ᄌᆞ들도 동심 합력ᄒᆞ면 못ᄒᆞᆯ 일이 업실거시오 외국 부녀보다 대한 풍쇽도 알고 방언도 잘ᄒᆞᄂᆞᆫ 터이오니 남과 ᄀᆞᆺ치 힘써 구세쥬의 일홈을 젼ᄒᆞ옵시다ᄒᆞ엿더라

ᄂᆡ보

션차위좌) 안렴ᄉᆞ 니남규씨가 덕원 감리 윤치호씨ᄅᆞᆯ 무단이 봉고 파직ᄒᆞᆫ매 덕원부 오면 ᄇᆡᆨ셩들이 ᄂᆡ부에 뎐보ᄒᆞ기ᄅᆞᆯ 본부 감리의 치젹이 지극히 명찰ᄒᆞ거ᄂᆞᆯ 의외에 봉고ᄒᆞ야 일경이 지보ᄒᆞ가 ᄯᅥ려오니 쥬품ᄒᆞ야 인임ᄒᆞ기ᄅᆞᆯ 원ᄒᆞᆫ다 ᄒᆞ엿고 ᄯᅩ 덕원셔 온 뎐보ᄅᆞᆯ 본즉 ᄒᆞ엿시되 감리 윤지호씨가 지임ᄒᆞᆫ지 일년에 일편 단심이 우호로 황은을 갑고 아ᄅᆡ로 인민을 보호ᄒᆞ더니 아렴ᄉᆞ 니싸가 취모멱ᄌᆞᄒᆞ다가 부득이 ᄒᆞ야 ᄇᆡᆨ셩 ᄉᆞ랑ᄒᆞ기ᄅᆞᆯ 태과이 ᄒᆞᆫ다 ᄒᆞ며 신식을 함쓰고 풍쇽을 곳친다 ᄒᆞ야 경무관의 과료홈을 윤씨의게 마루고 봉고ᄒᆞ니 이민 ᄒᆞᆫ다고 봉고ᄒᆞᄂᆞᆫ거ᄉᆞᆫ 처음 듯ᄂᆞᆫ 일이라고 ᄒᆞ엿더라

뎨ᄉᆞ권

그리스도인

뎨십팔호

대한그리스도인회보

년환회긔요광고

양력 오월 초십일브터 년환회를 뎡동회당으로 모힐터인ᄃᆡ 금년에는 감독씨셔 오시지 못ᄒᆞ고 쟝로ᄉᆞ 시란돈씨가 쥬셕 회쟝이 되여 ᄉᆞ무를 보실터이오 본뎐도인과 권ᄉᆞ들을 모도와 교즁 법ᄃᆡ로 성경공부에도 강을 밧을터인ᄃᆡ 공부ᄒᆞᆯ 칙 일홈은 작년 ᄉᆞ월에 츌판ᄒᆞᆫ 회보 뎨삼권 십륙호에 긔지ᄒᆞ엿시니 ᄯᅩ 말ᄒᆞᆯ것업거니와 젼도인과 권ᄉᆞ들은 년환회에 참예ᄒᆞ야 도강들 잘 ᄒᆞ기를 ᄇᆞ라오

치하ᄒᆞᆯ일

우리가 쟝로교회 목ᄉᆞ의 말을 드른즉 평양셩에 잇ᄂᆞᆫ 대한 교우들이 새로 회당을 짓고자 ᄒᆞ야 연보 ᄒᆞᆫ 돈이 ᄉᆞ쳔원 가량이라 ᄒᆞ니 참 굉장ᄒᆞᆫ 일이라 우리ᄂᆞᆫ 우리 누님 쟝로 교회가 이러케 진보됨을 치하 ᄒᆞ오며 더욱 흥왕 ᄒᆞ기를 ᄇᆞ라노라

연안소식

일젼에 황히도 연안군 소식을 드른즉 무ᄉᆞᆷ ᄉᆞ단을 인연 ᄒᆞᆷ인지 알수 업시나 부쟝 수십명이 작당ᄒᆞ야 라진포 회당문을 파쇄ᄒᆞ고 교우 ᄒᆞᆫ 사ᄅᆞᆷ을 구타ᄒᆞ야 죽을 디경이 되게 ᄒᆞ고 교회 ᄎᆞ롤들을 무슈히 욕ᄒᆞ다 ᄒᆞ니 우리가 지금 송ᄉᆞ ᄒᆞ야 지관은 ᄒᆞ지 안커니와 회당 [illegible] ᄒᆞ엿신즉 노여 ᄒᆞᆫ지 ᄲᅡ닐수 업ᄂᆞᆫ지라 그러나 현금에 됴원씨 목ᄉᆞ가 그곳에 젼도 ᄒᆞ러 갓신즉 그일의 됴쳐를 필경 잘ᄒᆞᆯ줄 아노라

제물포편지

제물포 젼도인 쟝경화씨가 금년 ᄉᆞ월간에 황히도 연안 등디에 가셔 열곳에 잇ᄂᆞᆫ 회당을 슌힝ᄒᆞ엿ᄂᆞᆫᄃᆡ 각쳐 교회에 밋ᄂᆞᆫ 형뎨들이 졈졈 흥왕 ᄒᆞ며 ᄌᆞ미 잇ᄂᆞᆫ 일을 만히 보앗시나 오직 평산 박우물 교즁에ᄂᆞᆫ 불힝ᄒᆞᆫ 일이 잇다 ᄒᆞ엿더라

대한그리스도인 회보

THE KOREAN CHRISTIAN ADVOCATE.

H. G. APPENZELLER, - Editor.

TERMS:—36 cents per year, in advance. Postage extra.

WEDNESDAY, May, 2, 1900.

셔울 졍동셔 일쥬일에 ᄒᆞᆫ번식 발간ᄒᆞᄂᆞᆫᄃᆡ 아펜셜라 목ᄉᆞ가 회보 샤장이 되엿더라

일년 갑슬 미리 ᄂᆡ면 삼십 륙젼 오 우표 갑슨 ᄯᅩ로 잇ᄂᆞ니라

홍뎐ᄉᆞ봄노리

근일에 텬긔가 쳥량ᄒᆞ고 혜풍이 화챵ᄒᆞᆫ매 구십소광은 아람다온 빗솔 ᄌᆞ랑ᄒᆞ고 입ᄉᆞ번풍은 만물을 고동ᄒᆞ니 안류는 의의ᄒᆞ야 연긔를 ᄯᅴ엿시며 림화는 작작ᄒᆞ야 봉졉이 나라드니 초목 군ᄉᆡᆼ 지물이 졍히 깃버 ᄒᆞᆯᄯᅢ라 녜로브터 현인 군ᄌᆞ와 풍류 소ᄀᆡᆨ이 ᄆᆡ양 이ᄯᅢ를 당ᄒᆞ면 명산 대쳔과 셩디 루ᄃᆡ에 모히여 그윽ᄒᆞᆫ 졍회를 쇼챵ᄒᆞᄂᆞ니 로나라 징뎜은 현인의 ᄌᆞ픔으로 관쟈 오륙인과 동ᄌᆞ 륙칠인을 ᄃᆞ리고 긔슈물에 나ᄅᆞ러 목욕ᄒᆞ고 무우단에 올나가 소풍ᄒᆞ며 글을 읇주려 도라왓시며 진나라 왕희지는 명필의 흥치로 시내물에 술잔을 ᄯᅴ여노코 란뎡쳡을 긔록ᄒᆞ엿시며 송나라 구양슈는 문장의 ᄌᆡ화로 봄술과 봄 의복을 가지고 산에 올으며 물을 림ᄒᆞ야 종일토록 도라 오기를 이진지라 변화ᄒᆞᆫ 화류ᄉᆡ에 ᄒᆞᆫ번 놀녀ᄒᆞᄂᆞᆫ ᄆᆞ음은 동셔양 사ᄅᆞᆷ이 다 ᄀᆞᆺ고 녜와 이제 사ᄅᆞᆷ도 ᄯᅩᄒᆞᆫ ᄀᆞᆺ도다 일젼에 셔국 목ᄉᆞ들이 ᄇᆡ지학당 학원을 ᄃᆞ리고 동문밧 홍뎐ᄉᆞ에 나아가 공부에 골몰ᄒᆞ던 회포를 한가히 소챵ᄒᆞ엿ᄂᆞᆫᄃᆡ 음식 먹을ᄯᅢ 마다 엄숙ᄒᆞᆫ 모양으로 일졔히 하ᄂᆞ님ᄭᅴ 긔도ᄒᆞ고 문졔를 내여 여러 학원들이 일쟝을 토론ᄒᆞ엿시니 문졔ᄂᆞᆫ 덕힝의 아람다옴이 화류의 아람다옴 보다 낫다 홈이라 가편 사ᄅᆞᆷ은 말ᄒᆞ되 츈삼월 호시졀을 당ᄒᆞ면 ᄭᅩᆺ시 만발ᄒᆞ야 향긔도 아람답고 ᄭᅩᆺ시 ᄯᅥ러진후에 열ᄆᆡ를 ᄆᆡᆺᄂᆞᆫ 나무도 잇ᄉᆞ니 물ᄉᆡᆨ이 참 됴커니와 그 아람다옴이 오래지 못ᄒᆞ야 셥셥지너에 영락ᄒᆞᆯ 거시오 사ᄅᆞᆷ의 덕힝은 곳 나무의 ᄭᅩᆺ과 ᄀᆞᆺ치 몸을 윤택케 ᄒᆞ며 ᄆᆞ음이 온화ᄒᆞ고 외모가 단아ᄒᆞ야 ᄭᅩᆺ보다 나흘거시오 그 열ᄆᆡᄂᆞᆫ 곳 츙군 효친과 이국 이민ᄒᆞᄂᆞᆫ 일이며 셰계상에 큰 ᄉᆞ업을 일우워 ᄭᅩᆺ다온 일홈을 쳔츄만셰에 젼ᄒᆞ리니 그 아람다옴이 엇지 무지ᄒᆞᆫ 초목에 비교ᄒᆞ리오 참 덕힝이 화류보다 낫다ᄒᆞ고 부편 사ᄅᆞᆷ은 말ᄒᆞ기 화류가 능히 사ᄅᆞᆷ을 위싱케 ᄒᆞ며 ᄆᆞᄋᆞᆷ을 깃부게 ᄒᆞᆯᄲᅮᆫ 아니라 우리가 오날 이곳에 온것도 화류를 보랴 홈이오 부쳐의 덕힝이나 공ᄌᆞ의 덕힝을 보려 온거시 아닌즉 화류는 실상이 잇ᄂᆞᆫ거시오 덕힝은 허ᄒᆞ야 업ᄂᆞᆫ거시라 엇지 화류의 아람다옴을 당ᄒᆞ리오 ᄒᆞᄂᆞᆫ지라 우리ᄂᆞᆫ 여러 학원의 계 말ᄒᆞ노니 다만 화류만 보고 줄거ᄒᆞᆯ거시 아니라 사ᄅᆞᆷ 마다 하ᄂᆞ님의 거룩ᄒᆞ신 리치를 ᄇᆡ화 덕힝의 일을 열심으로 힝ᄒᆞ고 화평ᄒᆞᆫ ᄆᆞ음속에 됴흔ᄭᅩᆺ치 피며 착ᄒᆞᆫ 열ᄆᆡ를 ᄆᆡ자 밧게 사ᄅᆞᆷ들노 우리 덕힝의 아람다옴을 구경케 ᄒᆞᆯ지어다 최병헌

ᄒᆞᆫ국쥬일공과 그리스도씌의힝젹

뎨이부 뎨일공과

ᄉᆞ월 이십구일

복을밧을이

마태복음 ᄉᆞ장 이십오졀노 오장 십이졀

二五 갈닐니와 뎨가불니와 예루살넴과 유대와 요단강 건너 혀다ᄒᆞᆫ 사ᄅᆞᆷ이 좃치니라

一 예수ㅣ 못 사ᄅᆞᆷ을 보시고 산에 올나가 안져서니 뎨ᄌᆞ들이 나아오거ᄂᆞᆯ 二 입을 열어 ᄀᆞᄅᆞ쳐 ᄀᆞᄅᆞ샤ᄃᆡ 三 ᄆᆞᄋᆞᆷ으로 가난ᄒᆞᆫ이ᄂᆞᆫ 복 잇ᄂᆞᆫ 자로다 텬국이 뎌희 거심이오 四 이통ᄒᆞᄂᆞᆫ 이ᄂᆞᆫ 복 잇ᄂᆞᆫ 자로다 뎌희가 위로ᄒᆞᆷ을 밧을 거심이오 五 온유ᄒᆞᆫ이ᄂᆞᆫ 복 잇ᄂᆞᆫ 자로다 뎌희가 ᄯᅡᄒᆞᆯ ᄎᆞ지ᄒᆞᆯ 거심이오 六 의를 ᄉᆞ모ᄒᆞᄂᆞᆫ거ᄉᆞᆯ 주리고 목 마른것 ᄀᆞᆺ치 ᄒᆞᄂᆞᆫ 이ᄂᆞᆫ 복 잇ᄂᆞᆫ 자로다 뎌희가 ᄇᆡ부를 거심이오 七 ᄌᆞ비ᄒᆞᆫᄂᆞᆫ 이ᄂᆞᆫ 복 잇ᄂᆞᆫ 자로다 ᄌᆞ비ᄒᆞᆷ을 엇을 거심이오 八 ᄆᆞᄋᆞᆷ에 조찰ᄒᆞᆫ이ᄂᆞᆫ 복 잇ᄂᆞᆫ 자로다 뎌희가 하ᄂᆞ님을 뵈올 거심이오 九 화목게 ᄒᆞᄂᆞᆫ 이ᄂᆞᆫ 복 잇ᄂᆞᆫ 자로다 뎌희가 하ᄂᆞ님의 아ᄃᆞᆯ이라 닐ᄏᆞ를 거심이오 十 의를 위ᄒᆞ야 핍박을 밧ᄂᆞᆫ 이ᄂᆞᆫ 복 잇ᄂᆞᆫ 자로다 텬국이 뎌희 거심이오 十一 나를 위ᄒᆞ야 너희를 욕ᄒᆞ고 핍박ᄒᆞ고 모든 악ᄒᆞᆫ거ᄉᆞᆯ 거즛말노 비방ᄒᆞ면 너희게 복이 되리니 十二 깃버ᄒᆞ고 즐거워ᄒᆞ라 하ᄂᆞᆯ에서 샹줌이 크리라 너희 잇기젼 션지를 이ᄀᆞᆺ치 핍박ᄒᆞ엿ᄂᆞ니라.

요지

ᄆᆞᄋᆞᆷ에 표ᄒᆞᆯ ᄒᆞᆫ 쟈ᄂᆞᆫ 복 잇ᄂᆞᆫ 자로다 하ᄂᆞ님을 뵈올 거심이오

년ᄃᆡ

셔력 긔원후 이십팔년 일윤 녀름인듯 ᄒᆞ니라

디방

해령산 봉오리언덕 가파리 바다에서 이십리즘 되ᄂᆞ니라

공과의구별

一 무리들과 뎨ᄌᆞ들 (이십오졀노이쟝)

二 ᄆᆞᄋᆞᆷ으로 뵈ᄂᆞᆫ자와 이통ᄒᆞᄂᆞᆫ 자의 복 (삼졀노ᄉᆞ졀)

三 량슌ᄒᆞᆫ자와 의 ᄉᆞ모ᄒᆞᄂᆞᆫ 자의 복 (오졀노륙졀)

四 불샹히 녀이ᄂᆞᆫ자와 조찰ᄒᆞᄂᆞᆫ 자의 복 (칠졀노팔졀)

五 화목ᄒᆞᄂᆞᆫ자와 핍박 밧ᄂᆞᆫ자의 복 (구졀노십이졀)

주셕

오ᄂᆞᆯ 공과ᄂᆞᆫ 도의 본원을 론ᄒᆞᆫ ᄒᆞᆫ 졀인고로 대단이 긴요ᄒᆞ니라 예수ᄭᅴ셔 이 훈계로 그 뎨ᄌᆞ들과 교회를 인도ᄒᆞᆯ거ᄉᆞᆯ 관리ᄒᆞᄂᆞᆫ 본원을 셜명ᄒᆞ셧ᄂᆞ니라 예수ᄭᅴ셔 유대에셔 열네번과 가리리셔 여ᄉᆞᆺ번 동안에 열ᄂᆞᆨ 만혀 ᄒᆞ셧ᄂᆞ니라 가리리ᄂᆞᆫ 삼빅만 인구즘 되ᄂᆞᆫᄃᆡ 여러 쳔명이 예수ᄭᅴ와셔 젼도ᄒᆞ시ᄂᆞᆫ 말ᄉᆞᆷ을 드럿ᄂᆞ니라 뎨가파리라ᄒᆞᄂᆞᆫ 거ᄉᆞᆫ 요단강 동편에 잇ᄂᆞᆫ 열 고을을 니ᄅᆞᆷ이오 또 그ᄯᅢ에 오로셧턴 산 엄ᄒᆞᆷ은 분명히 알수 업ᄉᆞ나

젼ᄒᆞᄂᆞᆫ 말이 해련산의 봉오리인ᄃᆡ 놉기가 가리리 히번에셔 이십리즘 된다고 ᄒᆞ며 그ᄯᅢ에 ᄯᅡ라 갓던 뎨ᄌᆞᄂᆞᆫ 틱뎡 ᄒᆞ신 십이ᄉᆞ도ᄲᅮᆫ이 아니니라

복밧음삼졀 이 복을 밧을이의 슈효가 아홉인ᄃᆡ 그속에 아홉가지 셩령의 픔힝이 잇ᄉᆞ니 누구던지 이 아홉가지 픔힝을 가지고야 이 복을 밧을터이니라

ᄆᆞᄋᆞᆷ으로 뷘쟈 이거ᄉᆞᆫ ᄌᆞ긔의 죄를 근심 ᄒᆞᄂᆞᆫ ᄆᆞᄋᆞᆷ이니 하ᄂᆞ님을 ᄎᆞᆷ으로 밋ᄂᆞᆫ 근본이니라

ᄋᆡ통ᄒᆞᄂᆞᆫ쟈ᄉᆞ졀 이거ᄉᆞᆫ 흉악ᄒᆞᆫ ᄌᆞ긔로 ᄒᆞ여곰 하ᄂᆞ님을 ᄯᅥ나게 ᄒᆞᄂᆞᆫ거ᄉᆞᆯ 근심ᄒᆞᄂᆞᆫ 쟈니라

량슌ᄒᆞᆫ쟈오졀 이거ᄉᆞᆫ 온슌 ᄒᆞ고 겸손ᄒᆞᆷ이오 약ᄒᆞᆫ거ᄉᆞᆫ 아니니라 이셰샹에셔ᄂᆞᆫ 교만 ᄒᆞᆫ쟈가 흑 샹을 밧으나 텬국에셔ᄂᆞᆫ 량슌ᄒᆞ여가 샹을 밧ᄂᆞ니라

의ᄉᆞ모ᄒᆞ기를 주리고 목마름 ᄀᆞᆺ치 ᄒᆞᄂᆞᆫ쟈륙졀 이거ᄉᆞᆫ 하ᄂᆞ님ᄭᅴ 올흔일을 대단히 원 ᄒᆞᆯ인ᄃᆡ 이거ᄉᆞᆯ ᄎᆞᆷ으로 원ᄒᆞᆯᄯᅢ에 하ᄂᆞ님ᄭᅴ셔 반ᄃᆞ시 허락 ᄒᆞ여 주실터이니라

불샹히 녀이ᄂᆞᆫ쟈칠졀 이거ᄉᆞᆫ 곳 ᄌᆞ비ᄒᆞᆫ ᄆᆞᄋᆞᆷ이니 가난ᄒᆞ고 고롱ᄒᆞᄂᆞᆫ이를 위로ᄒᆞ며 우ᄂᆞᆫ이와 ᄀᆞᆺ치 울며 ᄆᆞᄋᆞᆷ이 유ᄒᆞᆫ쟈니라

ᄆᆞᄋᆞᆷ에 조찰ᄒᆞᄂᆞᆫ쟈팔졀 이거ᄉᆞᆫ ᄆᆞᆰ은 ᄆᆞᄋᆞᆷ인ᄃᆡ 교를 올케 밋ᄂᆞᆫ 례절과 온갓 일에 올흔 인도와 올흔 ᄉᆡᆼ각과 아조 진실ᄒᆞᆫ거ᄉᆞᆯ 다 포함ᄒᆞᆫ 거시니라

화목ᄒᆞᄂᆞᆫ이구졀 이거ᄉᆞᆫ 누구던지 하ᄂᆞ님과 사ᄅᆞᆷ을 ᄉᆞ랑ᄒᆞᄂᆞᆫ 외에 여러 사ᄅᆞᆷ의게 여러 가지로 됴흔 일 ᄒᆞᄂᆞᆫ 거시니라 예수ᄭᅴ셔 화목 ᄒᆞᄂᆞᆫ 왕이시니 다만 그이의 ᄌᆞ녀들이 능히 하ᄂᆞ님의 ᄌᆞ식들이 될터이니라

의를위ᄒᆞ야 핍박을 밧ᄂᆞᆫ쟈십졀 그이ᄂᆞᆫ ᄎᆞᆷ으로 올흔 사ᄅᆞᆷ이오 ᄋᆡ통ᄒᆞᆷ이오 ᄆᆞᄋᆞᆷ에 조찰ᄒᆞᆫ이오 다 올흔이오 하ᄂᆞ님을 셤겨 예수 그리스도ᄯᅢ 살며 핍박을 밧을터이니라 (데마래이셔삼쟝십이졀을보라) 이셰샹은 흉샹 말ᄒᆞ기를 이러ᄒᆞᆫ 사ᄅᆞᆷ은 어셔 이셰샹을 ᄯᅥ나라고 ᄒᆞᆯ터이나 하ᄂᆞ님은 신이 잇ᄂᆞᆫ고로 그 샹이 반ᄃᆞ시 하ᄂᆞᆯ에 잇ᄉᆞᆯ 터이니라

너희 젼에 션지자들이십이졀 녁ᄃᆡ지략 이십ᄉᆞ쟝 이십일졀과 예레미 십일쟝 이십일졀과 열왕긔 샹권 십팔쟝 ᄉᆞ졀과 열왕긔 하권 이십일쟝 십륙졀을보라

뭇ᄂᆞᆫ말

一 그ᄯᅢ에 여러 사ᄅᆞᆷ들이 어ᄃᆡ셔브터 예수ᄭᅴ 왓더뇨

二 예수ᄭᅴ셔 어ᄃᆡ셔 그 무리들을 ᄀᆞᄅᆞ치셧ᄂᆞ뇨

三 ᄆᆞᄋᆞᆷ으로 뷘자라 ᄒᆞ심은 무슴 ᄯᅳᆺ이뇨

四 ᄋᆡ통 ᄒᆞᄂᆞᆫ이ᄂᆞᆫ 엇더케 복을 밧겟ᄂᆞ뇨

五 량슌 ᄒᆞᆫ쟈ᄂᆞᆫ 무ᄉᆞᆷ 복을 밧겟ᄂᆞ뇨

六 의ᄉᆞ모 ᄒᆞ기를 주리고 목마름 ᄀᆞᆺ치 ᄒᆞᄂᆞᆫ 쟈ᄂᆞᆫ 엇더켓ᄂᆞ뇨

七 불샹히 녀이ᄂᆞᆫ쟈ᄂᆞᆫ 무ᄉᆞᆷ 복을 밧겟ᄂᆞ뇨

불가불조심ᄒᆞᆯ일

아모 벼롯이던지 물론 션악ᄒᆞ고 버릇여라 ᄒᆞᄂᆞᆫ거시 전염병과 ᄀᆞᆺᄒᆞ여 이리져리 옴겨 단니기ᄅᆞᆯ 잘 ᄒᆞᄂᆞ니 어져시 뎨일 소년들과 어렴 ᄋᆞᄒᆡ들의 눈과 귀와 입오로 잘 출입 ᄒᆞᄂᆞᆫ 물건이라 그뿐 아니라 됴흔 버릇과 못된 버릇의 출입 ᄒᆞᄂᆞᆫ 셩력가 피차에 달나 됴흔 버릇이라 ᄒᆞᄂᆞᆫ거슨 사ᄅᆞᆷ의 ᄆᆞᄋᆞᆷ에 드러 왓다가 나아 가기 쉽고 언잔ᄒᆞᆫ 버릇은 내여 ᄶᅩᆺ쳐야 ᄒᆞ여도 만만이 나아가지 아니ᄒᆞᆫ즉 우리들은 맛당이 나아가기 쉬운 버릇은 붓잡고 ᄶᅩᆺ차 내여도 가지 아니 ᄒᆞᄂᆞᆫ 버릇은 긔여히 ᄶᅩᆺ차 낼것이라 여러가지 언잔ᄒᆞᆫ 버릇중에 소년들의 거즛말 ᄒᆞᄂᆞᆫ 버릇은 곳 하ᄂᆞ님을 깃부게 아니 ᄒᆞᄂᆞᆫ거서라 만일 이거ᄉᆞᆯ 거졀치 안코 ᄒᆞᆫ번ᄒᆞ고 두번ᄒᆞ고 줄곳ᄒᆞ면 나죵에ᄂᆞᆫ 조긔의 말 ᄒᆞᄂᆞᆫ거서 거즛말인지 참말인지 아지 못ᄒᆞ고 또 하ᄂᆞ님을 두고 ᄆᆡᆼ셰 ᄒᆞᄂᆞᆫ것과 (영어로 ᄭᅡ셥 동셔양 물론ᄒᆞ고 하등 인물의 잘 본밧ᄂᆞᆫ말) 헛ᄆᆡᆼ셰 지거리 ᄒᆞᄂᆞᆫ 버릇을 우리가 처음 드ᄅᆞᆯ셰에ᄂᆞᆫ 그말이 우리ᄅᆞᆯ 놀니게 ᄒᆞ나 여러번 드ᄅᆞ면 우리 입으로 올마와셔 ᄒᆞᆫ두번 시험ᄶᅩᆨ로 ᄒᆞ다가 나죵에ᄂᆞᆫ 힝습이 되여 언필칭 ᄆᆡᆼ셰지거리요 ᄆᆡᆼ셰가 아니면 말을 니지 못ᄒᆞ며 ᄆᆡᆼ셰가 아니면 말을 ᄭᅳᆺ치지 못ᄒᆞ여 ᄒᆞ로도 몃번식 죄에 ᄲᅡ지ᄂᆞ니 그런즉 언잔ᄒᆞᆫ 버릇은 듯지도 말며 보지도 말며 말도 말며 ᄒᆡᆼ ᄒᆞ지도 말고 불ᄒᆡᆼ이 나의 몸에 드러 왓더ᄅᆡ도 ᄲᅮ리가 박히기전에 곳 ᄲᅢ여 ᄇᆞ릴거시라

이젼에 엇던 덕ᄒᆡᆼ 잇ᄂᆞᆫ 쳐ᄉᆞ ᄒᆞᆫ분이 산중에셔 살더니 ᄒᆞᆫ 소년이 그 쳐ᄉᆞ의 놉흔 일홈을 듯고 뎨ᄌᆞ가 되고져 ᄒᆞ여 차자 간즉 그 쳐ᄉᆞ가 깃부게 맛저놀 그 소년이 말ᄒᆞ되 내가 션ᄉᆡᆼ님의게 온거슨 다름 아니라 온젼ᄒᆞᆫ ᄆᆞᄋᆞᆷ으로 하ᄂᆞ님 셤기ᄂᆞᆫ 법을 ᄇᆡ호려 ᄒᆞ노라 션ᄉᆡᆼ이 소년을 ᄃᆞ리고 동산에 올나가 조곰마ᄒᆞᆫ 나무 ᄒᆞ나ᄅᆞᆯ 그 소년ᄃᆞ려 ᄲᅢ으라 ᄒᆞ니 힘들지 안케 ᄲᅢᄂᆞᆫ지라 다시 그 보담 더 큰 나무ᄅᆞᆯ ᄲᅢ으라 ᄒᆞ니 간신이 ᄲᅢ아 내ᄂᆞᆫ지라 다시 더 큰 나무ᄅᆞᆯ ᄲᅢ으라 ᄒᆞᆫ즉 그제ᄂᆞᆫ ᄲᅮ리ᄅᆞᆯ 키고 힘을 다ᄒᆞ여 ᄲᅢ거놀 다시 더 큰 나무ᄅᆞᆯ ᄲᅢ으라 ᄒᆞ니 그 나무ᄂᆞᆫ 과연 아ᄅᆞᆷ이 차 건드리기가 용이치 아니ᄒᆞ여 셩의치 못ᄒᆞ고 뎜뎜이 셧거놀 그 ᄯᅢ에 션ᄉᆡᆼ이 그 소년ᄃᆞ려 닐ᄋᆞ기ᄅᆞᆯ 이 지낸일을 ᄃᆡ긔록 ᄒᆞ여라 이와 ᄀᆞᆺ치 우리의 언잔ᄒᆞᆫ 버릇이 우리 ᄆᆞᄋᆞᆷ에 ᄲᅮ리가 박히면 ᄲᅡ히기가 대단이 어려오니 자ᄅᆞ기 젼에 언잔ᄒᆞᆫ 버릇을 ᄲᅢ여 ᄇᆞ리고 조심 ᄒᆞᄂᆞᆫ 것과 긔도ᄒᆞ기 버릇을 심어 언잔ᄒᆞᆫ 버릇이 오ᄂᆞᆫ거ᄉᆞᆯ 방어 ᄒᆞ야 ᄒᆞᆯ거시라 그러치 아니면 우리가 죄에 노복이 되리라 ᄒᆞ엿시니 이 말ᄉᆞᆷ이 ᄆᆡ우 유리ᄒᆞᆫ지라 우리ᄂᆞᆫ ᄒᆞᆼ샹 힝ᄒᆞᆯ ᄒᆞᄂᆞᆫ거ᄉᆞᆯ 살펴보아야 ᄒᆞᆯ지로다

로병션

ᄂᆡ보

법률긔뎡) 외국을 의뢰 ᄒᆞ야 나라 톄모ᄅᆞᆯ 손샹 ᄒᆞᄂᆞᆫ쟈ᄅᆞᆯ 쳐단ᄒᆞᄂᆞᆫ 법을 긔뎡 ᄒᆞ엿ᄂᆞᆫᄃᆡ 관인과 평민을 물론 ᄒᆞ고 외국인을 의뢰ᄒᆞ야 국톄ᄅᆞᆯ 손샹ᄒᆞ고 나라 권리ᄅᆞᆯ 일케 ᄒᆞᄂᆞᆫ 쟈ᄂᆞᆫ 이 법률에 귀복 ᄒᆞᄂᆞᆫ 일이라 외국 정부ᄅᆞᆯ 향ᄒᆞ야 본국 보호ᄅᆞᆯ 감안이 쳥 ᄒᆞ다가 발각 된쟈와 본국에 비밀ᄒᆞᆫ 졍혁을 외국인의게 루셜ᄒᆞ다가 발각 된쟈와 외국인의게 군ᄉᆞᄅᆞᆯ 고용 ᄒᆞ거나 밋 공용 ᄒᆞᄂᆞᆫ 차관이나 션쳑을 셰내ᄂᆞᆫ 일을 외부와 정부 허가 업시 쳔단이 의론을 쥬쟝 ᄒᆞ거나 혹 거간ᄒᆞ야 통변ᄒᆞᆫ쟈와 외국인의 소개ᄅᆞᆯ 인ᄒᆞ야 벼ᄉᆞᆯ을 도독 ᄒᆞ랴다가 발각 된쟈와 외국 졍형을 가지고 본국에 공동ᄒᆞ야 즁간 협잡 ᄒᆞᄂᆞᆫ쟈와 각국 약됴속에 허락ᄒᆞᆫ 토디 밧게 젼토와 산림과 젼퇴을 외국인의게 감안이 방ᄆᆡᄒᆞ거나 혹 외국인을 붓좃차 일홈을 빌니거나 혹 일홈 빌니ᄂᆞᆫ 줄 아ᄂᆞᆫ 쟈의게 짐짓 방ᄆᆡ ᄒᆞᄂᆞᆫ 쟈ᄂᆞᆫ 다 그일이 되고 아니됨을 물론ᄒᆞ고 대명률 적도편 모반됴에 비최여 쳐판 ᄒᆞᆯ일인ᄃᆡ 이법률은 반포 ᄒᆞᄂᆞᆫ 날 브터 시힝 ᄒᆞᆯ 일이라 ᄒᆞ엿더라

○분참봉) 이번에 태조고황뎨 영졍 이봉 ᄒᆞ실ᄯᆡ에 쳥도포 닙고 ᄇᆡ죵으로 올나 왓던 북도 사ᄅᆞᆷ 삼십여명이 다 분참봉을 피명 ᄒᆞ엿다더라

○과쟝피착) 슈륜과쟝 강면회씨ᄂᆞᆫ 무ᄉᆞᆷ 죄칙이 잇ᄂᆞᆫ지 경무텽에 피착 ᄒᆞ엿다더라

○샹급우등) 시무학교에셔 일젼에 월종 시험을 지난후 법률 우등 니지찬씨와 일어 우등 유지영씨ᄅᆞᆯ 각각 자필묵으로 샹급ᄒᆞ엿다더라

○폭약면셰) 외국 공ᄉᆞ가 외부에 죠회ᄒᆞ야 쳥 ᄒᆞ기ᄅᆞᆯ 은산 금광에 쓸바 폭발약을 슈운 ᄒᆞ야 올터이니 히관에 훈칙ᄒᆞ야 셰ᄅᆞᆯ 밧지 말게 ᄒᆞ여 달나고 ᄒᆞ엿다더라

데스권

대한그리스도인회보

데십구호

년환회퇴뎡

본년 년환회를 양력 오월 초십일노 작뎡ᄒᆞᆫ엿더니 평양부에 잇는 션교ᄉᆞ들이 화륜션의 지톄ᄒᆞᆷ으로 긔약에 니ᄅᆞ지 못ᄒᆞᆯ지라 수일을 기ᄃᆞ릴터이오 십삼일 례비에는 셔울 잇ᄂᆞᆫ 미이미 교우들은 일졔히 정동 회당으로 모히고 졔물포 됴원시 목ᄉᆞ가 젼도ᄒᆞᆫ후에 셩 만찬례를 힝ᄒᆞᆯ터이오니 남녀 교우들은 다 깃분ᄆᆞᄋᆞᆷ으로 잘오시기를ᄇᆞ라오

셩셔공회일

양력 오월 쳣 쥬일은 셩셔공회일이라 영국과 미국에 다 이 풍쇽이 잇ᄂᆞ니 셩셔공회는 젼도ᄒᆞᆫ기에 대단이 유죠 ᄒᆞᆫ거시라 쳣재는 목ᄉᆞ가 비록 젼도 ᄒᆞᆯ지라도 셩경칙이 업시면 공부 ᄒᆞᆯ수도 업고 교회가 될수 업ᄉᆞᆯ거시오 둘재는 셩경을 번역 ᄒᆞᄂᆞᆫ딕와 츌판 ᄒᆞᄂᆞᆫ딕와 칙을 슈쟝ᄒᆞᄂᆞᆫ딕 월급과 삭돈을 모도 공회에셔 지츌 ᄒᆞᄂᆞ니 · 만일 공회가 아니면 칙을 ᄆᆞᆫ들수 업실지라 그런즉 셩셔공회가 젼도ᄒᆞᄂᆞᆫ나라에 불가불 잇ᄉᆞᆯ거시라 ○이날에 정동목ᄉᆞ 씌셔 대한 국문으로 젼통 번역ᄒᆞᆫ 신약 셩경을 샹 우회 노코 젼도ᄒᆞ니 형뎨들은 춤 깃부고 치하 ᄒᆞᆯ 일이라 정동 회동에셔 연보ᄒᆞᆫ거손 륙원 삼십팔젼이오 달셩회당 에셔는 오원가량이오 동문안 회당에셔도 연보ᄒᆞᆫ지라 대한교우들도 특별히 셩셔공회 일을 작뎡 ᄒᆞ야 시힝ᄒᆞᆫ게되면 우리는 됴흘줄노 아노라

셩경번역

셔국목ᄉᆞ즁에 다ᄉᆞᆺ사ᄅᆞᆷ을 특별히 대한 국문으로 번역ᄒᆞᄂᆞᆫ 위원을뢰뎡ᄒᆞ엿ᄂᆞᆫ딕 원두우목ᄉᆞ와 리목ᄉᆞ와 시란돈목ᄉᆞ와 긔일목ᄉᆞ와 아편셜라 목ᄉᆞ요 그즁에 원목ᄉᆞ는 회쟝이 되고 아목ᄉᆞ는 셔긔가 되야 신약 이십칠권을 십년 동안에 다 번역ᄒᆞᆫ지라 신약 즁에 마태복음은 팔년젼 브터 츌판ᄒᆞ엿거니와 무시록 ᄭᆞ지 다 되기는 금년에 맛쳣시니 대한 교우들의게 ᄯᅩᄒᆞᆫ 크게 깃분일이더라

목ᄉᆞ의부인을장ᄉᆞᄒᆞᆷ

우리 ᄉᆞ랑ᄒᆞᄂᆞᆫ 형뎨 기포 목ᄉᆞ를장ᄉᆞᄒᆞᆷ은 요젼회보십륙호에 긔직ᄒᆞ엿거니와 그목ᄉᆞ의 부인이 양력 오월 초오일에 ᄯᅩᄒᆞᆫ 셰샹을 ᄯᅥ나ᄂᆞᆫ지라 이 부인은 대한에 나아온지 열두히 동안에 녀학교ᄉᆞ무와 젼도 ᄒᆞᄂᆞᆫ 일을 힘써 보앗고 대한 교우들의 ᄉᆞ랑ᄒᆞᆷ과 칭숑ᄒᆞᆷ을 만히 밧더니 지금 쟝ᄉᆞ를 당ᄒᆞ매 초팔일 하오 일시에 정동 회당에셔 여러 목ᄉᆞ와 공ᄉᆞ와 교우들이 모히여 례식을 힝ᄒᆞᆯ시 원두우 목ᄉᆞᄂᆞᆫ 영어로 말ᄉᆞᆷᄒᆞ고 아편셜라 목ᄉᆞᄂᆞᆫ 대한말노 만ᄉᆞ를 지어 닑은후에 양화진에 나아가 쟝ᄉᆞ ᄒᆞ엿더라

대한그리스도인 회보

THE KOREAN CHRISTIAN ADVOCATE.

H. G. APPENZELLER, - Editor.

TERMS:—36 cents per year, in advance. Postage extra.

WEDNESDAY, May, 9, 1900.

서울 졍동서 일쥬일에 ᄒᆞᆫ번식 발간ᄒᆞᄂᆞᆫᄃᆡ 아편셜라목ᄉᆞ가 회보 샤쟝이 되엿더라

일년 갑슬 미리 ᄂᆡ면 삼십륙젼 오이 우표 갑슨 ᄯᅩ로 잇노라

ᄎᆞᆷᄉᆞ랑ᄒᆞᆯ것

예수ᄭᅴ옵셔 신약에 새로 경계ᄒᆞ신 말ᄉᆞᆷ이 너희 서로 ᄉᆞ랑ᄒᆞ라ᄂᆞᆫ 거시니 ᄉᆞ랑 ᄒᆞ기를 내가 ᄉᆞ랑 ᄒᆞᆫ듯 ᄒᆞ라 너희가 서로 ᄉᆞ랑 ᄒᆞ면 세샹 사ᄅᆞᆷ이 이거스로 내의 뎨ᄌᆞ인줄 알니라 ᄒᆞ셧ᄉᆞ니 우리가 서로 ᄉᆞ랑ᄒᆞᆷ은 대개 ᄉᆞ랑ᄒᆞᆷ이 하ᄂᆞ님ᄭᅴ로 난거시라 ᄉᆞ랑 ᄒᆞᄂᆞᆫ 쟈마다 하ᄂᆞ님ᄭᅴ로 나셔 하ᄂᆞ님을 알거시오 ᄉᆞ랑 ᄒᆞ지 아니 ᄒᆞᄂᆞᆫ쟈ᄂᆞᆫ 하ᄂᆞ님을 아지 못ᄒᆞᆷ은 대개 하ᄂᆞ님은 곳 ᄉᆞ랑이시라 우리를 ᄉᆞ랑 ᄒᆞ시ᄂᆞᆫ ᄉᆞ랑이 이로써 나타나샤 하ᄂᆞ님 독싱ᄌᆞ를 이 세샹에 보내셧시니 우리로 ᄒᆞ여곰 하ᄂᆞ님을 말미암아 영싱을 엇게 ᄒᆞ심이라 ᄉᆞ랑ᄒᆞᆷ은 이거시니 우리가 하ᄂᆞ님을 ᄉᆞ랑 ᄒᆞᆫ다 ᄒᆞ고 형뎨를 뮈워 ᄒᆞ면 이ᄂᆞᆫ 거즛 말 ᄒᆞᄂᆞᆫ 쟈ㅣ라 보ᄂᆞᆫ 형뎨를 ᄉᆞ랑치 아니 ᄒᆞᄂᆞᆫ 쟈가 엇지 보지 못 ᄒᆞᄂᆞᆫ 하ᄂᆞ님을 ᄉᆞ랑 ᄒᆞᆯ수 잇ᄉᆞ리오 하ᄂᆞ님을 ᄉᆞ랑 ᄒᆞᄂᆞᆫ 쟈ᄂᆞᆫ ᄯᅩᄒᆞᆫ 형뎨를 ᄉᆞ랑 ᄒᆞᆯ거시니 이거ᄉᆞᆫ 우리가 쥬ᄭᅴ 밧은 계명이니 그럼으로 밋음이 잇서 능히 산을 옴계도 ᄉᆞ랑ᄒᆞᆷ이 업ᄉᆞ면 내게 유익 ᄒᆞᆯ거시 업고 내가 잇ᄂᆞᆫ거ᄉᆞᆯ 다 내여 가난ᄒᆞᆫ 이를 구제 ᄒᆞ여도 ᄉᆞ랑ᄒᆞᆷ이 업ᄉᆞ면 내게 유익이 업ᄉᆞᆯ지라 이제 밋ᄂᆞᆫ것과 ᄇᆞ라ᄂᆞᆫ것과 ᄉᆞ랑ᄒᆞᆷ이 세가지가 잇ᄉᆞ니 그즁에 큰거ᄉᆞᆫ ᄉᆞ랑이라 ᄒᆞ셧고 ᄯᅩ 몸을 스ᄉᆞ로 불살나도 ᄉᆞ랑ᄒᆞᆷ이 업ᄉᆞ면 내게 조곰도 유익 ᄒᆞᆯ거시 업ᄂᆞ니 ᄉᆞ랑ᄒᆞᆷ은 너그럽고 ᄎᆞᆷ으며 ᄉᆞ랑ᄒᆞᆷ은 투긔 ᄒᆞ지 안코 ᄉᆞ랑ᄒᆞᆷ은 교만치 아니 ᄒᆞ며 망녕됨을 힝치 안코 ᄌᆞ긔의 리됨을 구ᄒᆞ지 아니 ᄒᆞ며 급히 셩내지 아니 ᄒᆞ며 악ᄒᆞᆫ거ᄉᆞᆯ 싱각지 아니ᄒᆞ며 의 아닌거ᄉᆞᆯ 깃버 ᄒᆞ지 아니 ᄒᆞ고 ᄎᆞᆷ 리치를 깃버ᄒᆞ며 모든거ᄉᆞᆯ 덥ᄒᆞ고 모든거ᄉᆞᆯ 밋고 모든거ᄉᆞᆯ ᄇᆞ라고 모든거ᄉᆞᆯ 견ᄃᆡᄂᆞ니 ᄉᆞ랑ᄒᆞᆷ은 영영 ᄯᅥ러지지 아닐지라 므ᄅᆞᆺ 그 도를 직회ᄂᆞᆫ 쟈ᄂᆞᆫ 하ᄂᆞ님의 ᄉᆞ랑 ᄒᆞ심이 뎌희 ᄆᆞᄋᆞᆷ에 잇서 실노 온젼ᄒᆞᆷ을 일우ᄂᆞᆫ 거시니 이로 말미암아 우리가 쥬의 안헤 잇ᄂᆞᆫ거ᄉᆞᆯ 가히 알니라 사ᄅᆞᆷ이 만일 ᄌᆞ긔가 쥬의 안헤 거ᄒᆞᆫ다 ᄒᆞᆯ진ᄃᆡ 맛당히 쥬의 힝 ᄒᆞ신바 일을 힝ᄒᆞᆯ지니라 어 모든 ᄉᆞ랑은 하ᄂᆞ님ᄭᅴ로 말미암아 난거시니 그런고로 예수의 빗 쪼이ᄂᆞᆫ 뎨ᄌᆞ의게 경계ᄒᆞ신 말ᄉᆞᆷ이옵 **됴명문.**

일즉 권권히 설명ᄒᆞ야 말ᄉᆞᆷ ᄒᆞ사던 셩명과 직분의 모든 규례의 원질이라 ᄒᆞ더라 十三 **좁은문** 드려가기 어렵다 ᄒᆞᄂᆞᆫ 말이니 비유컨ᄃᆡ 사ᄅᆞᆷ이 샤도를 바리고 하ᄂᆞ님ᄭᅴ 도라옴과 악을 곳치고 션을 좃치라 ᄒᆞ면 반ᄃᆞ시 어려온 일을 만히 젹글 거시니라 **문이넓고** 비유컨ᄃᆡ 사ᄅᆞᆷ이 악ᄒᆞᆫ일을 ᄒᆡᆼᄒᆞ고 죄과를 지어 다만 졔 ᄆᆞᄋᆞᆷᄃᆡ로 ᄒᆡᆼᄒᆞ야 조곰도 어려옴이 업다 ᄒᆞᆷ이니라 **길이커셔** 사ᄅᆞᆷ이 구쇽ᄒᆞᆫ 바ㅣ 업서 임의ᄃᆡ로 ᄒᆡᆼ위ᄅᆞᆯ ᄒᆞᆷ이니 사ᄅᆞᆷ이 셩심으로 하ᄂᆞ님을 셤기고져 ᄒᆞᆫ즉 잔우 ᄒᆞᆫ셰를 당ᄒᆞᆯ지라도 맛당히 외겁ᄒᆞ야 즁지ᄒᆞ지 아니ᄒᆞ게시니라 十四 이말ᄉᆞᆷ은 사ᄅᆞᆷ이 회ᄀᆡᄒᆞ야 영ᄉᆡᆼ을 엇ᄂᆞᆫ쟈ㅣ 듬을다 ᄒᆞ심이니 대개 사ᄅᆞᆷ이 그 드러가ᄂᆞᆫ 길을 찻기 어려워 드러가지 못 ᄒᆞᄂᆞᆫ거시 아니라 그 문을 찻자 드러 갓던 사ᄅᆞᆷ들이 도로 졔 길을 도리켜 도로 나와 다른 길노 ᄒᆡᆼ ᄒᆞᄂᆞᆫ자ㅣ 만ᄒᆞᆫ 연고ㅣ니라

묻ᄂᆞᆫ말

一 엇지ᄒᆞ야 우리가 다른 사ᄅᆞᆷ을 펌론ᄒᆞ기 어려오뇨

二 예수의 말ᄉᆞᆷ에 내 눈의 들보와 동ᄉᆡᆼ의 눈의 티ᄂᆞᆫ 무어ᄉᆞᆯ 비유 ᄒᆞ심이뇨

三 우리가 동ᄉᆡᆼ의 젹은 허물을 펌론 ᄒᆞ랴면 몬져 엇지 ᄒᆞ여야 되겟ᄂᆞ뇨

四 거륵ᄒᆞᆫ거ᄉᆞᆯ 개게 주지 말며 진쥬를 도야지 압헤 더지지 마라 ᄒᆞ심은 엇지미뇨

五 우리가 하ᄂᆞᆯ에 계신 아바님ᄭᅴ 무어ᄉᆞᆯ 구ᄒᆞ야 긔도ᄒᆞ면 하ᄂᆞ님ᄭᅴ셔 엇지 ᄒᆞ시겟ᄂᆞ뇨

六 우리가 하ᄂᆞ님ᄭᅴ 구ᄒᆞᆯ거ᄉᆞᆫ 무엇이뇨

七 예수의 말ᄉᆞᆷ에 넓은 문은 무엇이며 좁은 문은 무엇이뇨

八 이 두 문중에 어ᄂᆞ 문으로 드러가야 되겟ᄂᆞ뇨

긔도ᄒᆞ면ᄃᆡ답ᄒᆞ시ᄂᆞᆫ설명

활쏘ᄂᆞᆫ 사ᄅᆞᆷ아 관혁을 향ᄒᆞ야 살을 보낸후에ᄂᆞᆫ 가셔 그거ᄉᆞᆯ 맛쳣나 불거시오 우리가 어ᄂᆞ 친구의게 편지를 보내엿시면 어ᄂᆞ 날이던지 우편 군ᄉᆞ가 그 답쟝을 가지고 와셔 문 밧게셔 찻기를 기ᄃᆞ리고 엇던 ᄋᆞ히가 그 아바자의게 무어ᄉᆞᆯ 구ᄒᆞ엿시면 그 아바지 얼골을 처다보면셔 비ᄂᆞᆫᄃᆡ 엇던 사ᄅᆞᆷ들은 긔도ᄒᆞ기를 맛친 후에ᄂᆞᆫ 아조 다 된줄노 알고 다시 졍셩으로 간구ᄒᆞ고 기ᄃᆞ리ᄂᆞᆫ ᄆᆞᄋᆞᆷ이 업ᄉᆞ니 가셕ᄒᆞᆫ 일이니라 ○ ᄉᆞ십삼년젼에 영국 헛슨털노ㅣ씨가 쳥국 닉디를 위ᄒᆞ야 셜립ᄒᆞᆫ 젼도교회에셔 젼도ᄉᆞ ᄉᆞ빅명을 더 보낼일과 교즁비 오만원이 드러오되 몃곳에셔 크게 보조ᄒᆞ기를 위ᄒᆞ야 하ᄂᆞ님ᄭᅴ 긔도ᄒᆞᆫ후에 찬송회를 열고 하ᄂᆞ님ᄭᅴ셔 드ᄅᆞ시고 ᄃᆡ답ᄒᆞ심을 위ᄒᆞ야 감ᄉᆞ를 드렷더니 그 ᄒᆡ 안으로 젼도ᄉᆞ ᄉᆞ빅명이 다 젼도 ᄒᆞ려 나갓고 돈 오만원이 다 다만 열ᄒᆞᆫ 곳에셔 드러 왓ᄂᆞ니라

좁은문

ᄋᆞ히들 칙에 곳고 좁은 문을 박은 ᄉᆞ진 ᄒᆞ나히 잇ᄉᆞ니 그 문이

대단히 좁아 ᄒᆞᆫ 사ᄅᆞᆷ이 업듸여 나아갈만 ᄒᆞᆫᄃᆡ 만일 엇던 사ᄅᆞᆷ이 이 세계를 씨고 그문으로 나가고져 ᄒᆞ다가 능히 못ᄒᆞᆷ은 그 선거시 너무 큰 셔ᄅᆞᆸ이요 또 ᄒᆞᆫ 사ᄅᆞᆷ은 큰 돈궤를 들고 나아가랴다가 능히 못ᄒᆞ고 또 ᄒᆞᆫ 사ᄅᆞᆷ은 올치 못ᄒᆞᆫ ᄆᆞᄋᆞᆷ을 가득히 싼 큰짐을 가지고 나아 가랴다가 능히 못ᄒᆞ고 또 ᄒᆞᆫ 사ᄅᆞᆷ은 술병을 들고 나아 가랴다가 능히 못ᄒᆞ야 그 술병을 내여 ᄇᆞ리고야 나아 갓ᄉᆞ니 뎌당 문이 ᄒᆞᆫ 사ᄅᆞᆷ 나아가기에ᄂᆞᆫ 넉넉ᄒᆞ나 다만 조고마ᄒᆞᆫ 죄라도 가지고 가랴면 ᄒᆞᆯ수 업ᄂᆞ니라

ᄂᆡ보

원산소식) 일젼에 원산 사ᄅᆞᆷ ᄒᆞ나히 본샤에 와셔 ᄒᆡ감리 윤치호씨의 치젹을 칭찬 불이 ᄒᆞ며 기간 지ᄂᆞᆫ바 졍경을 대강 말ᄒᆞ되 향자에 안렴ᄉᆞ가 봉고 ᄒᆞᆫ후에 원산 ᄇᆡᆨ셩들이 곳곳이 모히여 서로 의론ᄒᆞ야 ᄀᆞᆯᄋᆞᄃᆡ 윤 감리가 도임 ᄒᆞᆫ후로ᄂᆞᆫ ᄇᆡᆨ셩의게 잡세를 ᄒᆞᆫ푼도 거둔것이 업슬뿐 아니라 송ᄉᆞ 결쳐 ᄒᆞᄂᆞᆫᄃᆡ ᄇᆞᆰ고 공변되야 디경안에 원억ᄒᆞᆫ ᄇᆡᆨ셩이 ᄒᆞ나도 업거ᄂᆞᆯ 안렴ᄉᆞ가 이ᄀᆞᆺ흔 명관을 무단이 봉고 파직ᄒᆞ니 윤 감리가 만약 올나 가시ᄂᆞᆫ 날이면 우리 덕원 ᄇᆡᆨ셩들은 부자 ᄒᆞᆯ수가 업겟다 ᄒᆞ고 일변은 ᄂᆡ부에 뎐보로 근청ᄒᆞ되 윤씨로 덕원 부윤을 인임ᄒᆞ여 달나ᄒᆞ며 일변은 여러 ᄇᆡᆨ셩들이 안렴ᄉᆞ의 도라가ᄂᆞᆫ 길을 막고 지원ᄒᆞᆫ 졍경을 (호소) ᄒᆞ랴ᄒᆞ매 수삼일을 항구 안에 ᄒᆡᆼ인이 ᄭᅳᆫ치여 인심이 ᄆᆡ우 흉흉ᄒᆞ더니 다ᄒᆡᆼ이 ᄂᆡ부에셔 윤씨로 인임 ᄒᆞ신다ᄂᆞᆫ 회뎐보가 나오려매 ᄇᆡᆨ셩들이 깃분 ᄆᆞᄋᆞᆷ을 익이지 못ᄒᆞ야 크게 잔치를 ᄇᆡ셜ᄒᆞ고 윤 감리를 교ᄌᆞ에 안치고 ᄇᆡᆨ셩들이 다토아 메이고 새로 도임 ᄒᆞᄂᆞᆫ 모양으로 ᄒᆞᄂᆞᆫᄃᆡ 뎨일 쟝관의 일은 덕원부 ᄇᆡᆨ셩들은 읍ᄂᆡ로 뫼시고 가랴 ᄒᆞ고 원산항 ᄇᆡᆨ셩들은 감리영으로 뫼시고 가랴ᄒᆞ야 읍ᄂᆡᄇᆡᆨ셩과 항구 ᄇᆡᆨ셩들이 서로 다토ᄂᆞᆫ거시 ᄎᆞᆷ볼만 ᄒᆞ더라고 일쟝을 니야기 ᄒᆞ기에 우리ᄂᆞᆫ 드른ᄃᆡ로 긔ᄌᆡᄒᆞ노라

뎨ᄉᆞ권

대한 그리스도인 회보

뎨이십호

년환회

금년 년환회는 뎨십륙ᄎᆞ 되는 회인ᄃᆡ 감독ᄭᅴ셔는 미국에 ᄉᆞ년 춍론공회가 잇슴으로 이번에 오시지 못ᄒᆞ고 셔란돈씨가 우리 미이미 법ᄃᆡ로 감독을 ᄃᆡ신ᄒᆞ야 쥬셕 회장이 되시고 양력 오월 십삼일 례ᄇᆡ에 ᄀᆡ회식을 ᄒᆡᆼᄒᆞ엿ᄂᆞᆫᄃᆡ 셔울 각쳐에 잇ᄂᆞᆫ 목ᄉᆞ들과 셔국부인 여러분과 남녀 교우를 일졔히 졍동 회당으로 모흐고 졔물포 계신 됴원시 목ᄉᆞ로 젼도ᄒᆞᆯ시 요한복음 이십일쟝에 구쥬ᄭᅴ셔 시문 파요나ᄃᆞ려 닐너 ᄀᆞᆯᄋᆞ샤ᄃᆡ 나의 어린 양을 먹이라 ᄒᆞ신 말ᄉᆞᆷ으로 론셜ᄒᆞ고 그후에 셩만찬 례를 ᄒᆡᆼᄒᆞ엿고 십ᄉᆞ일 샹오 십뎜 반에 다시 모힐ᄉᆡ 평양에 잇ᄂᆞᆫ 션교ᄉᆞ들 ᄭᆞ지 오시고 교즁에 임명 잇ᄂᆞᆫ 형뎨들은 다 모힌지라 찬미 긔도후에 ᄃᆡ리 회쟝 시란돈씨가 ᄉᆞ도ᄒᆡᆼ젼 일쟝을 보신후에 년환회 대지를 말ᄉᆞᆷᄒᆞᄃᆡ 츈하 츄동 ᄉᆞ시졀즁에 봄 졀후는 만물이 발셩ᄒᆞ며 시작ᄒᆞᄂᆞᆫ ᄯᅢ라 우리 미국에 ᄉᆞ년 춍론공회도 지금 모히ᄂᆞᆫ 사ᄅᆞᆷ이 륙ᄇᆡᆨ명이라 우리도 년환회를 이ᄯᅢ에 ᄒᆞᄂᆞᆫ거손 봄날에 온화ᄒᆞ고 풍셩ᄒᆞᆫ 긔샹과 ᄀᆞᆺ치 셩신의 능력을 츙만히 밧고자 ᄒᆞᆷ이라 쳣재는 구쥬ᄭᅴ셔 우리즁에 지금 셩존ᄒᆞ야 계신줄노 증거ᄒᆞᆯ거시오 둘재는 우리의 령혼과 ᄆᆞᄋᆞᆷ이 구쥬와 서로 합ᄒᆞ야 교통ᄒᆞᆯ거시오 셋재는 셩신의 젼능을 만히 엇어 밧게 사ᄅᆞᆷ의게 젼도를 힘써 ᄒᆞᆯ거시라 ᄒᆞ고 ᄌᆞ긔의 보단을 영문으로 닑은후에 ᄯᅩ 대한 국문으로 문든 보단을 리은승씨로 닑어 대한 형뎨의게 듯게 ᄒᆞ고 몃가지 ᄉᆞ무를 의론ᄒᆞᆫ후에 십이뎜종이 지나매 폐회 ᄒᆞ엿고

○십오일은 샹오 구뎜브터 모히여 찬미 긔도후에 로불씨 목ᄉᆞ가 고린도젼셔 십삼쟝을 닑은후에 말ᄉᆞᆷᄒᆞᄃᆡ 교우가 불가불 인ᄋᆡ를 ᄒᆡᆼᄒᆞ여야 될거시오 인ᄋᆡᄂᆞᆫ 비유컨ᄃᆡ 사ᄅᆞᆷ이 소ᄅᆡ를 웅지르면 산과 골이 그 소ᄅᆡ를 ᄃᆡ답ᄒᆞᄂᆞᆫ것 ᄀᆞᆺ치 서로 응답이 되ᄂᆞ니 인ᄋᆡ의 리치가 구쥬ᄭᅴ로 나아와셔 우리가 밧고 우리의게셔 나아가 다른 사ᄅᆞᆷ의게 밋치ᄂᆞ니 인ᄋᆡ가 우리 즁에 잇서 교통ᄒᆞ고 응답 되기를 ᄇᆞ란다 ᄒᆞ고 대한 형뎨의게 간증 ᄒᆞᄂᆞᆫ 말을 잠간 무른후에 쟝로ᄉᆞᄭᅴ셔 셔긔로 회즁 일긔를 닑어 형뎨로 듯게ᄒᆞ고 목ᄉᆞ 아편셜라씨와 됴원시씨와 로불씨와 본토 젼도인 최병헌 김긔범 김창식 졔씨가 보단 ᄒᆞ엿더라

일ᄇᆡᆨ구

한그리스도인 회보

THE KOREAN CHRISTIAN AD[VOCATE]

H. G. APPENZELLER, - Editor.

TERMS:—36 cents per year, in advance. Postage extra.

WEDNESDAY, May, 16, 1900.

셔울 졍동셔 일쥬일에 ᄒᆞᆫ번식 발간ᄒᆞᄂᆞᆫ디 아편셜라목ᄉᆞ가 회보 샤쟝이 되엿더라

일년 갑슬 미리 니면 삼십 륙젼 오이 우표 갑슨 ᄯᅩ로 잇ᄂᆞ니라

셩도의련달

고시에 말ᄒᆞ기를 연약ᄒᆞᆫ 푸른 갈ᄃᆡ에 흰 이슬이 셔리 된다 ᄒᆞ엿소니 물건이 변ᄒᆞᆷ을 지내지 아니ᄒᆞ면 지목을 일우지 못ᄒᆞ고 사ᄅᆞᆷ이 어려옴을 격지 아니ᄒᆞ면 지혜가 ᄇᆞᆰ지 못ᄒᆞᆯ지라 대개 가을 졀긔ᄅᆞᆯ 당ᄒᆞ면 텬디가 비로소 엄슉ᄒᆞ여지고 찬 긔운이 니르고져ᄒᆞᆫ매 므롯 초목 화훼가 츈하 우로지턱에 쟝양ᄒᆞ야 지엽이 번무ᄒᆞ고 영화가 츙일ᄒᆞ야 흔흔히 젼셩ᄒᆞᆫ 영광을 ᄌᆞ랑ᄒᆞ던 쟈ㅣ 문득 ᄒᆞ로 밤 찬 셔리ᄅᆞᆯ ᄒᆞᆫ번 지나매 그 쟉약ᄒᆞᆫ 안식과 츙일ᄒᆞᆫ 긔운이 일됴에 초췌영락ᄒᆞ야 흡ᄉᆞ젼쟝에 패젼ᄒᆞᆫ 군ᄉᆞㅣ 긔발을 것고 치즁을 바리고 동찬 셔쥬ᄒᆞ야 다라나ᄂᆞᆫ 모양과 ᄀᆞᆺ도다 ᄯᅩ 이ᄲᅮᆫ 아니라 지어 음긔가 응결ᄒᆞ고 텬디가 폐식ᄒᆞ야 엄ᄒᆞᆫ 겨울을 일울 디경이면 다만 초췌 소죠ᄒᆞ던 쟈ㅣ 이에 혹 쓰러지며 혹 으스러지며 혹 넘어지며 혹 썩거지ᄂᆞᆫ 쟈ㅣ 태반에 지내ᄂᆞᆫ지라 그 져난 밧음이 참혹ᄒᆞ다 ᄒᆞᆯ지로다 그러나 이로 브터 약ᄒᆞᆫ쟈ㅣ 강ᄒᆞ여지고 허ᄒᆞᆫ쟈ㅣ 실ᄒᆞ여지고 유ᄒᆞᆫ쟈ㅣ 단단ᄒᆞ여지고 무른쟈ㅣ 싼싼ᄒᆞ여져 그 아ᄅᆞᆷ답고 빗남을 모도 거두워 즁심에 감초와 각기 그 지목을 일우ᄂᆞᆫ지라 이 엄혹ᄒᆞᆫ 시졀을 당ᄒᆞ야 므롯 심산 대목이 우ᄒᆞ로 능히 푸른 하ᄂᆞᆯ을 더우 잡고 아ᄅᆡ로 능히 쳔 사ᄅᆞᆷ을 덥ᄒᆞᆯ만ᄒᆞᆫ 쟈라도 이 환난을 능히 면ᄒᆞᄂᆞᆫ쟈ㅣ 업ᄂᆞᆫ지라 그러나 장셕(목슈)이 ᄒᆞᆫ번 독긔ᄅᆞᆯ 들고 산림에 드려가 그 지목을 다 베혀 물보와 기동과 셕가래며 슈레며 션쳑등 물을 만들시 크고 가ᄂᆞᆯ고 약ᄒᆞ고 단단ᄒᆞᆫ거시 모도 그 지목을 ᄯᆞ라 각기 그ᄅᆞᆺ슬 일우ᄂᆞ니 이ᄂᆞᆫ 니른바 해ᄒᆞᆷ으로 유익ᄒᆞᆷ이 됨이오 패ᄒᆞᆷ으로 일움이 됨이오 근심ᄒᆞᆷ으로 즐거움이 되ᄂᆞᆫ쟈ㅣ라 셰상 사ᄅᆞᆷ의 공명과 ᄉᆞ업을 경영ᄒᆞᄂᆞᆫ쟈ㅣ ᄯᅩᄒᆞᆫ 곤익과 간험을 지내지 안코 능히 셩취ᄒᆞᄂᆞᆫ쟈ㅣ 업ᄂᆞᆫ지라 이 거품 ᄀᆞᆺᄒᆞᆫ 셰샹 사ᄅᆞᆷ의 영위ᄒᆞᄂᆞᆫ 바도 오히려 그러ᄒᆞ거든 하믈며 셩도의 희망ᄒᆞᄂᆞᆫ바ᄂᆞᆫ ᄯᅩᄒᆞᆫ 이와 크게 다른지라 여간 군츅 지난을 당ᄒᆞ야 시험에 ᄲᅡ져 다시 혜여나지 못ᄒᆞᄂᆞᆫ쟈ᄂᆞᆫ 결결ᄒᆞᆫ 소쟝부외 일이니 족히 가칙ᄒᆞᆯ것 업거니와 만일 크게 위험ᄒᆞᆫ 일을 당ᄒᆞ야 싱ᄉᆞ가 경각간에 잇ᄉᆞᆯ지라도 이젼 단이리 요빅 ᄀᆞᆺᄒᆞᆫ 셩인의 ᄉᆞ젹을 싱각ᄒᆞ고 용진불퇴ᄒᆞ야 가ᄂᆞᆫ길을 곳치지 아니ᄒᆞᆯ 디경이면 필경 희망ᄒᆞ던바ᄅᆞᆯ 셩취ᄒᆞᆯ날이 잇ᄉᆞᆯ지라 ᄉᆞ도 피득이 말ᄉᆞᆷᄒᆞᆫ듸 지금 너희가 어려온일을 당ᄒᆞ야 걱졍 되ᄂᆞᆫ 것은 잠잔이니 너희로 ᄒᆞ여곰 쥬ᄅᆞᆯ 밋음이 시험을 지내여 더옥 견확ᄒᆞ게 ᄒᆞ심이라 ᄒᆞ엿ᄂᆞ니라 량홍묵

만국쥬일공과

그리스도씨의힝젹

뎨이부 뎨삼공과

오월 이십칠일

야이로의ᄯᆞᆯ을니ᄅᆞ킴

마가복음 오장 이십이절노 이십ᄉᆞ절과 삼십오절 ᄉᆞ십삼절

二二 회당 맛흔 야이로라 ᄒᆞᄂᆞᆫ 사ᄅᆞᆷ이 와셔 예수를 보고 발아래 업ᄃᆡ여 二三 ᄀᆞᆫ절이 구ᄒᆞ야 ᄀᆞᆯᄋᆞᄃᆡ 내 어린 ᄯᆞᆯ이 죽게 되엿ᄉᆞ오니 비옵건ᄃᆡ 오셔셔 그 우에 손을 ᄃᆡ여 낫게 ᄒᆞ신즉 살겟ᄂᆞ이다 ᄒᆞ거ᄂᆞᆯ 二四 예수ㅣ ᄒᆞᆫ가지 가실ᄉᆡ 허다ᄒᆞᆫ 사ᄅᆞᆷ이 ᄯᅩ 옹위ᄒᆞ야 좃더라 三五 말ᄉᆞᆷ ᄒᆞ실ᄯᅢ에 사ᄅᆞᆷ이 회당 맛흔쟈의 집에셔 와 ᄀᆞᆯᄋᆞᄃᆡ 너의 ᄯᆞᆯ이 죽은지라 엇지 션ᄉᆡᆼ을 피롭게 ᄒᆞᄂᆞ뇨 ᄒᆞ거ᄂᆞᆯ 三六 예수ㅣ 문득이 말놀 드ᄅᆞ시고 회당 맛흔쟈ᄃᆞ려 닐너 ᄀᆞᆯᄋᆞ샤ᄃᆡ 두려워 ᄒᆞ지 말고 오직 밋을지니라 ᄒᆞ시고 三七 예수ㅣ 베드로와 야고보와 야고보의 동ᄉᆡᆼ 요한외에 다ᄅᆞᆫ 사ᄅᆞᆷ은 ᄯᆞ라옴을 허락지 아니ᄒᆞ시고 三八 회당 어룬의 집에 가시니 부ᄅᆞ지지며 여러히 통곡ᄒᆞ야 슓홈을 이긔지 못 ᄒᆞ거ᄂᆞᆯ 보시고 三九 드러가실제 ᄀᆞᆯᄋᆞ샤ᄃᆡ 너희가 엇지 부ᄅᆞ지지며 통곡ᄒᆞᄂᆞ냐 아ᄒᆡ가 죽지 아니ᄒᆞ고 자ᄂᆞ니라 ᄒᆞ시니 四十 사ᄅᆞᆷ들이 비웃거ᄂᆞᆯ 예수ㅣ 그들을 내여 보내신후에 계집 ᄋᆞᄒᆡ의 부모와 ᄯᆞ라 간 뎨ᄌᆞ들만 ᄃᆞ리시고 계집 ᄋᆞᄒᆡ 드러 누은곳에 가샤 四一 그 손을 잡고 ᄀᆞᆯᄋᆞ샤ᄃᆡ 다리다구미라 ᄒᆞ시니 번역ᄒᆞ면 곳 계집 ᄋᆞᄒᆡ야 내 네게 명ᄒᆞ노니 니러나라 ᄒᆞ심이라 四二 계집 ᄋᆞᄒᆡ가 곳 니러나셔 거ᄅᆞ니 ᄯᅢ에 나히 열 두살이라 뭇 사ᄅᆞᆷ이 곳 놀나고 ᄆᆡ우 이샹히 넉이거ᄂᆞᆯ 四三 예수ㅣ 그들의게 엄히 경계 ᄒᆞ샤ᄃᆡ 사ᄅᆞᆷ으로 알게 ᄒᆞ지 마라 ᄒᆞ시고 이에 명 ᄒᆞ야 무어ᄉᆞ로 ᄡᅥ 계집 ᄋᆞᄒᆡ를 먹이라 ᄒᆞ시다

요지

두려워 ᄒᆞ지 말고 오직 밋을지니라 (삼십륙절)

ᄀᆞᆺᄒᆞᆫ귀절

마태 구쟝십팔절ㅡ이십륙절 누가 팔쟝ᄉᆞ십절ㅡ오십륙절

년ᄃᆡ

셔력 긔원후 이십팔년 느진 여름이니라

디방

가버나움에 잇ᄂᆞᆫ ᄉᆞ도 마태의 집과 야이로의 집이니라

공과의구별

一 사ᄅᆞᆷ의 걱정과 의심 (이십이절ㅡ삼십오절)

二 하ᄂᆞ님의 위로 ᄒᆞ심과 치하ᄒᆞ심 (삼십륙칠절)

三 인됴의 눈물과 조연ᄒᆞᆫ 비쇼 (삼십팔절ㅡᄉᆞ십절)

四 하ᄂᆞ님의 권능 (ᄉᆞ십일절ㅡᄉᆞ십삼)

주셕

이 이젹은 가버나움에셔 힝ᄒᆞ신

것이라 야이로는유태교 회당 맛ᄒᆞᆫ자즁 ᄒᆞᆫ 사ᄅᆞᆷ이니라 예수ᄭᅴ셔 젼에 가버나옴에 계셧고 요젼 공과에 우리가 샤귀 들닌쟈와 베드로 장모의 병 곳치신것과 그날 져역ᄯᅢ ᄯᅩ 예수ᄭᅴ 다리고 온 병인들을 다 고쳐 주신것을 공부 ᄒᆞ엿스니 야이로가 아마 이 일을 다 살고 졔 ᄯᆞᆯ의 병이 ᄆᆡ우 위즁ᄒᆞᆫᄯᅢ 예수ᄭᅴ 급히 와셔 문외 홈이로다 예수ᄭᅴ셔 말ᄉᆞᆷ을 듯고 즉시 그와 ᄀᆞᆺ치 가실ᄉᆡ 여러 사ᄅᆞᆷ이 좃더라 ○그 사ᄅᆞᆷ의 집에 니르기 젼에 그 어린 계집 ᄋᆞᄒᆡ가 임의 죽엇는지라 그집 하인이 와셔 말ᄒᆞᄃᆡ 쥬인님이 웨 션ᄉᆡᆼ님을 더 멀니 슈고롭게 ᄒᆞ시랴 ᄒᆞᄂᆞᆫ잇가 ᄒᆞ거늘 예수ᄭᅴ셔 그 ᄋᆞᄒᆡ 부친을 위로ᄒᆞ야 ᄀᆞᆯᄋᆞ샤ᄃᆡ 두려워 말고 밋기만 ᄒᆞ라 ᄒᆞ시더라 ○ 예수ᄭᅴ셔 그사ᄅᆞᆷ의 집에 당도ᄒᆞ샤는 다른 사ᄅᆞᆷ은 다 금ᄒᆞ야 안에 드려

오지 못ᄒᆞ게 ᄒᆞ시고 다만 베드로와 야고보와 요한만 다리시고 그 병ᄋᆞ의 부모와 ᄀᆞᆺ치 안에 드러가시니 젼가에 호곡지셩이 랑자ᄒᆞ거놀 예수ᄭᅴ셔 삭 밧고 ᄃᆡ신 곡 ᄒᆞ는쟈 (유태풍속) 들을 다 ᄭᅮ지져 내여 보내시니 이는 그들이 믈네고 ᄯᅥ드는 셔롬이라 예수ᄭᅴ셔 말ᄉᆞᆷ ᄒᆞ샤ᄃᆡ 이 ᄋᆞᄒᆡ가 지금 자는것이오 죽은것이 아니라 ᄒᆞ시니 이 말ᄉᆞᆷ은 예수를 밋는 사ᄅᆞᆷ들의게는 죽는것이 자는것과 ᄀᆞᆺ다 ᄒᆞ심이니라 그 다음에 예수ᄭᅴ셔 그 방을 다 ᄆᆞᆰ히시고 그 ᄋᆞᄒᆡ의 부모와 세ᄉᆞ도 합륙인이 그 죽은 ᄋᆞᄒᆡ 누인 방에 드러가 예수ᄭᅴ셔 그 ᄋᆞᄒᆡ 손을 붓잡고 말ᄉᆞᆷ ᄒᆞ샤ᄃᆡ 니러나라 ᄒᆞ시니 그 ᄋᆞᄒᆡ가 즉시 샹에셔 니러ᄂᆞ더라 그 사ᄅᆞᆷ들이 이샹히 너인것은 이샹ᄒᆞᆫ 일이 아니니라 예수ᄭᅴ셔 그 ᄋᆞᄒᆡ의게 먹을것을 주라 ᄒᆞ샤 보호 ᄒᆞ시더라

뭇는말

一 예수ᄭᅴ셔 바다를 건너 오시매 엇더ᄒᆞᆫ 사ᄅᆞᆷ이 와셔 뵈엿ᄂᆞ뇨

二 그 사ᄅᆞᆷ이 예수ᄭᅴ 와셔 엇더케 ᄒᆞ엿ᄂᆞ뇨

三 예수ᄭᅴ셔 그 사ᄅᆞᆷ의 말을 드르시고 엇더케 ᄒᆞ엿ᄂᆞ뇨

四 그ᄯᅢ에 그 사ᄅᆞᆷ의 ᄯᆞᆯ이 엇더케 되엿다고 소식이 왓ᄂᆞ뇨

五 예수ᄭᅴ셔 그사ᄅᆞᆷ의게 엇더케 말ᄉᆞᆷ ᄒᆞ셧ᄂᆞ뇨

六 예수ᄭᅴ셔 누구를 ᄃᆞ리고 그 사ᄅᆞᆷ의 집에 가셧ᄂᆞ뇨

七 예수ᄭᅴ셔 그 집에 드러 가실ᄯᅢ에 무ᄉᆞᆷ 광경을 보셧ᄂᆞ뇨

八 예수ᄭᅴ셔 그 통곡 ᄒᆞ는쟈 ᄃᆞ려 엇더케 말ᄉᆞᆷ ᄒᆞ셧ᄂᆞ뇨

九 예수ᄭᅴ셔 그 병든 ᄋᆞᄒᆡ 누은 곳에 드러가샤 엇더케 ᄒᆞ셧ᄂᆞ뇨

十 그 병든 ᄋᆞᄒᆡ가 엇더케 되엿ᄂᆞ뇨

十一 그ᄯᅢ에 그 사ᄅᆞᆷ이 밋음으로 죽은 ᄯᆞᆯ을 살녓스니 우리는 엇더케 ᄒᆞ여야 되겟ᄂᆞ뇨

여러가지졍치

이 셰상에 사ᄅᆞᆷ이 처음으로 나셔 졈졈 번셩ᄒᆞ매 ᄃᆡ방을 난호아 각각 풍쇽ᄃᆡ로 ᄒᆞᆫ 나라를 셜립ᄒᆞ고 그즁에 ᄒᆞᆫ 사ᄅᆞᆷ을 ᄲᅩᆸ아 어룬으로 셤기고 서로 시비가 나면 그 어룬이 시비를 분간 ᄒᆞᄂᆞᆫ고로 닐ᄋᆞ되 졍부라 ᄒᆞ여 님군이 잇고 신하가 잇서 그 아래 여러 ᄇᆡᆨ셩을 거ᄂᆞ리고 보호ᄒᆞ여 주매 각항 법도가 ᄎᆞᄎᆞ로 나아간지라 이제 그 졍부에 모양이 피차에 ᄀᆞᆺ지 아니 ᄒᆞᆫ거술 대강 들어 말 ᄒᆞ겟노라 ○ 일은 립헌졍치니 무ᄉᆞᆷ 일이던지 님군과 ᄇᆡᆨ셩이 서로 의론ᄒᆞ여 ᄒᆞ고 님군이 독단이 못ᄒᆞᄂᆞᆫ고로 법률이 공평ᄒᆞ고 사졍이 업서 ᄇᆡᆨ셩의 됴아 ᄒᆞᄂᆞᆫ 바를 됴아 ᄒᆞ고 뮈워ᄒᆞᄂᆞᆫ 바를 뮈워ᄒᆞ여 됴흔 법률을 ᄒᆞᆫ번 뎡ᄒᆞ면 님군과 ᄇᆡᆨ셩이 ᄀᆞᆺ치 직히ᄂᆞᆫ고로 사나온 님군과 간악ᄒᆞᆫ 신하가 서로 셰ᄒᆞ여 ᄭᅡ다라온 법을 ᄒᆡᆼᄒᆞ지 못ᄒᆞ며 사ᄅᆞᆷ마다 졍ᄉᆞ와 법률에 션불션을 의론ᄒᆞᆯ 권리가 잇서 가량 만인즁에서 지덕이 겸비ᄒᆞᆫ 사ᄅᆞᆷ 일인식을 ᄐᆡᆨᄒᆞ여 졍부로 보니면 그 사ᄅᆞᆷ들의 ᄒᆞᄂᆞᆫ 일은 님군을 찬조ᄒᆞ며 ᄇᆡᆨ셩의 권리를 보호ᄒᆞ며 모든 관원의 직무 ᄒᆞᄂᆞᆫ거술 살피며 대소ᄉᆞ를 작뎡ᄒᆞ여 아모조록 그 나라히 문명ᄒᆞᆯ 규모를 궁구 ᄒᆞᄂᆞ니 이러ᄒᆞᆫ 나라ᄂᆞᆫ 군민공치국이라도 ᄒᆞ며 ○ 이ᄂᆞᆫ 공화졍치니 공화졍치 ᄒᆞᄂᆞᆫ 나라ᄂᆞᆫ 님군이 ᄃᆡᄃᆡ로 님군 노릇ᄒᆞᄂᆞᆫ거시 아니요 긔한이 잇서 혹 ᄉᆞ년 혹 륙년 동안을 님군노릇ᄒᆞ다가 그후에 또 ᄇᆡᆨ셩이 다른 님군을 ᄐᆡᆨᄒᆞ며 그 졍치ᄂᆞᆫ 대강 립헌졍치와 ᄀᆞᆺᄒᆞ며 ○ 삼은 군쥬졍치니 권리가 모도 님군 ᄒᆞᆫ사ᄅᆞᆷ의게 잇서 인명을 ᄉᆡᆼ살 ᄒᆞᄂᆞᆫ 것과 ᄌᆡ산을 주고 ᄲᅢ앗ᄂᆞᆫ거시 다 님군의 임의로 ᄒᆞᄂᆞᆫ고로 긔탄ᄒᆞᄂᆞᆫ ᄀᆞᆺ이 업서 잔혹ᄒᆞᆫ 법률을 만이 쓰ᄂᆞᆫ지라 그러ᄒᆞᆫ 나라를 보면 졍부에 공졍ᄒᆞᆫ 관원이 업ᄉᆞ며 국즁에 ᄋᆡ국 ᄒᆞᄂᆞᆫ ᄇᆡᆨ셩이 업서 서로 뮈워ᄒᆞ고 ᄯᅩᄒᆞᆫ 빈부와 귀쳔의 층이 대단 ᄒᆞ여 셰력이 잇ᄂᆞᆫ쟈ᄂᆞᆫ 법을 범 ᄒᆞ여도 벌이 업고 잔약ᄒᆞᆫ 쟈ᄂᆞᆫ 죄가 업서도 슈족을 임의로 놀니지 못 ᄒᆞ며 어진 님군과 ᄇᆞᆰ은 신하가 잇서 그 ᄇᆡᆨ셩을 ᄉᆞ랑 ᄒᆞ면 다ᄒᆡᆼ이여니와 다시 포악ᄒᆞᆫ 님군과 신하가 나서 ᄇᆡᆨ셩을 학ᄃᆡ ᄒᆞᄂᆞᆫ고로 군쥬졍치 밋헤 잇ᄂᆞᆫ ᄇᆡᆨ셩들은 태평 ᄒᆞᆯ 새를 당ᄒᆞ기 어려온고로 ᄒᆞᆼ샹 졍부와 ᄇᆡᆨ셩 ᄉᆞ이에 초나라와 월나라 ᄀᆞᆺᄒᆞ여 국가에 위급ᄒᆞᆫ 일이 잇서도 ᄇᆡᆨ셩이 아지 못ᄒᆞ고 그 경영 ᄒᆞᄂᆞᆫ바ᄂᆞᆫ 고식지계라 그러고 본즉 국가에 슈치 되ᄂᆞᆫ 일이 잇서도 ᄇᆡᆨ셩이 분ᄒᆞᆫ ᄆᆞᄋᆞᆷ이 나지 아니 ᄒᆞ며 졍부에 더러온 욕이 도라오되 ᄇᆡᆨ셩된쟈 붓그러온 줄을 모로고 ᄇᆡᆨ셩은 졍부를 원망ᄒᆞ며 졍부ᄂᆞᆫ ᄇᆡᆨ셩을 쇽박ᄒᆞ여 원셩이 하ᄂᆞᆯ에 ᄉᆞᆷ웃치ᄂᆞᆫ고로 그나라를 오래 지탕치 못ᄒᆞ며 ○ ᄉᆞᄂᆞᆫ 귀족들이 쥬장ᄒᆞᄂᆞᆫ 졍부니 일뎡ᄒᆞᆫ 님군이 업고 졍치와 법률을 귀족들이 의론ᄒᆞ며 인민을 노예로 알고 토디를 ᄌᆞ긔 물건으로 알아 남의거술 임의로 셰샹서 빅셩을 도탄중에 싸지게 ᄒᆞ며 ○오는 님군의 명령딕로 신하가 봉힝 ᄒᆞᄂᆞᆫ 졍치니 범ᄉᆞ를 님군이 쥬쟝ᄒᆞ되 신하의 공론을 좃고 군신 샹하의 권리가 한뎡이 잇ᄂᆞᆫ듯 ᄒᆞ되 그 실샹인즉 뎡ᄒᆞᆫ 법률을 쥰힝치 아니ᄒᆞ고 혹 님군이 신하의 권리를 겸젼 ᄒᆞ기도 ᄒᆞ며 혹 신하가 님군의 권리를 환롱도 ᄒᆞ여 법률이 문란 ᄒᆞᄂᆞᆫ 셰가 만흔지라 그러나 지금은 립헌졍치와 공화졍치와 군쥬졍치 셰가지 ᄲᅮᆫ이라 졍치ᄂᆞᆫ 엇더ᄒᆞᆫ 졍치던지 인민이 학식이 업스면 그 나라이 문명ᄒᆞ지 못 ᄒᆞᄂᆞᆫ고로 셩현의 말솜이 착ᄒᆞᆫ 빅셩우에 악ᄒᆞᆫ 졍부가 업고 악ᄒᆞᆫ 빅셩우예 착ᄒᆞᆫ 졍부가 업다ᄒᆞᆷ이 과연 진실ᄒᆞᆫ 말솜이로다

닉보

울릉도됴샤) 울릉도 됴샤 ᄒᆞᆯᄉᆞ로 일본 공관에서 외부로 죠회ᄒᆞ야 이쥬일을 퇴뎡 ᄒᆞ엿단 말이 이왕 잇더니 외부에셔 일본공관으로 죠회 ᄒᆞ기를 이쥬일을 퇴뎡 ᄒᆞ면 어ᄂᆞ날노 뎡ᄒᆞ겟ᄂᆞ냐 ᄒᆞᆫ매 죠복 ᄒᆞ기를 일본 공ᄉᆞ와 쥬무 대신과 한일 량국 파원이 이왕 죠샤 ᄒᆞ랴든 거리ᄒᆞᆫ 공문을 각각 가지고 외부로 회동ᄒᆞ야 파송 ᄒᆞᆯ 일조로 작뎡 ᄒᆞ자 ᄒᆞ엿다더라

○안의화젹) 거월 이일 오셔량에 화젹 이십여명이 각각 총과 칼을 가지고 안의군 셔샹면 록십령에 돌입ᄒᆞ야 슈직군을 무슈란타 ᄒᆞ고 도쳔 쟝터와 피쥬하촌에 드러가셔 직물을 늑탈ᄒᆞ고 강필슈 빅락션등 구인의 집을 츙화 ᄒᆞ엿다더라

○법인고빙) 법부에셔 법국인 크례마스씨를 고빙ᄒᆞ야 외부에셔 합동 ᄒᆞᄂᆞᆫ딕 년한은 일기년이오 봉급은 미삭 오빅원식이라 더라

○려비청구) 일본에 유학싱 김익남씨로 의학교 교관을 셔임ᄒᆞ엿더니 쥬일공ᄉᆞ 리하영씨가 학부로 면보 ᄒᆞ기를 려비 일빅원을 회환표로 죵속 발송 ᄒᆞ여야 김익남이가 환국ᄒᆞᆫ다 ᄒᆞ엿더라

뎨ᄉᆞ권 대한 그리스도인 회보 뎨이십일호

년환회

속젼호

십륙일 샹오 아홉시에 회쟝이 긔회ᄒᆞ고 아편셜라씨 목ᄉᆞ가 셩경을 닑고 긔도 찬미 ᄒᆞᆫ후에 젼회 회록을 셔긔들이 영셔와 국문으로 닑어 교졍ᄒᆞ고 됴원시씨 목ᄉᆞ는 쳥년회 일을 보단ᄒᆞ고 아편셜라씨 목ᄉᆞ는 ᄇᆡ지학당 일을 보단ᄒᆞ고 폐인 부인은 리화학당 일을 보단 ᄒᆞ고 스웨어씨의 보단은 로병션씨가 대한말노 번역ᄒᆞ여 닑고 각 교회에셔 오신 형뎨들을 마질시 감리교 목ᄉᆞ 무스씨가 회즁을 ᄃᆡᄒᆞ야 친히 ᄒᆞ는 졍을 말솜ᄒᆞ매 스웨어씨가 회즁을 ᄃᆡ표ᄒᆞ야 관곡ᄒᆞᆫ 말노 회샤ᄒᆞ고 쟝로교 목ᄉᆞ 졔일씨가 회즁을 ᄃᆡᄒᆞ야 친근ᄒᆞᆫ 의무를 말솜ᄒᆞ매 로불씨가 회즁을 ᄃᆡ표 ᄒᆞ야 형뎨지졍으로 회샤ᄒᆞ고 셩셔공회쟝 겐모어씨가 회즁을 ᄃᆡᄒᆞ야 친합ᄒᆞᆫ 연유를 말솜ᄒᆞ매 됴완시씨가 회즁을 ᄃᆡ표ᄒᆞ야 친목지졍으로 회샤ᄒᆞ고 쎅목ᄉᆞ가 긔도 ᄒᆞᆫ후에 찬미가를 노래ᄒᆞ고 회쟝이 거슈츅슈 ᄒᆞᆫ후에 폐회 ᄒᆞ엿더라

○ 십칠일 샹오 아홉시에 젼과 ᄀᆞᆺ치 회쟝이 긔회ᄒᆞ고 셩경 닑고 긔도 찬미 ᄒᆞᆫ후에 셔긔 됴원시씨는 영문 회록을 닑고 로병션씨는 국문 회록을 닑어 회즁에 가부를 취결ᄒᆞ고 위원 로불씨가 의안을 회즁에 뎨츌 ᄒᆞ니 일은 졍동에 쥬리ᄒᆞ는 목ᄉᆞ 아편셜라의게 샤례 ᄒᆞ는 말솜이오 이는 우리 교회가 감리 교회와 동심합력 ᄒᆞ자는 거시오 삼은 원산 등디에 젼도를 뎡지ᄒᆞ고 감리교회로 ᄒᆞ여곰 통활케 ᄒᆞ자는 말솜이라 이 세가지 의안을 동의와 지쳥이 되야 회즁에 가부ᄃᆡ로 결뎡ᄒᆞᆫ후에 아목ᄉᆞ는 교회로 ᄃᆡᄒᆞ야 회샤ᄒᆞ고 됴목ᄉᆞ는 신학회일과 쟝로ᄉᆞ 보단을 보고 파웰씨의 보단은 국문으로 번역ᄒᆞ야 녀병현씨가 ᄃᆡ신 닑고 파웰씨 부인의 보단과 로불씨 부인의 보단은 국문으로 번역ᄒᆞ야 김챵식씨가 ᄃᆡ신 닑고 됴원시씨 부인은 졔물포 등디에셔 본 일을 보단ᄒᆞ고 뻥커씨는 의안을 뎨츌ᄒᆞᆫᄃᆡ 각쳐 학교에 위원회를 죠직ᄒᆞ자 ᄒᆞ고 쎅목ᄉᆞ는 활판소 일을 보단 ᄒᆞ고 피어스 부인은 녀학교 일을 보단ᄒᆞ고 아목ᄉᆞ는 대한회보일과 대동셔시 일을 보단ᄒᆞ고 뻥커씨가 ᄇᆡ지학당에셔 ᄆᆞᆫᄃᆞᆫ 국문 신약젼셔를 달셩회당 리화학당 평양회당 졔물포회당 동대문안 회당에 각각 ᄒᆞᆫ권식 례물노 드리고 찬미가 뎨일쟝을 노래ᄒᆞᆫ후 감리교 목ᄉᆞ 무스씨가 거수츅슈 ᄒᆞ고 폐회 ᄒᆞ엿더라

대한그리스도인회보

THE
KOREAN CHRISTIAN ADVOCATE.
H. G. APPENZELLER, - Editor.
TERMS:—35 cents per year, in advance. Postage extra.
WEDNESDAY, May, 23, 1900.

셔울 정동셔 일쥬일에 ᄒᆞᆫ번식 발간ᄒᆞᄂᆞᆫᄃᆡ 아편셜라목ᄉᆞ가 회보 샤쟝이 되엿더라

일년 갑슬 미리 ᄂᆡ면 삼십륙젼 오이우표 갑슨 ᄯᅩ로 잇ᄂᆞ니라

회당을셜시홈

인쳔 담방리는 밋는 무리가 ᄉᆞ오십명인ᄃᆡ 회당이 업서 례비홀ᄯᅢ에 홍샹 걱정이 되더니 교우들이 열심으로 연보ᄒᆞ야 돈 ᄉᆞ쳔량을 모흔고로 지금은 회당을 새로 셜시ᄒᆞ엿시니 영광을 참 하ᄂᆞ님ᄭᅴ 찬숑ᄒᆞᆫ다 ᄒᆞ더라

회한ᄒᆞᆫ일

인쳔 담방리 교우 리학구씨는 량쳔 시하 인ᄃᆡ 부모의 츈츄가 다 칠십여세라 학구씨가 구쥬를 밋은후로 ᄉᆡᆼ각ᄒᆞ되 쥬의 신도는 조샹의 졔ᄉᆞ를 지내지 아니 ᄒᆞᄂᆞ니 부모 ᄉᆡᆼ시에 졍셩으로 봉양 ᄒᆞᄂᆞᆫ거시 올타 ᄒᆞ야 부모의 ᄯᅳᆺ을 승슌홀ᄲᅮᆫ 아니라 명일과 ᄉᆡᆼ일ᄯᅢ에 여러가지 음식을 쟝만ᄒᆞ야 특별히 부모ᄭᅴ 드리니 그 부모는 깃분 ᄆᆞ옴으로 밧고 친구들은 말ᄒᆞ되 리씨가 그 부모ᄭᅴ 산 졔ᄉᆞ를 지낸다 ᄒᆞ더라

밋친병이나은것

인쳔 졀골 사는 교우 리션달 군션씨의 실ᄂᆡ 권씨가 십년젼브터 광질이 잇서 약도 쓰고 경도 닑고 굿도 ᄒᆞ야 가산을 탕패ᄒᆞᄃᆡ 병을 곳치지 못 ᄒᆞ더니 예수교회에 마귀를 니긔는 권능이 잇슴을 듯고 회당을 차자와 밋기를 ᄌᆞ쳥 ᄒᆞ거ᄂᆞᆯ 교우들이 리씨의 집에 가 본즉 실진ᄒᆞᆫ 녀인이 겨울에 벽을 헐고 광증이 대단ᄒᆞ야 니불을 쓰고 숨어 ᄯᅥᆯ거ᄂᆞᆯ 교우들이 찬미 긔도 ᄒᆞ고 니불을 벗긴즉 권씨가 닝슈 세사발을 마신후에 곳치 업ᄃᆞ려 긔도 ᄒᆞ더니 두 쥬일이 못되야 광질이 아조 쾌복ᄒᆞ고 지금은 독실히 밋는 교우가 되엿다더라

졔물포편지

교뎨는 두달 동안에 강원도 안변 고셩 통쳔 협곡과 함경도 안변 덕원과 평안도 평양 양덕 동ᄃᆡ로 ᄃᆞ니며 젼도 ᄒᆞ엿ᄂᆞᆫᄃᆡ 협곡 졍덕 ᄯᅡ에 사는 쥬여빌이라 ᄒᆞ는 형뎨는 근본 소경으로 뎜치고 송경 ᄒᆞ던 사ᄅᆞᆷ인ᄃᆡ 예수를 밋은후에 홍샹 말ᄒᆞᄃᆡ 눈먼 소경놈이 눈ᄯᅳᆫ 셩ᄒᆞᆫ 사ᄅᆞᆷ을 속엿시니 이는 나의 큰 죄라 ᄒᆞ고 이웃 사ᄅᆞᆷ의게 열심으로 젼도ᄒᆞ오니 참 감샤ᄒᆞ오며 안변 사긔동에 밋는 녀교우 한씨 부인은 힝년 삼십ᄉᆞ세에 파부로 ᄌᆞ녀도 업고 ᄒᆞᆫ조 살며 예수를 진실히 밋기로 내가 신약 셩경과 찬미가를 션물노 드렷시며 덕원 가 본즉 원산항 감리 윤치호씨는 ᄇᆡᆨ셩을 ᄉᆞ랑ᄒᆞ고 션졍을 힝홈으로 사ᄅᆞᆷ마다 명관이라 칭숑ᄒᆞ며 감리가 갈녀 간다는 말을 듯고 ᄇᆡᆨ셩들이 길을 막어 가지 못ᄒᆞ게 ᄒᆞᆫ다ᄒᆞ니 윤씨의 치민ᄒᆞ는 소문은 듯기에 깃거울ᄲᅮᆫ 아니라 오폭

만국쥬일공과 그리스도씨의힝젹

데이부 데ᄉᆞ공과

륙월 삼일

빅부쟝의죵곳처심

루가복음 칠쟝 일졀노 십졀

一 예수ㅣ 이 모든 말솜으로 ᄡᅥ 빅셩의게 듯게 ᄒᆞ시고 임의 ᄆᆞᆺ치시매 곳 가버나움으로 드러가시니라 ○二 엇던 빅부쟝의 ᄉᆞ랑ᄒᆞ는 죵이 병드러 죽게 된지라 三 풍편으로 예수를 듯고 곳 유대인의 쟝로 두어 사ᄅᆞᆷ을 보내여 오샤 그 죵놀 구ᄒᆞ시기를 쳥ᄒᆞ니 四 쟝로ㅣ 예수ᄭᅴ 나아와 ᄀᆞᆫ졀이 구ᄒᆞ야 ᄀᆞᆯᄋᆞᄃᆡ 이 일을 베프시는거시 이 사ᄅᆞᆷ의게는 맛당ᄒᆞ니이다 五 뎌ㅣ 우리 빅셩을 ᄉᆞ랑ᄒᆞ고 ᄯᅩᄒᆞᆫ 우리를 위ᄒᆞ야 회당을 셰웟ᄂᆞ이다 ᄒᆞ니 六 예수ㅣ ᄒᆞᆫ가지로 가실ᄉᆡ 이에 집에셔 멀지 아니ᄒᆞᆯ ᄯᅢ에 빅부쟝이 벗들을 보내여 ᄀᆞᆯᄋᆞᄃᆡ 쥬여 슈고ᄒᆞ지 마ᄋᆞᆸ쇼셔 내 집에 림ᄒᆞ시기를 내가 감당ᄒᆞᆯ길이 업기에 七 내가 쥬ᄭᅴ 나아 가기도 감당치 못ᄒᆞᆷ을 알앗ᄂᆞ이다 오직 ᄒᆞᆫ 말솜만 ᄒᆞᄋᆞᆸ쇼셔 그러면 내 죵이 낫겟ᄉᆞᆸᄂᆞ이다 八 져도 ᄂᆞᆷ의 슈하에 든 사ᄅᆞᆷ이오 제 아래도 군ᄉᆞ가 잇ᄉᆞ니 이ᄃᆞ려 가라ᄒᆞ면 가고 뎌ᄃᆞ려 오라ᄒᆞ면 오고 제죵ᄃᆞ려 이거ᄉᆞᆯ ᄒᆞ라ᄒᆞ면 힝ᄒᆞᄂᆞ이다 ᄒᆞ니 九 예수ㅣ 드ᄅᆞ시고 긔이히 녁여 도리키샤 좃는 무리의게 닐ᄋᆞ샤ᄃᆡ 나ㅣ 너희ᄃᆞ려 닐ᄋᆞ노니 이스라엘중에 ᄒᆞᆫ번도 이ᄀᆞᆺᄒᆞᆫ 밋음을 맛나보지 못ᄒᆞ엿노라 ᄒᆞ시니 十 보내엿던 사ᄅᆞᆷ이 집으로 도라가 보니 죵이 임의 셩ᄒᆞ더라

요지

아비가 그 ᄌᆞ식을 ᄌᆞ비홈 ᄀᆞᆺ치 여호와ᄭᅴ셔 그 두려워 ᄒᆞ시는이를 ᄌᆞ비 ᄒᆞ시도다 시편일빅삼십삼졀

ᄀᆞᆺᄒᆞᆫ귀졀

마태 팔쟝 오졀ㅣ 십삼졀

공과의구별

一 쟝로들의 말이 그 빅부쟝이 감당 홈만 ᄒᆞ다홈

二 빅부쟝의 말이 ᄌᆞ긔가 감당ᄒᆞᆯ수 업다홈

三 예수의 말솜이 그 빅부쟝이 뎨일 감당ᄒᆞᆯ만 ᄒᆞᆫ이라 ᄒᆞ심

주셕

이 일은 이 웃장에 긔록ᄒᆞᆫ바 예수ᄭᅴ셔 산에 올나 젼도 ᄒᆞ신후에 즉시 ᄉᆡᆼ긴 일이니라 마태 팔쟝 오졀노 십삼졀을 숙독ᄒᆞ여 보면 루가의 긔록ᄒᆞᆫ 바가 더 ᄌᆞ샹ᄒᆞ니라 二 빅부쟝은 로마국 군ᄃᆡ에 ᄒᆞᆫ 쟝관이니 이 사ᄅᆞᆷ은 가세가 부요ᄒᆞ고 ᄆᆞ음이 활슈ᄒᆞᆫ 이방 사ᄅᆞᆷ인ᄃᆡ 반ᄃᆞ시 착ᄒᆞᆫ 사ᄅᆞᆷ이니라 **ᄉᆞ랑ᄒᆞ는죵** 제 쥬인의게 진실ᄒᆞᆫ 하인이오 제 쥬인의게 고임을 엇은 사ᄅᆞᆷ이니라 ○ 그 빅부쟝이 예수의 이샹히 교훈ᄒᆞ심과 긔이ᄒᆞᆫ 힝젹을 듯고 예수를 쳥좌ᄒᆞᆯ만ᄒᆞᆫ 권이 잇는 쟝로들을 예수ᄭᅴ 보

내엿ᄉᆞ니 이는 그 ᄇᆡᆨ부쟝이 예수의게 공경홈을 보힌 것이니라 쟝로들이 예수ᄭᅴ 나아가 말솜을 엿조오ᄃᆡ 이 ᄇᆡᆨ부쟝이 우리 ᄇᆡᆨ셩을 ᄉᆞ랑ᄒᆞ고 ᄯᅩᄒᆞᆫ 우리를 위ᄒᆞ야 회당을 세엿ᄉᆞ니 그가 이 일을 감당ᄒᆞᆯ만ᄒᆞᆫ 사ᄅᆞᆷ이올시다 ᄒᆞ엿ᄉᆞ니 대개 이 일는 참 비샹ᄒᆞᆫ 일이라 그가 ᄌᆞ긔를 ᄌᆡ물을 내여 이 회당을 세엿ᄂᆞ니라

六 예수의 오시는것을 ᄇᆡᆨ부쟝의게 통긔ᄒᆞᆫ매 그 ᄇᆡᆨ부쟝이 더옥 공경ᄒᆞ는 ᄯᅳᆺ을 뵈여 ᄌᆞ긔의 친구들을 예수ᄭᅴ 보내여 말솜을 드리ᄃᆡ 예수ᄭᅴ셔 ᄌᆞ긔의게 친히 나아 오시는것은 감당ᄒᆞᆯ수 업다 ᄒᆞ엿ᄉᆞ니 이는 ᄌᆞ긔가 합당ᄒᆞᆫ 디위에 잇지 못ᄒᆞ고 ᄯᅩᄒᆞᆫ 외국 사ᄅᆞᆷ이오 유대 사ᄅᆞᆷ이 아닌 연고ㅣ니라 이사ᄅᆞᆷ은 겸손ᄒᆞ고 예수의게 공경을 대단히 ᄒᆞ엿ᄂᆞ니라

七 **말솜만ᄒᆞ옵소셔** 그 ᄇᆡᆨ부쟝의 밋는 ᄆᆞᄋᆞᆷ이 대단 ᄒᆞ야 예수ᄭᅴ셔 멀니 계서셔 말솜 ᄒᆞᆫ 마ᄃᆡ만 ᄒᆞ셔도 그 하인의 병을 곳 곳치실줄을 아랏ᄂᆞ니라

八 **나는 놈의 슈하에 둔 사ᄅᆞᆷ이오** 이 말솜은 나도 권세를 슌종ᄒᆞ고 ᄯᅩᄒᆞᆫ 권세를 부리니 내의 하속이 내의 명령을 슌종ᄒᆞ기를 마치 내가 내의 샹관을 슌종ᄒᆞ는것 ᄀᆞᆺ치 ᄒᆞᆫ다 ᄒᆞ엿ᄂᆞ니라 **긔이히 녁여** 쥬ᄭᅴ셔 긔이히 녁이신 일을 긔록ᄒᆞᆫ곳이 둘이 잇ᄉᆞ니 곳 이 마ᄃᆡ와 마가 륙쟝 륙절이라 이 마ᄃᆡ에셔는 밋음을 긔이히 녁이시고 마가륙쟝 륙절에는 밋지 아니홈을 긔이심이라 예수의 긔이히 녁이시는 ᄆᆞᄋᆞᆷ을 격동ᄒᆞ는 일은 ᄯᅩᄒᆞᆫ 반ᄃᆞ시 긔이ᄒᆞᆫ 일이 될지로다 예수ᄭᅴ셔 이러케 밋는 사ᄅᆞᆷ들은 샹을 주시는고로 그 하인이 병곳침을 엇엇ᄂᆞ니라 ○ 이 공과에 세가지 ᄇᆡ홀것이 잇ᄉᆞ니 一 ᄒᆞᆫ사ᄅᆞᆷ의 군구홈이 엇더케 놈을 도아 주는것 二 그 ᄇᆡᆨ부쟝의 밋음이 예수로 ᄒᆞ여곰 긔이히 녁이게 ᄒᆞ심 三 그 ᄇᆡᆨ부쟝의 밋음이 그리스도 교회에 복이 된것

뭇는말

一 그ᄯᅢ에 ᄇᆡᆨ부쟝의 집에 무숨 가환이 잇더뇨

二 엇더케 예수의 셩명을 드럿더뇨

三 ᄇᆡᆨ부쟝이 누구를 예수ᄭᅴ 보ᄂᆡ엿더뇨

四 엇지ᄒᆞ야 ᄌᆞ긔가 예수ᄭᅴ 오지 못ᄒᆞ고 쟝로들을 보ᄂᆡ엿더뇨

五 우리는 예수ᄭᅴ 무숨 구ᄒᆞᆯ 일이 잇ᄉᆞ면 엇더케 ᄒᆞ여야 되겟ᄂᆞ뇨

六 이 ᄇᆡᆨ부쟝이 엇더케 ᄌᆞ긔의 신심을 뵈엿ᄂᆞ뇨

七 엇지ᄒᆞ야 이 사ᄅᆞᆷ이 ᄌᆞ긔의 집으로 예수를 청ᄒᆞ는거시 합당치 아니ᄒᆞᆫ줄노 ᄉᆡᆼ각ᄒᆞ엿ᄂᆞ뇨

八 예수ᄭᅴ셔 엇더케 그 권능을 보이셧ᄂᆞ뇨

九 예수ᄭᅴ셔 이 ᄇᆡᆨ부쟝을 엇더케 알으시고 ᄯᅩ 엇더케 말솜ᄒᆞ셧ᄂᆞ뇨

十 이 ᄇᆡᆨ부쟝이 유대 사ᄅᆞᆷ들의게 무숨 됴흔 일을 ᄒᆞ엿ᄂᆞ뇨

十一 신약속에 혹 다른 ᄇᆡᆨ부쟝이 신심이 독실ᄒᆞᆫ 이를 아는ᄃᆡ로 말ᄒᆞ라

차하를 드릴만ᄒᆞᆫ 일이오 동쳔읍 교셩읍과 금강산 신계ᄉᆞ를 구경 ᄒᆞ니 금강산은 근본 대한 텬디에 유명ᄒᆞᆫ 셩디라 봉봉이 셕각으로 회기는 눈빗 곳고 산 아ᄅᆡ 동ᄇᆡᆨ쏫슨 곳곳이 보기 죳ᄉᆞ오니 막비 하ᄂᆞ님 은혜로·구경 ᄒᆞ엿시며 안변 학의골과 서암지령과 마천거령과 안후비 령으로 너머 문엿는ᄃᆡ 하ᄂᆞ님의 도으심으로 태평 무ᄉᆞ히 도라왓고 셩경칙은 모도 이ᄇᆡᆨ 삼십칠권을 파롯습ᄂᆞ이다 리군션

졀교못ᄒᆞᆯ친구는신문지

신문지라 ᄒᆞ는거슨 셰샹에 새로 온일을 탐지 ᄒᆞ여 죠희에 박혀 셰샹에 공포 ᄒᆞ는 거시니 정부에셔 ᄒᆞ는 일과 관원에 ᄒᆡᆼ위와 도로에 풍셜과 샹고에 흥 ᄒᆞ고 쇠 ᄒᆞ는것과 풍흉과 물가에 고저와 각 학교에셔 슈학을 엇더케 ᄒᆞ는것과 학자들에 궁구ᄒᆞ는 총업과 민간 고락과 각국 소문과 션샹일과 진젹ᄒᆞᆫ 의론과 긔이ᄒᆞᆫ일과 이샹ᄒᆞᆫ 말이 족히 셰샹 사ᄅᆞᆷ의 문견을 넓히 ᄒᆞᆯ만ᄒᆞᆫ 것을 긔록ᄒᆞ여 샹하 원근 ᄂᆡ외국 무론ᄒᆞ고 부귀 빈쳔 로소 남녀에 이목을 새롭게 ᄒᆞ며 그ᄲᅮᆫ 아니라 회를 모오는일과 져조를 여는일과 화륜션거에 츌립과 셰잔을 미매 ᄒᆞ는일과 일어 ᄇᆞ린 물건을 엇어 그 본쥬의게 차자 주는일과 녀관을 비셜ᄒᆞ고 ᄉᆞ방에셔 손님 쳥 ᄒᆞ는일을 다 신문샤에 부탁ᄒᆞ여 그 셰미ᄒᆞᆫ 연고를 긔록 ᄒᆞ는고로 벽향 궁촌에 사는 사ᄅᆞᆷ이라도 신문지를 ᄒᆞᆫ번 보면 셰샹에 경황아 눈에 완연ᄒᆞ여 그일과 그 물건을 친히 ᄃᆡᄒᆞᆫ듯 ᄒᆞ고 만리 타국에 작긱ᄒᆞᆫ 사ᄅᆞᆷ이 고국에 소식이 막연 ᄒᆞᆯ셰에 신문지를 ᄃᆡᄒᆞ면 울울ᄒᆞᆫ 흉금이 열니는지라 그런고로 신문지를 보는 사ᄅᆞᆷ들이 신문지 보는일노 셰샹에 ᄒᆞᆫ 쾌락을 누린다 ᄒᆞ니 대개 고금에 됴ᄒᆞᆫ 글이 만하 사ᄅᆞᆷ의 ᄆᆞᄋᆞᆷ을 깃부게 ᄒᆞ는것이 젹지 아니 ᄒᆞ나 셰계에 물졍을 알고 ᄌᆞ긔의 문견을 넓히고 쳐셰 ᄒᆞ는 도를 련달 ᄒᆞ기는 신문지의 공효가 대단ᄒᆞ고

미완

ᄂᆡ보

ᄇᆡᆨ두졍삼품 근일에 가ᄌᆞ가 엇지 혼ᄒᆞᆫ지 집집 마다 영감이요 사ᄅᆞᆷ마다 삼품이라 엇던 사ᄅᆞᆷ은 ᄇᆡᆨ두로 졍삼품 가ᄌᆞ를 ᄒᆞ엿는ᄃᆡ 심히 난쳐ᄒᆞᆫ것이 당초에 벼슬ᄒᆞᆫ 일은 업신즉 탕건을 쓸수도 업고 탕건을 아니 쓰ᄌᆞᄒᆞᆫ즉 민머리에 옥관ᄌᆞ가 ᄌᆞ미 업신즉 좌우간 난쳐 ᄒᆞ다고 서로 의론 ᄒᆞᆫ다더라

○경ᄉᆞ쳬임) 셔샹룡씨는 경무ᄉᆞ를 ᄒᆡ임ᄒᆞ고 법부 법무 국장을 피명 ᄒᆞ엿다더라

(임대칙중) 경무ᄉᆞ는 ᄇᆡᆨ셩의 싱명과 ᄌᆡ산을 보호ᄒᆞ고 시비와 션악을 경찰 ᄒᆞ는 직임이라 그 ᄉᆞ무가 지극히 즁대 ᄒᆞ거놀 근일에 경무ᄉᆞ 피명ᄒᆞᆫ 사ᄅᆞᆷ들을 보건ᄃᆡ 과연 공평 졍직ᄒᆞᆫ 인지라고 칭ᄒᆞᆯ수는 업거니와 일젼에 졍이픔 니유인씨가 경무ᄉᆞ로 셔임 ᄒᆞ엿다 ᄒᆞ매 려항 ᄇᆡᆨ셩들이 서로 의론 ᄒᆞ기를 지금 경향간

민졍이 오오ᄒᆞ야 아조 디진두에 올낫시니 이번 경무소ᄂᆞᆫ 경찰ᄒᆞᄂᆞᆫ 직무로 엇더케 ᄒᆞᆯ나ᄂᆞᆫ지 ᄒᆞ며 탄식 ᄒᆞᄂᆞᆫ쟈ㅣ 간혹 잇다더라

○민씨방축) 고군산으로 십오년 유빅 ᄒᆞ엿던 민영긔씨ᄂᆞᆫ 일젼에 특지로 히빅 ᄒᆞ시고 식플 집으로 쏫치라 ᄒᆞ셧다더라

○울릉도ᄉᆞ건) 일젼에 일본공ᄉᆞ 임권죠씨와 대한 ᄂᆡ부대신 니건하씨가 외부에 회동ᄒᆞ야 울릉도에 거류 ᄒᆞᄂᆞᆫ 일본 사ᄅᆞᆷ을 다 불너 본국으로 돌녀 보낼일과 대한과 일본 두 나라에셔 됴사 위원을 울릉도에 파송 ᄒᆞᆯ 일을 난만이 샹의 ᄒᆞ엿다더라

○법ᄉᆞ속빙) 법어학교 교ᄉᆞ 마태을씨의 고빙ᄒᆞᆫ 년한이 이달인고로 일년을 더 속빙ᄒᆞ엿다더라

○옥졍비밀) 향일에 조현 취슈ᄒᆞᆫ 권영진씨를 경무령에셔 신문 ᄒᆞᄂᆞᆫ 셔류에 본령 관리들이 쥬야로 입직ᄒᆞ야 잠시라도 문 밧긔 출립 ᄒᆞ지 못ᄒᆞ고 옥졍이 심히 비밀 ᄒᆞ다더라

○일ᄉᆞ폐현) 일젼에 일본 공ᄉᆞ와 령ᄉᆞ가 흠셰 폐현 ᄒᆞ엿다더라

○리봉길일) 음력 오월 이일에 영희뎐에 봉안 ᄒᆞ온 렬셩죠어진을 젼 경모궁으로 리안 ᄒᆞ올터인ᄃᆡ 대황뎨 폐하셰오셔 츌궁ᄒᆞ샤 지영 ᄒᆞ시고 인ᄒᆞ야 경모궁에 나아가샤 작헌례를 힝 ᄒᆞ오신다더라

○빅씨향남) 총 셰무샤 빅락안씨가 지나간 십팔일에 인쳔 졔물포로 나려가셔 그 잇흔날 화륜션 츅후쳔환을 ᄐᆞ고 목포로 향ᄒᆞ엿다더라

○량디아문죠회) 일젼에 량디아문에셔 ᄂᆡ부에 죠회ᄒᆞ되 참셔관 이원을 파송 ᄒᆞ야 량디 ᄒᆞᄂᆞᆫ ᄉᆞ무를 보게 ᄒᆞ라 ᄒᆞ엿다더라

○의학교광고) 의학교 교쟝 지셕영씨가 재 학원의게 광고ᄒᆞ야 일젼에 본 학교로 제회 ᄒᆞ라 ᄒᆞ엿다 ᄒᆞ니 아지 못거라 무ᄉᆞᆷ 긴요ᄒᆞᆫ ᄉᆞ무를 의론 ᄒᆞ엿ᄂᆞᆫ지

본회광고

본회에셔 이 회보를 젼년과 ᄀᆞᆺ치 일쥬일에 ᄒᆞᆫ번식 발간 ᄒᆞᄂᆞᆫᄃᆡ 새로 륙폭으로 작뎡 ᄒᆞ고 ᄒᆞᆫ장갑슨 엽젼 오푼이오 ᄒᆞᆫ돌갑슬 미리 내면 젼과 ᄀᆞᆺ치 엽젼 ᄒᆞᆫ돈 오푼이라 본국 교우나 셔국 목ᄉᆞ나 교외 친구나 만일 사셔 보고져 ᄒᆞ거든 졍동 아편셜라 목ᄉᆞ 집이나 죵로 대동셔시에 가셔사시옵

죵로대동셔시광고

우리 셔사에셔 셩경 신구약과 찬미가칙과 교회에 유익ᄒᆞᆫ 여러가지 셔칙과 시무에 긴요ᄒᆞᆫ 셔칙들을 팔되 갑시 샹당 ᄒᆞ오니 학문샹과 시무변에 ᄯᅳᆺ이 잇ᄂᆞᆫ 군ᄌᆞ들은 만히 사셔 보시옵

대영국셩셔공회광고

새로 간츌 ᄒᆞᆫ거ᄉᆞᆫ 로마 가라대 골노시 야고보 베드로 젼후셔 듸모데 젼후셔니 사셔 보실이ᄂᆞᆫ 회샤쥬인 견묘 션싱씌로 오시옵

뎨ᄉᆞ권

대한 그리스도인 회보

뎨이십이호

년환회

쇽뎐호

십팔일 샹오 아홉시에 회쟝이 젼과 곳치 긔회ᄒᆞᆯᄉᆡ 목ᄉᆞ 됴원시씨로 셩경과 찬미 긔도ᄒᆞᆫ후에 셔긔가 젼회 일긔를 닑어 교뎡ᄒᆞ고 ᄉᆞ무를 의론ᄒᆞ다가 동의 지쳥으로 회를 뎡지ᄒᆞ엿더라 ○이십일일 샹오 아홉시에 다시 모히여 긔회ᄒᆞᆯᄉᆡ 스웨어 목ᄉᆞ가 셩경을 닑고 긔도ᄒᆞᆫ지라 회장 시란돈씨는 맛참 신병이 잇서 참셕지 못ᄒᆞ고 목ᄉᆞ 아편셜라씨가 림시 회쟝이 되여 ᄉᆞ무를 의론ᄒᆞ며 ᄇᆡ지학당 일을 국문으로 번역ᄒᆞ여 교우 최병헌씨로 닑어 회중에 보고ᄒᆞ고 오후 두시에 다시 모혀 회장이 긔회ᄒᆞ고 쎄목ᄉᆞ가 셩경 닑고 긔도 찬미후에 셔긔들이 젼회 일긔를 닑어 회중에 취결ᄒᆞ고 동의로 젼도인과 권ᄉᆞ와 쇽장의 공부 과졍 작뎡ᄒᆞᆯ 위원을 션뎡ᄒᆞ고 녀의원 커들너씨는 녀병원 일을 보단ᄒᆞ고 평양 ᄒᆞᆯ의원 부인의 보단은 히리씨 부인이 ᄃᆡ신 닑고 부인 루의씨와 히리씨와 언쓰쎄거씨와 젼도인 김긔범씨가 보단ᄒᆞ고 장경화 박능일 량씨의 보단은 됴원시 목ᄉᆞ가 ᄃᆡ신 닑고 김창식 김샹림 리명슉 하츈ᄐᆡᆨ 문경호 로병션 졔씨가 보단ᄒᆞ고 이십삼일 하오 두시에 긔회ᄒᆞ기로 작뎡ᄒᆞ고 찬미후에 폐회ᄒᆞ엿더라 ○이십삼일 하오 두시에 달셩회당으로 모히여 회장 시란돈씨가 긔회ᄒᆞᆯᄉᆡ 리은승씨로 셩경을 닑고 긔도 찬미ᄒᆞᆫ후에 셔긔로 젼회 일긔를 회중에 랑독ᄒᆞ야 취결ᄒᆞ고 위원중 노블씨가 외국 션교ᄉᆞ들이 대한 방언에 공부 시험쟝을 보고ᄒᆞ고 또 동의ᄒᆞ기를 우리 교회에셔 번역ᄒᆞᆫ 구쥬 긔도문을 대한 젼국에 잇ᄂᆞᆫ 각 지파 교회가 다 곳치 쓰기로 권면ᄒᆞ자 ᄒᆞ야 그ᄃᆡ로 작뎡 되고 의원 파월씨가 동의로 ᄒᆞ야 교중 법률중에 술 먹기 경계ᄒᆞ라는 됴목을 위션 번역ᄒᆞ야 교회중에 반포ᄒᆞ기를 작뎡ᄒᆞ고 교ᄉᆞ 쌩커씨가 동의ᄒᆞ기를 혼인은 교중에 막중ᄒᆞᆫ 셩례라 기부기쳐 ᄒᆞᄂᆞᆫᄃᆡ 인ᄒᆞ야 특별히 몃가지 규칙이 잇셔야 되겟다 ᄒᆞ고 다ᄉᆞᆺ가지 규법을 문ᄃᆞ러 회중에 뎨츌ᄒᆞ니 뎨일은 예수를 밋기젼에 혼인ᄒᆞᆫ 사ᄅᆞᆷ들은 당쟈가 ᄌᆞ원ᄒᆞ기 외에는 교즁 혼례를 힝ᄒᆞᆯ것 업고 뎨이는 셰례 밧고 입교ᄒᆞᆫ 사ᄅᆞᆷ은 반ᄃᆞ시 교즁 강례 법ᄃᆡ로 셩혼 ᄒᆞᆯ거시오 뎨삼은 밋ᄂᆞᆫ 교우가 밋지 아니ᄒᆞᄂᆞᆫ 사ᄅᆞᆷ과 혼인ᄒᆞ지 말기를 권면ᄒᆞᆯ거시오 뎨ᄉᆞᄂᆞᆫ 녀ᄌᆞ의 나히 십팔세와 남ᄌᆞ의 나히 이십세 젼에는 (이폭)

일빅이십일

대한그리스도인 회보

THE
KOREAN CHRISTIAN ADVOCATE.

H. G. APPENZELLER, - Editor.

TERMS:—36 cents per year, in advance. Postage extra.

WEDNESDAY, May, 30, 1900.

셔울 정동셔 일쥬일에 ᄒᆞᆫ번식 발간 ᄒᆞᄂᆞᆫᄃᆡ 아편셜라 목ᄉᆞ가 회보 샤쟝이 되엿더라

일년 갑슬 미리 ᄂᆡ면 삼십륙젼이오 우표 갑슨 ᄯᅡ로 잇ᄂᆞ니라

일폭련속

셩혼 ᄒᆞ지 말거시오 뎨오ᄂᆞᆫ 잔음 ᄒᆞᄂᆞᆫ 죄 외에ᄂᆞᆫ 기부와 기쳐를 ᄒᆞ지 못ᄒᆞ고 잔음 죄가 잇ᄂᆞᆫ 사ᄅᆞᆷ은 무론 남녀 ᄒᆞ고 교외에 츌ᄒᆞ며 다시 회ᄀᆡ ᄒᆞ고 입교ᄒᆞᆯ지라도 교즁 법ᄃᆡ로 혼인은 다시 못ᄒᆞᆯ일이라 그ᄃᆡ로 작뎡 되야 몃 쳔쟝을 츌판 ᄒᆞᆫ후에 각쳐 교회에 분젼ᄒᆞ자 ᄒᆞ고 목ᄉᆞ 됴원시씨가 각 션교ᄉᆞ의 대한 말 공부 ᄒᆞᄂᆞᆫ것과 본토 젼도인과 권ᄉᆞ의 공부 작뎡ᄒᆞᆫ거술 보고ᄒᆞ야 결뎡ᄒᆞ더라 ○잠시간 뎡회ᄒᆞᆫ후에 여러 목ᄉᆞ와 부인들과 대한 남녀 교우들이 일졔히 샹동 시병원 더에 모히니 이곳은 달셩교회에서 새로 큰 회당을 건축ᄒᆞᆯ 곳시라 찬미 ᄒᆞ고 긔도 ᄒᆞᆫ후에 건축 ᄒᆞᄂᆞᆫ 례를 힝ᄒᆞᆯ시 아목ᄉᆞᄭᅴ셔 삽을 잡아 시란돈씨 목ᄉᆞ 대부인ᄭᅴ 드리니 대부인이 친히 그ᄯᅡ ᄒᆞᆰ을 ᄑᆞ시고 그후에 목ᄉᆞ와 부인과 여러 교우들이 다 ᄒᆞᆫ두번식 친히 ᄒᆞᆰ을ᄑᆞ셔 깃분 ᄆᆞᄋᆞᆷ으로 찬숑ᄒᆞ고 도라왓더라 ○다시ᄀᆡ회 ᄒᆞᆫ후에 젼도인 리은승씨가 일년 동안에 젼도ᄒᆞᆫ 일을 보단ᄒᆞ고 그후에 독ᄉᆞ 노불씨의 동의로 활판소 일홈을 곳쳐 대한 미이미 교회 활판소라 칭ᄒᆞ게 작뎡 ᄒᆞ고 금년 년환회 회록을 몃쳔권 츌판ᄒᆞ야 각쳐에 보내쟈 ᄒᆞ고 찬미 뎨일을 노래 ᄒᆞᆫ후에 폐회 ᄒᆞ엿더라 ○ 이십ᄉᆞ일 하오 두시에 다시 달셩회당에 모히여 젼과 ᄀᆞᆺ치 시란돈씨 쟝로ᄉᆞ가 회쟝이 되시고 ᄲᅥᆼ커씨가 셩경을 닑고 찬미 긔도후에 젼회 일긔를 셔긔로 닑어 회즁에 취결 ᄒᆞ고 목ᄉᆞ 됴원시씨가 교즁 임원들의 직분을 션고ᄒᆞᆯ시 본토 젼도인 뎨일반에 김긔범 김챵식 최병헌 리은승씨오 뎨이반에 오셕형 김샹림씨요 뎨삼반에 로병션 송긔용 쟝경화 리명슉 문경호 리챵학씨요 권ᄉᆞᄂᆞᆫ 리국혁 윤챵렬 박능일 복졍치 하츈ᄐᆡᆨ 김동현 졔씨더라 ᄯᅩ 날ᄉᆞᆷ ᄒᆞᆫᄃᆡ 쇽쟝의 ᄒᆞᄂᆞᆫ 공부를 맛친후에 권ᄉᆞ로 승ᄎᆞ ᄒᆞ고 권ᄉᆞ의 공부를 맛친후에 본토 젼도인으로 승ᄎᆞᄒᆞᆯ수가 잇다 ᄒᆞ고 그후에 목ᄉᆞ와 젼도인이 경향 각쳐에 분쳐 ᄒᆞ야 젼도ᄒᆞᆷ을 통히 보고ᄒᆞ고 그 다음에 쳥국 ᄉᆞ쳔 셩교회에서 나아온 편지를 닑어 회원들노 듯게 ᄒᆞ고 명년 년환회ᄂᆞᆫ 샹동에 새로 짓ᄂᆞᆫ 회당으로 모히기를 작뎡ᄒᆞ고 젼도인 송긔용씨와 권ᄉᆞ 리국혁씨의 보단을 밧은후에 젼도 직분의 요긴ᄒᆞᆷ과 당연ᄒᆞᆯ거술 말솜ᄒᆞ고 폐회 ᄒᆞ엿더라

만국쥬일공과

그리스도 씨의힝젹

뎨이부 뎨오공과

륙월 십일

예수와셰례주는요한

루가복음 칠쟝 십팔졀노 이십팔졀

十八 요한의 뎨ᄌ들이 이 일을
다 고ᄒᆞ니 十九 요한의 뎨ᄌ 둘을
불너 쥬ᄭᅴ 보내여 ᄀᆞᆯᄋᆞᄃᆡ 오실
이가 션ᄉᆡᆼ님 이오니잇가 우리가
다른 이를 기ᄃᆞ리리잇가 ᄒᆞ니
二十 두 사ᄅᆞᆷ이 예수ᄭᅴ 나아가
ᄀᆞᆯᄋᆞᄃᆡ 셰례 주ᄂᆞᆫ 요한이 우리
를 보내여 션ᄉᆡᆼ님ᄭᅴ 말 ᄒᆞ기를
오실이가 션ᄉᆡᆼ님이니잇가 우리
가 다른이를 기ᄃᆞ리리잇가 ᄒᆞ
더이다 ᄒᆞ니 二一 곳 그시로 예
수ㅣ 알ᄂᆞᆫ것과 질병과 악ᄒᆞᆫ 샤
귀 들닌 사ᄅᆞᆷ을 만히 곳치시고
또 만흔 쇼경이 봄을 엇게 ᄒᆞ신
지라 二二 ᄃᆡ답ᄒᆞ야 ᄀᆞᆯᄋᆞ샤ᄃᆡ 너
희 가셔 보고 듯ᄂᆞᆫ 거ᄉᆞ로 요한
의게 고ᄒᆞ라 쇼경이 보며 저ᄂᆞᆫ
이가 ᄃᆞᆫ니며 문둥이가 ᄭᆡᆨᄭᅳᆺᄒᆞ며
귀 먹은 이가 드르며 죽은이가
다시 살며 가난ᄒᆞᆫ 이의게 복음
을 젼 ᄒᆞᄂᆞ니 二三 누구던지 날
노 인ᄒᆞ야 범죄 ᄒᆞ지 아니 ᄒᆞᄂᆞᆫ
이ᄂᆞᆫ 복이 잇도다 ᄒᆞ시니라 二四
요한의 보낸쟈ㅣ 떠ᄂᆞᆫ 후에 예
수ㅣ 뭇 사ᄅᆞᆷ의게 요한을 가ᄅᆞ
쳐 말ᄉᆞᆷ을 시작 ᄒᆞ야 ᄀᆞᆯᄋᆞ샤ᄃᆡ
너희가 무어ᄉᆞᆯ 보랴고 들에 나
갓더냐 바ᄅᆞᆷ에 움작이ᄂᆞᆫ 갈ᄃᆡ냐
二五 오직 무어ᄉᆞᆯ 보랴고 나갓더
냐 아ᄅᆞᆷ다온 옷 닙은 사ᄅᆞᆷ이냐
영화로온 옷 닙고 호화롭게 지
내ᄂᆞᆫ 쟈ᄂᆞᆫ 대궐에 잇ᄂᆞ니 二六
오직 너희가 무어ᄉᆞᆯ 보랴고 갓
더냐 션지쟈ㅣ냐 올토다 나ㅣ
너희게 닐ᄋᆞ노니 이 사ᄅᆞᆷ은 션
지쟈 보다 나흐니라 二七 이 사
ᄅᆞᆷ은 곳 긔록ᄒᆞᆫ 쟈ㅣ니 ᄀᆞᆯᄋᆞ샤
ᄃᆡ 내가 내 ᄉᆞ쟈를 네 압헤 보
내노니 네 길을 네 압헤셔 예비
ᄒᆞ리라 ᄒᆞ셧ᄂᆞ니라 二八 나ㅣ
너희ᄃᆞ려 말 ᄒᆞ노니 녀인의
게셔 난 사ᄅᆞᆷ중에 요한보다 큰
이 업ᄉᆞ되 오직 하ᄂᆞ님 나라헤
지극히 적은이가 뎌보다 더욱 큰
니라 ᄒᆞ시더라

요지

그가 모든거ᄉᆞᆯ 다 잘 ᄒᆞᄂᆞᆫ도다

마가 칠쟝 삼십칠졀

년ᄃᆡ

셔력 긔원후 이십팔년 이론 여ᄅᆞᆷ인듯 ᄒᆞ니라

디방

예수ᄂᆞᆫ 갈니니 디방에 계셧고 셰례 주ᄂᆞᆫ 요한은 ᄉᆞ히 갓가히 엇ᄂᆞᆫ 메게러 디방 옥중에 잇셧ᄂᆞ니라

공과의구별

(십일졀노 삼십오졀을 닑으라)

一 미시아를 그의 힝 ᄒᆞ신 일노 경험ᄒᆞᆯ것

二 션지중 뎨일 놉흔이가 텬국에 뎨일 나진이 되ᄂᆞᆫ것

주셕

셰례 주ᄂᆞᆫ 요한이 헤롯왕의 지휘로 메게러 옥에 갓친것은 요한

이 혜롯의 죄를 ᄎᆡᆨ망ᄒᆞᆫ ᄉᆞᄅᆞᆷ이니라 메게러는 ᄉᆞ히 갓가히 잇는 디방이니 예루살넴에셔 칠십리 가량 되ᄂᆞ니라 요한이 그곳에셔 륙칠삭 동안을 쳬슈ᄒᆞ여 지내매 ᄌᆞ연 실심이 되고 ᄯᅩᄒᆞᆫ 실망이 되엿ᄂᆞ니라 그ᄯᅢ에 예수ᄭᅴ셔 요한의 희망 ᄒᆞᄂᆞᆫ바와 ᄀᆞᆺ치 당신의 일을 ᄒᆞ자 아니 ᄒᆞ시고 혜롯과 피랍다와 히아법은 그ᄯᅢᄭᆞ지 오히려 권셰가 잇셧ᄂᆞᆫ지라 그런고로 요한의 ᄉᆡᆼ각에 엇지ᄒᆞ야 예수ᄭᅴ셔 ᄌᆞ긔의 나라를 회복ᄒᆞ야 ᄌᆞ긔를 이옥즁에셔 ᄲᅢ여 놋치 아니 ᄒᆞ시며 ᄯᅩᄒᆞᆫ 엇지ᄒᆞ야 이 악ᄒᆞᆫ 사ᄅᆞᆷ들은 형벌을 면ᄒᆞ고 착ᄒᆞᆫ 사ᄅᆞᆷ들이 도리혀 그 악ᄒᆞᆫ 사ᄅᆞᆷ ᄃᆡ신 고초를 당ᄒᆞᄂᆞᆫ고 ᄉᆡᆼ각 ᄒᆞ고 ᄌᆞ긔의 두 뎨ᄌᆞ를 보내여 오실이가 예수신지 혹 다른 사ᄅᆞᆷ인지 무러 보앗시니 이 무론 말은 피히 녁일것이 업ᄂᆞ니라

너희가셔보고듯는것을요한의게고ᄒᆞ라 이말은 얼핏보면 이샹ᄒᆞᆫ듯 ᄒᆞ나 그러케 녁일것이 업ᄂᆞᆫ지라 이말솜은 요한으로 ᄒᆞ여곰 권셰로 힘ᄒᆞᄂᆞᆫ일만 ᄉᆡᆼ각ᄒᆞᆯ것 아니라 ᄯᅩᄒᆞᆫ 맛당히 이 은혜로히 ᄌᆞ비ᄒᆞᆷ과 ᄉᆞ랑 ᄒᆞᆷ으로 힝ᄒᆞᄂᆞᆫ 일을 ᄉᆡᆼ각ᄒᆞ여 보고 이일이 미ᄉᆡ아의 합당ᄒᆞᆫ 표젹인지 아닌지 ᄌᆞ긔 몸소 스ᄉᆞ로 무러보게 ᄒᆞ심이니라 예수ᄭᅴ셔 ᄒᆞᆫ ᄉᆞ졍을 더 드러 말솜 ᄒᆞ샤ᄃᆡ 가난ᄒᆞᆫ 이의게 복음을 젼ᄒᆞᆫ다 ᄒᆞ셧ᄉᆞ니 대개 가난ᄒᆞᆫ 이가 복음을 밧게 된것은 육신에 음식과 긔운 ᄀᆞᆺ치 령혼의 음식이 되ᄂᆞ니라 ○ 요한의 뎨ᄌᆞㅣ 써ᄂᆞᆫ 후에 예수ᄭᅴ셔 여려 무리를 ᄃᆡᄒᆞ야 말솜ᄒᆞ샤ᄃᆡ 요한은 ᄒᆞᆫ 놉고 용밍스럽고 ᄯᅩ 착ᄒᆞᆫ 사ᄅᆞᆷ이오 바람 부ᄂᆞᆫᄃᆡ로 써러지ᄂᆞᆫ 갈ᄃᆡ가 아니오 화려ᄒᆞᆫ 외복으로 단장ᄒᆞᆫ 연약ᄒᆞᆫ 사ᄅᆞᆷ이아니오 광야로 거ᄃᆡ를 삼ᄂᆞᆫ 사ᄅᆞᆷ이오 포쳥을 무셔워 아니 ᄒᆞᄂᆞᆫ 사ᄅᆞᆷ이니 그ᄂᆞᆫ 곳 ᄒᆞᆫ 션지요 ᄯᅩᄒᆞᆫ 션지 보다 ᄆᆡ우 놉흔쟈요 미ᄉᆡ아를 위ᄒᆞ야 도로를 슈츅 ᄒᆞ라고 하ᄂᆞ님이 특파 ᄒᆞ신 ᄉᆞ신이니 사ᄅᆞᆷ으로 ᄉᆡᆼ산 ᄒᆞᆫ즁에 뎨일 놉흔 쟈니라

하ᄂᆞ님의나라헤 지극히 적은이가 뎌보다 더욱크니라 이 말솜은 복음의 졍경은 이러ᄒᆞ시 영화로워 복음 셰ᄃᆡ에 ᄉᆡᆼ쟝ᄒᆞᆫ 요한의게 비ᄒᆞ야 엇은 바 션지와 권셰가 적은 사ᄅᆞᆷ이라도 요한 보다 더 큰 ᄃᆡ위를 엇ᄂᆞ니라 이말은 ᄌᆞ신의 ᄑᆞᆷ힝이 더 놉다 ᄒᆞᆷ도 아니오 여ᄉᆞ 원ᄒᆞᆫ 졍형으로 더 놉다 ᄒᆞᆷ이 아니라 다만 현저ᄒᆞᆫ 권리로 ᄒᆞᆫ 말솜이니 비유컨ᄃᆡ 쥬인의 뎨일 적은 ᄋᆞ히라도 뎨일 놉흔 하인보다 더 놉흔것과 ᄀᆞᆺᄒᆞ니라

묻ᄂᆞᆫ말

一 셰례 주던 요한이 누구를 예수씌 보ᄂᆡ엿더뇨
二 그 사ᄅᆞᆷ들이 예수씌 와서 엇더케 말 ᄒᆞ엿ᄂᆞ뇨
三 유대 사ᄅᆞᆷ들이 누구 오시기ᄅᆞᆯ ᄇᆞ라더뇨
四 예수씌셔 그 사ᄅᆞᆷ들 ᄃᆞ려 엇더케 말ᄉᆞᆷ ᄒᆞ셧ᄂᆞ뇨
五 그 사ᄅᆞᆷ들이 간후에 예수씌셔 무ᄉᆞᆷ 일ᄂᆞᆯ 시작 ᄒᆞ셧ᄂᆞ뇨
六 예수씌셔 요한이 션지자 중에 엇더ᄒᆞᆫ 이라고 말ᄉᆞᆷ ᄒᆞ셧ᄂᆞ뇨
七 구약속에 어ᄂᆞ 션지가 요한의 일을 예언 ᄒᆞ엿ᄂᆞ뇨
八 요한이 뉘 길을 닥그랴고 왓더뇨
九 텬국에셔ᄂᆞᆫ 엇더ᄒᆞᆫ 이가 크다고 말ᄉᆞᆷ ᄒᆞ셧ᄂᆞ뇨
十 요한의 ᄉᆞ젹을 아ᄂᆞᆫ딕로 말ᄒᆞ라

ᄒᆡ명ᄒᆞᄂᆞᆫ말

요한의게 가셔 너희가 보고 드른것을 말ᄒᆞ라

어부가 바다에 지나간 죵젹이 업고 새가 공즁에 나라간 죵젹은 업ᄉᆞ나 이 디구 상에셔 쉬고 거ᄒᆞ고 다ᄅᆞ나ᄂᆞᆫ 온갓 물건은 다 그 지나간 흔젹이 잇ᄂᆞ니 사조가 지나간후에 그 발조국과 그 먹다 남은것이 잇고 달팽이가 지나간후에 그 흙 닉인 자리가 잇고 또 우리 눈으로 조셰히 보면 파리와 귀ᄯᅳ람이의 발조국도 보일터이니라 사ᄅᆞᆷ도 그와 ᄀᆞᆺᄒᆞ니 황막ᄒᆞᆫ 더밧에 ᄉᆞᆼ젼ᄒᆞᆫ쟈와 됴흔 법률을 셰운 정치가와 그림 잘 그리던 화공과 곤집을 건축ᄒᆞᆫ 쟝셕도 다 유젹이 잇ᄂᆞ니라 우리 구셰쥬 예수씨 지나가신 뒤에는 깃분 ᄆᆞᄋᆞᆷ을 만히 ᄭᅵ치여 두셧ᄂᆞ니라 그 실젹을 알고져 ᄒᆞ면 나사렛에셔 예루살넴 ᄭᅡ지 예루살넴에셔 가버나움 ᄭᅡ지 가보면 예수씌셔 병 곳쳐 주시고 그 죄ᄅᆞᆯ 업시 ᄒᆞ여 주신 사ᄅᆞᆷ들이 만히 잇ᄉᆞᆯ터이니 이것은 곳 예수의 유젹이니 우리도 우리 뒤에 이러ᄒᆞᆫ 죵젹을 ᄭᅵ치엿ᄂᆞ뇨

이폭련속

금년 년환회에 경향 각쳐에 잇ᄂᆞᆫ 교도의 수효ᄅᆞᆯ 됴ᄉᆞᄒᆞᆫ즉 학습인이 도합 삼쳔 일빅 오명이오 입교인이 칠빅 구십 이인이오 어린 ᄋᆞᄒᆡ의 셰례ᄂᆞᆫ 일년 동안에 칠십 ᄉᆞ명이오 어룬의 셰례ᄂᆞᆫ 오빅 륙인이오 대한 교우들이 회당 짓ᄂᆞᆫ딕와 회당 부비와 구졔 ᄒᆞ고 착ᄒᆞᆫ일 ᄒᆞᄂᆞᆫ딕와 본토 젼도인 월급 주ᄂᆞᆫ딕 연보ᄒᆞᆫ돈이 도합 일쳔 팔빅 구십이원 오젼이라 이러케 진보 됨은 다 하ᄂᆞ님의 도으심이니 영광을 찬숑 ᄒᆞᄂᆞ이다

졀교못ᄒᆞᆯ친구ᄂᆞᆫ신문지

쇽젼호

대개 신문지라 ᄒᆞᄂᆞᆫ것은 미일신문 일쥬일 신문 미삭 신문 삼삭신문 혹 일년에 몃번식 내ᄂᆞᆫ 신문지가 잇셔 태셔 각국에ᄂᆞᆫ 대큰 동니마다 신문샤가 잇셔 대단이 인민의게 유죠ᄒᆞᆫ지라 처음에 신문지가 업고 우리 나라에셔 관보ᄅᆞᆯ 손으로 써셔 긔별 군

스가 돌녀 보인것과 곳치 셔양 제국에셔도 무솜일을 여러 사롬의게 알게 ᄒᆞ랴면 글을 손으로 써셔 돌니더니 삼빅년 젼에 영국과 리대리국에셔 비로소 신문지롤 박혀스나 그 의론 ᄒᆞᄂᆞᆫ 바ᄂᆞᆫ 쟝ᄉᆞ의 졍황과 물가의 고져뿐이요 졍치 득실은 감히 의론치 못ᄒᆞ더니 이빅년 젼에ᄂᆞᆫ 신문지가 흥왕ᄒᆞ며 의론ᄒᆞᄂᆞᆫ 권리가 싱겨 졍치 득실도 말ᄒᆞ며 민간에 악습도 긔롱ᄒᆞ며 ᄉᆞ롱 공샹의 일과 법률과 긔계와 외국ᄉᆞ졍과 기외 쳔만가지 일을 다 긔록ᄒᆞ며 심지어 ᄋᆞ희들과 녀ᄌᆞ들을 특별히 위 ᄒᆞᄂᆞᆫ 신문지가 잇서 대쇼 원근을 믈론 ᄒᆞ고 셰미ᄒᆞᆫ 일을 명박히 말ᄒᆞ여 셰계에 드러나게 ᄒᆞ니 근일에ᄂᆞᆫ 신문지가 크게 번셩ᄒᆞ여 영국 셔울 론돈과 미국 셔울 뉘우욕에셔 내ᄂᆞᆫ 신문지가 뎨일 큰지라 처음에ᄂᆞᆫ 신문지 박히ᄂᆞᆫ 일이 대단이 힘이 드러 ᄒᆞ로 몃 빅쟝식 못 박히더니 지금은 화륜긔계로 ᄒᆞᆫ시에 삼만여쟝식 박혀내ᄂᆞᆫ 법을 궁구 ᄒᆞᆫ고로 셰계에 신문지 보ᄂᆞᆫ쟈ㅣ 졈졈 만하 신문지 쟝ᄉᆞ ᄒᆞᄂᆞᆫ 길이 열닌지라 그런고로 엇던 나라 빅셩이던지 아모리 벽항 궁촌에 살더라도 대도회쳐에셔 나ᄂᆞᆫ 신문지롤 보랴ᄒᆞ면 거쥬 셩명만 긔록ᄒᆞ여 신문샤로 붓치면 몃만리 되더라도 붓쳐 주ᄂᆞᆫ지라 신문샤에셔 ᄒᆞᄂᆞᆫ일은 본국과 외국에 탐보ᄒᆞᄂᆞᆫ 사롬을 만히 두고 비밀ᄒᆞᆫ 일과 긴급ᄒᆞᆫ ᄉᆞ졍을 뎐보로 통 ᄒᆞ여 각각 속ᄒᆞ가로 위쥬ᄒᆞ고 신문을 사 보ᄂᆞᆫ쟈도 일을 속히 아ᄂᆞᆫ것으로 샹쾌히 넉이ᄂᆞᆫ고로 졍부에셔 무솜 큰일을 의론 ᄒᆞᆯ쌔와 법관이 법률을 결ᄯᅢ면 신문샤 탐보인이 참셕 ᄒᆞ기롤 허락 ᄒᆞ게ᄒᆞ니 그러코 본즉 신문지의 의론이 셰샹 형편에 대단이 관계가 되ᄂᆞᆫ지라 편벽된말과 허황ᄒᆞᆫ ᄉᆞ젹이 업지 아니 ᄒᆞᆯ수 업스나 대개 공평ᄒᆞᆷ과 진실ᄒᆞᆷ을 쥬장ᄒᆞ여 졍부가 빅셩을 속박 ᄒᆞᄂᆞᆫ 법률을 만ᄃᆞ면 박론ᄒᆞ며 빅셩이 됴와 ᄒᆞ고 원 ᄒᆞᄂᆞᆫ것이 잇스면 졍부롤 되ᄒᆞ야 실시ᄒᆞ라 권ᄒᆞ기도 ᄒᆞ며 인민의 ᄒᆡᆼ실과 셰샹 풍쇽을 의론ᄒᆞ여 가이 찬양 ᄒᆞᆯ쟈이면 찬양ᄒᆞ고 경계 ᄒᆞᆯ쟈이면 경계ᄒᆞ니 나라롤 ᄉᆞ랑ᄒᆞ고 님군의게 츙셩ᄒᆞᄂᆞᆫ 의론을 극진히 ᄒᆞ여 사롬의 ᄆᆞᄋᆞᆷ을 격동ᄒᆞ기 쉬운고로 사롬의 ᄆᆞᄋᆞᆷ을 합동케 ᄒᆞᄂᆞᆫ 긔계ᄂᆞᆫ 신문지라 그런고로 신문지롤 션싱아라고도 ᄒᆞᆯ만 ᄒᆞ고 친근ᄒᆞᆫ 친구라고도 ᄒᆞᆯ만ᄒᆞ도다

로병션

죵로대동셔시광고

대영국셩셔공회광고

뎨ᄉ권

대한 그리스도인 회보

뎨이십삼호

긴요훈 공부

금년 년환회에 교중 쇽장과 권ᄉ와 본토 전도인의 공부 홀거솔 반녈을 논호와 작뎡 호엿는디 이거ᄉ 우리 년환회에서 임의로 결뎡훈거시 아니오 미국에 잇는 ᄉ년총론회에서 이러케 작뎡호야 시기는 거시라 아모 쇽장이나 권ᄉ나 젼도인이나 이 회보에 츌판훈 칙을 통달 훈후에 등급 일층을 올닐러이오 만일 공부를 잘훈지 아니호면 일층이 써러지는 법이라 공부 호는 졀ᄎ와 셰칙의 얼홈을 이 아래 긔지 호노니 직임이 잇는 형뎨들은 젼심치지 호기를 ᄇ라노라

쇽쟝의 공부홀것

누가복음 ᄉ도힝젼 미이미교회문답 셩경도셜뎨일도로브터 삼십도ᄭ지와 강례오

넘는거ᄉ 인가귀도 묘츅문답 쥬일직히는론

권ᄉ 일이반

일년 공부 무를것 요한복음 야고보셔 셩경도셜뎨일도로브터 륙십도 ᄭ지와 강례즁총례이십 오도와 대한디지반권 ᄭ지요

강 밧을것 시편일편이십삼편 고린도젼셔 십삼쟝이오

넘을것 텬로력뎡샹권 쟝원량우샹론이오

이년공부무를것 마태 복음 베드로젼후셔 복음요ᄉ 일쟝으로십이쟝ᄭ지와 셩경도셜 뎨일도로 팔십도ᄭ지와 ᄉ도힝젼 칠쟝 회브리인셔 십일쟝이오 강밧을것 시편ᄉ십륙편 이시아오십삼쟝 마태오쟝이오

넘을것 텬로력뎡하권 대한디지젼통이오 ○본토 젼도인의 공부홀거ᄉ 이다음 회보에 긔지 홀러이오니 훗번에 보시오

대한그리스도인 회보

THE KOREAN CHRISTIAN ADVOCATE.

H. G. APPENZELLER, - Editor.

TERMS:—36 cents per year, in advance. Postage extra.

WEDNESDAY, June 6, 1900.

서울 정동서 일쥬일에 ᄒᆞᆫ번식 발간ᄒᆞᄂᆞᆫᄃᆡ 아편셜라 목ᄉᆞ가 회보 샤쟝이 되엿더라

일년 갑슬 미리 ᄂᆡ면 삼십륙젼이오 우표 갑슨 ᄯᅩ로 잇ᄂᆞ니라

강화신식

양력 ᄉᆞ월분에 강화 홍의 교우 종순일씨가 ᄌᆞ긔 죄를 하ᄂᆞ님ᄭᅴ셔 용셔ᄒᆞ여 주심을 ᄭᆡ닷고 무한 감샤ᄒᆞ며 ᄯᅩ 셩경 말ᄉᆞᆷ을 ᄉᆡᆼ각ᄒᆞ고 ᄉᆞᄉᆞ로 굴으ᄃᆡ 하ᄂᆞ님ᄭᅴ셔 나의 쳔만량 빗술 탕감ᄒᆞ여 주셧시니 나도 ᄂᆞᆷ이 내게 빗진 거술 탕감ᄒᆞ야 주리라 ᄒᆞ고 빗진 사ᄅᆞᆷ들을 모도 쳥ᄒᆞ여 노코 셩경 말ᄉᆞᆷ으로 연셜ᄒᆞ야 젼도ᄒᆞᆫ 후에 빗쥰 문셔를 그 사ᄅᆞᆷ들 압헤셔 즉시 불을 노흐니 탕감ᄒᆞ여 줌을 닙은 쟈들이 크게 감복ᄒᆞ야 영화를 하ᄂᆞ님ᄭᅴ 찬송ᄒᆞ고 서로 공론ᄒᆞ되 셰샹 사ᄅᆞᆷ이 ᄇᆡᆨᄃᆡ 업ᄂᆞᆫ 빗도 잇다ᄒᆞ야 괴인 취물 ᄒᆞᄂᆞᆫ쟈ㅣ 잇거ᄂᆞᆯ 예수교를 밋ᄂᆞᆫ 사ᄅᆞᆷ은 ᄌᆞ긔 돈ᄭᆞ지 ᄇᆞ려 ᄂᆞᆷ의게 젹션ᄒᆞ니 참 거룩ᄒᆞᆫ일이라 ᄒᆞᆫ다더라

○ 거월에 강화 샹도리 교우 황량일씨가 하ᄂᆞ님의 도으심으로 회당놀 창건ᄒᆞᆯ시 그 니웃 동니 사ᄂᆞᆫ 박진ᄉᆞ 션슈씨와 리진ᄉᆞ 덕윤씨ᄂᆞᆫ 츈여목 ᄒᆞᆫ기식을 깃분 ᄆᆞᄋᆞᆷ으로 보죠ᄒᆞ고 민셕ᄉᆞ 경원씨ᄂᆞᆫ 츈여목 두기와 민셕ᄉᆞ 슌오씨ᄂᆞᆫ 평교지목 두기를 보죠ᄒᆞ여 회당 짓기를 도아 주엇시니 이러ᄒᆞᆫ 동포들은 나라와 ᄇᆡᆨ셩을 위ᄒᆞ야 기명ᄒᆞ기에 참 열심이 만타 ᄒᆞ더라

팔일관등

음력 ᄉᆞ월초에 교우 두 사ᄅᆞᆷ으로 더브러 증남포로 갓다가 도라오ᄂᆞᆫ 길에 친구를 보랴 ᄒᆞ고 ᄒᆞᆫ 동리를 차자갈시 멀니 ᄇᆞ라보니 무수ᄒᆞᆫ 등불이 반공에 죠요ᄒᆞ야 ᄇᆡᆨ화 정발ᄒᆞ고 만셩이 도리ᄒᆞᆫ듯 ᄇᆞᆰ은 달이 빗술 닐코 어두온 밤이 ᄇᆡᆨ쥬와 ᄀᆞᆺᄒᆞ니 론바 별다른 텬디요 문명ᄒᆞᆫ 셰계라 친구ᄃᆞ려 그 곡절을 무론ᄒᆞᆫᄃᆡ ᄃᆡ답ᄒᆞ여 왈 뎌곳은 동니 학당이라 션ᄉᆡᆼ이 뎨ᄌᆞ들노 초팔일 등불을 예비ᄒᆞᆫ것이라 ᄒᆞ거ᄂᆞᆯ 내가 그 불샹ᄒᆞᆫ 일을 보고 그져 갈수 업서 학당을 차져가니 관동 수십여인이 모혓ᄂᆞᆫᄃᆡ 헌화가 대단ᄒᆞ고 좌즁이 무례ᄒᆞ야 학쟝이 란쟝이 되고 션ᄉᆡᆼ은 쎠려진 관을 쓰고 썩어진 담ᄇᆡ를 샐며 힝위가 죽엇시니 훈쟝은 송장ᄀᆞᆺᄒᆞᆫ지라 내가 말ᄒᆞᄃᆡ ᄉᆞ월 팔일은 셕가여릐의 ᄉᆡᆼ일이라 불가에셔 등을 달고 긔렴ᄒᆞ거니와 공션ᄉᆡᆼ은 공ᄆᆡᆼ의 교를 ᄀᆞᄅᆞ치며 ᄆᆡᆼ의 ᄉᆡᆼ일에ᄂᆞᆫ ᄉᆡᆼ각도 아니ᄒᆞ고 유교와 샹관 업ᄂᆞᆫ 부쳐의 법을 뎨ᄌᆞ의게 본밧게 ᄒᆞ니 학당의 슈셕 되기가 붓그럽지 아니ᄒᆞ뇨 훈쟝이 발연 변ᄉᆡᆨ왈 그ᄃᆡᄂᆞᆫ 엇지ᄒᆞᆫ 사ᄅᆞᆷ으로 ᄂᆞᆷ을 론박ᄒᆞᄂᆞ뇨 내가 ᄃᆡ답ᄒᆞ되 우리ᄂᆞᆫ 예수교를 밋ᄂᆞᆫ 사ᄅᆞᆷ이라 션ᄉᆡᆼ도 어셔 헛된일을 ᄇᆞ리고 하ᄂᆞ님을 존경ᄒᆞ라 ᄒᆞ되 죵시 밋지 아니ᄒᆞ니 가셕ᄒᆞᆫ 일이라더라

룡강 림치명

만국쥬일공과

그리스도 씨의ᄒᆡᆼ젹

뎨이부 뎨륙공과

륙월 십칠일

경계ᄒᆞᆷ과쳥ᄒᆞᆫ심

마태 십일장 이십절노 삼십절

二十 예수ㅣ 능ᄒᆞᆫ심을 ᄀᆞ장 만
히 베프신 고을이 회ᄀᆡ치 아니
ᄒᆞᆫ거늘 그ᄯᅢ에 비로소 ᄭᅮ지져
ᄀᆞᆯᄋᆞ샤ᄃᆡ 二一 코라신아 네게 앙
화 잇고 벳새대야 네게 앙화 잇
슴진뎌 너희게셔 ᄒᆡᆼᄒᆞᆫ 능들을
두로와 시돈에 ᄒᆡᆼᄒᆞ엿더면 뎌
희가 발셔 뵈옷슬 닙고 ᄌᆡ롤
무롭 쓰고 회ᄀᆡ ᄒᆞ엿시리라 二二
나ㅣ 너희게 닐ᄋᆞ노니 심판ᄒᆞᄂᆞᆫ
날에 두로와 시돈도 형벌을 너
희보담 견ᄃᆡ기 쉬오리라 二三
가버나옴아 네가 텬당에 오롤듯
십흐나 디옥에 ᄯᅥ러지리라 네게
셔 ᄒᆡᆼᄒᆞᆫ 능들을 소돔에셔 ᄒᆡᆼᄒᆞ
엿더면 그셩이 어날 ᄭᅡ지 잇셧
시리라 二四 나ㅣ 너희게 닐ᄋᆞ노
니 심판 ᄒᆞᄂᆞᆫ 날에 소돔도 형벌
을 너희보담 견ᄃᆡ기 쉬오리라 ○

二五 그ᄯᅢ에 예수ㅣᄀᆞᆯᄋᆞ샤ᄃᆡ
아바지여 하ᄂᆞᆯ과 ᄯᅡ헤 쥬재시니
이 일을 지혜 잇고 통달ᄒᆞᆫ 이의
게는 숨기시고 어린 ᄋᆞᄒᆡ의게는
나타내심을 감샤ᄒᆞ오니 二六 올
소이다 아바지 보시기에 이거시
합의ᄒᆞ니이다 二七 모든거슬 아
바지ᄭᅴ셔 내게 주셧시니 아바지
외에는 아ᄃᆞᆯ을 아는 이가 업고
아ᄃᆞᆯ과 아ᄃᆞᆯ이 소원ᄃᆡ로 ᄀᆞᄅᆞ치
는 이 외에는 아바지를 아는 이
가 업ᄂᆞ니라 二八 슈고ᄒᆞ고 무
거온 짐 진 사ᄅᆞᆷ들은 다 내게로
오너라 나ㅣ 너희를 편히 쉬게
ᄒᆞ리라 二九 나는 ᄆᆞᄋᆞᆷ이 온유ᄒᆞ
고 겸손ᄒᆞ니 나의 멍에를 메고
나를 ᄇᆡ호라 곳 너희 ᄆᆞᄋᆞᆷ이 편
히 쉬옴을 엇으리니 三十 내 멍
에는 쉽고 내 짐은 가ᄇᆡ야옴이
니라 ᄒᆞ시더라

이사야 이십삼장을 닑으라

요지

피롭고 무거온 짐 진 사ᄅᆞᆷ들은
내게로 오너라 편안ᄒᆞᆷ을 주리라

년ᄃᆡ

셔력 긔원후 이십구년

ᄃᆡ방

가버나움

공과의구별

一 회ᄀᆡ 아니 ᄒᆞᄂᆞᆫ것의 관계
(이십절-이십ᄉᆞ절)

二 경건 ᄒᆞᄂᆞᆫ것의 오묘ᄒᆞᆷ
(이십오절-이십칠절)

三 구원 ᄒᆞᄂᆞᆫ 례ᄉᆞ 말ᄉᆞᆷ
(이십팔절-삼십절)

주셕

二一 코라신과벳사대 이두
고을에셔 ᄒᆡᆼᄒᆞ신 이젹은 우리가
가고홀 문젹이 업고 이 두 고을
이 갈닐니 바다 북편에 잇섯ᄉᆞ
나 그 이젹과 ᄀᆞᆺ치 이 고을들
도 다 이져ᄇᆞ렷ᄂᆞ니라

두로와시돈 두 고을은 픠니
시아 디중히가에 잇ᄂᆞᆫ 큰 고을들
이니 이젼에 ᄆᆡ우 부요ᄒᆞ고 악
ᄒᆞᆫ 셩들이라 그러나 그 고을들

이 비록 악ᄒᆞ고 혓된 세샹에 쇽ᄒᆞᆫ ᄉᆡᆼ들이나 코라신과 빗새대에셔 힝ᄒᆞ신 이젹들을 보앗더면 뎌희들이 웅당 회개 ᄒᆞ엿슬터이니라 二三 이 마듸는 예수ᄭᅴ셔 가버나움을 대단히 경계ᄒᆞ여 말솜ᄒᆞ신 것이니 대개 예수ᄭᅴ셔 이 고을에셔 살으시고 교훈ᄒᆞ시고 이젹은 만히 힝ᄒᆞ셧ᄉᆞ나 그 고을 ᄇᆡᆨ셩들이 완악ᄒᆞ고 교만ᄒᆞ고 하ᄂᆞ님을 쥬의ᄒᆞ야 셤기지 아니ᄒᆞ엿ᄂᆞ니라 **다옴에셔 ᄯᅥ러지리라** 이 말솜은 멸망지화를 당ᄒᆞ리라ᄒᆞ심이오 ᄉᆞ후에 령혼 가는 쳐소가 아니니라 **너보담 견듸기 쉬오리라** 이 말솜은 이 다음 세샹에는 샹벌의 등급이 잇는것을 말솜ᄒᆞ신 것이니라 二五 이 귀절은 무솜 뭇는 말을 ᄃᆡ답신 말솜이나 긔록ᄒᆞᆫ듸 엿ᄂᆞ니라 二六 **올소이다** 이 말솜은 예수ㅣ 말솜ᄒᆞ샤듸 아바지여 보기에 이러ᄐᆞ시 ᄎᆡᆨᄒᆞ심을 감샤히 녀이옵ᄂᆞ이다 ᄒᆞᆫ 말솜 잇ᄃᆞᆺᄒᆞ니

이것은 곳 셩조ᄭᅴ셔 셩부의 계칙을 열복ᄒᆞ심이오 하ᄂᆞ님의 지혜와 인션과 조익에 온젼히 의뢰ᄒᆞ신것을 셜명ᄒᆞᆫ 말솜이니라 二七 **모든것을 내게 주셧시니** 이 말솜은 예수ㅣ ᄉᆞ소로 닐으샤듸 하ᄂᆞ님ᄭᅴ셔 나를 하ᄂᆞ님의 은밀ᄒᆞᆫ 나라 님군 ᄀᆞᆺ치 녁이샤 구원ᄒᆞ는 모든 방법을 내게 맛기셧다 ᄒᆞ심이니라 **아바지 외에는 아ᄃᆞᆯ을 아는이가 업고** 무소부지ᄒᆞ는 이 외에는 다 알수 업는 오묘ᄒᆞᆫ 일이니라 **아ᄃᆞᆯ과 아ᄃᆞᆯ의 소원듸로 ᄀᆞᄅᆞ치는이 외에는 아바지를 아는이가 업ᄂᆞ니라** 이 말솜은 셩조ᄭᅴ셔 숨은일과 나타나는 일을 위ᄒᆞ야 셩부ᄭᅴ 감샤 ᄒᆞᆯ것ᄲᅮᆫ 아니라 그 두시ᄒᆞᆫ것을 셩취ᄒᆞ는듸 위원이 되신 연고ㅣ니 지금 구원ᄒᆞᆫ는 도리를 ᄀᆞᄅᆞ쳐 말솜ᄒᆞ신 것이니라

뭇는말

一 예수ᄭᅴ셔 권능을 ᄀᆞ장 만이 베프신 고을들이 다 회개 ᄒᆞ엿ᄂᆞ뇨

二 네수ᄭᅴ셔 ᄭᅮ지즈신 고을들이 몃치며 또 그 일홈들이 무엇이뇨

三 두로와 시돈은 엇더ᄒᆞᆫ 고을이뇨

四 구약속에 어ᄂᆞ 고을 ᄇᆡᆨ셩이 ᄇᆡ옷슬 닙고 회개 ᄒᆞ엿ᄂᆞ뇨

五 만일 예수ᄭᅴ셔 베프신 권능을 두로와 시돈에 힝ᄒᆞ셧더면 엇더케 되엿겟ᄂᆞ뇨

六 구약속에 소돔 이라는 고을이 무솜 형벌을 당ᄒᆞ엿ᄂᆞ뇨

七 하ᄂᆞ님ᄭᅴ셔 그 진리를 엇더ᄒᆞᆫ 사ᄅᆞᆷ의게 나타내시ᄂᆞ뇨

八 슈고ᄒᆞ고 무거온 짐을 진 사ᄅᆞᆷ들은 다 어듸로 가야 되겟ᄂᆞ뇨

九 우리의 무거온 짐은 무어술 비유ᄒᆞ심이뇨

十 우리가 예수ᄭᅴ 가면 엇더케 도아 주시겟ᄂᆞ뇨

됴흔말ᄉᆞᆷ

셩경에 ᄀᆞᆯᄋᆞ샤ᄃᆡ 우리가 세샹에
올ᄯᅢ에 가지고 온바 업고 세샹에
ᄯᅥ날ᄯᅢ에 또ᄒᆞᆫ 아모것도 가지고
가지 못ᄒᆞ리니 우리가 먹을것과
닙을거시 잇ᄉᆞ매 죡ᄒᆞᆫ줄노 알거시
라 부ᄒᆞ려 ᄒᆞᄂᆞᆫ 사ᄅᆞᆷ은 시험과 ᄭᅬ
와 무식ᄒᆞ고 해로온 졍욕에 ᄯᅥ러
지ᄂᆞ니 곳사ᄅᆞᆷ으로 침륜과 멸망에
ᄲᆞ지게 ᄒᆞᄂᆞᆫ지라 돈을 ᄉᆞ랑 ᄒᆞᆷ이
일만 악ᄒᆞᆷ의 ᄲᅮ리가 되ᄂᆞ니 ᄉᆞ모
ᄒᆞᄂᆞᆫ 사ᄅᆞᆷ은 밋음에 ᄯᅥ나 만흔 고
로옴오로 써 ᄌᆞ긔를 ᄶᅵᆯ넛ᄂᆞ니
라 오직 너는 하ᄂᆞ님의 사ᄅᆞᆷ이
라 이거ᄉᆞᆯ 피ᄒᆞ며 의와 경건ᄒᆞᆷ
과 밋음과 ᄉᆞ랑과 인ᄂᆡ와 온유
ᄒᆞᆷ을 좃쳐라 너희는 밋음의 올
흔 싸홈을 힘써 싸화 영ᄉᆡᆼ을 취
ᄒᆞᆯ거시오 이로써 너희가 부ᄅᆞᆷ을
엇으며 만흔 증인 압헤셔 아ᄅᆞᆷ
다온 증거를 증거 ᄒᆞ엿도다 내
가 만물을 살게 ᄒᆞ신 하ᄂᆞ님 압
과 본듸오 빌나도를 향ᄒᆞ야 아
ᄅᆞᆷ다온 증거를 증거ᄒᆞᆫ 예수 그
리스도 압헤셔 너를 명ᄒᆞᆷ은 네
가 우리 쥬 예수 크리스도 나타
날ᄯᅢᄭᆞ지 흠이 업고 척망 ᄒᆞᆷ이
업시 이 계명을 직희라 ᄒᆞᆷ이니
ᄯᅢ가 긔약이 니ᄅᆞ면 복이 잇고
홀노 ᄒᆞ나만 된 능 ᄒᆞ신 쟈와
만왕의 왕과 만쥬의 쥬 되시는
이가 누구신거술 뵈시리니 오직
뎌희게만 죽지 아니 ᄒᆞᆷ이 잇고
갓가히 못 ᄒᆞᆯ 빗헤 거 ᄒᆞ시고
이왕에 사ᄅᆞᆷ이 보지 못 ᄒᆞ엿고
또 볼수가 업ᄂᆞ니 존귀ᄒᆞᆷ과 영
원ᄒᆞᆫ 능력을 돌닐지어다 네가
이 세샹의 부ᄒᆞᆫ 쟈를 명ᄒᆞᆯ거손
ᄆᆞ음을 놉히지 말고 뎡ᄒᆞᆷ이 업
는 지물에 ᄇᆞ람을 두지 말고 오
직 모든거ᄉᆞᆯ 두터히 주샤 우리
의게 누리게 ᄒᆞ신 하ᄂᆞ님ᄭᅴ ᄇᆞ
람을 둘거시오 션ᄒᆞᆫ일을 힝ᄒᆞ고
아ᄅᆞᆷ다온 일노 부ᄒᆞ고 난호기를
됴화ᄒᆞ며 일을 ᄒᆞᆷᄭᅴ ᄒᆞ랴 ᄒᆞᆯ거
시니 이 ᄀᆞᆺ치 ᄒᆞ면 ᄌᆞ긔를 위ᄒᆞ
야 두터히 됴흔터를 ᄊᆞ코 후에
야 가히 영ᄉᆡᆼ 엇기를 예비 ᄒᆞᆯ지
라 우리는 세샹에 빈손들고 왓
다가 빈손 들고 도로 가는고로
우리 싸홈은 영ᄉᆡᆼ 엇기를 힘써
싸홈 ᄒᆞ소셔

됴명운

ᄂᆡ보

(안권쳐교) 안경슈와 권형진 량
인의 조현취슈 ᄒᆞ엿다는 말과
두 죄인을 심문 ᄒᆞᄂᆞᆫᄃᆡ 옥졍이
ᄆᆡ우 비밀 ᄒᆞ다는 말은 젼호에
임의 몃번 긔지 ᄒᆞ엿거니와 양
력 오월 이십팔일 샹오 세시에
평리원 ᄌᆡ판쟝 셔리 니유인씨가
안 권 두 죄슈를 감옥셔로 나려
보내여 교에 쳐ᄒᆞ고 죵각과 샤
대문에 즉시 포고문을 게시 ᄒᆞ
엿더라

○(포고문등간) 세샹에 엇지 사
ᄅᆞᆷ의 아ᄃᆞᆯ이 되야 어미 죽인 원
슈를 갑지 안는쟈ㅣ 잇시랴 츈
츄ᄯᅢ 써 후로 란신과 젹ᄌᆞ가 어
느ᄃᆡ에 업ᄉᆞ리오 마는 오호 통
ᄌᆡ라 우리 을미년 ᄉᆞ변에 니르
러셔는 텬디 만고에 일죽이 듯지
못ᄒᆞᆫ바 궁흉 졀참이라 므릇 우
리 나라 신ᄌᆞ가 된쟈ㅣ 당일에
ᄒᆞᆫᄆᆞ지 죽지 안코 ᄒᆞᆫ 실만ᄒᆞᆫ 완
악ᄒᆞᆫ 목숨이 살기를 도젹 ᄒᆞ고
죽지 아니ᄒᆞ야 날마다 홍릉을
바라보매 피 눈물이 눈가에 ᄆᆞ
독ᄒᆞ야 초목이 ᄎᆞᆷ담ᄒᆞ고 텬일이

무광ᄒᆞ더니 이에 살에 쒸여난 고기가 맛ᄎᆞᆷ닉 통발에 들어 오ᄂᆞᆫ 날이 잇서 대역부도 경슈와 형진이 조현ᄒᆞᆫ다 칭탁ᄒᆞ고 은연히 귀국ᄒᆞ야 젼후에 흉악ᄒᆞᆫ 졍졀이 뎌의 공초에 다 드러난바니 일ᄇᆡᆨ 몸이 속죄키 어려온지라 법률ᄃᆡ로 일을 ᄒᆞᆯ터이나 졀ᄎᆞ롤 힝ᄒᆞ랴ᄒᆞᆫ즉 몃날이 지완ᄒᆞᆯ지라 ᄒᆞ로나 잇ᄉᆞᆯ인들 ᄎᆞᆷ아 ᄒᆞᆫ 하ᄂᆞᆯ을 ᄒᆞᆫ가지 니리오 분ᄒᆞᆫ 피가 셕려 밋쳐 쥬달치 못ᄒᆞ고 쳔단이 교훌을 힝ᄒᆞ야 우흐로 우리 셩모의 하ᄂᆞᆯ에 계신 신령ᄭᅴ 고ᄒᆞ고 아래로 우리 동포의 쳔고 망극지통을 위로ᄒᆞ노니 ᄇᆞ라건ᄃᆡ 우리 나라에 츈츄를 닑은 여러 군ᄌᆞ들과 밋 혈긔 잇ᄂᆞᆫ ᄇᆡᆨ셩들은 ᄒᆞᆫ가지 이 의리 알기를 쳔만 쳔만

광무 ᄉᆞ년 오월 이십팔일

평리원 ᄌᆡ판장 셔리 경무ᄉᆞ 니유인

평리원 판ᄉᆞ 니인영

검ᄉᆞ 쟝봉환

티명식

한동리

경무령 총무국장 유한익

경무관 지챵한

니태언

○구라훈령) 법부에서 평리원에 훈령ᄒᆞ기를 이번에 안경슈와 권형진 구초에 난 니쥰용과 유길쥰과 죠희연과 죠희문과 권동진과 니두황등을 구라ᄒᆞ라 ᄒᆞ엿다더라

○폐현불허) 일본공ᄉᆞ 림권죠씨가 여러번 폐현을 쳥ᄒᆞ엿시나 안경슈와 권형진 옥ᄉᆞ에 ᄃᆡᄒᆞ야 힐난ᄒᆞᄂᆞᆫ ᄉᆞ건이 잇ᄂᆞᆫ ᄭᆞᄃᆞᆰ으로 대한 졍부에셔 쥬일공ᄉᆞ의게 훈칙ᄒᆞ되 그 ᄉᆞ건이 다 결말되기 젼에ᄂᆞᆫ 일본 공ᄉᆞ의 폐현 쳥ᄒᆞᆷ을 허락지 아니 ᄒᆞ신다고 일본 졍부에 ᄇᆞᆰ게 말ᄒᆞ라 ᄒᆞ엿다더라

○법부죠회) 법부에셔 학부로 죠회ᄒᆞ기ᄅᆞᆯ 일본 유학ᄉᆡᆼ 니쥰용이가 임의 역적의 구초에 낫시니 쥬일 공ᄉᆞ의게 훈칙ᄒᆞ야 니쥰용을 곳 불너 돌녀 보ᄂᆡ라 ᄒᆞ엿다더라

본회광고

본회에셔 이 회보를 젼년과 ᄀᆞᆺ치 일쥬일에 ᄒᆞᆫ번식 발간ᄒᆞᄂᆞᆫᄃᆡ 새로 륙폭으로 작뎡ᄒᆞ고 ᄒᆞᆫ쟝갑슨 엽젼 오푼이오 ᄒᆞᆫ돌갑슬 미리 내면 젼과 ᄀᆞᆺ치 엽젼 ᄒᆞᆫ돈 오푼이라 본국 교우나 셔국 목ᄉᆞ나 교외 친구나 만일 사셔 보고져 ᄒᆞ거든 졍동 아펜셜라 목ᄉᆞ 집이나 죵로 대동셔시에 가셔사시옵

죵로대동셔시광고

우리 셔사에셔 셩경 신구약과 찬미가칙과 교회에 유익ᄒᆞᆫ 여러가지 셔칙과 시무에 긴요ᄒᆞᆫ 셔칙들을 팔되 갑시 샹당ᄒᆞ오니 학문샹과 시무변에 ᄯᅳᆺ이 잇ᄂᆞᆫ 군ᄌᆞ들은 만히 사셔 보시옵

대영국셩셔공회광고

새로 간츌ᄒᆞᆫ거슨 로마 가라태 골노시 야고보 베드로 젼후셔 티모데 젼후셔니 사셔 보실이ᄂᆞᆫ 회샤쥬인 젼묘 션ᄉᆡᆼᄭᅴ로 오시옵

뎨ᄉᆞ권

그리스도인

뎨이십ᄉᆞ호

긴요ᄒᆞᆫ 공부

속젼호

우리가 요젼 회보 이십삼 호에 교중 속장과 권ᄉᆞ들의 공부 ᄒᆞᆯ 칙 일홈과 공부 ᄒᆞᄂᆞᆫ 규칙을 작뎡 ᄒᆞᆫ야 긔지 ᄒᆞ엿거니와 지금은 본토 젼도인들의 공부 ᄒᆞᆯ 과졍을 작뎡ᄒᆞᆫ디로 이 아래 긔지 ᄒᆞᄂᆞ니 본토젼도인들은 하ᄂᆞ님ᄭᅴ 긔도 ᄒᆞ야 총명과 지혜를 간구ᄒᆞ며 독실히 공부ᄒᆞ야 오묘ᄒᆞᆫ 리치를 ᄭᆡ듯ᄒᆞᆫ며 각각 ᄆᆞ음속에 긔렴ᄒᆞ야 명년 년환회에 도강들 잘 ᄒᆞ기를 ᄇᆞ라노라

젼도인일이삼ᄉᆞ반

뎨일년급 공부 무를것 창셰긔 마가복음 로마인셔 일쟝으로 팔쟝ᄭᆞ지 태셔신ᄉᆞ샹권 셩경 디도 강례뎨일관 젼례공용문답이오

강받을것 창셰긔일쟝 마태복음오륙쟝 시편팔편이오

넑을것 텬도소원 요한위ᄉᆞ리젼이오

뎨이년급 공부 무를것 태셔신ᄉᆞ하권 츌애굽긔 로마인셔구쟝브터 십륙쟝ᄭᆞ지 증보텬도총론뎨일관 강례일관으로 ᄉᆞ관ᄭᆞ지 교회ᄉᆞ긔 텬도론

넑ᄂᆞᆫ것 시편일편으로 ᄉᆞ십일편ᄭᆞ지 량교변졍이오

뎨삼년급공부무를것 리미긔 회브리인셔 증보텬도총론뎨이관 령혼론 교회ᄉᆞ긔 요한위ᄉᆞ리젼도셔일관으로 십관ᄭᆞ지요

넑ᄂᆞᆫ것 시편ᄉᆞ십이편으로 칠십이편ᄭᆞ지요

뎨ᄉᆞ년급 공부 무를것 신명긔 가림다젼후셔 증보텬도총론삼ᄉᆞ권 교회ᄉᆞ긔 요한위ᄉᆞ리젼도셔십일관으로이십오관ᄭᆞ지 강례젼편이요

넑ᄂᆞᆫ것 시편칠십삼편으로 일빅오십편ᄭᆞ지라

일빅삼십삼

대한그리스도인 회보

THE KOREAN CHRISTIAN ADVOCATE.

H. G. APPENZELLER, - Editor.

TERMS:—36 cents per year, in advance. Postage extra.

WEDNESDAY, June 13, 1900.

셔울 졍동셔 일쥬일에 ᄒᆞᆫ번식 발간ᄒᆞᄂᆞᆫᄃᆡ 아편셜라목ᄉᆞ가 회보 샤쟝이 되엿더라

일년 갑슬 미리 닉면 삼십륙젼이오 우표 갑슨 ᄯᅡ로 잇ᄂᆞ니라

나무의관계

나무가 사ᄅᆞᆷ의게 크게 관계가 되ᄂᆞᆫ지라 쳣ᄌᆡᄂᆞᆫ 나무가 이 셰샹에 잇ᄂᆞᆫ 탄긔ᄂᆞᆫ 탄긔라 ᄒᆞᄂᆞᆫ 거ᄉᆞᆫ 각ᄉᆡᆨ 더러온 긔운과 사ᄅᆞᆷ의게셔 나아오ᄂᆞᆫ 추ᄒᆞᆫ 닉음ᄉᆡ) ᄲᅢ라먹고 산긔ᄂᆞᆫ (샹쾌ᄒᆞᆫ 긔운 토ᄒᆞᄂᆞᆫ고로 나무를 집 근쳐에와 대도샹에 만히 심으면 사ᄅᆞᆷ이 그 토ᄒᆞᄂᆞᆫ 산긔를 밧어 먹고 긔운이 활발 ᄒᆞ여지며 나무가 무셩ᄒᆞᆫ 근방에ᄂᆞᆫ 더러온 닉음ᄉᆡ가 업서지고 병이 흔치 아니ᄒᆞ며 둘ᄌᆡᄂᆞᆫ 산과 들에 각ᄉᆡᆨ 나무를 만히 심으고 본즉 산쳔 경긔가 화려ᄒᆞ여 사ᄅᆞᆷ의 이목을 깃부게ᄒᆞ며 만일 산에 나무가 업ᄉᆞ면 줄인 늙은이가 의복이 남누ᄒᆞ며 대머리가 버셔진것 ᄀᆞᆺᄒᆞ여 비챵ᄒᆞᆫ ᄆᆞᄋᆞᆷ이 ᄌᆞ연이 나ᄂᆞᆫ지라 그런고로 엇던 나라이든지 그 나라 긔명 ᄒᆞᆫ것을 보랴 ᄒᆞ면 쳣ᄌᆡ 학교의 다쇼와 수림의 울울 총총ᄒᆞᆫ것과 감옥셔를 보아 긔화국이니 미긔화국이니 닐ᄋᆞᄂᆞᆫ지라 그ᄲᅮᆫ 아니라 들의 나무를 심으면 일년에 ᄡᅥ 엇ᄂᆞᆫ것이 적지 아니 ᄒᆞᆫ것은 셩쳔 포 되ᄂᆞᆫᄯᅡ이 업슬ᄲᅮᆫ더러 닙시가 ᄯᅥ러져 토옥ᄒᆞ매 나무 엇고 ᄯᅡᆼ 엇으니 가위 ᄭᅯᆼ 먹고 알 먹ᄂᆞᆫ 격이라 셋ᄌᆡᄂᆞᆫ 젼국에 각ᄉᆡᆨ 나무를 만이 심으면 그중에셔 실과를 만히 ᄯᅡ 외국에 슈츌 ᄒᆞᆯ거시오 각항 ᄌᆡ목이 만히 날것이오 죠희 ᄆᆞᆫᄃᆞᄂᆞᆫ 나무와 염ᄉᆡᆨ ᄒᆞᄂᆞᆫ 나무와 기름 ᄶᅡᄂᆞᆫ 나무와 각ᄉᆡᆨ 약지에 ᄡᅳᄂᆞᆫ 나무와 나무 겁질노 노ᄭᆞᆫ과 병막아 ᄆᆞᆫᄃᆞᄂᆞᆫ것과 어쳔만종에 나무가 별노이 아니 드ᄂᆞᆫᄃᆡ가 업ᄂᆞ니 ᄌᆞ연이 부ᄒᆞ여 질것이오 넷ᄌᆡᄂᆞᆫ 젼국에 슈림이 무셩ᄒᆞ면 한ᄌᆡ가 업셔 흉년이 무셔올것이 업ᄂᆞᆫ지라 큰 느룸나무에셔ᄂᆞᆫ 하로 동안에 누진 긔운이 삼만근이 나아오니 나무가 만코 풍년이 ᄌᆞ죠 잇ᄉᆞ면 그 나라를 빈한 ᄒᆞ다 ᄒᆞᆯ수 업ᄂᆞᆫ지라 ᄆᆡᆼᄌᆞ에 말ᄉᆞᆷ이 독긔를 졔ᄯᆡ에 산에 드려 보내면 ᄌᆡ목을 가히 익이여 ᄡᅳ지 못 ᄒᆞ겟다 ᄒᆞ셧고 쥬례에 봄에 나무를 베히지 아니홈은 ᄡᅥ 그 기르ᄂᆞᆫ것이라 ᄒᆞ고 ᄯᅩ 녯말에 닐너시ᄃᆡ 십년 경영은 나무 심음만 ᄀᆞᆺ홈이 업다 ᄒᆞ엿시니 나무가 업ᄉᆞ면 금슈 곤츙은 고샤ᄒᆞ고 사ᄅᆞᆷ이 살수 업ᄂᆞᆫ거ᄉᆞᆫ 구구이 발명 아니ᄒᆞ여도 다 아ᄂᆞᆫ바ㅣ 여니와 져긔 져건너 삼각산과 인황산과 남산과 관악산을 바라다 보시요 쇼위 명산이라 ᄒᆞᄂᆞᆫ 산들이 나무 가업ᄂᆞᆫ 모양이요 십년 경영은 샹의라 물론이요 당쟝 눈으로 보매 ᄆᆞᄋᆞᆷ이 샹ᄒᆞ오 ᄇᆡᆨ셩이 포악ᄒᆞᆫ 관리의 토식을 닉이지 못

(오폭)

만국쥬일공과 그리스도씨의힝젹

뎨이부 뎨칠공과

륙월 이십ᄉᆞ일

예수끠셔 파리ᄉᆡ인의 집에셔잡수심

루가 칠쟝 삼십륙졀노 이십졀
三六 ᄒᆞᆫ 파리ᄉᆡ인이 잇서 예수
ᄭᅴ ᄒᆞᆫ가지로 잡수시기를 쳥ᄒᆞ
니 드듸여 파리ᄉᆡ인의 집에 드
러가샤 잡수시려 누엇더니 三七
그 읍ᄂᆡ에 ᄒᆞᆫ 녀인이 잇ᄉᆞ니 죄
인이라 파리ᄉᆡ인의 집에 누어
잡수심을 알고 향내 나ᄂᆞᆫ 기름
을 옥합에 담아 가지고 三八 예
수 뒤 발 겻헤 서서 눈물을 흘
녀 눈물노 써 그 발을 적시고
머리 털노 문지라고 그 발에 입
을 맛초고 향 기름으로 써 바ᄅᆞ
니 三九 예수를 쳥ᄒᆞᆫ 파리ᄉᆡ인이
이거슬 보고 ᄆᆞ음에 닐ᄋᆞᄃᆡ 이
사ᄅᆞᆷ이 만일 션지쟈ㅣ 엿시면
뎌 어로 문지ᄂᆞᆫ이가 누구며 엇
더ᄒᆞᆫ 녀인 인줄을 알거시니 대
개 죄인이라 ᄒᆞ거ᄂᆞᆯ 四十 예수ㅣ
ᄃᆡ답ᄒᆞ야 ᄀᆞᆯᄋᆞ샤ᄃᆡ 시몬아 나ㅣ
네게 닐을 말이 ᄒᆞ나 잇다 ᄒᆞ시
니 뎌ㅣ ᄀᆞᆯᄋᆞᄃᆡ 스승은 말솜ᄒᆞ
쇼셔 四一 ᄀᆞᆯᄋᆞ샤ᄃᆡ 빗 준 사ᄅᆞᆷ
의게 빗 진 쟈들이 잇ᄉᆞ니 ᄒᆞ나
흔 오ᄇᆡᆨ량이오 ᄒᆞ나흔 오십량이
라 四二 갑흘거시 업거ᄂᆞᆯ 뎌ㅣ
둘다 탕감ᄒᆞ여 주엇시니 두 사
ᄅᆞᆷ 즁에 어ᄂᆞ 사ᄅᆞᆷ이 뎨일 ᄉᆞ랑
ᄒᆞ겟ᄂᆞ냐 四三 시몬이 ᄃᆡ답ᄒᆞ야
ᄀᆞᆯᄋᆞᄃᆡ 제 ᄉᆡᆼ각에ᄂᆞᆫ 뎨일 만히
탕감ᄒᆞ야 준이니이다 ᄀᆞᆯᄋᆞ샤ᄃᆡ
네 소견이 올타 ᄒᆞ시고 四四 드
ᄃᆡ여 녀인을 도라 보시며 시몬
ᄃᆞ려 닐너 ᄀᆞᆯᄋᆞ샤ᄃᆡ 이 녀인을
보앗ᄂᆞ냐 나ㅣ 네 집에 드러오
매 너ᄂᆞᆫ 내 발을 씨슬물을 주지
아니 ᄒᆞ되 오직 이 녀인은 눈물
노 써 내 발을 적시우고 머리털
노 문지ᄅᆞ며 四五 너ᄂᆞᆫ 나를 입
맛초지 아니 ᄒᆞ되 뎌ᄂᆞᆫ 나 드러
올세로 브터 내 발을 입 맛초기
ᄅᆞᆯ 긋치지 아니 ᄒᆞ며 四六 너ᄂᆞᆫ
기름으로 써 내 머리에 바라지
아니 ᄒᆞ되 뎌ᄂᆞᆫ 향내 나ᄂᆞᆫ 기름
으로 써 내발에 바라ᄂᆞᆫ지라 四七
이런고로 나ㅣ 너ᄃᆞ려 뎌의 만
ᄒᆞᆫ 죄를 임의 샤ᄒᆞᆷ을 보앗다 ᄒᆞᆷ
은 그 ᄉᆞ랑ᄒᆞᆷ이 만ᄒᆞᆷ이오 오직
샤ᄒᆞᆷ을 적게 보ᄂᆞᆫ 쟈ᄂᆞᆫ 그 ᄉᆞ랑
ᄒᆞᆷ이 또ᄒᆞᆫ 적음이니라 四八 이에
계집ᄃᆞ려 닐너 ᄀᆞᆯᄋᆞ샤ᄃᆡ 네 죄
샤ᄒᆞᆷ을 엇엇다 ᄒᆞ시니 四九 ᄒᆞᆫ가지
로 누어 먹ᄂᆞᆫ쟈ㅣ 서로 말ᄒᆞ야
ᄀᆞᆯᄋᆞᄃᆡ 이 엇던 사ᄅᆞᆷ이완대 죄
ᄅᆞᆯ 샤 ᄒᆞᄂᆞ냐 ᄒᆞ니 五十 예수ㅣ
녀인ᄃᆞ려 닐너 ᄀᆞᆯᄋᆞ샤ᄃᆡ 네 밋
음이 너를 구ᄒᆞ엿시니 평안이
가라 ᄒᆞ시니라

요지

네 밋음이 너를 구ᄒᆞ엿시니 (오십졀)

년ᄃᆡ

셔력 긔원후 이십팔년 여름이니라

ᄃᆡ방

가버나움에 잇ᄂᆞᆫ ᄃᆡ방인듯 ᄒᆞ나 미샹ᄒᆞ니라

공과의구별

一 우리 쥬씌셔 ᄒᆞᆫ 파리새 사ᄅᆞᆷ의게 손님 되신것 (삼십륙졀)

二 ᄒᆞᆫ 회기ᄒᆞᆫ 죄인이 예수의 발 겻희 잇신것 (삼십칠팔졀)

三 그 파리새 사ᄅᆞᆷ의 언잔ᄒᆞᆫ 론난 (삼십구졀)

四 두 빗진 사ᄅᆞᆷ의 곳 비유 ᄒᆞ신 말ᄉᆞᆷ (ᄉᆞ십졀ㅡᄉᆞ십삼졀)

五 그 파리새인과 그 죄인을 비교ᄒᆞ야 론리ᄒᆞ심 (ᄉᆞ십ᄉᆞ졀ㅡᄉᆞ십칠졀)

六 그 죄인이 샤죄ᄒᆞᆷ을 엇은것 (ᄉᆞ십팔졀ㅡ오십졀)

주셕

예수씌셔 이 파리새 사ᄅᆞᆷ의 집에 가신 유련ᄒᆞᆫ ᄉᆞ젹을 루가가 긔록ᄒᆞ야 젼ᄒᆞᆫ것이라 그 디방은 분명치 못ᄒᆞ고 그 파리새인의 일홈은 시몬이니 신약 안에 이 일홈을 가진쟈ㅣ 아홉 사ᄅᆞᆷ이니라 그 녀인은 누구인지 알수 업시나 그가 반ᄃᆞ시 예수의 일홈을 젼에 듯고 예수씌 샤죄ᄒᆞᆷ을 밧은 쟈ㅣ라 예수씌셔 그 고을에 계신 소문을 듯고 조긔의 감사ᄒᆞᆫ 녁이ᄂᆞᆫ ᄆᆞᄋᆞᆷ을 표 ᄒᆞ고져 ᄒᆞ야 그 향긔로온 기름을 가지고 급히 왓ᄂᆞ니라 녀긔 **죄인**이라 ᄒᆞᆫ ᄯᅳᆺ은 이단지인이나 혹 이방 사ᄅᆞᆷ을 ᄀᆞᄅᆞ쳐 ᄒᆞᆫ 말인ᄃᆞᆺ ᄒᆞ니라 **발겻ᄒᆡ서셔** 그 녀인이 손님을 쳥ᄎᆞ 아니 ᄒᆞᄂᆞᆫ 곳으로 드러와 가만히 예수의 발 겻희 셧셧ᄂᆞ니라 음식 먹을ᄯᅢ에ᄂᆞᆫ 그 손님들이 안지 아니 ᄒᆞ고 젹은 상우헤 비스듬이 기ᄃᆡ여 누엇ᄂᆞ니라 **발을젹심은** 이ᄂᆞᆫ 공경ᄒᆞᆫ 거동이오 발을 입 맛촘거ᄉᆞᆫ 존귀ᄒᆞ게 ᄃᆡ졉ᄒᆞᆫ 거동이니 지금 그 디방에 사ᄂᆞᆫ 다른 녀인이라도 ᄒᆞᆫ 법관이나 혹 어ᄂᆞ 놉ᄒᆞᆫ 관장의게 무슴 큰 은혜를 밧은쟈ㅣ 잇스면 이 녀인과 ᄀᆞᆺ치 그 관원들을 그러케 존경ᄒᆞ리라 **션지쟈엿시면** 그 파리새인이 예수씌셔 ᄒᆞᆫ 고명ᄒᆞᆫ 션ᄉᆡᆼ이시나 혹 ᄒᆞᆫ 션지신줄노 ᄉᆡᆼ각 ᄒᆞ엿더니 그 녀인이 예수의 발을 씻ᄂᆞᆫ것을 보앗ᄉᆞ니 대개 이녀인은 본ᄅᆡ 언잔ᄒᆞᆫ 녀인이니라 시몬의 ᄉᆡᆼ각에 예수씌셔ᄂᆞᆫ 이를 반ᄃᆞ시 아르실터이니 그의 례물을 ᄉᆞ양 ᄒᆞ고 밧지 아니 ᄒᆞ실줄노 녁인고로 아마 예수를 곱 용셔ᄒᆞᆫ이로 ᄉᆡᆼ각 ᄒᆞ엿ᄂᆞ니라 파리새 사ᄅᆞᆷ이 엄졀ᄒᆞᆫ 규칙이 잇ᄂᆞᆫ딕 곳 션ᄉᆡᆼ 디위에 잇ᄂᆞᆫ쟈ㅣ 맛당히 녀인과 목쳑으로 여섯자 샹거가 더 갓가히ᄂᆞᆫ 홈씌 셔지 못ᄒᆞᄂᆞᆫ 법이오 션ᄉᆡᆼ이ᄂᆞ 뎨조가 맛당히 힝치 못 ᄒᆞᄂᆞᆫ 여셧가지 일즁에 ᄒᆞ나흔 곳 녀인들노 더브러 말을 서로 통ᄒᆞ지 못ᄒᆞᄂᆞᆫ 법이니라 ○ 四十ㅡ四三 이 비유 ᄒᆞ신 말ᄉᆞᆷ에 치쥬ᄂᆞᆫ 곳 ᄒᆞᄂᆞ님이시오 두 빗진 사ᄅᆞᆷ은 곳 그 녀인과 시몬으로 ᄒᆞ신 말ᄉᆞᆷ이니라 뎨일 못된 죄인이나 뎨일 나ᄒᆞᆫ 죄인이나 구원ᄒᆞᆷ을 엇지 못ᄒᆞᆫ 죄인으로 잇술ᄯᅢ에ᄂᆞᆫ 다 ᄒᆞᆫ가지로 ᄒᆞᄂᆞ님압헤 서셔 그의 용셔ᄒᆞ심을 기ᄃᆞ릴지라 그 파리새인、은 의심업시 그 젹게 빗진쟈로 비유 ᄒᆞ신것이니 그 조긔의 뎡산 홈으로만 그러ᄒᆞᆫ것이 아니라 실상으로 그러ᄒᆞ니 그사ᄅᆞᆷ의 허물은 곳 조긔가 ᄒᆞᆫ 빗진쟈 된줄을 도모지 아지 못 ᄒᆞᆫ것이니라 대개 사ᄅᆞᆷ마다 하ᄂᆞ님ᄭᅴ 힝ᄒᆞ여 셩취ᄒᆞᆯ 의무를 담칙 ᄒᆞ엿ᄂᆞ니라 예수ᄭᅴ셔 시몬의게 용셔ᄒᆞᆷ을 만히 엇은쟈ㅣ 맛당히 ᄉᆞ랑을 만히 ᄒᆞᆫ다 ᄒᆞᄂᆞᆫ것을 복죵ᄒᆞᆷ을 밧으시고 이에 그 녀인을 시몬의게 ᄀᆞᄅᆞ쳐 보이시고 그 사ᄅᆞᆷ과 그 녀인의 힝실을 낫낫치 비교ᄒᆞ야 말솜 ᄒᆞ셧ᄂᆞ니라 시몬은 물도 드리지 아니 ᄒᆞ엿ᄂᆞᆫᄃᆡ 그 녀인은 눈물을 드리고 시몬은 당신의 얼골에도 입 맛초지 아니ᄒᆞ엿ᄂᆞᆫᄃᆡ 그 녀인은 발을 입맛초고 시몬은 ᄒᆞᆼ용 ᄒᆞᄂᆞᆫ 기름도 공급ᄒᆞ지 아니 ᄒᆞ엿ᄂᆞᆫᄃᆡ 그 녀인은 ᄆᆡ우 귀ᄒᆞᆫ 기름을 부엇ᄂᆞ니라 그러 ᄒᆞᆷ으로 예수ᄭᅴ셔 시몬의게 말솜 ᄒᆞ샤ᄃᆡ 이 녀인의 죄를 샤 ᄒᆞ엿다 ᄒᆞ시고 그 다음에 그 녀인의게 말솜 ᄒᆞ샤ᄃᆡ 네죄를 샤 ᄒᆞ엿다 ᄒᆞ시니 그연석에 참예ᄒᆞᆫ 사ᄅᆞᆷ들이 다 이샹히 녁이되 예수ᄭᅴ셔 그 녀인의게 다시 션원히 말솜 ᄒᆞ샤ᄃᆡ 네 밋음이 너를 구원 ᄒᆞ엿ᄉᆞ니 안연히 도라가라 ᄒᆞ셧ᄂᆞ니라

뭇ᄂᆞᆫ말

一 그ᄯᅢ에 엇더ᄒᆞᆫ 사ᄅᆞᆷ이 예수ᄭᅴ ᄒᆞᆫ가지로 잡수시기를 청ᄒᆞ엿더뇨

二 그 읍ᄂᆡ에 엇더ᄒᆞᆫ 녀인이 무숨 물건을 가지고 왓더뇨

三 그 녀인이 예수ᄭᅴ 와셔 엇더케 ᄒᆞ엿ᄂᆞ뇨

四 예수를 쳥ᄒᆞᆫ 파리ᄉᆡ인이 ᄆᆞ음에 엇더케 말 ᄒᆞ엿ᄂᆞ뇨

五 예수ᄭᅴ셔 시몬ᄃᆞ려 무숨 비유를 말솜 ᄒᆞ셧ᄂᆞ뇨

六 시몬이 엇더케 ᄃᆡ답 ᄒᆞ엿ᄂᆞ뇨

七 이 비유에 빗 탕감ᄒᆞ여 주ᄂᆞᆫ 사ᄅᆞᆷ은 누구뇨

八 또 오ᄇᆡᆨ량을 진 사ᄅᆞᆷ은 누구며 오십량을 진 사ᄅᆞᆷ은 누구를 ᄀᆞᄅᆞ치심이뇨

九 이 녀인이 만흔 죄를 샤ᄒᆞᆷ을 엇음은 엇짐이뇨

十 그ᄯᅢ에 ᄒᆞᆫ가지로 먹ᄂᆞᆫ 사ᄅᆞᆷ들이 속으로 엇더케 말ᄒᆞ엿ᄂᆞ뇨

十一 예수ᄭᅴ셔 나죵에 그 녀인ᄃᆞ려 엇더케 말솜 ᄒᆞ셧ᄂᆞ뇨

이폭련속

ᄒᆞ여 나산ᄒᆞᆫ 모양이요 나무를 ᄒᆞᆫ긔도 심으는 쟈는 업고 히마다 ᄲᅮ리 ᄭᅥ지 킈여 쓰니 병난이 니러 날ᄯᅢ에 ᄇᆡᆨ셩들이 막 먹는 형샹이라 이 ᄀᆞᆺ치 ᄒᆞ기를 말지 아니 ᄒᆞ면 결단 나지 아닐 쟈ㅣ 업ᄂᆞᆫ니 식목 ᄒᆞ기는 과이 어렵지도 아니ᄒᆞᆫ것이라 가량 젼국 ᄇᆡᆨ셩이 일년 중에 젹당ᄒᆞᆫ 날을 뎡ᄒᆞ고 사ᄅᆞᆷ 마다 나무 ᄒᆞᆫ 긔식만 심으면 일년에 나무 일억 만긔식 ᄉᆡᆼ기니 십년이면 십억 만긔요 그 ᄲᅮᆫ 아니라 십억만 긔에 겻 가지가 ᄉᆡᆼ겨 나는것과 씨가 ᄯᅥ러져 조연이 나는 나무가 몃 ᄇᆡ가 더 될터이나 그ᄯᅢ에는 부ᄒᆞᆫ 나라이 될줄노 밋노라

효ᄌᆞ힝젹

녯글에 닐넛시되 효도는 일ᄇᆡᆨ힝실의 근원이 되다 ᄒᆞ고 또 ᄀᆞᆯᄋᆞᄃᆡ 츙신을 효ᄌᆞ문에셔 구ᄒᆞᆫ다 ᄒᆞ엿시니 이거슨 사ᄅᆞᆷ의 현불초ᄅᆞᆯ 알냐 ᄒᆞ면 반다시 그 사ᄅᆞᆷ의 힝실을 볼거시오 힝실을 알냐 ᄒᆞ면 몬져 그 사ᄅᆞᆷ의 효 불효ᄅᆞᆯ 봄이라 ᄌᆞ긔의 몸을 나코 기ᄅᆞ고 ᄀᆞᄅᆞ치고 ᄉᆞ랑 ᄒᆞ시ᄂᆞᆫ 부모의게 불효 ᄒᆞᄂᆞᆫ쟈ㅣ 엇지 타인의게 신의가 잇시며 눈으로 친히 보고 말ᄉᆞᆷ으로 문답 ᄒᆞᆯ수 잇ᄂᆞᆫ 부모의게 불효 ᄒᆞᄂᆞᆫ쟈ㅣ 엇지 볼수 업고 드ᄅᆞᆯ수도 업ᄂᆞᆫ 하ᄂᆞ님을 셤긴다 ᄒᆞ리오 반다시 육신 부모의게 효셩 ᄒᆞᄂᆞᆫ 쟈ㅣ 또ᄒᆞᆫ 하ᄂᆞ님ᄭᅴ 효도ᄒᆞᆯ지라 녯젹에 원나라 복령 ᄯᅡ에 사ᄂᆞᆫ 왕쳔이라 ᄒᆞᄂᆞᆫ 사ᄅᆞᆷ은 그 부친의 병이 침즁ᄒᆞ야 ᄇᆡᆨ약이 무효ᄒᆞᆫ매 왕쳔이 밤마다 하ᄂᆞ님ᄭᅴ 긔도 ᄒᆞᄃᆡ ᄌᆞ긔의 나흘 감 ᄒᆞ야 아바지의 목숨을 느리여 주소셔 ᄒᆞ더니 그 부친이 긔운이 ᄭᅳᆫ허져 죽엇다가 다시 ᄭᆡ여나 그 친구의게 닐너 ᄀᆞᆯᄋᆞᄃᆡ 악가 엇더ᄒᆞᆫ 신인이 잇서 누른 옷슬 닙고 ᄇᆞᆰ은 슈건을 쓰고 황홀히 날ᄃᆞ려 말ᄒᆞᄃᆡ 네 아ᄃᆞᆯ의 효셩이 지극ᄒᆞᆫ매 하ᄂᆞ님ᄭᅴ셔 명령을 나리샤 네 나흘 열두히 동안을 더 주신다 ᄒᆞ니 참 이샹ᄒᆞᆫ 일이라 ᄒᆞ고 병이 드ᄃᆡ여 나핫더니 그 후에 과연 열 두ᄒᆡᄅᆞᆯ 더 살다가 죽엇시며 ○왕쳔의 모친 심씨 목마르ᄂᆞᆫ 병이 잇서 또ᄒᆞᆫ 곳칠수 업ᄂᆞᆫ지라 왕쳔ᄃᆞ려 말ᄒᆞᄃᆡ 내가 외ᄅᆞᆯ 먹으면 갈병이 낫겟다 ᄒᆞ나 그ᄯᅢᄂᆞᆫ 엄동 셜한이라 ᄉᆞ방으로 ᄃᆞ니며 외ᄅᆞᆯ 구ᄒᆞ되 엇지 못ᄒᆞ고 힝ᄒᆞ여 심오령이라 ᄒᆞᄂᆞᆫ ᄯᅡ헤 니ᄅᆞ매 일긔가 더욱 칩고 ᄇᆡᆨ셜이 분분 ᄒᆞ거ᄂᆞᆯ 쳡쳡ᄒᆞᆫ 산즁에 인가이 업심으로 눈을 소나무 아래 가 피ᄒᆞᆯ시 외ᄂᆞᆫ 구ᄒᆞᆯ수 업고 어마니의 병을 ᄉᆡᆼ각 ᄒᆞ매 초민ᄒᆞᆫ ᄆᆞᄋᆞᆷ이 불 타ᄂᆞᆫ것 ᄀᆞᆺᄒᆞ 하ᄂᆞᆯ을 우러러 탄식 ᄒᆞ더니 홀연이 보매 바회 ᄉᆞ이에 푸른 너출이 얼켯ᄂᆞᆫᄃᆡ 싱싱ᄒᆞᆫ 외 두 ᄀᆡ가 달엿거ᄂᆞᆯ 왕쳔이 크게 깃버 ᄒᆞ야 스ᄉᆞ로 말ᄒᆞᄃᆡ 이거슨 하ᄂᆞ님이 도아 주신 거시라 ᄒᆞ고 외ᄅᆞᆯ 가져다가 모친ᄭᅴ 드리매 그 모친이 먹고 갈병이 쾌복ᄒᆞᆫ지라 우리가 이러ᄒᆞᆫ ᄉᆞ긔ᄅᆞᆯ 볼지라도 효ᄌᆞ의 졍셩이 지극ᄒᆞ면 하ᄂᆞ님이 감동 ᄒᆞ시ᄂᆞᆫ 줄 밋을거시오 하ᄂᆞ님이 감동 ᄒᆞ면 반다시 우리ᄅᆞᆯ ᄉᆞ랑 ᄒᆞ시며 복을 내려 주시리니 엇지 깃분 일이 아니리오 하ᄂᆞ님의 계명을 직히ᄂᆞᆫ 형뎨들은 더욱 부모의게 효도 ᄒᆞᆯ진뎌 최병헌

뎨ᄉᆞ권

대한그리스도인회보

뎨이십오호

아람다온말

우리가 청국 복쥬 미화셔국에셔 츌판ᄒᆞᆫ 화미보를 본즉 그즁에 아람다온 말ᄉᆞᆷ이 만흔고로 몃귀졀을 번역ᄒᆞ야 회보 보시ᄂᆞᆫ 형뎨들노 알게 ᄒᆞ노라

가언록에 ᄀᆞᆯᄋᆞ듸 귀로 다른사ᄅᆞᆷ의 잘 못ᄒᆞᆷ을 듯지 말며 눈으로 다른 사ᄅᆞᆷ의 단쳐를 보지 말며 입으로 다른 사ᄅᆞᆷ의 허믈을 말ᄒᆞ지 아니ᄒᆞ면 가히 군ᄌᆞ가 되리라

므롯 사ᄅᆞᆷ의 뜻과 말이 샹쾌ᄒᆞᆯ때에 침묵ᄒᆞ야 능히 참으며 뜻과 긔운이 발양ᄒᆞᆯ때에 흡연이 거두워 능히 감초며 분긔가 대발ᄒᆞ고 욕심이 니러날때에 확연히 억제ᄒᆞ야 능히 화ᄒᆞ게ᄒᆞ며 곤경과 군축을 당ᄒᆞᆯ때에 태연이 인내ᄒᆞ야 능히 편안케ᄒᆞ라 참기 어려온 일을 능히 참ᄂᆞᆫ쟈ㅣ 용밍이 잇ᄂᆞ니라

곤익을 당ᄒᆞᆯ때에 구졔ᄒᆞᄂᆞᆫ거시 가믈때에 비보담 더 달고 ᄆᆞᄋᆞᆷ을 샹케ᄒᆞᄂᆞᆫ 말은 치울때에 어름보다 더 독ᄒᆞ니라

ᄒᆞᆫ마듸 말이 텬디의 화평ᄒᆞᆫ 긔운을 손샹케ᄒᆞᆯ쟈ᄂᆞᆫ 입에 내지 말며 ᄒᆞᆫ가지 ᄒᆡᆼ실이 평ᄉᆡᆼ의 복을 손ᄒᆞᆯ쟈ᄂᆞᆫ 몸으로 ᄒᆡᆼ치 말지니라

사ᄅᆞᆷ의 악ᄒᆞᆷ을 칙망ᄒᆞᆯ때에 너무 엄졀케 말아 그 사ᄅᆞᆷ이 잘듯기를 ᄉᆡᆼ각ᄒᆞᆯ거시오 착ᄒᆞᆫ 일노 사ᄅᆞᆷ을 ᄀᆞᄅᆞ칠때에 너무 놉흐게 말아 그 사ᄅᆞᆷ이 잘 좃기를 구ᄒᆞᆯ지니라

여러 손님이 안진 자리에 가셔 ᄒᆞᆫ나이라도 모로ᄂᆞᆫ 사ᄅᆞᆷ이 잇거든 망영되이 시폐를 말ᄒᆞ지 말며 남의 셩명을 마고 부르지 말거시오 남의 ᄌᆞ뎨를 되ᄒᆞ야 그 부형의 일홈을 부르지 말며 친구의 단쳐를 다른 친구 압헤셔 흉보지 말지니라

남이 나를 훼방ᄒᆞᄂᆞᆫ 쟈ㅣ 잇거든 서로 시비ᄒᆞᆯ거시 아니라 물너가 ᄌᆞ긔의 ᄒᆡᆼ실을 몬져 살필지니 훼방을 당ᄒᆞᆯ만ᄒᆞᆫ 일이 잇시면 그 사ᄅᆞᆷ의 말이 졍당ᄒᆞ고 그 사ᄅᆞᆷ의 말이 망영된지라 졀당ᄒᆞᆫ즉 뎌를 원망ᄒᆞᆯ거시 업고 망영된즉 내게 해로올거시 업시니 무슴 말노 시비ᄒᆞ야 갑ᄒᆞ리오 ᄆᆞᄋᆞᆷ에 가히 말 못ᄒᆞᆯ 일을 입밧게 내지 말며 가히 ᄒᆡᆼ치 못ᄒᆞᆯ일을 ᄆᆞᄋᆞᆷ에 ᄉᆡᆼ각도 말지니라

아편연을 먹으며 병이될가 근심ᄒᆞ야 아편 파ᄂᆞᆫ 영국인을 원망ᄒᆞᆷ이 비샹을 먹을때에 죽을ᄭᅡ 념려ᄒᆞ야 비샹 파ᄂᆞᆫ 쟝ᄉᆞ를 원망ᄒᆞᆷ ᄀᆞᆺ다 ᄒᆞ엿더라

대한그리스도인 회보

THE KOREAN CHRISTIAN ADVOCATE.

H. G. APPENZELLER, - Editor.

TERMS:—36 cents per year, in advance. Postage extra.

WEDNESDAY, June 20 1900.

서울 정동셔 일쥬일에 ᄒᆞᆫ번식 발간ᄒᆞᄂᆞᆫᄃᆡ 아편셜라목ᄉᆞ가 회보 샤쟝이 되엿더라

일년 갑슬 미리 ᄂᆡ면 삼십륙젼이오 우표갑슨 ᄯᆞ로 잇노라

션지ᄉᆞ적

우리가 요젼 이십ᄉᆞ호 회보에 효ᄌᆞ 힝젹을 긔록ᄒᆞᆫᄃᆡ 하ᄂᆞ님ᄭᅴ 긔도ᄒᆞ야 ᄌᆞ긔 부친의 목숨을 느리며 모친의 병 곳치는 약을 엇엇다 ᄒᆞ엿거니와 이번에는 션지 셩인의 힝ᄒᆞᆫ바 일을 대강 긔지ᄒᆞ노라 ○ 넷적 아브라함 ᄯᅢ에 소돔과 고마랍 사ᄅᆞᆷ의 죄악이 관여ᄒᆞᆷ으로 하ᄂᆞ님ᄭᅴ셔 쟝ᄎᆞᆺ 텬ᄉᆞ를 보내샤 그 두 골을 멸망코자 ᄒᆞ실ᄉᆡ 아브라함이 하ᄂᆞ님ᄭᅴ ᄌᆞ구ᄒᆞ야 ᄀᆞᆯᄋᆞᄃᆡ 만일 의인 오십명만 잇거든 그 골을 멸ᄒᆞ지 마소셔 ᄒᆞᆫ매 하ᄂᆞ님ᄭᅴ셔 허락ᄒᆞ시고 ᄯᅩ 의인 ᄉᆞ십오명으로 브터 열 사ᄅᆞᆷ ᄭᆞ지 니ᄅᆞ도록 하ᄂᆞ님ᄭᅴ 간구ᄒᆞᆫ매 여ᄉᆞᆺ번 간쳥 ᄒᆞᄂᆞᆫ 말ᄉᆞᆷ을 드르샤 만일 열 사ᄅᆞᆷ의 착ᄒᆞᆷ이 잇서도 멸ᄒᆞ지 안켓다 ᄒᆞ셧고 모셰가 이스라엘 족쇽을 인도ᄒᆞ야 이급에셔 나아올ᄯᅢ에 하ᄂᆞ님ᄭᅴ 간구ᄒᆞᄂᆞᆫᄃᆡ로 드려주샤 열번 지앙을 이급국에 나리셧시며 구름 기동으로 압길을 인도ᄒᆞ시고 홍히 바다물을 륙디가 되게 ᄒᆞ심과 이급 군마를 홍히에셔 함몰케 ᄒᆞ심과 물 맛슬 변ᄒᆞ야 달게 ᄒᆞ심과 반셕에셔 물이 나게 ᄒᆞ심과 구리쇠 ᄇᆡ암으로 죽을 사ᄅᆞᆷ을 구원케 ᄒᆞ심이 모도 모셰의 간구ᄒᆞᆷ을 인ᄒᆞ야 권능을 베프신거시요 요셔아가 요단 하슈를 건너 가남ᄯᅡ 닐곱 족쇽을 소멸ᄒᆞ고 그 ᄯᅡ을 십이 지파의게 논호아 줄ᄯᅢ에도 홍샹 하ᄂᆞ님ᄭᅴ 간구ᄒᆞᆷ으로 도아 주샤 ᄊᆞ홈을 니긔게 ᄒᆞ셧고 엘니아가 파력의 위션지 ᄉᆞᄇᆡᆨ 오십인을 죽일ᄯᅢ에 간절히 하ᄂᆞ님ᄭᅴ 간구ᄒᆞᆷ으로 졔단에셔 불이 나와 번졔를 ᄐᆡ왓시니 이 몃 사ᄅᆞᆷ의 일을 볼지라도 하ᄂᆞ님을 셤기ᄂᆞᆫ 무리가 무ᄉᆞᆷ 일이든지 간구ᄒᆞᄂᆞᆫᄃᆡ로 되ᄂᆞᆫ거ᄉᆞᆯ 알거시오 구셰쥬ᄭᅴ셔 ᄀᆞᆯᄋᆞ샤ᄃᆡ 구ᄒᆞ면 엇고 차지면 맛ᄂᆞᆫ다 ᄒᆞ시고 ᄯᅩ ᄀᆞᆯᄋᆞ샤ᄃᆡ 너희가 긔도 ᄒᆞᆯᄯᅢ에 무어ᄉᆞᆯ 구ᄒᆞ든지 참 밋은즉 엇으리라 ᄒᆞ시고 ᄯᅩ ᄀᆞᆯᄋᆞ샤ᄃᆡ 너희가 내 일홈을 의탁ᄒᆞ야 간구 ᄒᆞᄂᆞᆫ거슨 무어시던지 내가 반ᄃᆞ시 일우게 ᄒᆞ리라 ᄒᆞ셧고 ᄉᆞ도 야고보 ᄀᆞᆯᄋᆞᄃᆡ 누구던지 지혜가 부족 ᄒᆞ거던 하ᄂᆞ님ᄭᅴ 구ᄒᆞ라 하ᄂᆞ님ᄭᅴ셔 널니 베프샤 하ᄌᆞ가 업시 구ᄒᆞᄂᆞᆫᄃᆡ로 주시리라 ᄒᆞ엿시니 우리 신도들은 맛당히 션지쟈의 ᄒᆞ던 일과 구셰쥬의 ᄀᆞᄅᆞ치신 교훈과 ᄉᆞ도들의 ᄒᆞ신 말ᄉᆞᆷ을 공부ᄒᆞ고 긔념ᄒᆞ며 ᄉᆡᆼ각ᄒᆞ고 본밧아 무ᄉᆞᆷ 일을 당ᄒᆞ던지 반ᄃᆞ시 하ᄂᆞ님ᄭᅴ 간구ᄒᆞ면 일우워 주실줄 밋을지니라

최병헌

만국주일공과

그리스도씨의힝젹

뎨이부 뎨팔공과

칠월 초일일

씨ᄲᅳ리ᄂᆞᆫ비유

마태복음 십삼쟝 일졀노 팔졀과 십팔졀노 이십삼졀

一 그날에 예수ㅣ 집에셔 나가샤 바다가에 안지시매 二 허다ᄒᆞᆫ 사ᄅᆞᆷ들이 와셔 모히거ᄂᆞᆯ 예수ㅣ ᄇᆡ에 올나가 안지시고 모ᄃᆞᆫ 사ᄅᆞᆷ이 언덕에 셧ᄂᆞᆫ지라 三 예수ㅣ 여러가지 비유로 말ᄉᆞᆷᄒᆞ야 ᄀᆞᆯᄋᆞ샤ᄃᆡ 씨ᄅᆞᆯ ᄲᅳ리ᄂᆞᆫ 사ᄅᆞᆷ이 ᄲᅳ리려 나가셔 四 ᄲᅳ릴시 더러ᄂᆞᆫ 길가에 ᄯᅥ러져 ᄉᆡ가 와셔 주어 먹고 五 더러ᄂᆞᆫ 흙이 젹은 ᄃᆞᆯ작 밧헤 ᄯᅥ러져 흙이 깁지 아니ᄒᆞᆷ으로 싹이 곳 나오나 六 히가 돗아 ᄯᅩ인즉 ᄲᅮᆯ희가 업서 마ᄅᆞ고 七 더러ᄂᆞᆫ 가시 덤불 속에 ᄯᅥ러져 가시가 자ᄅᆞ매 긔운이 막히고 八 더러ᄂᆞᆫ 됴흔ᄯᅡᆼ에 ᄯᅥ러져 결실ᄒᆞᆷ이 혹 ᄇᆡᆨ비도 되고 륙십비도 되고 삼십비도 되ᄂᆞ니라

十八 그런즉 씨 ᄲᅳ리ᄂᆞᆫ 비유ᄅᆞᆯ 드ᄅᆞ라 十九 아모나 텬국 말ᄉᆞᆷ을 듯고 세닷지 못ᄒᆞᆯ매 악ᄒᆞᆫ 쟈 와셔 ᄆᆞᄋᆞᆷ 속에 ᄲᅳ린거ᄉᆞᆯ ᄲᅢ아 가ᄂᆞ니 이거시 곳 길가에 ᄲᅳ린 거시오 二十 돌작 밧헤 ᄲᅳ린거ᄉᆞᆫ 사ᄅᆞᆷ이 도ᄅᆞᆯ 듯고 즉시 깃붐으로 밧으ᄃᆡ 二一 속에 ᄲᅮᆯ희가 업서 잠시 견ᄃᆡ다가 도의 연고로 환란이나 핍박을 당ᄒᆞᆫ즉 곳 실허 ᄇᆞ리ᄂᆞᆫ 거시오 二二 가시 덤불 가온ᄃᆡ ᄲᅳ린거ᄉᆞᆫ 사ᄅᆞᆷ이 도ᄅᆞᆯ 드ᄅᆞ나 세상의 념려와 ᄌᆡ리의 욕심이 도ᄅᆞᆯ 막아 결실치 못ᄒᆞ게 ᄒᆞᆷ이오 二三 됴흔 ᄯᅡᆼ에 ᄲᅳ린거ᄉᆞᆫ 사ᄅᆞᆷ이 도ᄅᆞᆯ 듯고 ᄭᆡ다ᄅᆞᆷ이니 결실ᄒᆞᆷ은 혹 ᄇᆡᆨ비도 되고 륙십비도 되고 삼십비도 되ᄂᆞ니라 ᄒᆞ시더라

요지

씨ᄂᆞᆫ 하ᄂᆞ님의 말ᄉᆞᆷ이오 (루가팔쟝십일졀)

년ᄃᆡ

셔력 긔원후 이십팔년

디방

갈닐니 ᄒᆡ변

긋ᄒᆞᆫ귀졀

마가 ᄉᆞ쟝 일졀ㅣ 삼십ᄉᆞ졀
누가 팔쟝 ᄉᆞ졀ㅣ 십팔졀

공과의구별

一 슈쟉ᄒᆞ신 말ᄉᆞᆷ (일졀ㅣ팔졀)
二 ᄒᆡ셕ᄒᆞ신 말ᄉᆞᆷ 십팔졀ㅣ이십삼

주셕

예수ᄭᅴ셔 갈닐니 바다가에 안지시매 여러 무리가 그 젼도ᄒᆞ시ᄂᆞᆫ 말ᄉᆞᆷ을 듯고져 ᄒᆞ야 나아왓거ᄂᆞᆯ 예수ᄭᅴ셔 여러가지 비유로 말ᄉᆞᆷᄒᆞ셧ᄂᆞ니라

씨ᄅᆞᆯᄲᅳ리ᄂᆞᆫ사ᄅᆞᆷ 그셰ᄂᆞᆫ 곳 츈졀이라 들에 잇ᄂᆞᆫ 농부ᄅᆞᆯ을 보시고 ᄯᅩ 비유ᄒᆞ신 모든일은 곳 즉경으로 ᄒᆞ신 말ᄉᆞᆷ이니라

ᄲᅳ리려나가셔 그 나라에 잇ᄂᆞᆫ 농부들은 대한에셔와 ᄀᆞᆺ치 향촌셔 살고 엇던ᄯᅢ면 뎌희 농토ᄅᆞᆯ ᄯᅡ라 먼들에 ᄅᆡ왕 ᄒᆞᄂᆞᆫ

이도 잇셧ᄂᆞ니라 그 면로는 대한에서와 ᄀᆞᆺ치 쟝긔질 ᄒᆞ야 갈고 목척이나 산울노 막지 아니ᄒᆞ고 가온ᄃᆡ로 적은 길들을 내엿ᄂᆞ니라 **길가에** 면로에 갓가히 잇는 인적 희소ᄒᆞᆫ 길이니 시들이 곡식씨가 그우에 ᄯᅥ러진 것을 보면 즉시 나려와 ᄶᅩ아 먹ᄂᆞ니라 **돌쟉밧헤** 홋흐러진 돌쟉으로 된 밧치 아니라 밋헤 단단ᄒᆞᆫ 돌뭉이가 ᄭᆞᆯ니고 그우에 엿흔흙이 살핏 덥힌 ᄯᅡ히니 거긔 흙이 만치 못ᄒᆞᆫ고로 곡식씨가 깁히 뭇치지 못ᄒᆞ고 곳 ᄡᅡᆨ이 돗아 나오ᄂᆞ니라 **ᄲᅮᆯ희가 업서** 이는 그 단단ᄒᆞᆫ 바우돌이 그 ᄡᅵ로 ᄒᆞ여곰 윤습ᄒᆞᆫ 흙속으로 깁히 드러가지 못ᄒᆞ게 막는 연고ㅣ이니 히가 ᄶᅬ이면 곳 말녀 죽고 결실을 ᄒᆞ지 못 ᄒᆞᄂᆞ니라 **가싀덤불** 그 나라에 가싀덤불이 미우 만코 ᄯᅩ 엇던 가싀덤불은 대단이 무셩ᄒᆞ고 놉히 자라 몰 ᄐᆞ고 가는 사ᄅᆞᆷ의 얼골을 할퀴여 샹ᄒᆞᄂᆞ니라 만일 ᄲᅡᆸ아 바리지 아니ᄒᆞ면 무ᄉᆞᆷ 곡식이던지 곳 덥허 샹케 ᄒᆞᄂᆞ니라 **됴흔ᄯᅡ** 이는 곡식이 결실 잘ᄒᆞ고 깁고 됴흔 밧치오 ᄯᅩᄒᆞᆫ 잡풀이 업ᄂᆞᆫ ᄯᅡ히니라 ○ 예수ᄭᅴ셔 친히 이 비유 ᄒᆞ신 말ᄉᆞᆷ을 히셕ᄒᆞ셧ᄉᆞ니 우리가 이 ᄯᅳᆺ을 바로 아라야 ᄒᆞᆯ지라 곡식 씨는 곳 하ᄂᆞ님의 말ᄉᆞᆷ이오 악ᄒᆞᆫ쟈는 곳 마귀니라 대개 텽도 ᄒᆞᄂᆞᆫ쟈ㅣ 다ᄉᆞᆺ 가지가 잇ᄉᆞ니 一 길가의 텽도 ᄒᆞᄂᆞᆫ 쟈ㅣ니 곳 파일닉드와 필릭스 ᄀᆞᆺᄒᆞᆫ 사ᄅᆞᆷ들과 ᄯᅩ 여러 다른 사ᄅᆞᆷ들이니 ᄒᆞᆼ샹 관광만 ᄒᆞᄂᆞᆫ 사ᄅᆞᆷ들이니라 二 쳔근이 듯ᄂᆞᆫ 사ᄅᆞᆷ이니 이ᄂᆞᆫ 도 듯기를 예비 ᄒᆞᄂᆞᆫ거시 도 잇기를 예비 ᄒᆞᄂᆞᆫ것과 일반이니 곳 졍욕으로 ᄒᆞᄂᆞᆫ쟈요 신으로 ᄒᆞᄂᆞᆫ거시 아니니 곳 익나니아와 세파이라 ᄀᆞᆺᄒᆞᆫ 사ᄅᆞᆷ들이니라 三 덥힌 모양으로 텽도 ᄒᆞᄂᆞᆫ 쟈ㅣ니 가싀덤불은 곳 죄로 비유 ᄒᆞ신 말ᄉᆞᆷ이라 됴흔 ᄡᅵ를 덥허 됴흔 열미를 밋지 못ᄒᆞ게 ᄒᆞᄂᆞ니 셰샹의 탐심과 부졍ᄒᆞᆷ과 졍욕과 범죄ᄒᆞᆷ으로 힝락 ᄒᆞᄂᆞᆫ것은 거록ᄒᆞᆫ 의ᄉᆞ를 멸망케 ᄒᆞᄂᆞ니라 四 착ᄒᆞ고 신실히 텽도 ᄒᆞᄂᆞᆫ 쟈ㅣ니 곳 나단에엘과 리듸아 ᄀᆞᆺᄒᆞᆫ 사ᄅᆞᆷ들이니라

뭇ᄂᆞᆫ말

一 그때에 예수ᄭᅴ셔 여러 무리의게 무ᄉᆞᆷ 비유를 말ᄉᆞᆷ ᄒᆞ셧ᄂᆞ뇨

二 예수의 말ᄉᆞᆷ에 씨를 ᄲᅮ린다 ᄒᆞ심은 무어ᄉᆞᆯ 비유 ᄒᆞ심이뇨

三 길가에 ᄯᅥ러진 씨는 무어ᄉᆞᆯ 비유 ᄒᆞ심이뇨

四 돌쟉밧헤 ᄲᅮ린씨는 무어ᄉᆞᆯ 비유 ᄒᆞ심이뇨

五 가시 덤불속에 ᄯᅥ러진 씨는 무어ᄉᆞᆯ 비유 ᄒᆞ심이뇨

六 ᄯᅩ 됴흔 ᄯᅡᆼ에 ᄲᅮ린씨는 무어ᄉᆞᆯ 비유 ᄒᆞ심이뇨

七 그 ᄲᅮ리는 ᄯᅡᆼ은 무어시며

八 ᄯᅩ 그 열미는 무어시뇨 그 열미를 거두시리는 뉘시뇨

九 우리가 열미를 만히 밋고져 ᄒᆞ면 엇더케 ᄒᆞ여야 되겟ᄂᆞ뇨

시골셔온학도들

근일에 셔울 각 학교에 학도들을 상고ᄒᆞ여 보건ᄃᆡ 하향에 빈한ᄒᆞᆫ 사ᄅᆞᆷ들이 과량ᄒᆞ고 올나와셔 공부 ᄒᆞᄂᆞᆫ이가 만히 잇고 셔울 사ᄅᆞᆷ들도 혼이 어려온 사ᄅᆞᆷ들이 만코 공부ᄒᆞᆯ ᄆᆞᄋᆞᆷ을 두ᄂᆞᆫ 이들도 혼이 잔난ᄒᆞᆫ 사ᄅᆞᆷ들이요 부쟈의 ᄌᆞ질들과 셰록지신의 ᄌᆞ손들은 학교에 가셔 공부 ᄒᆞᄂᆞᆫ 쟈들이 대단이 귀ᄒᆞ니 아지 못게라 호화 ᄌᆞ뎨들은 공부를 다 ᄒᆞ여셔 그러ᄒᆞᆫ지 각기 독션ᄉᆡᆼ을 두고 ᄇᆡ호노라고 그러ᄒᆞᆫ지 교만ᄒᆞᆫ ᄆᆞᄋᆞᆷ들을 먹고 학교에 ᄃᆞ니기를 챵피ᄒᆞ게 넉여 그러ᄒᆞᆫ지 명문거족의 아ᄃᆞᆯ은 의례이 명문거족 노릇슬 ᄒᆞᆯ줄 밋고 그러ᄒᆞᆫ지 모로거니와 먼 시골셔 와셔 공부 ᄒᆞᄂᆞᆫ 소년들은 좀례 ᄆᆞᄋᆞᆷ이 아닌줄노 ᄉᆡᆼ각 ᄒᆞ노라 첫지 그 소년들의 부모가 그 ᄌᆞ식들을 먼ᄃᆡ 보내여 공부 식힐 ᄆᆞᄋᆞᆷ이 잇서야 ᄒᆞᆯ거시요 둘지 부비를 당ᄒᆞ여 줄만 ᄒᆞ여야 ᄒᆞᆯ거시요 셋지 부모가 ᄉᆞ랑 ᄒᆞᄂᆞᆫ ᄌᆞ식을 먼ᄃᆡ 보내여 몃히라도 그리ᄂᆞᆫ 졍을 견ᄃᆡ여야 ᄒᆞᆯ터인ᄃᆡ 지금 우리 나라 ᄇᆡᆨ셩들의 쳐디를 혜아리건ᄃᆡ 학문 ᄇᆡ호기ᄂᆞᆫ 고샤ᄒᆞ고 싱세지락이 바이 업서 살면 살고 죽으면 죽고 ᄒᆞᄂᆞᆫ 셰샹인ᄃᆡ 이것을 교계치 안코 사ᄅᆞᆷ이 셰샹에 나셔 엇던 쳐디에 잇던지 학문을 ᄇᆡ호ᄂᆞᆫ것은 의례히 ᄒᆞᆯ 의무로 알고 먼 싀골에 사ᄂᆞᆫ 소년들과 녀ᄋᆞ들이 만이 와셔 공부들을 ᄒᆞᆫ다ᄒᆞ니 ᄆᆡ우 감샤히 넉이오 덕국에 엇던 사ᄅᆞᆷ이 쟝셩ᄒᆞᆫ 아ᄃᆞᆯ이 잇서 멀니 공부 식히려 보낼ᄉᆡ 그 ᄂᆡ외가 그 아ᄃᆞᆯ을 ᄃᆞ리고 ᄒᆞᆫ 동산에 가셔 ᄇᆡ회ᄒᆞ면셔 그 아비ᄂᆞᆫ ᄌᆞ긔가 공부ᄒᆞᆯᄯᅢ 일을 말 ᄒᆞ기도 ᄒᆞ며 엇던 사ᄅᆞᆷ은 공부를 부즈런이 ᄒᆞ여 문쟝이 되엿시며 엇던 사ᄅᆞᆷ은 덕힝이 잇서 군ᄌᆞ라 ᄒᆞ며 엇던 나라ᄂᆞᆫ 부ᄒᆞ고 군ᄉᆞ가 강ᄒᆞᆫ거시 너 ᄀᆞᆺᄒᆞᆫ 소년들이 공부를 잘ᄒᆞᆫ 연피라 ᄒᆞ며 근근 권면 ᄒᆞ나 그 어마니ᄂᆞᆫ 도로혀 근심 ᄒᆞᄂᆞᆫ 빗치 잇서 ᄒᆞᄂᆞᆫ 말이 엇지 어린 ᄌᆞ식을 외국으로 보ᄂᆡ나 잘 ᄀᆞᄅᆞ쳐줄 사ᄅᆞᆷ이 잇ᄉᆞᆯ가 도로나 과이 협ᄒᆞᆫ지 아닌가 ᄂᆞᆷ의 ᄭᅬ옴에 ᄲᅡ져 외도에나 드지 아닐가 만면 걱정즁이라 그 아버니 말ᄒᆞ기를 근심치 마라 하ᄂᆞ님이 네게 림ᄒᆞ시니 네 ᄆᆞᄋᆞᆷ을 두가지로 먹지 마라ᄒᆞ고 그어마니와 아ᄃᆞᆯ을 ᄃᆞ리고 ᄒᆞᆫ 별둥을 ᄀᆞᄅᆞ치면셔 말ᄒᆞ기를 이 둥에 잇ᄂᆞᆫ 여러 ᄯᅦ 별이라도 아니 가ᄂᆞᆫ 곳 업ᄂᆞ니 산 ᄭᅩᆨ닥기와 바다가와 ᄭᅩᆺ과 하ᄂᆞᆯ 가를 거리ᄭᅵᆷ이 업시 가되 유혹 되ᄂᆞᆫ 바ㅣ 업ᄂᆞ니 하ᄂᆞᆯ이 이 물건을 ᄂᆡ심매 또ᄒᆞᆫ 쓸바 물건을 내샤 ᄒᆞᆫ곳에 ᄂᆡ시지 안코 여긔 져긔 나게ᄒᆞ여 여러 벌노 ᄒᆞ여곰 역ᄉᆞ를 ᄒᆞ여야 집도 지으며 먹을 ᄡᆞᆯ도 모도이여 밀도 ᄂᆡ게 ᄒᆞ심이니 벌 ᄀᆞᆺᄒᆞᆫ 미물도 하ᄂᆞ님ᄭᅴ셔 미리 작뎡ᄒᆞᆫ 본의가 잇거든 ᄒᆞ믈며 사ᄅᆞᆷ이리요 ᄒᆞ고 공부 식히랴고 그 ᄉᆞ랑 ᄒᆞᄂᆞᆫ ᄌᆞ식을 외국으로 보ᄂᆡ고 그 안히의 ᄆᆞᄋᆞᆷ도 적이 위로 ᄒᆞ엿다 ᄒᆞ니 셔울노 와셔 공부 ᄒᆞ시ᄂᆞᆫ 남녀 학도들은 이 말ᄉᆞᆷ을 ᄉᆡᆼ각 ᄒᆞ시오

로병션

ᄂᆡ보

민씨환향) 일젼에 젼 대신 민영긔씨가 로량진에 와셔 려긔 집에셔 삼ᄉᆞ일을 유슉 ᄒᆞ다가 려쥬 싀골 집으로 나려 갓다더라

○비피착득) 경샹 남북도 어ᄉᆞ 김화영씨가 비도를 포착 ᄒᆞᄂᆞᆫᄃᆡ 북도 각군에셔 ᄉᆞ오십명을 착득 ᄒᆞ엿시며 진쥬와 하동과 곤양과 ᄉᆞ쳔과 남ᄒᆡ 등군에 동학 이십팔포 ᄉᆞ만 ᄉᆞ쳔명을 통솔ᄒᆞᆫ 거괴 손슉캐와 그 지ᄎᆞ 륙칠인을 착득 ᄒᆞ엿ᄂᆞᆫᄃᆡ 그 여당은 다 도망 ᄒᆞ엿다더라

○경부ᄀᆡ뎡) 경무텽을 셜시ᄒᆞᆫ후로 ᄂᆡ부 관할이 되엿더니 일젼에 정부에셔 회의ᄒᆞ고 경무텽을 경부라 ᄀᆡ칭 ᄒᆞ고 대신과 협판과 국장과 참셔관을 두며 경무관과 춍슌과 쥬ᄉᆞ와 슌검을 더 뽑ᄂᆞᆫ다ᄂᆞᆫᄃᆡ 경부 대신 셔리ᄂᆞᆫ 탁지대신 됴병식씨로 피명 ᄒᆞ엿더더라

○샹무영셜시) 샹무영을 쟝ᄎᆞᆺ 셜시ᄒᆞ고 병뎡 쳔명을 둘러인ᄃᆡ 각도 각군에 잇ᄂᆞᆫ 각 샹무지ᄉᆞ 임방에셔 부샹 삼명식 모집ᄒᆞ야 ᄎᆞ례로 번ᄀᆞᆯ게 ᄒᆞ고 기예를 교련 ᄒᆞᆫ다ᄂᆞᆫᄃᆡ 그 경비ᄂᆞᆫ 구십만원 가량이라더라

외보

의화단창궐) 쳥국 북경 쇼문을 드른즉 의화단이 산동에셔 졈졈 북으로 나아가 지금 보뎡부 근쳐에 웅거 ᄒᆞ엿ᄂᆞᆫᄃᆡ 다만 이곳ᄲᅮᆫ 아니라 호북 감리현 디방에 횡힝ᄒᆞ야 예수교회를 파피ᄒᆞ고 ᄯᅩ 텬쥬교인 구명을 죽엿시며 산동셩과 북경이 북이 다 바람을 좃차 향응 ᄒᆞᄂᆞᆫᄃᆡ 쳐쳐에 의화단 챵궐ᄒᆞᆷ이 이 ᄀᆞᆺᄒᆞᆫ즉 쳥국 군ᄉᆞ로ᄂᆞᆫ 능히 평란키 어렵다더라

○위지죠셕 의화단의 졍형이 졈졈 파측ᄒᆞ야 포학ᄒᆞᆫ 힝위가 무소부지 ᄒᆞ매 각국 병함은 텬진과 태고로 모혀들고 각국 보호병은 북경 ᄭᆞ지 바로 드러가니 쳥국의 위ᄐᆡᄒᆞᆷ이 죠셕에 잇다더라

○일병향진) 일젼에 일본 군ᄉᆞ 일대ᄃᆡ가 텬진으로 향 ᄒᆞ엿다더라

본회광고

본회에셔 이 **회보**를 젼년과 ᄀᆞᆺ치 일쥬일에 ᄒᆞᆫ번식 발간 ᄒᆞᄂᆞᆫᄃᆡ 새로 륙폭으로 작뎡 ᄒᆞ고 ᄒᆞᆫ쟝갑슨 엽젼 오푼이오 ᄒᆞᆫᄃᆞᆯ갑슬 미리 내면 젼과 ᄀᆞᆺ치 엽젼 ᄒᆞᆫ돈 오푼이라 본국 교우나 셔국 목ᄉᆞ나 교외 친구나 만일 사셔 보고져 ᄒᆞ거든 졍동 아펜셜라 목ᄉᆞ 집이나 죵로 대동셔시에 ᄀᆞ셔사시옵

죵로대동셔사광고

우리 셔사에셔 셩경 신구약과 찬미가칙과 교회에 유익ᄒᆞᆫ 여러가지 셔칙과 시무에 긴요ᄒᆞᆫ 셔칙들을 팔되 갑시 샹당 ᄒᆞ오니 학문샹과 시무변에 ᄯᅳᆺ이 잇ᄂᆞᆫ 군ᄌᆞ들은 만히 사셔 보시옵

대영국셩셔공회광고

새로 간츌 ᄒᆞᆫ거슨 로마 가라태 골노시 야고보 베드로 젼후셔 ᄃᆡ모데 젼후셔니 사셔 보실이ᄂᆞᆫ 회샤쥬인 젼묘 션싱쎄로 오시옵

뎨ᄉᆞ권

대한 그리스도인 회보

뎨이십륙호

의화권

근릭에 청국 소문을 드른즉 크게 걱정 되ᄂᆞᆫ 일이 만토다 의화권의 작란홈을 이로 다 긔록ᄒᆞᆯ수 업스나 대강 드른대로 이 아래 번역ᄒᆞ노라 ○ 의화권의 일명은 의화단과 대도회니 다ᄒᆞᆫ회를 일워시며 쏘 은밀회라 ᄒᆞᄂᆞ니 밧게 사ᄅᆞᆷ으로 그회에 참예치 못ᄒᆞ게 ᄒᆞᄂᆞᆫ지라 십오삭젼 브터 의화권이 산동디방에셔 니러나매 로쇼인민이 구름ᄀᆞᆺ치 모히며 각각 근쳐에셔 기예를 학습 ᄒᆞ더니 그 각쳐즁에 슈두로 샤귀 들닌쟈가 난풍병 든쟈를 ᄐᆡᆨᄒᆞ여 이샹ᄒᆞᆫ 말을 지으ᄃᆡ 무당의 신이 요인을 나림ᄀᆞᆺ치 즁즁 남남ᄒᆞ야 보ᄂᆞᆫ 사ᄅᆞᆷ의 이목을 현황케 ᄒᆞ고 말ᄒᆞᄃᆡ 신령의 능력을 엇엇다 ᄒᆞ며 회원들의게 각각 호신부 (몸을호위ᄒᆞᄂᆞᆫ부작) ᄒᆞᆫ 쟝식을 주고 인심을 복죵케 ᄒᆞᄃᆡ 회원들이 호신부를 가지면 젼쟝에 나가도 창검과 춍이 몸을 샹ᄒᆞ지 못ᄒᆞᆫ다 ᄒᆞ더라 샹년 칠월분에 의화권이 크게 번셩 ᄒᆞ매 환도와 대포와 병긔등물을 무역ᄒᆞ엿시며 수ᄇᆡᆨ 동리에셔 ᄒᆞᆼ샹 기예를 련습ᄒᆞ고 말을 창셜 ᄒᆞᄃᆡ 우리가 텬쥬 교도를 죽이자 ᄒᆞ니 이거슨 두히젼에 텬쥬 교인들이 졀 ᄒᆞ나를 사셔 회당을 문단 셔ᄅᆞᆷ으로 그곳 ᄇᆡᆨ셩들이 뮈워ᄒᆞ야 십팔쳐 동리 사ᄅᆞᆷ들이 그 회당을 파쇄 ᄒᆞᆫ자 ᄒᆞ엿더라 ○ 의화권이 점점 권력을 엇으매 형세 챵궐 ᄒᆞ거ᄂᆞᆯ 산동 슌무ᄉᆞ가 군ᄉᆞ를 보내여 치고자 ᄒᆞ되 그 회원들이 더욱 물너 가지 아니ᄒᆞ고 텬쥬 교인을 핍박ᄒᆞ며 ᄇᆡᆨ셩 가온ᄃᆡ ᄃᆞ니며 연셜ᄒᆞᄃᆡ 졍부에셔 가만히 우리 회를 됴화 ᄒᆞ시ᄂᆞ니 우리 회원들의 목젹은 황실을 존숭 ᄒᆞ고 양인들을 도륙 ᄒᆞ겟다 ᄒᆞ며 쏘 각쳐에 방을 븟쳣시니 그즁ᄒᆞᆫ 방목에 ᄀᆞᆯᄋᆞᄃᆡ 너희 무리ᄂᆞᆫ 다 각각 쳐소ᄃᆡ로 구월 초칠일에 모히라 우리가 만쥬 당파를 존숭ᄒᆞ고 외국 양인들을 다 죽일터이니 너희가 만일 이 령을 좃지 아니ᄒᆞ면 네 목을 버히겟다 ᄒᆞ엿더라 ○ 의화권이 방을 븟친후로 산동셩 넉디에 민요가 니러나며 근본 텬쥬교도를 뮈워ᄒᆞᄂᆞᆫ 무리가 점점 번셩ᄒᆞ매 텬쥬교도ᄲᅮᆫ 아니라 예수 교인ᄭᆞ지 뮈워ᄒᆞ고 그후에 일례로 외국인은 모도 뮈워ᄒᆞ며 본국 교인의 집 수ᄇᆡᆨ호를 불 지르고 ᄌᆡ물을 노략ᄒᆞ며 사ᄅᆞᆷ을 죽이니 허다ᄒᆞᆫ 일은 능히 다 긔록 ᄒᆞᆯ수 업거니와 양력 작년 십이월에 본토 교인의 집 이ᄇᆡᆨ호를 불 지르고 권속을 다 축출ᄒᆞ며 ᄌᆡ물을 탈취ᄒᆞ엿더라 ○ 일이 이러케 되매

대한그리스도인 회보

THE
KOREAN CHRISTIAN ADVOCATE.

H. G. APPENZELLER, - Editor.

TERMS:—36 cents per year, in advance. Postage extra.

WEDNESDAY, June 27 1900.

셔울 졍동셔 일쥬일에 ᄒᆞᆫ번식 발간ᄒᆞᄂᆞᆫᄃᆡ 아편설라 목ᄉᆞ가 회보 샤쟝이 되엿더라

일년 갑슬 미리 ᄂᆡ면 삼십륙젼이오 우표 갑슨 ᄯᆞ로 잇노라

의화권

일록련쇽

청국 정부에셔 그 일을 다 알고 황후가 죠셔를 수ᄎᆞ 나리여 외양으로 그 무리를 금지 ᄒᆞ나 힘이 업ᄂᆞᆫ거ᄉᆞᆫ 안쇽으로 가만히 도아죽이 잇ᄂᆞᆫ지라 이럼으로 의화권이 점점 더 강셩ᄒᆞ매 청국 군ᄉᆞ와 관원들이 그 무리로 더브러 ᄎᆞᄎᆞ 련합 ᄒᆞᄂᆞᆫ 모양이 잇시니 북경에 쥬찰ᄒᆞᆫ 영국 공ᄉᆞ ᄆᆡᆨ돈날씨가 부득이 ᄒᆞ야 ᄒᆞᆫ달젼에 청국 샹ᄒᆡ에 잇ᄂᆞᆫ 영국 총령ᄉᆞ 뗄힘씨의게 뎐보를 보내엿시니 그 뎐보에 말 ᄒᆞᆫ기를 외국 사ᄅᆞᆷ들을 항거 ᄒᆞᄂᆞᆫ 이 운동이 점점 조만ᄒᆞ야 각처 졍거장을 불 사르매 긔챠가 ᄉᆞ오일을 통힝치 못 ᄒᆞᆯ디경에 니ᄅᆞ고 또 북경 근쳐에셔 영국 션교ᄉᆞ들과 다른 외국인들이 비도의게 만히 죽고 또 본토 교인즁에 혹 죽은 쟈도 잇사며 겁탈을 밧은 쟈도 잇슬ᄲᅮᆫ 아니라 교회당을 훼파ᄒᆞᆯ ᄯᅢ에 영국 션교ᄉᆞ들이 뎌의 집에셔 ᄶᅩᆺ겨나 공ᄉᆞ관으로 와셔 피화 ᄒᆞᄂᆞᆫᄃᆡ 히군 칠십명이 보호 ᄒᆞᄂᆞᆫ지라 청국 정부ᄂᆞᆫ 이 ᄉᆞ건에 관계ᄒᆞ야 놉흔 관인을 보내여 비도와 ᄒᆞᆫ가지로 담론ᄒᆞᆯ 다ᄅᆞᆷ이오 비도를 억제ᄒᆞᆯ 긔망은 업ᄂᆞᆫ 모양이오 셔태후ᄂᆞᆫ 이 운동에 동심졍을 보이ᄂᆞᆫ지 그 황권이 더욱 견고ᄒᆞ고 군심도 가히 의심 ᄒᆞᆯ만 ᄒᆞ다 ᄒᆞ엿더라

○ 지금은 북경안에 잇ᄂᆞᆫ 각국 공령ᄉᆞ관에 여간 보호 병이 잇시나 셩ᄂᆡ 셩외에 의화권과 청병이 에워ᄊᆞᆷ으로 통로 ᄒᆞᆯ수 업고 각국 보호병을 샹륙 ᄒᆞ지 못ᄒᆞ게 ᄒᆞᆷ으로 샹지가 되야 양력 륙월 십칠일에 대고 항에셔 외국 군함과 청국 병뎡이 닐곱시 동안을 싸왓시며 이십일일에 각국 병이 청국 포ᄃᆡ를 쳐셔 쳥병을 죽이고 포ᄃᆡ를 탈취 ᄒᆞ엿ᄂᆞᆫᄃᆡ 외국병의 죽은쟈ㅣ ᄉᆞ십명이라 ᄒᆞ고 의화권들이 각각 ᄌᆞ식의를 닙으며 홍식 ᄯᅴ를 ᄯᅴ고 긔세가 챵궐ᄒᆞ야 칠슈현에셔 청국 장슈 양복동과 관군 칠십여명과 본국 교민 이ᄇᆡᆨ 여명을 살륙ᄒᆞ엿고 또 텬진을 에워싸고 법국 조계에 불을노아 외국인의 집을 소멸ᄒᆞ거ᄂᆞᆯ 각국병이 샹륙 ᄒᆞ야 비도를 쳐셔 물니치고 텬진항을 졈령ᄒᆞ엿더라 우리ᄂᆞᆫ 청국 일에 ᄃᆡᄒᆞ야 샹관도 업고 또ᄒᆞᆫ 리두의 일이 엇더케 될ᄂᆞᆫ지 알수 업시나 다만 구셰쥬를 독실히 밋으며 하ᄂᆞ님을 존경 ᄒᆞ야 각각 ᄌᆞ긔의 직분을 직힐지니라

만국쥬일공과

그리스도씨의힝젹

뎨이부 뎨구공과

칠월 초팔일

세가지로비유ᄒᆞ심

마태복음 십삼쟝 이십ᄉᆞ절노 삼
십삼절

二四 예수ㅣ 그들 압헤셔 ᄯᅩ 비
유로 말ᄉᆞᆷ ᄒᆞ샤ᄃᆡ 텬국은 사ᄅᆞᆷ
이 됴흔 씨를 제밧헤 ᄲᅮ림과 ᄀᆞᆺ
ᄒᆞ니 二五 사ᄅᆞᆷ들이 잘ᄯᅢ에 원슈
가 와셔 곡식 가온ᄃᆡ에 가라지
ᄅᆞᆯ ᄯᅩ ᄲᅮ리고 갓더니 二六 닙히
나오고 열ᄆᆡ가 열닐ᄯᅢ에 가라지
도 뵈이거ᄂᆞᆯ 二七 종들이 와셔
말ᄒᆞᄃᆡ 쥬인님ᄃᆡᆨ 밧헤 됴흔씨를
심으지 아니 ᄒᆞ엿ᄂᆞ니잇가 어ᄃᆡ
셔 가라지가 삼겻ᄂᆞ잇가 二八 쥬
인이 ᄀᆞᆯᄋᆞᄃᆡ 원슈가 그리 ᄒᆞᆫ거시
로다 종들이 말ᄒᆞᄃᆡ 그런즉 우리
가 가셔 ᄲᅩᆸ으리잇가 二九쥬인이 ᄀᆞᆯ
ᄋᆞᄃᆡ 그만 두어라 가라지를 ᄲᅩᆸ
으랴면 곡식ᄭᅡ지 ᄲᅩᆸ힐가 ᄒᆞ노니
三十 다 츄슈 ᄒᆞ기 ᄭᅡ지 ᄒᆞᆷᄭᅴ 자
라게 ᄒᆞ엿다가 그ᄯᅢ에 내가 뷔
ᄂᆞᆫ 이의게 말ᄒᆞ기를 가라지ᄂᆞᆫ
몬져 거두어 단으로 묵거 불살
으고 곡식은 거두어 곡간에 너
으라 ᄒᆞ리라 ○三一 그들 압헤
ᄯᅩ 비유로 말ᄉᆞᆷ ᄒᆞ샤ᄃᆡ 텬국은
사ᄅᆞᆷ이 계ᄌᆞ씨 ᄒᆞᆫ 알을 제 밧헤
심음과 ᄀᆞᆺᄒᆞ니 三二 그거슨 모든
씨 즁에 뎨일 적은 거시로되 자
ᄅᆞᆫ후에ᄂᆞᆫ 나물즁에 뎨일 커셔
나무가 되매 날나 가ᄂᆞᆫ ᄉᆡ들이
와셔 그 가지에 깃드리ᄂᆞ니라
○三三 예수ㅣ ᄯᅩ 비유로 말ᄉᆞᆷ
ᄒᆞ샤ᄃᆡ 텬국은 녀인이 누룩 ᄯᅥᆨ
술을 가루 서말 속에 녀허 술이
다 번지게 ᄒᆞᆷ과 ᄀᆞᆺᄒᆞ니라

텬국의비유

(마태십삼쟝이십ᄉᆞ절ㅣ삼십삼)

요지

(삼십팔절)

밧은 셰상이오

년ᄃᆡ

셔력 긔원후 이십팔년

디방

갈닐니 바다 갓가온 디방

마태 십삼쟝 이십ᄉᆞ절ㅣ 오십삼절과
마가 ᄉᆞ쟝 이십일절ㅣ 이십구절을 닑으라

공과의구별

一 가라지의 비유 (이십ᄉᆞ절ㅣ삼십)
二 겨ᄌᆞ씨의 비유 (삼십일이절)
三 누룩ᄯᅥᆨ의 비유 (삼십삼절)

주셕

이 공과에 우리가 텬국 비유 셋
시 잇ᄉᆞ니 하ᄂᆞ님의 나라라 ᄒᆞᆷ
은 곳 하ᄂᆞ님의 죠직ᄒᆞᆫ 졍부나
혹 사ᄅᆞᆷ ᄆᆞᄋᆞᆷ속에 슈쟝ᄒᆞᆫ 복음으
로 ᄒᆞ신 말ᄉᆞᆷ이니 이비유ᄂᆞᆫ 그리
스도 교도의 특허를 인ᄒᆞ야 학습
ᄒᆞᄂᆞᆫ 법례의 온 졔작을 셜명ᄒᆞ
신것이라 씨를 ᄲᅮ리ᄂᆞᆫ 이ᄂᆞᆫ 곳
쥬 예수요 가라지를 ᄲᅮ리ᄂᆞᆫ 이
ᄂᆞᆫ 마귀요 씨ᄂᆞᆫ 사ᄅᆞᆷ의 션악간
픔힝이오 밧은 이 인간이니라

가라지 잡풀 일홈이니 처음
자랄ᄯᅢ에ᄂᆞᆫ 모양이 모ᄆᆡᆨ과 분별
ᄒᆞ기 어렵고 그 ᄲᅮᆯ히가 보리와
엉키여 보리를 샹치 아니 ᄒᆞ고
ᄂᆞᆫ 이풀을 ᄲᅩᆸ아 내지 못ᄒᆞ고 면
보에 밀가로와 셕기면 먹ᄂᆞᆫ쟈ㅣ
병이 들고 간혹 먹고 죽ᄂᆞᆫ 사ᄅᆞᆷ

도 잇ᄂᆞ니라 가셔ᄲᅧᆸ으리잇가 혹 무ᄅᆞᄃᆡ 악ᄒᆞᆫ 사ᄅᆞᆷ들은 ᄲᆡᆨ여셔 ᄒᆞ여야 ᄒᆞᆯ것이 아니뇨 우리가 하ᄂᆞ님ᄭᅴ셔 엇더케 악ᄒᆞᆫ 사ᄅᆞᆷ들을 용납ᄒᆞ야 ᄉᆡᆼ장케 ᄒᆞ시며 발달케 ᄒᆞ시ᄂᆞᆫ거슬 고지듯기 어렵지 안켓ᄂᆞ냐 ᄒᆞ면 우리ᄃᆡ답ᄒᆞᄃᆡ 그러치 안타 하ᄂᆞ님ᄭᅴ셔 그들노 ᄒᆞ여곰 ᄉᆡᆼ장케 ᄒᆞ시ᄂᆞᆫ것은 곳 열어 드러내시려 ᄒᆞ심이니라 착ᄒᆞ고 악ᄒᆞᆫ것이 교회에셔 혼이 구별 ᄒᆞ기 어려온고로 하ᄂᆞ님ᄭᅴ셔 우리의게 명령ᄒᆞ샤 심판 ᄒᆞᄂᆞᆫ 날 ᄭᆞ지 기ᄃᆞ리라 ᄒᆞ셧ᄉᆞ니 그ᄯᅢ에는 그가 션악을 명ᄇᆡᆨ히 구별 ᄒᆞ실터이니 이날은 마ᄌᆞ막 심판 ᄒᆞᄂᆞᆫ 날이 될지니라 츄슈ᄒᆞᄂᆞᆫ사ᄅᆞᆷ 곳 텬ᄉᆞㅣ니 하ᄂᆞ님의 하인이라 하ᄂᆞ님의 명령을 봉ᄒᆡᆼ ᄒᆞᄂᆞᆫ 쟈ㅣ니라 착ᄒᆞᆫ 사ᄅᆞᆷ들은 하ᄂᆞ님과 ᄀᆞᆺ치 잇슬것이오 악ᄒᆞᆫ 사ᄅᆞᆷ들은 불노 ᄐᆡ와 업시 ᄒᆞᆯ것이니라

○ 이공과에 둘지 비유ᄂᆞᆫ 각인의 ᄆᆞ음쇽과 세샹에 잇ᄂᆞᆫ 복음의 일이 ᄒᆞᆫ 리치 되ᄂᆞᆫ것을 보이신 것이니라 계ᄌᆞ씨ᄂᆞᆫ 모든 나물씨 즁에 지극히 적은 것이나 자란즉 ᄒᆞᆫ 나무와 ᄀᆞᆺ치 크니라 이 비유에 세가지 비ᄒᆞᆯ거시 잇ᄉᆞ니

一 복음은 곳 사ᄂᆞᆫ 리치 되ᄂᆞᆫ것
二 복음이 각인의 ᄆᆞ음쇽과 세샹에셔 졈졈 자라 나ᄂᆞᆫ것
三 복음이 인류의게 복 되ᄂᆞᆫ것이니라

○ 나죵 비유에 누룩ᄯᅥᆨ은 곳 변화 ᄒᆞᄂᆞᆫ 권능으로 비유 ᄒᆞ신 말솜이니 그 권능이 사ᄅᆞᆷ의 ᄆᆞ음 쇽에 잇ᄂᆞᆫ것이 누룩ᄯᅥᆨ이 음식쇽에 잇ᄂᆞᆫ것과 쌱 ᄀᆞᆺᄒᆞ니 은밀ᄒᆞ고 죵용ᄒᆞᆫᄃᆡ에셔 일을 ᄒᆞᄂᆞ니라

뭇ᄂᆞᆫ말

一 이 비유에 됴흔 씨를 ᄲᅮ린 사ᄅᆞᆷ은 누구를 지목 ᄒᆞ심이뇨
二 가라지를 ᄲᅮ린 원슈ᄂᆞᆫ 누구뇨
三 그ᄯᅢ에 그 죵은 가라지를 엇더케 ᄒᆞ겟다고 말 ᄒᆞ엿ᄂᆞ뇨
四 그 쥬인은 엇더케 말 ᄒᆞ엿ᄂᆞ뇨
五 그 쥬인의 셩픔은 엇더 ᄒᆞ며 ᄯᅩ 그 죵의 셩픔은 엇더ᄒᆞ뇨
六 이 말솜에 가라지ᄂᆞᆫ 무어슬 비유 ᄒᆞ심이뇨
七 그 다음에ᄂᆞᆫ 무숨 비유를 다시 말솜 ᄒᆞ셧ᄂᆞ뇨
八 계ᄌᆞ씨가 졈졈 자라ᄂᆞᆫ것은 무어슬 비유 ᄒᆞ셧ᄂᆞ뇨
九 공즁에 나ᄂᆞᆫ ᄉᆡᄂᆞᆫ 무어슬 비유 ᄒᆞ셧ᄂᆞ뇨
十 이 계ᄌᆞ를 잘 자라게 ᄇᆡ양ᄒᆞᄂᆞᆫ 법이 무어시뇨
十一 그다음 비유ᄂᆞᆫ 무어시뇨
十二 가루 서말 쇽에 누룩을 너허 다 번지게 ᄒᆞᄂᆞᆫ거ᄉᆞᆫ 무숨 ᄯᅳᆺ시뇨

호랑이 ᄭᅮᆷ

평안도 룡강군 계현이란 동리에 쟝로 교회당이 잇ᄂᆞᆫᄃᆡ 작년 칠월분에 가쟝 이샹ᄒᆞᆫ 일이 잇기로 비록 느졋시나 그 말ᄉᆞᆷ을 긔지ᄒᆞᄂᆞ이다 ○ 계현동리에 사ᄂᆞᆫ ᄇᆡᆨ셩들이 셩황당놀 짓고 샤신을 셤길시 칠월 십오일은 셩황신의게 졔ᄉᆞ ᄒᆞᄂᆞᆫ 날이라 몃칠젼 브터 동리 사ᄅᆞᆷ들이 목욕지계ᄒᆞ고 정셩을 드리ᄂᆞᆫᄃᆡ 엇던 어린 ᄋᆞᄒᆡ ᄒᆞ나히 놀러 ᄃᆞ니다가 우연히 셩황당에 드러가 ᄯᅩᆼ을 누엇시니 그ᄯᅢ에 아모 사ᄅᆞᆷ도 본이가 업셧ᄂᆞᆫ지라 그 후에 여러 사ᄅᆞᆷ이 신당에 대변이 잇심을 보고 대단이 노여ᄒᆞ야 다시 정결케 ᄒᆞᆯ시 그즁에 ᄇᆡᆨ가라 ᄒᆞᄂᆞᆫ쟈ㅣ 말ᄒᆞᄃᆡ 이 대변은 반다시 예수 교를 밋ᄂᆞᆫ 무리들이 우리의 졔ᄉᆞᄒᆞᆷ을 뮈워ᄒᆞ고 셩황신을 업수히 너니여 더럽게 ᄒᆞ랴 ᄒᆞ야 ᄯᅩᆼ을 눈거시라 ᄒᆞ며 교인을 능욕ᄒᆞ고 회당을 파ᄒᆞ니 샹ᄒᆞᆫ곳이 만흔지라 여러 교도와 션ᄉᆡᆼ이 모히여 ᄇᆡᆨ씨의 무례ᄒᆞᆷ을 ᄎᆡᆨ망ᄒᆞ고 예수 교인이 셩황당에 가 ᄯᅩᆼ눈 증거를 분명히 ᄃᆡ라 ᄒᆞ니 ᄇᆡᆨ씨가 ᄒᆞᆯ말이 업셔 ᄌᆞ긔의 허물을 ᄌᆞ복ᄒᆞ고 도로혀 샤화ᄒᆞ야 회당 파쇄 ᄒᆞᆫ곳에 즁슈 ᄒᆞᆯ 부비를 ᄇᆡᆨ씨와 교인들이 분반ᄒᆞ야 물기로 작뎡ᄒᆞ고 슈표를 써셔 주더니 몃날후에 ᄇᆡᆨ씨가 다시 와 말ᄒᆞ되 그 슈표에 잘못된 거시 잇다 ᄒᆞ고 차자 보ᄂᆞᆫ체 ᄒᆞ다가 당쟝에 ᄶᅵ져 ᄇᆞ리고 회당 슈리ᄒᆞᆯ 부비ᄂᆞᆫ ᄒᆞᆫ푼도 물지 안켓다 ᄒᆞ며 즉시 읍ᄂᆡ로 드러가 정소ᄒᆞᆫ지라 본군슈 리범셕씨가 그 소지를 보고 분부 ᄒᆞᄃᆡ 네가 셩황당에 ᄯᅩᆼ눈 사ᄅᆞᆷ이 누구인지 ᄌᆞ셰히 알지도 못ᄒᆞ고 공연히 예수 교인을 질욕 ᄒᆞ며 회당을 파쇄 ᄒᆞ엿시니 죄가 네게 잇거놀 도로혀 무죄ᄒᆞᆫ 교민을 정소ᄒᆞ니 심히 완악ᄒᆞᆫ 일이라 ᄆᆡ를 ᄡᅳ리며 호령ᄒᆞᄃᆡ 부비를 ᄌᆞ당ᄒᆞ야 예수 교당을 즁슈 ᄒᆞ야 주라 ᄒᆞ니 ᄇᆡᆨ씨가 ᄒᆞᆯ수 업셔 분부ᄃᆡ로 거ᄒᆡᆼ ᄒᆞ기를 다짐ᄒᆞ고 집으로 나아올시 길에셔 교인을 맛나 탄식ᄒᆞ며 ᄒᆞᄂᆞᆫ 말이 내 말 좀 드르시오 나도 예수를 밋겟소 내가 일젼 밤 ᄭᅮᆷ에 호랑이가 겻회와 안졋기로 내 ᄉᆡᆼ각에 셩황당 신령이 도아 주ᄂᆞᆫ줄 밋고 정소 ᄒᆞ엿더니 ᄆᆡ만 죽도록 마잣다 도라와 부비를 몰수히 ᄌᆞ당ᄒᆞ야 회당을 즁슈 ᄒᆞ엿시니 막비 셩신의 도으심인줄 밋ᄉᆞᆸᄂᆞ니다

룡강 림형쥬

ᄂᆡ보

ᄉᆞ인방축) 고군산애 류 십년ᄒᆞᆫ 민경호씨와 뎔도에 류십년ᄒᆞᆫ 니유인씨와 류 삼년ᄒᆞᆫ 니인영 봉환 량씨를 다 특지로 싀골 집에 방축ᄒᆞ라 ᄒᆞ셧다더라

○감리샹환) 덕원감리 윤치호씨와 삼화 감리 팽한쥬씨가 샹환ᄒᆞ엿다더라

○각국공ᄉᆞ폐현) 일젼에 각국 공ᄉᆞ들이 다 폐현 ᄒᆞ엿다더라

○니씨답면) 대한 정부에셔 쥬일공ᄉᆞ 니하영씨의게 면칙 ᄒᆞ기놀 니쥰용을 곳 잡아 보내라고 ᄒᆞ엿다ᄂᆞᆫ 말은 일즉이 드른바여

니와 다시 쳐리ᄒᆞᆫ즉 니공ᄉᆞ가 답며보 ᄒᆞᆫ기로 니줄옹을 잡어 보낼 힘이 업다고 ᄒᆞ엿다더라

○위문청관) 이번에 청국에 의화ᄃᆡ 변란이 크게 챵궐ᄒᆞᆫ ᄭᆞ둙으로 대한 정부에셔 청국 공관에 위문 ᄒᆞᄂᆞᆫ 공함을 보내엿다더라

○박씨조현) 함경 북도 관찰ᄉᆞ 박봉빈씨ᄂᆞᆫ 함경 남도 관찰ᄉᆞ로 잇실ᄯᆡ 무ᄉᆞᆷ ᄉᆞ건으로 그ᄑᆞᆯ ᄇᆡᆨ셩이 법부에 호쇼ᄒᆞᆫ고로 박씨가 평리원에 조현 취슈 ᄒᆞ엿다더라

○남산거화) 일젼에 광쥬 사ᄂᆞᆫ 션팔셩이라 ᄒᆞᄂᆞᆫ 사ᄅᆞᆷ이 남산 잠두에 올나가 불을 든고로 남셔 슌검이 잡어 물은즉 당초에 샹언 ᄒᆞᄂᆞᆫ 글도 업고 다만 말ᄒᆞ기를 집이 가난ᄒᆞ고 부모가 늙어 슉슈를 봉양 ᄒᆞᆯ 길이 업ᄂᆞᆫᄃᆡ 근일에 드른즉 병뎡을 새로 모집 ᄒᆞᆫ다 ᄒᆞᆫ기로 병뎡 ᄲᅩᆸᄂᆞᆫᄃᆡ 참예코져 ᄒᆞ야 거화 ᄒᆞ엿다고 ᄒᆞ더라

○호구가주렷네) 한셩오셔에 금년 호구 죠사 ᄒᆞᆫ것을 샹고ᄒᆞᆫ즉 호수ᄂᆞᆫ ᄉᆞ만 이쳔 ᄉᆞᄇᆡᆨ 구십륙호요 인구ᄂᆞᆫ 십구만 륙쳔 삼ᄇᆡᆨ 삼십 륙명인ᄃᆡ 작년에 비 ᄒᆞ면 인구가 ᄉᆞ쳔 오ᄇᆡᆨ 팔십 륙명이 주럿시니 그ᄃᆞᆼ안에 병혁 의란이나 려역의 근심이 업섯거ᄂᆞᆯ 불과 일년지간에 인구 수효가 더 ᄂᆞᆯ기ᄂᆞᆫ 고샤 ᄒᆞ고 이ᄀᆞᆺ치 과다히 주럿시니 이것은 폐일언 ᄒᆞ고 그 칙망이 경찰 ᄒᆞᄂᆞᆫ 관리의게 잇슬듯

○세번지련명샹쇼) 일젼에 정부에셔 각부 대신과 찬정이 련명ᄒᆞ야 세번지 토역소를 샹 ᄒᆞ엿다더라

○신문계가셜) 궁닉셔에셔 신문계를 셜시ᄒᆞ고 궁닉부의 관활ᄒᆞᄂᆞᆫ 죄인을 신문 ᄒᆞᆫ다ᄂᆞᆫᄃᆡ 신문과쟝은 박윤슈씨가 쟝ᄎᆞᆺ 피명ᄒᆞᆫ다 ᄒᆞ고 경부 신문과에셔ᄂᆞᆫ 각인의 쇼지를 빗게ᄒᆞ며 한셩부에셔ᄂᆞᆫ 오셔에 슌검을 출쳑 ᄒᆞ랴고 ᄒᆞᄂᆞᆫ ᄉᆞ건을 일젼에 정부에셔 회의 ᄒᆞ엿다더라

○샤쟝고샤) 보공회샤 샤쟝을 학부대신 김규홍씨로 쳔거 ᄒᆞ엿더니 김씨가 고샤 ᄒᆞ엿다더라

본회광고

본회에셔 이 **회보**를 젼년과 ᄀᆞᆺ치 일쥬일에 ᄒᆞᆫ번식 발간 ᄒᆞᄂᆞᆫᄃᆡ 새로 륙폭으로 작뎡 ᄒᆞ고 ᄒᆞᆫ쟝갑슨 엽젼 오푼이오 ᄒᆞᆫ돌갑슬 미리 내면 젼과 ᄀᆞᆺ치 엽젼 ᄒᆞᆫ돈 오푼이라 본국 교우나 셔국 목ᄉᆞ나 교외 친구나 만일 사셔 보고져 ᄒᆞ거든 졍동 아편셜라 목ᄉᆞ 집이나 죵로 대동셔시에 가셔 사시ᄋᆞᆸ

죵로대동셔시광고

우리 셔사에셔 셩경 신구약과 찬미가칙과 교회에 유익ᄒᆞᆫ 여러가지 셔칙과 시무에 긴요ᄒᆞᆫ 셔칙들을 팔되 갑시 샹당 ᄒᆞ오니 학문샹과 시무변에 ᄯᅳᆺ이 잇ᄂᆞᆫ 군ᄌᆞ들은 만히 사셔 보시ᄋᆞᆸ

대영국셩셔공회광고

새로 간출 ᄒᆞᆫ거슨 로마 가라태 ᄭᆞᆯ노시 야고보 베드로 젼후셔 티모데 젼후셔니 사셔 보실이ᄂᆞᆫ 회샤쥬인 젼묘 션ᄉᆡᆼᄭᅴ로 오시ᄋᆞᆸ

데ᄉ권 **대한회보** 그리스도인 데이십칠호

비지학당 하긔방학

본 학당에셔 작년 가을에 기학ᄒᆞᆫ 이후로 지금ᄭᆞ지 여러 학원들이 다 각기 공부를 브즈런이 ᄒᆞᆯᄲᅮᆫ 아니라 날마다 뎜고 ᄒᆞᆯ새에 잘 오ᄂᆞᆫ 것을 보건ᄃᆡ 또ᄒᆞᆫ 각 학원의 집안에 별고가 업ᄂᆞᆫ 것을 가히 알것이니 하ᄂᆞ님의 은혜 더옥 감샤ᄒᆞᆫ 거니와 지난달 이십오일 브터 하긔시험을 시작ᄒᆞ엿ᄂᆞᆫᄃᆡ 공과ᄂᆞᆫ 영어와 산술과 디지와 화학과 물리학과 독본과 문법이라 본회 **회보**샤장이 본학당 춍교ᄉᆞ를 겸임ᄒᆞᆫ고로 거월 이십팔일에 ᄂᆡ외국 손님을 쳥ᄒᆞ야 시험ᄒᆞᄂᆞᆫ 것을 관광케 ᄒᆞ엿더니 학부대신 김규홍씨ᄂᆞᆫ 공무에 다ᄉᆞᄒᆞᆷ으로 참셕지 못ᄒᆞ고 미국 공ᄉᆞ 아련씨와 히퐁관 참셔관 몰겐씨와 장로ᄉᆞ 시란돈씨와 장로교 목ᄉᆞ 계일씨와 삼화감리 윤치호씨 여러분이 림ᄒᆞ엿ᄂᆞᆫᄃᆡ 몬져 계일 목ᄉᆞ가 학도들을 권면ᄒᆞ야 말ᄉᆞᆷᄒᆞ되 내가 대한에 나아와셔 여러히 ᄃᆞᆫ안을 ᄉᆞᆲ혀본즉 대한 사ᄅᆞᆷ의 ᄌᆡ죠가 셔양 사ᄅᆞᆷ과 비교ᄒᆞ면 조곰도 부족ᄒᆞᆫ것이 업시되 다만 ᄆᆞᄋᆞᆷ이 영악지 못ᄒᆞ야 만약 어려온 일을 당ᄒᆞ면 ᄯᅳᆺ이 풀니여 감히 경영치 못ᄒᆞᄂᆞ니 크게 개탄ᄒᆞᆯ 곳이라 우리 셔양 사ᄅᆞᆷ은 그럿지 아니ᄒᆞ야 어려온 일이면 ᄌᆞ미가 더 나고 힘이 더 잇ᄂᆞᆫ것은 그 리치가 다 셩경에셔 나옴이니 여러 학원은 아모조록 어려온 학문을 힘써 공부ᄒᆞ고 셩경으로 근본을 삼어 압흐로 나아가기를 ᄇᆞ라노라 ᄒᆞ고 그후에 윤치호씨가 연셜ᄒᆞ되 셔양에 하ᄂᆞ님을 공경 ᄒᆞᄂᆞᆫ 나라 사ᄅᆞᆷ들은 그즁에 유명ᄒᆞᆫ 사ᄅᆞᆷ 일소록 ᄆᆞᄋᆞᆷ이 졍대ᄒᆞ야 신을 일치 안ᄂᆞᆫ고로 큰 ᄉᆞ업을 일우거니와 동양에 요ᄉᆞ이 소위 영웅이니 호걸이니 ᄒᆞᄂᆞᆫ 사ᄅᆞᆷ을 볼진ᄃᆡ 도모지 ᄆᆞᄋᆞᆷ에 쥬장이 업서 거즛말 ᄒᆞ기와 남을 속이기로 일을 삼으니 실노 한심ᄒᆞ도다 여러 학원은 다만 ᄌᆡ죠만 닥글 싱각을 말고 몬져 ᄆᆞᄋᆞᆷ속에 쥬장을 단단이 세운후에 유익ᄒᆞᆫ 학문을 만히 ᄇᆡ와 우리 나라 후싱의 ᄉᆞ표가 되기를 원ᄒᆞ노라 ᄒᆞ고 공ᄉᆞ 아련씨가 연셜ᄒᆞ되 대한 사ᄅᆞᆷ들이 청국 학문만 위쥬 ᄒᆞᄂᆞᆫ고로 글씨 쓰기와 글 짓ᄂᆞᆫ ᄌᆡ죠ᄂᆞᆫ 대단이 졍교ᄒᆞ나 다만 그 학문만 가지고ᄂᆞᆫ 문젼의 고루ᄒᆞᆷ을 면치 못ᄒᆞᆯ것이요 더구나 이세ᄂᆞᆫ 대한 션ᄇᆡ들이 불가불 넓은 학문을 ᄇᆡ와 세계 형편을 다 알아야 될터이라 ᄒᆞ고 졔위 손님이 각방에 ᄃᆞ니며 시험ᄒᆞᄂᆞᆫ것을 다 구경ᄒᆞ엿더라

대한그리스도인 회보

THE KOREAN CHRISTIAN ADVOCATE.

H. G. APPENZELLER, - Editor.

TERMS:—36 cents per year, in advance. Postage extra.

WEDNESDAY, July 4 1900.

셔울 정동셔 일쥬일에 ᄒᆞᆫ번식 발간ᄒᆞᄂᆞᆫᄃᆡ 아편셜라목ᄉᆞ가 회보 샤쟝이 되엿더라

일년 갑슬 미리 ᄂᆡ면 삼십 륙젼이오 우표 갑슨 ᄯᅡ로 잇ᄂᆞ니라

ᄇᆡ지학당시험문답

본 학당에셔 작년브터 물리학과 화학 두가지를 더 ᄀᆞᄅᆞ치ᄂᆞᆫᄃᆡ 교ᄉᆞᄂᆞᆫ 려병헌씨요 ᄇᆡᄒᆞᄂᆞᆫ 학원들은 리응진 송언용 민찬호 신흥우 송셕린 송셕봉 최지학 남궁혁 류젼 륙졍슈 졔씨라 금번 하긔 시험에 문답 ᄒᆞᆫ말이 다 드롤만 ᄒᆞ기로 좌에 긔ᄌᆡᄒᆞ노라

○(물리학문답) 뎨일 문뎨ᄂᆞᆫ 금의 진가를 알고져 ᄒᆞ면 엇더케 ᄒᆞ여야 되겟ᄂᆞ뇨 ᄒᆞᆫ즉 리응진씨가 ᄃᆡ답ᄒᆞ되 금을 물쇽에셔 다라보면 십구분지일이 주ᄂᆞᆫ고로 가령 ᄒᆞᆫ돈 구푼즁 되ᄂᆞᆫ 금을 물에 띄우고 다라볼ᄯᅢ에 한돈 팔푼즁이 되면 그금이 순금이요 만일 ᄒᆞᆫ돈 팔푼즁이 못 되면 그 금속에 다른 물질이 셕긴줄을 알터이라 ○뎨이ᄂᆞᆫ 소ᄅᆡ가 공긔를 좃ᄎᆞ여 갈ᄯᅢ와 물을 통ᄒᆞ여 갈ᄯᅢ와 쇠와 마른 나무를 통ᄒᆞ여 갈ᄯᅢ에 그 속도가 엇더ᄒᆞ뇨 ᄒᆞᆫ즉 송언용씨가 ᄃᆡ답ᄒᆞ되 소ᄅᆡ가 공긔를 통ᄒᆞᄂᆞᆫ 속도ᄂᆞᆫ 일초 동안에 일쳔 일ᄇᆡᆨ 영쳑을 가고 물을 통ᄒᆞᆯᄯᅢ에ᄂᆞᆫ 공긔를 통ᄒᆞᄂᆞᆫ것 보다 ᄉᆞᄇᆡ가 더 속ᄒᆞ고 ᄯᅩ 마른 나무나 쇠를 통ᄒᆞᆯᄯᅢ에ᄂᆞᆫ 공긔를 통ᄒᆞᄂᆞᆫ것 보다 십륙ᄇᆡ가 더 속ᄒᆞ니라 ○뎨삼은 쳥우계를 가지고 엇더케 산의 놉흔 쳑슈를 알겟ᄂᆞ뇨 ᄒᆞᆫ즉 민찬호씨가 ᄃᆡ답ᄒᆞ되 쳥우계를 가지고 놉흔데로 올나 갈수록 그속에 잇ᄂᆞᆫ 슈은이 졈졈 아ᄅᆡ로 ᄯᅥ러 지ᄂᆞᆫ것은 놉흔ᄃᆡᄂᆞᆫ 공긔력이 약ᄒᆞᆫ ᄭᆞᄃᆞᆰ이라 그런고로 구ᄇᆡᆨ영쳑 놉히 되ᄂᆞᆫ 산에 올나가면 쳥우계의 슈은이 일영촌 가량이 ᄯᅥ러진다고 말ᄒᆞ엿ᄂᆞ니라 ○ 뎨ᄉᆞᄂᆞᆫ 극한도에셔 십만잔 되ᄂᆞᆫ 물을 극렬도에 니르도록 ᄭᅳ리면 몃잔이나 느러나겟ᄂᆞ뇨 ᄒᆞᆫ즉 신흥우씨가 ᄃᆡ답ᄒᆞ되 극한도에셔 십만잔 되ᄂᆞᆫ 물을 극렬도에 니르도록 ᄭᅳ리면 ᄉᆞ쳔 삼ᄇᆡᆨ 십오잔이 느러날터이라 ○ 뎨오ᄂᆞᆫ 물질이 ᄯᅳ거온것을 밧ᄂᆞᆫ ᄇᆡ량이 각각 대소가 잇ᄂᆞᆫ 리유를 셜명ᄒᆞ라 ᄒᆞᆫ즉 송셕린씨가 ᄃᆡ답ᄒᆞ되 ᄯᅳ거온것이 ᄒᆞᆫ근 되ᄂᆞᆫ 물을 ᄭᅳ려 일도에 올닐만 ᄒᆞ면 능히 구근 되ᄂᆞᆫ 쇠와 십일근 되ᄂᆞᆫ 아연과 삼십근 되ᄂᆞᆫ 슈은과 금을 다루어 일도에 올닐터이니라 그런고로 이근 되ᄂᆞᆫ 슈은을 다루어 일ᄇᆡᆨ도에 올나 간데다가 예사 온도에 잇ᄂᆞᆫ 물 일근을 셕그면 오도 밧게ᄂᆞᆫ 더 올나 가지 아니 ᄒᆞᆯ터이니라

○(화학문답) 뎨일 문뎨ᄂᆞᆫ 큰 그릇에 물을 만히 담고 거긔다 소곰을 조곰 셕근것을 다른 사ᄅᆞᆷ은 맛보고 소곰 잇ᄂᆞᆫ줄을 아지 못 ᄒᆞᄂᆞᆫᄃᆡ 화학자ᄂᆞᆫ 엇더케 아ᄂᆞ뇨 ᄒᆞᆫ즉 송셕봉씨가 (오폭)

만국쥬일공과

그리스도 씨의힝젹

뎨이부 뎨십공과

칠월 십오일

열두문도를파송ᄒᆞ심

마태 구장 삼십오졀ㅣ 십장 팔졀

三五 예수ㅣ 셩과 모든 촌에 두루 ᄃᆞᆫ이샤 ᄇᆡᆨ셩의 회당에셔 ᄀᆞᄅᆞ치시며 텬국 복음을 반포ᄒᆞ시며 모든 병과 약ᄒᆞᆫ거ᄉᆞᆯ 곳치시니라 三六 뭇 사ᄅᆞᆷ이 목쟈 업ᄂᆞᆫ 양과 ᄀᆞᆺ치 고ᄉᆡᆼᄒᆞ며 류리ᄒᆞᄂᆞᆫ거ᄉᆞᆯ 보시고 민망히 녁이샤 三七 이에 뎨ᄌᆞᄃᆞ려 닐ᄋᆞ샤ᄃᆡ 츄슈ᄒᆞᆯ거ᄉᆞᆫ 만ᄒᆞ되 일군은 적으니 三八 그럼으로 츄슈 ᄒᆞᄂᆞᆫ 쥬인의게 군구ᄒᆞ여 일군을 보내여 츄슈ᄒᆞ게 ᄒᆞ야 주쇼셔 ᄒᆞ라 ᄒᆞ시더라

一 예수ㅣ 열두 뎨ᄌᆞ를 부ᄅᆞ샤 샤귀를 ᄶᅩᆺ치며 모든 병과 약ᄒᆞᆫ 거ᄉᆞᆯ 곳치ᄂᆞᆫ 권능을 주시니 ○二 열두 뎨ᄌᆞ의 일홈은 이러ᄒᆞ니 첫재ᄂᆞᆫ 베드로라 ᄒᆞᄂᆞᆫ 시몬과 밋 그 동ᄉᆡᆼ 안드레와 셰비대의 아ᄃᆞᆯ 야고보와 밋 그 동ᄉᆡᆼ 요한과 三 필닙과 밋 바돌노매와 도마와 밋 셰리 마태와 알패오의 아ᄃᆞᆯ 야고보와 밋 다대오와 四 가나안 사ᄅᆞᆷ 시몬과 밋 예수를 판 가룟인 유다ㅣ라 五 예수ㅣ 이 열둘을 내여 보내시며 명ᄒᆞ여 ᄀᆞᆯᄋᆞ샤ᄃᆡ 외방 길노도 가지 말고 사마리아 고을노도 드러가지 말고 六 츌하리 이스라엘 집에 일허ᄇᆞ린 양의게로 가라 七 가면셔 반포ᄒᆞ여 말ᄒᆞ되 텬국이 갓가왓다 ᄒᆞ고 八 병든 이를 곳치며 죽은이를 셰우며 문동이를 ᄭᆡᆺ긋ᄒᆞ게 ᄒᆞ며 샤귀를 ᄶᅩᆺ차니 되 너희가 그져 밧앗시니 그져 주어라

요지

말ᄒᆞᄂᆞᆫ 이ᄂᆞᆫ 너희가 아니라 오직 너희 아바지의 셩신이 너희 속에셔 말ᄉᆞᆷ ᄒᆞ시ᄂᆞ니라

년ᄃᆡ

셔력 긔원후 이십팔년 말이나 이십구년 초ㅣ니라

ᄀᆞᆺᄒᆞᆫ 귀졀

마가 륙장 칠졀ㅣ 십삼졀
루가 구장 일졀ㅣ 륙졀

공과의구별

一 ᄇᆡᆨ민의 슈용ᄒᆞᆯ 것

(삼십오졀ㅣ삼십팔졀)

二 십이 ᄉᆞ도의게 주신 권능

(일졀ㅣ ᄉᆞ졀)

三 쥬ᄭᅴ셔 그들의게 지휘ᄒᆞ심

(오졀ㅣ팔졀)

주셕

이ᄂᆞᆫ 예수ᄭᅴ셔 갈닐니 디방에 도라 ᄃᆞ니신것이 세번재요 ᄯᅩ 마즈막이니 열두 문도가 츄종ᄒᆞ엿ᄂᆞ니라 예수ᄭᅴ셔 모든 회당에 드러가 ᄀᆞᄅᆞ치시며 한데셔 젼도ᄒᆞ시며 병인들과 례약ᄒᆞᆫ 쟈들을 곳처 주셧ᄉᆞ니 이ᄂᆞᆫ 곳 예수ᄭᅴ셔 각인의게 션ᄒᆞᆫ 일을 ᄒᆡᆼ ᄒᆞ심이니 그들은 곳 인도 ᄒᆞᄂᆞᆫ이 업고 도아 주ᄂᆞᆫ이 업셔 맛치 목쟈 업ᄂᆞᆫ 양 ᄀᆞᆺ ᄒᆞ엿ᄂᆞ니라

츄슈ᄒᆞᆯ것은만ᄒᆞ되 이ᄯᅢᄂᆞᆫ 곳 ᄇᆡᆨ셩들의게 나아가 그들을 이겨 복음의게 도라 오게 ᄒᆞᆯ 긔회라 ᄒᆞ심이니라

일군은적으니 이 기ᄃᆞ리고 잇ᄂᆞᆫ 여러 ᄇᆡᆨ셩의게 나아가 복음을 젼ᄒᆞ랴고 예비 ᄒᆞ고 잇ᄂᆞᆫ 사ᄅᆞᆷ을 말ᄉᆞᆷ ᄒᆞ신것이니 지금이라도 그러ᄒᆞ니라 복음을 슈용ᄒᆞᆯ 사ᄅᆞᆷ과 비교ᄒᆞ면 일 ᄒᆞᄂᆞᆫ이가 적으니라 **쥬인의게ᄌᆞ구ᄒᆞ여** 예수ᄭᅴ셔 ᄌᆞ구 ᄒᆞ라 ᄒᆞ시고 나아가라 ᄒᆞ지 아니 ᄒᆞ시것은 누구던지 ᄌᆞ구 ᄒᆞᄂᆞᆫ이ᄂᆞᆫ 나아가기에 뎨일 합당ᄒᆞᆫ 쟈ㅣ니 ᄌᆞ구 ᄒᆞᄂᆞᆫ것은 우리로 ᄒᆞ여곰 하ᄂᆞ님의 ᄯᅳᆺ과 쥬션 ᄒᆞᄂᆞᆫᄃᆡ 화합 ᄒᆞ야 힝ᄒᆞ게 ᄒᆞᄂᆞ니라 문도 셩명록이 네군ᄃᆡ에 잇ᄉᆞ니 마태와 마가 삼쟝 십륙졀ㅣ 십팔졀과 누가 륙쟝 십ᄉᆞ졀ㅣ 십륙졀과 ᄉᆞ도힝젼 일쟝 십삼졀이니 이 셩명록들을 ᄯᅡ로 초츌ᄒᆞ야 서로 비교 ᄒᆞ여 보라 베드로의 일홈은 ᄒᆞᆼ샹 쳣 머리에 긔록 ᄒᆞ고 필닙은 다ᄉᆞᆺ지요 알바요의 아들 야고보ᄂᆞᆫ 아홉재요 가룟인 유대ᄂᆞᆫ ᄒᆞᆼ샹 ᄭᅳᆺ히 긔록 ᄒᆞ엿ᄂᆞ니라 이 공과에 처음으로 긔록ᄒᆞᆫ 시몬 베드로와 안드레와 야고보와 요한 네 사ᄅᆞᆷ은 그리스도 교회에 뎨일 유명ᄒᆞᆫ 사ᄅᆞᆷ들이니라 그들이 다 어부 노릇 ᄒᆞ던 사ᄅᆞᆷ들이니라

예수ㅣ 이열둘을 내여 보내시며 이 사ᄅᆞᆷ들이 예수의게 져례 되ᄂᆞᆫ거술 봅세다 베드로와 안드레ㅣ ᄒᆞᆫ 형뎨요 야고보와 요한이 ᄒᆞᆫ 형뎨며 ᄯᅩ 마태와 다마ㅣ ᄒᆞᆫ 형뎨인ᄃᆞᆺ ᄒᆞ고 알바요의 아들 야고보와 야고보의 형뎨 유다ㅣ ᄒᆞᆫ형뎨인ᄃᆞᆺ ᄒᆞ고 살노메ᄂᆞᆫ 야고보와 요한의 모친이오 ᄯᅩ 예수의 모친 마리아의 누의인고로 야고보와 요한은 예수의 ᄉᆞ촌이 되고 ᄯᅩ 만일 야고보와 유대와 혹 ᄯᅩᄒᆞᆫ 마태의 부친 되ᄂᆞᆫ 알바요가 살노메와 예수의 모친의 누의 되ᄂᆞᆫ 둘재 마리아의 남편이 되엿ᄉᆞ면 이 세 문도와 혹 다마 ᄭᆞ지 예수의 ᄉᆞ촌이 될지니라 우리ᄂᆞᆫ 이에 예수ᄭᅴ셔 조긔의 문도를 조긔의 족쳑 가온ᄃᆡ에셔 션틱ᄒᆞ신거슬 보겟도다 우리 알기에ᄂᆞᆫ 이 사ᄅᆞᆷ들이 다 ᄉᆞ업 ᄒᆞᄂᆞᆫ 사ᄅᆞᆷ들이며 셩일ᄒᆞᄂᆞᆫ 사ᄅᆞᆷ들이오 ᄯᅩᄒᆞᆫ 빈한 무능ᄒᆞᆫ 사ᄅᆞᆷ들이나 조긔들의 시회를 인ᄒᆞ야 교육을 잘 밧ᄂᆞᆫ 사ᄅᆞᆷ들이니 이 사ᄅᆞᆷ들을 다 예수ᄭᅴ셔 파송ᄒᆞ샤 당신을 협조ᄒᆞ야 복음을 파젼ᄒᆞ고 셩령ᄭᅴ 구원케 ᄒᆞ셧ᄂᆞ니라

묻ᄂᆞᆫ말

一 그ᄯᅢ에 예수ᄭᅴ셔 회당에셔 무ᄉᆞᆷ 일을 ᄒᆞ셧ᄂᆞ뇨

二 예수ᄭᅴ셔 무리를 보시고 왜 불샹히 녁이셧ᄂᆞ뇨

三 예수ᄭᅴ셔 문도ᄃᆞ려 엇더케 말ᄉᆞᆷ ᄒᆞ셧ᄂᆞ뇨

四 츄슈와 일군은 무어슬 비유ᄒᆞ심이뇨

五 츄슈 ᄒᆞ실 쥬인은 뉘시뇨

六 예수ᄭᅴ셔 그 문도의게 무ᄉᆞᆷ 권능을 주셧ᄂᆞ뇨

七 열두 문도의 일홈들이 무어시뇨

비지학당시험문답

이폭련속

되답ᄒᆞ되 그물 그릇에다 초산염이라 ᄒᆞᄂᆞᆫ 약을 서너 방울즘 써려 ᄯᅳ리면 흰 거품이 니러나면서 그속에 잇ᄂᆞᆫ 소곰이 다 그 초산염에 올나 붓고 다만 묽은 물만 나마술러이니 그법으로 아ᄂᆞ니라 ○뎨이ᄂᆞᆫ 물의 강ᄒᆞ고 유ᄒᆞᆫ것을 엇더케 알겟ᄂᆞ뇨 ᄒᆞᆫ즉 남궁혁씨가 되답ᄒᆞ되 물의 강유물 구별코져 ᄒᆞ면 물에 비누를 풀ᄯᅢ에 조곰 풀어도 곳 밋그럽게 되면 그물이 유ᄒᆞᆫ 물이요 ᄯᅩ 비누를 조곰 풀어서ᄂᆞᆫ 밋그럽게 되지 아니ᄒᆞ면 그물은 강ᄒᆞᆫ 물이라 ○뎨삼은 밀초를 결ᄯᅢ에 세가지 불길이 잇ᄉᆞ니 그 리유를 설명ᄒᆞ라 ᄒᆞᆫ즉 최지학씨가 되답ᄒᆞ되 그 세가지 불길온 찻지ᄂᆞᆫ 푸른 불길이니 그속에ᄂᆞᆫ 탄소가 다 업서졋고 둘지ᄂᆞᆫ 광명ᄒᆞᆫ 불길이니 그속에ᄂᆞᆫ 반즘 탄쇼가 헤여져 잇서 그 불길을 도아 잘 타게 ᄒᆞ고 셋지ᄂᆞᆫ 그름이니 그속에ᄂᆞᆫ 타자 아니ᄒᆞᆫ 탄쇼가 잇ᄂᆞ니라 ○뎨ᄉᆞᄂᆞᆫ 물 가온되 긔톄가 셕긴 증거를 설명ᄒᆞ라 ᄒᆞᆫ즉 류젼씨가 되답ᄒᆞ되 물속에 공긔가 셕긴 ᄭᆞ닭으로 물맛슬 싱신케 ᄒᆞᄂᆞ니라 그런고로 ᄭᅳ려서 식힌 물맛슨 싱신치 못ᄒᆞᆫ것은 그물을 ᄭᅳ릴쌔에 공긔속에 산쇼가 다 나라 나아온 ᄭᆞ닭이요 ᄯᅩ 물속에 셕긴 산쇼긔가 어족의 명맥이 되ᄂᆞᆫ고로 ᄭᅳ렷다 식힌물에 물 고기를 잡아 너흐면 오릭지 아니ᄒᆞ야 곳 죽ᄂᆞᆫ것은 그물속에 산쇼긔가 업ᄂᆞᆫ ᄭᆞ닭이라 ○뎨오ᄂᆞᆫ 셕탄 속에셔 무슴 물감을 엇겟ᄂᆞ뇨 ᄒᆞᆫ즉 륙정슈씨가 되답ᄒᆞ되 셕탄 속에셔 심홍식과 분홍식과 조쥬식과 강식을 엇어 유리창에 치식도 ᄒᆞᄂᆞ니라 총교ᄉᆞ 아펀설라

담방리회당을밧침

인쳔 담방리 교회ᄂᆞᆫ 목ᄉᆞ 됴원시씨가 쥬리ᄒᆞ고 권ᄉᆞ 복정치씨가 젼도ᄒᆞᄂᆞᆫ 곳인되 특별히 례비흘 쳐소가 업서 미양 걱정ᄒᆞ더니 여러 교우들이 일심으로 연보ᄒᆞ야 새로 여숫간 초가를 지엇ᄂᆞᆫ되 졔도가 장려치ᄂᆞᆫ 못ᄒᆞ나 모양이 심히 볼만ᄒᆞᆫ지라 거월 이십칠일에 이 회당을 하ᄂᆞ님씌 밧치ᄂᆞᆫ 례식을 힝ᄒᆞᆯ시 쟝로ᄉᆞ 시란돈씨와 목ᄉᆞ 됴원시씨가 홈씌 나아가셔 아참에 여러 형뎨 ᄌᆞ믹와 일제히 모히여 긔도 찬미 ᄒᆞᆫ후에 회당을 하ᄂᆞ님씌 밧치고 젼도 ᄒᆞᄂᆞᆫ 말솜을 다 ᄌᆞ미 잇게 드럿시며 오후 두시에 다시 모히여 더욱 깃분 ᄆᆞᄋᆞᆷ으로 례비 ᄒᆞ엿시니 모든 영광을 다 하ᄂᆞ님씌 돌녀보내거니와 우리ᄂᆞᆫ 담방리 교우를 되ᄒᆞ야 극히 치하 ᄒᆞ노라

ᄂᆡ보

지관소(뎡부) 한셩 지관소에셔ᄂᆞᆫ 일젼브터 민쇼의 텽숑ᄒᆞᄂᆞᆫ ᄉᆞ무를 뎡지ᄒᆞ고 하졀이 지난후에 다시 시무ᄒᆞ기로 작뎡 ᄒᆞ엿다더라

○청인피란) 의쥬셔 온 뎐보를 본즉 피란ᄒᆞᄂᆞᆫ 청국 사ᄅᆞᆷ들이 날노 강을 건너 오ᄂᆞᆫ쟈ㅣ 만타고 ᄒᆞ엿다더라

○셔씨샹소) 젼 쟝례원경 셔샹조씨가 일젼에 샹소 ᄒᆞ되 지금 청국 변란이 더ᄀᆞᆺ치 쟝대 ᄒᆞ니 외란이 리웃 나라에 밋츨 념려가 불무 ᄒᆞᆫ지라 청컨ᄃᆡ 쳔 산릉ᄒᆞ시ᄂᆞᆫ 명을 도로 거두쇼셔 ᄒᆞ엿다더라

○위원ᄐᆡᆨ인) 법부에셔 법률 과초 위원을 다 ᄒᆡ임 식히고 다시 법률에 한슈ᄒᆞᆫ 쟈로 셔임 ᄒᆞᆫ다더라

○관찰ᄐᆡᆨ인) 함경 북도 관찰ᄉᆞᄂᆞᆫ 원슈부 군무총쟝 니종건씨로 셔임ᄒᆞᆫ다더라

○관찰보비) 진쥬 관찰ᄉᆞ 니은용씨ᄂᆞᆫ 합쳔군 ᄒᆡ인샤에 유람ᄒᆞ야 명셩황후 영졍을 봉심ᄒᆞ고 금 이ᄇᆡᆨ 팔십원을 샤즁에 임치ᄒᆞ야 향단비를 보용 ᄒᆞ라 ᄒᆞ엿다더라

○현씨ᄒᆡᆼ장) 궁ᄂᆡ부 시종원 시종현영운씨ᄂᆞᆫ 무슴 ᄉᆞ건이 잇ᄂᆞᆫ지 장ᄎᆞᆺ 일본으로 향 ᄒᆞᆯ터인ᄃᆡ 수일젼에 인쳔항으로 나려 갓다더라

○텰교필역) 경인텰도 회샤에셔 로량에 텰도 다리 역ᄉᆞ를 다 ᄆᆞᆺ친고로 본월 오일에 남대문외 뎡거쟝에셔 ᄂᆡ외국 신ᄉᆞ와 각 신문 긔쟈를 쳥ᄒᆞ야 그 텰도 다리에 운젼 ᄒᆞᄂᆞᆫ것을 구경케 ᄒᆞ고 금월 팔일브터 ᄆᆡ일 다ᄉᆞᆺ번식 경인간에 ᄅᆡ왕케 ᄒᆞᆫ다더라

○교인파란) 의쥬군슈 리챵권씨가 외부로 뎐보 ᄒᆞ기를 청국 교인 십오인이 파란ᄎᆞ로 본군에 ᄅᆡ도 ᄒᆞ엿다 ᄒᆞ엿다더라

○일본함ᄃᆡ) 일본셔 샹비함ᄃᆡ를 두 함ᄃᆡ로 조직 ᄒᆞ엿ᄂᆞᆫᄃᆡ 뎨 일함ᄃᆡᄂᆞᆫ 병션 십륙쳑과 슈뢰뎡 약간이나 ᄉᆞ령관은 츌우소장이오 뎨 이함ᄃᆡᄂᆞᆫ 병함이 오쳑이오 슈뢰뎡과 구축함얼미니 ᄉᆞ령관은 원등소장이더라

○청구일본) 일본 잇ᄂᆞᆫ 각국 공ᄉᆞ들이 청국 잇ᄂᆞᆫ 셔양 사ᄅᆞᆷ들을 구호ᄒᆞ기 위ᄒᆞ야 륙군을·더 만히 파송ᄒᆞ여 달나고 일본 외부에 청ᄒᆞᆫ다ᄂᆞᆫ 말이 잇다더라

그리스도인

대한그리스도인회보

경인텰도

인쳔 텰도가 역등포ᄭ지 교통ᄒ야 힝녀들이 경편히 릭왕ᄒ은 우리가 뎨삼권 삼십 팔호 회보에 긔직ᄒ엿거니와 지금은 로돌강에 텰교를 다 노앗는ᄃ 일대 홍교가 반공에 소삿시니 좌우에 쇠난간과 물속에 기동들이 졔도가 광장 ᄒ야 록ᄃ 곳치 견고ᄒ며 텰궤를 셔쇼문밧ᄭ지 다 노은고로 량력 칠월 초오일에 그 회ᄉ에셔 니외국관인과 신ᄉ들을 쳥ᄒ야 운거식을 힝ᄒ고 초팔일 브터 힝인과 물화를 싯고 왕릭 ᄒ는ᄃ 한셩 니외에 구경 ᄒ는쟈ㅣ 날노 구름 곳치 모히고 셔울 인쳔 사이에 ᄒ로 다ᄉ번식 릭왕ᄒ며 그뿐 아니라 텰도 좌우 편에 졍거장과 녀각 집들을 지으니 대한 경셩이 졈졈 더 번화쟝이 될지라 우리는 대한의 문명과 부강이 이 텰도 곳치 진보 ᄒ기를 ᄇ라노라

공부의 강령

이 셰계상에 공부 ᄒᆯ 셔칙이 한량업시 만하 몃 억만권인지 알수 업시며 ᄯᅩᄒᆞᆫ 비홀일이 한량업시 만하 이로 다 비홀수 업는지라 그런즉 션비가 되야 공부를 구비 ᄒ게 ᄒ랴면 빅발이 소소ᄒ야 늙어 죽을ᄯ ᄭ지 공부ᄒ여도 그 칙과 그 일은 다 알수 업ᄂ니 불가불 그중에 긴ᄒᆫ것 브터 몬져 비홀지니 긴요ᄒᆫ 공부는 첫재 령혼을 엇더케 구원ᄒᆷ과 둘재 신톄를 엇더케 보호ᄒᆷ과 셋재 직료를 엇더케 빈양ᄒᆷ과 넷재 지산을 엇더케 구취 ᄒ는 법이라 령혼은 근본 하ᄂ님ᄭ셔 주신거신즉 텬도의 진리를 공부 ᄒᆷ으로 구원 ᄒᆯ거시오 신톄는 ᄆᆰ은 공긔를 마시고 음식을 졀묘 잇게 먹으며 위싱을 잘 ᄒᆷ으로 강건 ᄒᆯ거시오 직료는 근본 ᄆᄋᆞᆷ 밧헤 씨가 잇ᄂ니 학문을 힘써 ᄒᆷ으로 그 씨가 ᄡᅡᆨ이 나셔 잘 자랄거시오 직믈은 각 사ᄅᆷ의 비혼 직료로 부지러니 힝용 ᄒ야 ᄉ무로 힘ᄡ는ᄃ 잇는지라 사ᄅᆷ이 만약 여러가지 직료를 비호고 게을너 힘ᄡ지 아니면 이는 긔계를 만히 무역 ᄒ여 노코 ᄡ지 아님과 곳ᄒ니 무숨 직물을 엇으리오 긔계 업는 사ᄅᆷ과 나흘거시 업ᄉ리니 우리 회보를 보시는 형뎨들은 다 일심으로 이 네가지 공부를 힘쓸지어다

대한그리스도인 회보

THE KOREAN CHRISTIAN ADVOCATE.

H. G. APPENZELLER, - Editor.

TERMS:—36 cents per year, in advance. Postage extra.

WEDNESDAY, July 11, 1900.

셔울 졍동셔 일쥬일에 ᄒᆞᆫ번식 발간ᄒᆞᄂᆞᆫᄃᆡ 아편셜라목ᄉᆞ가 회보 샤쟝이 되엿더라

일년 갑슬 미리 니면 삼십 륙젼이오 우표 갑ᄉᆞᆫ ᄯᆞ로 잇노라

교우의 ᄒᆞᆯ 직분

셩경에 ᄀᆞᆯᄋᆞ샤ᄃᆡ 형뎨들아 우리가 오히려 우리게 ᄒᆞᆯ말은 쥬 예수애 붓허 너희게 구ᄒᆞ고 권ᄒᆞᄃᆡ 너희가 맛당히 엇더케 힝ᄒᆞ며 하ᄂᆞ님ᄭᅴ 깃부시게 ᄒᆞᆯ 도리를 우리게 밧음과 ᄀᆞᆺ치 힝ᄒᆞ니 더옥 만히 힘쓰라 우리가 쥬 예수를 좃차 너희게 무ᄉᆞᆷ 경계를 준거슬 알니니 하ᄂᆞ님의 ᄯᅳᆺ슨 다름 아니라 너희로 거룩케 ᄒᆞ심이니 더러온거슬 ᄇᆞ리고 너희가 각각 거룩ᄒᆞ고 귀ᄒᆞᆷ으로 ᄌᆞ긔 몸을 다ᄉᆞ릴줄을 알게 ᄒᆞᆷ이니 하ᄂᆞ님을 모로ᄂᆞᆫ 이방 사ᄅᆞᆷ과 ᄀᆞᆺ치 ᄉᆡᆨ욕을 좃지말고 누구던지 범람ᄒᆞ야 이 일노 형뎨를 해롭게 말나 대개 우리가 너희게 몬져 말ᄒᆞ고 경계ᄒᆞᆫ것과 ᄀᆞᆺ치 이 여러 일에 원통ᄒᆞᆷ을 쥬가 폐여 주시ᄂᆞ니라 대개 하ᄂᆞ님이 우리를 부ᄅᆞ심은 더러온 일 ᄒᆞ라 부ᄅᆞ심이 아니오 오직 거룩케 ᄒᆞ심이니 그런고로 막ᄂᆞᆫ쟈ᄂᆞᆫ 사ᄅᆞᆷ을 막음이 아니오 ᄌᆞ긔 셩신으로 너희게 주신 하ᄂᆞ님을 막음이니라 형뎨 서로 ᄉᆞ랑ᄒᆞᆷ은 너희게 더ᄒᆞᆯ말 업ᄉᆞ나 대개 너희 서로 ᄉᆞ랑 ᄒᆞᄂᆞᆫ거슬 하ᄂᆞ님ᄭᅴ셔 친히 ᄀᆞᄅᆞ치시ᄂᆞ니 너희가 온ᄯᅡ헤 형뎨들노 ᄃᆡᄒᆞ야 과연 이 ᄀᆞᆺ치 힝ᄒᆞ니 형뎨들아 권ᄒᆞ노니 더옥 힘쓰고 ᄯᅩ 맛당히 ᄯᅳᆺ슬 세워 종용ᄒᆞᆫ 사ᄅᆞᆷ이 되고 각각 ᄌᆞ긔 일이나 ᄒᆞ고 이젼에 너희게 경계ᄒᆞᆷ과 ᄀᆞᆺ치 ᄌᆞ긔 손으로 일ᄒᆞ라 이 ᄀᆞᆺ치 ᄒᆞ여야 너희가 밧긔 사ᄅᆞᆷ을 ᄃᆡᄒᆞ야 힝ᄉᆞ가 단졍ᄒᆞᆯ거시오 ᄯᅩᄒᆞᆫ 부족ᄒᆞᆷ이 업ᄉᆞ리니 형뎨들아 자ᄂᆞᆫ쟈를 외론 ᄒᆞᆫ매 우리가 너희들이 아지 못ᄒᆞᆷ을 원치 아니ᄒᆞᆷ은 너희들이 ᄇᆞ람이 업ᄂᆞᆫ 다른 사ᄅᆞᆷ과 ᄀᆞᆺ치 슯허ᄒᆞᆯ가 두려워 ᄒᆞ노니 우리가 만약 예수ᄭᅴ셔 죽엇다가 다시 살으심을 밋을진ᄃᆡ 이와 ᄀᆞᆺ치 하ᄂᆞ님ᄭᅴ셔 예수의게 붓허 임의 자ᄂᆞᆫ쟈를 뎌와 ᄀᆞᆺ치 다려오시리라 우리가 쥬의 말ᄉᆞᆷᄃᆡ로 너희게 말ᄒᆞ노니 우리가 살아 쥬의 강림ᄒᆞ실날 ᄭᆞ지 ᄂᆞᆷ은 쟈라도 임의 자ᄂᆞᆫ쟈 보다 반ᄃᆞ시 압서지 못ᄒᆞ리니 대개 쥬가 반ᄃᆞ시 친히 호령 ᄒᆞ시며 텬ᄉᆞ쟝의 소리가 나며 하ᄂᆞ님의 나팔을 불며 하ᄂᆞᆯ노 강림 ᄒᆞ시리니 그리스도의 붓흔 죽은 쟈들이 몬져 니러나고 그후에 우리 살아 ᄂᆞᆷ어 잇ᄂᆞᆫ쟈도 반ᄃᆞ시 뎌희들과 ᄒᆞᆷᄭᅴ 구룸 속에 ᄭᅳ으러드려 공즁에셔 쥬를 맛나 이 ᄀᆞᆺ치 쥬와 ᄒᆞᆷᄭᅴ ᄒᆞᆼ샹 잇ᄉᆞ리니 그런고로 우리가 맛당히 서로 위로ᄒᆞ고 서로 ᄉᆞ랑 ᄒᆞ며 하ᄂᆞ님ᄭᅴ 감샤ᄒᆞᆷ을 쉬지 말지니라

됴명운

만국쥬일공과

그리스도 씨의힝젹

뎨이부 뎨십일공과

칠월 이십이일

셰례주는요한의죽음

마가 륙쟝 십ᄉᆞ졀노 이십구졀

十四 이에 예수의 셩명이 파다ᄒᆞᆫ
지라 헤롯왕이 듯고 ᄀᆞᆯᄋᆞᄃᆡ 이
는 셰례 주던 요한이 죽음에셔
다시 살아나 이 능ᄒᆞᆫ일을 힝 ᄒᆞᆷ
이로다 ᄒᆞ고 十五 잇던이는 ᄀᆞᆯᄋᆞ
ᄃᆡ 이가 엘니야라 ᄒᆞ고 또 다른
이는 ᄀᆞᆯᄋᆞᄃᆡ 이는 션지쟈ㅣ니 션
지중에 ᄒᆞ나와 ᄀᆞᆺ다 ᄒᆞ되 十六
헤롯은 듯고 ᄀᆞᆯᄋᆞᄃᆡ 이는 내가
목벤 요한이 다시 살앗다 ᄒᆞᆫ지
라 十七 헤롯이 그 동싱 필닙의 안
해 헤로듸아의 일노 사ᄅᆞᆷ을 보
내여 요한을 잡아 옥에 가도앗
시니 대개 헤롯이 그 녀인의게
쟝가 드럿ᄂᆞ니라 十八 요한이 헤롯
와게 간ᄒᆞ야 ᄀᆞᆯᄋᆞᄃᆡ 동싱의 안
해를 취ᄒᆞᄂᆞᆫ거시 올치 안타 ᄒᆞ
엿시니 十九 헤로듸아가 요한을
원망ᄒᆞ야 죽이고져 ᄒᆞ되 ᄒᆞ지
못ᄒᆞᆫ거슨 二十 대개 헤롯이 요한
이 올코 거룩ᄒᆞᆫ 사ᄅᆞᆷ인줄을 알
아 두려워 ᄒᆞ야 보호ᄒᆞ며 그 말
을 드ᄅᆞ니 ᄆᆡ우 답답ᄒᆞ되 또 듯
기를 즐거워 ᄒᆞᆷ일너니 二一 맛ᄎᆞᆷ
긔회를 맛ᄂᆞ니 헤롯이 제 탄일
에 모든 대부와 쳔부쟝과 갈닐니
의 귀인들노 잔치ᄒᆞᆯ시 二二 헤로
듸아의 친ᄯᆞᆯ이 드러와 춤을 추
어 헤롯과 밋 ᄒᆞᆷᄭᅴ 안진 사ᄅᆞᆷ
들을 깃부게 ᄒᆞ니 왕이 그 녀ᄌᆞ
ᄃᆞ려 ᄀᆞᆯᄋᆞᄃᆡ 무어시던지 너 원
ᄒᆞᄂᆞᆫ거슬 내게 달나면 주리라
ᄒᆞ고 二三 또 ᄆᆡᆼ셰 ᄒᆞᄃᆡ 무어시
던지 달나ᄂᆞᆫ거슨 비록 내 나라
반을 달날지라도 너를 주리라
ᄒᆞ거ᄂᆞᆯ 二四 녀ᄌᆞㅣ 나가 그 어
미ᄃᆞ려 ᄀᆞᆯᄋᆞᄃᆡ 내가 무어슬 달
나리잇가 그 어미가 ᄀᆞᆯᄋᆞᄃᆡ 셰
례 주던 요한의 머리를 달나라
ᄒᆞ니 二五 그 녀ᄌᆞㅣ 곳 왕의게
급히 드러가 구ᄒᆞ야 ᄀᆞᆯᄋᆞᄃᆡ 셰
례주던 요한의 머리를 쇼반에 담
아 곳 제게 주기를 원ᄒᆞᆸᄂᆞ이
다 ᄒᆞ니 二六 왕이 심히 근심ᄒᆞ
나 임의 ᄆᆡᆼ셰를 ᄒᆞ엿고 또 ᄒᆞᆷᄭᅴ
안진 사ᄅᆞᆷ들이 잇슴으로 가히
져ᄇᆞ리지 못ᄒᆞᆯ지라 二七 이에
왕이 곳 시위 군ᄉᆞ ᄒᆞ나를 보내
여 요한의 머리를 가져 오라 ᄒᆞ
니 二八 그 사ᄅᆞᆷ이 나가 옥에셔
머리를 버혀 쇼반에 담아와 녀ᄌᆞ
를 주니 녀ᄌᆞ가 제 어미의게 드
리다 二九 요한의 뎨ᄌᆞ들이 이
일을 듯고 와셔 시톄를 가져다
가 장ᄉᆞ ᄒᆞ니라

요지

술 취ᄒᆞ지 말나 이는 방탕ᄒᆞᆫ 일
이니 셩신의 가독ᄒᆞᆷ을 밧아라

년ᄃᆡ

셔력 긔원후 이십구년 초ㅣ니라

ᄃᆡ방

메게로 대철

ᄀᆞᆺᄒᆞᆫ귀졀

마태 십ᄉᆞ쟝 일졀ㅣ 십이졀
누가 구쟝 칠졀ㅣ 구졀

一 헤롯왕의 공겁ᄒᆞᆫ ᄆᆞᄋᆞᆷ (十四—十六)

二 헤롯왕이 ᄌᆞ긔의 픔힝을 곳

치라 ᄒᆞ던것 (十七—二十)
三 헤로듸아가 만히 올무를 노화 헤롯을 롱락ᄒᆞᆫ것 二十—二五
四 헤롯 왕이 셰례 주ᄂᆞᆫ 요한을 죽인것 (二六—二九)

주셕

헤롯왕 어ᄂᆞᆫ 헤롯 안티바ㅣ니 예수ㅣ 탄싱 ᄒᆞ셧슬때에 박ᄉᆞ들이 와셔 본대 헤롯의 아들이니 알에ㅣㅣ 왕의 녀셔ㅣ러니 그 졍궁을 바리고 헤로듸아를 취ᄒᆞ야 왕비를 삼으매 알에바 왕이 대로ᄒᆞ야 병뎡을 보내여 유대를 쳐 그 ᄯᆞᆯ의 셜치를 ᄒᆞ여 주엇ᄂᆞ니라 헤롯이 예수의 소문을 듯고 요샤ᄒᆞᆫ ᄆᆞᄋᆞᆷ으로 ᄌᆞ긔가 죽인 요한의 소ᄉᆞ인가 ᄒᆞ야 무셔워ᄒᆞ야 ᄌᆞ긔의 죄를 스ᄉᆞ로 숑ᄉᆞᄒᆞ되 그 신하들이 감히 뎌희 님군을 ᄃᆡ송치 못ᄒᆞ엿ᄂᆞ니라 요한은 ᄒᆞᆫ 담대ᄒᆞᆫ 션교ᄉᆞㅣ라 어ᄃᆡ셔던지 죄악을 차자내면 긔어히 공포ᄒᆞ야 알게 ᄒᆞ엿ᄂᆞᆫᄃᆡ 대뎌 헤롯은 착ᄒᆞᆫ 님군이 아니오 헤로듸아ᄂᆞᆫ 곳 악ᄒᆞᆫ 녀인이라 헤롯은 안히가 잇고 헤로듸아ᄂᆞᆫ 지아비가 잇ᄉᆞᄃᆡ 헤롯과 헤로듸아가 서로 혼인 ᄒᆞ엿ᄂᆞᆫ지라 요한이 무셔워 ᄒᆞ지 안코 이 죄를 드러내여 용맹스럽게 말ᄒᆞᄃᆡ 동싱의 안히를 취 ᄒᆞᄂᆞᆫ것이 올치 안타 ᄒᆞ엿시니 대개 이 혼인에 세가지 률법을 범 ᄒᆞ엿ᄉᆞ니

一 헤롯왕의 졍궁이 그져 사라 잇ᄂᆞᆫ것

二 헤로듸아의 남편이 사라 잇ᄂᆞᆫ것

三 헤로듸아ᄂᆞᆫ 곳 헤롯의 질녀됨이니 그런고로 이것은 곳 샹피 되ᄂᆞᆫ 혼ᄉᆞㅣ니라 (리미긔 십팔쟝 십일졀)

헤로듸아 셰례 주ᄂᆞᆫ 요한의 말을 듯고 믜우 셩내여 그를 죽이고져 ᄒᆞ나 헤롯은 무셔워 ᄒᆞ야 이 일을 힝치 못ᄒᆞᆷ은 요한은 ᄒᆞᆫ 의인이오 셩인인줄 암미라. 그런고로 헤로듸아ㅣ 됴흔 긔회를 기ᄃᆞ리더니 맛참 헤롯 왕의 탄일을 당ᄒᆞᆫ지라 왕이 셩연을 ᄇᆡ셜ᄒᆞ고 놉흔 관원들과 유명ᄒᆞᆫ 인민을 쳥ᄒᆞ야 노랏ᄂᆞᆫᄃᆡ 아마 이 잔치ᄂᆞᆫ 헤로듸아의 쥬션으로 ᄇᆡ포ᄒᆞᆫ 바인ᄃᆞᆺ ᄒᆞ니라 헤로듸아ㅣ ᄒᆞᆫ 녀식이 잇ᄂᆞᆫᄃᆡ 일홈은 살노메라 님군과 즁빈의 압헤 춤을 츄워 그들노 ᄒᆞ여곰 다 ᄆᆞᄋᆞᆷ이 십분 환희케 ᄒᆞᆫ지라 헤롯이 임의 술이 취ᄒᆞ고 헌뎜 ᄒᆞᄂᆞᆫᄃᆡ 홀녀 그 계집 아ᄒᆡ의게 허락ᄒᆞᄃᆡ 무어시던지 달나 ᄒᆞᄂᆞᆫᄃᆡ로 주리라 ᄒᆞ엿ᄉᆞ니 이ᄂᆞᆫ 아마 헤롯이 ᄌᆞ긔의 허락ᄒᆞᆫ것을 다 온젼히 알지 못ᄒᆞᆷ이로다 그 어린 계집 아ᄒᆡ가 제 어미게로 급히 도라오니 그ᄂᆞᆫ 다만 셰례 주ᄂᆞᆫ 요한의 머리 취ᄒᆞ기를 ᄀᆞᆫ절이 원ᄒᆞᄂᆞᆫ자ㅣ라 이 션물은 참 흉악ᄒᆞᆫ 션물이로다 그러나 이 악ᄒᆞᆫ 님군이 이를 허락ᄒᆞ야 이 충신ᄒᆞᆫ 요한이 극ᄒᆞᆫ 형벌을 당ᄒᆞ니라

뭇ᄂᆞᆫ말

一 헤롯 왕이 엇지ᄒᆞ야 요한이 다시 살아남을 의심 ᄒᆞ엿ᄂᆞ뇨

二 또 다른이들은 누구라고 말들 ᄒᆞ엿ᄂᆞ뇨

三 헤롯왕이 무슴 일노 요한을 옥에 가도앗더뇨

四 헤롯왕이 근본 요한을 엇더케 ᄃᆡ졉 ᄒᆞ엿더뇨

五 그셰에 무숨일노 잔치 ᄒᆞ엿시며 손님은 누가 왓더뇨

六 그때에 누가 춤을 추엇더뇨

七 헤롯왕이 그 녀ᄌᆞᄃᆞ려 무어슬 주마 ᄒᆞ엿ᄂᆞ뇨

八 그 녀ᄌᆞ가 뉘게 가 무어슬 무럿더뇨

九 그 어미가 무어시라고 ᄀᆞᄅᆞ첫ᄂᆞ뇨

十 왕이 그 녀ᄌᆞ의 쳥ᄒᆞᄂᆞᆫ 말을 듯고 됴와 ᄒᆞ엿ᄂᆞ뇨

十一 왕이 군ᄉᆞ를 보내여 무숨일을 ᄒᆞ엿ᄂᆞ뇨

十二 요한의 대ᄌᆞ들이 엇더케 ᄒᆞ엿ᄂᆞ뇨

十三 그 녀ᄌᆞ가 과연 헤롯의 친ᄯᆞᆯ이며 일홈은 무어시더뇨

十四 이 공과 즁에셔 우리가 비홀거시 무어시뇨

령동소식

작년 납월에 통쳔 고셩 간셩 양양 강능 삼쳑 울진 등디에 ᄃᆞ니며 하ᄂᆞ님 말ᄉᆞᆷ을 젼ᄒᆞᆫ즉 원산이 갓가온 통쳔 ᄯᅡ에셔ᄂᆞᆫ 예수교를 드른 사ᄅᆞᆷ이 혹 잇시나 다른 디방은 예수씨 말ᄉᆞᆷ을 모로ᄂᆞᆫ중에 로마교 신부가 ᄃᆞ니며 힝셰를 엇더케 ᄒᆞ엿ᄂᆞᆫ지 군축이 무쌍 ᄒᆞ더니 하ᄂᆞ님의 도으심으로 셩경을 더러 사ᄂᆞᆫ 사ᄅᆞᆷ이 잇셧고 금년 삼월에 그 곳에 가보니 뎡궁일 문형진 두 사ᄅᆞᆷ은 셩신씌셔 셰샤 마귀를 거절 ᄒᆞ엿ᄉᆞ니 참 하ᄂᆞ님의 영광이 빗최샤 이 ᄀᆞᆺ흔 깃분 일이 잇ᄉᆞᆫ지라 쥬의 은혜와 ᄉᆞ랑ᄒᆞ심으로 그러케 되엿신즉 이제ᄂᆞᆫ 얼마큼 힘쓰고 보면 ᄎᆞᄎᆞ 붉은 빗치 나려 날러이오니 감샤ᄒᆞᆫ 말ᄉᆞᆷ 엇지 다 ᄒᆞᆯ수 업ᄉᆞᆸᄂᆞ이다 감리교우 윤셩근

닉보

(공ᄉᆞ폐현) 일젼에 덕국 공ᄉᆞ와 이벽씨와 일본 공ᄉᆞ 림권죠씨가 폐현 ᄒᆞ엿다더라

○(관찰채임) 경긔 관찰ᄉᆞ 죠종필씨가 샹쇼 ᄒᆞ고 갈닌ᄃᆡ에 의졍부 참찬 니지극씨가 셔임 ᄒᆞ엿다더라

○(시교시험) 시무 학교에셔 하긔 시험을 ᄒᆞ엿ᄂᆞᆫᄃᆡ 우등ᄉᆡᆼ의게 지필묵과 만국 략ᄉᆞ ᄒᆞᆫ질식과 부치 등물을 시샹 ᄒᆞ엿다더라

(잡류피착) 일젼에 평리원 지관장 홍종우씨가 종로로 지널시 넛더ᄒᆞᆫ 사ᄅᆞᆷ 수삼인이 ᄒᆞᆫ곳에 모히여 무슴 협잡 ᄒᆞᆯ 일을 의론ᄒᆞ거ᄂᆞᆯ 곳 평리원에 잡어 가두엇다더라

○(쟝인죽인놈) 슈원 사ᄂᆞᆫ 김종건이가 아현 사ᄂᆞᆫ 고원보의 ᄯᆞᆯ의게 쟝가들어 ᄀᆞᆺ치 살더니 김가가 긴용ᄒᆞᆯ 곳이 잇다 ᄒᆞ고 제 쟝인의 집을 칠ᄇᆡᆨ량에 뎐당잡히여 쓰고 도모지 집 문권을 차져 주지 아니 ᄒᆞ거ᄂᆞᆯ 김가의 쟝인이 그 돈을 속히 갑흐라 지촉

ᄒᆞᆫ디 김가의 말이 양근 사롬의게 빗을 돈이 잇다 ᄒᆞ고 제 장인을 다리고 동소문 밧긔로 나아가다가 산협 숩풀 속에셔 칼노 질너 죽엿는디 동셔 슌검이 곳 김가를 잡어 갓다더라

○학샹셔리) 학부협판 니지곤씨는 대신 ᄉᆞ무를 잠시 셔리 ᄒᆞ엿다더라

○궁대셔리) 궁ᄂᆡ대신 셔리 윤정구씨는 봉 병ᄒᆞ고 셩밧긔 나아 간고로 도라올 동안에 탁지대신이 ᄉᆞ무를 림시 셔리 ᄒᆞ엿다더라

○ᄂᆡ부죠회) ᄂᆡ부에셔 탁지부에 죠회 ᄒᆞ기를 종두샤를 셜시 ᄒᆞ겟시니 전 감옥셔를 허가 ᄒᆞ라 ᄒᆞ엿다더라

○셔긔션발) 량디아문에셔 셔긔 삼십오명을 취직ᄒᆞ여 뽑는디 청촉 ᄒᆞ는 사롬은 삼빅 여명이라더라

○동가뎡지) 양쥬 금곡으로 거동 ᄒᆞ시기를 예뎡 ᄒᆞ셧더니 그 디방 빅셩들이 치도 ᄒᆞ는디 원셩이 잇심을 황샹폐하ᄭᅴ오셔 하문 ᄒᆞ시고 양쥬에 동가ᄒᆞ시기를 뎡지 ᄒᆞ엿다더라

○다ᄉᆞᆺ벼술겸임) 의정부 찬정 탁지대신 죠병식씨는 궁ᄂᆡ 대신과 경부대신을 셔리 ᄒᆞ고 량디아문 총직를 겸임 ᄒᆞ엿시매 ᄒᆞᆫ몸에 다ᄉᆞᆺ 벼술의 즁임을 맛흔고로 죠씨가 미우 분쥬불가 ᄒᆞᆫ다더라

○텰교관광) 근일에 로량진 텰교를 필역ᄒᆞᆫ매 경인 텰로를 통ᄒᆞ야 릭왕 ᄒᆞ는고로 텰교 구경ᄒᆞ라고 화륜션을 타고 날마다 왕릭 ᄒᆞ는 사롬이 심히만타더라

외보

대발병) 일본 정부에셔 청국으로 군ᄉᆞ 이만 이쳔명을 발송 ᄒᆞ기로 결의 ᄒᆞ엿는디 금명간 동병즁이라더라

○쇼식돈졀) 텰로와 뎐션이 다 ᄭᅳᆫ어진고로 청국 북경 쇼식이 돈졀 ᄒᆞ엿다더라

본회광고

본회에셔 이 회보를 젼년과 ᄀᆞᆺ치 일쥬일에 ᄒᆞᆫ번식 발간 ᄒᆞ는디 새로 륙폭으로 작뎡 ᄒᆞ고 ᄒᆞᆫ장갑슨 엽젼 오푼이오 ᄒᆞᆫ돌갑슬 미리 내면 젼과 ᄀᆞᆺ치 엽젼 ᄒᆞᆫ돈 오푼이라 본국 교우나 셔국 목ᄉᆞ나 교외 친구나 만일 사셔 보고져 ᄒᆞ거든 졍동 아펀셜라 목ᄉᆞ 집이나 죵로 대동셔시에 가셔 ᄉᆞ시옵

죵로대동셔시광고

우리 셔사에셔 셩경 신구약과 찬미가칙과 교회에 유익ᄒᆞᆫ 여러가지 셔칙과 시무에 긴요ᄒᆞᆫ 셔칙들을 팔되 갑시 샹당 ᄒᆞ오니 학문샹과 시무변에 ᄯᅳᆺ이 잇는 군ᄌᆞ들은 만히 사셔 보시옵

대영국셩셔공회광고

새로 간츌 ᄒᆞᆫ거슨 로마 가라태 ᄭᅩᆯ노시 야고보 베드로 젼후셔 티모데 젼후셔니 사셔 보실이는 회샤쥬인 젼묘 션싱ᄭᅴ로 오시옵

뎨ᄉᆞ권

대한그리스도인회보

뎨이십구호

의원부인 의환국ᄒᆞᆷ

한셩 졍동 보구녀관에 잇는 의원부인 커들 녀씨는 칠년젼에 대한으로 나왓는ᄃᆡ 비단 대한 사ᄅᆞᆷ의 병만 곳쳐 준거시 아니라 셔양 사ᄅᆞᆷ의 병ᄭᆞ지 보아 약을 주며 닐곱히 동안에 의원일을 근실이 보더니 고국에 도라갈 한이 되야 이달 십이일에 졍동을 써나 미국으로 도라간지라 갈때에 대한 녀교중 ᄒᆞᆫ ᄋᆞ희를 ᄃᆞ려 갓시니 셩명은 셔씨 메레라 쟝ᄎᆞᆺ 미국 학교에 두어 공부를 마르친다 ᄒᆞ니 이 ᄋᆞ희는 대한 녀인중에 두번재 ᄃᆞ려간 ᄋᆞ희더라

○ 쳣번에 미국으로 드려간 녀교우는 박여션씨의 실니 김씨 익쓰터이니 오년젼에 홀의원 부인이 박씨의 니외를 ᄃᆞ리고 드러가 의학교에 두엇는ᄃᆡ 오년 동안에 의셔를 공부 ᄒᆞ야 졸업쟝을 엇엇시니 오래지 아니ᄒᆞ야 대한으로 도라 올듯 ᄒᆞ고 박씨는 불ᄒᆡᆼ이 병드러 미국에셔 죽엇다더라

의화권

쳥국에 의화권 비도가 챵궐ᄒᆞᆷ은 우리가 요젼 이십륙호 회보에 긔지 ᄒᆞ엿거니와 근일에 소문을 드른즉 각국 공ᄉᆞ들은 그져 북경안에 잇셔 의화권이 에워싼 으로 나아 오지 못ᄒᆞ며 비도는 쳥국 북편에 졈졈 더 니러나 무례ᄒᆞᆫ 일을 만히 ᄒᆡᆼᄒᆞ는ᄃᆡ 본국 교민은 만히 죽고 셔국 사ᄅᆞᆷ은 실샹 얼마 샹ᄒᆞ지 아니ᄒᆞ엿시나 교ᄉᆞ들이 대한으로 피란온쟈 여ᄉᆞᆺ 식구오 일본국으로 피란ᄒᆞᆫ쟈는 만흔지라 쳥국일이 리두에 엇더케 될는지 알수 업시나 우리 ᄒᆞᆯ 일은 참 졍셩으로 하ᄂᆞ님끠 긔도ᄒᆞ야 군축 당ᄒᆞᆫ 쳥국 교우 도아 주시기를 군구ᄒᆞᆯ지니라

엡웟쳥년회문제

팔월

一 예수의게 긔도법 비홈 누가十一장一졀

二 신령과 참리치로 긔도ᄒᆞᆷ 요한四장二十三四졀

三 은밀히 긔도ᄒᆞᆷ 마태六장六졀

四 쥬의 긔도문 마태六장

구월

一 긔도로 구ᄒᆞ라ᄒᆞ심 마태七장七八졀 야고보四장八졀

二 하ᄂᆞ님이 우리 긔도를 드르심 마태七장八九졀 노十一졀

三 긔도로 셩신을 엇음 누가十一장十三졀

四 힘써 긔도ᄒᆞᆷ 누가十一장五졀-八졀

일빅륙십삼

대한그리스도인 회보

THE KOREAN CHRISTIAN ADVOCATE.

H. G. APPENZELLER, - Editor.

TERMS:—30 cents per year, in advance. Postage extra.

WEDNESDAY, July 18, 1900.

서울 정동서 일쥬일에 ᄒᆞᆫ번식 발간ᄒᆞᄂᆞᆫᄃᆡ 아편셜라 목ᄉᆞ가 회보 샤쟝이 되엿더라

일년 갑슬 미리 ᄂᆡ면 삼십륙젼이오 우표 갑슨 ᄯᅩ로 잇노라

영화학당방학

륙월 이십삼일 열시 반에 졔물포 룡동 영화 학당에서 방학 ᄒᆞ엿ᄂᆞᆫᄃᆡ 그 졀ᄎᆞᄂᆞᆫ 여좌ᄒᆞ더라 목ᄉᆞ 됴원시씨가 긔회 ᄒᆞ고 훈쟝 박능일씨가 찬미 긔도ᄒᆞ고 누가복음 십칠쟝 일졀노 십졀ᄭᆞ지 보고 학도들의 학과를 시취ᄒᆞᆯ시 학도들이 각기 큰 글시 ᄒᆞᆫ쟝식을 썻ᄉᆞ니 그글ᄌᆞᄂᆞᆫ(조지련당영십쳐)라 ᄒᆞ고 ᄯᅩ 구쥬님의 은혜로 일년 동안을 평안히 공부를 잘 ᄒᆞ엿ᄉᆞ니 하ᄂᆞ님ᄭᅴ 감샤 ᄒᆞ옵ᄂᆞ이다 ᄒᆞᄂᆞᆫ 문뎨를 ᄆᆞ지고 각기 글 ᄒᆞᆫ쟝식 지온것은 ᄌᆞ긔로 랑독케 ᄒᆞ고 ᄯᅩ 각기 ᄇᆡ혼 ᄉᆞ긔ᄃᆡ로 ᄯᅳᆺ도 뭇고 강론도 ᄒᆞ고 ᄯᅩ 텬ᄌᆞ문으로 브터 만국디지 ᄭᆞ지 칙 일홈이 아홉ᄭᆞ지라 칙 일홈ᄃᆡ로 아홉 등분을 논호와 세우고 졸업ᄒᆞᆫ 칙 슈효를 죠ᄉᆞ ᄒᆞ시고 ᄯᅩ 영어 학원들을 시취ᄒᆞ매 강론과 문답이 여류ᄒᆞᆫ지라 이 학과의 진보 되기ᄂᆞᆫ 오직 교ᄉᆞ 안정슈씨의 셩심이나 엇지 감샤치 아니 ᄒᆞ리오 ᄯᅩ 국문 공과의 졸업을 죠ᄉᆞᄒᆞ니 삼십일인 학도중에 다만 어린 ᄋᆞ히 둘만 못ᄒᆞᆫ지라 학과의 진취됨이 이러ᄒᆞ니 그 ᄌᆞ미 잇ᄂᆞᆫ 말은 셜명치 아니 ᄒᆞ여도 이 가온ᄃᆡ 감초여 잇ᄉᆞ리로다 이 여러가지 학과를 맛친후에 쟝경화씨가 긔명샹에 나아잔 열ᄆᆡ로 간단이 말솜ᄒᆞ시고 박능일씨가 ᄯᅩᄒᆞᆫ 권쟝ᄒᆞᄂᆞᆫ 말솜을 ᄒᆞ고 회쟝 됴원씨 크게 ᄉᆞ랑ᄒᆞ시ᄂᆞᆫ ᄯᅳᆺ을 나타내샤 비유로 말솜ᄒᆞ시기를 가령 십년을 힘을 써서 지물을 모화써가 맛참 됴흔 진쥬 ᄒᆞᆫ기를 산지라 그 진쥬를 ᄉᆞ랑ᄒᆞ다가 잘못ᄒᆞ여 일케되면 그 진쥬를 일흔것이 곳 십년을 힘써 모흔 돈을 일흔것이니 엇지 원통치 아니ᄒᆞ리오 이와 ᄀᆞᆺ치 모든 학도들은 이 말을 긔념ᄒᆞ여 두어돌 쉬일 동안에 정셩으로 례ᄇᆡ를 직히고 마귀의 유혹에 ᄲᅡ지지 아니ᄒᆞ고 오직 지극히 보ᄇᆡ로온 진쥬를 잘 ᄉᆞ랑ᄒᆞ여 잘 진이고 잇기를 구쥬님의 일홈으로 ᄇᆞ라노라 ᄒᆞ시고 뎨일 찬미로 폐회ᄒᆞ고 방학ᄒᆞ시니 학도들이 열심이 가독ᄒᆞ여 깃분 ᄆᆞᄋᆞᆷ으로 졀ᄎᆞ 잇고 례모 잇게 목ᄉᆞ 압헤 나아가 공손이 대한 례로 뵈온ᄃᆡ 목ᄉᆞᄭᅴ서 ᄯᅩᄒᆞᆫ 공손이 대한 례로 답례ᄒᆞ셧ᄉᆞ니 이 모든 영광은 하ᄂᆞ님ᄭᅴ로 돌이옵ᄂᆞ이다 ᄒᆞ엿더라

만국쥬일공과 그리스도 씨의힝젹

뎨이부 뎨십이공과

칠월 이십구일

오쳔사름을먹이심

요한복음 륙쟝 오졀노 십스졀

五 예수ㅣ 눈을 드러 큰 무리 오
는거슬 보시고 빌닙드려 닐우샤
ᄃᆡ 어ᄃᆡ셔 떡을 사셔 이 사름들
을 먹게 ᄒᆞ겟ᄂᆞ냐 ᄒᆞ시니 六 예
수ㅣ 엇더케 ᄒᆞᆯ거슬 쟉뎡ᄒᆞ시고
빌닙을 시험코져 ᄒᆞ야 이 말솜
을 ᄒᆞ심이러라 七 빌닙이 ᄃᆡ답
ᄒᆞᄃᆡ 이빅젼 앗치 떡을 사셔 각
사름이 조곰식 먹어도 부족ᄒᆞ
외다 八 ᄒᆞᆫ 뎨즈 시몬 베드로의
아오 안드레가 예수씌 말ᄒᆞᄃᆡ
九 여긔 ᄒᆞᆫ 아희가 잇셔 큰 보
리떡 다솟과 물고기 둘을 가졋
ᄉᆞ나 이 숫ᄒᆞᆫ 사름의게 얼마 되
겟슴ᄂᆞ잇가 十 예수ㅣ 골으샤ᄃᆡ
이 사름들을 안게 ᄒᆞ라 ᄒᆞ시니
그 써헤 잔듸가 만흔지라 사름
이 다 안즈니 수효가 오쳔쯤 되
더라 十一 예수ㅣ 떡을 가지시고
축샤 ᄒᆞᆫ후에 안즌 사름을 논화
주고 고기도 또 여러 사름의 먹
ᄂᆞᆫᄃᆡ로 주어 十二 다 빅 부르매
예수ㅣ 뎨즈ᄃᆞ려 닐우샤ᄃᆡ 남은
부서지를 거두고 내여 ᄇᆞ리지
말나 ᄒᆞ시니 十三 다솟 보리 떡
으로 여러시 먹고 남은 부석지
를 거두니 열두 광쥬리에 ᄀᆞ독
ᄒᆞᆫ지라 十四 여러 사름이 예수ㅣ
긔이ᄒᆞᆫ 일 ᄒᆞᆫ신거슬 보고 말
ᄒᆞᄃᆡ 이는 진실노 셰샹에 ᄂᆞ려
오실 션지라 ᄒᆞ더라

요지

오ᄂᆞᆯ날 우리의게 일용ᄒᆞᆯ 량식을
주옵시고

깃ᄒᆞᆫ귀절

마태 십ᄉᆞ쟝 십삼졀노 이십삼졀
마가 륙쟝 삼십졀노 ᄉᆞ십ᄉᆞ졀
루가 구쟝 십졀노 십칠졀

년ᄃᆡ

셔력 긔원후 이십구년 삼월이나
ᄉᆞ월인ᄃᆞᆺ ᄒᆞᄂᆞ니라

디방

갈닐니 바다나 ᄃᆡ베랴ㅣ니라

공과의구별,

一 여러 무리와 그들의 크게 슈
용ᄒᆞᆯ것
二 힘ᄒᆞᆫ신 이젹
三 그 이젹의 결과

주셕

요한의 뎨즈ᄂᆞᆫ 슬픈 ᄉᆞ졍을 씌
고 예수의게 급히 나아오고 예
수의 문도들은 샤귀들을 이긘
권능으로 양양 즈득ᄒᆞ야 파송ᄒᆞ
신 명령을 회복 ᄒᆞ엿ᄂᆞᆫᄃᆡ 여러
무리가 답지ᄒᆞ야 그들의게 나아
오니 대개 이는 유월졀이 온
갈닐니 사름들이 예루살넴으로
향ᄒᆞ엿ᄂᆞ니라 모혀드ᄂᆞᆫ 사름이
엇더케 만ᄒᆞ던지 예수와 그 무
리가 셔나 음식 먹을세나 쉴세
가 업ᄂᆞᆫ고로 그와 열두 뎨즈가
ᄒᆞᆫ 젹은 ᄇᆡ를 ᄐᆞ고 못을 건너
갓시나 그 무리가 비유ᄒᆞ시ᄂᆞᆫ
말솜과 이젹을 더 ᄉᆞ모ᄒᆞ야 ᄇᆡ
가ᄂᆞᆫ것을 ᄉᆡᆨ 직혀 못 가흐로 급
히 와셔 그 못 북편으로 잇ᄂᆞᆫ 길
이 비록 ᄇᆡ로 건너 가기보다 더
머나 그들이 ᄇᆡᄉᆞᄃᆡ에 니르러

예수와 그 문도들이 ᄑᆡ신후에 은혜를 베플기젼에 예수ㅣ 좌졍ᄒᆞ신 곳으로 산 비탈을 향ᄒᆞ야 답지ᄒᆞ야 나아오니 예수ᄭᅴ셔 그들이 진리를 위ᄒᆞ야 주린 모양을 보임을 보시고 ᄆᆞ음이 감동ᄒᆞ야 그들을 교훈ᄒᆞ셧시나 그ᄯᅢ에 ᄒᆡ가 다 지게 된고로 ᄇᆡᆨ셩의 고로옴이 더옥 큰지라 예수ᄭᅴ셔 그들이 주려 곳 고초 볼줄을 미리 아르시고 빌닙을 도라보시고 그 밋음을 시험코져 ᄒᆞ샤 이 만흔 ᄉᆞᄅᆞᆷ들을 엇더케 다 먹일고 ᄒᆞ시니 이 뭇ᄂᆞᆫ 말ᄉᆞᆷ과 ᄃᆡ답 ᄒᆞᄂᆞᆫ말은 곳 그 문도들노 ᄒᆞ여곰 날이 어둡기 젼에 그 모흰 ᄉᆞᄅᆞᆷ들을 다 헤쳐 보내게 홈이나 우리 쥬ᄭᅴ셔 옹용이 ᄃᆡ답ᄒᆞ샤ᄃᆡ 너희가 그들을 먹이라 ᄒᆞ시ᄂᆞᆫᄃᆡ ᄒᆞᆫ 적은 ᄋᆞᄒᆡ가 젼ᄃᆡ에 적은 보리ᄯᅥᆨ 다ᄉᆞᆺ 조각과 마른 ᄉᆡᆼ션 두마리를 담아 가지고 올나 오ᄂᆞᆫ지라 예수ᄭᅴ셔 그ᄯᅥᆨ과 ᄉᆡᆼ션을 취ᄒᆞ샤 몬져 그 문도들노 ᄒᆞ여곰 그 ᄉᆞᄅᆞᆷ들을 음식 먹일ᄎᆞ로 다 ᄎᆞ례로 안치게 ᄒᆞ시니 그 ᄉᆞᄅᆞᆷ들이 청초우에 안지매 그들의 오ᄉᆡᆨ 복장이 보기에 푸른동산 화계에 각ᄉᆡᆨ 화훼 만발 ᄒᆞᆫ듯 ᄒᆞ고 구쥬ᄭᅴ셔 잠간 하ᄂᆞᆯ을 우러러 긔도를 드리시고 ᄯᅥᆨ을 ᄯᅦ혀 십이 문도를 주시니 문도들이 각기 ᄯᅥᆨ을 ᄯᅦ여 ᄎᆞ례로 갓가히 잇ᄂᆞᆫ ᄉᆞᄅᆞᆷ의게 돌녀주니 녀인과 어린 ᄋᆞᄒᆡ들은 ᄲᅢ고 오쳔명을 먹이게 ᄒᆞ지 ᄯᅥᆨ 조각이 느러나고 ᄯᅩ 쥬의 분부로 ᄯᅥᆨ 부석지를 주어 모흐니 열두 광쥬리에 가득 ᄒᆞ더라 ○ **빌닙**은 그 ᄃᆡ방 ᄉᆞᄅᆞᆷ이니 그ᄯᅢ에 물건을 살수 잇ᄂᆞᆫ지 뎨일 잘 아ᄂᆞᆫ ᄉᆞᄅᆞᆷ이니 이ᄂᆞᆫ 곳 ᄯᅩᆨᄯᅩᆨ ᄒᆞ고 경력 잇ᄂᆞᆫ ᄉᆡᆼ업 ᄒᆞᄂᆞᆫ ᄉᆞᄅᆞᆷ이니라

이ᄇᆡᆨ량 현힝 은화 륙십팔원 가량 되ᄂᆞ니 이러케 만흔 ᄉᆞᄅᆞᆷ들을 먹이기에 만치 못 ᄒᆞ니라

보리ᄯᅥᆨ은 빈한ᄒᆞᆫ ᄉᆞᄅᆞᆷ의 수용ᄒᆞᄂᆞᆫ 음식이니라 만찬을 특별히 긔록ᄒᆞᆫ 가림다젼셔 십일쟝과 이공과 십일졀을 비교 ᄒᆞ여보라

ᄂᆞᆷ은 부석지를 거두고 ᄒᆞᆫ 큰 리치를 여긔 알게 ᄒᆞ엿고 ᄯᅩ 허비 ᄒᆞᄂᆞᆫ거ᄉᆞᆫ 곳 죄 엇ᄂᆞᆫ일이니 무ᄉᆞᆷ 물건이던지 홍샹 잘 ᄀᆞᆫ슈ᄒᆞ야 ᄡᅳᆯ지니라 녯적에 유대 ᄉᆞᄅᆞᆷ들은 츌립ᄒᆞᆯᄯᅢ에 광쥬리를 가지고 ᄃᆞᆫ니ᄂᆞᆫ 풍속이 잇셧ᄂᆞᆫᄃᆡ 이 열두 광쥬리ᄂᆞᆫ 곳 열두 문도가 각기 ᄒᆞ나식 가진 것이니라

오실션지쟈라 그 ᄇᆡᆨ셩들이 예수의 힝ᄒᆞ신 이적을 보고 예수ᄭᅴ셔 ᄒᆞᆫ 큰 션지신줄 알고 모세의게 나린 마나를 긔억 ᄒᆞ엿ᄂᆞ니라

뭇ᄂᆞᆫ말

一 예수와 그 뎨ᄌᆞ들이 어ᄃᆡ 계셧더뇨

二 그ᄯᅢ에 무ᄉᆞᆷ 졀긔가 갓가왓더뇨

三 예수ᄭᅴ셔 빌닙ᄃᆞ려 엇더케 말ᄉᆞᆷ ᄒᆞ셧ᄂᆞ뇨

四 빌닙이 엇더케 ᄃᆡ답 ᄒᆞ엿ᄂᆞ뇨

五 안드레가 예수ᄭᅴ 엇더케 말ᄉᆞᆷ ᄒᆞ엿ᄂᆞ뇨

六 예수ᄭᅴ셔 엇더케 명령 ᄒᆞ셧ᄂᆞ뇨

七 그 무리가 몃 사룸이나 되더뇨

八 예수씌셔 그 떡과 물 고기를 ᄀᆞ지시고 엇더케 ᄒᆞ셧ᄂᆞ뇨

九 그 남은 부셔지가 얼마나 되더뇨

十 여러 사룸들이 엇더케 말ᄒᆞ엿ᄂᆞ뇨

十一 우리 령혼이 주리면 엇더케 ᄒᆞ여야 되겟ᄂᆞ뇨

히명ᄒᆞᄂᆞᆫ 말

셩경은 녜젼에는 ᄋᆞ회째에 쥬의 ᄒᆞ거시 서로 ᄀᆞᆺ지 아니 ᄒᆞ니 다만 ᄒᆞᆫ ᄋᆞ회가 일나드에 잇고 고셔에는 ᄒᆞ나도 업ᄂᆞᆫ지라 셩경에 유명ᄒᆞᆫ 사룸들이 어려숄때에 지낸 ᄉᆞ젹을 만히 말 ᄒᆞ엿ᄂᆞᆫ듸 요긴ᄒᆞᆫ ᄉᆞ졍이 만히 ᄒᆞᆫ ᄋᆞ회의 신실ᄒᆞᆫ듸에 달녓ᄉᆞ니 나만 드려 제병이 엇더케 곳침을 엇으리라고 말ᄒᆞᆫ 젹은 계집 ᄋᆞ희의 입과 ᄌᆞ긔의 모친을 구ᄒᆞ야 ᄌᆞ긔의 어린거ᄉᆞᆯ 고시련 ᄒᆞ게ᄒᆞᆫ 모세의 부의 ᄀᆞᆺᄒᆞᆫ 사룸들이니라 예수때서 이 셰상에 어린 ᄋᆞ회 모양으로 오셧ᄉᆞ니 그가 ᄋᆞ회들을 향ᄒᆞ야 아룸다온 츅ᄉᆞ를 ᄒᆞ시고 예수씌셔 이 ᄋᆞ회를 동등에 드려 이 큰 이젹을 ᄀᆞᆺ치 힝ᄒᆞ셧ᄂᆞ니라

교회당을 하ᄂᆞ님씌 밧침

우리가 담방리 회당 하ᄂᆞ님씌 밧친일을 요젼 이십칠호 회보에 긔지 ᄒᆞ엿거니와 지금 인쳔 교회에서 ᄌᆞ세히 긔록ᄒᆞᆫ 편지가 왓기로 또 츌판 ᄒᆞ노라

거륙월 이십칠일에 인쳔 담방리 교회당을 하ᄂᆞ님씌 밧치ᄂᆞᆫ 례식을 힝 ᄒᆞᄂᆞᆫ듸 미이미회 쟝로ᄉᆞ 시란돈씨와 목ᄉᆞ 됴원시씨와 또 그 부인이 오시고 대한 교우들은 본회 남녀 교우들과 졔물포 남녀 교우와 부평 굴지 교우와 인쳔 뭇지너 교우들과 남양읍 교우가 모혓ᄉᆞ니 여ᄉᆞᆺ곳 교회가 ᄀᆞᆺ치 참례 ᄒᆞ엿고 쳥숑문을 세우며 십ᄌᆞ긔를 놉히 돌고 오젼 십일시에 쟝로ᄉᆞ씌셔 긔도 긔회ᄒᆞ고 히브리 십장 일졀노 이십륙졀 ᄭᆞ지와 시편 일빅 이십이편과 에베소 이쟝 십팔졀노 이십이졀 ᄭᆞ지와 묵시록 이십일쟝 구졀노 이십칠졀 ᄭᆞ지 닑고 모든 교우를 듸ᄒᆞ야 연셜 ᄒᆞ시되 우리가 이집을 하ᄂᆞ님씌 밧쳣ᄉᆞ니 이후로는 하ᄂᆞ님씌셔 이집에 드려오실줄 밋고 또 모든 교우들이 이집 지은것과 ᄀᆞᆺ치 지동과 보와 연복이 서로 븟들고 의지ᄒᆞ여 셤과 ᄀᆞᆺ치 우리도 서로 도아 주고 서로 ᄉᆞ랑ᄒᆞ야 합심 ᄒᆞ라 ᄒᆞ시고 됴목ᄉᆞ가 말숨 ᄒᆞ기를 이 집을 지어 하ᄂᆞ님씌 밧침과 ᄀᆞᆺ치 우리가 맛당히 각각 ᄆᆞᄋᆞᆷ 속에 셩뎐을 지어 하ᄂᆞ님이 거 ᄒᆞ시게 ᄒᆞ라 권면 ᄒᆞ시고 오후 두시에 다시 모혀 쟝로ᄉᆞ씌셔 로마인셔 십이쟝 일졀노 이졀 ᄭᆞ지 닑고

몃마다 연셜후에 됴목ᄉᆞ가 또 연셜 권면 ᄒᆞᄂᆞᆫᄃᆡ 춤 조미 잇고 모든 듯ᄂᆞᆫ이가 졍신이 쇄락ᄒᆞ여 이 셰상에 잇슴을 돈연히 니졋더라 각쳐 교형뎨 ᄌᆞ미들이 각각 본회 형뎨를 치하 ᄒᆞᄂᆞᆫ 말ᄉᆞᆷ으로 간즁ᄒᆞ고 영화를 다 하ᄂᆞ님ᄭᅴ 돌니며 깃분 ᄆᆞᄋᆞᆷ으로 파회 ᄒᆞ엿더라

닉보

대관쇼쳬) 의졍부 찬졍 심샹훈씨와 의졍부 찬졍 민치헌씨와 의졍부 찬졍 리윤용씨가 다 ᄉᆞ직쇼를 샹ᄒᆞ야 갈니고 의졍대신 윤용션씨ᄂᆞᆫ 겸임ᄒᆞᆫ 총호ᄉᆞ 벼슬을 쇼쳬ᄒᆞ고 젼 의졍대신 심순턱씨가 총호ᄉᆞ를 ᄒᆞ엿다더라

외보

교민피해) 쳥국 형쥬부에 잇ᄂᆞᆫ 영국 교회당이 비도의게 훼파되엿고 의쥬부에셔ᄂᆞᆫ 뎌쥬 교회댱이 비도의게 파쇄 되엿ᄂᆞᆫᄃᆡ 션교ᄉᆞ 삼명을 죽엿다더라

○각공ᄉᆞ우해) 본월 초칠일에 북경 각 공관에 잇ᄂᆞᆫ 보호병이 합력ᄒᆞ야 쳥국 쟝슈 동복샹의 군ᄉᆞ를 만히 죽엿다 ᄒᆞ며 그후에 쳥국 군ᄉᆞ와 비도들이 합력되야 외국 공관의 담을 헐고 각 공ᄉᆞ이하로 부녀와 ᄋᆞᄒᆡ들과 보호병 ᄉᆞ쟈 ᄒᆞ나업시 다 죽엿다 ᄒᆞᄂᆞᆫᄃᆡ 외국 보호병은 탄알도 업서지고 먹을것도 업고 수만명 쳥국병의게 텰통ᄀᆞᆺ치 ᄊᆡ이여 팔구일뎡이 일시에 몰ᄉᆞᄒᆞ다 ᄒᆞ니 그 경샹이 심히 참혹ᄒᆞᆫ지라 그 확실ᄒᆞᆫ 소문은 듯지 못 ᄒᆞ엿거니와 각쳐 신문즁에 쳥국 면보 긔록ᄒᆞᆫ 말이기로 위션 긔지 ᄒᆞᄂᆞ이다

○발병토역) 량강총독 유곤일과 호광총독 쟝지동등이 비도를 토멸ᄒᆞ고 외국인을 보호ᄒᆞ야 각국과 화친ᄒᆞ고 병혁을 뎡지 ᄒᆞ며 샤직을 안보ᄒᆞᆯ 계칙으로 북경 졍부에 뎐고ᄒᆞ엿더니 단친왕이 대로ᄒᆞ야 산동슌무 원셰긔로 군ᄉᆞ 이만인을 조발ᄒᆞ야 반역ᄒᆞᄂᆞᆫ 유곤일을 치라ᄒᆞ매 강남 총독들은 유곤일을 구원코져 ᄒᆞᆫ다더라

데삼권

대한 그리스도인 회보

데삼십호

안식일을 직힘

우리가 경향 각쳐에 잇는 회당을 다 보지 못ᄒᆞ엿시매 ᄌᆞ셰히 알수 업거니와 대개 쥬일 오젼에는 회당에 모히는 무리가 만코 오후에는 모히는 교우가 만치 못ᄒᆞ니 실노 민망ᄒᆞᆫ 일이라 수십리 밧게셔 온 형뎨는 오후 례ᄇᆡᄭᆞ지 참예ᄒᆞ되 회당 갓가히 사는 교우는 오후에 오지 안는이가 만코 혹은 말ᄒᆞᄃᆡ 집에셔 셩경 보고 긔도ᄒᆞ여도 쥬일 직히기는 회당에 가는것과 일반이라 ᄒᆞ고 혹은 말ᄒᆞᄃᆡ 예수를 밋는거시 여러번 모히는ᄃᆡ 잇심이 아니라 참 밋는 ᄆᆞᄋᆞᆷ으로 ᄒᆞᆫ번만 모혀도 령혼을 구원ᄒᆞᆫ다 ᄒᆞᄂᆞ니 이거ᄉᆞᆫ 다 핑계ᄒᆞ는 말이라 거룩ᄒᆞᆫ 쥬일에 몃번이던지 열심으로 모히여 나리시는 복을 밧을거시오 ᄯᅩ 근ᄅᆡ 경셩에는 뎐긔차와 화륜차가 잇서 소풍ᄒᆞ는 사ᄅᆞᆷ들이 날마다 노돌강 건너ᄭᆞ지 공연이 ᄅᆡ왕ᄒᆞ니 다른 날에 놀너 ᄃᆞ니는거ᄉᆞᆫ 우리가 말ᄒᆞ지 안커니와 만일 교도가 되야 쥬일에 소풍ᄒᆞ려 ᄃᆞ니면 그거ᄉᆞᆫ 됴치 못ᄒᆞᆫ 일이라 우리 교우중에 이런 사ᄅᆞᆷ이 지금 잇다는거시 아니라 모든 교우들이 다 깃분 ᄆᆞᄋᆞᆷ으로 하ᄂᆞ님 ᄯᅳᆺ슬 슌죵ᄒᆞ야 독실이 안식일 직히기를 ᄇᆞ라노라

청국쇼식

근일에 소문을 드른즉 칠월 이십일ᄭᆞ지는 북경 셩ᄂᆡ에 잇는 각국 공령ᄉᆞ들과 외국인이 다 무ᄉᆞ히 잇다 ᄒᆞ며 각국 련합군이 칠월 십삼일에 텬진에셔 청국 군ᄉᆞ와 크게 싸화 청인을 무수히 죽이고 각쳐 포ᄃᆡ를 다 뎜탈ᄒᆞ엿는ᄃᆡ 외국병은 죽은쟈ㅣ 합 칠ᄇᆡᆨ명이오 그ᄯᅢ에 일본 병뎡이 압흐로 나아가 포ᄃᆡ를 몬져 ᄲᅢ셧는ᄃᆡ 대포 ᄉᆞ십일문과 은젼 여러 만량을 엇엇다더라

화미보에 ᄀᆞᆯᄋᆞᄃᆡ 의화권은 근본 건륭 황뎨ᄯᅢ브터 시쟉이 되엿는ᄃᆡ 그ᄯᅢ에 의화권이 다 남방 고로야로 두령을 삼아 그 술법을 련습ᄒᆞ엿시며 고로야는 하남 사ᄅᆞᆷ 고문싱이니 건륭 삼십륙년에 샤술노 잡히여 정부에셔 죽엿더니 그후에 고씨의 뎨ᄌᆞ들이 법술을 밀밀히 젼파ᄒᆞ야 작년브터 산동셩에셔 다시 니러나 쥬먹과 몽치 쓰는법을 련습ᄒᆞ며 말ᄒᆞᄃᆡ 쥬문과 진언으로 귀신을 능히 부리며 물과 불에 드러가도 샹ᄒᆞ지 안코 춍과 칼을 맛아도 죽지 안는다 ᄒᆞ니 어리셕은 ᄇᆡᆨ셩이 ᄃᆞᆺ토아 그 회에 드러오고 왕공 대신과 환관 궁녀ᄭᆞ지 의화권을 밋는쟈ㅣ 만타 ᄒᆞ엿더라

대한그리스도인 회보

THE KOREAN CHRISTIAN ADVOCATE.

H. G. APPENZELLER, - Editor.

TERMS:—36 cents per year, in advance. Postage extra.

WEDNESDAY, July 25, 1900.

서울 정동셔 일쥬일에 ᄒᆞᆫ번식 발간 ᄒᆞᄂᆞᆫᄃᆡ 아편셜라목ᄉᆞ가 회보 샤쟝이 되엿더라

일년 갑슬 미리 내면 삼십 륙젼이오 우표 갑슨 ᄯᆞ로 잇ᄂᆞ니라

그릇슬셰침

녯글에 닐넛시되 물건은 근본과 ᄭᅳᆺ치 잇고 일은 처음과 나죵이 잇ᄂᆞ니 그 몬저 ᄒᆞ며 그뒤에 ᄒᆞᆯ 거ᄉᆞᆯ 알어야 도에 갓갑다 ᄒᆞ엿시니 무ᄉᆞᆷ 일이든지 그 근본을 궁구ᄒᆞ며 ᄌᆞ셰히 ᄒᆡ독ᄒᆞᆫ후에 ᄉᆞ업을 가히 셩취ᄒᆞ며 도학의 진경을 엇을지라 녯젹 구라파쥬에 큰 도학원 ᄒᆞ나이 잇고 그안에 도학을 공부 ᄒᆞᄂᆞᆫ 무리가 수ᄇᆡᆨ명이 되ᄂᆞᆫᄃᆡ 그중에 년쇼ᄒᆞᆫ 학도 ᄒᆞ나이 셩픔이 피이ᄒᆞ야 대단치 아닌말과 조고마ᄒᆞᆫ 일이라도 문득 노여 ᄒᆞ기를 잘 ᄒᆞᄂᆞᆫ고로 그 셩픔을 안졍케 ᄒᆞ고 ᄆᆞᄋᆞᆷ을 련달코져 ᄒᆞ야 홀노 심산 궁곡에 집을 짓고 혼ᄌᆞ 잇서 다른 사ᄅᆞᆷ의 슈작 ᄒᆞᄂᆞᆫ 말을 듯지 아니며 물건을 졉ᄃᆡ치 안터니 ᄒᆞᆫ로는 공연히 노긔가 발ᄒᆞ야 음식먹던 그릇슬 셰친지라 ᄉᆞᄉᆞ로 ᄌᆞ긔ᄃᆞ려 닐으ᄃᆡ 네가 거쳐ᄂᆞᆫ 곳쳣시나 ᄆᆞᄋᆞᆷ은 곳치지 못ᄒᆞ고 외인은 피 ᄒᆞ엿시나 ᄌᆞ긔ᄂᆞᆫ 피치 못 ᄒᆞ엿시니 몸이 잇ᄂᆞᆫ곳에 노여홈도 ᄯᆞ라 잇슬지라 사ᄅᆞᆷ이 만ᄒᆞᆫ 곳으로 나려가 인ᄂᆡ ᄒᆞᄂᆞᆫ 공부로 노여 ᄒᆞᄂᆞᆫ 셩졍을 다ᄉᆞ리이라 ᄒᆞ고 도로 집으로 도라와셔 공부 ᄒᆞ다 ᄒᆞ엿시니 사ᄅᆞᆷ의 분노 ᄒᆞᄂᆞᆫ 셩졍은 ᄎᆞᆷᄂᆞᆫ거시로 니기고 파란 홈으로 니기ᄂᆞᆫ 거시 아니라 반다시 ᄆᆞᄋᆞᆷ 쇽에 잇ᄂᆞᆫ 악ᄒᆞᆫ ᄉᆡᆨ리를 몬져 ᄲᅢ여 ᄇᆞ리고 ᄒᆞᆼ샹 인ᄂᆡ ᄒᆞᄂᆞᆫ 공부로 셩졍을 ᄇᆡ양 ᄒᆞ여야 ᄎᆞᆷ 됴흔 실과를 미질지라 독ᄉᆞ와 ᄆᆡᆼ호가 비록 감아니 잇서 물건을 해ᄒᆞ지 아닐ᄶᅦ라도 그 셩픔에 악이 업ᄂᆞᆫ거ᄉᆞᆫ 아니오 사ᄅᆞᆷ이 비록 물건을 ᄃᆡᄒᆞ지 아닐ᄶᅦ라도 노여ᄒᆞᄂᆞᆫ 셩졍이 업ᄂᆞᆫ거ᄉᆞᆫ 아닌즉 도학을 공부 ᄒᆞᄂᆞᆫ쟈ㅣ 몬져 ᄆᆞᄋᆞᆷ의 악ᄒᆞᆫ ᄉᆡᆨ리를 억졔 ᄒᆞ여야 완젼히 착ᄒᆞᆫ 사ᄅᆞᆷ이 될거시오 완젼히 착ᄒᆞᆫ 사ᄅᆞᆷ이 된후에 비록 군축을 당ᄒᆞ여도 노여온 셩픔이 발ᄒᆞ지 아닐지라 녯젹에 셔국 셩인 ᄒᆞ나이 뮈워 ᄒᆞᄂᆞᆫ 쟈의게 악담과 비방을 맛나매 노여ᄒᆞ지 아니 ᄒᆞ고 혼연히 우셔 ᄀᆞᆯᄋᆞᄃᆡ 이 ᄀᆞᆺ치 됴흔 말ᄉᆞᆷ을 맛당히 즁갑슬 주고 사겟거ᄂᆞᆯ 이제 일픈젼도 허비치 아니 ᄒᆞ고 됴흔 보ᄇᆡ를 엇엇시니 크게 깃부고 다힝ᄒᆞ다 ᄒᆞ엿시니 우리가 이런 셩인의 힝ᄉᆞ를 볼지라도 ᄆᆞᄋᆞᆷ에 인ᄂᆡ 공부와 힝실의 덕화를 가히 알지니 무론 무ᄉᆞᆷ 일이던지 착ᄒᆞᆫ 사ᄅᆞᆷ의 힝젹은 다 본밧아 힝ᄒᆞ기를 ᄇᆞ라오

최병헌

만국쥬일공과

그리스도 씨의힝젹

데이부 데십삼공과

팔월 오일

데이ᄎᆞ삼삭도강

이 셕들 공과의 요지ᄂᆞᆫ 당신의 나라히 림ᄒᆞ소셔 홈 나라ᄂᆞᆫ 무어시뇨 나라라 ᄒᆞᄂᆞᆫ 것은 님군과 토디와 ᄇᆡᆨ셩의게 속ᄒᆞᆫ 거시오 하ᄂᆞ님의 나라ᄂᆞᆫ 곳 ᄇᆡᆨ셩의 ᄆᆞᄋᆞᆷ속에 잇ᄂᆞᆫ 거시니 이ᄂᆞᆫ 하ᄂᆞ님의 ᄉᆞ랑 ᄒᆞᆫ심과 ᄆᆞᄋᆞᆷ속에 관려ᄒᆞᄂᆞᆫ 하ᄂᆞ님의 도ㅣ니 우리가 긔도ᄒᆞᆯᄯᅢ에 당신의 나라이 림ᄒᆞ옵소셔 ᄒᆞᄂᆞᆫ것은 곳 우리가 하ᄂᆞ님의 ᄉᆞ랑 ᄒᆞᆫ심과 하ᄂᆞ님의 도가 우리 ᄆᆞᄋᆞᆷ 속에와 온 세계에 잇ᄂᆞᆫ 사ᄅᆞᆷ의 ᄆᆞᄋᆞᆷ속에 림ᄒᆞ소셔 홈이니 우리가 일노 긔도 ᄒᆞᆯᄯᅢ에 우리 힘ᄃᆡ로 다른 사ᄅᆞᆷ들의게 예수ᄂᆞᆫ 엇더ᄒᆞᆫ 착ᄒᆞᆫ 님군인줄 알게 ᄒᆞ고 ᄯᅩ 그들을 도와그를 퇴ᄒᆞ게 홈으로 이것을 위ᄒᆞ야 일 ᄒᆞ기를 예비ᄒᆞ여야 ᄒᆞᆯ지라 하ᄂᆞ님의 나라ᄂᆞᆫ 복락의 나라라 이 공과ᄂᆞᆫ 우리가 지낸 셕들 동안 공부ᄒᆞᆫᄃᆡ 웃듬 공과ㅣ니 처음 공과ᄂᆞᆫ 밝은쟈와 온유ᄒᆞᆫ쟈와 의로온쟈와 화평ᄒᆞᆫ 쟈로 시작ᄒᆞ야 오쳔명 먹인일에 결말 ᄒᆞ엿ᄂᆞᆫᄃᆡ 우리가 쥬일마다 예수ᄭᅴ셔 힝ᄒᆞ신 복 되ᄂᆞᆫ 일을 공부 ᄒᆞ엿ᄂᆞ니라

접시의 ᄭᆡ여짐

대뎌 하ᄂᆞ님ᄭᅴ셔 보텬하 물건을 다 사ᄅᆞᆷ으로 쓸바가 되게 ᄒᆞ심이라 그러나 교뎨의 집에 당사긔 화졉시 ᄒᆞ나이 잇ᄉᆞ니 갑도 만커니와 모양이 번화ᄒᆞ고 아람다온고로 ᄉᆞ랑ᄒᆞ야 샹등 소용으로 두엇더니 몃히후에 홀연이 금이 나매 앗가온 ᄆᆞᄋᆞᆷ이 대단ᄒᆞ나 번화ᄒᆞ고 아ᄅᆞᆷ다옴이 업서진고로 감등ᄒᆞ야 겨우 즁등소용으로 ᄒᆞ나 도로혀 즁등 졉시즁에 셩ᄒᆞᆫ것만 못ᄒᆞ더니 ᄯᅩ 을마 못되야 가히 야지러져 아조 쓸ᄃᆡ 업게 된지라 그런고로 어린 ᄋᆞ히들의 속곱노리 그릇시 되여 이리져리 굴너 ᄃᆞ니며 사ᄅᆞᆷ마다 심샹이 너이더니 ᄒᆞ로ᄂᆞᆫ 교뎨가 안 대령에서 집안 식구의게 복음을 젼ᄒᆞᆯ시 문득 ᄒᆞᆫ편을 ᄇᆞ라보니 그 ᄭᆡ여진 졉시가 흙이 뭇고 흉악ᄒᆞᆫ 슈도 발치에 잇슴을 본즉 우연이 ᄆᆞᄋᆞᆷ이 비창ᄒᆞ고 감동 ᄒᆞ야 두려온 ᄉᆡᆼ각이 니러나ᄃᆡ 우리가 하ᄂᆞ님ᄭᅴ 득죄ᄒᆞᄂᆞᆫ거시 그릇의 흠과 ᄀᆞᆺᄒᆞ니 일후에 고초를 면ᄒᆞᆯ수 업ᄂᆞᆫ지라 슬프고 슬프도다 뎌 그릇슨 아모것도 모로ᄂᆞᆫ 물건이로ᄃᆡ 몃가지 흠졀이 잇시면 드려온 ᄀᆡ쳔에 ᄲᅥ려져 쳔ᄃᆡ를 밧ᄂᆞᆫ거시오 우리 인류ᄂᆞᆫ 만물 즁에 최귀ᄒᆞᆫ 사ᄅᆞᆷ으로 열가지 계명을 셩실히 직히지 아니면 반다시 이 셰샹에셔 앙화를 밧고 후셰샹에 디옥 형벌을 면치 못 ᄒᆞ리니 엇지 두렵지 아니며 엇지 삼가지 아니리오 그러니 하ᄂᆞᆯ 아바님ᄭᅴ셔ᄂᆞᆫ ᄌᆞ비ᄒᆞ시고 거룩ᄒᆞ심으로 우리를 크게 ᄉᆞ랑ᄒᆞ샤 지극히 존귀ᄒᆞ신 ᄌᆞ긔의 독ᄉᆡᆼᄌᆞ 예수씨를 세샹에 보내사 우리의 죄를 ᄃᆡ쇽 ᄒᆞ시고 ᄉᆡᆼ명 길의 문을 열어 주셧시니 이ᄂᆞᆫ 특별 ᄒᆞᆫ 신은혜라 엇지 감샤치 아니며 회ᄀᆡ치 아니리오 우리 ᄉᆞ랑ᄒᆞᄂᆞᆫ 형뎨와 ᄌᆞᄆᆡ들은 좀 밋고 회ᄀᆡᄒᆞ야 셩신의 도아 주시ᄂᆞᆫ 권능

으로 힘을 엇어 야지러지고 셰여진 그릇시 되지 말고 령혼과 육신이 다시 정결케 되여 우리 쥬 하ᄂᆞ님의 깃버 ᄒᆞ시고 ᄉᆞ랑ᄒᆞ시ᄂᆞᆫ ᄌᆞ녀 되기를 잔졀히 ᄇᆞ라오 리경직

어리석은말변박

슬프다 셰샹 사ᄅᆞᆷ이 허다이 하ᄂᆞ님을 원망 ᄒᆞᄂᆞᆫ 픽셜과 셜독ᄒᆞᄂᆞᆫ 광담을 만이ᄒᆞ여 닐ᄋᆞᄃᆡ 엇지 ᄒᆞ여 이 셰샹에ᄂᆞᆫ 포악ᄒᆞᆫ 사ᄅᆞᆷ이 잘되고 량션ᄒᆞᆫ 사ᄅᆞᆷ이 고란을 혼이 밧ᄂᆞᆫ고 하ᄂᆞᆯ이 무심 ᄒᆞ다 ᄒᆞ며 비만 오리 아니와도 하ᄂᆞᆯ이 늙엇다 ᄒᆞ며 여름에 우박이 오면 하ᄂᆞ님이 망녕들녓다ᄒᆞ며 그ᄲᅮᆫ 아니라 소위 교도라 칭 ᄒᆞᄂᆞᆫ 쟈돌도 왕왕이 어리셕고 무식ᄒᆞᆫ 말을 만이ᄒᆞ되 아모ᄂᆞᆫ 쥬를 닷단이 밋지 아닌고로 하ᄂᆞ님이 벌을 ᄂᆞ려 물에 ᄲᅡ져 죽게 ᄒᆞ엿다 ᄒᆞ며 아모ᄂᆞᆫ 그 부모가 잘 밋지아니 ᄒᆞᄂᆞᆫ고로 그 ᄌᆞ식들이 쟝 알넌다 ᄒᆞ여 졔반 악중에 말이 만아 듯ᄂᆞᆫᄃᆡ로 셜명ᄒᆞ나 과연 ᄯᅡᆨᄒᆞᆯ셰가 만이 잇ᄂᆞᆫ고로 부득이 ᄒᆞ여 두어마ᄃᆡ 셜명 ᄒᆞ노라

○ 대개 하ᄂᆞ님은 지극하 공번되시며 ᄯᅩᄒᆞᆫ 인ᄌᆞᄒᆞ샤 공의로 벌을 베프시며 인ᄋᆡ로 샹을 주시ᄂᆞ니 금셰에ᄂᆞᆫ 창ᄉᆡᆼ들이 다만 하ᄂᆞ님의 인ᄌᆞ ᄒᆞ신 은혜를 입ᄂᆞᆫ고로 비록 악ᄒᆞᆫ 사ᄅᆞᆷ이라도 이 셰샹에셔 급히 벌을 밧지 아니 ᄒᆞᄂᆞᆫ거슨 하ᄂᆞ님ᄭᅴ셔 그 ᄀᆡ과 쳔션ᄒᆞᆷ을 기ᄃᆞ려 그 령혼을 구원코져 ᄒᆞ심이오 리셰에 하ᄂᆞ님ᄭᅴ셔 공의로 벌을 베프시매 그ᄯᅢ에ᄂᆞᆫ 샹션 벌악이 분명ᄒᆞ여 죄악이 관영 ᄒᆞᆫ쟈ㅣ 피ᄒᆞᆯ 곳이 업ᄂᆞ니라 그ᄲᅮᆫ 아니라 악ᄒᆞᆫ 사ᄅᆞᆷ이 잇슴으로 착ᄒᆞᆫ 사ᄅᆞᆷ의게 ᄒᆡ로온 일이 만으나 그러나 악ᄒᆞᆫ 사ᄅᆞᆷ이 착ᄒᆞᆫ 사ᄅᆞᆷ을 ᄒᆡ롭게 ᄒᆞ고 비방 ᄒᆞᄂᆞᆫ 일이 업ᄉᆞ면 착ᄒᆞᆫ 사ᄅᆞᆷ이 엇지 참ᄂᆞᆫ 덕을 닥그며 간사ᄒᆞᆷ이 업ᄉᆞ면 엇지 츙량을 나타내며 걸쥬의 포학이 업섯ᄉᆞ면 탕무의 인의가 엇지 현져ᄒᆞ며 소인의 비루ᄒᆞᆫ 소견이 업시면 엇지 군ᄌᆞ의 놉흔 졀ᄀᆡ가 나타나며 구교 교화왕 릐오의 무도 불법이 아니면 엇지 누러 칼빈 낙스 졔씨의 ᄉᆞ업이 오날날 셰계에 드러낫스리오 ᄌᆞ고로 우리 교회를 흥왕케ᄒᆞᆫ 쳐명쟈들도 혹 돌노 마ᄌᆞ 죽은이도 잇ᄉᆞ며 십ᄌᆞ가에 못 박인이도 잇ᄉᆞ며 불에 던져 죽인이도 잇ᄉᆞ며 물에 ᄲᅡ져 죽인이도 잇셧ᄉᆞ나 죽을ᄉᆞ록 교회가 느러가니 얼핏 ᄉᆡᆼ각ᄒᆞ면 하ᄂᆞ님이 엇지ᄒᆞ여 착ᄒᆞᆫ 사ᄅᆞᆷ을 죽여 가면서 교회를 느러가게 ᄒᆞᄂᆞᆫ고 ᄒᆞ겟ᄉᆞ나 이것은 다름 아니라 하ᄂᆞ님ᄭᅴ셔ᄂᆞᆫ 온젼이 인ᄌᆞ ᄒᆞ샤 악인이나 션인이나 일톄히 보시ᄂᆞᆫ 연피라 만일 하ᄂᆞ님이 악ᄒᆞᆫ 사ᄅᆞᆷ들을 곳 형벌 ᄒᆞ시면 뉘가 무죄ᄒᆞᆫ 사ᄅᆞᆷ이뇨 필경 이셰샹 사ᄅᆞᆷ으로ᄂᆞᆫ 죄 업ᄂᆞᆫ쟈ㅣ 업슬터이니 대단이 두려온 일이며 아비ᄂᆞᆫ 사나옵고 ᄌᆞ식은 어진ᄃᆡ 아비를 급히 형벌ᄒᆞ면 그 ᄌᆞ식이 고독지 아니며 ᄯᅩ 셰샹에 즁ᄒᆞᆫ 형벌은 죽이ᄂᆞᆫ것인ᄃᆡ ᄒᆞᆫ 사ᄅᆞᆷ을 죽인쟈ᄂᆞᆫ ᄌᆞ긔 목숨이 ᄃᆡ신 죽으려니와 일

만 사ᄅᆞᆷ을 죽인자 무엇으로 일만 사ᄅᆞᆷ의 목숨을 ᄃᆡ신 ᄒᆞ리오 그런즉 우리가 이 셰샹에 잇서셔ᄂᆞᆫ 사ᄅᆞᆷ이 국법을 범 ᄒᆞ여셔 형벌을 밧ᄂᆞᆫ것은 의례이 죄ᄅᆞᆯ 지어셔 형벌을 밧ᄂᆞᆫ다 ᄒᆞ려니와 우연이 병든이 든지 낙미지ᄋᆡᆨ이 잇ᄂᆞᆫ 사ᄅᆞᆷ을 보고 션불션은 물론ᄒᆞ고 하ᄂᆞ님이 벌을 나리신다고ᄂᆞᆫ 망녕되이 말ᄒᆞᆯ수 업ᄂᆞᆫ지라 하ᄂᆞ님은 용납 ᄒᆞ시며 기ᄃᆞ리시며 ᄀᆞᄅᆞ치시ᄂᆞᆫ고로 아모조록 사ᄅᆞᆷ이 악을 곳치고 션을 ᄒᆡᆼ ᄒᆞ도록 기ᄃᆞ리시ᄂᆞ니 온텬이 인ᄌᆞ ᄒᆞ시다 ᄒᆞᆷ은 이 셰샹에셔 션악을 용납 ᄒᆞ심이오 공변되시다 ᄒᆞᆷ은 ᄅᆡ셰에ᄂᆞᆫ 션악이 현수케 ᄒᆞᄂᆞᆫ 연괴라 그런고로 하ᄂᆞ님은 인과 의가 둘이 다 온젼ᄒᆞ여 이지러짐이 업ᄂᆞᆫ줄노 우러ᄂᆞᆫ 아노라

로병션

친형뎨되ᄂᆞᆫ법

소라의 ᄒᆞᆫ 아ᄃᆞᆯ이 잇ᄉᆞ니 일홈은 요나단이라 사ᄅᆞᆷ됨이 츙효와 신의와 지용을 겸젼ᄒᆞᆫ고로 부친을 모셔 평싱을 시측ᄒᆞ여 소라왕이 병들ᄯᅢ나 외국인으로 싸홈 ᄒᆞᆯ셰나 감고ᄅᆞᆯ ᄒᆞᆫ가지로 ᄒᆞ고 소라 젼장에셔 패망 ᄒᆞᆯ셰에 요나단이 ᄯᅩᄒᆞᆫ 젼망ᄒᆞᆫ지라 군ᄉᆞ들이 그 용ᄆᆡᆼ과 신의ᄅᆞᆯ 다 열복ᄒᆞᄂᆞᆫ고로 죽기ᄅᆞᆯ 무셔워 ᄒᆞ지 안코 요나단을 좃차 싸홈 ᄒᆞ기ᄅᆞᆯ 원 ᄒᆞ더라 셩인이라야 능히 셩인을 알아보고 용ᄆᆡᆼᄒᆞᆫ 장슈라야 용ᄉᆞᄅᆞᆯ ᄉᆞ랑 ᄒᆞᄂᆞ니 요나단이 대벽을 ᄒᆞᆫ번보매 지긔 샹합ᄒᆞ고 용ᄆᆡᆼ을 ᄉᆞ랑 ᄒᆞ여 급히 친ᄒᆞ고 심히 밋으되 소라ᄂᆞᆫ 그러치 아니ᄒᆞ여 대벽의 셩명과 용ᄆᆡᆼ을 시긔ᄒᆞ고 흉샹 죽일 ᄆᆞᄋᆞᆷ이 잇ᄂᆞᆫ지라 요나단이 그 부친 소라왕이 무죄ᄒᆞᆫ 대벽을 죽이려 ᄒᆞᆷ인줄 알고 ᄯᅩᄒᆞᆫ 대벽과 친 형뎨ᄀᆞᆺ치 ᄉᆞ랑ᄒᆞ며 그후에 서로 의형뎨ᄅᆞᆯ ᄆᆡ조니 대벽이 쟝ᄎᆞᆺ 크게 될줄 알고 ᄌᆞ긔 ᄌᆞ손으로 대벽의게 부탁ᄒᆞ여 은혜로 도아줌을 약됴 ᄒᆞ엿ᄉᆞ니 일노브터 요나단이 대벽을 구원 ᄒᆞ고 그 부친 압헤셔 됴흔 말노 대벽의 무죄ᄒᆞᆷ을 픔간ᄒᆞ여 도아 주니라

의론 ᄒᆞᆫ건ᄃᆡ 하ᄂᆞ님ᄭᅴ셔 대벽을 은혜로 도으샤 그 원슈 소라왕 가온ᄃᆡ셔 구원ᄒᆞᆷ을 엇게 ᄒᆞ셧ᄂᆞ니 우리가 ᄯᅩᄒᆞᆫ 하ᄂᆞ님을 일심으로 밋으면 이와ᄀᆞᆺ치 ᄒᆞᆫ 은혜ᄅᆞᆯ 엇으리라 ᄎᆞᆷ 밋을 동안에 해ᄒᆞᆯ일을 당ᄒᆞ지 아닐지라 대개 하ᄂᆞ님의 허락 ᄒᆞ심이 계셔 그날 동안에 모든 일을 다 우리의게 됴케 ᄒᆞ심이니라 친ᄒᆞᆷ이 ᄎᆞᆷ 반가온 일이로ᄃᆡ 그즁에 여러가지 다ᄅᆞᆷ이 잇ᄉᆞ니 지면ᄒᆞᆷ과 지긔지우와 의형뎨 됨이라 그러나 이셰샹 친구 ᄉᆞ귐이 극히 어려워 외친ᄂᆡ소 ᄒᆞᄂᆞᆫ이도 만코 서로 속이ᄂᆞᆫ 이도 만ᄒᆞ니 ᄎᆞᆷ신을 직히여 시죵이 여일ᄒᆞ고 평싱에 일신ᄀᆞᆺᄒᆞᆫ 친구ᄂᆞᆫ 몃치 못되ᄂᆞ니 이ᄂᆞᆫ 인심과 물졍이 그러ᄒᆞᆫ지라 사ᄅᆞᆷ이 다만 육신ᄲᅮᆫ 잇ᄉᆞ면 보아 알기가 쉬우나 령혼으로 ᄆᆞᄋᆞᆷ이 잇ᄂᆞᆫ거시오 ᄆᆞᄋᆞᆷ으로 만ᄉᆞᄅᆞᆯ ᄒᆡᆼ ᄒᆞᄂᆞ니 알수 업ᄂᆞᆫ거슨 사ᄅᆞᆷ의 ᄆᆞᄋᆞᆷ이라 령혼이 악ᄒᆞ고

난장이와 ᄀᆞᆺᄒᆞ면 육신은 십쳑
장신이라도 쓸ᄃᆡ 업ᄂᆞ니 비유컨
ᄃᆡ 썩은 ᄃᆞᆰ의 알과 치산 잘ᄒᆞᆫ
무덤과 ᄀᆞᆺᄒᆞ니라 의형뎨 되ᄂᆞᆫ
일도 깃부거든 허믈며 친형뎨
되ᄂᆞᆫ일이 더옥 깃부지 아니리오
예수씨를 밋ᄂᆞᆫ이ᄂᆞᆫ 다 형뎨간이
오 그우헤 아바님 ᄒᆞ나히 계시
니 셩부 하ᄂᆞ님이오 그 가온ᄃᆡ
형님 ᄒᆞ나히 계시니 셩ᄌᆞ 하ᄂᆞ님
이오 그 ᄉᆡᆼ명은 셩신 하ᄂᆞ님이
시니라 우리가 이러케 형뎨를
밋ᄂᆞᆫ거시 엇지 요나단과 대벽과
의형뎨 보담 크지 아니리오 깁
히 ᄉᆡᆼ각ᄒᆞ여 보시요 됴명운

ᄂᆡ보

잡셰혁파) 황샹ᄭᅴ오셔 향일에
죠셔를 나리샤 안렴ᄉᆞᄂᆞᆫ 곳 도
라오라 ᄒᆞ시고 시찰관과 각셰
파원과 독쇄관 명식은 일병 혁
파ᄒᆞ고 잡셰를 람봉ᄒᆞᆫ자와 ᄉᆞᄉᆞ
로이 싸을 셱신자ᄂᆞᆫ 각도 관찰
ᄉᆞ가 도뎌히 사실ᄒᆞ야 그ᄇᆡᆨ셩의
게 도로 주게 ᄒᆞ라 ᄒᆞ신고로 ᄂᆡ
부에셔 그ᄯᅳᆺ을 밧드러 각도에 젼
칙 ᄒᆞ엿더라

○하죠면관) 황샹ᄭᅨ셔 일젼에
죠셔를 나려 ᄀᆞᆯᄋᆞ샤ᄃᆡ 죠졍에
관원을 세우고 직픔을 셜치ᄒᆞᆷ은
대개 ᄇᆡᆨ셩을 기ᄅᆞ고져 ᄒᆞᆷ이오
ᄇᆡᆨ셩을 병들게 ᄒᆞᆷ이 아니라 풍
속을 보고 ᄉᆞᆲ히ᄂᆞᆫ ᄯᅢ에 동솔의 칙
망과 위임의 즁ᄒᆞᆷ이 도라보건ᄃᆡ
엇더 ᄒᆞ기에 혹 민졍을 ᄉᆡᆼ각지
아니 ᄒᆞ야 온젼히 박할 ᄒᆞ기만
일삼고 혹 리솟만 취ᄒᆞ야 례면
을 손샹케 ᄒᆞ니 듯ᄂᆞᆫ바에 놀랍
고 분ᄒᆞᆫ지라 이런거ᄉᆞᆯ 그져두면
오히려 ᄀᆞᆯᄋᆞᄃᆡ 나라에 법이 잇
다 ᄒᆞ리오 젼라북도 관찰ᄉᆞ 리
완용과 황ᄒᆡ도 관찰ᄉᆞ 민형식과
경샹남도 관찰ᄉᆞ 리은용과 강원
도 관찰ᄉᆞ 졍일영과 젼라남도
관찰ᄉᆞ 민영철과 평안북도 관찰
ᄉᆞ 됴민희와 평안남도 관찰ᄉᆞ 졍
셰원과 경샹북도 관찰ᄉᆞ 김직현
은 다 몬져 면본관 ᄒᆞ고 지임ᄒᆞᆫ
엿실대에 용열ᄒᆞᆫ 조최가 발ᄒᆞᄂᆞᆫ
ᄃᆡ로 엄히 사판 ᄒᆞᆯ일을 법부에
분부 ᄒᆞ셧더라

뎨ᄉᆞ권 대한 그리스도인 회보 뎨삼십일호

모통이돌 놋ᄂᆞᆫ례식

양력칠월 삼십일은 샹동 새회당 모통이 돌놋ᄂᆞᆫ날이라 하오 여ᄉᆞᆺ시에 달셩회당 남녀 교우와 졍동회당 남녀 교우들이 일졔히 새 회당터에 모히고 ᄯᅩᄒᆞᆫ 영국 부인들과 목ᄉᆞ들이 모혓ᄂᆞᆫᄃᆡ 본회당 목ᄉᆞ 시란돈씨가 교우들을 향ᄒᆞ야 회당 짓ᄂᆞᆫ 일을 만슴 ᄒᆞ고 찬미ᄒᆞᆫ후에 아편셜라 목ᄉᆞ가 긔도 ᄒᆞ엿시며 그후에 시편 일ᄇᆡᆨ삼십이편으로 교우들과 화답ᄒᆞ고 ᄯᅩ 시란돈 목ᄉᆞᄭᅴ서 코린도젼셔 삼쟝 구절 브터 이십삼절 ᄭᆞ지 보고 강셜ᄒᆞᆫ후에 돌속에 녀흘 털궤에 잔즉 ᄒᆞᆫ 물목을 외여 여러교우들의게 듯게 ᄒᆞᄂᆞᆫᄃᆡ 그속에 든거ᄉᆞᆫ 국문신약 ᄒᆞᆫ길 미이미교회 찬미가 ᄒᆞᆫ권 미이미 교회문답 ᄒᆞᆫ권 지나간 년환회 긔락ᄒᆞᆫ권 모통이돌 놋ᄂᆞᆫᄃᆡ ᄒᆞᄂᆞᆫ 찬미가 ᄒᆞᆫ장 셰례문답 ᄒᆞᆫ권 교회 규칙 ᄒᆞᆫ권 금년치 **회보**와 미드부인 ᄉᆞ긔와 ᄯᅩᄒᆞᆫ 샹동 회당 ᄉᆞ긔를 그속에 너혓ᄂᆞᆫᄃᆡ 그 ᄉᆞ긔ᄂᆞᆫ 여좌 ᄒᆞ더라

양력 일쳔 구ᄇᆡᆨ년 칠월 삼십일 하오 여ᄉᆞᆺ시에 모통이 돌 놋ᄂᆞᆫ 회당은 이후에 미드미모리알이라 ᄒᆞᄂᆞᆫ 회당이니 미드 부인을 긔렴ᄒᆞᄂᆞᆫ 미이미 감리 교회당이라 이젼에ᄂᆞᆫ 이 회당 일홈을 샹동 회당이라고도 ᄒᆞ고 달셩회당이라고도 ᄒᆞ엿시니 이터ᄂᆞᆫ 시란돈 의원이 일쳔 팔ᄇᆡᆨ 팔십 구년에 병 곳치ᄂᆞᆫ 일을 위ᄒᆞ야 ᄡᅳ랴고 샷ᄂᆞᆫᄃᆡ 수년 동안은 ᄆᆡᆨ길의원이 여긔셔 병을 보앗고 ᄯᅩ 권ᄉᆞ 노병일노 더브러 젼도 ᄒᆞ엿ᄂᆞ니라 이 교회 셜립 ᄒᆞ기ᄂᆞᆫ 일쳔 팔ᄇᆡᆨ 구십삼년에 ᄒᆞ엿고 쳣지 무ᄉᆞᄂᆞᆫ 시란돈이니 이ᄂᆞᆫ 곳 괴시더 감독ᄭᅴ 시김을 밧음이라 이셰에 례ᄇᆡ ᄒᆞ기ᄂᆞᆫ 이 회당 동편 집에서 ᄒᆞ엿더니 ᄎᆞᄎᆞ 좁아지ᄂᆞᆫ고로 일쳔 팔ᄇᆡᆨ 구십오년 륙월에 달셩회당으로 옴겻시며 이 회당은 시란돈 대부인이 터를 사고 교우들을 위ᄒᆞ야 회당을 지엇시니 지금ᄭᆞ지 이 회당에 모혓더라 시란돈 대부인이 새 회당 짓기를 위ᄒᆞ야 여러번 합즁국에 쳥구 ᄒᆞ엿더니 합즁국 미드 부인이 그 대부인을 위ᄒᆞ야 긔렴 ᄒᆞᄂᆞᆫ 회당을 지으라고 금 ᄉᆞ쳔원을 보내시고 그후에 미드 부인의 일가가 회당안 졔구 쟝만 ᄒᆞ기를 위ᄒᆞ야 금 오ᄇᆡᆨ원을 보내엿시며 그외에ᄂᆞᆫ 시란돈 대부인이 회당 짓기를 위ᄒᆞ야 여러곳에셔 엇은돈이 은 오ᄇᆡᆨ원이오 이ᄯᅢ ᄭᆞ지 대ᄒᆞᆫ 교우들은 이 회당 짓ᄂᆞᆫᄃᆡ 연보 ᄒᆞᆯ 긔회를 엇지 못 ᄒᆞ엿더니 이제

대한그리스도인 회보

THE
KOREAN CHRISTIAN ADVOCATE.
H. G. APPENZELLER, - Editor.
TERMS:—36 cents per year, in advance. Postage extra.
WEDNESDAY, Aug. 1, 1900.

서울 정동셔 일쥬일에 ᄒᆞᆫ번식 발간ᄒᆞᄂᆞᆫᄃᆡ 아편셜라 목ᄉᆞ가 회보 샤쟝이 되엿더라

일년 갑슬 미리 ᄂᆡ면 삼십 륙젼이오 우표 갑슨 ᄯᅩ로 잇ᄂᆞ니라

모통이돌놋ᄂᆞᆫ례식

일폭련속

야 엇은지라 이에 연보 ᄎᆡᆨ을 문ᄃᆞ려 대한 교우들이 힘ᄃᆡ로 연보 ᄒᆞ니 지금ᄭᆞ지 수합ᄒᆞᆫ 돈이 은젼 구십구원이오 쟝ᄎᆞᆺ 드려올 돈이 은젼 일ᄇᆡᆨ 오십ᄉᆞ원이오 이회당 역비는 은젼 팔쳔원이라 이 ᄉᆞ긔를 낭독 ᄒᆞᆫ후에 목ᄉᆞ 아편셜라씨가 궤를 드려 돌함속에 넛코 은으로 문ᄃᆞᆫ 흙손으로 회를 발너 봉ᄒᆞ고 그후에 쟝로ᄉᆞ 시란돈씨가 긔도ᄒᆞ고 ᄉᆞ도 축문을 외온후에 폐회 ᄒᆞ엿더라

일샹일벌

녯젹 덕국 디방에 큰 학교 ᄒᆞ나이 잇ᄂᆞᆫᄃᆡ 션ᄉᆡᆼ이 고명ᄒᆞᆫ 학문과 인이ᄒᆞᆫ 리치로 뎨ᄌᆞ들을 ᄀᆞᄅᆞ치고 화평ᄒᆞᆫ 긔샹과 졍직ᄒᆞᆫ ᄒᆡᆼ실노 뎨ᄌᆞ들을 본밧게 ᄒᆞ니 그 뎨ᄌᆞ들도 션ᄉᆡᆼ을 극진히 공경ᄒᆞᄂᆞᆫ지라 맛참 하졀을 당ᄒᆞ야 일긔가 ᄆᆡ우 더운고로 하긔 시험을 맛치고 여러 뎨ᄌᆞ를 보낼시 션ᄉᆡᆼ이 권면ᄒᆞ야 ᄀᆞᆯᄋᆞᄃᆡ 그ᄃᆡ들은 집에 도라가 부모의게 효도ᄒᆞ고 형뎨의게 우이ᄒᆞ며 친구를 ᄉᆞ랑ᄒᆞ야 모든 악ᄒᆞᆫ 일은 ᄒᆡᆼ치말고 오직 션ᄒᆞᆫ 일을 힘쓰며 이왕에 공부 ᄒᆞᆫ거ᄉᆞᆯ 슉독ᄒᆞ야 니져 ᄇᆞ림이 업게 ᄒᆞ라 ᄒᆞ고 그즁에 뎨일 ᄉᆞ랑 ᄒᆞᄂᆞᆫ 뎨ᄌᆞ 둘을 불너 특별히 ᄎᆡᆨ ᄒᆞᆫ권식 주며 ᄀᆞᆯᄋᆞᄃᆡ 너희ᄂᆞᆫ 집에 가 잇실 동안에 힘ᄃᆡ로 이ᄎᆡᆨ을 공부ᄒᆞ라 내가 일후 기학 ᄒᆞᆯᄯᅢ에 이ᄎᆡᆨ을 시험 ᄒᆞ겟다 ᄒᆞ고 보내ᄂᆞᆫ지라 두 뎨ᄌᆞ가 집에 도라와 서로 의론ᄒᆞᄃᆡ 우리가 방학셰를 당ᄒᆞ여 명산 대쳔에 두루 ᄃᆞ니며 경치도 구경ᄒᆞ고 울젹ᄒᆞᆫ 회포를 소챵ᄒᆞ며 겸ᄒᆞ야 공부ᄒᆞᆷ이 됴타ᄒᆞ고 ᄒᆞᆫᄯᅢ 집을 ᄯᅥ나 셩디루ᄃᆡ로 ᄃᆞ니며 구경 ᄒᆞ더니 ᄒᆞᆫ로ᄂᆞᆫ 깁흔 산즁에 니ᄅᆞ러 두 갈ᄂᆡ 길을 맛ᄂᆞ니 어ᄂᆞ길노 가야 됴ᄒᆞᆯ지 알수 업서 두루 ᄇᆡ황ᄒᆞᆯ ᄎᆞ에 나무 ᄒᆞᄂᆞᆫ 사ᄅᆞᆷ이 지나 가거ᄂᆞᆯ 길을 무른즉 초부가 ᄃᆡ답ᄒᆞᄃᆡ 왼편 길노 가면 이산 넘어에 화려ᄒᆞᆫ 포구가 잇고 쳥루 쥬ᄉᆞ에 곳곳마다 미ᄉᆡᆨ과 집집마다 풍류 소ᄅᆡ가 잇서 놀기 됴흔 곳이오 우편 길노 가면 이산 넘어에 쳥졍ᄒᆞᆫ 슈셕과 심슈ᄒᆞᆫ 동학이 잇고 그 안에 쇼년 ᄌᆞ뎨들을 교육 ᄒᆞᄂᆞᆫ 학교가 잇서 아모곳 사ᄅᆞᆷ이던지 임의ᄃᆡ로 ᄃᆞ러가 공부 ᄒᆞᄂᆞᆫ 곳이라 그ᄃᆡ들의 소원ᄃᆡ로 가라 ᄒᆞ니 ᄒᆞᆫ 사ᄅᆞᆷ은 문득 ᄉᆡᆼ각ᄒᆞ되 대쟝부 셰샹에 나매 맛당히 좌우에 미인을 ᄭᅧᆨ글고 풍류장에 놀아 이목에 즐거옴을 좃칠지니 엇지 구구히 학문만 슝샹 ᄒᆞ리오 기학젼에 즐거히 노다가 가리라 ᄒᆞ고 왼편 길노

만국쥬일공과 그리스도씨의힝젹

뎨삼부 뎨일공과

팔월 십이일

예수ᄭᅴ셔바다우흐로 힝ᄒᆞ심

마태 십ᄉᆞ장 이십이졀ㅣ 삼십삼

二二 예수ㅣ 뭇 사ᄅᆞᆷ을 보내랴고 즉시 뎨ᄌᆞ들을 지쵹ᄒᆞ샤 ᄇᆡ ᄐᆞ고 압셔 건너편으로 가게 ᄒᆞ시고 二三 뭇 사ᄅᆞᆷ을 보낸후에 예수ㅣ ᄯᅩ로 산에 올나가 긔도 ᄒᆞ시고 져녁이 되매 거긔셔 혼자 계시더니 二四 ᄇᆡ가 바다 가온ᄃᆡ 잇서 물결에 요동홈은 바ᄅᆞᆷ이 거실님이라 二五 밤 ᄉᆞ경에 예수ㅣ 바다 우호로 거러셔 뎨ᄌᆞ의게 오시니 二六 뎨ᄌᆞ들이 바다 우호로 거러 오심을 보고 놀나 ᄀᆞᆯᄋᆞᄃᆡ 요물이라 ᄒᆞ며 무셔워 ᄒᆞ야 소ᄅᆡ 지ᄅᆞ거놀 二七 예수ㅣ 즉시 닐ᄋᆞ샤ᄃᆡ 안심 ᄒᆞ여라 나ㅣ니 두려워 말나 ᄒᆞ신ᄃᆡ 二八 베드로ㅣ ᄃᆡ답ᄒᆞᄃᆡ 쥬여 만일 쥬시여든 나를 명ᄒᆞ샤 물 우흐로 오라 ᄒᆞ쇼셔 二九 오라 ᄒᆞ시니 베드로ㅣ ᄇᆡ에셔 나려 예수ᄭᅴ 가랴고 물 우흐로 거러 가다가 三十 바ᄅᆞᆷ을 보고 무셔워 ᄲᅡ져 가매 불너 ᄀᆞᆯᄋᆞᄃᆡ 쥬여 나를 구ᄒᆞ쇼셔 ᄒᆞ니 三一 예수ㅣ 즉시 손을 내밀어 붓잡으시며 ᄀᆞᆯᄋᆞ샤ᄃᆡ 적게 밋는쟈야 웨 의심 ᄒᆞ엿ᄂᆞ냐 ᄒᆞ시고 三二 ᄇᆡ에 오ᄅᆞ시매 바ᄅᆞᆷ이 긋치는지라 三三 ᄇᆡ에 잇는 사ᄅᆞᆷ들이 예수ᄭᅴ 졀ᄒᆞ며 ᄀᆞᆯᄋᆞᄃᆡ 진실노 하ᄂᆞ님의 아ᄃᆞᆯ이니이다 ᄒᆞ더라

요지

진실노 하ᄂᆞ님의 아ᄃᆞᆯ이니이다 ᄒᆞ더라

년ᄃᆡ

셔력 긔원후 이십구년

디방

오쳔 사ᄅᆞᆷ을 먹이시던 곳과 갈닐니 바다ㅣ니라

ᄀᆞᆺᄒᆞᆫ귀졀

마가 六장 四十五졀ㅣ 五十六졀
요한 六장 十五졀ㅣ 二十一졀

공과의구별

一 예수ᄭᅴ셔 하ᄂᆞ님과 교제ᄒᆞ심 二十二三졀
二 문도의 신덕을 련달홈 二十四졀ㅣ二十七졀
三 베드로의 몸소 확증ᄒᆞᆫ것 二十八졀ㅣ三十졀
四 당신은 진실노 하ᄂᆞ님의 아ᄃᆞᆯ이시로다홈 三十一졀ㅣ三十三

주셕

예수ᄭᅴ셔 오쳔 사ᄅᆞᆷ을 먹이신ᄯᅢ는 곳 셕양ᄯᅢ라 요한 륙장 십오졀을 보면 그ᄯᅢ에 ᄇᆡᆨ셩들이 예수ᄭᅴ셔 그들의 님군 되시기를 예원ᄒᆞ엿ᄉᆞ나 예수ᄭᅴ셔는 당초에 이 셰샹 님군이 되시려 오신 바ㅣ 아닌고로 예수ᄭᅴ셔 곳 문도들을 지쵹ᄒᆞ여 바다 건너편으로 가게ᄒᆞ시며 모힌 무리는 다 각기 뎌희 집으로 도라 보내시고 당신은 혼자 죵용히 하ᄂᆞ님ᄭᅴ 긔도 ᄒᆞ시랴고 혼산에 올나가 셧는ᄃᆡ 아마 예수ᄭᅴ셔 거긔 혼자 계시기를 초저녁 브터 그 잇흔날 이른 아춤ᄭᆞ지 ᄒᆞ신듯 ᄒᆞ나라 이는 예수ᄭᅴ셔 당신의 지

즁ᄒᆞᆫ 싱명으로 하ᄂᆞᆯ에 계신 당신의 아바지ᄭᅴ 죵용히 긔도ᄅᆞᆯ 드리시랴고 친히 가신바 지극히 즁대ᄒᆞᆫ ᄉᆞ졍이니 예수ᄅᆞᆯ 밋ᄂᆞᆫ 사ᄅᆞᆷ마다 혼자 잇ᄂᆞᆫ 것을 요구ᄒᆞᆯ 거시오 하ᄂᆞ님ᄭᅴ 긔도ᄒᆞᆷ으로 ᄒᆞᆫ자 잇ᄉᆞᆯ거시니라 여긔 깁히 련달ᄒᆞᄂᆞᆫ바 잇ᄉᆞ니 이 련달은 능히 분간ᄒᆞ여 갈자ㅣ 업ᄂᆞ니라 그들이 갈닐니 바다ᄅᆞᆯ 건너갈ᄉᆡ 즁류에 니ᄅᆞ러 홀연히 풍랑이 대작ᄒᆞ니 그곳은 십리 가량이오 (요한뉵장 십구졀) 이런 풍랑은 거긔 ᄆᆡ우 자진지라 그ᄯᅢ에 예수ᄭᅴ셔ᄂᆞᆫ 산우에 계셧ᄉᆞ나 ᄇᆡᄅᆞᆯ ᄯᅴ워 보내신 문도들을 닛지 아니 ᄒᆞ셧ᄂᆞ니라 그들이 고초ᄅᆞᆯ 맛ᄂᆞᆫ지라 예수ᄭᅴ셔 ᄉᆞ경량ᄧᅳᆷ 혹 샹오 세시로 여ᄉᆞᆺ시 ᄉᆞ이에 그들의게 오셧ᄂᆞ니라 그들의게 갓가히 힝ᄒᆞ시매 그들이 놀나여 말ᄒᆞᄃᆡ 이ᄂᆞᆫ 요물이라 ᄒᆞ고 곳 ᄉᆞ망지화ᄅᆞᆯ 당ᄒᆞᆯ 증죠인줄노 밋엇ᄉᆞ나 예수ᄯᅢ셔 곳 그들의게 말ᄉᆞᆷ ᄒᆞ샤ᄃᆡ 안심ᄒᆞ여라 이ᄂᆞᆫ 곳 나ㅣ니 무서워 ᄒᆞ지 말나 ᄒᆞ셧ᄂᆞ니라 베드로 즉시 말ᄉᆞᆷᄒᆞ야 제션ᄉᆡᆼ의게 나아감을 허락ᄒᆞ시기ᄅᆞᆯ 청ᄒᆞ니 곳 허락ᄒᆞ시ᄂᆞᆫ고로 베드로ㅣ 바다 우흐로 거럿ᄉᆞ나 이일은 만일 샹뎐조화로 도으심이 업ᄉᆞ면 능히 힝치 못ᄒᆞᆯ바ㅣ라 만일 쥬 예수ᄭᅴ셔 허가ᄅᆞᆯ 주시면 우리가 어ᄃᆡ던지 념려업시 갈지니라 만일 베드로가 예수ᄭᅴ 외에 다른 곳으로 힝ᄒᆞ랴 ᄒᆞ엿더면 그가 반ᄃᆞ시 곳 물에 ᄲᅡ젓ᄉᆞ리라 삼십졀을 ᄌᆞ세히 보라 그가 예수ᄅᆞᆯ 향ᄒᆞ야 볼ᄊᆡ ᄉᆞ지ᄂᆞᆫ 능히 물 우에서 거러 힝ᄒᆞ엿ᄉᆞ나 바ᄅᆞᆷ을 향ᄒᆞ야 볼ᄊᆡ에ᄂᆞᆫ 곳 ᄲᅡ젓ᄂᆞ니라 그러나 그가 예수ᄭᅴ 도아 주심을 ᄀᆞᆫ구ᄒᆞ니 곳 그 소원이 일운지라 예수ᄭᅴ셔 당신의 손을 ᄲᅢ쳐 그ᄅᆞᆯ 구원ᄒᆞ셧ᄂᆞ니라 대뎌 베드로ᄅᆞᆯ 구원ᄒᆞᆫ 거슨 베드로가 그리스도ᄅᆞᆯ 붓든 거시 아니라 그리스도가 베드로ᄅᆞᆯ 붓잡아 냄이니라 베드로가 신심이 잇셧ᄉᆞ나 넉넉지 못ᄒᆞ엿ᄉᆞ니 우리도 이런 모양이 혹이 잇지 아니ᄒᆞ뇨 그ᄯᅢ에 ᄇᆡ 가온ᄃᆡ 잇ᄂᆞᆫ 사ᄅᆞᆷ들이 문도들 외에도 이 큰 이젹을 보고 그의게 말ᄒᆞ되 당신은 진실노 하ᄂᆞ님의 아ᄃᆞᆯ이시로다 ᄒᆞ고 경ᄇᆡᄒᆞᆫ일은 긔이히 녁일것이 업ᄂᆞ니라

뭇ᄂᆞᆫ 말

一 뎨ᄌᆞᄃᆞ려 어ᄂᆞ 곳으로 먼져 가라 ᄒᆞ셧ᄂᆞ뇨

二 예수ᄭᅴ셔ᄂᆞᆫ 어ᄃᆡ 가샤 무엇ᄒᆞ셧ᄂᆞ뇨

三 바다물은 엇더ᄒᆞ며 누가 어ᄂᆞ ᄯᅢ에 바다ᄅᆞᆯ ᄇᆞᆲ엇ᄂᆞ뇨

四 뎨ᄌᆞ들이 ᄇᆞ라보고 무ᄉᆞᆷ 말을 ᄒᆞ엿ᄂᆞ뇨

五 예수ᄭᅴ셔 무ᄉᆞᆷ 말ᄉᆞᆷ을 ᄒᆞ셧ᄂᆞ뇨

六 베드로ㅣ 쥬의 말ᄉᆞᆷ을 듯고 엇더케 ᄒᆞ엿ᄂᆞ뇨

七 베드로ㅣ 무ᄉᆞᆷ ᄉᆞ졍으로 쥬ᄭᅴ셔 구원ᄒᆞ시기ᄅᆞᆯ 청ᄒᆞ엿ᄂᆞ뇨

八 구쥬ᄭᅴ셔 엇더케 ᄒᆞ셧ᄂᆞ뇨

九 ᄇᆡ에 올올ᄯᅢ에 엇더케 되엿ᄂᆞ뇨

十 ᄇᆡ 가온ᄃᆡ 사ᄅᆞᆷ들이 그 일을 보고 엇더케 ᄒᆞ엿ᄂᆞ뇨

일샹일벌

이폭련속

가거ᄂᆞᆯ ᄒᆞᆫ 사ᄅᆞᆷ은 ᄉᆡᆼ각ᄒᆞ되 션ᄉᆡᆼᄭᅴ셔 칙을 주며 경계ᄒᆞ시기ᄅᆞᆯ 악ᄒᆞᆫ 일은 힝치 말나 ᄒᆞ실ᄲᅮᆫ더러 공부ᄅᆞᆯ 시험 ᄒᆞ겟다 ᄒᆞ엿시니 불가불 학교로 가리다 ᄒᆞ야 우편 길노 가니 두 사ᄅᆞᆷ의 힝ᄉᆞ가 ᄌᆞ연히 달넛더라 셰월이 여류ᄒᆞ야 어나덧 가을이 되매 츄풍이 셔ᄂᆞᆯᄒᆞᆫ지라 본학당 션ᄉᆡᆼ이 다시 긔학 ᄒᆞ니 여러 학원들이 모힘시 그 두 뎨ᄌᆞᄅᆞᆯ 특별히 불너 공부 ᄒᆞᆫ바ᄅᆞᆯ 무ᄅᆞ매 ᄒᆞᆫ 뎨ᄌᆞᄂᆞᆫ ᄃᆡ답ᄒᆞᄃᆡ 명산 대쳔에 유람ᄒᆞ다가 산즁에 됴ᄒᆞᆫ 학교ᄅᆞᆯ 맛나 션ᄉᆡᆼᄭᅴ셔 주신칙을 잘 공부ᄒᆞ엿ᄂᆞ이다 션ᄉᆡᆼ이 칭찬 ᄒᆞ여왈 착ᄒᆞ다 ᄉᆞ랑 ᄒᆞᄂᆞᆫ 뎨ᄌᆞ여 나의 명을 순죵 ᄒᆞ엿시니 학교에 드러와 일등 반열에 안지라 ᄒᆞ고 ᄒᆞᆫ 뎨ᄌᆞᄂᆞᆫ ᄃᆡ답ᄒᆞ되 공부란거ᄉᆞᆫ 학교 규칙이 잇서 긔학시에ᄂᆞᆫ 부지러니 ᄒᆞ고 방학시에ᄂᆞᆫ 노ᄂᆞᆫ 거시라 경긔 됴ᄒᆞᆫ 포구에 가서 병을 됴섭ᄒᆞ고 풍류쟝에 놀기로 주신칙을 공부ᄒᆞ지 못 ᄒᆞ엿시나 칙을 졍ᄒᆞ게 간슈 ᄒᆞ엿다가 지금 가져 왓ᄂᆞ이다 션ᄉᆡᆼ이 노여ᄒᆞ야 ᄀᆞᆯᄋᆞᄃᆡ 악ᄒᆞᆫ 뎨ᄌᆞ여 갈지어다 너ᄂᆞᆫ 션ᄉᆡᆼ의 명을 좃지 안코 악ᄒᆞᆫ일 ᄒᆞᄂᆞᆫ쟈라 ᄒᆞ고 곳 학교 밧게 내여 쫏치니 그 학도가 맛ᄎᆞᆷ내 쥬셕에 유혹 ᄒᆞ야 죄악 가온ᄃᆡ 잇ᄂᆞᆫ 사ᄅᆞᆷ이 되엿ᄂᆞᆫ지라 우리가 이런 니야기ᄅᆞᆯ 드르매 더욱 ᄭᆡ닷ᄂᆞᆫ ᄆᆞᄋᆞᆷ이 나ᄂᆞᆫ거ᄉᆞᆫ 거륵ᄒᆞ신 하ᄂᆞ님ᄭᅴ셔 우리의게 계명과 복음을 주심은 공부도 잘ᄒᆞ고 악ᄒᆞᆫ일을 거졀ᄒᆞ라 ᄒᆞ심이니 우리가 말일날에 구세쥬 압헤 가셔 심판을 밧을때에 샹을 엇고 벌을 면 ᄒᆞ랴거든 불가불 악을 멀니 ᄒᆞ고 션을 힝ᄒᆞ며 셩경 공부ᄅᆞᆯ 독실히 ᄒᆞ야 쳥루쥬ᄉᆞ에 방탕히 노던 뎨ᄌᆞ가 되지 말기ᄅᆞᆯ ᄇᆞ라오 최지호

외인의비방

외인들이 우리 교도ᄅᆞᆯ 여러 가지로 비방ᄒᆞ여 군축 ᄒᆞᄂᆞᆫ 일이 허다ᄒᆞᆫ거술 ᄶᅩᆨ히 변론 ᄒᆞᆯ거시 업ᄉᆞ나 그 비방 ᄒᆞᄂᆞᆫ 말이 무리ᄒᆞ여 교와 교 밋ᄂᆞᆫ 사ᄅᆞᆷ을 분변치 못ᄒᆞ고 사ᄅᆞᆷ이 곳 교요 교가 곳 사ᄅᆞᆷ이라 ᄒᆞᄂᆞᆫ 뜻으로 비우셔 신심이 견실치 못ᄒᆞᆫ 교도의 ᄆᆞᄋᆞᆷ을 푸러지게 ᄒᆞᄂᆞᆫ일이 ᄲᅡᆫ혼고로 그 말을 거두어 대강 설명ᄒᆞ노라

셩교 ᄒᆞᄂᆞᆫ 사ᄅᆞᆷ의 말을 드르면 무비 셩인이 될터인ᄃᆡ 교인들즁에도 착ᄒᆞᆫ 쟈ᄂᆞᆫ 적고 불량 ᄒᆞᆫ쟈가 만아 오히려 외인들보담 더옥 완악 ᄒᆞᆫ자가 만아 츄ᄒᆞᆫ일과 악ᄒᆞᆫ 일을 ᄒᆞ며 서로 싀긔ᄒᆞ고 뮈워ᄒᆞ며 혹 외국 교ᄉᆞᄅᆞᆯ 의뢰ᄒᆞ고 긴ᄒᆞ게 뵈이랴 ᄒᆞ야 이 사ᄅᆞᆷ의 허물 져사ᄅᆞᆷ의 흉된 소ᄅᆡ 안된말을 붓그럼 업시 주서 줏거리니 이 ᄀᆞᆺᄒᆞᆫ 사ᄅᆞᆷ들을 셩교인이라 ᄒᆞ면 텬하 사ᄅᆞᆷ을 다 셩교인이라 ᄒᆞ겟다 ᄒᆞ니 엇지 사ᄅᆞᆷ의 불량 ᄒᆞᆫ거ᄉᆞ로 교의 션불션과 도리의 진가ᄅᆞᆯ 의론 ᄒᆞ리오 가령 나라의 냥법미규가 잇

서 ᄇᆡᆨ셩으로 악ᄒᆞᆫ거ᄉᆞᆯ ᄇᆞ리고 덕을 닥가 편하 태평 ᄒᆞ기를 ᄇᆞ라나 국즁에 여러 ᄇᆡᆨ셩이 그법을 직히지 안는쟈 잇ᄉᆞ며 오형 ᄀᆞᆺᄒᆞᆫ 형벌이 잇서 난신과 젹ᄌᆞ를 경계ᄒᆞ고 어진 ᄇᆡᆨ셩의 ᄉᆡᆼ명을 보젼케 ᄒᆞ나 간악ᄒᆞᆫ 도젹들이 만이 ᄉᆡᆼ겨 큰거ᄉᆞ로 젹은거ᄉᆞᆯ 압졔 ᄒᆞ며 강ᄒᆞᆫ쟈ㅣ 약ᄒᆞᆫ이를 업수히 녀이거ᄅᆞᆯ 긔탄 업시 ᄒᆞ니 그런즉 이러ᄒᆞᆫ 무리로 인ᄒᆞ여 엇지 국법이 아람답지 안타ᄒᆞ며 오형이 업ᄉᆞᆫ지 안타 ᄒᆞ리오 이와ᄀᆞᆺ치 우리 교회에는 형벌 ᄒᆞ는거시 업고 다만 덕으로 인도 ᄒᆞ고 례모로 ᄀᆞᄅᆞ치되 만일 진심으로 쥰ᄒᆡᆼ치 안는쟈는 교도라 칭ᄒᆞ지 못ᄒᆞᆯ지라 그런즉 일홈만 교도라 칭 ᄒᆞ는쟈로 ᄒᆞ여 엇지 셩교가 불션타 ᄒᆞ리오 교는 교요 사ᄅᆞᆷ은 사ᄅᆞᆷ이라 악ᄒᆞᆫ 사ᄅᆞᆷ이 우리교를 진실이 밋으면 착ᄒᆞᆫ 사ᄅᆞᆷ이 될거시오 착ᄒᆞᆫ 사ᄅᆞᆷ이라도 우리교를 거즛으로 밋으면 더욱 악ᄒᆞᆫ 사ᄅᆞᆷ이 될지라 그러나 불붓는 곳에서 연긔 니러 나는거ᄉᆞᆫ 쩟쩟ᄒᆞᆫ 리치라 미샹비 교도가 만으면 이러ᄒᆞᆫ 비방이 만이 니러 나ᄂᆞ니 무론 엇더ᄒᆞᆫ 교회인이던지 외인의 비방ᄒᆞᆯ 거리를 만이 쟝만 ᄒᆞ여 주지 안키를 ᄇᆞ라노라 로병션

닉보

관찰셔임) 죠셔ᄒᆞ샤 김영덕으로 경샹남도 관찰ᄉᆞ와 박용대로 츙청남도 관찰ᄉᆞ와 됴죵필노 젼라남도 관찰ᄉᆞ와 리도재로 평안북도 관찰ᄉᆞ와 윤용식으로 츙청북도 관찰ᄉᆞ와 리셩렬로 경샹북도 관찰ᄉᆞ와 쥬셕면으로 강원도 관찰ᄉᆞ와 윤길구로 황ᄒᆡ도 관찰ᄉᆞ와 윤샹연으로 평안남도 관찰ᄉᆞ를 졔슈 ᄒᆞ셧더라

○(의정부뎐칙) 의정부 의정 셔리 됴병식씨가 ᄂᆡ부와 농샹공부에 죠회ᄒᆞ되 황샹의 칙지를 봉승 ᄒᆞᆷ이니 안렴ᄉᆞ는 곳 불너 올니고 각쳐 파원과 각항 잡세를 속속히 혁파ᄒᆞ라 ᄒᆞ엿다더라

본회광고

본회에서 이 **회보**를 젼년과 ᄀᆞᆺ치 일쥬일에 ᄒᆞᆫ번식 발간 ᄒᆞ는ᄃᆡ 새로 륙폭으로 작뎡 ᄒᆞ고 ᄒᆞᆫ쟝갑슨 엽젼 오푼이오 ᄒᆞᆫᄃᆞᆯ갑슬 미리 내면 젼과 ᄀᆞᆺ치 엽젼 ᄒᆞᆫ돈 오푼이라 본국 교우나 셔국 목ᄉᆞ나 교외 친구나 만일 사셔 보고져 ᄒᆞ거든 졍동 아편셜라 목ᄉᆞ 집이나 죵로 대동셔시에 가셔사시옵

죵로대동셔시광고

우리 셔사에셔 셩경 신구약과 찬미가칙과 교회에 유익ᄒᆞᆫ 여러가지 셔칙과 시무에 긴요ᄒᆞᆫ 셔칙들을 팔되 갑시 샹당 ᄒᆞ오니 학문샹과 시무변에 ᄯᅳᆺ이 잇는 군ᄌᆞ들은 만히 사셔 보시옵

대영국셩셔공회광고

새로 간출 ᄒᆞᆫ거ᄉᆞᆫ 로마 가라태 팔노셔 야고보 베드로 젼후셔 듸모데 젼후셔니 사셔 보실이는 회샤쥬인 젼됴 션ᄉᆡᆼ씌로 오시옵

광무ᄉ년 팔월 팔일 (합일빅팔십삼호)

뎨ᄉ권

대한크리스도인회보

뎨삼십이호

청국쇼식

북경 도셩 안에 잇는 각국 공ᄉ들은 지금 ᄭ지 싱명을 보젼 ᄒ야 근근히 잇다 ᄒ며 각국 련합군은 북경으로 가고자 ᄒ야 미국 군ᄉ도 태고에 샹륙ᄒ야 텬진으로 드러 갓ᄂ듸 일본 군ᄉ 이 만명과 영국 군ᄉ 일만명과 미국 군ᄉ 오쳔명을 련합 ᄒ야 삼만 오쳔인이 본월 초삼일에 텬진셩에서 ᄯ나 북경으로 향ᄒ엿고 샹히 조림회ᄉ에서 영국 션교ᄉ ᄉ인과 산셔셩 효의현에서 젼도 ᄒᄂ 녀교ᄉ 두명이 폭도의게 죽엇다더라

젼권공ᄉ유긔환씨의 샹소

우리가 유긔환씨의 샹소를 본즉 ᄉ의가 밍렬ᄒ 구졀이 만흔고로 그 말솜을 대강 번역ᄒ야 긔지ᄒ노라

신이 업ᄃ여 보건ᄃ 지금 나라 형셰가 급급 업업 ᄒ와 안 근심은 머리가 압ᄒ고 밧 걱졍은 눈에 가득ᄒ니 이거시 진실노 위급ᄒ고 보존 ᄒ고 멸망 홀때라 큰 벼술 ᄒᄂ 신하들이 목숨을 노코 힘을 죽도록 ᄒ야 황실을 보존케 도모 ᄒ여도 그 평안 ᄒ고 위틱ᄒ며 보존ᄒ고 멸망홀거솔 가히 결뎡치 못 ᄒ겟ᄂ듸 허물며 큰 벼술 ᄒᄂ 신하들이 님군의 총명 ᄒ심을 가리여 나라 권셰를 안에셔 도적질 ᄒ야 희롱ᄒ니 만가지 일이 모도 그릇되고 관찰ᄉ와 군슈들은 방샤히 탐탐ᄒ고 사오나와 빅셩의 살과 ᄲ를 글코 버혀 빅셩이 다 죽을ᄃ경이기로 원망이 오와 ᄒ더니 하ᄂ이 놉ᄒ시나 ᄂ진ᄃ 말을 드ᄅ샤 죠칙이 두번 나려 각도에 안렴ᄉ들을 도로 불너 올니시며 독쇄관과 파원들을 혁파ᄒ서고 담학 ᄒᄂ 각도 관찰ᄉ들을 모도 티거 ᄒ야 빅셩을 위ᄒ샤 해를 제거 ᄒ시니 셔울과 시골 사름들이 다 즐겨ᄒ야 춤으ᄃ 티평의 뎨일 긔초라 ᄒ나 신은 써 ᄒ되 그러치 아니 ᄒ거시 여호와 삭은 임의 졔 ᄒ엿시나 시랑은 오히려 잇ᄂ지라 의졍신 윤용션은 웃머리 대신으로 모든 일을 능히 헤아리지 못ᄒ며 뭇 관원을 능히 인도 ᄒ지 못ᄒ고 년젼 협회때에 그 손조 덕영으로 ᄒ여곰 회원을 쳬결ᄒ야 빅가지 일을 홈ᄭ ᄒ다가 협회가 파ᄒ죽 권셰 잇고 근시ᄒᄂ 신하의게 아첨ᄒ야 은춍을 탐람ᄒ고 영화을 사며 나라 형셰가 위틱ᄒ거의 분의가 업서졋고 탁지대신 손 도라 보지 아니 ᄒ니 신하 효병식은 일즉 츙쳥 감ᄉ로 쳔단히 사름의 목숨을 (이폭)

대한그리스도인 회보

THE
KOREAN CHRISTIAN ADVOCATE.
H. G. APPENZELLER, - Editor.
TERMS:—96 cents per year, in advance. Postage extra.
WEDNESDAY, Aug. 8, 1900.

서울 정동서 일쥬일에 ᄒᆞᆫ번식 발간 ᄒᆞ는ᄃᆡ 아편설라목ᄉᆞ가 회보 샤쟝이 되엿더라

일년 갑슬 미리 ᄂᆡ면 삼십륙젼 이오 우표 갑슨 ᄯᅡ로 잇ᄂᆞ니라

전권공ᄉᆞ 유긔환씨의 상쇼 (일쪽련쇽)

해ᄒᆞ고 함경 감ᄉᆞ로 민란을 니ᄅᆞ키고 일본 공ᄉᆞ 대석정긔의게 비샹ᄒᆞᆫ 콩 갑으로 님군의게 욕을 ᄭᅵ치고 나라의 치쇼를 밧앗시며 또 참졍으로 잇슬 ᄯᅢ에 방조히 졍부에 의론을 내여 일본 사ᄅᆞᆷ의게 줄 콩갑 놈은 거술 나라 돈으로 주라다가 찬졍 신 리윤용이가 반ᄃᆡ ᄒᆞ엿시며 ᄆᆡ양 졍부에 벼슬ᄒᆞᆫ즉 그 마을의 관원들을 몽롱 ᄒᆞ게 쥬품ᄒᆞᆯ고 청촉ᄒᆞ야 임의ᄃᆡ로 출쳑ᄒᆞ고 사졍만 좃차 환롱 ᄒᆞ엿시며 탁지부로 말ᄒᆞᆯ지라로 몬져는 샹랍을 독촉ᄒᆞ야 밧는다 ᄒᆞ고 믄득 잡아 가두는 쥬본을 올녓다가 못춤ᄂᆡ 샤ᄉᆞ 쳥촉을 ᄡᅥ라 도로 ᄂᆞᆺ는 쥬본을 올니니 어제와 오날에 알외는 말ᄉᆞᆷ이 엇지 그 다른지 일노 말ᄆᆡ암아 샤랍이 ᄒᆞᆫ 고을도 ᄯᅳᆺ 난ᄃᆡ가 업고 경부로 말ᄒᆞᆯ지라도 명식도 업는 샤ᄉᆞ 빗을 공젼이라 빙ᄌᆞ ᄒᆞ고 사ᄅᆞᆷ들을 잡아 가두고 돌포 지내엿시며 젼후의 일 ᄒᆞ는거시 모도 그릇쳣고 ᄆᆡ양 ᄒᆞᆫ가지 일만 잇시면 모도 칙령이라 닐ᄏᆞᄅᆞ며 죠곰도 두려옴이 업시니 신하의 직분이 업셔졋고 법부대신 셔리 민죵믁은 년젼에 절엿도 일노 나라 사ᄅᆞᆷ들이 다 굴ᄋᆞᄃᆡ 죽여야 맛당 ᄒᆞ다고 ᄒᆞ엿거놀 언연히 큰 벼슬에 거ᄒᆞ야 붓그러온 긔식이 업고 므릇 송ᄉᆞ는 모도 지관관들의게 쳥촉ᄒᆞ야 법을 굽혀 결쳐를 식히는 고로 셔울과 싀골 인심이 일노 좃차 물 ᄭᅳᆯ듯 쇼요ᄒᆞ며 누가 혹 말ᄒᆞ면 모도 칙령이라 닐ᄏᆞᆺ고 일젼 검ᄉᆞ 시보를 벌셰에 님군ᄭᅴ 쥬본을 올니되 쟝뎡을 ᄡᅥ르지 안코 모든 동요를 속이고 다만 회계국쟝 죠예셕과 쥬ᄉᆞ 김창형등으로 더브러 샤ᄉᆞ 집으로 도라가 몬져 죠병식과 죠예셕의 ᄯᅳᆨ 사ᄅᆞᆷ들과 밋 제집 식구에 법률이 무엇인지 ᄉᆞ례가 무엇인지 몽ᄆᆡ ᄒᆞᆫ쟈들노 ᄡᅥ 쥬본을 ᄉᆞᆷ이고 그 다음에 법부와 지관소 쥬ᄉᆞ즁에 법률은 알고 모르고 직임은 감당 ᄒᆞ던지 못 ᄒᆞ던지 혜아리지 안코 십여 사ᄅᆞᆷ을 옴겨셔 쥬본에 넛코 그 결난 자리는 또ᄒᆞᆫ 죠병식과 밋 제집 사ᄅᆞᆷ으로 곳 식히고 사ᄅᆞᆷ을 ᄃᆡᄒᆞ면 모도 말ᄒᆞ기를 이거시 다 우회셔 적어 나린거시라 공번되히 식힐 겨를이 업셧다 ᄒᆞ니 법률 학도들은 졍부에 글을 올니며 즁츄원에 의론을 드려 뭇 사ᄅᆞᆷ 공론이 물 ᄭᅳᆯ듯 ᄒᆞ게 ᄒᆞ니 온 나라에 법맛흔 대신으로 ᄡᅥ 엇지 이ᄀᆞᆺ치 벼슬 자리를 희롱 ᄒᆞ는쟈ㅣ 잇시릿가 신하의 직분이 업셔졋고 ᄂᆡ부대신 리건하는 두번재 ᄂᆡ부대신을 ᄒᆞ되 (오쪽)

만국쥬일공과 그리스도씨의협젹

뎨삼부 뎨이공과

팔월 십구일

예수ᄂᆞᆫ 싱명의량식

요한 륙장 이십이졀노 ᄉᆞ십졀

二二 잇ᄒᆞᆫ날 바다 건너 편 언덕
에 섯던 무리가 ᄇᆡ ᄒᆞ나 밧긔
다른 ᄇᆡ 업ᄉᆞᆷ을 보고 또 예수ㅣ
뎨ᄌᆞ들과 ᄇᆡ에 오ᄅᆞ시지 아니
ᄒᆞ고 뎨ᄌᆞ들 혼자 간줄 알앗더
니 二三 두어쳑 적은 ᄇᆡ가 듸베
리아에셔 오니 곳 쥬ᄭᅴ셔 츅샤
ᄒᆞ신후에 여러시 떡 먹든 곳시
갓가온지라 二四 무리가 예수와
뎨ᄌᆞ들이 여긔 업ᄉᆞᆷ을 보고 곳
ᄇᆡ를 ᄐᆞ고 가베나움으로 가셔 예
수를 찻다가 二五 바다 건너 편
에셔 맛나매 ᄀᆞᆯᄋᆞᄃᆡ 라비여 어
ᄂᆞ ᄯᅢ에 여긔 오셧ᄂᆞ잇가 ᄒᆞ니
二六 예수ㅣ ᄀᆞᆯᄋᆞ샤ᄃᆡ 진실노 말
ᄒᆞ노니 너희가 나를 찻ᄂᆞᆫ거ᄉᆞᆫ
이상ᄒᆞᆫ 일을 본 셔ᄃᆞᆰ이 아니오
떡을 먹고 ᄇᆡ 부른 셔ᄃᆞᆰ이로다
二七 썩을 량식을 위ᄒᆞ야 일ᄒᆞ지
말고 영싱 ᄒᆞ도록 잇ᄉᆞᆯ 량식을
위ᄒᆞ야 ᄒᆞᆯ지어다 이거ᄉᆞᆫ 인ᄌᆞ가
너희를 줄거시니 아바지 ᄒᆞᄂᆞ님
이 인ᄌᆞ를 인 쳣ᄂᆞ니라 二八 여
러 사ᄅᆞᆷ이 무ᄅᆞᄃᆡ 엇더케 ᄒᆞ여
야 우리가 ᄒᆞᄂᆞ님의 일을 ᄒᆞ오
릿가 二九 예수ㅣ ᄃᆡ답ᄒᆞ샤ᄃᆡ
ᄒᆞᄂᆞ님이 보내신 이를 밋ᄂᆞᆫ거시
ᄒᆞᄂᆞ님 일이니라 三十 또 무ᄅᆞᄃᆡ
엇던 이샹ᄒᆞᆫ 일을 ᄒᆞ야 우리가
보고 밋게 ᄒᆞ며 무어ᄉᆞᆯ ᄒᆞ겟ᄂᆞ
잇가 三一 우리 조샹이 뷘 들에
셔 마라를 먹엇ᄉᆞ니 닐너ᄉᆞᄃᆡ
하ᄂᆞᆯ 우희셔 ᄂᆞ린 량식을 주어
먹게 ᄒᆞ엿다 ᄒᆞ엿ᄂᆞ이다 ᄒᆞ니
三二 예수ㅣ ᄃᆡ답ᄒᆞ샤ᄃᆡ 진실노
너희게 닐ᄋᆞ노니 하ᄂᆞᆯ에셔 나린
량식이 모셰가 쥰거시 아니라
내 아바지가 하ᄂᆞᆯ에셔 참 량식
으로 너희를 주신거시니 三三 하
ᄂᆞ님의 량식은 하ᄂᆞᆯ에셔 나린
싱명을 셰샹 사ᄅᆞᆷ의게 주ᄂᆞ니라
ᄒᆞ신ᄃᆡ 三四 여러시 ᄀᆞᆯᄋᆞᄃᆡ 쥬여
홍샹 이 량식으로 우리를 주소
셔 ᄒᆞᆫ거ᄂᆞᆯ 三五 예수ㅣ ᄀᆞᆯᄋᆞ샤ᄃᆡ
내가 곳 싱명의 량식이니 내게
오ᄂᆞᆫ 사ᄅᆞᆷ은 ᄇᆡ 곱흐지 아니ᄒᆞᆯ
터이오 나를 밋ᄂᆞᆫ 사ᄅᆞᆷ은 영원
이 목 ᄆᆞᄅᆞ지 아니 ᄒᆞ리라 三六
젼에 내가 너희ᄃᆞ려 닐넛ᄉᆞᄃᆡ
나를 보고 밋지 아니 ᄒᆞᄂᆞᆫ도다
三七 내 아바지ᄭᅴ셔 나를 주신
사ᄅᆞᆷ은 다 내게로 올거시오 또
내게 오ᄂᆞᆫ이를 반ᄃᆞ시 ᄇᆞ리지
아니 ᄒᆞ리라 三八 내가 하ᄂᆞᆯ에셔
나려온거ᄉᆞᆫ 내 ᄯᅳᆺ술 힝 ᄒᆞ라ᄂᆞᆫ
거시 아니오 나를 보내신 이의
ᄯᅳᆺ술 힝코져 ᄒᆞᆷ이라 三九 아바지
ᄭᅴ셔 나를 주신 사ᄅᆞᆷ은 ᄒᆞ나도
ᄇᆞ리지 아니 ᄒᆞ시고 ᄆᆞᄌᆞ막날에
다시 살게 ᄒᆞᆯ터이니 이거시 나
를 보내신 아바지의 ᄯᅳᆺ시라 四十
아ᄃᆞᆯ을 보고 밋ᄂᆞᆫ 사ᄅᆞᆷ은 다 영
싱을 엇고 ᄆᆞᄌᆞ막 날에 내가 살
닐터이니 이거시 내 아바지의
ᄯᅳᆺ이니라

요지

예수ㅣ ᄀᆞᆯᄋᆞ샤ᄃᆡ 내가 곳 싱명
의량식이니 三十五절

변ᄃᆡ

셔력 긔원후 이십구년 ᄉᆞ월 ―

디방

가베나옴

공과의구별

一 예수를 차짐 二二졀—二四졀
二 썩셔질 음식 二五졀—三四졀
三 싱명의 량식 三五졀—四十졀

주셕

잇흔날 이는 곳 오쳔명을 먹이시던 그 잇흔날이니라 **언덕에셔던무리가** 이들은 곳 예수ᄭᅴ셔 먹이시던 곳에 머믈너 잇는 사ᄅᆞᆷ들이니 그들이 예수ᄭᅴ셔 어ᄃᆡ 계신지 아지 못ᄒᆞᆫ고로 ᄇᆡ 두어쳑을 엇어 가지고 예수를 차지랴고 셔편으로 그 바다를 건너 가베나움으로 ᄒᆡᆼᄒᆞ야 갓ᄂᆞ니라 **바다건너편에셔** 이는 곳 그 바다 셔편이니라 **라비**는 곳 션싱지칭이니 그들이 예수ᄭᅴ셔 셩뎐에셔 교훈ᄒᆞ시거술 봄이니 아마 이 셩뎐은 로마국 ᄇᆡᆨ부장의 셜립ᄒᆞᆫ 것인듯ᄒᆞ니라 ○ 이 ᄇᆡᆨ셩들이 웨 예수를 차잣ᄂᆞ뇨 이 말ᄃᆡ답은 이십륙졀에 잇ᄂᆞ니라 그들이 나아온거슨 그들의 령혼들을 위ᄒᆞ야 음식을 구ᄒᆞ는것 보다 육톄를 위ᄒᆞ야 음식을 더 구ᄒᆞ엿ᄂᆞ니 오늘날 ᄭᆞ지라도 이 모양으로 ᄒᆞ는 사ᄅᆞᆷ들이 만ᄒᆞ니 대뎌 이들은 도ᄒᆞ는것이 신령ᄒᆞᆫ 리익을 위ᄒᆞ는것 보다 잠시의 리익을 더 위ᄒᆞ야 ᄒᆞᄂᆞ니라 **썩을량식을 위ᄒᆞ야 일ᄒᆞ지말고** 잠시 위셩에 유익ᄒᆞᆫ 음식은 우리의 웃듬 념려가 될거시 업ᄂᆞ니 우리가 반ᄃᆞ시 힘을 드려 일을ᄒᆞ야 긔어히 우리의 령혼 기를 음식을 엇어야 ᄒᆞᆯ지니 이 음식은 예수ᄭᅴ셔 주시ᄂᆞ니라 **영싱ᄒᆞ도록** 이는 곳 하ᄂᆞ님의 진리니 령혼의 음식이라 이거슨 사ᄅᆞᆷ의 지능으로 취ᄒᆞ야 엇을바ㅣ 아니요 곳 신셩ᄒᆞᆫ 셩질노 엇을 거시니라 ○ 이십팔졀에 ᄇᆡᆨ셩들의 무른말은 쥬ᄭᅴ셔 이십 구졀에 긔록ᄒᆞᆫ 하ᄂᆞ님의 보내신 이를 밋는거시 하ᄂᆞ님 일이라 ᄒᆞ는 말ᄉᆞᆷ으로 ᄃᆡ답ᄒᆞ셧ᄉᆞ니 이 말ᄉᆞᆷ은 다만 그의 교훈ᄒᆞ는 말ᄉᆞᆷ만 날넙ᄒᆞ게 숭인ᄒᆞᆯ거시 아니라 참 ᄆᆞᄋᆞᆷ으로 그를 ᄃᆡ졉ᄒᆞ여야 ᄒᆞᆫ다 ᄒᆞ신 말ᄉᆞᆷ이니라 그 ᄇᆡᆨ셩들이 이젹을 구ᄒᆞ는지라 하ᄂᆞ님이 모세를 인연ᄒᆞ샤 ᄇᆡᆨ셩들의게 마라를 나려 주셧는ᄃᆡ 이거슨 적고 둥군 물건이니 적기가 ᄡᅡ우에 셔리만ᄒᆞ엿ᄂᆞ니라 (출애굽십륙장 십ᄉᆞ오졀) 그가 그들을 ᄉᆞ십년 동안에 먹이엿는지라 그ᄯᅢ에 예수의게 나아온 ᄇᆡᆨ셩들도 예수ᄯᅢ 이런 일 ᄒᆡᆼᄒᆞ시기를 원ᄒᆞ엿ᄉᆞ나 예수ᄭᅴ셔는 그들의 주의ᄒᆞᆯ ᄉᆞ졍을 말ᄉᆞᆷᄒᆞ샤ᄃᆡ 모세는 너희들의게 쥰거시 텬국 ᄯᅥᆨ이 아니로ᄃᆡ 우리 아바지ᄭᅴ셔는 텬국의 참 ᄯᅥᆨ으로 주신다 ᄒᆞ셧ᄉᆞ니 이는 예수 그리스도의 ᄌᆞ긔 몸을 ᄀᆞᄅᆞ쳐 말ᄉᆞᆷᄒᆞ신 거시니라 그는 곳 싱명의 ᄯᅥᆨ이니 그는 령혼에 ᄃᆡᄒᆞ야 육신에 ᄯᅥᆨ되는것과 ᄀᆞᆺ호니라 그는 온 사ᄅᆞᆷ을 다 먹여 살니고 온 사ᄅᆞᆷ들

의게 영원ᄒᆞᆫ 셩명을 주시ᄂᆞ니라

내게로오ᄂᆞᆫ이ᄅᆞᆯ반ᄃᆞ시ᄇᆞ리지아니ᄒᆞ리라

이ᄂᆞᆫ 춤 유복ᄒᆞᆫ 허락이로다 예수ᄭᅴ셔 쟝ᄎᆞᆺ 밋음으로 당신ᄭᅴ 나아오ᄂᆞᆫ 사ᄅᆞᆷ들은 다 밧으시고 샤죄ᄒᆞ시고 먹이시고 구원ᄒᆞ시리니 대뎌 그ᄂᆞᆫ 당신의 아바지의 ᄯᅳᆺ슬 힝ᄒᆞ시려 오셧ᄉᆞ니 온 사ᄅᆞᆷ들어 다 이 셰샹에셔 이 셩명의 량식을 밧을만 ᄒᆞ고 텬국에셔 구원ᄒᆞᆷ을 엇을만 ᄒᆞᄂᆞ니라

믓ᄂᆞᆫ말

一 그ᄯᅢ에 무리들이 예수ᄭᅴ셔 뎨ᄌᆞ들과 ᄀᆞᆺ치 가신줄노 알앗더뇨

二 그 무리가 예수ᄅᆞᆯ 어ᄃᆡ셔 맛나더뇨

三 예수의 말ᄉᆞᆷ에 썩을 량식은 무어시며 영ᄉᆡᆼᄒᆞᆯ 량식은 무어시뇨

四 예수와 이 말ᄉᆞᆷ을 듯고 여러 사ᄅᆞᆷ이 엇더케 무럿ᄂᆞ뇨

五 예수ᄭᅴ셔 엇더케 ᄃᆡ답ᄒᆞ셧ᄂᆞ뇨

六 하ᄂᆞ님ᄭᅴ셔 어ᄂᆞ 곳에셔 뉘게 마라ᄅᆞᆯ ᄂᆞ리셧ᄂᆞ뇨

七 뉘가 곳 ᄉᆡᆼ명의 량식이뇨

八 이 량식을 먹으면 엇더켓ᄂᆞ뇨

九 예수ᄭᅴ로 오ᄂᆞᆫ 사ᄅᆞᆷ을 하ᄂᆞ님ᄭᅴ셔 엇더케 ᄒᆞ시겟ᄂᆞ뇨

十 예수ᄭᅴ셔 하ᄂᆞᆯ에셔 ᄂᆞ려오신거ᄉᆞᆫ 뉘 ᄯᅳᆺ슬 힝코져 ᄒᆞ심이뇨

十一 하ᄂᆞ님의 ᄯᅳᆺ시 무어시뇨

젼권공ᄉᆞ 유긔환씨의 샹소

(이폭련속)

샤졍만 ᄯᅡ라 공번되지 안코 므롯 슈령과 쥬ᄉᆞ와 춍쇼들 식힐ᄯᅢ에 더러온 말이 들닌즉 믄득 칙령이로라 닐ᄏᆞᆺ고 셔울과 싀골셔 원망ᄒᆞᄂᆞᆫ 소ᄅᆡ가 감히 말못ᄒᆞᆯ셰에 감히 말노 디척ᄒᆞ여도 염연히 못 드른것 ᄀᆞᆺ치 ᄒᆞ고 스ᄉᆞ로 편안히 지내니 신하의 분의가 업셔졋고 찬졍 신 권직형은 비록 역적의 당어라도 젼세가 잇ᄂᆞᆫ듯 ᄒᆞᆫ즉 아당ᄒᆞ야 부ᄯᅩᆺ고 비록 츙셩되고 바른 사ᄅᆞᆷ이라도 리ᄯᅳᆺ이 업ᄉᆞᆯ듯 ᄒᆞᆫ즉 비쳑ᄒᆞ며 심지어 안경슈가 조현ᄒᆞᆯᄯᅢ에 ᄯᅳᆯ에 나려 ᄯᅳᆺ슬 아쳠ᄒᆞ며 보방ᄒᆞ야 인졍을 파랏시니 이거시 무ᄉᆞᆷ 심쟝인지 신하의 직분이 업셔졋ᄂᆞᆫ지라 므롯 다 이와 ᄀᆞᆺᄒᆞ며 큰 벼ᄉᆞᆯ에 거ᄒᆞ야 님군의 권리ᄅᆞᆯ 도젹질 ᄒᆞ여 희롱ᄒᆞ며 나라 일을 해롭게 ᄒᆞ니 무지계가 동편에 잇시되 감히 ᄆᆞᄅᆞ칠어가 업서 사ᄅᆞᆷ이 다 발을 묵업게 ᄒᆞ며 입을 봉ᄒᆞ엿ᄂᆞᆫ고로 긔탄이 업ᄂᆞᆫ거ᄉᆞᆫ 확실이 즁거가 잇ᄂᆞᆫ지라 일젼 죠칙 즁에 ᄇᆡᆨ셩과 나라에 관계 되ᄂᆞᆫ 일은 졍부에셔 의론ᄒᆞ고 알외여 교졍ᄒᆞ라 ᄒᆞ셧ᄂᆞᆫᄃᆡ 지금 십여일이 되야도 졍부에 모든 신하가 ᄒᆞᆫ 일을 의론ᄒᆞ야 알외지 아니ᄒᆞ고 그 죠칙을 거즛 모로ᄂᆞᆫ톄 ᄒᆞ야 안 ᄆᆞᄋᆞᆷ에 글어니임이 잇시니 엇지 크게 두렵지 아니ᄒᆞ리오 비유컨ᄃᆡ 관찰ᄉᆞ와 군슈들의 직물 탐ᄒᆞ고 회셩 ᄒᆞᆨᄃᆡ ᄒᆞᄂᆞᆫ거

손 병이 ᄉᆞ지에 잇고 큰 벼슬 ᄒᆞᄂᆞᆫ이들이 나라 권세를 쳔단히 ᄒᆞ고 샤졍을 쓰ᄂᆞᆫ거ᄉᆞᆫ 병이 ᄇᆡ속에 잇ᄂᆞᆫ지라 만일 그 ᄉᆞ지만 다ᄉᆞ리고 ᄇᆡ속은 다ᄉᆞ리지 아니ᄒᆞᆫ즉 위독ᄒᆞᆫ 병이 쟝ᄎᆞᆺ 낫겟ᄂᆞ잇가 아니 낫겟ᄂᆞ잇가 원컨ᄃᆡ 폐하ᄭᅴ셔ᄂᆞᆫ ᄲᆞᆯ니 ᄇᆡ속에 잇ᄂᆞᆫ병을 밋멸이 다ᄉᆞ려 써 우리 님군의 권리를 놉히고 우리 죵묘와 샤직을 보존케 ᄒᆞ소셔 ᄒᆞ엿더라

ᄂᆡ보

오년류비) 젼권공ᄉᆞ 유긔환씨ᄂᆞᆫ 졍부 대관들을 론힉ᄒᆞᆫ 죄로 황샹ᄭᅴ셔 진노 ᄒᆞ샤 법부로 ᄒᆞ여픔 유씨를 오년 류비ᄒᆞ라 ᄒᆞ셧더라

○량관져관) 의졍부 찬졍 권지형씨ᄂᆞᆫ 유긔환씨의 탄힉ᄒᆞᆫ 샹소를 인ᄒᆞ야 ᄌᆞ긔도 샹소ᄒᆞ야 발명ᄒᆞ고 유씨와 ᄒᆞᆷᄭᅴ 평리원에 가ᄃᆡ질 지판을 쳥 ᄒᆞᆫ다더라

○련합병호궤) 황샹ᄭᅴ오셔 쳥국에 잇ᄂᆞᆫ 각국 련합군의 근로ᄒᆞᆷ을 ᄉᆡᆼ각ᄒᆞ샤 특별히 궁ᄂᆡ부 참리관 오인틱씨로 ᄇᆡᆨ미 일쳔셕과 밀가루 삼쳔포와 엽권연 이쳔갑을 화륜션 챵룡호에 싯고 텬진으로 드려가 각국 련합군의게 샹주라 ᄒᆞ셧더라

외보

쳥아젼징) 쳥국 만쥬 군ᄉᆞ와 비도들이 아라샤 흑룡강 디경을 침노ᄒᆞ고 아라샤 만쥬 텰도로 곳곳마다 훼파 ᄒᆞ엿시며 텰도를 직히ᄂᆞᆫ 아라샤 군ᄉᆞ와 역군을 만히 죽인고로 아라샤에셔 수만명 군ᄉᆞ를 발ᄒᆞ야 만쥬를 치랴ᄒᆞ고 쳥국 군ᄉᆞ도 날노 싸홈ᄒᆞᆯ 포ᄃᆡ를 쥰비 ᄒᆞᆫ다더라

○텬진포격) 쳥국 군ᄉᆞ가 각국 련합병이 북경으로 가고져 ᄒᆞᆷ을 보고 막으랴 ᄒᆞ야 텬진에 각국인 거류디를 포격ᄒᆞ니 날노 싸호ᄂᆞᆫ 중이라더라

○북챵젼징) 텬진 련합군이 북경으로 향 ᄒᆞᄂᆞᆫᄃᆡ 북챵 ᄯᅡ에셔 쳥군과 싸와 아라샤 군ᄉᆞ 륙ᄇᆡᆨ명과 일본 군ᄉᆞ ᄉᆞᄇᆡᆨ명과 영국 군ᄉᆞ 륙십명이 다 죽엇다더라

뎨ᄉ권

대한  그리스도인  회보

뎨삼십삼호

긔이ᄒᆞᆫ 긔계

몃ᄒᆡ젼 브터 구라파 사름들이 비구 문돌기를 궁구 ᄒᆞ더 묘ᄒᆞᆫ 모양으로 되지 못ᄒᆞ더니 거월에 덕국 유명ᄒᆞᆫ 놉흔 관원 ᄒᆞ나히 공즁에 나라ᄃᆞ니는 긔계를 문돌매 ᄊᆞ해셔 능히 일쳔 륙빅쳑을 올나 가는지라 사름이 ᄐᆞ고 시험 ᄒᆞ는ᄃᆡ 그ᄯᅢ에 일쳔이빅 륙십쳑을 올나 갓시며 십칠분 반 동안에 능히 십륙리를 힝ᄒᆞ야 빅여리를 릭왕ᄒᆞ엿시며 그 모양은 새가 공즁에 나는것 ᄀᆞᆺ다 ᄒᆞ니 실노 긔이ᄒᆞᆫ도다 사름이 ᄯᅡ우헤 ᄃᆞ니는 긔계와 물속에 ᄃᆞ니는 긔계를 문돌고 지금은 공즁에 날나 가는 긔계ᄭᆞ지 문ᄃᆞ니 이거ᄉᆞᆫ 다 하ᄂᆞ님ᄭᅴ셔 사름을 내실ᄯᅢ에 조긔 모양 ᄀᆞᆺ치 신령ᄒᆞᆫ 혼과 총명ᄒᆞᆫ 지됴를 주신 연고라 그러나 사름이 만일 하ᄂᆞ님의 계명을 거역ᄒᆞ고 ᄆᆞ음이 하ᄂᆞ님의 ᄆᆞ음과 합ᄒᆞ지 못ᄒᆞ면 비록 지됴가 만ᄒᆞ나 무어시 유익ᄒᆞ리오 싱각홀지어다

화륜거의 유익됨

아라사 셔울 피득보에셔 브터 하슈아 ᄭᆞ지 여러ᄒᆡ 동안에 텰도를 놋는ᄃᆡ 셔비리아 디경이 녜젼에는 황막ᄒᆞ야 귀양 가는 죄인 밧게 그곳으로 가는이가 업더니 지금은 그곳에 새로 기쳑ᄒᆞᆫ ᄯᅡ히 토옥ᄒᆞ고 물산이 만히 나며 매미 ᄒᆞᆫ기가 됴ᄒᆞᆫ고로 구라파 사름들과 본국 사름들이 닷토아 셔비리아로 이ᄉᆞᄒᆞ니 이거ᄉᆞᆫ 다 텰도의 유익 됨일너라

담방리에 가셔 젼도ᄒᆞᆷ

인쳔 담방리 회당을 하ᄂᆞ님ᄭᅴ 밧침은 이십구호에 임의 긔ᄌᆡᄒᆞ엿거니와 본회 회보 샤쟝이 본월 십이일 례빅에 젼도초로 담방리 회당에 가셔 본즉 회당 모양은 쟝이 삼간이오 광이 이간인ᄃᆡ 외양이 광대치는 못ᄒᆞ나 졔도가 심히 졍밀ᄒᆞ야 미우 볼만ᄒᆞ고 ᄯᅩ 그곳에 사는 교우의 집은 합ᄒᆞ야 열 다ᄉᆞᆺ 집이 되고 그 쥬일 오젼 오후에 다 젼도ᄒᆞ는ᄃᆡ 모힌 형뎨와 ᄌᆞ미들이 다 ᄌᆞ미 잇게 드롤ᄲᅮᆫ 아니라 셩심으로 례빅 ᄒᆞ는거ᄉᆞᆯ 보니 참 셩신의 도으심을 감샤히 넉이노라

미리 깃분일

졔물포 룡동 회당을 요ᄉᆞ이 우각현으로 옴겨 짓는ᄃᆡ 쟝ᄎᆞᆺ 양력 팔월 이십륙일 례빅에 하ᄂᆞ님ᄭᅴ 밧치는 례식을 힝 ᄒᆞᆯ터이오 그날 샹오에는 대한 말노 젼도ᄒᆞ고 오후에는 본회 회보 샤쟝이 영어로 젼도 ᄒᆞᆯ터이더라

대한그리스도인 회보

THE KOREAN CHRISTIAN ADVOCATE.

H. G. APPENZELLER, · Editor.

TERMS:—35 cents per year, in advance. Postage extra.

WEDNESDAY, Aug. 15, 1900.

서울 정동셔 일쥬일에 ᄒᆞᆫ번식 발간ᄒᆞᄂᆞᆫᄃᆡ 아편셜라목ᄉᆞ가 회보 샤쟝이 되엿더라

일년 갑슬 미리 내면 삼십 륙젼이오 우표 갑슨 ᄯᅩ로 잇ᄂᆞ라

무거온짐

근일에 삼복 염증이 불쏫 ᄀᆞᆺ치 밍렬ᄒᆞ고 칠월 일긔가 사ᄅᆞᆷ을 곤뢰케 ᄒᆞ기로 우리 몃 사ᄅᆞᆷ이 동교에 나아가 들밧헤 농ᄉᆞ도 구경ᄒᆞ고 ᄆᆞᆰ은 공긔를 마시고자 ᄒᆞ야 학도 삼인이 쥭장마혜로 소미를 련ᄒᆞ고 숑파 등디로 ᄃᆞ니다가 빅ᄉᆞ장 모릐겻헤 방초가 자리ᄀᆞᆺ고 록양이 의의ᄒᆞ거늘 슈음을 의지ᄒᆞ야 경치를 구경ᄒᆞ더니 이ᄣᆡ는 졍오시 가량이라 엇더ᄒᆞᆫ 사ᄅᆞᆷ이 무거온 짐을 지고 오ᄂᆞᆫᄃᆡ 셩셩ᄒᆞᆫ 머리털은 불문가지 노인이오 영영ᄒᆞᆫ 구슬ᄯᆞᆷ은 비ᄀᆞᆺ치 흐르니 힘들고 무거옴을 견ᄃᆡ지 못ᄒᆞ야 한숨 쉬고 ᄉᆞ탄식ᄒᆞ며 팔조의 긔박홈을 스ᄉᆞ로 민망ᄒᆞ고 갈길이 먼거술 대단히 걱정ᄒᆞ거늘 우리가 보기에도 가숨이 답답ᄒᆞᆫ지라 사ᄅᆞᆷ의 ᄉᆡᆼ의가 뎌ᄀᆞᆺ치 어려옴을 서로 의론ᄒᆞ더니 ᄯᅳᆺ밧게 엇더ᄒᆞᆫ 쇼년 ᄒᆞ나이 셔편 언덕으로 좃차 오다가 그 노인의 고ᄉᆡᆼ홈을 보고 압흐로 나아와 말ᄒᆞᄃᆡ 칠십 노인이 삼복 염련에 이 ᄀᆞᆺ치 무거온 짐을 지고 엇지 가시렷가 내가 지고 가기를 원ᄒᆞᆫ다 ᄒᆞ고 그 짐을 ᄃᆡ신ᄒᆞ야 지고 가니 그 노인이 크게 깃버ᄒᆞ고 한량업시 됴화ᄒᆞ야 스ᄉᆞ로 말ᄒᆞᄃᆡ 이제는 살앗다 ᄒᆞ며 그 쇼년ᄃᆞ려 닐ᄋᆞᄃᆡ 그ᄃᆡ가 어ᄃᆡ로 좃차와 죽게 된 사ᄅᆞᆷ을 도아 주ᄂᆞ뇨 ᄒᆞ고 의긔가 양양ᄒᆞ야 쇼년의 뒤를 좃차 가ᄂᆞᆫ지라 우리가 그 두 사ᄅᆞᆷ의 지나감을 보고 ᄉᆡᆼ각ᄒᆞᆫ즉 이 쇼년은 그 노인의 일가인지 친구인지 알수 업시나 힝ᄉᆞ가 아람다온 사ᄅᆞᆷ이오 ᄯᅩ ᄉᆡᆼ각ᄒᆞ니 이 셰샹 사ᄅᆞᆷ의 관영ᄒᆞᆫ 죄악이 뎌 노인의 무거온짐과 ᄀᆞᆺ고 구셰쥬의 ᄃᆡ속ᄒᆞ신 공로가 뎌 쇼년의 ᄃᆡ신 짐과 방불ᄒᆞ도다 그리치를 듯는 사ᄅᆞᆷ은 맛당히 깃분 ᄆᆞᄋᆞᆷ으로 구셰쥬의 거륵ᄒᆞ신 공로를 ᄉᆡᆼ각ᄒᆞ야 이 ᄆᆞᆷ이 죽기 ᄭᆞ지 열심으로 좃는거시 올커늘 은혜를 도로여 원슈로 보고 텬국 복음과 진리 대도를 공연이 비방ᄒᆞ며 ᄒᆞᆼ샹 말ᄒᆞᄃᆡ 창창ᄒᆞᆫ 허공에 하ᄂᆞ님이 어ᄃᆡ 계시뇨 ᄒᆞ며 말일날에 구셰쥬ᄭᅴ셔 다시 강림ᄒᆞ사 만국 만민을 심판 ᄒᆞ시다 ᄒᆞ면 우리를 밋친놈이라 지목ᄒᆞ고 ᄒᆞᆼ샹 말ᄒᆞ기를 사ᄅᆞᆷ이 셰샹에 사는거시 여ᄉᆞᆺ 쥰마를 달녀 이지러진 틈을 지나감 ᄀᆞᆺᄒᆞ니 밧당히 이목의 됴ᄒᆞᆫ거ᄉᆞᆯ 좃차 놀다가 죽을지라 텬당 디옥을 뉘가 보앗ᄂᆞ뇨 ᄒᆞᄂᆞ니 참 어리셕은 말ᄉᆞᆷ이로다 음식은 먹어 보아야 맛슬 알지니 어두온 곳에 잇는 동포들은 속히 구셰쥬 ᄇᆞᆰ은 빗헤 나아와 무거온 짐 ᄀᆞᆺᄒᆞᆫ 죄과ᄂᆞᆯ 버셔노코 광명ᄒᆞᆫ 낙원으로 홈ᄭᅴ 가기를 ᄇᆞ라오 최지학

만국쥬일공과 그리스도씨의힝젹

뎨삼부 뎨삼공과

팔월 이십륙일

외방녀인의밋음

마가 칠쟝 이십ᄉᆞ졀노 삼십졀

二四 예수ㅣ 거긔셔 니러나샤 두로
와 시돈 디경에 니르러 ᄒᆞᆫ집에
드러가 계시고 사ᄅᆞᆷ의게 알니고
져 아니 ᄒᆞ시나 은휘치 못 ᄒᆞ시
ᄂᆞᆫ지라 二五 맛ᄎᆞᆷ ᄒᆞᆫ 녀인이 잇셔
그 어린 ᄯᆞᆯ이 샤귀를 들녓ᄂᆞᆫ지
라 예수의 일을 듯고 와셔 그
발 아래 업ᄃᆡ리니 二六 그 녀인은
희랍 사ᄅᆞᆷ이니 수로보니게 족
쇽이라 제 ᄯᆞᆯ의게셔 샤귀 ᄶᅩᆺ차
주시기를 예수ᄭᅴ 군구 ᄒᆞ거ᄂᆞᆯ
二七 예수ㅣ 닐너 ᄀᆞᆯᄋᆞ샤ᄃᆡ ᄋᆞ희
들노 몬져 ᄇᆡ불니 먹게 ᄒᆞᆯ지니
대개 ᄋᆞ희들의 ᄯᅥᆨ을 취ᄒᆞ여 개
게 더짐이 올치 안타 ᄒᆞ신ᄃᆡ 二八
녀인이 ᄃᆡ답 ᄒᆞ여 ᄀᆞᆯᄋᆞᄃᆡ 쥬여
올소이다 마ᄂᆞᆫ 개들도 상 아래
에셔 ᄋᆞ희들의 ᄲᅥ려 ᄇᆞ리ᄂᆞᆫ 부
스러기를 엇어 먹ᄂᆞ니이다 二九 예
수ㅣ ᄀᆞᆯᄋᆞ샤ᄃᆡ 이 말을 인ᄒᆞ야
가라 샤귀가 임의 네 ᄯᆞᆯ의게셔
써낫ᄂᆞ니라 ᄒᆞ시니 三十 녀인이 집
에 도라간즉 ᄯᆞᆯ이 요에 누엇고
샤귀가 임의 나감을 보더라

요지

쥬여 저를 도으쇼셔 (마태十五쟝 二十五졀)

년ᄃᆡ

셔력 긔원후 이십구년 이른 여름이니라

디방

두로와 시돈이니 갈닐니 바다 셔북으로 일ᄇᆡᆨ 십리 가량 되ᄂᆞ니라

ᄀᆞᆺᄒᆞᆫ귀졀

마태 十五쟝 二十一졀ㅣ 二十八졀

주셕

첫지ᄂᆞᆫ 큰 흠이니 이십ᄉᆞ졀ㅣ 이십칠졀에 긔록ᄒᆞᆫ 말ᄉᆞᆷ이니라

二四 **거긔셔라** ᄒᆞᆷ은 곳 가베나움에 셔라 ᄒᆞᆷ이니라 **두로와시돈**은 피니샤국에 잇ᄂᆞᆫ 큰 두 고을이니라

二五 **ᄒᆞᆫ녀인이듯고** 그 녀인이 예수ᄭᅴ셔ᄂᆞᆫ 능히 이젹을 힝ᄒᆞ시며 병을 곳치시ᄂᆞᆫ ᄒᆞᆫ 큰 션ᄉᆡᆼ이신 소문을 드럿ᄂᆞ니라

二六 **그녀인은 헬나사ᄅᆞᆷ이니 수로보니게 족쇽이라** 그 녀인은 이 악ᄒᆞᆫ고 협의로온 나라에 쇽ᄒᆞᆫ 사ᄅᆞᆷ인고로 이 큰 유대국 션ᄉᆡᆼ의게 무어시던지 능히 밧기를 희망 ᄒᆞ기 어려웟ᄂᆞ니라 **샤귀** ᄒᆞᆫ 악ᄒᆞᆫ 귀신이니 그 계집 ᄋᆞ희 몸속에 거ᄒᆞ야 언제던지 제 ᄆᆞ음대로 그 ᄋᆞ희를 알케 ᄒᆞ랴면 그대로 ᄒᆞ엿ᄂᆞ니라

二七 **예수ㅣ 닐ᄋᆞ샤ᄃᆡ** 마태 십오쟝 이십삼졀노 이십오졀에 긔록 ᄒᆞ엿ᄉᆞᄃᆡ 예수ᄭᅴ셔 처음에ᄂᆞᆫ ᄃᆡ답지 아니 ᄒᆞ셧다 ᄒᆞ며 그 다음에 그 녀인이

예수ᄭᅴ 절ᄒᆞ야 ᄀᆞᆯᄋᆞᄃᆡ 쥬여 나를 도으쇼셔 ᄒᆞ엿다 ᄒᆞ엿더라 **ᄌᆞ녀로 몬져 ᄇᆡ불니 먹게ᄒᆞᆯ지니** ᄌᆞ녀ᄂᆞᆫ 곳 유대 사ᄅᆞᆷ들이니 하ᄂᆞ님의 ᄐᆡᆨᄒᆞ신 ᄇᆡᆨ셩이라 그의 쳣ᄌᆡ 복은 곳 그들을 위ᄒᆞᆫ거시니라 **맛당치안타** 예수ᄭᅴ셔 당신 ᄌᆞ긔의 ᄇᆡᆨ셩 ᄒᆞᆫ곳 유대 사ᄅᆞᆷ을 위ᄒᆞ야 츅원 ᄒᆞᄂᆞᆫ 복으로 ᄡᅥ 외방의 빈쳑ᄒᆞᄂᆞᆫ ᄇᆡᆨ셩의게 주ᄂᆞᆫ거시 합당치 아니ᄒᆞ니라 예수ᄭᅴ셔 그 녀인을 샤양ᄒᆞ야 물니침이 아니라 곳 그 녀인이 당신ᄭᅴ 신심이 잇ᄂᆞᆫ지 보랴고 ᄒᆞ심이니라 **개게** 유대 사ᄅᆞᆷ들이 유대국 디경밧게 사ᄂᆞᆫ 사ᄅᆞᆷ들을 개라 부ᄅᆞᄂᆞ니 대개 그 이방 사ᄅᆞᆷ들은 하ᄂᆞ님이 유대 사ᄅᆞᆷ들의게 주시ᄂᆞᆫ 복에 참예치 못 ᄒᆞᄂᆞᆫ 사ᄅᆞᆷ이니라 ○ 둘재ᄂᆞᆫ 큰 밋음이니 二八졀노 三十졀

二八 **쥬여 올ᄉᆞ오이다** 그 녀인이 예수를 크게 밋어 예수ᄭᅴ셔 ᄌᆞ긔를 능히 도아 주실러히요 ᄯᅩᄒᆞᆫ 도아 주시라 ᄒᆞ심을 밋고 뎌를 개라 부ᄅᆞ기를 원ᄒᆞ고 ᄯᅩᄒᆞᆫ 예수를 ᄌᆞ긔의 션싱 되시기를 요구ᄒᆞ고 그의게 남은 복이라도 주시기를 희망 ᄒᆞ엿ᄂᆞ니라 **개도 상아래셔 ᄌᆞ녀의게셔 ᄯᅥ러지ᄂᆞᆫ 부ᄉᆞ럭이를 먹ᄂᆞ니이다** 그 녀인이 말ᄒᆞᄃᆡ 당신의 큰복은 당신의 ᄇᆡᆨ셩을 주시려니와 우리 이 불샹ᄒᆞ고 외ᄃᆡ 밧ᄂᆞᆫ 외방 ᄇᆡᆨ셩도 잇지 마ᄅᆞ시고 이 불샹히 드리ᄂᆞᆫ 긔도에 좀 굽어 ᄉᆞᆲ혀 드르옵쇼셔 유대 ᄇᆡᆨ셩은 여러 ᄇᆡᆨ명식 곳처 주시ᄂᆞᆫ더에 내 불샹ᄒᆞᆫ ᄯᆞᆯ ᄒᆞ나흘 곳처 주옵쇼셔 ᄒᆞ엿ᄂᆞ니라

二九 **이말을인ᄒᆞ야 도라가라** 이 말ᄉᆞᆷ에 그 녀인이 예수를 밋고 졔의 긔도 드ᄅᆞ시기를 희망 ᄒᆞᄂᆞᆫ거ᄉᆞᆯ 나타내매 예수ᄭᅴ셔 말ᄉᆞᆷ ᄒᆞ샤ᄃᆡ 도라가라 ᄒᆞ시고 그 녀인과 ᄀᆞᆺ치 가시지도 아니ᄒᆞ고 그 녀인의 ᄯᆞᆯ을 보시지도 아니 ᄒᆞ셧ᄉᆞ니 그 녀인이 도라 가드러도 오히려 예수를 밋고 그 ᄒᆞ신 말ᄉᆞᆷ이 진실ᄒᆞ게 되며 그 샤귀가 그 계집 ᄋᆞ희의게셔 나감을 밋ᄂᆞᆫ거시 요긴 ᄒᆞ니라 **녀인이 집에 도라가본즉 ᄯᆞᆯ이 요에 누엇고 샤귀가 임의나 갓더라** 이 말ᄉᆞᆷ은 누구던지 넘어 불샹ᄒᆞ고 넘어 죄가 만ᄒᆞ야 ᄯᅩ 하ᄂᆞ님ᄭᅴ 나아올수 업ᄂᆞᆫ 사ᄅᆞᆷ이 업고 ᄯᅩ 예수ᄭᅴ셔 그 사ᄅᆞᆷ을 밧어 죄를 용셔 ᄒᆞ시고 구ᄒᆞᄂᆞᆫ거ᄉᆞᆯ 허락 ᄒᆞ시고 복을 주시ᄂᆞᆫ거ᄉᆞᆯ ᄀᆞᄅᆞ치셧ᄂᆞ니라

뭇ᄂᆞᆫ말

一 그ᄯᅢ에 예수ᄭᅴ셔 어ᄂᆞ 곳에 가셔셔 엇더케 ᄒᆞ랴 ᄒᆞ셧ᄂᆞ뇨

二 그 녀인의 집에 무ᄉᆞᆷ 가환이 잇셧더뇨

三 그 녀인이 예수ᄭᅴ 와셔 엇더케 ᄒᆞ엿ᄂᆞ뇨

四 그 녀인이 어ᄂᆞ 나라 사ᄅᆞᆷ이며 어ᄂᆞ 족쇽이뇨

五 예수ᄭᅴ셔 그 녀인ᄃᆞ려 엇더케 말ᄉᆞᆷ ᄒᆞ셧ᄂᆞ뇨.

만리경보는법

대뎌 만리경이라 ᄒᆞ는거슨 신발명ᄒᆞᆫ즁에 대단히 긴요ᄒᆞᆫ 물건인ᄃᆡ 먼거슬 갓가히 ᄉᆞᆯ피며 적은거슬 크게 느려 보는 법이라 젼일 하란국 사ᄅᆞᆷ ᄒᆞ나히 안경을 ᄆᆞᆫ둘다가 우연이 ᄉᆡᆼ각 ᄒᆞ고 굵은 대셰비를 잘나 두쑛에다 가온ᄃᆡ는 둑겁고 가은 얇은 유리조각을 붓치고 본즉 몃십리 밧게 잇는 산이 눈압헤 와셔 더 크게 보히는ᄃᆡ 그산에 잇는 온갓 물건이 다 분명히 보이거놀 그후브터 이법을 더 넓혀 더 크고 묘ᄒᆞᆫ 만리경을 ᄆᆞᆫᄃᆞ러 셰계에셔 힝용 ᄒᆞ는ᄃᆡ 엇던 사ᄅᆞᆷ은 그거슬 놉히 들고 하늘을 볼ᄉᆡ에 죠고마ᄒᆞᆫ 범위안으로 몃쳔만 별샹이 다 갓가히 보히는고로 일월과 셩신이 엇더ᄒᆞᆫ거슬 추측ᄒᆞ야 텬문의 오묘ᄒᆞᆫ거슬 발달ᄒᆞ니 그 보는법이 크고 엇던 사ᄅᆞᆷ은 그거슬 낫추 들고 젼후 좌우만 본즉 다만 갓가히 잇는 물샹만 보히니 별노 신긔ᄒᆞᆯ거시 업ᄉᆞ며 그 보는 법이 ᄯᅩᄒᆞᆫ 적고 ᄯᅩ 엇던 사ᄅᆞᆷ은 그거슬 쓰지 아니ᄒᆞ고 ᄇᆞ려둔즉 ᄌᆞ연이 ᄡᅥᆨ을이 안준거슬 들고 보랴면 아모것도 보히는거시 업슨즉 그 보는법을 아지 못ᄒᆞᆯ뿐 아니라 됴ᄒᆞᆫ 그릇을 ᄯᅩᄒᆞᆫ ᄇᆞ릴거시라 사ᄅᆞᆷ의 ᄆᆞᄋᆞᆷ도 ᄯᅩᄒᆞᆫ ᄒᆞᆫ 만리경과 ᄀᆞᆺᄒᆞᆫ고로 그 ᄇᆞᆰ은거시 능히 만샹을 빗최여 보는ᄃᆡ 샹지의 사ᄅᆞᆷ은 그 ᄆᆞᄋᆞᆷ을 놉히 빗최여 텬리의 오묘ᄒᆞᆫ거슬 보고 도덕샹 학문을 연구ᄒᆞ야 ᄌᆞ긔의 령혼과 동포의 령혼을 구졔ᄒᆞ니 그 쓰는법이 가장 크고 ᄎᆞ지의 사ᄅᆞᆷ은 그 ᄆᆞᄋᆞᆷ을 좀 나추 빗최여 인ᄉᆞ의 뎍당ᄒᆞᆫ거슬 보고 졍치샹 방략을 비포 ᄒᆞ야 치국 안민도 ᄒᆞ며 긔계의 졍묘ᄒᆞᆫ거슬 발명ᄒᆞ야 리용 후ᄉᆡᆼ케도 ᄒᆞ며 온갓 유익ᄒᆞᆫ 일을 ᄉᆡᆼ각ᄒᆞ니 그 쓰는 법이 ᄯᅩᄒᆞᆫ 적지 아니 ᄒᆞ고 어리석은 사ᄅᆞᆷ은 그 ᄆᆞᄋᆞᆷ을 쓰지 아니ᄒᆞ고 ᄇᆞ려둔즉 졈졈 어두어 놉고 번일은 보지 못ᄒᆞ고 다만 낫고 갓가온 일을 ᄉᆡᆼ각ᄒᆞ며 ᄌᆞ긔 육신 기르는 일만 위ᄒᆞ니 그 쓰는법이 하우를 면치 못ᄒᆞᆯ뿐 아니라 그 량심을 아조 일허 ᄇᆞ렷스니 엇지 슯흐지 아니ᄒᆞ리오 그런즉 누구던지 그 ᄆᆞᄋᆞᆷ 가온ᄃᆡ 잇는 만리경을 날마다 닥고 그거슬 다만 갓가히 빗최지 말고 멀니 들어 령혼 구ᄒᆞ는 도리를 보기를 간졀히 ᄇᆞ라노라

려병현

닉보

시찰압샹) 일젼에 닉부에셔 젼라남도 관찰ᄉᆞ의게 뎐보로 훈령ᄒᆞ기를 시찰관 장셰린이가 어느 고을에 잇던지 슌교로 ᄒᆞ여곰 곳 잡아 올니라 ᄒᆞ엿다더라

○졍부회의) 일젼에 졍부에셔 회의 ᄒᆞ엿다는ᄃᆡ 무슴 ᄉᆞ건을 졔츌 ᄒᆞ엿는지

○샤쟝피착) 본월 칠일 황셩신문 잡보즁에 일본 보를 거ᄒᆞᆫ즉 아라사 공ᄉᆞ가 일본 공ᄉᆞ를 향ᄒᆞ야 대한을 분할 ᄒᆞ자고 말ᄒᆞᆫ거술 계지 ᄒᆞ엿는ᄃᆡ 본월 구일에 경부에셔 황셩신문 샤쟝 남궁억씨를 잡아 가더니 두날후에

적수간으로 나려 가두고 ᄆᆡ우 엄ᄒᆞ게 신칙ᄒᆞ야 곤경이 ᄌᆞ심ᄒᆞ다 ᄒᆞ니 셜혹 아공ᄉᆞ의 말이 허망ᄒᆞᆯ지라도 황셩신문 긔쟈는 다만 일본 보를 번역 ᄒᆞᆷ인즉 조곰도 과실이 업거늘 무슴 ᄉᆞᄃᆞᆰ으로 무죄ᄒᆞᆫ 황셩신문 샤쟝을 이ᄃᆡ지 엄수ᄒᆞᄂᆞᆫ지 참 이셕ᄒᆞᆫ 일이라고 사ᄅᆞᆷ의 공론이 분운ᄒᆞᆫ다더라

○경막대언) 음력 칠월 이십오일은 셩샹 폐하의 만슈 셩졀이라 거륵ᄒᆞ신 츈츄가 쟝ᄎᆞᆺ 오슌에 니르심을 경하ᄒᆞ야 존호를 올니기로 도감을 셜시ᄒᆞ고 졔반 의절을 미리 쥰비ᄒᆞᆫ다더라

○친왕칙봉) 음력 본월 이십삼일에 쟝ᄎᆞᆺ 모든
친왕을
칙봉ᄒᆞ샤
황이ᄌᆞ로 의친왕을 삼으시고
황삼ᄌᆞ로 영친왕을 삼으실터인ᄃᆡ 금칙과 금인은 궁ᄂᆡ부와 농샹공부에 명ᄒᆞ샤 문ᄃᆞ려 드리라 ᄒᆞ셧시며 의친왕 뎐하ᄂᆞᆫ 지금 미국에 계신고로 ᄒᆞ여곰 환국케 ᄒᆞ야 칙봉ᄒᆞ심을 밧게 ᄒᆞ신다더라

○죠씨지소) 쥬일공ᄉᆞ 죠병식씨가 일간에 발ᄒᆡᆼᄒᆞᆫ다는 젼셜이 잇더니 일젼에 두번ᄌᆡ 번롱소를 올녓다더라

○슈운회샤죠직) 학부 학무국쟝 감각현씨가 슈운 회샤쟝이 되여 각항구에 ᄉᆞ무를 죠직ᄒᆞᄂᆞᆫᄃᆡ 고본은 ᄇᆡᆨ고로 작뎡ᄒᆞ야 ᄆᆡ고에 ᄇᆡᆨ원식 내기로 의론ᄒᆞ고 졔물포에 임시 ᄉᆞ무소를 셜시ᄒᆞ엿다더라

○무관학도취시) 일젼에 원슈부 춍장 민영환 민병셕 졔씨가 무관학교에셔 학도를 시취ᄒᆞ엿다더라

○법인ᄆᆡ우) 인쳔 죠션신보에 말ᄒᆞ기를 불란셔 사ᄅᆞᆷ이 일젼에 려슌구로셔 인항에 와셔 소삼ᄇᆡᆨ필 가량을 사셔 려슌구로 가기로 ᄒᆞᄂᆞᆫᄃᆡ 수일젼에 부평 등디에셔 오십 마리를 삿다더라

본회광고

본회에셔 이 회보를 젼년과 ᄀᆞᆺ치 일쥬일에 ᄒᆞᆫ번식 발간ᄒᆞᄂᆞᆫᄃᆡ 새로 륙폭으로 작뎡ᄒᆞ고 ᄒᆞᆫ쟝갑슨 엽젼 오푼이오 ᄒᆞᆫ돌갑슬 미리 내면 젼과 ᄀᆞᆺ치 엽젼 ᄒᆞᆫ돈 오푼이라 본국 교우나 셔국 목ᄉᆞ나 교와 친구나 만일 사셔 보고져 ᄒᆞ거든 졍동 아편셜라 목ᄉᆞ 집이나 죵로 대졍동셔에 가셔 사시옵

죵로대동셔시광고

우리 셔샤에셔 셩경 신구약과 찬미가 칙과 교회에 유익ᄒᆞᆫ 여러가지 셔칙과 시무에 긴요ᄒᆞᆫ 셔칙들을 팔되 갑시 샹당ᄒᆞ오니 학문샹과 시무변에 ᄯᅳᆺ이 잇ᄂᆞᆫ 군ᄌᆞ들은 만히 사셔 보시옵

대영국셩셔공회광고

새로 간츌ᄒᆞᆫ거슨 로마 가라태 골노시 야고보 베드로 젼후셔 듸모데 젼후셔니 사셔 보실이ᄂᆞᆫ 회샤쥬인 젼묘 션ᄉᆡᆼᄃᆡ로 오시옵

광무ᄉᆞ년 팔월 이십이일 (합일ᄇᆡᆨ팔십오호)

뎨ᄉᆞ권 대한 그리스도인 회보 뎨삼십ᄉᆞ호

황ᄌᆞ봉왕

황뎨 폐하ᄭᅴ오셔 귀인 엄씨로 슌빈을 봉ᄒᆞ신 후에 왕ᄌᆞ를노 친왕을 봉ᄒᆞ실ᄉᆡ 음력 칠월 이십삼일에 됴셔ᄒᆞ샤 황이ᄌᆞ 의화군 뎐하로 의왕을 봉ᄒᆞ시고 황삼ᄌᆞ로 영왕을 봉ᄒᆞ신 후 금척과 금인과 칠장 의복을 주셧ᄂᆞᆫᄃᆡ 외졍부 의졍 대신 이하 문무 ᄇᆡᆨ관이 다 진하에 진참ᄒᆞ엿고 궁ᄂᆡ부에 특별히 친왕부를 셜립ᄒᆞ시고 친왕부 관원을 마련ᄒᆞ시니 부령이 일인이오 뎐위가 이인이더라

만슈셩졀

팔월 십구일은 음력 칠월 이십오일이라 이날은 황상의 만슈셩졀 인고로 각마을에 경츅연을 ᄇᆡ셜ᄒᆞ엿시며 경비를 각각 샤급ᄒᆞ셧ᄂᆞᆫᄃᆡ 외부에셔ᄂᆞᆫ 각국 공령ᄉᆞ와 신ᄉᆞ들을 쳥ᄒᆞ여 ᄒᆞᆷᄭᅴ 경츅 례식을 힝ᄒᆞ엿고 한셩 ᄂᆡ외에 잇ᄂᆞᆫ 학교ᄂᆞᆫ 합 이십ᄉᆞ쳐인ᄃᆡ 학도 일쳔ᄉᆞᄇᆡᆨ 여명이 대궐문 밧게 모히여 만셰를 불너시며 졍동 ᄇᆡᄌᆡ학당에셔ᄂᆞᆫ 맛참 쥬일을 당ᄒᆞᆫ고로 오후 두시에 교ᄉᆞ와 학원들이 회당에 모히여 황상 폐하를 위ᄒᆞ야 마슈무강ᄒᆞ시기와 대한 젼국에 은혜 나리시기를 하ᄂᆞ님ᄭᅴ 긔구ᄒᆞ엿더라

목ᄉᆞ의 직분

우리가 쳥국 복쥬셔 발간ᄒᆞᆫ 화미보를 본즉 목ᄉᆞ의 힝ᄒᆞᄂᆞᆫ 법을 긔ᄌᆡᄒᆞ엿기로 좌에 번역ᄒᆞ노라

뎨일은 뎐달이니 ᄉᆞ도 바울노 굴으ᄃᆡ 큰일을 ᄭᆡ달치 못ᄒᆞᆫ 사ᄅᆞᆷ의게 맛기지 말나 ᄒᆞ고 ᄌᆞ긔ᄂᆞᆫ 지극히 긴요ᄒᆞᆫ 일노 ᄒᆞᆫ 쇼년의게 맛겨시니 이 쇼년ᄂᆞᆫ 비록 년쇼ᄒᆞ나 뎐달ᄒᆞᆷ이 노인보다 만ᄒᆞᆷ이라 비록 나 만흔 노인이라도 뎐달법이 업ᄉᆞ면 교회의 큰일을 맛기지 못ᄒᆞᆯ지니 뎐달법ᄂᆞᆫ ᄂᆞᆷ을 구원코져 ᄒᆞᄂᆞᆫ쟈ㅣ 맛당히 ᄌᆞ긔를 몬져 구원ᄒᆞᆯ거시오 ᄂᆞᆷ을 텬국길노 인도ᄒᆞᄂᆞᆫ쟈ㅣ 맛당히 ᄌᆞ긔가 그길을 몬져 알거시오 영셩ᄒᆞᆫ 량식으로 하ᄂᆞ님의 ᄐᆡᆨᄒᆞᆫ ᄇᆡᆨ셩을 먹이ᄂᆞᆫ쟈ㅣ 마당히 ᄌᆞ긔가 몬셔 텬국의 춤ᄯᅥᆨ을 먹어야 ᄒᆞᆯ거시오 활슈로 ᄂᆞᆷ의게 주ᄂᆞᆫ쟈ㅣ 반다시 ᄌᆞ긔가 몬져 반셕의 활슈를 마셔야 ᄒᆞᆯ거시오 ᄂᆞᆷᄃᆞ려 졍결ᄒᆞᆷ으로 하ᄂᆞ님을 셤기라 ᄒᆞᄂᆞᆫ쟈ㅣ 반다시 ᄌᆞ긔가 몬져 졍결ᄒᆞ야 일호도 하ᄌᆞ가 업서야 ᄒᆞᆯ거시오 다른 사ᄅᆞᆷ으로 령혼을 위ᄒᆞ야 싸홈ᄒᆞᄂᆞᆫ쟈ㅣ ᄌᆞ긔가 몬져 도망ᄒᆞ야 다라날수 업ᄂᆞ니 하ᄂᆞ님ᄭᅴ 긔구ᄒᆞ야 뎐달ᄒᆞ고 노셩ᄒᆞ기를 구세쥬와 ᄀᆞᆺ치 되여야 ᄒᆞᆯ지니라 (미완

대한그리스도인 회보

THE KOREAN CHRISTIAN ADVOCATE.

H. G. APPENZELLER, - Editor.

TERMS:—30 cents per year, in advance. Postage extra.

WEDNESDAY, Aug. 22, 1900.

서울 졍동셔 일쥬일에 ᄒᆞᆫ번식 발간 ᄒᆞᄂᆞᆫᄃᆡ 아편셜라목ᄉᆞ가 회보 샤쟝이 되엿더라

일년 갑슬 미리 ᄂᆡ면 삼십륙젼이오 우표 갑슨 ᄯᅩ로 잇노라

거뮈그물

대뎌 하ᄂᆞ님ᄭᅴ셔ᄂᆞᆫ 지극히 인ᄋᆡᄒᆞ시고 지극히 공번 되시며 의로오신고로 무ᄉᆞᆷ 일이던지 졍직ᄒᆞ고 올흔거슨 다 하ᄂᆞ님 리치에 합당ᄒᆞᆫ거시오 궤휼ᄒᆞ고 간샤ᄒᆞ며 남을 졈루ᄒᆞ고 속이ᄂᆞᆫ 일은 다 마귀의 유혹됨이라 사ᄅᆞᆷ이 세샹에 나매 날노 마귀 시험에 ᄲᅡ지것마ᄂᆞᆫ 어두온 ᄇᆡᆨ셩은 알지 못ᄒᆞ고 오직 예수를 밋ᄂᆞᆫ 셩도라야 유혹이 오ᄂᆞᆫ것도 알고 능히 시험을 니기기도 ᄒᆞᄂᆞᆫ지라 우리 수삼인이 졍동 학당에셔 셩경을 공부ᄒᆞᆯ시 마귀가 사ᄅᆞᆷ을 엇더케 시험ᄒᆞ며 우리가 엇더케 니길거술 의론ᄒᆞ더니 무독 쳠아ᄭᅳᆺ솔 ᄇᆞ라보니 무ᄉᆞᆷ 버러지 ᄒᆞ나히 잇ᄂᆞᆫᄃᆡ 빗슨 검고 발은 여ᄃᆞᆲ이오 머리ᄂᆞᆫ 적으며 몸은 둥어 대단히 큰지라 그 버러지가 바람길을 인ᄒᆞ야 건너편 담에 ᄲᅧ러지매 맛치 누에실 ᄀᆞᆺᄒᆞᆫ 줄이 그 버러지 밋흐로 좃차 나아와 몸을 운동 ᄒᆞᄂᆞᆫᄃᆡ로 그 줄이 ᄉᆞ방에 련락 ᄒᆞ야 열십ᄌᆞ 모양ᄀᆞᆺ치 되거ᄂᆞᆯ 우리가 고히 넉이여 ᄌᆞ셰히 본즉 거뮈라 ᄒᆞᄂᆞᆫ 버러지라 그 버러지가 줄을 ᄉᆞ방으로 ᄇᆡ셜ᄒᆞᆫ후에 가온ᄃᆡ 브터 시작ᄒᆞ야 ᄲᆡᆼᄲᆡᆼ히 도라가니 잠시간에 ᄒᆞᆫ셰 그믈을 일우어 노흔지라 우리가 그 버러지의 공교ᄒᆞᆫ 재조를 칭찬ᄒᆞ고 그 잇흔날 다시 가본즉 ᄯᅳᆺ밧게 ᄒᆞᆫ 나뷔 ᄒᆞᆫ ᄡᅡᆼ이 잇셔 포연히 나라 담 머리로 지나 가다가 거뮈 그믈에 걸닌바 되야 가지 못ᄒᆞ고 다만 량편 나래만 펄ᄯᅥᆨ 거리나 능히 그믈을 버셔 나지 못ᄒᆞ니 거뮈가 그 거동을 보고 내다라 ᄋᆞᆫᄋᆞᆫᄒᆞᆫ 줄노 나뷔의 몸을 찬찬히 얼거ᄆᆡ코 임의대로 ᄲᆞ라 먹으니 가련ᄒᆞᆫ 나뷔들이 속졀업시 죽은지라 그 거뮈가 그믈을 버려 노코 리왕 ᄒᆞᄂᆞᆫ 물건이 걸니기만 기다리더니 용ᄆᆡᆼ 잇ᄂᆞᆫ 새 ᄒᆞ나히 공즁으로 좃차 나라와 거뮈 그믈을 보고 조곰도 두려옴이 업시 츙돌ᄒᆞ야 날나가니 그믈은 다 결단나고 거뮈ᄂᆞᆫ 도망 ᄒᆞ야 도로혀 무셔워 ᄒᆞ며 아모 계칙이 업ᄂᆞᆫ 모양이라 우리가 이 거술 보고 이 셰샹 일을 비교ᄒᆞ여 본즉 거뮈 그믈은 간사ᄒᆞᆫ 마귀의 유혹과 ᄀᆞᆺ고 나뷔ᄂᆞᆫ 어두온 곳에 졍욕으로 죽은 사ᄅᆞᆷ과 ᄀᆞᆺ고 용ᄆᆡᆼ 잇ᄂᆞᆫ 새ᄂᆞᆫ 예수를 밋ᄂᆞᆫ 무리가 셩신의 능력을 엇어 마귀의 시험을 니기ᄂᆞᆫ것 ᄀᆞᆺᄒᆞᆫ지라 우리 형뎨들은 구셰쥬를 독실히 밋어 그믈에 걸니ᄂᆞᆫ 나뷔가 되지 말고 힘 잇ᄂᆞᆫ 새와 ᄀᆞᆺ치 되기를 ᄇᆞ라오

최지호

만국쥬일공과 그리스도씨의ᄒᆡᆼ젹

뎨삼부 뎨ᄉᆞ공과

구월 이일

베드로의 인복홈과 그리스도ᄭᅴ셔 경칙ᄒᆞ심

마태 십륙장 십삼졀ㅣ 이십륙졀

十三 예수ㅣ 가이사랴 빌닙보 디
경에 니르러 뎨ᄌᆞ들의게 무러
ᄀᆞᆯᄋᆞ샤ᄃᆡ 사ᄅᆞᆷ들이 인ᄌᆞ를 뉘라
고 ᄒᆞ더냐 ᄒᆞ시니 十四 ᄀᆞᆯᄋᆞᄃᆡ 더
러는 셰례 주던 요한이라 ᄒᆞ고
더러는 엘니야라 ᄒᆞ고 ᄯᅩ 다른
이는 예리미나 션지쟈 즁에 ᄒᆞᆫ
나히라 ᄒᆞ더이다 十五 ᄀᆞᆯᄋᆞ샤ᄃᆡ 너
희는 나를 뉘라 ᄒᆞᄂᆞ냐 十六 시몬
베드로ㅣ ᄃᆡ답ᄒᆞ야 ᄀᆞᆯᄋᆞᄃᆡ 쥬는
그리스도시오 ᄉᆡᆼ ᄒᆞ신 하ᄂᆞ
님의 아ᄃᆞᆯ이시니이다 十七 예수ㅣ
ᄃᆡ답ᄒᆞ야 ᄀᆞᆯᄋᆞ샤ᄃᆡ 시몬 바요
나 네가 복이 잇도다 육신이 이
거ᄉᆞᆯ 네게 알게 ᄒᆞᆫ거시 아니오
하ᄂᆞᆯ에 계신 내 아바지ᄭᅴ셔 알
게 ᄒᆞ심이니라 十八 ᄯᅩ 네게 닐ᄋᆞ
노니 너는 베드로ㅣ라 내가 이
반셕 우헤 내 교회를 세우리니
음부의 권세가 이긔지 못ᄒᆞ리
라 十九 내가 하ᄂᆞᆯ 나라 열쇠를
네게 주리니 네가 ᄯᅡ헤셔 무어
시던지 ᄆᆡ면 하ᄂᆞᆯ에셔도 ᄆᆡ힐거
시오 네가 ᄯᅡ헤셔 무어시던지
풀면 하ᄂᆞᆯ에셔도 풀니리라 ᄒᆞ시
고 二十 이에 뎨ᄌᆞ들의게 경계ᄒᆞ
샤 내가 그리스도ㅣ라 사ᄅᆞᆷ의
게 닐ᄋᆞ지 말나 ᄒᆞ시더라 ○ 二一
이ᄯᅢ로 브터 예수ㅣ 조긔가 반
다시 예루살넴에 올나가 쟝로와
졔ᄉᆞ졔쟝과 셔샤관들의게 고난
을 만히 밧고 ᄯᅩ 죽엇다가 뎨
삼일에 살아남을 뎨ᄌᆞ의게 비로
소 ᄀᆞᄅᆞ치시니 二二 베드로ㅣ 예수
ᄅᆞᆯ 붓들고 간ᄒᆞ기를 시작ᄒᆞ야
ᄀᆞᆯᄋᆞᄃᆡ 쥬여 이런 일을 멀니ᄒᆞ
쇼셔 이거시 쥬의게 밋치지 아
니ᄒᆞᆯ지니이다 二三 예수ㅣ 몸을
도리키시며 베드로ᄃᆞ려 닐ᄋᆞ샤
ᄃᆡ 사단아 물너 가라 네가 나를
너머지게 ᄒᆞ는 쟈로다 대개 네
가 하ᄂᆞ님의 ᄯᅳ슬 ᄉᆡᆼ각지 아니
ᄒᆞ고 사ᄅᆞᆷ의 ᄯᅳᆺ만 ᄉᆡᆼ각ᄒᆞ는도
다 ᄒᆞ시고 二四 그ᄯᅢ에 예수ㅣ 뎨
ᄌᆞ의게 닐ᄋᆞ샤ᄃᆡ 아모던지 나를
ᄯᆞ라 오랴 ᄒᆞ거든 졍욕을 져ᄇᆞ
리고 졔 십ᄌᆞ가를 지고 나를 좃
치라 二五 누구던지 졔 목숨을 살
니려 ᄒᆞ면 일흘거시오 ᄯᅩ 누구
던지 나를 위ᄒᆞ야 졔 목숨을 일
ᄒᆞ면 ᄎᆞᆺ질거시니 二六 사ᄅᆞᆷ이 만
일 온 텬하를 엇고도 졔 목숨을
일흐면 무어시 유익ᄒᆞ리오 사
ᄅᆞᆷ이 무어ᄉᆞᆯ 주고 졔 목숨을 밧
고겟ᄂᆞ냐

요지

아모던지 ᄯᆞ라 오랴 ᄒᆞ거든 졍욕을 져ᄇᆞ리고 졔 십ᄌᆞ가를 지고 좃치라

년ᄃᆡ

셔력 긔원후 이십구년이니라

디방

가이사랴 갓가온 디방이니 빌닙보는 팔네스라인 북편에 잇는 헤몬산 아래에 잇는 고을이니라

ᄀᆞᆺᄒᆞᆫ귀졀

마가 八장 二七졀ㅣ 九장一졀과 누가 九장 十八졀ㅣ 二七졀

주셕

쳣지는 그리스도를 잘못 안것 十三졀ㅣ 十四졀

十三 예수ㅣ 니르러 빌ᄉᆞ디에셔 ᄒᆞᆫ

소경을 못치시고 오셧ᄂᆞ니라
사ᄅᆞᆷ들이 인ᄌᆞᄅᆞᆯ 누구라고 ᄒᆞ더
냐 그ᄅᆞᆯ 거즛 일홈으로 세상을 속이ᄂᆞᆫ 이
로 생각 ᄒᆞᄂᆞᆫ 사ᄅᆞᆷ들도 잇고 엇던 사ᄅᆞᆷ들
은 ᄀᆞ로 레비 ᄒᆞᄂᆞᆫ 이도 잇섯ᄉᆞ나 그ᄅᆞᆯ 도
무지 아지 못 ᄒᆞᄂᆞᆫ 사ᄅᆞᆷ들이 뎨일 만 ᄒᆞ
엿ᄂᆞᆫᄃᆡ 유대 사ᄅᆞᆷ들은 그들의 미시아가 큰
영화와 큰 군병을 젼이고 오기ᄅᆞᆯ ᄇᆞ랏ᄂᆞᆫ
ᄃᆡ 예수ᄭᅴ셔서ᄂᆞᆫ ᄒᆞᆫ 쳔ᄒᆞᆫ 사ᄅᆞᆷ으로 ᄒᆞᆫ 목슈
의 아ᄃᆞᆯ이 되엿고 또ᄒᆞᆫ 군병으로 권셰ᄅᆞᆯ
힝치 아니 ᄒᆞ실 터힌고로 그들이 그리스
도 신줄을 생각지 못 ᄒᆞ엿ᄂᆞ니라
十四 세례 주던 요한 그ᄂᆞᆫ 죽여 임의
장ᄉᆞ ᄒᆞ엿ᄂᆞᆫᄃᆡ 그가 다시 사라나 이러ᄒᆞᆫ
이적을 힝ᄒᆞᄂᆞᆫ줄노 생각 ᄒᆞ엿ᄂᆞ니라
이리아 이ᄂᆞᆫ 그리스도 젼 구ᄇᆡᆨ년에 산
사ᄅᆞᆷ이니 ᄭᅩᆺ 수레ᄅᆞᆯ 트고 산쳐 승텬 ᄒᆞ지
라 유대인들이 그가 다시 세상에 나려 오
기ᄅᆞᆯ ᄇᆞ랏ᄂᆞ니라 야리미 유대 사ᄅᆞᆷ이 또
ᄒᆞᆫ 그가 다시 세상에 오기ᄅᆞᆯ 기ᄃᆞ렷ᄂᆞᆫᄃᆡ
예수ᄭᅴ셔서 미우 야리미와 ᄀᆞᆺ ᄒᆞ엿ᄂᆞ니라
○돌지ᄂᆞᆫ 그리스도의 올흔 의ᄉᆞ
十五절ㅣ 二十절 十五 너희ᄂᆞᆫ 나ᄅᆞᆯ
누구라 ᄒᆞᄂᆞ냐 이 말ᄉᆞᆷ은 ᄭᅩᆺ 골ᄋᆞ샤
ᄃᆡ 너희ᄂᆞᆫ 나와 ᄀᆞᆺ치 잇섯고 내의 이적을
목거 ᄒᆞ엿ᄉᆞ니 나ᄅᆞᆯ 엇던 사ᄅᆞᆷ으로 생각
ᄒᆞᄂᆞ냐 ᄒᆞ심이니 예수ᄭᅴ셔서 이ᄯᅢ케 무르신
말ᄉᆞᆷ은 ᄭᅩᆺ 그들을 연도 ᄒᆞ야 당신을 그
리스도로 밋ᄂᆞᆫ거ᄉᆞᆯ 언복 ᄒᆞ게 ᄒᆞ심이니라
十六 시몬 베드로ㅣ ᄃᆡ답 ᄒᆞ되

베드로ᄂᆞᆫ ᄒᆞᆼ상 무리 가온ᄃᆡ에 ᄃᆡ언언노
릇 ᄒᆞᄂᆞᆫ 사ᄅᆞᆷ이니라 쥬ᄂᆞᆫ 그리스도
요 영싱 ᄒᆞ시ᄂᆞᆫ 하ᄂᆞ님의 아ᄃᆞᆯ
이시니다 베드로ㅣ 조긔와 또 다른 문
도ᄃᆞᆯ을 위ᄒᆞ야 예수ᄂᆞᆫ 하ᄂᆞ님ᄭᅴ셔 유대
사ᄅᆞᆷ들의게 보내시기ᄅᆞᆯ 허락ᄒᆞ신 미시아
되시ᄂᆞᆫ것만 언복ᄒᆞᆯ뿐 아니라 또ᄒᆞᆫ 산 하
ᄂᆞ님의 본셩이 그의 안에 계신거ᄉᆞᆯ 인
복 ᄒᆞ엿ᄂᆞᆫᄃᆡ 이 셩품은 예수ㆍ외에 다른
사ᄅᆞᆷ의 품슈 ᄒᆞᆯ바ㅣ 아니니라
十七 육신이 이거ᄉᆞᆯ 네게 알게
ᄒᆞᆫ거시 아니오 그거슨 인류의 지혜로
츄측 ᄒᆞ야 터득 ᄒᆞ지 못 ᄒᆞᆯ바ㅣ니라
하ᄂᆞᆯ에 계신 내 아바지 언ᄌᆞᄅᆞᆯ 이
ᄯᅢ케 밋어 장ᄎᆞᆺ 졔 셩명을 변화 ᄒᆞ야 져
악을 셔나 의로옴을 일우게 ᄒᆞᄂᆞᆫ거슨
하ᄂᆞ님 외에 능히 ᄒᆞᆯ쟈ㅣ 업ᄂᆞ니라
十八 내가 이 반셕우헤 내 교회
ᄅᆞᆯ 세우리니 베드로ㅣ 그리스도ᄅᆞᆯ 하
ᄂᆞ님의 아ᄃᆞᆯ노 밋음을 언복 ᄒᆞᄂᆞᆫ거시 ᄭᅩᆺ
이 반셕이니라 음부의문 이ᄂᆞᆫ ᄭᅩᆺ 악ᄒᆞᆫ
것과 죽ᄂᆞᆫ것과 망 ᄒᆞᄂᆞᆫ 권셰ᄅᆞᆯ 이ᄅᆞᆷ이
니라 이긔지 못 ᄒᆞ리라 이ᄂᆞᆫ 그리
스도ᄭᅴ셔 도라가실 림시에 말ᄉᆞᆷᄒᆞ신 긔이
ᄒᆞᆫ 예언이니 럭ᄃᆡ이리로 그의 교회ᄅᆞᆯ 능
히 당케 ᄒᆞᆯ거시 업고 만국 가온ᄃᆡ에
점점 더 단단 ᄒᆞ야 지ᄂᆞ니라
十九 내가 하ᄂᆞᆯ 나라 열쇠ᄅᆞᆯ 주
리니 이ᄂᆞᆫ 그리스도 교회ᄅᆞᆯ 관리ᄒᆞ고 지
휘 ᄒᆞᄂᆞᆫ 권셰니 회ᄀᆡ ᄒᆞᄂᆞᆫ쟈ᄅᆞᆯ 허입ᄒᆞ고

죄인들을 구류 ᄒᆞᄂᆞ니라 네가 ᄆᆡ혀서
무어시던지 미면 하ᄂᆞᆯ에서도 미
힐거시오 세상에 잇ᄂᆞᆫ 츄 교회에 드
러감을 엇ᄂᆞᆫ 이ᄂᆞᆫ 또ᄒᆞᆫ 쟝ᄎᆞᆺ 하ᄂᆞᆯ에 드
러감을 엇으리라 二十 만일 이 소문을 젼
파 ᄒᆞ면 갈닐니 사ᄅᆞᆷ들이 당신으로 님
군을 삼으랴 ᄒᆞᆯ가 ᄒᆞᆷ이니 당신은 이세상
을 위ᄒᆞ야 죽으서야 ᄒᆞᆯ줄을 알으심이
니라 ○셋지ᄂᆞᆫ 우리 쥬ᄭᅴ서 당
신 도라 가실거ᄉᆞᆯ 미리 말ᄉᆞᆷᄒᆞ심
二一절ㅣ 二三절 二一 죽엇다가 이말
ᄉᆞᆷ은 문도들의게 향ᄒᆞ야 츔 놀나온 보
고ㅣ나 단이리 九장 二六절 와 이세아
五三장 四절ㅣ 十절 가 임의 예언 ᄒᆞ엿
ᄂᆞ니라 사흘만에 다시 사르심 문
도들이 이 말ᄉᆞᆷ을 아라 듯지 못 ᄒᆞ엿ᄉᆞ
니 그 도라 가서서 장ᄉᆞ 지낸후에 그들
이 그ᄅᆞᆯ 다시 사르셧나 차자 보지 아니
ᄒᆞ엿ᄂᆞ니라 二二 베드로ㅣ 예수ᄅᆞᆯ
붓들고 ᄒᆞᆫ 엽흐로 죵용히 붓든ᄃᆞᆺ ᄒᆞ니
라 이런 일을 멀니 ᄒᆞ쇼셔 베드로
이러ᄒᆞᆫ 비챵ᄒᆞᆫ 일이 ᄉᆞ랑 ᄒᆞᄂᆞᆫ 조긔 쥬
의게 당 ᄒᆞᄂᆞᆫ거ᄉᆞᆯ 참아 셩각ᄒᆞᆯ수 업섯
ᄂᆞ니라 二三 샤탄아 물너 가거라
예수ᄭᅴ셔서 젼에도 ᄒᆞᆫ번 광야에서 시험 밧
으실ᄯᅢ에 이 말ᄉᆞᆷ을 ᄒᆞ셧ᄂᆞᆫᄃᆡ 누가 四
장 八절 지금 또 샤탄이 베드로ᄅᆞᆯ 언연
ᄒᆞ야 예수ᄅᆞᆯ 시험ᄒᆞ되 그의 봉명ᄒᆞᆫ 직칙
을 ᄇᆞ리고 고초와 ᄉᆞ망을 ᄆᆞ면케 ᄒᆞ라
ᄒᆞᄂᆞᆫ고로 다시 엄칙 ᄒᆞ엿ᄂᆞ니라 네가

하ᄂᆞ님의 ᄯᅳᆺ을 ᄉᆡᆼ각지 아니ᄒᆞ고 사ᄅᆞᆷ의 ᄯᅳᆺ만 ᄉᆡᆼ각 ᄒᆞᄂᆞᆫ도다 대뎌 세상 사ᄅᆞᆷ은 령혼의 필요 ᄒᆞᆫ거슨 소홀히 녁이고 편안홈과 안위홈과 사ᄅᆞᆷ의 칭찬홈과 재물과 세상의 힘력을 영구ᄒᆞᄂᆞ니라 ○넷재ᄂᆞᆫ 예수의 뎨ᄌᆞ가 되랴면 무ᄉᆞᆷ 일을 ᄒᆞ여야 ᄒᆞᆯ것 二四졀—二六졀 二四 졍욕을 이긔고 조긔 ᄯᅳᆺ으로 좃차 나오ᄂᆞᆫ 일은 온통 ᄇᆞ리고 모든 일에 다 예수를 슌죵ᄒᆞ여야 ᄒᆞᆯ지니라 제 십ᄌᆞ가를 지고 조긔의 최귀ᄒᆞᆫ 소원들을 다 십ᄌᆞ가에 못질ᄒᆞ야 소멸ᄒᆞ고 지극히 큰 만모라도 견ᄃᆡ야 ᄒᆞᆯ지니라 나를 좃치라 어ᄃᆡ셔던지 그러케 ᄒᆞ여야 ᄒᆞᆯ지니 모든 고초를 당ᄒᆞᆯ ᄯᅢ와 심지어 죽ᄂᆞᆫ 일에라도 그러케 ᄒᆞᆯ것이니라 二五 누구던지 다만 조긔의 졍욕과 세상의 영구로 살기를 만족히 ᄒᆞᄂᆞᆫ 사ᄅᆞᆷ은 쟝ᄎᆞᆺ 조긔의 신령ᄒᆞ고 하ᄂᆞᆯ에 쇽ᄒᆞᆫ 셩명을 ᄉᆞ랑ᄒᆞᆯ거시오 누구던지 조긔의 ᄯᅳᆺ을 졔ᄉᆞᄒᆞ야 하ᄂᆞ님의 계명을 슌죵 ᄒᆞᄂᆞᆫ 쟈ᄂᆞᆫ 쟝ᄎᆞᆺ 더 깁고 더 깃븐 셩명을 이 세상에서도 엇을거시오 ᄉᆞ후에ᄂᆞᆫ 쟝ᄎᆞᆺ 하ᄂᆞᆯ에 드러 갈지니라 二六 무어ᄉᆞᆯ 주고 목숨을 밧구겟ᄂᆞ냐 사ᄅᆞᆷ의 령혼은 곳 그 사ᄅᆞᆷ의 갑 업ᄂᆞᆫ 보물이로다 만일 사ᄅᆞᆷ이 디옥에 ᄲᅡ진후 하ᄂᆞᆯ 복락을 엇으랴면 얼마나 주지 아니 ᄒᆞ겟ᄂᆞ냐 이 주석을 보ᄂᆞᆫ 사ᄅᆞᆷ의게 마다 나를 좃치라 ᄒᆞᄂᆞᆫ 말ᄉᆞᆷ으로 권면 ᄒᆞ노라

묻ᄂᆞᆫ 말

一 예수ᄭᅴ셔 어ᄂᆞ 디경에 가셧더뇨

二 예수ᄭᅴ셔 그 뎨ᄌᆞ들의게 무ᄉᆞᆷ 말ᄉᆞᆷ을 무ᄅᆞ셧ᄂᆞ뇨

三 그 뎨ᄌᆞ들이 엇더케 ᄃᆡ답ᄒᆞ엿ᄂᆞ뇨

四 베드로ᄂᆞᆫ 예수ᄭᅴ셔 누구라고 ᄃᆡ답ᄒᆞ엿ᄂᆞ뇨

五 누가 베드로로 ᄒᆞ여곰 이거ᄉᆞᆯ 알게 ᄒᆞ엿ᄂᆞ뇨

六 예수의 말ᄉᆞᆷ에 이 반셕 우헤 내 교회를 세우시겟다고 말ᄉᆞᆷ ᄒᆞ신거시 무ᄉᆞᆷ ᄯᅳᆺ시뇨

七 예수ᄭᅴ셔 베드로의게 무어ᄉᆞᆯ 주시겟다고 말ᄉᆞᆷ ᄒᆞ셧ᄂᆞ뇨

八 예수ᄭᅴ셔 뎨ᄌᆞ들의게 엇더케 경계ᄒᆞ셧ᄂᆞ뇨

九 예수ᄭᅴ셔 그후보터 뎨ᄌᆞ들의게 무ᄉᆞᆷ 일을 ᄀᆞᄅᆞ치셧ᄂᆞ뇨

十 베드로가 예수ᄭᅴ 엇더케 간ᄒᆞ엿ᄂᆞ뇨

十一 예수ᄭᅴ셔 베드로ᄃᆞ려 엇더케 말ᄉᆞᆷ ᄒᆞ셧ᄂᆞ뇨

ᄂᆡ보

(인후군인) 근일에 우역이 대단ᄒᆞ야 각쳐 포샤에서 병든 소를 잡으매 그 고기를 사다 먹은 사ᄅᆞᆷ들이 인후에 병이 만히 ᄉᆡᆼ기ᄂᆞᆫ고로 셩외 셩ᄂᆡ에 각 포샤를 만이 쳘파 ᄒᆞ엿다더라

○(셩진민란) 본월 십구일에 함경도 길쥬군에서 비도 쳔여명이 벌ᄯᅦ처럼 니러나셔 셩진부에 돌입ᄒᆞ엿ᄂᆞᆫᄃᆡ 일본 령ᄉᆞᄂᆞᆫ 위험ᄒᆞᆫ ᄃᆡ경이 박두ᄒᆞᆷ을 보고 그 항구 감리를 ᄃᆡᄒᆞ야 진압ᄒᆞᆷ을 쳥ᄒᆞ엿더니 감리의 회답이 란민을 능히 진압지 못 ᄒᆞ겟다고 ᄒᆞᆫ고로 일본 령ᄉᆞ이하 거류 ᄒᆞᄂᆞᆫ 일본 샹민들이 일제히 원산 항으로 피ᄒᆞ엿다더라

○(디방ᄃᆡ발ᄒᆡᆼ) 셩진 란민을 진압ᄒᆞᆯ 일노 북쳥 디방ᄃᆡ를 파송 ᄒᆞ엿다더라

○(쳥비범경) 쳥국 비도 수십명이 갑산군을 음습ᄒᆞ야 그곳에 잇ᄂᆞᆫ 아라사 사ᄅᆞᆷ 두명과 대한 사ᄅᆞᆷ ᄒᆞᆫ명을 살해 ᄒᆞ엿다ᄂᆞᆫᄃᆡ 아라샤 공ᄉᆞ가 외부에 쳥구ᄒᆞ

기를 아라사 사ᄅᆞᆷ의 시신을 죵남포로 호송ᄒᆞ여 달나고 ᄒᆞ엿다더라

○군슈피해) 의쥬군슈 리창젼씨는 청국 비도의게 살해 ᄒᆞᆫ바ㅣ 되엿다는 젼셜이 잇다더라

○경원쇼요) 경원군슈 유졍헌씨의 공보를 거ᄒᆞᆫ즉 아라샤 군ᄉᆞ가 훈츈을 뎜령 ᄒᆞᆫ후에 훈츈에셔 살던 ᄇᆡᆨ셩들이 남녀와 로쇼가 수십명식 ᄯᅦ를 지여 강을 건너 오는ᄃᆡ 지나가는 곳마다 효샹이 파측ᄒᆞ야 민심이 쇼요 ᄒᆞᆯᄲᅮᆫ 아니라 ᄯᅩ 청국 군ᄉᆞ가 죵죵 강을 건너와셔 낫에는 산에셔 웅거 ᄒᆞ고 밤이면 촌락에 나려와셔 사ᄅᆞᆷ을 죽이고 지물을 ᄲᅢᆺ앗는고로 무산군에 포군 삼십명을 위션 모집 ᄒᆞ야 방비ᄒᆞᆫ다 ᄒᆞ엿더라

○군슈학졍) ᄂᆡ부시찰관 졍유셥씨가 안의 군슈 김연희씨의 학민ᄒᆞᆫ 표건을 낫낫치 들어 ᄂᆡ부에 보 ᄒᆞ엿다더라

안인가조) 이번의 쳔량을 칙봉 ᄒᆞᆫ신후에 칙인 쥬셔 감동 별단이며 샹의 샤쟝이하로 수ᄇᆡᆨ이나 가조 ᄒᆞ엿다더라

○가셕가탄) 한셩판윤 리치연씨는 일젼에 인후병으로 별셰 ᄒᆞ엿는ᄃᆡ 리씨는 근본 령남 사ᄅᆞᆷ으로 셔울와셔 갑오 이후에 공명과 지산이 일세에 ᄶᅡᆨ이 드물매 교유 ᄒᆞ는 친구도 만흘ᄲᅮᆫ 아니라 혹 부러워 ᄒᆞᆯ사ᄅᆞᆷ도 잇ᄉᆞ나 다만 경셩안에 ᄉᆞ고 무치쳑ᄒᆞᆫ지라 일죠에 이 셰샹을 리별ᄒᆞ매 쳐샹범절을 쥬관 ᄒᆞᆯ이가 업고 그 벗 리승연씨는 지금 젼라도 량디 각리로 잇는ᄃᆡ 그가 쇽히 올나와야 치샹 ᄒᆞᆫ다 ᄒᆞ니 아모리 부귀ᄒᆞ던 사ᄅᆞᆷ이라도 ᄒᆞᆫ번 죽은후에는 문젼이 령낙 ᄒᆞ다고 사ᄅᆞᆷ들이 말ᄒᆞ더라

○리씨쳘귀) 면중계 되고 미구에 경부대신 ᄒᆞ리라고 소문이 ᄆᆡ우 낭쟈ᄒᆞ던 리유인씨는 일젼에 별안간 집안 식구를 다리고 싀골노 나려 갓다 ᄒᆞ니 무슴 곡절인지

본회광고

본회에셔 이 회보를 젼년과 ᄀᆞᆺ치 일쥬일에 ᄒᆞᆫ번식 발간ᄒᆞ는ᄃᆡ 새로 록폭으로 작뎡ᄒᆞ고 ᄒᆞᆫ쟝갑슨 엽젼 오푼이오 ᄒᆞᆫ돌갑슬 미리 내면 젼과 ᄀᆞᆺ치 엽젼 ᄒᆞᆫ돈 오푼이라 본국 교우나 셔국 목ᄉᆞ나 교외 친구나 만일 사셔 보고져 ᄒᆞ거든 졍동 아펜셜라 목ᄉᆞ 집이나 죵로 대동셔시에 가셔 사시옵

죵로대동셔시광고

우리 셔샤에셔 셩경 구약과 찬미가 칙과 교회에 유익ᄒᆞᆫ 여러가지 셔칙과 시무에 긴요ᄒᆞᆫ 셔칙들을 팔되 갑시 샹당 ᄒᆞ오니 학문샹과 시무변에 ᄯᅳᆺ이 잇는 군ᄌᆞ들은 만히 사셔 보시옵

대영국셩셔공회광고

새로 간출 ᄒᆞᆫ거슨 로마 가라태 팔노시 야고보 베드로 젼후셔 티모데 젼후셔니 사셔 보실이는 회샤쥬인 견묘 션ᄉᆡᆼᄭᅴ로 오시옵

대한 그리스도인 회보

뎨ᄉ권

우각현회당을밧친일

졔물포 룡동 회당을 우각현으로 옴겨 지엿단 말은 요젼 삼십삼호 회보에 긔지ᄒᆞ엿거니와 본월 이십륙일 례ᄇᆡ에 그 회당을 하ᄂᆞ님ᄭᅴ 밧치랴 ᄒᆞ엿더니 그날은 쥬일이라 경향간 교우들이 각기 본회당을 ᄯᅥ나오기 어려온고로 그 잇ᄒᆞᆫ날 샹오 십졈에 거록ᄒᆞᆫ 례식을 ᄒᆡᆼᄒᆞᆯ서 셔울 달셩회당 쟝로ᄉᆞ 시란돈 씨ᄂᆞᆫ 그 대부인을 모시고 오셧시며 달셩회당 파어쓰 부인과 졍동 활판소 쥬인 졔목ᄉᆞ와 리화학당 션ᄉᆡᆼ 부인 페인씨와 프라리씨 부인과 회보샤쟝 아편셜라씨 니외분과 슈웨라 목ᄉᆞ와 계불 교ᄉᆞ가 오셧시며 외국 사ᄅᆞᆷ중에 다른이도 참셕ᄒᆞᆫ신이가 만코 본국 교우들은 셔울과 인쳔 부평 강화 교동 각쳐에셔 모혓ᄂᆞᆫᄃᆡ 그 회당이 별노 헌챵ᄒᆞ지 못ᄒᆞ나 쟝이 삼십 이쳑이오 광이 이십일쳑이며 졔도가 ᄆᆡ우 아람다온지라 본회 목ᄉᆞ 됴원시씨가 몬져 대지를 말솜ᄒᆞ고 시편 이십ᄉᆞ편과 례문을 닑은후에 새로 믄든 찬미가 (온뎐ᄃᆡ로셩면샹은 무궁ᄒᆞᆫ신뎐쥬 쥬위ᄒᆞ야 이지은집 밧으시옵쇼셔) 노래ᄒᆞ고 회보샤쟝 아편셜라씨가 긔도ᄒᆞ셧시며 목ᄉᆞ 됴원시씨가 력ᄃᆡ지략 하권 십륙쟝을 보시고 목ᄉᆞ 슈웨라씨가 됴흔 찬미가를 혼ᄌᆞ 노래ᄒᆞ시니 소래가 웅쟝ᄒᆞ고 쳥아ᄒᆞ야 수ᄇᆡᆨ명 회우가 다 깃부게 드럿ᄉᆞ니 그 찬미가ᄂᆞᆫ 여좌ᄒᆞᆫ지라

一

도ᄉᆞ여비가ᄂᆞᆫ길이
어둡고산험ᄒᆞᆫ뇨
등불명랑ᄒᆞ며산곡이
여셰네게멀더뇨
독달ᄒᆞᆯ곳아직멀고
셰도이식ᄒᆞ오니
가ᄂᆞᆫ길을힘써가셔
풍랑을듸ᄃᆡᆨᄒᆞᆫ셰
풍랑을듸ᄃᆡᆨᄒᆞᆫ셰

ᄆᆞ옴에ᄂᆞᆫ피곤ᄒᆞ고
아힘지지ᄒᆞ여도
안온ᄒᆞᆫ광야잇ᄉᆞ니
힘써산넘으시요
ᄆᆞ옴에ᄂᆞᆫ피곤ᄒᆞ고
아힘지지ᄒᆞ여도
안온ᄒᆞᆫ광야잇ᄉᆞ니
힘써산넘으시오

二

도야여네이심젼은
협ᄒᆞᆫ길과ᄀᆞᆺ더뇨
요란심코짐무겁고
슯흔일이만터뇨
셩젼험로어려오나
독달ᄒᆞᆯ곳머려도
뎌계명셩만향ᄒᆞ여
힘써길힝ᄒᆞ시오
힘써길힝ᄒᆞ시오

대한그리스도인 회보

THE KOREAN CHRISTIAN ADVOCATE.

H. G. APPENZELLER, Editor.

TERMS: — cents per year, in advance. Postage extra.

WEDNESDAY, Aug. 29, 1900.

셔울 정동셔 일쥬일에 ᄒᆞᆫ번식 발간ᄒᆞᄂᆞᆫᄃᆡ 아편셜라 목ᄉᆞ가 회보 샤쟝이 되엿더라

일년 갑슬 미리 ᄂᆡ면 삼십 륙젼이오 우표 갑슨 ᄯᆞ로 잇ᄂᆞ니라

우각현 회당을 밧친 일

이 폭련속
어렵고ᄯᅩ 요란히도
굿침이 잇겟소니
ᄌᆞ로쟝 험령인도히
안온ᄒᆞᆫ 광야 독달
어렵고ᄯᅩ 요란히도
굿침이 잇겟소니
지로쟝 험령인도히
안온ᄒᆞᆫ 광야 독달

그후에 목ᄉᆞ 됴원시씨가 회브릭인셔 십쟝 십구졀노 이십륙졀ᄭᆞ지 보시고 본회 쳥년회들이 찬미가 일빅삼쟝 할닐누야를 노래ᄒᆞ고 쟝로ᄉᆞ 시란돈씨가 좀언을 보신후 젼도ᄒᆞᄃᆡ 사ᄅᆞᆷ의 짓ᄂᆞᆫ 집이 네시 잇ᄉᆞ니 산업 ᄒᆞᄂᆞᆫ 집과 쟝ᄉᆞ ᄒᆞᄂᆞᆫ 집과 하ᄂᆞ님ᄭᅴ 례ᄇᆡ ᄒᆞᄂᆞᆫ 셩면과 ᄆᆞᄋᆞᆷ속에 잇ᄂᆞᆫ 셩면이라 닐곱가 잇ᄂᆞᆫ 기동이 잇ᄂᆞᆫ 집으로 비유ᄒᆞᄃᆡ ᄒᆞᆫ 기동에ᄂᆞᆫ 경외라 ᄒᆞᆫ 기동에ᄂᆞᆫ 진리라 ᄒᆞᆫ 기동에ᄂᆞᆫ 일심이라 ᄒᆞᆫ 기동에ᄂᆞᆫ 졍진이라 ᄒᆞᆫ 기동에ᄂᆞᆫ 겸손이라 ᄒᆞᆫ 기동에ᄂᆞᆫ 인ᄂᆡ라 식엿시니 이 집은 사ᄅᆞᆷ ᄆᆞᄋᆞᆷ속에 셩뎐을 짓ᄂᆞᆫ거시라 교우가 만일 ᄆᆞᄋᆞᆷ속 셩뎐이 업ᄉᆞ면 암만 례ᄇᆡ당을 하ᄂᆞ님ᄭᅴ 밧쳐도 ᄡᅳᆯᄃᆡ 업ᄂᆞ니 각각 심중에 셩뎐을 지으라 ᄒᆞ고 그후에 다 깃분 ᄆᆞᄋᆞᆷ으로 일졔히 연보ᄒᆞ고 목ᄉᆞ 됴원시씨가 시편 일ᄇᆡᆨ 이십이편을 닑고 회당을 쟝로ᄉᆞ 시란돈씨의게 드려 하ᄂᆞ님ᄭᅴ 밧치고 션고ᄒᆞᆫ후에 회보샤쟝 아편셜라씨가 긔도ᄒᆞ시고 찬미가 일쟝을 노래ᄒᆞᆫ후에 됴원시씨가 거슈 츅슈ᄒᆞ고 폐회ᄒᆞ엿더라

○ 그날 하오 두시에 셔국 션교ᄉᆞ들과 셔국 부인들만 다시 모히여 회보 샤쟝 아편셜라씨가 듸모데젼셔 ᄉᆞ쟝 십삼졀을 보시고 영국 말ᄉᆞᆷ으로 젼도ᄒᆞ엿더라

목ᄉᆞ의 직분 (쇽젼호)

뎨이ᄂᆞᆫ 겸손ᄒᆞᆷ이니 첫재ᄂᆞᆫ ᄌᆞ긔가 타인의게 비교ᄒᆞ면 쳔ᄒᆞᆫ줄 알거시오 둘재ᄂᆞᆫ ᄂᆞᆷ의 죄를 칙망ᄒᆞᆯᄯᅢ에 ᄌᆞ긔 몸의 잘못ᄒᆞᆷ을 몬져 ᄉᆞᆲ힐거시오 셋재ᄂᆞᆫ ᄂᆞᆷ이 업수히 녀이거든 깃분 ᄆᆞᄋᆞᆷ으로 ᄎᆞᆷ을거시오 넷재ᄂᆞᆫ 빈쳔ᄒᆞᆫ 사ᄅᆞᆷ으로 더브러 친ᄒᆞ기를 됴화ᄒᆞ야 ᄌᆞ긔 몸을 뎨일 죄인으로 싱각ᄒᆞᆯ거시라 예수ᄭᅴ셔도 친히 뎨ᄌᆞ의 발을 씨셔 주셧시니 목ᄉᆞ가 반다시 구쥬를 본밧을거시오 미이미 교회중 유명ᄒᆞᆫ 목ᄉᆞ ᄒᆞᆫ분은 빈궁ᄒᆞᆫ 교우들과 리왕ᄒᆞ기를 됴화ᄒᆞ며 혹 음식을 빈궁ᄒᆞᆫ 교우의 집에셔 먹을젹에 감ᄌᆞ 세기만 먹으면 작별ᄒᆞᆯᄯᅢ에 돈 삼원식을 준다 ᄒᆞ엿시니 목ᄉᆞ가 만일 빈쳔ᄒᆞᆫ 교도를 업수히 녁이고 ᄉᆞᄉᆞ로 교만ᄒᆞ면 뉘가 그 목ᄉᆞ를 깃버ᄒᆞ리오 쇼년 목ᄉᆞ들은 더욱 분노ᄒᆞᆷ을 ᄎᆞᆷ고 겸손 ᄒᆞᆯ지니라 (미완)

만국쥬일공과 그리스도씨의힝젹

뎨삼부 뎨오공과

구월 구일

형용을변화ᄒᆞ심

누가 구쟝 이십팔졀노 삼십륙졀
二八 이ᄅᆞᆯ 말ᄉᆞᆷ ᄒᆞ신후 대략 팔일
에 예수ㅣ 베드로와 요한과 야곱
을 ᄃᆞ리시고 산에 올나 가시니
二九 긔도 ᄒᆞ실ᄯᅢ에 예수ㅣ 용모ᄅᆞᆯ
변 ᄒᆞ시고 그 옷시 희고 빗치
부싀이고 三十 믄득 두 사ᄅᆞᆷ이 예
수와 ᄒᆞᆫ가지로 말ᄒᆞ니 곳 믜싀
모셰와 이리아ㅣ라 三一 영광 속에
잇서 나타내고 예수ㅣ 쟝ᄎᆞᆺ 예루
살넴에서 죽으심을 말ᄉᆞᆷ ᄒᆞ니
三二 베드로와 ᄒᆞᆫ가지로 잇던쟈ㅣ
곤ᄒᆞ야 조을더니 임의 아조 ᄭᆡ
여 예수의 영화와 두 사ᄅᆞᆷ이 ᄒᆞᆫ
가지로 선거ᄉᆞᆯ 보고 三三 서로 ᄯᅥ
날ᄯᅢ에 베드로ㅣ 예수ᄭᅴ 엿ᄌᆞ와
ᄀᆞᆯᄋᆞᄃᆡ 스승아 우리들이 여긔
잇ᄂᆞᆫ거시 됴ᄒᆞ니 우리ᄅᆞᆯ 용납ᄒᆞ
야 집 세ᄎᆞᆯ 지어 ᄒᆞ나흔 쥬ᄅᆞᆯ
위ᄒᆞ고 ᄒᆞ나흔 모세ᄅᆞᆯ 위ᄒᆞ고 ᄒᆞ
나흔 이리아ᄅᆞᆯ 위 ᄒᆞ겟다 ᄒᆞ나
그러나 닐ᄋᆞᄂᆞᆫ바ᄅᆞᆯ 아지 못 ᄒᆞ
더라 三四 이말 ᄒᆞᆯᄯᅢ에 구ᄅᆞᆷ이 잇
서 덥고 구ᄅᆞᆷ 속으로 드러가니
ᄭᅩᆺ 무셔오며 三五 소리잇서 구ᄅᆞᆷ으
로 좃차 나와 ᄀᆞᆯᄋᆞᄃᆡ 이는 나의
ᄉᆞ랑 ᄒᆞᄂᆞᆫ 아ᄃᆞᆯ이오 나ㅣ ᄲᅢᆫ바
ㅣ니 드ᄅᆞᆯ지어다 三六 소리 고요ᄒᆞ
며 보니 예수ㅣ 홀노 계시니 문
도 이에 입을 담을고 믁믁ᄒᆞ야
본바ᄅᆞᆯ 사ᄅᆞᆷ의게 닐ᄋᆞ지 아니
ᄒᆞ니라

요지

이는 내 아ᄃᆞᆯ이오 내 ᄲᅢᆫ바ㅣ니
너희는 뎌ᄅᆞᆯ 드ᄅᆞ라

년ᄃᆡ

셔력 긔원후 이십구년 인듯 ᄒᆞ
니라

디방

세사랴 필닙아이 갓가히 잇ᄂᆞᆫ
허몬산 우흰듯 ᄒᆞ니라

ᄀᆞᆺᄒᆞᆫ귀졀

라태 十七장 一졀ㅣ 十三졀
마가 五장 二졀ㅣ 十三졀

주역

첫재는 세문도 二八졉ㅣ二九절八二 베드
로요한야곱은 곳 반셕과
두루뢰의 아ᄃᆞᆯ이니 이 세 문도ᄂᆞᆫ
그후에 교회의 도령이 되엿ᄂᆞ니
라 그들은 문도들즁에 이 형용
변화 ᄒᆞᄂᆞᆫ ᄯᅳᆺ을 뎨일 잘 짐작ᄒᆞ
야 안 사ᄅᆞᆷ들 인듯 ᄒᆞ니라
二九 **긔도ᄒᆞ실ᄯᅢ에** 예수ᄭᅴ셔
긔도 ᄒᆞ실ᄯᅢ에 아람다온 공부ᄅᆞᆯ
만히 주셧고 친히 늘 긔도 ᄒᆞ시
고 온 디방에셔 긔도 ᄒᆞ시며 혹
히 산 우에셔 ᄒᆞ셧ᄂᆞ니라
용모ㅣ변ᄒᆞ시고 ᄉᆞ뎨반
이 ᄃᆞᆯ에 마저 죽을 림시에 그가
하ᄂᆞᆯ을 우러러 볼ᄯᅢ에 영화롭게
변화 ᄒᆞ엿고 그 모세가 셔닉산에
올나가 하ᄂᆞ님을 모시고 잇다가
계명을 밧고 나려올ᄯᅢ에 그 얼
골이 빗나 빅셩들이 그ᄅᆞᆯ ᄃᆡᄒᆞ
야 보지 못ᄒᆞᆫ일이 잇셧ᄉᆞ나 지
금 예수의 변 ᄒᆞ신거ᄉᆞᆫ 그와 ᄀᆞᆺ
지 아니 ᄒᆞ니 그 영광은 곳 당
신의게 잇ᄂᆞᆫ 하ᄂᆞ님의 셩픔으로
나와 빗친 거시니라

그옷시 희고 빗치 부싀이고 그의 옷ᄭᆞ지 빗나 번ᄀᆡ빗과 ᄀᆞᆺ치 황홀 ᄒᆞ엿ᄂᆞ니라

○둘재는두셩인 三十졀— 三十三졀

三十 모세 하ᄂᆞ님의 계명을 표명홈이오 하ᄂᆞ님의 ᄇᆡ셩을 이급에셔 속량ᄒᆞ여 허락ᄒᆞ신 ᄯᅡ흐로 인도 ᄒᆞ니니라 이리야 하ᄂᆞ님ᄭᅴ셔 여러ᄃᆡ를 당신의 ᄇᆡ셩의게 션지쟈들을 보내여 그들을 진실히 직히게 ᄒᆞ고 ᄯᅩᄒᆞᆫ 그리스도ㅣ 오시ᄂᆞᆫ거ᄉᆞᆯ 예언ᄒᆞ게 홈이니 이 두사ᄅᆞᆷ은 곳 법을 준이오 예언 쟈ㅣ니 예수의 힝ᄎᆞ를 위ᄒᆞ야 길을 예바 ᄒᆞ엿ᄂᆞ니라

三十一 영광속에 잇서 나타내고 하ᄂᆞᆯ의 명랑ᄒᆞᆫ 빗치 모세와 이리아의게 두루 빗최엿ᄂᆞ니라 쟝ᄎᆞᆺ예루살넴에셔 죽으심을말ᄉᆞᆷᄒᆞ니 문도들은 다만 예수ᄭᅴ셔 예루살넴에셔 도라 가시면 그 밧으실 고란만 ᄉᆡᆼ각 ᄒᆞ엿ᄂᆞᆫᄃᆡ 모세와 이리아ᄂᆞᆫ 그 도라 가심의 긔이ᄒᆞᆫ 결과를 이아기 ᄒᆞ엿ᄂᆞᆫᄃᆡ 곳 셰샹을 구졔 ᄒᆞᄂᆞᆫ거시니라 예루살넴에 (누가十三장二十四졀을보라)

三十二 곤ᄒᆞ야조을더니 이ᄯᅢᄂᆞᆫ 밤인듯 ᄒᆞ니라 임의ᄭᅢ여 그들이 이거시 ᄒᆞᆫ ᄭᅮᆷ이 아니오 참 일인줄 알앗ᄂᆞ니라

三十三 서로ᄯᅥ날ᄯᅢ 그들이 인홀 불견 ᄒᆞ엿ᄂᆞ니라 베드로ㅣ엿ᄌᆞ오ᄃᆡ 베드로ᄂᆞᆫ 항샹 다ᄅᆞᆫ 문도를 위ᄒᆞ야 말 ᄒᆞᄂᆞᆫ 사ᄅᆞᆷ인ᄃᆡ 그가 이ᄯᅢ에 ᄆᆞᄋᆞᆷ이 대단이 격동 ᄒᆞ엿ᄂᆞ니라 우리들이 여긔 잇ᄂᆞᆫ거시됴ᄒᆞ니 이ᄂᆞᆫ ᄒᆞᆫ됴ᄒᆞᆫ 곳이니라 쟝막 나무 가지로 문둔 조고마ᄒᆞᆫ 집이니 잠시 의지간으로 지ᄒᆞᆫ거시니라 베드로ㅣ 예수ᄭᅴ셔 가히 모세와 이리아 홈ᄭᅴ 그산 우에셔 거쳐ᄒᆞ시고 예루살넴에 올나가 반모를 당ᄒᆞ고 도라 가시지 안키를 ᄇᆞ랏ᄂᆞ니라

뭇ᄂᆞᆫ말

一 그ᄯᅢ에 예수ᄭᅴ셔 누구를 다리시고 어ᄃᆡ로 가셧더뇨

二 거긔셔 긔도 ᄒᆞ실ᄯᅢ에 예수의 용모와 옷시 엇더케 되엿ᄂᆞ뇨

三 문득 엇더ᄒᆞᆫ 사ᄅᆞᆷ들이 예수ᄭᅴ 왓더뇨

四 그 사ᄅᆞᆷ들이 무ᄉᆞᆷ 일을 말ᄒᆞ엿ᄂᆞ뇨

五 그ᄯᅢ에 ᄒᆞᆫ가지로 갓던 뎨ᄌᆞ들은 무어슬 ᄒᆞ엿ᄂᆞ뇨

六 그 두 사ᄅᆞᆷ이 ᄯᅥ날ᄯᅢ에 베드로가 엇더케 ᄒᆞ자고 예수ᄭᅴ 엿ᄌᆞ왓ᄂᆞ뇨

七 그말 ᄒᆞᆯᄯᅢ에 무ᄉᆞᆷ 관경이 잇셧ᄂᆞ뇨

八 구룸속에셔 무ᄉᆞᆷ 소ᄅᆡ가 낫ᄂᆞ뇨

九 그 소ᄅᆡ가 긋친후에 예수의 겻헤 ᄯᅩ 다ᄅᆞᆫ 사ᄅᆞᆷ이 잇셧더뇨

十 이러ᄒᆞᆫ 일이 그 뎨ᄌᆞ들노 ᄒᆞ여곰 무어슬 ᄭᆡ닷게 ᄒᆞ심이뇨

쓸ᄃᆡ업ᄂᆞᆫ숭봉

사ᄅᆞᆷ이 만물 가온ᄃᆡ 뎨일 귀ᄒᆞᆫ 거ᄉᆞᆫ 령혼과 륜리가 잇서 하ᄂᆞ님을 공경ᄒᆞ고 사ᄅᆞᆷ을 ᄉᆞ랑ᄒᆞᄂᆞᆫ 도를 아ᄂᆞᆫ ᄭᅡ닭이라 그런즉 사ᄅᆞᆷ마다 ᄌᆞ긔의 직분을 다ᄒᆞ야 만물의 신령이 됨이 맛당ᄒᆞ거ᄂᆞᆯ 세샹 사ᄅᆞᆷ이 만히 ᄌᆞ긔 ᄆᆞᄋᆞᆷ을 어둡고 약ᄒᆞ게 ᄒᆞ야 우샹과 마귀를 숭봉ᄒᆞ며 엇지 슯ᄒᆞ지 아니ᄒᆞ리오 고금 ᄉᆞ긔를 본즉 이러ᄒᆞᆫ 어리셕은 일이 만흔ᄃᆡ 샹고에 파사국 사ᄅᆞᆷ은 ᄒᆡ와 달과 별과 불을 숭비ᄒᆞ엿고 관니시아 사ᄅᆞᆷ은 나무로 문든 보살을 숭ᄇᆡᄒᆞᆯᄯᅢ에 혹 뎌희 ᄌᆞ녀를 죽여 그 보살의게 졔ᄉᆞᄒᆞ고 이급 사ᄅᆞᆷ은 ᄀᆡ구리 머리 ᄆᆞ진 녀신과 고양이와 암소와 학 등물을 숭ᄇᆡᄒᆞ엿고 희랍 사ᄅᆞᆷ은 온갓 우샹을 숭ᄇᆡᄒᆞ엿ᄂᆞᆫᄃᆡ 그 수효를 다 긔록ᄒᆞᆯ수 업고 로마 사ᄅᆞᆷ은 그 나라의 유명ᄒᆞᆫ 사ᄅᆞᆷ들의 우샹을 숭ᄇᆡᄒᆞ엿고 영국 사ᄅᆞᆷ도 쳔여년 젼에ᄂᆞᆫ 대단이 어두어 참나무를 숭ᄇᆡᄒᆞ엿ᄂᆞᆫᄃᆡ 죄 잇ᄂᆞᆫ 사ᄅᆞᆷ을 죽여 그 피로 그 나무에 졔ᄉᆞᄒᆞ엿고 ᄯᅩ 현금에ᄂᆞᆫ 청국 사ᄅᆞᆷ은 모든 우샹과 여호와 쥐와 ᄇᆡ암과 고양이를 숭봉ᄒᆞ고 인도국 사ᄅᆞᆷ은 온갓물샹을 다 숭ᄇᆡᄒᆞᄂᆞᆫᄃᆡ 그즁에 엇던 사ᄅᆞᆷ은 ᄒᆡ와 달과 별도 숭ᄇᆡᄒᆞ며 엇던 사ᄅᆞᆷ은 나무와 돌과 강물도 숭ᄇᆡᄒᆞ야 복을 구ᄒᆞ며 ᄯᅩ 엇던 사ᄅᆞᆷ은 소와 ᄇᆡ암 ᄀᆞᆺᄒᆞᆫ 즘ᄉᆡᆼ을 숭ᄇᆡᄒᆞᄂᆞᆫ거ᄉᆞᆫ 뎌희 죠샹이 환ᄉᆡᆼᄒᆞ야 그러ᄒᆞᆫ 물건이 된줄노 ᄉᆡᆼ각ᄒᆞᄂᆞᆫ ᄭᅡ닭이라 ᄯᅩ 아비리가 남방 사ᄅᆞᆷ들은 나무로 삭인 우샹과 돌과 물과 사ᄅᆞᆷ의 ᄒᆡ골과 호랑이의 아금니와 ᄇᆡ암의 비눌과 기외에 온갓 물샹을 다 숭ᄇᆡᄒᆞᄂᆞᆫ거ᄉᆞᆫ 이러ᄒᆞᆫ 물건들이 다 신령ᄒᆞ야 잘 셤기면 복을 주고 그러치 아니면 저앙을 ᄂᆞ리ᄂᆞᆫ 줄노 ᄉᆡᆼ각 ᄒᆞᆫ 연고라 ᄯᅩ 우리 대한 사ᄅᆞᆷ의 숭ᄇᆡᄒᆞᄂᆞᆫ 거ᄉᆞᆫ 산신이라 슈신이라 목신이라 마귀이라 셩쥬라 셩황이라 토신이라 문신이라 온갓 귀신을 다 말ᄒᆞᆯ수 업거니와 세계 젼국을 대강보면 고금에 이러ᄒᆞᆫ 쓸ᄃᆡ 업ᄉᆞᆫ 숭봉이 만ᄒᆞ니 엇지 기리 탄식ᄒᆞᆯ 일이 아니리오 하ᄂᆞ님씌셔 주신 령혼과 륜리를 ᄆᆞ지고 만물즁에 뎨일 신령ᄒᆞᆫ 사ᄅᆞᆷ이 도로혀 그 몸을 굽혀 듯지도 못ᄒᆞ고 보지도 못ᄒᆞ고 ᄉᆡᆼ각지도 못ᄒᆞ고 음작이지도 못ᄒᆞᄂᆞᆫ 우샹과 령혼도 업고 륜리도 업ᄂᆞᆫ 즘ᄉᆡᆼ의게 숭ᄇᆡᄒᆞᄂᆞᆫ거ᄉᆞᆫ 다만 사ᄅᆞᆷ된 직분을 ᄒᆡᆼᄒᆞ지 못ᄒᆞᆯᄲᅮᆫ 아니라 ᄯᅩᄒᆞᆫ 하ᄂᆞ님의게 큰 죄인이 되리니 이러ᄒᆞᆫ 어리셕은 일을 ᄒᆡᆼᄒᆞᄂᆞᆫ 사ᄅᆞᆷ들은 속히 회ᄀᆡᄒᆞ여 그 ᄆᆞᄋᆞᆷ 가온ᄃᆡ 잇ᄂᆞᆫ 우샹과 마귀를 다 내여 보내고 다만 독일 무이ᄒᆞ신 하ᄂᆞ님을 숭ᄇᆡᄒᆞ기를 ᄇᆞ라노라 려병현

ᄂᆡ보

쥬일공ᄉᆞ의쇼식) 쥬일 쳔권공ᄉᆞ 됴병식씨의게서 일젼에 온 면보를 거ᄒᆞᆫ즉 본월 이십륙일 하오 활뎜에 일본 동경에 득달ᄒᆞ엿더라

○(평양빅셩호쇼) 평양 사ᄂᆞᆫ 젼

수찬 황귀홍씨와 평안남도 젼 관찰ᄉᆞ 정세원씨와 함만 호취ᄒᆞᆯ ᄉᆞ실을 낫낫치 들어 평리원에 호소ᄒᆞᆫ고로 평리원에서 정판ᄎᆞᆯ을 구ᄒᆞ라 지판 ᄒᆞᆫ다더라

○(열읍판묘처) 남방에서 오ᄂᆞᆫ 사ᄅᆞᆷ의 젼셜을 드른즉 츙청남도와 젼라 북도에 소위 활빈당이라 ᄒᆞᄂᆞᆫ것들이 쳐쳐에 ᄯᅦ를 지여 촌잔에 ᄃᆞ니며 부민의게 젼곡을 륵탈 ᄒᆞᄂᆞᆫ다 뎌희 말인즉 가난ᄒᆞᆫ 사ᄅᆞᆷ을 구졔 ᄒᆞᆫ다고 칭ᄒᆞ니 츙 엄흉 묘ᄒᆞᆫ 불한당이라고 ᄒᆞ더라

○(츙흉ᄒᆞᆫ일) 운산 금광에서 역군들이 영국 사ᄅᆞᆷ 일명을 살해ᄒᆞᆫ지라 영국 공관에서 외부로 죠회 ᄒᆞ엿기로 외부에서 그 고을에 명ᄒᆞ야 살인ᄒᆞᆫ 역군을 라아히 조치ᄒᆞ라 ᄒᆞ엿다더라

○(무ᄉᆞᆷ소단) 일젼에 마동 사ᄂᆞᆫ 부산항 쥬ᄉᆞ 남린회씨의 조부가 무ᄉᆞᆷ 소단인지 아편연을 먹고 죽엇ᄂᆞᆫ더 그 친부 셔오순씨가 경부에 고발 ᄒᆞ엿기로 경부에셔 숑검을 발ᄒᆞ야 남씨 가와 남녀를 다 잡어 ᄎᆞᆺ다더라

(외졍졔편) 외졍대신 윤용션씨ᄂᆞᆫ 신병이 잇다ᄒᆞ고 여러번 사직쇼를 올니ᄂᆞᆫ고로 비지를 나리사 아직 졔면 ᄒᆞ시고 참졍 됴병직씨로 외졍 ᄉᆞ무를 셔리케 ᄒᆞ셧다더라

(청ᄉᆞ폐현) 일젼에 청국 공ᄉᆞ 셔슈붕씨가 폐현 ᄒᆞ엿다더라

○(참령신임) 탁지부 지무관 오보영씨ᄂᆞᆫ 헌병ᄃᆡ 참령을 셔임ᄒᆞ엿다더라

외보

북쳥쇼식) 셔태후ᄂᆞᆫ 북경에서 협셔셩으로 다라 나다가 비도의게 막ᄂᆞᆫ바ㅣ 되여 즁로에셔 다시 도라 왓다더라

○(합련군쥬류) 본월 십륙일에 련합군이 북경 셩니에 드러가 쥬류ᄒᆞ고 각국 공ᄉᆞ들은 지금 북경 셩니에 잇다더라

○(협회션언) 쳥국 독립협회에셔 션언ᄒᆞ되 어재ᄂᆞᆫ 만쥬 졍부에셔 쳥국을 통할ᄒᆞ기가 젹당치 못ᄒᆞ니 광셔 황뎨를 복위케 ᄒᆞ야 립헌 졍치를 창셜 ᄒᆞ자고 ᄒᆞ엿다더라

조선그리스도회보 (전3권)

1897년판 죠션크리스도인회보, 영인본

발행일; 2023년 03월 15일
지은이: 감리교 선교부 편집부
발행처: 한국학자료원
판매처: 한국서적유통
서울시 구로구 개봉본동 170-30
전화: 02-3159-8050 팩스: 02-3159-8051
등록번호: 제312-1999-074호
ISBN: 979-11-6887-242-4

정가 750,000원